《云南社会科学年鉴（2008—2010）》编辑委员会

云南社会科学年鉴

（2008—2010）

云南省社会科学界联合会■编

云南大学出版社

云南社科年鉴

图书在版编目（CIP）数据

云南社会科学年鉴：2008～2010 / 云南省社会科学界联合会编．—昆明 ：云南大学出版社，2012

ISBN 978-7-5482-0785-6

Ⅰ．①云… Ⅱ．①云… Ⅲ．①社会科学—云南省—2008～2010—年鉴 Ⅳ．①C127.4-54

中国版本图书馆CIP数据核字（2012）第007187号

云南社会科学年鉴

（2008—2010）

云南省社会科学界联合会■编

策划编辑：柴 伟
责任编辑：李 红
封面设计：猎鹰创想｜书籍设计

出版发行：云南大学出版社
印　　装：昆明卓林包装印刷有限公司
开　　本：889mm×1194mm　1/16
印　　张：37
字　　数：1069千
版　　次：2012年4月第1版
印　　次：2012年4月第1次印刷
书　　号：ISBN 978-7-5482-0785-6
定　　价：98.00元

地址：云南省昆明市翠湖北路2号云南大学英华园内（650091）
发行电话：（0871）5031070/5033244
网址：http//www.ynup.com.　E-mail：market@ynup.com

目　录

特　载

专题研究

学科综述

科研课题

获奖成果

社会科学组织机构

学术人物

社科活动

学术团体

社会科学期刊、网站

大事记

附　录

Contents

Important Notes

Monographic Studies

An Overview of Different Subjects

Research Program

Awards

Social Science Organizations

Academic Personage

Activities in Social Sciences

Learned Societies

Journal and Website of Social Sciences

Memorabilia

Appendix

特载

年鉴
2008—2010

国家哲学社会科学研究“十一五”（2006—2010年）规划

为贯彻落实党的十六届五中全会精神、国家“十一五”规划精神和《中共中央关于进一步繁荣发展哲学社会科学的意见》精神，特制定《国家哲学社会科学研究“十一五”（2006—2010年）规划》。

深化和拓展哲学社会科学研究，事关党和国家事业发展全局。哲学社会科学的发展水平，体现着一个国家和民族的思维能力、精神状态和文明素质。哲学社会科学的研究能力和成果，是国家文化力量的重要标志和体现，是国家重要的战略性资源。中国特色社会主义事业的发展，离不开哲学社会科学研究的深化和拓展。一定要从党和国家事业发展全局的高度，充分认识哲学社会科学研究的战略地位，把深化和拓展哲学社会科学研究作为一项重大而紧迫的任务，切实抓紧抓好。

一、“十五”时期哲学社会科学研究工作的回顾和“十一五”时期面临的形势

“十五”时期哲学社会科学研究取得显著成就。党中央对哲学社会科学事业的高度重视，为繁荣发展哲学社会科学提供了重要的政治保证。江泽民同志就繁荣发展哲学社会科学多次发表重要讲话，以胡锦涛同志为总书记的党中央就繁荣发展哲学社会科学作出一系列重大战略举措。中共中央专门下发《关于进一步繁荣发展哲学社会科学的意见》，同时，国家也加大了对哲学社会科学的投入。在党中央正确领导下，各级党委政府对哲学社会科学重要地位的认识进一步提高，哲学社会科学对党委政府决策的重要作用进一步发挥，哲学社会科学对经济社会发展的支撑作用进一步增大，哲学社会科学工作者的创造活力进一步激发。广大哲学社会科学工作者坚持正确的理论方向，适应实践发展要求，紧跟时代前进步伐，弘扬求真务实精神，进行理论研究和实践探索，作出了重要贡献。马克思主义理论研究和建设工程取得实质性进展，广大哲学社会科学工作者围绕马克思主义中国化三大理论成果和十六大以来党中央提出的一系列重大战略思想，推出了一批有深度、有分量的研究成果。哲学社会科学事业蓬勃发展，基础研究、应用研究和对策研究明显加强，传统学科、新兴学科和交叉学科共同发展，涌现出了一大批功底扎实、锐意进取的学科带头人。“十五”时期我国哲学社会科学研究工作呈现出积极、健康、向上的发展态势，为“十一五”时期哲学社会科学的进一步繁荣发展奠定了良好基础。

在充分肯定成绩的同时，我们也要清醒地看到，哲学社会科学研究还不能很好地适应形势发展的新要求，突出表现在：哲学社会科学创新能力还不强，有深度的重大成果还不多，还不能很好地回答重大理论和现实问题；马克思主义理论队伍建设亟待加强，在国内外有影响力的理论大家和优秀中青年理论人才特别是基础理论人才还比较缺乏；哲学社会科学管理体制机制还不够完善，学科体系、教材体系和人才培养体系建设还需进一步科学布局、优化结构；对哲学社会科学的投入还需进一步加大。

“十一五”时期是繁荣发展哲学社会科学的重要时期。“十一五”时期是全面建设小康社会的关键时期，是加快发展、深化改革、扩大开放的关键时期，也是维护稳定、促进和谐社会建设的关键时期。这对党和国家工作提出了更高要求，也对哲学社会科学提出了更高要求。全面贯彻科学发展观，促进经济社会又快又好发展，迫切需要哲学社会科学推出更多理论成果，推动用科学发展观武装头脑、指导实践；完成“十一五”规划任务，迫切需要哲学社会科学深入研究一系列宏观性、战略性、前瞻性和综合性的重大问题，为经济社会发展提供有力的理论支撑；动员全国人民为实现“十一五”目标而奋斗，迫切需要哲学社会科学认真研究回答干部群众关心的问题，认真研究回答理论热点、难点问

题，多做统一思想、凝聚力量的工作，把干部群众的思想统一到中央的决策部署上来。面对新形势新任务，哲学社会科学战线一定要充分认识自身肩负的历史使命，以高度的历史责任感、强烈的忧患意识和宽广的世界眼光，牢固树立和认真落实科学发展观，统一思想、明确任务，坚定信心、振奋精神，开拓创新、锐意进取，开创“十一五”时期哲学社会科学繁荣发展的新局面，为实现“十一五”规划的宏伟目标提供思想保证和精神动力。

二、“十一五”时期哲学社会科学研究必须坚持的指导思想和方针原则

坚持和巩固马克思主义在意识形态领域的指导地位，绝不允许搞指导思想多元化。哲学社会科学的多数学科具有鲜明的意识形态属性，哲学社会科学研究是党的意识形态工作的重要组成部分。马克思主义是我们立党立国的根本指导思想，也是我国哲学社会科学研究的旗帜和灵魂。以马克思列宁主义、毛泽东思想、邓小平理论和“三个代表”重要思想为指导，全面贯彻落实科学发展观，是我国哲学社会科学沿着正确方向发展的根本保证。要坚持用马克思列宁主义、毛泽东思想、邓小平理论、“三个代表”重要思想和科学发展观统领哲学社会科学研究工作，善于把马克思主义的基本原理同中国具体实际相结合，把马克思主义的立场、观点、方法贯穿到哲学社会科学课题研究和成果评价的过程中，体现在哲学社会科学工作者的政治立场和思想感情上，把坚持科学的理论指导和坚持崇高的学术追求有机结合起来。

坚持解放思想、实事求是、与时俱进，大力推动理论创新。解放思想、实事求是、与时俱进，是马克思主义的精髓。要着眼于理论和实践的结合，鼓励和引导广大哲学社会科学工作者研究新情况、解决新问题，自觉地把思想认识从那些不合时宜的观念、做法和体制的束缚中解放出来，从对马克思主义的错误的和教条式的理解中解放出来，从主观主义和形而上学的桎梏中解放出来，不断有所发现、有所创造、有所前进。要坚持用时代的要求来审视哲学社会科学研究，用发展的眼光和改革的精神来推进哲学社会科学研究，努力使哲学社会科学研究真正体现时代性、把握规律性、富于创造性。

坚持为人民服务、为社会主义服务的方向和百花齐放、百家争鸣的方针。要紧紧围绕全党全国工作大局确立研究课题，努力促进社会主义经济建设、政治建设、文化建设和社会建设全面发展。要遵循哲学社会科学独特的发展规律，尊重哲学社会科学工作者的创造性劳动。要注意区分学术问题和政治问题，在事关政治方向和根本原则的问题上，要旗帜鲜明。学术问题的研究和讨论没有禁区，要在坚持正确理论方向的前提下，充分发扬学术民主，鼓励自由讨论，鼓励不同学派、不同学术观点的相互切磋和争鸣，提倡同志式的、充分说理的批评与反批评，提倡学术流派和学术风格的多样化。要努力营造生动活泼、求真务实的学术环境，鼓励探索，宽容失败，在实践中不断认识真理、坚持真理、发展真理。

坚持理论联系实际，注重调查研究，大力弘扬求真务实精神，以实践作为检验真理的唯一标准。理论联系实际是深化和拓展哲学社会科学研究的根本途径。要大力弘扬理论联系实际的学风，坚持以实际问题为中心，着眼于马克思主义理论的运用，着眼于对实际问题的理论思考，着眼于新的实践和新的发展。要坚持贴近实际、贴近生活、贴近群众，从中国特色社会主义建设广阔而丰富的实践中提炼研究题材，汲取思想养分，升华真知灼见，创造精品力作。

坚持立足中国，面向世界，立足当代，面向未来。深化和拓展我国哲学社会科学研究，必须以放眼全球的宽广视野，以贯通古今的历史深度，准确把握当今世界的发展趋势，深刻认识当代中国的发展规律，从人类历史的走向中去拓宽研究空间。要瞄准学术发展前沿，跟踪学术研究动态，既立足当代又继承民族优秀传统文化，既立足本国又充分吸收世界优秀文化成果，使哲学社会科学研究始终面向现代化、面向世界、面向未来，具有鲜明的中国特色。要在思想理论体系上具有鲜明的时代特征，还要创造能够充分表达这个思想理论体系的概念、范畴、逻辑结构，以及为人民群众所喜闻乐见的语言风格和话语体系，不断增强我国哲学社会科学研究的吸引力和

影响力。

三、“十一五”时期哲学社会科学研究的主要任务

在研究我们党重大理论创新成果方面取得新的实质性进展。在改革开放20多年的伟大实践中，我们党深刻地回答了时代和实践提出的一系列重大课题，形成了丰硕的理论创新成果，丰富了马克思主义关于人类社会发展规律、关于社会主义建设规律、关于共产党执政规律的认识，是马克思主义思想理论宝库的珍贵财富。在“十一五”时期，深入研究、科学阐释我们党的这些理论创新成果，是哲学社会科学研究工作的重要政治任务。要深入研究邓小平理论和“三个代表”重要思想的历史地位、时代背景、科学内涵和精神实质，深入研究贯穿邓小平理论和“三个代表”重要思想的马克思主义立场、观点、方法，推动用邓小平理论和“三个代表”重要思想武装头脑、指导实践。要深入研究阐释科学发展观是对马克思列宁主义、毛泽东思想、邓小平理论和“三个代表”重要思想的继承和发展；深入研究阐释以人为本是科学发展观的核心，坚持发展为了人民、发展依靠人民、发展成果由人民共享，不断实现好、维护好、发展好最广大人民的根本利益；深入研究阐释按照又快又好发展的要求，正确处理以经济建设为中心同全面发展的关系、加快发展同协调发展的关系。要通过全面、系统、深入的研究，不断推出有深度、有价值、对实践有指导意义的成果，帮助人们准确认识国际国内的发展环境，准确认识我国发展的阶段性特征，准确认识我国经济社会发展面临的主要问题，准确认识实现我国经济社会又快又好发展的基本要求，不断增强贯彻落实科学发展观的自觉性和坚定性。

在研究重大现实问题方面取得新的实质性进展。哲学社会科学只有研究回答好现实提出的重大问题，才能体现自身的价值，实现自身的发展。要把研究回答重大现实问题作为主攻方向，充分发挥理论指导实际工作、回答时代课题的作用。要特别注意紧紧围绕实现“十一五”时期宏伟目标，研究回答三个方面的问题。一是要研究回答进一步深化改革、扩大开放、实现国民经济持续快速协调健康发展的问题。要研究坚持和完善公有制为主体、多种所有制经济共同发展的基本经济制度，坚持和完善按劳分配为主体、多种分配方式并存的分配制度，为经济社会发展创造良好的体制环境；研究坚持社会主义市场经济的改革取向，提高改革决策的科学性，增强改革措施的协调性，推动改革取得新的突破；研究进一步提高对外开放水平，在更大范围、更广领域和更高层次上参与国际经济技术合作和竞争；研究扎实推进社会主义新农村建设，增强自主创新能力，建设资源节约型、环境友好型社会，推动东中西部良性互动，促进区域经济协调发展。二是要研究回答推进经济、政治、文化、社会全面进步的问题。要研究发展社会主义民主，健全社会主义法制，积极稳妥地推进政治体制改革，推进社会主义民主政治的制度化、规范化、程序化；研究坚持社会主义先进文化的前进方向，不断巩固全党全国人民团结奋斗的共同思想基础；研究在全社会倡导以“八荣八耻”为主要内容的社会主义荣辱观，形成知荣辱、讲正气、树新风、促和谐的文明风尚；研究按照民主法治、公平正义、诚信友爱、充满活力、安定有序、人与自然和谐相处的要求，积极构建社会主义和谐社会；研究加强党的执政能力建设和先进性建设，使党始终成为中国特色社会主义事业的坚强领导核心；研究坚持走和平发展道路，为我国经济社会发展营造良好的国际环境。三是要研究回答干部群众普遍关心的深层次思想认识问题。特别是围绕为什么要坚持马克思主义的指导地位而不能搞指导思想多元化，为什么要坚持以公有制为主体、多种所有制经济共同发展而不能搞私有化，为什么要坚持人民代表大会制度而不能搞三权分立，为什么要坚持中国共产党领导的多党合作和政治协商制度而不能搞西方那种多党制等问题，把道理说清楚、说充分，澄清各种错误观点和模糊认识，引导人们自觉抵制西方资产阶级意识形态的渗透。研究回答重大现实问题，要深入实际，深入群众，尊重人民群众的主体地位和首创精神，善于从改革开放的实践中、从火热的社会生活中汲取智慧，善于把党和人民在实践中创造的新鲜经验升华为理论成果。要把理论研究同指

导实际工作结合起来，同推动重大问题的解决结合起来，使理论成果更好地转化为党的路线、方针、政策，转化为国家的法律法规，转化为干部群众的自觉行动。

在实施马克思主义理论研究和建设工程方面取得新的实质性进展。实施马克思主义理论研究和建设工程是关系党和国家事业发展的战略任务，是中央加强党的理论建设的重大举措。在“十一五”时期，要把实施马克思主义理论研究和建设工程作为繁荣发展哲学社会科学的基础工程、龙头工程，持续深入进行下去。推进马克思主义理论研究和建设工程，要把基础理论研究与现实问题研究结合起来，把多出成果与多出人才结合起来，把发挥专家学者作用与动员全社会力量结合起来，把深入研究与宣传普及结合起来。要加强马克思主义基本原理研究，立足当代中国的实践，破除对马克思主义的教条式理解，澄清附加在马克思主义名下的错误观点，对马克思主义基本原理作出准确而又符合时代要求的科学阐发。要加强对马克思列宁主义、毛泽东思想、邓小平理论、“三个代表”重要思想和科学发展观的研究，加强对中国特色社会主义实践经验的理论总结，不断开辟马克思主义在中国发展的新境界。要抓紧建设充分反映马克思主义中国化最新成果的学科体系和教材体系。在学科建设上，要逐步形成以马克思主义理论研究为一级学科，以马克思主义基本原理、马克思主义发展史、马克思主义中国化研究、国外马克思主义研究为二级学科，以分领域研究为支撑的马克思主义研究的学科体系。在教材建设上，要推出高等学校思想政治理论课教材和哲学、政治经济学、科学社会主义、史学、法学、文学、新闻学、政治学、社会学等重点学科教材，推出覆盖哲学社会科学主干课程的150种左右的重点教材，推动马克思主义中国化的最新成果进教材、进课堂、进学生头脑。

在哲学社会科学基础研究方面取得新的实质性进展。基础研究是哲学社会科学持续发展的支撑，基础研究扎实才能提升应用研究的能力，才能奠定学科发展的坚实基础。搞好哲学社会科学的基础研究，还有利于提升民族的思想境界、道德修养和人文素质，有利于塑造崇高的民族精神和民族品格。在“十一五”期间，我们要从实现哲学社会科学可持续发展的战略高度，加强基础学科建设，加大对基础研究的投入，大力扶持有重大创新意义的基础研究项目，大力扶持关系哲学社会科学发展全局的基础研究项目，大力扶持对学科创新发展起关键性作用的基础研究项目，大力扶持对弘扬民族精神、传承民族文化有重大作用的基础研究项目，大力扶持对经济社会发展和国家安全有长远影响的基础研究项目。要加强哲学社会科学文献资料的整理和研究工作，建立若干大型哲学社会科学专题数据库。要重视培养哲学社会科学基础研究人才，增强基础研究学科对人才的吸引力，创造条件吸引人们安心于基础研究、乐于从事基础研究。

在建设哲学社会科学创新体系方面取得新的实质性进展。创新是哲学社会科学繁荣发展的必由之路和不竭动力。哲学社会科学创新体系建设是建设创新型国家的重要组成部分。在“十一五”时期，要为建立哲学社会科学创新体系打好基础。建设哲学社会科学创新体系，要以广大人民群众建设中国特色社会主义的生动实践为理论创新的源泉，以顺应时代潮流、不断与时俱进的创造精神为理论创新的动力，以实现和发展最广大人民的根本利益为理论创新的目的，不断打开哲学社会科学创新的视野。要立足中国、面向世界，立足当代、继承前人，着力从博大精深的传统文化中，从激昂向上的革命文化中，从健康有益的外来文化中汲取思想元素，积极推动学术观点创新、学科体系创新和科研方法创新。要促进哲学社会科学与自然科学的相互渗透，促进哲学社会科学不同学科之间的相互渗透，重点建设一批能够增强原创能力、推动理论发展的基础学科，一批有较强对策研究能力、对经济社会发展有重大影响的应用学科，一批立足学术前沿、注重前瞻研究的新兴学科和交叉学科。要充分运用信息技术等先进手段，改进研究方法，提高研究水平。建设哲学社会科学创新体系，要营造鼓励理论创新的社会氛围和体制环境，充分调动哲学社会科学工作者的积极性、创造性。要进一步扩大哲学社会科学对外开放，实施“走出去”战略，在广泛吸收世界优秀文化成果的同时，把我国的优秀文化成果更多地推向世界，增强我国哲学社会科学在世界上的影响力。

在组织实施国家哲学社会科学研究专项工程和重大项目方面取得新的实质性进展。适应全面建设小康社会和建设社会主义先进文化的迫切需求，要把组织实施哲学社会科学研究专项工程和重大项目放在突出位置。在“十一五”时期，要推进《中华大典》编纂工程、《清史》编纂工程、《儒藏》编纂工程、《中国民族民间文艺集成志书》编纂工程等，并重点扶持一批对经济社会发展和哲学社会科学发展有重大影响的项目。组织实施国家哲学社会科学研究专项工程和重大项目，要适应国家战略需求，体现国家发展目标。对专项工程和重大项目研究的组织管理，要打破学科和单位界限，建立跨学科、跨单位的综合研究体系，形成强大的研究合力，着力推出具有重大理论价值和实践意义的标志性研究成果。

在哲学社会科学队伍建设方面取得新的实质性进展。人才是一个国家、一项事业发展的最重要的资源。繁荣发展哲学社会科学，呼唤着一支宏大的理论队伍，呼唤着一批高素质的理论人才，呼唤着一批马克思主义理论大家。在“十一五”时期，要切实加强哲学社会科学研究人才的发现、选拔和培养工作。中央和各省（区、市）都要有计划地、分期分批地举办培训班，用五年时间完成对全国哲学社会科学研究骨干的培训，努力建设一支导向正确、功底扎实、结构合理、勇于奉献的哲学社会科学研究队伍。要着力加强对拔尖人才的重点扶持，培养一批在国内外有广泛影响的马克思主义理论大家；着力加强对崭露头角的学术新秀的重点扶持，培养一批各学科各专业的领军人物；着力加强对中青年人才的重点扶持，培养一批具有较高素质、有志于从事哲学社会科学工作的后备人才。

在提高国家社科基金管理水平方面取得新的实质性进展。国家社科基金项目体现着我国哲学社会科学的方向和水平，在哲学社会科学研究中具有重要的示范和导向作用，必须努力提高国家社科基金管理的科学化、民主化、规范化水平。要强化精品意识，坚持公开透明、公平竞争、优中选优的评审原则，改革项目评审制度和评审方式，完善项目成果评价机制，严把立项“入口关”和结项“出口关”，进一步提高国家社科基金项目的质量，确保推出代表国家水平的创新成果。要完善成果转化机制，充分利用报刊、广播、电视、互联网等大众媒体，加大成果宣传力度，拓宽成果推荐渠道，组织出版《国家社科基金成果文库》，促进国家社科基金优秀研究成果更充分地运用于党和政府决策、运用于经济社会发展、运用于学科建设和发展。要把宣传优秀成果与宣传优秀人才结合起来，扩大优秀哲学社会科学工作者的社会影响。要建立健全基金管理机制，科学确定研究项目和资助强度，既保证科研的需要，又不造成浪费；增加管理工作的透明度，让专家学者参与管理，主动接受社会的监督；严格执行财务制度。

四、“十一五”时期哲学社会科学研究的保障措施

加强对哲学社会科学研究工作的领导。党委和政府要高度重视哲学社会科学研究工作，全面贯彻科教兴国战略和人才强国战略。要坚持哲学社会科学研究的正确方向，努力把握哲学社会科学研究工作的规律，改进领导方式，提高领导水平，为深化和拓展哲学社会科学研究创造良好的环境。要坚持党管干部、党管人才的原则，加强哲学社会科学研究单位的机构建设和领导班子建设，确保哲学社会科学研究单位的领导权牢牢掌握在马克思主义者手中。要尊重、信任哲学社会科学研究工作者，充分调动他们的积极性和创造性。要引导他们经常关注和深入研究重大现实问题，并及时把哲学社会科学研究的优秀成果运用于各项决策中。要加强对哲学社会科学阵地的引导和管理。

深化哲学社会科学研究体制改革。要深化哲学社会科学研究管理体制改革，建立和完善科学的评价和激励机制。要深化科研机构改革，整合研究力量，优化资源配置。要建立健全人才管理体制和现代科研体制，努力形成一批高水平的、资源共享的研究基地和创新平台。要奖励哲学社会科学领域作出突出贡献的个人和优秀研究成果，依法保护哲学社会科学的知识产权。

营造良好的哲学社会科学人才培养机制和环境。要牢固树立人才资源是第一资源的观念，尊重劳动、尊重知识、尊重人才、尊重创造，努力

开创我国哲学社会科学领域人尽其才、人才辈出的生动局面。要创新哲学社会科学人才培养模式，形成完善的哲学社会科学人才培养、选拔和管理机制，形成多层次的人才培养格局，努力营造有利于优秀人才脱颖而出的良好机制。要认真实施宣传文化系统“四个一批”人才工程，充分发挥工程的示范带动作用，珍惜人才、用好人才，使人才创造有机会、干事有平台、发展有空间。要关心、爱护广大哲学社会科学工作者，帮助他们解决生活和工作中的实际问题，为他们潜心研究、多出成果创造良好条件。要把课题研究和人才培养有机结合起来，通过课题研究汇集人才，搭建人才成长平台。要加强哲学社会科学队伍的思想道德和学风建设，引导哲学社会科学工作者树立正确的世界观、人生观和价值观，树立社会主义的荣辱观，树立良好的职业精神和职业道德，做人、做事、做学问相一致，自觉维护哲学社会科学工作者的崇高形象。

加大对哲学社会科学研究经费的投入。“十一五”时期，国家要进一步加大对哲学社会科学事业的投入，保证哲学社会科学研究经费每年都有增加。要根据哲学社会科学研究队伍状况、学科建设和研究任务的需要，合理确定科研规模、结构和资助额度。在以国家支持为主体的前提下，鼓励有条件的哲学社会科学研究机构和研究人员面向市场和企业需求，形成多元化的科研经费融资渠道。

附　录　“十一五”时期各学科重点研究方向和重点研究课题

马克思主义·科学社会主义　马克思主义在意识形态领域中的指导地位；马克思主义基本原理；马克思主义整体性；马克思主义社会全面进步和人的全面发展思想；马克思主义执政理论；马克思主义发展史和社会主义思想发展史；马克思主义中国化历史进程；毛泽东思想、邓小平理论和“三个代表”重要思想；科学发展观与构建社会主义和谐社会；爱国主义内涵问题；社会主义市场经济体制与文化发展观；世界社会主义与当代资本主义；国际共产主义运动史和世界社会主义运动史；资本主义国家共产党和其他左翼力量的现状和发展趋势；国外马克思主义；当代国际社会主义思潮和流派。

党史党建　中国共产党对中华民族的伟大贡献；中国共产党在全国范围执政的基本经验；中国共产党在认识和处理发展问题上的历史经验及科学发展观的提出；中国共产党关于社会主义社会建设理论的历史考察；中国社会主义基本经济制度、政治制度的历史考察；中国共产党领导思想文化和意识形态工作的历史考察；各个历史时期特别是改革开放和现代化建设新时期的党史；中国共产党的建设史；中共党史上重要人物、重大决策、重要事件、重要会议、重要文献；马克思主义关于执政党建设的基本理论及其发展；党的执政能力建设和党的先进性建设；党对意识形态工作的领导和党的思想理论建设；发展党内民主与健全党内生活；干部队伍建设与深化干部人事制度改革；建设社会主义新农村与党的基层组织建设；党风廉政建设与反腐败工作。

哲　学　马克思主义哲学基本原理及其发展问题；马克思主义哲学中国化；马克思主义哲学的整体性与时代性；毛泽东思想、邓小平理论、“三个代表”重要思想和科学发展观对马克思主义哲学的创新；科学发展观的哲学基础；价值哲学与社会转型时期价值观；人的主体地位与人的全面发展；中华优秀文化传统和世界现代思想精华；时代精神与民族精神；中国哲学与民族精神；西方哲学名家原典、分支流派；中西哲学比较；马克思主义伦理学；中国传统伦理及德治与法治的关系；社会主义思想道德建设体系；未成年人思想道德建设和大学生思想政治工作；社会主义荣辱观；逻辑学的基本理论及应用；科学技术哲学与建设国家创新体系；文化与综合国力及我国文化发展战略；马克思主义美学与当代中国美学；无神论问题；哲学学科建设与发展中的重大问题。

经济理论　马克思主义经济学的方法论原理和分析范式；马克思主义政治经济学在我国的主流地位与主导作用；邓小平理论和“三个代表”重要思想关于社会主义市场经济的理论；科学发展观的经济学研究；社会主义和谐社会的经济基础；建设社会主义新农村的经济学研究；区域协调发展的理论与对策；城镇化健康发展的理论与

对策；新型工业化道路；资源节约型、环境友好型社会的经济学研究；扩大就业的理论与对策；现代企业制度和现代产权制度；社会主义基本经济制度与现代市场体系；效率与公平、增长与分配的关系；改革收入分配制度和规范收入分配秩序；投资与消费、内需与外需的关系；基础产品和要素价格生成机制；中国经济未来长期增长的可持续性；新形势下经济体制改革的战略和策略；实施互利共赢的开放战略；世界经济与经济全球化最新理论；现代西方主流经济学的批判与借鉴；西方发达国家市场经济理论和政策的变迁及其借鉴；传统经济与现代经济的关系；中国近现代经济史重大专题；新中国经济史重大专题。

应用经济　建立体现科学发展观要求的经济社会综合评价指标体系；科学判断宏观经济形势与新形势下完善宏观调控方式；经济结构战略性调整和转变经济增长方式；提高自主创新能力与产业结构调整；技术创新与国家创新体系；知识产权保护；资源约束背景下的工业增长；国际产业转移与中国制造业；国有大型企业股份制改造；建设社会主义新农村的重点与政策；扩大消费需求特别是农村消费需求；以税费改革为重点的农村综合改革；全面取消农业税后农村基层组织运转情况；农业产业结构调整；耕地保护和粮食安全；农村专业合作经济组织；发展农村集体经济与农民共同致富；农民工权益保障；大力发展县域经济；构建统筹城乡的公共财政体系；资源环境保护与可持续发展；建立资源节约型、环境友好型社会的评价指标体系；新时期我国资源发展战略；大力发展循环经济；反映市场供求状况和资源稀缺程度的价格形成机制；城市化与城市可持续发展；建立与经济发展水平相适应的社会保障体系；我国的就业形势与扩大就业和再就业的政策；缩小地区之间和部分社会成员收入分配差距的对策；财税、金融、外贸和投资体制改革；人民币汇率和我国资本项目自由化；大力发展现代服务业；中国交通运输发展战略；建筑业结构调整和房地产业健康发展；中国旅游业发展总体政策；转变贸易增长方式与应对国际贸易摩擦；推进区域和双边经贸合作；中国企业“走出去”战略；内地同港澳台地区经贸交流合作机制。

政治学　马克思主义政治学基本理论及发展创新；科学发展观的政治学研究；落实科学发展观的体制保障；科学发展观与政府管理改革和创新；党的领导、人民当家作主和依法治国的统一；以人为本与社会主义政治文明建设；加强党的执政能力建设；积极稳妥地推进政治体制改革；政治参与和社会主义民主法制建设；法治政府与依法行政；党内民主的制度建设；惩治和预防腐败的制度建设；社会主义政治文明建设和政治发展；国家战略管理与政府治理的理论与实践；我国的社会管理格局和管理体系；社会主义共同富裕的公共政策；转变经济增长方式与政府职能改革；区域协调发展与地方政府职能；建设社会主义新农村与乡镇机构改革；政府公共服务职能与建设服务型政府；资源节约型、环境友好型社会的公共政策；分类推进事业单位管理体制改革；深化干部人事制度改革；社会资本和公共伦理；地区发展平衡的政治学研究；我国社会团体和非政府公共组织管理；两岸政党关系与祖国统一；中国传统和谐治理观；当代西方政治思想分析；政治学基础理论。

社会学　马克思主义社会学基本理论及发展创新；中国特色社会学理论体系构建；社会主义和谐社会建设与经济建设、政治建设、文化建设的关系；当代中国社会建设理论与实践；社会管理体系、社会风险管理的理论与实践；建设社会主义新农村的社会学研究；环境友好型社会建设的社会学研究；节约型社会与消费社会学；当代中国社会结构和社会矛盾的深层次分析；社会心理分析；社会舆情基础理论；协调社会利益关系和利益矛盾的机制；社会预警体系和应急救援、社会动员机制；和谐社区、和谐村镇建设；性别平等与和谐社会建设；弱势群体共享社会发展成果问题；城市化过程中失地农民社会保障权益；农民工的城市适应问题；农村教育问题；合理调节收入分配差距与社会公平；就业服务体系与就业援助制度；城镇职工基本养老保险制度；城乡公共卫生和医疗卫生体系；劳动力市场、社会网络与人力资源开发；中国国情调查；当代中国社会阶层问题；各类社会组织问题；中国社会工作职业化及职业体系；西部民族地区和谐社会建设；青少年网络社会问题；文化认同、文化冲突对和谐社会建设的影响；当代中国流行文化；中国历史上的社会建设；女性社会学；西方社会学跟踪研究。

法 学 马克思主义法学基础理论及发展创新；科学发展观、构建社会主义和谐社会与法制建设；依法治国与中国特色社会主义法律体系；社会主义政治文明与依法治国；党的领导与依法执政；社会主义民主制度与宪政基本理论；法治与社会主义先进文化建设；司法体制改革与司法公正；权力的制约监督与反腐败法律制度；行政体制改革与建设法治政府；科学发展观与国家宏观调控法制建设；中国财税法律制度的改革与完善；市场主体、市场交易和市场监管法律法规；社会主义国有财产法律制度；健全金融制度和维护国家金融安全；文化法规建设基础理论；生态环境法律制度与环保执法问题；资源能源法律制度与可持续发展法律法规；生物多样性法律保护问题；技术自主创新与知识产权保护法律体系；刑事政策与刑法制度改革；多元化纠纷解决机制与构建和谐社会；完善社会管理法律法规；安全生产法律制度；社会治安综合防控体系；农村社会保障相关法律制度；妇女权益保障及相关法律问题；突发性群体事件的法律对策；反分裂国家法与祖国统一；对外开放与国家经济安全法律问题；公正合理的国际政治经济新秩序与国际法；反腐败国际公约；国际海洋法；国际人权法；国际资源环境法；法律史学与法律文化建设；法学学科建设基本理论。

国际问题研究 中国共产党三代中央领导集体和以胡锦涛同志为总书记的新一届中央领导集体的外交思想；马克思主义国际关系理论与中国特色的国际关系理论；西方国际关系理论；国外社会政治思潮和理论跟踪研究；国际战略、大国关系、国际格局和国际新秩序的理论与实践；国际关系重大历史事件；“西化”新动向与“颜色革命”；资本主义经济周期；国际恐怖主义与反恐问题；全球性和综合性专题；地缘政治问题；国别问题；国际组织研究；非传统安全；我国面临的周边环境与国际环境；中国外交理论；新时期我国的和平发展道路与国际战略；中国国家安全战略；中国对外关系中的现实问题；联合国改革与我国的对策；世界经济形势追踪；多边贸易体制的前景以及中国贸易战略的重新定位与转型；国际投资与中国的引进外资战略；开放条件下中国宏观经济政策以及人民币汇率政策调整；国际货币体系改革；区域经济合作；中国发展经验；其他国家的经济管理和改革经验。

中国历史 唯物史观与马克思主义史学理论体系的构建；中国古代社会建设问题；史学与中华民族凝聚力；经学传统与中华民族精神；中国文化史；中国历史上的地区开发和环境保护；中国古代化解社会矛盾的治国方略及其成败得失；中国帝制时代政治体制及运行机制的演变；中国古代治世与盛世出现的历史原因；历史时期周期性社会动荡的生态动因；中国古代多民族文化的碰撞与融合；中国传统道德与道德环境；礼与中国古代社会；中国传统文化中的科学思想与科学方法；南方丝绸之路与古西南文明；近代社会危机与政府对策（1840—1949）；近代以来中国外交制度；民国学术史；中国乡村历史变迁；中国台湾史与海峡两岸关系；中国边疆的历史与现状；中外历史比较研究；中外交往史；中国与周边国家友好关系史；中日历史问题与中日关系；中国通史；断代史；专门史；中国出版通史；历史地理；历史文献学；中国史学科基础理论；20世纪中西学术交流与史学变迁；史学研究与大众文化之间的互动关系；史学评论及相关规范。

世界历史 马克思关于“世界历史”、社会发展规律、现代化等重大理论问题；世界历史体系和学科建设重大基础理论问题；全球化与区域化研究；西方发达国家社会建设理论与实践的历史考察；世界历史发展中的人与自然的关系；世界历史发展中的能源问题；恐怖主义的历史根源；世界文明冲突与对话；世界上古史；世界中世纪史；世界近现代史；近代以来的资本主义史；中国与第二次世界大战；战后东亚国家关系史；亚非拉国家的历史；地区史；中东欧史；国别史；美国创新史；日本维新史；苏联兴衰史；伊斯兰史；世界文明史；专题史；西方史学理论流派；世界史基本史料建设。

考古学 中国境内人类文化起源及特点；中国旧石器文化；中国境内现代人的文化和行为特点；东亚地区新旧石器文化过渡暨早期新石器文化；中国新石器时代考古文化；中国聚落形态考古；中国文明起源考古；夏商周三代经济、文化、社会历史考古；中国古代城市考古；历史时期墓葬制度考古；历史时期手工业遗存考古；大运河遗迹考古；中国古代宗教遗存考古；中国考古重大发现研究报告；中外文化交流考古；郑和下西洋史考；外国考古学研究。

民族问题研究 马克思主义民族理论的中国化发展与创新；构建社会主义和谐社会与社会主义民族关系；科学发展观与加快少数民族地区经济社会发展；少数民族地区建设社会主义新农村（牧区）跟踪研究；民族自治地方经济增长方式的转变；少数民族地区扶贫开发模式；西部地区经济社会发展与环境友好建设；西部大开发与少数民族地区“两种资源”的保护和利用；政治文明建设与民族区域自治制度的发展和完善；少数民族地区人才发展战略；中国城市化进程中的民族关系发展；少数民族地区社会文化问题；中华民族发展史；中国古代民族观与民族史（志）；文化多样性与和谐社会建设；国际环境与我国民族问题中的若干“热点”研究；世界民族问题与民族政策；西方人类学主要流派。

宗教学 马克思主义宗教观；宗教与意识形态斗争；中国共产党积极引导宗教与社会主义社会相适应的理论与实践；宗教与构建社会主义和谐社会；宗教与和谐世界；当代中国民间信仰、民间宗教活动调查与对策；“邪教”的根源及对策；抵制西方敌对势力利用宗教对我渗透问题；世界政治多极化背景下的国际宗教问题；国际人权斗争中的宗教问题；周边国家宗教发展态势及其对我国的影响；宗教与全球化、本土化、世俗化趋势；民族与宗教；宗教与科学；宗教对话；中外政教关系；宗教学学科史；宗教哲学；宗教心理学；宗教现象学；中国宗教史；中国宗教艺术史；儒佛道三教关系；区域宗教；藏传佛教；中国基督教神学；伊斯兰教对中国的影响；宗教文献；各教宗派；主流宗教；各大宗教通史；世界宗教通史；宗教思想文化史；世界宗教现状；海外华人社会的宗教；台湾宗教；新兴宗教态势；宗教极端主义。

中国文学 构建中国特色马克思主义文学理论体系；新时期我国文学创作与构建社会主义和谐社会；历史唯物主义与当代文艺思潮；当代文学创作中的现实主义和现代派问题；观念变革中的文艺审美尺度和标准问题；创作自由、个性化写作和社会责任感问题；文艺作品中的歌颂和暴露问题；当代文学的非理性主义倾向；新民主主义革命时期中国共产党文艺工作的历史贡献；世界文学格局与我国文学的思想艺术竞争力；文艺批评学的理论建设；文学基本理论和文学本质规律的创新研究；中国文论与西方文论比较；东亚文化圈各国文学、亚洲各国文学以及我国各民族文学的比较研究；中国文学发展的历史规律与中国文学史的历史分期；中国历代重要作家作品、文学流派和区域作家群；新中国文学史；民族文学史、地域文学史、文学流派史、文学文体史、文学编年史系列研究；中国民间文学和少数民族文学；中国儿童文学；中国女性文学；网络文学；中国文学的文体研究；港澳台作家和作品；国外汉学史；世界华文文学。

外国文学 马克思主义文论的时代化与民族化；外国文学学科理论创新；世界文化多样性与世界文学的发展趋势；西方当代文学思潮与外国文学若干前沿问题；外国文学与当代中国文化进程；汉语语境中的西方文论；文化研究与文学研究；中外文学史写作模式的反思与重建；东方文学；美国文学；英国文学；法国文学；德国文学；西班牙、葡萄牙及拉丁美洲文学；加、澳、新文学；综合性外国文学与理论；外国重要批评家、理论家；译介学。

语言学 语言学基本理论；汉藏语同源；语言的共时和历时平面；语言的共性和个性；现代汉语语音、词汇、语法；方言与方言史；历史语法词汇；古代汉语语法；中古汉语；近代汉语语法词汇；现代汉字与汉字应用；汉字理论；文字学、音韵学、训诂学理论与应用；计算语言学；俗字研究；词源学；国家语言资源监测与研究中心建设；汉语树库建设；中国汉字语库建设；语音识别与合成的研究与应用；对外汉语教学理论和实践；世界范围内汉语学习需求与教学资源调查；社会语言学；城市语言调查；心理语言学与神经语言学；语言政策与语言规划；新世纪我国语言战略；普通话推广；汉语国际传播战略；民族语言共时描写；新时期少数民族语言使用和语言教育；少数民族语言现状调查、濒危语言、双语教学和语言信息化；外国语言研究；翻译学。

新闻学与传播学　马克思主义新闻学、传播学理论体系；马克思主义新闻观；新闻宣传与贯彻落实科学发展观；新闻宣传与构建社会主义和谐社会；新闻宣传与提高党的执政能力；党性原则和舆论导向；中国共产党新闻宣传思想发展史和新闻事业发展史；中国共产党与中国出版事业的发展；中国当代新闻事业；国家软实力研究；主流媒体做大做强、提高舆论引导能力问题；舆论监督研究；重大突发事件中新闻报道的快速反应机制；对外宣传研究；新时期新阶段中国国家形象塑造；对外宣传与国际舆论斗争；对海外华侨、华人的新闻宣传；新时期对台宣传；党报的事业发展与机制创新；新闻宏观管理制度建设与法制建设；国内媒体国际新闻报道现状分析及改进措施；新闻行业组织功能与行业管理；政府部门与新闻媒体关系；港澳台新闻状况；中外广播电视发展现状比较；对新的传播技术和新的大众传播媒介的跟踪研究；新技术新媒体的应用和管理；新闻传媒的社会责任与经济效益；广播电视体制改革及相关政策法规；出版业体制改革与管理；高等院校出版业发展与教材建设；中国新闻传播事业史；外国新闻学传播学的跟踪研究。

图书馆·情报与文献学　推进国民经济和社会信息化建设及以信息化带动工业化战略；信息产业数字化、网络化、智能化趋势；自主创新与信息领域重大技术开发；我国信息基础设施建设和信息安全保障体系；信息技术与现代服务业；信息资源的开发共享和信息技术的普及应用；学习型社会建设与图书情报事业改革创新；知识管理的理论与应用；我国数字图书馆的现状及发展方向；图书馆用户结构和用户需求结构变化；网络模式与技术创新；信息载体多样化时代的国家信息发展战略；信息资源法律框架与体系构建；我国图书情报业的经营管理体制改革；我国图书情报档案队伍建设与专业教育；我国档案文化遗产及价值；我国特色文献；学科基本理论和前沿问题；国外图书情报学科的新进展。

人口学　科学发展观与人口、资源、环境问题；中国人口发展战略与构建社会主义和谐社会；我国人口老龄化问题及对策；人口变动与经济增长方式转变；“人口红利”与“人口负债”关系；我国人口城市化道路、模式、问题及对策；发展中国家人口城市化的经验教训；人口迁移与区域经济协调发展；流动人口聚居社区与城市贫困问题；户籍制度改革与流动人口管理；流动人口的社会保障；人口转变与人口健康；新时期生育政策；独生子女与家庭、社会的关系；出生人口性别比问题；人口统计方法；重大人口问题的跨学科研究；人口学基本理论与方法；国外人口学跟踪研究。

统计学　统计学学科体系与现代统计教育体制；统计学学术史；全国统一、独立的政府统计组织体系与改革创新；适应中国国情的统计调查体系与制度；统计立法；国民经济核算的一般理论方法与专题研究；标准化工作中的统计方法；住户调查方法；适合中国国情的抽样调查方法和普查方法；经济计量学方法；投入产出分析方法；虚拟经济的统计核算方法；统计指数理论与应用；环境质量指数；遥感调查的统计分析方法；国外统计理论、统计方法；统计制度比较。

体育学　以科学发展观为指导重建符合时代要求的体育观；构建社会主义和谐社会与发展体育事业的关系；我国体育发展战略；2008年奥林匹克运动会综合研究；我国竞技体育的规模、速度和效益；世界竞技体育割据与发展趋势；竞赛制度改革与创新；我国全民健身运动及服务体系；体育精神；体育工作评价标准；农村体育；体育产业和体育市场；深化体育体制改革；体育法制建设；体育学理论和学科体系。

教育学　马克思主义教育基本理论在中国的实践及发展创新；国外有影响的教育教学理论；中国教育基本现代化；科学发展观与2020年中国教育发展目标、战略选择和对策；素质教育指导思想、实践模式和评价机制；建设终身学习体系和学习型社会及实践案例；中国教育体制改革深化的方向、思路和对策；基础教育新课程改革背景下的教学创新和质量评估标准；校本教研制度创新；教师教育制度改革与教师专业发展；我国独生子女群体成长状况与民族竞争力；特殊群体学生的教育；构建社会主义和谐社会与教育公平；教育机会供给、教育资源配置、教育公平与教育均衡发展；社会主义新农村教育发展与改革；创新型国家建设与教育创新；高水平创新人才培养与高等学校教学改革和人才培养模式；高等教育大众化的发展观、发展模式与质量保障；高等学校产学研相结合和技术创新体系；加强中国教育国际交流与合作；政府职能转变、教育责任定位与教育治理制度关系；考试制度改革与创新人才培养选拔机制；信息技术环境下学生学习能力发展与学习方式变革；民办教育可持续发展；教育立法（包括学校法、终身教育法、少数民族教育法、特殊教育法、教育投入法等）；教育成本与教育收费；我国大中专学生职业生涯规划、就业指导、创业援助的系统；中国特色的职业教育发展模式、结构体系和体制改革；职业教育专业设置、课程设计和教学模式改革；社会主义荣辱观教育与学校公民教育；青少年公民素质和思想道德状况发展评价；全球化和信息化时代下的学校德育实效性；师德建设与学术道德建设；基于脑科学研究的教育基础理论构建及其在教育实践中的应用；学生心理健康教育体系与评价；弱势群体学生心理健康调查与干预；学生体质健康状况的动态变化及其干预；当代学校美育、艺术教育的理论及有效途径；新时期民族教育政策创新；民族教育与民族非物质文化遗产的传承；少数民族高层次人才培养；军队院校教育整体转型与学科专业结构调整；中国名校和教育家。

艺术学　马克思主义艺术学基本原理；毛泽东、邓小平文艺思想及中国化的马克思主义艺术理论；中国特色社会主义文艺理论与实践；新世纪新阶段中国文化艺术与科学发展观、先进文化及和谐社会建设；新世纪新阶段我国文化发展战略及文化国力；艺术学学科体系建设问题；中华艺术通论；民族性与现代性相结合的艺术学科理论；民族民间文化艺术遗产抢救、保护与利用；音乐史学；中国戏剧艺术史；中国戏剧艺术发展问题；中国电影史；中国电影、电视剧美学与类型；信息时代新兴影视表现形式的发展；中国舞蹈的起源及其文化意义；中国民间舞蹈史；美术基础理论；当代中国美术发展与应用；美术设计、动漫影视制作及其产业化发展；公共文化艺术服务体系及农村文化建设问题；文化生态保护与地域特色文化；文化艺术在西部大开发中的战略地位与作用；文化艺术信息化建设；新世纪新阶段我国文化艺术产业、文化艺术市场、文化安全及其政策法规；中外文化艺术交流、比较与中华文化艺术“走出去”战略；海峡两岸文化艺术交流历史、现状和发展趋势。

军事学　马克思主义经典作家关于军事问题的基本理论；毛泽东军事思想、邓小平新时期军队建设思想、江泽民国防和军队建设思想、胡锦涛主席关于军队建设一系列重要论述；中国特色军事变革；在国防和军队建设中贯彻落实科学发展观；国防与军队建设重大问题研究；新世纪新阶段我军历史使命；国家安全战略理论体系；国际战略形势和我国安全环境；战略规划和管理能力；战争风险和战局控制；非传统安全领域；军事外交、对外军事安全合作、国际安全机制、军援军贸、军控与裁军；海上安全；新时期军事战略方针；军兵种战略；现实军事斗争准备；信息化条件下作战的基本特点和规律；军事训练；战斗力的增长方式、制胜机理及其特殊的指导规律；火力战、信息战、特种战、舆论战、心理战、法律战；应急作战理论体系；信息化条件下联合作战；军队建设整体效益；军队体制编制调整；军队政治工作、后勤工作、装备工作；培养新型军事人才；国防建设与经济建设协调发展；国防经济与社会经济的关系；建立军民结合、寓军于民的经济社会发展体系；国家资源最有效配置与国防建设效益；国防动员体制机制改革；完善国防和军队建设重要法律制度；国防教育；信息化条件下的国防建设理论；中国军事文学。

承前启后　继往开来　全力开创云南科学发展新局面

——在中共云南省委八届十次全委会上的报告

白恩培

2010年12月24日

同志们：

这次全委会的主要任务是：全面贯彻党的十七大及十七届三中、四中、五中全会和中央经济工作会议精神，深入贯彻落实科学发展观，认真回顾总结“十一五”全省经济社会发展取得的成就和经验，深入分析当前和今后一个时期面临的形势和任务，研究部署“十二五”全省经济社会发展的目标任务和重大举措及明年工作，审议《中共云南省委关于制定国民经济和社会发展第十二个五年规划的建议（草案）》，动员全省广大党员干部和各族群众，进一步解放思想、开拓进取，不断开创我省经济社会发展新局面。

下面，我受省委常委会委托，向全委会作工作报告。

一、凝心聚力、埋头苦干，出色完成“十一五”经济社会发展各项目标任务

今年是完成“十一五”目标任务的关键之年。面对国际金融危机带来的复杂局面和百年不遇的严重旱情，我们认真贯彻落实中央的一系列重大决策部署和胡锦涛总书记考察云南时的重要讲话精神，以科学发展观为统领，全力做好经济社会发展各项工作。组织调动全社会力量积极投入抗旱救灾，取得了救灾工作的全面胜利；认真抓好转方式、调结构、促发展、惠民生各项工作，工业、农业、服务业健康发展，经济保持平稳较快发展；牢牢抓住西部大开发和桥头堡建设重大机遇，积极配合中央有关部门研究制订战略规划，认真抓好“十二五”规划编制工作，加快推进重大项目建设；积极参与上海世博会，充分展示云南新形象；切实加大保障和改善民生工作力度，加快发展社会事业，推进边疆民族地区经济社会较快发展，全力维护社会稳定；不断巩固和扩大深入学习实践科学发展观活动成果，认真组织开展创先争优活动，党的建设全面加强，继续保持了经济发展、社会进步、文化繁荣、民族团结、边境安宁、生态环境进一步改善、人民生活水平不断提高的良好局面。

“十一五”以来，我们在总结继承“十五”成功经验的基础上，不断完善发展思路，突出科学发展这个主题，加快转变经济发展方式，继续围绕建设绿色经济强省、民族文化大省和中国连接东南亚、南亚国际大通道三大目标，深入实施可持续发展、科教兴滇、城镇化和全方位开放战略，加快培育和壮大烟草、生物、旅游、电力、矿产等支柱产业，扎扎实实打基础、突出重点抓生态、调整结构创特色、依靠科技增效益、改革开放促发展、统筹兼顾谋协调、齐心协力建和谐，全面推进经济社会发展，为“十二五”乃至更长一个时期加快发展奠定了坚实基础。预计全省生产总值从“十五”末的3462亿元增加到“十一五”末7000亿元左右，实现翻番；地方财政一般预算收入从312亿元增加到860亿元，增长175%；城镇居民人均可支配收入从9266元增加到15800元，增长47%；农民人均纯收入从2042元增加到3750元，增长53%。

五年来的生动实践，使基础相对薄弱、发展相对滞后的云南发生了广泛而深刻的变化，从城市到广大农村，从内地到边境一线，从经济到社会各个领域，焕发出发展的蓬勃生机和旺盛活力。

坚持不懈地抓项目、增投资、强后劲，基础设施建设成就显著。坚持大项目带动大建设，大建设促进大发展，抢抓机遇，举全省之力建

成了一批事关全局和长远发展的重大基础设施建设项目，发展的基础条件得到前所未有的改善。“十一五”全社会固定资产投资突破1.8万亿元，是“十五”的3.2倍。坚持把交通建设作为重中之重，集中力量打通瓶颈，综合交通运输体系不断完善，铁路运营和在建项目总里程接近5000公里，机场总数达到12个，航线辐射国内外98个城市，高速公路通车里程2630公里，农村公路通畅和通达率较“十五”末提高了一倍，水运港航设施建设得到加强，初步形成了公路、铁路、航空、水路协调发展的交通体系。以“润滇工程”为重点的水源工程建设力度加大，大型灌区和山区“五小水利”工程建设进一步加强，全省蓄水库容五年新增12亿立方米，农田有效灌溉率达到38%左右。“滇中引水”前期工作积极推进。能源建设全面加强，电力装机容量达到3700万千瓦，主干电网覆盖全省，“西电东送”加快推进，煤炭资源整合力度加大，中缅油气管线工程顺利启动。现代新昆明、区域中心城市、县城和特色小镇建设不断加快，功能日趋完善，城镇化率达35%。广大农村的水、电、路、房等建设投入大幅增加，农业农村生产生活条件进一步改善，农村面貌正在发生历史性的巨大变化。

坚持不懈地调结构、创特色、增效益，产业发展的协调性显著增强。全力推动经济持续快速协调健康发展，坚持把加快新型工业化、推进农业产业化、发展特色优势产业结合起来，实施创新型云南行动计划，加快转变经济发展方式，着力调优一产、调强二产、调快三产，全省三个产业比重由2005年的19：42：39调整为2010年的16.2：43.3：40.5，产业结构逐步合理，呈现出农业稳步发展、工业不断壮大、服务业增长强劲的势头。扎实推进新农村建设，大幅增加“三农”投入，启动农民收入翻番计划、中低产田和中低产林改造、“兴地睦边”和木本油料产业培育等一批重大工程，粮食生产连年增产，总产量迈上1600万吨新台阶，特色优势产业规模化水平显著提高，现代烟草农业和新烟区建设不断推进，茶叶、甘蔗、橡胶、花卉、咖啡产量持续增长，以核桃为主的木本油料基地建设快速发展，农业的基础地位进一步巩固。积极实施工业强省战略，围绕重点产业及特色优势产业开展技术创新，启动工业发展“双万亿工程”、重点项目建设“双百工程”和中小企业培育工程，新型工业化进程加快推进，烟草、生物、电力和矿产等支柱产业结构进一步优化，烟草利税突破860亿元，非烟工业增加值占全省规模以上工业增加值比重超过65%。工业经济总量连续突破1000亿元和2000亿元大关，工业主导作用进一步增强。大力发展以旅游业为重点的现代服务业，现代物流、金融保险、中介服务等生产性服务业加快发展，生活性服务业发展空间不断拓展，消费对经济增长的拉动作用逐步增强。

坚持不懈地办实事、解民忧、谋民利，保障和改善民生力度加大。集中有限的财力物力，全力以赴推动保障和改善民生工作。加大对就业困难群众的就业援助力度，实施“贷免扶补”创业模式，加强农民工职业技能培训，五年新增城镇就业和累计转移农村劳动力分别达到110万人和790万人，保持了就业形势总体稳定。加快完善覆盖城乡居民的社会保障体系，各类保险参保人数超过2000万，符合低保条件的城乡居民全部实现应保尽保，城乡低保标准和企业退休人员基本养老金、优抚对象待遇逐步提高，社会救助体系不断健全，残疾人事业、老龄事业、慈善事业进一步发展。扶贫开发力度加大，整村整乡推进成效显著，五年累计减少贫困人口210万。解决近1000万农村人口安全饮水问题。加快实施保障性安居、农村民居地震安全、农村危旧房改造和农垦系统职工安居工程，廉租房、公共租赁住房建设加快推进，一大批困难群众喜迁新居。着力推动义务教育均衡发展，全面实施城乡免费义务教育，积极稳妥推进山区农村中小学集中办学，“普九”目标如期实现，职业教育在校生实现翻番，呈贡高校新校区建设全面推进，各级各类教育质量和水平稳步提高。加快推进基本医疗保障制度建设，公共卫生体系不断健全，三级医疗卫生服务体系不断完善，群众看病难、看病贵的问题进一步缓解。人口和计划生育工作进一步加强。体育事业健康发展。认真开展安全生产、食品药品质量等专项整治活动，公共危机应急机制和救援体系不断健全。全力开展抗灾减灾和灾后恢复重建工作，切实保障了人民群众生命财产安全。

坚持不懈地重文化、抓发展、促繁荣，民族

文化强省建设成效明显。加快推进民族文化大省向民族文化强省迈进，宣传思想文化工作呈现出蓬勃发展的良好势头。紧密结合实际，抓好理论武装工作，深入开展社会主义核心价值体系教育，不断夯实各族人民共同团结奋斗的思想基础。深入推进公民思想道德和精神文明建设，广泛开展形式多样的文明创建活动，推出了一批在全国反响强烈的先进典型，公民文明素质和城乡文明程度不断提高。牢牢把握正确的舆论导向，加强新兴媒体的管理，大力营造积极向上的浓厚氛围。积极构建具有云南特色的对外宣传格局。坚持一手抓公益性文化事业建设，一手抓经营性文化产业发展，正在探索一条具有云南特色的文化发展路子。文化体制改革不断推进，经营性文化事业单位转企改制取得突破性进展。坚持把繁荣文化事业作为民族文化强省建设的重要内容，大力改善文化设施，精心组织实施广播电视"村村通"、千里边疆文化长廊等文化惠民工程，在全国率先对农民实行文化惠农补贴，极大地丰富了群众精神文化生活。坚持把发展文化产业作为促进文化繁荣发展的重要途径，坚持"三创新"、推动"三结合"，着力打造四大文化品牌，重点培育十大主导产业，特色文化品牌不断涌现，文艺创作持续繁荣，文化遗产保护力度加大，优秀民族文化得到弘扬发展。2010年，全省实现文化产业增加值420亿元，成为全国6个文化产业增加值占生产总值比重超过5%的省份之一。

坚持不懈地强扶持、促团结、共进步，边疆民族地区加快发展。始终牢牢把握各民族共同团结奋斗、共同繁荣发展的主题，坚持分类指导、因族举措，采取对口支援、政策资金项目人才扶持等措施，千方百计加快边疆民族地区发展步伐。在25个边境县和3个藏区县先后实施两轮兴边富民工程，累计投入近300亿元，着力推进6大工程和30件惠民实事。在边疆民族贫困山区实施解"五难"惠民工程，对人口较少民族和特困群体进行特殊扶持，下大力气解决深度贫困群体温饱问题，认真落实促进藏区发展的各项政策，民族地区发展条件不断改善，主要经济指标增长速度持续高于全省平均水平。少数民族干部队伍和人才队伍建设取得新突破。全面落实民族区域自治制度，出台了民族区域自治法实施办法等地方性法规，在全国率先实行民族团结目标管理责任制，全省多年来没有发生因民族问题引发的重大群体性事件，各族群众的民族自豪感和爱国主义热情不断增强。

坚持不懈地抓建设、促保护、重节约，生态文明建设步伐加快。坚持在发展中落实保护、在保护中促进发展，积极推进生态建设产业化、产业发展生态化，实施七彩云南保护行动、滇西北生物多样性保护行动、九湖流域水污染综合防治等工程，滇池治理全面提速，综合治理效果开始显现。实施"长治"、"珠治"等水土保持工程，五年累计完成120万公顷水土流失治理任务。大力推进"森林云南"建设，实施天然林保护、退耕还林、防护林建设、石漠化治理等工程，森林覆盖率超过50%。城市污水集中处理率和垃圾无害化处理率大幅提升。加快发展循环经济，突出抓住重点行业、重点领域和重点企业的节能减排工作，淘汰了一大批小炼铁、小焦炭、小水泥等落后产能，工业循环经济体系建设步伐加快，资源利用率不断提高，万元生产总值能耗完成规划目标，化学需氧量和二氧化硫年排放量明显下降。

坚持不懈地破难题、添活力、拓空间，改革开放深入推进。始终把完善体制机制、拓展发展空间作为加快发展的强大动力，着力破除影响科学发展的体制机制障碍。重点领域和关键环节的改革进一步深化，国企改革成效明显，成功引进了一批国内外战略投资者，国有企业和国有控股企业的效益进一步提高，对国民经济发展的支撑作用日益凸显。非公有制经济快速发展，对全省国民经济增长的贡献率达到40%左右。农村综合改革和集体林权制度、农垦、华侨农（林）场改革稳步推进。财税、金融、投资、科技、教育、文化、卫生等改革继续深化，扩权强县、省直管县财政管理体制、统筹城乡综合改革和旅游业综合改革等试点有序开展。政府职能加快转变，责任政府、法治政府、阳光政府、效能政府等十六项制度全面实施。开放云南建设取得新成效，桥头堡建设前期工作扎实推进，国际大通道建设取得重大进展，积极参与中国—东盟自由贸易区建设，大湄公河次区域经济合作迈出新步伐，与东南亚、南亚国家合作领域不断拓展，边境经济合作区建设步伐加快，国内区域合作继续深化，利用外资规模不断扩大，云南企业在国外投资居西部省区前列。

坚持不懈地维稳定、建和谐、聚人心，安定和谐的局面不断巩固。积极顺应各族干部群众加快发展的热切期盼，最大限度地调动一切积极因素，聚精会神搞建设、一心一意谋发展的强大合力和良好氛围进一步形成。坚持和完善人民代表大会制度、中国共产党领导的多党合作和政治协商制度，支持人民代表大会、人民政协更好地履行职能，不断巩固和壮大新时期爱国统一战线，工会、共青团、妇联等人民团体的桥梁纽带作用得到充分发挥。依法治省、依法行政全面推进，科学民主决策制度进一步健全，基层民主建设不断加强。动员全社会力量深入开展禁毒和防艾人民战争，严厉打击毒品犯罪，艾滋病疫情快速上升的势头得到遏制。认真贯彻执行党的民族宗教政策，高度重视做好新形势下的民族宗教工作，积极引导宗教与社会主义社会相适应，保持了宗教领域的稳定有序。深入开展社会治安综合治理和“平安云南”创建活动，全力化解影响社会稳定的各种突出矛盾，民族团结、边境安宁、社会和谐的局面进一步巩固。

坚持不懈地抓根本、重创新、强保证，党的执政能力和先进性建设全面加强。坚持党要管党、从严治党，全面推进党的思想、组织、作风、制度和反腐倡廉建设，为全省改革发展提供坚强保障。认真组织开展深入学习实践科学发展观活动，着力把学习实践活动所形成的科学发展共识、富民惠民政策、体制机制成果贯彻落实到基层。深入开展解放思想大讨论、“五个一批”工程等活动，思想政治建设不断加强。在领导干部中，积极开展“个人形象一面旗、工作热情一团火、谋事布局一盘棋”主题实践活动。扎实推进基层党组织建设，深入实施“边疆党建长廊”，认真做好党员发展工作，选好配强基层党组织书记。切实加强干部队伍建设，匡正用人风气，加大公开选拔、竞争上岗等竞争性选拔干部力度。大力推进作风建设，全面推行行政问责制等四项制度，严厉问责不作为、乱作为等行为。加快推进惩治和预防腐败体系建设，严格执行党风廉政建设责任制，在全省厅级干部和县级党政主要领导中开展“坚持廉政勤政，促进科学发展”主题教育活动，对新提拔的省管干部集中进行党风廉政建设培训，强化对权力运行的监督和制约，加大查办案件力度，党风廉政建设和反腐败斗争取得新成效。

我们认真贯彻执行《党政领导干部选拔任用工作条例》、干部选拔任用工作四项监督制度和有关制度规定，按照德才兼备、以德为先用人标准，注重干部的综合素质、工作实绩、基层领导工作经历和群众公认程度，去年10月以来共选拔任用厅级领导干部112人。积极稳妥地推进干部人事制度改革，加大竞争性选拔干部力度，开展了省、州（市）、县三级联合公开选拔厅、处、科级领导干部工作，在全省县以上党政机关全面推行内设机构中层领导干部竞争上岗。坚持和完善从基层一线选拔干部制度，通过做好公开选拔优秀村（社区）党组织书记担任乡镇（街道）领导干部和从农村、社区干部中考录公务员等工作，探索建立来自基层一线干部培养选拔链。继续推进年轻干部培养选拔工作，认真做好选派优秀年轻干部及厅级后备干部担任新农村建设工作总队长和从省直机关选派优秀年轻干部担任县市区党政正职工作。加强干部监督和管理工作，大力抓好干部选拔任用工作“四项监督制度”的学习贯彻，扎实推进提高选人用人公信度“示范县”、“示范单位”创建活动，认真落实中央关于从严管理干部的要求，继续加强对“一把手”、县委书记等关键岗位干部的监督和管理，加大对违反干部人事纪律行为的查处力度，深入整治用人上的不正之风，选人用人公信度明显提高。

“十一五”时期，是改革开放以来我省综合经济实力增长最快的时期，是基础设施建设投入最多、城乡面貌变化最大的时期，是优势特色产业快速发展、产业结构不断优化的时期，是社会事业全面进步、各族群众得实惠最多的时期，是干部队伍建设全面加强、执政能力和领导水平明显提高的时期。这些成绩，是党中央正确领导的结果，是全省干部群众团结一心、顽强拼搏的结果，也是我们不断深化省情认识、坚持改革创新的结果。五年来，我们经受的考验前所未有，面临的挑战前所未有，遭遇的困难前所未有。成绩来之不易，经验弥足珍贵。一是始终坚持把中央方针政策与云南实际结合起来，探索符合云南特点的发展路子。只有坚定不移地贯彻落实科学发展观，充分发挥自身优势，坚持一切从实际出发，创造性地开展工作，才能实现又好又快发展。二是始终坚持统筹兼顾，全面推动城乡、区域、经济社会发展相协调，开发与保护相统一，省内发展和对外开放相促进。只有牢固树立“一盘棋”的理念，正确认识和妥善处理各种重大关系，才能推动经济社会全面协调可持续发展。三是始终坚持各民族共同团结奋斗、共同繁荣发展，认真贯彻党的民族宗教政策，做好事关边疆民族地区发展稳定大局的各项工作。只有认真落实中央的决策部署，始终与各族群众同呼吸、共命运、心连心，在政策、资金、项目、人才等方面加大扶持力度，才能实现边疆民族地区经济加快发展、社会和谐稳定。四是始终坚持以人为本，把保障和改善民生作为一切工作的出发点和落脚点。只有尊重群众意愿，顺应群众期盼，真心实意为民谋利，使改革发展成果更多地惠及各族群众，才能充分激发和调动各族群众的积极性，创造更加幸福美好的生活。五是始终坚持求真务实、真抓实干的工作作风，以优良的作风凝聚党心民心、一丝不苟推动工作落实。只有把心思凝聚到谋发展上，把本事用在干事业上，把功夫下在抓落实上，引导党员干部深入基层、深入群众，出实招、办实事、解难题，才能形成心齐气顺抓落实、团结干事谋发展的良好氛围。六是始终坚持以改革创新精神加强和改进党的建设，不断发挥总揽全局、协调各方的领导核心作用。只有围绕发展抓党建、抓好党建促发展，才能为全省经济社会又好又快发展提供坚强的政治和组织保障。这些经验，是我们继往开来、再创辉煌的宝贵财富，必须坚持好、运用好。

二、认清形势、统一思想，进一步增强加快发展的责任感和紧迫感

“十二五”时期是加快转变经济发展方式的攻坚期，是加快建设“两强一堡”的黄金期，是全面建设小康社会的关键期。我们面临的国际国内形势依然复杂，世界经济复苏进程缓慢曲折，国内通货膨胀压力上升，必须科学判断，准确把握，沉着应对。全省发展不充分、发展不平衡、发展不协调、发展不可持续的问题仍然突出：全省经济总量不大，综合经济实力不强，城乡居民收入偏低，自我发展能力较弱；产业层次较低，科技创新能力薄弱，结构调整和发展方式转变任务非常艰巨；城乡和区域发展仍不平衡，广大偏远民族山区和农村贫困面较大，农民持续增收基础不牢固，扶贫开发仍需付出艰苦努力；经济社会发展协调性不强，社会事业发展依然滞后；发展的资源环境约束强化，生态环境保护和建设压力增大；制约科学发展的体制机制障碍仍然较多，一些重大改革需要继续深化；社会矛盾不断增多，维护社会稳定任务繁重；少数党员干部的能力素质与科学发展观的要求还不相适应。解决这些突出问题，需要我们进一步提高推动科学发展、促进社会和谐的能力和水平，善于在困难中找出路，在挑战中寻突破，在化解各种重大困难和矛盾中不断开创全省改革发展和现代化建设的新局面。

加快科学发展步伐，我们面临难得的重大历史机遇和有利条件。新一轮西部大开发战略的深入实施，将在基础设施建设、生态环境保护、能源资源开发、装备制造和战略性新兴产业培育、边疆民族贫困地区发展、民生改善等方面，为我省加快发展提供强大支持；中国—东盟自由贸易区的全面建成，桥头堡建设的大力推进，为我省对外开放开辟了更为广阔的空间；国内外科技创新步伐加快，经济结构深刻调整，为我省发挥比较优势、承接产业转移、加快发展现代产业提供了重大契机；我省总体上进入工业化、城镇化加速推进时期，巨大的内需潜力将为全省持续较快发展提供日益增强的内生动力；改革开放以来特别是近十年来的较快发展，为“十二五”发展奠定了较为坚实的基础；广大党员干部贯彻落实科学发展观的能力不断增强，各族群众盼发展的愿望更加强烈、促发展的信心更加坚定，为加快发展提供了万众一心、众志成城的强大精神动力。

挑战和机遇并存，机遇大于挑战，我们仍然处于加快发展的重要战略机遇期。逆水行舟、不进则退。不发展没有出路，发展慢了同样没有出路。必须进一步增强危机感和紧迫感，坚定信心、知难而进，坚持把创新发展理念和发展模式

与有效应对各种困难和挑战、充分抓住和用好重要战略机遇期紧密结合，坚持把政府维护市场有序运转职能与市场配置资源的基础性作用紧密结合，坚持把推动经济发展与促进各族群众共享发展成果紧密结合，坚持把坚决贯彻落实中央的重大决策部署与发挥我省各地各方面积极性紧密结合，坚持把加快发展与对外开放紧密结合，大胆探索符合云南实际的科学发展路子。必须进一步在解放思想上比胆识，在攻坚克难上比干劲，在转变经济发展方式上比力度，在科学发展上比成效，努力形成全省上下争先恐后谋发展、全力以赴促发展的生动局面。

实现“十二五”时期经济社会又好又快发展，必须高举中国特色社会主义伟大旗帜，以邓小平理论和“三个代表”重要思想为指导，深入贯彻落实科学发展观，紧紧围绕建设绿色经济强省、民族文化强省和中国面向西南开放的桥头堡战略目标，以科学发展为主题，以加快转变经济发展方式为主线，坚持推进农业产业化、新型工业化、城镇化和教育现代化，加快改革创新，加大开放步伐，加强统筹协调，强基础、快发展，调结构、上水平，惠民生、促和谐，不断推进富裕、民主、文明、开放、和谐云南建设迈上新台阶。

“十二五”时期发展的主要预期目标是：经济保持平稳较快发展，全省生产总值和人均生产总值确保实现两位数增长，力争实现翻番，全社会固定资产投资和地方财政一般预算收入保持合理较快增长；经济结构战略性调整取得明显进展，三次产业结构更趋合理，非公有制经济比重和城镇化率进一步提高；城乡居民收入较快增长，努力实现城乡居民收入增长和经济发展同步、劳动报酬增长和劳动生产率提高同步，就业形势保持总体稳定；生态环境明显改善，单位生产总值能耗持续降低。

三、牢牢把握关系经济社会发展全局的重大问题，推动科学发展再上新台阶

推动“十二五”时期云南经济社会又好又快发展，必须立足当前、着眼长远，统筹兼顾、突出重点，认真解决关系全局和长远的若干重大问题。

第一，坚持加快发展，进一步增强综合经济实力。云南压倒一切的中心任务，始终是在科学发展观指导下千方百计加快发展。作为集边疆、民族、山区为一体的欠发达省份，必须把加快发展作为“十二五”乃至更长时期最重要、最紧迫的任务，把科学发展作为加快发展的本质要求，把加快转变经济发展方式作为推动科学发展的必由之路，努力实现经济总量、财政收入和群众收入持续较快增长，经济增长质量和效益持续较快提高，综合经济实力和竞争力持续较快提升。坚持抓住基础设施建设这个加快发展的基础不松劲，进一步加强水利、交通、能源、通信等建设，尽快从根本上改变我省基础设施总体较为薄弱的状况，切实增强发展后劲。坚持抓住特色经济这个加快发展的关键不放松，立足丰富的自然、人文资源和沿边区位优势，大力推进农业产业化、新型工业化和服务业现代化，深入推进绿色经济强省建设，做大做强特色产业这篇大文章，不断把巨大的发展潜力转化为强大的经济实力。坚持抓住调整结构这个加快发展的突破口不动摇，继续围绕增收调结构，依靠科技增效益，巩固提升烟草、电力、矿产等传统支柱产业，加快培育现代生物、新材料、新能源、光电子、高端装备制造和节能环保等战略性新兴产业，大力发展现代金融、现代物流、现代旅游、现代传输和文化产业等现代服务业，加快发展现代产业体系，努力使经济结构战略性调整取得新的重大进展。坚持抓住大项目带动这个加快发展的重要支撑不松懈，继续集中力量实施一批在优化发展环境、增强产业竞争能力、保障和改善民生等方面意义重大的项目，坚持市场导向，不断拓宽融资渠道，大力优化投资结构，进一步改善投资环境，充分发挥政府投资对民间投资的引导和带动作用，切实保障重大项目建设顺利进行。认真研究和准确把握国家宏观经济政策的变化，找准着力点，加大工作力度，提高工作质量，继续保持全社会固定资产投资稳定增长，积极扩大消费需求，更好地发挥投资和消费对经济增长的拉动作用。

第二，坚持协调发展，进一步提高统筹城乡、区域、经济社会发展水平。协调既是实现科学发展的重要手段，也是衡量科学发展水平的重要尺度。促进城乡、区域、经济社会协调发展是全面建设小康社会的必然要求，是需要我们不懈

努力的长期战略任务。必须坚持以统筹促协调，以协调促发展，正确处理好局部和全局、当前和长远的关系，不断增强发展的协调性。坚持把促进城乡协调发展作为夯实农业农村发展基础、破除城乡二元结构的重要手段，始终把“三农”工作作为重中之重，健全以工促农、以城带乡的体制机制，进一步加大涉农投入，完善强农惠农政策，扎实推进新农村建设，努力形成城乡一体化发展格局。积极稳妥推进城镇化，加快构建布局合理、功能完善、特色鲜明的城镇发展体系。在推进城镇化进程中，必须切实保护农民土地权益，充分尊重农民在进城和留乡问题上的自主选择权，无论是承包地换户口，还是宅基地置换，都要严格遵守法律法规，充分考虑农民的当前利益和长远生计，在农民自愿的基础上有序进行，绝不能脱离实际，更不能搞强迫命令。坚持把促进区域协调发展作为实现各民族各地区共同发展的重要途径，进一步优化全省区域开发空间结构和产业布局，发展壮大县域经济，建立健全有利于发挥各地区比较优势、有利于提高资源配置效益、有利于提高可持续发展能力的区域协调发展机制，推动优势资源向现实生产力转化，引导生产要素跨区域合理流动，促进各地区优势互补、协调发展。稳步推进区域间基本公共服务均等化，深入推进开发式扶贫，进一步加强领导、加大投入、创新方式，加快贫困地区发展步伐，加快解决边远、民族地区深度贫困群众和集中连片特殊困难地区的贫困问题。妥善解决好新老移民的生产生活。坚持把促进经济社会协调发展作为提高发展质量和效益的重要抓手，进一步加大社会事业投入，加快健全促进社会事业全面发展的保障机制，努力推动经济社会协调发展。

第三，坚持创新发展，进一步增强发展活力。创新是加快发展的重要途径。只有敢于和善于创新，才能闯出科学发展的广阔空间。要进一步创新思想观念，提高创新能力，打破封闭保守，扫除陈规陋习，以思想的大解放、观念的大更新，推动经济社会的大发展。进一步创新工作方式方法，既要抓住主要矛盾解决关键问题，又要统筹解决好各方面的矛盾，协调推动各项工作。尊重群众首创精神，充分调动各方面积极性，始终从广大群众的生动实践中汲取智慧和力量，在实践中不断完善发展思路、创新发展举措、推动科学发展。坚持把完善体制机制作为推动科学发展的重要保障，既立足当前注重解决实际问题，又着眼长远注重建立长效机制，加快改革创新步伐，全面推进各领域的改革，积极探索开展省直接管理县的体制改革试点，努力在重要领域和关键环节取得新的突破，加快构建充满活力、富有效率、更加开放、有利于科学发展的体制机制。大力研发和推广先进适用技术，提高科技创新水平，加快建设创新型云南，推动以企业为主体的自主创新能力建设，加快推进重大科技攻关，用高新技术改造提升传统产业，推进战略性新兴产业与新兴科技的深度融合，大幅提升科技进步对经济增长的贡献率。毫不动摇地把人才队伍建设作为强省之基、创新之本，加大人才引进力度，加快人才开发建设。加强社会建设和管理创新，大胆探索适应时代要求、符合省情实际的社会管理体制机制，深入推动创新型社会建设。

第四，坚持开放发展，进一步拓展发展空间。开放的程度决定了发展的速度和水平，必须紧紧抓住桥头堡建设的重大历史机遇，以海纳百川的博大胸怀，坚持大开放促进大开发、大开放促进大发展。坚持以开放促改革，进一步放开、放活政策，扩大开放领域，加快开放步伐，把桥头堡建设的工作落实到位，力争每年有新进展，几年发生大变化。进一步营造良好的开放环境，在继续优化硬件环境的同时，下更大的工夫营造良好的政策环境、法制环境、市场环境和人文环境，建设高效、廉洁、规范的行政管理和服务体系。着力推动国际大通道建设，不断加强口岸建设。推进外贸主体多元化，鼓励企业利用扩大开放的有利时机，增强市场开拓、技术创新和自主品牌培育能力，积极参与国际合作和竞争。坚持“引资”和“引智”相结合，进一步提高利用外资能力，扩大利用外资规模，提高利用外资水平，紧密结合我省经济结构调整和发展方式转变，更好地引导外来资金、先进技术、管理经验和高素质人才加快向重点产业和发展薄弱环节集聚。坚持与邻为善、以邻为伴的周边外交方针，落实睦邻、安邻、富邻的周边外交政策，创新“引进来”和“走出去”相结合的途径和方式，推动“滇企出国”，充分利用国际国内两个市场、两种资源，优化资源配置，拓宽发展空间。

第五，坚持先进文化引领发展，进一步推动文化大发展、大繁荣。没有先进文化的引领，就不可能实现社会主义现代化，必须进一步突出文化在现代化建设全局中的战略性、先导性地位，牢牢把握社会主义先进文化前进方向，弘扬主旋律，提倡多样化，统筹文化事业与文化产业发展，大力推进民族文化强省建设，充分发挥好文化引导社会、教育人民、推动发展的功能，使各族人民基本文化权益得到更好保障，社会文化生活更加丰富多彩，广大干部群众的精神风貌更加昂扬向上。始终坚持中国特色社会主义理论体系，坚持不懈地加强社会主义核心价值体系建设，坚定不移地走中国特色社会主义道路。坚持为人民服务、为社会主义服务的方向和百花齐放、百家争鸣的方针，紧扣云南改革开放和现代化建设的生动实践，推出更多思想性、艺术性、观赏性相统一的优秀作品，鼓舞和激励广大干部群众为加快云南发展而不懈努力。坚持把发展公益性文化事业作为保障人民基本文化权益的主要途径，加强基层文化设施建设，大力推进文化惠民工程，不断改善文化民生，提升公民道德情操、科学文化素养和城乡文明程度，大力培育文明风尚。坚持把发展文化产业作为加快转变经济发展方式的重要抓手，进一步推动文化与经济的融合，更好地把民族文化资源优势转变为发展优势，不断提高文化产业在生产总值中的比重，加快把文化产业培育为战略性支柱产业。坚持文化“走出去”与桥头堡建设有机结合，充分利用云南与周边国家地缘相连、人缘相亲、文缘相融、商缘相通的优势，积极开展文化交流与合作，努力营造睦邻友好的良好环境。积极推进文化改革创新，进一步解放和发展文化生产力，在文化大发展、大繁荣中不断增强先进文化引领发展的功能。

第六，坚持可持续发展，进一步推进生态文明建设。良好的生态环境和自然禀赋，是云南最大的优势，是建设资源节约型、环境友好型社会的重要支撑，是经济社会可持续发展的重要保障。经济越是快速发展，越要加强资源环境保护。必须牢固树立生态立省、环境优先的观念，坚持在保护中开发、在开发中保护，坚持生态建设产业化、产业发展生态化，坚持经济效益、社会效益和生态效益相统一，努力以较低的资源代价实现较高的发展水平，促进经济发展与人口资源环境相协调。继续深入推进“七彩云南保护行动”，切实抓好重点生态功能区保护和以“森林云南”为重点的生态工程建设，增强森林碳汇能力，加快建设生态安全屏障。加强突出环境问题综合整治，健全重大环境事件和污染事故责任追究制度，切实加大环境保护力度。紧密结合经济结构调整，大力发展绿色经济、循环经济、低碳经济，全面加强节能减排，不断提高能源资源综合利用效率，加快构建以低碳排放为特征的产业体系和消费模式。全面加强防灾减灾体系建设，加大重点区域地质灾害治理力度。大力倡导环境保护从我做起、良好生态人人受益的理念，集全社会之力加快推动我省走上生产发展、生活富裕、生态良好的文明发展道路。

第七，坚持和谐发展，进一步巩固民族团结、社会和谐的良好局面。保持社会和谐稳定，是实现科学发展的基础和前提，也是各族群众的共同心愿。坚持依法治省，支持人大、政协依法履行职能，坚持和完善民族区域自治制度以及基层群众自治制度，支持工会、共青团、妇联等人民团体依法开展工作，认真贯彻党的民族宗教政策，促进政党关系、民族关系、宗教关系、阶层关系、海内外同胞关系的和谐。努力探索和正确把握新时期人民内部矛盾的特点和规律，不断完善人民群众诉求表达机制和社会矛盾调处机制，妥善协调各方面利益关系，提高从源头上化解矛盾和应对突发事件的能力，最大限度增加和谐因素，最大限度减少不和谐因素。加强基层基础工作，强化城乡社区建设，完善基层管理网络，健全社会舆情汇集分析机制和社会稳定风险评估机制，着力解决影响稳定的源头性、根本性、基础性问题。深入推进平安云南建设，健全社会治安防控体系，严厉打击各种违法犯罪活动，继续打好禁毒防艾人民战争，严密防范境内外敌对势力渗透破坏活动，切实维护国家安全和边境安宁。

第八，坚持共享发展，进一步保障和改善民生。民生无小事，民生系民心。必须坚持富民强省、富民优先，在经济发展、财力增强的基础上，切实加大民生投入，确保各族群众共享发展成果。把促进充分就业作为经济社会发展的优先目标，完善城乡公共就业服务体系，继续推进创业带动就业，充分发挥重大项目和劳动密集型产业的就业带动作用，着力构建和谐劳动关系。认真落实国家调整收入分配政策，保障企业职工工资正常增长和支付，坚决防止拖欠农民工工资。加大社会保障投入，按照广覆盖、保基本、多层次、可持续的要求，加快建设覆盖城乡居民的社会保障体系。把教育作为提高人的素质、促进人的全面发展的根本途径，以巩固九年义务教育和发展职业教育为重点，深化教育改革，合理配置教育资源，大力提高教育现代化水平，切实保障各族群众依法享有受教育的权利，办好人民满意的教育。深化医药卫生体制改革，努力实现人人享有基本医疗保障。高度重视食品安全问题。加大保障性住房建设力度，逐步形成符合省情的保障性住房体系和商品房体系。

四、切实加强和改进党的建设，为“十二五”发展提供坚强保证

顺利实现“十二五”经济社会发展目标，关键在党。必须坚持以改革创新精神全面加强党的思想、组织、作风、制度和反腐倡廉建设，为加快发展提供坚强的政治和组织保障。

第一，紧紧围绕坚定理想信念，不断增强党员干部思想政治素质。切实加强和改进理论武装工作，坚持不懈地用中国特色社会主义理论体系武装全省广大党员干部，加强理想信念教育，树立正确的世界观、权力观、事业观。大力加强形势政策教育，切实把党员干部的思想认识统一到中央对形势的重要判断和要求上来。深入推进学习型党组织和学习型领导班子建设，建立健全、管用、有效的学习制度，不断增强综合素质。进一步解放思想，提高理论联系实际能力，把解决认识问题同解决实际问题结合起来，把提高理论素养、知识素养同提高领导水平结合起来，坚持学以致用、用以促学，善于结合云南实际创造性地贯彻落实中央精神，努力在推动科学发展、促进社会和谐上取得新的成效。

第二，紧紧围绕建设高素质干部队伍，不断提高干部工作水平。继续深化干部人事制度改革，坚持正确的政绩导向和用人导向，进一步建立完善科学的选人用人机制，提高选人用人公信度。坚持德才兼备、以德为先，坚持五湖四海、任人唯贤，建立健全科学的提名制度，提高干部工作的透明度，完善公开选拔、竞争上岗等竞争性选拔干部方式，着力增强干部选拔任用工作的科学性和合理性。坚持和完善从基层一线选拔干部制度，注重从实践中发现和培养优秀人才，着力培养造就一支堪当重任的高素质干部队伍。结合开展创先争优活动加强干部教育培训，注重解决突出问题，增强针对性和实效性，不断提高党员干部推动科学发展和加快转变经济发展方式的能力。健全完善体现科学发展观和正确政绩观要求的干部考核评价机制，强化考核结果运用。坚持从严管理干部，健全干部日常管理机制。继续抓好培养选拔使用民族干部、女干部、年轻干部和非党员干部工作，加大干部交流和轮岗力度，激发干部队伍活力。深入整治用人上的不正之风，严格执行干部选拔任用工作责任制和责任追究制，加大对用人违规违纪行为的查处力度，进一步匡正用人风气，提高选人用人公信度。

第三，紧紧围绕发挥战斗堡垒作用，不断加强基层党组织建设。抓住提高基层党组织战斗力这个关键，加强探索创新，切实把基层党组织建设成为推动科学发展、促进社会和谐的坚强战斗堡垒。认真落实党委抓基层党组织建设的责任制。创新党组织设置方式，紧密结合我省山区面积大、少数民族多的实际，以边境地区、城市社区为重点，因地制宜、灵活多样地设置党组织，消除党员空白村，加快在新经济组织、新社会组织中组建党组织，不断扩大党的工作和党的组织覆盖面。加快完善城乡基层党建统筹机制、党内互帮互助机制、绩效考核评价机制、激励约束机制，切实增强基层党组织的活力。发展党内民主，加强党内监督，全面实行党的基层组织党务公开。继续深入实施“云岭先锋”和“边疆党建长廊”工程，深入开展“个人形象一面旗，工作热情一团火，谋事布局一盘棋”主题实践活动和各种形式的创先争优活动，进一步发挥基层党组织推动发展、服务群众、凝聚人心、促进和谐的功能。扎实做好党员发展工作。选好配强基层党组织领导班子，提高基层党组织带头人素质。继

续加大投入，加强阵地建设，不断改善基层党组织工作条件。

第四，紧紧围绕密切党同群众的血肉联系，不断增强做好群众工作的能力。必须时刻保持党同人民群众的血肉联系，充分调动各族群众的积极性、主动性和创造性。各级领导干部要牢固树立群众观点，坚持思想上尊重群众、感情上贴近群众、工作上依靠群众，顺应各族群众的新期盼、新要求，千方百计把群众工作做扎实，把党的群众路线贯彻好。始终站稳群众立场，坚持做到想问题、作决策都从群众利益出发，充分考虑和照顾不同群众的利益和承受能力，坚决不干违背群众意愿的事，坚决纠正损害群众利益的行为。深入研究和把握做好新形势下群众工作的新特点、新要求，创新工作方式方法，综合运用法律、政策、经济、行政等手段和教育、疏导、协商等办法，着力在解决实际问题上下工夫。进一步完善群众工作制度，特别要善于把基层创造的好做法、好经验上升为制度，增强制度的执行力。强化做好群众工作是全党全社会共同责任的认识，各级党委、人大、政府、政协和工会、共青团、妇联等人民团体都要高度重视和积极主动开展群众工作，进一步形成做好群众工作的强大合力。

第五，紧紧围绕解决突出问题，不断推进作风建设。党员干部的作风，关系党的形象，必须切实加强思想教育，引导广大干部树立良好作风。要强化责任意识，把推动科学发展、促进社会和谐作为神圣职责，竭尽全力干好本职工作。教育党员干部坚决摒弃虚、懒、软、散等不良作风，坚持锐意进取、艰苦奋斗，始终保持昂扬斗志。切实转变文风，讲真话、讲实话、讲管用的话，真正把心思和精力用在推动工作上。大力发扬求真务实、真抓实干的作风，不务虚名，不搞花架子，防止和克服形式主义、官僚主义。深入开展调查研究，抓住重点难点问题，扑下身子认真解决，以模范的行动影响和带领群众，努力把加快发展的各项工作抓实抓好、抓出成效。

第六，紧紧围绕营造加快发展的良好环境，不断加强反腐倡廉建设。全面推进教育、制度、监督并重的惩治和预防腐败体系建设，严格执行党风廉政建设责任制，认真落实“一岗双责”，确保反腐倡廉建设各项任务落到实处。继续深化改革、健全制度，从源头上预防和解决腐败问题。从严管理干部，加强廉洁从政教育，切实加强对权力运行的监督制约。严肃查处滥用职权、贪污贿赂、失职渎职等各类腐败案件，加大查办违纪违法大案要案的力度。领导干部要严格遵守党的纪律，在思想和行动上自觉与党中央保持高度一致，坚持把纪律的外在约束力转化为内在的自制力，把严守纪律体现在工作和生活的各个方面，自觉规范从政为官、做人处世行为，干干净净做人，勤勤恳恳做事，努力营造互相尊重、互相信任、互相支持的干事创业环境，不断巩固和扩大团结干事的良好局面。

明年是中国共产党成立90周年，是“十二五”开局之年，做好全省经济社会发展各项工作具有十分重要的意义。要认真贯彻落实国家宏观调控政策，更加积极稳妥地处理好稳增长、调结构、防通胀的关系，继续加强基础设施建设，加快推进经济结构调整，切实抓好节能减排，不断深化改革开放，着力保障和改善民生，努力保持经济平稳较快发展，促进社会和谐稳定，确保“十二五”开好局、起好步。

同志们，回首过去，我们取得的优异成绩已成历史；展望未来，云南的美好明天等待我们去创造。全省各级党组织和广大共产党员，一定要紧密地团结在以胡锦涛同志为总书记的党中央周围，高举中国特色社会主义伟大旗帜，深入贯彻落实科学发展观，团结带领全省各族干部群众，进一步解放思想、真抓实干，开拓创新、奋发进取，为实现“十二五”发展的宏伟目标而努力奋斗！

《云南省哲学社会科学“十二五”研究与发展规划》征求意见座谈会在昆召开　省委常委、省委宣传部部长张田欣出席会议听取意见并作重要讲话

2010年8月9日，《云南省哲学社会科学“十二五”研究与发展规划》征求意见座谈会在昆明召开。省委办公厅、省委宣传部、省委政策研究室、省委党校、省发改委、省教育厅、省财政厅、省编办、省政府研究室、省社科联、省社科院和部分高校分管或联系社科工作的领导以及部分社科专家和高校科研（技）处负责人参加了会议。省委常委、宣传部部长张田欣出席会议听取意见并作重要讲话，充分体现了省委省政府对繁荣发展哲学社会科学的高度重视，对广大哲学社会科学工作者寄予殷切期盼。

省委宣传部副部长张瑞才主持会议并对“十二五”规划编制情况作了说明。《云南省哲学社会科学“十二五”研究与发展规划》编制，在认真分析当前形势、深入调查研究基础上，起草规划，听取意见，反复修改，数易其稿，形成了较成熟的征求意见稿。与会人员本着对繁荣发展哲学社会科学负责的态度，畅所欲言，各抒己见，讨论热烈，充分肯定了哲学社会科学“十一五”取得的成绩和“十二五”规划编制取得的成果，指出了存在问题，提出了很多建设性意见。会议认为，规划编制贯彻了中央和省委《关于进一步繁荣发展哲学社会科学的意见》精神，体现了强基础、重应用、出特色、求创新的特点，具有前瞻性、针对性、指导性和可操作性，是一份成熟的规划，是一份振奋人心的规划，为全省哲学社会科学今后5年的工作指明了方向，注入了新的动力，对推动哲学社会科学繁荣发展具有重要的意义。

部长张田欣强调，哲学社会科学承载着“认识世界、传承文明、创新理论、资政育人、服务社会”的重要功能，是人们认识世界、改造世界的强大思想武器，是推动历史发展和社会进步的重要力量，在中国特色社会主义事业中发挥着重要的思想保证作用。哲学社会科学工作是党和国家全局工作的重要组成部分，是宣传思想文化工作的重要内容，认真谋划、科学规划，是繁荣发展全省哲学社会科学的重要前提。

部长张田欣要求：一是高度重视，充分认识编制《云南省哲学社会科学“十二五”研究与发展规划》的重要性。虽然哲学社会科学属于上层建筑，但上层建筑反作用于经济基础。社会越进步，上层建筑对经济基础的反作用越大。正如胡锦涛总书记提出“经济建设搞不上去要出大问题，意识形态搞不好也要出大问题。”可见，哲学社会科学作为意识形态的重要组成部分，其作用和意义十分巨大。二是把握规律，确保“十二五”规划符合实际、符合时代要求。要坚持马克思主义指导地位，把马克思主义的立场、观点和方法，贯穿到规划编制的全过程，贯穿到学术研究的全过程，贯穿到学科建设的全过程，确保哲学社会科学沿着正确的方向发展；坚持以科学发展观统领哲学社会科学研究工作，以改革开放和现代化建设中的重大理论和实践问题作为主攻方向，为推动云南经济社会又好又快发展提供理论支持和决策服务；坚持理论联系实际学风，认真选题，精心组织，重点攻关，围绕西部大开发、调整经济结构、转变经济发展方式、绿色经济强省、民族文化强省和中国面向西南开放的桥头堡建设等一系列重大战略问题开展深入研究，充分发挥哲学社会科学“思想库”、“智囊团”的作用；坚持理论创新，围绕中心、服务大局，以深入研究重大现实问题为主攻方向，注重全局性、战略性、前瞻性重大问题，积极开展多形式、多领域的调查研究和多学科、跨学科的联合攻关，深刻分析产生问题的原因，破解发展难题，促进研究方法的创新，提高哲学社会科学的研究水平；坚持以项目带动发展，抓好规划的全

面落实。三是加强领导，为规划实施提供强有力的组织保障。统一认识，把哲学社会科学摆到更加重要的位置；深化改革，推动哲学社会科学体制机制的创新；重视培养，为云南经济社会又好又快发展提供人才保障；解放思想、转变观念，改进工作方式，把工作重点从管理向服务转变，引导社科工作健康发展。同时，要求课题组认真采纳各方面意见，修改完善，把《云南省哲学社会科学“十二五”研究与发展规划》编制得更好。

（摘自云网）

专题研究

年鉴

2008—2010

云南经济发展战略研究

2008年以来，国际金融危机对云南经济社会发展带来了挑战，也为云南调整经济结构、转变发展方式、促进科学发展带来了机遇。为适应国际国内新形势和新情况，三年来，云南省人民政府研究室（以下称“省政府研究室”）和省级政府相关部门紧紧围绕省委、省政府中心工作，立足于云南经济社会发展现状，以“保增长、保民生、保稳定”为重点，以推动云南经济社会又好又快发展为目标，积极谋划云南发展大业，组织研究力量完成了“后危机时代云南产业选择与培育研究”、“云南加快经济发展方式转变的对策研究”、“云南省经济发展重大思路与对策研究”等23项事关经济发展战略的重大课题研究，形成了大量的研究成果和决策咨询建议。

一、“后危机时代云南产业选择与培育研究”

此课题由省政府研究室组织完成。课题组着眼于云南产业发展的客观条件和现实基础及国内外产业发展的环境变化情况，研究提出未来五年乃至更长一段时间内云南产业发展的总体构想和战略举措，主要目的是为了进一步明确思路，找准差距，突出比较优势，优化产业布局，提高产业竞争力，更好地服务于全省经济社会发展这一大局。成果包含以下专项研究：

（1）云南产业发展的总体构想。

（2）云南产业发展的历史进程及国际国内比较。

（3）新形势下云南产业选择。

（4）产业集群发展研究。

（5）云南产业国际化发展研究。

（6）产业发展中的品牌培育。

（7）产业发展的金融支持。

（8）云南企业发展研究。

（9）全国生物产业发展比较研究。

（10）进一步加快云药产业发展研究。

（11）整合橡胶资源做大做强云南橡胶产业研究。

（12）云南发展服务外包研究。

（13）中国（云南）—东盟电力走廊建设和电力产业合作研究。

二、“云南扩大消费需求拉动经济增长研究”

此课题由省政府研究室组织完成。课题组根据国家经济发展取向，利用统计调查资料，对云南消费运行特点、存在问题进行认真分析，在此基础上探究消费发展的趋势。通过借鉴省内外的成功经验，结合云南实际，就如何更多地依靠扩大消费来拉动经济增长进行深入研究，提出云南扩大消费需求的主要方向、重点领域和若干政策建议。

三、“深化云南农村改革研究”

此课题由省政府研究室组织完成。十六大尤其是十七大以来党中央、国务院把解决“三农”问题放在更加突出的位置，从经济社会发展全局和农业农村发展的迫切需要出发，进一步加大了对农业农村发展的支持力度，推动了农村各项事业的发展，农村改革发展也进入关键阶段。课题组认真总结了30多年来我省农村改革的历程和我省农业农村经济社会发展取得的显著成绩，提出了我省深化农村改革的总体思路、基本原则、目标任务和深化土地改革、农业生产经营组织化改革、农村综合配套改革、农村金融改革、农村社会事业改革、农村民主管理改革等六个方面以及加大解放思想力度、加强组织领导、培养一支锐意改革的干部队伍、加强改革的督促检查和营造深化农村改革的良好氛围五个方面的保障措施。

四、“云南节水农业发展研究”

此课题由省政府研究室组织完成。云南省是水资源大省，同时也是水资源利用率极低的省份。尤其是全省遭遇百年不遇的旱灾，工程型缺水问题更加突出，并对全省的经济社会发展造成了严重影响。课题组针对频发干旱灾害对我省农业生产造成影响这一客观现实，在认真分析国内外和我省节水农业发展现状，广泛学习国内外的节水农业发展的先进模式和技术的基础上，提出了云南发展节水农业的总体构想和源头节水、工程节水、结构节水、生物节水、农艺节水、输送节水、管理节水等七个方面的工作重点及保障措施。

五、“云南省区域生态补偿机制模式与政策研究”

此课题由省政府研究室与加拿大卡尔加里大学合作完成。建立和完善生态补偿机制是切实推进生态文明建设的一项十分关键的举措，对在社会主义市场经济条件下有效保护资源环境、统筹区域协调发展具有极其重要的意义。随着经济社会的发展和生态建设的深入，云南省必须进一步加大全省区域生态补偿的力度，逐步使生态补偿制度化、规范化。为借鉴发达国家的先进经验，省政府研究室牵头与加拿大卡尔加里大学合作，经商务部和加拿大国际发展署批准，共同完成中加合作项目——云南省生态补偿机制模式与政策研究。研究提出，云南要走可持续发展的道路，必须建立和完善生态补偿机制，结合云南实际，借鉴加拿大的做法和经验，提出了自然保护区、城市水源地、矿产资源开发、水能资源开发、省内江河流域水环境等生态补偿的五大重点领域和六方面的对策措施。

六、“引进国际知名品牌加快云南度假酒店建设研究”

此课题由云南省旅游局组织完成。课题组指出，高端休闲度假酒店成为云南旅游发展的软肋之一，逐渐拉大云南旅游与海南等省份的差距，不仅制约了云南旅游产业结构调整和升级，一定程度上也制约了旅游产业素质提升和竞争力的增强。如何打造高端休闲度假酒店是当前云南旅游业发展面临的重大现实问题。结合当前云南高端度假酒店发展现状，借鉴国内外度假酒店产业发展的成功经验，引进知名品牌是加快云南度假产业及度假酒店发展的重要途径，也是扎实推进云南旅游“二次创业”的关键所在，对建设旅游经济强省具有重要的意义。

七、“云南省国家公园发展战略研究”

此课题由云南省林业厅和省政府研究室共同组织完成。2008年6月，国家林业局将云南省列为国家公园建设试点，同意依托有条件的自然保护区开展国家公园建设试点工作。为全面贯彻落实科学发展观，探索资源保护和合理利用的有效形式，保证国家公园试点工作的顺利进行，云南省林业厅与云南省人民政府研究室共同开展了“云南省国家公园发展战略研究”，分析了建设国家公园的重要意义，针对我省建设国家公园需要解决的主要问题，提出了具有科学性、创新性和可行性的总体思路。

八、“云南省科技创新园建设研究”

此课题由云南省科学技术厅组织完成。课题组以充分发挥云南区位优势、资源优势和环境优势为基础，提出按照整体规划、整合资源、分步实施、滚动发展的原则和到2012年建成云南科技创新园，构建起公共科技创新平台，努力吸引和聚集国内外企业、高校、院所组建或联合组建100个实验室、研发中心、技术中心、工程中心、中试基地等研发机构或基地，提升云南自主创新能力的总体目标，以及相应的保障措施等。课题成果已充分吸纳到《中共云南省委、云南省人民政府关于实施建设创新型云南行动计划的决定》之中。

九、“培育和提升云南名优品牌研究”

此课题由云南省新闻出版局组织完成。课题组基于品牌和市场竞争不断激烈化的环境和云南品牌发展的薄弱现状，通过分析云南品牌发展的现状，探索培育、充实壮大云南品牌，尤其是名优品牌的基本路径和有效模式，能够为云南全面实施品牌发展战略提供理论依据，推动各级政府强化品牌建设，以此带动云南经济、社会和文化的全面协调发展。

十、“提升云南乡村旅游研究”

此课题由云南省旅游局组织完成。课题组提出，通过政府组织引导、农民广泛参与、社会积极配合和市场有效运作，把乡村旅游作为全省旅游“二次创业”重要的增长点，积极有效推动城乡二元结构和农村产业结构调整、农村城镇化，带动千家万户脱贫致富，为全省社会主义新农村建设及农村实现小康社会和构建和谐社会作出新的贡献。

十一、“云南企业‘走出去’研究”

此课题由云南省政府研究室组织完成。课题组按照省委、省政府关于把外经工作打造成全省发展外向型经济中最有特点、最有优势、最有作为的领域的要求，结合云南省产业特点，突出主攻方向，推动企业积极“走出去”，更好地利用好两个市场和两种资源，统筹好省内发展和对外开放，实现云南经济社会又好又快发展。

十二、“云南文化产业与旅游业互动发展研究”

此课题由云南省文化体制改革和文化产业发展领导小组办公室组织完成。文化产业与旅游业互相结合，共同发展，产业间的融合和渗透趋势已成为云南省两大产业发展的实践并取得了显著成绩，也引起了社会各界的广泛关注。从创新体制机制、整合特色资源、形成竞争合力等角度进一步研究探讨二者如何全面合作、互动发展的思路以及各项具体的有效措施等相关问题，是云南省文化产业和旅游业面临的共同课题。课题组在分析云南文化产业和旅游业互动发展现状的基础上，对二者如何进一步深度结合、互动发展、实现双赢提出相关对策措施和建议。

十三、“怒江流域科学发展和谐发展研究”

此课题由省政府研究室组织完成。本研究对象和范围主要是怒江中游，重点是怒江州辖区的贡山、福贡、泸水三县区域的科学发展和谐发展问题，同时兼顾怒江下游七县（市、区）的发展问题。课题组在广泛深入调查和专题研究的基础上，结合新阶段出现的新情况、新问题、新趋势，客观分析和重新审视了怒江流域经济社会发展面临的环境和条件，提出了促进怒江流域科学发展、和谐发展的思路目标、重点途径和若干对策建议。

十四、“扩大云南农产品出口对策研究”

此课题由省政府研究室组织完成。课题组提出，当前和今后一个时期的农产品出口工作，要围绕农业增效、农民增收、财政增长和产业发展的要求，按照统筹规划、突出重点、整合资源、集群发展的原则，以国际市场为导向，以培育龙头企业为关键，以强化基地建设为重点，以确保质量安全为基础，以健全完善农产品出口服务体系为抓手，发挥优势，突出特色，提高效益，全面提高云南农业的对外开放水平，为带动全省农民增收、优化农业生产结构、促进农业产业化经营、推进全省农业现代化进程作出贡献。

十五、“分类指导县域经济发展思路研究”

此课题由省政府研究室组织完成。课题组在总结云南省县域经济发展三年试点和“兴边富民工程”三年行动计划经验的基础上，经过认真分析研究，按照发展水平、特定区域、避免交叉的原则，将129个县划分为三种类型，实行分类指导、整体推进，实现富民强省、睦邻兴边的目标。

十六、“云南发展林业碳汇研究”

此课题由省政府研究室组织完成。为深入贯彻2009年、2010年中央一号文件精神，大力增加森林碳汇，推进我省林业碳汇的发展，课题组对我省发展林业碳汇的情况进行了认真研究，提出了我省发展林业碳汇的措施和建议。

十七、“推进昆明—玉溪一体化发展对策研究”

此课题由玉溪市人民政府和省政府研究室共同组织完成。课题组指出，在滇中城市经济圈中，昆明与玉溪两个城市不论在地理上、交通联系上，还是在经济交往方面，均具有率先共融，实现一体化发展的优越条件。在推进滇中城市经济圈建设过程中，要实施昆明—玉溪一体化发展，做大做强曲靖、做特做优楚雄的“一体两翼”战略。扎实推进昆玉两市基础设施、市场体系、产业经济、环境保护、社会事业和城乡建设的协调互动发展，率先实现昆明与玉溪的一体化发展，并以此推动地处东部的曲靖市做大做强、地处西部的楚雄州做特做优，形成一体领跑、两翼联动的滇中城市经济圈发展格局。

十八、“加快云南特色小镇发展研究”

此课题由省政府研究室和云南省住房和城乡建设厅共同组织完成。根据书记白恩培、省长秦光荣关于总结、推广旅游小镇建设经验，选准重点、分期分批加快小城镇建设的指示精神，课题组就进一步加快我省特色小城镇建设进行了专项调研、问卷调查和深入研究，形成了具有较强针对性和可操作性的研究成果和咨询建议。

十九、“进一步深化现代新昆明发展思路研究”

此课题由省政府研究室组织完成。课题组联合省市有关部门，在认真梳理、归纳各专题研究成果的基础上，按照科学发展观的要求，把现代新昆明建设放到全省、全国和国际区域合作发展的背景下分析，力求赋予其更加丰富的内涵，拓展更加广阔的发展空间。

二十、“加快推进滇东北中心城市及城镇群建设研究”

此课题由省住房和城乡建设厅组织完成。课题组提出，要抓住“云南建设中国面向西南开放的桥头堡”、“深入实施西部大开发战略，把乌蒙山区作为扶贫开发重点”、“第三届中国贫困地区可持续发展战略论坛提出建设昭通及乌蒙片区终结贫困示范区的战略愿景”的历史性机遇，把握国家重大交通基础设施、重大能源项目建设的有利时机，大力推进滇东北中心城市的城镇化和工业化进程，加快以昭阳和鲁甸共同构成的滇东北中心城市建设，使其成为连接中国面向西南开放的桥头堡与长三角经济带的枢纽和带动滇东北地区发展强有力的“增长极”。

二十一、“加快云南电力装备制造业发展研究”

此课题由省国防科技工业局组织完成。课题组针对云南水能资源丰富，电力装备市场需求广阔，具有一定制造业基础的现实，提出大力发展电力装备制造业的思路、目标、重点和建议，对于云南深入贯彻落实科学发展观，促进云南新型工业化发展具有重要意义。

二十二、“云南中小企业发展对策研究”

此课题由省政府研究室组织完成。课题组认为，我省中小企业在市场、融资、人才、管理等方面长期处于弱势地位。要促进中小企业又好又快发展，必须在充分发挥机制作用的基础上，加大政府引导、支持和服务的力度。努力形成发展环境明显改善、结构布局相对合理、管理和技术水平明显提高、市场竞争力持续增强、吸纳就业能力不断扩大的新局面。

二十三、“全流通时代云南省国有企业上市融资及股权监管研究”

此课题由省国资委组织完成。课题组指出，随着上市公司股权分置改革的顺利完成，我国资本市场步入了股权全流通时代。在全流通条件下，国有企业上市融资和股权监管都面临着许多新的情况和问题。加强全流通条件下国有企业上市融资和股权监管工作的研究，积极探索新形势下国有企业上市融资和股权监管的思路、模式和方法，提高监管工作的质量和效率，实现国有资本保值增值，已成为进一步加强国有资产监督管理所面临的一个重大现实问题。

（云南省人民政府研究室　李坚）

云南“两强一堡”专题研究

近年来，云南省委、省政府与时俱进，根据国家继续深入实施西部大开发战略，不断强化对边疆民族贫困地区发展的扶持，加大支持国际大通道和边境经济合作区建设力度的新形势和新要求，抓住国家重大战略决策部署带来的重大机遇，及时调整工作思路，在省委八届八次全会上提出了建设绿色经济强省、民族文化强省和中国面向西南开放的桥头堡的“两强一堡”新目标。

在云南省委六届九次全会上提出的“建设绿色经济强省、民族文化大省和中国连接东南亚、南亚国际大通道”三大战略目标，是在国家实施西部大开发战略的大背景下，结合云南多气候带的气候资源及多物种的自然资源，云南是中国民族种类最多、民族文化资源富集的省份及云南与东南亚、南亚国家有着天然地缘联系的实际提出来的。经过近十年的努力，我省实施了七彩云南保护行动、九大高原湖泊治理、生物资源开发创新、绿色旅游精品、清洁能源建设等多项重大措施，在建设绿色经济强省方面取得了显著成绩；我省着力保护和弘扬优秀少数民族文化，培养和造就一批民族文化人才，促进民族文化经典作品的诞生，推动民族文化与旅游产业相结合，加快了从民族文化大省向民族文化强省迈进的脚步；在大通道建设方面，我省大力推进公路、铁路、民航及水运通道建设，打通中国南下越南、老挝、泰国，西通缅甸及南亚国家的国际通道，努力联通中国、东南亚和南亚三大市场，大通道建设初见成效。2009年7月，胡锦涛总书记在云南视察时指出：“云南要统筹对内对外开放，一方面要加强同国内其他地区的横向经济联合和协作，积极引进省外资金、技术、人才，主动承接东部产业转移；另一方面要拓展对外开放的广度和深度，推动对外贸易、利用外资、企业走出去上水平，尤其要充分发挥云南作为我国通往东南亚、南亚重要陆上通道的优势，深化同东南亚、南亚和大湄公河次区域的交流合作，不断提升沿边开放的质量和水平，使云南成为我国向西南开放的重要桥头堡。”这一指示为我省对外开放工作提出了新的更高要求，为“两强一堡”战略目标的制定指明了方向。桥头堡建设是进一步扩大我国对外开放、构建和谐周边、促进世界和平的重要战略，是对南方丝绸之路、郑和七下西洋传播中华民族友谊和文明的发扬光大，也是对云南各族人民世代与邻为善、和睦相处传统的传承和延续。桥头堡是陆桥经济研究中的一个重要概念，是我国加强与东南亚、南亚以及广大印度洋沿岸国家合作的重要支点。

为此，云南省人民政府研究室和省级政府相关部门组织力量完成了“中国向西南开放桥头堡建设规划研究”、“云南民族文化强省建设重点工作研究”等九项重大课题研究。

一、“中国向西南开放重要桥头堡建设规划研究”

此课题由省政府研究室组织完成。课题针对桥头堡建设的五个战略定位：一是我国面向西南开放的国际大通道。二是我国沿边开放的试验区和西部实施“走出去”战略的先行区。三是西部地区重要的外向型特色优势产业基地。四是我国民族团结进步、边疆繁荣稳定的示范区。五是我国重要的生物多样性宝库和西南生态安全屏障。开展以中国向西南开放桥头堡建设规划研究，研究包括以下六个专题。

（1）云南建设中国向西南开放重要桥头堡总体方案研究。

（2）中国向西南开放重要桥头堡国际大通道建设方案研究。

（3）中国向西南开放重要桥头堡产业基地建设方案研究。

（4）中国向西南开放重要桥头堡国际合作平台建设方案研究。

（5）中国向西南开放重要桥头堡建设开放合作组织保障方案研究。

（6）中国向西南开放重要桥头堡建设政策支撑体系方案研究。

二、“云南民族文化强省建设重点工作研究”

此课题由省政府研究室组织完成。课题组就云南民族文化强省建设工作重点进行专题研究，力求立足于云南浓郁的民族风情和多姿多彩的民族文化，提出云南民族文化强省建设的总体思路、工作重点及相关对策建议，为切实推进云南民族文化强省建设作出积极和有益的探索。

三、“云南生态文化建设研究”

此课题由省政府研究室组织完成。党的十七大报告在全面建设小康社会奋斗目标的新要求中，明确提出了建设生态文明的目标。省委第八次党代会把“突出重点抓生态”摆在更加显著的位置，明确提出实施生态立省战略，全面实施“七彩云南”保护行动计划，编制《七彩云南生态文明建设规划纲要》。为此，课题组了开展云南生态文化建设专题研究，对生态文化和生态文化建设的内涵、特征进行了深入分析，提出了生态文化建设的工作重点和对策措施。

四、“云南与周边国家协力共建国际大通道研究”

此课题由省政府研究室组织完成。为认真贯彻落实胡锦涛总书记关于把云南建设成为我国向西南开放的重要桥头堡的指示精神，以及省委八届八次全委会提出的“建设绿色经济强省、民族文化强省和中国面向西南开放的桥头堡”战略部署，课题组从分析云南连接中国内地和通往周边国家的交通基础现状入手，结合全省全方位对外开放和区域合作发展趋势，提出了云南与周边国家协力共建国际大通道的对策建议，为省委、省政府领导和有关部门决策提供参考。

五、“推进边防管理通关便利化研究”

此课题由省公安边防总队组织完成。课题组提出用“十二五”五年的时间，建设“优惠宽松的政策环境”、“方便快捷的通关环境”、“文明和谐的人文环境”、“安全稳定的边境环境”四大环境，实现大进大出、快进快出、服务热情、管控有力的目标，达到云南与周边国家乃至未来东盟国家之间人畅其行、物畅其流、和谐友好、安全有序，使云南边境真正成为面向西南开放的桥梁通道，成为面向西南开放的交流窗口，成为面向西南开放的合作平台，成为祖国西南安全稳定的战略屏障。

六、“云南水路通道建设规划发展及对策研究”

此课题由省航务管理局组织完成。课题组指出，在综合运输体系中，水运具有运能大、占地少、能耗小、污染轻、成本低的优势。云南的航运处于起步阶段，发展潜能巨大。如何通过体制、机制、技术和管理创新，充分发挥水运资源的综合效能，转变经济增长方式，落实建设中国连接东南亚、南亚国际通道的战略目标，是我们面临的既紧迫又艰巨的任务。

七、“云南橡胶特色优势产业发展研究”

此课题由省西部开发办公室组织完成。课题组在对全球、全国橡胶产业发展情况进行分析的基础上，深入省内外进行调研，对云南省橡胶产业的境内外种植、加工、贸易等方面进行认真调查研究，完成课题决策咨询报告、综合报告和六个专题研究报告。

八、“进一步推进生物资源开发创新支柱产业建设研究”

此课题由省生物资源开发创新办公室组织完成。课题组提出，云南省生物产业发展要深入贯彻落实科学发展观，紧紧围绕社会主义新农村建设的要求和建设绿色经济强省的战略目标，以市场为导向、以农村土地合理流转和林权制度改革为契机、以优势资源为依托、以高新技术为支撑、以“舞龙计划”为核心，走“特色化、规模化、集约化、标准化、产业化、国际化”的发展道路，着力实施基地建设、精深加工、市场开拓、品牌培育、科技创新、招商引资“六大工程”，做强做大烟草、绿色食品、现代医药、特色林业、生物能源及生物化工、畜牧、天然橡胶和丝麻、花卉园艺等“八大产业”，努力实现从生物资源大省向绿色经济强省跨越。

九、“加快云菌产业化发展研究”

此课题由省政府研究室组织完成。课题组为理清云菌产业化发展思路，加快云菌产业化发展步伐，受省发展生物产业办公室委托，结合《云南省人民政府关于推进食用菌产业升级发展的若干意见》（云政发〔2007〕21号）和《云南省人民政府关于实施加快推进优势生物产业发展计划的通知》（云政发〔2009〕38号）等文件精神，云南省人民政府研究室积极组织力量，对加快云菌产业化发展进行了专题研究。

十、“云南发展生物产业的对策建议”

此课题由省政府研究室组织完成。生物产业是最古老的产业，也是未来我国最具发展潜力的现代产业和战略性新兴产业。2010年10月，国务院出台的《关于加快培育和发展战略性新兴产业的决定》（国发〔2010〕32号）将生物产业作为我国未来十年重点发展的七大战略性新兴产业之一，进一步明确了生物产业在引导未来经济社会发展中的地位和作用。为在新形势下把握机遇，加快云南生物产业发展，课题组积极组织力量，在对省直有关部门和楚雄等有关州市深入调研的基础上，提出了推动和加快云南生物产业发展的对策建议。

（云南省人民政府研究室　李坚）

云南社会发展研究

加快云南社会发展，是转变发展方式的重要内容，是改善民生、加强保障、促进和谐社会建设的重要内容。社会发展与人民群众的生活息息相关，研究涉及面广，如教育、社保、医疗卫生、就业、社会管理等，云南省人民政府研究室和省级政府相关部门围绕省委、省政府的中心工作开展了“进一步优化云南投融资社会环境研究”、“云南农民工工伤保险问题研究”、“云南省 7 个10万人口以下特有民族教育发展及对策研究”等25项研究。研究成果为省委、省政府提供决策作用，部分研究成果转化为省委、省政府重要文件。

一、“进一步优化云南投融资社会环境研究”

此课题由省政府研究室组织完成。根据云南省委关于优化投融资环境相关问题研究的工作安排，课题组对省经委和教育、公安、民政、司法、人事、劳动和社会保障、卫生以及省工商联、省经合办等部门开展了调研，并深入昆明等地了解情况。针对调研中了解和掌握的情况，调研组进行了认真分析研究，提出了进一步优化云南投融资社会环境的意见和建议。

二、“云南农民工工伤保险问题研究”

此课题由省人力资源和社会保障厅与云南财经大学共同组织完成。课题组指出，由于农民工自我保护意识较弱，是当前社会就业群体中职业伤害风险最大、承受风险能力最弱的群体。针对疾病、工伤、职业病是农民工健康的“三大杀手”的实际，2006年，原国家劳动和社会保障部推出了农民工参加工伤保险的“平安计划”，我省也相继出台了一系列促进农民工参加工伤保险的政策及配套措施，为农民工参加工伤保险打下了良好的基础。但是，我省农民工参加工伤保险的只有45万人，仅占总数的8%。

三、“云南省 7 个10万人口以下特有民族教育发展及对策研究”

此课题由省教育厅组织完成。课题组研究指出云南有7个人口在10万人以下的特有少数民族，即独龙族、德昂族、基诺族、怒族、阿昌族、普米族、布朗族，总人口约22.9万人，占全国人口较少民族的1/3，是国家重点扶持发展的特有民族。截至2007年年底，7个民族聚居的175个村委会，农民人均纯收入只有1229元，大多数人口处于绝对贫困状态；平均受教育水平仅5.2年，文盲率高的达33.07%。因此，加快7个特有民族教育发展，具有重要的战略和现实意义。

四、“完善云南农村社会养老保险制度研究”

此课题由省政府研究室组织完成。农村养老保险制度是我国农村社会保障体系建设的重要组成部分，是保障和改善民生的重要内容。2008年以来，课题组对全省16个州市开展了农村社会养老保险发展情况摸底调查，并结合目前中央新的农保政策进行了认真研究。

五、“完善云南村级组织运转经费保障机制研究”

此课题由省政府研究室组织完成。课题组认为，尽管我省县乡财政普遍困难，村集体经济非常薄弱，但各级党委和政府高度重视，全省已基本建立了与经济发展水平相适应的村级组织运转经费保障机制，基本达到了中央关于完善村级组织运转经费保障机制的要求。

六、“解决农民工住房对策研究”

此课题由省政府研究室组织完成。课题组指出，农民工对当地经济社会发展具有特殊作用，但其居住状况令人担忧。在国家住房政策上“两头”沾不着，既享受不到城市住房保障政策的优惠，也享受不到农村危旧房改造等方面的补贴，构建和谐城市，必须高度重视进城农民工住房问题，应以改善农民工居住条件、提供农民工住房产品、完善农民工居住服务体系为重点，把进城农民工纳入保障性住房覆盖范围，加强领导，明确责任，强化监督，积极采取各种政策措施，努力改善农民工居住条件。

七、“云南义务教育均衡发展研究”

此课题由省政府研究室组织完成。2009年年底，云南全省129个县（市、区）全部实现“普九”。尽管我省义务教育均衡发展不断取得新进展，但由于各地经济社会发展的不平衡，在促进义务教育均衡发展方面还存在一些困难和问题。课题组提出，经过努力，力争在2015年实现区域内义务教育初步均衡，到2020年实现区域内义务教育基本均衡。农村地区义务教育的办学条件和教育质量进一步改善，义务教育保障水平稳步提高，义务教育均衡发展的保障机制更加健全，素质教育取得积极成果，努力满足人民群众对较高质量义务教育的需求。

八、“建立长效机制实现艾滋病防治工作的可持续性研究”

此课题由省政府研究室组织完成。防治工作的实践证明，艾滋病防治是一项长期工作，不可能一蹴而就，必须建立长效可持续发展的工作机制，打一场防治艾滋病的持久战。课题组以科学发展观为指导，在对云南省艾滋病防治工作的历史和现状进行分析研究的基础上，提出了构建防治艾滋病的长效机制，实现艾滋病防治可持续发展的对策建议。

九、“云南边疆人口较少民族地区社会发展研究”

此课题由省政府研究室组织完成。课题组通过深入全省部分沿边地区实地考察、组织座谈、听取汇报等形式，在认真分析全省人口较少民族地区社会发展现状的基础上，提出了加快云南边疆人口较少民族地区社会发展的总体思路、主要目标、重点领域、对策措施和政策建议。

十、“城市化进程中的‘城中村’改造问题研究”

此课题由省发展改革委牵头，云南财经大学、云南法务律师事务所共同完成。课题组对城市化进程中的“城中村”改造问题进行系统深入研究。为增强课题研究的实用性，课题组以昆明为典型案例展开分析，课题组还赴重庆市、湖南省实地考察，并收集了广州、珠海、杭州和深圳等沿海发达城市的经验与做法，旨在拓展思路、学习先进、完善自己、指导全省，走一条政府、企业、百姓多赢，依法推进“城中村”改造的人本之路。

十一、“完善云南高校投入机制研究”

此课题由中国西部研究发展促进会组织完成。课题组针对当前云南高校投入渠道单一、投入使用效率有待提高、负债率偏高等现状，加快高等教育改革发展和对外对内开放，重点理顺和健全政府投入等七个机制，形成以国家投入为主体，政府、个人、社会力量多元化投入，金融机构大力支持，高校社会服务筹款的高等教育投入格局，努力增加高校投入，确保我省高等教育持续快速健康发展，逐步完善云南高校投入机制，要通过建立使经费使用和监督效果比较理想的长效机制，最终实现增加高校投入、提高资金使用效率、优化资源配置、提高办学水平的目的。

十二、“提升云南边境地区广播电视传播力研究”

此课题由省广播电视局组织完成。中央和省

委高度关注云南的边境文化建设问题，并针对中越边境、中缅边境和中老边境出现的新情况和新问题，多次作出重要批示。课题组为全面掌握云南边境广播电视建设和边境地区文化建设的情况，及时反映涉及国家文化安全方面存在的问题和困难，从维护国家文化安全的高度提出加强云南广播电视建设的对策建议，通过深入边境地区进行调查研究，并对全省广播电视工作进行总结分析，形成了“提升云南边境地区广播电视传播力研究”成果。

十三、“云南省建立环境公益诉讼制度研究”

此课题由省人民检察院组织完成。课题研究的目的和任务主要包括：（1）研究建立环境公益诉讼制度的必要性、合理性、可行性，对相关问题提出解决预案；（2）向省政府提出建立环境公益诉讼制度的决策咨询建议，如机构、编制、经费、环保基金等；（3）为下一步由云南省高级人民法院、云南省人民检察院、云南省环境保护厅联合制定《关于建立环境公益诉讼制度的若干意见》提供理论与实践支持。

十四、“健全和完善提升云南公民科学素质机制研究”

此课题由省科技厅组织完成。课题组在对现有管理体制和运行机制分析研究的基础上，借鉴国内外先进经验，立足云南实际，研究提出健全和完善提升云南省公民科学素质机制的对策，为有效整合资源，提高效率，形成政府部门、企业、协会和社会各界共同参与、相互配合、整体推进公民科学素质提升的局面，加快云南省公民科学素质提升的进程，建设创新型云南，实现经济社会全面协调可持续发展，构建社会主义和谐社会提供决策咨询意见。

十五、“云南省公众参与政府决策的法律问题研究”

此课题由省政府法制办公室组织完成。公众参与政府决策，作为一种现代新兴的民主形式，是民主政治的重要方式，普遍存在于现代民主国家之中。公众参与政府决策，能够起到改善公权机关与公众关系、提高行政决策科学性和可执行性的作用，增强社会和谐。课题组就云南省公众参与政府决策的法律问题提出了对策、建议。

十六、“云南省全面建设小康社会进程统计监测研究”

此课题由省统计局组织完成。课题组按照《云南全面建设小康社会统计监测方案》，以2000年为起点，对全省全面建设小康社会进行统计监测所需的各项指标实行了9年的连续性收集、整理和评估，并测算出云南全面建设小康社会进程的状况，力求做到把握历史、正视现实、展望未来，为各级领导及相关部门制定方针政策提供科学依据。

十七、“云南九湖流域经济社会与环境保护发展对策研究”

此课题由省环境保护厅和省政府研究室共同组织完成。九大高原湖泊是云南省重要的自然与经济资源。“九湖清，云南兴”，正确处理九大高原湖泊流域经济社会发展与环境保护的关系，已成为云南省建设生态文明、节约资源和保护生态环境、增强可持续发展能力的重要任务。根据云南省人民政府要求，课题组组成联合调研组，就九湖流域经济社会发展与环境保护等方面的问题进行深入调研，提出了九大高原湖泊流域经济发展与环境保护战略的措施和建议。

十八、“全面推进滇池综合治理研究”

此课题由省环境保护厅组织完成。2009年7月25日至28日，胡锦涛总书记在云南考察期间，专门视察了滇池治理工作，对滇池治理工作给予了充分肯定，强调要突出抓好滇池等水污染综合治理，下决心把滇池污染治理搞得更好、更快些，让良好的生态环境成为云南发展的宝贵资源和最大优势。根据这一重要指示，课题组以“全面推进滇池综合治理研究”为题进行了调研，采取理论与实际相结合、定量分析与定性分析相结合的方法，通过走访、召开座谈会、查阅相关资料数据、重点区域现场踏勘、重点问题专题研究等方式，形成的研究报告以科学发展观为指导，较为客观地分析了滇池水环境特征和治理工作取得的成效、存在的主要问题和面临的突出矛盾，提出今后综合防治工作的措施、建议，供省委、省政府决策参考。

十九、“构建云南安全生产长效机制研究”

此课题由省安监局和云南财经大学、云南大学共同完成。课题组通过对云南省安全生产现状的调查分析，探讨在当前的安全生产管理过程中存在的问题，同时根据安全管理机制的特性并结合云南的省情和现实情况提出创新安全生产管理模式的思路。即以人为本，以事故防范为目标，以法律制度为基础构建安全生产长效机制，从利益隔离、利益协调、利益制衡、利益保障的视角提出实施构建安全生产长效机制的策略和途径，为从根本上做好安全生产工作提供理论支撑，为云南省政府及有关部门制定安全生产管理制度和措施提供科学的决策依据。

二十、“云南少数民族和民族自治地方经济社会发展中的突出困难和问题及其对策研究”

此课题由省民委组织完成。课题组以科学发展观为指导，通过对云南少数民族和民族自治地方的基本情况和特点进行概括阐述，对促进少数民族和民族自治地方经济社会发展的成功经验和做法进行了简要总结回顾，对当前和今后一个时期内存在的突出问题和困难及其原因进行调研和分析，进而按照以人为本，构建社会主义和谐社会，全面实现小康社会的奋斗目标，提出解决这些突出问题和困难的总体思路和办法、措施、建议，为进一步做好新形势下的民族工作提供理论指导，为省委、省政府提供决策咨询参考，为“两个共同”这一新时期民族工作主题服务。

二十一、“推进三江沿线扶贫开发研究”

此课题由省扶贫办组织完成。三江沿线地区是云南省扶贫开发工作的重中之重和难中之难。课题组提出要紧紧围绕缩小差距、构建和谐和巩固边疆的扶贫开发目标，加大投入，开发优势资源，突出重点，科学规划，分类指导，完善政策，强化措施，通过实施基础设施和社会事业、整体推进、产业扶贫、发展后劲夯实等四大工程，切实加快三江沿线地区发展步伐。

二十二、“云南资源枯竭型城市可持续发展研究”

此课题由省扶贫办公室组织完成。云南作为一个资源大省，积极探索一条符合省情的资源枯竭型城市可持续发展路子，对全国其他地区资源型城市的可持续发展具有重要的示范作用。课题组开展云南资源枯竭型城市可持续发展研究，力求加快推动云南资源枯竭型城市转型发展，促进其早日走上全面协调可持续发展的轨道。

二十三、“云南主要农产品供需分析及预警监测研究”

此课题由省统计局组织完成。课题组深入分析云南主要农产品供需形势，构建完善的云南主要农产品信息监测、分析、发布、预警体系，及时为省委、省政府、相关部门和社会各界提供云南省主要农产品生产、供应、消费和价格水平运行情况，供省委、省政府的科学决策参考。

二十四、“云南省促进边境地区妇女儿童发展研究”

此课题由省妇女儿童工作委员会办公室组织完成，课题组通过围绕云南妇女发展规划的六大领域、儿童发展规划的四大领域，突出边境特点、妇女儿童发展的难点、社会发展的热点，与国家统计局云南调查总队、省社科院等联合开展了云南边境地区妇女儿童发展实证研究，以期为政府决策和制订相关政策提供依据，也为制定2010—

2020年云南省妇女儿童发展规划奠定基础。

二十五、“云南农民工权益保障研究”

此课题由省劳动保障厅组织完成。为进一步推进云南省农民工权益保障工作，推动社会公平与正义，切实把党中央、国务院和云南省委、省政府关于解决农民工问题的方针政策落到实处，由云南省人民政府决策咨询管理小组立题，云南省劳动保障厅、云南省农民工工作联席会议办公室、云南省司法厅、云南省总工会等部门组成联合调研组，就农民工维权问题进行了深入调研，课题组提出了进一步加强云南省农民工权益保障工作，切实维护广大农民工合法权益的对策、措施和建议。根据本课题研究成果，云南省劳动保障厅代省政府起草了《云南省农民工权益保障办法》，云南省人民政府于2008年4月29日正式批准印发，并从6月1日起正式施行。

（云南省人民政府研究室　李坚）

学科综述

年鉴

2008—2010

马克思主义·科学社会主义

2008—2010年，云南省哲学社会科学界马列·科学社会主义学科以邓小平理论、“三个代表”重要思想和科学发展观为指导，紧紧围绕改革开放以来重大的理论与现实问题并结合省委、省政府的中心工作，解放思想，开拓创新，深入理论学习，强化学术交流，取得了明显成效，为实现云南科学发展新跨越提供了理论依据和智力支持。

一、主要学术活动

（一）艾思奇哲学思想与马克思主义中国化最新理论成果研讨会

由中共中央党校、中国社会科学院、中共云南省委共同主办的艾思奇哲学思想与马克思主义中国化最新理论成果研讨会，于2008年5月9日至11日在腾冲县隆重召开。中国社科院常务副院长、中国马克思主义研究基金会理事长王伟光，中共云南省委常委、宣传部部长张田欣，中央文献研究室副主任李捷，中共中央党校校委委员张伯里，中共云南省委副秘书长钱恒义，中共云南省委宣传部常务副部长尹欣，中共保山市委书记熊清华，保山市人大常委会主任杨建洪，保山市政协主席张静，中共保山市委常委、纪委书记黄玉峰，中共保山市委常委、腾冲县委书记王彩春以及省内外专家学者，主流新闻媒体记者等200余人参会。

本次研讨会共征集到论文160余篇，经专家评审最终有100篇论文入选。在研讨会上，27位专家学者代表作了精彩的发言，他们从不同的角度，针对不同的问题，阐述了自己的真知灼见。与会代表认为，在马克思主义中国化的历史进程中，艾思奇同志是先行者、开拓者和推进者，是成绩卓著的马克思主义哲学家。在黑暗的旧中国，他用如椽之笔播撒智慧、启发心灵，为马克思主义哲学大众化、现实化，为扩大马克思主义哲学在中国的影响，作出了卓越的贡献。解放后，他继续致力于马克思主义哲学的研究、宣传和教育工作，孜孜不倦，贡献了毕生精力。他是优秀的、著名的马克思主义哲学家，杰出的人民教育家、党的理论战线的忠诚战士，他的哲学思想影响和教育了几代共产党人。今天，他的哲学思想对指导中国特色社会主义建设仍然具有重大的现实意义。

（二）云南省高等师范院校第二届思想政治教育专业建设与教学工作研讨会

2008年5月17日，由大理学院马克思主义学院承办的云南省高师院校第二届思想政治教育专业建设与教学工作研讨会在大理学院召开。云南师范大学、昆明学院、玉溪师范学院、曲靖师范学院、红河学院、保山师专等11所高师院校参加了会议。

会上，各参会学校就思想政治教育专业教学管理、课程建设和教学改革等方面作了经验交流。同时，就思想政治教育专业的主干课程教材、特色教材编写、联合招收研究生等相关事宜作了讨论并达成了合作协议。会议还商讨了下一届会议承办单位、教材和论文出版事宜。大理学院马克思主义学院院长赵金元教授就本校思想政治教育专业的建设情况、专业质量标准、专业基本技能培养等方面作了重点交流发言。此次研讨会将有利于进一步加强云南省各高等院校的交流与合作，加深了解，增进友谊；有利于各高校相互吸收和借鉴各兄弟院校成功的办学经验，进一步加强高等学校思想政治教育专业建设，提高云南省高等院校思想政治教育专业的办学质量和水平。

（三）历史唯物主义与改革开放三十年的伟大历史进程全国理论研讨会

由中国历史唯物主义学会、云南师范大学联合举办，云南省哲学学会、云南省高校思想政治理论课教学研究会等单位协办的“历史唯物主义与改革开放三十年的伟大历史进程全国理论研讨会”于2008年7月11~13日在云南昆明召开。来自中国社会科学院、北京大学、清华大学、中国人民大学、武汉大学、云南大学、云南师范大学、昆明理工大学等近40所高等院校及科研单位的100多位专家、学者与领导参加了此次会议。与会专家围绕“改革开放三十年与历史唯物主义”、“贯彻落实科学发展观与中国未来社会发展”等议题，结合自己的学习、工作与研究实际进行了广泛而深入的讨论。

与会专家学者指出，1978年，中共十一届三中全会作出改革开放的重大决策，由此开启了中国改革开放历史新时期。2008年，我们迎来改革开放30周年。在这种背景下，在昆召开“历史唯物主义与改革开放三十年的伟大历史进程全国理论研讨会”无疑具有十分重要的理论与现实意义。研讨会的召开可以更好地回顾、总结改革开放三十年的历史进程、巨大成就和宝贵经验，在新的历史起点上毫不动摇地坚持改革方向，进一步推进中国特色社会主义伟大事业。

（四）2008年云南省教育系统“三生教育”研讨会

2008年10月25日，来自云南省61所高校的领导、专家、学者、教师和学生共200余人齐聚一堂，共话对“三生教育”的认识、体会、做法和经验，并从理论和实践两个层面对“三生教育”作进一步的交流和探索，对“三生教育”在现代教育体系中的价值定位、发展目标、实现途径等作了深层次的思考，为下一步全省进一步推进“三生教育”作了理论和实践准备。云南省委高校工委书记、省教育厅厅长罗崇敏，相关厅局、省教育厅和各高校的分管厅领导出席会议。相关厅局和省教育厅的有关处室、各高校职能部门负责人，入选论文的教师和学生代表参加了会议。

研讨会上，罗崇敏作了重要讲话，他从人的发展与教育的关系、实施“三生教育”的重要意义、实施“三生教育”的目的是为了建设现代教育价值体系等方面进行了深入阐述。他要求，实施“三生教育”要坚守教育本真，遵循人的身心发展规律、教育规律、社会发展规律和自然规律，整合学校、家庭、社会教育等各种教育资源，充分利用课堂教学、实训体验、教师垂范、学生互动等方式，使学生知生理，调心理，守伦理，懂哲理，明世理，促进学生的主动发展、健康发展、全面发展，真正把学生引向生命领域，引向生存世界，引向生活未来，促进人自身的和谐发展，促进人与社会的和谐发展，促进人与自然的和谐发展。

罗崇敏强调，“三生教育”是认知性、实践性、体验性、创新性、系统性和开放性很强的育人事业，要从历史、现实与理论三个维度，从哲学、社会学、教育学、心理学、伦理学、法学、文化学、生命科学、生态学、环境科学等多种学科的不同视角来探索“三生教育”；要从更新思想观念、加强组织领导、加强教师队伍建设、激发学生的主动性和积极性、创新管理体制和运行机制、整合教育资源和要素、合理设计课堂教学和体验活动、提高教材质量与促进推广应用、建立具有科学性和操作性的教育评价体系、加大宣传力度和深入进行研究等方面来大力推进“三生教育”。

（五）“社会主义与新中国60年”理论研讨会

由《高校理论战线》杂志和中国高等教育学会马克思主义研究会、云南大理州委宣传部、大理学院联合举办的纪念新中国60年理论研讨会于2009年8月17~19日在大理学院古城校区举行。会议围绕“社会主义与新中国60年”这一主题展开了深入的研讨。

研讨会上，来自福建省委党校、昆明理工大学等国内50多所高校的专家、学者、代表全面回顾总结了新中国成立60年来的光辉历程、伟大成就和成功经验，回顾、总结了云南、大理社会主义建设的巨大成就和成功经验，并紧紧围绕“社会主义与新中国60年”、中国特色社会主义道路探索的成功经验、改革开放对社会主义社会发展动力理论的新贡献、“以人为本”与新中国60年发展之路、中国特色社会主义理论在云南及大理的实践以及取得的理论成果等主题进行了广泛深入的研讨和交流。

与会者一致认为，深入学习贯彻中国特色社会主义理论体系、着力用马克思主义中国化最新成果武装全党，是广大理论工作者担负的重要责任。广大理论工作者应该加强中国特色社会主义理论体系研究，推进中国特色社会主义理论体系学科建设，切实推进中国特色社会主义理论体系的中国化、大众化，为推动科学发展、促进社会和谐提供智力服务。

（六）云南省社科界纪念新中国成立60周年理论研讨会

2009年10月云南省社科界为纪念新中国成立60周年在云南昆明召开理论研讨会。研讨会共收到论文300余篇，经专家评审入选200篇。在研讨会上，与会专家学者回顾了新中国成立60年来的发展历程，赞颂了新中国成立60年来的伟大成就，总结了新中国成立60年来我国经济、政治、文化、外交、国防和民族团结等各条战线和领域的宝贵经验，探讨了如何以新中国成立60周年取得的新成就为新的起点再创云南辉煌的思路和办法，特别是重点研究了新中国成立的伟大意义、以毛泽东同志为代表的中国共产党人对建立新中国和探索社会主义建设道路所作出的伟大贡献，正确认识改革开放前后两个30年的关系等课题，这是一次深入学习的学术研讨活动，是一次有重要意义的以党史、国史为中心内容的思想政治教育活动。这次研讨会为云南省贯彻落实科学发展观，实现“两强一堡”的西部大发展战略提供了理论支撑和智力支持。

（七）云南省高师院校第三届思想政治教育专业建设与教学工作研讨会

2009年12月26日，由云南师范大学哲学与政法学院牵头，云南师范大学哲学与政法学院和楚雄师范学院政管系联合承办的云南省高师院校第三届思想政治教育专业建设与教学工作研讨会在楚雄师范学院召开。来自全省高师院校思想政治教育专业教学管理的50余名学者参加了研讨。

研讨会上，武汉大学政治与公共管理学院熊建生教授、云南省师范大学哲学与政法学院陈路教授等作了重点交流发言。会议从特色专业建设、硕士点建设、师资队伍建设、精品课程建设等方面就思想政治教育专业的教学管理、课程建设和教学改革作了经验交流。对思想政治教育专业教材的编写出版、联合招收研究生、下一届会议主题等相关事宜作了商讨。

研讨会进一步加强了云南省各师范院校在思想政治教育专业建设与教学工作方面的交流与合作，加深各高校之间的了解，增进了友谊，达到了相互吸收和相互借鉴的目的。会议的召开也将在一定程度上促进云南省师范院校思想政治教育专业的建设和思想政治教育专业的办学质量和水平的提高。

（八）云南省学习型党组织建设工作理论研讨会

2010年10月，省委学习型党组织建设工作领导小组，在昆明召开全省学习型党组织建设工作理论研讨会，从理论和实践的结合上研讨学习型党组织建设工作。参加研讨会的人员，既有来自党政机关、企事业单位的党组织，也有来自农村、社区（街道）、非公有制经济组织、新社会组织的党组织；既有高校、党校、科研院所长期从事理论研究的专家学者，又有省级有关部门和州、市、县的实际工作者。通过有理论思考、有经验交流的研讨，使全省学习型党组织建设工作进一步统一了思想，提高了认识，明确了工作思路。

这次研讨会，是在全省上下认真学习贯彻党的十七届五中全会精神的背景下召开的。广大与会者一致认为，学习贯彻好党的十七届五中全会精神，是当前及今后一个时期全省各级党组织的一项重要政治任务，也是加强学习型党组织建设的重要内容。各地各部门学习型党组织建设工作领导小组及其办公室，要根据中央和省委的统一部署，尽快将五中全会精神纳入学习内容，作出总体安排，要先学一步，学深一些，努力成为全省广大党员干部学习贯彻十七届五中全会精神的表率。

二、重要研究成果

（一）著 作

1．张建文著《思想政治课程与教学论》（人民出版社2008年1月版）

该书是一本系统研究和阐述思想政治课程与教学问题的学术专著，内容包括：课程教学论的历史演进与思考、课程教学论的研究对象和任务；思想政治课的基本理论（历史沿革、课程基础、课程资源、性质地位任务等）；思想政治课的课程目标、课程内容、课程标准和教材；思想政治教学的程序与方法（教学过程；教学原则、形式、方法；教学工作步骤；教学测评；学习与学习指导等）；思想政治课教师的专业素养与专业发展等。该书以“新课程”理念——素质教育为指导，以学生发展为中心，设计新颖，结构严谨，观点正确，理论联系实际，既有理论和政策依据，又体现出作者的独到见解和创新。因此，该书既可以作为高等师范院校思想政治教育专业在校本科生、研究生的教材，也可以作为在职大中小学政治课教师和其他教师、管理干部等人员的学习和研究资料。

2．郑宝华等编《社会主义新农村建设的主体研究》（中国书籍出版社2008年6月版）

在该书中，作者运用马克思主义基本原理并结合新农村建设实际指出，人是社会的人，社会是人的社会，因此，人是社会发展与进步的主体。人作为社会发展主体，是有意识和能动的社会群体。这就是人作为主体的社会性。这种社会性包括了两个方面的含义：一是群体性，表现为阶层、阶级和具体有某种社会属性的群体，而不是或者不主要是单个的个人；二是人作为社会发展主体，强调的重点是实践者、活动者和受益者。

社会主义新农村建设是在我国社会主义改造完成后就已提出的农村建设和发展目标。在党的十六届五中全会上重提社会主义新农村建设，并以2006年中央一号文件的形式颁布，是在新形势下解决“三农问题”、建设农村全面小康、实现农村乃至整个社会和谐的重要举措；是贯彻落实科学发展观，坚持“以人为本”实现广大农民利益和农村全面、协调、可持续发展的重要战略部署。同时，社会主义新农村建设也是实现城乡统筹发展，促进社会公平和正义的重要措施。社会主义新农村建设将成为我国未来较长一段时间内农村工作的重要课题。

3．罗丽娴、周慧主编《教育为本　德育为先——加强和改进高校大学生思想政治教育教学研究》（云南大学出版社2008年9月版）

该书结合学习贯彻十七大精神，以科学发展观为指导，结合建设社会主义核心价值体系为主体的社会主义意识形态，以实现学生的全面发展和高校思想政治教育的价值理想为出发点。以治专为主，并吸收了云南省部分高校哲学社会科学教师、思想政治教育工作者和辅导员、班主任多年从事思想政治教育教学和学生服务管理工作研究、探索和实践的成果及成功经验，从学生的思想政治理论教育研究、学生服务管理工作研究、素质教育研究、心理健康教育研究、学生服务管理工作研究、素质教育研究、心理健康教育研究、体育教育研究、学习党的十七大精神心得体会及其他领域研究等九个方面，总结了云南高职高专近年来贯彻落实《意见》取得的成绩，以期达到三个目的：一是作为申报的学校课题“以创新精神落实科学发展观，构建云南高职高专学生服务管理工作模式”的结题成果展示；二是对进一步加强和改进云南高职高专学生思想政治教育教学工作，开创新时期云南高职高专学生服务管理工作新局面，发挥作用；三是以期省内其他院校进行相关问题研究可资借鉴。

4．张天祥等主编《马克思主义经典著作研读》（云南大学出版社2008年11月版）

在编写中作者力图本着从整体上把握马克思主义理论基本立场、观点、方法的原则，通过对马克思主义发展历史中重要的经典著作的历史背景、主要内容、理论和实践意义进行介绍、评价和分析，使学生能够深入掌握作为无产阶级和人类解放科学的马克思主义，理解马克思主义关于物质世界发展的基本规律、关于认识发展的基本规律、关于人类社会发展的基本规律、关于资本主义发展的基本规律、关于社会主义和共产主义发展的基本规律等基本原理。在对马克思主义经典著作的学习过程中，把握马克思主义发展的历史线索和理论逻辑，把握马克思主义发展的实践动力和理论活力，把握马克思主义理论的实践性、科学性、革命性、阶级性，把握马克思主义理论发展的主线和精髓，把握马克思主义的世界观和方法论，把握马克思主义的政治立场和理论品质，真正了解马克思主义理论的发展来自于无产阶级的革命实践和人类文明成果的继承和创新，来自于无产阶级和共产党对社会主义代替资本主义的历史必然性的展开，来自于广大人民群众特别是青年对最崇高社会理想的不懈追求。

5．纳麒等主编《走向复兴的探索——中国特色社会主义道路的理论框架》（中国社会科学出版社2008年12月版）

该书在回顾改革开放30周年光辉历程的基础上，从邓小平理论和“三个代表”重要思想是坚持中国特色社会主义道路的理论基础、解放思想是坚持中国特色社会主义道路的思想法宝、改革开放是坚持中国特色社会主义道路的强大动力、科学发展观是坚持中国特色社会主义道路的战略原则、社会和谐是坚持中国特色社会主义道路的目标追求、全面建设小康社会是坚持中国特色社会主义道路的现实任务、加强党的建设是坚持中国特色社会主义道路的政治保障等七个方面回答了面向未来如何坚持中国特色社会主义的问题，构建了中国特色社会主义道路的理论体系，是马克思主义与中国实践相结合的又一理论硕果。

6．刘沧山主编《中外高校思想教育研究》（人民出版社2008年12月版）

该书共分三篇。上篇主要研究世界一些国家的高校思想教育情况；中篇主要研究中国高校的思想政治教育情况；下篇是中国高校思想政治教育的实证研究。三篇既互有联系又各有特点。该书在撰写中始终坚持以下几个原则：一是坚持以党的教育方针及《教育法》、《高等教育法》为依据的原则；二是坚持实事求是、客观公正的原则；三是坚持思想性和学术性相统一的原则；四是坚持实效性及可操作性的原则。它的特点是既有理论的创新，又有学术的价值，还有实用的意义。从理论创新来说，该书对中外高校的思想教育理论进行了深入的分析研究，包括历史轨迹的回顾梳理，提出了一些新的理论观点；从学术价值来说，当前中国教育界、学术界对中外高校思想教育进行这样全面系统的分析研究还不多见，就提升、拓宽高校思想教育研究的水平和领域有深刻的意义；从实用性来看，结合对中外高校思想教育研究所提出的一些意见和建议，对当前中国高校加强大学生思想政治教育，促进大学生全面发展具有十分重要的借鉴意义。

7．张瑞才著《中国特色社会主义道路在云南的实践》（社会科学文献出版社2008年版）

该书利用大量史料、数据对云南数十年的社会主义建设实践进行了历史回顾、经验总结，称得上云南发展的“百科全书”。《中国特色社会主义道路在云南的实践》的基本脉络沿着云南的经济社会发展历史过程伸延，农业现代化——工业现代化——城市化——政治现代化，既扣住了云南经济发展、社会进步的历史过程，也是世界现代化发展普遍规律的具体化，构成了现代化社会的主要内涵。云南的突出特点是地处边疆、少数民族多、宗教信仰多样。《中国特色社会主义道路在云南的实践》对少数民族的发展给予了特别的关注，并站在世界和全国的宏观角度，提出了云南未来发展的近期及长远目标，尤其是将云南视为连接中国和东亚、东南亚乃至印度、西亚、非洲各国的桥梁，国家战略使云南的地位更加突出。

8．王展飞著《六十年马克思主义理论教育的实践与探索》（人民出版社2009年5月版）

该书作者指出马克思主义是真理，然而马克思主义绝不能代替和否定其他真理性的认识。世界的复杂性决定了真理性认识的丰富性。马克思主义只有在充分借鉴和吸取人类科学成果（包括自然科学、社会科学、思维科学）的基础上，才能使自己得到丰富和发展。如果唯我独尊，排斥其他科学真理，马克思主义就会走进死胡同而把自己封闭起来。任何自我封闭的东西都是没有生命力的。

9．游庆章等主编《云南大学统一战线工作研究与实践》（云南大学出版社2009年9月版）

该书的写作目的是为了进一步加强对新世纪、新阶段高校统战工作的研究，以理论创新推进工作创新，探索民主党派基层组织的建设，为高校的建设发展建言献策等。该书内容包括党的统一战线理论研究、高校统战工作研究、民主党派建设研究以及云南大学2006年、2007年、2008年举办的统一战线“大学之道”论坛文稿几个部分。这些研究从不同的视角和层面对党的统一战线理论、高校统战工作的理论与实践、民主党派建设以及云南大学建设现代大学制度中的一些问题进行了探讨，其中不少文章观点新颖，见解独到，对于进一步深化认识党的统一战线理论，加强高校统战工作重要的认识，把握高校统战工作及民主党派基层组织建设的特点和规律，创造性地将党的统战理论与政策落实到工作中，积极探索现代大学制度，提高工作水平，开创云南大学统战工作新局面都有积极的作用。

10．赵金元主编《思想政治教育专业建设与教学改革研究》（云南大学出版社2009年12月版）

该书作者在文中指出，思想政治教育专业是大理学院第一批重点建设专业，经过5年的建设取得了较好的成效，积累了不少经验。本书编写立足于思想政治教育专业的整体建设和思想政治教育课程的具体改革，旨在总结专业建设和教学改革的成功经验，明确进一步加强建设和改革的思路，进一步提高思想政治教育专业的综合实力及整体教学水平，以思想政治教育专业所设置的基本教育平台为板块，以具体开设的专业课程为单位，总结了思想政治教育专业各门课程的一线教学经验，提出了相关课程教学改革的基本思路，结合专业特点讨论了思想政治教育领域的重大热点问题。

11．李红专著《吉登斯社会历史观评析——兼论马克思主义的当代价值》（科学出版社2010年1月版）

该书是国外马克思主义研究领域的前沿性研究成果。作者运用了唯物史观的基本原理和方法，揭示了吉登斯社会历史观的基本观点和实质意蕴，回应了吉登斯结构化理论对马克思唯物史观的挑战，凸显了马克思唯物史观的当代价值，运用马克思主义对吉登斯提出的重大问题作出了回答，在一定程度上实现了马克思唯物史观的当代阐释。这对透视西方社会理论及其历史观的转变轨迹具有重要意义，而且对自觉坚持和推进马克思唯物史观的研究具有相当高的学术价值，弥补了国内外学术界对这一领域研究的不足。

12．宋锡辉、桂石见、钱明辉等著《现代思想政治教育专业建设研究——以师范类本科专业为对象》（人民出版社2010年5月版）

该书是国内第一部专门研究师范类本科思想政治教育专业建设的学术专著，也是云南师范大学“学术文库”、“马克思主义理论重点学科建设”的研究成果之一。全书对思想政治教育专业建设涉及的历史沿革、专业定位、专业发展、教育与教学、学生与教师以及专业管理的六大重要问题，分别研究了其内涵、现状、发展趋势和改进提高的原则、方法。在内容安排上，尽量做到理论与实际相结合，以思想政治教育学科理论发展为支撑，侧重对专业发展实践的总结；以社会发展需要为线索，注重运用第一手资料作为研究依据，以引起人们对思想政治教育专业建设问题的关注和深入思考。

13．姜国峰等主编《网络思想政治教育理想模式的构建研究》（云南大学出版社2010年7月版）

本书通过对网络基本情况和发展趋势的说明来介绍一门学科的全新载体；通过网络思想政治教育基础性问题的介绍来阐述一门学科的基本框架；通过对网络思想政治教育理论基础的分析来说明一门学科的支撑理论；通过对目前我国网络思想政治教育状况的实证分析来介绍一门学科的基本状态；通过对网络思想政治教育要素的效益分析来理清一门学科的主要结构：通过对网络思想政治教育的构建分析来描绘一门学科的理想模式；通过对网络思想政治教育发展趋势的分析来预测一门学科的未来走向。本书还在分析大学生使用网络和思想政治教育类资源的情况的基础上，提出了如何构建网络思想政治教育的理想模式，并在其中采用了大量的原理和模型，这对指导实践、完善网络思想政治教育的发展具有积极意义和创新价值。

14．周利兴著《社会主义制度优越性探研》（云南大学出版社2010年7月版）

该书内容包括社会主义思想的产生、发展及中国社会主义的发展等，通过对社会主义产生、发展过程的回顾，从社会主义制度优越性的理论基础等方面，系统探讨、研究了社会主义制度优越性，并通过新中国成立60年的伟大成就和中印的比较，进一步阐述了社会主义制度优越性的表现，旨在帮助读者深入认识，领会社会主义制度的优越性，增强社会主义信念，热爱社会主义祖国，在中国共产党的领导下，实现中华民族的伟大复兴。

15．江云主编《中国特色社会主义理论体系教学用书》（全2册）（云南大学出版社2010年12月版）

本教材紧扣党的十七大报告，充分体现党的十七届三中全会和四中全会精神，将科学发展观、构建社会主义和谐社会、加强党的执政能力建设和先进性建设、建设创新型国家、建设社会主义新农村、树立社会主义荣辱观、弘扬社会主义核心价值体系、走和平发展道路、建设社会主义生态文明等一系列重大战略思想一并引进教材，彰显了中国特色社会主义理论体系的丰富性、开放性和时代性，凸显了作为当代马克思主义的中国特色社会主义理论体系与时俱进的理论品质。

16．高校思想政治教育研讨论文集

（1）罗文等主编：《云南师范大学思想政治

理论课教育教学改革与探索》（2008—2010），云南大学出版社2008年、2009年、2010年12月版。

（2）晏丕振、王飞主编：《云南农业大学思想政治理论课教育教学改革研究文集》，云南大学出版社2008年4月版。

（3）许翔等主编：《云南艺术学院马列理论教育教学研究论文集——象牙塔上的理论视野》，云南大学出版社2009年7月版。

（二）论 文

1．云南民族大学社会发展学院彭有祥《论科学发展观的理论基础与历史地位》［载《云南民族大学学报》（哲学社会科学版）2008年第1期］

在文中作者指出，科学发展观是对马克思主义发展理论的继承和发展，是马克思主义中国化的最新成果，是同马克思列宁主义、毛泽东思想、邓小平理论和“三个代表”重要思想既一脉相承又与时俱进的科学理论，是中国特色社会主义理论的重要组成部分。高举中国特色社会主义伟大旗帜，认真贯彻落实科学发展观，对于全党、全国人民在新时期全面建设小康社会、开创中国特色社会主义事业的新局面，具有重大的现实意义和深远的历史意义。

2．昆明医学院周家荣、廉永杰《从实践维度把握社会主义核心价值体系的价值本质》［载《南昌大学学报》（人文社会科学版）2008年第1期］

在文中作者指出，要正确理解价值的本质，就必须从了解主客体关系入手，因为在大部分对价值概念的界定中，主客体都是难以回避的重要元素。对主客体关系的把握，几乎也不可能绕开实践来进行，因为主客体之间的相互作用过程在实质上就是实践过程。价值与实践的这种内在的逻辑关系，是深刻研究价值本质的重要理论依据，也是构建价值本质与实践之间的关系的支点。所以，从实践与价值本质之间关系的视角来把握社会主义核心价值体系的价值本质，特别是把社会主义核心价值体系的价值发生、特性、活动融入中国特色社会主义实践中，必然能够深刻地把握社会主义核心价值体系的价值本质。

3．云南民族大学谢本书《〈大众哲学〉与马克思主义中国化》（载《学术探索》2008年第3期）

在文中作者指出，马克思主义中国化是中国共产党人创造的理论成果。艾思奇的《大众哲学》是这种成果早期的重要贡献，艾思奇青少年时代就进行了艰辛的探索，于20世纪30年代出版了《大众哲学》一书，风靡一时，不胫而走，因为他在理学内容、研究方法、成果形式方面，都具有创新性，开辟了马克思主义哲学通俗化、大众化、中国化、现实化的道路。《大众哲学》对我们今天的启迪是多方面的，对我们进一步推动马克思主义中国化有重要意义。

4．云南大学发展研究院李杰《唯物史观史学方法三论》（载《江海学刊》2008年第4期）

在文中作者指出，马克思主义史学在中国史学发展史上留下了光辉的篇章。然而，迄今为止，对马克思主义史学思想史的研究都是非常薄弱的，以致迟至今日，我国还没有出版过一部马克思主义史学思想史专著，我们对其中相关问题的研究还有非常大的提升空间，仅有的对马克思主义历史观的研究多集中在哲学界，历史学界的研究相对不足。因此，看似雄踞史坛的这一学科，实则整体上只是处于起步阶段。

5．云南师范大学经济学院毕国明《马克思主义群众史观的中国化——毛泽东与中国传统“民本”思想》（载《思想战线》2008年第5期）、《毛泽东与中国传统“大同”社会理想》（载《中共云南省委党校学报》2008年第5期）

在《马克思主义群众史观的中国化——毛泽东与中国传统“民本”思想》中作者指出，在中国传统社会历史观中，也曾经探讨过社会历史的主体力量问题，形成了重视民众力量的民本思想。毛泽东在马克思主义中国化的过程中，既坚持了马克思主义群众史观的基本原理，又批判继承了中国传统民本思想的精华，总结了中国革命和建设的实践经验，高度重视人民群众创造历史的作用，尤其是农民革命的进步作用，形成了科学的群众观点，提出了群众路线的领导方法和工作方法。这是毛泽东对马克思主义群众史观中国化的创造性贡献。

在《毛泽东与中国传统“大同”社会理想》中作者指出，毛泽东在马克思主义中国化的过程中，既坚持马克思主义关于社会主义和共产主义理想的基本原理，又批判地继承了中国传统大同社会理想的精华，总结了中国革命和建设的实践经验，创立了新民主主义和社会主义理论，为马克思主义社会理想的中国化作出了杰出的贡献。但由于传统大同社会理想中消极因素的影响，也使他经历了严重的曲折，留下了深刻的经验教训。

6．云南大学马克思主义研究院袁群《尼泊尔共产党（毛主义）的现状及其政策主张》（载《国外理论动态》2008年第8期）

在文中作者根据尼共（毛）网站（http://www.cpnm.org）提供的材料，将该党的基本情况和政策主张从以下两个方面作出了较为详细的介绍：①尼泊尔共产党（毛主义）的历史及现状。尼泊尔共产党（毛主义）的前身是尼泊尔共产党。尼泊尔共产党于1949年4月22日在加德满都建立。1995年3月该党在第二次扩大会议上正式起用新的党名——尼泊尔共产党（毛主义）。经过14年的发展，尼共（毛）已成为国内外引人注目的政治力量，目前拥有党员约30万名，是尼泊尔最大的共产党组织。②尼泊尔共产党（毛主义）的政策主张：尼共（毛）的理论纲领、尼共（毛）的国内外政策等。

7．云南大学人文学院李兵《从解释世界到改变世界——对马克思“颠倒”黑格尔辩证法的再阐释》（载《学术探索》2009年第2期）

在文中作者指出，如何理解马克思对黑格尔辩证法颠倒，关系到如何估价马克思哲学的当代价值。马克思绝不仅仅是把黑格尔的辩证法移植到唯物主义的基础之上，也不仅仅是为辩证法乃至整个哲学找到了坚实可靠的本体论基础——作为人的始源性生命活动的实践。马克思所要颠倒的是黑格尔辩证法使现存的事物显得光彩的最保守的哲学的本质；是它作为法国革命的德国理论对世界的解释而不是对世界的改变，从而要把抓住劳动的本质的否定的辩证法改造为一种彻底的、不妥协的否定、批判、革命的力量，这才是马克思颠倒黑格尔辩证法的实质。

8．云南民族大学人文学院、云南民族大学哲学学院徐祖祥与张建成《中共领导集体论宗教与社会发展相适应》（载《社会主义研究》2009年第2期）

在文中作者指出，中国共产党领导集体的理论和实践活动中都贯穿着对宗教与社会发展相适应这一命题的探索。中共前三代领导集体践行马克思主义宗教观与中国宗教实际相结合的道路，创造性地提出了若干宗教与社会发展相适应的科学论断，形成了有中国特色的马克思主义宗教理论。中共新领导集体对党的宗教工作基本方针在继承的基础上又作了新的阐述，是我们进一步做好新阶段党的宗教工作的行动指南。

9．云南财经大学何艳《周恩来现代化思想的逻辑架构》（载《社科纵横》2009年第4期）

在文中作者指出，身为一位坚定的马克思主义者、爱国主义者，周恩来提出了对新中国的现代化建设起到巨大指导与推动作用的现代化思想。周恩来的现代化思想是一个紧密的逻辑体系，其各个要素存在紧密相连的联系。新中国的具体国情是周恩来的现代化思想的逻辑前提，是建构现代化思想的依据。工业、农业、国防与科学技术的现代化是周恩来现代化思想的具体内容，其中，农业现代化是基础，工业现代化是主导，国防现代化是保障，科学技术现代化是关键。而现代化建设的价值取向是人民群众的根本利益，是为了满足人民群众的物质文化需要。

10．中共云南省委党校党建教研部吴家骥《历史契机中执政党生机与活力的动因探源》（载《理论学刊》2009年第7期）

在文中作者指出，党的执政地位不是与生俱来、一劳永逸的，现在拥有不等于永远拥有。从一种价值诉求因生存困窘的挑战而发生变更，到一个更合理的价值体系的定位，是一个充满社会动荡的历史过程。对于中国共产党而言，在改革30年后的今天，中国改革进程中的复杂变量要求党必须责无旁贷地寻求新的改革动力，彰显时代精神，继续解放思想，塑造良好形象，以改革创新的精神把握住正确的历史向度，用高度的政治智慧捕捉住历史发展的机缘，只有这样才能把往日的代价化为长明的路标，在升华人们生存质量的同时，把自己建设成一个始终走在时代前列、保持生机与活力的马克思主义先进政党。

11．云南师范大学社会发展学院、西南林业大学社会科学系刘化军、郭佩惠《社群主义的整体主义方法论浅析》（载《社会主义研究》2009年第3期）

在文中作者指出，当代自由主义认为个人自由与权利至上，其哲学基础和论证方法都是个人主义的。基于一种整体主义的方法论立场，社群主义对自由主义的个人主义进行了深刻的批判。

社群主义的整体主义方法论在价值取向上表现为他们强调社群整体利益先于个人利益，理论内容上表现在对自由主义自我观和个人自由与权力至上的批判两方面。从马克思主义的视角来看，社群主义的批判确实具有一定的合理之处，但并没有真正揭示个人与社群的关系。马克思主义在科学阐释个人与社会的真实关系基础上，揭示了自由与权利的真正内涵。

12．云南大学《思想战线》编辑部武经伟《政治与道德的近代认知》（载《思想战线》2009年第4期）

在文中作者指出，把道德范畴从政治的主要内涵中剥离出来，使政治成为一门以人的理性和经验为指导的学问，这是从文艺复兴时期马基雅维利开始的。政治学研究曾经历资产阶级革命、科学主义和理性主义的洗礼，形成了多种范式。但在政治的道德属性问题上似乎画了一个螺旋式的圆，最终在19世纪末的美国形成了国际学术共同体和相对完备的学科体系，完成了近代政治学向现代科学的转变。马克思主义创始人的政治思想在这种转变中产生了重大而深远的影响。

13．中共云南省委党校科社教研部李曼琳《以人为本：中国特色社会主义理论体系发展和完善的动力源泉》（载《中共云南省委党校学报》2009年第4期）

在文中作者指出，以人为本，促进人的全面发展，是马克思主义本质的集中体现，是顺应当代人类社会发展趋势的必然选择。中国共产党把以人为本作为科学发展观的核心，中国特色社会主义理论体系的核心内容，凝结着对社会主义理论和实践经验的深沉思考，适应了全面建设小康社会和社会主义现代化建设新阶段的迫切需要，进一步丰富和发展了科学社会主义的理论与实践。

14．云南省社会科学院民族学研究所刘达成《五四运动在云南——纪念五四运动九十周年》（载《学术探索》2009年第4期）

在文中作者指出，90年前的五四运动，在云南人民革命斗争史上，写下了光辉的一页。1919年6月4日，各族各界在金碧公园召开了支援北京学生爱国行动的国民大会。大会一致表示，坚决和全国人民一道把除奸、废约、反日、救国的斗争进行到底。6月8日云南学生爱国会宣告成立。接着，大理、腾冲、思茅、蒙自、昭通等地相继成立分会。各地学生联合会采取多种形式进行反帝（抵制日货）反封（提倡新文化运动）的宣传，对促进云南人民的思想解放、传播马列主义和倡导新文化运动，起了很大的鼓舞和推动作用。1920年10月，孙中山先生特意接见了云南派出的代表，并给予很大的鼓励。以宣传和倡导科学和民主的五四新文化运动，继续鼓舞云南各族青年反帝反封，追求真理。爱国人士相继创办了《爱国日报》、《滇潮》、《新滇社》、《曙滇》等四十多种报刊，对针砭时弊、批判旧思想、倡导新文化起了很大作用。一部分《新滇社》成员，陆续加入中国共产党，并积极参加在北京反对日本炮击大沽口炮台和围攻执政府的革命运动。

15．云南大学马克思主义研究院谢旭辉《用科研的方法推进高校马克思主义理论课教学改革》（载《思想理论教育导刊》2009年第8期）

在文中作者指出，高校马克思主义理论课程要保持较强的生命力，必须不断进行教学内容和教学方法的改革和创新。结合马克思主义理论课教学的特点，在教学实践中应积极探索有效的教学模式，从点滴做起，充分利用各种有效的教学手段和方式激发大学生学习马克思主义理论课的兴趣，用搞科研的方法钻研和实施教学，推进马克思主义理论课教学改革。

16．云南民族大学法学院何叔涛《新中国60年的民族平等和民族团结政策》［载《云南民族大学学报》（哲学社会科学版）2009年第5期］

在文中作者指出，民族平等和民族团结是马列主义解决民族问题的基本原则，也是新中国60年所实行的最根本的民族政策。民族平等和民族团结政策的贯彻实施，从根本上改善了我国各族人民之间的相互关系，增强了整个中华民族的凝聚力，为民族共同繁荣和整个中华民族的伟大复兴奠定了坚实的基础。回顾并总结新中国60年来民族平等与民族团结政策的内容，深入分析其实施成效与得失，有助于进一步做好民族工作，促进各民族共同繁荣。

17．《云南民族大学学报》编辑部江云岷《论邓小平理论创新的实践反思思维》（载《云南行政学院学报》2009年第5期）

在文中作者指出，实践反思思维作为人类思

维的哲学维度和哲学反思思维的最高形态，是建立在科学实践观基础之上的彻底的辩证法的本质论和价值论有机统一的创造性思维。实践反思思维既是马克思、恩格斯创立的反思思想的哲学维度和理论创新的思维方式，也是邓小平反思思想的哲学维度和理论创新的思维方式。

18．中共云南省党校吴家骥《改革创新与执政党建设的时代使命》（载《云南行政学院学报》2009年第5期）

在文中作者指出，党的执政地位不是与生俱来、一劳永逸的。现在拥有不等于永远拥有。改革开放30年后的今天，改革进程中的复杂变量要求执政党必须责无旁贷地寻求改革的动力，彰显改革的精神，继续解放思想，塑造良好的形象，以改革创新的精神把自己建设成一个始终走在时代前列、保持生机与活力的马克思主义先进政党。

19．云南大学马列学院任新民《只有中国特色社会主义才能发展中国》（载《中共云南省委党校学报》2009年第5期）

在文中作者指出，近代以来，中国历史的两大主题摆在了中华民族的面前：一是民族的独立，人民的解放；二是国家的富强，人民的幸福。哪种理论能够对这两个历史课题作出正确的回答，它就会成为中国人民的信仰；哪条道路能够引导中国人民完成这两大任务，它就能够成为中国人民的选择；哪种政治力量能够带领人民实现这两大任务，它就能够掌握中国历史发展的前进。

20．云南大学马克思主义研究院袁群《瑞典社会民主党的社会主义观探析》（载《社会主义研究》2009年第5期）

作者针对近年来国内关于瑞典模式社会主义的争论，对瑞典社民党社会主义观的内容、产生的社会历史背景、理论实质和可借鉴性进行了梳理和分析。这对我们深化对瑞典模式社会主义的认识、科学地理解和把握科学社会主义、坚定不移地走中国特色社会主义道路具有重要的理论和现实意义。

21．云南大学公共管理学院、中共云南省委党校党委欧黎明《论马克思主义中国化最新成果的源流关系》（载《中国特色社会主义研究》2009年第5期）

在文中作者指出，在中国共产党80多年的奋斗历程中，马克思主义基本原理同中国革命、建设和改革的实际相结合，即马克思主义的中国化取得了很多理论成果。它们之间存在一脉相承的源流关系。

22．云南师范大学社会发展学院刘丽琼《中苏论战对马克思主义中国化的影响》（载《理论视野》2009年第11期）

在文中作者指出，20世纪五六十年代的中苏论战，给马克思主义中国化的历史进程带来了深刻的影响。中苏论战影响了中共对社会主义社会主要矛盾的判断和认识，强化了中共对传统社会主义模式的固守，助长了中共党内已有的“左”的倾向，推动了无产阶级专政下继续革命的理论形成，并最终导致“文化大革命”的爆发，使马克思主义中国化的进程最终中断。探讨中苏论战对马克思主义中国化的影响，意义重大。

23．云南大学马克思主义研究院陈国新《“三个有利于”是中国特色社会主义理论体系的基本原则》（载《理论月刊》2010年第1期）

在文中作者指出，邓小平提出的“三个有利于”基本原则，在20世纪90年代，曾成为理论界讨论的热点问题，当时主要搞清楚“三个有利于”基本原则的科学内涵、理论和实践意义。如今老话新提，深化认识，目的是要搞清楚三个有利于基本原则在中国特色社会主义理论体系中的地位和作用。本文论证了邓小平适应和平发展时代对社会主义国家执政党提出的新要求，将马克思主义的基本原则就是要发展生产力拓展为发展生产力，增强综合国力，提高人民生活水平的“三个有利于”基本原则。“三个有利于”在中国特色社会主义理论体系中，是提纲挈领、贯穿始终、言简意赅的基本原则，是中华人民共和国成立以来根本经验教训的科学总结，是党的指导思想和路线方针实现时代转折的重要标志，是党的基本路线的中心内容，是衡量一切工作的最根本的是非标准，也是坚持和发展中国特色社会主义的理论基石。

24．中共云南省委党校党史教研部蒋光贵《新世纪以来党对马克思主义时代化的推进》（载《中共云南省委党校学报》2010年第3期）

在文中作者指出，新世纪以来，党在推进马克思主义时代化上表现出一些鲜明的特征：一是把握了新时期最突出的标志，抓住了马克思主义时代化的纲领。二是从时代出发，注重丰富和发展有关基本问题的理论范式并解决了它们的统一性问题；提出并阐明了富于时代特征的和平、发展、合作的和谐世界精神；善于在解放思想中统一思想，用发展着的马克思主义指导实践。

25．云南大学马克思主义研究院任新民《大众的理论与理论的大众化》（载《学术探索》2010年第4期）

在文中作者指出，马克思主义理论本质上来源于大众生活实践，是为人民大众提供正确认识和改造世界的理论，因而是大众的理论；马克思主义哲学只有掌握了大众，完成由理论向大众社会实践的复归，才能成为指导大众社会实践的思想武器，实现理论大众化。在中国特色社会主义发展出现一系列阶段性特征，面临着新形势、新矛盾、新问题时，坚持马克思主义理论的指导地位，必须解决好马克思主义理论的大众化问题。马克思主义理论大众化不仅直接关系到马克思主义指导思想地位的巩固，关系到改革开放的深入发展，而且关系到中国特色社会主义的命运。探索马克思主义大众化的规律，是实现马克思主义大众化的必然要求。

26．云南师范大学哲学与政法学院钱明辉《毛泽东渐进内驱学习观探析》（载《理论视野》2010年第10期）

在文中作者指出，马克思主义哲学关于量变质量规律和内因外因关系等基本原理对于事物发展具有普遍真理意义，学习活动也不例外，成功的学习活动总是遵循渐进性发展和内驱性推动规律。毛泽东至迟在1917年就比较明确地认识到这种规律并自觉用以指导学习实践活动，留下了大量反映学习经验和智慧的文献资料，依据这些资料，提出了毛泽东渐进内驱学习观这一新观点并进行了初步阐述。

27．云南大学马克思主义研究院谢旭辉《关于加强高校思想政治理论课建设、推进马克思主义"三化"的思考》（载《思想理论教育导刊》2010年第11期）

在文中作者指出，《中共中央关于加强和改进新形势下党的建设若干重大问题的决定》鲜明地提出了推进马克思主义中国化、时代化、大众化的科学命题。推进马克思主义"三化"对高校思想政治理论课提出了新的要求。要根据时代特点不断推进马克思主义理论创新，加强高校思想政治理论课教学内容与方法的改革与创新，不断加强思想政治理论课教师队伍建设。

28．中共云南省委党校省情与政策研究所许如江《邓小平理论与科学社会主义》（载《中共云南省委党校学报》2010年第6期）

在文中作者指出，邓小平理论无论是在中国社会主义革命、建设、发展史上，还是在世界社会主义运动中，都具有极为特殊的历史地位。对世界社会主义的发展来说，邓小平理论在世界社会主义运动处于低潮的时期，完成了社会主义理论和实践的真正结合，解决了经济文化落后国家如何建设社会主义的历史难题，把对社会主义的探索提高到了新的水平。

29．中共云南省委宣传部、云南省委党校、云南省社科联赵绍敏《坚持和发展马克思主义的生态文明理论》（载《科学社会主义》2010年第6期）

在文中作者指出，生态文明是人们正确认识和处理人类社会与自然生态系统相互关系的理念、态度及生存和发展方式。该文系统阐发了马克思主义生态文明理论的早期形态其及在当代的发展，认为建设生态文明新概念和新战略的提出把马克思主义生态文明理论与实践推进到了一个新阶段。在借鉴国外经验和分析国情基础上，在文中作者提出，中国走生态文明建设道路，必须确立和实施环境优先，生态、经济、政治、社会、文化五位一体发展战略，经济社会发展规划应成为包括生态相对独立领域在内的五位一体全面协调可持续发展规划。

（云南师范大学　刘化军）

党史党建

一、中共党史研究

2008—2010年，云南省委组织部和云南省党建研究会高举中国特色社会主义伟大旗帜，坚持以邓小平理论和“三个代表”重要思想为指导，深入贯彻落实科学发展观，坚持解放思想、实事求是、与时俱进，坚持理论联系实际，大力弘扬改革创新精神，紧紧围绕提高全省党的建设科学化水平和组织工作满意度，扎实开展新形势下党的建设和组织工作重点、难点问题的研究；紧紧围绕全省开展深入学习实践科学发展观和纪念改革开放30周年、新中国成立60周年、中国共产党成立90周年等活动，认真总结和宣传党的建设和组织工作的成就和经验，积极探寻新的历史条件下党的建设和组织工作的特点和规律，取得了明显成效和丰硕成果。

（一）学术活动

（1）2008年4~9月，云南省委在全省组织开展以“解放思想、深化改革、扩大开放、科学发展”为主题的大讨论活动，着力解决束缚云南科学发展的思想障碍，为在全省开展深入学习实践科学发展观活动奠定了坚实的思想基础。

（2）2008年9月8~12日，云南省委在云南省委党校举办两期“云南省深入学习实践科学发展观，做好新形势下群众工作专题研讨班”，对全省各州市和县市区党政主要领导，州市党委副书记、人大常委会主任、政协主席，以及省直机关各部门、各企事业单位主要负责人共547人进行了一次深刻的马克思主义群众观和党的群众路线教育。

（3）2008年12月8~10日，中央组织部在丽江市召开深化党员主体地位问题研究理论研讨会，交流课题研究初步成果，研讨修改完善课题研究报告的办法措施。中央组织部党建研究所有关领导和人员，参与课题研究的省、区、市和中央单位课题组负责人共20多人参加会议。会议由中央组织部党建研究所主办，云南省委组织部和丽江市委组织部共同承办。

（4）2008年12月18日，云南省委组织部、云南省党建研究会联合召开全省组织系统纪念改革开放30周年党的建设和组织工作理论研讨会，研讨改革开放30年来云南党的建设和组织工作取得的成就和经验以及如何进一步加强党的基层组织建设、组织工作如何更好地服务科学发展、领导干部如何应对新媒体等问题。省委常委、省委组织部部长辛桂梓出席会议并在会上作了重要讲话，省人大常委会原副主任、省党建研究会原会长保永康等6位同志分别作了大会主题交流发言，省党建研究会领导、省内党建专家和州市组织部门的负责同志共70多人参加了会议。此次研讨会共收到论文近300篇。

（5）2009年5月，云南省委组织部成立云南省组织工作专家咨询组，实行全省党的建设和组织工作重大决策和部署出台前组织专家进行咨询论证制度。咨询组由时任省社会科学院党组书记、院长纳麒、省委党校副巡视员段尔煜、省委党校公共管理教研部主任欧黎明、省社会科学院民族文学所所长郭家骥、云南大学马列部主任任新民等5人组成。2009年10月，云南省委组织部就《关于结合民族文化创新基层党建工作的意见》和《关于深化边疆党建长廊建设进一步加强边境地区党的建设的意见》两个征求意见稿，分别征求咨询组成员的意见和建议。

（6）2009年7月，云南省党建研究会在全省开展以“新中国成立60年来党的建设主要成就与经验” 为主题的征文活动，共收到论文60多篇，并向全国党建研究会选送了17篇论文。

（7）2009年11月4日，中央组织部在德宏州瑞丽市召开边境地区党的基层组织和政权建设问题研究课题研讨会，交流课题研究初步成果，研讨修改完善课题研究报告的办法措施。中央组织部党建研究所有关领导和人员，参与课题研究的省区市课题组负责人等共20多人参加会议。会议由中央组织部党建研究所主办，云南省委组织部和德宏州委组织部共同承办。

（8）2009年11月13日，中央组织部在德宏州芒市召开组织部门自身建设专题调研座谈会，座谈研讨新时期组织部门自身建设面临的新情况、新问题与进一步加强组织部门自身建设的对策措施。中央组织部办公厅有关领导和人员、云南省委组织部及云南省部分州市党委组织部负责人等近20人参加会议。会议由中央组织部办公厅主办，云南省委组织部和德宏州委组织部共同承办。

（9）2008年9月至2010年3月，在全省开展深入学习实践科学发展观活动中，云南省委以案例分析为主要形式，运用“阳宗海水体砷污染”、孟连县“7·19”事件、云铜集团腐败案等典型案例，采取依理说事、就事明理的方式，在全省各级党员干部中组织开展学习讨论；举办“科学发展论坛”，先后组织28个省直部门的领导和专家，分别以推动云南科学发展、构建和谐云南、云南民族问题、国际金融危机背景下的云南发展等为主题，就事关云南科学发展的若干重大问题进行深入探讨；在农村基层开设“村党组织书记论坛”，开展“科学发展大家谈”活动，累计举办讲座约1.9万场次。

（二）重要研究成果

1．著　作

《云南省基层党组织建设案例》　2008年3月，云南省党建研究会组织编写并公开出版了《云南省基层党组织建设案例》一书。该书由云南省委书记、云南省人大常委会主任白恩培作序，由云南出版集团公司、云南人民出版社出版。

《群众工作大家谈》　2008年11月，云南省深入学习实践科学发展观做好新形势下群众工作专题研讨班领导小组办公室编的《群众工作大家谈》一书，由云南出版集团公司、云南人民出版社公开出版。

《党内文化新论》　2009年9月，由时任丽江市委常委、丽江市委组织部部长汪洋著，中共中央党校出版社出版的《党内文化新论》一书，入选第十一届全国优秀党建读物。

《百家论农》（第一辑）　2009年12月，云南农村干部学院编的《百家论农》（第一辑），由云南出版集团公司、云南人民出版社公开出版。

《一面旗　一团火　一盘棋——“三个一”的理论与实践》　2010年4月，云南省委组织部编的《一面旗　一团火　一盘棋——“三个一”的理论与实践》一书，由云南出版集团公司、云南人民出版社公开出版。

《百家论农》（第二辑）　2010年7月，由云南农村干部学院编的《百家论农》（第二辑），由云南出版集团公司、云南人民出版社公开出版。

2．论　文

《努力探索边疆民族地区党的基层组织建设新路子》　2008年10月，云南省委组织部撰写的论文——《努力探索边疆民族地区党的基层组织建设新路子》，入选全国纪念改革开放30周年党的建设和组织工作理论研讨会。

二、中共云南地方党史研究

2008—2010年，中共云南省委党史研究室、云南中共党史学会，围绕以史鉴今、资政育人的根本任务，以马列主义、毛泽东思想、邓小平理论和“三个代表”重要思想为指导，学习实践科学发展观，认真贯彻中共中央、中共云南省委关于党史工作的部署，不断开拓创新，围绕中心，服务大局。三年来，云南党史研究工作精选重大课题，精心组织研究，不断完善党史学科理论与资料体系建设，突出资政研究这个重点，结合云南实际，深入开展党的建设、党的执政能力建设、“三农”问题、少数民族特殊政策、红色旅游、宗教问题等热点领域的课题研究，及时为上级提供决策咨询服务；以党史重大事件和重要人物纪念活动为载体，采取多形式开展党史宣传和党史育人工作，使党史研究成果能够在现时生活中得到广泛应用，影响力、知名度不断提升，增强党史学科在促进社会发展中的积极作用；本着以人为本、求是创新的态度，以开展深入学习实践科学发展观活动和创先争优活动为契机，不断提升理论水平和思想觉悟，自觉地加强自身建设，提高研究人员的综合素质，打牢自身科学发展的理论与组织基础。

2008—2010年，云南的中共党史学科学术活动主要围绕纪念改革开放30周年、纪念中华人民共和国成立60周年以及云南地方党史重大事件、重要党史人物纪念日等开展学术活动，进一步深化学术研究，有5项课题分别获国家社科基金项目、中央党史研究室和省级党群系统决策科学研究立项，有3项研究成果入选中央党史研究室等各有关部门的学术研讨会，有10项成果获得奖励。

（一）主要学术活动

红九军团渡金沙江73周年纪念活动 2008年5月5日，中共云南省委党史研究室、云南省扶贫办革命老区开发建设处、中共昆明市委党史研究室、中共东川区委在东川区拖布卡镇树桔渡村红九军团渡江指挥部旧址（现为渡江纪念馆）联合举办纪念活动。省、市、区各有关领导和工作人员，以及树桔渡小学师生共200余人参加纪念活动。

张伯简同志诞辰110周年纪念座谈会 2008年6月26日，张伯简同志诞辰110周年纪念座谈会在张伯简的家乡剑川举行。省委党史研究室副主任侯明森，大理州委党史研究室副主任，剑川县委常委、组织部长，县委、县政府有关部门干部，张伯简亲属等80多人参加座谈会。省委党史研究室副主任侯明森、县委书记刘平、张伯简亲属等分别在座谈会上讲话。

纪念“七·一五”反美扶日爱国民主运动60周年大会 2008年7月15日，云南省纪念“七·一五”反美扶日爱国民主运动60周年大会在昆明召开。省委副书记李纪恒，省委常委、省委宣传部部长张田欣，省委常委、昆明市委书记仇和，省人大常委会副主任晏友琼，副省长高峰，省政协副主席罗黎辉，省老领导刘树生等，部分亲历“七·一五”爱国民主运动的老同志，以及青年代表和学生代表共900人参加了纪念活动。省委副书记出席会议并作重要讲话。

纪念中国改革开放30周年学术活动 2008年4月至10月，根据中央党史研究室和中国中共党史学会关于开展纪念中国改革开放30周年学术研讨会的征文通知精神，中共云南省委党史研究室和云南中共党史学会联合开展了纪念中国改革开放30周年学术研讨会征文活动。经过全省各州（市）委党史研究室和云南中共党史学会单位会员的精心组织和初评，共收到论文40篇，其中推荐5篇论文参加中共中央党史研究室和中国中共党史学会联合举办的纪念中国改革开放30周年学术研讨会，评选出34篇论文，编辑出版了《云南中共党史研究》纪念改革开放30周年增刊。

云南省召开纪念改革开放30周年理论研讨会 2008年12月16日，云南省纪念改革开放30周年理论研讨会在省委党校召开。会议由省委宣传部、省发展和改革委员会主办，省委政策研究室、省委党史研究室、省委党校等部门协办。来自省级有关部门、全省各州（市）宣传部门、大专院校的代表和入选论文作者约200人参加了研讨会。省委常委、省委宣传部部长张田欣到会讲话，部分作者在大会上进行了交流。

纪念改革开放30周年大型图片展 2008年12月，省委党史研究室与省委宣传部等部门举办了纪念改革开放30周年大型图片展。

王德三同志诞辰110周年纪念活动 2008年8月31日，由省委党史研究室和大理州委、州政府主办，祥云县委、县政府和大理州委党史研究室承办的王德三同志诞辰110周年纪念活动在王德三的家乡祥云县举行。省委常委、省委秘书长杨应楠，省委副秘书长、省委党史研究室主任梁宗华，省委党史研究室副主任侯明森，大理州委书记刘明等出席了纪念活动。杨应楠等参观王德三烈士故居，观看了陈列的王德三、王复生烈士事迹展览。参加王德三同志诞辰110周年纪念座谈会的还有王德三同志亲属、当地干部代表等100多人。会上，杨应楠作了重要讲话。大理州委常委、州委秘书长杨健主持会议。会后，与会同志到龙翔公园，分别向王德三同志铜像敬献了花篮，当地干部群众、武警官兵、共青团员和少先队员代表等200多人参加了仪式。

纪念中华人民共和国成立60周年征文活动 2009年4至10月，省委党史研究室与云南中共党史学会组织开展了纪念中华人民共和国成立60周年征文活动，共评选出论文34篇，编辑出版了《云南中共党史研究》。

纪念中国人民解放军西南服务团成立60周年 2009年6月25日，省委召开座谈会，隆重纪念中国人民解放军西南服务团成立60周年。省委常委、省委秘书长杨应楠，省委常委、省军区政委郎友良，省委常委、省委组织部部长辛桂梓，省人大常委会副主任江巴吉才，省政协副主席王学智等领导出席会议。省委副秘书长、省委党史研究室主任梁宗华主持会议。省委办公厅、省委组织部、省委宣传部、省委老干部局、团省委有关领导，以及原西南服务团的老同志共700余人参加了座谈会。

云南省纪念中共滇桂黔边区委员会暨中国人民解放军滇桂黔边纵队成立60周年大会召开　2009年8月18日上午，云南省纪念中共滇桂黔边区委员会暨中国人民解放军滇桂黔边纵队成立60周年大会在昆明会堂隆重举行。省委副书记李纪恒出席会议并作重要讲话。云南省军区副司令员崔毅，原二野四兵团老同志代表张秀明，原边纵老同志代表祁山，省委副秘书长、省委党史研究室主任梁宗华，以及青年学生代表先后在会上发言。省委常委、省委组织部部长辛桂梓主持会议。省人大常委会副主任李春林，副省长曹建方，省政协副主席倪慧芳，省级老领导李桂英、李瑾出席纪念大会，边纵老同志、机关干部代表、驻滇部队以及大专院校师生代表共1200多人参加了大会。

纪念阎红彦同志诞辰100周年座谈会　2009年10月26日上午，中共云南省委、省人民政府在昆明召开座谈会，隆重纪念中国共产党的优秀党员、无产阶级革命活动家、中国人民解放军高级将领、原中共中央西南局书记处书记、中共云南省委第一书记阎红彦同志诞辰100周年，深切缅怀他的不朽功勋，追思和学习他的崇高品质和矢志不渝的革命精神。座谈会由省委常委、省委秘书长杨应楠主持。原省委书记、省人大常委会主任白恩培作重要讲话，对阎红彦同志主持云南工作7年所作出的成绩给予充分肯定和高度评价，并指出从五个方面向他学习。省政协主席王学仁，省委常委、常务副省长罗正富，省委常委、省军区政委郎友良，省人大常委会常务副主任晏友琼，副省长顾朝曦，省级老领导刘树生、李桂英、朱奎、祁山、梁林，省直有关部门负责人出席了座谈会。省老领导马文东、阎红彦同志的亲属阎泽群以自己的亲身经历回顾和缅怀了阎红彦同志的业绩。

云南60年成就展　2009年10月，省委党史研究室与省委宣传部、省发改委、省财政厅等在昆明联合举办云南60年成就展，在社会各界引起了深刻反响。

纪念楚图南诞辰110周年学术研讨会　2009年8月28日，云南省文史研究馆、中国民主同盟云南省委员会、中共云南省委党史研究室联合举办学术研讨会，纪念楚图南同志诞辰110周年。省政协副主席顾伯平，省政协副主席、民盟云南省委主委倪慧芳出席会议并讲话。省委党史研究室副主任赵晓澜代表省委党史研究室发了言。近200位专家学者及有关方面人士参加会议，对楚图南在统一战线、人民外交、外国文学翻译、书法创作等领域作出的杰出贡献及取得的卓越成就进行了广泛研讨，对他谦虚谨慎、严于律己、坚持原则、淡泊名利的高尚品德给予高度的赞誉和评价。

《红土情》巡展　2009年9月21日至26日，由省委宣传部、省委党史研究室共同主办的《红土情》大型革命斗争史巡回展览，在易门县隆重展出，参观展览人数达6000余人。展览以“不忘昨天、珍惜今天、创造明天”为主题，通过83幅收缩式展板，真实、形象地再现了20世纪以来红土高原的英雄儿女为追求真理、追求解放的艰难足迹，以及新中国成立以来特别是改革开放以来云南社会主义建设所取得的辉煌成就。

云南省革命遗址普查工作会议　2009年12月28日上午，云南省革命遗址普查工作会议在昆明召开。会议认真学习贯彻全国革命遗址普查工作会议精神，深入贯彻落实中央党史研究室《关于进一步做好全国革命遗址普查工作的通知》要求，对我省开展革命遗址普查工作进行动员和部署。中共云南省委常委、省委秘书长杨应楠出席会议并作重要讲话。省委副秘书长梁宗华，省文化厅、省民政厅、省住房与城乡建设厅、省旅游局、省文物局等有关领导，以及全省各州市委党史研究室主任等具体工作人员共70余人参加了会议。

纪念云南全境解放暨野战军进军云南60周年系列活动　2010年2月24日上午，由原二野四兵团司令部、政治部老同志近300人参加的云南解放暨野战军进军云南60周年纪念大会在昆明举行。原昆明军区副司令员陈家贵、原野战军老同志代表苏策分别在会上讲话，省委党史研究室主任杨毅受省委常委、省委秘书长杨应楠委托，代表省委向会议的召开表示热烈的祝贺，向60年来驻滇部队在保卫祖国边疆、投身社会主义建设和改革开放伟大事业中所作出的巨大贡献表示衷心的感谢，向各位老首长、老同志致以崇高的敬礼。原昆明军区副参谋长张秀明、温保柱，省委宣传部副部长张瑞才和省委党史研究室副主任侯明森等出席会议。经省委同意，原野战军各部还陆续召开了5个纪念座谈会。与此同时，开展了形式多样的宣传报道。其中，云南电视台在“云南新闻联播”中开辟了“纪念云南解放60周年报道”专栏，于23日、24日分两期播出。26日，《云南日报》刊登了4篇纪念文章。云南人民广播电台和云南网也开设了云南解放60周年纪念专栏。组织编纂出版了《云岭丰碑》一书。

组织专题文章纪念新中国成立60周年 为庆祝新中国成立60周年，省委党史研究室于2009年5月至2010年3月在《云南日报》上发表了图文并茂的25篇党史专题文章，同时在省委机关刊物《党的生活》开辟专栏发表专题文章。这些文章全面反映云南解放60年的历史，记录了党领导云南人民进行社会主义革命、建设和改革开放的历史，用党的伟大成就激励人，用党的优良传统教育人，用党的成功经验启迪人，用党的历史教训警示人，唱响了主旋律。文章被许多网站采用，扩大了宣传。

纪念朱家璧同志诞辰100周年座谈会 2010年7月16日，省委召开纪念朱家璧同志诞辰100周年座谈会。省委副书记李纪恒出席会议并讲话。省政协主席王学仁，省人大常委会副主任李春林，省政协常务副主席管国忠，省军区副司令员杨金奎，省级老领导刘树生、尹俊、李桂英、祁山、张宝三、李瑾，朱家璧同志亲属和家乡代表，在昆原“边纵”各支队领导和部分老同志，省相关部门领导等90余人参加了会议。

纪念中国人民抗日战争胜利65周年座谈会 2010年9月2日，中共云南省委宣传部、省委党史研究室和云南省军区政治部联合组织的“云南省纪念中国人民抗日战争胜利65周年座谈会”在昆明召开。省委常委、省委宣传部长张田欣出席会议并讲话，省宣传文化和党史部门100余人参加会议。

2006—2008年度全省党史系统优秀党史征研成果评选活动 2010年9月，省委党史研究室对2006年至2008年度全省党史优秀科研成果给予表彰奖励。分别是著作类一等奖4部，二等奖10部，三等奖23部，优秀编辑奖16部，优秀装帧设计奖9部。论文类一等奖3篇，二等奖5篇，三等奖7篇。影视作品类一等奖1部，二等奖1部。

云南中共党史学会召开第六届会员代表大会 2008年10月23日，云南中共党史学会召开第六届会员代表大会，来自全省党政机关、大专院校、科研院所以及企业的100多名代表出席会议。省委党史研究室、省社科联、省民政厅领导受邀出席会议并讲话。大会听取了第五届理事会工作报告、财务收支报告、章程修改报告；选举了第六届理事会理事、常务理事、副会长、会长。第六届理事由理事127人组成。中共云南省委副秘书长、省委党史研究室主任梁宗华当选云南中共党史学会第六届理事会会长；16人当选云南中共党史学会第六届理事会副会长；73人当选云南中共党史学会第六届理事会常务理事。

组织开展纪念中华人民共和国成立60周年征文活动 2009年10月，按照学会六届二次理事会布置的工作，学会与省委党史研究室联合发出了《关于纪念中华人民共和国成立60周年学术研讨会的征文通知》，共收到论文40多篇，经过评选，编辑出版了纪念中华人民共和国成立60周年的书《云南中共党史研究》（增刊）。将部分优秀论文推荐到中央党史研究室和中国中共党史学会举办的纪念中华人民共和国成立60周年学术研讨会，并有一篇论文入选。同时推荐部分论文参加由省委宣传部牵头组织的云南省纪念中华人民共和国成立60周年学术研讨会。

纪念中华人民共和国成立60周年公益讲座 2009年3月至6月，云南中共党史学会与省图书馆联合举办了纪念中华人民共和国成立60周年系列公益讲座。先后在省图书馆举办了6次讲座，内容主要反映新中国成立60年来昆明地区各个历史阶段的相关专题、历史事件等。讲座题目分别为《五华山上升起的第一面五星红旗》、《解放前后我一生中的两个“十七年”》、《我的评书生涯》、《我的红军母亲》、《论新中国的经济实力》、《中国知青上山下乡历史分期及特点》。

云南中共党史学会六届二次理事会 2009年3月24日下午，云南中共党史学会六届二次理事会在昆明召开。来自全省部分州（市）、县（区）的理事和在昆理事共50余人参加了会议。会上，省委党史研究室副主任赵晓澜传达了全国党史研究室主任会议精神，副会长、省委党史研究室副主任杨泽宇传达了全省党史工作会议精神，省社科联学会部主任吴绍斌传达了全省学会秘书长会议精神并作指导讲话，常务副会长、省委党史研究室巡视员钟世禄作六届一次理事会工作报告。钟世禄在报告中全面总结了云南中共党史学会2008年的工作，部署了学会2009年的工作。他要求全体会员以高度的政治责任感，把学习实践科学发展观作为首要的政治任务抓紧抓好；要求全体会员在庆祝中华人民共和国新中国成立60周年的活动中，围绕中央和省委的安排部署及早进行准备，积极参加有关学术研讨会和庆祝活动。会上，部分理事就全国党史研究室主任会议、全省党史工作会议精神和六届一次理事会的工作报告进行了讨论。

云南中共党史学会六届三次理事会 2010年3月29日，云南中共党史学会召开六届三次理事会，来自全省党政机关、大专院校、科研院所的80余名理事参加了会议。会议听取并审议了常务副会长姜子华作的工作报告，选举省委党史研究室主任杨毅为新任会长。杨毅在讲话中传达了中央党史研究室主任会议精神，并对今后做好学会工作提出三点意见：第一，要认清形势任务，进一步加强做好学会工作的责任感。第二，要围绕中心任务，进一步发挥好学会的作用。第三，要加强自身建设，进一步提高学会工作的水平。

《云南中共党史研究》期刊 2008年至2010年，出版《云南中共党史研究》刊物（内部刊物）12期。另：2008年出版发行《纪念改革开放30周年（增刊）》，2009年出版发行《纪念新中国成立60周年（增刊）》。

全省党史研究室主任会议 2008年3月13日至14日，全省党史研究室主任会议在昆明召开。会议学习贯彻党的十七大精神，根据省委八届四次全会和全国党史研究室主任会议的安排部署，总结2007年工作，安排部署2008年工作。分组讨论了“中共云南省委执政纪要”和“抗战时期云南省人口伤亡和财产损失”课题开展情况及解决有关问题。全省100余党史工作者参加会议。

“云南党史网站”开通 2008年5月30日，“云南党史网站”正式开通运行。网站以学习历史、缅怀先烈、弘扬传统、存史鉴今、资政育人为根本任务。共设9个一级栏目，26个二级栏目，基本涵盖了云南党史史料、党史工作动态、资政课题研究、研究成果展示、党史宣传教育、组织机构介绍等内容。

向汶川地震灾区捐款 2008年5月12日，汶川大地震发生后，全省党史系统的干部职工纷纷解囊，争献爱心，党员除捐款之外，还积极响应党中央号召交纳了特殊党费。本次爱心活动中，省委党史研究室共筹集现金55014元，其中，捐款11965元，特殊党费43049元。

全省党史业务培训班 2008年9月16日至19日，全省党史业务培训班在昆明举行。来自全省州、市、县党史部门的业务骨干200多人参加了培训。省委副秘书长、省委党史研究室主任梁宗华，省委副秘书长、省委政策研究室主任郑维川，省委党史研究室副主任赵晓澜、侯明森、杨泽宇，副巡视员卓人政，二处处长杨林兴在培训班上授课。

2008年11月 由省委党史研究室主持的“云南构建和谐社会历史经验研究”课题综合报告、咨询报告和子报告通过由课题管理单位——省委政策研究室组织的专家组评审，获全国党史系统2008年度优秀科研成果一等奖。

2008年11月 省委组织部委托省委党史研究室完成中组部2008年重点课题“边境地区党的基层组织和政权建设问题研究”，此课题被评为中央组织部2008年重点课题一等奖。

《三十年，我们一同走过》大型图片展隆重开幕 由中共云南省委宣传部、省委党史研究室和新华社云南分社共同主办的云南省纪念改革开放30周年大型图片展——《三十年，我们一同走过》于2008年12月15日上午在省博物馆隆重开幕。省委常委、省委宣传部部长张田欣在开幕式上致词。中国文联副主席、中国作协副主席丹增，省人大常委会副主任杨保建，省政协副主席顾伯平，省军区政治部主任李炳军，省人大常委会原主任尹俊，省委副秘书长、省委党史研究室主任梁宗华等领导出席开幕式并观看图片展。省委办公厅、省委党史研究室、省直机关工委、云南日报报业集团等有关部门负责人，及部分省直机关、事业单位、国有企业和驻滇部队、昆明市委党史研究室的部分代表出席开幕式。该图片展分为序曲、云南改革开放30年的发展历程、社会生活的深刻变迁、辉煌成就以及党中央与云南各族人民心连心5个部分。展出的600余幅图片，全面真实地反映了改革开放30年来，云南各族人民在党的领导下，解放思想、实事求是、与时俱进、开拓创新所走过的伟大历程，展现了我省政治稳定、经济发展、社会进步、文化繁荣、民族团结、边防巩固、人民群众安居乐业的良好形象。

云南省召开纪念改革开放30周年研讨会 2008年12月16日，云南省纪念改革开放30周年研讨会在云南省委党校召开。这次会议由省委宣传部、省发展和改革委员会主办，省委政策研究室、省委党史研究室、省委党校等部门协办。来自省级有关部门、全省各州市宣传部门、大专院校的代表和入选论文作者约200人参加了研讨会。省委常委、省委宣传部部长张田欣到会讲话。研讨会前，省委党史研究室向全省党史部门、云南中共党史学会征集了一批论文推荐给省委宣传部。最后，党史部门有4篇论文入选研讨会。

全省党史工作会议 2010年10月12日至13日上午，省委召开了全省党史工作会议。会议传达学习全国党史工作会议精神，总结经验，表彰先进，就加强和改进新形势下全省党史工作进行部署。会前，出席会议的中央党史研究室副主任曲青山，省委常委、省委秘书长杨应楠，省人大常委会副主任江巴吉才，省政协常务副主席管国忠，省委常委、省委组织部部长辛桂梓，省政府秘书长丁绍祥，省委副秘书长梁宗华等亲切会见与会代表并合影留念。会上，杨应楠同志代表省委在会上作重要讲话。曲青山同志作重要讲话。会议由省委常委、省委组织部部长辛桂梓主持。会上，梁宗华同志宣读了表彰通报，并为29个党史系统先进集体、47名党史系统先进工作者和16名重视党史工作好领导颁了奖。省委党史研究室主任杨毅同志传达了全国党史工作会议精神。省委和省级国家机关有关部委办厅局、有关人民团体、本科院校，驻滇解放军、武警有关部队的领导，各州（市）党委分管领导，各州（市）、县（市、区）党委党史研究部门主要领导、受表彰的县（市、区）党委分管领导和受表彰的先进集体、先进个人、重视党史工作好领导代表，云南中共党史学会有关领导等共260余人参加会议。

（二）重要研究成果

1．著　作

《中共云南省委执政纪要》 2007年4月，经省委同意，该书编纂工作启动。6月，正式成立编纂委员会，组织领导编纂工作。省委书记白恩培、省长秦光荣、省委副书记李纪恒为顾问，省委常委、省委秘书长杨应楠为主任，省委副秘书长、省委办公厅主任卯稳国，省委党史研究室主任王元辅为副主任。随后省委办公厅下发了《关于成立〈中共云南省委执政纪要〉编委会的通知》。2008年6月，白恩培为《2007中共云南省委执政纪要》作序。他在《序》中称赞该书：“主题突出，特色鲜明，是交流党务信息、记录党史资料、指导执政实践的一本好工具书。它的出版，填补了云南省没有全面系统记述省委执政实践的书籍的空白，必将对提高全省各级党组织的执政能力和领导干部的执政水平，推进云南省党的建设发挥重要作用。”该书出版后得到了省委领导的高度评价，得到了社会各界的好评，已成为云南省委党史研究室一个咨政育人的长效平台。3年来，省委党史研究室共编纂出版《2007中共云南省委执政纪要》、《2008中共云南省委执政纪要》、《2009中共云南省委执政纪要》。

《中国共产党云南改革开放大事记》 由省委党史研究室编纂的《中国共产党云南改革开放大事记》，由云南出版集团公司、云南人民出版社出版，2008年12月第1版第1次印刷。该书重点放在省委的决策和对各方面工作的领导上，重点记述中共中央政治局委员及云南省委常委以上人员参与的重大活动。

《云南改革开放30年历史经验研究》 该书由云南人民出版社出版，2008年12月第1版第1次印刷。

《中共中央南方局的群众工作》 该书为中央党史研究室布置的研究课题成果。2009年由中央党史出版社出版。2004年6月，中共南方局历史资料编写工作小组第一次会议在重庆举行，确定《中共中央南方局的群众工作》由云南省委党史研究室牵头负责。主要研究内容包括南方局领导的国统区广大工人、农民、青年、妇女为主体的群众工作，注意吸收近年来各省市在南方局群众工作研究方面的最新成果。该书荣获中央党史研究室著作类特别奖。

《中国共产党在边疆少数民族地区执政方略研究》 云南出版集团公司、云南人民出版社2010年6月出版。该项目系2006年度国家社科基金项目，该项目于2009年经全国哲学社会科学规划办公室审核准予结项，鉴定等级为良好。该项研究成果从中国边疆少数民族地区实际出发研究而成，为中国共产党在边疆少数民族地区执政方略的谋划和贯彻提供历史借鉴、理论支撑和对策建议，为加强党在边疆少数民族地区的执政能力建设、推进经济社会全面发展服务，引起了学术界、党政领导机关和领导干部的高度关注。2009年9月，全国社科规划办要求将本项目最终成果《中国共产党在边疆少数民族地区执政方略研究》摘编为《成果要报》，报党和国家领导人参阅。2010年1月，本项目最终成果得到云南省哲学社会科学学术著作出版资助专项经费资助出版，被云南省委宣传部列为云南省纪念中国共产党成立90周年献礼图书。

《为了中国人民的解放》 该书由中共党史出版社出版，2009年1月第1版第1次印刷。

《一门三杰——王复生、王德三、王馨廷纪念文集》 该书由中共党史出版社2009年10月第1版第1次印刷。

《红土撷珍》 该书由云南民族出版社出版，2009年11月第1版第1次印刷。

《朱家璧纪念文集》 该书由云南人民出版社2010年12月出版。

《云南土地改革回忆录》 该书由云南民族出版社出版，2008年11月第1版第1次印刷。

《往事回顾》（王镜如回忆录） 该书由云南民族出版社出版，2009年1月第1版第1次印刷。

《凝聚民族工作的一生》 该书由云南民族出版社2010年10月出版。

《罗炳辉年谱》 该书由云南民族出版社出版，2008年6月第1版第1次印刷。

《中共云南组织创始人李鑫》 该书由云南民族出版社出版，2008年12月第1版第1次印刷。

《跨越·辉煌——云南改革开放30周年》 该书由云南出版集团公司、云南美术出版社出版，2009年6月第一版第一次印刷。

《阎红彦纪念画册》 该书由云南人民出版社2010年9月出版。

《周恩来与云南》 2008年，纪念周恩来诞辰110周年，昆明市完成了两集电视文献纪录片《周恩来与云南》的制作，并于3月4日和5日在云南卫视频道播出。

《团结·胜利——边纵配合野战军解放云南纪实》 2009年8月18日，由省委党史研究室拍摄的电视文献纪录片《团结·胜利——边纵配合野战军解放云南纪实》在云南卫视频道播出。该片通过对原边纵一些当事人（指战员）的现场采访，再现了当年的一些重要战斗和重要活动。

2. 论 文

《从朱德视察云南的风范论其对党的干部作风建设的教化作用》 由卓人政撰写的《从朱德视察云南的风范论其对党的干部作风建设的教化作用》论文，2010年8月入选全国朱德与马克思主义政党建设研讨会。

《云南“三王”对中共早期组织的贡献》 论文入选2010年由北京、上海等省市组织的中国共产党早期组织成立90周年学术研讨会。

《张伯简在旅欧中共组织中的作用与影响》 论文入选2010年由北京、上海等省市组织的中国共产党早期组织成立90周年学术研讨会。

（云南省党建研究会　赵晓澜　王东立）

党的建设和学说研究

2008—2010年，云南省委组织部和云南省党建研究会高举中国特色社会主义伟大旗帜，坚持以邓小平理论和“三个代表”重要思想为指导，深入贯彻落实科学发展观，坚持解放思想、实事求是、与时俱进，坚持理论联系实际，大力弘扬改革创新精神，紧紧围绕提高全省党的建设科学化水平和组织工作满意度，扎实开展新形势下党的建设和组织工作重点难点问题的研究；紧紧围绕全省开展深入学习实践科学发展观和纪念改革开放30周年、新中国成立60周年、中国共产党成立90周年等活动，认真总结和宣传党的建设和组织工作的成就和经验，积极探寻新的历史条件下党的建设和组织工作的特点和规律，取得了明显成效和丰硕成果。

一、主要学术活动

（1）2008年4～9月，云南省委在全省组织开展以“解放思想、深化改革、扩大开放、科学发展”为主题的大讨论活动，着力解决束缚云南科学发展的思想障碍，为在全省开展深入学习实践科学发展观活动奠定了坚实的思想基础。

（2）2008年9月8～12日，云南省委在云南省委党校举办两期“云南省深入学习实践科学发展观，做好新形势下群众工作专题研讨班”，对全省各州市和县（市、区）党政主要领导，州市党委副书记、人大常委会主任、政协主席，以及省直机关各部门、各企事业单位主要负责人共547人进行了一次深刻的马克思主义群众观和党的群众路线教育。

（3）2008年12月8～10日，中央组织部在丽江市召开深化党员主体地位问题研究理论研讨会，交流课题研究初步成果，研讨修改完善课题研究报告的办法措施。中央组织部党建研究所有关领导和人员，参与课题研究的省（区、市）和中央单位课题组负责人共20多人参加会议。会议由中央组织部党建研究所主办，云南省委组织部和丽江市委组织部共同承办。

（4）2008年12月18日，云南省委组织部、云南省党建研究会联合召开全省组织系统纪念改革开放30周年党的建设和组织工作理论研讨会，研讨改革开放30年来云南党的建设和组织工作取得的成就和经验以及如何进一步加强党的基层组织建设、组织工作如何更好地服务科学发展、领导干部如何应对新媒体等问题。省委常委、省委组织部部长辛桂梓出席会议并在会上作了重要讲话，省人大常委会原副主任、省党建研究会原会长保永康等6位同志分别作了大会主题交流发言，省党建研究会领导、省内党建专家和州市组织部门的负责同志共70多人参加了会议。此次研讨会共收到论文近300篇。

（5）2009年5月，云南省委组织部成立云南省组织工作专家咨询组，实行全省党的建设和组织工作重大决策和部署出台前组织专家进行咨询论证制度。咨询组由时任省社会科学院党组书记、院长纳麒，省委党校副巡视员段尔煜，省委党校公共管理教研部主任欧黎明，省社会科学院民族文学所所长郭家骥，云南大学马列部主任任新民等5人组成。2009年10月，云南省委组织部就《关于结合民族文化创新基层党建工作的意见》和《关于深化边疆党建长廊建设进一步加强边境地区党的建设的意见》两个征求意见稿，分别征求咨询组成员的意见和建议。

（6）2009年7月，云南省党建研究会在全省开展以“新中国成立60年来党的建设主要成就与经验” 为主题的征文活动，共收到论文60多篇，并向全国党建研究会选送了17篇论文。

（7）2009年11月4日，中央组织部在德宏州瑞丽市召开边境地区党的基层组织和政权建设问题研究课题研讨会，交流课题研究初步成果，研讨修改完善课题研究报告的办法措施。中央组织部党建研究所有关领导和人员，参与课题研究的省区市课题组负责人等共20多人参加会议。会议由中央组织部党建研究所主办，云南省委组织部和德宏州委组织部共同承办。

（8）2009年11月13日，中央组织部在德宏州芒市召开组织部门自身建设专题调研座谈会，座谈研讨新时期组织部门自身建设面临的新情况、新问题与进一步加强组织部门自身建设的对策措施。中央组织部办公厅有关领导和人员、云南省委组织部及云南省部分州市党委组织部负责人等近20人参加会议。会议由中央组织部办公厅主办，云南省委组织部和德宏州委组织部共同承办。

（9）2008年9月至2010年3月，在全省开展深入学习实践科学发展观活动中，云南省委以案例分析为主要形式，运用“阳宗海水体砷污染”、孟连县“7·19”事件、云铜集团腐败案等典型案例，采取“依理说事、就事明理”的方式，在全省各级党员干部中组织开展学习讨论；举办“科学发展论坛”，先后组织28个省直部门的领导和专家，分别以推动云南科学发展、构建和谐云南、云南民族问题、国际金融危机背景下的云南发展等为主题，就事关云南科学发展的若干重大问题进行深入探讨；在农村基层开设“村党组织书记论坛”，开展“科学发展大家谈”活动，累计举办讲座约1.9万场次。

二、重要研究成果

（一）著　作

（1）2008年3月，云南省党建研究会组织编写并公开出版了《云南省基层党组织建设案例》一书。该书由云南省委书记、云南省人大常委会主任白恩培作序，由云南出版集团公司、云南人民出版社出版，共计26万字，印数6000册。

（2）2008年11月，云南省深入学习实践科学发展观做好新形势下群众工作专题研讨班领导小组办公室编的《群众工作大家谈》一书，由云南出版集团公司、云南人民出版社公开出版。该书共计65万字，印数1.2万册。

（3）2009年9月，由时任丽江市委常委、丽江市委组织部部长汪洋著，中共中央党校出版社出版的《党内文化新论》一书，入选第十一届全国优秀党建读物。该书共计38.2万字，印数3000册。

（4）2009年12月，云南农村干部学院编的《百家论农（第一辑）》，由云南出版集团公司、云南人民出版社公开出版。该书共计30万字，印数3000册。

（5）2010年4月，云南省委组织部编的《一面旗　一团火　一盘棋——“三个一”的理论与实践》一书，由云南出版集团公司、云南人民出版社公开出版。该书共计20万字，印数4.21万册。

（6）2010年7月，由云南农村干部学院编的《百家论农》（第二辑），由云南出版集团公司、云南人民出版社公开出版。该书共计30万字，印数3000 册。

（二）论　文

2008年10月，云南省委组织部撰写的论文——《努力探索边疆民族地区党的基层组织建设新路子》，入选全国纪念改革开放30周年党的建设和组织工作理论研讨会。

（三）研究报告

（1）2008年，云南省委组织部完成了中央组织部下达的“中国特色干部选拔任用制度改革的理论基础研究”、“领导班子年龄结构和干部任职年龄界限合理化问题研究”等课题，其中课题研究报告“中国特色干部选拔任用制度改革的理论基础研究”，被中央组织部评为本年度优秀课题调研成果三等奖；云南省委组织部和云南省党建研究会还组织开展了“进一步深化干部人事制度改革问题研究”、“领导班子思想政治建设及干部教育培训工作研究”、“深入学习实践科学发展观问题研究”、“云南省新经济组织和新社会组织党建工作研究”、“云南省执行党政领导干部职务任期制问题研究”等10多项课题研究，形成了一批研究成果。

（2）2009年，云南省委组织部和云南省党建研究会完成了中央组织部和全国党建研究会下达的“边境地区党的基层组织和政权建设问题研究”、“扩大干部工作民主中出现的负面影响问题研究”、“加强和改进县委书记队伍建设问题拓展研究”、“深化干部人事制度改革问题研究”、“县乡干部‘走读’问题研究”、“边疆地区农村基层党组织建设新情况新问题研究”等课题，其中研究报告“云南边境地区党的基层组织和政权建设问题研究”、“扩大干部工作民主中出现的负面影响问题调研报告”、“新形势下县委书记领导科学发展能力拓展研究”，分获中央组织部本年度优秀课题调研成果一、二、三等奖；并组织开展了云南省党内民主建设问题、云南省党的民主集中制建设问题、云南省深化干部人事制度改革问题、云南省基层党组织建设问题、云南省宗教界代表人士培养问题等专题调研，分别形成了调研报告。

（3）2010年，云南省委组织部和云南省党建研究会完成了中央组织部和全国党建研究会下达的“扩大乡镇党委领导班子成员公推直选范围问题研究”、“完善竞争性选拔干部方式问题研究”、“提高组织工作满意度对策研究”、“党内文化建设研究”等课题，其中课题研究报告《扩大乡镇党委领导班子成员公推直选范围问题研究》被中央组织部评为年度重点课题研究成果二等奖；并组织开展了“网络党建研究”、“社区党建工作研究”、“宗教工作重点地区基层党组织建设研究”、“州市委书记、州市长、县市区长、乡镇党委书记重点管理办法研究”、“合理使用各年龄段干部问题研究”、“提高干部选拔任用工作科学化水平问题研究”、“推进干部教育培训改革问题研究”、“提高领导干部运用新兴媒体的能力问题研究”、“增强党内集中教育活动实效性问题研究”等近20项课题研究以及10余项专题调研，分别形成了研究成果或调研报告，其中“网络党建研究报告”、“云南省社区党建工作问题研究”、“建党90年云南边疆民族地区党建工作探索实践研究”和“加强机关基层党组织建设 不断提高服务中心的能力”（由云南省委省直机关工委完成）分获全国党建研究会本年度优秀课题调研成果一、二、三等奖和优秀奖，“孟连‘7•19’事件一年半后的调查报告”得到云南省委副书记李纪恒的高度评价。

（云南省党建研究会　茶文葵）

哲学

2008—2010年，云南省在哲学领域有了一定的发展，云南各高校引进一批优秀哲学博士来昆工作，与北京等地联合举办了一系列重大学术活动，推出了一批较为优秀的研究成果。但从总体上而言，云南哲学在全国依然处于边缘地位，主要是未能形成相对稳定的研究团队，哲学人才流失严重，研究领域十分分散，这在某种程度上影响了云南哲学学科的进一步发展。

一、学术活动

（一）云南省哲学学会2008年年会暨学术研讨会

2008年12月5日至7日，由云南省哲学学会主办的“云南省哲学学会2008年年会暨学术研讨会”在开远市召开。来自省内各高校和社科联组织的100多名专家和州、市有关专家、学者参加了此次会议。

（二）纪念十一届三中全会30周年暨第六届全国行政哲学研讨会

2008年12月14日，中国行政管理学会、云南行政学院、云南行政管理学会在昆明联合召开“纪念十一届三中全会30周年暨第六届全国行政哲学研讨会”，来自全国部分知名高校、科研院所、行政学院和行政管理学会的专家学者60多人参加了研讨会。研讨会以“政治体制改革”和“公共性”问题为主题，深入探讨改革开放30年来的中国政治、行政体制改革，研讨“公共性与公共管理实践”、“公共性与服务型政府建设”、“公共性与公共部门改革”等理论与实践问题。通过对行政哲学的持续研究，强化和推动我国公共行政学基础理论研究，提升公共行政的理论品质和科研水平。

（三）历史唯物主义与改革开放30周年全国理论研讨会

2008年7月，云南师范大学政治经济学院与中国历史唯物主义学会、中国社会科学院马克思主义研究院于联合主办“历史唯物主义与改革开放30周年全国理论研讨会”。研讨会上，来自中国社科院、北京大学、中国人民大学等数十家科研院所、高校的100多名专家学者围绕“历史唯物主义与改革开放三十周年”这一主题展开交流和探讨。与会代表从改革开放实践对历史唯物主义理论的发展、改革开放以来的四次思想大解放及其理论基础等方面展开了交流讨论。

（四）“哲学通论”与哲学教育改革学术研讨会

2008年10月24日，“哲学通论”与哲学教育改革学术研讨会在云南大学举行。此次会议为纪念孙正聿教授《哲学通论》出版十周年，由云南大学人文学院哲学系联合吉林大学哲学基础理论研究中心、吉林大学哲学社会学院共同主办，云南大学哲学系承办。来自复旦大学、浙江大学、中国人民大学、清华大学、黑龙江大学、东北师范大学、深圳大学、吉林大学、中国社会科学院哲学研究所与云南大学等单位的四十余位专家学者参加了会议，《哲学研究》、《哲学动态》、《学习与探索》、《吉林大学学报》等学术刊物也派代表参加了会议。与会学者围绕哲学通论与哲学教科书改革、哲学通论与哲学思维方式变革、哲学通论与通识教育等议题进行了热烈讨论。

（五）第七次全国应用伦理学学术研讨会

2009年5月8日至13日，中国社会科学院应用伦理研究中心和云南大学哲学系主办的“第七次全国应用伦理学讨论会”在云南大学举行。中国社会科学院研究员余涌、甘绍平，清华大学卢风教授，北京大学陈少峰教授，中国人民大学焦国成教授，外国学者哈格罗夫先生等160多名专家、学者参加了此次研讨会。本次会议的主题是“多元文化背景下的应用伦理学”。研讨会以“多元文化背景下的应用伦理学”为主题，与会学者从普世伦理的概念界定、理论模型、方法方式、中西比较等多个角度，对多元文化与普世价值、全球化浪潮中不同伦理文化的融合与交流等问题进行了广泛的交流与探讨。会议还组织与会的专家学者对多元的云南少数民族文化进行实地考察。

（六）全国第二届科学技术与工程伦理学术研讨会

2009年5月30日至31日，全国第二届科学技术与工程伦理学术研讨会在昆明理工大学举行。会议由中国自然辩证法研究会科学技术与工程伦理专业委员会和昆明理工大学共同主办，由昆明理工大学社会科学院承办。会议主题是“利益、风险与工程伦理”，议题包括：工程伦理的基础理论问题；国内外工程伦理比较研究；工程中的利益与风险；工程活动过程中的工程伦理研究；工程案例的伦理学思考；工程人员伦理意识与社会责任；工程伦理教育。与会代表50人，收到参会论文46篇。会议安排了8场主题报告和两组12场专题讨论。与会代表就当下工程活动中的伦理问题进行了广泛深入的讨论与争鸣，展现了工程伦理研究持续发展的新成果和新动向。

（七）艾思奇同志诞辰100周年暨推进当代中国马克思主义大众化座谈会

2010年3月25日，中央党校与中央宣传部、中共云南省委联合在京召开“纪念艾思奇同志诞辰100周年暨推进当代中国马克思主义大众化座谈会”，中共中央政治局委员、中央书记处书记、中宣部部长刘云山出席会议并讲话。他强调，要继承发扬老一辈理论工作者的优良传统，深入把握马克思主义发展规律，架起科学理论与人民大众的桥梁，更好地用中国社会主义理论体系武装全党、教育人民，为党和国家事业发展提供强大思想保证和精神动力。刘云山强调，推进马克思主义大众化，必须有过硬的理论人才队伍作保障。理论工作者要深入学习掌握党的理论和路线方针政策，自觉用马克思主义中国化最新成果指导理论研究，不断攀登学术高峰。要深入实际、深入群众，自觉加强学术道德修养，切实增强社会责任感，为推进当代中国马克思主义大众化作出新的贡献。中央党校原常务副校长郑必坚、虞云耀，副校长石泰峰，教育长张伯里，原副校长邢贲思、杨春贵、李君如，原校领导江流，校委委员、哲学部主任贾高建出席了会议。中央党校常务副校长李景田，人民日报社社长张研农，教育部副部长李卫红，国家广电总局党组成员、中央电视台台长焦利，新华社副社长、常务副总编辑周锡生，云南省委副书记李纪恒在座谈会上发言。艾思奇同志亲属代表，中央宣传文化单位、各省区市党委宣传部有关负责同志和理论界部分专家学者参加会议。中宣部常务副部长雒树刚主持会议。

（八）第四届全国生命伦理学学术会议

2010年8月6～8日，由中国自然辩证法研究会生命伦理学专业委员会、昆明医学院联合举办的“第四届全国生命伦理学学术会议”在昆明召开，会议在生命科学和生物技术伦理学、涉及人和动物的生物医学研究伦理学、临床伦理学、公共卫生和卫生政策伦理学以及生命伦理学的哲学和文化层面等领域检阅研究成果，探讨在这些领域的伦理问题，以推动我国生命伦理学学术研究的进一步发展。会议议题：科学和生物技术伦理学；人或动物的生物医学研究中的伦理问题；公共卫生伦理学；临床伦理学；动物和生态伦理学；女性主义生命伦理学等。

（九）云南省哲学学术年会暨“人文·生态与新农村建设”研讨会

2010年11月20日至21日，云南省哲学学术年会暨“人文·生态与新农村建设”研讨会在墨江召开。省委宣传部副部长张瑞才，市委常委、市委宣传部部长柳彬以及来自全省各州（市）的专家、学者一百多人参加了研讨活动。2010年云南省哲学学术年会暨“人文·生态与新农村建设”研讨会由云南省哲学学会、昆明理工大学、普洱市委宣传部、墨江县委县政府联合主办，主要对生态文明建设、新农村建设、社会公正问题和其它相关问题进行了研讨。期间，与会的专家、学者还深入到墨江北回归线标志园、月亮广场、双胞井、碧溪古镇、太阳广场等地考察和体验墨江独具魅力的哈尼文化、北回归线文化和双胞文化。

（十）2009年云南省哲学年会

2009年12月19~20日，2009年云南省哲学年会在曲靖召开。本次会议由云南省哲学学会主办，云南大学承办，曲靖市委宣传部、曲靖市委党校协办，会议主题为“马克思主义哲学中国化”。会议分为主题发言、分组讨论、参观考察三个议程。省委宣传部副部长张瑞才，曲靖市委副书记范华平，曲靖市人大常委会党组副书记黄有能出席会议并致辞，云南省哲学学会会长王展飞教授、常务副会长陈路教授、副会长高力教授、李兵教授等哲学界的一百多位专家学者参加会议。与会者围绕马克思主义哲学中国化及其历史进程、和谐社会与科学发展等内容展开讨论，讨论的热点集中在如何实现马克思主义哲学中国化、时代化和大众化的问题上。与会代表一致认为应当以马克思主义哲学世界观和方法论为指导，正确对待、认识和引领当今多样化的社会思潮，坚持马克思主义在意识形态领域的主导地位，使社会主义核心价值体系建设具体贯穿于改革开放和现代化建设的伟大实践中，推动经济社会和谐发展。

二、研究成果

（一）马克思主义哲学

1．哲学基本原理

李兵《哲学变革与超越哲学基本问题》（载《哲学动态》2009年第10期）指出：长期以来，思维和存在的关系问题作为一般哲学和马克思主义哲学的基本问题，已经成为定论，但是，这很可能是对马克思主义哲学的一种误读。深入理解马克思、恩格斯的原著，不难澄清这个基本理论事实，那就是，马克思主义哲学之为马克思主义哲学，就在于它完成了对传统哲学的变革，实现了对旧哲学问题领域的超越。把思维和存在的关系问题视为一般哲学，进而视为马克思主义哲学的基本问题，实际上是把哲学定格在了作为“柏拉图哲学注脚”的西方传统哲学(形而上学)的范式上。马克思最早洞穿并冲破了这个森严壁垒的思想建制，使哲学回到了现实生活世界，把哲学变成了“关于现实的人及其历史发展的科学”。因此，思维和存在的关系问题不再是马克思主义哲学，事实上也不再是现代哲学的基本问题。

蒋红《马克思的社会建设思想》（载《光明日报》2008年5月20日）指出：在马克思的历史唯物主义、资本主义批判及市民社会批判、人与社会发展理论、社会生活观以及社会主义及共产主义等思想中，包含着丰富的社会建设思想。坚持历史唯物主义的基本原理，要把发展生产力作为推动社会进步的第一要务；新唯物主义与科学社会主义形成的社会基础是从资本主义市民社会向社会主义社会的历史转变，而社会主义社会更应重视社会组织和社会事业的发展；政治解放一定要转化和提升为社会解放，社会解放本身就包含着社会建设的历史任务；积极构建新的社会生活样式，从人与社会全面发展的高度把握社会建设的目标与方向。当代中国的社会建设理论不仅要从马克思的社会建设思想中汲取营养，更重要的是，要立足于中国特色社会主义建设的伟大实践，在实践中不断创新马克思主义社会建设思想，并全面实现中国新时期社会建设的伟大任务。

白利鹏、韩跃红《辩证法何以沦为“变戏法”?——论辩证性假设之形式上的抽象完备性》（载《哲学研究》2010年第4期）指出：辩证法无论作为一种理论思维方式还是作为一般意义上的方法论工具，向来都存在着某种被常识化，从而在实际上大而无当地丧失其反思能力的危险。辩证法为何如此轻易地就被形形色色的所谓“辩证思考”拿来“变戏法”?其本身是否至少在理论形式上存在某种既充满诱惑又便于操作的抽象完备性?此种抽象完备性又来自何处?作者从辩证性的假设性、工具性与历史性；源于简单性信条的辩证性与形式上的抽象完备性；复杂性是辩证性之自我超越的可能向度与现实机遇等方面作了解析。

2．唯物史观

李兵《历史唯物主义：作为哲学的“历史科学”》（载《学习与探索》2009年第6期）指出：历史唯物主义是马克思一生的两大科学发现之一。作为马克思的新世界观，历史唯物主义无疑具有哲学史上划时代的意义。但是，马克思毕竟不是学院派的哲学家，其全部理论都服务于他毕生追求的人的自由解放和全面发展这一终极目标。因此，在理解和把握马克思的历史唯物主义的时候，既要从新世界观(哲学)的本质的意义上去看待马克思的“历史科学”，又要从“历史科学”的具体内容上去领会马克思新世界观的理论实质。

陈路、李红专《唯物史观是构建社会主义和谐社会的哲学基础》（载《教学与研究》2006年第4期）指出：构建社会主义和谐社会是中国共产党在深刻把握唯物史观的基本原理的基础上，从中国特色社会主义建设实际出发，对社会生活的实践性、系统性、主体性和规律性的深入认识，是在新形势下对唯物史观的丰富和发展。

3. 马克思广义人类学哲学

苗启明2008年出版的《马克思人类学哲学构建管窥》，对马克思哲学提出了既不同于西方人本主义、人道主义、哲学人类学的理解，又不同于辩唯、历唯、实唯等传统理解的新的理解范式，认为马克思开创了“从人类精神视野”观察人类世界的人类学哲学，这是关于人类合理生存、健康发展与如何走向自由解放的哲学。该书主要由作者近年发表的论文组成，但也较系统地论述了这一哲学范式的形成、特征和重要原理。作者把其观点建立在对经典文本重新理解的基础之上，意在使马克思主义哲学当代化，为解决中国改革和全人类面临的重大问题如生态问题服务。

苗启明《论马克思的“新唯物主义”》（载《云南社会科学》2008年第2期）指出：马克思的“新唯物主义”，建立了一个以人的眼界来理解世界的人类学世界观。由此建立的哲学是以人类世界为对象的人类学唯物主义哲学。它虽然强调实践，但实践不过是“人的感性活动”而已。据此，实践也不过是人类学视界的活动体现。马克思主义哲学的当代发展，不是固守其唯物史观或实践观，而是要适应当代“世界历史”发展的要求，弘扬人类学唯物主义的哲学精神，才能在当代促进马克思极为关心的“世界历史”与“人类解放”事业的发展。

苗启明、许鲁洲《从对马克思主义哲学的据点式发展跃向整体式发展》（载《云南社会科学》2009年第6期）指出：以物质、辩证法、实践、历史等范畴为理解据点，构成了解释马克思主义哲学不同的理论体系，今日看来，这些都是对马克思、恩格斯哲学思想的据点式的理解和发展。马克思、恩格斯的哲学思想远不是这些范畴能够包含的。它的丰富内容，都是站在人类学价值高度对人类世界的分析。因此，今日应当上升到广义的人类学价值高度，来概括马克思对人类世界的哲学构建，这样才能从据点式发展跃向整体式发展。

4. 马克思主义哲学相关问题

周家荣《以人为本：从主体性到主体间性——兼论马克思主义以人为本思想对主体间性哲学观的引领》（《湖南师范大学社会科学学报》2008年第5期）指出：主体性是以人为本思想的应有之义，主体性发展的内在诉求就是通向主体间性。随着主体性向主体间性的哲学转型，以人为本思想不仅在理论上具有超越单子式的主体性的必然性，而且在实践中也具备了通向主体间性的现实必要性。马克思主义以人为本思想展现的是真实的主体间性，它对引领主体间性哲学观的实践生成、普适化与科学发展具有重要意义。

白利鹏著《历史复杂性的观念》（中国社会科学出版社2010年版），该书共分三章，内容包括：思想对“复杂性”的自觉、历史复杂性观念的提出、历史复杂性——有序性与无序性的破缺性等。因为规律性这个概念本身，终究只是时至近代才产生的传统自然科学的产物，它严重地依赖于简单性科学这种特殊的认识背景，其作为一种思维范式的历史性或暂时性，亦随着复杂性研究这种科学本身的新的历史形态的出现，而日益凸显出来。

白利鹏《理解人类的命运：从规律性假设到复杂性假设——兼与王南湜教授商榷》（载《学术月刊》2008年第11期，获云南省第十三次哲学社会科学优秀成果评奖获奖一等奖）认为历史规律是理论思维在近代科学背景上为认识和理解历史而确立的核心假设，依托或围绕此种假设而在历史哲学层面所取得的思想成果，可以称之为规律性历史观。解决其（也包括其在历史规律与人的能动作用之间关系问题上的）抽象性问题，或许是当今时代总体性地深化哲学层面的历史认识的“节儿”所在。从“复杂性研究”这一科学本身的新的历史形态着眼，可以不必设定“理论世界”与“实践世界”的二元对立及其因应策略，也不必强调从“理论哲学”到“实践哲学”的立场转换及其特殊意义，只需对历史本身提出更具解释能力的假设即可，此即历史复杂性——历史本身的有序性与无序性的破缺性统一。这也同时意味着，历史复杂性观念或复杂性历史观有必要也有可能作为人类理解其自身命运的、新的思想自觉。

白利鹏《生活世界：非本质主义的总体性如何可能》（载《社会科学研究》2008年第6期）认为总体性观念或视角，是哲学把握生活世界的必要中介。“后现代”对本质主义的解构，并非没有道理，但同时也造成某种总体性的危机。建构非本质主义的总体性，不仅是必要的，也是可能的——对假设性的自觉和多元性的认可，以及对实践观的某种超越，或许具有某种前提性的意义。

此外，探讨马克思主义相关问题的还有苗启明《马克思人类学哲学构建管窥》（云南民族出版社2008年版）、张尚仁《创新马克思主义哲学形态的探索——读〈历史唯物主义新形态的探索〉随笔》（载《学术研究》2008年第4期）等成果。

（二）中外哲学史

1．儒家哲学

李煌明《“孔颜之乐”中的有无合一境界》（载《哲学研究》2009年第9期）指出：“有无合一”境界是中国传统哲学思想的精髓之一。“无”往往是“高明”的体现，属于“天道”的形而上，以超脱、洒落、自然、自由、闲适等为特征，常被看做无事、无为、无心、无情；“有”为“庸常”的状态，属于“人道”的形而下，以慎独、克己复礼、忧患经世、博施济众等为特征，常被看做超越个体私我的有情、有意、有为、有心。宋明理学中讨论的“孔颜之乐”，就是以上有、无两者境界的合一。“乐”的有无合一境界既体现了“天人合一”这一传统思维模式和“极高明而道中庸”这一儒家的核心精神与理想境界，也是“整个宋明理学发展的一个基本主题，即如何在儒家有我之境的立场上消化吸收佛教（也包括道家文化）的无我之境”。该文意在以境界之有无及其合一诠释“孔颜之乐”，并以此为基础梳理宋明理学中“乐”论的诸多分歧，从中透显出儒道二者的分立与融合。

李煌明、李红专《传统之“乐”与人生“幸福”》（载《船山学刊》2008年第3期）指出：传统之“乐”认为，“乐”是“安而不忧”、“善美愉悦”与“自然顺适”心理体验，也是“生生不息”、“云淡风轻”、“率性而为”的人生状态，还是过程的、信仰的、指向未来的幸福，甚至“幸福”本身就是理想与信仰。传统之“乐”这种理想与信仰包括两个方面：“天人合一”与“各得其所”。通过分析，传统之“乐”具有以下一些特征：包括四个方面即“静底”、“善底”、“天底”、“和底”。

李煌明《儒家传统价值观对建构社会主义核心价值观体系的启示》（载《科学社会主义》2008年第5期）指出，“和”是儒家传统价值观体系的核心，而“生生”则是“和”这一核心价值观的发展方向。“和而生”的价值观原则扩展到人与物，乃至天地万物，从而构成了儒家传统核心价值观体系。由于儒家传统“和而生”的价值观体系是一个开放的结构，所以通过具体内容与形式的改造，对于当前社会主义核心价值观体系的建构具有一定的借鉴意义与启发。

汤建荣著《陈乾初哲学研究——以工夫实践为视阈》（云南大学出版社2010年版）指出，在晚明清初的中国思想史上，陈乾初思想是极具特色的。该书以工夫实践为视阈，从“以气见性”、“理在欲中”、“力行实践”、“《大学》非圣经”和“社会关怀”等方面，展开了多层次的立体分析，重新诠释了乾初哲学的思想体系。我们发现乾初对儒家的工夫问题、改过实践特别重视。其哲学“问题意识”是对时代课题的反省；是由反思学术蹈空产生的经世关怀以及由此而来的经验强调；是对宋明心性义理之学的质疑而要求人们作笃实的工夫实践。乾初继承和发扬儒学实践传统，努力开拓儒学发展的新方向，对儒学向“平实朴素”回归作出了重要的贡献。

此外，还有李煌明、王耕《“知者乐水，仁者乐山”——论〈论语〉中的两种“乐”》（载《思想战线》2008年第5期）等成果。

2．道家哲学

张文勋《庄子思想的现代解读》（载《思想战线》2008年第3期）指出庄子的哲学思想博大精深，但其核心是一部人生哲学。庄子所追求的虚无之“道”，既是一种客观存在的自然之道，又是一种主体性的精神境界；他追求的“逍遥”是无己、无功、无名的绝对自由；他所说的“坐忘”，就是“吾丧我”，由“吾丧我”而至物我两忘，以此构建虚静愉悦的精神家园；他倡导一种生死面前的乐观主义及“顺物自然而无容私”的人生情趣。

张尚仁《庄子悟道论的哲理思维》（载《思想战线》2010年第1期）指出：“道”是古往今来哲学家思考的最为深奥的问题。道家哲学认为，道是世界的本原。道不可问，问不可答，只能悟。悟道的途径是思玄，思玄悟道由浅入深可以分为四个层次：第一个层次是“有有”思维，第二个层次是“有无”思维，第三个层次是“无有”思维，第四个层次是“无无”思维。自觉进行精神修炼，要不断提高抽象思维能力，达到开悟后，再一步步提升，最后达到“无无”这个境界才能真正悟道。

张尚仁《庄子无为真性的养神之道》（载《岭南学刊》2010年第2期）指出：庄子认为，最重要的知识是养生的知识，养生的重点是养神，无为真性则是养神的根本途径。无为对养生之所以重要，是因为无为是大道的本质，而养生必须使人的精神符合大道的本质，符合大道的本质则是人的真性。精神养生要做到保持无为真性，做任何事情都要神情专一。

张尚仁《庄子的死亡哲学》（载《学术探索》2010年第2期）指出：在中外哲学史上，死亡问题在哲学产生之初就是一个重要问题。庄子则是中国哲学史上死亡哲学研究的开创者。以往认为，庄子消极厌世，对人生取虚无主义的态度，其实，庄子以“道”本体论解读死亡；将个人生死放在人类世代延续中进行思考；认为只有善待生命才能善待死亡，还提出了“心死”、“生亡”的死亡观。在庄子的思想中，唯有真正懂得生命的人，才能以正确的态度去对待死亡。反之，真正认清死亡的人，才能理解生命的价值。对死亡问题作哲学的理性思考，人生境界才能超越生命的自然意义。庄子沉思死亡哲学，是希望大家都能深入理解生命，理解生命才能把握生命，才能主宰生命，使自己真正成为生命的主人。

张尚仁《〈道德经〉哲学体系纲要》（载《思想战线》2008年第5期）指出：《道德经》是人类认识史上第一个哲学思想体系，其哲学思想体系由道论、德论、社会论和修养论构成。“道”、“无”和“有”是道论的三个核心概念。德论包括道和德的关系、德的层次和德的内容三个主要问题。社会论主要有历史发展阶段论、善治论及无为而治理论。修养论可以概括为参悟人生、知足常足、清静稳重和为而不争四个大的方面。

3．佛教哲学

张文勋《人类智慧之光——走进中国佛学》［载《云南民族大学学报》（哲学社会科学版）2009年第2期］指出：提起佛学，当然就要讲到佛教，因为，佛学是佛教的经典，讲佛学就是讲佛教的学说。但是佛教和佛学的概念还有一定的区别。佛教是一种宗教，除了有其完整的教义之外，还有一整套制度、仪式、信仰。而佛学则专指佛教典籍中所包含的学说，是佛教各种流派所遗存下来的学术著作和学术理论，内容大多是探讨宇宙、人生、社会的一些根本问题，涉及哲学、宗教学、思维学诸多学术领域。我国的佛学博大精深，典籍汗牛充栋，其理论深邃幽微，闪耀着人类智慧的光芒，是中华文化中的重要组成部分，也是国学中不可分割的组成部分。

此外，还有阿苏大岭《破译千古易经——兼论彝汉文化的同源性》（云南民族出版社2008年10月版，获云南省第十三次哲学社会科学优秀成果评奖获奖三等奖）等成果。

4．西方古典哲学

刘玉鹏《论形式在亚里士多德实体学说中的地位》［载《云南大学学报》（社会科学版）2008年第2期］指出，形式承担着亚里士多德实体学说中“拯救现象，建构知识”的历史任务。在《形而上学》中，亚里士多德明确宣称形式是第一实体。本文从形式与质料、形式与个体、形式与定义，以及形式之为第一实体等方面来考察形式在亚里士多德实体学说中的地位问题。

5．西方近现代哲学

卢云昆《自由与责任的深层悖论——浅析萨特“存在主义的人道主义”概念》［载《复旦学报》（社会科学版）2010年第3期］指出：萨特提出“存在主义的人道主义”概念，强调人在社会生活中必须贯彻自由与责任的统一。萨特是在对人的自由、行动、责任、价值的理解中来定义存在主义的。一方面，他将人的气质、性格等等可能影响意志而不受意志控制的内在因素都排除在道德评价之外；另一方面又以人的意志绝对自由而拒绝承认任何外在因素对“承担责任”的影响。这使他既在康德哲学和黑格尔哲学之间进退失据，也没有为自由与责任的统一找到一个坚实的基础。萨特的思想不可避免地存在着深层次的悖论与困境，其价值仅仅在于对道德实践主体的彰显，但从根底上缺乏对具体道德实践的指导意义。

卢云昆、姬兴江《海德格尔与生命哲学——一种基于“存在论”的历史性考察》（载《学术探索》2010年第2期）指出：“生命”是早期海德格尔哲学中的一个关键词。为了确立自己的生命概念，海德格尔和当时占据主流地位并具有重大影响的生命哲学中的生命概念作论争，正是在揭露对于生命的各种流行的理解的不足之中，海德格尔确立了自己的生命概念的基本内涵。在海德格尔看来，生命哲学的根本缺陷在于，它们只是把生命看做是和各种不同的目标、规范、终极价值之间的关系，而这些不同的目标、规范、终极价值是确定的。海德格尔的生存概念的提出，是他对生命哲学中的生命概念的批判性结果。正是生存概念所包含的那一个维度表明了海德格尔现象学中最为根本的东西。

卢云昆、朱松峰《论胡塞尔对早期海德格尔思想的影响》［载《云南民族大学学报》（哲学社会科学版）2010年第3期］指出：胡塞尔在以下的三个方面对早期海德格尔的思想产生了深刻的影响：首先，为早期海德格尔显示了一种前理论的体验生活世界的可能性；其次，为早期海德格尔前理论地探讨“存在”问题指出了方向；再次，为早期海德格尔显明了一种“流动的存在”和言说它的方式。然而，1927年《存在与时间》的问世，却从根本上表征着海德格尔的思想与胡塞尔的思想已经开始分道扬镳。对于这一颇具震撼力的“哲学事件”，西方学界当时的大多数看法是海德格尔完成了一场“最伟大的哲学革命”，在我国的“海学研究”领域，很多学者也大致持有同样的观点，故而胡塞尔对海德格尔早期思想的影响变得晦暗不明了。应该重提和重视胡塞尔对海德格尔早期思想的重要影响，以期明晓一种学术思想的“知识谱系”是如何相互关联而又各自保留其“自足性”的。

陈路、刘化军《论桑德尔对罗尔斯正义理论的批判》（载《马克思主义与现实》2007年第4期）指出：社群主义的代表人物桑德尔对罗尔斯的正义理论进行了彻底的驳斥：首先，罗尔斯的“原初状态”与“无知之幕”以及在其中构建的正义原则不能证明正义之首要性；其次，罗尔斯对正义环境的论述也是不能够成立的；再次，罗尔斯的契约式论证亦不能证明正义的首要性。在此基础上，桑德尔指出：正义不可能成为社会制度的首要美德，正义是内在于善的。而在马克思主义看来，不论是桑德尔还是罗尔斯，其正义理论都是虚幻的、不可能实现的。

6．西方马克思主义哲学

艾四林、王贵贤、马超著《民主、正义与全球化——哈贝马斯政治哲学研究》（北京大学出版社2010年版）指出：作为当代最伟大的思想家之一，哈贝马斯提出的“商谈理论”对政治哲学产生了巨大影响。从“商谈理论”出发，哈贝马斯不但对当代西方的民主法治国和法律理论进行了重构，而且还对人类社会所面临的一系列重大政治问题进行了病理学诊断。本书试图从哈贝马斯早期对公共领域的论述出发，分析哈贝马斯对“晚期资本主义”问题的理论阐发，系统梳理他对民主、正义、人权、永久和平以及全球化压力下民族国家等问题的哲学解释，并进而说明基于交往理性和“商谈理论”的程序主义民主范式是哈贝马斯政治哲学问题域的核心和一以贯之的理论主线。

（三）伦理学

1．伦理学原理

朱海林《伦理关系的特殊本质》（载《道德与文明》2008年第4期）指出：伦理关系是一种特殊的社会关系，较之于其他社会关系具有显著的特殊性；从深层的意义上说，伦理关系是一种贯穿道德规定的价值关系；伦理关系的实质和核心内容是主体与主体之间的伦理权利与义务关系。

2．中国传统道德

郑全《庄善恶观试探》（载《道德与文明》2009年第5期）指出：老庄所谓心、性是两个绝对不同的概念。其他事物从于性，而人从于心。人之善与恶在于心之用。圣人、至人代表着老庄所谓善，圣人、至人非由其本性成就，而由心之修养工夫成就，所以，道德之根源在于心。人之违背本性与道，代表着老庄所谓恶，人违背本性与道亦由人之心所起，所以恶亦源于心。性源于道，性与道是相通的。心之用合于本性、合于道即为善，违背本性、违背道即为恶，所以性与道是老庄之善恶标准。心合于性与道，是老庄修养工夫之目标。

李兵《传统道德在现实中难以践履原因探析》（载《道德与文明》2009年第6期）指出：继承和发扬中华传统美德是传统道德研究最重要的任务。但是继承和发扬的前提是，必须从理论上澄清传统道德存在的问题，否则，很难使传统道德的思想和规范在现实中落到实处。传统主流道德思想在理论上存在两个痼疾：一是作为行为规范的伦理，因拔高了“合理规范”的标杆，对人的要求过高；二是作为生活价值的道德，因缺乏超越的维度，其境界又偏低，所以导致了这些“规范”在现实生活中常常形同虚设。解决这个问题的出路在于：让规范成为行为的“合理”规范，让道德回归生活的“应然”价值。

3．民族伦理学

蒋颖荣《族际伦理：民族关系研究的伦理学视野》（载《思想战线》2010年第3期）指出：在经济全球化、政治多极化、文化多元化的时代背景下，民族关系已成为当代多民族国家社会和谐发展中的重大问题。族际伦理是对民族关系的伦理学进行研究，它蕴涵在不同民族的生活历史、生活经验和各种文化活动之中，存在于民族交往和民族认同的生活实践之中。少数民族的人生仪式、传统节日和日常生活是族际伦理生成的文化基础，对这些交往场域的观察与分析，能够发现存在于民族关系中的伦理样态和道德类型，认识各民族在协调民族关系过程中所采用的道德思维模式、所运用的道德化手段与方法，从而提炼出对协调民族关系具有普遍意义的民族间伦理共识。

蒋颖荣《尼族丧葬仪式的伦理意蕴》（载《思想战线》2009年第2期）指出：丧葬习俗是哈尼族基于灵魂不灭的观念而产生的一种社会习俗，包含着一套完整的丧葬仪式，蕴涵着哈尼族丰富的精神内涵和悠久的文化传统，在历史和现实的时空中展示民族之魂。哈尼族的丧葬习俗从哈尼族的道德生活史、社会伦理关系、对生死的态度以及人与自然的关系等方面演绎着哈尼族深厚而丰富的伦理意蕴。从道德教育的方式看，研究哈尼族丧葬仪式具有重要的伦理意义。

谢青松《傣族传统幸福观探析》（载《伦理学研究》2010年第1期）指出：傣族是中国云南的一个拥有悠久历史和较高文明程度的少数民族。在傣族传统社会，幸福主要被界定为现实生活中的无病无灾状态以及对“涅槃”境界的期待和追求；傣族群众相信幸福是辛勤耕耘和奉持佛法的结果；傣族认为道德与幸福之间存在必然的联系，道德生活与幸福生活具有一致性。

者丽艳《云南少数民族传统文化中的生态伦理观》［载《云南民族大学学报》（哲学社会科学版）2010年第1期］指出：在云南各少数民族的传统生态伦理文化中，有许多体现现代生态伦理学思想的因素和内涵。其中各少数民族对自然价值主体地位、自然权利、人与自然和谐相处、做“理性生态人”等的观点，正好与生态伦理学从承认自然界的价值出发，把道德权利的概念扩大到生命和自然界其他实体，并确认动物、植物和自然界的其他事物在一种自然状态中与持续存在的权利这一理论体系暗合。

此外，还有谢青松、赵娟《傣族伦理文化的传承与当代变迁》［载《云南民族大学学报》（哲学社会科学版）2009年第5期］等成果。

4．法律伦理学

谢青松《物权法的伦理审视》（载《云南社会科学》2009年第3期，《光明日报》理论版2009年9月1日转摘）指出：“和谐”是《物权法》的终极价值追求，也是《物权法》的伦理意蕴之体现。《物权法》通过“定纷止争、物尽其用”有效地化解矛盾，减少冲突，防止和避免矛盾的激化、冲突的扩张，促进人际关系的和谐发展；《物权法》规定的物权平等保护原则，在客观上有利于维护社会公正，促进社会关系之和谐；《物权法》在制定过程中对环境保护予以高度重视，并将生态伦理的理念恰当地融入法律规范当中，体现了人与自然和谐共处这一伦理旨趣。从“拾金求偿”者的角度来看，“拾金求酬”者在行为动机上实际上是追求权利与义务的对等统一，“拾金求偿”完全可视为对遗失人与拾得者之间利益关系的一种平衡与协调，有利于实现二者之间的良性互动，实现社会利益最大化。故而，“拾金求偿”的规定既不违背传统美德，也不违背现代道德。在《物权法》的立法过程中，社会公众、专家学者、立法精英三者之间的互动，标志着我国立法开始进入自觉追求良法的时代。从法律规范的外在表现形式来看，对《物权法》立法语言和体系的重视乃至苛求，表明了社会公众和立法部门对于良法形式标准的一种自觉认识；从制定和实施程序来看，《物权法》体现了尊重民众意见的程序性要求；从法律规范的内容来看，《物权法》在内容上无悖于社会道德，同时具有现实可行性。

谢青松《刑法伦理学研究的意义、使命及其学科属性》（载《云南社会科学》2008年第4期）指出：目前，国内法律伦理学的研究主要是对法律存在的前提进行道德批判；分析内涵于法律制度的道德问题和现象，即法律中的正义问题；探讨法律生活中的道德难题。随着法律伦理学研究的逐步深入，有必要进一步拓宽法律伦理学的研究视域，将对法律的道德合理性的追问、对法律与道德关系的探讨，延伸至具体的部门法之中，以此来解决对诸部门法的道德追问和伦理探求。刑法伦理学、民法伦理学等新的研究领域就是这一学术发展趋势之必然产物。对刑法伦理学研究的意义、使命、学科属性以及研究方法的探讨，将有利于这一新的交叉研究领域的全面展开。

5. 生命伦理学

韩跃红《从生命伦理看吸毒行为及其社会后果》（载《自然辩证法研究》2008年第24卷第7期，获云南省第十三次哲学社会科学优秀成果评奖获奖三等奖）指出，围绕吸毒行为的性质和吸毒者的社会身份，我国法学界、医学界和社会学界先后提出“违法说”、“犯罪说”、“疾病说”与“受害说”。因不同观点强调吸毒行为的某一特性而使争论延绵至今。该文从生命伦理学角度切入争论，廓清个人行为与其社会后果之间的复杂关系，对传统学科的研究作出了分析和补充。

韩跃红、杨云宝《从生命伦理析恐怖主义实质》（载《科学社会主义》2010年第1期）指出：恐怖主义的实质何在？这一问题涉及对恐怖主义的认定标准和应对态度。然而，国内外对此问题的看法不尽一致。造成认识差异的原因之一是方法论差异。如果侧重于从政治目的和行为动机去思考问题，那么差异难以弥合，国际反恐阵营将面临被分解、弱化的威胁；如果调整认识方法，从伦理维度，尤其是从生命伦理的视角、以行为后果事实为依据来思考问题，更多地站在受害者的立场上来辨别是非，那么，恐怖主义的邪恶本性、犯罪性质将得到更多个人和共同体的认同，有利于巩固和壮大世界反恐阵营，切实维护国际、国内的安定与和谐。

韩跃红、常锡光《彰显教育中的生命伦理意蕴——云南高校“三生教育”思想阐释》（载《教育研究》2009年第10期）指出：“三生教育”即生命教育、生存教育和生活教育。“三生教育”就是要通过教育的力量，使受教育者树立正确的生命观、生存观、生活观的主体认知和行为过程。“三生教育”有助于推进素质教育，是促进学生自由而全面发展的基本途径。人本性、求真性、实践性、整合性是实施“三生教育”的基本原则。

此外，还有高力《执政主体伦理分析》［载《云南大学学报》（社会科学版）2010年第2期］；蒋颖荣《多元文化、普世价值与应用伦理学——“第七次全国应用伦理学讨论会”综述》（载《哲学动态》2009年第9期）；谢金林、张艺《民生问题的政治伦理诠释》（载《理论探讨》2008年第3期）等成果。

（四）美　学

张国庆《〈二十四诗品〉诗歌美学》（中央编译出版社2008年版）是云南大学中文系教授张国庆先生同名国家社科基金项目之研究成果，2005年结题后，入选作为国家社科基金标志性工程、代表国家社科研究最高水平的“国家社科基金成果文库”，2008年2月由中央编译出版社精装出版。鉴定专家评定此书“是《诗品》研究带有总结性的一部理论性专著”，“研究基础扎实，学术价值厚重，创新性明显，极大地推动了《诗品》理论研究”。为《二十四诗品》(简称《诗品》)研究的集大成之作。《二十四诗品》分十一章对它的各个品目以及整个美学体系进行探讨：第一章讨论《诗品》开篇第一品《雄浑》；第二章讨论《诗品》的第二品《冲淡》；第三章讨论突出标举阳刚之美并与李白诗风明显相关的《豪放》、《劲健》两品；第四章考察突出标举阴柔之美并与王维、孟浩然诗风关系密切的《纤秾》、《绮丽》、《典雅》和《清奇》四品；第五章对《诗品》所标示的诗歌艺术风格中的“阴阳和合”之美进行讨论；第六章讨论《旷达》品；第七章讨论《悲慨》品；第八章讨论《诗品》推崇“自然”的美学旨趣；第九章对《诗品》中偏重于探讨诗歌创造中的艺术要求、手法、技法等方面问题的《精神》、《形容》、《缜密》、《含蓄》和《委曲》等五品作巡礼式的观览；第十章主要通过考察《超诣》、《高古》、《洗炼》三品并联系“超越”文化理论和整部《诗品》，来讨论《诗品》的一个非常重要的精神指向——违俗向道、内在超越；第十一章结合《诗品》最后一品《流动》来集中探讨《诗品》的理论体系问题。《文学评论》、《云南日报》等刊物发表书评，称赞该书“新见迭出，学术价值厚重，堪称百年《二十四诗品》美学研究之力作，为中国美学史体系性著作的代表”。此书是云南省首部入选“国家社科基金成果文库”的社科类著作，同时获得云南省第十三次哲学社会科学优秀成果评奖获奖一等奖。

张文勋《中国古代美学中的儒道互补》（载《中国文化研究》2008年第3期）从审美功能、审美判断、审美心理、审美趣味四方面，具体深入探讨了儒、道互补的内在机制，对儒、道两家的美学思想作了较全面的比较研究。

此外，还有向翔《美学文化学论集》（云南民族出版社2008年版）等成果。

（五）逻辑学

邓曦泽《古思潮的“反古逻辑”批判——兼论“崇古逻辑”中的经济决定论》（载《齐鲁学刊》2008年第2期）指出：在近代以来的中西冲突中，中国屡败，国势日衰。在反思败因时，部分人士把责任归咎于传统文化，从而引发了反古思潮。反古思潮的逻辑非常简单：以经济、政治、文化的三分和三者的因果关系为假设前提，以国势衰微为事实前提，由此展开推理，认为文化是国势衰微的最终责任者。但是，“反古逻辑”的两个假设前提都是不真的，因而这个逻辑是错误的。另外，虽然“崇古逻辑”与“反古逻辑”看似相反，但实质完全一样。

胡怀亮《意理论与蕴涵怪论（下）——规约含意能消解“蕴涵怪论”吗？》［载《云南师范大学学报》（哲学社会科学版）2010年第1期，《光明日报》2010年2月23日论点摘编］指出：与格赖斯一样，杰克逊也认为把条件句作实质蕴涵的解释是不令人满意的，但却是真的；与格赖斯不同的是，他提出了一个不同的辩护方式，即利用规约含意理论对蕴涵怪论（paradox）进行消解。他认为蕴涵怪论的出现是因为我们自始至终搞混了真和可断定性，即自始至终坚持确定的条件句不是真的，因为它们不是可断定的。这种辩护与格赖斯的辩护一样，也存在一定的局限性。

此外，逻辑学领域还有以下成果：罗翊重《逻辑推理四大基础类型的内涵与外延关系研究》（载《昆明学院学报》2010年第1期）；罗翊重《对逻辑推理四大基础类型的反演算和非演算》（载《昆明学院学报》2009年第4期）；罗翊重《千年逻辑之争终成合和之解——对形式逻辑和辩证逻辑之关系的解析》（载《昆明学院学报》2008年第3期）；胡怀亮《亚当斯概率逻辑的思想来源、影响和意义》（载《自然辩证法研究》2008年第4期）；胡怀亮《关于直陈条件句等价论题的思考》（载《重庆工学院学报》2008年第8期，人大报刊资料复印《逻辑》2008年第6期全文转载）；胡怀亮《直陈条件句逻辑的研究概况》（载《哲学动态》2009年第7期）；胡怀亮《当代条件句逻辑研究的起点》（载《浙江社会科学》2009年第6期，人大报刊资料复印《逻辑》2009年第3期全文转载）；胡怀亮《含意理论与蕴涵怪论（上）——会话含意能消解蕴涵怪论？》（载《内蒙古社会科学》2009年第3期）。

（六）科技哲学

赵乐静《理解技术知识》（载《科学技术与辩证法》2008年第2期）指出：近年来，人们日益关注技术知识的独特地位，反对简单地将技术视作应用科学。同时，尽管当代技术哲学的“认识论转向”强调了技术知识有别于科学知识的思想，但其欲借科学哲学构建技术认识论的努力却相对忽视了技术活动的非认知维度，特别是技术知识的意会性。事实上，重视意会知识之于技术的根本性作用，乃是本体论解释学理解技术的前提和出发点。

肖飒《建构反思技术形态的社会理想——论技术时代哲学的价值》（载《学术探索》2008年第2期）指出，通过分析技术时代的社会精神症候，导出社会理想的话题，提出对当代社会理想的重新理解和诠释是哲学在技术时代的一项重要任务和价值所在。在技术时代，哲学的价值内涵在于对以下过程的解释和描述：通过理解力与想象力，形成对当代社会理想的重构与诠释；意识形态与技术形态的内容演化，使社会理想对当代社会形成了表达的超越。

毕文胜、杨晶《历史解释与语境论——兼评覆盖律模型在历史解释中的应用》（载《云南社会科学》2008年第3期）指出：以亨普尔为代表的实证主义者提出了自然科学领域中的经典解释模型（西方哲学界称其为覆盖律模型），并主张将其推广到历史领域。根据这一模型的构成要件、逻辑特征以及历史和自然科学不同的学科性质、目标、方法论，探讨这一模型适用于历史领域的可行性，认为历史解释的出路在于与语境论方法的结合。

（七）文化研究及其他

王亚南《提升文化消费与健全社会保障》（载《云南社会科学》2010年第2期）指出：“十五”以来中国人均产值从1000美元增至3000美元，民众人均收入和消费也相应增长。但“人均产值3000美元带来文化消费高涨”的国际经验，民众收入大幅提升和消费结构变化带动文化消费增长的经验推论，在现阶段都显得失灵。“十一五”头三年全国城乡居民文化消费增幅持续下滑，恰恰是“积蓄增长负相关效应”的表现。破解拉动内需、扩大消费难题，首先要解除广大民众的后顾之忧，让人们放心大胆消费，因而健全社会保障体系已经成为刻不容缓的当务之急。

王亚南《2007年民生与文化民生效应试析》（载《云南社会科学》2009年第4期）指出：如果经济增长不以推进民生为出发点和落脚点，那就根本谈不上“发展”；只有经济增长转化为必要的民生保证，带来了以民生衡量的经济社会协同进步才可言“发展”。人均收入、总消费和积蓄的城乡差距势必要对民生效应打下折扣，也许还应当对已经实现的GDP加以扣除，从而形成一种“民生GDP”折算。文化民生既是整个民生的有机组成部分，又是整个民生的重要衡量指标，各地文化民生效应权衡数值也可以用来对其文化产业增加值打折扣。

李炎、王佳《文化消费语境与民族歌舞艺术的发展》（载《思想战线》2010年第1期）指出：民族歌舞艺术是民族文化资源的重要组成部分，在现代文化消费、大众文化消费语境的影响下，民族歌舞艺术在其生存环境、表现形式和意义、功能方面发生着变化。民族歌舞通过广泛融入当下大众日常生活和狂欢式的娱乐实现新的传承和发展。许多地区的民族歌舞艺术迅速复苏发展，公共民族演艺产品大量涌现，同时，民族歌舞艺术还呈现出向民族文化旅游演艺产品、商业化舞台演艺产品发展的趋势，共同演绎了文化消费语境下民族歌舞艺术的多元化的发展态势。

施惟达《从文化产业到创意产业》（载《学术探索》2009年第5期）指出：文化产业是生产和提供文化产品和服务活动，以及与这些活动相关联的活动的集合。而创意产业是对文化产业的扩充和发展，它既保留了传统文化产业的那些带有鲜明创意特征的核心门类和外围门类，又拓展到日常生活品的生产和制造业。

周晓光《竞争哲学论略》（载《云南社会科学》2008年第4期）指出：竞争哲学即竞争之道，“斗争——竞争——战争”是一个序列，竞争是在同一时空内对同一种利益的争夺。“形——能——意”序列是竞争力之道，战略革命将以扬弃“不意论”为核心展开，老子兵道、孙子兵道和毛泽东兵道是中国三大兵道，可以归纳出10条竞争规律，竞争哲学就是要探寻竞争的基本统一性并建立终极竞争理论。

此外，还有张尚仁《对全球发展基础理论之危机的哲学思考》（载《哲学研究》2009年第10期）等成果。

（云南省社会科学院　谢青松）

宗教学

云南是我国民族种类和宗教种类最为多样的省份之一，包括汉族在内的26个世居民族，在信仰佛教、道教、基督教、伊斯兰教、天主教等五大宗教的同时，还不同程度地信仰本民族的原始宗教或传统宗教。在漫长的历史演化过程中，云南沉淀了丰富多彩的民族风情和博大精深的宗教文化。在民族宗教冲突频仍的当今世界，云南多民族多宗教和谐相处的祥和图景备受世人瞩目。在宗教研究方面，云南学者借助得天独厚的研究条件，走在了全国前列。据不完全统计，2008年1月1日至2010年12月31日，云南学者公开发表宗教学研究论文483篇，出版专著7部，立项国家社科基金项目10项。整体而言，云南学者的宗教研究表现出如下几个特点：第一，特别关注本土特有少数民族宗教文化现象，相关研究成果占总成果的三分之一左右，其中白族本主崇拜、彝族毕摩文化、纳西族东巴文化等研究尤为突出，作者也多具有本民族的身份；第二，特别注重藏传佛教与南传上座部佛教研究，彰显了云南作为世界上同时唯一兼具佛教三大流派地区的独特魅力；第三，在研究方法上积极与国内外主流学术界接轨，特别注重田野实证调查研究，借鉴并运用社会学、人类学、民族学、政治学等相关学科的理论知识和具体方法，在宗教社会学、宗教人类学、宗教民族学、宗教政治学等交叉学科、新兴学科研究领域取得一定成绩；第四，在学术定位上，云南学者特别注重立足本土，将国内热点话题与学术热点问题有机结合，积极探索兼具理论意义和实践价值的研究选题，如云南民族大学张桥贵教授关于云南跨境民族宗教渗透与反渗透的研究、关于云南宗教文化与旅游的研究、关于云南多元宗教和谐相处的研究均产生了较好的学术影响和社会效应。

在肯定成绩的同时，我们也要清醒地看到云南学者宗教研究中存在的问题和不足。主要表现在：第一，问题意识和理论意识不够强烈，相当一部分论文、专著和研究报告仅仅描述和介绍情况，没有展开系统而深入的理论分析；第二，在跟踪国外学术前沿方面比较滞后，2008年至2010年，云南宗教学界没有出版一部译介国外宗教学理论的专著，相关文章也寥寥无几；第三，学术梯队建设不合理，青年学者的成长需要长期的积累过程，而云南宗教学研究领域的各大单位如云南大学、云南民族大学、云南师范大学、云南社会科学院等之间的学术合作仍待进一步加强。然而瑕不掩瑜，云南学者的宗教研究在全国仍可独树一帜。笔者即以学科分类为经，时间发展为纬，对2008年至2010年云南宗教学界的研究成果进行介绍。

一、宗教学理论研究

虽然云南宗教学界对国外宗教学理论译介不足，但并非不关注宗教学理论本身。云南学者坚持马克思主义宗教观的指导，对宗教的起源、本质、特征、现象、功能等基本问题进行研究，部分优秀成果直接补充和丰富了社会主义的宗教观。这些研究的鲜明特点是与重大的现实问题密切相关，如宗教渗透问题、宗教与社会主义社会相适应问题、宗教认同问题、多元宗教和谐相处问题、宗教文化旅游开发问题等。

（一）宗教渗透与宗教安全问题研究

云南民族大学张桥贵教授主编的《云南跨境民族宗教社会问题研究（之一）》一书（中国社会科学出版社2008年5月版），对宗教渗透的概念内涵、本质特征、惯用手法、演进历程、作用机制、现实危害等作出了较为深入、系统的理论概括，在实地调查掌握大量第一手资料的基础上，有针对性地提出了抵御境外宗教渗透、维护国家安全的对策建议，对相关部门的实际工作具有较强的参考意义，同时也为相关研究提供了可资借鉴的方法和经验。该书主体部分系张桥贵教授主持完成的国家社科基金项目“抵御境外敌对势力利用宗教进行渗透的对策研究——云南跨境民族中的宗教渗透与反渗透”的结项报告，该报告以优秀等级结项，并摘登《成果要报》呈送中央政治局常委、委员，得到中央领导高度评价的批示，获得云南省第十二次哲学社会科学优秀成果奖一等奖。2008年10月，云南省宗教局成立以熊胜祥局长为组长的课题组，邀请云南民族大学、云南大学的有关学者共同对云南境内的基督教渗透势力进行专项重点调查。

云南省宗教局副局长王爱国在《世界宗教研究》2010年第4期撰文《宗教生态平衡与抵御境外宗教渗透——兼谈民族识别与民族民间信仰若干问题》指出，境外宗教渗透活动的一个重要方向是以我国西南少数民族为重点目标，在境外针对我少数民族进行传教的非法出版物中，对中国政府经过识别认定的55个少数民族作出了毫无根据的质疑和否定，实质上是为了达到所谓的“基督教前景”，煽动我国民族分裂，利用宗教危害我国家安全。作者认为，在新的历史条件下，从国家安全的战略高度，遵循宗教自身的发展规律，尊重和保护少数民族的民族民间宗教信仰，形成文化生态平衡、宗教生态平衡，不仅能有效抵御境外宗教渗透，同时也有利于保护中华民族的精神文化遗产。

云南民族大学哲学学院副教授张金平在《云南民族大学学报》（哲学社会科学版）2010年第4期撰文《云南跨界民族的宗教安全问题探析》指出，云南跨界民族地区的宗教信仰具有多样性和同一性，在国际交流频度增加的情形下，跨界民族地区的宗教安全日益突出；除宗教渗透外，云南跨界民族地区的宗教安全往往与社会经济发展、毒品问题、艾滋病等卫生安全问题、人员流动等非传统安全问题相互关联结合，给宗教安全的治理增加了复杂性；作者强调经济、社会的综合发展是防范宗教安全的核心。

云南大学法学院副教授罗刚从法学的视野对严重影响我国国家安全的宗教渗透活动予以理论关注，他在《云南民族大学学报》（哲学社会科学版）2010年第5期撰文《法学视野下的宗教渗透》指出，应对宗教渗透进行准确的理论界定，同时采用微观、实证的研究方法，分析宗教渗透的现状及抵御措施，为抵御宗教渗透提供充分的法律依据。

2008—2010年，云南学者关于宗教渗透与宗教安全问题的研究成果还有：楚雄师范学院讲师曾豪杰在《楚雄师范学院学报》2010年第1期发表的论文《我国宗教安全问题的现状及特点分析》；云南民族大学硕士研究生杨立峰在《重庆科技学院学报》2008年第6期发表的论文《适度干预下原始宗教对外来宗教的抵御作用——以云南省红河州红河县宝华乡龙甲村哈尼族社区为例》；云南农业大学副教授李育全等在《云南农业大学学报》2008年第4期发表的论文《论邪教的界定及边疆民族地区邪教的特点》。

在云南进一步加大对外开放、建设面向西南开放桥头堡的进程中，境外敌对势力仍将利用云南4060公里边境线山水相连、16个跨境民族血脉相通的特殊地缘关系，加大对云南进行以基督教为重点的宗教渗透活动。云南宗教学界必须对这一重大而敏感的现实问题保持高度的学术关注。

（二）宗教与社会主义社会相适应问题研究

积极引导宗教与社会主义社会相适应是中国共产党关于宗教问题的基本政策之一，是新时期宗教工作的指导方针。云南民族大学人文学院教授徐祖祥与硕士研究生张建成在《社会主义研究》2009年第2期上发表论文《中共领导集体论宗教与社会发展相适应》认为，中共前三代领导集体践行马克思主义宗教观与中国宗教实际相结合的道路，创造性地提出了若干宗教与社会发展相适应的科学论断，形成了有中国特色的马克思主义宗教理论；以胡锦涛总书记为核心的中共新领导集体对党的宗教工作基本方针在继承的基础上，从党和国家工作全局的高度来开展宗教工作，从而牢牢把握住了做好新形势下宗教工作的关键。作者认为，中国化的马克思主义宗教观必将在今天和以后的社会主义和谐社会构建中展现其巨大的理论价值和实践价值。

2008年3月14日，境内外“藏独”分子在拉萨策动了以分裂祖国、破坏民族团结、搅乱社会秩序为目的的打、砸、抢、烧活动。在全国五个有藏族聚居的省（区）中，唯有云南省迪庆藏族自治州顶住了动乱风潮，没有发生任何有损安定团结大局的问题，引起了中央领导和社会各界的广泛关注。云南省社会科学院研究员郭家骥在《学术探索》2010年第4期撰文指出，云南藏区稳定发展的基本经验主要是：加强藏区与祖国内地的联系和交往；正确处理发展与稳定的关系；结合云南藏区实际，实事求是创造性地贯彻执行党的民族宗教政策；放手使用忠诚于党和国家、有胆识、有能力的少数民族干部；坚持用科学方法观和正确政绩观指导实践；通过“传统的发明”，开创具有云南藏区特点的发展模式。

云南大学西南边疆少数民族研究中心副研究馆员桂榕在《思想战线》2008年第6期发表论文《伊斯兰教建构回族和谐社会的地方性知识解读——以云南沙甸为例》，从沙甸回族社区在伊斯兰教影响下积淀而成的文化资本、社会资本和经济资本三个方面，阐述了伊斯兰教在和谐社会建设中所能发挥的道德模塑、社会保障和经济开发功能。

在新形势下，探讨宗教与社会主义社会相适应的文章还有：云南民族大学徐祖祥在《思想战线》2009年人文社会科学专辑发表的论文《云南民族地区宗教与社会发展相适应过程中的问题及其规律》；云南民族大学黄彩文、李杰在《楚雄师范学院学报》2008年第5期发表的论文《积极引导边疆少数民族宗教信仰与社会主义社会相适应的若干思考》；云南农业大学唐姗姗在《武夷学院学报》2009年第3期发表的论文《社会主义新农村建设背景下农村宗教管理体制改革初探》。

（三）宗教认同问题研究

近年来，国内外学术界对宗教认同与民族认同、国家认同的关系研究颇为关注，相关成果亦层出不穷。云南大学西南边疆研究中心副教授高志英在《中南民族大学学报》（人文社会科学版）2010年第2期发表《宗教认同与区域、民族认同——论20世纪藏彝走廊西部边缘基督教的发展与认同变迁》一文，以20世纪以来基督教在藏彝走廊西部边缘傈僳族、怒族、独龙族地区的发展为主线，通过对民族认同与区域认同、宗教认同的交融关系进行梳理，指出三种认同是在政治、经济、文化等不同场景中不断重新塑造的，其中区域认同混融并超越民族认同和宗教认同，并成为主导各种认同的主要趋势。

云南省社会科学院实习研究员李红春与云南大学副研究员李志农在《云南社会科学》2008年第3期发表《试论族群认同与文化变迁的整合——对香格里拉县哈巴村“藏回”族群的解读》一文，考察了云南香格里拉县哈巴村“藏回”族群在2000年前后因伊斯兰教复兴而经历的对回族身份和宗教文化“回归”现象，由于“藏回”族群迁徙到当地已经有百余年的历史，其文化早已发生诸多的变迁，因此试图用伊斯兰教来规范族群社会和生活的努力并没有取得期望的效果，反而引发了一系列的社会矛盾，使得当地宗教工作几经停顿。作者指出，族群认同除应整合多元民族文化和自身民族传统文化外，还应注重文化自觉的培养。

云南省社会科学院副院长、研究员杨福泉在《思想战线》2010年第4期发表论文《社会与文化变迁对民族宗教文化认同的影响——纳西人对东巴教的认同及其变迁研究》，将纳西人对本民族宗教文化的认同置于社会文化变迁之下，认为纳西人社会的各个阶层对东巴教认同意识的变迁与政治制度的变迁和主流文化的语境有密切的关系；不同历史时期的政治制度变革、社会变迁以及外来文化的输入等所引发的文化变迁，对纳西人对本族宗教东巴教的认同产生了深刻的影响；当代文化旅游、东巴文化的国际声誉等外在因素，对国家主流话语中关于东巴文化的评价产生着影响，也对纳西人不同阶层的东巴文化认同产生着具有时代特征的各种影响；纳西人对东巴文化的认同有“表层认同”、“文化艺术欣赏层面的认同”和“基于信仰的文化根性认同”等多样化的内涵层次和外在表现。

云南省社会科学院社会学研究所的谷禾与云南财经大学旅游学院的谭庆莉在《云南民族大学学报》（哲学社会科学版）2009年第1期上发表论文《云南跨境民族多元历史文化与身份认同》，认为云南跨境民族的多元文化对其身份认同产生重要影响，处理好云南跨境民族身份认同问题，必须正确认识云南跨境民族的文化认同与政治认同的关系。作者指出，虽然宗教是一种文化现象，但宗教经常被“政治化”而介入到社会的政治生活中；这种“政治化”的倾向与民族问题交织在一起，在边境地区复杂的地缘和社会环境，以及外部因素的刺激下，往往会滋生狭隘的民族主义甚至是民族分裂主义、宗教极端主义以及各种危害国家政治统一的行为。

云南大学副研究员桂榕在《西南边疆民族研究》第7辑上发表论文《认同与发展：一个回族社区与国家的互动历程——以云南纳古为个案》，基于云南通海县纳古镇的个案研究，对回族地方性知识特色、回族认同的外部文化边界和内部文化制度、回族社会与国家的认同与博弈关系、民间传媒的影响等进行探讨，就回族现代化进程中的宗教文化现象进行反思。

（四）多元宗教和谐相处问题研究

在云南，一个民族同时信仰几种宗教，一种宗教同时为几种民族所信仰的现象普遍存在；一个家庭和社区同时信仰多种宗教而彼此和和美美的现象比比皆是。云南多民族、多宗教、多文化和谐相处现象引起学术界的广泛注意，成为云南宗教研究的热点话题之一。众多学者从社会学、历史学、民族学、政治学等学科视野出发，对这一现象进行描述、总结乃至阐释、宣传。云南民族大学教授张桥贵在《世界宗教研究》2010年第2期发表论文《云南多宗教和谐相处的主要原因》，将宗教置于云南民族社会的具体场景中，结合经济互动、日常生活互动等一系列具体过程与事件进行分析，从族际和谐与教际和谐互动的角度指出，云南多宗教和谐相处的主要原因是各民族经济上相互依赖，各民族之间一直通婚，各宗教之间实力相对均衡。该文发表后立即为《新华文摘》及各大网站论点摘编或全文转载，引起广泛的社会反响。

云南省楚雄彝族自治州大姚县西北的石羊古镇是云南省首批省级历史文化名镇，是西南边疆少数民族地区中原文化与少数民族文化、外来文化与本土文化共生相融、和谐发展的典型地区。云南民族大学教授李晓莉与楚雄师范学院杨甫旺教授在《云南民族大学学报》2010年第1期撰文《石羊盐区多元宗教的形成、融合及变迁》指出，石羊古镇因盐而兴，多元宗教并存是盐文化在该地宗教文化建构中打下的烙印，盐区居民在宗教信仰的层面上将土主、龙王、天神、土地神等诸神灵与实现“卤旺盐丰”、“灵源普泽”的愿望联系起来，并视之为盐井的保护神而加以膜拜，其中贯穿着合理利用、保护自然资源的生态文明理念。

云南大学西南边疆少数民族研究中心助理研究员和晓蓉博士在《思想战线》2010年第2期发表《宗教和谐视角中的西藏佛苯关系浅析》一文，重新审视西藏佛教与苯教的关系，认为所谓的佛苯之争，其实质不过是不同生态系统中的人类智慧体系的相互借鉴和吸纳，以自我提升和扩容，显示了二者在自身义理之下各自统括宇宙生命的气度和魄力；所谓的佛苯之争也是藏民族以完好的原型心灵，无障碍地融通接纳外来佛教神佛和本土神灵，将其有序编码并持续传承的过程。作者认为，西藏佛苯关系是宗教和谐内质作用的典范，对世界范围内所有宗教传统及相互间关系的重新阐释都有着积极的意义。

云南民族大学哲学学院讲师邹丽娟在《贵州民族研究》2008年第3期上发表论文《从宗教信仰的视角探析大理白族传统文化的多元融合》，描述和分析了大理白族对佛教、道教和本主的多元宗教信仰，以及这些宗教信仰对大理白族传统文化的深层影响，并以此为视角，探析了大理白族传统文化的多元融合特征。

云南大学西南边疆少数民族研究中心副研究员何林在《云南民族大学学报》（哲学社会科学版）2009年第6期发表文章《多元宗教背景下的少数民族婚姻——以云南贡山怒族为例》，指出阿怒人对婚姻的调适基于“朴素的宗教多元主义”，即从满足生存中获取食物、健康、安全以及最终归宿等需要来理解宗教。云南大学出版社2008年9月出版何林的著作《阿怒人——同一屋檐下的不同宗教信仰》，通过阿怒人的个案说明，不同民族及不同文化、不同宗教是可以和谐共存的。

云南大学副教授高志英在《云南行政学院学报》2008年第3期发表论文《多元宗教与社会和谐——云南少数民族宗教信仰发展问题调查研究》，从影响云南多种民族不同宗教信仰的不和谐因素入手，详细区分了不同宗教的内部派别和支系、不同宗教间的磨合与竞争以及同种宗教不同支系间的分歧，认为只有正确引导宗教与社会主义社会相适应，积极发展农村经济，提高人民群众的科学文化水平，提高医疗卫生条件，丰富群众文化生活，激发边疆民族群众的民族自豪感和国家向心力，从根本上抵制宗教渗透，才能促进社会稳定和构建和谐社会。

丽江师范高等专科学校副教授赵沛曦在《云南师范大学学报》（哲学社会科学版）2009年第4期发表论文《多元宗教与社会和谐——云南丽江少数民族宗教文化互动的调查研究》，在详细描述丽江多民族、多宗教和谐相处的基础上，强调既要继承丽江各民族、各宗教互相尊重、和谐共处的历史传统，又要积极引导宗教与社会主义社会相适应，充分发挥宗教在促进社会和谐方面的有益作用。

2008—2010年，云南学术界关于多宗教和谐相处的研究成果还有：和继全、和晓蓉在《思想战线》2009年人文社会科学专辑发表的文章《传统节日的文化传承与多元民族宗教和谐功能——以香格里拉白地纳西族传统节日“二月八”为例》；云南大学马居里、寸炫在《西南边疆民族研究》第7辑发表的文章《云南怒江丙中洛地区多元宗教文化的调试与共容》；云南省社会科学院张庆松在《学园》2010年第6期发表的文章《云南多元宗教对民族关系的影响》；云南大学王磊在《昆明理工大学学报》（社会科学版）2010年第2期发表的文章《纳西族与藏族文化和谐交融现象分析——以丽江塔城乡洛固村为例》。

（五）宗教文化旅游研究

宗教文化旅游热在全国方兴未艾，对云南这一民族宗教文化大省和旅游大省而言，系统而深入的理论研究尤为重要。云南民族大学教授张桥贵于2008年申请立项的国家社科基金项目“云南宗教文化与旅游研究”恰恰弥补了这一空白。该项目于2010年8月以优秀等级结项，课题组成员对宗教文化旅游的概念内涵、本质特征、社会成因、现实功能、行动逻辑、主要类型、演化规律、现代转型等理论问题进行系统分析；对云南宗教文化旅游的资源条件、基础设施、管理水平、存在问题等现有状况作出整体考察，同时重点选取佛教名山鸡足山、道教圣地巍宝山、儒学重镇建水作为云南宗教文化旅游的典型代表，进行深入细致的实地调查，获得了翔实的第一手资料，针对性地提出了云南宗教文化旅游开发的总体思路、具体原则和主要措施。作为该项目的重要阶段性成果，张桥贵、孙浩然《宗教旅游的类型、特点和开发》发表于《世界宗教研究》2008年第4期，文章分析了宗教与旅游之间的近乎天然的密切联系，指出宗教旅游是宗教信仰旅游和宗教文化旅游的总和，根据宗教要素与旅游要素有机结合的紧密程度、优劣程度将形形色色的宗教旅游活动划归为边缘型、半边缘型、半核心型、核心型四大类型，认为宗教旅游具有参与程度高、涉及范围广、开发潜力大、牵扯问题多等特点，提出宗教旅游开发的总原则是引导优质宗教资源与健康旅游活动充分良性互动，总目标是促进旅游、宗教文化和人的全面协调发展，总要求是实现经济效益、社会效益、生态效益三方共赢，总方向是营造文明、健康、和谐的宗教旅游氛围。

（六）宗教政策和宗教史研究

云南农业大学副教授马雁在《北京行政学院学报》2009年第3期发表论文《民间宗教的乡村化生存、流变与政府治理——以宋明清时期的考察为背景》，通过对历史文献的考察与分析，研究了宋明清时期民间宗教的对于社会稳定的正负功能，总结民间宗教乡村化生存的三种状态：或演变为民俗活动，或发展为民间宗教结社，或演变为邪教；并从政府、官吏、信众、基层势力几个方面总结出对民间宗教管理的法律措施和治理经验。

云南大学人文学院副教授马玉华在《民国档案》2008年第2期发表论文《国民政府对贵州石门坎苗民基督教文化的改造政策》指出，从20世纪30年代开始，贵州石门坎基督教文化引起当时国民政府的重视，各级政府多次派人调查和视察此地，制定政策对石门坎基督教文化进行改造，通过建立保甲制度和国民党基层党部，开发石门坎经济，发展文化教育，推行民族同化政策。

云南民族大学人文学院讲师段金生在《北方民族大学学报》（哲学社会科学版）2009年第2期发表论文《论杨增新统治新疆时期的民族与宗教政策》，认为杨增新运用娴熟的政治手腕，注重怀柔与牵制并行，笼络少数民族上层人士，对他们分而治之；在尊重少数民族宗教信仰的同时，实行政教分离政策，反对门宦制度及“泛伊斯兰主义”在新疆的传播，使新疆的社会政治达到了相对稳定的状态。

（七）宗教学重要概念辨析

云南大学民族研究院助理研究员和晓蓉在

《广西民族研究》2010年第3期发表论文《“民族信仰”定义及其特质探析——基于少数民族传统信仰特质及当前“民间信仰热”的反思》，结合少数民族宗教信仰复兴的背景，借鉴“民间信仰”的概念，提出了“民族信仰”的概念，并从信仰的和谐性、整体性、心灵传承性三个方面阐述了“民族信仰”的特质，同时分析了“民族信仰”所具有的族群文化聚合创生功能、族群与社会和谐功能、族群文化保护与传承保障功能。“民族信仰”的提法虽然值得商榷，但仍不失其学术价值。

萨满教是一种古老而富有神秘色彩的原始宗教，“萨满”的基本概念和特征一直备受争议。红河学院国际哈尼研究中心研究人员徐义强在《宗教学研究》2009年第3期发表论文《萨满教的宗教特征及与巫术的关系》，在分清对萨满狭义和广义的不同定义基础上，阐释了萨满的宗教特征，提出中国南方汉族地区也存在着萨满和萨满教；作者认为萨满教应该归属民俗宗教的范畴，同时不应该与巫术混为一谈。

云南大学博士研究生孙健灵在《思想战线》2008年第4期发表论文《“现代化”、“世俗化”与“入世化”之辨》，认为对当代中国宗教境况而言，“入世化”才是一个更为恰当的描述。

二、少数民族宗教研究

（一）对云南少数民族宗教的整体研究

云南行政学院魏娜在《云南行政学院学报》2009年第6期发表论文《云南民族宗教文化发展特点及对策研究》，认为云南宗教文化有五个鲜明的特征，即宗教类型上的多元并存性、时间上的历史传承性、空间上的板块交错性、内容上的包容混融性以及演变中的宗教文化民俗性。作者进一步提出云南宗教文化发展的对策建议：一要肯定云南宗教文化是云南各民族传统文化的重要组成部分；二要清晰认识云南民族宗教文化具精华与糟粕皆备的二重性特征；三要注意云南多民族跨境性特征所导致的国际化和复杂化现象；四是在挖掘云南民族宗教文化旅游资源的同时，关注宗教入世化和商业化现象所带来的负面影响。

宗教信仰是边疆少数民族地区构建青少年思想道德教育长效机制的不可忽略的重要因素。大理学院民族文化研究所副研究员寸云激在《云南民族大学学报》（哲学社会科学版）2010年第1期发表论文《滇西北地区少数民族青少年宗教信仰研究》，在问卷调查与个别访谈的基础上，分析少数民族地区青少年对宗教的信仰和认识后，认为青少年信教有门类多、民族特点突出、传播形式多样、调适机制完备等特点；其原因是民族习惯与家庭亲友的影响、宗教文化与教义的吸引、心理需要等，并提出青少年宗教信仰的德育教育的具体措施。针对同类问题，云南农业大学杨玲撰文《对少数民族大学生宗教信仰教育引导的思考》，发表于《科学决策》2008年第11期。

云南师范大学新闻副研究馆员张二朴在《楚雄师范学院学报》2010年第12期发表论文《论宗教文化对云南少数民族语言的影响》，就原始宗教和神学宗教对云南少数民族语言的影响进行了深刻分析，认为宗教文化对云南各少数民族语言的影响是多方面的，一种少数民族语言常常会受到若干种宗教的影响，不同民族的宗教用语在共同的宗教信仰中也常常会互相影响、互相融洽，最终得出宗教文化不仅极大地丰富了云南少数民族的语言，而且对少数民族语言的发展具有显著促进作用的结论。

在全球化和现代化背景下，少数民族宗教文化面临着越来越多的生存挑战。云南大学人文学院陈艳萍在《学术论坛》2009年第12期上发表了《以民族民间歌谣为载体研究云南民族死亡观的意义》一文，通过对承载着不同宗教信仰的民族民间歌谣的研究来探究云南少数民族死亡观，得出云南少数民族生则重生、死则安死的结论，有助于我们更好地理解云南少数民族文化的深层结构及其本质特征。相关研究还有赵泽洪在《思茅师范高等专科学校学报》2008年第1期发表的论文《普洱地区少数民族丧葬文化中的宗教因素》。

少数民族宗教文化中蕴涵着丰富的生态文明理念。保山学院政史系讲师刘荣昆在《红河学院学报》2009年第1期发表论文《从生态文明的视野看云南少数民族原始宗教》，从生态文明的视野将云南少数民族原始宗教信仰分为祭天拜地、寄予动植物深厚情感与神山圣水三种类型。同类文章还有：刘荣昆发表于《云南农业大学学报》

2010年第2期的《生态文明视域中的高黎贡山少数民族原始宗教》；李军发表于《湖南工业职业技术学院学报》2010年第3期的《云南少数民族宗教文化中的生态保护理念》；姜鹏、徐坚针发表于《华中建筑》2008年第3期的《云南宗教环境中的植物》。

（二）对云南少数民族宗教的分民族研究

1．白　族

云南大学西南边疆少数民族研究中心的金少萍在《中央民族大学学报》2008年第1期发表论文《宗教文化中的社会性别建构——白族女性与本主崇拜》，指出白族本主文化体系中存在着诸多女性神灵，白族妇女是本主祭祀的主体力量，分认识白族本主崇拜中的社会性别建构，对于深入探讨白族宗教文化的内涵、特点，以及白族妇女在民族民间宗教文化传承发展中的地位和作用，都具有重要的理论及现实意义。探讨白族女性与本主崇拜的关系及其社会性别建构，是白族宗教文化研究的一个新视角，应引起学术界的关注。

云南省社会科学院民族学研究所研究员董建中在《西南民族大学学报》（人文社会科学版）2010年第10期发表论文《白族本主名称考》，以丰富的史料，结合民族学实地调查，考证白族“本主”名称的演变历程，指出白族的“本主”在清朝中期以前均称为“土主”，清嘉庆以后“本主”名称才出现，后来“土主”与“本主”并用。作者指出，彝族土主信仰的神妡、庙宇建筑、祭祀方式等与白族的土主(本主)信仰虽有较大区别，但不能由此得出彝族信仰土主、白族信仰本主的结论。文章的观点纠正了一些学界人士长期以来对本主名称的错误解读。

云南师范大学文学与新闻传播学院副教授李福军在《广西民族大学学报》（哲学社会科学版）2008年哲学社会科学专辑发表论文《论大理白族本主崇拜与儒家思想的关系》，认为儒家思想从孝悌观念、风俗礼仪、农耕文化等方面对白族本主崇拜产生了影响，同时本主文化也推动了儒家思想在白族地区的传播，丰富了儒家思想的内容。深受儒家思想影响，白族人民养成了勤劳质朴、谨慎节俭、自足自得、稳中求和、尊重传统、依附伦理等品格与社会心理特征。

云南师范大学张曙晖、张媚玲在《昆明理工大学学报》（社会科学版）2010年第3期发表论文《白族多元信仰的“三层次”结构——以大理周城白族村为例》指出，大理周城白族的宗教文化是多元文化长期交融互动的产物，具有三个明显的层次结构：第一层次是信仰之根，即原始宗教；第二层次是信仰之核心，即祖先崇拜和本主崇拜；第三层次是信仰之依附，即外来的各种宗教；周城白族宗教的这种“三层次”结构是整个大理地区白族宗教结构的缩影。

关于大理白族信仰的阿吒力教的性质，学界尚有争议。云南社会科学院研究员侯冲长期从事阿吒力教研究，2008年3月在中国书籍出版社出版《云南阿吒力教经典研究》一书，作者提出阿吒力教并非前人所谓的密教，而是在明初教、禅、讲分离政策下出现并迁移到云南的“教派残余”的观点，使学界对阿吒力教有了全新的认识。云南大学人类学博物馆张海超在《宗教学研究》2009年第1期上发表论文《大理佛教密宗阿吒力教派兴衰变迁考》，认为佛教密宗于南诏中晚期传入云南，并在大理国时期得到了长足发展，但从元代开始影响逐渐缩小，明清两代政府的限制与排斥使其走上衰落的道路。作者强调，佛教密宗兴衰变化和当时的政治形式密切相关，同时也与地域社会的文化结构紧密相连，佛教输入南诏可以放进其积极学习汉文化的整体架构内讨论，明清两代儒家思想逐渐在大理社会占据了主导地位，与其相抵触的密宗信仰注定要转入民间。

云南师范大学文学院副教授罗越先在《天府新论》2010年第6期发表论文《试论云南阿嵯耶观音形象》，认为阿嵯耶观音在中国佛教的神祇中具有非常特殊的地位，是见于云南佛教密宗诸神中唯一与其他密宗不同的神；阿嵯耶观音的形象具有大理白族的面相；此神的出现与南诏、大理国君主要获得应有的国家地位有很大关系。

大理学院讲师李晋昆在《大众文艺》（理论版）2009年第17期发表论文《浅论阿吒力教传入大理的原因》，认为茶马古道的存在、南诏对异文化的为我所用以及印僧、汉僧和本土僧人的共同努力、佛教密宗与南诏早期巫鬼文化具有相似的文化特质等，是阿吒力教传入大理的原因。

闫峰在《前沿》2008年第7期上发表论文《佛教对大理国的影响概论》，从政治、经济、社会和文化心理等方面阐述了佛教对大理国政权及其民众的影响。

2. 彝 族

云南省社会科学院民族文学研究所副研究员李永祥《民族研究》2009年第4期中发表了《彝族的疾病观念与传统疗法——对云南赫查莫村及其周边的个案研究》，作者对云南哀牢山区赫查莫村及其周边彝族尼苏人的疾病观念和传统疗法作了人类学田野调查，认为尼苏人在传统上倾向于把疾病分为两类：一类是需要通过宗教仪式加以治疗的，另一类是需要通过服药加以治疗的。作者认为，彝族尼苏人的传统疾病观念和治疗方法在民间普遍存在，彝族村民对于毕摩、“册尼莫”、民间医生、接生员等都非常尊重，医患关系是平等和互惠的；在社区医疗事业不断发展和农村医疗保险制度逐渐完善的今天，尼苏人的疾病观念和传统治疗法仍发挥着较大的作用，彝族社区中的常见病和多发病多是靠传统方法治疗的；彝族人对于传统方法的认同不能被简单地归因于经济困难，它是与彝族的传统信仰和知识体系密切联系在一起的。

云南楚雄师范学院副教授陈永香在《宗教学研究》2008年第3期发表论文《彝族“伙头制”与宗教信仰——以云南省永仁县中和乡直苴村调查为中心》，通过田野调查对彝族村落组织与民间信仰的关系进行研究，探讨“伙头制”与宗教信仰在彝族社会生活中的作用。作者认为，直苴村彝族正是通过伙头制与伙头主持祭祀的神灵一起来对村落日常社会生活进行规范，从而达到禳灾祈福、护佑村落、和谐生活的目的；直苴村彝族对共同祖先的历史记忆在村寨组织和村寨宗教信仰活动的结合中得到展演、诠释、强化，使其彝族村民在社会身份认定上达到“我群”的认同。

云南社会科学院红河民族研究所副研究员龙倮贵在《贵州民族研究》2009年第2期发表论文《滇南彝族自然神灵观念与村落格局》，指出滇南彝族信仰原始宗教深信“万物有灵”，认为神有天神、地神和人神之分，鬼分善鬼和恶鬼，天庭、人间、阴间等三个世界构成原始宗教的世界观，神和鬼与族人具有严格的各自内外空间环境；因而滇南彝族在建村立寨、建盖新居及居家生活中自始至终充满着一系列庞杂纷纭的原始宗教巫术活动。

张纯德、龙倮贵、朱琚元等合著的《彝族原始宗教研究》2008年1月由云南民族出版社出版。作者综合运用哲学、史学、社会学、民族学、人类学等多学科的方法，对彝族原始宗教的信仰内容、形式、巫师苏尼、祭师毕摩、彝族原始宗教的宇宙观、祭经、祭仪、祭坛，以及彝族原始宗教与古代汉文化的关系等进行了宏观、系统的研究，提出彝族原始宗教是一种“原生性宗教”的观点。全书共计70万字，是迄今有关彝族原始宗教研究的一部内容最丰富、资料最翔实的学术著作。

3. 傣 族

云南省社会科学院研究员郭家骥在2009年第3期发表《西双版纳傣族的水信仰、水崇拜、水知识及相关用水习俗研究》一文，在深入田野调查和文献资料分析的基础上，从神话传说中的水、对水的重要性的认识、宗教信仰中的水崇拜和节庆活动中的用水习俗、人生礼仪中的用水习俗等四个方面，对西双版纳傣族的水信仰、水崇拜、水知识及其相关的用水习俗进行了深入的研究与探索。作者认为，傣族的水信仰、水崇拜和水知识，是傣族水文化的核心，在傣族的宇宙观、世界观和价值观中占有重要地位并发挥着重要作用。在这一核心的文化理念指导下，西双版纳傣族形成了一系列与水密切相关的宗教礼仪和用水习俗，形成了一整套可持续利用和管理水资源的技术和制度，有力地保障了西双版纳数千年来人与自然的和谐发展，使西双版纳成为地球北回归线上仅存的最后一块绿洲。深入发掘、系统总结傣族传统水文化中所蕴涵的理性与智慧用以指导今天可持续发展的实践，具有重要的学术理论价值和实践应用价值。

新平花腰傣不论从民族服饰还是风俗习惯都与人们所熟悉的西双版纳与德宏傣族明显不同。此外，新平花腰傣还大量保留着原始宗教信仰，与信仰南传上座部佛教的傣族群众有着很大的不同。云南大学西南边疆少数民族研究中心周晓红在《西南边疆民族研究》第5辑发表论文《新平花腰傣宗教文化研究》，以新平花腰傣的原始宗教信仰为研究对象，从古老信仰习俗的历史渊源谈起，对比现今花腰傣宗教文化的生存现状；了解和重视新平花腰傣与其他傣族的差异性，有利于我们研究傣族发展演化的历史，了解傣族文化在不同地域呈现的不同特征，进而动态地保护和传承傣族传统文化。以花腰傣宗教文化为研究对象的文章还有柯贤和在《楚雄师范学院学报》2010年第12期发表的论文《新平花腰傣原始宗教信仰及变迁——以大沐浴村花腰傣信仰为例》；许洪畅在《科学与无神论》2009年6期发表的论文《关于元江傣族原始宗教崇拜的思考》。

西双版纳职业技术学院教师付声晖在《理论界》2010年第1期发表论文《原始宗教观念对傣族传统村落空间的投射》，探讨傣族原始宗教观念与建筑、村落之间的关系，指出傣族群众正是通过一系列宗教仪式和象征手法使村落布局神圣化、秩序化和合法化。

德宏师范高等专科学校教师项冰在《云南广播电视大学学报》2008年第6期发表论文《德宏地区傣族佛教信仰的变化》一文，描述了现代背景下德宏傣族地区佛教信仰的变迁情况。

云南中医学院王雪梅、西双版纳州民族医药研究所刀会仙在《中国民族医药》2008年第10期发表论文《浅谈宗教文化背景下傣医疾病观的形成》，描述了疾病观在受原始宗教和南传上座部佛教的影响，傣族人民对傣医对疾病和健康认识逐步成熟，最终形成以“四塔五蕴”失调为核心的傣医疾病观的过程。

云南中医学院张奇、秦竹在《中国民族民间医药》年2010第10期发表论文《傣族宗教仪式的心理治疗意义探究》，运用田野调查和参与观察的方法进行研究，认为“招魂”仪式是傣族独特的宗教产物，具有明显的心理治疗意义。

4．纳西族

巫文化是纳西族传统宗教文化的重要组成部分。丽江市东巴文化研究所副研究员李英在《云南民族大学学报》（哲学社会科学版）2008年第5期发表论文《纳西族的桑尼、毕、扒》指出，在纳西族民间活跃着一批占卜者“桑尼”，他们与纳西族原始宗教东巴教中记载的占卜者“扒”和祭师“毕”有继承和发展的关系；从“扒”、“毕”到“桑尼”，反映了纳西文化不断发展的历程，同时也映出人类的认知记忆与社会发展的密切关系。

丽江东巴文化研究所研究员习煜华在《云南民族大学学报》（哲学社会科学版）2008年第3期发表论文《纳西文化中的路径崇拜——以祭天和丧葬仪式为例》指出，作为人类生存活动的空间，路经历了从物质到精神的转化过程；人们先是涉足实有的路，后来路进入精神领域里成为崇拜对象；在纳西族传统文化中路径崇拜对于求取人的生殖力、实现生命轮回具有重要意义。

5．哈尼族

云南省社会科学院研究员王清华在《学术探索》2008年第6期发表文章《哈尼族社会中的摩匹》指出，摩匹作为哈尼族的知识阶层，对哈尼族文化的继承、创造、保护和传播作出了不可磨灭的卓越贡献；摩匹的现实社会职能主要是文化的保存与传播、主持宗教活动、指导农业生产、主持人生礼仪、行医治病等；将摩匹界定为“巫师”是不准确的，摩匹是集多种学问包括巫术于一身的哈尼族知识分子。同类研究文章还有红河哈尼文化国际研究中心副研究员黄绍文等发表在《宗教学研究》2010年第1期的《哈尼族自然宗教的神职人员——莫批》。

红河学院教师孙东波在《红河学院学报》2010年第6期发表论文《姑妈保佑——元阳县新亚拥村哈尼族家族女性神的人类学考察》，记述了当地有关家族女性神的故事传说，分析了其在宗教活动中的重要作用，认为姑妈这一家族女性神的信仰，使得女性在维护父系家族制度和姻亲关系方面，发挥着重要的文化功能。相关研究有云南民族大学硕士研究生王鹰、杨立峰发表在《重庆科技学院学报》（社会科学版）2009年第3期的《从原始宗教仪式看习惯法的团结凝聚作用——以红河州红河县宝华乡龙甲哈尼族村寨的喜丧仪式为例》。

6．壮 族

云南民族大学徐祖祥教授在《西南民族大学学报》（人文社会科学版）2009年第4期发表论文《壮族宗教民俗中的道教长生成仙信仰》指出，道教长生成仙信仰与壮族宗教民俗结合后发生了衍变，其中道教星辰崇拜与壮族民间追求长寿平安的习俗相结合，成仙信仰则与其葬俗相结合，使壮族民众除了向神灵祈求长寿外，还强化了他们追求彼岸世界幸福的愿望。道教长生成仙信仰在壮族社会中表现出明显的世俗化、民俗化特点，同时也成为壮族民间宗教的一个重要组成部分。作者认为，道教长生成仙信仰在壮族社会中的世俗化和民俗化，表达了壮族民众的一种对时间捕捉与空间憧憬的宗教情怀，体现了维持社会秩序与安顿人类心灵的宗教功能，以及对生命无限意义的执著追求。

文山州民间文艺家协会主席王明富等在《云南师范大学学报》（哲学社会科学版）2009年第6期发表论文《文山壮族“那文化”的现代启示》，指出壮族“那文化”（稻作文化）的核心观念是“有森林才有水，有水才能种稻，有稻才能活人”，壮民通过各种传统习俗和原始宗教保护森林，实现了人与自然的和谐发展；文山壮族的“那文化”对于人类的可持续发展具有重要的启示和借鉴作用。

7. 傈僳族

云南大学人文学院陈艳萍在《思想战线》2009年第6期上发表论文《彼岸玄思、天堂地狱——傈僳族宗教信仰中的死亡观》指出，在傈僳族死亡观中既有鬼神观念又有基督教的天堂地狱之说，傈僳族认为人由肉体和灵魂共同组成，两者是可以分离的，是鬼与灵决定着他们生命中的安康与疾病；部分傈僳族在接受基督教文化时，对有利于民族生存和发展的因素作了吸纳，对不适用于本民族的文化作了因地制宜的重组，这种吸纳与重组的动因，非常突出地表现在重生乐生及死后对天堂生活的向往上。

云南民族大学副教授秦丽辉在《思想战线》2009年人文社会科学专辑发表论文《对傈僳族原始宗教社会功能的辩证思考——兼论评价态度与继承原则》，认为原始宗教支撑着傈僳族民族知、情、意世界的完整性，对这一文化现象，现代人不宜采取简单的肯定或否定态度，而应持了解与同情，予以“抽象继承”。

8. 佤 族

思茅师范高等专科学校社科系教授左永平在《云南师范大学学报》2008年第5期发表论文《“魔巴制度”——佤族传统文化体系的核心支柱》，从宗教、政治和文化三个方面分析魔巴制度对佤族社会的深远影响。作者指出，魔巴制度是佤族传统文化的核心内容之一，宗教神职活动只是“魔巴”日常生活的一小部分，在人人平等、人人劳动的佤族社会里，“魔巴”也是普通劳动者，并不像其他民族的神职人员那样拥有特权。云南大学公共管理学院袁娥在《云南社会科学》2009年第1期发表论文《佤族魔巴的社会功能变迁研究——以云南省普洱市西盟县勐卡镇大马散村为例》指出，在现代社会转型过程中，佤族魔巴的角色逐渐由集多种功能为一体变为单一的宗教功能；由于魔巴在佤族社会发展中还在起着一定的积极作用，在一段较长的时间里，还将继续存在。

相关研究成果还有左永平《解读佤族的“猎头祭鬼”活动》，载《思茅师范高等专科学校学报》2008年第2期；高金和等《缅甸佤族的原始宗教信仰》，载《广西大学学报》（哲学社会科学版）2009年增刊；陆泓等《大马撒寨佤族鸡骨卜文化地理考察》，载《云南地理环境研究》2008年第5期；周家瑜《近二十年佤族原始宗教研究综述》，载《保山师范高等专科学校学报》2008年第3期。

9. 瑶 族

云南大学西南边疆少数民族研究中心研究员谷家荣在《西北民族大学学报》2010年第4期上发表论文《从此岸到彼岸：瑶族传统灵魂观念阅识——广西金秀大瑶山古陈村坳瑶“二次捡骨”葬俗调查》，以民族志的手法详细描述了广西金秀大瑶山古陈村坳瑶守丧、发丧、寄土、捡骨、埋骨的“二次捡骨”葬俗，并分析了道教对瑶族宗教信仰的影响。

2008—2010年，关于云南少数民族宗教研究的文章还有：杨竹芬在《黑河学刊》2010年第6期发表的论文《论布朗族原始宗教与伦理道德的关系》；焦丹在《思茅师范高等专科学校学报》2010年第2期发表的论文《出洼的叙事和解读——德昂族村寨宗教仪式考察》。

三、佛教、道教、基督教、天主教和伊斯兰教研究

（一）佛教研究

1. 汉传佛教研究

云南大学中文系教授张文勋在《云南民族大

学学报》（哲学社会科学版）2009年第2期发表论文《人类智慧之光——走进中国佛学》，将佛学界定为“佛教典籍中所包含的学说，是佛教各种流派所遗存下来的学术著作和学术理论，内容是探讨宇宙、人生、社会的根本问题，涉及哲学、宗教学、思维学诸多学术领域”。作者认为，佛学虽然是一种信仰，但它既不信仰创世的上帝，也不信仰万能的真主，而是相信靠人自身的修持可以找到自己的幸福，从本质上讲佛学是一种无神论；佛教虽以济世救人、普度众生为目的，但佛学中没有一套治理社会、治国安邦的宏图大略，而只是强调每个人的主观精神的修养，包含有人类美德和智慧的丰富内涵。作者强调，佛学是人类智慧的特异成果，是人类东方文明的一颗耀眼明星，中华文化的有机组成部分。

关于佛教义理的研究主要有玉溪师范学院副教授杨净麟发表于《宗教学研究》2010年第4期的《略论蕅益智旭的〈辟邪集〉对天主教天主观的批判》和云南大学讲师杨勇发表于《贵州大学学报》（社会科学版）2009年第1期的《论〈俱舍论〉对“无我”理论的再诠释》。杨净麟认为蕅益智旭的《辟邪集》采用以子之矛攻子之盾的办法作为论辩策略，以对天主教天主观的批判作为核心，尤其是对天主全能以及恶的来源的批判，击中了天主教的要害之处。杨勇认为“无我”是佛教的基本理论之一，是契入佛教哲学的关键；瑜伽行派创始人世亲在《俱舍论》中分别从五蕴观、因缘观等方面对“无我”思想作了严密、全面的论证，并形成了一套从微观到宏观、从理论到方法的立体有机的“无我”理论体系。

人们通常认为尼僧作为出家人将与出家前所在世俗家庭的关系不复存在，但在8至10世纪的敦煌，情况并非如此。当时佛教极为盛行，崇佛礼佛常常成为许多家庭的重要生活内容，许多皈依佛门的尼僧与家庭仍然保持着密切的关系。云南师范大学石小英发表于《世界宗教研究》2009年第1期的文章《八至十世纪敦煌尼僧与世俗家庭的关系》，利用丰富的敦煌文献，充分说明了当时出家尼僧仍然孝敬父母、为父母写经造像、参与家庭事务、出家不离家，与家庭之间存在的密切关系。

云南民族大学人文学院教授徐祖祥与硕士研究生林邦誉在《世界宗教文化》2010年第6期发表论文《都市城郊佛教丛林组织模式的现代建构——基于昆明市宝华寺的实证分析》，以宗教社会学的理论视角，着重从成员构成、制度规范、经济支持和权力体系四个方面对昆明市城郊宝华寺个案进行分析，得出以下结论：当代丛林的成员模式呈开放性特征，丛林内形成了僧人群体与俗众群体共同构建的制度化共命关系；丛林组织在现代建构中虽然采用了多元化的经济形式、网络技术等现代手段，但如果注意保持其宗教的神圣性，丛林更能获得长足的发展；丛林权力体系的现代建构有科层化的特点。

云南警官学院讲师冷琪雯在《云南民族大学学报》2008年第3期发表论文《圆通寺信仰文化现象的功能分析》，运用社会学的实地调查和访谈方法，从功能主义的理论视角出发，揭示了当今社会众多信众崇拜圆通寺的原因，除了圆通寺宣扬佛教教义、伦理佛学而外，最重要的在于信仰能够满足人们在无助之时的心理诉求。云南民族大学研究生邱运胜在《昆明学院学报》2010年第2期发表论文《昆明北郊上坝村胜景寺庙会田野调查报告》，指出人与神、人与人之间的交流逻辑将庙会的主要环节、仪式过程、人际交往、组织运作串联在一起，共同构成富含大量民俗文化事象的乡村集体生活文化。

2．藏传佛教研究

《民族研究》2008年第6期发表云南师范大学艺术学院副教授李立的论文《关于放生的叙事与分析——嘉绒藏族村落宗教生活考察》，作者在田野考察的基础上，以四川省阿坝藏族羌族自治州一个嘉绒藏族村落的宗教生活为描述对象，通过叙述村民生活史中与放生有关的片断，呈现其中因放生观念而引发的冲突、困扰，探究放生盛行的原因及冲突的根源，揭示嘉绒藏区的宗教现状。作者强调，“当复兴起来或发明出来的宗教传统不能解决村落的所有难题，并且自身也处在经济理性等非宗教价值观的氛围中时，它就成了一把错综复杂的双刃剑，既建构也解构了村落的和谐之境”。

云南省社会科学院研究员杨福泉在《云南社会科学》2008年第5期发表论文《历史上丽江民间藏传佛教信仰之变迁》，阐述了丽江纳西族藏传佛教信仰盛而衰的过程。作者指出，在元代藏传佛教对纳西族基本无影响，在明代尤其是清初以后，藏传佛教在丽江得到较快的发展；至清乾隆年间，藏传佛教在丽江纳西族中仍有着很大影响；而在近现代则逐渐衰落。这主要与木氏土司统治的终结、多元宗教的传入和汉文化的影响有关。近年来，藏传佛教在丽江又有了长足的发展，值得深入探讨和研究。

3. 南传上座部佛教研究

关于南传上座部佛教的研究，较为系统的成果是云南师范大学副教授吴之清在2008年在人民出版社出版的专著《贝叶上的傣族文明——云南西双版纳南传上座部佛教研究》，该书介绍了南传上座部佛教及云南傣族的历史、地理、社会、原始文化等基本状况，考察了南传上座部佛教传入德宏的路线、时间、方式，探究了西双版纳傣族统治者乃至全民信奉佛教的社会文化原因，介绍了西双版纳佛教的寺庙、戒律、管理、经济、节庆、礼仪、佛事活动、佛教徒的日常生活状况，勾勒出一幅西双版纳佛教的全景图；从社会伦理道德、法律、文字、建筑、绘画、习俗、医学、天文历法等多个方面，论述了佛教对西双版纳傣族文化的全面影响，用大量事实说明佛教促进了傣族文化的发展，同时也在“化傣族”的过程中适应傣族社会而被“傣族化”。

云南师范大学吴之清、董麟在《西南民族大学学报》（人文社会科学版）2009年第10期发表论文《南传佛教对傣族社会经济的作用》，认为南传上座部佛教僧侣还俗制不但保证了社会劳动力，而且使劳动者的素质得到有效的提升；傣族信众的宗教投资是对教育的一种投入，有了这种“合理”的投入，南传上座部佛教在稳定发展的同时，也使傣族社会逐渐走向了繁荣；南传上座部佛教使得云南傣族地区与印度、东南亚地区紧密联系在一起，提升了傣族的对外交往空间。

云南大学西南边疆少数民族研究中心研究员金少萍在《西南民族大学学报》（人文社会科学版）2010年第9期发表论文《南传上座部佛教与傣族的村社生活——西双版纳勐腊县勐仑镇城子村的田野个案》，认为南传上座部佛教是一种社会意识形态，同时也是一种制度，在傣族地区的传承和发展需要融入当地的社会，并将傣族村社的生产和生活的主题内容纳入其神圣秩序的建构之中；南传上座部佛教的信仰及其宗教制度已发展成为傣族村寨社会结构的一部分，并渗透于傣族村社现实生活的方方面面。

云南省宗教局熊胜祥、傅志上、孙云霞在《中国宗教》2009年第12期发表论文《南传佛教与民族地区义务教育——以勐海县和尚生现象为例》，以勐海县为调查案例，探索新形势下如何协调落实宗教信仰自由政策与普及义务教育之间的矛盾，正确处理好南传上座部佛教与国民教育的关系，促进民族地区群众文化素质的提高，加快民族地区经济建设的步伐。

（二）道教研究

云南省社会科学院宗教学研究所副研究员萧霁虹在《云南社会科学》2008年第4期发表论文《刘渊然与云南道教》，通过大量金石碑刻和文献资料梳理，勾勒出明代高道刘渊然在云南传播道教的史实。作者指出，刘渊然在云南开宗立派，创立长春派；设置“道纪司”、“道正司”、“道会司”三级道教管理机构；招收门徒，为云南培养出了一批颇有影响的道教人才，使明代云南的道教逐渐走向兴盛。

丽江师范高等专科学校周文英、柯柄刚在《杭州师范大学学报》（社会科学版）2009年第1期发表论文《道教在丽江的传播与丽江社会文化之关系考察》，简要回顾了道教在丽江的传播史，认为道教的传播和影响与纳西族自身文化的延续有着相互渗透的作用，这种作用在纳西族的生死观、和谐达观的审美姿态和纳西古乐等方面体现出来。

楚雄师范学院研究员杨甫旺和单江秀在《宗教学研究》2010年第1期发表论文《论道教与彝族原始宗教的互动与融合》，认为道教与彝族的原始巫教、祖先崇拜、毕摩祭祀等宗教活动互动融合，促进了道教和彝族原始宗教的共同发展。

2008—2010年，云南学者对道教研究的论文还有：云南师范大学副教授熊永翔等在《湖北社会科学》2010年第4期发表的《道教禹步论》；云南民族大学研究生陈娟娟在《中国道教》2010年第2期发表的论文《道教的三尸观念与医药养生学》；云南师范大学黄晶晶发表在《文学界》（理论版）2010年第8期的论文《唐代女冠对仙妓合流的影响》；云南民族大学研究生耿会武在《内蒙古电大学刊》2008年第4期发表的论文《从宇宙观的角度看汉传佛教中国道教思想的融合》。

（三）基督教研究

傈僳族是跨中国、缅甸、印度而居的跨境民族。云南大学副教授高志英在《世界宗教文化》2010年第6期发表论文《20世纪前半期中缅傈僳族的基督教发展》，重点探讨20世纪前半期处于不同国家政治场域与文化场域中的傈僳族基督教发展的背景、特点，并以傈僳族为个案说明宗教认同与民族认同之间的关系以及基督教在重构区域文化中的作用。作者认为，基督教在20世纪前半期中缅傈僳族中的并存、竞争与消长，伴随各教会国际背景的变化，与西方列强在中国与缅甸势力消长相对应；傈僳族经历了从地域性传统宗教到制度化基督教的变迁，基督教成为傈僳民族认同的重要因素，并重构了以基督教为核心的跨国界、跨民族的区域文化。

云南大学博士研究生李昕在《思想战线》2009年第3期发表论文《集体行动的人类学阐释——以云南富民芭蕉箐基督徒为例》，认为芭蕉箐村民除了从事农业生产以外，他们的个人生活在很大程度上局限在以各类基督教宗教仪式为基本内容的集体行动中；集体行动以宗教关系形态完成社会关系的人际整合，作为基督徒，人们各自都找到了自己的归属，人际关系趋于稳定和平衡。

云南民族大学人文学院副教授朱虹在《云南民族大学学报》（哲学社会科学版）2008年第5期发表论文《在基督教文化背景下看赫丝特与安娜》，认为《红字》中的赫丝特与《安娜•卡列尼娜》中的安娜在基督教文化语境中是以“夏娃”为原型的形象；在发表于《思想战线》2009年人文社会科学专辑的论文《巴洛克的起因与基督教》中，朱虹指出，天主教的改革与复兴及其神学思想对“巴洛克”这一文艺现象的产生发挥着重要的影响。

（四）天主教研究

2008—2010年，云南学者公开发表的天主教研究成果值得圈点的仅有云南民族大学和少英、吴兴帜在《民族研究》2010年第2期发表的论文《天主教与滇南苗族传统文化习俗的嬗变》。作者以滇南苗族村寨传统文化习俗在西方天主教传播过程中所发生的能动性嬗变为案例，揭示了地方文化也以强劲的自主性对西方文化进行着本土化改造。作者认为，西方文化在地方文化搭建的舞台上进行着新的诠释与演绎，也因此被赋予了地方性意义。

（五）伊斯兰教研究

云南省社会科学院研究员贺圣达和马勇在《回族研究》2008年第5期上发表论文《东南亚伊斯兰势力的新发展及其影响》，指出东南亚合法的伊斯兰政治势力和非法的伊斯兰极端势力的影响都在扩大，但仍在政府的可控范围之内；短期内印度尼西亚和马来西亚等国变更国家体制的可能性不大；但伊斯兰教和世俗力量的斗争将加剧；从东南亚政治、社会经济和宗教发展的总体情况看，东南亚伊斯兰极端势力难以形成大的气候，但东南亚恐怖主义袭击的威胁还存在，东南亚的反恐斗争任重道远。

云南民族大学民族研究所的武承睿在《学术探索》2009年第5期发表《和谐社会构建背景下的清真女寺考察及发展思考——以云南清真女寺为例》一文，通过对云南清真女寺调研、参与观察以及对男女阿訇的访谈，分析在和谐社会构建背景下伊斯兰教宗教文化的发展现状及存在问题。作者首先描述了云南清真女寺发展的现状，包括作为独立的女寺和作为分部的女寺；阐述了云南清真女寺发展中的复杂性，包括培养传统守护者的女寺和倡导传统与现代合一的女寺两种观点；最后就清真女寺未来发展提出了四条对策建议：一是积极促进清真女寺宗教文化与和谐社会构建内涵的融合；二是发挥清真女寺作用，实现移风易俗；三是进一步提升女寺的教学、管理水平；四是促进社会对男女两性的公平对待。

云南大学硕士研究生马海云、刘婷在《回族研究》2009年第1期上发表论文《论回族婚姻家庭习惯法与国家法的调适——以云南巍山回辉登村为例》，认为回族习惯法作为一项地方性知识，与国家法共同维护着回辉登村的社会秩序，并在村民的日常生活中发挥着重要的作用；要解决国家法与回族伊斯兰习惯法调适的问题，必须在维护文化多元的前提下，给予民族文化和民族习惯法充分的认可和尊重，承认民族习惯法对国家法的补充和协助作用，并最终通过构建两者间的协调机制来实现。

云南大学博士马燕坤在《吉首大学学报》（社会科学版）2008年6期发表论文《异质中的统一：社会化过程中宗教职业者多重角色的生产——以鲁甸回族阿訇为例》，通过田野调查个案分析了当代宗教职业者以多位一体的角色身份在新的时空背景下推进国家与社会、官方与民间整合性发展的态势。

昆明学院美术与艺术设计系李长敏在《昆明学院学报》2010年第1期发表论文《建筑艺术中的回儒对话——阿拉伯伊斯兰文化建筑艺术中国化初探》，认为中国以清真寺为主的回族建筑是有着强烈东方色彩的伊斯兰建筑，其中国化的色彩主要体现在：强调中轴对称，规整布置，强调主体；多体组合的大殿建筑；清真寺装饰具有中国民族特点。

四、外国宗教学研究

2008—2010年，云南学者对外国宗教学理论的研究和译介不多，仅有云南大学博士研究生沈云都在《思想战线》2010年第5期上发表的论文《哈贝马斯晚近道德哲学中的民族宗教生活史问题》和云南大学研究生姜素萍等人发表在《德宏师范高等专科学校学报》2008年第3期上的论文《韦伯的宗教伦理思想》。

五、宗教艺术研究

宗教与艺术的关系始终是宗教学讨论的重要话题之一。云南学者立足本土丰富而独特的宗教艺术资源，探讨了宗教文化对少数民族音乐、绘画、舞蹈、建筑、文学等的影响，取得了较为丰硕的研究成果，占2008—2010年云南宗教研究全部成果的十分之一左右，故而笔者辟专题进行综述。

云南大学人文学院中文系博士研究生田玉玲在《思想战线》2009年第5期发表论文《“赕”与傣族南传佛教艺术关系解构》，从创作动机、创作过程、艺术作品、艺术的接受与传播等方面，分析了“赕”佛活动对傣族南传佛教艺术的深刻影响，认为傣族南传佛教艺术是为宣扬南传佛教教理教义、表达宗教信念与宗教情感、服务其宗教目的而创作的艺术形式，指出“认为怎么漂亮就怎么做”的自主创作原则、虔诚清净为上的实物供赕传统，是傣族佛教艺术创作不可或缺的天然温床。

云南艺术学院讲师李坚在《学术探索》2008年第5期发表论文《原始文明中舞蹈意识的文化演进》，基于云南少数民族的舞蹈实践，分析原始宗教文化对舞蹈意识的影响，认为在原始精神文明建设中原始宗教是最为突出的重要组成部分，它既关涉人类物质文明的生产与发展，又关涉人类精神生活的创造与变革；而原始舞蹈意识作为原始文化的一个极其重要的组成部分，又深深地影响着原始文化的演进摘要。

“兀儿”是佤族在丧葬仪式中使用的一种吹管乐器，在万物有灵的原始宗教观念影响下，“兀儿”成为佤族死者生前显赫身份的一种象征符号。云南民族大学艺术学院副教授张宗红在《云南民族大学学报》（哲学社会科学版）2008年第5期发表论文《佤族丧葬乐器“兀儿”的文化内涵》指出，在日常生活中佤族对“兀儿”充满恐惧，但用“兀儿”演奏出来的葬音乐却具有抒情、欢快的音乐特征，这些音乐特征蕴涵了佤族人尊重自然、客观看待死亡的生死观。

从明代始传入云南的中原纸马还仍普遍在云南汉、彝、白、傣、傈僳、纳西、藏等民族民间使用，且在数百年的文化涵化过程里各少数民族民间赋予了它更为丰富的民族文化元素，形成了独具一格的云南纸马文化现象。云南财经大学现代设计艺术学院武斌在《云南艺术学院学报》2008年第1期、云南民族博物馆杨松海在《文化遗产》2009年第4期分别撰文《论云南甲马艺术》、《云南纸马的源流及其民俗寓意》介绍云南独特的甲马艺术。

云南大学人文学院教授张佐邦在《思想战线》2008年第5期发表论文《宗教观念对人类早期审美心理的模塑》，认为宗教与人类早期审美心理的生成具有交互性，二者都从感性形式上把握对象世界；生死观念、灵魂观念、神灵观念对人类早期审美心理发挥着至关重要的作用。张佐邦的相关研究成果还有发表于《广西社会科学》2008年第2期的论文《神话对西南少数民族审美心理的影响》。

云南艺术学院附属艺术学校陈瑞琪在《云南艺术学院学报》2008年第2期发表论文《从德昂族宗教信仰看民族文化艺术的传承》，考察了南传上座部佛教对德昂族民族文化艺术的影响，指出以宗教为载体构建起独具特色的民族文化艺术，不仅使民族的民俗情结、传统文化情结、民族认同感、群体的内聚力得以加强，而且在宗教与社会的关系上，使道德和信仰内化，赋予社区教育以时代特征，有助于促进民族的文明和谐、团结统一。这一时期云南学者关于宗教音乐的研究还有何华《布朗族宗教音乐“宰种”——以勐海县章朗村关门节中的“宰种”为例》，载《民族音乐》2010年第1期；王凤莉、宋文贤《阿昌族“老佛爷”升天祭拜音乐调查研究》，载《民族音乐》2010年第2期；焦丹《德昂族三台山南传佛教音乐考》，载《民族艺术研究》2010年第3期。

值得一提的是，杨知秋在《云南艺术学院学报》2009年第1期发表论文《大理洞经源流探》，指出洞经不是从内地传入，而是在元仁宗延佑年间，发源于大理，创始人为大理人陈玄子，后来由云南传入川、湖、广、江、浙、河南、江西等地，成为全国性的宗教艺术。

六、重要学术会议

总体来说，2008—2010年间，云南宗教学界举办的高水平、高规格、大规模的学术会议不多。

2010年6月17~21日，由云南民族大学人文学院与旧金山大学利玛窦中西历史文化研究所联合举办的以“多元文化背景下的中西文化交流——近代以来西南边疆民族地区的历史回顾”为主题的系列学术交流活动在昆明举行。魏扬波、夏嘉里、吴小新、张桥贵、段琦、秦和平、陈建明、刘家峰、韩军学、黄剑波等国内外学者30余人参加会议，共收到参会论文20余篇，从历史学、社会学、人类学等不同学科的角度阐述近代以来基督教对云南、贵州、四川、广西等地少数民族社会的影响。

研究综述的目的在于总结前人学术成绩，吸取其合理可行的研究经验和方法；更为重要的是避免前人走过的弯路，发现前人用力不到的学术领域，力求所有突破。综观2008—2011年云南宗教学界研究取得的成果，尚不足以反映云南丰富的宗教文化内涵，仍然有很多问题值得我们探讨和研究，有很多工作需要我们展开。只要云南宗教学界立足本省得天独厚的学术研究资源，进一步加强与省外国外宗教学界的交流合作，继续保持关注重大现实问题的优良传统，努力跟踪学术前沿和理论热点问题，加强学术创新能力，就一定能取得更多、更新、更好的研究成果。

（云南民族大学人文学院　孙浩然）

政治学

云南省政治学的发展，以邓小平理论和“三个代表”重要思想为指导，深入贯彻落实科学发展观，以服务创新型云南建设为目标，坚持“服务发展，注重效益，完善机制，建设一流”的原则，全面建设优势特色明显的云南政治学，全面提升云南政治学的水平和影响力。

随着国家实施西部开发战略的纵深推进，边疆多民族地区的民族问题、边疆治理问题、国家安全和地缘政治问题的凸显，以及云南省正在成为我国对东南亚、南亚开放的桥头堡等现实社会政治的需要，云南省哲学社会科学界不仅进一步加大了对政治学研究和高端人才的需求，而且凸显了政治学学科的地位，为云南省政治学巩固优势特色和发挥作用提供了更大的空间。

一、主要学术活动

（一）云南大学政治学学科建设活动

2008年，云南大学政治学在全国学科学位点评估中，获得全国政治学学科并列第8名的佳绩，名列全国政治学学科前列。云南大学获得教育部重大课题攻关项目“边疆多民族地区社会主义和谐社会研究”（该项目是全国地方高校获得的首个此类项目，也是云南省唯一获得的此类项目）。2009年，“民族政治学学科和人才培养体系的创建与实践”获国家级教学成果二等奖。2010年，云南大学获得政治学一级学科博士学位授权。

（二）全国政治学与行政学博士生导师论坛

2009年4月26日至27日，由全国政治学会主办、云南大学公共管理学院承办的“全国政治学与行政学博士生导师论坛”在云南大学举行。来自北京大学、复旦大学等全国各高校的著名政治学专家学者莅临云南大学，博士生导师们围绕论坛主题“政治学与行政学的学科发展与博士生的培养”进行交流讨论。会议取得了圆满成功，对促进云南政治学的持续发展、扩大云南政治学的全国影响力具有重要意义。

（三）改革开放与少数民族研讨会暨《中国少数民族农村三十年变迁》首发式

2009年1月13日，55位来自全国各地的学者参加了由云南大学西南边疆少数民族研究中心主办的“改革开放与少数民族研究讨论会暨《中国少数民族农村三十年变迁》首发式”。云南大学党委书记刘绍怀、云南民族大学副校长和少英、中共云南省委宣传部副部长张瑞才、云南省社科院副院长杨福泉、云南省教育厅厅长助理于达林等领导和专家学者出席了首发式。首发式由云南大学西南边疆少数民族研究中心主任何明教授主持。

二、重要研究成果

（一）政治学理论研究

1．民族政治学研究

（1）民族国家研究。

周平在《对民族国家的再认识》（载《政治学研究》2009年第8期）中指出：民族国家首先出现于西欧，是欧洲国家形态演进过程中的一种形式。民族国家并非单一民族国家，而是建立在民族对国家认同基础上的主权国家。民族国家建立以后，逐步成为世界国家体系的基本单元，并向全球扩展，进而成为基本的国家形态。民族国家遍及全球以后，具有了复杂多样的形式，相当数量的民族国家虽然具有民族国家的基本特征，但与最早出现于西欧的民族国家有相当的差别。民族国家建立以后，民族国家建设的问题随之出现。当今世界的许多民族国家，都面临着民族国家建设的历史重任。

周平在《国家建设与国族建设》（载《社会科学研究》2010年第2期）中指出民族国家是最基本的国家形态。所有的国家建设，归根到底都是民族国家建设。在民族国家建设中，国族建设不仅是重要内容，而且是基础性工程。国族建设的程度，直接关系着国家建设所能达到的水平，以及民族国家的巩固和发展。

周平在《民族国家与国族建设》（载《政治学研究》2010年第3期）中指出民族国家的根本在于，它通过一套制度安排实现和保障了民族对国家的认同。与此同时，它也构建了一个国族。民族国家的制度内涵、制度优势等都依托于国族。国族是民族国家的根基。但国族并非民族群体自然演进的结果，而是政治构建的产物。民族国家的建立与国族的构建其实是一个问题的两个方面。离开了国族就无法真正把握民族国家的制度内涵。民族国家建立并完成国族的构建后，还必须通过持续的国族建设来巩固和提升国族。国族的发展程度，是检验民族国家发展水平的根本性指标。

周平在《论民族的两种基本类型》［载《云南行政学院学报》（哲学社会科学版）2010年第1期］中指出民族国家造就的国家民族出现以后，人类的民族就分为了政治民族与文化民族两个基本的类型。客观存在的两种民族类型反映在认识中，就形成政治民族的概念和文化民族的概念。民族概念以及有关民族与民族关系的既定认识和政策，反过来又深刻地影响着现实中的民族和民族关系。因此，在对待民族的问题上，既需要客观地把握现实的民族现象，也需要恰当地使用民族概念去认识和分析民族现象及民族问题。

（2）族际政治整合研究。

周平在《论族际政治及族际政治研究》（载《民族研究》2010年第2期）中指出族际政治是族际关系的重要内容，它在族际交往的过程中形成，并在民族国家出现以后发生了重大改变。作为一种族际互动的形态，族际政治有自己的特殊本质和丰富内涵，并对民族关系产生着深刻的影响。长期以来，族际政治并未被作为一种正常的政治形态看待。第二次世界大战后越来越广泛、越来越经常化、越来越具有影响的族际间政治互动，逐渐把族际政治凸显为一种常态化的政治形态。现实中越来越突出的族际政治现象，也强烈地呼唤着族际政治研究。因此，必须拓展民族政治学的研究领域，开展族际政治研究。

周平在《论多民族国家的族际政治整合》（载《思想战线》2010年第3期）中指出多民族国家是生活着多个民族的国家。族际关系对多民族国家的统一和稳定具有根本性的影响。如何将多个民族整合于统一的国家共同体中，是多民族国家面临的基础性的政治问题。多民族国家必须给予族际政治整合以高度关注。而多民族国家的族际政治整合存在多种价值取向的选择，但“同存异”较为合理。在具体的族际政治实践中，多民族国家可以通过制度机制、政策机制、政党机制、意识形态机制、民族工作机制和国民教育机制来达成族际政治整合的目标。但具体的族际政治整合是一个长期持续的过程，不能一蹴而就，也不可能一劳永逸。

张会龙在《当代中国族际政治整合若干问题分析》（载《云南行政学院学报》2010年第1期）中指出：中国自古拥有众多的民族。从秦汉至清代两千多年间，各民族共同缔造了统一的多民族国家。自1840年至1949年的一个多世纪中，各民族从自发走向自觉，实现民族大联合，共同捍卫祖国的统一，争取并实现了中华民族的独立和解放。新中国的成立，为各民族在统一的“政治屋顶”下维护、实现、扩大自己的权利提供了可能。新中国成立60年来，中国族际政治整合取得了巨大的成功，初步构建起了平等、团结、互助、和谐的新型民族关系。但在新的历史条件下，我们也面临一系列新的问题与挑战。因此，研究当代中国族际政治整合的基础、机制、问题、原则等问题具有重要的理论和现实意义。

张会龙在《当代中国族际政治整合：成就、问题与挑战》（载《前沿》2010年第7期）中指出：族际政治整合是多民族国家运用政策手段维系和巩固多民族的统一的政治共同体的过程，即多民族国家的政治一体化过程。新中国成立60多年来，中国的族际政治整合取得了巨大的成功。但随着改革开放以来国际、国内形势的变化，中国的族际政治整合也暴露出一些问题，面临着许多挑战。客观地总结成就、清醒地认识问题和挑战，对于中国族际政治整合模式的改善具有重要的现实意义。

（3）民族政策与民族关系研究。

刘荣著《中国共产党民族干部政策研究》（社会科学文献出版社2010年7月版），是我国第一部全面研究党民族干部政策的理论著作，对党的民族干部政策的形成和发展过程进行了全面梳理，分析了党的民族干部政策的内部结构和外部结构，并构建了一个民族干部政策研究的理论框架。

周平在《中国民族政策价值取向分析》（载《当代世界与社会主义》2010年第2期）中指出：从民族政策的角度考察中国的民族关系和民族问题，是研究中国民族关系的一个新的视角。中国的民族政策蕴涵着“民族主义”的价值取向。“民族主义”取向的政策，在解决少数民族发展程度较低情况下的民族问题方面体现了强大的功能，但在处理少数民族发展起来以后的民族问题方面则功能不足。而且，“民族主义”取向的政策也蕴涵着一定的风险。因此，有必要促成中国民族政策的价值取向由“民族主义”向国家主义转变。

王传发在《偏离与调适：规范民族区域自治运行》（载《民族研究》2008年第3期）中指出：从公共政策的视角来探讨民族区域自治，以公共政策执行偏离为分析框架分析民族区域自治运行中的偏离，用E县为个案阐述了民族区域自治运行中的五种偏离表现：自治权的旁落，自治立法权行使混乱，变通权行使缺失，自治条例监督、保障机制缺失和自治机关的权力与责任、权利与义务不平衡；分析了产生偏离的原因，并提出从党政职能分开获得体制支持，增强自治意识形成精神动力，完善法制建设、提供制度供给和提升行使自治权的能力，培养驾驭技巧四个方面来规范民族区域自治运行。

杨顺清在《多民族国家内民族与国家的关系》（载《云南师范大学学报》2008年第4期）中指出：民族是人们在历史上形成的一个有共同语言、共同地域、共同经济生活以及表现于共同文化上的共同心理素质的稳定的共同体。国家的本质是一个阶级压迫另一个阶级的手段和工具。民族与国家相伴而生，相依而存，互相影响，互相促进。多民族国家内民族与国家有着密切的联系，也存在着诸多矛盾。

刘强在《西双版纳傣族政治形态现代化中的制约因素分析》（载《云南行政学院学报》2008年第3期）中指出：西双版纳傣族政治形态在现代化过程中存在一些制约因素，可以从主、客观两方面去分析。主观方面是傣族政治体系自身的因素，表现在社会经济基础薄弱，传统政治文化的惯性，全民信教的文化环境等。客观方面是傣族政治体系处在国家政治体系的大环境之中，受大环境的影响和制约。

方盛举在《政治发展与民族自治地方的现代化》（载《云南民族大学学报》2009年第5期）中指出：民族自治地方的现代化进程可以采用科学发展和跨越式发展相结合的战略来实现。这两项战略能否得到有效贯彻实施，取决于民族区域自治的制度优势和政策优势能否得到充分应用。民族自治地方政府是民族区域自治政策和制度的主要载体，因此，牢牢把握民族自治地方政府发展这个抓手，就能有效发挥民族区域自治的制度优势和政策优势，从而为民族自治地方的现代化进程注入强大的能动力量。

刘强在《羁縻制与民族区域自治制度的比较研究》（载《思想战线》2008年第2期）中认为：羁縻制和民族区域自治制度作为处理我国民族关系的重要政治制度，在不同的时期都发挥了重要的作用，它们既存在重大的区别，也有内在的联系。

刘荣、刘光顺在《中国族际政治治理的历史传统》（载《学术探索》2008年第2期）中指出5000年的中国历史长河当中，各朝各代为了进一步加强中央集权，促进“大一统”实现，创造性地采取了许多种方式开展族际政治治理，本文选取了其中较有代表性的怀柔、羁縻、因俗、同化、和亲、教化、钦差、赈济等八种方式，通过横向分析，试图为解决当前我国族际政治治理提供一些有益的参考。

刘荣、刘光顺在《族际和谐治理模式下的当代中国少数民族干部政策发展》（载《云南行政学院学报》2008年第1期）中指出：少数民族干部政策是我国民族政策的重要内容，制订科学完善的少数民族干部政策，是落实民族政策的关键，是实现族际和谐治理的关键。族际和谐治理模式下的当代中国少数民族干部政策是指在多民族国家运用国家权力将国内各个民族结合成一个统一的政治共同体，并维护这个共同体的政治过程中的少数民族干部政策的发展。文章主要研究当代中国少数民族干部政策的成效和不足，以及在构建族际和谐治理模式下的当代中国少数民族干部政策的发展趋势、相关问题和少数民族干部政策的发展建议、制度建设等。

汤法远在《“经济本位”到“以人为本”——论民族自治地方政策理念的创新》（载《云南行政学院学报》2010年第1期）中指出：在某种程度上，经济本位的政策理念是民族自治地方政府面对其经济发展水平的无奈选择。这种政策理念导致了民族自治地方社会各方面的发展之间、经济发展与人的全面发展之间出现关系紧张和恶化的局面。因而，必须以人本政策理念为目标来创新民族自治地方的政策理念，通过深化对经济发展的工具性价值的认识、改变政绩考核指标的价值导向、重设政府职能结构、展开具体的以人本政策理念为指导的政策过程等多方面的努力，使以人为本的政策理念沉淀于政府的文化中，以推动社会各方面的协调、均衡发展，进而促进人的全面发展。

汤法远在《民族自治地方政策制定过程中的突出问题分析》（载《黑龙江民族丛刊》2010年第2期）中指出：在以经济建设为中心、市场化进程快速推进、利益分化渐趋深入的情况下，民族自治地方政策制订过程中的一些问题日益凸显出来，主要包括政治参与的完善、价值取向的调整、族际博弈的治理等。在新世纪新阶段，完善民族自治地方的政策制订过程，提高政策方案的合法性和合理性，就是要着力解决这些问题。相应地，政策制订过程的完善程度，政策方案的合法合理程度，也取决于这些问题解决的程度。

汤法远在《民族自治地方政策制定过程中的族际政治互动分析》（载《广西民族研究》2010年第3期）中指出：在利益分化渐趋深入特别是各民族间的利益差异越发明显的情况下，以利益竞争为核心的族际政治互动在民族自治地方的政策制定过程中日益凸显出来，并产生了广泛而深刻的影响。同时，族际政治互动过程是存在着诸多问题的，随着族际政治互动的常态化发展，这些问题逐渐暴露出来。治理族际政治互动，就是要着力解决这些问题。相应地，能否最大限度地发挥族际政治互动的积极作用，消除其负面影响，也取决于这些问题的解决程度。

汤法远在《民族区域自治建设的重大问题分析》（载《广西民族研究》2010年第1期）中指出：我国的民族区域自治建设取得了伟大的历史性成就，但也存在着一些亟待改进和完善的问题，主要包括自治权的双向流失、政府政策过程的完善、政府政策理念的创新、政府职能模式的构建、少数民族干部队伍建设、民族法制建设、各民族权利义务关系的平衡等。新世纪新阶段的民族区域自治建设就是要着力解决这些问题。相应地，民族区域自治建设的成效也取决于这些问题解决的程度。

木永跃在《民族自治地方政治文明建设分析》（载《云南行政学院学报》2008年第3期）中提出：在全面推进建设小康社会和构建社会主义和谐社会的进程中，民族自治地方众多的民族人口、丰富的自然资源、重要的地理位置与其社会经济发展滞后、政治文明程度不高、民族政治问题显现的矛盾彰显出研究民族自治地方政治文明建设的重要性和必要性。论文研究了民族自治地方政治文明的含义和结构；民族自治地方政治文明建设面临的问题以及民族自治地方政治文明建设的实现途径。

余翠娥在《少数民族政治认同理性化与基层民主政治建设》（载《云南行政学院学报》2008年第6期）中指出少数民族政治认同对国家政治系统的整合有着重要的价值。作者认为应该改变民族政治研究中过分关注少数民族特殊性的思维定势，而对少数民族地区与汉族地区同质性的一面给予必要的重视。少数民族地区也在经历着现代化过程，因此少数民族的政治认同也在发生变化，其中最明显的变化就是日益理性化。这是少数民族地区现代化的积极后果，它从某种程度上削弱了少数民族高度认同传统权威的习惯，更加符合现代政治心理特征，但这种转变也对少数民族基层政治建设提出了新的要求，必须主动适应和积极应对。

（4）学科发展研究。

陆海发、黄沙在《近年来我国民族政治学研究综述》（载《云南行政学院学报》2010年第4期）中指出：民族政治学是一门以民族政治生活和政治现象为研究对象的政治学分支学科。作为一门学科的民族政治学并不是自然“生长”出来的，而是主动“创造”的产物。近年来，国内学界主要从三个方面不断丰富着民族政治学的学科内涵与意义：学科基本范式的构建；解释范式下具体研究范畴的深入挖掘；现实民族政治焦点问题的探讨。目前，民族政治学研究领域与深度都有了极大突破，为民族政治学的学科发展提供了良好的基础，也日益彰显其学科的解释力与生命力。不过，民族政治学的研究者仍需回应因形势变换所出现的新的民族问题而提出的新挑战。

（5）政治参与研究。

贺琳凯、普忠德在《边疆多民族地区群众性街头讨论：政治参与的一种特殊形式——以云南、广西、贵州的部分地区为例》（载《云南行政学院学报》2009年第1期）中指出：在我国的边疆多民族地区的少数民族政治参与中出现了一种特殊形态的参与方式——群众性街头讨论，街头讨论的政治参与方式有自己特有的表现形式和特点，这是由少数民族文化和传统习俗以及边疆地区的地缘特色所决定的。这些街头讨论，对我国边疆多民族地区的基层政府产生了一定的影响，并起到了传播政治信息和增强人们对国家时政的了解，对于这样一种特殊的参与方式，应当引起重视并引导其发挥积极作用。

张会龙在《云南少数民族动员型政治参与研究》（载《云南行政学院学报》2008年第3期）中指出：云南省是一个典型的边疆多民族省份，政治参与对于少数民族利益的表达、实现和维护，对于国家政治体系在民族地区的贯彻，对于民族地区经济社会的发展，甚至对于国家的稳定、社会的安定发挥着至关重要的作用。

2．政治文化研究

周俊华在《纳西族政治文化史论》（人民出版社2008年7月版）中论述了纳西族先民早期的历史文化与政治文化的萌芽；纳西族木氏土司时期的政治文化；纳西族改土归流时期的政治文化；纳西族传统社会内部政治文化发展的非均衡性等。

陈德顺在《民族地区家族政治研究》（云南人民出版社2008年版）中以民族地区家庭势力的政治影响作为研究选题，以民族地区的村落家庭为主要分析对象，基于对民族地区村落文化转型和民族政治发展的关注，探索了不同民族文化和宗教信仰与当下的家庭政治行为的差异。

马雪峰在《中国回族历史文化》（宁夏民族出版社2008年8月版）中对西方学术界近百年来的中国回族穆斯林及伊斯兰文化的研究进行了历史性回溯，并结合当代多学科进行了历史性分析。

杨志明在《少数民族传统文化研究》（人民出版社2009年12月版）中指出：对少数民族传统文化进行文化哲学层次上的审视，既是解决“世界历史”、交往“全球化”背景下少数民族传统文化现代化所面临的矛盾及存续前景问题的需要，也是促进强势民族与弱势民族相互理解、尊重和协作，增进世界和平，以共同应对全人类所面临的生存危机的需要，同时还是深化少数民族传统文化研究、细化文化哲学并使之对少数民族的文化史和文化实践更具解释力、更有指导性的需要。

吴松在《云南省中华传统道德研究会议文集》第4辑《弘扬传统美德，构建和谐社会》（云南大学出版社2010年3月版）中讨论了中华传统美德的历史发展理论特点。分为四大部分：中华传统道德及其当代意义概论；儒家、道家伦理思想及云南少数民族传统道德；中华传统道德与当代经济、政治伦理；中华传统道德与当代学校德育。

3．政治艺术研究

方盛举在《对政治艺术的再认识》（载《学习与探索》2009年第4期）中指出：政治艺术是具有审美性、实践性、创造性、巧妙性和实效性的政治技术、政治作品和政治行为。政治艺术与政治权术存在着本质区别。政治艺术在政治生活中不仅具有政治审美价值，同时也发挥着指导政治实践、塑造政治人格、激励政治热情、创造政治效能等重要作用。通过一定的方法和途径可以孵化和培育政治艺术。

（二）中外政治思想研究

1．中国政治思想研究

邵宇在《孙中山政党思想研究——从近代政党与国家建设关系的视角》（云南大学出版社2010年1月版）中指出近代以来中国国家建设可以划分为逻辑相连的两个层次：一是现代民族国家建设；二是政治民主化建设。但近代中国国家建设面临着两个方面的政治困境：一是国家建设的领导力量孱弱；二是国家建设缺乏一套全社会都能接受的共同信仰。而政党的出现恰好为近代中国国家建设提供了以下两个前提：一是组织性政党为近代中国的国家建设提供了领导性力量；二是政党的意识形态为近代中国革命和国家建设提供了精神动力。

崔运武在《中国近代师范教育历史发展研究引论》（载《学园》2008年第2期）中指出：中国系统的师范教育是从近代开始的。中国近代师范教育的发展经历了四个发展阶段，围绕着近代中国的时代主题，走过了从形式到内容的现代化过程。中国近代师范教育的历史，是师范教育思想与制度相互影响、相互促进的历史，是中国近代教育界的广大爱国知识分子努力探索、艰苦奋斗的历史。

2．西方政治思想研究

（1）宪政民主。

陈德顺在《宪政民主与基督教文化关系探微》（载《云南民族大学学报》2009年第3期）中指出：西方宪政民主的产生与基督教文化有着复杂的联系。一方面，基督教的罪感文化体现为人性论上的幽暗意识，并孕育了权力悲观主义；另一方面，基督教的二元政治观经过一系列嬗变，最终演变为现代西方公域与私域、国家与社会分离的二元政治文化。它们共同为宪政民主的权力制衡与有限政府理念的形成提供了思想文化资源。

陈德顺在《宪政民主的内在价值冲突》（载《政治学研究》2008年第3期）中指出：平等与自由、有限与有为这两重价值冲突构成了西方宪政民主理论的内部矛盾。在各种价值诉求的冲突中寻求某种平衡，则是当代西方宪政民主发展的重要特征。

陈德顺在《论西方宪政的价值维度》（载《云南行政学院学报》2009年第5期）中指出：宪政是西方政治文明的重要成果，弄清楚宪政的价值诉求，对于正确认识宪政的特质具有重要意义。宪政是以保障人权为根本价值目标，以法治为治理基础，以分权制衡和有限政府为主要内容的政治型构观念和相应的制度设计。

陈德顺在《西方宪政民主理论来源探析》（载《政治学研究》2010年第1期）中指出：西方宪政民主的理论来源从总体上说主要有两个方面，一是基督教文化，二是近代自然法学派的权利政治观。包括四个方面：源自基督教罪感文化的人性幽暗意识，基督教二元政治观，自然法学说和契约论思想。通过梳理上述四个要素与宪政民主的关系，说明西方宪政民主是建立在西方特殊的政治文化基础上的一种政治文明。

（2）协商民主。

卢瑾在《当代西方协商民主理论研究：现状与启示》（载《政治学研究》2008年第5期）中指出：西方协商民主理论研究启示我们，民主应该不仅是竞争、对抗方式，还应该有协商、合作方式。西方协商民主理论具有一定的研究价值和启发作用，但在借鉴的时候，一定要清楚地认识到中西民主政治具有本质的差异，我国的民主理论研究目的是推进中国特色的社会主义民主政治建设。

卢瑾在《如何迈向参与式民主——麦克弗森民主思想评析》（载《云南行政学院学报》2010年第6期）中指出：美国学者麦克弗森深刻剖析了自由主义民主的占有性个人主义基础，追溯了自由主义民主从保障式民主模式、发展式民主模式到平衡式民主模式的发展历程，指出当代自由主义民主需要第四种模式——参与式民主——来对其进行修正。同时，关键问题不是参与式民主将如何运作，而是如何能迈向参与式民主，因此，金字塔式议会与政党制相结合的模式最为可行。虽然，麦克弗森既批判资本主义但又保留并捍卫自由主义价值，使其民主理论具有诸多值得商榷之处，但他对参与式民主理论的建构作出了重要贡献。

卢瑾在《“第三种”民主模式——哈贝马斯协商民主观剖析》（载《探索》2008年第4期）中指出：哈贝马斯认为自由主义与共和主义民主模式都是片面的，前者在政治实践中赋予民主的规范意义太弱，后者赋予民主的规范意义则太强。为了对民主在政治实践中的作用作出恰当的解释，他对二者进行调和，提出了“第三种”民主模式，即程序主义的协商民主。这是一种以交往、话语为基础，以协商程序为核心的民主模式，它把制度化民主的动力和合法性基础归结于非正式公共领域中的交往形式。这一民主模式虽然带有明显的乌托邦色彩，但对民主理论的发展产生了重要影响，对我国的民主政治建设也有重要的启示作用。

卢瑾在《国家：个人自由的保障——黑格尔

的个人自由观剖析》（载《云南行政学院学报》2008年第2期）中指出：黑格尔是崇尚自由的，在黑格尔的著作中蕴涵着丰富的个人自由思想。他认为，国家的发展历程是由家庭到市民社会再到国家，而国家的具体实存是个人、家庭和市民社会。在国家内部，家庭中的个人是不自由的；市民社会中的个人自由是放纵的，实际上个人是不自由的；国家则是个人自由的实现与保障。本文试图挖掘黑格尔的个人自由观、个人自由与国家的关系，并指出其价值与不足。

卢瑾在《发达工业社会中人的异化——马尔库塞的单向度理论解读》（载《理论观察》2008年第1期）中指出马尔库塞是法兰克福学派重要代表人物之一，其单向度理论把马克思和弗洛伊德的理论相结合，深刻地揭露了西方发达工业社会中人的异化状态。他用犀利的语言批判了现代西方发达工业社会由于技术进步，导致人的单向度性、政治领域的单向度性和思想文化领域的单向度性。这些思想对当前我国构建和谐社会有重要的启示作用。

（3）政治哲学。

席雯、顾莉在《〈贝弗里奇报告〉与全方位福利国家制度——〈贝弗里奇报告〉书评》（载《政治学研究》2010年第3期）一文中指出：《贝弗里奇报告》是素有“福利国家之父”之称的英国经济学家贝弗里奇的传世经典，对整个世界的社会保障制度建设产生了巨大的影响，其全方位福利国家制度的提出对我们有着积极的借鉴意义。

欧黎明在《论马克思主义中国化最新成果的源流关系》（载《中国特色社会主义研究》2009年第5期）中指出：在中国共产党80多年的奋斗历程中，马克思主义基本原理同中国革命、建设和改革的实际相结合，即马克思主义的中国化取得了很多理论成果。它们之间存在一脉相承的源流关系。

蒋小杰、段学品在《论和谐社会核心价值体系的政治内涵》（载《云南社会科学》2008年理论专辑）中指出：社会主义和谐社会所倡导的核心价值观的构成不是表现为某一单独的概念，而是必然地表现为多个概念所构成的一个体系，其内部必然地有着内在逻辑安排，因此呈现为一个有着优先序列的结构。只有那些有着优先排序的价值观体系才具有规范社会成员现实行动强大的统摄力和说服力，因为它是自洽的。我们应从政治学的原理角度来分析这个问题，更关注人类生活依托于政治才能够成为人类生活的必然性和必要性。

（三）中国政府与政治研究

1．地方政府研究

周平在《当代中国地方政府》（北京高等教育出版社2010年3月版）中，从政府构建、政府结构、政府类型、政府关系、政府生态等多个侧面，对当代中国地方政府进行了全方位的考察。本书注重现状描述、结构分析、机理说明，是一部全面、系统地介绍和分析当代中国地方政府的著作。

袁明旭在《科学发展观指导下的和谐云南建设研究》（中国书籍出版社2009年2月版）中指出：贯彻落实科学发展观是一项长期而艰巨的历史任务，关系党和国家工作的大局，关系中国特色社会主义事业的长远发展。发展观是近二三十年来世界上讨论的热点问题之一，反映出人类对现代化规律的认识在逐步深化。

杨娅在其编著的《边疆民族地区信息化发展研究》（中共中央党校出版社2009年12月版）中指出：本书旨在以科学发展观为指导，通过对西南边疆民族地区信息化建设不同领域的发展现状、发展特点及其制约因素的深入剖析，从社会大系统观的层面，为加快信息化制度创新提出具体可行的对策与建议，并研究概括发达国家相关领域信息化建设的成功经验和重要启示，从而为西部边疆民族地区的各级政府缩小“数字鸿沟”。

匡自明在《当代中国地方政府权力现代化的维度分析》（载《思想战线》2008年第1期）中指出：当代中国地方政府权力的现代化是由政府权力的理性化、制度化和民主化所构成的复杂结构与过程，是由传统政治体系向现代政治体系转变、高度集中的计划经济向市场经济体制转变、浓厚的人治向建设法治国家转变以及政治参与程度低向发展有序政治参与转变的过程中所发生的政治行为和政治过程。

袁明旭在《论民族地区文化产业发展中的地方政府职能》（载《思想战线》2008年第1期）

中指出民族地区文化产业发展中地方政府职能的定位不仅取决于正确处理政府与市场的关系，而且取决于民族地区文化产业的实际情况。准确定位地方政府职能，是地方政府有效履行发展民族文化产业职能的前提，是民族地区文化产业持续健康发展的基础。地方政府在民族地区文化产业发展中的基本职能是加强战略规划、进行制度创新、强化政策执行力、主导文化市场体系建设、调整文化产品资源配置方向、提供纯公共文化产品及开发和保护特色民族文化资源。

袁明旭在《论民族自治地方政府政策执行力的提升》（载《云南行政学院学报》2010年第3期）中指出政策执行力对于民族自治地方政府构建社会主义和谐社会具有十分重大的意义。政策执行力作为衡量政策运行质量、政府能力的重要指标，其影响因素是多元的，其提升的途径也是多种多样的。在构建社会主义和谐社会的进程中，民族自治地方政府的政策执行力迫切需要提升，迫切需要加强。

王彦斌在《西南边疆多民族地区社会管理与社会机制建设研究》咨询报告中指出：①对促进西南边疆多民族地区的社会系统，特别是狭义社会（社会事业所覆盖的文化、教育、卫生、体育等领域）良性运行与协调发展的动力机制进行分析，并提出了促进社会机制建设的对策与建议。②对利益协调机制、矛盾调处机制、社会流动机制和社会控制机制进行分析，提出了对西南边疆多民族地区社会机制的构建思路。该报告是教育部重大课题攻关项目“边疆多民族地区构建社会主义和谐社会研究”的子课题，由云南大学王彦斌教授主持完成，被云南省民政厅民间组织管理局所采纳。

2．政府理论

卢瑾在《西方政府服务的理论由来及其发展》（载《云南行政学院学报》2008年第3期）中指出：西方政府应服务于民的思想由来已久，在古希腊的公共性理念中就已体现了这一思想，而近现代的社会契约论为其提供了系统的理论论证，当代的新公共管理和新公共服务理论则使这一理念在实践和理论方面都得到新的发展。这些为我国建设服务型政府提供了重要的理论资源。

蒋小杰、寸守栋在《论当代政府公共治理效能价值规范的逻辑优先性序列》（载《行政论坛》2010年第1期）中指出：政府公共治理效能的价值定位不仅需要对核心价值进行抽象提取，还要对这些价值规范进行内涵阐述以及逻辑序列进行优先性安排。当代政治公共治理效能的价值目的是实现人民的自足幸福和共生发展，以人为本、公平正义、民主有为是政府治理活动的内在价值；主权唯一、竞争合作、妥协协商、三效合一是政府治理的工具性价值。

马桑在《从边际效用理论看公共预算模式的演化逻辑》（载《天津社会科学》2010年第3期）中指出：作为政府配置公共资源的重要形式，预算必须考虑资源配置的效率问题。边际效用理论揭示出资源配置高效率的实现条件：①存在边际增量；②价值具有可比性；③经济主体具有不被干扰的独立性。不同的预算模式与这三个条件的契合度各不相同，因而也就对应着不同的资源配置效率。从公共预算模式的演化来看，趋向边际效用均衡是推动公共预算变革的内在逻辑。

3．城市政府研究

方盛举在《软环境建设与城市竞争力》（载《云南行政学院学报》2009年第3期）中指出：进入21世纪，随着各大中城市基础设施的不断完善，软环境建设愈来愈成为影响城市竞争力的主导性因素。文章首先探讨了城市软环境和城市竞争力的基本内涵，在此基础上分析了两者之间密不可分的关系，最后提出通过努力营造“五个环境”，完善城市软环境，进而提升城市竞争力。

4．民族自治地方政府研究

周平在《民族自治地方政府能力循环浅析》（载《云南师范大学学报》2009年第1期）中指出：政府能力建设是近年来国内逐渐兴起的一个研究领域，涉足的专家学者为数不多，而对民族自治地方政府能力建设的研究则少之又少。该文根据对一般意义上政府能力建设的研究，结合民族自治地方的实际，剖析了民族自治地方政府能力的构成要素，揭示出政府的能力是在资源的输出——能量的转换——能量的输出——带动经济社会物品的产出这样一个过程中呈循环螺旋上升的原理，从一个全新的视角，尝试性地提出了民族自治地方政府能力循环论。

刘新林在《民族自治地方行政组织文化简

析》（载《中共云南省委党校学报》2008年第6期）中指出：民族自治地方行政组织，由于其民族特性，即组织成员构成上的多民族性、组织目标和任务的民族属性以及民族区域自治制度所赋予的组织属性，呈现出明显区别于其他地方行政组织的组织精神、伦理和心理等行政组织文化。

汤法远在《民族自治地方政府职能意识转变分析》（载《云南社会科学》2009年第5期）中指出：民族自治地方政府经济本位的职能意识的形成是社会需要的复杂多样性、社会的发育程度、社会机制的健全程度、政府自身的能力和资源水平以及价值理念等主客观因素共同作用的结果。这种职能意识导致了民族自治地方政府职能结构和职能关系的不合理，进而造成了民族自治地方社会发展失衡、经济发展后劲不足、经济发展成本和效益的分配格局不合理等问题。因此，必须通过树立以人为本的职能意识、构建人本主义的职能激励和约束机制、塑造以人为本的职能价值理念等职能途径的努力，实现民族自治地方政府职能意识由经济本位向以人为本转变。

汤法远在《民族自治地方政府职能模式分析》（载《黑龙江民族丛刊》2009年第6期）中指出：自民族区域自治制度实施以来，民族自治地方政府经历了政治倾斜型、政治从属型、经济从属型以及全能型和引导型五种职能模式。社会需要是政府职能模式选择、确立和调整的基本依据。经过30余年的改革开放，民族自治地方的社会需要有了新的内容和表现形式。这种新型的社会需要给民族自治地方政府的职能模式提出了严峻的挑战。为有效应对这些挑战，民族自治地方政府应以构建适度平衡型和引导型的职能模式为目标，推进其职能模式的改进和完善。

匡自明在《论民族自治州政府能力及其制约因素——以云南省楚雄彝族自治州为例》（载《云南行政学院学报》2009年第2期）中指出：民族自治州政府是指自治州的自治机关即自治州的人民代表大会和人民政府。文章以云南省楚雄彝族自治州为例，分析了民族自治州政府能力的结构要素，提出自治州政府能力结构由推动经济发展能力、培育规范市场能力、公共服务能力、全面落实和有效行使自治权的能力、灵活有效地贯彻上级国家政权机关意志能力、利益整合能力等构成。分析自治州政府能力的区域性、公共性、民族性、结构性、综合性等特点。立足于自治州政府能力提升的现实可能性和面临的困境视角揭示自治州政府能力的资源基础和约束因素。

5．基层政府研究

刘荣在《中国村庄公共支出与基层选举：基于微观面板数据的经验研究》（载《中国农村观察》2008年第1期）中指出：基于来自中国48个农村1987—2000年的微观面板数据集，利用工具变量方法估计村庄选举对村级公共支出和管理效率的影响。经验研究的主要结果包括：选举能够有效地提高村庄公共支出，减少管理费用；在村庄公共支出和管理效率方面存在显著的规模经济；村民代表推举的方式有利于增加公共支出，却造成了管理费用的大幅增加。

（四）中外政治制度研究

1．边疆与边疆治理研究

周平在《我国的边疆和边疆治理》（载《政治学研究》2008年第2期）中指出：边疆是用以标志国家与边界相连区域的概念。在我国，边疆概念有着特定的历史文化环境所赋予的丰富内涵。我国自古以来就重视边疆治理，并取得了巨大的成就，有效地解决了面临的边疆问题，同时也留下了值得总结的经验教训和思想资源。我国的边疆问题不仅继续存在而且影响深远，这就需要对历史上的边疆治理进行反思，并根据新的形势调整边疆治理的方式，构建新的治理结构，加强边疆治理。

周平在《中国的边疆治理：族际主义还是区域主义？》（载《思想战线》2008年第3期）中指出：中国的边疆同时也是少数民族生活的区域，因此，边疆治理就面临着是以处理族际关系为主还是以处理边疆的区域性问题为主的选择。以处理族际关系为主的治理是族际主义取向的治理，以处理边疆区域性问题为主的治理则是区域主义取向的治理。秦统一中国到18世纪中叶的边疆治理，基本上是族际主义的治理。18世纪中叶以后，区域主义的边疆治理逐步形成。中华人民共和国成立以来的边疆治理，则主要采取了族际主义的方式。今天，随着边疆形势的变化和边疆问题的转型，边疆治理应该构建一种区域主义的治理模式，增强自身的效能。

周平在《我国边疆概念的历史演变》（载《政治学研究》2008年第10期）中指出：我国的边疆概念是在特定的社会历史条件下形成的,蕴涵着丰富的民族文化内涵,并随着社会历史条件的变化而变化。在秦汉的时候,随着王朝国家的建立和巩固,边疆的概念逐步形成。到18世纪中叶,我国开始有了确定的边界,边疆的概念也随之获得了新的内涵。在民族国家构建的过程中,依照国家的边界来界定边疆的概念逐步确立。新中国成立以来,边疆的概念又添加了新的内容,但边疆的范围却随着现代化的推进而呈逐渐缩小的趋势。

周平在《边疆治理视野中的认同问题》（载《云南师范大学学报》2009年第1期）中指出：我国的边疆地区生活着众多的少数民族,每个民族都具有与生俱来的民族认同,同时也形成并保持着对国家的认同。在边疆地区,民族认同与国家认同的联系是不可分割的。两种认同的关系问题,尤其是国家认同在两种认同关系中的地位问题,是典型的边疆问题。因此,在边疆治理的过程中,必须处理好两种认同的关系,尤其是要维护和巩固国家认同的优先地位。这就是边疆治理中的认同整合。认同整合的关键,是强化边疆少数民族的国家认同,建立有利于多民族国家稳定和统一的认同关系结构。

夏维勇在《中国周边关系与边疆治理的互动：历史、模式及影响因素》（载《云南师范大学学报》2010年第2期）中指出：由于独特的地理位置，边疆治理不仅是一个国内问题，而且也是一个与本国和周边国家关系密切相关的问题。从国际政治的角度来看，新中国建立后的边疆治理政策，其主题经历了以国防安全为首要考虑的治理政策到以发展为首要考虑的治理政策的变化。不同时期的边疆治理政策所取得的成效是不一样的。但是，周边关系的好坏影响甚至决定着边疆治理的成效，而边疆治理的好坏也对周边关系产生正面或负面的影响，两者之间呈现出一种相互强化的关系。同时，与边疆毗邻的周边地区的稳定状况也对边疆治理的成效有着直接的或潜在的影响。从层次分析的角度看，影响周边关系与边疆治理互动关系的因素既有国际体系层面的因素，也有大国的因素，还有国内政治的因素。

周平在《边疆多民族地区的社会利益格局变动与利益协调》（上）（载《云南行政学院学报》2008年第2期）中指出：在改革开放不断深入和现代化进程快速推进的过程中，边疆多民族地区利益主体多元化、利益来源多样化、利益差别扩大化、利益关系复杂化、利益表达公开化、利益冲突明显化的问题日渐突出，对边疆多民族地区的社会和谐和社会发展产生了深刻的影响。课题组到云南、贵州、广西等地的民族地区进行了专题调查，提出了应对边疆多民族地区社会利益分化问题的思路，进而提出了相应的对策建议。

周平在《边疆多民族地区的社会利益格局变动与利益协调》（下）（载《云南行政学院学报》2008年第3期）中指出：在改革开放不断深入和现代化进程快速推进的过程中，边疆多民族地区利益主体多元化、利益来源多样化、利益差别扩大化、利益关系复杂化、利益表达公开化、利益冲突明显化的问题日渐突出，对边疆多民族地区的社会和谐和社会发展产生了深刻的影响。

周平撰写的咨询报告《我国边疆治理的回顾、挑战与重构》一文，入选教育部社会科学司主办的《教育部人文社会科学研究项目成果摘报》2010年第3期。这是云南大学研究成果第一次被选入，也是地方高校社科成果的首次入选，反映出云南省政治学学者的原创性研究已得到教育部社科司的充分肯定。

2．跨界民族主义研究

何跃在《地区主义与跨界民族主义——论中国西南边疆跨界民族主义》［载《云南民族大学学报》（哲学社会科学版）2008年第1期］指出：全球主义和地区主义已成为政治学和经济学争相研究的热门话题，而新民族主义和跨界民族则成为民族学研究的热点，如果说地区主义发展了新民族主义，那么地区主义的边缘地带则造就了跨界民族主义，它反映了地区主义下的边缘地带跨界民族相互交往的地缘认同、经济环境认同、民族文化认同。分析地区主义与跨界民族主义的关系，可从一个新的视角阐释跨界民族主义的兴起以及中国西南边疆地区跨界民族主义的特征。

何跃在《云南边境地区主要贸易口岸的境外流动人口与边疆安全》［载《云南师范大学学报》（哲学社会科学版）2008年第3期］中指出：云南沿边境地区共有19个对外口岸，其中国家级一类口岸10个，二类口岸9个，有89条边境通道，境外流动人口主要集中在这些主要贸易口岸，他们结构复杂，流动性强，从业动机复杂，给边疆安全环境带来诸多潜在威胁。如何在扩大边境贸易开放宽度和深度的同时，对境外流动人口实施有效的区域管理，这是在非传统安全背景下中国西南边疆学的新课题，值得我们认真研究。

何跃在《边民主义与跨界民族主义——以中国西南边疆为研究对象》［载《云南民族大学学报》（哲学社会科学版）2010年第1期］中指出：在地区主义盛行的东亚板块，特别是在东南亚地区主义的边缘地带，存在着地区主义下的边民认同和跨界民族认同，这两种认同超越了对其国家的认同，这种现象是边民和跨界民族应对经济全球化浪潮冲击下的自我保护和自我定位，还是新民族主义的另类？边民主义与跨界民族主义与地区主义有何种关系？这是必需回答的问题。

3．中国政治制度研究

崔运武在《中国城乡基层民主：差异与互动》（载《云南大学学报》2008年第5期）中指出：中国城乡基层民主的差异主要体现在民主发展的初始路径、自治主体的构成、民主差异的程度及治理结构的类型诸方面。差异的主要原因在于它们蕴生于不同的经济社会文化环境和发展程度不同的经济社会文化背景。正是由于这些差异的存在，使得城乡基层民主的互动成为可能。从已有的实践看，城市社区自治在很大程度上受到了村民自治的启发，主要体现在制度设计、组织设置和选举等方面。但伴随着中国社会经济的发展，城市基层民主会逐步发展出自身的要求和表现形式，而农村基层民主也会受到城市的影响从而使自己走向深入。

赵庆鸣、李克艳在《传统知识特别保护制度设立的理性分析》［载《云南民族大学学报》（哲学社会科学版）2010年第7期］中指出：在现代社会发展进程中，关注传统、强化对传统知识保护的力度，已成为一个不可忽视、关系到社会可持续发展的重要问题。文章在分析现有知识产权制度对我国传统知识保护的主要不足的基础上，从制度基本功能出发，提出并论证制度形成和法律制度的根本都在于利益协调与平衡，制度及法律保护的核心是利益问题，并从制度层面和现实利益冲突角度，认为国家对传统知识特别保护制度的确立势在必行。

周俊华在《西方现代政党制度与我国政党制度的比较分析》（载《云南社会科学》2008年第6期）中指出：政党和政党制度是现代国家政治生活中的普遍现象，政党制度和政党政治是西方民主政治制度的重要组成部分。对中西政党体制进行比较研究，借鉴西方政党制度，对我国的现代国家建设无疑具有重要启示意义。

邵宇在《近代中国国家建设的困境与政党的政治应对》（载《沈阳大学学报》2009年第4期）中论述了近代中国国家建设存在的两方面政治困境：一是缺乏一套全社会都能接受的共同信仰；二是领导性力量的孱弱。认为要实现国家建设需要完成两个任务：信仰重塑和组织建设。政党的意识形态在一定程度上满足了国家建设所需要的精神力量，同时也为国家建设提供了领导力量，并通过政党的组织功能动员社会力量，从而使“以党建国”的道路成为一种历史的必然选择。

袁明旭在《经济人假设与官僚的行动逻辑——安东尼·唐斯的官僚制理论简析》（载《经济问题探索》2010年第5期）中指出：经济人假设是安东尼·唐斯官僚制理论的前提基础。他认为官僚与普通人一样都是追求效用最大化的理性经济人。在此基础上他对官僚进行了分类，并对每一类官僚的行动逻辑进行了立体式的深入剖析。

廖林燕在《近十年的国内农村政治研究》（载《云南行政学院学报》2010年第1期）中，从村民自治研究、乡村治理研究、农村权力研究、少数民族农村政治研究四个领域，对近十年我国农村政治研究状况作了系统梳理。

刘荣在《中国村庄公共支出与基层选举：基于微观面板数据的经验研究》（载《中国农村观察》2008年第１期）中，基于来自中国48个农村1987—2000年的微观面板数据集，利用工具变量方法估计村庄选举对村级公共支出和管理效率的影响。经验研究的主要结果包括：选举能够有效地提高村庄公共支出，减少管理费用；在村庄公共支出和管理效率方面存在显著的规模经济；村民代表推举的方式有利于增加公共支出，却造成了管理费用的大幅增加。

蒋小捷、张瑞才在《西南边疆多民族地区的

利益协调机制建构》（载《学术探索》2008年第4期）中提出：社会主义和谐社会建设，涉及利益关系的调整，要协调利益关系，就必须构建利益关系的协调机制。社会利益协调机制的构建主要包括：利益导向机制、利益表达机制、利益调节机制、利益补偿机制、利益约束机制和利益矛盾疏导机制。文章把利益矛盾疏导机制放在社会矛盾调处机制当中来叙述，把利益补偿和约束机制放在利益调节机制当中来叙述，重点阐释利益导向、表达、调节三个机制的建构问题。

廖林燕在《彝族村社权力的结构、运行及影响》（载《思想战线》2010年第3期）中指出：彝族是西南地区人口最多的一个少数民族，历史上不仅建立起了大小不一的民族政治体系，而且也采取了诸如鬼主统治、家支制度、等级结构等具有突出民族文化特征的体系形式，成为西南民族中特色甚为鲜明的一个民族。已有研究多侧重于从文化层面探讨彝族文化，而专门从政治学的视角来分析彝族政治体系究竟是如何维持自身运作的尚不深入，尤其是对于在国家制度与彝族文化交互作用下的彝族村落，其当前的权力格局状况又是怎样的这一问题的研究还是初步的。围绕这一问题，作者以一个具有浓郁彝族文化的村落——栖村为例，对彝族村社权力的结构、运行及影响进行分析。

（五）国家行政学研究

1．公共管理及危机管理研究

崔运武编著《事业单位的理论与实务》（中国人事出版社2009年6月版）一书，分八章阐述了事业单位概述、事业单位人事制度概要、事业单位工作人员的法律素质、事业单位工作人员的工作能力、事业单位工作人员的职业道德等。

崔运武编著《危机管理理论与实务》（中国人事出版社2009年8月版）一书中，具体阐述了当代危机管理的基本性质、特点和发展趋势，并介绍了当代危机管理的技术和方法，以及当前我国危机管理的现状、制度和发展，重点分析了当前危机管理的若干重要领域。

方盛举编著《中国省级政府公共治理效能评估的理论与实践》（云南大学出版社2010年版）一书，选取了我国浙江省、辽宁省、湖南省、云南省四省政府作为我国公共治理体制效能的调查评估对象，以上海市作为参照系，由此来定位各个省级政府公共治理的效能、所处的地位及差距等，对高层决策提供科学依据和借鉴参考。

袁明旭在《中国群体性突发事件成因及对策》（国家行政学院出版社2009年7月版）一书中，比较全面、系统地对我国转型期群体性突发事件进行了研究，为正确处理群体性突发事件提供了理论依据，并在总结和比较国外相关理论与实践的基础上，提出现阶段有效减少和处理群体性突发事件的主要对策措施，以及实际工作中处理群体性突发事件的基本原则和方法，为各级党政部门解决此类事件提供了切实可行的参考依据和对策选择，特别是对于工作在第一线的各级干部和工作人员具有重要参考实用价值。

左小麟在《公共危机管理中的政府角色》（载《思想战线》2008年第1期）中提出：在公共危机管理过程中，政府及其所属的部门居于主体地位，这是毋庸置疑的，其地位来源于它手中的公共权力和公共资源。因此，政府在公共危机管理中的职能定位和作用发挥关系到公共危机管理效率的高低，决定了公共危机管理的成败。本文提出公共危机管理中的“政府角色”这一命题，通过对公共危机管理中政府应该扮演的角色进行探讨，试图理清公共危机管理中的政府职能和作用方式，从观念上为政府建立一个科学的职能或角色定位体系，提高政府的危机管理意识和能力，最终提高公共危机管理的效能。

邓崧在《高校“公共管理学”教学模式的改进途径研究》（载《理论界》2009年第4期）中指出：随着公共管理理论和实践的迅速发展，我国“公共管理学”的教学改革也势在必行。本文结合当前公共管理学教学中的一些问题，对在我国高校中开展公共管理学的教学模式进行了探讨，提出了进一步改进公共管理学教学质量的方法。

袁明旭在《转型期边疆多民族地区群体性突发事件的类型、特点及成因分析》（载《云南行政学院学报》2008年第4期）中指出：边疆多民族地区群体性突发事件的类型具有多样性，其特点除了具有一般群体性突发事件的普遍性特点之外，还具有其自身的一些特殊性，主要是性质的复杂性、突出的民族性以及影响的广泛性、处置的艰巨性等。诱发边疆多民族地区群体性突发事件的原因既有社会经济的根源，也有体制性、政治性、政策性、民族性、国际性、管理性的原因。研究边疆多民族地区群体性突发事件的特点和原因是有效治理群体性突发事件的前提和基础。

袁明旭在《边疆多民族地区群体性突发事件中领导角色冲突的双重效应》（载《思想战线》2010年第3期）中指出：群体性突发事件中的领导角色冲突是一个较为普遍的现象和问题，这种冲突是领导者在领导活动中所产生的心理、行为上的不适应、不协调状态，是领导角色之间以及角色内部之间的对立、矛盾、抵触，既表现为领导角色之间的冲突，也表现为领导角色内部的冲突。领导角色冲突既是一种非理性、破坏性的力量，是领导系统功能失调的结果，同时也表现出一定的积极效应。

2．电子政务研究

邓崧编著《电子政务价值评估》（人民出版社2008年7月版）一书，介绍了电子政务系统是为电子政务活动提供实现手段和保障支持的计算机网络软硬件平台，包括电子政务网络平台、电子政务应用服务平台及提供上下衔接的电子政务中间件平台等。

邓崧在《电子政务》（云南大学出版社2009年3月版）著作中指出，电子政务是当前我国信息化建设的重要组成部分，也是当前公共管理研究中的热点话题。电子政务的发展对加快政府职能转变、提高行政效率、推进政务公开透明、勤政廉政建设、增强政府监管和服务能力，进而转变传统的政府治理模式都有重要的作用。

邓崧、孟庆国在《电子政务绩效评估的方法技术论》（载《社会科学》2008年第4期）中认为电子政务是在现代科学技术飞速发展的情况下形成的新兴领域。电子政务绩效评估方法论是公共管理方法论中的重要组成部分，可以从哲学层面、学科层面及技术层面来进行其方法论的探究。在哲学层面，从本体论、认识论、价值论对电子政务绩效评估的方法论作了论述；在学科层面，对支撑电子政务绩效评估的一些学科作了分析；在技术层面，对电子政务绩效评估的一些常用技术作了介绍。

邓崧、彭艳在《论CVM法在电子政务评估中的适用》［载《云南师范大学学报》（哲学社会科学版）2008年第3期］中介绍了条件价值评估法（CVM）的特点和它在公共产品评估中的应用，并论证了它在电子政务评估中的适用；认为在电子政务评估中可以引入CVM，该方法能突出“以民为本，为民服务”的行政理念，能对电子政务评估中一些难以直接测定的属性进行量化处理，从而为基于数据库的电子政务评估在定量分析上带来突破。

邓崧在《电子政务投入产出的框架分析》（载《电子政务》2009年第5期）中利用系统分析方法对电子政务的投入和产出进行了分析，在电子政务的投入上，从技术平台和组织结构方面作了分析；在电子政务产出上，从G2G、G2B、G2C三种电子政务服务模型上作了分析。

邓崧在《云南省电子民主发展研究之二——政策对策》（载《云南行政学院学报》2010年第4期）中通过社会调查、访问调研和文献检索的方法，对云南省的电子民主发展作了分析和研究；在电子政务的背景下，根据云南省的实际情况，针对云南省电子民主发展所存在的一些问题，结合云南省电子政务建设，分析和探讨借助电子政务系统实现电子民主的方法和途径，提出了一些解决对策，并对分析的结果在内容上作了框架性的目录整理。

邓崧在《云南省电子民主发展研究之三——电子民主参与系统的理论模型与功能设计》（载《情报杂志》2009年第6期）中结合云南省的电子政务和社会历史背景条件，应用软件工程等方法，采用应用系统开发等技术，设计了云南省电子民主参与系统的理论模型，给出了系统体系结构层次图、业务流程图、功能层次图等，以及详细的功能模块设计说明和数据处理分析，通过模型设计证明：依据电子政务平台，电子民主的实现是可行的，电子民主的实现是与电子政务建设是密不可分的。

（六）公共政策研究

袁明旭著《官僚制视野下当代中国公共政策冲突研究》（中国社会科学出版社2009年4月版），以西方官僚制理论作为公共政策冲突分析的视角，对西方的理性官僚制、官僚行为理论、后官僚制理论进行了简要梳理，以此作为分析中国公共政策冲突的理论框架，描述了中国社会转型期公共政策冲突的基本表现和影响，深入剖析了当代中国公共政策冲突的原因及治理途径，以期能对我国当代公共政策冲突的防范控制和标本兼治提供一些有益的参考。

袁明旭在《民族地区文化产业政策选择的理论分析》（载《经济问题探索》2008年第2期）中认为：民族地区文化产业政策是民族地区政府关于文化产业发展的制度性安排，是民族地区政府文化产业发展意志和理念的集中反映。民族地区应按照效率、公平、符合客观实际、发挥比较优势等原则，根据民族地区政治经济和社会发展实际，选择文化产业的政策主体、政策客体、政策目标以及政策工具，构建符合民族地区实际的文化产业政策体系，实现文化产业发展目标。

左小麟在《多民族地区公共危机政策执行资源与执行创新研究》（载《云南社会科学》2008年第3期）中认为我国多民族地区容易发生公共危机事件，且受公共危机事件影响较大，必须运用公共政策来加以应对，其基础就在于多民族地区所拥有的财力物力资源、人力资源和信息资源。而要适应新的危机情势，公共危机政策也需要创新，其中包括主体创新、执行机制创新、执行程序创新。

袁明旭在《西部大开发中的少数民族地区教育政策的环境分析——以云南少数民族地区为例》（载《内蒙古师范大学学报》2008年第7期）中指出：离开了环境，公共政策便成为无本之木，无源之水。政策环境是公共政策得以产生、存在与发展的平台，研究少数民族地区教育政策离不开对政策环境的分析和考察。少数民族地区政策环境的特殊性决定了教育政策的特殊性，要有效地实施西部大开发战略，推进社会主义和谐社会建设，就必须根据民族地区政策环境的特殊性，实施有针对性的特殊的教育政策。

袁明旭在《论民族地区文化产业政策创新》（载《经济问题探索》2008年第8期）中指出政策创新是促进民族地区文化产业发展的重要手段。从总体上来看，民族地区文化产业政策创新是相对比较滞后的，这主要体现在政策创新的体制性、稳定性、整体性和实效性上的缺失。其原因主要是民族地区文化产业政策的不成熟、对民族地区文化产业政策认识上的偏差、民族地区文化产业政策体制的缺陷以及民族地区文化产业政策科学性和民主性不强。为此，须采取措施进一步加强民族地区文化产业政策的创新。

袁明旭在《公共政策冲突：内涵、表现及其效应分析》（载《云南行政学院学报》2009年第1期）中认为：公共政策是政府行政机关为实现一定的目标而确定的行动方案与行为准则，公共政策冲突就是公共政策系统内部各种政策之间以及政策的各种要素之间所发生的对立、抵触、矛盾现象。公共政策冲突的本质是政策主体之间的利益冲突。公共政策冲突的表现形式多种多样，当前中国公共政策冲突具有普遍性，既具有正面的效应，也具有负面的影响，但最主要的是负面影响。

欧黎明在《社会协同治理——信任关系与平台建设》（载《中国行政管理》2009年第5期）中指出：社会协同治理是我国推进社会建设、整合社会资源、完善社会管理的必由之路。我国社会管理主体呈现多元化，协同治理作为现代社会新的运行机制和管理模式正在形成。社会协同治理格局的实现，既取决于心理层面的信任关系建立，又取决于主体和机制层面的平台建设。

袁明旭在《官僚制视野下的公共政策冲突原因解析》［载《云南民族大学学报》（哲学社会科学版）2010年第3期］中指出，在现代行政国家的政府公共管理活动中，公共政策冲突是一个比较普遍的问题。造成公共政策冲突的原因是复杂多样的，既有内在的因素，也有外在的原因，其中现代官僚制是导致公共政策冲突的重要的内在因素。官僚组织、官僚以及官僚制的运行机制所存在的问题和缺陷是引致公共政策冲突的基本原因。

（七）比较政治学研究

贺圣达在《东南亚伊斯兰教与当代政治》（中国书籍出版社2010年1月版）中介绍了伊斯兰教传入并成为东南亚地区流行的宗教；伊斯兰教在东南亚的早期传播；东南亚海岛地区的伊斯兰化和伊斯兰教的本地化；东南亚伊斯兰国家反抗西方殖民侵略的斗争等。

袁明旭在其译著《艰难时世下的政治——五国应对世界经济危机的政策比较》（吉林出版集团有限责任公司2009年7月版）一书中认为：《艰难时世下的政治：五国应对世界经济危机的政策比较》是世界著名比较政治经济家美国康奈

尔大学教授彼得·古勒维奇的经典之作。在书中，古勒维奇比较了英国、德国、法国、美国和瑞典五个国家对三次世界性的经济危机的应对政策，作者深入分析和揭示了社会联盟在此过程中的重要作用。作者认为政策需要政治，通过政治运作形成社会联盟，社会联盟推动具体政策。在成功应对经济危机的过程中，无论是政策的制定还是政策的实施，国家都不能没有社会的支持，正是国家与社会的良性互动，有效地化解了经济危机。

云南师范大学何跃在《全球化对转型国家的影响探析》（载《云南行政学院学报》2001年第1期）一文中指出：全球化对转型国家的影响来自两方面的因素：其一，全球化对转型国家的政治、经济体制形成强大冲击；其二，西方大国凭借全球化的全面优势对转型国家实行全面“改造”。因此，转型国家在积极参与全球化的同时，应控制好转型速度、转型层次，减少内部冲突，切忌盲目参与全球化，否则，将重蹈苏联覆辙。

毕世鸿在《中国和越南边境政策的发展、演变及对云南的影响》（载《东南亚南亚研究》2010年第1期）一文中指出：中国和越南实施改革开放政策以来，加快了边境地区的经济社会发展。中国与越南国情不同，所实行的边境政策也不同。但两国都注重促进边境地区的经济社会发展，两国在中越边境地区实行的边境政策，都有利于云南边境地区的社会经济发展与和谐社会的构建。

（云南大学　王燕飞）

国际问题研究

一、东南亚问题研究

云南的东南亚问题研究在2008—2010年期间取得了丰硕的成果，扩大了云南东南亚问题研究在国内外的影响力。在国别研究方面，继续保持以周边中南半岛国家即泰国、缅甸、越南、老挝、柬埔寨为研究重点的同时，加强了对新加坡、马来西亚、菲律宾、印尼等国的研究。在研究领域方面，在加强 "国际大通道" 建设和云南省对外开放问题研究的同时，加大了地区性问题特别是GMS（大湄公河次区域）和中国面向西南开放的“桥头堡”建设的研究。在人才队伍和科研成果方面，东南亚研究人才队伍不断壮大，研究内容更加广泛，成果更加丰硕。在课题研究和学科建设方面，申报并获得了一批国家社科基金、西南边疆历史与综合、云南社科基金、云南省东南亚南亚研究院等项目，内容涉及国际经济、国际政治、国际关系、历史学、民族学等学科。今后云南省的东南亚研究将会在继续坚持学理和学术探讨的同时，更多地服务于现实和云南省对外开放和经济社会发展的需要。

（一）主要学术活动

2008—2010年期间，云南东南亚研究机构主持召开的国内外学术会议增加，合作研究、学者互访、调研考察等活动也不断增多，对外学术交流日趋活跃，大大提高了云南东南亚研究的影响力。其间举办的主要学术活动有以下几个：

1. “世纪之初的亚洲区域合作机制与框架：东南亚新动力”国际学术研讨会

此次研讨会于2008年3月3～5日在昆明举行，由云南大学国际关系研究院与中国国际问题研究所联合举办。本次会议有来自美国、日本、印度、马来西亚、新加坡、菲律宾、越南、柬埔寨等国的17位外国学者和13位国内学者参加。会议围绕当前东南亚地区的竞争与合作、《东盟宪章》的意义、亚太经合组织、东亚峰会以及“10+3”等合作机制的相互关系、东盟内部以及与外部的自由贸易和其他形式经济合作的进展、大湄公河次区域合作等相关问题进行了深入研讨和交流。

2. 大湄公河次区域（GMS）经济走廊论坛

2008年3月27~28日，第一届“大湄公河次区域经济走廊：合作与发展”国际学术研讨会在昆明举行，会议由云南大学国际关系研究院主办。来自柬埔寨、老挝、缅甸、泰国、越南、印度、日本、韩国和中国的70余名专家学者，围绕着如何进一步促进大湄公河次区域（GMS）经济走廊建设和经济社会可持续发展进行了研讨，并就基础设施建设与经济发展、社会与环境、地区合作、国际关系等提出了自己的思路与对策建议。

3. 云南省面向东南亚、南亚开放30周年学术研讨会

2008年11月6日云南省面向东南亚南亚开放30周年学术研讨会在昆明召开，来自云南省政府政策研究室、云南省外事办办公室、云南省发展与改革委员会、云南日报社、云南大学、云南财经大学、云南省经济研究院、云南省委党校等10多个单位的40多名代表出席了会议。会议围绕30年来云南省面向东南亚、南亚开放的经验教训、存在问题、如何进一步深化云南省对外开放工作等方面进行了热烈的讨论。这次研讨会集中了云南省东南亚、南亚研究领域的主要专家学者，总结了云南省面向东南亚、南亚开放的经验与不足，提出了今后云南扩大开放的具有不少可行性的意见和建议。

4. 中国—东盟自由贸易区知识讲座

由云南省东南亚南亚经贸合作发展联合会主办的中国—东盟自由贸易区知识讲座于2009年12月3日在云南大学举行。此次讲座的主旨是帮助云南企业界和知识界了解和应对中国—东盟自由贸易区正式启动后的发展机遇与挑战。省内各相关政府部门工作人员、专家学者、企业家齐聚一

堂，各抒己见，共谋良策。

5．第一届“西南论坛”

此次论坛于2010年1月22~23日在云南大学举行。中共云南省委统战部部长、云南省政协领导以及世界著名历史学家、新加坡国立大学终身教授王赓武先生，中国社科院国际学部召集人、学部委员张蕴岭教授，教育部综合学部召集人、中国东南亚研究会会长、厦门大学南洋研究院院长庄国土教授，云南大学党委书记刘绍怀教授，云南大学副校长肖宪教授，云南电视台台长赵树清先生，新加坡国立大学东亚研究所学术所长黄朝翰教授等人出席了论坛。与会专家分别就“金融危机爆发后中国与世界的政治、经济、安全关系”、“把云南建设成为中国面向西南开放的重要桥头堡”、“新形势下中国西南与南亚区域合作及其东南亚的比较”等四个议题进行了深入的讨论。

6．第三届“红河流域社会发展国际论坛”

2010年12月4日上午由红河学院与越南老街省文化体育旅游厅共同举办的第三届“红河流域社会发展国际论坛”在云南蒙自红河学院举行。此次研讨会的重点是深化红河流域区域合作，提出了落实国家战略决策、加强文化交流、深化人力资源合作、繁荣滇越铁路、共建“昆明—老街—河内”经济走廊五个核心合作议题。

（二）重要研究成果

云南是中国研究东南亚问题的重要力量，在2008—2010年期间，云南取得了丰硕的研究成果。其中，较有影响的书系有GMS研究丛书、投资东盟丛书、东南亚国家报告等，并在《当代亚太》、《世界民族》、《云南社会科学》、《思想战线》、《亚太经济》、《学术探索》、《东南亚纵横》、《现代国际关系》、《经济问题探索》、《东南亚研究》、《当代世界》、《南洋问题研究》、《云南财经大学学报》（哲学社会科学版）、《云南民族大学学报》（哲学社会科学版）、《外交评论》、《广西师范大学学报》（哲学社会科学版）、《青海民族研究》等刊物上发表了数十篇文章。主要研究成果可分为以下几个方面：

1．研究丛书

（1）GMS研究丛书：该丛书由云南大学国际关系研究院东南亚研究所牵头完成。主要以大湄公河次区域内的柬埔寨、老挝、缅甸、泰国和越南等五国为研究对象，分析了五国经济社会发展的热点问题，对五国的产业发展现状及政策、对外引资的政策、对外投资促进政策以及在投资过程中可能引起的相关政策与环境问题作了较为深入的研究，以期对国内企业投资GMS国家提供指导与帮助。2008—2010年出版了三本书，分别是：

吕星主编：《GMS研究2008》，云南大学出版社2008年版。

李晨阳主编：《GMS研究2009》，云南大学出版社2009年版。

毕世洪主编：《GMS研究2010》，云南大学出版社2010年版。

（2）投资东盟丛书：该丛书由云南大学国际关系研究院东南亚研究所牵头完成。主要目的是帮助中国企业了解东盟投资环境，促进中国企业“走出去”。主要内容包括部分东盟国家的投资环境与国情、投资政策与法规、投资程序与服务、投资案例与建议等四部分，丛书突出了实用性、指导性和工具性。2008—2010年出版了三本书，分别是：

瞿建文、梁晨：《投资东盟·缅甸》，云南教育出版社2008年版。

邹春萌、毕世洪：《投资东盟·越南》，云南教育出版社2009年版。

卢光盛、吕星：《投资东盟·老挝》，云南教育出版社2010年版。

（3）东南亚国家报告：由云南省社会科学院东南亚研究所组织撰写，是云南省社会科学院公开出版的云南蓝皮书系列丛书之一。它对每一年度的东南亚地区国家的政治、经济、社会、外交和区域合作进行盘点和回顾，并对该地区局势的未来发展进行预测和展望。现已成为当今国内研究和了解东南亚国家局势和情况的重要成果之一。2008—2010年出版了三本书，分别是：

王世录主编：《东南亚报告2007~2008》，云南大学出版社2008年版。

王世录主编：《东南亚报告2008~2009》，云南大学出版社2009年版。

王世录主编：《东南亚报告2009~2010》，云南大学出版社2010年版。

2．其他著作

卢光盛：《地区主义与东盟经济合作》，上海辞书出版社2008年版。

贺圣达、王世录主编：《缅甸局势新发展与滇缅经济合作》，云南人民出版社2009年版。

李晨阳、祝湘辉主编：《〈剑桥东南亚史〉评述与中国东南亚史研究论文集》，世界图书出版社2010年版。

刘稚：《推进云南境外因素替代种植可持续发展研究》，云南人民出版社2010年版。

孔建勋：《多民族国家的民族政策与族群态度》，中国社会科学出版社2010年版。

3．主要论文

在2008—2010年期间，云南从事东南亚研究的专家学者对中国—东盟自由贸易区建设、大湄公河次区域合作、东南亚国家经贸与投资环境、国际金融危机背景下的东南亚经济社会发展情况、东南亚华人华侨问题、缅甸问题、泰国问题、中国与东南亚经贸合作、云南参与区域经济合作、第三亚欧大陆桥、云南跨界民族问题、云南与东南亚文化教育合作等问题开展了深入研究，在核心期刊上发表了约100篇文章，在《商务风》、《东南亚南亚研究》、《亚洲探索》、《邻国动态》、《东南亚南亚动态》等非核心期刊、内刊、内部报告上发表了约400篇文章。主要文章有以下90多篇。

（1）在核心期刊发表的论文。

陈云东：《第三亚欧大陆桥构建的法律思考》，载《学术探索》2008年第2期。

马勇：《越南当前经济发展中的热点问题》，载《学术探索》2008年第4期。

贺圣达、马勇：《东南亚伊斯兰势力的新发展及其影响》，载《学术探索》2008年第5期。

米良：《越南民法典的历史沿革及其特点》，载《学术探索》2008年第5期。

刘稚：《全球化背景下的云南跨界民族发展问题初探》，载《学术探索》2008年第6期。

卢光盛：《2007年云南参与区域经济合作的成果、问题和建议》，载《经济问题探索》2008年第7期。

罗圣荣：《马来西亚印度人的由来及其困境研究》，载《东南亚研究》2008年第4期。

李晓伟：《中国与东南亚合作的地缘战略思考》，载《云南民族大学学报》（哲学社会科学版）2008年第3期。

罗圣荣：《现代民族国家视野下的多民族国家整合》，载《青海民族研究》2008年第3期。

罗圣荣、赵鹏：《1957—1980年的马来西亚民族关系》，载《东南亚纵横》2008年第3期。

毕世洪：《泰国与云南在湄公河地区的合作与竞争》，载《东南亚研究》2008年第1期。

王士录：《从人民力量党的胜出看泰国当前政党政治的特点》，载《当代世界》2008年第2期。

王士录：《缅甸军人政权缘何能长期存在?——一些西方学者的观点解析》，载《当代亚太》2008年第3期。

王士录：《“东盟共同体”建设面临的挑战与前景》，载《亚太经济》2008年第2期。

李涛：《印度与新加坡经贸关系的新发展》，载《亚太经济》2008年第5期。

邹春萌：《东盟五国服务贸易的开放度评析》，载《亚太经济》2008年第2期。

肖建明：《马来西亚的“文明伊斯兰”运动》，载《思想战线》2008年第4期。

邹春萌：《东盟区域服务贸易自由化：特点与前景》，载《东南亚研究》2008年第1期。

邹春萌：《韩国—东盟服务贸易的发展与自由化》，载《南洋问题研究》2008年第3期。

邹春萌：《中国—东盟服务贸易自由化与竞争力》，载《东南亚纵横》2008年第8期。

王国平：《多重视角下的华侨华人与侨乡的互动关系——评〈多重网络的渗透与扩张——海外华侨华人与闽粤侨乡互动关系研究〉》，载《南洋问题研究》2008年第3期。

李瑞霞：《面向东南亚，大力发展云南现代物流业》，载《东南亚纵横》2008年第8期。

方芸：《从规避到合作：老挝和东盟关系的演变》，载《东南亚研究》2008年第1期。

贺圣达：《泛北部湾合作：从中国—东盟全方位、多层次合作视角的考察》，载《东南亚纵横》2008年第1期。

孔志坚：《云南与缅甸电力工业合作的现状及前景分析》，载《云南财经大学学报》（哲学社会科学版）2008年第1期。

李丽、王学鸿：《中国—东盟自由贸易区构建与发展中经济与环境问题浅谈》，载《云南财经大学学报》（哲学社会科学版）2008年第1期。

莫翔：《东亚经济发展模式的分析和反思》，载《云南财经大学学报》（哲学社会科学版）2008年第2期。

李水凤：《新形势下推进云南与越南旅游合作的对策》，载《云南财经大学学报》（哲学社会科学版）2008年第2期。

李大凯、陆亚琴：《中国—东盟自由贸易区环境贸易与产业合作探析》，载《云南财经大学学报》（哲学社会科学版）2008年第3期。

郭志卫、谨严：《基于中国与东盟自由贸易区建设中贸易与环境问题上跨国公司的作用探析》，载《云南财经大学学报》（哲学社会科学版）2008年第3期。

朱翠清、姚宇：《东盟国家贸易与环境问题探析》，载《云南财经大学学报》2008年第3期。

宋晓松、穆洛：《云南国际大通道建设面临的挑战及问题浅析》，载《云南财经大学学报》（哲学社会科学版）2008年第4期。

刘磊、冷穆：《东亚外汇储备管理比较》，载《云南财经大学学报》（哲学社会科学版）2008年第4期。

吉松久美子、涂华忠、姚继德：《云南回族入缅商路与移居点考——以19世纪末至20世纪初为中心 》，载《回族研究》2008年第2期。

杨娅婕、林涛、杨荣海：《浅析东南亚国家对外经贸政策的调整》，载《思想战线》2008年第S4期。

何跃：《中南半岛地缘政治发展态势》，载《云南社会科学》2008年第2期。

金红丹、李亚红：《中国—东盟区域货币合作成本分析——基于宏观经济冲击非对称性》，载《思想战线》2008年第S4期。

罗圣荣：《马来西亚印度人的处境——兼谈马来西亚不平等民族政策》，载《世界民族》2009年第2期。

刘稚：《全球化区域化下的云南—东盟高等教育合作论略》，载《学术探索》2009年第3期。

李晨阳、邵建平：《论白礁主权争端及其对新马关系和东盟发展的影响》，载《东南亚研究》2009年第1期。

卢光盛：《云南、广西与东盟的贸易投资关系比较研究》，载《云南财经大学学报》（哲学社会科学版）2009年第1期。

李永芬：《菲律宾政治体制中的民主进程》，载《云南民族大学学报》（哲学社会科学版）2009年第4期。

毕世洪：《冷战后日本的大湄公河次区域政策及其影响》，载《东南亚研究》2009年第3期。

毕世洪：《试析冷战后日本大湄公河次区域政策及其影响》，载《外交评论》2009年第6期。

邹春萌：《云南参与大湄公河次区域物流合作的进展、问题与趋势》，载《学术探索》2009年第5期。

祝湘辉：《试论英国殖民时期掸邦制度的变迁》，载《南洋问题研究》2009年第5期。

祝湘辉：《制度设计与现代化的挫折——试论1947年〈缅甸联邦宪法〉与缅甸发展的战略选择》，载《东南亚研究》2009年第5期。

李涛：《缅甸罗兴迦人问题的历史变迁初探》，载《东南亚研究》2009年第4期。

罗圣荣：《缅甸果敢冲突及其影响》，载《现代国际关系》2009年第12期。

罗圣荣：《马来亚现代马来民族形成初探》，载《广西师范大学学报》（哲学社会科学版）2009年第1期。

贺圣达：《新军人集团执政以来缅甸的经济改革和经济发展（1988—2008）》，载《南洋问题研究》2009年第3期。

贺圣达：《缅甸：走向2010年大选》，载《学术探索》2009年第6期。

陈锡禹：《东南亚地区一体化理论的建构》，载《云南社会科学》2009年第3期。

顾丽姝、王凯庆：《中国对东盟直接投资的风险防范》，载《云南社会科学》2009年第5期。

孔建勋：《社会资本与政治态度：新加坡三大族群比较研究》，载《云南社会科学》2009年第2期。

孔建勋、余海秋：《泰国阿卡人传统知识保护初探》，载《东南亚纵横》2009年第8期。

何平、饶睿颖：《历史上迁移老挝的“云南

人”》，载《思想战线》2009年第4期。

苏昭宇、郭劲光：《新加坡公众住房计划政策的解读》，载《云南财经大学学报》（哲学社会科学版）2009年第1期。

黎氏红庄、希洛：《贸易引力模型研究在越南与中国贸易间的应用初探》，载《云南财经大学学报》（哲学社会科学版）2009年第1期。

杜涛：《21世纪初中越发展全面合作关系有利因素研究》，载《云南财经大学学报》（哲学社会科学版）2009年第2期。

李水凤：《云南省参与泛东南亚旅游协作区建设的对策建议》，载《云南财经大学学报》（哲学社会科学版）2009年第4期。

卢启程：《中国—东盟服务贸易发展战略——从比较优势到竞争优势的动态》，载《云南财经大学学报》（哲学社会科学版）2009年第6期。

郑宇、杨红巧：《跨国婚姻关系与边疆民族社会变迁——以中越边境红岩寨苗族为例》，载《学术探索》2009年第5期。

杨祥章：《泛北部湾经济合作面临的挑战和发展前景》，载《学术探索》2009年第5期。

米良：《论马来西亚宪政制度的特点》，载《学术探索》2009年第6期。

何跃：《云南与周边国家跨境民族教育研究现状评述》，载《学术探索》2009年第6期。

叶文辉、孙树恩：《国际金融危机背景下越南宏观经济评析》，载《学术探索》2010年第1期。

王士录：《新起点、新机遇与新考验——中国—东盟自由贸易区建立与运行的理性思考》，载《当代世界》2010年第2期。

王国平：《越南与印度关系：制衡外交的一个范例》，载《东南亚纵横》2010年第1期。

方芸、马腾飞：《云南与周边国家的次区域经济合作：成就、问题与对策》，载《云南社会科学》2010年第4期。

屠年松：《中国—东盟自由贸易区建成后的金融合作》，载《云南社会科学》2010年第4期。

邵建平、李晨阳：《东盟国际处理其他海域争端的方式及其对解决南海主权争端的启示》，载《当代亚太》2010年第4期。

毕世洪：《冷战后日缅关系及日本对缅政策》，载《当代亚太》2010年第1期。

卢光盛：《云南对外开放的新增长点初步研究》，载《经济问题探索》2010年第3期。

杨洋：《老挝在经济全球化中的地位与挑战》，载《思想战线》2010年第1期。

何明：《论东亚人类学共同体的建构》，载《思想战线》2010年第4期。

徐光远、常志有、孙明洁：《中国—东盟五国金融脆弱性问题及治理对策》，载《思想战线》2010年第4期。

唐玲萍：《大湄公河次区域国际导游人才培养规格及其培养模式》，载《思想战线》2010年第S1期。

邓耘：《试论越南历史上的女性主义》，载《思想战线》2010年第S1期。

张官义：《第三亚欧大陆桥的构建及其对云南省经济建设的影响》，载《思想战线》2010年第S2期。

欧阳晔鑫：《中国—东盟自贸区建设中的贸易便利化》，载《思想战线》2010年第S2期。

刘婵、王克斌：《中国—东盟产业内贸易分析》，载《思想战线》2010年第S2期。

莫翔：《东盟主导下的东亚区域合作进程分析》，载《云南财经大学学报》（哲学社会科学版）2010年第1期。

杨向英：《中国—东盟自由贸易区税收协调效应研究》，载《云南财经大学学报》（哲学社会科学版）2010年第1期。

杨培芝、杜涛、冷洛：《简论中国—东盟自由贸易区建立对中国经济的效应及对策》，载《云南财经大学学报》（哲学社会科学版）2010年第2期。

薛伟达、单瑜：《云南与东盟国家间贸易效应影响因素分析——基于贸易引力模型的实证分析》，载《云南财经大学学报》（哲学社会科学版）2010年第2期。

唐滔智、陈红：《中国—东盟会计协调机理研究》，载《云南财经大学学报》（哲学社会科学版）2010年第2期。

俞春英、杨定华：《中国在东亚区域内经济合作中的作用和地位分析》，载《云南财经大学学报》（哲学社会科学版）2010年第3期。

王坤：《中国—东盟自由贸易区建成后的效果剖析》，载《云南财经大学学报》（哲学社会科学版）2010年第4期。

贺霜红、杨定华：《桥头堡国家战略背景下云南加快边境贸易的SWOT分析》，载《云南财经大学学报》（哲学社会科学版）2010年第5期。

张祥熙：《中国—东盟自贸区视阈中云南的机遇与挑战》，载《云南财经大学学报》（哲学社会科学版）2010年第6期。

高志英、李勤：《族际关系对中缅北界傈僳族的跨界迁徙与民族认同的影响》，载《学术探索》2010年第5期。

（2）在国外发表的论文。

李晨阳：*Myanmar Political Development and Sino-Myanmar Relations in the Aftermath of the Saffron Revolution*. Xiaolin Guo,eds,Myanmar/Burma：Challenges and Perspectives,Sweden Institute for Security and Development Policy,2008.

李晨阳、黎良福：*China's Policies towards Myanmar*：*A Successful Model for Dealing with the Myanmar Issue*? China： an International Journal,VOL.7,No.2, September 2009.

李晨阳：*The Policies of China and India towards Myanmar*. Lex Rieffel,eds, Myanmar/Burma：Challenges and Outside Interests,Washington D.C：The Brookings Institution, 2010.

毕世洪：《从云南看中缅边境》，载《亚研世界趋势》（日本）2010年第1期。

二、南亚问题研究

云南是中国四大南亚研究基地之一。在2008—2010年期间，在继续以印度为研究重点的基础上，加强了对南亚其他国家以及地区性问题的研究。在这三年中，主要研究内容包括南亚国际大通道建设、中国面向南亚开放、孟中印缅地区经济合作、中国（云南）与南亚经贸合作、中国与南亚国家能源合作、中国与南亚国家教育文化合作、中国与南亚区域经济合作、中国与南亚国家产业合作、南亚国情、南亚重大热点问题、南亚国家历史文化、南亚国家关系、南亚地区安全等问题。特别是在区域合作和次区域合作问题上进行了深入的研究探讨，取得了很大的成效。同时紧紧抓住建设中国面向西南开放“桥头堡”的契机，加大对“两强一堡”和云南对外开放与合作问题的研究。

（一）主要学术活动

云南独特的地缘优势使其成为中国对南亚的重要学术交流基地之一。在2008—2010年期间云南对南亚的学术交流活动频繁，每年都要接待印度、巴基斯坦、孟加拉国、斯里兰卡以及欧美等国家大量的学者、官员来访，包括孟加拉国总理、印度外长等高官。特别是云南搭建的孟中印缅地区经济合作论坛、中国—南亚商务论坛、中国—南亚商务理事会、南亚国家商品展、昆明—加尔各答国际学术会议等平台，为南亚政府官员、学者、企业家进入云南提供了便利。同时，云南的科研单位、高校的专家学者也积极举办和参加国内外南亚学术会议，包括中国南亚学术年会、云南省南亚学会年会、孟中印缅地区经济合作论坛等，这大大推进了云南对南亚的学术交流。期间，云南主办的重要学术会议有：

1．2007年南亚局势研讨会

2007年南亚国家形势发展变化有许多突出的特点，许多问题直接关系到近期和未来国际关系的发展变化，因此国际社会和国内南亚学界也十分关注这种变化。为此，2008年1月15日云南省南亚学会召开了“2007年南亚局势研讨会”。会上，云南省社会科学院南亚研究所研究人员分别介绍了印度、巴基斯坦、孟加拉国、尼泊尔、斯里兰卡、马尔代夫、不丹和阿富汗等南亚国家过去一年的政局发展变化情况，与会人员围绕南亚国家局势发展情况和南亚国家与中国、与云南的合作关系等问题进行了较为广泛深入的研讨。与会学者认为，现在南亚国家和中国的关系发展很快，云南作为中国陆路进入南亚最便捷的省份之一，在研究和推动中国与南亚国家发展友好合作关系中应该发挥更大的作用。

2．第三届中国—南亚商务论坛

2008年6月5日，第三届中国—南亚商务论坛在云南昆明举行。参加会议的单位主要包括云南省及八个南亚国家的医药、银行、纺织业、科技和教育的企业集团和公司及政府机构代表，以及云南省社会科学院、云南大学等科研机构。与会代表就“全球化视野中的中国—南亚经济合作”、“优化投资环境，促进产业合作”、“商协会、贸促机构在促进贸易便利化和区域经济合作中的作用和途径”、“中国—南亚国际交通物流建设”四个议题进行了深入讨论。

3．云南省面向东南亚南亚开放30周年学术研讨会

2008年11月6日云南省面向东南亚南亚开放30周年学术研讨会在昆明召开，来自云南省社科院、云南省政府政策研究室、云南省外事办公室、云南省发展与改革委员会、《云南日报》、云南大学、云南财经大学、云南省经济研究所、云南省委党校等10多个单位的40多名代表出席了会议。会议围绕30年来云南省面向东南亚、南亚开放的经验教训、存在问题、如何进一步深化云南省对外开放工作等方面进行了热烈的讨论。这次研讨会集中了云南省东南亚、南亚研究领域的专家学者，总结了云南省面向东南亚、南亚开放的经验与不足，并提出了许多具有可行性的意见和建议。

4．云南省第二届社会科学学术年会云南省社会科学院专场南亚分会场学术报告会

此次会议于2008年12月18日在云南省社科院举行，报告会的主题为“提升云南沿边开放——向西发展”，由云南省社科院副院长、研究员任佳主持，周戎、郑汕、陈利君、吕昭义、赵伯乐、罗美娟、王崇理七位专家分别作了主题报告。云南省政府政策研究室、云南省外事办公室、云南大学、云南财经大学、云南省贸促会、中印合作交流促进会等部门及相关专家学者参加了会议。

5．云南省南亚学会2008年度年会暨南亚形势学术研讨会

此次会议于2009年1月8日上午在云南省社会科学院举行，来自云南省社科院、云南大学、云南财经大学、云南民族大学、云南省外办、云南省贸易促进会、昆明市社科院、云南省东南亚南亚经贸合作发展联合会、昆明陆军学院等单位的40多名专家学者出席了此次年会。会议围绕南亚形势发展与云南对外开放的主题进行了广泛而深入的研讨。

6．第四届中国—南亚商务论坛

由中国国际贸易促进委员会、中国云南省人民政府和南亚区域合作联盟工商会共同主办、中国—南亚商务论坛秘书处承办的第四届中国—南亚商务论坛于2009年6月5日在昆明召开。包括云南省省长和副省长、中国贸促会副会长、南亚联盟工商会主席、斯里兰卡出口发展与国际贸易部部部长、中国外交部亚洲司参赞、南亚八国商会代表、驻华使节及我国企业界人士、从事南亚研究的学者、媒体记者等300余人出席本届论坛。本届论坛以“金融危机下的中国—南亚经贸合作”为主题，探讨在全球经济衰退的背景下如何进一步促进中国—南亚区域合作和扩大相互贸易与投资。

7．云南省南亚学会年会

第三届社科学术年会云南省南亚学会专场暨云南省南亚学会年会——新形势下的中国（云南）与南亚地区合作学术研讨会于2009年11月24日在云南省社科院举行。研讨会围绕南亚局势、中国与南亚合作、云南与南亚国家合作等多个议题展开，内容涉及政治、经济、社会、军事、外交、非传统安全等多个领域的研究。学者们交流探讨了云南面向南亚开放的形势以及前景。此次学术研讨会很好地促进了学者与相关部门之间的互动联系，为推进云南省与南亚地区的合作提供了许多有益的思考和建议。

8．中国（云南）—印度合作论坛

2010年1月13日至1月15日中国（云南）—印度合作论坛在云南省社科院召开，此次会议由云南省对外文化交流协会、云南省社会科学院、云南省东南亚南亚研究院主办。会议讨论了：中印合作的法律、政策框架及构建合作对话机制的可行性研究；中国与南亚之间的地区经济合作、贸易与投资、能源、旅游、IT以及其他领域合作的机遇与挑战；金融危机和后危机时代推进中印合作的对策和途径；中印加强经贸合作的影响和意义；中印间社会发展合作、教育与文化交流五大议题。通过中印双方学者和企业家之间的交流，促进了中国（云南）与印度在旅游、文化、科技等领域进行合作，以及中印共同面对国际金融危机带来的挑战。

（二）重要研究成果

云南是中国研究南亚问题的重要力量，在2008—2010年期间，云南在南亚研究方面取得了丰硕的成果。不仅继续完成在国内外有较大影响的南亚国家报告、中国—南亚书系等，而且在《当代亚太》、《南亚研究》、《世界民族》、《云南社会科学》、《思想战线》、《学术探索》、《云南财经大学学报》、《云南民族大学学报》（哲学社会科学版）等刊物上发表了数十篇文章。主要研究成果可分为以下几个方面：

1．研究丛书

（1）南亚国家报告：该丛书是云南省社会科学院组织撰写的云南蓝皮书系列丛书之一，它对每一年度的南亚国家的政治、经济、社会、外交和区域合作等进行盘点和回顾，并对该地区局势的未来发展进行预测和展望。同时，还邀请国内著名的南亚问题专家对重大问题和热点问题进行深入分析。现已成为当今国内研究和了解南亚国家局势和情况的重要成果之一。2008—2010年出版了三本书，分别是：

俞文岚主编：《南亚报告2007~2008》，云南大学出版社2008年版。

俞文岚主编：《南亚报告2008~2009》，云南大学出版社2009年版。

郭穗彦主编：《南亚报告2009~2010》，云南大学出版社2010年版。

（2）中国南亚书系：该丛书于2003年推出，已出版《中国与印度经贸合作新战略》（云南人民出版社2003年版）、《中国与印度信息产业合作新趋势》（云南人民出版社2003年版）等著作，内容涉及21世纪世界经济战略环境、中国与南亚经济合作、孟中印缅地区经济合作、中国与南亚文化交流、南亚国家投资和旅游指南、云南与南亚民间贸易等。2008—2010年出版了一本书，即：

任佳主编：《南亚国家经贸指南》，云南人民出版社有限责任公司2010年版。

2．其他著作

中共云南省委宣传部、云南省社会科学界联合会、云南省南亚学会编：《云南60年：理论与实践创新——云南省第三届社会科学学术年会云南省南亚学会专场文集》，云南大学出版社2009年版。

任佳、王崇理、陈利君等：《中国云南与南亚经贸合作战略研究》，中国社会科学出版社2009年版。

陈利君、杨思灵、柳树：《孟中印缅能源合作与中国能源安全》，中国书籍出版社2009年版。

宋天佑：《印度政治与经济研究》，云南民族出版社2009年版。

任佳主编：《桥头堡建设中的云南产业结构调整与发展》（中国面向西南开放的桥头堡建设丛书之一），云南人民出版社有限责任公司2010年版。

3．在核心期刊上发表的论文

在2008—2010年期间，云南从事南亚研究的专家学者对孟中印缅地区经济合作、中国与南亚国家经贸合作、国际金融危机背景下的南亚经济社会发展情况、云南参与区域经济合作、第三亚欧大陆桥、昆明与加尔各答合作、云南与南亚文化教育合作等问题开展了深入研究，在核心期刊上发表了大量文章，在《商务风》、《东南亚南亚研究》、《面向南亚》、《东南亚南亚动态》、《云南智库》等非核心期刊、内刊、内部报告上发表了约200篇文章，在核心期刊上发表的论文主要有以下30篇。

任佳：《进一步解放思想　推进云南的科学发展》，载《云南社会科学》2008年第4期。

陈利君：《建设中国面向南亚物流基地构想》，载《云南社会科学》2008年第5期。

王崇理：《第三亚欧大陆桥的构建与世界经济发展的时代要求》，载《思想战线》2008年第2期。

周昭：《印度农村非农产业发展问题研究》，载《云南社会科学》2008年第3期。

李丽：《中印海外并购油气资源合作的动因与前景分析》，载《南亚研究》2008年第1期。

张高翔：《认同的困境——印度印穆教派冲突原因分析》，载《思想战线》2008年第6期。

任佳：《印度产业结构调整机制与产业结构变动》，载《南亚研究》2009年第3期。

任佳：《新形势下云南面向周边国家开放的思考》，载《云南社会科学》2009年第6期。

程云川、陈利君：《中国沿边开放的态势与前景》，载《云南社会科学》2009年第6期。

程云川、陈利君：《区域合作中的产业转移问题——以泛珠三角为例》，载《云南民族大学学报》（哲学社会科学版）2009年第3期。

陈利君：《孟加拉国：中国与南亚合作的桥梁与纽带》，载《云南财经大学学报》（哲学社会科学版）2009年第4期。

王宏军：《印度外资准入制度评析》，载《云南民族大学学报》（哲学社会科学版）2009年第1期。

杨思灵、高会平：《印度能源形势与发展趋势分析》，载《南亚研究》2009年第3期。

杨思灵：《印度与其"大周边"地区的能源合作》，载《亚非纵横》2009年第3期。

李冬云：《当代印度府际关系探析》，载《云南社会科学》2009年第1期。

吕昭义：《洪水、葫芦神话的衍变与印缅那加族的迁移》，载《学术探索》2009年第3期。

赵伯乐：《南亚反恐局势的特点及走向》，载《外交评论》2009年第3期。

孙明明、杨定华：《中印经济发展比较与启示》，载《云南财经大学学报》（哲学社会科学版）2009年第3期。

段学品、张海夫：《印度 "东向"政策对云南面向东南亚南亚开放的影响》，载《学术探索》2009年第1期。

陈利君：《新时期的中巴能源合作问题》，载《学术探索》2009年第2期。

赵伯乐：《印度表列种姓与表列部落探析》，载《世界民族》2010年第1期。

李丽、李涛：《海外移民与母国的经济联系：以印度为例》，载《南亚研究》2009年第1期。

李丽：《2003—2008年〈南亚研究〉载文分析》，载《南亚研究》2009年第4期。

杨思灵：《当代不丹难民问题》，载《世界民族》2010年第2期。

吕昭义、余方琼：《印度东北地区的民族分离运动与反政府武装》，载《南亚研究》2010年第2期。

余方琼：《试析印度东向政策》，载《思想战线》2010年第4期。

王坚：《浅议第二次世界大战后印度对外战略》，载《思想战线》2010年第S1期。

陶亮、李敏：《论印度在朝鲜战争中的外交活动及其影响》，载《学术探索》2010年第4期。

三、西亚问题研究

西亚研究曾经是云南研究国际问题的一个重要方面。但由于种种原因该学科在全国的地位有所下降。在2008—2010年期间，西亚研究将亚非地区国际关系现实问题与理论研究融为一体，也取得了较大成绩。

（一）主要学术活动

在2008—2010年期间，云南研究西亚的专家学者召开了一次重要学术会议，即中国中东研究30年回顾与展望研讨会。该研讨会由云南大学国际关系研究院与中国中东学会共同主办，于2008年12月23~24日在云南大学举行。来自外交部、新华社、中国国际战略学会、中国社会科学院、中国现代国际关系研究院、上海国际问题研究院、北京大学、外交学院等30多家科研机构和高校的63名代表与会。会议围绕"中国中东研究30年"、"中国的中东研究现状"、"中国与中东关系"、"当前中东局势"四个议题展开研讨，从学术成果、学术队伍、学科建设、人才培养等方面，梳理了改革开放30年来中国中东研究取得的成就，对存在的问题与不足进行了深入探讨，分析了今后一段时期内需要加强的研究领域。会议还对中国与中东关系进行了回顾与展望，对"大国与中东"、"巴以关系"、"伊朗核问题"、"伊拉克问题"、"伊斯兰问题"等当前中东热点问题进行了探讨，并在许多问题上达成广泛一致。

（二）研究成果

在2008—2010年期间，云南西亚研究虽然集体完成的成果不多，但在《世界经济与政治》、《世界民族》、《现代国际关系》、《西亚非洲》、《思想战线》、《回族研究》等刊物上发表了许多文章。主要研究论文有：

肖宪、刘军：《恐怖资金来源问题研究》，载《现代国际关系》2008年第11期。

刘军：《当代海湾国家的外来劳工移民及其影响》，载《世界民族》2008年第6期。

刘军：《权力视角下的民族分层——以当代

以色列为例》，载《世界民族》2008年第1期。

王骏、刘军：《犹太人、以色列与联合国的关系》，载《思想战线》2008年第3期。

吴磊、卢光盛：《关于中国—非洲能源关系发展问题的若干思考》，载《世界经济与政治》2008年第9期。

刘军：《中东国家劳工移民概述》，载《西亚非洲》2008年第4期。

张学琼：《当代中东库尔德问题》，载《思想战线》2009年第5期。

李泽华、赵贤：《西方对中国在非洲活动的指责、影响及我国的对策建议》，载《思想战线》2009年第2期。

刘军：《索马里海盗问题探析》，载《现代国际关系》2009年第1期。

姚继德：《刘智改编的波斯文文献》，载《回族研究》2009年第2期。

肖宪：《中国的伊斯兰研究》，载《西亚非洲》2010年第4期。

张雪鹏、肖宪：《自杀式袭击的发展趋势及原因分析 》，载《现代国际关系》2010年第5期。

刘军：《当代“印穆”对话探究》，载《世界民族》2010年第1期。

姚继德：《对中阿经贸关系发展的几点思考》，载《回族研究》2010年第4期。

四、其他国际问题研究

云南学者研究其他国际问题的不多，特别是研究大国关系、全球性问题、世界经济区域合作问题的学者较少。现在其他研究领域形成特色的是非洲研究。在2008—2010年期间，云南省非洲研究着重从文化的角度研究非洲，在坚持非洲国别史、专门史研究的同时，结合当代中非关系发展实践，既探讨世界文明对话背景下中非交往的特殊意义，又关注非洲热点国家和地区的问题，使国内读者对非洲的相关问题有了更多了解。

（一）著　作

在2008—2010年期间，云南出版的其他国际问题的著作主要集中在非洲研究方面，特别是以刘鸿武为首的团队。它们分别是：

刘鸿武、李新烽：《全球化视野下的达尔富尔问题研究》，世界知识出版社2008年版。

刘鸿武、姜恒昆：《列国志·苏丹》，社会科学文献出版社2008年版。

刘鸿武、暴明莹：《蔚蓝色的非洲—东非斯瓦斯里文化研究》，云南大学出版社2008年版。

刘鸿武、杨洁勉主编：“Sino-African Cooperation in Science and Technology: History and Prospect”《中非合作50年：背景、进程与意义——中国学者论中非关系》（英文版），云南大学出版社2009年版。

刘鸿武：《非洲文化与当代发展》，人民出版社2009年版。

张永宏：《非洲发展视域中的本土知识》，中国社会科学出版社2010年版。

王涛、杨惠等译，刘鸿武：《援助的死亡》，世界知识出版社2010年版。

（二）在核心期刊上发表的论文

在2008—2010年期间，云南在《西亚非洲》、《云南社会科学》、《思想战线》、《学术探索》、《世界农业》等核心期刊上发表涉及非洲、美国、日本等国家或地区的研究成果。主要文章有：

刘鸿武、张永宏、王涛：《基于本土知识的非洲发展战略选择——非洲本土知识研究论纲（上）》，载《西亚非洲》2008年第1期。

刘洪武、张永宏、王涛：《基于本土知识的非洲发展战略选择—非洲本土知识研究论纲（下）》，载《西亚非洲》2008年第2期。

王清华、彭朝荣：《“跨国界民族”概念与内涵的界定》，载《云南社会科学》2008年第3期。

刘姣、王坚：《克林顿政府时期美国对台“双轨”政策浅析》，载《思想战线》2008年第S2期。

何跃：《地缘主义与跨界民族主义——以中国西南边疆为例》，载《学术探索》2008年第6期。

张永宏：《非洲科技发展面临的挑战》，载《全球科技经济瞭望》2009年第7期。

刘鸿武：《亚非发展新进程与历史理论创新》，载《思想战线》2009年第5期。

马燕坤、刘鸿武：《自我表述与他者表述整合的非洲图景——兼论非洲研究的视角与方法》，载《西亚非洲》2009年第9期。

张永宏：《本土知识与人类学传统》，载《广西民族研究》2009年第2期。

张冰冰、单瑜：《中日产业内贸易结构研究》，载《云南财经大学学报》（哲学社会科学版）2009年第3期。

李水凤：《云南国际入境旅游空间流动特征分析》，载《云南财经大学学报》（哲学社会科学版）2009年第6期。

罗刚：《试论打击国际恐怖主义犯罪的时机、依据及限制》，载《学术探索》2010年第1期。

张永宏：《美欧粮食援助政策对非洲粮食安全的影响》，载《世界农业》2010年第2期。

张永宏：*Low-carbon Development*：*A New Challenge Facing Sino-African Cooperation in*, *Proceedings of the Chinese Participants for the Seminar Celebrating the 10th Anniversary of the Establishment of Forum on China-Africa Co-operation*.18-19 November 2010,Pretoria • Johannesburg.

张永宏：《非洲的本土知识保护与利用战略》，载《国际政治研究》2010年第3期。

张永宏：《本土知识与科学知识：差异、联系和互借》，载《思想战线》2010年第6期。

张永宏：《本土知识与发展中国家的粮食安全》，载《全球科技经济瞭望》2010年第11期。

王涛、易祥龙：《论当代拉美与非洲关系的发展》，载《拉丁美洲研究》2010年第5期。

（云南省社科院　杨文松　陈利君）

法 学

一、学科建设

我省的法学研究专业机构主要集中在高校法学院系。到目前为止，我省主要的法学院有云南大学法学院、昆明理工大学法学院、云南财经大学法学院、云南民族大学法学院、云南警官学院，其他一些高校虽然没有设置法学院，但设有法律专业，这些高校是云南师范大学、西南林学院、昆明医学院、云南省广播电视大学、昆明学院、玉溪师范学院、红河学院、大理学院、云南大学滇池学院、云南师范大学商学院、昆明理工大学津桥学院、云南经济管理职业学院、德宏师范高等专科学校、普洱师范高等专科学校等。以上法学院及法律专业的教师队伍是我省目前法学研究的主要力量。其次，我省司法机关也组织编写、出版了一些法学论著，我省司法系统的许多法官、检察官、警官、司法行政人员也撰写、发表了不少法学文章，也成为我省法学研究的主体。

2008—2010年三年间，我省法学研究取得较大发展。在法学基础理论研究、部门法研究及涉及我省社会经济发展的重大法律问题研究方面都取得了较大发展，尤其是在涉及我省社会经济发展战略的法律问题研究方面，取得了较大的突破性进展，取得重要进展的领域是：一是与桥头堡建设相关的研究东南亚法、东盟法、南亚法、南盟法等领域；二是民族法研究和边疆稳定与安全法律问题研究领域；三是禁毒防艾法律研究领域；四是资源生态环境法律问题研究领域。

具体而言，为实现桥头堡战略，我省法学界在东南亚国家法、东盟法、南亚国家法、南盟法的研究方面取得阶段性成果，我省学者出版《东盟国家公司法律制度研究》（中国社会科学出版社2008年版）、《东盟国家金融法律制度研究》（中国社会科学出版社2008年版）、《泰国经济法研究》（中国社会科学出版社2008年版）、《越南经济法研究》（中国社会科学出版社2008年版）、《桥头堡建设法律服务研究与实务》（中共中央党校出版社2010年版）等专著10余部，发表相关论文30余篇，这些成果在国内居领先地位，为我省制定桥头堡建设相关政策提供了依据和理论支持，为桥头堡建设在法治的轨道上运行提供了保障。

我省是一个边疆省份，又是一个少数民族众多的省份，民族团结、边疆稳定十分重要，为了实现我省多民族团结、繁荣、富强和边疆稳定，我省法学界在民族区域自治法、国家法律在少数民族地区的实施、少数民族习惯法和边疆稳定与安全法律问题研究等领域的研究也取得丰硕成果，为我省制定边疆、民族地区的发展战略、政策提供了智力支持，为我省边疆稳定、民族团结、社会经济发展作出了贡献。

我省还是毒品和艾滋病的重灾区，已成为严重影响我省社会经济发展甚至影响稳定的社会问题，禁毒和防治艾滋病成为我省各级政府的一项艰巨的任务。三年来，我省法学教学研究单位除积极培养禁毒法律人才外，还把禁毒防艾法律研究作为我省法学研究的一个重点领域，取得可喜成果。

我省是一个生态资源较为丰富的省份，环境保护直接关系到我省社会经济发展的可持续性问题，十分重要。三年来，我省法学研究人员在资源生态环境保护法律研究领域取得重要进展，获得并完成一批相关课题，发表一批水平高、影响大的论文和科研报告。

三年来，我省法学研究单位还举办了大量高水平、高档次的法学学术研讨活动，对涉及我省社会经济发展的重大法律问题进行了研讨，取得了大量研究成果。

《云南大学学报》（法学版）是我省目前唯一的法学刊物，自1987年创刊以来，已出版115期，在国内法学期刊中有较大影响力。三年来，该刊物的质量不断提高，影响力不断提升，成为我省法学研究的一张名片。2010年度，在全国所有法学期刊中，被人大复印资料全文转载排名第

28位。

二、学术活动

从2008年至2010年，我省共举办学术研讨会40余次，研讨会的主题涉及我省社会经济发展的重大问题，如桥头堡建设法律问题、禁毒防艾法律问题、应对金融危机的法律问题、关乎民生和社会和谐的劳动保障法律问题、环境保护法律问题等。重要的有：

（一）禁毒法与艾滋病防治法研讨会

2009年2月20日，“禁毒法与艾滋病防治法研讨会”在云南大学科学馆第六会议室成功举行。本次会议由云南大学法律援助站与北京爱知行研究所共同举办，旨在通过对艾滋病人及药物依赖者IDU人群生活状况进行进一步了解，提出对该人群切实可行的法律援助方案。会议由法学院邵芬教授主持，法学院院长及有关方面专家教授、北京爱知行研究所所长及相关工作人员、云南省警官学院莎莉老师、中国全球观察项目等NGO组织、红河草根网络、开远阳光互助家园等民间组织、上义律师事务所及法律援助志愿者代表50余人等参与。各方代表在会上畅所欲言，红河草根网络等社群组织代表谈了艾滋病人以及药物依赖者人群的社会生存状况。学者及律师结合个人实践对当前该人群的权利保护所存在的法律问题谈了自己的看法。会议通过多方代表发言及小组讨论，提出了下一步法律援助意见，学术、民间组织和社群的合作机制，以更好地为成瘾者人群提供法律援助。

（二）第二届中越法律研讨会

2009年7月19日上午，由云南大学法学院和越南河内法律大学共同主办的“第二届中越法律论坛”在省政协委员活动中心拉开帷幕。云南大学副校长肖宪、云南大学法学院党委书记陈铁水、院长陈云东及越南河内法律大学代表团、云南大学法学院部分师生代表出席了开幕仪式。开幕仪式由陈铁水主持。副校长肖宪在开幕仪式上致辞。他对远道而来的河内法律大学代表团表示热烈的欢迎，对河内法律大学多年来给予云南大学法学院的支持和帮助表示感谢，并向来宾简要介绍了云南大学的办学历史和发展现状。肖宪表示，云南大学法学院与河内法律大学自2002年11月建立合作关系以来，双方在学术交流、资料共享、教师互访等方面取得了可喜的成绩。他希望借此次论坛能进一步加深双方的合作交流，为以后更深更广的合作奠定良好的基础。院长陈云东在开幕仪式上讲话。他介绍了云南大学法学院在师资队伍、教学科研、人才培养、学科建设等方面的相关情况，并简要回顾了河内法律大学与云南大学法学院的交流合作情况，对双方共同努力所取得的丰硕成果给予了充分肯定。陈云东希望双方今后在教学、科研等上能进一步加强合作，特别是在东南亚法律研究方面取得更大突破。越南河内法律大学代表团团长阮明俊在开幕式上发言。他表示，中越作为有着相似政治制度的友好邻邦，在法律方面存在进行讨论的共同话语。他希望此行能够学习我国市场经济制度下在刑法、民法等方面的经验，并在今后继续举办此类学术研讨会，以加深双方的了解和学习。开幕仪式前，副校长肖宪与河内法律大学代表团一行进行了亲切会谈。此次中越法律论坛双方主要就中越两国的民法和刑法进行为期两天的学术研讨。

（三）保山市农民工法律援助问题研讨会

2009年12月10日，云南大学法学院在科学馆召开了“保山市农民工法律援助问题研讨会”。研讨会上，法学院教授邵芬报告了本项目一年来的实施情况，就项目实施情况总结了农民工法律援助中存在的问题，并对存在的问题提出了对策和建议。研讨会就农民工法律援助中存在的问题、对策和建议进行了讨论。参加研讨会的单位有省人大法制工作委员会、省委政策研究室、省政府法制办、省委宣传部、省农民工工作联席会议办公室、省农村劳动力转移及劳务输出工作领导小组、省农民工法律援助工作站、保山市就业服务中心、学校科研处，以及部分律师和法学院师生、《云南信息报》和《春城晚报》的记者共50余人出席了会议。

（四）第三届中越法律研讨会

2009年7月24日至31日，云南大学法学院与越南河内法律大学在河内成功举办题为“中越宪法、商法比较研究”的中越第三届法律研讨会。此前，法学院与该校已成功举办两届法律研讨会。法学院由院长陈云东率队，蔡磊、郑冬渝、仇永胜、米良、黄积虹等15名宪法、商法教师提交论文并参加会议。越南方面，越南司法部常务副部长黄世廉博士，越南法律大学副校长阮氏金莲博士，越南国会法律局、越南司法部法律研究院、越南河内法律大学、越南国家大学法律系及河内其他大学法学院系的专家学者40余人参加了研讨会。两天的会议上，双方学者就共同关心的宪法、商法问题进行了热烈的研讨，主要涉及全球化背景下的中央与地方的权利分配体制、市场经济及全球化背景下的法院体制改革、违宪审查制度、反贪、少数民族权益的宪法保障、中越两国宪政比较、选举制度改革、票据法、保险法、知识产权法等内容。中越两国都是社会主义国家，都在建立社会主义市场经济，在上述宪政、商法领域都有太多的相同或相似之处，相互有太多值得相互学习借鉴的地方。通过两天的研讨，参会双方代表都表示获益匪浅。越南方面十分重视这次会议，派国会法律局的专家、司法部法律科学研究院专家及在河内的著名大学的法学院系专家参加了会议。越南司法部常务副部长黄世廉参加了会议并宴请了法学院全体教师。会议期间，法学院全体教师还拜会了我驻越大使馆文化参赞刘东生、行政参赞张连佑。两位参赞对云南大学法学院10年来与越南河内法律大学进行合作交流所取得的成绩给予高度评价。会后，陈云东和法学院相关老师还到河内河东郡苏忠孝同学家中进行家访。苏忠孝同学是云南大学法学院米良教授所带的硕士研究生，院长陈云东向苏忠孝的父母详细了解了苏忠孝的家庭情况，并请苏忠孝父母放心，苏忠孝同学在法学院学习努力，表现良好，希望其父母继续支持苏忠孝同学完成学业，学成后为两国的友谊作贡献。近年来，根据“桥头堡”建设战略，法学院十分重视招收东盟国家学生。目前已经有越南、老挝、缅甸、泰国的留学生在法学院学习或毕业，今后还将有更多的东盟国家留学生到法学院留学。

（五）中国—东盟自由贸易区知识讲座

2009年12月3日，由云南省东南亚南亚经贸合作发展联合会主办，云南省企业联合会、云南省工业经济联合会、昆明市机械科技协会协办，云南大学法学院承办的“中国—东盟自由贸易区知识讲座”在云南大学科技馆报告厅举办。2010年1月1日，中国—东盟自由贸易区正式启动，它将对云南企业与东盟国家，特别是同周边国家的经贸合作与发展产生长远影响。因此，2009年是中国东盟自由贸易区建设的关键之年。为此，国侨版将2009年定为“全国侨办系统维护权益侨商投资权益行动年”，积极维护侨商合法权益，为侨资企业排忧解难，提供优质服务，改善投资环境，推动侨资企业更好地发展。随着中国与东盟相互投资和贸易不断扩大，2009年一季度以来，云南固定资产投资增长4.8%，国内生产总值增长7.3%，整体积极正向好的方向发展。此外，云南省着力于创新工作方式，拓宽金融渠道，大力支持和引导社会资本，尤其是华商资本投向政府鼓励项目和符合国家产业政策的领域，广泛参与农业农村发展、基础设施、产业建设、社会民生、生态环保等。中国和东盟大多数国家正处在工业化、城镇化发展时期，经济互补性强，市场空间和增长潜力巨大，因而双边多边合作共赢的前景广阔。在此背景下，云南省东南亚南亚经贸合作发展联合会举办这次讲座，旨在为会员企业提供东南亚南亚各国的产业政策、项目信息和有关的法律、法规的咨询服务，为华商提供法律事务和项目对接方面的服务。为企业提供一个多方面、高层次的对话平台，建立更实用的合作机制以帮助云南企业界和知识界了解与应对中国—东盟自由贸易区正式启动这一机遇与挑战。讲座的第一讲由云南大学法学院院长陈云东教授讲述了“中国—东盟自由贸易区（CAFTA）的法律框架”。陈教授介绍了CAFTA的法律基础《中国—东盟全面经济合作框架协议》，以及随后的《货物贸易协议》、《服务贸易协议》、《投资协议》、《争端解决机制协议》等一系列重要法律文件的产生签署过程及其重要内容等，并且指出，在现阶段，我们要更多地关注和研究在CAFTA全面实施的背景下，如何结合自己的工作，来遵守和利用CAFTA的法律规则，更好地为贸易与投资服务。第二讲是云南大学法学院米良教授所作的有关东南亚国家投资法律环境的报告。其中包括东盟国家的国内法律、产业政策、投资法律环境和金融法律环境等。报告指出，东盟国家法律混合了古代中国法律、印度法律、伊斯兰法律和英美法律，呈现出多样化的特点。建议前往东盟进行投资和贸易的企业，要了解当地文化，入乡随俗，尊重对方的宗教习惯，并且注意当地办事的一些潜规则问题。第三讲由云南大学经济学院院长施本植教授讲授，介绍了中国企业走进东盟将会遇到的投资与贸易壁垒及其相应对策、零关税带来的商机，以及要注意的问题等。施教授指出，云南的企业要抓住零关税的契机，形成先动优势。不过也要注意到，作为传统贸易壁垒的关税影响已逐渐消失，而非关税壁垒的一些做法也正在东盟国家兴起，进入东盟的企业要注意规避风险等。接下来由昆明海关、云南省商务厅、云南省出入境检验检疫局的工作人员介绍了东盟自由贸易区的降税进程、海关的通关流程、出入境检验检疫程序、WTO与技术壁垒、原产地证书签署等实务性的知识。昆明海关关税处刘燕作了题为"东盟自由贸易区的降税进程"的报告，内容包括从进出口数据中了解商机、海关的通关流程和便利设施等。云南商务厅副处长颜炯主讲了"相关实务操作"。云南省出入境检验检疫局法综处鲁伟松主讲了"出入境检验检疫程序及有关规定"，就WTO与技术贸易壁垒知识、有关原产地证书签署等作了介绍。本次讲座既有理论性的框架介绍，又有实务性的技术操作，与会的企业家代表和专家学者均在会议中获得了大量信息。通过此次学习，企业家们进一步了解了投资中国—东盟自由贸易区的相关法律知识，认清了企业当前面临的利益和风险，为企业家们应对自由贸易区带来的机遇与挑战打下深厚的基础。同时，也为理论研究者提供了一个良好的信息平台，而学者通过这个平台了解到实践中存在的具体问题和制度困境，以提出新的理论和构建相应的制度来回应现实需要。

（六）第三届中国经济法治论坛

2008年7月5~6日，第三届中国经济法治论坛由中国人民大学经济法学研究中心、昆明理工大学法学院、北京市经济法学会、上海市法学会经济法研究会四家单位主办，北大英华科技有限公司、（云南）湖北商会、（云南）湖南商会、刘胡乐律师事务所协办，于昆明银天大酒店举行。论坛的主题有两个：一是"改革开放30年与中国经济法"，主要在改革30年的大背景下讨论中国经济法的作用，总结存在的问题，展望其未来的发展；二是"湄公河区域经济合作法律问题"，就该区域经济合作与发展中的经济法问题进行研究。到会的专家学者来自北京大学法学院、中国人民大学法学院、法律出版社学术分社、云南省高级人民法院、佛山仲裁委员会等二十多家省内外单位，包括孙琬钟、陶和谦、史际春、刘瑞复、王全兴、吴宏伟等国内经济法知名学者。论坛的主体报告分为四个阶段，其主题分别为：光辉历程、学术荣耀与社会责任、蓬勃发展的中国经济法学、制度变迁下的部门经济法、湄公河区域经济合作与发展法律问题研究等。每个阶段都分别有一位主持人，大概有四位就该论题发表演讲，然后有一位点评人对此阶段的谈话进行评述、总结。

（七）中国法学会环境资源法学研究会第三次会员代表大会暨2009年全国学术研讨会

2009年8月3~6日，中国法学会环境资源法学研究会第三次会员代表大会暨2009年全国学术研讨会在昆明举行。大会由中国法学环境资源法学研究会和昆明理工大学联合主办、昆明理工大学法学院承办，于昆明云安会都举行。会长蔡守秋教授、副会长陈德敏教授、吕忠梅教授、周珂教授、王树义教授、王灿发教授、徐祥民教授、王曦教授、陈泉生教授、张梓太教授以及秘书长李启家教授出席了会议。云南省政府法制办主任祁希元、昆明理工大学副书记孙书行、云南省高级人民法院副院长李思明出席了会议开幕式。中国法学会环境资源法学研究会会员，从事环境资源管理、环境资源法制工作和环境资源法学研究工作的260余位专家学者参加会议。原日本国立横滨大学副校长、现昆明理工大学法学院客座教授来新生教授应邀作了"关于日本环境法学的最新研究动向"的发言，来自法律实务界的人士，包括云南省环境保护厅、昆明市环保局、昆明市滇池管理局、昆明市中级人民法院环境保护审判庭、昆明市人民检察院环境资源检察处、昆明市公安局环境保护分局等单位的领导也应邀参会，云南省兄弟院校法学院等单位也派人参加了会议。中国法学会环境资源法学研究会领导和与会代表对本次会议所取得学术成果和研究会换届选举的顺利开展给予高度评价。

（八）中国法学会刑法学研究会2009年全国学术年会

2009年8月1~21日，中国法学会刑法学研究会2009年全国学术年会在昆明举行。年会由中国法学会刑法学研究会主办，云南省高级人民法院、云南省人民检察院以及昆明理工大学法学院共同承办，于昆明滇池温泉花园酒店举行。来自全国人大常委会、最高人民法院、最高人民检察院、地方司法机关、全国高等院校、科研机构和法律界媒体记者等300余人参加了会议。中南财经政法大学校长助理、中国法学会刑法学研究会副会长齐文远教授主持开幕式。中共云南省委常委、政法委书记孟苏铁，全国人大常委会法工委副主任郎胜，中国法学会副会长周成奎，中国法学会刑法学研究会名誉会长、北京师范大学刑事法律科学研究院名誉院长、特聘教授高铭暄，中国法学会刑法学研究会名誉会长、武汉大学教授马克昌，云南省人大常委会副主任江巴吉才，云南省政协副主席倪慧芳，最高人民法院前副院长刘家琛，云南省高级人民法院院长许前飞，云南省人民检察院检察长王田海，韩国比较刑事法学会会长、韩国亚洲大学教授赵相济，北京师范大学刑事法律科学研究院暨法学院院长、中国法学会刑法学研究会会长赵秉志等出席了开幕式。会议的主题为“新中国刑法建设60年”，下设两个子议题，分别为“新中国刑法建设60年：回顾与展望”和“新中国刑法建设60年：研讨与适用”。此次盛会中，参加“第七届中韩刑法学术研讨会”的韩国刑事法学界的11位专家学者也列席了大会开幕式，这也是首次有外国刑法学者参加的刑法学术年会。

（九）第十届经济法前沿理论研讨会

2009年，中国经济法学会的发展已经进入了一个新的历史阶段，需要研讨未来若干年经济法学研究应当关注的重大前沿问题。同时，由美国次贷危机引发的世界金融危机，不仅对世界金融体系形成巨大的冲击，而且对建立在经济基础上的经济法律制度提出了严峻的挑战。同时，正如王全新教授在其报告“转型与危机碰撞下的经济法学思考”中指出的：2009年，我国正在进行以“科学发展观、以人为本”为指导的第二次转型，但转型之初就遭到了金融危机的“碰撞”。第十届经济法前沿理论研讨会由北京大学经济法研究所主办，云南大学法学院承办，于2009年7月10日至11日在云南昆明成功召开。来自全国各高等院校、研究机构以及法学会、出版界的专家学者参加了会议。研讨主题为：新时期经济法理论的重大前沿问题研究。在这一主题之下，与会代表进行了广泛的研讨，包括金融危机对经济法理论发展的影响、经济审判庭的废立问题等，各位代表提出了经济法前沿问题的若干问题，并论证其前沿性和研究的必要性。会议分两组同时进行：第一组为新时期经济法的重大前沿问题；第二组为经济法与经济危机。与会专家在为期两天的四场研讨会中对这两个议题进行了深入研讨，取得了有益的成果。在第一组中，一些学者对重建各级人民法院新的经济审判庭进行了非常激烈的讨论。张守文教授建议，将人民法院经济审判庭的制度设计作为经济法的前沿问题研究。杨紫烜指出，撤销人民法院经济审判庭是不合法的，违反《人民法院组织法》，需要重建各级人民法院新的经济审判庭。李昌麒教授提出，在今后一个时期应当加强经济法理论研究、经济政策法律化问题研究、经济法实施问题研究、农村经济法制建设研究、“内需型导向模式”法制化保障研究、社会分配问题的法制保障研究的观点。另外一些学者对经济法的发展方向表明了观点。如陈乃新教授对“经济法为什么是这样”进行了论述，并指出：第一，经济法应当按照现代私法进行改造；第二，经济法作为一个法律部门应当制定基本经济法，并应制定相应的经济诉讼法（恢复经济审判庭）。刘光华教授以作为国别经济法律制度地本土性问题与经济法部门的知识谱系的普适性之间的关系及协调作为切入点，借助了一个学术个案的回顾性研究，从本土性的中国经济法与普适性的世界经济法相协调的角度，对中国经济法研究的未来方向进行了初步思考。在第二组中，胡光志、周昌发反思金融危机前后美国不同的理念和举措，认识到国家干预的深刻内涵和发展历程，认为今天的中国须秉承适度干预之理念，走干预法制化的道路。王全兴教授分析，危机会对转型产生“促进”和“阻碍”两种影响。应对危机有三条底线：社会稳定底线、劳动者生存底线和生态环境底线。科学发展，以人为本包含着丰富的社会政策内容。薛克鹏教授认为，必须将政府置于权利和社会公共利益的对立面，对救市行为进行法制化，以程序控制为主，实体控制为辅。李昌麒教授说，要把应对危机行之有效的政策法制化，也可以直接立法，以法的稳定性来保证经济政策的连续性和稳定的经济预期。他认为，政府调控还是要由政策调整为主转向法律手段为主。当然，立法涉及利益集团的博弈，越是危机时期的立法，越要注重立法民主，尊重民意，吸取民智。

（十）第七届中韩刑法学会研讨会

2009年8月19~20日，由中国法学会刑法学研究会、北京师范大学刑事法律科学院主办，云南省高级人民法院、云南省人民检察院、昆明理工大学法学院、高铭暄刑法学发展基金协办的第七届中韩刑法学术研讨会在昆明滇池温泉国际花园大酒店隆重举行。来自韩国亚洲大学、首尔大学、延世大学、东亚大学等高校的11名韩国比较刑事法学会的代表，以及来自中国全国人大常委会法工委、中国法学会、云南省高级人民法院、云南省人民检察院等中央与地方政法机关，武汉大学、中南财经政法大学、西北政法大学、北京师范大学等高校、科研机构的中国学者，共计50余位中韩专家学者参加了此次研讨会。北师大刑科院暨法学院院长、中国法学会刑法学研究会会长赵秉志教授主持了开幕式，中国法学会副会长周成奎同志、韩国比较刑事法学会会长赵相济教授、昆明理工大学法学院院长曾粤兴教授和北师大刑科院名誉院长高铭暄教授分别在开幕式上致辞。研讨会以“刑法的修正与发展”为主题，并分“中韩刑法修正与发展的宏观问题”、“中韩危害公共安全犯罪的修正与发展”等六个单元展开，全面而深入地研讨了中韩刑法修正与发展历程、经济犯罪、环境犯罪、暴力犯罪、交通肇事犯罪、恐怖活动犯罪、贿赂犯罪、国际犯罪国内化等问题。此次研讨会的成功举行，进一步密切了中韩两国刑法学者的联系和友谊，促进了中韩相关刑法问题研究的进一步深入，产生了积极的国际影响，具有十分重要的意义。

（十一）欧盟项目“IP-Unilink”工作会议

2010年1月18~19日，昆明理工大学法学院承办的欧盟项目（Erasmus Mundus IP-UniLink）工作会议于昆明饭店召开。本次工作会议是在巴西和印度的工作会议基础上进行的第三次工作会议。欧盟—金砖四国“高等教育机构知识产权管理与合作”是2008年10月由西班牙阿里坎特大学（Alicante University）牵头，联合欧盟国家瑞典的查默斯大学（Chalmers University）、波兰的雅盖洛大学（Jagiellonian University）以及俄罗斯圣彼得堡电子科技大学（St.Pertersburg State Electronical University）、巴西坎皮纳斯大学（Campinas University）、印度理工大学（IIT）及中国昆明理工大学等七个高等教育机构联合进行的研究课题。该课题旨在深入分析金砖四国“高等教育机构科技研发与转化过程中的知识产权管理与合作问题”。该项目对加强欧盟各国与金砖四国高等教育机构知识产权管理与合作具有深远意义。云南大学凭借其在知识产权管理与合作等相关领域的独特优势，成为代表中国参与该国际项目的唯一中方大学。本次工作会议的主题是如何就“欧盟与金砖四国高等教育机构知识产权管理与合作”中的政策、法律框架以及典型案例进行分析。来自巴西、西班牙、瑞典、印度、波兰、俄罗斯和中国的11位学者参加了这次工作会议。昆明理工大学外事处处长邓钢、法学院院长曾粤兴教授出席了18日上午举行的开幕式，该项目的中方负责人、法学院副院长陈兴华教授，以及李娜、李馨两位老师参与会议讨论。

（十二）云南大学首届禁毒防艾高层论坛

2010年6月29日上午，云南大学首届禁毒防艾高层论坛在科学馆举行。省卫生厅厅长陈觉民，云南大学副校长肖宪，省政府法制办、省检察院、省教育厅、省禁毒委办公室、省疾病控制中心、省高级人民法院等相关部门负责人以及国内外高校的相关学者，云南大学法学院师生代表200余人参加此次论坛开幕式。肖宪在论坛开幕式上讲话，他代表云南大学党政向参加论坛的各位领导专家学者表示热烈的欢迎和衷心的感谢，对长期关心禁毒防艾工作并付出辛勤努力的同志表示敬意。肖宪说，云南大学从20世纪80年代就开始了禁毒防艾的法律政策、技术和社会研究、禁毒国际合作和国家安全研究、毒品艾滋病与公共卫生等方面的工作并取得了显著成绩，同时云南大学法学院设立了相关专业并积极协助其他部门，对我省的禁毒防艾工作作出了积极的贡献。但在全世界禁毒力度不断加大的今天，我们在禁毒防艾领域依然面临着巨大的挑战，特别是我省处在禁毒斗争第一线的特殊情况，需要进一步对毒品以及艾滋病进行深入研究。希望通过此次论坛，加强云南大学以及国内外各相关学科和学者的交流与合作，共同提升相关领域的教学科研和社会服务水平。云南大学法学院党委书记陈铁水在论坛开幕式上致辞，他介绍了本次论坛的背景、宗旨以及云南大学法学院在禁毒防艾方面的相关研究情况，并希望此次论坛的举行，可以为国内外相关领域研究学者提供一个交流平台，共同推动我国禁毒防艾的工作。省教育厅科技处处长赵纯向我校授予“云南省教育厅省院省校合作禁毒防艾研究基地”牌匾。陈觉民在论坛开幕式上作题为“抓住机遇，全面推进我省艾滋病防范工作”的报告，介绍了我省艾滋病疫情和防控工作现状、基本思路和具体任务，表示要以高度的责任心和使命感，抓住机遇，采取更加有力的措施，全面、深入、持久地推进防治艾滋病工作，为维护人民群众的健康权益作出新的贡献。在本次论坛上，来自国内外高校的学者将就毒品分析、检验、艾滋病流行、社会救助等方面进行研讨。另悉，在国际禁毒日来临前夕，6月25日上午，云南大学法学院在云南省第一劳教所邀请下，在劳教所八大队对三十余名劳教人员开展了禁毒法制宣传教育活动。法学院的四名学生代表在云南省第一劳教所八大队多媒体教室对全体劳教人员作了一次生动的禁毒教育知识讲解。在交流中四位同学分别详细阐述了毒品危害、法律责任等方面的认识，与此同时普及了相关戒毒知识，并深刻阐明知毒、防毒、禁毒的重要意义。这次教学实践交流不仅加强了法学院学生对禁毒法的认识和了解，同时增强了云南大学与云南省第一劳教所的普法教育交流合作。

（十三）云南省高校首届禁毒防艾教育论坛

在“6·26”国际禁毒日来临之际，为深入贯彻《禁毒法》，总结《云南省教育厅新一轮禁毒防艾人民战争实施方案》开展后的阶段成果，推动云南各院校更加有效、可持续地开展禁毒与防艾教育工作。6月21日上午，云南省高校首届禁毒防艾教育论坛开幕式在云南大学科学馆举行。校党委副书记张昌山、云南省禁毒委办公室宣传处处长龙巨勇、省卫生厅艾滋病防治局综合办副主任周红梅、省教育厅体卫处常国有等相关部门负责人。中国友成企业家扶贫志愿者支持中心主任翟燕、英国海外志愿服务社专家志愿者ROSE、大理市公安隔离戒毒所、陇川县第二小学等特邀嘉宾、云南大学、云南师范大学、昆明医学高等专科学校等18所大中专院校从事禁毒防艾教育的教师、学生志愿者代表参加论坛开幕式。张昌山在开幕式上讲话，他代表云南大学对论坛的召开表示热烈的祝贺，对参会的来宾表示衷心的感谢。他说，目前各高校都把参加禁毒防艾活动作为提高学生综合素质，培养学生公民意识，奉献社会的有效方式。云南大学利用学科优势，在禁毒防艾方面迈出了一大步，成立了相关专业学科，开设相关课程，获得了国家和云南省的大力支持和帮助。同时我们也要看到当前禁毒防艾依然面临着严峻的形势，需要进一步采取必要的手段。希望通过此次活动，在省委、省政府和相关职能部门的大力支持下，为我省大学生提供了一个良好的平台，有利于提高大学生禁毒防艾的意识、知识。在开幕式上，龙巨勇、周红梅、翟燕分别讲话，对论坛的开幕表示祝贺。与会领导为“云南高校第二期禁毒防艾志愿者管理师资培训班”的学员颁发结业证书，并向陇川因毒品、艾滋病影响致儿童转交捐款物活动。这次论坛是教育厅开展禁毒与防艾教育系列活动的一部分，将向参加开展各大中专院校开展禁毒防艾教育经验交流、问题探讨、合作展望等。通过高校的一系列活动，发挥了学校在全省禁毒与预防艾滋病教育中的示范和带动作用，对进一步推动云南学校禁毒防艾教育工作具有重要意义。

（十四）海峡两岸“新世纪民法典的新元素”学术研讨会

2010年7月13日，来自海峡两岸的著名民法学专家聚集昆明，就民法典与部门民法的发展方向举行高层学术研讨。由中国人民大学法学院、台湾政治大学法学院联合主办，云南大学法学院承办。云南省高级人民法院院长许前飞，中国人民大学党委副书记、副校长王利明，台湾地区司法院宪法法院大法官、台湾大学名誉教授王泽鉴，台湾政治大学教授苏永钦，云南大学校长何天淳，云南大学法学院党政负责人及来自海峡两岸的专家学者出席了开幕式。开幕式由云南大学法学院院长陈云东主持。何天淳在开幕式上致辞。他对本次研讨会的召开表示祝贺，对专家学者们的到来表示欢迎。何天淳简要介绍了云南大学的办学历史和发展现状，回顾了云南大学法学院近80年的办学历程。他希望与会的专家学者通过本次论坛能够继续给予云南大学法学教育和法学学科建设关心、帮助和支持。许前飞结合自己的求学和工作情况，从实践的角度对民法的重要性进行了阐释。他说，某种程度上，民法是整个法律制度的重要基石。许前飞希望此次研讨会的成果能够惠及司法实践。王利明对国内民法研究的进程进行了简要回顾，就民法研究领域的一些基本问题提出了自己的见解，并希望此次研讨会的成果能够为大陆民法典的制定提供重要参考。苏永钦代表到会的台湾学者对云南大学法学院的热情接待表示感谢，并就台湾地区的民法研究进行了概要介绍。开幕式后，王泽鉴先生作了题为“民法法典化与私法发展”的主题报告。此次研讨会为期两天。会议期间，与会学者将就民法典与商法典、消费者保护法、劳动法、知识产权法及民法典的相关理论问题进行研讨。民事法律是整个社会制度的重要基石，推进中国民法典完备的进程，长期受到海峡两岸法学界的高度关注。我国从1986年制定实施《民法通则》后，民法典的完备工作已分阶段、分步骤推进，主干部分已基本形成。由中国人民大学、台湾政治大学主办，云南大学承办的“新世纪民法典的新元素”研讨，是两岸学者近10年来就同一主题在北京、台湾之后举行的第三次高层研讨。研讨中，民法学界泰斗、中国台湾地区司法院宪法法院大法官王泽鉴先生，作了“民法法典化与私法发展”讲座。海峡两岸的学者分别就民法典与商法典、消费者保护法、劳动法、知识产权法的分合以及民法典的相关理论等进行了细化探讨。研讨成果将为大陆民法典的制定提供重要参考。

（十五）第三届全国财经类院校法学教育论坛

2010年11月在云南财经大学成功举办“第三届全国财经类院校法学教育论坛”。本届论坛是由云南财经大学法学院主办的，来自全国18家财经类院校法学院的30多位领导、专家、学者围绕“全球化背景下财经类院校法学教育改革”这一主题，采取专家学术报告、代表研讨典型案例、专家现场点评相结合的形式进行。本届论坛是全国财经类院校自2008年以来召开的第三次法学教育论坛，也是全国财经类院校法学学者的又一次学术盛会。论坛的成功举办，对于旨在聚集法学教育工作者，特别是新一代法律人的智慧，活跃论坛的形式，深化论坛的思考，从而推动法学教育的改革，为中国法学教育事业的前进起着积极推动作用。论坛不仅以思维的多样性、意见的创造性体现了学术研究的百花齐放、百家争鸣，而且因其生动活泼、理论和实践并重的论坛形式，成为法律人相互切磋借鉴、成长进步、锐意进取的大舞台，也由此赢得业内外人士的普遍关注，本次论坛取得了圆满成功。

（十六）2010年两岸经贸与法律学术交流会

2010年12月在云南财经大学成功举办“2010年两岸经贸与法律学术交流会”。本次交流会由云南财经大学和民革云南省委联合主办，来自中国台湾地区行政院公平交易委员会、中国台湾剑桥校友会秘书长林宜男教授，东吴大学法律系张耿铭教授，云南财经大学法学院佴澎教授、马慧娟教授，中国台湾地区教育研究院中部院区主任（副院长），东海大学法学系翁志宗，民革云南省委法律支部委员，云南欣晨光律师事务所执行主任洪素恒等两岸学者共聚一堂，围绕“台湾地区公平交易法、城市房屋征收法律程序、台商在大陆投资与贸易常发生之法律问题、中国大陆证券群体纠纷解决机制、中国台湾高级中学法治教育、台商在滇投资的知识产权保护问题”等涉及两岸的经贸、法律以及法律教育问题进行深入探讨。两岸学者在理论和实践方面发言话题宽广，分析透彻，反映了深厚的功底和丰富经验，反映了滇台在经贸与法律领域广阔的交流前景，本次交流会将对滇台地区间的交流产生长远影响。学院通过对外合作交流工作的开展，为法学院提升知名度、扩大办学空间创造了良好的条件。本次研讨会也有利于加强滇台学术互动，对促进两岸文化发展与交流发挥了积极作用。

三、研究成果

2008—2010年的三年期间，我省法学工作者在法学研究领域取得了丰硕成果，据不完全统计，三年期间共发表论文788篇，出版专译著41部，编写教材11部，获得省部级以上课题立项112项，其内容主要涉及各部门法及我省特色学科，主要是桥头堡建设相关的东盟法、东南亚国家法、民族法、禁毒防艾法、区域经济法等众多领域，数量多、质量高，覆盖面大，紧扣我省社会经济发展的实际，既注重理论研究，更强调实践性和服务性，为省委、省政府决策提供了重要决策支持。

（一）重要著作

2008年至2010年三年间，我省学者出版的主要著作有：

姜昕：《比例原则研究》，法律出版社2008年版。

沈寿文：《以制度治病：法学视野中的云南农村合作医疗》，云南大学出版社2008年版。

姜昕主编：《产业政策法》，中国社会科学出版社2008年版。

米良主编：《缅甸公司法》，云南大学出版社2009年版。

周梁云著：《公司法新论》，云南人民出版社2008年版。

杜爱萍著：《中国基本医疗保障变迁与评估》，云南人民出版社2008年版。

米良、陈志波：《泰国经济法研究》，中国社会科学出版社2008年版。

陈云东、米良：《东盟国家金融法律制度研究》，中国社会科学出版社2008年版。

米良、周麒：《东盟国家公司法律制度研究》，中国社会科学出版社2008年版。

米良、陈志波：《越南经济法研究》，中国社会科学出版社2008年版。

胡兴东：《中国古代死刑制度史》，法律出版社2008年版。

周芳：《经济法学》（李涛副主编），北京航空航天大学出版社2008年版。

董皓：《电子商务法》，对外经济贸易大学出版社2009年版。

王启梁：《迈向深嵌在社会与文化中的法律》，中国法制出版社2010年版。

陈云东、杨朝：《国际禁毒法研究》，云南人民出版社2010年版。

胡兴东：《中国古代判例法运作机制研究》，北京大学出版社2010年版。

胡兴东等：《判例法的两面：中国古代判例选编》，云南大学出版社2010年版。

田瑞华主编：《创业致富法帮助——民事交往中的法律问题》，云南大学出版社2010年版。

米良：《越南、泰国民事诉讼法典》，云南大学出版社2010年版。

何永军：《断裂与延续——人民法院建设1978—2005》，中国社会科学院出版社2011年版。

王嘎利：《民事共同诉讼制度研究》，中国人民公安大学出版社2008年版。

施蔚然等：《外国法律史要论》，中国人民公安大学出版社2009年版。

佴澎著：《从冲突到和谐——元明清时期西南少数民族纠纷解决机制研究》，人民出版社2008年版。

于定明等著：《注册会计师法律制度研究》，法律出版社2009年版。

马慧娟编著：《云南省公务员事业单位法检系统招录考试面试必备面试指南》，科学出版社2009年版。

马慧娟主编：《云南省公务员录用考试应试指南行政职业能力测试专项突破常识判断》，科学出版社2010年版。

（二）重要论文

2008—2010年，我省学者发表法学论文788篇，其中9篇发表在国外法学学术核心期刊，2篇发表在国外一般法学刊物，90余篇发表在法学类知名核心期刊（CSSCI）《法商研究》、《法律科学》、《法学》、《现代法学》、《法学评论》及社会科学类CSSCI来源期刊和CSSCI来源期刊扩展版，3篇被《高等学校文科学术文摘》转载，12篇被人大报刊复印资料转载。

1．宪法、行政法

陈铁水：《健全和完善防腐反贪的法律体系》，载《云南大学学报》（法学版）2008年第5期。

米良：《论马来西亚宪政制度的特点》，载《学术探索》2009年第6期。

姜昕：《比例原则释义学结构构建及反思》，载《法律科学》2008年第5期。

李宾华：《和谐社会建设考量政府角色转变》，载《云南大学学报》（法学版）2009年第1期。

沈寿文：《立宪思维与“依宪执政”的悖论》，载《云南大学学报》（法学版）2009年第3期。

沈寿文：《中国宪法文本规定公民（人民）义务的原因探析》，载《云南社会科学》2009年第4期。

段海峰：《改革开放30年——中国宪法的发展及困惑》，载《甘肃社会科学》2008年第5期。

苏庆源：《关于行政回避制度的法律思考》，载《云南大学学报》（法学版）2009年第1期。

刘婷婷：《云南省群体性突发事件的特征及其处置方略》，载《云南大学学报》（法学版）2010年第3期。

马骊华：《评我国的戒毒体制》，载《上海政法学院学报》2010年第3期。

沈寿文：《论宪法文本公民（人民）基本权利的设定方式》，载《甘肃政法学院学报》2010年第2期。

沈寿文：《宪法保留：对基本自由权利限制的限制原则》，载《北方法学》2010年第3期。

沈寿文：《论现行〈宪法〉对〈民族区域自治法〉的影响》，载《前沿》2010年7月1日。

沈寿文：《目标与路径：新型农村合作医疗法律问题研究》，载《昆明理工大学学报》（社会科学版）2009年第5期。

沈寿文：《我国民族区域自治“自治权”与国际社会“地方自治权”研究》，载《云南民族大学学报》（社会科学版）2010年第2期。

沈寿文：《国际视野下的中国民族区域自治权》，载《云南大学学报》（法学版）2010年第1期；

沈寿文：《目标与路径：新型农村合作医疗法律问题研究》，人大复印资料《经济法学、劳动法学》2010年第1期全文转载。

沈寿文：《环境公益诉讼属性的行政法学分析》，载《云南大学学报》（法学版）2010年第1期。

钟穗青：《关于行政回避制度的法律思考》，载《云南大学学报》（法学版）2009年第1期。

周彧：《中国矿业税费制度改革探究》，载《云南大学学报》（法学版）2009年第1期。

周梁云：《试论中国农民获得物质帮助的宪法权利——以农村社会养老保险为例》，载《西南政法大学学报》2008年第1期。

2．经济法

蔡磊：《论第三部门经济法主体地位的理论机理》，载《云南大学学报》（法学版）2008年第5期。

蔡磊：《宏观调控法若干基本概念辨析》，载《河北法学》2010年第2期。

蔡磊：《经济危机背景下宏观调控法的反思》，载《云南大学学报》（法学版）2009年第5期。

蔡磊：《法经济学视野下有限责任公司治理中的他律与自律》，载《云南大学学报》（法学版）2010年第3期。

陈云东：《论“超主权储备货币”的法理基础》，载《云南大学学报》（法学版）2010年第3期。

齐虹丽：《例外与豁免：中国〈反垄断法〉适用除外之观察》，载《法学杂志》2008年第1期。

周梁云：《关于农村社会养老保险法律问题再思考》，载《经济问题探索》2008年第7期。

周梁云：《试论云南农村社会养老保险法律制度的完善》，载《云南大学学报》2008年第5期。

戴琳：《我国市场规制法中的保护与限制》，载《云南大学学报》（法学版）2009年第5期。

邵芬：《我国农村五保供养法律制度研究》，载《昆明学院学报》2009年第4期。

苏蓉：《论我国证券市场监管的完善》，载《云南大学学报》（法学版）2008年第6期。

杨朝：《个人慈善发展滞后的原因考究》，载《云南大学学报》（法学版）2008年第5期。

杨雪飞：《分时度假时权之权属模式研

究》，载《云南大学学报》（法学版）2009年第6期。

杨雪飞：《消费者权益保障视角下的分时度假时权法律性质分析》，载《公民与法》2010年5月。

杨士龙：《矿产资源所有权构造的法经济学分析》，载《甘肃政法学院学报》2008年第6期。

陈志平：《新形势下中国金融衍生产品法律监管体系构建》，载《云南大学学报》（法学版）2009年第4期。

3．民商法

戴琳：《非物质文化遗产知识产权制度构建的基本思路》，见吴汉东主编《中国知识产权蓝皮书》，北京大学出版社2009年版。

张榕、米良：《中国合同法与马来西亚合同法比较研究》，载《云南大学学报》（法学版）2008年第3期。

戴琳：《论传统标记性资源保护的地理标志制度价值与机制》，载《贵州师范大学学报》（社科版）2009年第1期。

杜爱萍：《泛珠江三角区域知识产权人才培养及其对云南的启示》，载《经济问题探索》2008年第3期。

段海峰：《收费性餐具的法律分析》，载《兰州学刊》2008年第11期。

周梁云：《完善云南农村社会养老保险法律制度》，载《中国特色社会主义道路和理论体系研究》2008年第7期。

董皓：《论我国著作权法中的违法作品问题》，载《法学》2009年3期。

董皓：《母亲节的知识产权故事》，载《中国发明与专利》2009年第7期。

黄积虹：《构建经济法视野中的合同制度》，载《云南大学学报》（法学版）2008年第6期。

米良：《越南民法典的历史沿革及其特点》，载《学术探索》2008年第5期。

《中国合同法律制度的形成与发展》，载《律学》（越南）2008年12月。

徐建平：《承租人优先购买权制度研究》，载《法制与经济》2008年第10期。

徐建平、许建伟：《论构建云南生物资源知识产权获取和分享机制》，载《昆明理工大学学报》（社会科学版）2008年第9期。

徐建平、许莲芳：《论债权人撤销权》，载《今日南国》（理论版）2008年第9期。

徐建平：《试述完善我国浮动抵押的制度设计》，载《思想战线》2008年人文社科专辑。

徐建平：《我国浮动抵押制度的风险分析》，载《法制与经济》2008年第9期。

米良：《中国合同法的发展趋势》，载《律学》（《越南河内法律大学学报》）2009年第11期。

杨晋玲：《试论夫妻财产权行使的法律限制》，载《云南大学学报》（法学版）2009年第6期。

杨雪飞：《反射型纯粹经济损失的赔偿问题》，载《云南民族大学学报》（哲学社会科学版）2010年第3期。

杨雪飞：《直接型纯粹经济损失的赔偿问题研究》，载《云南师范大学学报》（哲学社会科学版）2010年第4期。

米良：《合同范围之外的民事责任》，载《云南大学学报》（法学版）2010年第4期。

米良：《关于依照越南法律的规定民事合同有效和无效条件的部分问题》，载《云南大学学报》（法学版）2010年第4期。

米良：《越南和部分国家〈民法典〉关于通过诉讼索回财产方式保护所有权》，载《云南大学学报》（法学版）2009年第5期。

米良：《依照越南法律出让涉外贸易权合同》，载《云南大学学报》（法学版）2009年第5期。

米良：《在调整贸易合同关系中适用〈民事法〉的问题》，载《云南大学学报》（法学版）2009年第5期。

4．刑　法

高巍：《论环境犯罪的侵害法益》，载《学术探索》2009年第4期。

高巍：《煽动民族歧视罪略论》，载《云南民族大学学报》（哲学社会版）2009年第3期。

高巍：《罪刑法定原则视野中的期待可能性理论》，载《云南师范大学学报》（哲学社会版）2009年第2期。

董晓松：《从刑法对法益的动态保护机能考量绑架罪的修正》，载《云南大学学报》（法学版）2009年第6期。

董晓松：《论犯罪完成后之正当防卫》，载《昆明理工大学学报》（社会科学版）2009年第6期。

董晓松：《事后不作为能否单独成立犯罪研究》，载《云南农业大学学报》（社会科学版）2009年第12期。

董晓松：《中国单位犯罪的刑事立法与司法实践》，载《国家与法律评论》（越南社会科学院主办）2010年第6期。

董晓松：《中国反腐败刑事立法的修正与完善》，载《最高法院》（越南最高法院主办）2010年第4期。

董晓松：《武装掩护走私、贩卖、运输、制造毒品的认定》，载《法律适用》2010年第6期。

董晓松：《诉讼时效完成后之债务承认行为研究》，载《公民与法》2010年第4期。

高巍：《论倒卖车票、船票罪之除罪化》，载《政治与法律》2009年第1期。

高巍：《略论“人肉搜索”的刑事规制》，载《法学杂志》2010年第3期。

高巍：《论危险犯的未遂》，载《法学评论》2010年第1期。

高巍：《论法律教育、司法考试与法律职业之间的关系》，载《律学》（《越南河内法律大学学报》）2010年第3期。

高巍：《动物福利的正当性基础》，载《思想战线》2010年第3期。

管士寒：《安乐死合法化的医学伦理基础》，载《云南大学学报》（法学版）2009年第6期。

管士寒：《美国少年司法制度的未成年人保护》，载《云南大学学报》（法学版）2010年第3期。

米良：《越南刑法的特点及文化伦理特色》，载《云南大学学报》（法学版）2009年第5期。

米良：《越南与中国刑法中有关毒品犯罪规定的对照与商讨》，载《云南大学学报》（法学版）2010年第4期。

米良：《论罪犯学中的犯罪防控》，载《云南大学学报》（法学版）2009年第5期。

曾粤兴：《死刑条款的体系解释》，载《法学家》2007年第6期。

曾粤兴：《法学杂志刑事和解与刑法基本原则的关系》，载《法学家》2009年第9期。

5. 民族法、法史

胡兴东：《20世纪50年代以来云南藏区社会治理问题探析》，载《云南行政学院学报》2009年第1期。

胡兴东：《清代少数民族刑事案件法律适用问题初探》，载《云南师范大学学报》2009年第4期。

胡兴东：《赦宥在中国古代死刑适用中的作用》，载《现代法学》2008年第5期。

胡兴东：《元代司法运作中判例创制机制研究：兼以普通法系判例法的比较》，见《中国法学与法治发展30年》，中国社会科学出版社2008年版。

胡兴东：《中国古代死刑分类制度研究》，载《通过法律看中国历史》（韩国）2008年第9期。

胡兴东：《中国古代死刑行刑种类考》，载《云南大学学报》（法学版）2009年第1期。

胡兴东：《中国历史上少数民族刑事案件法律适用问题研究》，载《云南民族大学学报》2009年第3期。

胡兴东：《元明清时期东北地区基层社会组织变迁特点研究》，载《云南大学学报》（法学版）2009年第3期。

沈寿文：《略析元初汉人收继婚的法律实践》，载《云南大学学报》（法学版）2008年第6期。

汪雄涛：《得情与调处——古代诉讼的一个误读》，载《中国社会科学院院报》2009年第6期。

汪雄涛：《民初法律冲突中的孀妇改嫁——以大理院解释例为素材的考察》，载《湖北警官学院学报》2009年第4期。

汪雄涛：《明清诉讼中的“依法审判”》，载《开放时代》2009年第8期。

汪雄涛：《证据定谳——明清诉讼中的事实之维》，载《法学评论》2009年第2期。

张晓辉：《傣族村寨民俗中的习惯与习惯法：民族志两则》，载《云南大学学报》（法学版）2008年第5期。

胡兴东：《历史上西南少数民族地区族际纠纷解决机制问题研究》，载《云南社会科学》2010年第4期。

胡兴东：《元明清时期的基层组织与国家法适用研究——以云南民族地区为中心的考察》，载《云南师范大学学报》2010年第3期。

胡兴东：《中国历史上少数民族刑事案件法律适用问题研究》，载《中国社会科学文摘》2009年第10期。

胡兴东：《元朝判例法创制程序问题研究》，载《内蒙古师范大学学报》2010年第1期。

胡兴东：《景颇族特有传统法律制度研究》，见《花溪法学评论》，方正出版社2009年版。

胡兴东：《元代司法中判例适用问题研究》，见《司法·司法的历史之维》，厦门大学出版社2009年版。

胡兴东：《中国古代判例法模式研究：以元清两朝为中心》，载《北方法学》2010年第2期。

胡兴东：《认识论：中国古代判例法问题的另一视角》，见《法律文化研究》（第五辑），中国人民大学出版社2010年版。

胡兴东：《元代民事法律制度之特征》，见《财产法研究》第26卷第3号，韩国财产法学会2010年版。

胡兴东：《民法典的变迁：一种认识哲学下的考察》，见《大陆法系及其对中国的影响》，法律出版社2010年版。

胡兴东：《云南民族法制建设：历史、成就与展望》，见《云南法治建设报告（2009~2010）》，云南大学出版社2010年版。

马青连：《清代西藏地区的司法审判制度研究》，载《中国史研究》（韩国庆北大学出版）2010年第4期。

马青连：《明清东北地区民事法律制度变迁特点研究》，载《北方法学》2010年第8期。

马青连：《清代理藩院之司法管辖权初探》，载《思想战线》2009年第6期。

汪雄涛：《晚期烟政与利益博弈》，载《云南大学学报》（法学版）2010年第3期。

汪雄涛：《清代律例原则中的利益平衡》，载《湖北大学学报》（哲学社会科学版）2010年第2期。

汪雄涛：《民初法律冲突中的离婚问题——以大理院解释例为素材的考察》，载《云南大学学报》（法学版）2009年第4期。

汪雄涛：《明清诉讼中的情理调处与利益平衡》，载《政法论坛》2010年第3期。

汪雄涛：《明确法律规则中的利益平衡》，载《当代法学》2009年第6期。

汪雄涛：《明清判牍中的“情理”》，载《法学评论》2010年第1期。

汪雄涛：《明清判牍中的亲身争讼》，载《环球法律评论》2009年第4期。

汪雄涛：《情调理处——自由裁量中的中国模样》，载《中国社会科学报》2010年第3期。

汪雄涛：《明清诉讼中的“依法审判”》，载《法理学、法史学》2009年第12期。

汪雄涛：《民初法律冲突中的离婚问题——以大理院解释例为素材的考察》，载《法理学、法史学》2010年第3期。

徐建平：《清代云南盐业法律制度与工商市镇的形成和发展》，载《广西社会科学》2009年第12期。

6．法社会学

刘婷婷：《传统与现代：基层纠纷解决机制的法社会学研究》，载《政法论丛》2009年第3期。

马骊华：《社会法视角下的毒品问题》，载《云南大学学报》（法学版）2009年第2期。

马青连：《关于国家法与民间法的若干思考——以一个婚礼后的诉讼为个案》，载《云南农业大学学报》2008年第6期。

王启梁：《网络时代的民意与法律的品性》，载《法商研究》2009年第4期。

王启梁：《对中国“反拐”刑事政策的扩展研究》，见《刑法论丛》（第15卷），法律出版社2008年版。

王启梁：《宗教作为社会控制与村落秩序及法律运作的关联》，见《民间法》第8辑，山东人民出版社2009年版。

王启梁：《法律：一个安排秩序的分类体系》，见朱晓阳、侯猛编《法律与人类学：中国读本》，北京大学出版社2008年版。

王启梁：《巫术是如何形成的？》，见《三农中国》第12期，长江出版集团、湖北人民出版社2008年版。

王启梁：《在“关系”中实践的法律》，见《关系、规范与纠纷解决》，宁夏出版社2009年版。

王启梁：《中国“反拐”三十年：制度与实践》，载《云南政法研究》2008年第6期。

王启梁：*Religion, Legal Pluralism and order in a Multiethnic Society*，第十六届人类学/民族学大会发言论文，2009年7月1日。

王启梁：《从“躲猫猫”事件看网络时代的民意与法律（原题：网络时代的民意与法律应有之品性——从“躲猫猫”事件切入）》，载《中国社会科学文摘》2009年第10期。

王启梁：《超越法律移植与本土资源之争：当国家法成为“外来法”》，见《全球化背景下东亚的法治与和谐——第七届东亚法哲学大会学术论文集》，山东人民出版社2009年版。

王启梁：《法律能否控制腐败——从“官场”与权力的日常运作出发》，载《中国农业大学学报》（社会科学版）2009年第5期。

王启梁：《当代中国正式社会控制的图景与困境——以基层的实践为视角》，见《社会中的法理》（第1辑），法律出版社版2010年版。

王启梁：《法律移植与法律多元背景下的法制危机》，载《云南大学学报》（法学版）2010年第3期。

7．国际法

陈云东：《第三欧亚大陆桥构建的法律思考》，载《律学》2008年第10期。

米良：《东南亚国家金融法律环境探析》，载《社会科学家》2009年第6期。

罗刚：《论国际恐怖主义犯罪发展的新趋势及中国应对机制》，载《云南大学学报》（法学版）2009年5月第3期。

张锡盛：*The Guarantee of Ethnic Legal Rights in the Large-scale Western Development*, *Review of Anthropology and Ethnology in Southwest China*，vol.1，中国社会科学文献出版社2009年版。

张锡盛：*Written language Reform and Regional Autonomy of Dai Nationality in Xishuangbanna*，*International Journal on Minority and Group Rights*，2009年版。

周彧：《浅析欧盟宪法条约的法律性质》，见赵海峰主编《欧盟宪法条约与欧洲法的新发展》，哈尔滨工业大学出版社2008年版。

罗刚：《法学视野下的宗教渗透》，载《云南民族大学学报》2010年第5期。

罗刚：《法学视野下的非传统安全》，载《前沿》2010年第2期。

罗刚：《试论打击国际恐怖主义犯罪的时机、依据及限制》，载《学术探索》2010年第1期。

罗刚：《国家：国际反恐进程中的争议焦点》，载《律学》（《越南河内法律大学学报》）2009年第10期。

罗刚：《非传统安全视野下的中国—东盟自贸区建设》，载《思想战线》2009年第5期。

米良：《东南亚国家对外贸易法律制度的内容及特点》，载《前沿》2009年第11期。

米良：《国际法与越南法的和谐化》，载《云南大学学报》（法学版）2010年第4期。

贾凌：《论联合国反腐败公约与我国立法的衔接》，载《中国人民公安大学学报》（社会科学版）2007年第2期。

宋蕾等：《世界流域水资源立法模式之比较》，载《武汉大学学报》（哲学社会科学版）2009年第6期。

米良：《东盟与中国的关系及其对越—中关系的影响》，载《云南大学学报》（法学版）2008年第6期。

米良：《越南关于服务贸易和加入世贸组织时开放服务业市场的承诺》，载《云南大学学报》（法学版）2008年第6期。

8．法理学

米良：《论中国法、伊斯兰法和印度法对东南亚的影响》，载《河北法学》2008年第8期。

马青连：《法律解释目标探析——寻求中国语境中判决理由的正当性》，载《安徽铜陵学院学报》2009年第1期。

《改革基层法律服务体系，提升法律服务能力》，见《云南法治建设报告（2009~2010）》，云南大学出版社2010年版。

姜昕：《从中小城市看电影难评文化权利的认知与实现》，载《云南大学学报》（法学版）2009年第6期。

姜昕：《当前中国文物保护的困境与对策》，载《律学》（《越南河内法律大学学报》）2010年第1期。

刘婷婷：《人民陪审制度的历史解读——兼论董必武的人民陪审思想》，见《董必武法学思想研究文集》（第九辑），人民法院出版社2010年版。

刘婷婷：《董必武“司法人民性”思想的启示》，见《董必武法学思想研究文集》（第八辑），人民法院出版社2009年版。

仇永胜：《论艾滋孤儿社会权利保障的国家责任》，载《云南社会科学》2010年第3期。

9．诉讼法

牟军：《我国刑事侦讯构造论》，载《西南民族大学学报》2009年第6期。

牟军：《西方国家对待侦讯的态度及其启示》，载《法学论坛》2009年第5期。

牟军：《西方刑事侦讯构造：传统的理论与现代的探索》，载《诉讼法学研究》2009年第9期。

牟军：《我国侦查程序的缺陷与重构》，载《西南民族大学学报》2010年第2期。

曾粤兴：《民刑诉讼关系的辩证思考》，载《甘肃政法学院学报》2001年第4期。

王嘎利：《共同诉讼的渊源及近代中国的继受》，载《甘肃政法学院学报》2008年第6期。

米良：《越南民事诉讼法立法实践与比较》，载《云南大学学报》（法学版）2008年第6期。

仇永胜：《论中国刑事侦查阶段犯罪嫌疑人的基本人权保障问题》，载《律学》（《越南河内法律大学学报》）2010年第4期。

王鑫：《纠纷与秩序——通过纠纷解决所实现的社会控制》，载《政法论坛》2010年第1期。

（云南大学　米良）

经济学

2008—2010年，云南的经济学学科呈现出学科学位点建设跨越式发展、学术活动活跃、高水平研究成果不断涌现的突出特点，学科建设取得重要进展。

一、学科建设

2008—2010年，云南的经济学学科建设取得了重要进展，突出表现在以下几个方面：

一是学科学位点建设实现了跨越式发展。2010年4月，国务院学位委员会正式启动了新一轮的学位授权审核工作，在新一轮学位授权审核工作中，云南大学的理论经济学和云南师范大学的地理学新增为一级学科博士学位授权点，云南民族大学、云南师范大学、昆明理工大学的应用经济学和云南农业大学的农业经济管理新增为一级学科硕士学位授权点，云南的经济学学科实现了学位授权建设的跨越式发展，为推进云南的经济学学科的发展提供了重要的平台。

二是学术活动活跃。一年一度的云南学术年会、云南论坛、大湄公河次区域（GMS）经济走廊论坛、长江夏季论坛、企业家论坛和民生论坛的成功举办，以及围绕一些经济发展中的重点、热点问题而举办的“第三亚欧大陆桥西南通道建设”、“全球经济危机下的就业与社会保障”、“实施中国—东盟自贸协定研讨会”、“云南资本市场与产业发展高层论坛暨第二届春城金融论坛”、“大湄公河次区域发展高层论坛”、“中国西部开发政策与东盟互动研讨会”等国际学术研讨会和全国性学术研讨会，不仅加强了我省经济学研究人员与国际、国内同行的交流与合作，也推进了与实际工作部门的交流，为推进云南的经济学学科的发展提供了重要的条件。

三是高水平研究成果不断涌现。在2008—2010年期间，我省学者不仅在人民出版社、中国社会科学出版社、社会科学文献出版社、中国经济出版社、中国财政经济出版社等出版社出版了许多具有较高水平的经济学著作，在《经济研究》、《经济学》、《经济学动态》、《管理世界》、《世界经济》、《财贸经济》、《光明日报》等一些有影响的报刊上发表的经济学论文也日益增多，这为进一步推进云南的经济学学科的发展奠定了重要的基础。

二、学术活动

（一）2008年度

1. 首届大湄公河次区域（GMS）经济走廊论坛

2008年6月6日，首届大湄公河次区域（GMS）经济走廊论坛在昆明举办，GMS经济合作是由亚洲开发银行于1992年发起的一个次区域经济合作机制，属于部长级论坛，由中国、柬埔寨、老挝、缅甸、泰国和越南等澜沧江—湄公河沿岸六国共同参与。本届论坛中，来自大湄公河次区域六国的10位部长、17位省长和市长以及123名高官参加本届论坛。此外，国际组织、学术界和工商界的代表等，共500人出席。

GMS经济走廊包括南北经济走廊、东西经济走廊和南部经济走廊三个，论坛主要为加强三个走廊沿线地区之间、大湄公河次区域各论坛之间的协作提供平台。同时为区域内的政府尤其是地方政府、企业以及国际机构提供一个信息对话和交流的平台，就走廊发展战略、措施办法以及加速经济走廊发展的项目计划进行交流，对实施过程中的重点和难点问题提出可行性解决方案。6月7日，首届GMS经济走廊论坛取得圆满成功。《昆明共识》是本届经济走廊论坛的主要成果，表明大湄公河次区域的六国政府在经济走廊论坛发展和职权范围等方面达成了一致意见，同时通过《南北经济走廊发展战略行动计划》，明确了南北经济走廊的主要内容和发展方向。

2. 第三届云南论坛——“云南论坛·2008”

2008年7月3日，由云南省委、省政府领导提议，云南大学主办并携同云南财经大学、云南师范大学、云南社会科学研究所、云南民族大学、昆明理工大学共同发起的第三届云南论坛——“云南论坛·2008”在云南大学科学馆隆重举行。本次论坛的主题为：云南经济——模式、能力、质量。云南省委常委、省委统战部部长黄毅同志，省人大副主任杨保建同志，省政协副主席罗黎辉同志等省委、省政府领导出席了会议。云南省委、省政府研究室领导，云南省省级有关部门、企业、金融机构负责人，云南省各高校、科研院所的专家学者和师生代表出席了会议。

在对外经贸大学张汉林教授、中央党校赵振华教授作为特邀嘉宾作了精彩的大会主题演讲后，来自省内高校、科研机构和企业的代表，围绕论坛主题，就云南省资源开发与发展方式转变、人口红利与云南增长方式转变、云南旅游可持续发展问题、提升云南企业自主创新能力的思考、云南进一步扩大对外开放的战略思考等专题各抒己见，为云南社会发展及经济建设积极献策。

本次论坛涉及云南经济发展模式、发展能力以及发展质量方面的诸多核心问题，集中体现了云南省经济界学者和实际工作者关于云南经济社会发展的最新成果，对于研究云南经济发展、促进特色云南建设具有重要的理论意义和实践价值。

3．中国人寿杯·纪念改革开放30周年云南民营企业家论坛

2008年10月23日，“中国人寿杯·纪念改革开放30周年云南民营企业家论坛”在昆明隆重举行。来自国家、省级有关部门的政府领导、权威专家及我省民营企业界的精英共聚一堂，为我省民营企业发展“把脉”。本次论坛由省经济委员会、省工商联、云南日报报业集团共同主办，省委副书记、省长秦光荣为论坛发来贺信，省政协副主席顾伯平等领导出席会议。本次论坛围绕“成长与突破”的主题展开，重点讨论了当前云南民营经济面临的机遇与挑战。

论坛针对改革开放30年来，云南民营经济发展迅速，下一步如何转变增长方式，实现可持续发展，国际金融风暴愈演愈烈，我省民营企业如何应对等问题进行了广泛的交流和探讨。在面对国际金融危机冲击的外部环境下，企业更应增加技术含量，以提高核心竞争力，同时做大品牌。因为随着各种成本上升，一些中国商品以廉价劳动力、原材料换取的价格优势已不复存在，包括云南民营企业在内的中国民营企业应转变发展思路，以求得生存、发展和突破。为期两天的论坛同时揭晓了“云南十大杰出民营企业家”、“云南最具成长性民营企业”。

2008年11月10日，云南省政协在昆明举办了首届“民生论坛”，提出“谋利民之举建安民之策”。论坛邀请各方人士，围绕当前物价形势、收入分配的调节、社会管理与社会建设、农民工权益保障以及完善社会保障体系等问题展开研讨交流，为解决民生问题共商大计。郑功成教授出席本届论坛，并以“和谐社会、民生问题与社会保障”为题，向与会者作了主题报告。出席本次论坛的包括：全国政协社会和法制委员会副主任王东进，民盟中央副主席吴正德，省人大常委会副主任杨保建，副省长高峰，省政协主席王学仁，省政协副主席陈勋儒、曾华、顾伯平，秘书长车志敏，此外，我省各民主党派、省工商联、有关人民团体负责人和专家学者约200人出席了论坛。

省政协主席王学仁出席论坛并致辞：举办“民生论坛”是省政协一种创新的工作方式，旨在拓展工作领域，提高参政议政实效，进一步发挥民主党派和各方面力量在人民政协中的作用。论坛会上，省政协还为提交论坛的30篇优秀论文作者颁奖。

4．“第三亚欧大陆桥西南通道建设”国际学术研讨会

2008年11月24日，由中国社会科学院、云南省政府共同主办的“第三亚欧大陆桥西南通道建设”国际学术研讨会在北京开幕。中国社会科学院常务副院长王伟光，中共云南省委副书记、省长秦光荣，国务院发展研究中心主任张玉台，商务部原副部长魏建国出席会议并致辞。来自中国、缅甸、印度、巴基斯坦、孟加拉国、柬埔寨等国的50余名专家学者出席了会议。

构想中的第三亚欧大陆桥东起深圳等广东沿海港口群，由昆明经缅甸、孟加拉国、印度、巴基斯坦、土耳其等国家最终抵达荷兰鹿特丹港，全长约1.5万公里，比目前经中国南海通过马六甲海峡进入印度洋的行程要短3000多公里。西南通道是第三亚欧大陆桥的重要组成部分，它由昆

明出发，经大理、瑞丽后进入缅甸，经腊戌、曼德勒等到达皎漂港，线路全长约1800公里。

与会专家学者一致认为，地处东亚、东南亚和南亚结合部的中国云南，因其优越的区位优势，将在构建第三亚欧大陆桥中发挥重要的作用。加快建设中国其他省区经云南通过缅甸进入印度洋西南通道，对于我国发展面向印度洋的外向型经济具有十分重要的战略意义和现实意义。

5．第二届社会科学学术年会

2008年12月15日至22日，由云南省委宣传部和省社会科学界联合会主办的第二届社会科学学术年会在昆明及云南省主要地州隆重召开，年会主题为："解放思想、科学发展、提高高校服务地方经济社会发展的能力"，其目的在于繁荣发展我省哲学社会科学，促进云南经济又好又快发展。

本届年会相继在昆明理工大学、西南林学院、云南师范大学和大理学院四所高校举办专场报告会。来自省内外的社科专家进校园、下基层，以理论结合实践的方式，为我省高校师生呈现了高品质学术研究成果。

年会以专题报告、哲学社会科学研究成果展示、专题研讨会等一系列内容丰富、形式多样的学术活动，营造了良好的校园人文精神氛围，其主要现实意义如下：第一，举办分会场使高校广大师生员工对社会科学研究的目的和重要意义有了新的认识，将对高校的社会科学研究活动产生积极的推动作用。第二，带动了学校各级领导干部和广大教师用社会科学的思维方式和研究方法来思考和研究学校自身的改革发展问题，为学校新一轮教育教学改革奠定了较好的基础。第三，使相当一部分师生在校内就能聆听到省内外专家们的高水平社科研究报告，开阔了大家的视野，为今后更好地繁荣和发展学校的哲学社会科学，进一步提升学校综合办学实力和服务能力创造了有利的条件。

（二）2009年度

1．"全球经济危机下的就业与社会保障"国际研讨会

2009年3月25至26日，由中国社会科学院人口与劳动经济研究所、日本拓殖大学、云南财经大学共同主办的"全球经济危机下的就业与社会保障"国际研讨会在昆明召开。来自中国社科院人口与劳动经济研究所、日本拓殖大学、庆应大学、日本综合研究所、云南财经大学的90余位学者和代表参加了这次学术盛会。本次大会共有30余篇论文入选，大会分为四个主题，即经济危机与就业主题报告、经济增长与民生经济、金融危机背景下的就业促进、社会保障（除上述四个主题之外，与会代表还讨论了大量相关领域的议题）。

本次国际研讨会也是中国社会科学院人口与劳动经济研究所同日本多所大学及国内高等院校共同举办的第五届相关领域的国际研讨会，这已成为中日两国人口与劳动经济学领域的学者探讨中国及东亚经济体经济发展过程中就业、失业、社会保障及人口相关问题的重要舞台。

综合会议讨论成果来看，中西部地区如何承接东部地区的制造业产业转移、如何继续保持中国劳动力成本的优势和企业竞争优势、城市化过程中如何借鉴大城市圈发展的国际经验、农村迁移劳动力汇款对农村家庭储蓄行为和养老状况的影响、劳动力市场的进一步发育和完善、产业政策调整问题等，将可能成为未来短期内研究的热点。

2．实施中国—东盟自贸协定研讨会

2009年4月27至29日，商务部于云南昆明举办了"实施中国—东盟自贸协定研讨会"，其目的在于提高中国—东盟自贸区的实施效果，帮助东盟国家提高实施中国—东盟自贸协定的能力。来自东盟成员国、东盟秘书处及我国外交部、海关总署、湖南质检局、云南商务厅、昆明海关等部门的42名代表参加了会议。商务部国际司张克宁商务参赞致开幕词，云南省商务厅副厅长李极明出席会议并致欢迎词，我国商务部、海关总署和质检总局等部门派员参会。会议就中国—东盟自贸协定实施中的有关问题，特别是各国降税情况、自贸区降税给企业带来的机遇、企业在利用优惠关税过程中遇到的问题、如何更好地实施自贸协定等进行了深入研讨。期间，与会代表现场参观了中国—东盟自贸区优惠原产地证书Form-E的验证流程，并就Form-E操作过程中存在的问题进行了广泛讨论。随着《货物贸易协议》、《服务贸易协议》的签署和《投资协议》谈判的结束，协议实施成为中国—东盟自贸区建设的重点。商务部将通过培训班、宣讲会、论坛等多种方式，借助特办、商会、协会、媒体的力量，加

大宣传力度，提高企业对中国—东盟自贸区的知晓度，帮助企业用足、用好自贸区的优惠政策。

3．第四届中国—南亚商务论坛

2009年6月5日，由中国国际贸易促进委员会、云南省人民政府、南亚联盟工商会共同主办，中国国际贸易促进委员会云南省分会、“中国—南亚商务论坛”秘书处承办的“第四届中国—南亚商务论坛”在昆明成功举办。本届论坛的主题是“金融危机下的中国—南亚经贸合作”，议题为：建立商务合作长效机制、新兴市场拓展、服务贸易业。来自南亚八国的工商界代表150余人，省外贸促机构、企业家代表55人，省内代表150人及新闻媒体的代表，共计300余人出席了本届论坛。论坛期间还举办了媒体联合专访参会重要嘉宾、中国—南亚企业对口洽谈会、南亚贵宾参观昆交会及南亚展、南亚八国经贸推介会、史迪威公路专题讲座、南亚贵宾参观昆明新螺丝湾商贸城，部分南亚代表到沿边州市考察合作项目等系列活动。“中国—南亚商务论坛”的成功开展，有利于进一步实施“走出去”战略，推动中国与南亚国家的经贸合作。与此同时，通过广泛的交流与研讨，与会各方对论坛的内涵和定位进行进一步的延伸和丰富。“中国—南亚商务论坛”应是以经贸合作为主线，以促进双方在经贸、科技、教育、能源、交通、旅游等各领域的合作，积极推动自由贸易区建立和区域经济一体化的发展为目的合作机制。

4．云南省东南亚南亚经贸合作发展联合会第一次会员大会暨成立大会

2009年6月12日，云南省东南亚南亚经贸合作发展联合会第一次会员大会暨成立大会在昆明国家高新技术产业开发区管委会举行。全国人大常委会原副委员长、中国东盟协会会长、联合会聘请的总顾问顾秀莲同志出席大会并发表重要讲话。要求“云南省东南亚南亚经贸合作发展联合会成立后，为云南省的对外交往搭架起更加便捷的沟通桥梁，为广大国内外企业提供更为广泛的合作平台”。大会一致选举通过了联合会领导成员名单和联合会工作班子建议名单，审议并通过了《云南省东南亚南亚经贸合作发展联合会章程》（审议稿）。

联合会坚持以“服务企业、服务社会”为宗旨，发挥好桥梁纽带作用，广泛团结企业，努力为国内外、省内外企业，特别是为中小型企业和民营企业提供信息、法律、政策、项目开发、合作交流、考察参展、投融资等咨询与服务，积极向政府反映企业在“走出去”、“引进来”中的困难和诉求，认真完成政府交办的各项任务，努力促进企业家与专家的联合、省内企业与省外企业的联合、国内企业与国外企业的联合，形成对外开放合力，共同构建一个面向东南亚、南亚，扩大开放、加快发展的多层次、求实效的合作平台。

5．云南资本市场与产业发展高层论坛暨第二届春城金融论坛

2009年6月27日至28日，由云南省人民政府与国务院发展研究中心共同举办，以加快资本市场建设，促进云南经济发展为主题的“云南资本市场与产业发展高层论坛暨第二届春城金融论坛”在昆明举行。在为期一天半的论坛议程当中，云南省有关领导和来自国务院发展研究中心、国内外的经济领域知名专家学者共作了19场主题演讲，演讲内容涵盖了宏观经济金融形势分析、资本市场体系建设、金融支持云南发展等系列内容。

参加论坛的领导和专家围绕“加快资本市场建设，促进云南经济发展”这个主题，分别从不同的角度和层面作了交流发言和深入探讨，这次论坛呈现出了“层次高、针对性强，求真务实、成效显著”两大突出特点。发表演讲的多位嘉宾结合云南实际，重点围绕云南省资本市场发展、金融支持产业发展等课题，提供了见解独到、针对性强的意见和建议，对推进云南资本市场发展、提升金融服务经济发展的水平，具有重要指导意义。这次研讨活动为我省政府和企业界与国内外机构和企业的交流、合作搭建了良好的平台，为云南经济社会又好又快发展提供了强大的智力支持。

6．全国高校贸易经济教学研究会2009年会

2009年7月14日，由全国高校贸易经济教学研究会主办，云南财经大学商学院承办的全国高校贸易经济教学研究会2009年会，在昆明隆重召开。出席会议的有中国人民大学校长纪宝成，云南财经大学校长汪戎，南京财经大学校长徐从才，河北经贸大学党委副书记纪良纲，湖南商学

院首席教授柳思维，中国人民大学博士生导师马龙龙、陈甬军，同时参加会议的还有来自人民大学、西安交通大学、吉林大学、中南财经政法大学、江西财经大学、北京工商大学等16所高校和出版社的专家学者。商学院院长李严锋带领国际经济与贸易教研室的全体教师参加会议。

本次全国高校贸易经济教学研究会年会是云南财经大学商学院近几年来组织的大型教学研究会议之一，参会的高校和专家学者的数量、知名度以及研究成果均创下历年之最。它进一步扩大了云南财经大学在全国同类院校中的影响，对学校的商业经济学科的发展提供了较好的思路，同时对把云南财经大学建设成为高水平财经大学，以及把云南财经大学商学院建设为高水平商学院具有指导性意义。

7．云南省政协第二届民生论坛

2009年7月16日，由云南省政协社会和法制委员会与民盟云南省委共同主办的云南省政协第二届民生论坛在昆明隆重举行。第二届民生论坛紧紧围绕经济社会发展的大局，以广大人民群众最关心、最直接、最现实的利益问题——就业为主题。与会人员包括省政协及全国领导、民盟云南省委领导、相关政府职能部门官员、科研院所知名学者等。论坛的具体内容包括以下六个方面：关于促进高校毕业生就业的对策建议、关于下岗失业人员就业的对策建议、关于促进农民工就业的对策建议、关于以创业带动就业的对策建议、就业与经济社会发展就业与社会和谐稳定。

本次论坛共收集到论文191篇，内容涉及高校毕业生就业、下岗失业人员就业、农民工就业、创业带动就业、就业与经济社会发展、就业与社会稳定等方面。本次论坛共征集论文191篇，内容涉及高校毕业生就业、农民工就业、创业带动就业、就业与经济社会发展、就业与社会稳定等各个方面，省政协为获得云南省第二届民生论坛的45篇优秀论文的单位和个人颁奖，5名获奖论文作者和单位代表作了交流发言。

8．2009年长江夏季论坛

2009年8月20日，“2009年长江夏季论坛”在云南昆明胜利纪念堂举办，本次论坛的主题为“危机下的新视野、新思维、新对策”，本届论坛关注热点是经济话题，重点探究在全球经济低迷之时，中国企业的逆势超越之道、提升全球竞争力之道，并对中国企业的未来进行战略性的分析。同时也将视角转落在“关注文化创意产业”的发展问题上，以期挖掘出更深层次的产业价值。云南省委书记、省人大常委会主任白恩培为论坛致辞，长江商学院创办院长项兵博士、金融学教授黄明博士分别以“全球金融风暴与中国：挑战与机遇”和“危机中的中国经济与金融”为题作主题演讲。来自经济学界、企业界、传媒界的800余名听众共同分享了本次论坛的精彩观点。论坛最后还举行了“长江商学院云南领军人才培训基金”捐赠仪式和“长江公益基金”云南“长江博爱小学”捐赠仪式。论坛的举行为处于经济和社会发展关键时期的云南省提供了有益参考，在机遇和挑战共存的国际大环境背景下，其体现出了宝贵的价值。

9．中国昆明国际矿业合作论坛

2009年9月3日，为期两天的中国昆明国际矿业合作论坛在昆明开幕。本届论坛的主题是：全球金融危机下矿业形势分析、矿业投资的机遇与风险研究、矿业权管理与资源整合机制创新、矿业产业升级与结构调整。首届中国昆明国际矿业合作论坛由中国矿业联合会和云南省人民政府共同举办。云南省委副书记、省长秦光荣，国土资源部副部长汪民，中国矿业联合会会长李元，云南省副省长顾朝曦，云南省政府副秘书长杨洪波、王俊强，柬埔寨、老挝、缅甸、越南有关政府官员出席了开幕式。论坛举行了丰富的展示活动，其中以矿业公司、中介服务机构、设备公司、矿业投融资项目、矿业权出让/转让项目推介等为主，旨在通过对公司的个性展示，促进勘探、开发、投资合作、设备技术等多领域的合作与交流。

业内人士认为，在昆明举办国际矿业合作论坛有利于发挥云南特有的资源优势、区位优势和地缘优势，搭建一个具有较大影响力的国际矿业交流、合作与发展平台，进一步加强中国与世界各国，特别是东南亚国家的矿业开发合作，充分利用“两种资源、两个市场”，实现中国与东南亚国家互利共赢、共同发展的目标。

10．第三届“全国社会科学研究管理论坛”

2009年10月27日至29日，第三届“全国社会科学研究管理论坛”在昆明召开，本届论坛由中国社会科学院科研局、云南师范大学、《社会科学管理与评论》编辑部主办，此次论坛主题为“创新科研管理体制机制，繁荣发展哲学社会科学”。来自全国17个省市的社会科学研究机构、高等院校和实际工作部门的专家学者共70余人参加会议。云南省委宣传部副部长张瑞才、云南师范大学校长杨林、中国社会科学院科研局副局长王正出席开幕式并讲话。云南省社科院院长纳麒，海南省社科联党组书记、副主席周洪晋，中国社会科学院人事教育局副局长钱伟，云南省社科联副主席靳昆萍，云南师范大学副校长何伟全等出席会议。中国社科院科研局局长助理、《社会科学管理与评论》副主编王子豪主持会议并作会议总结发言。

会议期间，与会专家、学者围绕主题进行了交流发言和小组讨论，分别从不同的角度阐释了关于社会科学管理的观点。中国社会科学院科研局的研究员韦莉莉、华中科技大学赵振宇教授、四川师范大学研究员庾光蓉、海南省社会科学联合会研究员周洪晋、中国社会科学院国际合作局陈振声教授和湖南社会科学院副院长贺培育等分别作了主题报告。

11．第三届云南省社科学术年会

2009年11月中旬，由中共云南省委宣传部和省社科联主办的第三届云南省社科学术年会在昆明及各主要地州展开，年会主题是：“云南60年：理论与实践创新”。年会设主会场和分会场（西南林学院专场、红河学院专场、云南财经大学专场、省社科联下属的三个协会主办的专场），高等院校、科研院所、党政部门的研究机构和各学会的专家学者积极参加了年会活动。本届年会全省社会科学界共征集论文275篇，从中选出了70余篇集结成册，公开出版。

为办好年会中专家咨询座谈会，以云南省哲学社会科学工作委员会成员为主要对象，主办方向各成员发出了征集省内经济社会发展重大理论和现实问题的信函。以便使专家咨询座谈会更加具有针对性和现实意义，年会整体内容充实，选题丰富，学术交流气氛热烈，学者提问踊跃，取得了很好学术交流效果，真正实现把年会专家咨询座谈会打造为我省社科界为党委、政府进行科学决策提供服务，成为真正意义上的“思想库、智囊团”的最终目的。

12．大湄公河次区域发展高层论坛

2009年11月15日，由科技部、国家发展改革委等相关部门联合举办的“大湄公河次区域发展高层论坛”在昆明举行，其旨在加强中国与大湄公河次区域的科技国际合作。本次论坛的主题为“次区域经济与科技合作的战略构想、次区域产业经济技术合作、次区域经贸合作与科技支撑”，同时涉及诸多大湄公河次区域未来发展与合作的重要议题。科技部、国家发展改革委、云南省科技厅及国内各有关部门、高等院校和科研机构的专家、学者出席了会议。

本次论坛全面总结了中国与大湄公河次区域合作的历程、成效与经验，系统分析了新时期大湄公河区域合作与开发面临的新问题、新挑战，深入探讨了我国在战略与策略层面上针对未来与大湄公河次区域合作的方式、机制与策略。通过广泛的议题讨论，论坛对加强中国同周边国家的国际交流与合作，探索发展中国家进行经济合作的模式与相关机制，促进中国经济社会的协调发展，推动西南东盟一体化发展，提高中国在大湄公河次区域合作水平等发挥例如积极的促进作用。

13．云南论坛·2009

2009年11月25日，由云南省社科院承办的“云南论坛·2009”在昆明举行，论坛的主题是“民族、宗教和当前云南的和谐发展”。论坛期间，省委常委、统战部部长黄毅，省民委主任王承才，宗教事务局局长熊胜祥，省政协民族宗教委员会主任郭秀文，云南大学校长何天淳，云南财经大学校长汪戎，云南师范大学校长杨林，云南民族大学书记甄朝党、校长张英杰，云南农业大学校长朱有勇，昆明学院院长陈世波，云南省社科院院长纳麒，副院长杨福泉、任佳、边明社、王文成等出席会议。本届论坛在云南省认真贯彻党中央的有关方针政策，切实落实科学发展观，社会、经济、文化等各方面的建设都取得了积极的成效，呈现出边疆稳定、民族团结、社会和谐、人民安居乐业的大好局面，对进一步做好云南的民族、宗教工作对云南的长治久安、社会和谐稳定、保障云南各项建设事业的顺利开展有重大的意义。经过热烈讨论，论坛圆满完成了各项议程。它的成功举行对提升云南民族宗教工作的整体水平和工作实效，做好云南民族、宗教工作，推动云南和谐发展具有积极的促进作用。

14．滇台经贸合作研讨会

2009年12月4日，由云南省人民政府、中国国际贸易促进委员会、台北世界贸易中心共同主办的滇台经贸合作研讨会在昆明举行。此次会议的主题是：新形势下两岸发展愿景，务实推动滇台经贸合作。省政府副省长顾朝曦、中国国际贸易促进委员会副会长董松根、台北世贸中心秘书长赵永全、省台办主任岩庄、省台办副主任周越明出席了此次研讨会，全国各省贸促会分会长及部分企业负责人参加了此次研讨会，会议由中国贸促会云南分会会长李家寿、云南省社科院院长纳麒主持。

在此次研讨会上，滇台企业双方纷纷现场自荐，寻求合作伙伴，营造出了融洽的商务环境，滇台往来与交流进一步加深，建立滇台商会、企业间沟通机制进入议题，有力地推动了双方优势产业的合作。针对当前的发展势头，云南省台办建议，滇台双方应充分发挥各自的区位、资源、产业、市场等方面的优势，以更高、更新、更实为目标，围绕优势产业和产业集群、骨干企业和重大项目、重点地区和工业园区实施对接合作，以全面提升合作层次和水平。此外，台商还可借助云南毗邻东南亚、南亚的区位优势和条件，加强合作，形成合力，共同开拓东盟、南亚市场。

（三）2010年度

1．首届“西南论坛”

2010年1月22至23日，云南大学国际关系研究院与新加坡国立大学东亚研究所、云南卫视新视野在云南大学科学馆二楼报告厅联合举办了首届“西南论坛”，旨在加快云南大学国际关系学科的发展，提高云南大学服务于地方社会经济发展的决策咨询能力。出席本次论坛的包括云南省委、省政协领导，世界著名专家、高校及科研院所等专家学者。

论坛取得了丰硕成果，与会专家围绕会议主题和主要议题发表了精彩演讲，并就云南与东南亚、南亚的区域合作，尤其是如何把云南建设成为中国向西南开放的重要桥头堡提出了许多很好的建议。例如，张蕴岭教授认为，云南的对外开放要充分利用现有的品牌和机制，不要老提新战略；经济发展要打生物生态这样的特色牌，走一条可持续发展的道路；印度洋国际大通道这样的敏感战略少提，以免招来国际社会的巨大压力。

本次论坛的成功源于国际关系研究院全体教师的共同努力，该院今后将继续逐年举办论坛，最终把“西南论坛”办成可与“北京论坛”、“上海论坛”媲美的西南地区最高层次的学术和政策论坛，成为云南大学实现进入全国大学50强发展目标的重要“名片”和标志性成果之一。

2．第五届中国—南亚商务论坛

2010年6月5至6日，由中国贸促会、云南省政府、南亚联盟工商会共同主办，云南省贸促会、“中国—南亚商务论坛”秘书处承办的“第五届中国—南亚商务论坛”在中国昆明成功举行。本次论坛主题为“世界经济复苏背景下的中国—南亚合作”。分议题有“政府的经济刺激政策”、“金融业和企业互惠合作”。来自中国和印度、巴基斯坦、阿富汗、孟加拉国、尼泊尔、斯里兰卡、马尔代夫、不丹等南亚八国的政府官员、工商协会领袖、贸易投资促进机构、企业家代表、南亚研究学者和南亚八国主流媒体及中国各大主流媒体记者共400余人参加了论坛。与会嘉宾还参加了中国—南亚商会合作研讨会，南盟各国商会在昆明设立办事处的揭牌仪式，南亚国家经贸推介会以及昆交会及南亚国家商品展等系列活动。

“中国—南亚商务论坛”是在中国与南亚国家政治互信不断加强、经贸合作蓬勃发展的背景下，为响应区域内各国工商界加强合作，寻求共赢的普遍愿望，在中国与南亚国家工商会之间建立的首个也是唯一的合作机制，此前已在中国昆明连续成功举办四届，有效地推动了中国对南亚新兴市场的实质开拓，其打开了中国与南盟各国商务交流合作的通道，为今后双方的合作与发展奠定了坚实的基础，也为云南与南亚合作的历史翻开了新的一页。

3．2010长江夏季论坛

2010年7月16日，长江商学院与云南省人民政府共同主办的“2010长江夏季论坛”在昆明成功举办，本次论坛的主题是：“后危机时代的西部新机遇”。来自全国各地的800余名商业界领军人物、优秀青年企业家共聚昆明，为后危机时代的西部新机遇谏言献策。论坛上，长江商学院创办院长项兵博士，云南省副省长顾朝曦，长江商学院金融学教授周春生博士，中共云南省委常委、昆明市委书记仇和分别作了“新商业模式与新商业文明”、“改革开放的新格局”、“资源优势转化为生产力优势——西南经济发展的几点思考”、“昆明科学发展新跨越之探索与实践”等几个主题演讲，仇和同志则从现代新昆明发展的角度，作了题为“昆明科学发展新跨越之探索与实践”的主题演讲，分别从区位、交通、资源、产业、园区、政策等方面讲解了昆明的投资环境和发展优势。

此次论坛的举办，进一步强调了昆明和长江商学院之间的交流，深化了合作，相信通过双方共同努力，长江夏季论坛将成为思想碰撞和交流的最佳平台，成为政府、企业、学者跨界沟通的有效平台，成为传播新思维、新政策，推动经济社会又快又好发展的良好平台，为昆明、云南的改革发展提供积极的智力支持。

4．2010年计算经济与统计学术研讨会

2010年7月19日，由云南财经大学与美国宾夕法尼亚州立大学联合举办的2010年计算经济与统计学术研讨会在昆明隆重开幕。本次研讨会为期两天，分计量经济与统计两个分会场，会议报告内容涉及计算经济、计量金融、现代统计理论方法及应用等。

应邀出席会议开幕式的嘉宾有：首都经济贸易大学副校长王文举教授、上海财经大学统计与管理学院院长艾春荣教授、中国科学院数学与系统科学研究院周勇（上海财经大学统计与管理学院常务副院长）、孙六全研究员，加拿大Calgary大学陈歌迈教授、日本Tsukuba大学Shu Yamada教授、美国Michigan大学Zhu Ji博士、加拿大Saskatchewan大学吴振宇博士、中国人民大学应用统计科学研究中心主任金勇进教授、北京大学经济学院李绍荣教授以及暨南大学经济管理学院田存志教授等。开幕式结束后，Peter Winker教授、Dennis Lin教授、艾春荣教授、Chunming Zhang教授、Shu Yamada教授、吴振宇博士、周勇教授、Zhu Ji博士、金勇进教授、陈歌迈教授、张书华教授、Paul D. McNelis教授分别作了报告。

研讨会期间，来自中国、美国、英国、德国、加拿大、日本的统计学专家学者以及有关研究机构的代表等80多人汇聚春城，交流最新研究成果，探讨如何进一步深化合作，推动共同发展。

5．中国经济史学会年会暨“中国经济的长期发展”国际学术研讨会

2010年7月21日，由中国经济史学会主办、云南大学历史系和中国经济史研究所承办的中国经济史学会年会暨“中国经济的长期发展”国际学术研讨会在科学馆隆重开幕，本次年会为期两天。中国经济史学会会长、中国社会科学院经济研究所研究员董志凯，中南财经政法大学教授、著名经济史学家赵德馨，中国社会科学院经济研究所研究员武力，辽宁大学历史文化学院教授韩毅，云南大学副校长武建国、林文勋和历史系相关负责人及来自国内外的140余位参会代表出席了开幕式。

简短的开幕式后，来自中国社会科学院、南开大学、中南财经政法大学、山东大学的几位学者分别作大会主旨发言。林文勋也就近年开展的中国古代“富民”社会研究的相关问题向与会学者作了介绍，7月21日晚，清华大学历史系教授、著名经济史学家李伯重教授还为历史系师生作了明代经济史与军事史交叉的前沿学术报告。根据参会学者提交的论文，学术研讨以分组讨论的方式进行。讨论会上，与会代表各抒己见，就所提交论文的选题、主要内容、学术价值和研究意义等进行汇报，气氛热烈。此次高规格学术会议，是云南大学历史系继2008年宋史国际学术研讨会和全国历史系主任联席会议之后承办的又一盛会。

6．省政协第三届民生论坛

2010年8月31日，由云南省政协社会和法制委员会与民盟云南省委共同承办、以“完善社会保障体系，促进平安和谐云南建设”为主题的“省政协第三届民生论坛”在昆明举行。论坛围绕完善社会保障体系、采取有效措施应对老龄化、真正实现医疗保障全覆盖及预防减少矛盾纠纷等八大群众关注的民生热点开展研讨，本论坛以“促进民生改善，维护社会和谐稳定”为主题，从2008年创立至今，已成功举办了两届。云

南省政协主席王学仁，民盟中央副主席温思美，省委常委、副省长李江，云南省人大常委会副主任李春林，省政协常务副主席管国忠，省政协副主席马开贤，省政协副主席王学智等领导出席论坛开幕式。全省十六个州市政协领导及部分论坛获奖代表，省级有关部委，省级各民主党派，工商联，省政协部分委员以及省政府办公厅研究室和各专门委员会的代表千余人参加了民生论坛。

本次论坛共收到稿件307篇，内容涉及社会保障制度、社会保障与经济增长收入分配、劳动就业、农村发展等多方面，围绕“社会保障体系，促进平安和谐云南建设”提出了很好的意见建议。经过初审、评审、专家审定，共有46篇论文获奖，其中一等奖5篇，二等奖10篇，三等奖30篇，“特别奖”1篇。

7．云南省第四届社会科学学术年会

2010年11月9日至24日，云南省第四届社会科学学术年会隆重召开，主办单位为中共云南省委宣传部、云南省社会科学界联合会，主会场设在昆明，同时在沿边州市设立八个分会场。本届年会的主题是：中国面向西南开放桥头堡：机遇与发展。其主要研讨论坛包括：云南省社会科学界联合会主场（中国面向西南开放桥头堡：机遇与发展）、云南财经大学物流论坛专场（发展云南物流业，促进桥头堡建设）、云南省社会科学院专场（新形势下国际大通道建设）、德宏专场（桥头堡建设排头兵：德宏先行）、西双版纳专场（西双版纳·桥头堡建设）。通过主题报告、专家咨询座谈会、名家论坛、研讨等形式，政府及社科联领导、行业协会领导、各科研院所专家学者、实业管理者等，就桥头堡战略下云南的发展机遇和挑战献计献策。

云南省社会科学学术年会针对云南省经济社会发展中存在的问题，每年选择一个或若干个热点议题进行研讨，组织省内外专家学者先行展开专题研究，年会期间召开专家咨询座谈会，专家学者与省委、省政府领导及有关部门负责人进行面对面的研讨，积极为党、政府的科学决策提供有效服务，确实发挥哲学社会科学界“思想库”、“智囊团”积极的作用。

8．2010滇池泛亚股权投资高峰会

2010年11月6日，由昆明市人民政府、中国风险投资研究院、滇池泛亚合作组委会主办，昆明市人民政府金融办公室、中国风险投资研究院昆明泛亚分院联合承办的“2010滇池泛亚股权投资高峰会”在昆明隆重举行。全国人大财经委副主任委员、中国人民银行原副行长吴晓灵，中共云南省委常委、昆明市委书记仇和，昆明市委常委、副市长黄云波，中国证监会云南监管局局长范辉，亚洲发展银行副行长宾度·N.罗哈尼，永丰商业银行董事长邱正雄，风险投资研究院院长陈工孟等领导和大批业界精英出席了本次高峰会。

本届峰会以“昆明泛亚金融中心建设及金融创新”为主题，邀请了50多位政策制订者、经济学家、投资家，共同探讨泛亚金融服务中心建设与金融创新之路。论坛聚焦“昆明泛亚金融中心建设”、“科技金融”、“借力多层次资本市场助推区域经济发展”、“政府引导基金”、“私募股权投资”等热议话题。峰会同期举行的“滇池泛亚风险资本—项目对接会”，旨在为昆明市快速成长和有融资、改制上市、并购重组等需求的企业与国际私募股权资本搭建投融资对接平台，帮助解决云南省企业的融资困境，促进企业迅速做大做强。

9．中国西部开发政策与东盟互动研讨会

2010年11月11日，由云南大学经济学院与中国台湾大学国家发展研究所联合举办的“中国西部开发政策与东盟互动研讨会”在云南大学科学馆举行，来自中国台湾大学国家发展研究所和经济学院的30余名师生参加了研讨会。简短的开幕式后，台湾大学国发所与云南大学经济学院师生就中国西部开发政策、中国东—盟自由贸易区建设以及大陆与台湾经贸关系等问题展开研讨，双方14名师生作了主题发言，并展示了相关研究成果，在研讨中互相交流、学习。研讨会结束后，经济学院相关人员陪同中国台湾大学国发所师生先后与云南省贸促会、云南大学发展研究院进行了座谈，并陪同参访了部分在昆台商企业。本次研讨会取得了丰硕的成果，不仅展示了云南大学经济学院师生的研究水平，也加强了与中国台湾大学的联系，为经济学院的科研和对外交流工作起到了积极的推动作用。此外，本次研讨会也得到了云南大学社科处、国际交流处的大力支持，使会议得以圆满完成。

10．第五届“云南论坛”

2010年12月3日，由昆明理工大学承办的第五届“云南论坛”即“云南论坛·2010”在昆明隆重举行。论坛以“科技·产业·创新——‘两强一堡’战略与云南可持续发展”为主题。原博鳌亚洲论坛秘书长、中国入世首席谈判专家龙永图，中科院院士、南开大学校长饶子和，中共云南省委常委、省委统战部部长黄毅，省人大常委会副主任杨保建，省政协副主席罗黎辉出席论坛。

通过论坛专题报告、专题发言和论坛发言，参加论坛活动的各级领导、高校学者、企业家、科研院所专家及社会各界来宾广泛深入地探讨了云南科技创新及产业发展领域的若干重大问题，最大限度地交流了学术思想、学术观点和发展思路，为实施“两强一堡”战略，实现云南可持续发展提出了一系列切实可行的新思路及新方法。

“云南论坛”由云南省委常委、统战部部长黄毅同志倡导，由云南部分高等学校发起并轮流承办，自2006年至今，已成功举办五届。作为云南理论和实际工作者研究和探讨云南经济社会发展问题的高层次学术论坛，“云南论坛”正逐渐成为云南省学术界为地方经济建设服务、为政府及企业提供决策咨询服务的平台。

11．第三届中国贫困地区可持续发展战略论坛

2010年12月15日，第三届中国贫困地区可持续发展战略论坛在云南昭通召开，来自全国各地的专家、学者、官员、企业家在我国贫困地区谋划新一轮跨越发展的时期，建言献策，共商脱贫致富大计。本次论坛由北京大学贫困地区发展研究院、云南省人民政府主办。

本届贫困地区可持续发展战略论坛是在国家启动新一轮西部大开发和新一轮10年扶贫开发工作的大背景之下召开的，具有十分重要的现实意义。选择在昭通举办论坛，一是为了认真总结云南解决深度贫困问题的经验，推广昭通市开展山区扶贫工作的成功经验和做法；二是对全国最有代表性的乌蒙贫困山区未来减贫及可持续发展问题进行战略性探讨和交流，寻找破解难题的办法和措施。

在为期两天的论坛上，与会专家学者和政府官员围绕贫困地区发展经验、贫困地区产业和金融发展、贫困地区社会建设、扶贫措施与成效等问题展开了深入探讨和交流，并通过了本届论坛所有经验成果的高度浓缩和总结《昭通宣言》。

12．国家自然科学基金委员会（NSFC）重大项目年度研讨会

2010年12月18日，由云南财经大学承办的国家自然科学基金委员会（NSFC）重大项目年度研讨会在昆明召开，全国电子商务领域的各重大项目负责人齐聚一堂，围绕新型电子商务的研究方向、内容、问题等方面进行了深入探讨。这是云南财经大学首次召集的国内电子商务领域的高层学术交流会，会议为新型电子商务重大项目组的交流搭建了平台。

清华大学团队、西安交大团队、哈尔滨理工大学团队、大连理工团队、中科院自动化团队及中科院研究生院团队等分别汇报了团队工作的进展。各团队围绕课题情况作汇报后，与会专家针对出现的问题展开了激烈的讨论。大家一致认为，应当注重高水平论文的数量，团队负责人要注重成果的汇聚和内容的补充，在研究中要结合行业的新现象、新动向，展开整合，并运用于企业乃至行业的实践中。与会专家还围绕新型电子商务领域的重大课题展开了广泛的交流和深入讨论，认为中国的电子商务发展到一定程度所引发的各种问题，是对新型电子商务发展的挑战。

13．新兴技术和全球化背景下电子商务智能与企业竞争优势国际会议

2010年12月19日至21日，由国际信息系统协会中国分会（CNAIS）、清华大学主办，云南财经大学承办，国家自然科学基金委员会和SAP公司协办的新兴技术和全球化背景下电子商务智能与企业竞争优势国际会议在昆举行。本次会议旨在加强我校与国内外学术界和企业界的交流，推动电子商务智能的理论创新，促进电子商务和信息技术在企业中的实践和应用，推进我校工商管理博士点建设工作。参加本次会议的国外专家学者来自美国、加拿大、法国、德国、英国、比利时、波兰、捷克、日本、韩国、新加坡、印度等国家，大会共出席国内外专家学者150人。

会期中两天下午的分会场，国内外专家学者围绕会议主题展开了热烈的讨论，涉及的问题包括“电子和电子商务”、“关联规则基础上的用

户分割：实证研究”、“对于中国顾客口头语的情绪分类——监督和非监督途径的比较”、“基于关联规则的分类的软件缺陷预测”、“从有效点击数据来确认和分类命名实体”、“关于交叉重叠类别的分类：一种系统方法研究”、“IT项目投资决策的不确定性分析”以及“基于显性地位的粗糙集近似值动态更新”等。本次国际会议是云南财经大学博士点建设的重要工作内容，其将有助于加强工商管理学科的建设。

三、研究成果

2008—2010年期间，云南学者发表、出版和完成的经济研究成果较为丰硕，限于篇幅，这里仅着重介绍这期间云南学者发表、出版的经济学论著，课题成果就不作介绍了。

（一）理论经济研究

1．经济史研究

云南大学杨志玲教授在《近代云南茶业经济研究》（人民出版社2009年版）一书中从近代云南社会经济的发展与近代云南茶业经济之相互依存、相互影响之关系，系统论述了近代云南茶业经济的发展变迁，并以茶业经济为视角，进一步透视云南经济社会的近代变迁及近代化。该书追本溯源，从考察云南是茶树重要的起源地和全国重要茶区入手，概述了近代以前云南茶业的发展状况。近代云南茶业经济发展历经兴衰起伏，其经验教训对当代云南茶业经济发展有着重要的启示作用，并对当前进一步发展云南茶叶产业，传播云南茶文化，推动云南茶叶的品牌化、国际化具有重要意义。

2．经济思想史研究

（1）著作。

段雨澜：《经济人假设——反思·发展》，云南民族出版社2008年版。

李建立、李东方、王红玲：《经济分析的伦理基础：马克思对古典经济学的道德重塑》，云南大学出版社2008年版。

（2）论文。

云南财经大学金融学院侯合心副教授在《和谐社会建设与当代中国经济学家责任——兼论“预言与劝说”之经济学伦理内涵》［载《云南大学学报》（社会科学版）2008年第5期］一文中认为《预言与劝说》是经济学家凯恩斯的重要文集之一。这本文集既是凯恩斯政治学思想与经济学思想相互交织的体现，同时也是凯恩斯实践其经济学家责任伦理的真实记述。对于经济学家责任伦理实践，凯恩斯不仅有独特的认识，而且在方式上也很有独创性，这对于当代中国经济学伦理和新时期中国经济学家责任实践而言，无疑是有一定研究和借鉴价值的。

此外，这一时期云南省经济思想史研究方面的学术论文还有：

侯合心：《新时期中国经济学伦理问题思考》，载《云南财经大学学报》2008年第24卷第1期。

侯合心：《经济学伦理理论溯源》，载《云南财经大学学报》2009年第3期。

周文、朱富强：《论当代马克思主义经济学及其发展》，载《经济学家》2010年第12期。

3．经济地理研究

梁双陆：《中国边境的一体化效应与边缘经济增长中心的形成——基于空间经济理论的解释》，载《经济问题探索》2008年第1期。

李江苏、骆华松、曹洪华：《基于引力模型分析城区与郊区空间相互作用——以昆明市为例》，载《经济问题探索》2008年第12期。

薛熙明、朱竑、唐雪琼：《城市宗教景观的空间布局及演化——以1842年以来的广州基督教教堂为例》，载《人文地理》2009年第1期。

车辚：《1840年前云南的经济地理特征》，载《云南财经大学学报》2009年第5期。

4．宏观经济研究

（1）著作。

康云海、马勇主编：《2007—2008年云南经济发展报告》，云南大学出版社2008年版。

康云海、马勇主编：《2008—2009年云南经济发展报告》，云南大学出版社2009年版。

康云海、马勇主编：《2009—2010年云南经济发展报告》，云南大学出版社2010年版。

（2）论文。

云南民族大学经济学院刘家贵教授在《经济社会发展与和谐社会建设》［载《云南民族大学学报》（哲学社会科学版）2010年第5期］一文

中指出我国经济社会的发展明显滞后于经济的高速增长，主要表现为国民收入分配向政府和企业倾斜，城乡居民未能充分分享经济增长的成果，各种经济社会差距持续扩大，公共服务和社会安全保障体系缺失。这都不利于和谐社会的建设。经过30年高速经济增长，现在解决上述问题的条件已经成熟，应在经济社会发展的基础上，逐步建立起一个较为完善的公共服务和社会安全保障体系。

此外，这一时期云南省宏观经济研究方面的学术论文还有：

杨永生：《云南省经济发展方式转变的难点和对策》，载《经济问题探索》2008年第2期。

韦跃群：《关于宏观经济调控政策的思考》，载《经济问题探索》2009年第8期。

谢旭辉：《中国经济复苏中的隐患探析及其对策》，载《经济问题探索》2009年第9期。

雷新华：《关于转变经济发展方式与贯彻科学发展观的思考》，载《经济问题探索》2010年第5期。

5．国民经济研究

吉庆华：《收入分配：拉动内需的关键》，载《中国商贸》2009年第15期。

吉庆华：《拉动内需：中国经济增长的持续动力》，载《中国商贸》2009年第19期。

吉庆华：《扩大内需与结构调整——基于嵌入国际产业链的本土企业视角》，载《云南社会科学》2009年第6期。

赵金蕊：《当代中国家庭结构的变化及其消费发展趋向》，载《生产力研究》2009年第17期。

吉庆华、张宁：《居民消费：拉动经济增长的根本动力》，载《中国经贸导刊》2009年第18期。

6．发展经济研究

（1）著作。

李娅、杨先明：《发展失衡与社会预警》，中国知识产权出版社2010年版。

（2）论文。

云南财经大学万广华教授以及英国邓迪大学的张茵在《中国沿海与内地贫困差异之解析：基于回归的分解方法》（载《经济研究》2008年第12期）一文提出了一个分解框架，旨在量化相关决定因素对贫困空间差异或跨时变化的贡献。同时，文章引入了Shorrocks and Wan（2008）提出的数据生成法，以便将分组数据转化成微观个体数据。把这些方法论运用于中国，我们解析了中国内地与沿海城市间的贫困差异。研究结果表明，内地的高贫困主要归因于资源利用效率的低下而不是资源禀赋的欠缺；收入分配的不平等也是造成内地高贫困的又一重要原因。贸易、FDI等衡量经济开放度的指标与贫困之间的关系因时因地而不同。

云南师范大学旅游与地理科学学院熊理然副教授和成卓在《中国贫困地区的功能定位与反贫困战略调整研究》（载《农业经济问题》2008年第2期）这篇文章中认为长期以来，中国的反贫困战略在很大程度上是把贫困地区看做是需要援助的“弱势地区”、“问题区域”、“包袱区域”的前提下制订和实施的，因而不可避免地会存在一定的缺陷和问题，该文在对中国贫困地区的空间分布及区域特性进行深入分析的基础上，对贫困地区进行了全新的战略功能定位，这对于政府有关部门重新认识贫困地区的重要战略地位、在新的历史时期制订与实施新的反贫困战略及反贫困对策具有重要的理论价值和实践指导意义。

此外，这一时期云南省发展经济研究方面的学术论文还有：

李云霞：《试析云南省旅游扶贫的对策研究》，载《经济问题探索》2008年第4期。

杨红英、曾萍：《论区域发展新格局——加快西部边疆建设，协调区域发展的若干思考》，载《经济问题探索》2008年第4期。

李若青：《人口较少民族发展政策及其经济因素》，载《经济问题探索》2008年第11期。

李艳：《资源富集型贫困地区可持续发展路径探讨——以云南省兰坪县为例》，载《安徽农业科学》2009年第37卷第2期。

胡阳全：《西南边疆可持续发展制约因素研究》，载《云南民族大学学报》（哲学社会科学版）2009年第26卷第4期。

李益敏、蒋睿：《怒江大峡谷旅游扶贫研究》，载《人文地理》2010年第6期。

7. 制度经济研究

（1）著作。

云南大学经济学院国际经济与贸易系马丹在《美国对外贸易体制研究》（中国经济出版社2010年版）一书以“美国对外贸易体制”为研究对象，分析和研究美国对外贸易体制的形成与发展历程、制度特征及其运作机制。撰写本书的主要目的在于：通过对美国对外贸易体制进行全面的分析，借鉴美国对外贸易体制200多年来所取得的成功经验，从而推动中国对外贸易体制的改革、调整与完善，进而更好地促进中国经济和对外贸易的长期持续稳定发展。

主要创新或特点表现为以下几个方面：第一，应用历史进程分析方法，将美国对外贸易发展的历史进程、理论体系、组织结构、职权界定、法律体系、贸易主体的竞争战略与竞争优势等诸多问题与国家对外贸易体制的建立与完善问题研究相结合，并借此形成一种观察和分析“国家对外贸易管理”的独特视角及分析方法，对美国对外贸易体制进行分析和研究，需要特别强调的是，任何历史发展的进程（特别是重大历史事件的发生）必然对客观现实产生重要的影响作用和参照系作用，回顾并反思历史不仅有利于更好地分析现实，而且有利于把握未来的发展方向并从中得到有益的启示；第二，将历史进程与客观现实相结合、宏观环境与微观细节相结合、动态进程与静态结构相结合、逻辑流程与现实制度相结合，对美国对外贸易体制的构建、运行和完善展开全面而深入研究；第三，注重对美国对外贸易体制相关问题的具体技术细节研究是本书的又一个重要特点。

（2）论文。

云南财经大学张丽华教授及汪冲在《解决农村义务教育投入保障中的制度缺陷——对中央转移支付作用及事权体制调整的思考》（载《经济研究》2008年第10期）一文中认为财权与事权不匹配的矛盾是解决农村义务教育投入保障中的最大难点，受财力制约和宏观政策引导缺位的影响，地方投入为主的财政制度很难为义务教育发展提供全面、长远的支持。针对学界期望通过创新或完善中央转移支付制度解决农村义务教育投入的观点，该文提出不同看法：单纯依靠转移支付制度的改进来解决农村义务教育的地区差异和保障农村义务教育的公共投入是不可能的，只有在事权体制上作大的调整，将农村义务教育事权上划中央政府和财政，才是解决该问题的最佳选择。该文尝试通过建立计量模型，从保障农村义务教育投入中的制度缺陷的视角构建框架，为农村义务教育事权体制改革寻求另一个解决方案。

云南财经大学经济制度与经济政策研究所所长朱启才教授在《经济学中的权力范式及其运行方式研究》（载《财经研究》2008年第12期）中，认为权力是社会科学研究的主题，然而经济学对权力的研究却很不充分，从而导致对现实世界科学分析的困乏。权力是资源的控制力，因而它直接配置资源，权力决定制度的供给和运行效率，也是经济增长中生产要素合力形成的决定因素。因此，权力是经济学理应研究的重要范式。

云南财经大学朱锦余教授、胡春晖及易挺在《审计委员的本质属性及制度创新——基于新制度经济学视角》（载《审计与经济研究》2009年第4期）中，指出较早设立审计委员会的西方国家陆续出现震惊世界的公司财务舞弊案件，这次金融危机又凸显出公司治理及审计委员会的制度性偏差。我国审计委员会制度尚处在起步阶段，制度依赖和路径依赖比较小。结合我国国情、基于审计委员会的本质属性制定的我国审计委员会参与公司治理的新架构体现了“类金字塔”委托—代理理论，在审计委员会参与公司治理，处理与内部审计、外部审计、董事会、经理层、监事会等诸多方面的关系时有许多明显的优势。

云南大学发展研究院汪戎教授在《基于新制度经济学视角下的广信事件再分析》（载《思想战线》2010年第3期）一文中，通过对广信事件分析总述，对广信事件从新制度经济学的角度进行再解读，并认为印记着“制度预设”的广信注定肩负着政治和经济两重使命，在充满矛盾的角色扮演中，极容易成为利益集团博取制度租金的工具，进而使其深受“三重制度缺陷”：一是体制性缺陷，即政府干预下具有严重路径依赖性的广信发展路径异化，深陷不断清理整顿怪圈。本质上是政府投融资体制缺陷的大暴露；二是结构性缺陷，即在缺乏信托文化与理念的情况下，重视商事信托而忽视民事信托，引致广信非均衡发展；三是功能性缺陷，即广信功能定位模糊，“乱业经营”之下主业缺失，导致其日益边缘化。

此外，这一时期云南省制度经济研究方面的学术论文还有：

李亚玲：《产权结构、产权边界与产权明晰——企业产权制度研究》，载《思想战线》2008年第4期。

赵鸭桥、张伏全、李维锦、胡晶：《云南省自然保护区建设中集体林权属问题研究》，载《林业经济问题》2008年第4期。

徐永林：《论建立完善失地农民社会保障制度的问题》，载《经济问题探索》2008年第5期。

武友德、陈长瑶、李君：《关于城中村改造中土地产权的问题的思考》，载《经济问题探索》2008年第11期。

张丽华、杨树琪、孙辉：《对现行非税收入管理制度建设的评述和思考》，载《经济问题探索》2009年第1期。

赵红梅：《透析民营企业非法集资的制度根源》，载《学习与探索》2009年第6期。

朱启才：《经济发展中的权力机制研究》，载《生产力研究》2009年第18期。

段云龙：《技术创新与制度创新互动关系理论研究述评》，载《生产力研究》2010年第5期。

8．区域经济研究

（1）区域合作研究。

①著作。

云南省社会科学院任佳、王崇理和陈利君在《中国云南与南亚经贸合作战略研究》（中国社会科学出版社2009年版）一书中从国家战略和完善我国全方位对外开放格局出发，依据中国与南亚经贸关系快速发展的现实和趋势，详尽论述了中国面向南亚开放与合作的“印度洋经贸战略”及其战略意义、合作规划和推进合作的步骤及政策措施。

该书的创新点在于：是国内外学术界第一次全面系统研究中国云南与南亚经贸合作问题；第一次引入数量模型对中国与南亚国家贸易增长目标作出预测；论述了面向南亚开放是完善中国全方位对外开放的重要组成部分，中国西南与南亚的合作可以形成中国对外开放的又一支柱等重要观点；提出重视“西向开放”，实施“印度洋经贸战略”，加强面向南亚的经贸合作可以改变中国对外开放“东强西弱”的格局，以及建立面向南亚的“昆明合作组织”，可以与面向中亚“上海合作组织”相对应等新的探索。

云南大学国际关系研究院东南亚研究所副所长卢光盛教授在《地区主义与东盟经济合作》（上海辞书出版社2008年版）一书中主要讲了三个方面：一是介绍地区主义的基本概念与相关理论，建构以国家与市场为主要视角的地区主义分析框架。二是运用这个框架对东盟经济合作这一具体案例进行分析，从内、外两个层面对东盟经济合作的进程及内容进行讨论，并从制度与绩效两方面对东盟经济合作的合作形式及作用进行探讨。三是对东盟经济合作的核心动力进行剖析，分析东盟经济合作的主要特征及内外制约因素，并对东盟经济一体化的发展前景进行展望。本书认为，以安全—权力为导向的国家和财富—效率为导向的市场，共同推动和制约着东盟经济合作的发展及性质。

该书的创新点：一是以理论研究和实证分析有机结合的角度去研究东盟经济一体化进程。当前，国内国际关系理论研究领域还没有建立起具有中国特色和体系的国际关系理论，大都处于理论的介绍和引进阶段，导致了国际关系理论研究大都处于“空对空”的抽象论述，缺乏问题意识，分析缺乏针对性。另一方面，国内东南亚研究则大都遵循历史脉络和现状陈述，缺乏有分析框架、系统理论支撑的研究分析。将两者进行有机结合是本书的一个主要创新点。二是以国家与市场互动的角度去研究地区主义及东盟经济合作具有创新性。与已出版著作的最大不同点在于，本书在地区主义的理论指导之下，紧扣国家与市场的根本特点及其相互作用来讨论东盟地区经济合作。

此外，这一时期云南省区域合作经济研究方面的著作还有杨先明等《能力结构与东西部区域经济合作》（中国社会科学出版社2008年版）。

②论文。

云南师范大学的李瑞林在《“经济全球化与东南亚区域经济合作论坛”综述》（载《经济研究》2008年第12期）中认为，随着经济全球化和区域经济一体化的不断发展，国家之间、地区之间经济的相互依存度日益加深。对中国及其云南省而言，深入参与区域经济合作，不仅是加强与周边国家互利合作、增强国际竞争力和影响力的重要平台，也是带动沿边地区经济增长、实现区域协调发展的有效手段。因此，区域经济合作的深化已经引起了中国政府及云南省政府、学术界的广泛关注。为进一步提高学术研究水平，加强国内外专家学者的交流，由《经济研究》编辑部和云南师范大学经济学院联合主办的“经济全球化与东南亚区域经济合作论坛”于2008年10月在云南师范大学举行。来自中国社会科学院、国家发改委、南开大学、云南省政府发展研究中心、福建社会科学院、浙江大学、广西大学、云南大学等国内重要研究机构、政府部门和大专院校的60余位专家学者代表，围绕经济全球化与东南亚区域经济合作、中国—东盟自由贸易区建设的理论和实践等问题进行了深入探讨，提出了许多颇有价值的见解。

云南财经大学的张建红、周朝鸿及海柯•艾伯斯在《区域自由贸易与区域均衡发展的互作机制研究》（载《经济科学》2009年第1期）中在前人的理论基础上提出发展阶段模型对区域贸易与区域均衡发展的互作机制进行深入研究。该理论模型的基本要点是：区域内部贸易与区域内部贫富差距相互作用互为因果，而且这一相互关系的具体形式受贸易国发展水平和开放程度的影响。为了验证这一论点，该文选择三个贸易区为代表，采用协整检验和格兰杰因果关系检验方法对这一问题进行实证研究。实证结果证实了本文提出的论点。文章最后结合研究结果讨论了其政策含义。该文的研究结果不仅具有理论方面的贡献，而且对目前中国参与区域经济合作有一定的现实意义。

云南大学国际关系学院卢光盛教授和张励在《后金融危机时代的中国与大湄公河次区域国家关系：一种区域性公共产品的视角》（载《国际展望》2010年第3期）一文中指出在后金融危机时代，区域性公共产品成为促进中国与大湄公河次区域国家（GMS国家）区域合作的核心。该文在简要介绍区域性公共产品理论的基础上，以其为切入点，对GMS区域性公共产品的现状进行剖析，分析其在区域合作中对解决地区危机、塑造地区身份与声誉、促进相互间关系等方面的重要性，并以此为视角来初步探索发展中国与GMS国家关系的新思路。

云南大学发展研究院杨先明教授和李娅在《能力结构、资源禀赋与区域合作中的战略选择》（载《思想战线》2008年第6期）一文中认为在市场经济体制框架下，区域之间的经济合作的范围与成效，取决于地区之间的能力结构。对于资源禀赋强而能力相对弱的地区如云南省，以提升能力作为合作战略的目标，并围绕资源型经济的转型展开区域合作，将有利于缩小区域能力结构差距，拓展进一步合作的范围，最终促进地区之间的协调发展。

此外，这一时期云南省区域合作经济研究方面的学术论文还有：

毕世鸿：《泰国与越南在湄公河地区的合作与竞争》，载《东南亚研究》2008年第1期。

袁天昂、唐青生：《中国在大湄公河次区域金融合作中的战略选择》，载《云南财经大学学报》2008年第4期。

卢光盛、金珍：《2007年云南省参与区域经济合作的成果、问题与建议》，载《经济问题探索》2008年第6期。

卢光盛：《云南、广西与东盟区域经济合作的比较分析》，载《云南财经大学学报》2009年第1期。

（2）民族地区经济研究。

①著作。

刘家贵：《西部边疆民族地区非公有制经济发展研究》，经济科学出版社2008年版。

②论文。

许华荣：《民族地区经济发展中的文化经济化问题辨析》，载《改革与战略》2008年第2期。

许华荣：《民族地区经济发展中的经济文化化问题探析》，载《企业经济》2008年第11期。

陈贻娟、吴映梅、胡秀玉：《云南民族地区经济社会和谐发展研究——以德宏州为例》，载《经济问题探索》2008年第12期。

（3）县域经济研究。

①著作。

廖乐焕：《中国少数民族地区县域经济发展战略研究》，中国经济出版社2009年版。

②论文。

廖乐焕：《论发展少数民族地区县域特色经济》，载《云南民族大学学报》（哲学社会科学版）2008年第1期。

杨榆宏：《关于发展县域经济的思考》，载《云南民族大学学报》（哲学社会科学版）2008年第1期。

廖乐焕、孙丹：《论发展少数民族地区县域“文化经济”》，载《黑龙江民族丛刊》2009年第3期。

廖乐焕、孙丹：《论少数民族地区县域经济发展的主体与主题》，载《中央民族大学学报》（哲学社会科学版）2009年第6期。

（4）其他区域经济研究。

①著作。

茶洪旺：《区域经济理论新探与中国西部大开发》，经济科学出版社2008年版。

梁双陆：《边疆经济学》，人民出版社2009年版。

杨先明：《西部地区投资环境研究：以云南引进外部资金技术为例》，云南大学出版社2009年版。

②论文。

马子红：《区际产业转移：理论述评》，载《经济问题探索》2008年第5期。

包广静：《云南流域综合开发及其对策研究》，载《经济问题探索》2008年第7期。

卢启程、曹华、刘瑞：《我国西南区域内经济联动发展的动力机制研究》，载《云南民族大学学报》（哲学社会科学版）2008年第11期。

张建民：《区域技术创新系统及其能力：研究回顾与述评》，载《经济问题探索》2010年第5期。

丁世青、庞磊：《区域经济政策对西部地区的影响研究》，载《学术探索》2010年第6期。

龙超、张金昌：《我国区域金融发展的收敛性差异分析》，载《经济纵横》2010年第22期。

庞磊、丁世青：《区域政策对长江三角洲地区经济增长的实证分析》，载《思想战线》2010年人文社会科学专辑。

9. 世界经济研究

（1）国际金融。

尹晓冰、汪戎：《全流通发行制度下的IPO抑价问题研究》，载《经济问题探索》2008年第2期。

郑旭、黄梅：《东亚货币合作研究综述》，载《云南民族大学学报》（哲学社会科学版）2008年第5期。

郑旭：《区域货币合作模式的比较与借鉴》，载《思想战线》2009年第2期。

孙磊：《论国际货币体系中欧元对美元的挑战》，载《生产力研究》2009年第4期。

牟怡楠：《风险联动视角下的美国次贷危机考察》，载《经济问题探索》2009年第10期。

黄儒靖：《从〈巴塞尔协议Ⅲ〉看国际银行业监管强化的新趋向——对银行监管博弈的思考》，载《经济问题探索》2009年第12期。

张涛：《中国——东盟金融合作中人民币区域化的金融政策法规研究》，载《云南财经大学学报》2010年第6期。

（2）国际贸易研究。

①著作。

云南大学发展研究院黄宁副教授在《基于比较优势动态化的中国贸易条件研究》（人民出版社2008年版）一书中把对外贸易中的两个最基本问题（一是用具有什么样特点的商品在国际市场进行贸易，二是在国际贸易市场上的地位和获利情况如何）所反映出来的两个最基本概念（比较优势和贸易条件）联系起来，基于新贸易理论是传统贸易理论的发展和补充的思想以及不断拓展的比较优势含义，通过比较优势动态性的研究，分析中国比较优势动态化情况，把各种形式贸易条件指数变化趋势及规律联系起来，试图比较准确地分析中国在国际贸易中所处的地位和贸易利益，确定影响中国各种形式贸易条件指数变化的核心，得到中国各种形式贸易条件指数变化的一般趋势，实现中国在对外贸易过程中效率与公平的平衡。通过研究，拓宽了对中国贸易条件研究的思路，有助于进一步从理论上解释国际贸易中的贸易利益及其分配情况，对贸易条件理论进行了探索性的补充，对发展中国家的贸易条件判断和对外贸易发展有借鉴意义。

该书的创新点：第一，纯要素贸易条件从出口部门要素投入数量能获得进口商品的角度反映一国的贸易条件变动，与从要素投入质量反映的单要素贸易条件形成了对照，又与从总量投入反映的收入贸易条件形成不同，能新增一个角度更全面地反映贸易条件的变动。第二，中国反映公平程度的价格贸易条件和双要素贸易条件指数并没有明显的提高，价格贸易条件还一直处于恶化之中；反映效率的收入贸易条件、单要素贸易条件和纯要素贸易条件指数持续快速提高。第三，中国比较优势动态能力是不断提高的，比较优势动态化表现比较明显：中国出口贸易品技术高度和相对集中度都呈现出不断提高的趋势。第四，各种形式贸易条件指数的变化与比较优势动态能力和动态化表现之间存在紧密的联系，各种形式的贸易条件指数是由比较优势动态能力和动态化表现所决定的。贸易条件恶化的根本标志就是在国际贸易中一国在短期内比较优势动态化表现不突出，在长期内比较优势动态能力低下。

②论文。

云南财经大学的万广华教授、M.S.Qureshi及伏润民在《中国和印度的贸易扩张：威胁还是机遇？》（载《经济研究》2008年第4期）一文中探讨了中印之间以及中印与其他国家之间的贸易竞争性和互补性。研究结果表明：一是印度在第三方市场，尤其在服装、纺织品和皮革制品等方面，面临来自中国的强烈竞争；二是中印之间的贸易增长具有一定潜力；三是中国在中等技术行业对东亚各国、美国和大多数欧洲国家构成挑战，而印度主要对周边的南亚国家构成威胁；四是在贸易的互补性方面，中国和印度大幅上升的进口为美国、欧洲和东亚一些国家，尤其是日本、韩国、马来西亚、新加坡和泰国的出口提供了扩张的机会。同时发现中国的出口结构正在发生变化，技术密集型和高科技产品的出口份额在增加，这表明从长期来看，由中国劳动密集型产品出口带来的挑战将会削弱。

云南大学国际关系研究院姚继德教授在《对中阿经贸关系发展的几点思考》（载《回族研究》2010年第4期）中对中阿经贸关系的现状、中阿经贸合作面临的挑战以及机遇进行分析，并认为中阿经贸合作可在平等互利的基础上发挥经济互补性强的优势，不断扩大合作领域，创新合作机制。针对中阿经贸关系中面临的上述挑战与机遇，我们应当从合作机制、商品结构、合作方式、市场准入、贸易平衡、交通通道等主要方面着手，完善并深化合作，最终实现互利共赢的最大化。

此外，这三年云南省国际贸易研究方面的代表性学术论文还有：

邹春萌：《东盟区域服务贸易自由化：特点与前景》，载《东南亚研究》2008年第1期。

邹春萌：《东盟五国服务贸易的开放度评析》，载《亚太经济》2008年第2期。

蔡四青：《隐性国际贸易摩擦预警机制建立的对策探讨》，载《思想战线》2008年第3期。

黄宁、李娅：《比较优势的动态化评价方法以及中国的实证》，载《云南财经大学学报》2008年第6期。

屈燕林、刘德学、王旭：《云南对外贸易的收益及模式选择》，载《学术探索》2008年第6期。

陈亚雯：《美国次贷危机对中国金融和出口企业的影响与政策建议》，载《经济问题探索》2008年第8期。

罗淳、梁双陆：《边贸经济与口岸城镇：西南边疆民族地区小城镇建设的一个依托》，载《经济问题探索》2008年第10期。

蒋冠、霍强：《云南省进口贸易与经济增长之间关系的实证研究》，载《经济问题探索》2009年第1期。

任佳：《新形势下云南面向周边国家开放的思考》，载《云南省社会科学》2009年第6期。

赵越：《对跨境贸易人民币结算运行机制的思考》，载《云南财经大学学报》2010年第2期。

赵成真、兰天：《金融危机下的中国—东盟机电产品产业内贸易实证分析》，载《国际贸易问题》2010年第3期。

屠年松、洪文：《云南与东盟商品贸易互补性研究》，载《经济问题探索》2010年第5期。

曾伟：《对国际金融危机的经济理论反思与现实思考》，载《改革与战略》2010年第12期。

（3）国际投资研究。

①著作。

云南大学发展研究院院长杨先明教授、张建

民副教授、黄宁副教授和赵果庆副教授在《中国西部外资问题研究》一书中，第一次提出了研究西部FDI问题的缺口假说，采用了结构主义的方法，运用空间经济学等基础理论，主要采取计量经济学的方法，对中国西部的外商直接投资问题进行系统实证研究，主要分析为什么外商直接投资不向西部聚集问题，以及我国外资引进与利用政策在西部地区的效应分析。在此基础上，对国家的西部地区引进与利用外资的政策、西部的投资环境等方面提出政策建议。本书主要论述内容包括西部技术缺口与FDI吸收，西部人力资本缺口与FDI吸收，产业级差、产业结构与产业配套对西部引进FDI的影响，西部引进FDI的区位分析、制度因素与西部地区FDI的引进，西部FDI缺口与经济增长，西部地区与在华跨国公司产业发展战略匹配性分析，国外地区政策对中国制订区域政策的启示，西部地区吸引跨国公司直接投资的环境评价与优化对策。

②论文。

云南大学发展研究院杨先明教授在《国际直接投资、能力结构与西部经济赶超》（载《云南财经大学学报》2008年第6期）中认为中国西部地区国际直接投资(FDI)增长效应缺失，加剧了东西部地区的失衡。西部地区引进FDI,必将会加快其发展进程，但并不意味着西部地区参与国际经济体系的潜在利益就会自动实现，需要在发展过程中不断改进自身能力结构，将FDI的溢出效应与本土企业的能力结合起来，才能形成西部地区持续增长的内生动力，实现经济赶超。

此外，这三年云南省国际投资研究方面的代表性学术论文还有：

赵颖新：《越南投资环境及我国企业对越投资策略》，载《特区经济》2008年第6期。

胡剑波：《中国吸收FDI：现状、特征及对策》，载《国际经济合作》2008年第6期。

许敏：《论中国对外签订双边投资协定中的“中心”管辖条款》，载《经济问题探索》2008年第8期。

陶小龙、杨先明：《提升云南利用外部资金能力的对策研究——基于ESP范式的分析》，载《经济问题探索》2008年第10期。

陆亚琴：《外国直接投资在东道国的环境效应研究综述》，载《思想战线》2009年第1期。

张海亮、邹平、姚文杰：《基于产业需求的外汇储备战略投资》，载《软科学》2010年第6期。

陆亚琴：《国际直接投资与环境关系理论研究综述》，载《经济问题探索》2010年第12期。

（4）全球其他经济问题研究。

云南财经大学万广华教授、张藕香及Mahvash Saeed Qureshi在《全球化与国家间的收入差距：来自81个国家面板数据的实证分析》（载《世界经济文汇》2008年第2期）一文中，应用面板数据通过基于回归的不均等分解框架，研究全球化对国家间收入差距的影响，这一框架不仅可以帮助识别不均等因素，还能量化这些因素对总的不均等的贡献。实证结果表明：用贸易和外商直接投资代表的全球化带来了不均等的上升，而贸易对不均等的贡献要大于外商直接投资。另外，全球化指标的相对和绝对贡献一直在持续增加。当根据收入水平对样本进行分组研究时发现，在过去的20多年中，高收入组国家间的不均等基本保持稳定，而低收入组国家间的收入差距则扩大了，在贸易方式上的巨大差别可以解释低收入国家间的收入发散。

云南民族大学社会发展学院彭有祥教授在《当前国际金融危机的成因及其启示》（载《经济问题探索》2009年第10期）中认为当前，由美国次贷危机引发的全球性金融危机不断加深，使世界面临着自20世纪30年代以来最严重的金融危机。从根本上说，美国金融危机暴发的深层原因在于资本主义制度的固有矛盾，是由资本主义私有制度所决定的。同时，从技术和管理层面研究金融危机的成因，深刻总结其中的教训，认真探讨中国经济社会发展的应对之策，对于中国社会主义市场经济的健康发展，同样具有十分重要的意义。

此外，这一时期云南省全球其他经济问题研究方面的学术论文还有：

石黎卿：《全球化治理与市场经济路径选择——斯蒂格利茨新作〈让全球化发挥作用〉评述》，载《思想战线》2008年第1期。

王崇理：《第三亚欧大陆桥的构建与世界经济发展的时代要求》，载《思想战线》2008年第2期。

王晓华：《从罗斯福新政看美国政府如何应对经济危机》，载《云南民族大学学报》（哲学社会科学版）2009年第1期。

甘开鹏、陆宁：《欧盟对外经济制裁政策评析》，载《经济问题探索》2009年第10期。

扶涛、张梅荷：《“金砖四国”经济增长源泉比较研究》，载《经济问题探索》2010年第4期。

（二）应用经济研究

1．数量经济研究

云南财经大学万广华教授在《不平等的度量与分解》（载《经济学》2008年第1期）中从实证研究需要的角度，较为完整地叙述了收入分配的度量及其分解，包括常用不平等指数的构建和计算，随机占优分析，以及基尼系数、泰尔指数和基于回归方程的分解。虽然没有对应用性文献进行综述，但简要讨论了研究我国不平等时应该注意的主要问题。

云南财经大学万广华教授、范蓓蕾及陆铭在《解析中国创新能力的不平等：基于回归的分解方法》（载《世界经济》2010年第2期）一文中试图解释1995—2006年中国区域和省份间创新能力的不平等现象。研究发现，到2003年为止，区域（东部—中部—西部）间创新能力的不平等逐年上升，省份间的不平等显示了一个V形的趋势。这两种不平等在2004—2006年基本保持在同一水平。基于回归方程的不平等分解结果表明，影响创新能力差异的主要因素是人口、经济发展水平、研发投入、地理位置以及开放度。

此外，这一时期云南省数量经济问题研究方面的学术论文还有：

王敏正：《论经济增长模型内生性逻辑及其启示》，载《思想战线》2008年第3期。

万广华、张藕香：《贫困按要素分解：方法与例证》，载《经济学》2008年第4期。

张同健、蒲勇健：《基于演化博弈的和谐社会构建模型分析》，载《经济问题》2009年第1期。

2．价格经济研究

王旎、王恩学：《世界新一轮粮价上涨因素的多层面分析》，载《农业现代化研究》2008年第11期。

刘磊：《国际与国内原油价格关系的实证分析》，载《中国物价》2009年第2期。

高兴佑、郭昀：《电力产业定价机制与价格规制研究》，载《价格月刊》2009年第4期。

韦群跃：《宏观调控应当重视国民经济总体价格水平——关于GDP价格指数的探讨》，载《经济问题探索》2010年第5期。

张清华、杨松利、樊玲：《矿产资源要素价格改革的探索》，载《经济问题探索》2010年第5期。

3．财政与税收经济研究

（1）著作。

云南师范大学经济与管理学院副院长陈新教授在《纳税信用体系研究》（人民出版社2008年版）一书中把国内外有关成果和分析方法结合起来进行研究。尤其是国外对于纳税信用的量化研究、激励机制理论及公共管理理论，与中国的具体国情相结合，得出具有建设性的结论和建议。

该书的创新点在于：把纳税信用体系作为独立主题进行研究，全面系统地分析和研究纳税信用问题，拓宽了纳税信用问题研究的视野。过去的研究大多把纳税信用作为优化税制的一个技术变量进行研究，而本书恰恰改变了这一研究思路，把税收征管效率作为纳税信用体系的一个内生变量进行分析和研究。把纳税信用放到社会的大环境中进行研究和分析，以使研究成果更为全面，对现实更具指导意义。

（2）论文。

云南财经大学伏润民教授、常斌及缪小林在《我国省对县（市）一般性转移支付的绩效评价——基于DEA二次相对效益模型的研究》（载《经济研究》2008年第11期）一文中认为一般性转移支付是我国转移支付制度的重要组成部分，它是中央财政为了平衡地区间财力差异、促进基本公共服务均等化为目的的重要制度安排。然而，中央财政以均等化为目标、以标准财政收支差为依据对省（市、自治区）拨付一般性转移支付资金，以及省对县（市）级政府拨付该项资金时，并没有规定具体用途，因此，县（市）级地方政府拥有对这部分资金完全的自主支配权。在多重目标，尤其是经济增长目标的压力下，一般性转移支付资金可能被挪用和挤占，上级政府实现公共服务均等化的政策意图难以达到预期的效果。该文的目的是：从制度层面论述一般性转移支付政策目标与效率评价的内在联系；探讨DEA二次相对效益模型对一般性转移支付绩效评价的适用性；从基本公共服务资金配置和提升效率两个方面，构建了省对县(市)一般性转移支付绩效评价体系；以云南省的县(市)为样本，对一般性转移支付绩效进行实证模拟评价；提出建立绩效评价是完善省对县(市)一般性转移支付制度的重要内容。

云南财经大学财政与经济学院院长伏润民教授、云南财经大学王卫昆教授和缪小林在《我国地方政府债务风险与可持续规模探讨》（载《财贸经济》2008年第10期）中指出：近年来，地方各级政府为实现经济社会发展目标，在自身财力有限的情况下通过发行债券以外的形式举债了大量的政府债券，债务规模的持续膨胀将成为地方财政、经济安全运行和可持续发展的重大隐患。该文的目的是在综合评价国内外债务风险和可持续规模分析方法的基础上，探讨适合我国地方政府横向类比债务风险区间划分方法和单一主题当期可持续性债务预测理论模型。在此基础上，对西部某省的129个县（市、区）风险区间划分和单一主体A市的可持续性债务规模进行实证研究。

云南财经大学伏润民教授、常斌、缪小林和林青在《化解我国农村义务教育债务的资金补偿测算研究——基于标准教育支出的思路》（载《财贸经济》2009年第10期）一文中认为20世纪80年代以来，在上级补助有限、地方财力困难的情况下，我国农村推行“普六”、“普九”义务教育制度过程中产生了大量债务。政府及有关部门已经明确提出要从财力上帮助化解农村义务教育债务。然而，由于债务时间跨度长、涉及面广、情况复杂等原因，在化解债务过程中存在着是否公平、公正和防止道德风险等一系列问题。本文在系统调研分析农村义务教育债务形成过程及其影响的基础上，提出“标准财政教育支出”框架下的化解农村义务教育债务的资金补偿测算模型，其主要思想是选择农村义务教育债务形成的客观构成因素。测算“标准财政教育支出”，并将其与实际教育建设发展成效的投入之差额，作为上级政府帮助县乡化解农村义务教育债务的依据。最后，以云南省为案例，对其农村义务教育标准债务和农村义务教育债务化解资金进行模拟测算。

云南省社会科学院边明社教授在《西方经济学不同流派对财政学学科发展的贡献》（载《经济问题探索》2008年第4期）中指出从1776年亚当·斯密发表具有划时代意义的《国富论》以来，西方经济学的一些重要流派，特别是古典经济学、新古典经济学、凯恩斯主义经济学和现代公共选择理论，对财政学从作为一门独立学科的创立到研究方法的飞跃，从研究内容的深化到学科属性的扩展，都作了革命性的贡献。

此外，这一时期云南省财政与税收经济问题研究方面的学术论文还有：

孙辉、万启霞：《我国税法对企业捐赠行为影响研究》，载《经济问题探索》2008年第2期。

陈新：《农业税取消后昆明近郊县财政状况调研及对策思考》，载《乡镇经济》2008年第4期。

侯江红：《论公益组织的财务特征与政府财务监督机制》，载《云南行政学院学报》2008年第4期。

刘丽花、徐广领、经壮：《多元财务主体下财权动态配置探析》，载《财会通讯》2008年第5期。

陆宁、甘家武：《提高个人所得税征管效率的建议》，载《税务研究》2008年第6期。

程振煌、王东：《我国地方政府财政适度举债规模实证研究——以昆明市呈贡县为例》，载《经济问题探索》2008年第7期。

桂丽：《取消农业税后西部地区县乡财政的困境与对策研究》，载《农村经济》2008年第8期。

徐理结：《基本公共服务均等化与公共财政的构建——哈维·罗森〈财政学〉研究对象给我们的启示》，载《经济问题探索》2008年第8期。

白亚鹏：《试析我国公共财政支出与政府职能的转变》，载《云南行政学院学报》2009年第2期。

陆宁、彭毓蓉、甘家武：《调节收入分配差距过大的财税政策》，载《税务研究》2009年第2期。

杨树琪、杨箫菡：《政府非税收入征管秩序治理与模式选择研究》，载《经济问题探索》

2010年第12期。

吉庆华：《我国地区间税收分配存在的问题及解决策略》，载《商城现代化》2010年第15期。

杨向英：《中国—东盟自由贸易区税收协调效应研究》，载《中国市场》2010年第18期。

张洪、陈于：《完善征收机制强化土地增值税效能》，载《中国财政》2010年第19期。

4．管理经济研究

云南财经大学纳鹏杰教授在《强化我国企业集团财务风险管理的若干思考》（载《经济问题探索》2008年第12期）中通过剖析企业集团财务风险成因的基础上，提出财务风险管理处于各种风险管理的核心地位的观点，并从战略财务、组织、内控、预警、考核、信息和文化等方面，提出如何强化企业集团财务风险管理的相关建议。

此外，这一时期云南省管理经济问题研究方面的学术论文还有：

刘睿：《操作风险管理现状及其趋势研究》，载《云南财经大学学报》2008年第3期。

卢启程：《企业动态能力的形成和演化——基于知识管理视角》，载《研究与发展管理》2009年第2期。

刘蕾、胡宏：《基于知识管理策略的企业技术创新战略选择》，载《经济问题探索》2010年第5期。

杨娅婕：《浅析公司治理结构对我国上市公司融资方式选择的影响》，载《江苏商论》2011年第1期。

徐慧：《基于EVA的政府投融资公司经营管理》，载《财会通讯》2011年第3期。

5．会计研究

云南财经大学会计学院副教授余怒涛的《董事会规模与公司价值关系的进一步检验——基于公司规模门槛效应的分析》（载《中国会计评论》2008年第3期）这篇文章获得了云南省第十三次哲学社会科学优秀成果二等奖，该文主要内容是通过检定发现，公司规模对董事会规模具有门槛效果，通过使用门槛自回归模型可以更好地解释董事会规模和公司价值之间的关系，实证研究的结果表明，无论是用简单线性模型还是二次函数模型都不能很好地解释董事会规模与公司价值之间的关系，而公司规模具有影响董事会规模和公司价值关系的门槛效果，不同规模的公司，董事会规模对公司价值的影响程度或方向有所不同，对于小规模的公司而言，董事会规模越大越有助于提升公司价值，而对于大规模的公司，董事会规模的过于庞大将会对公司价值产生负面影响。

此外，这一时期云南省会计研究方面的学术论文还有：

彭家生：《会计信息管制的效力有限性》，载《财经科学》2008年第12期。

古淑萍：《基于企业风险管理的内部控制体系研究》，载《经济问题探索》2009年第7期。

陈红、唐滔智、谢华：《中国—东盟会计准则质量评价及其协调研究》，载《云南财经大学学报》2010年第2期。

蒋峻松：《中缅会计准则趋同研究》，载《东南亚纵横》2010年第11期。

聂顺江、陈鹏、周晓惠：《论知识资产会计的一般程序》，载《经济问题探索》2010年第12期。

6．审计研究

昆明市财政局龙小海、昆明理工大学微观金融学田存志教授及昆明理工大学段万春教授在《委托代理：经营者行为、会计信息鉴证和投资者》（载《经济研究》2009年第9期）一文中指出随着经营者与投资者的分离，公司投资者将公司的经营管理权委托给不持有公司股票但实际控制着公司财产的职业经理，并由此形成一系列契约。由于信息不对称和契约的不完备性，经营者可能编制虚假会计报告，谎报经营业绩。为有效防止企业经营者利用财务会计报告虚报业绩，使投资者设计的以经营业绩为目标的激励机制得到有效实施，就需要加强公司财务治理并聘请独立的第三方注册会计师进行审计，以鉴证经营者会计信息报告是否公允。但是，注册会计师对错误会计信息的鉴证可能会失败，这不仅损害了鉴证的经济价值，而且会导致鉴证信任丧失和委托代理关系不稳定。在现实中，对鉴证失败的防范主要是采取事后监管，这无不对资本市场产生严重的震荡和损害，如安然等一系列财务舞弊案件的发生便是如此。从理念上讲，一个好的委托代理机制，应当是事前防范、事中控制和事后惩处相结合的利益导向机制，但是，由于会计信息鉴证的复杂性和专业性，对鉴证失败的防范成为监管者发现和识别的难点。安然等一系列财务舞弊案例表明，对于从事会计信息专业鉴证业务的注册会计师，如何维护其鉴证的独立性则是防止鉴证失败的关键。因此，会计信息鉴证的独立性问题，始终是委托代理理论的一个重要研究内容。

其他的还有：

樊冀、徐小荣：《构建反商业贿赂的内部审计预防机制研究》，载《经济问题探索》2008年第2期。

赵如兰：《预算执行审计风险控制研究》，载《经济问题探索》2009年第9期。

樊冀、熊仲超、谢强、李翠芝：《审计如何控制和监督商业贿赂》，载《经济问题探索》2010年第11期。

7. 生态经济研究

（1）著作。

杨士吉、许太琴：《云南生态经济年鉴·首卷》，线装书局2008年版。

杨子生：《中国西南喀斯特石漠化土地整理及其水土保持效益研究——以滇东南西畴县为例》，中国科学技术出版社2009年版。

（2）论文。

西南林学院支玲教授、杨明、卿向阳、徐慧丽、刘燕及赵玉涛在《西部退耕还林工程可持续发展能力评价——以云南省鹤庆县、贵州省织金县和四川省朝天区为例》（载《林业科学》2010年5月）一文中指出在理解退耕还林工程可持续发展能力内涵的基础上，从环境、经济、社会、智力四大系统的支持能力入手，建立退耕还林工程可持续发展能力评价指标体系；以云南省鹤庆县、贵州省织金县和四川省朝天区为例，采用层次分析法对退耕还林工程可持续发展能力进行评价。评价结果显示工程的可持续发展能力处于一般水平，其中经济系统对工程可持续发展的支持能力最弱；在探明实施中制约工程有效性和持续性的社会变量的基础上，提出工程可持续发展的若干对策。

此外，关于生态经济研究方面的学术论文还有：

杨明、支玲、张永洁：《退耕还林后续问题研究现状及展望》，载《世界林业研究》2008年4月。

王龙、王琳、李靖：《元阳哈尼梯田保护与开发模式初探》，载《中国农村水利水电》2008年第4期。

朱慧贤：《发展云南绿色经济与建设生态文明探析》，载《商场现代化》2008年第7期。

陈然：《生态消费对市场经济切入的促进因素分析》，载《经济问题探索》2008年第7期。

杨子生、刘彦随、贺一梅、陶文星、许婧婧：《山区县域土地利用生态友好性评价原理、方法及实践》，载《自然资源学报》2008年第7期。

张媛、支玲、林德荣：《委托代理视角下退耕地森林管护问题研究——以甘肃省安定区和陕西省宜川县为例》，载《林业经济问题》2009年第6期。

支玲、杨明、田治威、王焕良、赵玉涛、蒋小宁：《西部退耕还林工程可持续发展能力评价方法》，载《世界林业研究》2009年第6期。

周跃、丁文荣、曾和平、王剑：《云南纵向岭谷区土地利用的侵蚀环境效应——以黑惠江、龙川江、盘龙河流域为例》，载《山地学报》2009年9月。

8. 旅游经济研究

（1）生态旅游经济研究。

云南师范大学明庆忠教授、李庆雷及陈英在《旅游产业生态学研究》（载《社会科学研究》2008年6月）这篇文章中指出随着可持续发展从思想走向科学，循环经济和产业生态学兴起并应用于一些产业。旅游业是全球规模最大、涉及面最广的产业，其产业的环境友好型和生态文明型特性，更加强调旅游产业生态化，使其产业生态系统能良性运行，并发挥旅游产业的关联带动效应，促进旅游产业生态化的发展，悄然催发旅游产业生态学。旅游产业生态学应用生态学、旅游学、系统学等多学科方法，以旅游产业生态系统为研究对象，系统研究旅游产业生态系统的理论与方法，旅游产业生态系统的建设、运行及管理等科学问题，以推进旅游产业生态化发展与旅游可持续发展的实践。

西南林学院周伟教授、李旭、刘钊、云南省林业厅天然林保护办公室的赵晓东及西南林学院的杨锦玉在《云南高原4个国际重要湿地生态旅游管理评价》（载《林业经济问题》2010年4月）这篇文章中，通过分析“云南高原国际重要湿地生态旅游管理评价体系”（含2个比选方案）各指标的赋值原则与标准的基础上，以层次分析法和德尔菲法确定各项指标的权重值，采用加权求和法进行综合评价。将从云南碧塔海、纳帕海、拉市海和大山包4个国际重要湿地采集的数据应用于该评价体系。结果均以碧塔海自然保护区生态旅游管理综合分值最高；大山包和纳帕海自然保护区的分值较低。评价体系中，指标越少越能降低重复加权的可能性。因指标多将掩盖一些重要指标的权重，使其重要性不能显现。指标选择应尽可能保留数据易采集和客观，又能直接反映评价内容的关键指标。

此外，关于生态旅游经济研究方面的学术论文还有：

李红梅：《怒江州生态旅游的负外部性研究》，载《生态经济》2009年第8期。

杨锦玉、严娟、周伟、付蕾、赵晓东：《社区参与分析与湿地生态旅游管理评价——以滇西北3个高原湿地为例》，载《生态经济》2008年12月。

周伟、李旭、刘钊、赵晓东、杨锦玉：《云南高原4个国际重要湿地生态旅游管理评价》，载《林业经济问题》2010年4月。

明庆忠、陈英、李庆雷：《低碳旅游：旅游产业生态化的战略选择》，载《人文地理》2010年第5期。

苏章全、明庆忠、李庆雷：《基于旅游生态位理论的旅游区发展策略研究——以滇中大昆明国际旅游区为例》，载《旅游学刊》2010年第6期。

（2）乡村旅游经济研究。

云南大学马翀炜教授和张爱谷《乡村旅游与制度建构——以玉龙县美泉村旅游合作社为例》［载《广西民族大学学报》（哲学社会科学版）2009年第4期］一文中，通过叙述美泉村旅游合作社产生发展历程，介绍合作社管理机制的基础上，分析了旅游开发以来该村的社会文化变迁。认为制度建构对于乡村旅游发展具有十分重要的意义。由村民们经过不断调适而产生的合适的制度安排，不仅具有产权维护、风险规避以及降低交易成本，从而保障经济利益增加的作用，而且也起到了减少矛盾、实现社会和谐发展的积极作用。

此外，关于乡村旅游经济研究方面的学术论文还有：

陈飙、杨桂华：《梅里雪山雨崩村旅游社区参与的组织形式与分配制度》，载《思想战线》2008年第3期。

李宏岳、陈然：《论新农村建设中的乡村旅游》，载《安徽农业科学》2008年第10期。

单琼花、王琨、葛冬：《乡村旅游的特点及在民族地区开发中的意义》，载《安徽农业科学》2008年第20期。

牛元帅：《昆明市团结镇少数民族产业体验式开发研究——以乡村生态旅游为例》，载《安徽农业科学》2008年第27期。

黄继元：《乡村旅游开发与非物质文化遗产传承与保护研究——以云南省石林县大糯黑村为例》，载《云南社会科学》2010年第3期。

（3）区域旅游经济研究。

①著作。

王君正在《区域旅游创新》（云南人民出版社2010年版）一书中在全面回顾丽江旅游的发展历程和取得的成绩、总结基本经验、剖析存在的不足、确立努力方向的基础上，对区域旅游发展进行了大胆的探索和创新，旨在通过新理论、新理念、新技术、新模式大力推进旅游业的又好又快发展。

②论文。

云南财经大学旅游学院院长许南垣教授在《试论腾冲旅游业改革发展模式的构建与运作》（载《旅游研究》2009年第1期）这篇文章中指出腾冲旅游改革发展综合试点要取得成功，其中一个关键问题是如何选择构建和运作旅游管理体制的新模式。为此，第一，应注意处理好以下关系：处理好短期增长与长期发展的关系；处理好人的发展和物的发展关系；处理好节约劳动与节约自然资源的关系。第二，确定构建腾冲旅游业发展新模式的重要性和基本方向：坚决地、积极地推进经济增长方式的转变，加快资源消耗型的经营方式向资源节约型的集约经营方式转变；要建立起“政府、企业、社区、旅游者”共担风险、共享权力的模式和机制。第三，腾冲旅游改革发展综合试点要在创建可持续发展模式上走出具有特色的环境保护型旅游开发模式、资源节约型旅游经营模式和环境友好型旅游消费模式的新路子。

此外，关于区域旅游经济研究方面的学术论文还有：

白廷斌：《滇西缅北旅游区的发展前景及初步构想》，载《云南财经大学学报》2008年第1期。

包广静、吴兆录、杨子生：《怒江水电开发与区域旅游发展互动关系研究》，载《人民长江》2008年2月。

王静、罗明义、杜靖川：《试论金沙江下游流域旅游增长极的选择与培育》，载《思想战线》2008年第4期。

李艳萍：《云南与东盟实现区域旅游合作的动力系统研究》，载《经济问题探索》2008年第11期。

（4）文化旅游经济研究。

云南财经大学社会与经济行为研究中心陈刚教授在《发展人类学视野中的文化生态旅游开发——以云南泸沽湖为例》（载《广西民族研究》2009年第3期）一文中通过评述20世纪60年代兴起的发展人类学主要研究理论、方法和发展趋势，讨论发展人类学对文化生态旅游可持续发展的贡献，描述云南泸沽湖地区自20世纪80年代以来大力发展摩梭民族文化生态旅游的过程，并应用发展人类学的理论和方法来解读摩梭民族文化生态旅游的发展，在充分肯定其所取得巨大成绩后，从发展意识、社区参与、权力问题和利益相关者四个方面，探讨其所面临的困境和可采取的对策，以实现其可持续和负责任地发展。

云南大学罗明义教授在《论文化与旅游产业的互动发展》（载《经济问题探索》2009年第9期）一文中文指出化产业与旅游产业，都是融经济与文化为一体的新兴产业。为进一步促进文化与旅游密切融合，推动文化产业与旅游产业互动发展，必须正确认识文化产业与旅游产业的属性和相互关系，充分发挥文化是旅游的灵魂和重要内容，旅游是文化的载体和传播渠道的重要作用，创新体制和机制，加强开发建设，突出产品特色，培育专门人才，广泛宣传促销，不断提升旅游文化内涵和品位，提高旅游目的地文化影响力和竞争力，促进旅游目的地经济发展、社会进步和精神文明建设。

云南民族大学张桥贵教授在《云南宗教旅游开发的思路、原则和措施》［载《云南民族大学学报》（哲学社会科学版）2011年第1期］一文中，指出在多民族聚居的边疆民族地区的各种资源开发中，宗教文化旅游资源的开发与当地群众的利益最密切相关，当地群众对项目的参与度最高，从开发中获利最多，同时也对当地群众的传统信仰影响最深。目前宗教旅游开发中的过分市场化运作和商业化经营，将严重有损宗教教职人员和宗教团体的形象。在宗教旅游开发中应积极引导优秀宗教文化与健康旅游活动良性互动，促进旅游、宗教文化和人的全面协调发展，实现社会效益、经济效益、生态效益三方共赢，以营造文明、健康、和谐的宗教旅游氛围。开发中应遵循文化性、生态性、特色性、保护性、参与性和合理性的原则。

此外，关于文化旅游经济研究方面的学术论文还有：

赵书虹、苏丽春：《民族地区旅游产业集群发展中的三维文化》，载《思想战线》2008年第5期。

陈刚：《文化旅游发展与利益相关者的关系互动——以云南泸沽湖畔落水村为例》，载《广西民族大学学报》（哲学社会科学版）2008年9月。

谢金林、陈刚：《民间组织、经济租与民族旅游的可持续发展——以泸沽湖地区为例》，载《云南社会科学》2009年第5期。

赵书虹：《滇越铁路文化旅游开发刍议》，载《商场现代化》2009年6月。

初晓恒：《旅游产品文化及其传递探析》，载《商业研究》2009年第10期。

幸岭、刘武安：《基于民俗文化功能分化模型下的民俗旅游开发》，载《经济问题探索》2010年第11期。

邓永进、谯丹：《我国民族旅游细分市场特征分析》，载《学术探索》2010年12月。

（5）其他旅游经济研究。

①著作。

罗明义：《旅游经济发展与管理》，云南大学出版社2008年版。

②论文。

云南大学罗明义教授在《论旅游经济学的研究对象和内容》（载《旅游研究》2009年6月）中认为旅游经济学的研究，是旅游活动中有关旅游者、旅游经营者、旅游组织之间的各种经济现象、经济关系和经济规律，目的是揭示旅游活动中各种经济问题的主要矛盾、内在规律及其运行机制。由于在旅游活动中，不论是旅游者还是旅游经营者所指向的共同对象都是市场上可供交换的旅游产品，因此对旅游产品的研究必然成为旅游经济学研究的基本出发点，并在此基础上通过研究旅游者、旅游经营者、旅游组织之间的经济行为而构建起旅游经济学的理论体系和研究内容。

左冰教授和保继刚教授在《1992—2005年中国旅游业全要素生产率及省际差异》（载《地理学报》2008年第4期）一文是一项选择性地应用经济学、发展理论、地理学多学科理论或研究方法进行的跨学科研究，首次对中国旅游业增长方式、技术进步速度以及各要素贡献进行了详细分析，从动态的角度来审视中国旅游发展的动力机制和过程，最后还延伸出规范研究和立足于中国现实的政策探索。成果对于旅游业技术扩散方式的探讨不仅是重要的学术发现，可填补旅游经济研究领域的相关空白，丰富旅游经济学和旅游地理学理论体系，更为重要的是，成果根据研究所得的政策建议可为促进中国旅游经济的合理化运行和旅游业的健康、持续发展提供科学依据，具有重大现实意义。此外，成果还首次对旅游收益分配中存在的“劳资倒挂”的不合理的现象进行了分析，包含对发展的公平性和伦理问题的探讨，有助于从社会和谐的角度认识旅游业薪酬合理分配和旅游收益的协调问题，体现了可持续与和谐发展观的认识论眼光，可为中国特别是中西部地区通过旅游开发实现经济社会和谐发展提供指导和参考。

云南大学工商管理与旅游管理田里教授和吕天云在《建立“云南旅游综合改革试验区”的构想》（载《思想战线》2008年第4期）一文中认为建立综合改革试验区已成为我国地方经济发展的引擎，云南旅游业在下一轮的竞争中要取得突破性进展，就必须以建立“旅游综合改革试验区”的方式进行二次创业。借鉴珠江三角洲地区、长江三角洲地区和环渤海地区建立开发实验区和综合改革区等方式的发展经验，探索建立云南省“旅游综合改革试验区”，可为云南省发展“特色经济”开拓新思路。

此外，关于其他旅游经济研究方面的学术论文还有：

罗明义：《以科学发展观指导旅游景区规划与开发建设》，载《学术探索》2008年2月。

包广静：《云南面向第三欧亚大陆桥旅游发展研究：基于旅游产品结构分析》，载《云南财经大学学报》2008年第3期。

李莉叶，罗明义：《论云南旅游“二次创业”与旅游核心竞争力的培育》，载《经济问题探索》2008年第6期。

刘云：《基于旅游产业交易链下导游回扣现象对策分析》，载《经济问题探索》2008年第7期。

邹再进：《我国旅游规划思想导向的演进》，载《旅游学刊》2008年第7期。

罗明义：《论中国特色旅游经济理论的形成与发展》，载《云南财经大学学报》2009年第1期。

赵书虹：《旅游社群主义及其建设机制刍议》，载《思想战线》2009年第2期。

田里、杨懿、李雪松：《建立昆明——大理“双核”旅游空间结构的构想》，载《旅游研究》2009年5月。

田里、李柏文：《旅游后现象理论及其实证研究》，载《思想战线》2009年第5期。

李永芬、冯勇：《云南旅游东南亚客源市场开发研究》，载《经济问题探索》2009年10月。

李钰：《旅游体验设计理论研究》，载《云南社会科学》2010年第3期。

罗明义：《世界旅游发展：2009年回顾和2010年展望》，载《旅游论坛》2010年4月。

赵莉、高建国：《基于矿产业的普洱市地质旅游资源开发研究》，载《经济问题探索》2010年第4期。

李柏文：《国内外城镇旅游研究综述》，载《旅游学刊》2010年第6期。

陶犁、王立国：《湖泊旅游开发探索研究——以洱海、千岛湖、日内瓦湖为例》，载《生态经济》2010年第12期。

9．劳动经济研究

（1）著作。

云南大学工商管理与旅游管理学院杨红英教授在《少数民族发展中的人力资源开发研究》（云南大学出版社2008年版）一书中，一是从文化和经济双重视角阐述了人力资源和人力资本的文化属性；二是阐述了人力资本的异质性不仅取决于其存量差异，还取决于其文化属性，提出人力资本的异质性应包含人力资本由于文化不同质的差异；三是论证了少数民族人力资源开发和人力资本形成的基本途径；四是提出民族文化传承应作为少数民族人力资源开发的重要内容；五是提出少数民族多元化和多层次的人力资源开发途径。

该书的主要创新点：一是研究方法的创新，运用民族学（文化人类学）、经济学、教育人类学等多学科方法系统研究少数民族人力资源开发具有一定的开创性，在某种程度上突破了经济学单一方法下人力资本研究的局限性；二是提出人力资源和人力资本的文化属性是以往该领域的理论研究中没有明确提出过的；三是提出基于民族文化的地方性知识是少数民族异质性人力资本形成的根本源泉，也是评价少数民族异质性人才的重要依据。

此外，关于劳动经济研究方面的著作还有：

高梦滔：《云南贫困山区农村人力资源中性别平等问题研究》，民族出版社2008年版。

（2）论文。

云南师范大学校长杨林教授、武友德教授、骆华松教授、常志有和薛勇军的《西部少数民族地区人力资源评价及开发研究》（载《经济研究》2009年10月）得到国家社会科学基金项目"边疆少数民族地区人力资源开发及其可持续发展研究"（项目编号：05XRK001）、"新农村建设中的少数民族贫困乡镇政府人力资源开发研究"（项目编号：08BJY041）资助。论文针对我国西部少数民族地区，系统概括了西部少数民族地区人力资源的总体特点，对人力资源进行了综合定量评价，分析了西部少数民族地区人力资源供求均衡的状态与趋势，通过人力资本投入与经济增长关系的实证分析，进一步反映了西部少数民族地区人力资源的开发效应，并且还对"内蒙古现象"进行了分析。经过研究得出如下结论：从总体上看，西部少数民族8个省（区）人力资源开发程度较低并且存在着大的差异；人力资源供求是非均衡的；物质资本投入和人力资本投入在我国西部少数民族地区经济增长中的作用比较大，而劳动力投入的作用比较小；一般来说，初始人力资本存量和增长区间内人力资本变化两个变量中总会有一个变量与西部少数民族地区各个省份经济增长之间呈现出显著的正相关关系；内蒙古经济高速增长源于其物质资本投资和人力资本投资，但是人力资本投资效率要大大高于物质资本投资效率。所以在西部少数民族地区人力资源开发的实践中，要树立"人力资源是第一资源"的观念，形成尊重知识、尊重人才的良好氛围。考虑到西部少数民族地区现有人力资源开发水平、人力资源开发条件以及边境区位优势等特殊性，进一步提出几条符合我国西部少数民族地区特点的人力资源开发对策。这些对策是：①引入利益诱导机制，有效控制人口增长；②以职业教育和基础教育为重点，大力发展教育事业，构建终身教育体系；③实行人才引进与本土人才开发相结合的政策；④发挥边境优势，组织人力资源跨境合作开发。

该文主要创新点主要表现在两个方面：第一，论文通过构建一个容易操作的区域人力资源评价指标体系，对西部少数民族地区的人力资源进行综合定量评价；第二，论文主要针对西部少数民族地区，不仅要定量研究人力资本投入（包括初始人力资本存量和增长区间内人力资本变化）对西部少数民族地区经济增长的作用，还要在研究的过程中对近年来人们广泛关注的"内蒙古现象"进行解释。

此外，关于劳动经济研究方面的学术论文还有：

罗淳：《城镇化与非农化：欠发达地区农业剩余劳动力转移模式比较及路径选择》，载《经济问题探索》2008年第3期。

袁志刚：《劳动力市场是分割的吗?——"劳动力市场分割"经验研究文献综述》，载《云南财经大学学报》2008年第5期。

刘军：《当代海湾国家的外来劳工移民及其影响》，载《世界民族》2008年第6期。

胡红霞：《试论西部贫困地区农村劳动力转

移与人才回流》，载《经济问题探索》2009年第1期。

张亚雄：《云南农村人力资源的开发与转移》，载《云南民族大学学报》（哲学社会科学版）2009年第1期。

陈国林：《少数民族农村劳动力的转移方式及动因》，载《云南民族大学学报》（哲学社会科学版）2009年3月。

李娅：《东西部产业转移滞缓与我国劳动力比较优势》，载《思想战线》2009年第4期。

聂彩仁：《劳动力成本上升与企业的发展道路选择》，载《改革与战略》2009年第6期。

陈波、支玲、董艳：《我国退耕还林政策实施对农村剩余劳动力转移的影响——以甘肃省定西市安定区为例》，载《农村经济》2010年5月。

罗美娟、李隽：《中国—东盟自由贸易区人力资源开发研究》，载《云南财经大学学报》2010年第6期。

10．城市经济研究

（1）著作。

云南财经大学公共管理学院副院长于干千教授和胡洪斌副教授在《都市经济简明教程》（云南大学出版社2008年版）一书紧密联系昆明实际，对都市经济的相关理论、昆明发展都市经济的战略规划、区域布局、产业结构、基础设施、环境条件、政策取向等方面进行了深入浅出的阐述，有现状研究、有问题和案例分析、有对策措施，主题鲜明，重点突出，思路清晰，是一本直接为发展都市经济提供理论依据、决策参考和人才培训的书籍。

该书对都市的类型、形态特征与功能特征以及都市经济不同演化阶段的划分及其演化规律进行的全面研究，揭示了都市几何特征（空间投影）与经济生态特征结合的深层次演化规律。据此，以昆明——云南省会和人口唯一上百万的大城市为主体，紧扣昆明市委九届四次全体（扩大）会议精神，在与昆明市发改委、市经委、财政局、劳动与社会保障局、农业局、地税局、商务局、规划局、卫生局、环保局、教育局、统计局等相关职能部门的充分座谈和调研的基础上，对昆明都市内部资源配置方式等进行实证研究和总结，综合管理学、经济学、行政学、环境科学等诸多学科，系统研究昆明都市经济发展的模式，以及与都市经济密切相关的各种社会和经济发展问题，直接为昆明市发展都市经济提供理论支持和政策指导。

云南民族大学经济学院肖建乐教授在《唐代城市经济研究》（人民出版社2009年版）一书中以“唐代城市内工商业的发展、二者的结合日益密切以及二者与城市的关系日益密切”的基本观点为基础，以发展动力为切入点，对唐代城市经济进行了较为全面的分析论述。

主要创新在于突破了政治是古代城市发展动力的观点，在详细占有历史资料和缜密的逻辑分析的基础上，提出了工商业结合的城市经济是唐代中期以后的城市发展推动力。

此外，关于城市经济研究方面的代表性著作还有：

罗淳：《小城镇大作为——西南边疆民族地区小城镇建设研究》，光明日报出版社2009年版。

（2）论文。

云南财经大学万广华教授和朱翠萍在《中国城市化面临的问题与思考：文献综述》（载《世界经济文汇》2010年第6期）一文中指出我国未来经济增长在相当程度上将取决于城市化的进程。遗憾的是，有关中国城市化的研究严重不足，尤其是实证分析的成果极少。现存文献大多局限于讨论城市化战略究竟是选择中小城市还是超大城市，抑或是城市群的发展道路。也有部分学者关心城市化滞后于工业化、城市化伴随城乡收入差距的不断扩大，以及城市产业结构不合理等问题。该文在梳理和概括前人研究成果的基础上，提出了今后研究城市化值得注意的议题。

曲靖师范学院杨筠教授在《西部少数民族人口城市化的特征——非剩余劳动力大尺度异地城市化》（载《改革与战略》2008年第2期）一文中指出劳动力转移和人口迁移是人口城市化的核心，因而成为人口城市化研究的焦点。由于历史和自然的原因，我国的少数民族人口大多居住于经济社会发展较为落后的区域。20世纪80年代以来，随着我国改革开放和工业化进程的加快，少数民族城市化成为民族发展中最具重要意义的事件。该文对我国少数民族人口第一大省广西省、第二大省云南省民族聚居区的傈僳族、景颇族、白族等12个少数民族城市流动人口展开调查与分析，研究结果显示西部少数民族地区人口城市化的特征为：一是以非剩余劳动力为主的城市化主体。二是以大尺度异地城市化为主的城市化模式。三是以发达地区大城市为目的地的城市化方向。

此外，关于城市经济研究方面的代表性学术论文还有：

高文进：《自由发展观视角下的少数民族城市化》，载《改革与战略》2008年第6期。

杨筠：《西部少数民族人口城市化的特征——非剩余劳动力大尺度异地城市化》，载《改革与战略》2008年第11期。

王静峰：《论城市品牌战略的构建——以云南省曲靖市为例》，载《特区经济》2008年2月。

范珂：《论城市发展与区域资源的有效平衡》，载《经济问题探索》2008年第12期。

杨筠：《“屏蔽效应”与内陆边境地区的城市化滞后》，载《特区经济》2009年1月。

许宏、周应恒：《云南城市化质量动态评价》，载《云南社会科学》2009年第5期。

孙荣霞、王松江：《城市基础设施项目BOT—TOT—PPP集成结构框架研究》，载《生产力研究》2009年第19期。

周智生、吴映梅：《沿边城市服务功能的历史演进与城市经营——以云南省开远市为例》，载《改革与战略》2010年第12期。

11．资源经济研究

（1）著作。

杨子生：《基于耕地资源利用的区域粮食安全评估原理、方法及其在云南的实践》，中国科学技术出版社2008年版。

（2）论文。

云南大学国际关系研究院吴磊和云南大学国际关系研究院副教授卢光盛在《关于中国—非洲能源关系发展问题的若干思考》（载《世界经济与政治》2008年第9期）一文中指出近年来，在中非关系全面深入发展的背景下，中非双边能源投资额和贸易额不断增长，非洲石油对中国能源安全的战略价值不断显现；与此同时，石油政治（问题）日趋凸显。石油和能源是中非关系发展的重要基础和内涵之一，是能源市场发展到一定阶段的产物，也是中非关系不断发展和“双赢”的结果。在正常的世界石油市场体系中，中国在非洲的能源利益有其充分和正当的合理性，并不需要刻意掩饰或受西方“石油政治”的影响。石油政治将是中非关系发展的常态问题，也是中国对非能源外交面临的主要战略挑战。从保障国家能源安全、促进中非能源关系进一步发展的角度看，中国必须重视和应对非洲的“石油政治”问题，并在坚持原则的基础上，对有关政策进行必要的调适。

此外，关于资源经济研究方面的代表性学术论文还有：

罗宏翔、曹阳：《云南省城镇化进程及耕地保护研究》，载《云南财经大学学报》2008年第4期。

张国胜、梁双陆、陈瑛：《纵向岭谷地区农地资源的优化配置研究——基于工业化与城镇化快速推进的考虑》，载《经济问题探索》2008年第8期。

樊勇、李晓偲：《西部地区资源开发中的矛盾及求解——从发展合理性的视角》，载《云南社会科学》2009年第5期。

于东平、段万春、罗崇敏：《基于误差修正模型的云南省能源消费与经济增长关系研究》，载《经济问题探索》2010年第4期。

王守雷：《浅析低碳背景下我国发展可再生能源的必要性》，载《经济科学与技术》2010年12月。

王穗、彭尔瑞、阿泽光、张静、张建生、张川、郝莉莎、陈运春：《宜农荒草地土地开发整理经济效益研究——以云南省宾川县为例》，载《安徽农业科学》2010年第3期。

彭尔瑞、王穗、张建生、张川、余建新：《“直过区”耕地资源可持续利用研究——以沧源佤族自治县班老乡为例》，载《安徽农业科学》2010年第13期。

12．环境经济研究

（1）著作。

吕昭河、徐晓勇、戴波：《人口资源环境与可持续发展研究——云南案例》，中国社会科学出版社2008年版。

王赞信：*Producing Biodiesel from Jatropha Curcas L. in Yunnan, China:*

Lifecycle environmental, economic and energy performance，国际发展研究中心东南亚经济与环境署，2010年。

（2）论文。

绒巴扎西：《西藏发展战略新论——论西藏实施生态环境资源转换型发展战略的必然性》，载《中央民族大学学报》（哲学社会科学版）2008年第1期。

胡志丁、骆华松、唐郑宁：《云南省经济增长的环境效应分析》，载《商场现代化》2009年2月。

肖军、翁晓华：《环境污染在西部大开发中的经济学分析》，载《思想战线》2010年人文社会科学专辑。

13．产业经济研究

（1）工业经济研究。

①著作。

中国国家原子能机构秘书局秘书长、国家核事故应急办公室副主任、国家国防科技工业局系统工程二司司长王敏正在《中国内生性工业化道路研究》（人民出版社2009年版）一书中以现有的工业化发展理论研究成果为背景支撑，从我国基本国情出发，探讨了中国走内生性新型工业化发展道路的理论依据，又对中国走内生性新型工业化发展道路的可操作性作了深刻剖析，理论与实践很好地相结合。专著从内生经济增长理论的视角出发，对比分析世界发达国家和发展中国家的工业化发展道路，探求工业化发展的内在规律性，为中国推进新型工业化发展提供可以借鉴的实践经验；构建内生性新型工业化发展理论和模型，对中国新型工业化发展的特征及空间分布态势、发展机制及相关要素进行深入系统的分析，揭示各驱动因子与内生性新型工业化发展的具体互动关系，为中国内生性新型工业道路的推进提供理论支撑；研究构建的内生性新型工业化发展理论和模型，体现方法论上的创新；将内生经济增长理论应用到工业经济学的研究领域，实现了学科交叉，增添理论经济学和工业经济学的内涵和研究范畴。作为国内第一本从内生经济增长理论新视角研究中国新型工业化发展道路的专著，对促进中国新型工业化发展具有明显的理论和实践指导意义。

此外，关于工业经济研究方面的代表性著作还有：

张正华：《工程经济学理论与实务》，冶金工业出版社2010年版。

②论文。

云南财经大学赵果庆和罗宏翔教授在《中国制造业集聚强度与显著性——基于方差假设检验》（载《经济管理》2009年7月）中指出国内学术界对我国制造业集聚进行了大量统计研究，但我国制造业集聚的显著性尚未得到检验，集聚强度也未得到分级。该文以1995年的800个样本和2004年的860个样本分别对我国28 个制造业集聚进行方差假设检验，结果发现，仅有4个东部省（直辖市）的制造业和4个制造业行业集聚显著。进一步发现，高端制造业集聚强度在增强，而低端制造业集聚强度在下降，制造业集聚强度从东部至西部呈递减趋势。同时，中西部制造业集聚强度在下降。两极分化的制造业集聚扩大了东部与中西部发展差距，因此，努力调节制造业区域分布，有效促进中西部制造业集聚是缩小区域差距的重要途径。

云南大学经济学院施本植教授在《“逆向工业化”：云南新型工业化道路选择》（载《学术探索》2008年第5期）一文中认为适应现代产业发展和商业利润增值空间转移新趋势，加快云南现代服务业发展，走一条适合云南省情的“逆向工业化”之路，即不拘泥于从农业到工业再到服务业的一般产业发展规律，而是在农业产业化和工业化过程中率先发展现代服务业，充分发挥服务业的“黏合剂”功能和动力作用，有效地推动云南传统产业改造提升，加快云南第一、二产业结构转换和升级发展，是实现云南经济又好又快跨越式发展的必由之路。“逆向工业化”应是云南新型工业化过程中与其他省区不同的重要内容和特色。云南一旦形成了两头大中间小的“哑铃型”产业价值结构，真正成了服务经济强省，将极大地增强云南的产业竞争优势，在区域分工和交易中获取更多的利益，真正实现建设富裕、民主、文明、开放、和谐云南的目标。

此外，关于工业经济研究方面的代表性学术论文还有：

戴波：《云南水电产业竞争力分析》，载

《经济问题探索》2008年第6期。

谭鑫、杨柳：《云南发展生物柴油产业的SWOT分析》，载《生态经济》2009年第7期。

江涛、邹平：《烟草行业生产控制模型研究》，载《信息与控制》2009年8月。

马骋、方维萱、王京、杨玲玲：《智利铜产业竞争力分析》，载《地质与勘探》2010年11月。

（2）文化产业经济研究。

云南大学国家文化产业研究中心施惟达在《从文化产业到创意产业》（载《学术探索》2009年10月）中指出：从产业形态上说，创意产业是对文化产业的扩充和发展，它既保留了传统文化产业的那些带有鲜明创意特征的核心门类和外围门类，又拓展到日常生活品的生产和制造业。如何将这些文化及符号价值与经济价值相联结，以符合新的消费需求潮流，从而赢得更多的市场，进一步带动产业的全面发展，正是创意产业用武的巨大空间。

此外，关于文化产业经济研究方面的代表性学术论文还有：

袁明旭：《民族地区文化产业政策选择的理论分析》，载《经济问题探索》2008年第2期。

袁明旭：《论民族地区文化产业政策创新》，载《经济问题探索》2008年第8期。

陈文娟、赵琴：《民间资本投资云南文化产业的现状分析》，载《思想战线》2008年人文社会科学专辑。

潘春梅、陈文娟：《云南文化产业民间投资渠道拓展研究》2008年人文社会科学专辑。

孙美璎：《少数民族自我发展能力和乡村文化建设——以云南省乡村文化业为例》，载《黑龙江民族丛刊》2009年第3期。

（3）其他产业经济研究。

①著作。

云南财经大学赵果庆教授在《基于FDI集聚的中国产业竞争力研究》（中国经济出版社2009年版）一书中认为20世纪70年代末尤其90年代以来大量外商直接投资（FDI）集聚我国，对我国社会经济产生深远的影响，其中FDI集聚对我国产业竞争力的影响首当其冲。

该书主要创新包括从能量角度定义了产业竞争力，把邓宁—波特钻石集聚模型发展成超循环模型，并建立FDI产业与内资企业集聚动态数学模型；从熵的概念出发，对世界经济论坛（WEF）和瑞士洛桑国际管理开发研究院（IMD）提出了著名的竞争力公式进行拓展，形成新FDI集聚的产业竞争力理论体系；把动力系统方法引入竞争力动力机制，并结合动能概念把竞争力定量化，研究了FDI企业、内资企业出口与竞争力关系；提出了一套指标体系，把产业划分为先导产业、主导产业、支柱产业和劣势产业四个类，定量划分了我国的四类产业群，从FDI对不同产业群参与度和贡献分析FDI集聚的产业结构竞争力效应和产业结构升级效应；采用方差分析方法对FDI的产业集聚和地区集聚首次进行显著性检验与集聚强度分级。全书以实证为主，做到分析全面系统，数据可靠，方法新颖，政策可操作性强，具有借鉴和参考价值。

此外，关于其他产业经济研究方面的代表性著作还有：

黄宁、张国胜：《产业发展与技术创新》，云南大学出版社2008年版。

潘海岚：《中国现代服务业发展研究》，中国财政经济出版社2008年版。

李娅：《产业为什么不从东部向西部转移》，人民出版社2010年版。

②论文。

云南大学经济学院徐光远教授、林洁、吴静在《引导中国房地产业的健康发展》（载《云南财经大学学报》2010年第2期）中指出2009年快速上涨的房地产价格对中国的经济发展产生了巨大的影响，超过了正常的增长速度。对日本房地产泡沫和美国“次贷危机”进行研究之后，认为：当前过高的房价影响了未来的城市竞争力，政府部门应当制定相应的措施对土地“招拍挂”制度进行改革，同时严防金融风险；2010年中国房地产业的发展取决于政府的选择。

此外，关于其他产业经济研究方面的代表性学术论文还有：

杨志玲：《明清时期云南茶业经济探析》，载《思想战线》2008年第2期。

饶南湖：《区域产业竞争力形成机理研究综述》，载《思想战线》2008年第3期。

彭泽军：《西藏不同经济成分效益比较及其

产业分布规律》，载《特区经济》2008年5月。

程士国：《发展现代花卉产业全面提升国际竞争力——以云南花卉产业的发展为例》，载《农业经济》2008年10月。

赵永宁：《云南省加工贸易发展存在的问题及对策研究》，载《经济问题探索》2008年第12期。

邹再进、谢昌浩：《云南省第三产业发展分析》，载《云南财经大学学报》2009年第1期。

费宇、关赟、李娟：《区域主导产业选择的定量分析——以云南省为例》，载《云南财经大学学报》2009年第4期。

吉庆华：《基于产业结构优化的服务业发展研究》，载《经济问题探索》2009年第8期。

郑季良、陈卫萍：《基于循环经济的高耗能产业集群发展探讨》，载《科技管理研究》2009年第9期。

杨胜、李贵平：《楚雄彝药业竞争力分析》，载《财会研究》2009年第20期。

吉庆华：《基于国际产业链的我国产业集群核心企业竞争优势研究》，载《改革与战略》2010年第2期。

杨俊生：《产业转移、能力结构与东西部区域经济协调发展》，载《经济问题探索》2010年第5期。

李娅：《国际产业链分工模式的延伸——我国东西部产业转移模式探讨》，载《云南财经大学学报》2010年第5期。

程士国、张晓军：《日本花卉产业现状分析》，载《农村经济》2010年5月。

14．农村经济研究

（1）新农村建设研究。

①著作。

黄懿陆主编：《云南社会主义新农村建设》，云南民族出版社2008年版。

李永勤主编：《云南新农村建设研究报告》，云南民族出版社2008年版。

②论文。

云南大学何树红教授和张俊杰在《新农村建设与村镇银行的发展》（载《乡镇经济》2008年第9期）一文中分析了新农村建设进程中的各种金融抑制现象和村镇银行在消除这些现象过程中的作用，并就村镇银行发展过程中出现的主要问题提出相关建议。

此外，关于新农村建设研究方面的代表性学术论文还有：

胡红霞：《西部贫困村落新农村建设及其后续发展的难点与对策》，载《经济问题探索》2008年第6期。

李江苏、骆华松、熊理然：《贫困地区人地关系地域系统及其新农村建设模式——以禄劝县为例》，载《乡镇经济》2008年第7期。

王涛：《发展特色经济与云南少数民族地区城乡经济关系调整》，载《经济问题探索》2008年第12期。

和颖：《略论丽江纳西族民间互助组织在新农村建设中的作用》，载《思想战线》2009年第2期。

周惠仙：《新农村建设背景下的扶贫攻坚》，载《经济问题探索》2009年第10期。

（2）农村公共产品研究。

云南财经大学编辑部叶文辉教授和缪小林在《西部新农村建设公共产品供给的综合评价》（载《财经问题研究》2009年10月）一文中认为公共产品的有效供给是建设社会主义新农村的有力保障。从西部10个省份的农村公共产品供给来看，西部地区经济发展型、社会保障型、公共服务型和生态保护型公共产品的供给存在明显的差异性，特别是公共服务型和社会保障型公共产品在地区间差异较大。在新农村建设中，要根据各地区的实际情况选择公共产品供给模式，切实提高农村公共产品的供给水平。

云南财经大学编辑部叶文辉教授和姚永秀在《西部农村公共产品有效供给分析》（载《商业研究》2010年第11期）中指出西部的新农村建设和新一轮的西部大开发应形成合力，两者互为契机。农村公共产品的有效供给是西部农村发展的基石，也是西部大开放的重要着力点。新农村建设推动农村公共产品的有效供给，也将有力推动西部大开发取得更加坚实和可持续的成就。

此外，关于农村公共产品经济研究方面的代表性学术论文还有：

安敏、姜子华：《云南农村公共产品供给效率剖析》，载《思想战线》2009年第4期。

刘新林、唐云锋：《东西部农村公共产品供求的比较研究——以上海和云南为代表的农户调查分析》，载《经济问题探索》2009年第9期。

（3）农村金融研究。

①著作。

云南大学经济学院郭树华教授、梁东和王琦在《农村金融与农村政策性银行发展研究——以云南为例》（云南大学出版社2010年版）一书中从重新定位云南农村政策性银行体系运行模式和发展路径的角度，提出以供需结构匹配为基础、以政策性金融为主导、整合云南农村金融体系的新机制。为此，本书应用演化博弈的方法，根据云南经济社会的初始条件，通过竞争的方式演化形成市场化的农村政策性银行运行模式和发展机制。在加大政策性投入的基础上，以丰厚的投资收益为引导，形成云南农村政策性金融投入的乘数效应，从而推进农业产业化，调整农业产业结构，夯实“三农”持续发展的基础。

主要创新或特点：第一，研究领域的创新，它填补了云南省对自身农村金融深入系统研究的空白，是我国农村金融研究中不可或缺的一页，是目前云南农村金融与农村政策性银行发展的指南针；第二，政策主张的创新，提出了成立云南省农村投融资担保有限公司的设想；第三，研究内容丰富完备、逻辑紧密、结构合理，层层递进地指出了云南农村金融的发展路径。

②论文。

云南大学经济学院郭树华教授和王健康在《对农村金融的差异需求与分层供给行为选择的模型分析——基于机制设计理论的视角》（载《金融改革》2008年第9期）中从基于机制设计理论的思想和框架，并建立农村金融市场上差异需求与分层供给行为选择的相关约束机制模型，分析了相关约束机制变量对农村金融供求行为选择的影响，从而提出了通过进一步改进和完善农村金融市场相关机制变量，促进我国农村金融供求者的匹配性行为选择，改善农村金融市场效率，加强金融对“三农”支持力度的政策建议。

云南民族大学经济学院院长高梦滔教授和毕岚岚在《持久收入与农户储蓄：基于八省微观面板数据的经验研究》（载《数量经济技术经济研究》2008年第4期）一文中利用中国八省1056个农户的微观面板数据，采用四种滤子算法分别估计了农户的持久收入和暂时性收入。以此为基础，在持久收入假说的理论框架下分析了中国农户储蓄行为。经验研究的主要结论包括：一是中国农户的储蓄行为受到流动性约束和预防性动机的影响，二者都显著地提高了农户的储蓄，降低了农户消费水平。并且，对于低收入人群，流动性约束提高储蓄的效应更加明显。二是农户储蓄函数的估计结果一致拒绝了标准持久收入假说的确定性等价推论，拓展的持久收入假说更适合刻画中国农户的储蓄行为。

云南民族大学甄朝党教授在创新农村金融体制 建立现代金融制度》［载《云南民族大学学报》（哲学社会科学版）2009年第1期］中指出农村金融是现代农村经济的核心。改革开放以来，我国农村金融制度经历了几次变迁，在一定程度上推动了农村经济社会的发展。与此同时，农村金融也存在改革明显滞后、金融服务体系不完善、农业保险制度与担保机制仍需建立与完善等问题。根据这种情况，党的十七届三中全会通过的《决定》明确提出，要加快建立商业性金融、合作性金融、政策性金融相结合，资本充足、功能健全、服务完善、运行安全的农村金融体系，引导更多信贷资金和社会资金投向农村。

此外，关于农村金融研究方面的代表性学术论文还有：

左昊华、陈新：《农业税免除对农村非正规金融影响效应的理论分析》，载《经济问题》2008年第3期。

陈爱华、唐青生：《云南省农村金融体系存在的主要问题及政策建议》，载《经济问题探索》2008年第2期。

沈茂斌、谢彦明、朱培巧：《农户信贷行为影响因素的实证分析》，载《乡镇经济》2009年第2期。

唐青生、周明怡：《西部地区农村金融资源配置效率实证研究——基于主成分法的分析》，载《云南财经大学学报》2009年第4期。

何树红、李俊功、梁朋：《论健全完善农村金融生态》，载《乡镇经济》2009年第8期。

武晓芬、屠强、齐玲、邱文静、莫呐、刘少东、屠爱心：《从云南昭通昭阳富滇村镇银行看我国村镇银行未来发展》，载《经济问题探索》2010年第12期。

李艳、杨杰：《我国农村合作金融的异化及金融组织创新》，载《安徽农业科学》2010年第34期。

（4）其他农村经济研究。

①著作。

徐力主编：《云南农村社会经济发展研究》，云南民族出版社2008年版。

②论文。

云南财经大学万广华教授、张藕香以及云南财经大学伏润民教授在《1985—2002年中国农村地区收入不平等：趋势、起因和政策含义》（载《中国农村经济》2008年3月）一文中描述了1985—2002年中国农村地区间收入不平等的变化趋势。该文把中国划分为东、中、西三个地带，将总的收入不平等分解成地带内的不平等和地带间的不平等，并采用以回归为基础的分解框架，考察了中国农村地区收入差距不断扩大的根本原因。研究发现：中国农村地区收入不平等在不断扩大，且地带间不平等的扩大速度要大于地带内不平等的扩大速度；从20世纪90年代中期以后，地带间收入不平等的贡献率一直保持在60%左右；尽管地理及其相关因素对总不平等的贡献在下降，但直至2002年其影响仍为最大；资本存量对不平等的贡献率不断上升，到21世纪初已高达20%以上；人力资本和农村工业化对不平等的贡献相当，且呈下降趋势；住户人口对缩小收入差距有益，但其影响甚微。

云南财经大学李学术教授和向其凤在《农户创新与收入增长：基于西部地区省际面板和微观调查数据的分析》（载《中国农村经济》2010年11月）中指出农业技术进步对农户收入增长的影响在理论界存在较大争议，而对农户创新的收入效应尚缺乏实证研究。本文基于西部10省（区）省际面板和微观调查数据的实证分析表明，农户创新行为及创新程度与其收入增长高度正相关。除此之外，对微观数据的分析还发现，农户不同的创新行为其收入效应不同，其中，非技术创新的收入效应明显好于农业技术创新。上述结论意味着，政府应该制订全面促进农户创新的激励政策，同时对技术之外的创新形式给予足够的关注。

云南民族大学经济学院院长高梦滔教授、师慧丽及和云在《信息服务与农户收入：中国的经验证据》（载《世界经济》2008年第6期）中基于中国350个村级面板数据，采用GMM工具变量方法估算了农户的信息服务利用率对农户收入和贫困发生率的影响。该文还利用中国农村的村级微观面板数据集对信息服务与农户收入和减轻贫困之间的关系进行实证研究，力图分析信息基础设施对于新农村建设所具有的重要现实意义，为中国农村信息化建设提供参考。

玉溪师范学院李春海副教授和沈丽萍在《云南农民增收：体征、模式和机制》（载《玉溪师范学院学报》2008年第9期）一文中指出由于发达程度、体制障碍等多方面原因，城乡、地区收入差距扩大，云南农民收入总体水平低，收入增长也不均衡，各种支持政策的成本差异和效应不同导致增收空间缩小，增收的基础还不牢靠。因此，云南农民增收牵涉结构调整、产业化、城镇化、科技、劳务经济、政府扶贫等。在制度设计和模式选择方面，既要与整个市场化改革目标相协调，又要与城乡一体化发展战略目标相一致，保持城乡之间经济机会的适度平衡。

此外，关于其他农村经济研究方面的代表性学术论文还有：

李瑞林、陈新：《取消农业税后西部地区农民增收问题研究——来自云、贵、川300个农户的调查》，载《农村经济》2009年第8期。

陈贻娟、刘曼莉、李兴绪：《西南边疆民族地区农户贫困状况及影响因素分析基于云南红河哈尼族彝族自治州农户的调查数据》，载《思想战线》2010年第3期。

袁龙强：《关于威信县农村消费市场存在的问题及对策分析》，载《商场现代化》2010年4月。

李敏、李剑文：《农村公共财政建设存在问题及解决途径探讨》，载《经济问题探索》2010年第5期。

15．农业经济研究

（1）著作。

赵鸭桥主编：《2007～2008云南农村发展报告：基于云南特点的农业现代化建设》，云南大学出版社2008年版。

束正主编：《滇农新路——云南农产品加工

业荟萃》，云南美术出版社2008年版。

（2）论文。

云南财经大学顾秀林教授在《现代世界体系与中国“三农”困境》（载《中国农村经济》2010年第11期）这篇文章中指出理解今日世界经济有两种不同的思路：其一是以效率为目标的全球化市场，假设参与其中者一律平等；其二是金字塔形的现代世界体系，以“中心—边缘”结构和不平等为其根本特征。“三农”困境是处在边缘状态的一种表达。该文的主要观点是：中国的“三农”问题是“中心—边缘”金字塔结构延伸的必然结果；以农村经济更彻底的市场化作为重心的农村发展政策，极可能无助于缓解“三农”困境；为了更好地理解中国的“三农”问题，需要转换一下思路，解放思想，打破市场迷信。

此外，关于农业经济研究方面的代表性学术论文还有：

李敏、金霞：《以农业科技为支撑促进现代农业的发展》，载《经济问题探索》2008年第4期。

桂丽、陈新：《取消农业税后典型农业县面临的新问题及对策研究——以云、贵、川几个典型农业县为例》，载《经济问题探索》2008年第8期。

李佛琳、王红兵、李锐：《建设现代烟草农业的SWOT分析》，载《安徽农业科学》2008年第33期。

张婧、赵烨：《绿色贸易壁垒下云南省农产品出口的现状与对策》，载《物流与采购研究》2009年8月。

刘玉杰、吴映梅、邓福英：《中国农业可持续指数评价及类型区划分》，载《中国地域研究与开发》2009年8月。

杨桂红：《农业为工业化提供资金积累的数量研究——以云南省为例(1949—1992)》，载《经济问题探索》2008年第8期。

李正彪、文峰：《农户经济行为视角的财政农业投资：绩效、原因、对策》，载《经济问题探索》2009年第10期。

韩小羽：《金融支持“三农”发展的思考》，载《农村经营管理》2009年11月。

16．交通经济研究

李勤、陈旭：《云南国际大通道对第三亚欧大陆桥的推进作用研究》，载《经济问题探索》2008年第1期。

王文成：《清末民初的云南驿路、铁路与马帮》，载《云南财经大学学报》2009年第5期。

邹丽娟：《云南高速公路经济带建设及其对区域经济发展的影响分析》，载《经济问题探索》2009年第8期。

17．商业经济研究

云南大学博士生导师花泽飞在《破解世界难题 创造世博模式》（载《旅游研究》2009年5月）中指出1999年昆明世界园艺博览会结束后，云南世博集团用文化铸就世博品牌，创新赋予企业活力，以骄人的业绩成功破解了大型国际活动后场馆的后续利用和发展的世界性难题，创造了独特的世博模式。通过世博集团10年的艰苦努力，该文总结了世博模式可供今后大型国际场馆场地建设借鉴。

此外，关于商业经济研究方面的代表性学术论文还有：

喻红莲：《昆明螺蛳湾商贸批发市场的问题分析》，载《商场现代化》2008年5月。

肖梅：《昆明市商务服务业发展的现状及对策思考》，载《思想战线》2008年人文科学社会专辑。

赵红波：《基于SWOT的自助餐市场分析》，载《商场现代化》2009年4月。

杨志玲：《民国时期云南茶商及其经营特点》，载《思想战线》2009年第5期。

高兴佑、向长福：《从凡勃伦效应谈奢侈品的营销策略》，载《商业时代》2010年第11期。

18．企业经济研究

（1）著作。

昆明理工大学管理与经济学院杨红娟教授在《绿色供应链管理——企业可持续发展模式简介》（科学出版社2008年版）一书中对国内外有关绿色供应链管理的研究进展进行分析、总结的基础上。从绿色供应链管理产生背景出发，在分析企业可持续发展战略基础上，探讨了基于可持续发展战略的绿色供应链管理的基本思想、体系结构、主要内容、相关理论、相关技术。从企业可持续发展的高度，对绿色供应链管理运作中存在的障碍进行分析，运用SWOT分析法构建绿色供应链管理战略。从政府、企业、企业家角度对如何实施绿色供应链管理进行了分析，并对绿色供应链管理实施企业的合作满意度进行了研究。最后，结合云南的实际，以绿色供应链管理思想为指导，对企业可持续发展能力提升的模式进行总结。

该书的创新点主要在于以企业可持续发展经营战略转型为出发点，立足于中国企业发展的实际和具体情景，吸收国内外最新研究成果和成功实践经验，对绿色供应链管理的基本思想、体系结构、主要内容、相关理论、相关技术进行了全面介绍和分析，探讨了绿色供应链管理运作中存在的障碍，从政府、企业、企业家角度构建了绿色供应链管理战略。对绿色供应链管理实施企业的合作满意度进行了定量分析，结合云南的实际，以绿色供应链管理思想为指导，对企业可持续发展能力提升的模式进行总结。

云南财经大学国际工商学院段云龙教授在《企业持续技术创新实现的制度结构作用机理研究》（经济科学出版社2009年版）一书中从企业持续技术创新实现、制度结构的概念入手，深入分析了不同的制度结构要素对企业持续技术创新的影响和作用机理，结合企业持续技术创新实现模型，构建了基于制度结构的企业持续技术创新动力、能力、机遇以及实现模型，并以云南白药集团、联想集团和华为公司为例进行实证分析，得出高效率的制度结构是企业持续技术创新实现的重大支撑和保证的结论。基于当前我国不同所有制类型企业制度结构的特征，该书构建了基于公有产权制度结构平台和基于私有产权制度结构平台企业持续技术创新实现路径，指出产权制度改革是国有企业和国有民营企业持续技术创新实现的驱动力，而民营企业要实现持续技术创新，首先要从建立和完善企业家管理制度入手。基于我国企业持续技术创新实现的问题和困难，该书提出完善企业内部制度结构、提高技术创新项目实施能力、紧密抓住机遇并增强政府政策支持力是我国企业持续技术创新实现的可行对策。

（2）论文。

昆明理工大学向刚教授、云南省科学技术厅厅长龙江、陆开文、李兴宽、熊觅、陈晓丽、巫英在《基于持续创新动力、能力和绩效的创新型企业评价研究》（载《经济问题探索》2010年第12期）中基于创新型企业和企业持续创新理论，结合我国创新型企业的评价和导向这一实践和理论重要问题，提出了“基于持续创新动力、能力和绩效”的创新型企业评价理论指导思想、评价准则、评价指标体系和评价方法。并对其在云南省首批创新型企业评价的实际应用结果作扼要分析。

昆明理工大学管理与经济学院赵光洲教授和周笛在《矿业企业成长模式的评价和适应性调整》（载《经济问题探索》2009年第7期）一文中认为企业的发展依赖于正确的企业成长模式选择，矿业企业作为中国的支柱性企业，其发展一直受到关注。本文通过实例的研究，从多个方面对矿业企业的成长进行分析和探讨，总结了矿业企业发展模式的几种常见的模式，对其进行评价和分析，预测了矿业企业未来的发展方向，并对模式的适应性调整提出了自己的看法，对中国矿业企业的发展有一定的参考价值。

此外，关于企业经济研究方面的代表性学术论文还有：

武晓芬、屠强：《对整合云南省开发投资公司形成金融控股集团的研究》，载《经济问题探索》2008年第2期。

徐永林：《企业在“看不见的手”作用下的“利己”与“利他”》，载《思想战线》2008年第4期。

秦德智、姚超：《政府行为对科技型中小企业成长的影响分析》，载《企业经济》2008年第4期。

蔡四青、李惠：《跨国公司技术战略联盟组织模式选择及其对中国的启示》，载《经济问题探索》2008年第5期。

秦德智、郭敏娜：《企业营销创新模式探讨》，载《企业经济》2008年第8期。

杨芳：《家族企业未来发展趋势的理论探析》，载《云南民族大学学报》（哲学社会科学版）2008年11月。

马丽萍：《我国中小企业发展面临的困境与出路》，载《云南民族大学学报》（哲学社会科学版）2009年第1期。

邱虹：《金融危机下浙江民营企业面临的主要问题研究》，载《经济问题探索》2009年第8期。

吴晓松：《国家创新体系与中小企业集群化成长分析》，载《经济问题探索》2009年第9期。

段云龙：《基于主成分投影法的企业持续技术创新能力评价与应用》，载《科技进步与对策》2010年5月。

向刚、巫英、杨一杰：《企业持续创新过程的经营者人因风险预警研究》，载《科研管理》2010年5月。

段云龙、向刚：《企业持续创新理论研究评述企业持续创新理论研究评述》，载《商业研究》2010年第11期。

19．信息经济研究

云南财经大学旅游管理学院孙晓强副教授在《品牌代言人可信度特质模型的建立与验证》（载《经济管理》2008年第23~24期）中认为对品牌代言人的可信度特质的测量，是对品牌代言人展开理论研究和实践评价的基础。该文通过定性的手段发展测项，进行了跨样本的探索性因子分析，通过模型发展策略对模型进行修正，进行了模型的恒等性检验。实证结果表明，该测量模型由名气声望、产品关联和可信赖性三大因子组成，具有良好的信度和效度。该文最后阐述了各个因子的含义和管理应用。

此外，关于信息经济研究方面的代表性学术论文还有：

喻红莲：《当前中小企业人力资源管理信息化的问题及对策》，载《商场现代化》2008年2月。

李仲良：《信息时代的国家安全与信息安全研究》，载《现代情报》2008年12月。

王亚斌、秦杉：《杨凌农业示范区农业信息化经验对玉溪农业信息化建设的启示》，载《思想战线》2008年人文社会科学专辑。

侯江红：《共同治理模式下的非营利组织财务信息需求与供给》，载《财务与金融》2009年第1期。

仇学琴：《云南省乡村旅游信息化研究》，载《经济问题探索》2009年第8期。

20．金融研究

（1）保险研究。

云南财经大学金融学院钱振伟教授、张艳和刘玉清在《我国政策性农业保险治理研究：基于对云南实践的调查》（载《经济问题探索》2011年第3期）一文中提出：从总体看，云南农业保险整体推进较为顺利，发展势头良好，在农业风险治理中发挥着越来越重要的作用。但有些地区的农民、地方政府、承保农险的保险公司等方面都对某些农业保险运行状况不太满意，即参与政策性农业保险经营中博弈的各方没有形成一个稳定的纳什均衡。笔者在国内首次提出“政策性农业保险的治理（社会治理）”概念，并利用盖瑞·J.米勒教授（Miller）的“管理困境”理论阐述治理设计中存在的困难。同时认为，我国政策性农业保险的治理模式欠完善是导致这些问题的主要原因之一。文章接着阐述政策性农业保险的治理模式理论基础，在对云南政策性农业保险调研的基础上，论述云南政策性农业保险治理模式存在的主要问题，如缺乏必要的联动机制等，最后提出创新具有中国特色的农业保险服务体系等对策建议。

云南财经大学金融学院保险系何晓夏副教授在《论中国保险产业的适度规模》（载《保险研究》2008年第5期）一文突破了传统的分析有效竞争市场结构的SCP范式，试图从产业组织理论结构效率和我国保险产业特殊的组织结构的角度，提出我国保险产业有效竞争理念的新框架，这种思路的特色在于不仅强调一般产业市场结构的有效竞争效应，而且分析了保险产业特殊的微观基础，即从保险企业的特殊性出发，强调保险产业内企业的规模效应对形成我国保险产业有效竞争的重要意义，在此基础上建立我国现阶段较适宜的保险产业适度规模并提出了实现途径，以期使得研究论证更具针对性，研究结论具有实际价值。

此外，关于保险研究方面的代表性学术论文还有：

钱振伟：《保险诚信制度的博弈分析》，载《云南财经大学学报》2009年第1期。

杨娟、崔建福：《我国产险公司承保亏损原因分析及建议》，载《保险研究》2009年第8期。

钱振伟、王翔、张艳：《西部地区保险业发展与地方政府干预关系研究》，载《云南财经大学学报》2010年第5期。

（2）货币银行研究。

云南大学经济学院副院长郭树华教授、王华

及王俐娴在《中美利率与汇率联动关系的实证研究：2005—2008》（载《国际金融研究》2009年4月）中指出在经济金融全球化的今天，尤其伴随我国金融业全面开放、人民币国际化进程的逐步推进，中美利率与汇率联动关系的研究显得日益重要。该文在借鉴经济学有关利率和汇率联动关系的理论模型和传导机制的基础上，运用计量经济学理论模型和统计软件Eviews5.0，通过对利率与汇率经济变量的平稳性检验、协整关系检验、因果关系检验、冲击反应分析和方差分解检验，较为全面地对中美利率与汇率的联动关系进行了实证分析。通过实证分析，发现中美利率和汇率在长期内存在协整关系，但短期联动关系不足，我国应加快推进利率市场化进程，积极完善人民币汇率形成机制，使我国利率政策和汇率政策相互协调，促进宏观经济向内外均衡发展。

云南财经大学经济研究院杨定华教授在《中国货币政策非对称性研究》（载《经济问题》2008年第11期）通过对中国1984—2005年货币政策效果的实证分析，结果表明在中国货币冲击的紧缩效应大于扩张效应。因此，中国货币政策选择中，适时、谨慎地采取相机抉择规则的货币政策并采取渐进微调的方式进行操作是中国中央银行的现实选择。

此外，关于货币银行研究方面的代表性学术论文还有：

罗美娟、金红丹：《中国货币政策的房地产市场传导机制研究》，载《思想战线》2009年第2期。

陈亚雯：《中国货币政策的有效性研究——从信贷渠道分析》，载《经济问题探索》2009年第8期。

蒋冠、黄合建：《基于区域金融结构差异的中国货币政策区域分配效应实证研究》，载《经济问题探索》2009年第11期。

牟怡楠、陆能：《利率风险的识别与度量——基于中国商业银行的实证分析》，载《经济问题探索》2010年第5期。

孙文军、黄倩：《当前我国货币政策的两难选择及政策建议》，载《经济问题探索》2010年第12期。

（3）商业银行研究。

郭树华、李愿宏：《我国商业银行应重视国际竞争战略》，载《宏观经济管理》2008年第4期。

牟怡楠：《次贷危机对中国银行业的启示：风险联动与ERM》，载《云南财经大学学报》2009年第5期。

王智勇、韦剑：《商业银行外汇风险计量方法应用研究——以中国银行为例》，载《经济问题探索》2009年第7期。

牟怡楠：《人民币跨境流通对银行业金融安全的影响——基于云南省的研究》，载《国际经贸探索》2010年4月。

何树红、杨世稳、陈浩：《我国商业银行个人理财模式探索》，载《经济问题探索》2010年第5期。

武晓芬、屠强、齐玲、邱文静、莫呐、刘少东、屠爱心：《从云南昭通昭阳富滇村镇银行看我国村镇银行未来发展》，载《经济问题探索》2010年第12期。

（4）证券投资研究。

①著作。

昆明理工大学金融学屠年松副教授在《交易制度与中国股票市场质量研究》（人民出版社2009年版）一书中在理论和实证研究的基础上，根据提高市场质量的目标，完成了交易制度六大方面要素的选择与完善，总结出交易制度的总体构架方案：坚持以指令驱动模式为主、以大宗交易机制为补充的市场模式，开盘和收盘采用开放式集合竞价机制产生开盘和收盘价；进一步提高交易信息披露的透明性；引入信用交易，首先推出融资交易，待非流通股完全流通，并且股票市场趋于平稳之后再推出融券交易，并随之恢复T+0交易；适当放宽10%的涨跌幅限制至15%，并根据市场的规范和成熟程度进一步放宽限制，引入市场断路器机制稳定市场；应根据不同价位的股票采用不同的最小报价单位，高价股应采用更小的最小交易单位；订单形式以限价和市价订单两种形式为主，并在将来适当时间推出止损订单和止损限价订单。该书还指出：金融市场微观结构研究确实是一个令人着迷但又非常复杂的领域，股票市场微观结构理论的研究涉及如此众多的领域，其中任何一个领域都值得人们投入毕生的精力和智慧。从市场质量角度研究中国股票市场交易制度的完善，通过科学、规范的学术研究，为完善中国股票市场交易制度提供相关建议。

昆明理工大学微观金融学田存志教授在《交易制度、交易策略与证券价格行为》（中国社会科学出版社2009年版）一书中以交易制度、交易策略在证券价格决定中所扮演的重要角色为主线，以博弈论和噪声理性预期均衡分析框架为分析工具，深入探讨了非对称信息的证券市场中的价格行为，尤其是系统地研究了隐性交易成本的日内变动模式。

该书的研究创新包括有：第一，建立了一个异质偏好模型，深入考察了信息非对称的连续做市商市场、连续竞价市场和集合竞价市场中均衡的存在性以及均衡价格的静态和动态行为，并讨论了信息有效性、价格波动性、市场流动性、市场深度和市场隐性交易成本等表征一国证券市场运行绩效的基本问题。第二，在价格连续变动和价格离散限制两种假设条件下，该书分别讨论了各种市场结构中做市商的定价策略，比较分析了各种市场结构中买卖价差的大小，考察了离散价格限制对做市商定价策略与预期收益的影响。第三，建立了风险厌恶的单个和多个知情机构投资者与散户的博弈模型，考察了机构投资者的分离均衡定价策略和混同均衡定价策略，并且讨论了市场信息有效性和市场信息无效性问题，讨论了经济学中的“伯川德悖论”。第四，针对我国证券市场采用指令驱动的交易制度的特点，该书提出了一种估计指令驱动市场中信息非对称和隐性交易成本的方法，并基于该联合估计方法，对中国证券市场的隐性交易成本和信息非对称程的大小、日内变动模式和影响因素进行了全方位的经验分析。

②论文。

云南大学数学博士后流动站驻站研究人员田存志教授、昆明理工大学管理与经济学院段万春教授及杨洪涛在《基于微观数据的股票市场交易成本研究》（载《思想战线》2008年第6期）中基于MRR（1997）提出的方法实证研究了上海股票市场的隐性交易成本。实证结果表明，在沪市，不同股票的隐性交易成本不一样；隐性交易成本在日内大致表现出L形变化特征；信息非对称所引起的逆向选择成本是隐性交易成本的重要组成部分，大约占隐性交易成本的60%。

云南财经大学金融学院周好文教授和郝莹《关于我国小额信贷问题的分析》（载《经济问题》2008年第12期）一文中指出在国际农村金融发展经验中，小额信贷成为面向贫困人群的针对性金融创新工具，在金融深化方面取得了巨大成功。我国在扶持发展农村金融体系的过程中逐步引进国际经验，在小额信贷的推广与发展上取得了长足的进步。从我国小额信贷的实践经验出发，分析目前我国小额信贷中存在的问题，并提出相应的政策建议。

此外，关于证券投资研究方面的代表性学术论文还有：

胡洪斌：《从流动性分析看我国国债市场的效率问题》，载《财贸经济》2008年第2期。

何树红、武剑、陶粉娥：《股指期货的风险度量方法研究》，载《云南大学学报》（自然科学版）2008年第5期。

彭志远：《我国国民储蓄研究：文献综述》，载《云南财经大学学报》2008年第6期。

寸晓宏、马媛：《风险投资过程研究》，载《企业经济》2008年第9期。

何树红、薛国喜：《美国次债危机对我国住房信贷的启示》，载《经济问题探索》2008年第10期。

杨盛昌：《我国封闭式基金高折价原因的深层次研究》，载《云南民族大学学报》（哲学社会科学版）2009年第1期。

支玲、文冰、王振、徐玉龙、彭小花：《中国绿色碳基金发展现状及对策》，载《世界林业研究》2009年第1期。

胡国强、彭家生：《股权激励与财务重述——基于中国A股市场上市公司的经验证据》，载《财经科学》2009年第11期。

李妍、张志宏：《对我国地方政府发行公债问题的思考》，载《经济问题探索》2010年第4期。

（5）其他金融研究。

云南财经大学会计学院李小军副教授在《终极控制权、股权结构与资本结构》（载《山西财经大学学报》2008年第5期）一文中认为按照终极产权论的观点，在对第一大股东的性质作出清晰界定的基础上，利用中国A股上市公司2001—2005年的面板数据（panel data）检验了股权结构对资本结构的影响。实证结果表明，私有产权和外部大股东持股有利于改善公司资本结构，国有股和流通股与公司财务杠杆显著负相关，而股权集中度与管理层持股对资本结构的影响取决于第一大股东的性质。当第一大股东为国有产权时，股权集中度和管理层持股与公司债务比率显著负相关；当第一大股东为私有产权时，股权集中度和管理层持股与公司债务比率显著正相关。

云南大学发展研究院杨先明教授、梁双陆副教授、李娅、袁帆在《金融危机冲击下云南经济可持续增长》（载《云南财经大学学报》2009年第3期）中指出国际金融危机对中国的实体经济产生了较大冲击。与国内其他地区相比，云南省的经济结构具有明显的地域和禀赋特征。从扩大需求保增长角度，分析金融危机对云南省消费需求和投资需求以及省外需求的影响、中央和云南省已出台的扩大内需政策效应、进一步扩大内需还需要增加的投资规模。通过分析发现云南省实体经济受国际金融危机影响的重点领域，并据此提出应对思路和政策建议。

此外，关于其他金融研究方面的代表性学术论文还有：

陈炳生：《试析通货膨胀和流动性过剩》，载《思想战线》2008年第3期。

杨恒芬、李桐：《我国金融业“天价薪酬”与金融监管体制的再思考》，载《思想战线》2008年人文社会科学专辑。

蒋冠、马桑：《金融危机与经济失衡的思考》，载《思想战线》2009年第2期。

雷新华：《短期资本流动的双重效应及风险控制》，载《经济问题探索》2009年第7期。

何树红、张宜坤、刘婷：《金融过度创新反思》，载《商场现代化》2010年10月。

（云南省社会科学院 马勇 陈萌 刘松 鹿子信）

统计学

2008—2010年统计学研究主要涉及经济统计学、数理统计学和环境与生态统计学三个二级学科。经济统计学研究主要涉及两个领域：第一，统计数据的分析研究领域。云南省统计局系统开展了大量的统计分析研究工作。第二，方法研究领域。云南财经大学统计与数学学院李兴绪教授与云南省统计局系统合作，提出了通过构建“旅游卫星账户”进行旅游产业核算的方法，提出了地方绿色核算方法体系。数理统计学研究主要涉及模型诊断和局部影响分析两个领域，由云南财经大学统计与数学学院和云南大学数学与统计学院完成的一系列研究成果获得重要进展。石磊教授在多水平模型影响分析、异常点识别的研究成果填补了这一领域的空白；石磊教授针对时间序列等具有较强相关结构数据中多个成片影响点的识别问题，提出了逐步局部影响分析的新方法，有效解决了掩盖效益。在生态统计学领域，由云南财经大学统计与数学学院石磊教授与中国科学院昆明动物研究所研究员王瑞武合作完成的关于合作系统中非对称性与不确定性选择理论获得重要进展。在国际生态学领域的权威期刊*Journal of Animal Ecology*（2008），*Plos One*（2009）以及国内权威期刊《中国科学C辑》（2010）等刊物上发表了一系列论文，论证了非对称性与不确定性在维持合作系统的重要机理。其中发表在*Journal of Animal Ecology*（2008）的论文入选该刊纪念达尔文诞辰200周年的20篇重要论文之一，入选理由认为论文结果对人们的思维方式将产生重要影响。发表在*Plos One*的论文获得Faculty of 1000 Biology的推荐和点评。发表在*Science in China-Life Science*（《中国科学C辑》）的两篇论文被BioMedLib数据库收录为2010年度Top 10 Articles的第一和第二名。

一、主要学术活动

（一）首届“无抽样框群体”的抽样调查理论与统计推理方法高级研修班

2010年2月22～28日，“2010中国·昆明首届‘无抽样框群体’的抽样调查与统计推理方法”高级研修班在昆明举办。本次研修班由云南省统计局、中国科技发展战略研究院、挪威Fafo应用国际研究所、南开大学云南研究院联合主办，研修内容包括：适应性抽样理论、适应性抽样方法介绍、适应性抽样方法在社会研究中的应用与实践、研究伦理等问题。这是云南省统计局成立以来承办的最具广泛性和学术性的一次学术交流活动，共有70余位来自国内外的专家学者和统计工作者参加本次研修班。省统计局局长李灿光、挪威王国驻华大使Svein Saether、中国科技发展战略研究院常务副院长王元、南开大学云南研究院常务副院长钟元俊参加开班仪式并致辞。无抽样框群体的抽样调查与统计推理方法是针对特殊群体进行有效可信的调查并得到国际公认的一种方法，对这一专题进行专门的研究和探讨，有助于进一步完善科学的统计数据生产机制，提高抽样调查方法的科学性，对于解决统计发展中的突出问题和矛盾，提高公共管理决策水平和研究水平，推动我国和谐社会的建立和完善具有很强的现实指导意义。

（二）2010年海峡两岸应用统计学术研讨会

2010年7月18～20日，2010年海峡两岸应用统计学术研讨会在昆明举办。本次研讨会由云南大学、云南财经大学、大理学院共同承办，内容涉及统计理论与方法、统计计算、社会经济统计、工业统计、市场调查、数据挖掘、商务统计、可靠性分析、生物统计、统计教育等多个方面。来自首都经贸大学、西南财经大学等内陆高校以及逢甲大学、淡江大学、政治大学等中国台湾高校的90余名专家学者参加了本次研讨会。

（三）2010年计算经济与统计学术研讨会

2010年7月19～21日，2010年计算经济与统计国际学术研讨会在昆明举办。本次研讨会由云南财经大学、美国宾夕法尼亚州立大学联合主办，云南财经大学具体承办，内容涉及计算经济、计量金融、现代统计理论方法及应用等多个方面。云南财经大学党委书记汪戎教授、中国人民大学常务副校长袁卫教授、原云南大学校长王学仁教授、德国Giessen大学Peter Winker教授、美国Fordham大学Paul McNelis教授、中国人民大学长江讲座教授Dennis Lin教授等嘉宾出席开幕式并致辞。来自国内北京大学、中国人民大学、中国科学院数学与系统科学研究院、上海财经大学、首都经贸大学等高校、研究机构和美国Fordham大学、Michigan大学、德国Giessen大学、加拿大Calgary大学、Saskatchewan大学、日本Tsukuba大学的80余名专家学者参加了本次研讨会，大会共收到会议论文55篇。

二、重要研究成果

（一）著　作

1．经济统计学

（1）杨雯：《云南调查报告》，云南大学出版社2008年版，获云南省第十三次哲学社会科学优秀成果（专著）三等奖。本书是国家统计局云南调查总队成立以来，编辑并正式出版的首部著作，全书由城乡居民生活篇、物价研究篇、农村经济发展篇和工业企业发展篇四个篇章组成，主要收集了总队机关成立以来各处室承担并完成的国家局及各司（中心）招标研究的课题；总队开展并通过评审的课题；在国家局及各司（中心）的评选中获奖的优秀报告；机关各处室撰写上报后，受到中央及省领导批示的优秀分析报告；以及机关各处室撰写的对社会反响较大的分析报告等内容。

（2）李兴绪、殷溪源、石磊：《SPSS经济统计分析》，中国统计出版社2008年版。本书是介绍SPSS统计分析软件的一部著作，与同类著作相比，该书最大的特色在于突出了数据的经济背景，全书统计数据均来源于统计年鉴，按“数据准备、统计分析、结果分析”三步骤进行分析，并结合实际背景进行解释，对于财经院校的学生和政府统计系统的从业人员学习统计分析具有很好的示范作用。

（3）费宇、石磊：《统计学》，高等教育出版社2010年版。本书具有以下三个特点：第一，简明易懂，每章都有一个实际问题（引例）引入本章要介绍的基本内容，结合实例介绍统计理论和方法；第二，突出统计软件应用，采用国际通用的统计软件SPSS16.0作统计计算和分析，辅助教学，使学生能应用统计软件对实际统计数据进行基本的统计计算和分析；第三，结构合理，侧重介绍统计学的基本理论和方法，省略了不必要的定理和公式证明。

（4）云南省人民政府办公厅、云南省统计局：《云南领导干部手册（2008）》，云南人民出版社2008年版。

（5）云南省统计局：《云南统计年鉴（2008）》，中国统计出版社2008年版。

（6）云南省统计局、国家统计局云南调查总队、云南省统计学会：《云南统计论文集（2007—2008）》，云南美术出版社2009年版。

（7）云南省人民政府办公厅、云南省统计局：《云南领导干部手册（2009）》，云南人民出版社2009年版。

（8）云南省统计局：《云南统计年鉴（2009）》，中国统计出版社2009年版。获2009年全国地方统计年鉴省级年鉴组二等奖。

（9）云南省人民政府办公厅、云南省统计局：《云南领导干部手册（2010）》，云南人民出版社2010年版。

（10）云南省统计局：《云南统计年鉴（2010）》，中国统计出版社2010年版。

（11）云南省统计局：《大写的云南•60年辉煌历程（发展成就卷）上、中、下》，云南人民出版社2010年版。

2．数理统计学

（1）石磊：《多水平模型及其统计诊断》，科学出版社2008年版。多水平模型是20世纪80年代以来发展起来的新一代统计分析方法之一。本书系统介绍了多水平模型的定义、参数估计、统计推断和统计模型诊断问题，同时介绍了目前流行的关于多水平模型的统计软件，给出了利用

Matlab语言编写的计算程序，可以作为数理统计专业本科生、硕士生和博士生的教材或参考书，也可作为数学、生物、医学、工程、经济领域的教师及相关科技工作者的参考书。

（2）费宇：《应用数理统计——基本概念与方法》，科学出版社2010年版。获第十届全国统计科学研究优秀成果奖（教材类）二等奖。本书介绍了数理统计学的基本概念和方法，主要内容包括概率论概要、数理统计的基本概念、估计方法和置信区间、假设检验、方差分析、回归分析、非参数方法和决策理论等。全书注重阐明数理统计思想，采用实际问题引入数理统计的概念，结合实例讲解理论和方法，强调数理统计在经济管理中的实际应用，适宜作为经济学类和管理类专业的硕士研究生的数理统计的教材，也可以作为本科生和统计工作者的参考书。

（3）王力宾：《多元统计分析：模型、案例及SPSS》，经济科学出版社2010年版。

（二）论　文

1．经济统计学

（1）李兴绪、孟庆红、罗宏翔：《关于居民消费价格指数的几点认识》，载《云南日报》（理论版）2008年6月19日。《新华月报》全文转载。该文是在2008年第1季度云南省居民消费价格水平高位运行、备受社会各界关注的形势下，针对公众对居民消费价格指数（CPI）的一些认识误区而专门撰写的对CPI的有关理解和认识。作者指出：CPI反映的是全省居民平均消费价格变动趋势和程度的相对数，而不反映各地区和不同收入水平居民消费价格的变动趋势和程度；CPI是反映价格总水平、判断通货膨胀或紧缩的重要指标，但不是唯一指标；CPI是消费价格指数，不能把CPI混同于GDP平减指数，更不能把CPI与资产价格指数混为一谈。全文对正确认识居民消费价格指数、科学把握经济形势具有重要的现实意义。

（2）李兴绪：《能源消费与经济增长关联特征的分解分析》，载《云南财经大学学报》2008年第5期，中国人民大学复印资料《国民经济管理》（2009年第2期）全文转载。本文选取1980—2005年能源消费与经济增长数据，应用滤波和状态空间模型对能源消费与经济增长进行时间序列分解，从趋势成分分析两变量的长期均衡关系，从周期成分分析波动特征与协同关系，全面、细致地考察了能源消费与经济增长的关联特征，对于正确认识能源与经济增长的关系、制订能源发展战略政策具有参考意义。

（3）高梦滔：《流动性约束、持久收入与农户消费——基于中国农村微观面板数据的经验研究》，载《统计研究》2008年第6期。本文利用中国8省农村1420户的微观面板数据，检验了农户消费行为的三个理论假说。经验研究的主要发现包括：①整体上，中国农户消费行为能够很好地用PIH/LCH来描述，但是流动性约束对消费也有重要影响；②对于流动性约束组的农户来说，存在消费过度敏感现象；而对于非流动约束组而言，则消费行为很好地遵循PIH假说；③根据固定效应模型的估计结果，流动性约束平均使得农户消费增长率提高1%～2%，农户相对避险系数为1.7～2.1左右；④尝试使用动态面板数据进行了IV估计，结果表明，收入的内生性可能会使得标准的固定效应模型产生对流动性约束对消费增长影响的高估。

（4）赵果庆：《中国制造业集聚：度量与显著性检验——基于集聚测量新方法》，载《统计研究》2009年第3期。本文根据集聚分布的自身特点，提出了可以进行显著性检验的普适性产业集聚指数，并对我国28个制造业1994年的860个样本和2004年的800个样本进行了测量和检验，研究结果表明，中国制造业的集聚强度总体上呈上升趋势，同时具有集聚和扩散双重现象。

（5）李兴绪：《西南边疆民族地区农户收入的地理影响因素分析》，载《地理学报》2010年第2期。本文基于云南省红河哈尼族彝族自治州13个县(市)、273个村庄、2774户农户的微观数据集，设计了一个两水平农户收入函数模型，实证分析了地理因素对农户收入影响，并提出了增加农户收入的政策建议。主要结论包括：①样本农户收入61.25%的总变异由农户居住村庄的外部环境导致的,农户的人均耕地面积、受过农业技术培训的人数和生产经营结构对农户收入的影响效应在农户之间存在差异，可以利用地理因素进行部分解释。②地理因素导致农户耕地、林木等资源禀赋差异，直接影响农户收入。平原村农户比山区村农户的人均纯收入高14.53%；5公里以内村庄农户比5公里以外村庄农户人均纯收入高30.63%。③在控制地理因素和劳动力负担系数后，农户的物质资本、生产经营结构和人力资本中的劳动力素质对农户收入具有显著的正向影响，而劳动力数量具有显著的负向影响。④地理因素影响了农户的农业基础设施条件、外出务工等，从而间接影响了农户人均耕地、受过农业技术培训劳动力人数和生产经营结构对收入的效应。

（6）孟彦菊：《产业结构与产业关联：基于投入产出表的面板数据分析》，载《统计与决策》2010年第14期。本文基于现有几个年份的中国投入产出表，运用面板数据（Panal Data）分析方法建立分部门居民消费模型，预测出未编表年份分部门的消费数据。再将预测的消费数据代入投入产出模型，考查17部门产业结构和产业关联指标逐年变化趋势与变化特征。实证结果表明：这种结合计量经济（Econometric, EC）与投入产出（Input-output, IO）模型的分析方法，能够体现两者的优点，较真实地模拟经济结构与发展趋势。

（7）高梦滔：《持久收入与农户储蓄：基于八省微观面板数据的经验研究》，载《数量经济技术经济研究》2008年第4期。

（8）杨娟：《煤炭价格上涨对云南省物价的影响——基于投入产出价格影响模型》，载《学术探索》2008年第12期。

（9）赵果庆：《中国制造业集聚强度与显著性——基于方差假设检验》，载《经济管理》2009年第7期。

（10）向其凤：《云南工业能源消费的效应分解分析》，载《云南财经大学学报》2009年第3期。

（11）费宇：《区域主导产业选择的定量分析——以云南省为例》，载《云南财经大学学报》2009年第4期。

（12）熊晓东、戴芬、张宜莉：《影响政府部门统计人员分析研究能力的探析》，见《全国优秀统计论文集》，2009年版，获中国统计学会“义乌杯”全国优秀统计论文三等奖。

（13）陈扬东：《从科学发展看云南投资率变化意义》，见《纪念中国统计学会成立30周年暨第十五次全国统计科学讨论会文集》，2009年版。

（14）侯家荣：《“三资”工业企业对云南工业的贡献》，见《纪念中国统计学会成立30周年暨第十五次全国统计科学讨论会文集》，2009年版。

（15）云南省统计局能源处、工交处：《科技进步中工业行业能耗统计指标体系建立与监测信息系统的研究》，见《纪念中国统计学会成立30周年暨第十五次全国统计科学讨论会文集》，2009年版。

（16）李兴绪：《经济增长中技术进步贡献的测算》，载《统计与决策》2010年第2期。

2．数理统计学

（1）Shi L. and Chen G.（2008）*Case Deletion Diagnostics in Multilevel Models*（《多水平模型的数据删除法诊断》）. *Journal of Multivariate Analysis*（《多元分析杂志》）. 99(9) 1860-1877.

多水平模型影响点的识别问题是多水平模型统计诊断的一个重要内容。该文利用多水平模型的数据诊断方法，通过子集删除法，开发了识别多水平模型任意水平固定效应和随机效应参数影响单元的诊断度量。并给出了两个近似的更新公式，其中第一种更新公式使用一步近似，而第二种更新公式包含估计随机效应参数的影响。通过两个实例分析验证了所提方法的有效性。该文的结果填补了这一领域的研究空白。

（2）Shi L. and Chen G.（2009）*Influence measures in general linear models with correlated errors*（《具有相关误差结构的广义线性模型的影响度量》）. *American Statistician*（《美国统计学家》），63(1)，40-42。

该文给出了具有相关误差结构的广义线性模型影响度量的一种简单而紧凑的表达式。论文发现通常使用的影响度量可以表示为广义杠杆值和残差的函数，这一表达式与标准线性模型具有相同的形式。

（3）Shi L. and Chen G.（2008）*Outlier detection in multilevel models*（《多水平模型异常值检测》）. *Journal of Statistical Planning and Inference*（《统计计划及推断杂志》）. 138，3189-3199.

（4）白鹏：（2009）*Sphericity test in a GMANOVA-MANOVA model in normal error*（《正态GMANOVA-MANOVA模型的球性检验》），*Journal of Multivariate Analysis*（《多元分析杂志》），100(2009)。GMANOVA-MANOVA模型：$Y=XB_1Z_1^T+B_2Z_2^T+E$, E~（0, $I_n\otimes\Sigma$）作为多元线性模型和生长曲线模型的推广，被广泛地应用于多种领域，人们对其进行了多方面的研究。鉴于已有文献大多仅探讨模型中回归系数阵B_1和B_2的统计推断问题，本文在正态误差假设下，讨论协方差阵Σ的一个统计推断——球性检验：$\Sigma=\lambda I_q$（λ未知）。作为一个重要而困难的统计推断问题，研究协方差阵的球性检验需要特别的技巧。借助于矩法，本文求出了似然比检验统计量Λ的精确和渐近零分布。结果表明，作为Λ的函数，$\Lambda^{2/n}$的精确零分布可用Meijer函数$G^{q,0}_{q,q}$表示，而-logΛ的渐近零分布为$X^2_{q(q+1)/2}$(当n→∞时)，而logΛ的Bartlett型修正-2ρlogΛ的渐近零分布能以阶n^{-2}为$X^2_{q(q+1)/2-1}$(当n→∞时)。本文所得结果为模型的实际应用提供了理论基础。

（5）Chen Fei, Zhu Hong-Tu, Song Xin-Yuan, and Lee Sik-Yum (2010). *Perturbation selection and local influence analysis for generalized linear mixed models*（《广义线性混合模型中的扰动选择和局部影响分析》）. *Journal of Computational and Graphical Statistics*（《计算与图形统计杂志》）.19.826-842.

强影响点的识别是数据分析中的重要步骤。然而，任意地扰动模型会导致关于强影响点的错误推断。因而，局部影响分析的一个重要问题是选择合适的扰动向量。本文中，我们提出了一个扰动选择方法和一个二阶局部影响度量以解决上述问题，并在广义线性混合模型中进行了局部影响分析。我们共考虑了四种扰动模式，并通过一个模拟研究和两个真实范例说明了提出的方法。此外，我们在三个附录中提供了相关的理论细节，这些附录被置于一个可在线获得的补充材料中。

（6）Shi L. and Chen G.（2008）*Local Influence in Multilevel Models*（《多水平模型的局部影响分析》）. *Canadian Journal of Statistics*（《加拿大统计学杂志》）. 36（2），259-275.

（7）Joseph G. Ibrahim, Hongtu Zhu, and Niansheng Tang.（2008）*Model Selection Criteria for Missing-Data Problems Using the EM Algorithm*（《运用EM算法处理缺失数据问题的模型选择准则》），*J.Am Stat Assoc*（《美国统计协会杂志》）. 2008 December 1; 103(484): 1648 - 1658.

（8）Nian-Sheng Tang, Man-Lai Tang, Shi-Fang Qiu.(2008) *Testing the equality of proportions for correlated otolaryngologic data*（《具有相关性的耳鼻咽喉数据的等比例检验》）. *Computational Statistics & Data Analysis*（《统计计算与数据分析》） 52(7): 3719-3729.

（9）陈雪东、李保东、唐年胜：《半参数非线性再生散度模型的渐近推断》，载《数学年刊A辑》（中文版）2008年第3期。

（10）Shi L. and Chen G.（2009）*Influence measures in general linear models with correlated errors*（具有相关误差结构的广义线性模型的影响度量）. *American Statistician*（美国统计学家），63(1)，40-42.

Chen Fei, Zhu Hong-Tu, and Lee Sik-Yum (2009). *Perturbation selection and local influence analysis for nonlinear structural equation model. Psychometrika*. 74.493-516.［第一作者，中文标题： 非线性结构方程中的扰动选择和局部影响分析（计量心理学）］

（11）李兴绪：《非寿险损失分布建模的一般性方法》，载《统计与决策》2009年第3期。中国人民大学复印资料《统计与精算》（2009年第2期）全文转载。

（12）Nian-Sheng Tang, Xing Chen, Ying-Zi Fu. *Bayesian analysis of non-linear structural equation models with non-ignorable missing outcomes from reproductive dispersion models*（《非线性结构方程模型下来自再生散度模型的不可忽略因变量缺失数据的贝叶斯分析》）. J. *Multivariate Analysis*（《多元分析杂志》）100(9): 2031-2043 (2009)

（13）TANG NianSheng1, CHEN XueDong,& WANG XueRen.(2009) *Consistency and asymptotic normality of profile-kernel and backfitting estimators in semiparametric reproductive dispersion nonlinear models*（《再生散度非线性模型中廓核后向拟合估计的一致性和渐近正态性》），*Science in China Series A-Mathematics* 2009, 52(4) 757-770 。

（14）Shi L. Sun H.Y. and Bai P.（2009）*Bayesian Confidence Interval for Difference of the proportions in a 2×2 Table with Structural Zero*（《具有零结构的2×2表中比例差的贝叶斯置信区间》）。*Journal of Applied Statistics*（《应用统计学杂志》），36(5), 483-494。

（15）Shi L. and Bai P.（2009）*Bayesian Confidence Interval for the ratio of Two Marginal Probabilities in Matched-paired Design*（配对试验中边缘概率比的贝叶斯置信区间）. *Communication in Statistics -Theory and Method*（统计通讯-理论和方法）, 38（8）: 1300-1316。

（16）费宇：《基于似然函数的纵向数据线性混合模型影响分析》，载《系统科学与数学》2009年第2期。

3．生态统计学

（1）Wang R. W., Shi L., Ai S. M., Zheng Q.（2008）*Trade-off between the reciprocal mutualists: local resource availability oriented interaction in fig/fig wasp mutualism*（《互惠共生体之间的协定：榕树/榕小峰互惠合作系统中局部资源可利用主导的交互作用》），*Journal of Animal Ecology*（《动物生态杂志》）. 77, 616-623。

论文发现了经典理论所主张的合作系统存在稳定的合作的均衡或进化稳定对策（ESS）可能并不存在。经典理论认为，合作系统内的资源空间分化或合作者的自我抑制可能是不可信的，并以榕树/榕小蜂为模式系统，对文献提到的多个空间分化和自我抑制假说逐一实验验证和分析，发现文献中的机制并不能维持合作关系的稳定。其实验发现，合作关系将会随着公共资源的减少而转化为冲突关系，公共资源丰富时，双方表现为合作关系，而在公共资源紧张时表现为冲突或竞争关系。同时系统地证明了有关合作系统本质上是冲突还是合作关系的两个学派之间的辩论是由于两个学派都使用不合理或错误的统计方法所致。

（2）石磊、王瑞武：《合作行为的非对称性演化》，载《中国科学：生命科学》2010年第1期。

现有的合作演化模型中，描述合作行为演化的模型都是基于对称的思想发展而来，而现实的合作系统极可能是一个非对称的系统。但遗憾的是，合作行为的非对称性在现有的合作演化理论中被严重地忽视了。在一个稳定的合作系统中，合作方的个体数目和各自的收益与合作接受方事实上是高度不对等的。而在个体扩散难以实现的系统中，密度依赖的干扰性竞争对合作方和合作接受方的效应将会因此存在明显区别。本研究模型及模拟表明，合作方之间的密度依赖的约束或干扰性竞争将能维持公共资源利用的非饱和状态，合作系统将会因此维持合作关系局部的稳定，在公共资源很丰富的状态下，合作双方就不会发生竞争或冲突行为。增强合作方个体之间的密度依赖的干扰性竞争、合作方对合作接受方的贡献率以及丰富的公共资源三因素将提高双方的合作频率。合作方和接受方之间的合作关系将会随系统的环境或生态条件的改变而转化为冲突关系，双方的关系并将随这些影响因素的变化而扰动（混沌）。在非对称系统中，合作接受方对消极合作者或欺骗者的惩罚而对合作个体的奖赏将提高合作方对合作接受方的贡献率。因此，本实验模型也有效地解释了为什么几乎所有的合作系统都存在直接的冲突。

（3）Rui-Wu Wang, Jo Ridley., Bao-Fa Sun, Qi Zheng, Derek W. Dunn, James Cook, Lei Shi, Ya-Ping Zhang, Douglas W. Yu （2009）*Interference Competition and High Temperatures Reduce the Virulence of Fig Wasps and Stabilize a Fig-Wasp Mutualism*（《干扰竞争和高温减低榕小峰的恶意繁殖，并稳定榕树-榕小峰互惠合作系统》），*PloS ONE*, 4(11), e7802。

（4）Wang R.W.，Shi L.（2010）*The evolution of cooperation in asymmetric systems*（《非对称系统中的合作进化》），Science China（Life Sci）[《中国科学》（生命科学）], Vol. 53, No. 1, 139-149。

（5）Wang R.W. He J.Z., Wang Y.Q., Shi

L. & Li Y.T (2010) *Asymmetric interaction will facilitate the evolution of cooperation*（《非对称交互作用有利于合作演化》），*Science China (Life Science)* [《中国科学》（生命科学）]，Vol.53 No.8: 1041-1046。

（6）Tang Nian-Sheng, Li Hui-Qiong, and Tang, Man-Lai.（2010）. *A comparison of methods for the construction of confidence interval construction for relative risk in stratified matched-pair designs*（《建立分层配对中相对风险的置信区间的模型的比较方法》）***Statistics in Medicine***《医学统计》，29，46~62。

（云南财经大学　李兴绪）

社会学

一、学术活动

（一）云南与中国的民族学/人类学学术研讨会

2008年3月22日至3月24日，中央民族大学“985工程”民族学人类学理论与方法研究中心和云南民族大学、云南省民族研究所共同主办的“云南与中国的民族学/人类学学术研讨会”在昆明举行。来自北京大学、厦门大学、中国政法大学、中山大学、美国Trinity大学、西南民族大学等高校及云南省社会科学院等研究机构的民族学、人类学专家学者参加了本次研讨会。云南民族大学副校长和少英、北京大学社会学人类学研究所王铭铭教授致辞。在本次研讨会上，35位专家围绕“民族与国家：政策与认同转型史”、“边疆与学术”、“民族学/人类学个案研究与反思”、“云南文化遗产的研究与传承”等主题在8个专场作了学术报告，阐述了学术观点并回答了提问。

（二）“社区理论与实践”学术讲座

2008年4月28日，云南省社会科学院研究员李立纲在云南农业大学人文社科科学学院作了题为“社区理论与实践”的讲座。李立纲从社区含义的历史演变、社区理论的意义和实践两个大的方面透析了当前中国的社区建设，并联系社区建设实践分析“单位人”如何向“社区人”过渡、民间组织的培育、社区资源的整合和利用，最终建立现代化社区。人文学院党总支书记李国春、社会工作专业教师参加了讲座。

（三）社会工作专业师生赴汶川开展暑期社会实践活动

2008年8月，云南财经大学公共管理学院社会工作专业的郑秀娟老师和陈娜同学赴汶川大地震重灾区水磨镇三江乡，参与当地青少年心理干预的志愿服务工作。

（四）第三届中国与北欧妇女 / 社会性别学术研讨会

2008年11月4～7日，“第三届中国与北欧妇女 / 社会性别学术研讨会”在昆明举行。本届研讨会由云南省社会科学院主办，云南省社会科学院社会性别与参与式工作室承办。有来自丹麦、瑞典、挪威、美国、英国以及北京、上海、武汉、长沙、南宁、西安、济南、石家庄、云南、贵州、广西等省市和中国香港、台湾地区的近百名专家学者参加了会议，其中，外国的专家学者近20位。与会中外学者们基于全球化背景下的社会性别视角，进行了广泛深入的交流和研讨。主要议题和学术观点有以下几个方面：①中国和北欧国家性别平等的发展历程，社会性别主流化。②社会性别研究视角下的“全球化”，全球化背景下的“社会性别”。③全球化过程中妇女的流动和工作劳动状况。④全球化背景和社会性别视角下的民族文化。⑤社会性别与发展理论在中国的实践。

（五）第六届开放时代论坛

2008年11月29日至30日，《开放时代》杂志联合云南大学西南边疆少数民族研究中心在云南大学召开“第六届开放时代论坛”，论坛的主题为“古典西学在中国”。论坛着眼于“中华文明”的时代复兴，反省中国学界近百年来对西方大传统的认识及其与高等教育的关系。来自中山大学、香港大学、中国社会科学院、广州市社会科学院、北京大学、云南大学、中共中央党校、复旦大学、四川大学、上海市社会科学院、南开大学、东华大学、同济大学、海南大学、陕西师范大学、柏林自由大学、法兰克福大学等单位的近30名学者，与云南大学数百名师生一道，在云南大学人类学博物馆讲学大厅展开热烈的研讨。

（六）“亲属制度的研究概况——以我在怒族中的研究为例”学术报告

2008年12月15日下午，应云南民族大学民族研究中心邀请，英国剑桥大学人类学系凯娅瑞（Mireille Kaiser）博士为云南民族大学师生作学术报告。该报告为民族研究中心和科技处合办的“民族论坛”第十讲，题为“亲属制度的研究概况——以我在怒族中的研究为例”。

（七）“关注非遗保护，建设精神家园”学术报告

2009年3月13日，中国社会科学院荣誉学部委员、中国民俗学会会长、北京师范大学文学院客座教授、博士生导师刘魁立教授应邀来在云南民族大学作了题为“关注非遗保护，建设精神家园”的学术报告。

（八）“‘中国经验’的几点探索——一种社会学的解读”学术报告

2009年5月4日，中国社会学会名誉会长、教育部社会学学科指导委员会主任、国家社科基金评审委员会社会学学科组组长、中国人民大学教授、博士生导师郑杭生在云南民族大学作了题为“‘中国经验’的几点探索——一种社会学的解读”的学术报告。校内外200多名师生参加。

（九）社会实务分享会

2009年6月28日，云南财经大学公共管理学院社会工作专业全体学生举办了社会实务分享会。各社会工作小组介绍了2008—2009学期社会工作的实务内容。药物依赖康复小组介绍了该小组成员在昆明市彩虹中心帮扶戒毒人员所开展的活动；重工青年服务小组指导重工中学初中班级加强学风建设；流动人口帮扶小组帮助昆明市张家营外来流动人口中的困难老人；大学生性健康小组为学校大学生提供相关知识；“与你同行”偏常青少年矫正小组为金殿中学的偏常学生进行矫正；“幸福家园”老年服务学习小组在昆明市“幸福家园”小区入户调查住廉租房的老人，女性家政从业人员调查小组调查了女性家政人员从业状况。

（十）第16届世界人类学民族学大会

2009年7月27至7月31日，国际人类学与民族学联合会第16届大会在昆明召开，本次大会主题为“人类、发展与文化多样性”，来自全球近100个国家和地区的4300多名专家学者参加了会议。中国国务院副总理回良玉致开幕词，国际人类学与民族学联合会主席瓦格斯作专题发言，国家民委主任杨晶介绍了本届大会的筹办情况等。

本次大会共组织165场学术专题研讨、22场影视专题会议、23部人类学影片展映和6个展览活动，有5位国际权威专家和14位著名学者在会上分别作了主旨演讲和名家讲座，参会的国内外学者充分展示和交流了各自最新、最前沿的学术研究成果。鉴于在全球化的背景下，文化多样性和人类发展面临诸多机遇和严峻挑战，参会的全球人类学与民族学者共同通过并发布了《昆明宣言》。

（十一）“内涵，宫殿，博物馆：喀麦隆国族构成中的可见与不可见因素”专题讲座

2009年9月23日，英国伦敦大学大学院（UCL）著名人类学家、考古学教授Michael Rowlands在云南民族大学作题为“内涵，宫殿，博物馆：喀麦隆国族构成中的可见与不可见因素”的专题讲座。北京大学社会学人类学研究所王铭铭教授、云南民族大学副校长王四代、民研所相关领导及教师出席讲座。

（十二）“人类学漫谈”学术讲座

2009年9月29日，北京大学社会学人类学研究所、中央民族大学民族学与社会学学院特聘教授、《中国人类学评论》主编王铭铭教授应邀到云南省民族研究所举办了题为“人类学漫谈”的学术讲座。英国伦敦大学考古学专家Michael Rowlands教授、云南民族大学副校长王四代、副校长马丽娟以及民研所全体师生参加了讲座。

（十三）首届东亚人类学家研讨会

2009年10月27日~10月29日，由云南大学民族研究院暨西南边疆少数民族中心与韩国首尔大学人类学系联合主办的“首届东亚人类学家研讨会”在云南大学伍马瑶人类学博物馆举行。此次研讨会邀请了来自韩国、日本、蒙古国、俄罗斯、越南等国家以及国内的民族学、人类学专家学者共30多名正式代表。此次会议的研讨主题为“全球化背景下的东亚社会文化互动”，涉及“区域化发展与边疆问题；地方性知识和都市化；联合、合作与商业化；旅游业和商品化；跨国婚姻与认同”等共11个议题。本次研讨会是继世界民族学人类学大会以来，西南边疆少数民族研究中心举办的又一场重要的国际性学术会议，也标志着云南大学西南边疆少数民族研究中心的学术研究活动已进入良好的运行阶段。

（十四）两岸社工培训与学术交流会议

2009年12月10~13日，云南大学公共管理学院社会学与社会工作系与台湾暨南国际大学社会政策与社会工作学系联合举办了主题为“社区工

作、家庭与青少年社会工作实务教学与行动研究”培训。培训以专题讲座与工作坊相结合的形式开展，邀请的授课专家分别是来自台湾暨南国际大学的张英阵副教授以及萧琮琦博士；台湾东吴大学社会工作学系的赖两阳教授、谢秀芬教授；台北大学社会工作学系的杨蓓教授；华东理工大学社会工作系的费梅苹教授；云南大学社会学与社会工作系的钱宁教授以及高万红副教授。培训围绕三个专题展开，即 “社区工作实务与行动研究，实践为本的社区工作教学研究；家庭社会工作实务、督导和行动研究；青少年社会工作实务、督导和行动研究”。

（十五）西南地区“2009年高校社会工作专业教学”研讨会

2009年12月14日，西南地区“2009年高校社会工作专业教学”研讨会在云南大学科学馆召开。此次研讨会根据中国社会工作教育协会筹建区域协调中心相关工作安排举办，云南大学对此次会议给予了大力支持，西南地区各社会工作院校专家学者共计50余人参加。贵州大学法学院党委书记庄勇教授、西南石油大学文法学院副院长谭祖雪教授、西南大学文化与社会发展学院副院长陆林教授、云南大学公共管理学院社会学与社会工作系系主任钱宁教授、云南农业大学人文社会科学学院王飞副教授等对社会工作专业在不同省份的发展以及成立西南地区区域发展中心的必要性进行了发言。会议还以分组形式对中国社会工作教育协会关于筹建西南地区中心的意见进行了交流和讨论。此次研讨会对加快建立西南地区社会工作教育区域合作平台的步伐，加强西南地区社会工作理论研究与实务经验的交流与合作，提高社会工作专业研究、教学与实务的水平发挥了重要作用。

（十六）“风险社会中家庭与社区”两岸社会工作学术研讨会

2009年12月15日至17日，“风险社会中家庭与社区”两岸社会工作学术研讨会在云南大学科学馆召开。本次研讨会由云南大学社会学与社会工作系和暨南国际大学社会政策与社会工作学系联合举办。来自国内三十余所院校的专家学者计四十余人参加。研讨会旨在共同探讨风险社会中家庭与社区的社会工作在抗御风险中的作用。会上，先后有来自两岸高等院校的二十余位参会者就风险社会中的家庭与社区进行了不同的专题发言与讨论。此次研讨会对提升两岸社会工作专业教师以及实务界工作人员的专业素质，促进两岸社会工作发展与交流发挥了作用；尤其是对风险社会中社会工作专业的价值与作用的研讨，对每一个社会工作者具有非常重要的意义。

（十七）“民族文化与民族教育”学术报告

云南省民族研究所之邀请，国家民委政研室副主任、中央民族大学博士生导师王军教授于2010年3月19日来云南民族大学作了主题为“民族文化与民族教育”的报告，云南省民族研究所、教育学院的师生聆听了本次讲座。

（十八）“当代中国社会学近十年的几个热点问题”学术讲座

2010年5月10日，中国社会学会名誉会长、教育部社会学学科指导委员会主任、国家社科基金评审委员会社会学学科组组长、中国人民大学一级教授、博士生导师郑杭生在云南民族大学作了题为“当代中国社会学近十年的几个热点问题”的学术讲座。

（十九）“多元文化背景下的中西文化交流——近代以来西南边疆民族地区的历史回顾”系列学术活动

2010年6月17日至21日，由云南民族大学人文学院和旧金山大学利玛窦中西历史文化研究所共同举办了以“多元文化背景下的中西文化交流——近代以来西南边疆民族地区的历史回顾”为主题的系列学术交流活动，共有来自各地的代表31人参加了此次活动。此次学术交流活动共包括4场讲座和7场专题研讨会，有21位代表在研讨会上宣读了自己的论文。4场讲座分别由中国人民大学的黄剑波教授、西南民族大学的秦和平教授、北京中国学中心魏杨波（Jean-Paul Wiest）和美国宾夕法尼亚州立大学的夏伯嘉（Ronnie Hsia）教授举办。6月20日各位专家学者还去昆明市富民县小水井进行了参观考察。

（二十）社会性别视角下少数民族老龄化问题研究学术研讨会

2010年6月21日至25日，由云南民族大学社会性别研究中心和香港岭南大学老龄化研究中心联合主办的“社会性别视角下少数民族老龄化问题研究学术研讨会”在云南民族大学举行。这是中国社会性别研究领域第一次关于少数民族老龄化问题的学术会议，汇聚了来自北京、上海、南京、延边、厦门、广西、广州、辽宁、云南等地和日本的60余名专家学者。会议共收到论文45篇，研究范围涉及老年人健康问题、老龄妇女问题、城市少数民族老年人养老问题以及民族地区社区老年人生活方式和社会保障、家庭养老模式等方面。

研讨会期间分别由中国社会学学会副会长、上海市社会学学会会长、上海大学博士生导师邓伟志教授，全国妇联妇女研究所副所长刘伯红，厦门大学博士生导师叶文振教授，浙江省社会科学院社会学研究所所长王金玲教授，厦门大学王德文教授，南京师范大学马钰玶教授等作人口老龄化问题的系列讲座。

（二十一）纪念费孝通诞辰100周年传承“魁阁”精神学术研讨会

2010年10月27日，由北京大学、上海大学与云南大学共同举办的“‘魁阁’学术贡献总结与反思暨纪念费孝通先生诞辰100周年”学术研讨会在云南省呈贡县举行。来自中外三十多所高校的学者会聚昆明呈贡县，共同纪念与弘扬费孝通在云南大学—燕京大学“魁阁”的学术贡献及“魁阁”精神。呈贡县委副书记李兴华、县政府副县长王健雄、县委宣传部部长杨绍斌、费孝通先生女儿费宗惠女士以及来自上海大学、北京大学、云南大学的专家学者参加研讨会。本次费孝通诞辰100周年暨“魁阁”精神学术研讨会主题涉及费孝通先生的农村建设思想、民族工作研究、“魁阁”与学术共同体建构、“魁阁”与田野调查、“魁阁”与民族志撰写等各个层面，对于梳理费孝通学术贡献及传承“魁阁”精神具有重大意义。

（二十二）“社会组织与社会建设”学术讲座

2010年10月28日，云南省民政厅民间组织管理一处处长靳建新在云南民族大学教场校区作了题为“社会组织与社会建设”的讲座。

（二十三）云南大学、云南师范大学、云南民族大学三校社会学论坛

2010年10月31日由云南大学、云南师范大学、云南民族大学三校联合举办的三校社会学论坛在云南民族大学教场校区举行，此次论坛有三校的共120名社会学专业研究生参加。云南省社会科学院社会学所所长、研究员乔亨瑞作关于“中国社区研究中的若干问题”的专题讲座。同学们在论坛中也互相交流了意见，论坛使云南大学、云南师范大学、云南民族大学三个高校的社会学专业的同学彼此之间相互认识了解，为以后的云南大学、云南师范大学、云南民族大学三校社会学论坛打下了夯实的基础。

二、主要学术成果

（一）社会学理论研究

社会学理论包括内容众多的分支社会学理论。从2008—2010年，云南社会学理论研究主要集中在和云南经济、社会发展相关的问题上，主要为相关的论文、著作和研究报告等。

1．著　作

马雪峰：《社会学》（参著），高等教育出版社2009年版。

袁明旭：《中国群体性突发事件成因及对策》（参著），国家行政学院出版社2009年版。

袁明旭：《官僚制视野下当代中国公共政策冲突研究》，中国社会科学出版社2009年版。

2．论　文

（1）马永清：《风险社会背景下的公共安全与应急机制构建》，载《理论与现代化》2008年第4期。

文章认为，正在转型的中国是一个高风险的社会，面临诸多公共安全问题。公共安全事件呈现出范围广、非传统性、关联性和隐蔽性等特点，建立完善的公共安全的应急机制势在必行。建立有效的应急反应机制有利于维护社会公共安全，保持社会持续、稳定、协调发展。公共安全应急反应机制包括：预警机制、处理机制、反馈评估机制、指挥协调机制、国际合作机制等。

（2）马永清：《社会学视野下的毒品问题研究理论、方法及其实践》，载《兰州学刊》2008年第7期。

文章认为，社会学整体、全面研究社会的特点，使其对毒品问题的研究有独到之处，并形成了丰富多彩的理论成果。分别是：社会病理理

论；社会失控理论；价值冲突理论；越轨理论；标签理论。这些理论和方法各抒己见、见仁见智，在禁毒实践中发挥着重要作用，同时禁毒实践也为理论的构建提供了基础。

（3）钱宁：《分配正义理论的发展及其对构建有序和谐社会的启示》，载《学习与探索》2010年第3期。

文章认为，在政治哲学和政治社会学的视野中，分配正义是关于社会是否公平和公正地对待每一个成员的权利与需要的理论问题，也是涉及社会的主要制度和政治、经济的安排能否促进社会的有序和谐发展的政治议题。人类社会是一个分配的体系，各种社会物品，如权力、财富、机会、收入、职位等如何在社会成员之间合理公平地分配，如何使人们的利益和负担的分配更有利于社会公正秩序的建立，构成了所谓的分配正义问题。而一个社会秩序的良好和有序与否，从其基础条件来看，就在于人们能否按照某种公正的程序平等地获得其社会生活必需的那些社会物品。就此意义而言，分配正义的问题是稳定与和谐的社会秩序的基础，一个建立起良好秩序的社会就是一个形成了公正秩序的社会。探讨分配正义理论的发展，将使我们对分配正义问题对构建和谐有序社会的意义产生更为理性和全面的认识。

（4）马永清：《和谐社会构建中的重新犯罪原因与预防控制》，载《河南社会科学》2008年第S1期。

（二）社会人类学研究

1．著　作

（1）高志英著：《独龙族社会文化与观念嬗变研究》，云南人民出版社2009年版。

本书资料丰富扎实，描述细致具体，论述角度广泛而深入，对于宗教信仰、族际关系、生产方式、婚姻形态、民族教育等方面均有涉及，既论述了独龙族社会和文化在现代化民族国家建构背景下前所未有的变迁，又探讨了独龙族传统文化观念在近现代的演变。作者对独龙族社会文化个案的研究，对于认识我国边疆少数民族地区在现代化和传统文化的矛盾交织中的社会转型、文化变迁和观念嬗变现象具有启发意义，在学术观点上也颇有创新之处。

（2）郭家骥著：《发展的反思——澜沧江流域少数民族变迁的人类学研究》，云南人民出版社2008年版。

面对全球化和现代化的浪潮，中国人类学民族学无疑承受着巨大的挑战。如何适应社会的发展而进行学科的建设，如何在融入国际学界的同时努力实现本土化，如何普及人类学民族学的知识以提高国民的教养和素质，如何进行创造性的应用研究为国家现代化建设服务等，均为重大而紧迫的谬题。本丛书的问世，一定程度地反映了中国人类学民族学发展的状况，作为新时期的具有代表性和规模性的研究成果，必将载入中国人类学民族学发展的史册。

（3）何明主编：《云南十村：西南边疆民族研究书系·少数民族变迁丛书》，民族出版社2009年版。

2．论　文

（1）何明：《村落权威再生产的人类学分析——以边疆民族地区城中村老龄协会成立仪式为中心的讨论》，载《思想战线》2008年第3期。

传统、国家和市场三种力量共同出现于傣族特定社区中，形成了相对稳定的交织融合的结构状态，以此形成了傣族村落权威的基本文化语境。当三方力量又以具体的人和事物再次交织于具体的社区场景活动中时，活动中的行动者策略性地运用了结构性资本进行权力的博弈，由此对自身的权威进行了再生产，也对社会力量进行了结构的再生产。

（2）高志英：《独龙女文面的文化阐释》，载《西南民族大学学报》（人文社会科学版）2010年第2期。

文章认为，妇女文面是独龙族所特有的文化现象，在独龙女文面的起源与文化功能的研究中，学界有西藏察瓦龙土司强迫文面说、独龙族反抗形式说、民族标志和传统习俗说、美的标志说、宗教观念说等诸多见解。本文基于田野调查，重新审视历史文献和相关研究，提出应当将独龙女文面视为一个延续和变化的过程，注意到文面作为文化分类的功能和意义，并在民族互动关系中去理解有关独龙文面女的各种解释和表述。

（3）何明：《论东亚人类学共同体的建构》，载《思想战线》2010年第4期。

文章认为，全球化时代，学术研究的空间区

隔逐渐被打通，学术资源开始在全球范围内进行优化配置，知识生产的过程和生产主体打破了在国家内部封闭循环的格局。东亚文化具有相异于西方文化的特殊智慧和价值体系，东亚人类学家有义务也有责任通过学术共同体探讨与发掘东亚文化中蕴涵的学术资源，建构具有东亚特色的发现、解释与应答社会文化问题的学术范式。东亚国家的经济合作与社会联系的增强为东亚人类学共同体的构建提供了社会基础，东亚共同体的提出与推进为东亚人类学共同体的构建提供了制度的依据，东亚国家之间的教育和学术交流为东亚人类学共同体的构建奠定了人才基础和学术基础。

（4）高志英、闵红云：《20世纪独龙族人地关系变迁研究》，载《思想战线》2008年第4期。

（5）何明：《艺术人类学的视野》，载《广西民族大学学报》（哲学社会科学版）2009年第1期。

（6）高志英：《唐代藏彝走廊西部边缘民族分布格局与文化变迁研究》，载《学术探索》2009年第6期。

（7）高志英：《傈僳族的跨界迁徙与生计方式变迁》，载《中国农业大学学报》（社会科学版）2010年第3期。

（三）福利社会学研究

社会福利是一项需要道德支持的社会事业，是一种充分就业、安全、健康、快乐、社会生活有序的“好的生活”状态。从2008年到2010年，福利社会学在云南的发展呈现出欣欣向荣的景象。

1．著　作

（1）杨团、毕天云等著：《21世纪中国农民的社会保障之路》，社会科学文献出版社2010年版。

21世纪中国社会保障的亮点和最具创新活力的不是城市保障，而是新农村的农民社会保障。农民社会保障在中国将是一个长期的历史范畴，它与20世纪的职工社会保障在本质上不同，它不以职业收入为唯一前提，也不主要体现为国家法律强制下的正式的规范制度，它将是国家扶助、农民互助组织保护、农民个人资产与社区公共资产建设并举，社会公共服务与社区公共服务并举，正规制度与非正规制度并举的多元利益主体协同与制衡的新的制度体系。作者认真观察了历史的和现存的对小农户起作用的各类保障制度背后的运行机制，从中国农村的总体环境与现代化出路、中国社会保障的世纪难题、中国农民社会保障出路探索等几个方面论述了21世纪中国农民社会保障的相关问题。

（2）景天魁主编，毕天云参著：《福利社会学》，北京师范大学出版社2010年版。

2．论　文

（1）毕天云：《试析农村民间组织管理中的困境》，载《学术探索》2009年第2期。

农村民间组织管理既是社会主义新农村建设中的重要任务，也是我国民间组织管理中的一个难点。实现农村民间组织管理的规范化和专业化，必须突破存在和面临的各种管理困境。文章主要分析了我国农村民间组织管理中的六大困境：认识困境、态度困境、体制困境、制度困境、能力困境和统计困境。

（2）毕天云：《试论慈善组织的福利供给》，载《云南民族大学学报》（哲学社会科学版）2009年第6期。

慈善组织与社会福利之间具有内在的亲和关系，是社会福利供给的重要主体，慈善福利具有人道性、选择性、多样性和无偿性等特点。文章分析了在福利供给中，慈善组织所扮演的福利生产者、筹集者、输送者和分配者等角色，所发挥的募集慈善资源、实施慈善救助、嫁接慈善桥梁和传播慈善文化等作用。

（3）毕天云：《试论中国福利社会与西方福利国家的区别》，载《学习与实践》2010年第9期。

文章认为，建设中国福利社会是我国社会建设和社会福利发展的长远目标，但建设中国福利社会不是把中国发展为西方式的福利国家。中国福利社会与西方福利国家之间存在着重大差别，主要体现在历史进程、本质属性、意识形态、根本目的和福利水平等五个方面。

（4）毕天云：《农民在新型农村合作医疗制度中的地位与角色——社会政策的视角》，载《云南师范大学学报》（哲学社会科学版）2008年第2期。

（5）毕天云：《论构建新型农村合作医疗制度农民参与机制的理论基础——跨学科的视角》，载《学习与实践》2008年第3期。

（6）毕天云：《论文化建设在现代化建设中的地位和作用》，载《学术探索》2008年第3期。

（7）毕天云：《日本农协的发展经验及其对我国的启示》，载《学习与实践》2008年第10期。

（8）毕天云：《新型农村合作医疗制度中农民参与的组织模式探析》，载《贵州社会科学》2008年第12期。

（9）毕天云：《论建设中国特色的福利文化》，载《学习与实践》2009年第4期。

（10）毕天云：《社会福利供给系统的要素分析》，载《云南师范大学学报》（哲学社会科学版）2009年第5期。

（四）社会工作研究

社会工作研究和社会生活紧密相关，随着经济、社会的发展，社会工作行业越来越受到人们的重视。云南社会工作学科的发展建设也呈现出一片繁荣景象，发表了众多的学术论文。

1．著　作

（1）高万红主编：《个案工作理论与实务》，中国劳动社会保障出版社2008年版。

本书为全国高等学校社会工作专业新编系列教材之一。该书全面系统地介绍了个案工作的基本知识、理论、方法、技术及其在实务领域的运用。全书共四编：第一编介绍个案工作的基础知识；第二编介绍个案工作的方法和技术，包括个案工作的程序、个案工作的基本方法、技术和技巧；第三编介绍个案工作的理论模式，重点介绍了现代个案工作模式中影响较大的几个模式：心理社会治疗、个案管理精神分析治疗、行为主义治疗、理性情绪治疗、结构家庭治疗、家庭系统治疗等；第四编介绍个案工作实务，阐述了如何用个案工作的手法服务儿童及青少年、青年、中年和老年群体。此外，书本还介绍了两种后现代取向个案工作模式——精要治疗和叙事治疗式。

（2）钱宁主编：《工业社会工作》，高等教育出版社2009年版。

《工业社会工作》是中国社会工作教育协会组织编写的社会工作实务系列教材之一。在工业化时代，以工作为基础的社会关系变得空前复杂，个人或群体的工作行为的影响和意义也被空前地放大，变成复杂的工业行为。这就需要通过专业化的方法加以调节，以帮助人们通过工作来获得个人生活需要的满足，在从事工业活动的过程中发展个人的生活福祉。作为社会工作实务的重要组成部分，工业社会工作是在一个广泛的工业社会关系的范畴内，运用社会工作的理念、方法和技巧来协助员工及其家庭解决人与工作，人与工作机构、工作环境、工作关系之间的矛盾，以及工业组织和工业行为对个人及其家庭生活、社区组织和社区结构、环境生态、人际关系的影响。《工业社会工作》以此为线索，从工业社会工作的过程及其相关理论、员工福利、职业生涯、情绪管理、闲暇生活、劳动冲突和企业社会责任等方面介绍工业社会工作实务的理念、知识、方法和技巧。

（3）高万红：《公共服务新视角：流动人口社会工作探索》，中国人口出版社2008年版。

2．论　文

（1）钱宁：《寻求现代知识与传统知识之间的平衡——少数民族农村社区发展中的文化教育问题》，载《云南社会科学》2008年第1期。

该文认为，从内源发展的概念看，在少数民族的社区发展中忽视少数民族的传统知识的作用，单纯靠现代文化教育和外来知识的灌输，并不能真正解决少数民族的发展问题。应在尊重少数民族传统知识的基础上发展符合少数民族需要的文化教育，以培养他们的内生性发展能力，促进他们的自我发展。

（2）高万红：《从社会变迁看方法论的“霸权”——兼论社会工作方法论运用的“共时性”特征》，载《思想战线》2010年第3期。

文章认为，当代社会的变迁呈现出的最大特征是社会变迁“速率”越来越快，传统的“经验性权威”的合理性基础消亡。这种社会变迁的特征直接映射到人类思维方式的变化，后现代主义更加注重空间的并存性和忽视时间的恒久性。这种思维方式的变迁带来了在方法论层面对现代性“知识霸权”的反思和颠覆。从“知识至上”理念的消解出发，探讨社会学纵向地阐释“范式”的变迁，提出横向地阐释“范式”之间的“共时性”理解，本文还从社会工作的“综合性”分析了其方法论“共时性”的适当性问题。

（3）张金鹏：《乡村少数民族社区的制度建

设研究》，载《宁夏大学学报》（人文社会科学版）2010年第5期。

乡村少数民族社区制度建设总体上与全国农村的制度建设同步，但在实际运作中的少数民族乡村社区其制度建设发展滞后，主要表现在乡镇与村社关系不同程度的易位：一是乡镇对村社管理越位；二是乡镇管理缺位；三是乡镇管理错位。作者认为，乡村民族社区的制度建设应从三方面入手：一是真正赋权乡镇政府，实现越位"回归"；二是发展民间组织，特别重视发挥传统民间组织的作用；三是创建多中心网络结构体制和以农民为中心服务运作机制。

（4）杨国才、李梅：《西南边疆多民族地区社会事业的发展》，载《学术探索》2008年第1期。

（5）张河川、李如春、岑晓钰：《空巢老人社会健康的脆性与对策》，载《云南财经大学学报》（社会科学版）2008年第3期。

（6）张金鹏、李永松、赵华明：《少数民族社区社会建设研究》，载《云南民族大学学报》（哲学社会科学版）2008年第4期。

（7）钱宁：《对新农村建设中少数民族社区发展的思考》，载《河北学刊》2009年第1期。

（8）高万红：《流浪儿童救助服务模式研究》，载《云南民族大学学报》（哲学社会科学版）2009年第6期。

（9）杨国才：《西南边疆多民族地区社会事业发展中的差距》，载《云南行政学院学报》2009年第6期。

（五）妇女问题研究

新世纪以来，云南女性学学科经历了萌芽、发展、壮大的一系列过程，云南高校女性学学科的建设经历了本土化的尝试，一批研究云南少数民族女性、社会性别的研究成果相继问世，推动了云南省妇女研究、社会性别研究的发展。云南女性学学科研究内容呈现了结合云南实际、以少数民族女性为主要研究对象的典型特征。在关注少数民族女性的同时，又以研究少数民族女性文化为重点。

1．论　文

（1）杨国才：《边疆少数民族妇女流动的特征及变化》，载《云南民族大学学报》（哲学社会科学版）2008年第6期。

文章认为，边疆少数民族妇女作为研究主体，不是一个变量；引入社会性别的视角，分析边疆少数民族妇女流动的结构，不仅有年龄、受教育程度、职业分类、婚姻状况的不同，所表现的特征也不一样；少数民族妇女流动不仅有水平流动，也有垂直流动，即向上和向下的流动，关键是教育。只有提高少数民族妇女的受教育水平，才能从根本上改变少数民族妇女的地位。

（2）杨国才：《少数民族女性文化的内涵》，载《浙江学刊》2009年第6期。

文章认为，少数民族女性既是社会生产生活的创造者，也是承载者和传承者，还是本民族文化的开拓者。因此，少数民族妇女的知识、文化及经验，正是凝聚在她们于生产生活实践中创造的手工艺及服饰里，也正是民族民间手工艺和服饰，凝结了妇女的知识和智慧。而少数民族妇女的这些知识与经验，长期以来，将少数民族社会中的古歌、史诗、创世神话等，以手工艺和服饰的形式在民间传承和传播，并以手工艺和服饰的形式在民间延续。

（3）沈海梅：《南诏史中的大传统与小传统：边疆妇女史的视角》，载《思想战线》2008年第5期。

（4）杨国才：《云南女性教育的实践与特征》，载《中央民族大学学报》（哲学社会科学版）2008年第5期。

（5）杨国才：《云南少数民族传统生育文化》，载《中南民族大学学报》（人文社会科学版）2008年第6期。

（6）杨国才：《从服饰看少数民族女性文化的多样与共生》，载《云南师范大学学报》（哲学社会科学版）2009年第5期。

（7）林艺：《云南回族妇女教育的传统与现代》，载《云南民族大学学报》（哲学社会科学版）2009年第5期。

（8）杨国才：《西南少数民族女性文化中的技艺知识》，载《北方民族大学学报》（哲学社会科学版）2010年第1期。

（9）杨国才：《少数民族女性知识的缘起和发展——以传统手工艺服饰为例》，载《云南民族大学学报》（哲学社会科学版）2010年第2期。

（10）方桢：《云南少数民族妇女体育及其文化特征》，载《云南民族大学学报》（哲学社会科学版）2010年第5期。

（11）金少萍、沈鹏：《近现代云南少数民族女性教育观念的变迁》，载《云南师范大学学报》（哲学社会科学版）2010年第5期。

（六）西南边疆社会问题研究

西南边疆问题研究是云南社会学研究的重点领域。此领域主要关注了诸如社会稳定、跨境人口问题、边境经济发展等社会问题。在这些社会问题中，维护社会稳定是研究边疆社会问题的基本指导思想。

1．著　作

（1）张桥贵主编：《云南跨境民族宗教社会问题研究（之一）》，中国社会科学出版社2008年版。

该书从云南跨境民族中的宗教渗透与反渗透、云南跨境民族地区基督教现状调查、云南跨境民族多元宗教并存调查研究、德宏州德昂族佛教文化及原始信仰调查研究等四篇介绍了云南跨境民族的宗教社会问题。该书认为，云南的跨境民族大多数是云南特有的少数民族，拥有丰富多样的社会文化和宗教信仰形态，多民族多宗教并存共处、求同存异的特点十分突出。在漫长的历史长河中，他们在多元文化氛围中既创造了和谐稳定的社会环境，又保存了自己的文化特色。因此，在他们的社会文化体系中，蕴藏着丰富的文化基因和优良传统。这是人类文化发展进程中积淀的文化宝藏，深入挖掘和保护它们，丰富人类文化基因库，维护和促进人类社会持续而稳定的发展，无疑是民族文化最长久的保障。该书希望透过一个个具体问题和具体方面的调查研究，由点到面，由浅入深，对跨境民族的社会、经济、文化进行系统而深入的了解和把握，最终找到应对现实问题、促进经济文化发展及社会和谐的有效途径。

（2）乔亨瑞主编：《云南蓝皮书·2007—2008云南社会形势分析与预测》，云南大学出版社2008年版。

该书以综合报告和专题报告的形式对2007—2008年云南社会形式进行了分析与预测。综合报告为：区域合作组织形成背景下云南面临的主要社会问题及趋势——2007—2008年云南省社会形势分析与预测。专题报告分别为云南省社会治安状况及形势分析；云南省深化改革开放过程中的劳动就业形势预测；云南省城乡社会救助体系现状分析及政策建议；云南省商会组织在大湄公河次区域合作中的地位和作用；艾滋病，贫困与性别不平等——反贫困的社会性别分层分析；云南省境外替代种植的发展形势和对策措施；云南省基础教育发展的特点、趋势及其建议；云南省新农村建设中古村落旅游发展的社会机制问题；边疆民族社区贫困的文化成因及对策分析；云南省发展现代服务业面临的问题及对策措施；云南省边境地区跨国界人口流动及跨国犯罪的理性思考；云南省农民工融入城市机制建设；云南省残疾人事业发展现状及未来形势述评调查报告；云南省社会组织建设及管理研究报告；从利益相关群体的视角研究实施新农村建设的长效机制——以云南省华坪县为案例。

（3）杨福泉等编著：《桥头堡建设中的云南社会事业》，云南人民出版社2010年版。

该书从旅游事业、文化事业、体育事业、教育事业、科技事业、医疗卫生事业、劳动就业、社会保障、社会和谐、人口与计划生育、城乡统筹等方面入手，对云南社会事业与桥头堡建设之间的关系进行理论与实践方面的探索。

（4）匡自明（参著）：《政治稳定、边疆稳定与云南和谐社会建设》，中国书籍出版社2009年版。

（5）袁明旭（参著）：《科学发展指导下的和谐云南建设研究》，中国书籍出版社2009年版。

2．论　文

（1）鲁刚：《构建和谐社会进程中维护边疆稳定的时代内涵和历史使命》，载《思想战线》2008年第3期。

该文认为，社会稳定是全面构建和谐社会的必然要求全面构建社会主义和谐社会，是在我国经济社会发展步入“黄金发展期”与“矛盾凸显期”的关键历史阶段，党中央提出的全新治国方略和重大战略任务。维护社会稳定是党和国家的一贯方针。诚如胡锦涛总书记指出的那样：要“切实做好保持社会稳定的工作，没有社会稳定，构建社会主义和谐社会就无从谈起”，“必须坚持正确处理改革发展稳定的关系……维护社会安定团结，以改革促进和谐，以发展巩固和谐，以稳定保障和谐，确保人民安全”。

（2）张金鹏：《云南跨境民族社会危机应对管理机制研究——基于边疆地区对艾滋病防控的社会调查》，载《云南民族大学学报》（哲学社会科学版）2010年第6期。

云南边疆民族地区是非传统安全问题危机应对的重要战场，也是受害最严重、危害最烈、影响深远的地区。近年来，在从中央到省、州各级政府的强有力支持下，边疆民族地区的政府、民间组织和广大的少数民族在艰苦的抗击艾滋病斗争中创建了政府主导以及行政管理机制、艾滋病治疗和行为干预机制、道德约束机制、民生改善机制偶合联动的运作模式，实现了边疆民族社会危机应对机制的创新。

（3）袁娥：《佤族魔巴的社会功能变迁研究——以云南省普洱市西盟县勐卡镇大马散村为例》，载《云南社会科学》2009年第1期。

魔巴是佤族社会中从事原始宗教祭祀的巫师，是人神的中介。云南省普洱市西盟县勐卡镇大马散村的实例表明，佤族社会在近30年来，已经由以机械团结为纽带的社会向以有机团结为纽带的社会转变，而魔巴的社会功能也逐渐由集多种功能为一体变为单一的宗教功能。由于魔巴在佤族社会发展中还在起着一定的积极作用，在一段较长的时间里，还将继续存在。

（4）何明：《全球化背景下边疆社会稳定研究的几个问题》，载《云南师范大学学报》（哲学社会科学版）2009年第3期。

边疆社会稳定问题历来是关系到国家主权完整、民族独立的重要课题，在新时期下如何实现边疆民族地区的和谐稳定发展，实现建构国家认同高于民族认同的统一的中华民族认同观是本文研究的一个出发点和落脚点。该论文的发表，厘清了当前我国边疆民族地区的特征以及边疆社会稳定的内涵，并阐释了实现边疆社会稳定的路径。这一研究解决了边疆社会稳定重大的基础理论问题，将边疆社会稳定的研究向前推进了一大步，因而引起了相关学科的重视，促进了现行边疆民族政策制订时的一系列指导思想的反思和调整。

（5）沈海梅：《文化中心主义下的西南研究》，载《西南民族大学学报》（人文社会科学版）2008年第3期。

（6）鲁刚：《论爨文化时期南中地区的夷汉民族融合》，载《云南民族大学学报》（哲学社会科学版）2008年第4期。

（7）鲁刚：《中越边界云南段沿线地区的边境贸易与经济合作》，载《云南师范大学学报》（哲学社会科学版）2009年第1期。

（8）鲁刚：《大丽铁路中下段沿线古籍文献资源及其保护与开发研究》，载《云南民族大学学报》（哲学社会科学版）2009年第4期。

（9）张金鹏：《白族文化与现代文明》，载《云南民族大学学报》（哲学社会科学版）2009年第4期。

（10）何明：《国家认同的建构——从边疆民族跨国流动视角的讨论》，载《云南师范大学学报》（哲学社会科学版）2010年第4期。

（云南师范大学　曲凯音　毕天云）

人口学

人口理论是一个涉及广泛的学术研究领域，包含人口经济学、人口社会学、人口生态学、人口地理学、人口统计学、民族人口学、历史人口学以及计划生育学等学科，不同学科之间交叉较为广泛，也形成了不同学科的研究者从不同角度广泛介入的研究局面，2008年至2010年三年之间云南人口学研究成果丰富，多有创新，而且在科学研究、学位点建设以及学术交流等学科发展上取得了新的进展。

一、三年期间出版的人口学专著

（一）《人口资源环境与可持续发展研究》

由云南大学发展研究院人口研究所的吕昭河、戴波、徐晓勇主撰和编著，2008年8月在中国社会科学出版社出版，本专著以云南为案例，首次系统地研究了人口资源环境与可持续发展的关系，全书25万字，分理论与实证两篇，系统阐述了可持续发展理论、人口资源环境关系，并用博弈论为分析方法对人口资源环境与可持续发展关系作了尝试性解释；分别研究了云南人口资源环境系统与可持续发展的多个层面的关系与问题，探索可持续发展目标模式下的人口与耕地、人口与小康社会、人口政策、资源开发、生态环境保护、科技进步等关系，首次进行了云南省生态足迹、云南省绿色GDP核算的分析。

（二）《昆明市人口发展战略研究》

由昆明市人口与计划生育委员会的杨文惠、廖官田主编的《昆明市人口发展战略研究》于2009年3月由中国人口出版社出版，该研究由昆明市政府立题，2008年6月完成，全书35万字，共分六部分，包括昆明市人口发展战略研究的综合报告、咨询报告两个部分，以及昆明市人口发展态势研究、流动人口研究、人口与经济社会和资源环境协调关系研究、人口与计划生育发展和改革研究四个专题研究，该研究应用人口学、经济学、社会学等多学科的理论与方法，以实证调查为基础，以分析人口与经济、社会、资源、环境协调关系为目标，分析了昆明未来人口发展面临的挑战，明确了人口发展战略思路和目标，提出了相应的战略措施和政策建议。

（三）《当代中国女性人力资本投资研究》

云南大学发展研究院人口研究所的晏月平撰写的《当代中国女性人力资本投资研究》专著于2008年11月在人民出版社出版，全书27.6万字，共分九章，是我国第一本女性人力资本研究的专著，也是女性人口投资理论的专论。本著作融合社会性别和经济学研究方法，应用大量数据，从理论与现实两个角度出发，分析了我国东、西部地区女性人力资本存量的现状和投资差异，比较分析西部地区男女两性人力资本存量差异，探讨女性人力资本投资的地区差异与性别差异产生的缘由，研究了女性人力资本投资市场化路径，从社会性别视角提出尊重社会性别差异选择发展和促进我国女性人力资本投资的具体措施和建议。

二、三年期间发表的人口学论文

（一）在人口经济学研究领域

吕昭河在《中国人口科学》2010年第5期发表《“教育抽水机假说”引发的思考：兼论农村教育发展问题》论文，在质疑“教育抽水机假说”基础上进行了中国农村人口多层次教育需求的分析与评价。

楚雄师范学院思想政治理论教育教学研究部的陈文清在《西北人口》2008年第2期发表《西部民族地区城市人口从业收入状况分析》论文，分析了西部民族地区城市人口从业状况以及存在的问题和特殊性。

云南大学发展研究院的谭鑫在《思想战线》2009年第6期发表《人口效益与经济效益研究》论文，以云南省为例研究了人口效益和经济效益的关系问题。

云南民族大学经济学院的高梦滔、毕岚岚在

《中国人口科学》2010年第6期发表《家庭人口学特征与农户消费增长——基于八省微观面板数据的实证分析》论文，分析农户人口学特征对于其人均消费增长率的影响。

吕昭河、宋智在《发展论坛》2008年第4期发表《人口红利与云南经济增长方式的转变》论文，在云南人口红利形成与人口负债转变分析的基础上分析了与经济增长方式转变问题。

云南大学发展研究院人口研究所的罗淳在《人口与发展》2008年第5期发表《东西部人口再生产与人口转变差距的影响因素探析》论文，研究了我国东西部人口再生产状况及其转变差距等问题。

（二）人口发展功能区规划研究领域

吕昭河受《人口与发展》杂志“马寅初人口科学论坛”主持人的邀请，对“国家人口发展功能区规划之评价”论题进行学术评述，在其2008年第5期上发表《人口分布规划的科学性与实现途径》论文，阐述了人口有序变动的相关理论问题。

云南师范大学旅游与地理科学学院的胡志丁、骆华松等在《热带地理》2010年第3期发表了《人口发展功能区格局下区域经济增长空间差异及其协调发展》论文，基于新经济增长理论建立模型并分析了影响我国四类人口功能区经济增长差异的五大因素。

云南师范大学旅游与地理科学学院的赵建波、莫国芳在《曲靖师范学院学报》2010年第5期发表《滇中城市圈县域人口增长率的空间格局演变特征分析》，探讨了滇中城市圈人口增长率的空间格局的“中心—外围”结构和区域集聚特征。

云南师范大学旅游与地理科学学院的李正、武友德等在《地理与地理信息科学》2010年第3期发表《人口与经济发展的空间协调性分析及对策——以云南省为例》论文，基于空间理论和主成分—典型相关法探讨了经济与人口变动的相互作用。

云南师范大学旅游与地理科学学院的李江苏、骆华松等在《西北人口》2008年第3期发表《主体功能区适度人口容量测算初探》论文，测算了各类主体功能区适度人口容量，并为此提供了方法和定量依据。

文山师范高等专科学校生化系的丁贤法在《云南地理环境研究》2008年第3期发表《基于MapInfo的文山州人口地理研究》论文，对文山州人口地理特征作了多方面的研究与分析。

云南师范大学旅游与地理科学学院的熊理然等在《城市》2009年第2期发表《主体功能区格局下中国人口再布局实现机理及其政策取向》论文，认为主体功能区发展构想必将推动中国人口空间分布格局的新整合。

（三）在边疆人口和民族人口研究领域

吕昭河、晏月平在《北方民族大学学报》（哲学社会科学版）2010年第4期发表了《人口人类学若干理论问题——基于与民族人口学的比较分析》论文，首次对人口人类学基础理论与学科属性进行探讨并提出了人口人类学在我国初始建构所涉及的理论问题。

晏月平在《中国青年科技》2008年第9期发表《性别视角下的流动人口对艾滋病的认知与防范——基于中老跨境流动人口的调研分析》论文，采用云南省口岸实地调查资料分析了跨境流动人口对艾滋病的认知与防范问题。

云南师范大学历史与行政学院的何跃在《云南师范大学学报》（哲学社会科学版）2008年第2期发表《云南边境地区主要贸易口岸的境外流动人口与边疆安全》论文，探讨了基于扩大边境贸易条件下实施境外流动人口非传统安全管理的新课题。

云南大学公共管理学院的马雪峰在《北方民族大学学报》（哲学社会科学版）2010年第1期发表《北京的回族人口：1259～2000》论文，论证了北京回回穆斯林人口分布的传统格局和现代变化。

云南师范大学旅游与地理科学学院的阳茂庆、骆华松在《边疆经济与文化》2010年第4期发表《边疆民族地区人口结构预测及优化对策研究——以云南省为例》论文，探讨了人口结构及变动趋势对边疆民族地区社会经济发展的制约问题。

云南大学民族研究院的何明、袁娥在《西南民族大学学报》（人文社科版）2009年第12期发表《佤族流动人口的文化适应研究——以云南省西盟县大马散村为例》的论文，探讨了城市中佤族流动人口的文化适应问题。

云南大学人类学博物馆的王志芬在《西南边

疆民族研究》2009年第6辑发表《少数民族地区农村居民的人口流动与职业分化对文化变迁的影响——以文山壮族苗族自治州富宁县剥隘镇坡芽村为例》，探讨以人口流动和职业分化为现代化进程对传统文化的影响。

何跃在《云南师范大学学报》（哲学社会科学版）2009年第1期发表《云南境内的外国流动人口态势与边疆社会问题探析》论文，根据云南边境地区境外流动人口变动趋势分析了西南边疆安全管理问题。

云南省红河州第二人民医院的杨秀琼、黄高贵等在《中国医药导报》2008年第6期发表《莽人族群的人口构成与家庭规模调查》论文，基于入户调查的数据分析了莽人族群的人口特点。

云南民族大学云南省民族研究所的李智环在《四川民族学院学报》2010年第5期发表《傈僳族人口分布及形成原因分析》论文，分析了傈僳族人口分布特点形成的原因。

云南大学国际关系研究院的刘向阳在《红河学院学报》2009年第1期发表《越南赫蒙族的人口分布及经济变迁》论文，对越南赫蒙族的人口分布及经济变迁进行了探讨。

大理学院生命科学与化学学院的冯建孟等在《安徽农业科学》2010年第16期发表《云南地区稻作品种多样性的地理分布格局与不同民族人口分布之间的关系》论文，研究了不同民族文化和稻作文化下民族人口分布对传统稻作品种的留存和栽培可能具有的不同影响。

（四）在人口资源环境系统研究领域

云南财经大学国际工商管理学院的余泳在《生态经济》2008年第11期发表《人口结构现代转变对云南少数民族地区人口、资源、环境效应的影响》论文，研究了云南省少数民族地区人口结构现代转变的资源环境协同效应。

云南师范大学旅游与地理科学学院的李均智、骆华松在《资源开发与市场》2011年第1期发表《云南人口与经济、资源环境协调评价研究》论文，采用指标体系法对云南人口与经济和资源环境协调状况进行了综合评价。

昆明理工大学环境科学与工程学院的陈思思、罗上华等在《昆明理工大学学报》（理工版）2008年第2期发表《昆明市可持续发展适宜人口规模研究》论文，基于昆明市经济、资源与生态环境状态探讨了昆明市适宜人口规模。

云南财经大学城市管理与资源环境学院的杨润高在《环境与可持续发展》2009年第6期发表《边疆地区环境型贫困人口问题探讨》论文，分析了怒江州自我开发式扶贫发展与所处的环境资源空间之间的相关关系。

云南财经大学国土资源与持续发展研究所包广静、杨子生等在《水电能源科学》2008年第2期发表《大型水电工程移民人口影响研究》，以怒江水电工程移民为例讨论了水电工程移民对人口的影响问题。

云南大学生态学与地植物研究所的包广静、吴兆录在《水力发电学报》2009年第6期发表《西南少数民族地区大型水电工程移民人口影响研究——以怒江为例》论文，分析了水电工程移民对人口结构与可持续发展的影响。

（五）在人口健康与计划生育研究领域

云南警官学院的金莲、王清在《云南警官学院学报》2009年第6期发表《流动人口艾滋病防治对策研究》论文，针对艾滋病在中国的蔓延呈现的新趋势提出对策。

昆明医学院健康研究所的张开宁、陈飒在《国际生殖健康/计划生育杂志》2010年第6期发表《在青少年性和生殖健康与权利项目中融入社会性别视角》论文，基于社会性别视角分析了青少年性与生殖健康问题。

云南省人口和计划生育科学技术研究所的袁彦玲、叶汉风等在《中国计划生育学杂志》2008年第10期发表《云南省人口计生部门出生缺陷一级干预服务的提供和利用研究》论文，分析了出生缺陷一级干预服务状况与改进服务细节等问题。

晏月平在《中国医学伦理学》2008年第10期发表《人类辅助生殖技术运用引发的思考及倡导女性关怀的意义》论文，提出并论证了ART技术产生的生育与婚姻的分离以及“商业化”倾向等问题。

昆明医学院健康研究所的刘慧群、刘湘源等在《中国计划生育学杂志》2009年第10期发表《藏区“一对一”人口健康公共服务模式初探》论文，针对藏区人口健康公共服务所存在的问题提出人口健康服务模式的基本思路。

昆明医学院健康研究所的严朝芳、田丽春等在《中国计划生育学杂志》2009年第11期发表了《社会支持对流动人口生殖健康知识水平影响的调查研究》，探索基于社会支持下开展流动人口生殖健康教育的切入点与途径。

昆明医学院健康研究所的邓睿、张开宁在《医学与社会》2010年第11期发表《我国跨境流动人口艾滋病综合预防的思考》论文，对跨境流动人口这一高危艾滋病感染人群的综合预防问题进行了研究。

云南财经大学国土资源与持续发展研究所的包广静在《西北人口》2010年第1期发表《艾滋病人口扩散的空间差异机制及其对策研究——以云南为例》，分析了云南省艾滋病流行扩散的空间差异机制预防控制对策。

云南警官学院的王清在《云南警官学院学报》2009年第5期发表《论流动人口艾滋病行为干预模式》论文，探索一种依托相关部门的综合性艾滋病干预模式的思路。

云南警官学院马列部的王迎春等在《中国妇幼保健》2010年第21期发表《德宏州部分农村地区感染HIV孕产妇人口学及社会心理因素调查》论文，基于对感染HIV孕产妇的人口学和社会心理因素分析而提出了防控措施的依据。

（六）在人口老龄化研究领域

晏月平在《山西师范大学学报》（哲学社会科学版）2010年第3期发表了《我国人口老龄化对经济社会的影响》论文，论述了人口老龄化对我国社会经济发展各个领域的影响。

晏月平在《四川行政学院学报》2010年第6期发表《人口老龄化对养老保险制度的冲击及应对措施》，论证了人口老龄化日益严峻形势对我国养老保险制度所造成的巨大冲击。

云南财经大学金融学院的王晓骅、黄儒靖在《当代经济》2008年第4期发表《从人口老龄化思考银行的个人金融业务开发》论文，阐述了开发老龄人个人金融产品的思考。

云南财经大学财政经济学院的袁金萍在《时代金融》2009年第9期发表《在新形势下完善养老保障制度调控人口数量》论文，从社会养老保障体系与调控人口数量关系入手提出了通过完善养老保障制度来达到调控人口数量的思考。

（七）在人口性别学研究领域

晏月平在《四川行政学院学报》2008年第12期发表《关爱女孩行动与综合治理我国西南地区出生人口性别比失衡》论文，阐述了我国出生人口性别比长期偏高所带来的诸如女孩成长等一系列社会问题。

（八）在家庭人口研究领域

云南师范大学旅游与地理科学学院的杨强智、骆华松等在《云南地理环境研究》2009年第4期发表《人力资本视角下云南农村家庭教育投资研究》论文，基于调查问卷探讨了云南农村家庭教育投资的特征与投资能力不足的主要原因。

晏月平在《经济理论研究》2008年第8期发表《我国人口家庭结构变迁的经济社会因素分析》论文，论述了家庭人口结构变迁与社会经济、文化与生活方式等方面的内在联系。

晏月平在《消费导刊》2008年第5期发表《流动儿童的双重边缘化：基于发展与融合的思考》论文，阐释了流动儿童的双重边缘化问题以及原因。

（九）在流动人口管理研究领域

曲靖市人民政府的胡祖俊在《曲靖师范学院学报》2008年第1期发表《对做好曲靖市流动人口管理工作的思考》论文，对做好曲靖市的流动人口管理工作提出了思考。

云南师范大学旅游与地理科学学院的黄帮梅、骆华松在《产业与科技论坛》2008年第2期发表《流动人口聚居区拐卖儿童现象产生的原因、社会影响与对策》论文，对流动人口聚居区拐卖儿童现象产生原因和社会影响进行深入探讨。

何跃在《贵州社会科学》2008年第12期发表《中国西南边疆境外流动人口的区域管理研究——以云南为例》，探讨了非传统安全环境下西南边疆境外流动人口管理问题。

云南警官学院的朱红梅在《云南警官学院学报》2010年第4期发表了《云南公安机关对流动人口的管理创新机制》论文，论证了创建符合流动人口发展规律的公安机关社会管理模式的必要性。

云南大学资源环境与地球科学学院的何云玲、刘晓芳在《地域研究与开发》2010年第3期发表《滇越铁路与云南近代主要城镇人口的变化》论文，以1890年以来的历史数据资料分析了滇越铁路修建时期和兴盛时期沿线城镇人口变化。

云南警官学院的普艳梅等在《云南警官学院学报》2010年第2期发表《当前重点人口管理存在问题原因分析》论文，提出了重点人口管理是公安派出所基层基础工作重要组成部分的思考。

三、三年间国内国外学术交流

吕昭河于2008年7月3日在昆明参加了云南大学主办的“云南论坛”，并作了关于“人口红利与云南经济增长方式转变”的大会主题发言。

吕昭河于2009年8月23至25日在广州参加了由中国人口学会主办的“中国人口60年暨中国人口学会年会”，并作了“经济衰退的人口效应”的专题发言。

罗淳、吕昭河、晏月平于2009年9月27至28日参加了在银川举办的，由中国人口学会民族人口专业委员会和宁夏人口与计划生育委员会主办的“中国人口学会民族人口专业委员会暨首届穆斯林人口与发展论坛”，罗淳提交了《云南少数民族人口数量增长及其因素分析》论文，并进行了大会主题发言，并获本会议的优秀论文奖。

云南大学发展研究院人口研究所戴波副教授于2010年9月参加了在银川召开、由国家人口与计划生育委员会和宁夏回族自治区人民政府共同主办的“人口与发展国际研讨会”，提交了《昆明市少数民族人口数量和结构变动分析》研究论文，并刊登于该会议的论文汇编。

吕昭河于2010年5月8、9日在福州参加了由中国地理学会人口地理分会、中国人口学会人口流动与迁移专业委员会和福建师范大学共同主办的“流动人口的社会分层与社会保护”学术会议，提交了《人口流动的“嘉益”分析》论文并作了大会主题发言。

2009年10月，澳大利亚国立大学人口学与社会学研究中心赵中维教授在云南大学发展研究院举行“环境对人口健康的影响”的专题讲座，通过介绍三个环境影响死亡率的研究项目的结论，重点阐述了气候变化对死亡率的影响。

四、三年人口学研究成果的获奖

由昆明市人口和计划生育委员会主持完成的“昆明市人口发展战略研究”获2010年昆明市科学技术进步奖三等奖。

五、三年人口学学科发展与学生培养

2006年云南大学发展研究院人口资源与环境经济研究所获人口学学位授予权，2007年秋季人口学专业硕士第一届学生招生入学，培养的4名硕士生于2010年6月全部通过学位论文答辩，顺利毕业。

（云南大学　吕昭河）

管理学

管理科学研究人类社会组织管理活动客观规律及其应用，是一门跨自然科学、工程科学和社会科学的综合性交叉科学。管理科学包括管理科学与工程、工商管理和宏观管理与政策等三大分支学科。

管理科学与工程学科是为研究人类组织管理活动规律及其应用提供理论和方法的学科，更侧重于管理科学的基础与前沿，研究成果为专业人员进行管理研究或实践活动提供有效的科学理论、方法与技术支撑。因此，从一定意义上说，它在管理科学的各分支学科中是更具有基础性的学科。管理科学与工程学科的发展，对管理科学其他分支学科的发展起到了重要的推动作用。管理科学与工程学科主要研究管理科学的基本理论、方法与技术，涉及运筹与管理、信息技术与管理、管理对策理论与模型、决策理论与技术、供应链管理、知识管理、管理系统工程、工业工程、复杂性研究、金融工程、预测理论与技术、数量经济分析理论与方法、一般管理理论、管理心理与行为理论、组织理论、互联网管理理论与技术、风险管理、评估技术、管理科学思想与管理理论等研究领域。

工商管理学科作为管理科学的一个重要分支，在百余年的发展过程中，为人类认识微观社会经济组织经营与管理活动的规律、创造繁荣的工商文明作出了巨大贡献。工商管理学科主要研究工商企业及非营利组织等微观组织的管理活动及其规律。工商管理学科研究微观管理理论、技术与方法，涉及企业战略管理、企业文化、企业理论、企业人力资源管理、企业财务管理（包括企业会计理论与方法、审计管理）、市场营销、企业运作管理、生产管理、质量管理与质量工程、物流与供应链管理、服务管理、技术管理与技术创新、项目管理、信息管理与电子商务、非营利组织管理等分支学科与研究领域。

宏观管理与政策学科具有现实应用性强、综合交叉程度高、复杂集成显著等特点，在管理科学的发展中占有重要地位。宏观管理与政策学科旨在揭示社会复杂系统的宏观运行规律，为相关社会管理和政策制订部门提供科学的决策支持。宏观管理与政策学科是研究政府及相关公共部门为实现经济、政治、文化和社会发展目标，制定宏观政策和实施综合管理行为的学科群的总和。根据研究对象的不同，通常可以将宏观管理与政策学科分为宏观政策管理、公共组织管理、领域政策管理等三个组成部分。宏观政策管理主要研究国家和地方政府制订宏观政策的过程与规律；公共组织管理主要研究政府机构和其他公共组织自身管理活动规律及其在执行公共政策及提供公共服务过程中的规律；领域政策管理主要研究政府在不同领域（如经济、社会、科技、教育、资源环境、医疗卫生等）中制订政策与实施管理的规律。宏观管理与政策学科的研究领域，涉及粮食与农业政策、国家战略、环境资源与可持续发展、公共管理的理论与方法、经济调控与政策、公共安全与危机管理、城镇管理与区域发展、公共卫生与社会保障、创新系统与科技政策、教育与人才等分支领域。

管理科学中管理科学与工程、工商管理、宏观管理与政策等三大分支学科相辅相成、相互促进，共同推动了整个管理科学研究的发展和科学化管理的进程。

在管理科学学科研究队伍方面，目前，云南省形成了以云南大学（工商管理与旅游管理学院、公共管理学院和发展研究院等）、昆明理工大学（管理与经济学院）、云南财经大学（工商管理学院、公共管理学院、国际工商学院和MBA教育学院等）、云南民族大学（管理学院）、云南师范大学（经济与管理学院、历史与行政学院）、云南农业大学（经济管理学院）、西南林学院（经济管理学院）、昆明医学院（公共卫生学院）等为主体的研究群体。

一、管理科学与工程研究

（一）著　作

昆明理工大学段万春《组织行为学》（高等教育出版社2010年版）一书为“2008年国家级精品课程”——“组织行为学”的配套教材，主要适用于各大专院校工商管理、市场营销和人力资源管理等专业的本科生或低年级的研究生，对于从事管理实践和对人员管理有兴趣的工作者而言，也具有学习参考价值。该教材在编写时，着重强调了教材的基础性、简明性、可读性、实践性和前沿性。教材配有习题库、教学课件及精品课程教学网站，便于师生进行交流学习和教学互动。

（二）论　文

昆明理工大学王永明在*Optimization method with large leap steps for job shop scheduling*［*International Journal Of Advanced Manufacturing Technology*，AUG 2009，43(9-10)：1018-1023］中的研究内容为：在作业车间调度问题的求解中，甄别具体的计算环境中究竟哪一个算法或者同一算法的哪一组算法控制参数表现更好与设计一个新的有效算法是同等重要的。当遗传算法被用于大规模作业车间调度问题时，群数量Ps、交叉概率Pc、变异概率Pm等遗传参数的确定尤为重要。本文提出了一种基于计算量优化分配的算法性能比较方法来选择针对某个特定大规模调度问题的遗传算法控制参数。本文提出的算法可以做到：①给定一个置信度，此方法可通过优化分配计算量，找出候选算法中的最佳算法（最佳的控制参数），而使总的测试次数最少。②给定一定的计算量（算法重复测试次数），此方法可找出候选算法中的最佳算法，并给出其置信度。这样可以保证算法具有最优的控制参数，加快算法的收敛并得到更优的调度解。该论文已被美国《科学引文索引》（SCI）全文检索（[SCI]:000268120100018）；

王永明在*Genetic algorithm with new encoding scheme for job shop scheduling*（*International Journal Of Advanced Manufacturing Technology*，OCT 2009，44(9-10)：977-984）中的研究内容为：遗传算法的一个基本特点是它交替地工作于编码空间和解空间，遗传进化工作于编码空间，而适应度评价工作于解空间。不同的染色体编码方案要有相应的交叉和变异算子与之相对应，而不同的交叉和变异算子会带来不同的有效性和算法效率。所以，在设计一个遗传算法来解决作业车间调度问题时，其中最重要的工作就是如何设计一个与问题特殊性质相关的染色体编码方法，以便使遗传算法在初始阶段和进化阶段所产生的染色体都对实际问题有可行解。所以编码是设计遗传算法最核心的阶段，是设计遗传进化算子的基础，也是算法有效性和效率的主要体现因素。本文结合已有编码方法和作业车间调度的特点，提出了一种三维染色体编码方法以及与之相对应的遗传进化算子。实验中采用标准问题SWV2、SWV6、SWV10、SWV12和SWV15对算法进行了测试，结果表明本文提出的三维编码的遗传算法在大多数实例中都得到优于其他算法的结果，特别是对于算例SWV2、SWV10、SWV15，基于三维编码的遗传算法得到了问题的最优解。该论文已被美国《科学引文索引》（SCI）全文检索（[SCI]:000269881500014 ）。

昆明理工大学王松江在论文《基于C-PMBOK的广义WBS集成研究》（载《管理学报》2009年第6期）中研究内容为：提出了广义工作分解结构(WBS)的概念，研究了广义WBS的思想基础、分解方法、准则及其意义，并在C-PMBOK框架下，进一步提出了项目各分解结构分解流程和集成模型，以此为技术手段贯穿于项目管理的各个阶段和各项管理活动，使复杂的项目系统简单化，然后利用集成思想保证项目的完整和统一。

昆明理工大学孙永河在《基于DEA理论的ANP/BOCR方案评价值综合集成新方法》（载《中国管理科学》2010年第18卷第2期）中的研究内容为：网络分析法（ANP）是一种能够有效处理复杂决策问题的多准则决策方法。然而现有ANP文献在对收益、机会、成本、风险（统称为BOCR）评价值综合集成时会因评价值之间的不匹配而可能得出错误的方案排序结果和绩效表示。为克服上述缺陷，本文基于数据包络分析理论提出一种新的针对ANP/BOCR评价值的综合集成方法，使用摆幅置权区间估计方式反映出了决策者在判断BOCR相对权重时所面临的不精确性和模糊性。实例验证结果表明，所提方法对BOCR评价值的处理更符合实际情况。

此外，这方面的论文还有：

陈渝：《技术接受模型理论发展研究综述》，载《科技进步与对策》2009年第6期。

孙永河：《科技创新团队关键和谐要素辨识》，载《科技管理研究》2010年第22期。

冉文学：*Study on Economy Hi-tech Logistics Warehouse & Automatic Systems Solutions*，*Logistics*，2008年第3期，该论文被EI收录；*Application of Erlang Queuing Model in Distribution Center Design*，*Logistics*，2010-04-20，该论文被EI收录。

窦志武：《自适应网格法在数据分发管理中的应用研究》，载《系统工程理论与实践》2008年第12期，该论文被EI收录；*Research on Self-Adaptive Algorithm in Data Distributed Management*，*International Forum on Information Technology and Applications*，2009年第3期，该论文被EI收录；*The production system optimizing simulation in Petrochemical industry based on HLA*，*Electronic Commerce and Security*，2009年第5期，该论文被EI收录；*Dynamic time management algorithms research in simulation system HLA-based*，*Computer science and engineering*，2009年第1期，该论文被EI收录。

梁琳琳：《考虑需求因素的国际石油市场寡头厂商博弈模型》，载《管理工程学报》2009年第4期。

屈仁均：《复杂情况下的团队决策——兼析北京奥运会开幕式核心创意团队的创意决策》，载《经济体制改革》2009年第5期。

二、工商管理研究

（一）著　作

昆明理工大学杨红娟《绿色供应链管理——企业可持续发展模式》（科学出版社2008年版）一书，以企业可持续发展经营战略转型为出发点，立足于中国企业发展的实际和具体情景，吸收国内外最新研究成果和成功实践经验，对绿色供应链管理的基本思想、体系结构、主要内容、相关理论、相关技术进行了全面介绍和分析，探讨了绿色供应链管理运作中存在的障碍，从政府、企业、企业家角度构建了绿色供应链管理战略。对绿色供应链管理实施企业的合作满意度进行了定量分析，结合云南的实际，以绿色供应链管理思想为指导，对企业可持续发展能力提升的模式进行总结。现代企业要解决工业快速发展所导致的资源枯竭、环境严重污染、生态失衡和可持续发展受到威胁等问题，必须将提高企业经济效益和环境保护、资源利用和生态平衡有机地统一起来，开展与环境、资源条件相适应的绿色供应链管理模式，促进企业和社会的可持续发展。企业作为经济微观主体，其追求利润最大化的动机与可持续发展的宗旨并非始终保持一致，供应链的绿化并非企业的自觉行为，而是在一定的制度环境下的理性选择。本成果为绿色供应链的实施提供了理论依据和实践经验。成果的最终目的在于引导和促进我国企业顺应21世纪经济可持续发展的要求和现代供应链管理发展的趋势，实施环境友好的绿色供应链管理战略和策略。这既是企业针对日益增强的竞争压力对传统经营模式的一种有效的响应，也是企业谋求长远发展的重要课题。该成果获云南省第十三次哲学社会科学优秀成果专著二等奖。

昆明理工大学段万春在《企业文化的构建及评价》（科学出版社2008年版）一书中，通过翔实的案例分析，从理论层面介绍了企业文化的理论渊源及企业并购过程中的文化冲突和整合，并在此基础上，构建了企业文化价值体系、企业文化评价工具、企业文化评价模型和企业文化建设实施体系。本研究成果有助于企业文化的实践和推广，对增强我国企业的竞争力和促进企业的良性发展具有深刻的指导意义。在市场经济高速发展的今天，人与文化是企业竞争力的源泉，是企业持续发展的基本动力，文化管理是现代企业管理的最高境界。企业与企业之间的竞争其实就是相互之间文化的竞争。

云南财经大学杨增雄在《企业家人力资本股权化制度研究》（经济科学出版社2008年版）一

书中，以企业家人力资本为研究对象，从企业家人力资本外部性的视角，综合运用管理学、制度经济学、博弈论等多学科的理论和方法，架构了企业家人力资本股权化制度的分析框架，论证了企业家人力资本股权化制度的内在机理和具体实现形式，并重点分析了股票期权制度以及在我国创新的动态股权制和增量奖股制。

云南财经大学刘晓善《后现代组织成本管理研究》（经济科学出版社2008年版）一书，以后现代理论和后现代组织理论为研究平台，分析了当代前沿成本管理理论的后现代性，探讨了后现代组织生产性成本管理的目标、原则和一般方法，并以交易成本为分析工具，对后现代组织化与构建虚拟企业或网络组织进行了解读，为成本管理理论研究提供了一种全新的视角和观念。

云南财经大学孙晓强《品牌资产提升策略:品牌代言人视角下的理论与案例》（经济科学出版社2009年版）一书的理论创新主要体现在：从两个不同视角证明了品牌代言人对品牌资产的提升作用：建立和验证了本土化的品牌代言人可信度特质模型；提出了品牌关系的前因模型，验证了“品牌代言人—品牌关系—品牌资产市场产出”之间的结构关系；揭示了品牌关系形成的过程。在复杂多变的环境中，有效提升品牌资产是一项具有挑战性的工作，品牌代言人合理运用就是有效提升品牌资产的手段之一。

云南财经大学许晖《中国企业国际化风险识别与控制研究》（科学出版社2010年版）一书，基于全球金融危机等国际化不同情境背景，以国际风险识别机制的建立—风险的测度指标—风险的管理控制为研究主线，借鉴复杂理论中多层次系统化的研究方法，在对中国企业国际化风险状况进行大规模调研和科学统计分析的基础上，识别、感知国际市场不同进入模式下的关键风险，探索建立一套适应处于国际化进程中的中国企业的国际风险识别机制和测度指标体系。与此同时，探寻企业国际化进入模式选择和国际化感知风险间的规律，研究能达到与企业整体国际化经营战略相结合的风险最优化、以国际风险管理为基础的资源配置与经营绩效考核的理论框架和实施策略。

云南财经大学牟怡楠在《中国商业银行利率风险管理研究》（经济科学出版社2010年版）一书中，以利率风险管理的一般原理为理论基础，以中国商业银行的具体情况为现实依据，探寻中国商业银行利率风险管理的优化路径。利率风险管理是一个极富挑战性和生命力的领域，将利率风险管理的理论技术与我国的现实相融合，提升商业银行的利率风险管理能力，是一个极具现实紧迫性的课题。

云南民族大学周竺《创新收益占有与技术创新》（中国社会科学出版社2010年版）一书，提出创新收益占有是企业的能力，认为技术特征、知识产权保护和互补性资产是影响企业收益占有的主要因素，创新者从创新中获益的能力是互补性资产定位和知识产权保护方式的函数。该书以资源基础理论和动态能力理论为基础，分析了企业如何创造价值，认为对于企业创新收益占有非常关键的互补性资产是企业的重要资源，是企业资源位置的一个重要组成部分。作为一种动态能力，吸收能力受资源位置的影响，同时，吸收能力的本质作用是把资源转换为竞争优势。知识产权保护是影响收益占有的外部变量，对企业技术创新具有重要影响。

此外，这方面的著作还有：

李严锋：《物流产业供应链理论与实践》，经济科学出版社2010年版。

李严锋：《现代物流管理》（第二版）（国家级“十一五”规划教材），东北财经大学出版社2009年版。

聂元昆：《商务谈判学》（国家级“十一五”规划教材），高等教育出版社2009年版。

刘胜春：《电子商务物流管理》，科学出版社2009年版。

段云龙：《企业持续技术创新实现的制度结构作用机理研究》，经济科学出版社2009年版。

凤羽翚：《业务流程管理》，清华大学出版社、北京交通大学出版社2009年版。

和炳全：《企业技术创新管理研究——以云南铜业集团为例》，重庆大学出版社2009年版。

郑季良：《绿色制造系统的集成发展论——基于企业集群视角》，云南人民出版社2009年版。

和矛：《基于嵌入理论的中国东西部创业影响因素比较研究》，云南人民出版社2008年版。

柳广舒：《目标导向项目规划案例研究》，云南科技出版社2009年版。

（二）论　文

云南财经大学刘志强在论文《投资者法律保护、产品市场竞争与现金股利支付力度》（载《管理学报》2009年第8期）中研究了在股利代理理论的框架下，实证检验了投资者法律保护、产品市场竞争与企业现金股利支付力度的关系，以及在不同投资者法律保护水平（包括法律制度和法制环境）下，产品市场竞争对企业现金股利支付力度的影响。研究发现，在其他条件一定的情况下，投资者法律保护水平、产品市场竞争程度与公司现金股利支付力度呈显著正相关关系；当法律保护水平较低时，产品市场竞争对公司现金股利支付力度的影响更显著。研究结论进一步说明了在法律保护水平较低时，激烈的产品市场竞争可以弥补法律保护的不足，保护投资者的利益。

云南财经大学于千千在论文《中国餐饮企业技术创新模式的选择与创新能力的培育》（载《财贸经济》2008年第5期）中，从中国餐饮企业“集体创新动力缺失”的现状及成因出发，分析了不同餐饮企业对自主创新、模仿创新及合作创新三种技术创新模式的选择，阐述了提升中国餐饮企业技术创新能力的对策建议，以期推动中国餐饮企业的技术创新。

此外，这方面的论文还有：

于克信：《论企业能力边界与外包策略》，载《管理世界》2009年第11期。

周文：《中国经济转型中的企业成长》，载《管理世界》2009年第12期。

朱立：《中国烟草创业整合的市场绩效分析：1998－2007》，载《管理世界》2009年第7期。

钟伟：《国际金融危机下的企业应对策略》，载《人民日报》（理论版）2009年12月11日。

段万春：《基于组织承诺的企业科技人员激励方式研究》，载《科技进步与对策》2010年第6期。

向刚：《基于制度结构的企业持续创新实现机理研究》，载《科技管理研究》2008年第7期。

李兴宽、向刚：《创新型企业实现的基本条件》，载《科技管理研究》2009年第2期。

向刚、李兴宽、章胜平：《创新型企业评价指标体系研究》，载《科技管理研究》2009年第6期。

巫英、向刚、杨一杰：《基于HHM的企业持续创新过程中的经营者人因风险识别研究》，载《科技进步与对策》2010年第14期。

郑季良：《绿色制造系统——概念与结构模型》，载《科技管理研究》2008年第10期。

郑继良、陈卫萍、陈志芳：《云南高耗能产业循环经济发展战略分析》，载《科技管理研究》2008年第8期。

郑继良、陈卫萍：《基于循环经济的高耗能产业集群发展探讨》，载《科技管理研究》2009年第9期。

郑继良、陈卫萍：《论高耗能产业群在循环经济中的协同发展》，载《科技进步与对策》2010年第2期。

董毅明：《基于结构方程模型的高校图书馆读者满意度评价研究》，载《情报杂志》2008年第8期。

可星：《云南先进制造业发展模式及对策》，载《科技管理研究》2009年第3期。

可星、郑季良：《西部中小企业开放式技术创新管理浅析》，载《科技管理研究》2010年第12期。

傅红：《基于生命系统理论的企业绩效管理系统模式研究》，载《科技管理研究》2010年第6期。

杨增雄：《企业家人力资本外部性及其内在化路径研究》，载《经济管理》2008年第4期。

孙晓强：《品牌代言人可信度特制模型的建立与验证》，载《经济管理》（新管理）2008年第23～24期。

卢启程：《动态能力演化的知识活动模型》，载《情报科学》2008年第3期。

卢启程：《客户知识管理研究评述》，载《情报杂志》2008年第12期。

卢启程：《基于知识管理视角的动态能力解释》，载《科技进步与对策》2008年第5期。

卢启程、崔小旭：《基于客户知识能力的客户响应能力演化机理研究》，载《商业研究》2008年第7期。

卢启程：《企业动态能力的形成和演化——

基于知识管理视角》，载《研究与发展管理》2009年第1期。

段云龙：《企业持续创新的制度结构作用机理研究》，载《科学学与科学技术管理》2008年第2期。

段云龙、向刚：《基于制度结构的企业持续创新实现机理研究》，载《科技管理研究》2008年第7期。

段云龙、向刚、赵明元：《非正式制度安排促进企业持续创新机理研究》，载《商业研究》2008年第8期。

段云龙：《企业持续性技术创新实现机制研究》，载《科技管理研究》2009年第8期。

段云龙：《制度创新与技术创新互动理论评述及研究展望》，载《科技管理研究》2009年第12期。

段云龙：《基于制度结构的企业持续创新动力评价》，载《科技管理研究》2010年第9期。

段云龙：《基于主成分投影法的企业持续技术创新能力评价与应用》，载《科技进步与对策》2010年第10期。

段云龙：《企业持续技术创新机遇及价值评价分析》，载《华东经济管理》2010年第6期。

纳鹏杰：《产品市场、资本结构与公司战略》，载《云南社会科学》2008年第3期。

黄波：《基于需求层次理论探析员工的跳槽与企业的反跳槽》，载《思想战线》2009年第36卷。

李小军：《代理成本视角下的可转换债券融资市场反应研究》，载《管理评论》2009年第3期。

李其芳：《建立和维护一个成功的虚拟项目》，载《科技管理研究》2008年第7期。

宁东玲：《企业吸收能力的组织产出》，载《科技管理研究》2008年第11期。

宁东玲、高俊山：《企业信息技术潜在吸收能力的组成要素分析》，载《情报杂志》2009年第1期。

宁东玲：《企业信息技术现实吸收能力的组成要素研究》，载《科技管理研究》2009年第10期。

宁东玲、高俊山：《基于知识吸收能力的信息系统应用效果研究》，载《情报杂志》2010年第1期。

宁东玲：《知识相似因素对知识吸收能力的影响分析》，载《情报杂志》2010年第8期。

赵果庆：《中国制造业集聚强度与显著性——基于方差假设检验》，载《经济管理》2009年第7期。

钱瑛：《基于商务智能的现代物流管理与应用初探》，载《科技管理研究》2009年第8期。

钱瑛：《基于智能Agent的网络搜索和推荐信息系统》，载《科技管理研究》2010年第8期。

张洪烈：《无边界生涯时代组织应对策略分析》，载《科技管理研究》2009年第4期。

刘富华：《虚拟人力资源对企业产值增长研究——以西安为例》，载《科技管理研究》2009年第4期。

张肖虎：《权力、文化与科层现象》，载《云南社会科学》2010年第6期。

李其芳：《虚拟企业在协同环境中的合作》，载《科技管理研究》2010年第18期。

许晖：《动态能力理论在营销研究中的新发展：营销动态能力研究综述》，载《外国经济与管理》2010第11期。

徐永林：《企业在“看不见的手”作用下的“利己”与“利他”》，载《思想战线》2008年第4期。

王春秀：《基于多层次模糊评价法的企业投资项目选择模型》，载《工业技术经济》2008年第6期。

三、宏观管理与政策研究

（一）著　作

云南大学邓崧在《电子政务价值评估——基于政务流程和信息整合的研究视角》（人民出版社2008年版）一书中，结合公共管理部门绩效评估的一些基本理论，应用经济学方法，提出了一套基于用户的电子政务价值评估模型和方法，以期从一个新的角度来探索如何在我国构建科学的电子政务绩效体系，从而促进电子政务的进一步发展。国际和国内都越来越重视电子政务的建设与发展，而电子政务绩效评估体系的不健全，客观上制约了电子政务的进一步深入发展。电子政务价值是电子政务绩效中最核心的内容，完善电子政务价值评估的理论方法体系，已成为社会各界关注的一个热点问题，很多学者也从不同的角度作了探讨。该成果获云南省第十三次哲学社会科学优秀成果专著二等奖。

云南师范大学陈新《纳税信用体系研究》（人民出版社2008年版）是关于研究“纳税信用体系”的专著，书中具体包括：问题的提出及选题的意义、国外纳税信用体系的比较研究、纳税信用的理论基础及信用缺失原因、纳税信用等级评定的标准和方法、纳税信用激励机制研究、纳税评估研究等内容。该成果获云南省第十三次哲学社会科学优秀成果专著三等奖。

云南大学杨红英《少数民族发展中的人力资源开发研究》（云南大学出版社2008年版）的研究发端于民族发展问题，认为少数民族发展应确立一种与本民族的文化相适应的道路取向，追求符合实际需求的真实的发展。因此，提高少数民族发展能力的人力资源开发应充分重视民族文化的传承，从民族文化中汲取发展的内在力量。作者试图从经济学、文化人类学、民族教育学等相关学科知识中获取思路和分析工具，对少数民族发展中的人力资源开发和人力资本形成的若干问题进行探讨，并期望在一定程度上有助于突破西方人力资本理论的局限，扩展人力资本研究的范畴和视域，对少数民族发展作出有一定理论意义和现实价值的思考，从而有利于民族地区构建多元化、多层次、富有特色的人力资源开发体系。该成果获云南省第十三次哲学社会科学优秀成果专著三等奖。

云南大学袁明旭在《官僚制视野下当代中国公共政策冲突研究》（中国社会科学出版社2009年版）一书中，以西方官僚制理论作为公共政策冲突分析的视角，对西方的理性官僚制、官僚行为理论、后官僚制理论进行了简要梳理，以此作为分析中国公共政策冲突的理论框架，描述了中国社会转型期公共政策冲突的基本表现和影响，深入剖析了当代中国公共政策冲突的原因及治理途径，以期能对我国当代公共政策冲突的防范控制和标本兼治提供些许有益的参考。

云南大学李亚玲《中国现代银行产权制度的变迁研究（1950— ）》（人民出版社2009年版）一书研究内容为：对银行产权制度变迁的研究，迄今为止在国际各国中都是一个不断发展和观点更新的领域，其中和国际金融秩序中各国的国家政治经济战略价值观紧密相关，又离不开一国整体制度变迁的宏观背景。因此，对银行产权制度变迁的研究必须放在历史长河和国际视野中进行方能很好地探寻其变迁的路径。全书以交易费用理论、产权理论和制度变迁理论为线索，并以制度分析、比较金融制度分析、实证分析、博弈分析方法作为研究范式贯穿始终，对解放后我国银行产权制度的变迁进行了系统的经济学分析，揭示了中国现代银行产权制度变迁的深层次原因和动力机制以及未来的变迁趋势。

云南大学初晓恒、吕宛青《我国旅游产品文化挖掘与传递研究》（上海财经大学出版社2008年版）一书，是关于研究“我国旅游产品文化挖掘与传递”的专著，书中着重分析了旅游活动的文化探索特性，并在此基础上提出旅游产业是经济产业和文化产业综合体的论断，在旅游日益成为一种大众消费品的时代，旅游产业所开发的旅游产品是视觉文化、体验文化和消费文化的聚合，是雅文化和俗文化的统一。

云南大学杨桂华《生态旅游》（第二版）（高等教育出版社2010年版）一书，基于生态文明的视角，以人与自然关系、生态美及可持续发展为基本理论，从系统的角度出发，根据生态旅游活动得以实现的主体（生态旅游者）、客体（生态旅游资源）、媒体（生态旅游业）和载体（生态旅游环境）四大基本条件，构建了新的“四体生态旅游系统”，并以此作为基本框架将全书分为五篇：生态旅游导论、生态旅游者、生态旅游资源、生态旅游业和生态旅游环境。该书具有全面系统、资料新颖、理论紧密结合实际、案例教学、深入浅出的特点。

杨桂华《旅游资源与开发》（云南大学出版社2010年版）是一本旅游学专著，是新视野高等院校旅游专业教材，共分三个部分：旅游资源的形成、特征和分类；旅游资源鉴赏；旅游资源开发、调查、评价、规划和资源保护等。全书全面系统地认识及鉴赏旅游资源，并阐述旅游资源开发的基本理论、方法及案例。

云南大学邓永进《民族旅游研究》（南开大学出版社2009年版）一书分为上、下两篇。上篇笔者从民族旅游概说开始，涉猎了民族旅游资源和民族旅游市场，谈及了民族旅游区（点）的开发和管理，议论了民族旅游可持续发展。下篇为笔者平日里积累、调查、思考和实践之所得，从民族旅游资源描述与解读案例、民族旅游资源开发与保护构想案例，到民族旅游区（点）的导游讲解案例，直至民族旅游区（点）的开发建议、策划与规划案例，作为上篇的链接，其作用在于帮衬说明笔者所构建的民族旅游概念和原理的体系。

云南大学张晓萍在《旅游人类学》（南开大学出版社2008年版）一书中，一改早期旅游人类学的传统表述方式，既借鉴了国外人类学研究的最新成果，又没有完全照抄照搬，而是充分探讨了符合中国实际的旅游人类学理论体系和内容，显示出作者独立思考的风格与品质。特别是作者在其旅游教学和实践研究中的大量积累，成为旅游人类学“本土化”研究的依托，也将成为中国旅游人类学发展的基石。本书在旅游管理研究的基础上，融入旅游人类学的理论，使旅游管理专业的学生和从事旅游管理的同志们能逐步接受和理解这一新学科，并学以致用，从理论上使旅游学的研究上一个新台阶。

云南财经大学郑逢波在《合作创新激励研究》（经济科学出版社2008年版）一书中，从人的机会主义行为假设出发，运用激励理论和机制设计方法，系统地研究了合作创新活动中合作当事人目标不一致且信息不对称情况下的逆向选择问题和道德风险问题，并进行相应的契约和机制设计来加以防范，为我国的合作创新实践提供了有一定现实意义的理论参考。

云南财经大学谢云山《我国存款类金融机构利率风险管理》（经济科学出版社2008年版）一书的创新点在于：借鉴国外先进的利率风险管理理念，结合国内实际情况来研究我国商业银行应对利率风险的管理措施和方法。具体表现为：一是系统地论述了我国商业银行的利率风险及其应采用的管理手段；二是专门对利率风险中的选择权风险进行了深入分析并提出应对策略；三是将银行的利率风险和信用风险结合起来进行相关性研究，提出如何兼顾二者的管理思路；四是将大多数国家中央银行对利率风险的监管模式归纳为自律监管模式和详细监管模式，在对这两种模式进行比较后，提出了适合我国国情的监管模式。

云南财经大学马国芳在《西部大开发与政府管理创新研究》（经济科学出版社2010年版）一书中，以科学发展观为指导，将深入推进西部大开发与政府管理创新二者联系在一起，对其进行整合性研究。作者认为，为深入推进西部大开发，政府管理创新的路径是廉洁行政、高效行政，服务行政、协调行政，依法行政、诚信行政，科学行政、民主行政。

云南财经大学叶文辉《西部新农村建设中的公共产品有效供给：理论、实践与对策》（经济科学出版社2010年版）一书，基于公共经济学视角，在对现代市场经济体制下的公共产品理论、公共产品偏好显示机制、地方公共产品有效供给理论进行系统梳理、评述以及思想凝练的基础上，探讨中国的公共财政框架完善与政府经济职能转型；同时，梳理中国农村公共产品供给制度变迁的脉络，并结合新农村建设和西部大开发的背景，探析西部农村公共产品供给现状，构建西部农村公共产品有效供给的对策体系和契合的供给模式。

云南财经大学左冰在《旅游流动、资本积累与不平衡地理发展——基础设施建设对旅游发展影响研究》（经济科学出版社2010年版）一书中，以我国国债旅游基础设施投资与建设为例，从“流动”概念出发，将旅游置于更为广泛的人类流动的普遍形式和全球化进程之中，综合运用旅游学、经济学、地理学、社会学、政治学等多学科知识，剖析了旅游基础设施投资和建设所导致的流动时间、空间和消费价格变化对于旅游发展以及目的地的社会、经济、文化、政治各个层面的影响，并深刻揭示出当代旅行和旅游作为新型资本积累方式的本质及其与旅游景观的形成、空间竞争和不平衡地理发展的关系。

云南财经大学张肖虎在《薪酬合约的激励有效性研究》（经济科学出版社2010年版）一书中指出：合约经济学是一门以合约为核心、以博弈论为方法，研究激励、信息和经济制度的正式理论学科。该书就是以合约经济学为理论框架，分析组织各类薪酬合约的激励有效性问题，为未来的经验研究提供理论准备。

云南财经大学许南垣在《旅游投资研究》（南开大学出版社2008年版）一书中，从旅游投资一般理论分析、旅游投融资决策分析、旅游投资效率分析、旅游投资环境分析、旅游投资业态分析、旅游投资战略分析、旅游投资模式分析、旅游投资机制分析等方面作了积极的探索。

云南民族大学王春秀在《矿业权市场及矿业权价值评估》（社会科学文献出版社2008年版）一书中指出：在我国目前的矿业形势及市场经济条件下，为保证经济与矿业的可持续发展，矿业的市场化运作成为必然的选择，而矿业权市场是矿业要素市场中最主要的组成部分。该书运用博弈论、期权定价理论和资本资产定价方法系统地分析矿业权市场内涵、市场结构及市场运行机制、运作模型以及为矿业权市场服务的评估矿业权价值的理论与方法。

云南师范大学杨林在《边疆少数民族地区人力资源开发及其开持续发展研究》（人民出版社2008年版）一书中，描述了边疆少数民族地区人力资源开发利用的现状及其形成过程，分析了边疆少数民族地区人力资源及其可持续开发的环境条件，研究了人力资源开发与边疆少数民族地区经济增长、现代化实现度、产业结构变动和就业等的相关性，提出了促进边疆少数民族地区人力资源可持续开发的对策和途径。

云南师范大学张晓霞《ISO9000族标准与薄弱学校教学质量管理改进应用研究》（科学出版社2010年版）一书，系应用国际企业质量管理先进成果ISO9000族标准理论，尝试与中小学教学质量管理改进有机结合并付诸实践和探索的研究成果。该书集中阐述了ISO9000族标准与薄弱学校教学质量管理改进方面的理论研究与实践思考，包括诸如调查显示薄弱学校必须改进、薄弱学校用什么方法可以改进、ISO9000族标准的引入与薄弱学校如何改进、ISO9000族标准与试点薄弱学校教学质量管理改进的行动策划、试点薄弱学校教学质量管理改进前后的问题与对策，以及引入ISO9000族标准后试点薄弱学校教学质量管理的实际改进等。

云南师范大学明庆忠《旅游开发影响效应研究》（科学出版社2008年版）一书，在综合分析国内外旅游开发影响效应研究的基础上，对旅游开发影响效应的概念、类型、特点、表现作了系统分析，论述了旅游开发影响效应的理论基础、影响因素、形成机制及其演化，以滇西北高山峡谷区为实证作了大量的调研，在研究旅游开发影响效应作用机制基础上提出了多方面的调（整）适（应）对策措施。

此外，这方面的著作还有：

高万红：《公共服务新视角：流动人口社会工作探索》，中国人口出版社2008年版。

崔运武：《事业单位的理论与实务》，中国人事出版社2009年版。

解毅主编：《危机管理理论与实务》，中国人事出版社2009年版。

邓崧：《电子政务实验》，云南大学出版社2009年版。

李洁、李云霞：《旅游学原理与案例》，高等教育出版社2008年版。

李云霞：《旅游景观学》，南开大学出版社2008年版。

李洁、李云霞：《旅游学理论与实务》，清华大学出版社2008年版。

张晓萍：《旅游者——休闲阶层新论》（译著），广西师范大学出版社2008年版。

赵书虹、尹松波：《旅游伦理学概论》，南开大学出版社2008年版。

尹晓冰：《公司财务理论》，南开大学出版社2008年版。

田里：《旅游管理研究（论文集）》，云南大学出版社2009年版。

李云霞：《商务高尔夫》，云南大学出版社2009年版。

吕宛青、赵书虹、罗江波：《旅游企业跨文化管理》，南开大学出版社2009年版。

吴东：《创新管理与新产品开发》（译著），中国市场出版社2009年版。

姚建文：《管理伦理学》，高等教育出版社2009年版。

仇学琴：《现代饭店经营管理》，北京师范大学出版社2010年版。

田卫民：《休闲与游憩管理》（译著），重庆大学出版社2010年版。

赵书虹：《旅游产业集群论》，科学出版社2010年版。

杨路明：《旅游电子商务》，科学出版社

2010年版。

张建民：《现代人力资源管理：理论与实践》，云南大学出版社2010年版。

王松江：《PPP项目管理》，云南科技出版社2008年版。

王松江主编：《基于P6的GMS国家目标导向项目规划研究——越南老街省、中国云南省高黎贡山案例》，云南科技出版社2009年版。

谢洪忠：《林柱状地质景观旅游价值》，冶金工业出版社2008年版。

罗明义：《旅游经济分析——理论·方法·案例》，云南大学出版社2009年版。

罗明义：《湖泊旅游可持续发展研究》，云南大学出版社2010年版。

罗明义：《沿边区域旅游发展新模式》，云南大学出版社2010年版。

罗明义：《旅游经济发展与管理》，云南大学出版社2008年版。

谢金林：《公共政策的伦理基础》，湖南大学出版社2008年版。

邹再进：《第三产业发展的区域分析》，河南人民出版社2010年版。

左冰：《区域旅游经济影响评价：模型应用与案例研究》，南开大学出版社2010年版。

李永芬：《中国旅游主要客源国概况》，云南人民出版社2009年版。

陈燕：《中国旅游主要客源国概况》，云南人民出版社2010年版。

（二）论　文

云南财经大学左冰在论文《1992—2005年中国旅游业全要素生产率及省际差异》（载《地理学报》2008年第63卷第4期）中指出：全要素生产率是评价一个国家或地区经济增长质量和技术进步的基本指标。本文采用生产函数法对1992—2005年中国旅游业全要素生产率（TTFP）以及旅游经济增长方式进行研究，分析TTFP变化与旅游增长之间的关系，探讨各省旅游增长方式的演化过程与变化趋势，得出了以下结论：①中国旅游业属于典型的（劳动）要素驱动型增长方式，劳动力要素投入对中国旅游经济增长的贡献为63.69%；②旅游业年均技术进步速度（TTFP）为2.91%，技术进步速度缓慢的原因主要在于投资效率低下和基础设施投资不足；③旅游业技术进步是旅游业增长的充分条件而非必要条件，旅游吸引物在空间上的“不可移动性”和不发达地区的“飞地旅游”性质决定了旅游业的技术扩散方式从根本上有别于传统产业，它既不受制于区域经济发展水平，与区域地理位置也不具有对应性；④中国各省旅游业增长方式与发展水平已经出现了明显的分化，并且差异正在逐年扩大，技术进步速度（TTFP）差异是导致各省旅游发展水平分化的原因，如果各省TTFP差异继续扩大，可能会进一步加大各省旅游业发展水平的差距，加强旅游业公共服务领域的建设对于推动中国旅游业技术进步和增长质量提高具有决定性作用。该成果获云南省第十三次哲学社会科学优秀成果论文二等奖。

云南大学田里和吕天云在论文《建立“云南旅游综合改革试验区”的构想》（载《思想战线》2008年第34卷第4期）中指出：建立综合改革试验区已成为我国地方经济发展的引擎，云南旅游业要在下一轮的竞争中取得突破性进展，就必须以建立“旅游综合改革试验区”的方式进行二次创业。借鉴珠江三角洲地区、长江三角洲地区和环渤海地区建立开发实验区和综合改革区等方式的发展经验，探索建立云南省“旅游综合改革试验区”，可为云南省发展“特色经济”开拓新思路。该成果获云南省第十三次哲学社会科学优秀成果论文二等奖。

云南师范大学杨林在论文《西部少数民族地区人力资源评价及开发研究》（载《经济研究》2009年第10期）中，系统概括了西部少数民族地区人力资源的总体特点，对人力资源进行了综合定量评价，分析了西部少数民族地区人力资源供求均衡的状态与趋势，通过人力资本投入与经济增长关系的实证分析，进一步反映了西部少数民族地区人力资源的开发效应，并且还对“内蒙古现象”进行了分析。在此基础上，提出了符合我国西部少数民族地区特点的人力资源开发对策建议。

云南大学田里在论文《旅游目的地竞争力：重要性—绩效分析》（载《人文地理》2009年第6期）中指出：20世纪90年代以来，旅游竞争力越来越被关注，成为旅游研究的热点领域。在系统梳理前人研究成果的基础上，本文尝试构建了适合中国实际旅游目的地竞争力评价的指标体系，该指标体系包括旅游吸引力因素、旅游实力因素，旅游潜力因素。在此基础上运用重要性—绩效分析方法（IPA），实现对某一特定的旅游目的地竞争力因素进行诊断性分析，形成以重要性和绩效性为测度的四个象限。最后，以云南旅游竞争力因素调查为基础，运用IPA法分析了云南省旅游目的地竞争力优劣势，并针对性地提出了提高云南省的旅游竞争力策略性建议。

昆明理工大学宁德煌在*Storytelling research of consumers' self-reports of urban tourism experiences in China*（*Journal of Business Research*，2009年第12期）中，通过对海外旅游者对中国四个城市目的地的旅游博客进行调查研究，搞清楚中国四个城市目的地对海外旅游者的吸引力何在，中国四个城市目的地有何不足，应该如何改进。研究结果对于塑造中国世界知名的旅游城市品牌，对旅游城市实施品牌营销，吸引更多的外国旅游者到中国城市目的地旅游，具有重要的理论价值和现实意义。该论文已被美国《社会科学引文索引》（SSCI）全文检索（ISI Document Delivery No.：518CH）。

昆明理工大学和矛在*Sustainable Development and Corporate Environmental Responsibility: Evidence from Chinese Corporations*（*Journal Of Agricultural & Environmental Ethics*，AUG.2009，22:323-339）中，针对目前中国在保持经济快速增长的同时却付出了环境污染代价的事实，从如何实现经济的可持续发展的角度，对中国企业的企业环境责任（CER）进行了研究。论文的价值和意义在于，目前中国的环境问题日益突出，与此同时，中国企业也正面临着发展方式的重要转变，如何实现经济的可持续发展是当前经济发展的核心问题，在这样的情况下论文对中国企业承担环境责任的动机和影响背景进行研究，同时寻找解决问题的途径具有重要的理论意义和实践意义。论文以国际著名跨国公司作为标杆，通过数量统计方法进行国内外企业之间的比较，以查找存在的差距和不足，从而实现研究目标。论文在研究视角、研究框架和研究方法方面比较新颖，有所创新。该论文同时被美国《社会科学引文索引》（SSCI）、美国《科学引文索引》（SCI）和《艺术与人文科学引文索引》（AHCI）检索。

昆明理工大学王松江在论文《双层目标规划模型在PPP项目中的应用研究》（载《中国行政管理》2010年第8期）中提出：政府和私人合作模式（PPP模式）近年来在我国基础设施领域得到日益广泛的运用，特许权定价问题是PPP项目决策的关键问题。本文从系统的角度，运用经济学的市场供需原理，将PPP项目定价问题定义为一个基于市场供需条件的公共产品服务系统的最优投资决策问题，并引入双层目标规划模型，通过对其的适用性分析，指出该模型是符合PPP项目特点的定价方法。

云南财经大学陆宁在论文《资源税改革的公共经济学分析——基于生产外部性的内部化问题研究》（载《中国行政管理》2008年第5期）中指出：如何有效和可持续利用不可再生资源是关系到我国经济持续、健康发展的关键问题，而如何在资源开采阶段减少浪费，也是当前资源税改革所面临的重要问题。但是企业在开采使用不可再生资源的过程中，因为生产外部性给社会福利带来损失，使经济体系偏离帕累托最优状态。要使社会福利损失最小化，需要适度扩大资源税征收范围、制定合理的税率、改进计税方法和明确资源产权标准，引入市场机制等方法来解决。

此外，这方面的论文还有：

周平：《县级政府能力研究》，载中国人民大学复印报刊资料《公共行政》2008年10月。

邓崧：《电子政务绩效评估的方法技术论》，载《社会科学》2008年第4期。

邓崧、段雪梅、彭艳：《云南省电子民主发展研究之三——电子民主参与系统的理论模型与功能设计》，载《情报杂志》2009年B06期。

袁明旭：《论民族地区文化产业发展中的地方政府职能》，载《思想战线》2008年第1期。

左小麟：《公共危机管理中的政府角色》，载《思想战线》2008年第1期。

田里：《旅游后现象理论及其实证研究》，载《思想战线》2009年第5期。

田里：《建立昆明——大理“双核”旅游空间结构的构想》，载《旅游研究》2009年第1期。

吕宛青：《基于旅游产业视角的文化变迁主源构成及其解读》，载《思想战线》2008年第6期。

吕宛青：《遗产旅游地营销管理中的组织机制及其解析》，载《旅游研究》2009年第3期。

吕宛青、初晓恒：《我国旅游市场“休闲”需求特征及关键要素构建探析》，载《思想战线》2010年第6期。

姚建文：《论现代企业伦理道德的系统构建》，载《思想战线》2009年第4期。

李洁：《云南省特种旅游开发初探》，载《旅游研究》2009年第1期。

张俊梅：《基于客户价值的电子商务模式创新研究》，载《思想战线》2009年第4期。

孔莉：《集群融资与云南中小企业融资机制创新》，载《思想战线》2009年第1期。

陈飙：《梅里雪山雨崩村旅游社区参与的组织形式与分配制度》，载《思想战线》2008年第3期。

陈军：《新兴市场国家的银行危机引致因素研究》，载《思想战线》2010年S1期。

陶犁：《基于旅游目的地视角的品牌忠诚研究》，载《思想战线》2010年第2期。

杨萍：《从物质流到旅游流：对旅游经济增长与发展的思考》，载《思想战线》2010年第4期。

赵书虹：《民族地区旅游产业集群发展中的三维文化》，载《思想战线》2008年第5期。

赵书虹：《旅游社群主义及其建设机制刍议》，载《思想战线》2009年第2期（人大报刊复印资料《旅游管理》2009年6月全文收录）。

赵书虹：《试论旅游产业的形态、结构、集群特征和比较优势》，载《思想战线》2010年第2期。

光映炯：《旅游人类学视野下的民间艺术变异研究——以丽江大研镇东巴艺术为例》，载《广西民族研究》2008年第3期（《新华文摘》2008年23期辑录）。

光映炯：《人类视野中的少数民族艺术与旅游活动关系论》，载《思想战线》2010年第1期。

张晓萍：《从经济资本到文化资本和社会资本——对民族旅游文化商品化的再认识》，载《旅游研究》2009年第1期。

张晓萍：《跨越太平洋：家族、国籍及资本运作——海外华人群像及其“华性”解读》，载《思想战线》2009年第2期。

张晓萍：《民族旅游仪式展演及市场化运作的思考——以云南德宏景颇族“目瑙纵歌”为例》，载《旅游研究》2010年第2期。

胡元林：《亟待完善的我国环保投融资体制》，载《未来与发展》2008年第8期。

杨红娟：《构建生态文明建设中农户行为的激励机制评价模型》，载《科技管理研究》2009年第8期。

李林红：《我国政府公共管理中网络公众参与过程及其问题分析》，载《科技管理研究》2010年第3期。

邹再进：《“换房旅游”产业化发展的思考》，载《产业经济研究》2008年第5期。

邹再进：《我国旅游规划思想导向的演进》，载《旅游学刊》2008年第7期。

谢金林：《网络空间的政府舆论危机及其治理原则》，载《社会科学》2008年第11期。

谢金林：《公共人：公共行政人性范式的重构》，载《求索》2008年第4期。

谢金林：《论网络空间政治沟通》，载《社会科学》2009年第12期。

谢金林：《网络空间政府舆论危机及其治理原则》（该论文被人大复印报刊资料全文转载），载《公共行政》2009年第3期。

谢金林、陈刚：《民间组织、经济租与民族旅游的可持续发展——以泸沽湖地区为例》，载《云南社会科学》2009年第5期。

张丽华：《中国非税收入规范化管理模式探析》，载《云南社会科学》2009年第3期。

罗明义：《论中国特色旅游经济理论的形成与发展》（该论文被人大复印报刊资料全文转载），载《旅游管理》2009年第5期。

左冰：《从“社区参与”走向“社区增权”——西方“旅游增权”理论研究述评》（该论文被人大复印报刊资料全文转载），载《旅游管理》2009年第7期。

李兴绪：《能源消费与经济增长关联特征的分解分析》（该论文被人大复印报刊资料全文转载），载《国民经济管理》2009年第2期。

崔显林：《我国物流业开展物流金融服务的

风险及对策》（该论文被人大复印报刊资料全文转载），载《物流管理》2009年第9期。

郑双胜：《欧盟对外援助政策及其在中国的实践》，载《江西社会科学》2010年第9期。

李雪松：《旅游形象屏蔽：基本性质与空间表现》，载《思想战线》2010第2期。

于千千：《中国西南地区服务业产业竞争力与行业结构优化研究——基于2005—2008年面板数据的实证分析》，载《财贸经济》2010年第8期。

白廷斌：《旅游与发展：一个分析框架的形成与演变》，载《旅游学刊》2010年第4期。

晏雄：《云南企业集群发展现状及路径选择》，载《云南社会科学》2010年第4期。

（昆明理工大学　宁德煌）

民族学

2007年至2010年期间，云南民族学学科在继续深化传统研究方向的同时，积极配合国家进一步扩大西部地区的对外开放、建设“东盟自由贸易区”和把云南省建设成为面向西南的“桥头堡”等战略，结合云南的区位优势，着力拓展新的研究方向，努力培育新的学科增长点，在创新方面取得显著成效，说明民族学在多民族的云南省是一个不可或缺的优势学科。

一、学术活动

（一）红河流域民族文化与生态文明国际会议

本次会议于2008年1月16日至18日在云南省楚雄州召开。会议以如何建设发展红河流域民族文化和建设生态文明为主题，探讨人类遵循人、自然、社会和谐发展；人与自然、人与人、人与社会和谐共生、良性循环、全面发展、持续繁荣和民族文化发展等话题。本次会议由云南省社会科学院、楚雄州人民政府、越南国家文化通讯研究院共同主办。由云南省社会科学院国际生态文化研究中心、中国楚雄州委宣传部、楚雄州社科联承办。来自越南、日本、泰国、南非、瑞典、英国等国家的30多名国外代表和40多位中国学者出席会议。会议组委会收到国外提交的论文22篇，国内学者提交的论文40多篇。本次会议除进行学术研讨外，还组织考察红河流域楚雄段的民族文化和生态环境，举办红河流域考察摄影展。为参加学术会议的代表提供一个全面了解红河流域上游地区民族文化和生态文化、分享学术研究成果的机会。

（二）云南与中国民族学/人类学学术研讨会

2008年3月22~25日，由中央民族大学“985工程”民族学人类学理论与方法研究中心和云南民族大学云南省民族研究所共同主办的云南与中国民族学/人类学学术研讨会在昆明举行，来自北京大学、厦门大学、中国政法大学、中山大学、美国Trinity大学、西南民族大学等高校及云南省社会科学院等研究机构的民族学、人类学专家学者参加了本次研讨会。本次研讨会的举行，旨在探讨云南如何在新时期为中国人类学乃至世界人类学贡献新的学术见解和理论建树。研讨会上，35位专家在8个专场作了学术报告，他们围绕“民族与国家：政策与认同转型史”、“边疆与学术”、“民族学/人类学个案研究与反思”、“云南文化遗产的研究与传承”、“云南与中国民族学/人类学”等主题阐述了学术观点并回答了提问。

（三）多彩的缅甸民族文化——首届澜沧江—湄公河次区域民族学人类学国际研讨会

本次研讨会由云南大学西南边疆少数民族研究中心主办，2008年4月5～7日在昆明召开，来自缅甸、韩国、新加坡和中国四个国家的30名代表参加了会议，缅甸驻昆总领事苗丁先生等出席了研讨会。会议期间还在人云南大学人类学博物馆举办了“多彩的缅甸——缅甸民族文化展览”，参观人数达2700多人次。

（四）中国边境民族的迁徙、交流和文化动态——中日国际学术研讨会

本次研讨会于2008年9月1～3日在昆明召开，由云南大学西南边疆少数民族研究中心与日本国立民族博物馆联合主办。来自日本、韩国和中国广西、内蒙古以及云南的30多位学者参加了会议，会议论文集《中国边境民族的迁徙、交流和文化动态》于2009年3月由云南人民出版社出版。

（五）人类、发展与文化多样性：国际人类学与民族学联合会第十六届大会

国际人类学与民族学联合会大会，是本学科规格最高、规模最大的学术会议。2009年7月27～31日在云南大学召开的以“人类、发展与文化多样性”为主题的国际人类学与民族学联合会第十六届世界大会，是迄今为止在亚洲第二次召开、在中国第一次召开的会议，国家民委主任杨晶、国际人类学与民族学联合会主席瓦格斯以及来自100多个国家和地区的4300多名专家学者

参会，中共中央政治局委员、国务院副总理回良玉代表中国政府参加大会开幕式并讲话。此次大会主题为“人类、发展与文化多样性”，有5位国际权威专家和14位著名学者在会上分别作了主旨演讲和名家讲座，此外，大会共组织165场学术专题研讨，议题涉及民族理论、文化多样性、生态环境、社会变迁、移民、语言、教育、家庭、妇女、儿童、建筑、企业责任、灵长类基因研究、古代DNA研究等多领域、多学科，会议期间，大会还组织展映23部人类学影片，举办22场影视专题会议，大会还开展研究机构及个人学术展、国际联合会六十年回顾展、“多彩中华—中国民族工作成就展”、中国人类学百年展、人类学民族学图书展、世界各国本土文化展等六个展览活动。参会的国内外学者充分展示和交流了各自最新、最前沿的学术研究成果。与此同时，大会还分别召开国际联合会执委会工作会议、常务理事会会议、全体会议，举行国际联合会选举和确定下届大会举办地点等有关事宜。鉴于在全球化的背景下，文化多样性和人类发展面临诸多机遇和严峻挑战，会议宣布通过中国起草的《昆明宣言》。

（六）全球化背景下的东亚社会文化互动首届东亚人类学家会议

此次会议由云南大学西南边疆少数民族中心与韩国首尔大学人类学系联合主办，于2009年10月27～29日在云南大学召开，来自韩国、日本、蒙古国、俄罗斯、越南等国家及国内的民族学、人类学共30多名专家学者参加了会议。此次会议是在东亚地区的背景下讨论社会科学的概念以及应用的一次东亚人研究东亚的会议，目的是建构东亚人类学家的交流平台和学术共同体。

（七）生物多样性与文化多样性的关系及其保护国际会议

此次会议由云南大学西南边疆少数民族中心与联合国大学文化与环境研究中心联合主办，于2010年6月20～22日在中心调查基地云南省元阳县箐口村召开。来自日本、法国、印度、巴基斯坦、泰国、越南、柬埔寨等国家及国内的专家学者共26人参加了会议。此次会议围绕生态多样性与文化多样性之间的内在关联性以及保护思路和措施进行了研讨，并对哈尼梯田的生态基础和文化条件及其关系进行了探讨。

（八）第三届中欧社会论坛T12a小组会议

此次会议由云南大学西南边疆少数民族研究中心和法国梅耶基金会联合举办，2010年7月10～11日在云南大学召开。来自法国、德国、荷兰、比利时及中国的30多位专家学者参加了论坛，并围绕“族群认同、国家认同与人类认同”三个关键问题进行讨论与对话。会议还邀请了中心调查基地云南红河州元阳县箐口村的哈尼族和石林大糯黑村的彝族村民代表参与讨论。

（九）中国西南开发与环境、生计、健康及生态人类学2010国际论坛

此次会议由云南大学西南边疆少数民族研究中心主办，2010年11月1～2日在云南大学召开，中日两国的74名学者围绕中国西南地区的开发与环境的关系进行讨论与对话。

（十）中越民族文化的比较——第二届澜沧江—湄公河次区域国际研讨会

此次会议由云南大学西南边疆少数民族研究中心和越南胡志明文化大学联合举办，2010年12月29日至2011年1月3日在越南胡志明市召开。中、越两国的30多位专家学者参加了会议并围绕“中国与越南的民族文化交流与比较”进行讨论与对话。

二、主要研究成果

（一）民族学/人类学学科发展研究

1．云南的民族学/人类学学科发展研究

（1）著作。

马曜《马曜文集》（云南人民出版社2008年版）共6卷。第一卷主要为中国古史分期研究论著，收录马曜重要专著《西双版纳份地制与西周井田制比较研究》及有关西周封建制的相关论文；第二卷为民族史研究论著，收录中国西南民族史、云南各民族源流等研究论文，讨论了云南历史上的多个重大事件和问题；第三卷为大理白族历史文化研究论著，内容涉及大理文化的源流、南诏大理国史、白族形成等；第四卷为民族学与民族调查研究，文章论述了云南边疆少数民族的社会性质等重大问题，强调应把历史研究与田野调查结合起来的民族学研究方法；第五卷收

录马曜在民主革命和社会主义革命时期参与、主持边疆民族调查工作，结合实践撰写的有关云南民族问题与民族工作的论文；第六卷收录马曜的《茈湖精舍诗初集》以及游记、序言、碑文、自传、回忆等。

瞿明安在《当代中国文化人类学》（云南出版集团云南人民出版社2008年版）中从人类学的学科体系入手，全面客观地反映了20世纪80年代以来中国文化人类学的发展历程、学科建设、理论方法以及各个分支学科研究的现状、特点、面临的问题和未来发展的趋势，向国内外学者充分展示当代中国文化人类学取得的重要成就。

（2）论文。

何明在《论东亚人类学共同体的建构》（载《思想战线》2010年第4期）中认为东亚人类学家有义务也有责任通过学术共同体探讨与发掘东亚文化中蕴涵的学术资源，建构具有东亚特色的发现、解释与应答社会文化问题的学术范式。

杨绍军在《抗战时期西南联大的民族学人类学研究及其意义——以云南为中心的田野调查为例》（载《贵州民族研究》2009年第4期）中指出抗战时期使众多的民族学人类学学者根据云南的自然环境情况，并集合边疆民族地区实际，对云南进行了广泛而深入的田野调查，使中国的民族学人类学研究呈现出新的面貌，在研究阵容、调查的力量和广度、研究成果的质量和数量方面发生了显著的变化。

这些民族学人类学学者的调查研究，保存和发展了中国民族学人类学的研究。

何叔涛在《汉语民族概念的特点与中国民族研究的话语权——兼谈中华民族、中国各民族与当前流行的族群概念》（载《民族研究》2009年第2期）中认为汉语民族概念充分展现不同层次和不同层面的民族共同体的内涵及其相互关系，综合不同阶段不同形态的民族共同体的共性，揭示民族过程的规律与趋向，适应不同学科民族研究的需要。必须坚持中国民族研究的话语权，完善马克思主义民族理论的中国化。

陈刚在《安东尼·沃克的拉祜族研究及对中国人类学研究的启示》［载《云南民族大学学》（哲学社会科学版）2008年第6期］中认为安东尼·沃克（Anthony R.Walker）在事拉祜族研究过程采用的跨时间和地域的比较法、长期细致的田野调查与广泛的文献资料收集相结合的方法、多学科的资料收集和分析方法、小社区与大环境相联系的理论与方法、研究主题与社会经济文化历史背景密切联系的方法，都值得中国人类学/民族学研究借鉴。

瞿明安在《西方后现代主义人类学评述》（载《民族研究》2009年第1期）中认为全面客观地认识和评价后现代主义人类学，有助于我们克服在借鉴西方人类学理论学说时可能陷入的误区和产生的盲目性，促进人类学理论的发展。

李东红在《边疆考古的民族视角与范式思考》（载《民族研究》2008年第4期）中认为一定的考古学文化，必然与特定的民族群体有关。因此，有了民族视角与研究范式的考古学，在为考古发现提供解释学依据的同时，更加注重对“人”与“社会”的关怀，在实践中促进中国考古学方法论的创新与发展。

韩忠太在《论心理人类学的研究方法》［载《云南民族大学学报》（哲学社会科学版）2009年第2期］中认为心理人类学既是人类学的分支学科，又是介于心理学与人类学的边缘学科，单纯采取心理学的方法或人类学的方法都不利于心理人类学研究的有效开展，故建立一套完整的心理人类学研究方法体系尤为重要。

白兴发在《论二十世纪前期人类学家对西南少数民族的体质调查及研究》（载《学术探索》2009年第6期）中指出20世纪前期，一批著名的体质人类学家深入西南边疆民族地区，对西南地区的少数民族体质进行实地调查研究，为新中国的民族识别调查以及体质人类学的教育和研究奠定了良好的基础。

李永祥在《灾害的人类学研究述评》（载《民族研究》2010年第3期）中从理论、研究重点、学术流派和发展趋向等方面对灾害的人类学研究进行了详细梳理和研讨，并指出灾害的人类学研究，其内容广泛，形成了多种解释方式及理论流派，核心是对灾害进行文化构建，与其他学科共享研究的问题及调查方法是其总的趋向。

2．研究综述

毛艳在《20世纪上半叶中国少数民族艺术研究的发展及其特征》［载《云南民族大学学报》

（哲学社会科学版）2008年第4期］中指出20世纪上半叶的中国少数民族艺术研究是在中国社会变迁和中西文化交流冲撞的背景下，以中国少数民族艺术研究的整体性规律为内在制约，以研究主体的实践活动为线索而展开并发展壮大。

李昆声、胡习珍在《云南考古60年》（载《思想战线》2009年第4期）中总结了新中国成立以来60年云南考古发掘、研究的成果，同时指出云南考古学因具有明显的地方民族特色而自成体系，成为中国考古学的一个不可或缺的分支。

方铁在《西南边疆史研究60年的回顾与展望》（载《中国边疆史地研究》2009年第3期）中分三个阶段对1949年以来的西南边疆史研究所取得的成绩，以及对今后发展的建议及展望作简要叙述。

段丽波、龙晓燕在《中国西南氐羌系统民族源流研究述评》（载《思想战线》2010年第3期）中认为国内学者对西南氐羌系统民族源流研究的不足主要表现为：一是研究重点对整个西南地区氐羌系统民族源流的研究不多；二是对氐羌、氐、羌的释义及其相互关系等最基本的问题没有人作过相对完整的探讨；三是对现代的一些民族学调查资料、考古学材料、遗传学资料重视不够。

沈海梅在《白族人的族性与白族研究学术史》（载《学术探索》2010年第1期）中认为学术研究具有生产白族人族性知识的能力。白族人的族性在学术史中是流变的，因研究者的身份、知识以及所处的历史环境差异而对白族的族性提出相异的判断和阐释。

张媚玲、张曙晖在《20世纪50年代以来滇西北怒江流域巴尼人研究述评》中认为学界对巴尼人的学术研究主要集中在新中国成立前后的社会发展水平、文化生活习俗等方面，而对巴尼人的研究并未随着巴尼人社会历史变迁得到应有的关注。

谷家荣在《滇边跨境民族研究六十年的回顾与前瞻》（载《学术探索》2010年第4期）中指出滇边实践的流变和国家建设的转变影响着滇边跨境民族研究的叙事范式。

3．民族学/人类学分支学科研究

（1）政治人类学。

周平在《论族际政治及族际政治研究》（载《民族研究》2010年第2期）中指出作为一种族际互动的形态，族际政治有自己的特殊本质和丰富内涵，并对民族关系产生深刻的影响。因此，必须拓展民族政治学的研究领域，开展族际政治研究。

周平在《对民族国家的再认识》（载《政治学研究》2009年第4期）中指出民族国家建立以后，逐步成为世界国家体系的基本单元，并向全球扩展，进而成为基本的国家形态，相当数量的民族国家虽然具有民族国家的基本特征，但与最早出现于西欧的民族国家有相当的差别。

周平在《民族国家与国族建设》（载《政治学研究》2010年第3期）中指出国族是民族国家的根基，但国族并非民族群体自然演进的结果，而是政治构建的产物，离开了国族就无法真正把握民族国家的制度内涵。民族国家建立并完成国族的构建后，还必须通过持续的国族建设来巩固和提升国族。国族的发展程度，是检验民族国家发展水平的根本性指标。

（2）宗教人类学。

张桥贵在《宗教旅游的类型、特点和开发》（载《世界宗教研究》2008年第12期）中指出宗教旅游是宗教信仰旅游和宗教文化旅游的总和，并就如何引导宗教旅游沿着正确的轨道健康发展，如何使优质宗教文化资源与健康旅游活动充分良性互动，使其更好地服务于社会主义和谐社会的建设进行理论探讨。

马居里在《试论云南少数民族“原生宗教”的民俗化》（见《西南边疆民族研究》，云南大学出版社2009年版）中指出在各民族的历史进程中，所有的民俗都或多或少地存在着宗教的内容，并受宗教的影响和制约，在某种程度上，许多民俗可以看做是宗教的民俗化，云南各少数民族中的一些民俗即属于这一类的民俗。

熊永翔《当代蒗蕖摩梭人丧葬仪式考察》（载《宗教学研究》2010年第2期）根据实地田野观察访谈的资料，记录云南宁蒗县中南部地区摩梭人的丧葬仪式，从宗教人类学的角度阐释摩梭人丧葬仪式及其蕴涵的文化价值。

萧霁虹《文化身份与宗教信仰——从碑刻资料看傣族土司崇奉道教史迹》（载《贵州社会科学》2010年第1期）对明宣德年间（1426—1435

年）云南少数民族地区设置道纪司，傣族土司在道教信仰和传播方面的贡献进行了研究，指出边疆民族在身份认同与宗教传承上有多重关联，因此，应从文化交往和族群互动的角度加深对西南地区宗教特性的理解。

（3）经济人类学。

①著作。

蒙爱军在《水族经济行为的文化解释》（人民出版社2010年版）从水族的宗族社会结构、经济结构和文化体系等几个层面，对水族经济行为进行了分析和解释，提出水族文化与其他文化的差异是通过其文化特质综合体表现出来的，并围绕水族“宗族文化特质综合体”、“小农文化特质综合体”及“水书文化特质综合体”几个方面，对水族经济行为及其与文化的内在关联性作了深入探讨。

②论文。

陈庆德、潘春梅在《民族经济研究的理论溯源》（载《民族研究》2009年第5期）中认为民族经济的理论研究溯源于经济学和民族学两大场域，民族经济学主要的理论任务就是引导人们去充分地了解不同民族的现实利益和特有环境，以在全球化经济格局中获得自身发展，因此，民族经济的研究应该是从不同的视角来理解不同民族的不同经济类型、不同经济行为、不同价值追求。

陈庆德、潘春梅在《经济人类学视野中的交换》（载《民族研究》2010年第2期）中指出将不同的历史时代、不同的民族社会所产生的不同的交换模式与具体的历史阶段、社会结构或文化背景关联为一体，理解它们各自不同的性质、功能及其目标指向，是经济人类学新视域的基点。

陈庆德在《形式分析在经济人类学场域中的运用与演化》［载《广西民族大学学报》（哲学社会科学版）2010年第4期］中认为现代主流经济学对经济人类学的影响力，主要表现为形式分析理论工具的运用。在普适性的理论基点上，它导致不加区别地运用普遍模式的一个消极性趋向；而在理想性的分析工具层面上，它也对经济人类学产生了积极的影响，带来一些有创意的分析成果。

陈庆德在《民族经济研究的学科体系问题》（载《民族研究》2010年第5期）中指出中国少数民族经济的研究，应该在理论的层面、现实状态与运作的层面、历史研究这三个层面上展开。

覃雪梅在《民族文化资本化与民族村寨社会转型——以云南为例》（载《思想战线》2010年第3期）中指出：独具特色的民族村寨文化成为重要的文化资本，在这些文化资本实现其价值的过程中，民族村寨的经济也开始逐步转型，并进而对民族村寨的政治、社会、文化等诸多方面产生了深远的影响。

（4）艺术人类学。

何明在《艺术人类学的视野》［载《广西民族大学学报》（哲学社会科学版）2009年第1期］中指出：艺术人类学学科建构的可能性和必要性、艺术人类学学科建构的现实基础和理论基础、艺术人类学的学科定位和艺术民族志、艺术人类学视野下的艺术分类等四个问题是涉及艺术人类学的学科建构及其理论方法的基础性问题。

洪颖在《艺术人类学研究的对象及其田野实践》（载《思想战线》2010年第6期）中认为艺术与田野在日常生活处相交，并因由二者各自的内涵特征而契合相生出独特的学术张力，人类学视域下田野中的艺术有两个认知向度：在田野存续的各种样式的艺术实践，以及通过研究者的田野而获致对于特定艺术实践的社会文化解读。

杨杰宏在《族群艺术的身份建构与表述——以丽江洞经音乐为例》（载《思想战线》2010年第6期）中认为丽江洞经音乐的身份在不同历史时期不断地被建构、表述是国家、文化精英、族群民众、西方等不同社会力量的权力实践的结果，对这一过程的梳理、反思，有利于还原族群艺术被不同权力话语所遮蔽的真实性与完整性。

（5）旅游人类学。

①著作。

张晓萍、李伟《旅游人类学》（南开大学出版社2008年版）在系统地梳理了西方人类学的理论的基础上，结合中国旅游的开发现状，用东、西方旅游人类学的视角去审视和反思我国旅游业目前的发展状况。

②论文。

李伟在《旅游人类学的建构与本土化研究》（载《广西民族研究》2010年第4期）中认为作为一门学科的旅游人类学急需系统的建构，而作为舶来品的旅游人类学则必须经历本土化的调适过程，方能立足于中国旅游学界，承担相应的研究职责并发挥作用。

光映炯、张晓萍在《基于旅游人类学视角的民族节日传承与发展——以西双版纳傣族泼水节为例》［载《中南民族大学学报》（人文社会科学版）2010年第1期］中指出泼水节和旅游之间仪式功能上的契合使西双版纳傣族泼水节的节日文化内涵与传承环境已经发生了巨大的变化。

（6）影视人类学。

徐菡在《中国影视人类学理论体系与方法述评》（载《云南社会科学》2009年第6期）中对中国影视人类学近50年来关于影视人类学的内涵和意义、画面语言与文字语言的关系、拍摄的基本原则、人类学影片真实性等理论体系与方法进行了梳理。

魏国彬在《少数民族电影研究述评》（载《黑龙江民族丛刊》2009年第2期）指出文化批评学、文化美学、政治民族学和影视人类学这四种学科方法是少数民族电影研究几个比较重要的研究取向；界定核心概念和建构理论框架是少数民族电影研究的当务之急；把握少数民族电影的文化本质、系统理性地建构其学科理论体系，是少数民族电影研究应该坚持的发展方向。

（二）民族史学研究

1．族源与族属考证

（1）著作。

尤中著《中华民族发展史》（云南出版集团晨光出版社2007年版），全书运用极为丰富的古代民族史料、严谨而深刻的分析，把夏朝至清末漫长历史时期中各个历史阶段，中国众多古代民族的产生、演变、发展、形成的复杂历史进程及其族系源流进行了全面、系统、细致的论述，构建起中华民族发展史体系，同时指出，中国的民族发展演进状况是“中华民族多元一统格局”，多元一统的主张既符合中华各民族发展的历史规律，也反映了中华各民族的现实要求。

（2）论文。

段丽波、闵红云《白马氐与白马羌辩》（载《思想战线》2008年第5期）通过比较、分析诸家观点，详考其族属历史典籍，指出白马氐与白马羌一属氐，一为羌，其发展流向各异，不能混而为一。

何平、罗圣荣在《克木人的形成与早期历史》（载《思想战线》2008年第2期）中认为克木人这个群体的先民很有可能是在濮人之前就已经迁徙到东南亚地区，对此史书并未记载。克木人是古代孟高棉语民族的先民中后来分化形成的高棉人这一支在更后来的发展过程中分化出来的一个旁支。

何平在《古代建都人与现代哈尼族的关系》［载《中央民族大学学报》（哲学社会科学版）2009年第4期］中对中国《元史》和与元朝同一时期的缅甸碑铭中提到的建都人进行了考释，指出古代建都人的一部分后裔还生活在今天缅甸、老挝和中国云南的南部地区，他们在今天的这几个国家都被看成是哈尼族的一个支系或与哈尼族有密切关系的民族群体。

段丽波、龙晓燕在《云南百濮考——一个需要重新思考的民族源流问题》（载《思想战线》2009年第4期）对有关史籍和考古资料进行深入研究后发现，云南古代被称为百濮系统的民族实则是西周末年江汉之濮为楚所逼不断南迁的濮人，其后大部分与百越系统民族融合发展成为今天汉藏语系壮侗语族的民族。

2．近现代民族史研究

（1）著作。

王文光、龙晓燕、李晓斌在《云南近现代民族发展史纲要》（云南大学出版社2009年版）中在把握住云南民族关系复杂多样以及云南各民族社会经济发展不平衡这一基本特征的基础上，分别从宏观和微观的层面对清初至道光年间、咸同至光宣年间、中华民国时期以及中华人民共和国时期云南社会的发展概况、云南民族的发展及分布、云南各民族的民族关系以及文化与文化变迁进行了全面的论述及分析，系统地反映了云南地区近现代各民族发展的历史进程。

（2）论文。

龙晓燕在《民国民族国家建构过程中云南傣族边区民族关系研究》（载《思想战线》2010年第4期）中认为民国政府在构建民族国家的过程中，采取了多种措施强化其对云南边区的控制，以加强边区少数民族对政府的认同。傣族对国家政权深入的反映也表现出了相对和谐以及冲突不断并且傣族民族意识不断强化的不同。

张媚玲、张曙晖在《近20年来中国西南边疆近代民族关系史研究述评》（载《思想战线》2009年第3期）中指出尚未构建起与西南边疆近代民族关系史相适应的研究框架。

林荃对杜文秀进行了深入研究，形成了一系列的研究成果。他在《杜文秀大理政权与刘道衡出使英国——兼对刘道衡〈上英皇表〉辨伪》（载《回族研究》2009年第1期）中认为刘道衡没有杜文秀大理政权授予的出使英国使节的正式委任状及大理政权正式授予的官员职衔，他不具有杜文秀大理政权委派的使臣的合法身份。作者在《刘道衡〈上杜公书〉剖析》（载《回族研究》2009年第1期）中指出《上杜公书》不是刘道衡呈文的原件，而是刘道衡已经流落缅甸时期编辑诗文集时的文稿副本的传抄本，不能作为评论杜文秀大理政权外交政策的证据或依据。在《杜文秀派使赴英乞援考——与高鸿志先生商榷》（载《回族研究》2009年第3期）、《杜文秀政权与斯拉登勾结了吗——与高鸿志先生商榷》（载《回族研究》2009年第3期）两文中从刘道衡《上杜公书》考、刘道衡赴英使者身份考、刘道衡《上英皇表》考三部分对这一史事进行了历史的全面的考辨。在《论大理政权的军帅制——再论大理政权的性质》（载《回族研究》2010年第2期）中认为大理政权的基本军政制度是军政合一的军帅制。大理政权帅府采取合议制。帅府是大理政权的最高权力机构，主管大理政权军政事务。

杜玉亭在《民族识别与马克思主义中国化——基诺人识别50年的历史哲学视角》（载《云南社会科学》2009年第6期）中认为以马克思主义为理论依据，但在实践中又对它进行了根本性修正是基诺族的识别的特点，因而基诺族识别可以被看做马克思主义中国化的范例。

陈征平在《近代民族主义与龙云地方独立政权》（载《学术探索》2009年第2期）中认为近代龙云政权的建立不仅与北伐时期国人向往统一的民族主义心理同步发展，并且，龙云政权在地方意识上多了一点由自然地理分布形成的西南地域观，而少了一些行政划分的省界观念。

王文光、尤伟琼在《1950年以前对云南民族的识别与分类》［载《广西民族大学学报》（哲学社会科学版）2010年第2期］中指出历史上对云南民族的识别与分类也反映了不同时期的民族观。民国时期云南地方政府和有关学者对云南多民族的情况进行过调查研究，从不同的视角对云南民族进行了识别与分类。这些都为云南当代的民族识别奠定了基础，提供了最基本的依据。

李灿松、周智生在《多民族聚居区族际经济互动与山区经济开发——以近代藏彝走廊地区白族商人为例》（载《中央民族大学学报》2010年第1期）中认为近代白族商人在藏彝走廊地区的商贸活动是历史上维系居住于高山峡谷山区居民基本生活的主要形式，也是如今民族地区居民与外界经济、文化交流的主要方式。

朱映占在《民国时期西南民族的识别与分类》（载《思想战线》2010年第2期）中认为民国时期的西南民族分类，一方面继承了中国古代以来的民族分类传统，另一方面又受到近代西方学者建立在语言学、民族学基础上的分类方法的影响。纵观整个民国时期，无论是学者还是政府部门，对西南民族究竟有多少种并没有形成一致的看法。

嘉日姆几在《云南小凉山彝区民主改革时期家奴的安置措施及其影响》（载《思想战线》2010年第4期）中指出云南小凉山民主改革时期家奴的安置措施对小凉山彝区村落布局、婚姻观念及社会交往方式影响巨大。现在，作为安置家奴的农场模式，其生产单位和组织模式的功能已经取得成功。

李晓斌、王燕在《云南近代工业化进程对文化变迁特点的影响》（载《西南边疆少数民族研究》2009年第5期）中指出近代是云南文化变迁非常迅速的时期，传统变迁模式的作用和功能逐渐减弱，工业化成为这一时期文化变迁重要推动力之一，对文化变迁发生的领域、区域都产生了直接的影响，在某些区域推动了文化变迁的深入发展，但同时也存在明显的局限。

3．民族史学史研究

王文光对民族史学史进行了较为系统的研究，发表了一系列的论文。

《〈史记〉“四裔传”与秦汉时期的边疆民族史研究》（载《思想战线》2008年第2期）指

出《史记》“四裔传”以黄河流域为地理基点，以华夏文化为中心，逐一对汉朝边疆的民族按方位进行了全景式叙述，是在当时历史条件下一部简略的秦汉边疆民族史，是研究汉代统一多民族国家中各民族发展最基本的文献。

《论梁启超早期的中国边疆民族史研究》（载《中南民族大学学报》2008年第5期）指出梁启超开始对中国边疆民族史的研究的背景是边疆危机、民族危机，他主要从学理上探讨与民族史相关的问题，其目的在于唤醒中国人的民族意识，激发中国人的爱国精神。

《林惠祥的〈中国民族史〉及其对中国民族史学发展的贡献》（载《云南民族大学学报》2008年第5期）指出林惠祥的《中国民族史》对中国民族史学的贡献主要是：深入研究了中国民族史的学科性质、对象和内容，对中国各民族从古代和现代进行了两重分类，提出了“华夏民族主干融合论”、“汉民族民族成分多元论”等学术观点。

《中国西南民族史研究的实践与理论运用评述》（载《思想战线》2009年第2期）认为在对中国西南民族史研究进行学术回顾的同时，有必要对研究中的民族观、民族史观、民族发展观等理论运用情况进行评述，以助于更好、深入地进行中国西南民族史研究。

4．边疆治理与民族政策研究

（1）民族地区地方政权与政治制度史研究。

邹建达在《清代云贵总督之建置演变考述》（载《中国边疆史地研究》2008年第2期）中在对清代云贵总督建置演变作了全面考述的基础上，分析指出云贵总督的建置及其演变，反映了清王朝对云贵边疆民族地区统治的调整和深化。

王文光、段丽波在《清代西部边疆土兵的发展与衰亡》（载《广西民族大学学报》2009年第4期）中分析了土兵制度从清初日渐完善到改土归流之后，和土司制度紧密相连的土兵制度逐渐走向衰亡的整个过程。

王文光、朱映占在《明代土兵述论》［载《中南民族大学学报》（人文社会科学版）2009年第4期］中指出明代的土兵是国家武装力量的一个有机组成部分，土兵在中国统一多民族国家的发展过程中，具有巩固国家政权、稳定社会治安、维护边疆稳定的作用，为明代统一多民族国家的巩固与发展作出了很大贡献。

龙晓燕在《晚清边疆危机中云南土司制度的变化》（载《思想战线》2009年第3期）中认为边疆沿线的土司地区成为保家卫国的第一道防线。但是，在边疆危机中，作为天朝藩篱的土司及土司制度也暴露出了其固有的弊端，土司制度弊端显现在晚清以来的边疆危机中。

马俊林在《近代云南行政体制的演变脉络》（载《云南民族大学学报》2010年第1期）中认为清末以来云南行政体制顺应了近代社会的发展变化，其演变脉络为政府行政机构趋向专门化，社会管理机构逐渐增多，管理职能不断强化，并在地方自治模式下，开始了基层社会组织化网络的构建。

周芳在《元代云南宗王考析》（载《云南民族大学学报》2010年第6期）中通过对元代云南九王的世次和任职时间的考证，并对其他诸王进行对照考察，认为宗王之治与行省制、土司制和宣慰司体系等一起构成元代在云南的一元多极政治体系，为元代中央政治在云南统治的加强奠定基础。

（2）边疆治理与经营研究。

林文勋在《宋王朝边疆民族政策的创新及其历史地位》（载《中国边疆史地研究》2008年第4期）中指出：宋代，随着市场的扩大，周边各少数民族对宋王朝形成强烈的经济依赖关系。宋王朝逐渐认识到可以用经济关系（互市）控制周边各少数民族，调节与各少数民族间的关系，形成了以“互市”为中心的一套民族政策，并一定程度上开创了民族关系的新局面。

陈碧芬在《论朱元璋治滇的意义》（载《中国边疆史地研究》2008年第1期）中认为朱元璋根据云南形势的发展和各方面的具体情况，采取了一系列妥当而得力、因地制宜的措施，密切了云南各族人民同中原的联系和交往，推动了中国多民族统一国家一体化的历史进程，使之进一步成为我们统一多民族国家不可分割的一部分。

王文光、龙晓燕在《清代中央政府与西南民族上层的政治博弈》（载《思想战线》2008年第5期）中指出清代中央政府为维护边疆的稳定和加强对西南各民族的治理，不断进行军事镇压与和平招抚，有效地解决了许多民族矛盾冲突，使西南边疆民族地区与中央政府的联系更加紧密。

潘先林在《略论南京临时政府处理民族问题的政策及设想》（载《中国藏学》2008年第4期）中认为南京临时政府成立后，为了国家主权和领土完整，实行了一系列处理民族问题的政策和措施，这些政策、措施和设想大多为后来袁世凯北京政府所遵循，并付诸实践。

段金生在《南京国民政府的边疆观念及民族认识》［载《云南民族大学学报》（哲学社会科学版）2009年第6期］中认为“九·一八”事变前后南京国民政府的边疆观念与民族认识发生了较大变化。与国民政府的边疆观念及民族认识同步演进的是其国家主权观念的逐步清晰。

方铁《唐宋元明清的治边方略与云南通道变迁》（载《中国边疆史地研究》2009年第1期）考述了隋唐至清朝的治边方略以及不同时期云南交通的状况，指出云南交通线的拓建与兴衰，不仅受到社会发展、经济开发等因素的影响，与封建王朝的治边方略亦密切相关，揭示了治边方略与云南通道开发间的复杂联系。

陆韧《泛朝政化与史料运用偏差对边疆史地研究的影响——以明代三征麓川研究为例》（载《中国边疆史地研究》2010年第1期）通过对明代三征麓川的历史进行探本寻源，试图说明边疆历史问题的复杂性以及研究时应注意的问题。

周平在《我国边疆治理的转型与重构》（载《云南师范大学学报》2010年第2期）中指出我国传统的边疆治理结构必须通过理论重构、制度重构和实践重构而实现转型，构建起现代型的边疆治理结构。而边疆治理转型与重构的最终实现，有赖于国家层面的边疆治理战略的构建。因此，必须在国家层面构建一个统领全局的边疆治理战略。

（3）民族经济史研究。

周智生在民族经济史方面进行了较为深入的研究，在《茶马古道上的纳西族“藏客”起源探析》（载《西藏研究》2009年第5期）中通过对藏客的起源与成长的分析，揭示出茶马古道上族际之间的物资交换和商贸发展，有其特殊的地理边界和心理边界，交换行为的发生并不单纯取决于物资补给的需求程度，而是物资需求与文化联系之间多重选择的结果。他在《抗日战争时期的云南商人与对外民间商贸》（载《抗日战争研究》2009年第5期）中梳理了抗日战争时期云南商人从事的滇藏川跨省贸易及中印、中缅等跨国民间商贸的具体经营活动，以及云南商人为抗战捐资献物、勘探中印公路线路等活动作出的支持，指出云南民间自发组织进行的对外贸易是中国抗日战争时期大后方经济发展的一个重要有机组成部分。

李灿松、饶允昌《藏彝走廊地区白族商人的商贸空间网络演化研究》（载《云南师范大学学报》2011年第1期）指出白族商人通过在藏彝走廊地区商贸活动的不断深化拓展了新时期该地区多民族经济的共生发展空间，促进了大尺度地域空间内各民族共生资源的互动与交流，形成了以拉萨、丽江等地为中心的较完整的网络结构，该网络结构日趋复杂，并呈现不断向其他周边地区发展的趋势。

周琼、李梅《清代中后期云南山区农业生态探析》（载《学术研究》2009年第5期）指出清代中后期，玉米、马铃薯等高产农作物在云南山区、半山区广泛种植，促进了清代云南的山区开发及民族经济的发展。但云南生态环境随之发生了重大变迁，出现了严重的水土流失，河道淤塞，田亩荒废，自然灾害频繁，农业生产受到极大影响。

（4）民族关系史研究。

①著作。

高志英《藏彝走廊西部边缘民族关系与民族文化变迁研究》（民族出版社2010年版）对藏彝走廊西部边缘地区自唐代起讫民国年间族群迁徙、交往及其文化变迁的历程进行了跨区域、跨民族的综合系统研究。

②论文。

郭家骥对民族关系史作了较深入研究，形成一系列的论文。

《地理环境与民族关系》（载《贵州民族研究》2008年第2期）中以中华民族关系和云南民族关系格局为对象，探讨了地理环境对民族关系的影响。

《从矛盾冲突到共同发展——云南黑树林地区族群关系百年干戈化玉帛的启示》（载《思想战线》2009年第5期）对云南黑树林地区百年干

戈化玉帛的历史发展过程进行了研究，指出在特殊情况下，民族内部矛盾也可视为民族问题和民族关系问题；地域认同会高于民族认同；国家权力在协调民族关系中发挥着关键作用。

《改革开放三十年云南民族关系的发展演变》（载《学术探索》2009年第3期）中回顾了改革开放30年云南民族关系的发展变化历程，总结了其中所蕴涵的丰富经验，揭示了云南民族关系面临的问题，并提出了相应的对策建议。

赵永忠在《宋朝对西南民族冲突的和断——以成都府路和梓州路为例的考察》（载《贵州民族研究》2010年第1期）中认为宋朝对西南的成都府路、梓州路的民族冲突，主要采取和断的方法，这对于宋朝处理成都府路和梓州路的民族冲突来说，是比较成功的，同时也密切了宋朝与这些少数民族之间的联系。

盖兴之、宋金兰在《彝缅语言与汉语、苗瑶语、壮侗语、白语的同源联系》［载《云南民族大学学报》（哲学社会科学版）2010年第1期］中认为一组有同源联系的基本词，可作为汉语、藏缅语、苗瑶语、壮侗语在历史上有同源联系的例证。可看到从语音、词汇、语法方面提供的白语系属的语言事实。

胡兴东在《历史上西南少数民族地区族际纠纷解决机制研究》（载《云南社会科学》2010年第4期）中认为历史上西南少数民族地区族际纠纷对该地区社会稳定和发展具有重要影响，其在解决机制具有多样性、复杂性、政治投机性和承认少数民族的纠纷解决机制等特点。

（5）民族迁徙与融合。

古永继对民族迁徙问题作了较系统的研究。

《明代滇西地区内地移民对中缅关系的影响》（载《中国边疆史地研究》2008年第3期）对明代内地军事移民、商业移民在滇西、缅甸间的活动及其对当时中缅关系产生的影响，进行了相关的考察和分析。

《明代滇黔外来移民特点及影响探究》［载《云南民族大学学报》（哲学社会科学版2009年第3期）］从分析滇黔移民入迁的不同目的及任务入手，探讨由此产生的两地移民种类与分布差异、滇黔民族关系变化中的他留人和屯堡人现象等相关问题，最后指出明代滇黔外来移民是导致两地社会剧变的关键因素。

（6）民族社会与文化发展研究。

何明在《中国少数民族农村的社会文化变迁综论》（载《思想战线》2009年第1期）中认为改革开放30年来，中国少数民族农从单质化的刚性社会转型为多样化的弹性社会，同时，基于少数民族群体在生活方式上日益明显的多元化取向以及文化观念上的世俗化与理性化倾向，少数民族文化的形貌正在经历传统与现代的整合、重构，呈现出从封闭的多样性到多样的现代性的文化变迁。

郭建斌在《改革开放30年少数民族社会文化变迁——来自云南省贡山县迪正当独龙族村的田野报告》（载《思想战线》2009年第1期）中通过对独龙族村寨田野调查中几个生活片断的叙述，从村落布局、信仰民俗、节庆活动乃至于乡民个人命运等侧面，勾勒出独龙江地区社会文化变迁的一个粗略轨迹，并启发相关思考。

陈学礼在《改革开放30年少数民族社会生活变迁——来自云南省西盟县大马散佤族村的田野报告》（载《思想战线》2009年第1期）指出人口流动是大马散衰落的最直接原因。脱离村寨地域、跨越国界的人口流动致使村民在放弃某些传统文化因素的同时，缺乏整合到现代经济和社会发展中的实力和机遇。

胡兴东在《云南藏区属卡制度研究》（载《中国藏学》2008年第2期）中指出属卡制度是云南藏区社会秩序形成中的重要制度之一。此制度在组织性质上具有公社性质，在功能上具有基层社会控制、解决纠纷、民间规范制定等方面的内容。

陆韧在《云南边疆的现代化起步与社会变迁——基于贺宗章、丁文江红河地区亲历记的研究》［载《云南民族大学学报》（哲学社会科学版）2010年第1期］通过近代滇南红河地区现代化转型历史过程的研究指出边疆地区既是现代化发展的前沿，也是各种势力纠葛和利益争夺最激烈的地区，折射出云南边疆现代化进程的复杂性。

（7）民族档案和史料研究。

①著作。

杨文辉在《白语与白族历史文化研究》（云南大学出版社2009年版）中对白族的物质文化、

精神文化和制度文化进行考察，较全面地把握白族文化的内涵与外延。

②论文。

杨毅、张会超在《民族档案之旅游人类学建构与扩展研究》（载《思想战线》2009年第3期）中认为依据旅游人类学的理论和方法来研究档案学视野下各民族文化的过去和现状，可以看到民族档案与民族文化始终共生互动，其所具有的独特性、多彩性、直观性和衍生性特点在旅游业发展中将得到进一步扩展和体现。

华林、关索芳《云南少数民族档案遗产保护机制的构建》（载《中国档案》2010年第2期）认为在现存少数民族档案遗产大多分布民间，损毁、流失与消亡现象普遍存在的情况下，应加紧研究为保护这些珍贵档案遗产而建立的档案遗产保护机制中的不足。

刘彩桥、王娅《现代云南民族档案编研与民族文化变迁研究》（载《云南档案》2009年第4期）通过对现代民族档案编研与民族文化的关系的分析，探讨了现代云南民族档案的开发和利用如何为云南民族文化的发展服务的问题。

吕榜珍《云南省少数民族档案的数字化管理策略》（载《档案学通讯》2010年第3期）通过分析云南省少数民族档案数字化管理中存在的主要障碍，提出了云南省少数民族档案数字化管理的基本策略。

（三）民族社会发展研究

1．民族社会发展研究

肖青在《中国民族村寨研究省思——以20世纪中叶以来的学术著作为对象的讨论》（载《民族研究》2008年第4期）中认为村落研究是当前学术界的热点。20世纪中叶以来，中国民族村寨研究成果颇多，但从整体上看，该领域的研究长期存在研究层次滞后等方面的问题，需要我们加以认真省思。武承睿在《从社会性别视角看回族社区新农村建设——以云南大五茂林回族社区为例》［载《云南民族大学学报》（哲学社会科学版）2010年第3期］中运用社会性别视角对云南一个典型回族社区的新农村建设构建需求进行分析，认为由于农村主体并非是同质的，新农村建设应该社会性别主流化。

王清华在《民族村寨广场的社会功能》（载《云南社会科学》2010年第5期）中认为作为建筑布局的重要部分和中心，民族村寨广场的社会功能突出，可分为村寨的核心和活动的场所两种，广场与民族村寨村民的居家生活有密切的相关性。

朱凌飞在《裂变与统合——对一个普米族村庄社会过程60年变迁的人类学研究》［载《中央民族大学学报》（哲学社会科学版）2010年第5期］中指出在普米族农村的社会过程中，重文化的多样性、利益诉求的主体性及社会发展的整体性，是达致社会团结、融洽与和谐的有效机制。

2．民族人口、女性研究

（1）女性研究。

潘春梅在《元阳县箐口村哈尼族日常生活实践中的妇女角色》［载《中南民族大学学报》（人文社会科学版）2008年第2期］中对妇女在家户领域、劳动生产分工体系以及社会公共交往空间中的角色进行了展示和解析，认为箐口村哈尼族妇女不仅是民族传统文化和秩序的维护者和传承者，同时是民族社会变迁中积极能动的参与者，其角色在演变过程中呈现出多样化的特点。

金少萍在《宗教文化中的社会性别建构——白族女性与本主崇拜》［载《中央民族大学学报》（哲学社会科学版）2008年第1期］中认为白族女性与本主崇拜的关系较为密切，这是本主崇拜特有的文化现象，也是本主崇拜中社会性别建构的特点，充分认识白族本主崇拜中的社会性别建构，对于深入探讨白族宗教文化的内涵、特点具有重要的理论及现实意义。

沈海梅在《南诏史中的大传统与小传统：边疆妇女史的视角》（载《思想战线》2008年第5期）中认为南诏历史应由“大传统”的精英历史和“小传统”的民间社会史两部分组成。作为地方性知识，这一时期的妇女及其有关妇女的生活被排斥在传统南诏精英历史之外，因此，从边疆妇女/社会性别的视角再审视这部历史，会发现妇女的缺席使得这部传统意义上的南诏史表述并不完整。

金少萍、徐伟兵在《云南少数民族女性与宗教研究述评》（载《宗教学研究》2009年第1期）中对近些年来云南少数民族女性与宗教的相关研究情况进行了概述。

方桢在《云南少数民族妇女体育及其文化特征》［载《云南民族大学学报》（哲学社会科学版）2010年第5期］中从人类学视角研究少数民族妇女体育文化的特色，探索少数民族妇女体育发展的道路。

（2）民族地区社会调查。

①著作。

何明主编的《新民族志实验丛书》（中国社会科学出版社2007年至2009年出版）共包括《枕石撒尼》、《追寻逝去的火神》、《石龙新语》、《最后的蘑菇房》、《花腰大沐浴》、《雅阁丽轮》、《峡谷幽兰》、《宣礼声中求索》、《圣歌里的芭蕉箐》、《流动的信仰》等10种，每种书的主体部分，是由彝族撒尼、彝族阿细、白族、哈尼族、傣族、纳西族、傈僳族、回族、苗族、怒族等少数民族村民以日记体的形式对本村发生的社会文化记述，运用“主位”（emic）方法，从“本文化”内部视角对自己民族和村寨的社会文化进行叙述与评论，以求在当代国际民族学/文化人类学的学术平台上进行中国民族志和民族学的“本土化”创新。

杨福泉的《纳西民族志：田野调查实录》（中国书籍出版社2008年版）通过对特定的纳西族社区的调查，从宗教和文物调查、社区习俗、纳西族与藏族关系三部分对纳西族社会文化的进行了研究。

②论文。

张跃、王晓艳在《少数民族地区集市的文化内涵分析——透视昙华彝族赶街》（载《思想战线》2010年第6期）中认为少数民族地区的集市积淀着传统的民族文化，是不同文化与民族交流的重要空间，具有地区性、民族性的特征。在变迁的社会中，少数民族集市是现代文化、传统文化、其他民族文化的连接点。

3．少数民族政治研究

周平在《中国民族政策价值取向分析》（载《当代世界与社会主义》2010年第2期）中指出中国的民族政策蕴涵着民族主义的价值取向。民族主义取向的政策在处理少数民族发展起来以后的民族问题方面则功能不足，有必要促成中国民族政策的价值取向由民族主义向国家主义转变。

王传发在《偏离与调适：规范民族区域自治运行——兼以西南地区自治县为例》（载《民族研究》2008年第3期）中从公共政策的视角来分析了民族区域自治运行中的五种偏离表现，并提出了规范民族区域自治的运行对策建议。

毕跃光在《国家类型与民族问题的解决——兼谈国家对少数民族政策的政治化与文化化》（载《世界民族》2009年第4期）中指出传统多民族国家与移民国家在民族格局形成上对国家民族政策的政治化和文化化特征起着主要的制约作用。

方盛举在《政治发展与民族自治地方的现代化》［载《云南民族大学学报》（哲学社会科学版）2009年第5期］中认为民族自治地方的现代化进程可以采用科学发展和跨越式发展相结合的战略来实现。

4．民族法学研究

（1）民族法研究。

嘉日姆几在《彝汉纠纷中的身份、认知与权威——以云南省宁蒗彝族自治县为例》（载《民族研究》2008年第4期）中认为宁蒗县彝汉纠纷的解决，有着从个人到家族到民族到国家的多层转化，包括“合意”和“国家强力”两个方向。民族、历史、政治等诸多因素影响着纠纷的发生与解决，每一个纠纷都是不同观念和要求的表达，所以，纠纷在本质上也是观念的纷争。

（2）民族习惯法研究。

王飞、吴大华《论少数民族习惯法的自主发展与人权保障——文化多元视角》（载《广西民族大学学报》2010年第2期）认为少数民族习惯法应当享有自主发展的权利和空间，同时提出要避免文化相对论的一些极端主张所带来的误区，要把最低限度人权的保障作为民族习惯法自主发展的前提。

胡兴东在《景颇族传统山官制度下民事纠纷的解决机制》［载《云南民族大学学报》（哲学社会科学版）2008年第1期］中认为景颇族传统社会纠纷解决机制不仅有自己内部的纠纷解决机制，还有外部的傣族土司衙门、中央流官政府等纠纷解决机制。这三者在1949年以前构成了景颇族传统社会的纠纷解决机制体系。这三者在1949年以前一直存在，为景颇族传统社会提供不同的作用和功能。

王俊、周青《云南少数民族法文化的形态

及现状》（载《云南民族大学学报》2010年第3期）指出不同的民族在漫长的历史发展中形成了独特的法律文化形态，是作为一种社会实在法（活法）和社会主义法文化不可分割的有机组成部分，极大地丰富了主流的中华法文化内容和增添了其形式上的多元性。

（3）人口较少民族研究。

赵金萍在《陇川县户弄村德昂族文化变迁》［载《云南民族大学学报》（哲学社会科学版）2010年第5期］中以陇川县户弄德昂族为例，分析了德昂族在其文化的传承和发展过程中，在社会环境因素影响下，傣族的文化对德昂族文化变迁的影响。

李晓斌、周真刚在《云南人口较少民族社会发展的结构性差异与文化变迁》［载《中央民族大学学报》（哲学社会科学版）2010年第5期］中认为从云南人口较少民族社会发展的特点来看，其社会结构性差异是一个不断变化、逐步缩小的过程，体现为由政治与经济因素影响下形成的结构性差异形式向非政治因素影响下形成的结构性差异形式转化，非政治因素对社会结构性差异的影响逐步扩大。

李晓斌对德昂族进行研究，发表了系列论文，其中，李晓斌、王燕、周世新在《异地搬迁与文化调适——以德昂族三台山乡初冬瓜和邦外为例》［载《西南民族大学学报》（人文社科版）2009年第1期］中以云南德宏三台山乡初冬瓜和邦外两个德昂族村寨为例，通过历时与共时两个层面的对比，研究异地搬迁后初级社会关系的变化对文化调适的影响；在《人口较少民族的经济发展与民族关系调适——以德昂族为例》（载《贵州民族研究》2010年第5期）中认为德昂族与其他民族逐渐建立起比以往更为密切的经济联系，文化边缘状态也随着经济条件的改善而逐步改变，但同时，德昂族与其他民族间经济发展不平衡以及社会的结构性差异的存在也造成其民族关系中的一些新问题、新状况。《扶持人口较少民族政策实践的效果及存在的问题——以云南德昂族为例》（载《中南民族大学》2010年第6期）分析指出从2005年到2010年，扶持人口较少民族的政策取得了良好的政治、经济效益，但也出现一些新情况、新问题，这使人口较少民族的文化空间进一步变化，也一定程度地造成民族识别与认同的混乱，还给民族关系造成一定影响。因此，下一步实践中，扶持政策应从以微观经济效益为主向微观经济效益与宏观社会效益并重转变。

（四）民族文化研究

1．民族文学研究

（1）少数民族文学理论研究。

周娅在《再论傣族诗歌——中国南传佛教地区傣文古籍中诗歌的类别、起源和特点》［载《中央民族大学学报》（哲学社会科学版）2009年第1期］对我国南传佛教地区发现的大量傣文贝叶经古籍和绵纸抄本所反映的傣族人民的价值观念和民族心理进行了研究。

张永刚在《从边缘到中心：当代云南民族文学研究的理论进程》（载《民族文学研究》2009年第4期）中认为当代云南民族文学理论研究与云南民族文学创作共同发展，体现出从边缘到中心的发展趋势。这既是一个实践过程，又是一种理论诉求。

（2）少数民族史诗、神话研究。

李子贤在《佤族与东南亚U形古文化带——以神话系统的比较为切入点》（载《思想战线》2010年第2期）中认为从中国云南的佤族开始，中经中南半岛、印度尼西亚、菲律宾直至东端的我国台湾原住民，存在着一个东南亚U形古文化带。这一地带诸民族的神话系统基本相似，均属同一文化类型。

赖毅、严米其《论彝族人的“相配”观念——以彝族史诗为基础的研究》（载《云南师范大学学报》2010年第3期）指出在彝族史诗中，相配不仅有雌雄动物交配繁衍后代的意思，而且还有其他丰富的内涵。相配使自然万物互为联系，相互依存，在协作中共生共存，因而，相配观念是彝族自然与农业生物多样性保护的基础，也是彝族传统文化现代适应的价值所在。

傅云仙《质朴哀思的诗——论〈梅葛〉所流露的彝族情感与美感》（见《西南边疆民族研究》，云南大学出版社2009年版）指出作为歌颂彝族先民创业的功绩表达与维系情感真切流露的长诗，《梅葛》的语言具有质朴、哀伤、婉转的特点。哀思情感和美感构成了《梅葛》一个显著的文化特征，显现了彝族的情感与美感，是彝族文化中最重要的因素。

2．民族艺术研究

（1）民族审美研究。

陈蔚在《试论民族艺术审美价值的共同性》［载《中央民族大学学报》（哲学社会科学版）2008年第3期］中指出人作为类存在本质上的共同性、各民族所面对的现实关系的一致性、民族文化艺术的交流融合，形成了民族艺术审美价值共同性的基础，而生物遗传、社会进化、文化融合则是人类审美心理共同性的根源。

赵秀兰、安晓红在《论傣语借词在佤族文学中的审美意义——以沧源县班列村〈结婚祝酒辞〉为例》（载《民族文学研究》2009年第3期）中指出沧源县班列村的《结婚祝酒辞》大量运用傣语词语和句子，这些词语和句子和谐地押韵，在很大程度上增强了作品的欣赏价值。

（2）民族舞蹈研究。

陈亚颦、马黎、张丹宇在《对傣族民间舞动态意象演变的结构阐释》［载《云南民族大学学报》（哲学社会科学版）2008年第3期］中指出特质意象使傣族舞在创造变化中始终保持民间舞动态意象的文化特征和标示。

3．民族宗教研究

（1）羌族宗教信仰研究。

张泽洪、熊永翔在《多元文化背景下的大禹崇拜——以岷江上游羌族为例》（载《宗教学研究》2009年第4期）中认为禹生石纽是流传于岷江上游羌人的神话传说，它反映羌族先民对华夏民族共同祖先大禹的崇拜。羌人对华夏大禹神话的羌族化改造与诠释显示出大禹崇拜多元化的历史特点。

（2）白族宗教信仰研究。

邹丽娟在《从宗教信仰的视角探析大理白族传统文化的多元融合》（载《贵州民族研究》2008年第3期）中描述和分析了大理白族的多元宗教信仰，并以此为视角，探析了大理白族传统文化的多元融合特征。

董秀团在《剑川石宝山歌会的历史变迁及文化内涵》［载《云南民族大学学报》（哲学社会科学版）2009年第2期］考查石宝山歌会历史的基础上，分析了佛教对白族地区原始信仰文化的整合对歌会文化内涵的影响。

（3）藏传佛教研究。

李立在《关于放生的叙事与分析——嘉绒藏族村落宗教生活考察》（载《民族研究》2008年第6期）中在田野考察的基础上，以四川省阿坝藏族羌族自治州一个嘉绒藏族村落的宗教生活为描述对象，通过叙述村民生活史中因放生而引发的冲突、困扰，揭示嘉绒藏区的宗教现状。

（4）傣族民间宗教与上座部佛教研究。

吴之清在《贝叶上的傣族文明：云南西双版纳南传上座部佛教社会研究》（人民出版社2008年版）中论述了两双版纳地区南传佛教的历史、现状，从社会伦理道德、法律、文字、建筑、绘画、习俗、医学、天文历法等多个方面，论述了佛教对西双版纳傣族文化的全面影响，说明佛教促进了傣族文化的发展，同时也在“化傣族”的过程中适应傣族社会而被“傣族化”。

郭家骥在《西双版纳傣族的水信仰、水崇拜、水知识及相关用水习俗研究》（载《贵州民族研究》2009年第3期）在深入田野调查和文献资料分析的基础上，对西双版纳傣族的水信仰、水崇拜、水知识及其相关的用水习俗进行了深入的研究与探索。

（5）彝族宗教信仰研究。

杨甫旺、单江秀在《论道教与彝族原始宗教的互动与融合》（载《宗教学研究》2010年第1期）中认为道教产生后便与彝族的原始巫教、祖先崇拜、毕摩祭祀等宗教活动互动、融合，进而促进了道教和彝族原始宗教的共同发展。

张纯德《彝族原始宗教研究》（云南民族出版社2008年版），对彝族原始宗教的信仰内容、形式、巫师苏尼、祭师毕摩、彝族原始宗教的宇宙观、祭经、祭仪、祭坛，以及彝族原始宗教与古代汉文化的关系等进行了宏观、系统的研究。

（6）纳西族宗教信仰研究。

杨福泉在《再论纳西族的黑白观念》［载《西南民族大学学报》（人文社会科学版）2009年第8期］用丰富的民族志、宗教学资料和历史文献为依据，深入分析了纳西族的黑白观念。

和继全在《美国哈佛大学燕京图书馆馆藏东巴经跋语初考》［载《中央民族大学学报》（哲学社会科学版）2009年第5期］中指出深入研究美国哈佛大学燕京图书馆所藏有东巴经的跋语对

于了解近代东巴祭司的社会地位和活动情况、各地文化交往等一系列问题都有重要的意义。

（7）其他少数民族宗教信仰。

何林在《阿怒人同一屋檐下的不同宗教信仰》（云南大学出版社2008年版）中指出阿怒人的家庭以其“多元统一”的家庭关系结构及以此为模本的思维结构和观念模式为阿怒人多种宗教信仰共存提供了社会基础和文化基础。

徐祖祥在《壮族宗教民俗中的道教长生成仙信仰》［载《西南民族大学学报》（人文社会科学版）2009年第4期］中认为道教长生成仙信仰与壮族宗教民俗结合后发生了衍变。

（8）祭祀、禁忌、巫术研究。

杨甫旺在《象征与仪式：彝族民间生殖巫术考察》（载《云南民族大学学报》2008年第1期）中认为彝族民间生殖巫术是在彝族生殖崇拜的文化背景下产生的，主要表现为女性及母体崇拜、男根崇拜、性行为崇拜和生育神崇拜等。

袁娥在《佤族魔巴的社会功能变迁研究——以云南省普洱市西盟县勐卡镇大马散村为例》（载《云南社会科学》2009年第1期）中通过对西盟县勐卡镇大马散村的实例表明，佤族社会已经由以机械团结为纽带的社会向以有机团结为纽带的社会转变，而魔巴的社会功能也逐渐由集多种功能为一体变为单一的宗教功能。

杨福泉在《纳西族祭天仪式的功能和特点》（载《云南社会科学》2009年第4期）中认为祭天是纳西人族群认同和社会群体认同的标志，它体现了纳西人重母系祖先的古代文化特点及其与分布在藏彝走廊的藏缅语族诸多民族“贵妇人、党母族”古风的相互关系。

董晓京在《生存与信仰：云南稻作文化之鬼神崇拜》（云南美术出版社2008年版）通过客观观察和分析，阐释云南稻作民族鬼神崇拜产生的原因以及存在的形式，分析它的积极作用和消极影响。

（9）现状与问题研究。

张桥贵在《云南多宗教和谐相处的主要原因》（载《世界宗教研究》2010年第2期）中指出，调查表明云南边疆民族地区宗教和谐的主要原因是各民族经济上相互依赖，各民族之间一直通婚，各宗教之间实力相对均衡；宗教和谐与民族和谐互为依存。

王爱国在《宗教生态平衡与抵御境外宗教渗透——兼谈民族识别与民族民间信仰若干问题》（载《世界宗教研究》2010年第4期）中认为在新的历史条件下，从国家安全的战略高度，遵循宗教自身的发展规律，尊重和保护少数民族的民族民间宗教信仰，形成文化生态平衡、宗教生态平衡，不仅能有效抵御境外宗教渗透，同时对保护我们自己民族的精神文化遗产具有重要的意义。

4．民族生态文化研究

尹绍亭主编的《民族文化生态村——当代应用人类学的开拓》（云南大学出版社2008年版）丛书共包括六册，其中尹绍亭的《理论与方法》结合全球化、现代化背景下民族文化保护的基本理论，对民族文化生态村的理论和具体的方法进行深入探讨和论述；王国祥的《探索实践之路》选取了南碱村和仙人洞村，对其建设的历程作了详尽的叙述、分析和总结；陈学礼的《传统知识发掘》从传统知识的角度，对月湖村的建设模式和建设经验进行分析和论述；孙琦、胡仕海的《生态村的传习馆》从艺术和乡村博物馆建设的角度进行经验总结和理论分析；朱映占的《巴卡的反思》从参与文化生态村建设的各方的角度，对巴卡小寨的建设进行总结和反思；曹津永的《走向网络》以民族文化生态村的建设为案例探讨网络技术在民族文化保护和非物质文化遗产保护事业中的潜力和作用。

范元昌、何作庆在《哈尼族人与自然和谐相处的文化特征》［载《云南民族大学学报》（哲学社会科学版）2008年第6期］中对红河流域哈尼族人与自然和谐相处的文化特征进行了分析，归纳出了哈尼族传统文化中人与自然和谐相处的特征。

杨福泉在《略论纳西族的生态伦理观》［载《云南民族大学学报》（哲学社会科学版）2008年第1期］中指出纳西族认为人和自然是兄弟，这也是纳西族生态伦理观的宗教和哲学基础。纳西族还有本土的“署神”信仰与外来的龙神信仰，反映了纳西族生态伦理观中的多元文化因素。

廖国强在《生态哲学：从“实体中心论”走向“虚体中心论”——以中国少数民族生态文化为视点》（载《思想战线》2010年第5期）中认

为人类对人与自然关系的认识与特定的认知范式密切相关。人类中心主义与非人类中心主义之争其实就是现代主义认知范式与后现代主义认知范式之争。

5．文化史研究

（1）滇文化研究。

张文勋《滇学刍议》（载《思想战线》2008年第5期）认为学术界应进一步关注滇学，对滇学研究的意义、滇学的学科建设、滇学的学科定位、滇学的内涵及主要内容、滇学的研究方法等进行探讨，以期深化对滇学的认识。

吴炜《滇国青铜器的镀锡工艺》（载《云南民族大学学报》2008年第4期）认为从近年来国内有关科研机构研究检测结果来看，滇国青铜器上的富锡现象非反偏析所致，器物表面可以检测出清晰而界限分明的镀锡层。滇国工匠掌握了多种镀锡技术，镀锡形式多样化，镀锡技术相当成熟。

樊海涛《再论云南晋宁石寨山刻纹铜片上的图画文字》（载《考古》2009年第1期）通过对晋宁石寨山第13号西汉墓出土的刻纹铜片上的图画文字的研究，重新解释了一些刻纹符号的含义，提出在这些图画文字中存在一种具有进位制关系的特殊位值计数法，构成了滇国特有的三级计数符号系统。

（2）其他少数民族文化史研究。

杨文顺在《丽江白族的历史文化特点初探》［载《云南民族大学学报》（哲学社会科学版）2008年第2期］中认为，由于居住地区的地理和人文环境的特殊性，在其形成和发展过程中，丽江白族的历史文化具有明显的开放性和包容性，也对当地的主体文化产生了一定的影响。

赵金萍在《傣族土司制度对德昂族的影响——以陇川县户弄村为例》［载《云南民族大学学报》（哲学社会科学版）2008年第2期］认为德昂族由于长期隶属于傣族土司的统治，导致其语言、文化习俗发生了很大变化。

阿苏大岭《破译千古易经——兼论彝汉文化的同源性》（云南民族出版社2008年版）从彝族先民原始的宇宙观、人生观和原始宗教观念(灵魂观、神灵观、神性观)以及宗教行为(巫术、禁忌、祈祷、献祭、礼仪)中探寻“易”、“卦”、“占”、“卜”等字的原始初义及“河图”、“洛书”之配数依据及其寓意，论证彝汉文化的同源性。

（3）民族间文化交流。

李国文在《纳西族、藏族宗教文化交融互渗关系研究——以数、卐字符号和阿弥学经为解剖实例》（载《中央民族大学学报》2009年第3期）中通过对纳、藏文化中有关数和卐符号信仰等内容的研究，指出纳西族东巴教和藏族苯教、佛教相互渗透是两民族文化交融的重要方面。

杨海潮在《茶文化初传藏区的时间与空间之语言学考证》（载《青海民族研究》2010年第3期）中通过考证早期汉文典籍中记录的茶的名称，比较古汉语和古藏语中茶的名称，从语言学的角度利用对音材料论证了茶文化最初是从滇川交界地带大约在东汉至魏晋这一时期传进藏区的。

李子贤在《彝、汉民间文化圆融的结晶——开远市老勒村彝族人祖庙的解读》（载《云南民族大学学报》2010年第4期）中认为开远彝族地区出现的兄妹人祖庙，是明代以降彝、汉民间信仰圆融的结晶。

6．传统文化与现代化研究

（1）传统文化研究。

周智生、邹君在《西部新农村文化建设与游艺民俗资源开发》（载《西南民族大学学报》2009年第5期）中认为西部各民族游艺民俗的创新性继承和开发，是西部民族乡村多层次公共文化服务体系构建中的重要源泉，同时也是探索走出有中国特色公共文化服务创新之路的重要实践。

张跃、舒丽丽在《传统与现代间的彝族文化探析——以松子园彝村为例》（载《广西民族大学学报》2009年第2期）总结出彝族村寨民族传统文化复甦的原因及动力，得出民族传统文化可以通过文化调适后达到适应状态，并获得再生。

冯瑜、虎利平在《西部少数民族农村传统文化与工业化——云南纳古镇个案研究》（载《回族研究》2010年第1期）中指出伊斯兰教的信仰理论、重商理念、经堂教育思想和纳古社会的宗教—宗族观念，为纳古镇工业化发展提供了智力支持，造就了纳古镇经商贸易传统，建构了纳古强大的商业贸易网络。

李永祥在《彝族的疾病观念与传统疗法——对云南赫查莫村及其周边的个案研究》（载《民

族研究》2009年第4期）中，在对云南哀牢山区赫查莫村及其周边彝族尼苏人的疾病观念和传统疗法作人类学田野调查的基础上，指出彝族人对于传统方法的认同不能被简单地归因于经济困难，它是与彝族的传统信仰和知识体系密切联系在一起的。

吴瑛《人类学视野中的“采百花”习俗》（载《民族研究》2009年第3期）对采百花习俗进行了长期的田野调查，深入分析研究了大理洱源西山白族传统社会中采百花习俗的历史文化背景、基本特征、群体认同、社会规范及其在当代社会中发生的变迁。

饶远、张玉文在《从人类学视角看民族传统体育文化》（载《学术探索》2009年第3期）中探讨了人类学与民族体育文化特征的关系，认为民族传统体育是现代世界竞技体育项目的主要来源，对奥林匹克运动的丰富和发展具有不可磨灭的铸型作用。

李坚在《区域性民族舞蹈遗存的原生态文化特征》（载《学术探索》2010年第5期）中认为研究区域自然生态给予民族民间舞蹈之种种影响，是真实地把握一个民族民间舞蹈文化内在生成本质规律的关键。

（2）云南少数民族传统文化保护与传承。

和少英、黄彩文在《从民族学/人类学的视角看文化建设》（载《中南民族大学学报》2008年第1期）中通过对该学科领域关于“文化”等关键性概念的系统梳理，提出对当前加强文化建设的关键环节的初步认识。

张云在《云南少数民族传统体育与现代体育文化探究》［载《云南民族大学学报》（哲学社会科学版）2008年第6期］中指出不能单纯地强调现代竞技体育的发展而忽略了民族传统体育，应该将民族传统体育与现代竞技体育协调起来实现共同发展。

朱凌飞在《玉狮场：一个被误解的普米族村庄——关于利益主体话语权的人类学研究》（载《民族研究》2009年第3期）中从文化变迁、利益主体、话语权等角度，对民族地区传统文化及生态环境的保护与经济社会发展之间的关系进行了探讨。

朱凌飞在《仪式·娱乐·展演——对民族民间艺术舞台化呈现的文化批评》（载《思想战线》2009年第1期）中认为在舞台化的展演中，民族民间艺术脱离了其原生境，原有的审美愉悦、宗教情感、文化想象在市场经济和消费主义的影响下发生变迁，对其传承和保护带来了一定的负面影响。

周智生、吴映梅在《少数民族传统手工技艺创新性传承与滇藏川交接地乡村反贫困优化路径》（载《学术探索》2009年第1期）中认为以少数民族传统手工技艺为表征的民族文化资源的传承发展，既是民族乡村特色经济构建的一个重要内容，也是民族传统文化传承与民族区域社会经济和谐互动发展的重要纽带。

和自兴在《永宁摩梭文化的发展与保护》［载《云南民族大学学报》（哲学社会科学版）2010年第3期］中认为随着摩梭文化的外部环境不断变化，摩梭文化冲击也越大，对摩梭文化的保护遵循继承与发扬并重、打破民族封闭、体现时代和创新精神的保护原则。

（3）非物质文化遗产研究。

何明主编的《非物质文化遗产的田野图像》（云南人民出版社2009年版）共有10种：张海超《曼斗傣族慢轮制陶》，何林、丁爱华《丙中洛阿怒民歌》，街顺宝《章朗布朗族建筑仪式》，董秀团《石龙白族乡戏》，张跃《昙花彝族插花节》，李志农、陆双梅《奔子栏藏族锅庄歌舞》，谷跃娟、王翼祥《双柏彝族老虎笙》，谷加荣、余晓莹《花腰彝祭龙》，李学龙《新华村白族手工银铜器制作》，朱映占《基诺族特懋克》，全套书对各项非物质文化遗产进行过程性和细节性描述的同时，还进行了具有一定深度的意义阐释。

王志芬在《〈坡芽歌书〉图案符号研究》（载《云南民族大学学报》2009年第3期）中认为是有别于原始的记事符号的一种原始文字，这些图案符号属于图画文字，是云南省文山壮族苗族自治州富宁县壮族的一种自源性图画文字。

董秀团在《说唱类非物质文化遗产的保护与传承——以云南少数民族说唱艺术为例》（载《民俗研究》2009年第2期）中指出少数民族说唱艺术可划分为不同类型，其保护与传承也有不同的切入点和侧重点。

和晓蓉、和继全、顾霞在《民族非物质文化传承场及其维护与再造》（载《思想战线》2009年第1期）中认为维护信仰文化传承场的神圣性，重视民族妇女与儿童在民族非物质文化传承场维护和再造中的作用，认识和利用次生型传承场，应是当下民族非物质文化保护与传承的重要内容。

赵世林、田婧在《民族文化遗产的客位保护与主位传承——以傣族国家级非物质文化遗产保护为例》（载《云南民族大学学报》2010年第5期）中认为在非物质文化遗产的保护方面，以及在文化遗产本体及资源开发方面，均可走一条以客位保护为手段，以主客保护为主体的民族文化遗产有效保护的路子。

李锦芳、刘冰山、黄炳会、黎盛根在《壮族坡芽歌书及其文字性质》（载《中央民族大学学报》2010年第1期）中认为坡芽歌书是壮族残存或未发展充分的一种记载民歌为主的原生的初级形态象形文字。

黄静华在《手艺人民俗志：聚焦非物质性的工艺民俗研究》（载《思想战线》2010年第5期）中认为，作为一种表现出整体性研究取向，应开展以手艺人行为、知识和观念为焦点内容，能在塑造和表达非物质性特征过程中呈现工艺生活面貌的描述性和解释性写作。

李立在《学者与村民之间的文化遗产》（人民出版社2010年版）中以一个贵州村落为聚焦点，把村落研究者这个群体也纳入被研究者的范围，梳理20多年来学者与村民互动的脉络与谱系，探讨互动的动力、机制和意义，也对作者本人与村民的互动进行反思。

（4）文化变迁研究。

高登荣在《时空制度与文化变迁——对云南坎村彝族的考察》（载《广西民族研究》2008年第1期）中从年度周期的安排、日常活动的安排、人生历程的安排以及村庄和居民的空间安排几方面讨论了云南坎村彝族时空制度的变迁。

李永祥在《现代化对彝族土掌房的冲击——云南丕且莫村的案例》（载《民族研究》2008年第3期）中探讨的是云南丕且莫村彝族土掌房的变迁过程及其理论意义。

秦莹在《“跳菜”：从村寨走向舞台和市场——南涧彝族“跳菜”礼仪的变迁》（载《民族研究》2008年第4期）中分析了近20年来，伴随当地彝族的社会文化变迁，跳菜从村寨文化中剥离出来，经过艺术加工，呈现出舞台表演和商业展演等新形式的过程，这其中蕴涵着从自在文化向自觉文化的变迁。

李志农、李红春、李欣在《藏化与回归——云南迪庆“藏回”的文化走向》（载《思想战线》2008年第5期）中认为自元、明至清，云南藏区的回族在吸纳藏文化的过程中，也奠定了藏、回两个民族和谐、团结、互助的民族关系。

颜宁在《茶叶经济的兴衰与传统文化的调适——西双版纳南糯山僾尼人的个案》（载《民族研究》2009年第2期）中指出在21世纪初，茶叶经济的兴衰导致僾尼人传统文化发生了急剧的变迁。但同时，僾尼人传统文化的调适力也得到了彰显。

金少萍在《近现代云南白族地区服饰习尚的变迁》［载《西南民族大学学报》（人文社会科学版）2009年第2期］中探讨了清末民国以来白族服饰习尚的变迁的过程。

何明、袁娥在《佤族流动人口的文化适应研究——以云南省西盟县大马散村为例》［载《西南民族大学学报》（人文社会科学版）2009年第12期］中以云南省普洱市西盟县勐卡镇大马散村为例，从物质层面、制度层面以及精神层面对城市中佤族流动人口的文化适应进行了分析。

孙明跃、方伟伟《社会功能变迁中的白沙细乐》［载《云南民族大学学报》（哲学社会科学版）2009年第4期］将白沙细乐放在近现代纳西族整体社会文化发展的过程中来分析其功能变迁的情况。

和少英、吴兴帜在《天主教与滇南苗族传统文化习俗的嬗变》（载《民族研究》2010年第2期）以滇南苗族村寨传统文化习俗在西方天主教传播过程中所发生的能动性嬗变为案例，揭示了地方文化以强劲的自主性对西方文化进行着本土化改造的过程。

李志农《融痕——滇西北汉藏文化边缘奔子栏藏族村落民族志》（云南人民出版社2009年版）以德钦县奔子栏乡奔子栏村的民族文化的融合为主线，揭示了奔子栏这一汉藏文化交汇地带所蕴涵的多元文化的丰富内涵。

李晓斌、杨晓兰《明代四川少数民族的文化及其变迁研究》（载《西南民族大学》2009年第9期）认为明代四川的少数民族可分为氐羌、百越、苗瑶三大系统，虽然从总体上看，他们与汉文化的交流呈现出日愈密切的趋势，但区域性的差别也非常明显，分别体现了他们文化变迁程度的差异性。同时，这三大系统民族内部不同部分的文化变迁程度也有所不同。

张劲梅《少数民族文化适应的分类学研究——对西南少数民族大学生的抽样调查》（载《思想战线》2009年第2期）指出西南少数民族大学生的文化适应方式较为积极。但也存在一些消极方式，可能对少数民族大学生在异地的生活、学习和交往产生不利影响，因此有必要采取措施促进少数民族大学生形成积极的文化适应方式。

（5）民族认同研究。

何明对民族认同问题进行了较为系统的研究，其中，何明、王越平《全球化背景下边疆社会稳定研究的几个问题》［载《云南师范大学学报》（哲学社会科学版）2009年第2期］指出全球化背景下边疆社会稳定是一个动态稳定，妥善解决边疆社会的不稳定问题，疏导民族与国家、民族与民族之间的关系，建构起适应当前我国边疆民族需求的公民文化是核心的要义，这也能超越以往传统社会稳定观的局限，建构科学而长效的社会稳定基础。《国家认同的建构——从边疆民族跨国流动视角的讨论》（载《云南师范大学学报》2010年第3期）指出边疆民族在国家认同问题上存在着一定的模糊性并具有选择的地缘条件和社会条件，因此，必须从边疆各民族主体出发，以工具理性和价值理性相统一并以文化价值为目标的原则进行国家认同的建构。

白志红在《藏彝走廊中“藏回”的民族认同及其主体性——以云南省迪庆藏族自治州香格里拉县“藏回”为例》（载《民族研究》2008年第4期）指出迪庆藏族与回族之间的族群界限是模糊的、流变的，他们表现出来的主体性和历史记忆是建构“藏回”身份认同的主要因素，文化实践只是“藏回”认同的一个表层依据。

金少萍在《日本北海道爱努人及其民族认同》（载《世界民族》2008年第3期）中对居住在日本的北海道、本州的东北部，以及桦太［位于萨哈林岛（即库页岛）南部］、千岛群岛的爱努人的社会生活与民族认同进行了研究。

赵玉中在《地方风俗的诠释和建构——以大理白族“绕三灵”仪式中的“架尼”为例》（载《思想战线》2008年第1期）中认为地方知识精英对“绕三灵”这一民俗活动的叙述与诠释都因他们与仪式参与者之间时间、空间和社会的距离而与仪式参与者本身的实践和解释之间存在较大的差异。他们的诠释与民族志意义上的叙述存在着较大的差别。

李红春、张实在《关于云南“藏回”社会文化变迁的思考》（载《中国藏学》2008年第2期）中指出：“藏回”是历史上回族积极适应边疆多民族社会文化的产物，并探讨了“藏回”近期发生的文化和民族认同回归的原因。

何平在《中国西南与东南亚跨境民族的形成及其族群认同》（载《广西民族研究》2009年第3期）中认为这一地区的跨境民族在认同各自所居住的国家的同时，许多人又一直对他们的故土保持着一种认同，并与中国境内的相同民族一直保持着密切的联系。

刘芳在《离散与聚合——跨境Hmong人的族群认同》（载《黑龙江民族丛刊》2009年第6期）对苗族中操川滇黔方言的Hmong人的跨境特征进行了研究、概括，分析了其族群记忆在族群内部自我认同上所起的重要作用。

谷禾、谭庆莉在《近代中国西南国界线变迁与跨界民族身份认同的形成》（载《贵州民族研究》2009年第1期）中指出近代以来由于西方列强的入侵导致中国边疆危机，发生在云南的中缅、中越、中老边界交涉活动，通过国家政治以及国家意志对跨界民族身份认同产生直接而深刻的影响。

谷家荣在《地域、身份与认同——云南金水河村傣族跨国婚姻调查》（载《青海民族研究》2009年第4期）中指出为了在熟悉环境中生活得更有脸面，跨境民族更加注重形塑和提升区域性社会身份，社会认同意识普遍强于国家认同和族群认同。

王文光、张曙晖在《利益、权利与民族认同——对白族民族认同问题的民族学考察》（载

《思想战线》2009年第5期）中认为在白族的民族认同中，滇西北的勒墨支系和大理的部分白族的认同观虽然有异，但从民族认同的普遍意义来看，两地白族的认同前提、认同构建方式、场景性等是一致的。

韩忠太在《走出祖荫：六十年后的西镇人》（载《民族研究》2010年第6期）对60年以来西镇人在族属、文化和人格等方面发生的重大变化加以解析，以回应国内外人类学界对许烺光的批评。

高志英在《宗教认同与区域、民族认同——论20世纪藏彝走廊西部边缘基督教的发展与认同变迁》［载《中南民族大学学报》（人文社会科学版）2010年第2期］中认为藏彝走廊西部边缘为滇藏缅交界多民族聚杂居地区，这一区域的民族认同以混融并超越民族认同和宗教认同的区域认同为主要趋势。

杨福泉在《社会与文化变迁对民族宗教文化认同的影响——纳西人对东巴教的认同及其变迁研究》（载《思想战线》2010年第4期）中认为纳西人对东巴文化的认同有表层认同、文化艺术欣赏层面的认同和基于信仰的文化根性认同等多样化的内涵层次和外在表现。

嘉日姆几在《论凉山彝族族属认同的蛋形构造——从小凉山的农场现象说起》（载《社会学研究》2010年第5期）以凉山彝族族属认同为个案，提出族属认同的研究不仅有利于认识民族现象的复杂性，也有利于深入理解、反思国内外因族属问题引起的各种社会矛盾的原因及其后果。

（6）云南民族文化产业研究。

杨燕同《云南民族文化发展与文化产业建设》（载《云南社会科学》2008年第6期）整理分析了改革开放30年来，云南文化产业与民族文化建设的发展历程。

陈为智、赵世林《少数民族村落社区文化产业发展的问题分析》（载《思想战线》2009年第2期）从民族社会学的视角，对社区文化产业在发展进程中出现的社区文化产业主体利益分配失衡引发社区社会冲突等三方面的问题进行了研究和分析。

王亚南《从文化民生效应看中国文化产业发展实效——国颁数据“十五”分析与“十一五”测算》（载《文化艺术研究》2009年第1期）根据“十五”和“十一五”期间城乡居民文化消费总量分析了中国文化产业发展实效。

王亚南在《全国文化产业发展效应国标数据再析》（载《学术探索》2008年第2期）中根据国标数据修正了各地文化产业各项效应原有的演算分析路向重新评估以反映各地文化产业发展的基本态势。

马翀炜对文化产业也进行了较为系统的研究，其中《文化人类学视野中的文化产业》（载《思想战线》2010年第5期）指出民族文化产业的研究应该包括经济性、文化性、和民族性三个重要内容。《世界遗产与民族国家认同》（载《云南师范大学学报》2010年第4期）认为多民族国家中的少数民族文化以所在国国家文化的名义进入“世界遗产”名录，从根本上说就是将多元民族文化融合到民族国家的文化符号之中的结果，从而具有民族认同与国家认同相统一的意义。《乡村文化产业发展的路径及意义——以云南省为例》（载《西南边疆民族研究》第6辑）分析了乡村文化产业发展已经形成的五种路径，同时指出发展乡村文化产业具有使乡村进行新的文化整合、提高村民自身的发展能力、实现乡村文化的多功能等意义。

马翀炜、覃雪梅《文化产业与文化多样性》（载《思想战线》2008年第1期）、《文化力维度中的民族文化产业》（载《云南大学学报》2008年第4期）对文化多样性共存在文化产业发展中的基础性作用，文化价值的导向性、文化力、文化品牌对文化产业发展的重要意义进行了研究。

7. 民俗研究

李德建在《民族节日符号的现代转型及动力探析——以贵州苗族节日为例》（载《广西民族研究》2008年第3期）通过对贵州苗族传统节日符号现代转型的考察，揭示出传统节日符号的现代转型的具体路径，探讨了传统民族节日符号在新的历史转折期转型的深层动因。

余梅、卯惠在《民族传统节日传播的文化重构和传承》（载《黑龙江民族丛刊》2008年第5期）中认为只有重新梳理我们的传统文化或者建构新的节日仪式，才能完成节日传播中的文化重构和传承。

李晓莉在《云南直苴彝族赛装与串姑娘的民俗文化》（载《云南民族大学学报》2009年第2期）中认为赛装和串姑娘这两个文化特质反映了物质资料和人类自身生产这两种生产在直苴特殊历史与现实环境条件下特有的运行机制。

沈海梅《白族社会绕三灵中性的阈限》（载《民族研究》2009年第5期）指出白族社会绕三灵朝圣的过程，表现出通过仪式所具有的阈限阶段的特征，性的行为也在朝圣的仪式过程处于阈限的状态，突破了白族社会在日常生活中建立起来的人与神的等级界限以及婚内性与婚外性的界限。

8．生产、生活技术与习俗

（1）丧葬研究。

张宁《西双版纳僾尼人的丧葬等级制及其变迁》（载《民族研究》2010年第1期）对决定西双版纳僾尼人丧葬等级的因素进行了研究，并指出这一制度目前虽有不同程度的遗存，但很多方面已发生流变。

李志农《文化边缘视野下的云南藏族丧葬习俗解读——以德钦县奔子栏村为例》（载《云南社会科学》2009年第5期）认为当地丧葬习俗源于藏民对生与死的核心价值观的理解，这是多元文化特别是汉藏文化相互渗透、相互影响的结果。

（2）仪式、象征研究。

瞿明安、和颖《身体部位的象征人类学研究》（载《世界民族》2009年第1期）认为身体部位所反映的象征意义分别指涉人的生殖繁衍和性爱需要、人与自然和超自然的关系，以及人对权力和名誉地位的特殊需要。

郑宇在《箐口村哈尼族丧礼献祭礼物的象征性交换》（载《民族研究》2009年第4期）指出箐口村哈尼族丧礼中即赠即还的献祭牺牲礼物，其实质是借助一般交换的象征形式，建构多样化的再分配与互惠关系，有效实现当地社会关系的再生产。

王越平《灵魂、祖先与社会：越南侬族盖邦仪式与灵魂观研究》（载《广西民族大学学报》2010年第5期）指出生物性存在与精神性存在的统一是越南侬族灵魂观的内在结构，现世的人与彼岸的祖先之间的关联和维系是越南侬族灵魂观的文化意涵，以家族为单位的社会关系的整合模式是越南侬族社会的基本特征。

（五）婚姻、家庭与亲属制度研究

1．少数民族婚姻研究

丁桂芳、黄彩文《哈尼族奕车人离婚现象的人类学分析》（载《民族研究》2010年第4期）以田野调查材料为依据，从人类学视角对哈尼族奕车人的离婚现象进行了研究，指出奕车人中频繁发生的离婚现象与其婚姻模式及整个社会文化密切相关，在生育、当家之后将通过各种社会文化力量控制以保证婚姻和家庭的稳固。

瞿明安《中国少数民族迎亲仪式中群体性的戏谑关系》（载《中南民族大学学报》2008年第2期）对中国少数民族迎亲仪式中的拦门礼和拦路礼作初步的研究，认为迎亲仪式中群体性的戏谑关系是反映男女双方多种心理状态和价值观念的象征符号，它在姻亲之间或两个群体之间起到了加强沟通和进行初步认同的社会功能。

袁娥、赵秀兰《班奈仡族的同姓婚、交错婚和堆砌婚》（载《广西民族大学学报》2009年第4期）阐释了班奈仡族对这三种婚姻形式产生忌讳的根源，分析了为犯忌者举行的求恕仪式以及由此类婚姻形式所引起的亲属称谓调整在维系班奈仡族社会正常运行中的功能。

桂榕《回族婚俗变迁的人类学研究——以云南纳古为个案》（载《学术探索》2009年第5期）就影响纳古回族婚俗变迁的宗教信仰、地方历史文化传统、人际关系等相关因素进行了分析和阐释。

2．少数民族家庭研究

陈柳的《摩梭人的“家屋”观念》（载《中央民族大学学报》2008年第3期）一文认为“家屋”是摩梭文化中的一个重要观念，“家屋”观念优先于母系血缘观念，单用母系继嗣理论而忽视“家屋”的视角就不能合理地解释摩梭社会独特的文化现象。

3．姓名研究

嘉日姆几在《云南小凉山农场彝人的姓氏选择》（载《民族研究》2010年第5期）中指出农场彝人的姓氏选择应用了迁就、协商、投机等策略，其动机是追求各种利益与社会声誉。

（六）跨境、跨界民族研究

1．跨境、跨界民族理论与现实问题研究

（1）跨境、跨界民族理论研究。

王清华、彭朝荣《“跨国界民族”概念与内涵的界定》（载《云南社会科学》2008年第4期）认为，目前，国内关于我国跨国界而居的民族的研究已经形成了一定的规模和气候，但民族学界对这类特殊群体的称谓不尽相同，主要有“跨界民族”、“跨境民族”和“跨国民族”之称，这三个概念的定义和内涵的界定上仍然存在分歧、争议和不足，应把跨国界而居的特殊民族群体称之为“跨国界民族”。

田阡、杨红巧在《跨境少数民族的生存空间与生存策略——基于云南省中越边境地区的田野考察》（载《广西民族研究》2009年第4期）中指出：中国跨境少数民族经历了由民族原则到政治原则，再到经济原则的历史性变迁，这三种原则正在实现不断的交融与整合。

何跃在《边民主义与跨界民族主义——以中国西南边疆为研究对象》（载《云南民族大学学报》2010年第1期）指出在地区主义盛行的东亚板块，存在着地区主义下的边民认同和跨界民族认同，必须厘清边民主义与跨界民族主义与地区主义之间的关系。

（2）跨境、跨界民族现实问题研究。

王越平《中越边境壮族跨国婚姻中的拜后家研究——以云南河口县中寨村为例》（载《民族研究》2010年第6期）指出中越边境壮族跨国婚姻中的拜后家，是嫁入中国的越南壮族媳妇拟制姻亲关系的建构行为。这种建构，也是特定社会背景下的一种文化策略。

张金平在《云南跨界民族的宗教安全问题探析》（载《云南民族大学学报》2010年第4期）中认为云南跨界民族的一系列问题往往借宗教形式表现，除宗教渗透外，云南跨界民族地区的宗教安全还与其他非传统安全相互结合，给宗教安全的治理增加了复杂性。

何跃在《云南与周边国家跨境民族教育研究现状述评》（载《学术探索》2009年第6期）中认为在经济全球化和区域经济一体化的推动下，云南沿边境地区出现跨境民族教育交流，加强国民基础教育的硬件和软件建设，对云南沿边境地区跨境民族文化建设和文化安全意义重大。

2．跨境、跨界民族历史研究

何平《中国西南与东南亚跨境民族的形成及其族群认同》（载《广西民族研究》2009年第3期）认为中国西南边疆地区与东南亚地区之间的跨境民族是随着中国南部与南亚国家边界的变迁和最后确定以及在这一过程中诸多民族不断迁徙发展而形成的，因此，他们对居住国的认同和故土的认同同时存在。

王文光、姜丹在《从同源走向异流的越南百越系民族》（载《世界民族》2008年第4期）对越南各民族中与古代百越民族存在源流关系的京、岱依、侬、芒等民族与百越民族的亲缘民族关系进行了梳理。

3．东南亚民族研究

何明在《中国开展国外民族志研究的价值与困境——东南亚民族志研究的感受》（载《开放时代》2010年第2期）中认为从国家发展战略和社会需求以及学科建设和学术发展来看，海外民族志研究都是非常必要且迫切的，对东南亚进行以跨国流动为主线的民族志研究，既有自然的基础，也有社会的基础，既有历史事实的依据，又有社会现实的依据，既有学术探讨的目的，也有实践应用的目的。

何平在《泰国的孟高棉语民族》（载《贵州民族研究》2010年第5期）和《柬埔寨古代社会的演进及其特点再探》（载《社会科学战线》2009年第2期）两篇论文中对今天生活在泰国的孟高棉语民族的由来和历史变迁进行了系统的梳理，并指出古代柬埔寨自原始社会演进为阶级社会之后，便一直呈现为一种封建—奴隶制交织并存的特征。

庞海红在《19~20世纪的泰国印度人》（载《世界民族》2008年第3期）中对19~20世纪印度人迁往泰国的原因及分布进行了分析。

（云南大学　李晓斌）

新闻与传播学

云南省的新闻与传播学研究主要依托于各高校新闻传播学教学团队或学术团体，充分体现出教学与科研互动的特点。

一、学科建设

近年来，云南省高校新闻与传播学专业发展迅速。截至目前，已有云南大学、云南师范大学、云南财经大学、昆明理工大学、云南民族大学、大理学院、红河学院、曲靖师范学院、云南大学滇池学院、云南大学丽江学院等10余所高校（含二级学院）都开设有新闻系或新闻传播学专业，并且在整体上基本形成了从专科到本科再到硕士的立体化办学层次。

从云南省各高校新闻传播学专业的定位情况来看，云南大学新闻系作为云南省最早开设新闻专业的院系，其专业设置定位于平面媒体（主要是报纸）的新闻学教学，课程设置也以报纸新闻的采写、报道、编辑、排版等作为主要内容。云南师范大学新闻系则将专业定位于电子媒体（主要是广播、电视），课程设置侧重于影视传媒的文本创作、节目编导、摄像编辑等环节。昆明理工大学立足于自身理工科院校的技术优势，将新闻专业定位于技术含量较高的网络新闻和编辑出版方向。云南财经大学也结合自身财经类院校的优势，将新闻专业定位于与经济活动密切相关的经济新闻和广告。

就学科建设和学术研究而言，目前云南大学新闻系和云南师范大学新闻系已经在云南省高校新闻传播学专业中逐步确立起领军者的地位。云南大学新闻系目前下设有新闻学、广播电视新闻学两个本科专业。在学科建设和专业培养中，云南大学新闻系结合新闻传播学前沿理论与云南大学的区位特点，确定了“为云南少数民族地区培养创新型、复合型的传媒专业人才”的办学思路，把“厚基础、精专业、重能力、强创造”作为人才培养目标，积极开展少数民族新闻学、民族与传播等方面的研究，逐渐形成了民族文化传播的教学科研特色。2007年，云南大学新闻系被选入国家级“第二类特色专业建设点”，同时被列为“第三批云南省重点建设本科专业”。云南师范大学新闻系以民族文化传播学为特色，目前下设有广播电视新闻学、广告学、播音主持艺术等三个本科专业。2009年教育部学位专业排名，云南师范大学新闻系广播电视新闻学专业在全国近800所开有相关专业的高校中，和同济大学、重庆大学等并列排名第23位，是云南省唯一进入教育部学位专业排名前30名的专业。2010年6月，云南师范大学新闻系与动画系合并，共同组建成立传媒学院。

在学科平台搭建方面，2009年7月29日，由云南大学新闻系与复旦大学信息与传播研究中心共同组建的“传播与民族文化研究所”在云南大学正式挂牌成立，这为开展有特色的云南本土新闻传播研究搭建了重要平台。2010年11月，云南大学新闻与传播专业硕士授权点申报通过了国务院学位委员会认定。由云南大学人文学院新闻系教学团队及省内新闻业界专家构成的师资队伍将承担起云南省独一无二的“新闻与传播硕士”（MJC）的培养任务。同时，云南大学新闻系还获得了新闻传播学一级学科硕士点的资格省内认定，正报批国务院学位委员会作最终核定。

在硬件设施建设方面，2008年，“云南大学新闻传播实验教学中心”被评为云南省高校唯一的文科实验教学示范中心，这是云南省首个新闻传媒类的省级实验教学示范中心，同时该中心获得“中央与地方共建高校特色优势学科实验室”项目资助，对原有实验室功能进行了扩展，使之更加适应传媒人才培养的需要。目前，“新闻传播实验教学中心”占地面积约1250平方米，拥有实验教学器材设备及固定资产1839台件，资产总金额1591万元，设备先进，与媒体技术发展接轨。中心下设包括电视实验室、广播实验室、广告设计与报刊编辑排版实验室、社会信息调查与研究实验室、数字媒体实验室和摄影实验室等六个实验室和少数民族传播教学资源库。以此为契机，中心积极进行教学改革，构建了一个以课程实验教学为起点、以校内课外模拟实践为辅助、以校外专业实战型实习为延展的新闻传播学“拓展型实验教学体系”。2010年，“云南大学新闻传播实验教学中心”被评为国家级实验教学示范中心建设单位，这标志着云南大学的新闻传播实验中心成为全国16个传媒类国家级实验教学示范中心之一，也成为西南唯一的国家级新闻传播实验教学示范中心。

在课程建设方面，2008年云南大学新闻系本科必修课程“应用电视学”被评为省级精品课程，2009年云南师范大学新闻系本科专业主干课程“大众传播学”被云南省教育厅评为年度省级优质精品课，2010年云南大学新闻系本科必修课程“传播学引论”被评为2010年省级精品课程。2010年12月，在四川外语学院举行的全国新闻传播学教育年会上，云南师范大学传媒学院报送的“大众传播学”项目获首届“中国新闻学与传播学教学改革创新项目奖”。

二、主要学术活动

（一）云南省高校新闻传播学专业负责人第一次联席会议

2008年6月22日，云南省高校新闻传播学专业负责人第一次联席会议在云南大学举行，多所开设新闻传播学专业的在滇高校相关负责人针对当前新闻传播学专业所面临的困境和问题畅所欲言。与会高校代表提出，目前，困扰新闻传播学发展的因素主要包括高层次师资缺乏、课程体系不完善、部分教师缺乏新闻实践经验等。云南大学人文学院新闻系主任单晓红认为，从事新闻传播学专业教学的教师，应具备丰富的媒体从业经验。同时，校外实习基地的建设也十分重要。

（二）韩·中青少年互联网文化和民族主义研讨会

2008年8月，云南大学新闻传播学实验教学中心与韩国汉江大学共同举办“韩•中青少年互联网文化和民族主义研讨会”。

（三）第二届“中华青年新闻传播学者论坛”

2009年8月10~15日，由香港城市大学媒体与传播系和云南师范大学科研处、云南师范大学文学与新闻传播学院新闻系联合主办的第二届“中华青年新闻传播学者论坛”在昆明举行。中华青年新闻传播学者论坛是以香港城市大学媒体与传播系“中国大陆新闻传播青年到访项目”为基础，以促进中国大陆各高校新闻传播院系的学术交流，并协助中国大陆新闻传播研究与国际接轨为目的的高层次学术会议。本届论坛在昆明举行，既为香港与内地新闻传播学领域的学者搭建了一个学术交流平台，也为促进内地新闻传播学研究与国际接轨提供了一个良好的契机。来自香港城市大学、台湾国立政治大学、复旦大学、南京大学、武汉大学、华中科技大学、云南师范大学等高校的新闻传播学者近30人，围绕“传播研究：理论、方法与实施”这一主题，深入探讨新闻传播学研究发展的若干问题。

（四）云南省首届大学生电视作品大赛

2010年5月，由云南大学新闻系、云南省广播电视协会联合省内八家高校共同主办的云南省首届大学生电视作品大赛开赛，旨在推进新闻人才培养模式的改革，引导学生实践能力的培养和创新能力的挖掘，为社会培养理论素养与实践能力并重的电视专业人才。大赛组委会从2010年3月开始征稿，截止到2010年9月征稿结束，共收到省内十余所高校学生提交的125件参赛作品，涉及大赛设定的五个门类，即：文艺类（含主持）、纪实类、广告类、长新闻、短新闻。大赛组委会组成了由专家、学者组成的评审委员会，对参赛作品进行逐一审看，经过初评与复评，最终有51件作品获奖，其中一等奖2项，二等奖8项，三等奖17项，优秀奖24项。

（五）首次“新闻训练营”

2010年7月15~28日，云南大学新闻系与法国斯特拉斯堡大学新闻教育中心（CUEJ）合办的首次“新闻训练营”成功开展。本次训练营采用CUEJ传统的“海外迁徙教学”模式，由法方Alain Peter、Olivier Chapelle两位老师主导，带领新闻系20名学生围绕“盘龙江流域治理改造”这一话题展开调查采访。训练营采用英语教学，最终完成12版全英文杂志*Focus*

Kunming。在两周的时间内，同学们围绕“盘龙江流域治理改造”这一主题，从城市发展规划、水质治理情况、市民生活三方面探讨分析，通过一系列的采访和调查试图回答一个大家共同关心的话题：“盘龙江流域今后究竟会在昆明城市中扮演怎样的角色？”此次训练营目的在于借鉴CUEJ注重实际操作能力与新闻业务实践高度贴和的教学理念，讲求让学生主导，用自己的眼光发现问题、分析问题，并不断求证，使学生在全新的教学方式下全面检验和提高自身业务能力，并在整个调查研究的过程中，领悟新闻精神、培养新闻素养。

三、研究成果

（一）新闻史研究

由于地处边疆地区，新闻史研究在云南省新闻传播学研究领域中相对薄弱。目前有代表性的研究成果为云南大学单晓红教授主持的省部级课题“云南少数民族文字报刊发展研究（2007—2008）”。

（二）新闻理论研究

1．著　作

云南大学单晓红教授在《媒介素养引论》（浙江大学出版社2008年版）一书中认为，英国学者富兰克·雷蒙德·李维斯和丹尼斯·托马森于1933年发表的《文化和环境：批判意识的培养》中首次提出“媒介素养”这个概念，目的是在面对以电影为首的大众传媒所带来的流行文化的时候，唤醒人们的批判意识，呼吁维护传统价值观念和精英文化。时隔80多年，如何认识与看待精英文化和大众文化，学界已经有了更为清醒的认识和客观的判断。媒介素养的概念也经历了一个变化、进步的过程——由最初的精英主义立场所提出的单纯的抵抗防疫阶段，到60年代以后开始的文化多元化认识与实践；从重视独立批判能力的培养，到认识到媒介素养更应该是一种赋予民众传播能力与权力的阶段，提倡加强全民对媒介的使用能力与表达能力的培养。人们对媒介素养的认识走上了一条日趋完善、更加全面的道路。在我国，媒介素养概念是在90年代以后才逐渐被国内的学界接受的，这样的原因在于：一方面中国的传播学理论一直延续美国传统，热衷于研究传播的效果等具有实用功能的环节，对欧洲的批判学派的研究一直未能形成气候，这一状况在90年代以后才有所改变。另一方面在于我们的国情中，媒介一直属于党和政府的耳目喉舌，舶来品的媒介素养及其批判性的概念实质，似乎多有适应不良的“先天疾病”。由于这样的双重背景，媒介素养长期未能在传播学研究的主流领域获得应有的关注。

2．论　文

昆明理工大学张名章副教授在《多元文化主义视角下的少数民族媒体呈现——基于我国主流网络媒体的分析》［载《华中科技大学学报》（社会科学版）2008年第5期］中指出，通过多元文化主义的视角，对我国的主流网络媒体人民网和新华网对少数民族的媒体呈现状况进行分析，结果发现，我国主流网媒对少数民族的媒体呈现从数量上看是一种低度呈现，从程度上看是一种浅度呈现，从结构上看是一种欠公平的呈现。

云南师范大学邹建达副教授、李宇峰讲师在《英雄的叙事与叙事的英雄——论当代新闻叙事中的英雄母题与英雄情结》（载《云南师范大学学报》2008年第3期）一文中指出，英雄母题是远古神话中主要的叙事母题之一。在现代社会中，英雄母题在新闻叙事中继续存在。新闻中的英雄故事表征了读者和观众的英雄情结，而读者和观众的英雄情结最终通过新闻中的英雄故事得到情感的宣泄。在新闻报道中，媒介和记者扮演着英雄的替身和英雄故事的叙述者双重角色。而媒介和记者之所以具有此双重角色，关键在于他们拥有的宝物——国家和公共舆论所赋予的话语权力。

云南师范大学郝朴宁教授等在《国家形象塑造与我国传媒的未来发展战略》（载《云南社会科学》2010年第1期）中指出，在全球化传播背景下，作为他者角色存在的部分西方强势媒体，肆意行使话语霸权，单向度地塑造着我国以及广大发展中国家的国家形象，以此形成了国际传播格局中国家形象塑造的钟摆现象。这种钟摆现象使得我国以及广大发展中国家的国家形象丧失了被理解、被尊重的权利，使我国形象没有任何安全保障。基于此，我国传媒应将国家形象塑造上升到维护国家形象主权的战略高度来加以重视。要彻底摆脱钟摆的控制，掌握属于自己信息版图内的形象主权，我国必须大力推进传媒发展战略的软环境建设，为提升其国际传播力而努力开创国际传播的新局面，为我国国家形象塑造创造良好的对外传播新格局。

云南大学孙信茹博士、杨星星副教授在《青少年博客的社会文化意义研究》（载中华传媒网·学术网，2008年10月）一文中指出，近年来，博客成为青少年表达自我的一种重要渠道，社会各界也对青少年的博客使用行为给予了较多的关注。但是研究者关注的焦点主要集中在博客对青少年所带来的负面或消极的影响上，而对博客带给青少年的社会文化影响却关注较少。事实上，在这个社会急剧变迁的时代，青少年对博客的接受和使用并非是全然被动的。面对海量信息和类型庞杂的媒体，青少年也不再只是充当简单的“冲击—回应”的被动性角色。青少年同样可以运用网络和博客发出自己的声音，确立自我身份的认同，进而塑造属于自己的文化。

昆明理工大学王勇副教授在《从标签策略看新闻生产的意识形态性》（载《国际新闻界》2010年第8期）中指出，标签策略是新闻报道的常用策略。新闻标签策略包括社会权力集团贴标签、强势群体贴标签和媒体贴标签三种方式，它表征和复制了社会的权力结构；标签策略使有权贴标签者按其立场建构了受众理解新闻的路径和框架，引导或框定了受众对新闻的认知和理解。标签策略的运作和后果反映了新闻生产的意识形态性。从标签策略入手分析新闻生产的意识形态性是一个新的视角，对揭示新闻报道的本质具有重要意义。

此外，这一时期云南省新闻理论研究方面的学术论文还有：

郝朴宁：《汶川地震报道的文化生成》，载《当代文坛》2008年第5期。

单晓红：《城市女性媒介素养状况调查——以昆明为例》，见《中国传播学评论》第三辑，复旦大学出版社2008年版。

张名章：《青少年网络乞讨现象的引导与治理》，载《当代青年研究》2008年第2期。

张名章：《复杂传播环境下网络新闻“把关人”的角色转换》，载《新闻界》2009年第1期。

张名章：《女性与网络，不可忽视的三大“失衡”》，载《中国青年研究》2009年第3期。

张名章：《西部边疆少数民族文化网络建构的问题与创新》，载《贵州民族研究》2009年第6期。

杨璐：《全球化背景下的新闻传播学教育》，载《新闻界》2009年第6期。

王勇：《从近七年世界日报发行量前100名看中国报业的发展》，载《中国出版》2010年第19期。

王勇：《“报纸正在消亡”吗?——对近八年世界日报发行量前100名的比较研究》，载《新闻界》2010年第5期。

（三）新闻业务研究

1．著　作

王勇合编：《传播学应用教程》，湖南人民出版社2008年版。

杨璐合编：《广播电视新闻编辑》，北京师范大学出版社2009年版。此书入选教育部“十一五”规划教材，获2010年度中国高等院校影视学会第六届“学会奖”。

杨璐副主编：《纪录片概论》，四川大学出版社2009年9月版。此书入选教育部“十一五”规划教材。

郭建斌、晋群：《新闻采访写作基础》，云南大学出版社2009年版。

王勇参著：《广告客户管理》，厦门大学出版社2009年版。

张名章主编：《网络新闻编辑》，北京师范大学出版社2010年版。此书入选教育部“十一五”规划教材。

2．论　文

王勇：《论注意力稀缺时代报纸编排策略》，载《编辑之友》2010年第10期。

王勇：《论党报经营的地域瓶颈及对策》，载《中国出版》2010年第3期。

王勇：《新传播技术、新媒介环境与青少年社会化》，载《湘潭大学学报》2010年第1期。

张名章：《网络新闻标题的不当修辞》，载《中国编辑》2008年第3期。

崔梅：《全球化背景下的中国传媒与母语安

全》，载《云南师范大学学报》2008年第9期。

（四）新闻出版研究

2010年，云南省新闻出版局通过前后历时2个月的全省大调研，完成了17篇调研报告，其中“云南少数民族文字出版现状及其发展对策研究”、“报刊图书在我省州市、山区农村和藏区传播力和影响力的调研报告”、“我省报刊业‘十一五’发展规划执行情况及‘十二五’发展对策调研报告”、“云南省数字出版‘十二五’调研报告”、“云南图书出版现状调查及其‘十二五’发展目标的报告”五个调研课题被省委宣传部列为2010年全省宣传思想文化调研重点课题。

（五）新闻媒体作用研究

1．著 作

2009年，郭建斌教授的《独乡电视：现代传媒与少数民族乡村日常生活》（山东人民出版社2005年版）获教育部高等学校科学研究优秀成果奖新闻学与传播学三等奖。该书是在郭建斌的博士论文《电视下乡：社会转形期大众传媒与少数民族社区》基础上完成的一部传播民族志著述，是大陆学者借鉴人类学的民族志方法在独龙江地区田野调查基础上撰写成的第一部极具原创性的著作，开启了大陆传播研究中的人类学取向，在一定程度上拓展了中国大陆新闻传播学研究的空间，同时也充分体现了中国大陆新闻传播研究的区域特色。就研究方法来说，国外传媒研究中已经有过一些采用民族志方法的研究成果，华人学者陆晔、潘忠党在对新闻从业者的考察中也使用过类似的方法。但是在一个社区进行一种较为深入的真正意义上的民族志研究（该成果的田野调查时间是2001年10月至2002年4月，共计6个月的不间断工作），在当时国内新闻传播研究中没有先例。研究取向上的创新，其实与研究方法是密切相连的。从研究取向上来说，首先，作者把目光投向了农村、少数民族地区，具体考察传媒对这些地区社会文化变迁的作用，这是一种符合中国国情的选择，这在当时中国新闻传播研究中也是一个尚未开启的方面；其次，由民族志的方法所决定的研究问题已经不是传媒是否有影响、有多大影响的问题（这是量化研究取向通常要问的问题），而是这种影响具体是什么，如何发生这样的问题，这样的一种研究问题的转向（或研究取向的转向）也是随着方法的改变而改变的。就学术价值来说，《独乡电视》的主要价值在于开中国“民族志”方法进行少数民族广播电视研究的先河，开启了中国大陆民族志传播学研究的新领域，同时较好地实践了中国大陆传播研究与人类学的学科交叉，促进了国内传播研究的多元化。

2．论 文

陈静静、庄晓东的《文化认同与少数民族电子网络媒介》（载《中国人民大学学报》2009年第2期）一文，将民族文化认同置于一个多民族交往和对话、互相激荡影响的场域中予以考察，包括对少数民族网络的官方话语、少数民族知识分子话语、商业诉求、个人表达四类话语形态的分析。文章指出，在民族文化认知、情感表达等方面，网络都为少数民族文化认同提供了场域。在网络的场域下，少数民族文化认同、地域认同、国家意识形态相互浸润，形成了多层次的民族和国家认同。

陈静静的《互联网与少数民族多维文化认同的建构——以云南少数民族网络媒介为例》（载《国际新闻界》2010年第2期）一文在对族群认同理论梳理的基础上，认为新近的将社会场景因素纳入族群认同建构的理论观点，改变了传统的、线性的、强调文化同化和适应的个人族群认同建构模式，也为多维文化认同的建构提供了理论支持。该文将云南少数民族网络媒介视为少数民族自觉建构文化认同的文本，分析了互联网推进多维文化认同建构的可能性。互联网以其游走于整合和断裂之间的巨大张力，对包括族群认同、地域认同和国家认同在内的多维文化认同体系的整合可以产生更广泛的推动作用。

孙信茹在《手机和箐口哈尼族村寨生活——关于手机使用的传播人类学考察》（载《现代传播》2010年第1期）一文中指出，手机作为当今社会传播范围最广、介入人们日常生活程度最深的传播媒介之一，也对少数民族村寨带来日益深远的影响。箐口哈尼族村在最近5年的时间里，手机得到了较大的普及，然而，箐口村民对手机的使用有着自己独特的语境。手机使用者生活语境的复杂性和差异性，使得手机媒体在箐口呈现出不同的社会活动及文化表现。尤其值得关注的是，手机在箐口有可能成为文化表演的核心，同时也有可能成为权力关系网络的一种载体。

此外，这一时期云南省新闻媒体作用研究的论文还有：

王勇：《新传播技术、新媒介环境与青少年社会化》，载《湘潭大学学报》2010年第1期。

庄晓东、高云：《少数民族青少年网络使用情况研究——以云南省为案例》，载《云南师范大学学报》2008年第5期。

（六）广播电视研究

1. 论　文

孙信茹、马翀炜在《一个乡村电视台的社会文化人类学考察》（见《西南边疆民族研究》，云南大学出版社2009年版）一文中指出，一些乡村社会随着经济的高速发展，其原有的生产生活方式都发生了巨大的变化，如何在新的历史条件下建构凝聚社区生活的新的文化符号是这些乡村社会面临的重要问题。该文对红塔区大营街村的汇溪电视台产生的历史条件、发展历程及管理模式的考察说明了这一乡村电视台的出现就是一个建构社区文化符号的过程，并在承担传播信息等功能的同时开始更多地具有加强社区凝聚力和塑造社区领导者权威的作用。

郭建斌的《电视、象征资本及其在一个特定社区中的实践——独乡个案之田野研究》（中华传媒网•学术网）一文，以位于中国西南的一个少数民族社区作为研究个案，借用法国社会学家皮埃尔•布迪厄（Pierre Bourdieu）的“象征资本”概念，对大量的感性材料进行了梳理。文章从介绍了这一社区的相关背景情况开始，接着回答了在这样一个社区中为什么拥有和使用电视会具有“象征资本”意涵。在此基础上，文章从布氏“象征资本”构成的三类资源（文化资本、经济资本、社会资本）提供的思路对这一“象征资本”的来源进行了追问，强调了“政治资本”在获取这一“象征资本”时的实际作用。此外，这样一种“象征资本”如何在乡村社会中发挥作用，以及这一“象征资本”对乡村社会关系产生了怎样的影响等问题，文章依次作了回答。通过这一个案的分析，可以帮助我们更好地理解国家和传统的权力关系如何在特定的生活场景下得以实践。

此外，这方面的论文还有：

郭建斌：《国家•电视•乡村社会——以在独龙江观看奥运会开幕式田野资料为例》，载《传播学与中国/复旦论坛》2008年12月。

郭建斌：《民族志视角下的电视观看活动——独乡田野资料的再阐释》，载《传播与社会学刊》（香港）2008年总第6期。

崔梅：《方言电视节目于民族语言文化生态保护之意义》，载《当代文坛》2008年第5期。

杨璐：《全球化背景下的新闻传播学教育》，载《新闻界》2009年第6期。

杨璐：《三网融合：新竞合关系下广电的突破》，载《电视研究》2009年“新闻专刊”。

杨璐：《新神话主义浪潮下电视奇幻剧的兴起与展望》，载《中国电视》2010年第11期。

2. 课　题

近三年云南省广播电视研究领域较有代表性的课题有：

昆明理工大学杨璐主持的云南省教育厅课题：“电视新闻仪式化传播机制研究”。

昆明理工大学李昌主持的云南省教育厅课题：“昆明地区都市报发行模式研究”。

（七）传播学研究

云南少数民族众多，拥有丰富的民族文化资源，因此云南省传播学研究也立足于当地实际，以民族文化传播学为突破口，体现出鲜明的地域特色。针对云南省少数民族众多、民族文化资源丰富的特点，云南大学新闻系率先展开民族文化传播领域的研究。1999年，云南大学新闻系获得云南省第一个新闻传播类的国家社会科学基金项目“民族发展与传播”和省院省校合作研究项目“云南少数民族信息传播与社会发展”。2000年出版的课题成果《传播与民族发展：云南少数民族地区信息传播与社会发展关系研究》（新华出版社2000年版）是国内关于少数民族传播研究的开山之作，奠定了民族传播研究的基础。2009年6月，云南大学与复旦大学信息与传播研究中心共同组建的“民族与传播研究所”在云南大学新闻系成立。同时，依托“新闻传播实验教学中心”，教学团队成员主持、参与的重大科研项目涵盖少数民族地区媒介接触、网络传播、媒介与认同、媒介素养、少数民族文字媒介等重点、热点理论问题，对云南少数民族新闻传播予以全面、深入的理论关注与探索。云南师范大学新闻系也积极开展民族文化传播学研究，郝朴宁教授的《民族文化传播理论描述》（云南大学出版社2007年版），是我国第一部民族文化传播学专著，在我国首创“民族文化传播学”。

1．著 作

庄晓东等：《网络传播与云南少数民族文化的现代构建》，科学出版社2010年版。该书是云南师范大学庄晓东教授主持的国家社科基金项目“网络传播与云南少数民族文化的现代建构研究”（项目号：07BXW017）的最终研究成果。研究者通过实证调查研究，认为网络传播的创新与扩散，给云南少数民族地区的媒介生态和媒介环境带来了巨大变化。互联网在各少数民族普及的时间差明显。少数民族人口特征的差异影响着其互联网接触的状况，引发了不同群体以及不同民族之间“知沟”的出现。调查验证了云南少数民族在经济资本、文化资本和社会资本方面的差异，并证实其在某种程度上影响着少数民族网络使用者网络媒介素养的高低。网络传播的出现改变了云南少数民族的传统观念、交往方式和民族身份的自我认同。同时，该书将网络媒介及其激发的社会文化变迁置于云南少数民族文化现代建构的理论背景下考量，从三个不同的向度——作为媒介使用者的少数民族族群成员及相关社会文化变迁，虚拟世界的真实文化话语建构，民族地区政治博弈、经济发展和现代性变化的过程中网络传播的现代性效能，展开了较为细致和全面的分析。这对认识网络文化与本土民族文化的互动和融通的规则与程式，理解民族意识与文化认同在新的媒介环境下的变化，促进少数民族地区经济、政治、文化和社会的全面、协调、可持续发展具有积极而深远的意义。

王勇：《大众传媒与社会越轨行为——社会控制视阈下的越轨新闻信息传播研究》，光明日报出版社2010年版，入选教育部“高校社科文库”并获资助。该书援用越轨社会学理论和社会控制理论，从社会控制视阀研究大众传媒对越轨新闻信息的传播，论证了现代传媒对越轨新闻信息的传播不但是受众和媒体的需要，而且是社会的需要，是社会控制的需要，对社会具有控制功能。该书重点分析了越轨新闻信息传播社会控制功能发挥的基础——基于社会主流价值的传播策略，同时分析了阻碍越轨新闻信息传播发挥社会控制功能的障碍，并从保证越轨新闻信息传播发挥社会控制功能的角度，分析了社会对越轨新闻信息传播的调控。该书还紧扣我国当前社会实际，论述了发挥越轨新闻信息传播的社会控制功能对于建设社会主义和谐社会的意义，分析了当前我国新闻传媒在越轨新闻信息传播中存在的问题，提出了改善我国越轨新闻信息传播的对策和建议。

庄晓东：《传播与文化概论》，人民出版社2008年版。该书是教育部“十一五”国家级规划教材之一，也是国内第一本系统、全面、科学阐述文化与传播之关系、原理、规律、发展的理论教材。全书从文化历史的角度入手，深入探讨传媒形态的嬗变、传播基因的路径、传播之于社会文化建构的功能、大众传媒与消费文化，并对文化传播的要素、过程、模式、机制进行细致的描述和分析，对社会批判理论、文化研究理论和新传媒技术理论作出系统的梳理和阐述。同时围绕我国传播与文化领域的核心问题，如传播与文化产业的经济与政策、民族文化的传承与保护、文化政策的制订和实施、跨文化传播与全球化挑战等，进行了全面的思考，有效地建构起一个深刻理解文化与传播的理论通道。该书灵活运用符号学、社会学、结构主义、后现代主义、民族志方法等多学科理论和方法，将定性研究与定量研究相结合，既有深入的理论探索，又有丰富的研究范例，因而也是一部从事传播与文化研究的方法论指南。

张宇丹、吴丽：《可视的文化——影像文化传播论》，云南大学出版社2009年版。该书中指出，不仅要认识研究“悦目赏心”的，而且也要认识研究非“悦目赏心”的，认识研究如何通过高贵的视觉对现实世界和人类自身实现表征、传播和接受的。该书指出：从信息的传递、意义的呈现到历史的记述、文化的传承，视觉表达、视觉感知和视觉思维具有怎样的效用？如果说人对于外界现实的观照主要是一种主体注目客体的单向式的“看”，那么人与人之间的彼此注视则是一种双向交互的“看”与“被看”，二者的位置是可以变动转换的，由此所形成的不同视觉关系生成不同而多样的视觉效应，视觉文化因此而扑朔迷离、引人入胜。

2. 论　文

郝朴宁、李丽芳在《民族文化传播学的学科建构与思考》（载《云南师范大学学报》2008年第3期）一文中指出，民族文化传播学及其理论研究是对于民族群体承载并传递民族文化信息、物质的传播行为、相互交往行为活动规律的理论建构，也是创建中国特色传播学的重要基础。民族文化传播学主要的研究体现在几个方面：传播与文化信息交往研究；民族文化传播学与民族文化遗存形态关系研究；人作为文化的媒介，成为传播的终极介质研究；用现代传播研究方法，对民族文化，特别是少数民族文化传播的传播方式、传播初识、传播行为、传播介质的研究，同时研究这些介质本身保留的民族文化。创建民族文化传播学，同西方大众传播学的规律性研究不同，它更加关注对于民族生活化传播行为的研究，并从文化人类学、民族学等视角进行传播内容的文化分析，以沟通文化传播与文化传承之间的关系。

王勇在《论新媒介环境下的政府公共传播》（载《昆明理工大学学报》2010年第6期）一文中指出，互联网、手机等新媒体的普及形塑了一个新的媒介环境，它具有传播全球化、去中心化、开放性和信息多元化、舆论复杂化等鲜明特征，给政府公共传播带来了新的机遇和挑战。政府必须根据新媒介环境的特征和规律，采取相应的公共传播对策。

此外，近三年云南省传播学研究领域较有代表性的论文还有：

郝朴宁：《影像符号的意义生成》，载《当代文坛》2008年第3期。

郝朴宁：《文化传承·文化传播·文化生态建设》，载《学术探索》2008年第6期。

（云南师范大学　郝朴宁）

图书馆、情报与文献学

一、学科建设

图书馆、情报与文献学是非常重要的基础性学科，现代任何一门科学技术的发展都离不开这一学科的重要贡献与支撑。图书馆、情报与文献学的学科建设及其事业的全面发展，在保障为哲学社会科学研究与教学工作服务，在传承与弘扬中华文明、促进社会进步，推动科技、文化发展与交流等方面起着十分重要的作用。它也是实现科技与教育现代化和社会各个方面协调发展的一项基础性的系统工程，关系到全省政治、经济、科技、教育、文化的大局与建设和谐社会建设。在省委、省政府正确领导和全省各民族人民共同努力下，2008—2010年间，云南社会、经济、教育、科技、文化等事业得到长足发展。与此同时，云南的图书情报和档案、文献事业也取得相应发展。而图书情报、文献和档案事业的发展也促进了社会政治、经济、科技和教育、文化事业的进步。近年来，在省委、省政府的领导下，云南高等学校的数量在不断增加。通过全省图书情报学界的艰苦努力，人员队伍的专业技术职务结构、专业知识结构、年龄结构等不断优化，从业人员的学历结构也不断得到优化和提高。全省图书情报界在文献资源建设、资源共建共享、学术交流、干部队伍素质提高、数字化建设、读者服务、参考咨询、文献传递、代检代查、馆舍建设、信息服务质量提升和学术研究水平增强等方面取得了很大的成绩。至2010年年底，全省共有高校图书馆63个，县级及以上公共图书馆143个，全省图书情报及档案从业人员约5万人。

在学术团体建设方面，云南省现有省图书馆学会、省档案学会、省高校图书馆工作委员会、昆明市图书馆学会、大理白族自治州图书馆学会、红河州图书馆学会、玉溪市图书馆学会、曲靖市图书馆学会等十余个学会组织。各学会开展了一系列学术活动和业务联系活动，如中国冶金院校图书馆研究会、西南地区高校图工委联席会议、省图书馆学会年会、省高校图工委的各类学术与工作会议、云南省各地区图书馆联席会议、高职高专图书馆协作会议等。

在日常工作中，各学会及其团体围绕其建设和发展，开展了一系列活动，如科学研究、学术交流、业务交流、专家请进来走出去、提高业务能力的培训和交流活动、评奖活动等。通过2009年文化部县以上公共图书馆第四次评估定级考察，2010年1月，文化部将云南省图书馆、昆明市图书馆、弥勒县图书馆、盘龙区少儿图书馆、昆明市五华区图书馆、石屏县图书馆、泸西县图书馆、玉溪市红塔区图书馆等八个图书馆定级为“一级图书馆”。

在资源建设、联合采购、共享平台建设等方面，各图书馆紧跟数字图书馆和Lib2.0的步伐，文献建设经费不断增加，数字资源投入经费比例快速上升。以昆明理工大学为例，2008—2010年期间，订购了数十个外文数据库，包括SCI、EI、ISTP三大检索数据库、化学文摘（CA）、Elsevier、SpringerLink、IEEE、Wiley-Blackwell、ACS、ASCE、ASME、Emerald、SAGE、ProQuest硕博论文等国际知名数据库。截至2010年年底，昆明理工大学图书馆可使用的高品质数据库达120多个。省高校图工委每年获省财政100万元专项经费支持，用于订购适用于全省高校学科专业的外文数据库，供全省高校师生共享，全省有35家高校共享这些数据库。在资源联合采购方面，高校先后联合采购了网上报告厅、国研网、读秀知识库、中文科技期刊数据库（全文版）、中国学位论文全文数据库、中国学术期刊网络出版总库（全专辑）、人大报刊复印资料、银符考试题库、超星百链云图书馆、金图外文电子图书等电子资源。2009年12月15日，昆明理工大学、云南大学、云南财经大学及云南师大等图书馆联合采购了北京世纪超星信息技术有限公司的百链云图书馆（区域图书馆）平台，整合参建图书馆的各类馆藏资源，以文献传递的方式实现资源共享。截至2010年年底，已有7所高校图书馆加入该共享平台。

在云南社会经济和教育事业快速发展的形势下，高校新馆建设如雨后春笋，特别是呈贡大学城的建设，加快了有关高校馆舍修建的进程和速度，昆明理工大学、云南大学等呈贡馆、昆明冶金高等专科学校安宁校区图书馆等也正在加紧建设当中，而云南师范大学、昆明医学院、云南民族大学、云南中医学院等新馆先后建成并投入使用。

各高校高度重视图书情报人才队伍建设和人才培养工作，图书情报从业人员数量得到补充，学历水平不断提高，学校和图书馆领导鼓励在职人员深造提高，鼓励在职本科学历人员攻读硕士和博士学位。昆明理工大学、云南大学等图书馆近年有十余位馆员完成硕士学业。2008—2010年间，云南大学图书、档案、情报学共招收图书情报档案本科生196名、硕士71名、档案学博士7名。2008年，由昆明理工大学图书馆馆长张仲华教授发起，昆明理工大学信息管理学情报学研究生班招收了10名学生，为全省高校培养了图书情报人才。

图书馆重视中外学术交流，不断有馆员到欧美国家，如加拿大、日本、澳大利亚等国留学、进修。昆明理工大学先后派出高嵘、朱宁副研究馆员到日本、加拿大深造。2008年7月11~13日，昆明理工大学图书馆承办的第三届中美图书馆论坛顺利召开，来自美国的6位图书馆界的馆长和专家、北京大学图书馆馆长朱强教授、清华大学图书馆副馆长姜爱蓉等国内外专家出席了论坛，来自全国各地图书馆界的200余人参加了会议，在国内产生了广泛反响，多家媒体及时宣传报道了会议盛况，如新华网、云南电视台、中国教育新闻网、云南网、国家图书馆网、上海图书馆网等对会议进行了报道。2010年7月4~7日，云南农业大学图书馆承办了第四届中美图书馆论坛，省内外60余所大学图书馆、公共图书馆和科研院所图书馆的馆长和专家约200人出席论坛。

经昆明理工大学图书馆馆长张仲华教授对西南地区图书资料系列正高职评审工作的调研，发起并拟写了“关于在云南省组建图书情报高级职称评审委员会的建议”，通过省高校图书馆教授级别的馆长联合签字后递交到省委、省政府领导。在省委、省政府领导重视，全省高校图书馆、公共图书馆、教育厅等部门共同努力下，我省于2007年组建了“云南省图书资料系列正高级专业技术职务评审委员会”。2008—2010年开展了三年的评审工作，高校和公共图书馆等共有18人晋升了研究馆员。此间共有160人晋升到副研究馆员。

二、主要学术活动

（一）云南省档案学会2008年学术研讨会

2008年6月11日至13日，省档案学会2008年学术研讨会在昭通市召开，来自全省的140余名档案工作者围绕“民生档案工作”、“档案工作科学发展”的主题进行学术研讨交流。会议表彰了2007年档案学术优秀论文和2008年研讨会优秀组织工作奖。

（二）云南省高校图工委邀请浙江工业大学万跃华进行讲座

2008年6月18日，省高校图工委邀请浙江工业大学机电一体化研究所研究员、浙江工业大学图书馆信息咨询部主任万跃华在云南师范大学图书馆进行题为“利用Web of Science提升教学科研水平”的讲座。参加人员主要为大学图书馆馆长和部分师生。

（三）昆明理工大学Web of Science开通仪式暨学术报告会隆重举行

2008年6月19日，昆明理工大学Web of Science开通仪式暨学术报告会在图书馆隆重举行。浙江工业大学图书馆万跃华教授作了题为“Web of Science与创新课题研究及SCI投稿”的学术报告。

（四）“创新与发展——2008中美图书馆论坛”在昆明召开

2008年7月13日，由省高等学校图书情报工作委员会、美籍华人图书馆员协会主办，昆明理工大学图书馆承办的“机遇与挑战：信息时代的图书馆——2008年中美图书馆实务论坛”于2008年7月11~13日在昆明滇池温泉花园国际大酒店举行。来自国内外的200多名图书馆界的专家、学者参加了会议。

（五）“2008年滇粤医学高等院校图书馆交流会暨数字医学教学资源建设研讨会”在保山市召开

2008年9月17~21日，省高校图工委和广东省高校图工委在云南省保山市共同主办“2008年滇粤医学高等院校图书馆交流会暨数字医学教学资源建设研讨会”。会议以网络知识信息管理与应用和数字医学教学资源建设为主题而展开，并就云南省高校图工委提出的“关于加强云南省高校图工委与广东省高校图工委开展进一步合作的意向书”作了讨论。

（六）大理州图书馆学会第十四届学术研讨会暨2008年年会召开

2008年10月29~31日，大理州图书馆学会第十四届学术研讨会暨2008年年会在宾川县隆重召开。来自全州公共图书馆、高等院校图书馆及科研机构图书室的馆长、学会理事会成员、论文作者、乡镇文化站代表及省内来宾100余人参加了会议。大理州图书馆学会理事长杨葆红作了题为“深入贯彻科学发展观，发挥图书馆学会职能，继续推进图书馆事业又好又快发展”的工作报告，回顾了过去一年学会的主要工作成绩，并对2009年学会的工作重点作了安排部署。

（七）中国档案学会全国第一届档案工作者年会在昆明召开

2008年10月29~31日，中国档案学会在昆明召开全国第一届档案工作者年会，来自全国档案战线的2000余名档案工作者参加了会议。云南省档案学会作为会议协办单位，认真组织协调，圆满完成会议筹备及相关会务工作，获得优秀组织工作奖表彰。

（八）云南省图书馆学会2008年年会召开

2008年11月22日，主题为“图书馆的创新、发展与共享”的云南省图书馆学会2008年年会召开。来自云南省各系统图书馆250多名代表与会。会议对197篇征文进行了严格评审，评出一等奖3名、二等奖21名、三等奖53名。其中大会交流论文8篇。

（九）云南省高校图工委举办“图书馆信息技术应用与管理”研讨会

2009年4月19日，省高校图工委现代信息技术专业委员会“图书馆信息技术应用与管理”研讨会在云南农业大学图书馆举行。会议邀请重庆大学图书馆杨新涯副馆长以及省内图书馆专业技术人员为大会作主题报告。云南省23所高等院校图书馆62人参加了会议。

（十）“云南省图书馆Lib2.0及资源共建共享交流研讨会”在云南大学举行

2009年6月5日，由省高校图工委主办、云南大学图书馆和重庆亚德公司承办的“云南省图书馆Lib2.0及资源共建共享交流研讨会”在云南大学洋浦校区图书馆举行，29家图书馆（高校图书馆27个，公共图书馆2个）115人参加了研讨会。重庆大学图书馆杨新涯副馆长作了题为“重庆大学图书馆现代化系统整体解决方案详解”的学术报告。

（十一）“信息安全防渗透与应急响应及数据恢复技术”高级培训班成功举办

2009年9月19~21日，省高校图工委与CALIS西南培训中心、云南大学图书馆联合举办高校图书馆系统“信息安全防渗透与应急响应及数据恢复技术”高级培训班。参加培训的有云南大学、昆明理工大学、云南民族大学、云南农业大学等十余所高校的技术人员。

（十二）云南省2009年档案学术研讨会召开

2009年10月13~15日，省档案学会在怒江州六库召开2009年档案学术研讨会，省档案局（馆）长，省档案学会理事长黄凤平、怒江州政府副州长等领导及州市档案局（馆）长出席会议，来自云南省各地近200位档案工作者参加会议。各州市档案学会代表就档案馆库建设、档案资源建设、民生档案工作、档案服务工作等方面作交流发言，探讨档案事业科学发展的关键问题和热点问题。会上还颁发了2008年档案学术优秀论文奖和2009年研讨会组织工作奖。

（十三）大理州图书馆学会2009年年会暨第十五届学术研讨会召开

2009年10月21~23日，大理州图书馆学会2009年年会暨第十五届学术研讨会在大理学院召开。来自省内外各地州县市29个公共及高校图书馆的领导与论文作者近80人参加了本次研讨会。研讨会的主题是“科学·法治·合作”。研讨会共收到论文82篇，经大理州图书馆学会专家委员会评审，评出一等奖2篇、二等奖7篇、三等奖19篇。

（十四）红河州图书馆学会2009年年会会议召开

2009年12月24~27日，红河州图书馆学会2009年年会在屏边县召开。红河州各系统图书馆领导和会员代表40余人参加会议。

（十五）云南省高校图工委州、市院校图书馆协作会第十三次会议圆满结束

2010年5月20~23日，省高校图工委州、市院校图书馆协作会第十三次协作会议在香格里拉召开，会议由昆明学院图书馆承办。云南省20所高校图书馆的领导及代表共51人参加了会议。迪庆州文化局党组书记、局长浦江、迪庆州图书馆馆长李永明到会。会议议题为“州市院校图书馆办馆特色与创新”，高校图工委副主任、昆明理工大学图书馆馆长张仲华教授作了关于高校图书馆创新管理的专题报告，昆明学院图书馆馆长何俐芳、昆明冶金专科学校图书馆馆长杨云、昭通师专图书馆馆长黄茂来作了“州市院校图书馆办馆特色与创新”专题发言。

（十六）云南省档案学会秘书长会议在楚雄州禄丰县召开

2010年5月26日至28日，云南省档案学会秘书长会议在楚雄州禄丰县召开，来自部分州市档案局的局长、副局长，各州市档案学会秘书长及部分省直单位档案工作协作组组长，专业档案学会秘书长共计50余人参加了会议，会议传达了全国档案学会秘书长会议精神，通报了省档案学会2010年主要工作，昭通、楚雄、临沧、西双版纳、保山、曲靖等地档案学会及省直单位档案工作第十一协作组就档案学会工作开展情况进行了交流发言。

（十七）第四届“中美图书馆实务论坛”在昆明饭店举行

2010年7月5~6日，由省高校图工委与美国华人图书馆员协会主办、云南农业大学图书馆承办的第四届“中美图书馆实务论坛”在昆明饭店举行。论坛以“网络环境下的图书馆信息服务”为主题，来自国内外约200名图书馆界的专家、学者参加了会议。

（十八）玉溪市图书馆学会举办2010年年会暨第十一届学术研讨会

2010年9月15~17日，玉溪市图书馆学会在抚仙湖畔玉带河宾馆，举办了“玉溪市图书馆学会2010年年会暨第十一届学术研讨会”。玉溪市八县一区的公共图书馆的图书管理人员以及厂矿、学校、医院的图书管理人等共计80多人参加了年会。

（十九）云南省图书馆学会第六次会员代表大会暨2010年年会召开

2010年9月20~21日，省图书馆学会第六次会员代表大会暨2010年年会在省图书馆召开。大会审议并通过了《云南省图书馆学会第五届理事会工作报告》、《关于云南省图书馆学会章程修改草案的说明》、《云南省图书馆学会第五届理事会财务工作报告》；选举产生了以李友仁为理事长的第六届理事会；对174篇征文进行了严格评审，评出一等奖3名、二等奖17名、三等奖58名，其中大会交流论文5篇。来自省内各系统图书馆的200多名代表参会。

（二十）云南省档案学会第七届会员代表大会暨档案学术研讨会在文山召开

2010年10月12日至13日，省档案学会第七届会员代表大会暨2010年档案学术研讨会于在文山州文山县召开。来自云南省各州（市）、县（市、区）档案学会、会员小组及省直单位各档案工作协作组、各专业档案学会的会员代表220余人参加了会议。会议总结回顾了第六届理事会工作，审议通过了《云南省档案条例》（修订稿），选举产生第七届理事会理事，召开了第一次理事会和常务理事会。会议选举新一届云南省档案学会理事长、副理事长、秘书长，讨论了新一届理事会工作和当前工作重点，并组织开展了2010年度档案学术交流活动，16篇优秀论文作大会交流发言，还对2009年度优秀论文和会议优秀组织单位——文山州档案学会、昭通市档案学会、大理州档案学会进行了表彰。

（二十一）云南省科学技术情报研究院举办“技术转移方法与实践培训班”

2010年10月27~29日，在科技部火炬中心和云南省科技厅的支持下，省科学技术情报研究院在昆明举办了“技术转移方法与实践培训班”。来自昆明、玉溪、曲靖、文山、普洱、昭通、德宏等州、市科技部门以及上海—云南技术转移基地分基地（分中心）、昆明地区重点企业、研究机构的相关人员共78人参加了培训。

（二十二）云南省科学技术情报研究院举办“上海创新驿站的实践”讲座

2010年12月10日下午，省科技情报院特邀上海技术交易所夏东平总裁来院作了题为“上海创新驿站的实践”讲座。云南省科技情报院的全体职工参加。

（二十三）云南省高教学会档案工作分会2010年年会召开

2010年12月19~21日，省高教学会档案工作分会第七届理事会换届选举暨2010年年会在西双版纳州职业技术学院召开，来自省45内所高校档案馆（科、室）的档案工作同志50余人参加了会议。

三、重要学术成果

（一）著 作

2008—2010年间，云南省图书馆界和档案界编辑出版了多部图书和教材（详见下表）。

2008—2010年云南省图书馆·情报与文献学图书出版书目一览表

图书名称	著者、主编、编委	出版社	出版年月
档案工作岗位培训教程	杨汝鉴	云南民族出版社	2008年4月
21世纪中美图书馆的创新与实践	迟玉华、朱曦、杨丽娟	云南人民出版社	2008年7月
图书馆发展研究	李群	云南民族出版社	2008年12月
新编档案管理	邹海峰等	云南科技出版社	2009年3月
民族档案史料编纂学概要	陈子丹	云南大学出版社	2009年3月
创新性信息服务——图书馆信息服务质量的新型管理模式	杨丽娟	云南大学出版社	2009年5月
私立五华文理学院档案资料汇编	云南省档案馆	云南大学出版社	2009年6月
创新与发展：信息时代的图书馆	张仲华、张帆、廖寅	云南人民出版社	2009年6月
图书馆数字参考咨询服务的理论与实践	张绍武	云南大学出版社	2009年6月
百年变迁 云南省图书馆1909—2009纪实	李友仁	云南人民出版社	2009年6月
云南省图书馆馆藏珍品图录	李友仁	云南美术出版社	2009年6月
文献信息资源检索与利用	段芸	云南教育出版社	2009年7月
新建本科院校图书馆建设探索	孔稳舒	云南科技出版社	2009年7月
大学图书馆工作的理论与实践	阚跃明、樊晓春	云南大学出版社	2009年7月
创新图书馆工作研究	唐蒙	云南美术出版社	2009年8月
和谐与发展	孙书行、张仲华	中国社会科学出版社	2009年9月
信息社会与多元化	李友仁	云南大学出版社	2009年11月
西南古籍研究（2008）	林超民	云南大学出版社	2010年2月
档案管理学新论	华林	中国社科出版社	2010年3月
信息技术与教育：借鉴最佳实例	胡立耘	云南大学出版社	2010年5月
曲师百年学术丛编·本科十年集成·图书情报卷	孙艳琳、周均东	云南大学出版社	2010年10月

（二）论 文

图书馆·情报与文献学从业人员积极撰写论文，在2008—2010年间，公开发表论文达1300余篇，发表在核心期刊的论文有200余篇（详见下表）。

云南省图书、档案、情报行业人员2008—2010年发表的核心期刊论文一览表

序号	题名	作者	出处
1	档案公示制	陶琴	《中国档案》2008年第4期
2	“兰台”遗风万古飘香——追溯“兰台”的历史渊源	雷文彬	《兰台世界》2010年第10期
3	1998—2007年档案检索研究论文的文献计量学分析	康鑫、周铭	《档案》2009年第3期
4	21世纪中国傣族研究	昌建纳	《思想战线》2008年第B06期
5	EAD——促进档案资源利用的新兴标准	陈芳、任斌斌	《兰台世界》2008年第10期
6	Tag在图书馆2.0下的运用模式探讨	于明洁、王建军	《图书馆理论与实践》2010年第2期
7	白马氏与白马羌辩	段丽波、闵红云	《思想战线》2008年第5期
8	班奈佤族的同姓婚、交错婚和堆砌婚	袁娥	《广西民族大学学报》（哲学社会科学版）2009年第4期
9	本土知识数字化的伦理考量及建设原则	胡立耘	《宁夏社会科学》2009年第1期
10	边疆多民族地区群体性突发事件中领导角色冲突的双重效应	袁明旭	《思想战线》2010年第3期
11	边疆多民族地区群众性街头讨论：政治参与的一种特殊形式——以云南、广西、贵州的部分地区为例	贺琳凯、普忠德	《云南行政学院学报》2009年第1期
12	边远地区农村白族妇女的政治参与再研究——云南省大理白族自治州云龙县诺邓村的实例分析	廖林燕	《云南行政学院学报》2008年第2期
13	诚信是建设和谐文化的伦理诉求和重要内容	蒋颖荣、董治良	《云南行政学院学报》2008年第5期
14	城市流动摊贩管理的困境与对策	蒋云	《思想战线》2009年第S1期
15	赤子功勋丰碑永铸——南洋机工回国抗战义举	黄燕玲	《山西档案》2008年第2期
16	从“经济本位”到“以人为本”——论民族自治地方政策理念的创新	汤法远	《云南行政学院学报》2010年第1期
17	从边际效用理论看公共预算模式的演化逻辑	马桑	《天津社会科学》2010年第3期
18	从大学生网络信息需求探析图书馆信息服务	江屏	《情报杂志》2009年第B06期
19	从档案史料看婚姻中的姓氏文化	吕卓文、仝艳锋等	《兰台世界》2008年第5期
20	从婚姻登记档案看妇女地位的变化	任斌斌	《兰台世界》2008年第6期
21	从社会变迁看方法论的“霸权”——兼论社会工作方法论运用的“共时性”特征	高万红	《思想战线》2010年第3期
22	从图书馆管理的视野分析学科馆员制度	毕毅敏	《中国成人教育》2008年第13期
23	从治理学角度浅析民族自治地方服务型政府建设	阎柏	《中央民族大学学报》（哲学社会科学版）2008年第3期
24	大部制：深化政府机构改革的新探索	阮朝奇	《云南行政学院学报》2009年第6期
25	大学生临时档案员与中小学档案工作探析	陈园园、刘小凡	《兰台世界》2010年第6期
26	大学图书馆知识导航架构探析	迟玉华	《大学图书馆学报》2008年第1期

续表

序号	题名	作者	出处
27	傣族贝叶档案耐久性研究	黄梅	《兰台世界》2010年第7期
28	当代中国地方政府权力现代化的维度分析	匡自明	《思想战线》2008年第1期
29	当代中国族际政治整合若干问题分析	张会龙	《云南行政学院学报》2010年第1期
30	当前我国农村教育价值取向的误区及其危害	田夏彪、张琼	《教育探索》2009年第2期
31	档案的文物价值论	仝艳锋	《档案管理》2009年第2期
32	档案馆编研与社会公众文化需求的结合模式探析	胡红霞、黄琴	《兰台世界》2010年第3期
33	档案价值与文物价值再商榷	仝艳锋	《档案与建设》2010年第10期
34	档案学专业实践技能的培养与创新	华林	《中国档案》2008年第4期
35	地方科技进步评价研究的理论与实践——以云南为例	王志勇	《科技管理研究》2011年第2期
36	地区知识产权形象评价研究	胡允银、邓艺	《技术经济与管理研究》2010年第2期
37	电算化环境下会计档案信息的质量控制	吕榜珍	《兰台世界》2009年第22期
38	电子政务绩效评估的方法技术论	邓崧、孟庆国	《社会科学》2008年第4期
39	东风暖兰台时雨润档苑——云南省委省政府关心支持档案事业纪实	殷俊燕	《中国档案》2009年第12期
40	东南亚地区一体化理论的建构	陈锡禹	《云南社会科学》2009年第3期
41	东突厥灭亡前政权内部的矛盾冲突	闫德华	《云南民族大学学报》（哲学社会科学版）2008年第3期
42	对公共图书馆设立盲人阅览室的几点思考	陈佳祺	《图书与情报》2008年3期
43	对民国档案鉴定问题的几点思考	金慧、康蠡等	《兰台世界》2008年第12期
44	对新农村建设中少数民族社区发展的思考	钱宁	《河北学刊》2009年第1期
45	对新型农村合作医疗在寻甸县实践的思考	吕伟、吴鹏等	《云南行政学院学报》2010年第5期
46	对政治艺术的再认识	方盛举	《学习与探索》2009年第4期
47	多民族地区公共危机政策执行资源与执行创新研究	左小麟	《云南社会科学》2008年第3期
48	多族群国家族群问题治理路径“势差化”研究	朱碧波	《思想战线》2010年第36期
49	鄂尔泰奏折与云南改土归流	张鑫昌、李兴福	《档案学通讯》2008年第1期
50	鄂尔泰奏折与云南改土归流（续）	张鑫昌、李兴福	《档案学通讯》2008年第2期
51	方国瑜先生与云南金石档案研究	陈子丹	《学术探索》2008年第3期
52	分税种视角下中国税收高速增长之谜的分阶段剖析	马桑	《经济问题探索》2009年第7期
53	福建村民知识能力与图书馆需求调查报告——福建长汀县和仙游县	方允璋、林敬等	《图书与情报》2008年第6期
54	复合计税办法下应税消费品组成计税价格公式探讨	王勇	《财会月刊》2009年第28期
55	感悟迪庆清代藏文档案	陶芳、史卫云	《档案学研究》2009年第5期
56	高校档案馆数字化服务存在的问题及对策	李国红	《兰台世界》2009年第8期
57	高校图书馆采访选书决策过程探讨	资芸、张勤	《情报杂》2009年第B06期

续 表

序号	题名	作者	出处
58	高校图书馆员职业形象的塑造	张晓琼	《情报杂志》2009年第B06期
59	公共理性范畴的历史演进及其内涵	方盛举、蒋小杰	《学习与探索》2008年第2期
60	公共危机管理中的政府角色	左小麟	《思想战线》2008年第1期
61	公共文化服务体系构建中曲靖地方文献的开发与利用	孔稳舒	《图书馆理论与实践》2009年第9期
62	公共政策冲突：内涵、表现及其效应分析	袁明旭	《云南行政学院学报》2009年第1期
63	构建可再生能源文献资源数据库共享平台研究	杨丽娟	《可再生能源》2009年第3期
64	关于图书馆学教育与实践相结合的思考	杨勇	《中国图书馆学报》2008年第4期
65	官僚制视野下的公共政策冲突原因解析	袁明旭	《云南民族大学学报》（哲学社会科学版）2009年第6期
66	贵州省档案馆与云南省档案馆签订重要档案数据异地备份协议书	周端敏	《中国档案》2010年第4期
67	国家：个人自由的保障——黑格尔的个人自由观剖析	陈华森、卢瑾	《云南行政学院学报》2008年第2期
68	国家博物馆档案资料流失的启示	仝艳锋	《山西档案》2008年第1期
69	国家知识产权形象战略研究	胡允银、邓艺	《情报杂志》2009年第10期
70	国内外技术竞争情报的研究与应用现状及其趋势	彭靖里、李建平等	《情报理论与实践》2008年第2期
71	国内学术腐败研究综述	李保玉	《山西师大学报》（社会科学版）2010年第S3期
72	海峡两岸竞争情报教育发展现状及其比较分析	彭靖里、杨斯迈等	《情报杂志》2008年第3期
73	和谐社会视域下的执政党社会整合能力建设	邵宇	《理论导刊》2009年第6期
74	后税费时代背景下的少数民族地区乡镇体制改革	王丽华	《云南民族大学学报》（哲学社会科学版）2009年第4期
75	会计档案信息真实性问题探讨	吕榜珍、段雁	《兰台世界》2008年第11期
76	基于能力提升的科技计划项目评审系统重构与优化	胡景荣、黄毅华	《情报杂志》2010年第B06期
77	基于数字化档案用户的网站建设研究	李佳妍	《兰台世界》2008年第11期
78	基于语义网技术构建少数民族文献信息资源体系	马自坤、王晋	《档案学通讯》2008年第1期
79	基于知识产权的技术竞争情报研究及其策略分析	彭靖里、丁祖汤等	《情报理论与实践》2008年第6期
80	基于自主创新的技术情报体系建设与对策研究	彭靖里、李建平等	《图书情报工作》2008年第10期
81	羁縻制与民族区域自治制度的比较研究	刘强	《思想战线》2008年第2期
82	加强读者教育，防止期刊污损	赵淑花、田春燕	《情报杂志》2009年第B06期
83	家庭档案建立背后的法律思考	李忠峪、张志军	《兰台世界》2008年第4期
84	剑川石窟：“迷失”的南诏档案	杜钊	《思想战线》2010年第S1期

续表

序号	题名	作者	出处
85	近10年我国高校档案学教学单位研究论文统计分析	康蠡、周铭等	《档案学研究》2008年第4期
86	近二十年来彝学研究述略	王明东、孔军	《云南民族大学学报》（哲学社会科学版）2008年第3期
87	近年来我国民族政治学研究综述（上）	陆海发、黄沙	《云南行政学院学报》2010年第4期
88	近年来我国民族政治学研究综述（下）	陆海发、黄沙	《云南行政学院学报》2010年第5期
89	近十年的国内农村政治研究	廖林燕	《云南行政学院学报》2010年第1期
90	近五年高校档案馆工作研究论文文献计量学分析	李国红、周铭	《兰台世界》2010年第9期
91	竞争情报研究与服务业的发展态势及其述评	彭靖里、李建平等	《情报杂志》2008年第5期
92	开拓创新理财新思路 促进图书馆事业不断发展	叶永福	《经济问题探索》2009年第7期
93	开展档案计量研究的思考	翟彬偲	《兰台世界》2009年第9期
94	科层制视角下的电子文件管理研究	陈国良、翟彬偲	《兰台世界》2009年第6期
95	科技计划项目管理系统构建的研究分析	胡景荣	《科技管理研究》2010年第4期
96	科技情报的创新服务体系建设与思考	胡景荣	《科技管理研究》2010年第12期
97	课程社会学研究路向：高校文化视野	寸洪斌	《江苏高教》2009年第2期
98	昆明地区公共图书馆针对农民工的信息服务研究	李顺东、陈芊里等	《情报杂志》2009年第B12期
99	兰台巾帼创佳绩服务和谐作贡献	刘毅秋	《中国档案》2008年第8期
100	傈僳族档案文献及其开发利用	陈子丹	《档案学通讯》2008年第3期
101	流失海外少数民族档案文献的分布与追索	华林、侯明昌	《档案学研究》2010年第2期
102	略论档案馆发挥社会功能中的不足及建设	胡莹	《兰台世界》2008年第10期
103	论当代西方精英主义与多元主义的分歧与融和	邵宇、高小兰	《前沿》2009年第6期
104	论当代政府公共治理效能价值规范的逻辑优先性序列	蒋小杰、寸守栋	《行政论坛》2010年第1期
105	论党内民主的内在价值诉求	邵宇	《长白学刊》2009年第1期
106	论档案馆安全文化的内涵及属性	郭静	《兰台世界》2010年第2期
107	论档案学与图书馆学、信息学专业课程设置一体化建设问题	华林	《兰台世界》2008年第1期
108	论档案学专业实践技能实习基地的建设与运作问题	华林、戴挺等	《兰台世界》2008年第7期
109	论地市级公共卫生危机管理预防机制的构建	蒋小杰、崔运武等	《云南行政学院学报》2009年第1期
110	论高校科研人力资源激励管理存在的问题及对策	杨朝芳	《思想战线》2009年第S2期
111	论公益组织的财务特征与政府财务监督机制	侯江红	《云南行政学院学报》2008年第4期

续 表

序号	题名	作者	出处
112	论加快云南省知识产权资产评估发展与对策	罗靖、王泽华等	《情报杂志》2010年第B06期
113	论经济危机对企业人力资源管理的影响及其应对	刘金双	《思想战线》2009年第S2期
114	论流失海外云南少数民族档案文献的历史与现状问题	华林	《兰台世界》2009年第2期
115	论民族档案在民族文化旅游中的协调作用	康蠡、王曼艳	《山西档案》2009年第6期
116	论民族的两种基本类型	周平	《云南行政学院学报》2010年第1期
117	论民族自治地方构建和谐社会的政策执行力问题	袁明旭	《经济问题探索》2009年第4期
118	论民族自治地方政府政策执行力的提升	袁明旭	《云南行政学院学报》2010年第3期
119	论民族自治州政府能力及其制约因素——以云南省楚雄彝族自治州为例	匡自明	《云南行政学院学报》2009年第2期
120	论模块教学理论在档案学专业素质教育中的实践与运用	华林、郑文等	《档案学研究》2008年第3期
121	论农村教育价值取向的危机及转向	田夏彪、张琼	《继续教育研究》2010年第10期
122	论情报学研究生实践教育	侯明昌、马自坤等	《兰台世界》2010年第3期
123	论全国档案信息资源共享体系的构建	邢华洁	《兰台世界》2010年第4期
124	论网络环境下高校档案馆用户档案的建立	李国红	《兰台世界》2010年第2期
125	论网络环境下艺术院校图书馆藏资源建设	李鹏	《云南艺术学院学报》2008年第3期
126	论我国濒危少数民族档案遗产保护	华林、侯明昌	《档案管理》2010年第3期
127	论我国档案界对情报语言学发展的理论贡献	周铭、赵慧慧等	《档案学通讯》2008年第3期
128	论中国技术竞争情报的研究进展及其应用前景	彭靖里、可星等	《情报杂志》2009年第4期
129	马克思主义科学体系基本范畴的几个问题	张仲华、王展飞	《学术探索》2010年第4期
130	美国公共图书馆社区信息服务的特点	胡立耘	《图书馆建设》2009年第5期
131	民族档案学研究的问题及发展趋向	陈子丹	《兰台世界》2008年第12期
132	民族旅游与母系制族群的互动研究	翁晓华	《思想战线》2009年第S2期
133	民族区域自治建设的重大问题分析	汤法远	《广西民族研究》2010年第1期
134	民族文化传承视野下的云南歌舞演出产业	赵世林、陈桂波	《云南民族大学学报》（哲学社会科学版）2008年第4期
135	民族文化遗产的客位保护与主位传承——以傣族国家级非物质文化遗产保护为例	赵世林、田婧	《云南民族大学学报》（哲学社会科学版）2010年第5期
136	民族自治地方利益协调与整合机制探索	木永跃、杨文顺	《学术探索》2008年第5期
137	民族自治地方政策制定过程中的突出问题分析	汤法远、夏鲲	《黑龙江民族丛刊》2010年第2期
138	民族自治地方政策制定过程中的族际政治互动分析	汤法远	《广西民族研究》2010年第3期
139	民族自治地方政府职能模式分析	汤法远、马博韬	《黑龙江民族丛刊》2009年第6期

续表

序号	题名	作者	出处
140	民族自治地方政府职能意识转变分析	汤法远	《云南社会科学》2009年第5期
141	民族自治地方政治文明建设分析	木永跃	《云南行政学院学报》2008年第3期
142	民族自治县立法自治的效应与问题分析——以峨山彝族自治县为例	王传发	《云南行政学院学报》2009年第5期
143	谋划新思路实现新跨越	黄凤平	《中国档案》2010年第3期
144	内蒙古村民知识能力与图书馆需求调查报告——内蒙古银号乡和十二连城乡	郧卫华、王龙等	《图书与情报》2008年第6期
145	纳西族东巴文历史档案发掘利用初探	胡莹	《兰台世界》2010年第8期
146	南涧彝族“跳菜”艺术现状调查及研究	杜芳芳、耿国伟	《思想战线》2008年第B06期
147	浅析民族自治地方政府职能的演变	闫柏	《云南行政学院学报》2008年第5期
148	浅议民族地区农村图书馆（室）建设方案——以大理白族自治州洱源县右所镇温水村为例	杨双秀、周紫林	《图书馆论坛》2010年第1期
149	清雍正年间滇中及滇南地区的水利治理	郭玉富	《云南民族大学学报》（哲学社会科学版）2009年第5期
150	区域创意产业竞争力形成机理分析	张治铭	《商业时代》2009年第26期
151	区域性图书馆联盟信息共建共享过程法律风险规避	李云芝、王益广	《图书馆学研究》2008年第9期
152	全球化语境下民族地方性知识的价值与民族的现代发展——以纳西族为例	周俊华、秦继仙	《云南民族大学学报》（哲学社会科学版）2008年第5期
153	人类学片：记录民族文化的影像档案	陈子丹、魏容	《档案管》2010年第2期
154	认识《中国档案》 关注《中国档案》支持《中国档案》	刘毅秋	《中国档案》2008年第6期
155	如何培育社会主义新农村建设中的新农民	高萍	《云南行政学院学报》2008年第2期
156	软环境建设与城市竞争力	方盛举、吕朝辉	《云南行政学院学报》2009年第3期
157	少数民族传统自治制度的整合研究——基于转型期农村基层治理的视角	廖林燕、谢凌云	《学术探索》2008年第4期
158	少数民族村落社区文化产业发展的问题分析	陈为智、赵世林	《思想战线》2009年第2期
159	少数民族地区新农村建设中的资源整合——来自云南省保山市勐廷村的个案分析	余翠娥	《云南社会科学》2010年第4期
160	少数民族乡村传统社会资本及其对基层政治参与的影响——以云南省沧源佤族自治县G村为例	王丽华	《思想战线》2010年第36期
161	少数民族政治认同理性化与基层民主政治建设	余翠娥	《南行政学院学报》2008年第6期
162	社会协同治理:信任关系与平台建设	欧黎明	《中国行政管理》2009年第5期
163	石刻不宜入藏档案馆——从“清代石刻档案进档案馆”谈起	仝艳锋	《山西档案》2009年第1期
164	实行期刊在版编目的构想	赵丽华、孙月梅	《图书馆论坛》2009年第4期
165	世界文化遗产地政府治理问题分析——以丽江古城为例	木永跃	《云南行政学院学报》2010年第5期

续 表

序号	题名	作者	出处
166	数字时代大学生的信息素质教育——基于知识结构优化的思考	杨勇	《大学图书馆学报》2009年第3期
167	数字图书馆信息安全与容灾	毕毅敏	《兰台世界》2008年第8期
168	隋末唐初东突厥与中原诸势力的关系演变	闫德华	《云南民族大学学报》（哲学社会科学版）2009年第5期
169	孙中山以党治国思想的内在逻辑	邵宇	《北方论丛》2010年第1期
170	特色文献资源的文化学意义和符号学价值	朱曦	《大学图书馆学报》2009年第1期
171	提高云南省自主创新能力对策研究	黄建中	《科技管理研究》2010年第18期
172	天一阁藏品档案及其管理	张紫艺	《兰台世界》2010年第10期
173	铁路企业到期档案的鉴定	李海燕	《档案学研究》2009年第3期
174	图情事业科学发展的关键是加快转变发展方式	祁跃林	《图书馆理论与实践》2010年第5期
175	图书馆新型服务质量管理——引入六西格玛管理方法探析	杨丽娟	《图书馆工作与研究》2010年第4期
176	佤族流动人口的文化适应研究——以云南省西盟县大马散村为例	何明、袁娥	《西南民族大学学报》（人文社会科学版）2009年第12期
177	佤族魔巴的社会功能变迁研究——以云南省普洱市西盟县勐卡镇大马散村为例	袁娥	《云南社会科学》2009年第1期
178	晚清云南积谷备荒始末	吕志毅	《中国档案》2008年第12期
179	网络环境对机关档案管理的影响	王娅	《兰台世界》2008年第3期
180	文件生命周期理论与文件连续体理论之关系	刘艳、何军	《兰台世界》2008年第6期
181	文学评论与图书馆的互动影响——兼论网络时代的图书馆员	叶红	《时代文学》2009年第3期
182	我的父亲母亲	李跃琼	《中国档案》2009年第10期
183	我国边疆概念的历史演变	周平	《云南行政学院学报》2008年第4期
184	我国服务型政府构建研究综述	韩磊、孙昱丹等	《云南行政学院学报》2010年第5期
185	我国口述档案研究综述	赵局建、康蠡	《兰台世界》2010年第5期
186	我国贫困地区电子政务发展存在的问题及对策分析	邓崧、孟庆国等	《云南行政学院学报》2008年第2期
187	我国图书馆数字信息资源共建共享发展现状研究	李仲良	《图书馆工作与研究》2009年第3期
188	我国文件中心发展的历史回顾与展望	权诺诺	《兰台世界》2008年第2期
189	武定县“农家书屋”及基层图书馆建设回顾	高玉明	《图书与情报》2010年第4期
190	西方政制设计的内在逻辑解读	陆海发	《行政论坛》2008年第5期
191	西南边疆多民族地区的利益协调机制建构	蒋小捷、张瑞才	《学术探索》2008年第2期
192	西南边疆多民族地区社会动力机制	蒋小杰、张瑞才	《学术探索》2009年第1期
193	西双版纳傣族政治形态现代化中的制约因素分析	刘强	《云南行政学院学报》2008年第3期
194	县级档案馆网站发展的SWOT分析和对策思考	康蠡、陈雁兵等	《兰台世界》2009年第2期

续 表

序号	题名	作者	出处
195	现代图书馆服务公共与产业属性之界定	张明霞	《图书馆杂志》2008年第8期
196	现阶段云南省农民合作组织建设研究——以通海、元谋农民合作组织为例	倪大钊、张磊等	《云南行政学院学报》2009年第1期
197	新农村建设中的环境友好技术需求与对策研究	李学术	《中国科技论坛》2010年第8期
198	新中国成立以来傣族研究的概况与特征——基于论文的统计分析	张禹	《思想战线》2010年第S1期
199	新中国建立初期云南铁路劳动工资改革	李海燕	《思想战线》2009年第S1期
200	新自由主义自由观与国际金融危机渊源	陈华森	《商业研究》2010年第10期
201	信息不对称对图书馆管理的影响及相应对策	李仲良	《图书馆论坛》2009年第2期
202	彝族毕摩经历史档案及其发掘利用	肖黎煜、子志月	《兰台世界》2009年第4期
203	彝族村社权力的结构、运行及影响——以云南栖村为例	廖林燕	《思想战线》2010年第3期
204	以科学发展观为统领加强公共图书馆资产管理	叶永福	《经济问题探索》2009年第3期
205	议档案目录中心建设的几个基本问题	周铭、王晋等	《山西档案》2008年第4期
206	有为方能有位	高玉明	《图书与情报》2009年第5期
207	与民休戚共拳拳兰台情——记全国政协委员、云南省勐海县档案局局长玉帕新	殷俊燕	《中国档案》2010年第3期
208	越南国家文书与档案局代表团到云南省档案馆参观考察	无	《中国档案》2010年第2期
209	越南哈尼族源流探究	杨六金、许敏	《云南社会科学》2008年第6期
210	云南：全力打造少数民族档案品牌	陈子丹、黄燕玲	《中国档案》2010年第8期
211	云南边境少数民族节日文化的伦理学研究	杨志坚、盛莉	《云南民族大学学报》（哲学社会科学版）2010年第6期
212	云南大学历史名人——张永立	李国红	《云南大学学报》（自然科学版）2008年第5期
213	云南大学与庚子赔款	王晓珠、雷文彬	《思想战线》2008年第B06期
214	云南傣族文献遗产研究价值与开发利用探析	仝艳锋、杨博文	《档案学研究》2008年第6期
215	云南发展低碳经济的探索与研究	王小李	《中国软科学》2009年第S2期
216	云南钢琴教育百年的三重溯源	申波、武丽娟	《云南艺术学院学报》2009年第3期
217	云南农村乡镇公共产品的供求分析——以个旧市倘甸、保和两个乡镇的农户为代表	刘新林	《云南行政学院学报》2008年第2期
218	云南少数民族档案遗产保护机制的构建	华林、关素芳	《中国档案》2010年第2期
219	云南少数民族非物质文化遗产档案馆构建初探	金文杰	《兰台世界》2010年第8期
220	云南省被国家档案局确定为抢救保护少数民族口述历史档案试点地区	陈建东	《中国档案》2010年第4期
221	云南省出台《重点建设项目档案验收实施办法》	李续亮	《兰台世界》2010年第8期
222	云南省档案局对11个县级综合档案馆建设项目设计方案进行功能审查	殷俊燕	《中国档案》2010年第11期

续 表

序号	题名	作者	出处
223	云南省电子民主发展研究之二——政策对策	邓崧、段雪梅	《云南行政学院学报》2010年第4期
224	云南省电子民主发展研究之三——电子民主参与系统的理论模型与功能设计	邓崧、段雪梅等	《情报杂志》2009年第B06期
225	云南省电子民主发展研究之一——现状与问题	邓崧、段雪梅等	《云南行政学院学报》2009年第5期
226	云南省高校图书馆电子资源建设调查与分析	李云芝、熊松韫等	《图书馆建设》2009年第3期
227	云南省少数民族动员型政治参与研究	赵正威、张会龙	《云南行政学院学报》2008年第2期
228	云南省社会科学院图书馆馆藏云南民族调查资料推介	宋绮、毕先弟	《云南社会科学》2008年第6期
229	云南双柏彝族虎傩文化及其面具	赵世林、田婧	《西南民族大学学报》（人文社会科学版）2008年第1期
230	云南特色农产品质量控制体系建设的探索	苏俊	《北方园艺》2010年第13期
231	张文光与辛亥腾越起义	郭玉富	《云南民族大学学报》（哲学社会科学版）2008年第2期
232	珍贵的少数民族影像记录	陈子丹、魏容	《中国档案》2008年第2期
233	珍贵的云南白族石刻历史档案及其保护对策	陈海玉	《兰台世界》2009年第1期
234	政治发展与民族自治地方的现代化	方盛举	《云南民族大学学报》（哲学社会科学版）2009年第5期
235	政治心理视角下的网络政治参与	朱碧波、尹向阳	《云南行政学院学报》2010年第2期
236	中国（云南）与东盟国家科技合作现状及对策研究	尚晓慧	《科技进步与对策》2009年第13期
237	中国村庄公共支出与基层选举：基于微观面板数据的经验研究	刘荣	《中国农村观察》2008年第1期
238	中国烟草营养与施肥研究现状——基于1998—2007年文献计量分析	丁博锐、李佛琳等	《中国农学通报》2009年第12期
239	中国族际政治治理的历史传统	刘荣、刘光顺	《学术探索》2008年第2期
240	中美大学图书馆学科馆员服务比较研究	曹雪莉	《图书馆学研究》2008年第4期
241	主体性视阈中的人类中心主义——兼析“主体热”的深层原因	黄琳、李艳彬	《前沿》2008年第5期
242	注重科普教育提升未成年人科学文化素质	王薇、洪昆	《科技管理研究》2010年第8期
243	抓住“桥头堡”战略机遇谋划中新合作新模式	殷俊燕	《中国档案》2010年第11期
244	专业管理系统与档案管理系统的应用与整合	徐云龙	《中国档案》2008年第6期
245	转型期边疆多民族地区群体性突发事件的类型、特点及成因分析	袁明旭	《云南行政学院学报》2008年第4期
246	转型社会下的我国社区建设	孙玉刚	《云南行政学院学报》2008年第1期
247	族际和谐治理模式下的当代中国少数民族干部政策发展	刘荣、刘光顺	《云南行政学院学报》2008年第1期
248	做好档案工作建设和谐校园	王海鹰	《兰台世界》2008年第9期

四、大事记

（一）图书馆界

1．云南省高校图书馆馆长经验交流会暨高校图工委新春茶话会召开

2008年1月4日，在云南农业大学图书馆新馆竣工并投入使用之际，省图工委在云南农业大学图书馆召开了“云南省高校图书馆馆长经验交流会暨高校图工委新春茶话会”。在昆高校图书馆及部分地州高校图书馆30余位馆长出席了会议。

2．2008云南省文化信息资源共享工程建设工作会议在蒙自召开

2008年4月22日，省文化信息资源共享工程建设工作会议在红河州蒙自县召开。省文化厅、红河州政府、省图书馆、红河州文化局，全省38个县分管副县长、县文化局局长、县图书馆馆长等相关领导和工作人员共200多人参加了会议。

3．2008年度全民阅读活动在云南省图书馆启动

2008年4月23日，为了纪念“世界读书日”，省图书馆学会联合昆明市图书馆、五华区图书馆、盘龙区图书馆、官渡区图书馆、西山区图书馆，在省图书馆举行了“云南省公共图书馆（昆明地区）2008年全民阅读活动”启动仪式。

4．《昆明理工大学学报·社会科学版·图书情报研究专辑》出版

2008年6月，为展示近年来图书馆学术研究工作的进展、反映图书馆职工科学研究的成果、展现图书馆职工职业素质和研究水平，在昆明理工大学学报（社会科学版）编辑部的支持下出版了《昆明理工大学学报·社会科学版·图书情报研究专辑》。该专辑收录了省内高校图书馆专家以及图书馆职工的研究论文48篇。专辑分别从图书馆建设与管理、资源建设与开发利用、信息服务与参考咨询、文献流通与读者服务、图书馆技术支撑与系统管理、专题探讨等多个专题进行了研究。

5．昆明理工大学图书馆承办的“2008年中美图书馆实务论坛”召开

2008年7月11~13日，由省高等学校图书情报工作委员会、美籍华人图书馆员协会主办，昆明理工大学图书馆承办的“机遇与挑战：信息时代的图书馆——2008年中美图书馆实务论坛”在昆明滇池温泉花园国际大酒店举行。此前，中美图书馆实务论坛已经在昆明成功举办了两届。第一届论坛由云南大学图书馆承办，第二届由云南师范大学图书馆承办。此次论坛有来自国内外图书馆的专家、学者，与图书馆建设和发展相关的企业和机构代表，以及新闻界的朋友约200人出席。参会单位包括美国6所大学图书馆的馆长和专家，省外40余所大学和省内近40所大学和公共图书馆的馆长和专家。会议收到论文200余篇。论坛主题为“机遇与挑战：信息时代的图书馆”，由美国图书馆协会会长基姆·莱第格教授、北京大学图书馆馆长朱强教授、罗伯特·威廉福勒基斯先生、清华大学图书馆副馆长姜爱蓉女士等十四位专家学者主讲。

6．“云南省高校图工委与美国华人图书馆员协会合作商谈会议”举行

2008年7月12日，省高校图工委的部分领导受省高校图书馆各位馆长的委托，在滇池温泉花园国际大酒店第一会议室，与美国华人图书馆员协会的袁海旺、苗虹、周炼红、包学鸣、罗伯特·威廉福勒斯基等专家，就省高校图工委与美国华人图书馆员协会进行下一轮次合作召开商谈会议。到会代表分别对双方已进行的三轮合作给予了充分的肯定，认为应拓展进一步合作的方式和空间。还讨论了“云南省高校图工委与美国华人图书馆员协会合作意向书（草案）”。

7．2008年云南省州市公共图书馆馆长联席会成功举行

2008年7月20~21日，由省图书馆主办、文山州图书馆承办的“2008年第五届云南省州市公共图书馆馆长联席会”在文山县举行。省图书馆馆长李友仁、文山州文化局领导出席了会议，16个州、市图书馆馆长参加会议。会议主题为“公共图书馆与构建公共文化服务体系”。

8．第二届云南地方文献工作研讨会暨地方文献置换活动在云南省图书馆举办

2008年10月17日，由省图书馆与省高校图工委联合主办的“第二届云南地方文献工作研讨会暨地方文献置换活动”在省图书馆举办。来自省各地、各类型图书馆的同仁以及台湾的图书馆专家70余人参加了活动。

9. 云南省高校图书馆歌咏比赛在云南艺术学院圆满举办

2008年10月23~24日，由省教育厅主办，省高校图工委与云南艺术学院联合承办，为期两天的“云南高校图书馆纪念改革开放三十周年歌咏比赛”在云南艺术学院举行，有27家高校图书馆报名参赛。分为大合唱、小合唱、独唱和重唱三个组别进行，参赛节目共41个。

10. “第十三届西南地区高校图工委联席会议暨川渝高校情报工作研究会第十八次学术年会”召开

2008年11月5~6日，由重庆市高校图工委举办的“第十三届西南地区高校图工委联席会议暨川渝高校情报工作研究会第十八次学术年会”在重庆召开。西南地区各高校图书馆馆长以及川渝高校情报工作研究会的代表共约180人与会。会议交流了云、贵、川、渝高校图工委工作经验。

11. “CASHL云南省高校宣传推广培训使用会议”召开

2008年11月14日，省高校图工委与CASHL西南区域中心联合召开“CASHL云南省高校宣传推广培训使用会议”。CASHL管理中心负责人，CASHL西南中心负责人、四川大学图书馆，我省高校图工委的部分领导、各高校图书馆馆长、信息技术部门负责人等80余人与会。

12. “云南省高校图书馆新春茶话会暨西南林学院30周年校庆座谈会”召开

2008年12月，省高校图工委在该院组织召开“云南省高校图书馆新春茶话会暨西南林学院30周年校庆座谈会”。省内各高校图书馆馆长等50余人到会。

13. 云南省2008年度共享工程建设工作会议在彝乡楚雄召开

2009年1月16日，省文化厅在楚雄彝族自治州组织召开了2008年度省文化信息资源共享工程建设工作会议。主题是对当前和今后一段时期的云南省共享工程建设工作进行全面部署，安排2008年度50个县级支中心及401个乡镇基层点建设工作。会议涉及省所有州、市83个县、401个乡镇。

14. 泰国清莱大学图书馆考察团到云南省图书馆参观

2009年2月14日上午，由泰国清莱大学图书馆馆长带领的考察团来到省图书馆参观。重点参观了省图书馆外文图书借阅室“泰国角”，对省图书馆开展的泰文图书收集工作表示高度的关注和支持。

15. 云南大学图书馆馆藏善本古籍《春秋经传集解》被鉴定为宋刻本

2009年4月14日下午，国家古籍保护中心专家委员会主任李致忠、国家文物鉴定委员会委员、上海图书馆历史文献中心副主任、研究馆员陈先行、国家古籍保护中心主任陈红彦、国家图书馆善本特藏部研究馆员李际宁、国家古籍保护中心培训组组长王红蕾等《国家珍贵古籍名录》专家组成员及云南省古籍保护中心专家委员会秘书长、云南省图书馆历史文献部主任计思诚等一行六人到云南大学图书馆，就图书馆申报《国家珍贵古籍名录》的古籍文献《春秋经传集解》进行版本鉴定及其他初审事宜考察。专家们对《春秋经传集解》的纸张、版式、版刻风格、讳字、藏书印章、序跋、批注等古籍版本信息进行了认真的甄别考证，认定该书为宋刻本。

16. 第八期全国古籍修复技术培训班在云南省图书馆举行

2009年4月15日上午，由国家古籍保护中心主办、云南省图书馆承办的“第八期全国古籍修复技术培训班”在云南省图书馆开班。国家古籍保护中心办公室主任陈红彦，专家委员会主任李致忠，省图书馆馆长、云南省古籍保护中心主任李友仁，以及来自河北、山西、福建、山东、广东、广西、云南的47个古籍收藏单位的49名学员参加了开班仪式。

17. 东南大学图书馆副馆长李爱国研究馆员到昆明理工大学图书馆作学术报告

2009年4月18日，昆明理工大学图书馆邀请东南大学图书馆副馆长李爱国研究馆员作学术报告。李爱国博士介绍了东南大学图书馆概况以及读者教育与培训中的一些经验，就图书馆参考咨询服务中的几个实践问题展开了探讨。

18. “图书馆自动化集成系统（ILASIII）发布暨技术研讨会” 召开

2009年4月22日，省高校图工委与深圳市科图自动化新技术应用公司合作组织召开了“图书馆自动化集成系统（ILASⅢ）发布暨技术研讨会”。省32家图书馆及省外33家图书馆共135人参加会议。

19. 河口县民族图书馆与越南老街省图书馆在河口签署合作交流文件

2009年4月28日下午，河口县民族图书馆与越南老街省图书馆合作交流签字暨赠书仪式在河口县民族图书馆举行。在2008年“迎新春”中越文化交流座谈会上，河口县民族图书馆与越南老街省图书馆达成共识，每年定期加强文化交流，内容包括双方交换出版物、举办文化活动和开展文化产业在内的交流与合作。

20. 国家清史编撰委员会向云南大学图书馆赠书仪式隆重举行

2009年5月5日下午，国家清史编纂委员会向云南大学图书馆赠书仪式在云南大学图书馆举行。国家清史编纂委员会副主任、博士生导师马大正，编委会秘书组组长刘文鹏、编委会出版组副组长王立新、清史办服务处副处长穆蕾，云南大学副校长肖宪、图书馆馆长万永林及图书馆相关人员出席了赠书仪式。

21. “5·12”大地震周年祭图片巡回展在云南省图书馆举办

2009年5月12~30日，由中国图书馆学会、国家图书馆主办，省图书馆学会、省图书馆承办的“5·12”大地震周年祭“大震不屈，大爱无疆——赈灾重建：图书馆在行动”图片巡回展于在省图书馆展出。

22. “云南省图书馆Lib2.0及资源共建共享交流研讨会”召开

2009年6月5日，由省高校图工委主办、云南大学图书馆和重庆亚德公司承办的“云南省图书馆Lib2.0及资源共建共享交流研讨会”在云南大学洋浦校区图书馆隆重举行，29家图书馆115人参会。

23. 云南省图书馆5件古籍珍品赴京参加“国家珍贵古籍特展”

2009年6月13日~7月10日，文化部在国家图书馆举办“国家珍贵古籍特展”。省图书馆5件藏品参展：一是现知云南最早的写本佛经《护国司南抄》（大理国保安八年），该经以《仁王护国般若波罗密多经》为底本，对良贲《仁王经疏》注解与校勘，保存有大量珍贵资料；二是明万历十七年至清康熙十五年（1589—1676年）刻本《嘉兴藏一万二千六百余卷》；三是南明永历九年（1655年）孙可望朱印本《金刚般若波罗蜜经》；四是北元宣光十年（1380年）赵州董贤云南刻本《大方广佛华严经八十卷》，该经据碛砂藏覆刻，行款及部分扉画与碛砂藏相同；五是南明永历六年（1652年）李定国刻本《佛母大孔雀明王经三卷》。

24. 《创新与发展：信息时代的图书馆》出版

2009年6月，由昆明理工大学图书馆馆长张仲华教授等主编的《创新与发展：信息时代的图书馆》一书，由云南人民出版社出版发行。该书收录了2008中美图书馆实务论坛的美国6所大学图书馆的馆长和专家及国内80余所大学和公共图书馆的领导、专家、学者提交的106篇具有代表性的学术论文，涵盖了国内外图书馆的前沿性及云南省高校图书情报工作急需研究与解决的相关问题，突出了学术性、针对性和前瞻性。

25. 云南古籍保护中心网站开通

2009年6月，省图书馆开通云南古籍保护中心网站http://www.ynlib.cn/yngjbh.网站设置了机构设置、政策法规、业界动态、古籍保护、古籍普查、三迤珍品、交流互动等专栏，主要是按照云南省古籍保护工作会议的要求，公布云南省古籍保护的重大决策部署、行政法规、规范性公文、工作动态以及展示云南的古籍珍品。其中，交流互动栏目链接云南古籍保护中心博客。

26. 《和谐与发展》一书由中国社会科学出版社出版

2009年7月，昆明理工大学党委副书记孙书行、图书馆馆长张仲华教授主编的《和谐与发展》一书，由中国社会科学出版社出版发行。该书研究深入，视角新颖，是哲学社会科学研究取得的一项重要学术成果，被南方杂志社列为“红宝书”读书活动参考书目。

27．云南省古籍保护工作会议在云南省图书馆召开

2009年7月25日，省文化厅在省图书馆召开云南省古籍保护工作会议。会议是新中国成立以来云南省首次专门就古籍保护工作召开的全省性会议，标志着全省古籍保护工作正式全面启动。

28．云南省公共图书馆馆长培训班在云南省图书馆举行

2009年8月3~5日，由中国图书馆学会、国家图书馆、共享工程国家管理中心和云南省文化厅联合主办，省图书馆、省图书馆学会承办的2009年中图学会“志愿者行动”——云南省公共图书馆馆长培训班在省图书馆举行，220余人参加了培训。

29．李国新教授专题学术讲座在云南省图书馆成功举行

2009年8月7日上午，北京大学信息管理系李国新教授为省图书馆和昆明地区部分公共图书馆、专业图书馆干部职工，作了题为“《公共图书馆法》的立法进展与支撑研究”的专题讲座。

30．云南省图书馆举办云南省首期古籍普查培训班

2009年8月12~15日，由省古籍保护中心主办的云南省第一期古籍普查培训班举行。来自全省图书馆、博物馆以及教育、民族等相关系统文献收藏机构的77名学员参加培训。

31．云南省图书馆62部古籍入选第二批《国家珍贵古籍名录》

2009年8月，国务院公布第二批《国家珍贵古籍名录》，云南省共有91部珍贵古籍入选，其中省图书馆有62部传世珍品入选。

32．云南高校图书馆2004—2008年度图书情报优秀科研成果评奖工作顺利结束

2009年9月25日，云南高校图书馆2004—2008年度图书情报优秀科研成果评奖工作结束。经过认真评审，73项科研成果获奖。获奖成果中，著作、教材、课题类成果为12项，其中，一等奖2项，二等奖3项，三等奖4项，优秀奖3项；论文类成果获奖61项，其中，一等奖7项，二等奖16项，三等奖22项，优秀奖16项。

33．第十二届全国图书馆馆长联席会在云南省图书馆召开

2009年11月15日，由国家图书馆主办、省图书馆承办的第十二届全国省、自治区、直辖市、较大城市图书馆馆长联席会议在省图书馆召开，主题是“学习贯彻李长春同志讲话精神，进一步推动图书馆事业繁荣发展”。

34．云南省图书馆建馆一百周年庆祝大会隆重举行

2009年11月15日晚，省图书馆举行隆重集会，与社会各界共庆省图书馆“百岁生日”。全国政协副主席、中国文联主席孙家正，中共云南省委书记白恩培，省委副书记、省长秦光荣，国际图联主席埃伦•苔丝、秘书长詹妮弗•尼克尔松发来贺信贺电。中纪委委员、文化部党组成员、中纪委驻文化部纪检组组长李洪峰，中国文联名誉主席、文化部原党组书记、代部长周巍峙，省委常委、省委宣传部部长张田欣，省人大常委会常务副主任晏友琼，副省长高峰，省政协副主席顾伯平，省老领导梁公卿、王义明，文化部社会文化图书馆司副巡视员孙凌平，文化部民族民间文艺发展中心主任李松，国家图书馆馆长詹福瑞，文化部全国文化信息资源建设管理中心主任张彦博，中国社会科学院图书馆馆长杨沛超等出席庆典。参加庆典的领导和来宾还有省、市相关部委厅局的领导，来自美国、英国图书馆界的专家学者，全国各省、自治区、直辖市、较大城市图书馆馆长，以及省内大专院校图书馆、州市图书馆馆长和社会各界的朋友。省文化厅厅长黄峻主持大会。

35．云南省图书馆成功举办首届云南省公共图书馆信息服务工作会

2009年11月30日~12月2日，省图书馆信息开发部和培训中心联合举办“首届云南省公共图书馆信息服务工作会”和“云南省公共图书馆信息服务工作培训班”。

36．云南高校图书馆“信息素质教育专业委员会”2009年终教学工作会议召开

2009年12月9日，云南高校图书馆“信息素质教育专业委员会”2009年终教学工作交流会在昆明医学院呈贡校区图书馆召开。邀请昆明医学院陈诗芸教授作题为“教学的艺术”、“如何编

写教案和讲稿”的讲座。50多人参加了与会。

37．云南省图书馆获2009中国书业年度图书馆提名

2009年12月，省图书馆获得《出版人》杂志和新浪网文化·读书频道共同主办的“2009中国书业年度图书馆提名”。省图书馆被提名的理由是创立了全国新书样本库，并计划建设信息交流平台和物流基地。

38．云南省图书馆被列为国家级古籍修复中心

2009年12月15日，文化部办公厅下发《关于公布国家级古籍修复中心名单的通知》（办社文函〔2009〕540号），正式确立12家单位为国家级古籍修复中心。省图书馆凭借古籍修复软、硬件条件和古籍修复成果跻身其中，成为我国西部地区唯一入选的图书馆。

39．云南高校图书馆迎新春联谊会暨第四届优秀科研成果获奖表彰会召开

2010年1月7日，高校图书馆迎新春联谊会暨第四届优秀科研成果获奖表彰会在省教育厅重视下，在省内各高校图书馆支持下，在云南民族大学召开。高校图书馆有73项成果获奖。其中，著作、教材、课题类成果12项，论文类成果61项。会上颁发了获奖证书。

40．云南省2010年文化信息资源共享工程建设工作会议召开

2010年1月30日，省2010年文化信息资源共享工程建设工作会议在昆明召开。省文化厅厅长黄峻、副厅长黄玲，16个州市文化局分管领导，38个县分管副县长、县文化局局长、县图书馆馆长，以及省文化厅社文处、计财处、共享工程云南省分中心的领导和工作人员共200多人参加了会议。

41．云南高校图书馆馆长论坛在云南民族大学举行

2010年1月14日下午，借云南民族大学雨花校区图书馆开馆仪式之机，云南民族大学图书馆举办了“云南高校图书馆馆长论坛”，来自云南省近20所高校的图书馆馆长相聚一堂，共同探讨高校图书馆的建设与发展问题。论坛由云南民族大学图书馆馆长赵世林教授主持。论坛紧紧围绕“高校图书馆新馆建设及阅读环境营造”这一主题，采用自由发言方式进行。

42．云南省图书馆被评为国家一级图书馆

2010年2月1日，文化部在北京召开全国公共图书馆评估工作总结会议，公布第四次全国公共图书馆评估定级的结果，省图书馆被评为国家一级图书馆，这是云南图书馆建馆百年来首次被评为一级图书馆。

43．云南省高校图书馆2010年度馆长工作会议召开

2010年3月19日下午，省高校图书馆馆长会议在云南师范大学呈贡校区图书馆召开。各高校图书馆馆长、云南师范大学副校长李松林、省教育厅高教处调研员谢怀昆等参会。会议由省高校图工委副主任、昆明理工大学图书馆馆长张仲华教授主持。云南师范大学图书馆馆长朱曦教授作2009年度省高校图工委工作总结，通报了2010年度图工委工作要点。

44．省政协副主席、昆明理工大学副校长罗黎辉教授到图书馆指导工作

2010年4月27日，昆明理工大学图书馆在莲华校区图书馆召开了呈贡校区图书馆建设专题研讨会。省政协副主席、昆明理工大学副校长罗黎辉莅临会议指导工作，并与图书馆同志一起座谈。

45．“云南高校区域数字图书馆建设协调会议”在云南师范大学召开

2010年4月30日，云南大学、昆明理工大学、云南师范大学、云南财经大学图书馆馆长、技术、咨询人员在云南师范大学图书馆召开“云南高校区域数字图书馆建设协调会议”。

46．中国西南地区图书馆资源共建共享研讨会在云南大学图书馆召开

2010年5月7日，CALIS西南培训中心、云南大学图书馆特邀北京大学、四川大学、重庆大学、昆明理工大学等高校图书馆专家在云南大学联合举办“图书馆资源共建共享”研讨会，33家图书馆119人参加研讨会。

47．2010年度昆明地区公共图书馆服务宣传周举行

2010年5月29日上午，为贯彻全国“知识工程”领导小组办公室《关于在全国开展2010年度图书馆服务宣传周活动的通知》，大力促进学习型社会建设，昆明地区公共图书馆服务宣传周在官渡古镇启动。

48．云南大学图书馆与韩国国立文化财研究所达成合作研究意向

2010年6月7日至10日，韩国国立文化财研究所研究人员一行六人到云南大学图书馆参观了所收藏的高丽本古籍文献。为推进中韩文化交流，云南大学图书馆与韩国国立文化财研究所达成合作研究意向，共同完成云南大学馆藏《高丽史》等116种高丽本古籍版本比勘鉴定工作。合作双方将对云南大学馆藏的高丽本善本古籍进行版本鉴定，并将各自的鉴定结果提供给对方，供对方参考，最后编著出版《中国云南大学图书馆馆藏高丽本典籍》（暂定），并上载云南大学图书馆网站和韩国国立文化财研究所网站，提供公益性阅览服务。

49．“中国古代书籍史”在云南省图书馆举行开展仪式

2010年6月11日，由国家图书馆、国家古籍保护中心举办，省图书馆承办的“中国古代书籍史”举行开展仪式。

50．云南大学举办云南省区域图书馆应用操作培训

2010年6月12日下午，来自云南大学、昆明理工大学、云南师范大学、云南财经大学四所高校图书馆共50多位老师在云南大学图书馆参加培训。主要对省文献资源共享与服务平台(www.yn.superlib.net) 作详细介绍，并现场进行了文献传递、统一检索平台、在线参考咨询等演练。

51．CALIS云南省中心建设协调会在莲花宾馆召开

2010年6月17日下午，中国高等教育文献保障系统（简称CALIS）建设协调会在莲花宾馆召开。云南师范大学副校长李松林、云南省教育厅高教处处长王永全、省各高校图书馆馆长及技术负责人等80余人与会，与会人员对中心建设中的相关问题展开讨论。

52．2010中美图书馆实务论坛成功举行

2010年7月5~6日，由省高校图工委与美国华人图书馆员协会主办、云南农业大学图书馆承办的第四届“中美图书馆实务论坛”在昆明饭店举行。论坛以“网络环境下的图书馆信息服务”为主题，探讨数字图书馆建设与服务的热点问题。来自美国、加拿大及省内外图书馆专家学者200余人参加了论坛。

53．红河州图书馆开馆五周年庆典暨红河州图书馆馆长联席会议召开

2010年7月7日，“红河州图书馆开馆五周年庆典暨红河州图书馆馆长联席会”在红河州图书馆举行。省图书馆馆长李友仁、红河州委常委、州委宣传部长李涛及红河州委、政府的有关领导、部分友邻单位领导等出席了活动。

54．2009年中国图书馆学会志愿者行动——云南省公共图书馆馆长培训举行

2010年8月3日，由中国图书馆学会、国家图书馆、云南省文化厅主办，省图书馆、省图书馆学会承办的2009年中国图书馆学会“志愿者行动”——云南省基层图书馆馆长培训班在省图书馆举办。来自省内16个地州文化局、16个地州公共图书馆馆长、129名县级公共图书馆馆长220余人参加培训。

55．文化信息共享工程业务培训班在楚雄州图书馆举办

2010年8月30日~9月4日，楚雄州文化局在楚雄州图书馆举办全州文化信息资源共享工程业务骨干及文化站干部培训班，州、县市图书馆和部分乡镇综合文化站业务骨干共100多人参加了培训。

56．云南省图书馆成功举办云南省第二届青少年演讲比赛

2010年9月6日，主题为“我心中的图书馆”的省第二届青少年演讲比赛在省图书馆举行。来自昆明、保山、玉溪、楚雄、红河、大理等州市8所重点中学的24名同学参加了角逐。比赛由省文化厅、教育厅和云南日报报业集团主办，省图书馆与省教育科学研究院、云南科技报社联合承办。经过激烈比赛，6位选手获得一等奖，10位选手获得二等奖，8位选手获得三等奖。随后，按照各代表队个人成绩综合产生了团体奖。

57．中国高等教育文献保障系统（CALIS）三期启动大会在北京大学召开

2010年9月20日，中国高等教育文献保障系统（CALIS）三期建设项目启动大会在北京大学图书馆举行。云南师大图书馆朱曦馆长接受“CALIS云南省文献信息服务中心”的牌匾，并在《承建协议书》上签字。

58．全国首个新书样本库正式开放

2010年9月20日，由省图书馆与省新华书店集团有限公司合作建立的全国新书样本库正式面向社会公众开放。省文化厅厅长黄峻、云南出版集团董事长汤汉清为样本库揭牌。

59．云南省社科院图书馆“养书千日”10部文献入选国家珍贵古籍名录

2010年9月，《劝善经》、《指路经》、《吾查》、《物兆书》四部彝文文献入选第三批国家珍贵古籍名录，省社会科学院图书馆共有十部古籍入选国家珍贵古籍名录，该馆也因在古籍保护方面所做的工作跻身全国古籍重点保护单位。2008年，元代官刻本《文殊师利所说不思仪佛境界经》入选为第一批国家珍贵古籍名录；2009年，大理国保安八年写经《护国司南钞》（1052年）、明洪武三十五年《无遮灯食法曾仪》（1372年）、明弘治十一年刻本《资治通鉴纲目》（1498年）、明嘉靖十年刻本《初学记》（1531年）、明隆庆元年刻本《文苑英华》（1567年）入选为第二批国家珍贵古籍名录。

60．第二次“云南高校区域数字图书馆建设协调会议”召开

2010年10月27日，省高校图工委在昆明理工大学组织召开了第二次“云南高校区域数字图书馆建设协调会议”。会议通报了参建各馆从2010年6月13日~7月13日读者提交文献传递等信息请求的受理情况统计及分析。

61．教育部科技发展中心到昆明理工大学进行科技查新工作的现场考评

2010年11月10日至11日，教育部科技发展中心副处长万猛及评审专家组一行莅临昆明理工大学，对昆明理工大学申请教育部科技查新工作站的相关情况进行现场考评。评审专家组由北京大学市场与媒介研究中心主任谢新洲任组长，与西南交通大学图书馆馆长高凡、南方医科大学图书馆副馆长夏旭组成。教育部科技发展中心对2010年挑选19所高校作为现场考察对象，昆明理工大学名列其中。11月10日上午9点，在昆明理工大学举行现场考察评审会。省人大副主任、昆明理工大学副校长杨保建，省政协副主席、昆明理工大学副校长罗黎辉，昆明理工大学校长周荣，中国工程院院士、昆明理工大学教授戴永年，副校长田军，省科技厅奖励办副主任杨爱民等出席评审会。

周荣校长代表学校向教育部科技发展中心领导和专家组重点介绍了昆明理工大学学科专业的特色和优势、科技创新工作的实力和成就、图书馆建设的基本情况等工作。省政协副主席罗黎辉结合云南省“两强一堡”战略实施的需要，向专家组介绍了学校的人才、智力优势及服务云南经济社会发展所开展的工作和作出的贡献。强调将教育部科技查新工作站建在昆明理工大学的重要性、必要性，表示学校将进一步加大投入，加强查新中心建设，促进查新工作可持续发展。

图书馆馆长张仲华向专家组汇报了学校开展科技查新工作的基本情况，并围绕图书文献资源建设、科技查新人员构成、环境与设备、科技查新业务开展、查新工作内部管理与制度建设、下一步工作思路等内容，向专家组阐述了在昆明理工大学设立教育部科技查新工作站的必要性和可行性。

专家组还到科技查新中心，对查新报告、管理平台建设等相关工作进行了认真检查。专家组合议认为，昆明理工大学充分发挥资源优势、认真开展科技查新工作，取得了积极成绩，希望学校加强科技查新工作，为提高办学质量、服务区域经济社会发展作出更大贡献。

62．云南大学举办“竞争情报与情报分析”高级研修班

2010年11月17~20日，CALIS西南培训中心、云南大学图书馆与工业和信息化部中国电子信息产业发展研究院培训中心联合举办“竞争情报与情报分析”高级研修班，邀请竞争情报专家、上海图书馆、上海科学技术情报研究所信息分析专家张左之和陶翔轮流授课。

63．《中华古籍总目·云南卷》编纂工作正式启动

2010年11月18日，《中华古籍总目·云南卷》编纂工作会议在省图书馆召开，这标志着《中华古籍总目·云南卷》的编纂工作正式启动。国家古籍保护工作专家委员会主任李致忠，国家古籍保护中心培训组组长王红蕾，复旦大学图书馆古籍部主任、中国古典文献学博士生导师吴格，云南大学图书馆馆长万永林，省图书馆研

究馆员李孝友等10多位省内外专家参加会议。会议就《中华古籍总目·云南卷》实施方案广泛征求了意见。

64．西南大学图书馆馆长吴江一行到昆明理工大学图书馆参观访问

2010年11月30日上午，西南大学图书馆馆长吴江教授一行四人到昆明理工大学图书馆参观访问，重点了解呈贡校区图书馆建设情况。馆领导从历史沿革、基本情况、资源建设、新馆建设、近期发展等方面介绍了图书馆建设、发展情况。

65．第十五次全国社科院系统图书馆馆长协作及学术研讨会在云南省社科院召开

2010年12月17日上午，省社会科学院建院三十周年，在省社科院召开第十五次全国社科院系统图书馆馆长协作及学术研讨会。来自中国社会科学院联机联合编目中心的领导和全国省市自治区社科院系统图书馆的馆长和中经网、北京方正阿帕比公司的代表，以及该院领导、工作人员等60多人与会。

66．中国高等教育文献保障体系（CALIS）云南省中心项目建设正式启动

2010年12月22日，中国高等教育文献保障体系（CALIS）三期项目建设暨服务启动会在云南师大呈贡主校区图书馆召开。CALIS管理中心副主任、北京大学图书馆陈凌副馆长到会对CALIS三期建设做了详细的介绍。

67．云南省高校图书馆系统迎新春诗歌朗诵比赛在云南中医学院成功举行

2010年12月24日，由省高校图工委主办、云南中医学院图书馆承办的“云南省高校图书馆系统迎新春诗歌朗诵比赛”在云南中医学院举行。24所高校图书馆参赛，经过角逐，昭通师范高等专科学校图书馆《薪火颂》和云南师范大学图书馆的《心中的圣地》获得一等奖。

68．《云南图书馆》季刊获内部出版物金奖

2010年12月，在省新闻出版局、省印刷行业协会和省连续性内部出版物编印专业委员会共同举办的省第三届优秀连续性内部出版物评选活动中，《云南图书馆》季刊受到了与会评审专家好评，获连续性内部出版物金奖。

69．昆明理工大学获得教育部部级科技查新工作站筹建单位资格

2010年12月31日，教育部公布“关于在北京理工大学等11所高等学校设立第五批教育部部级科技查新工作站的通知”（教技发函〔2010〕117号），决定在北京理工大学等11所高等学校设立第五批教育部部级科技查新工作站，并认定北京化工大学等五所高等学校作为教育部部级科技查新工作站的筹建单位。昆明理工大学名列理工类科技查新工作站筹建单位。

70．云南省高职高专图书馆工作调研小组到昆明冶金高等专科学校进行调研

2010年12月31日，由教育厅及省高校图工委的部分专家组成省高职高专图书馆工作调研组到昆明冶金高等专科学校进行工作调研。昆明冶金高等专科学校校长夏昌祥、副校长杨捷到会，财务、人事、教务、科技、学生工作、团委等相关部门负责人参会。昆明冶金高等专科学校图书馆馆长杨云对照《云南省高职高专院校图书馆建设指南》向专家组汇报了图书馆发展概况、体制管理、办馆条件、自动化网络化数字化建设、文献资源建设、读者服务、学术研究、存在的问题及解决的措施。专家们针对汇报进行提问并发表了建设性意见。专家组还到图书馆进行了实地调研。

（二）档案界

1．2008年云南省档案工作及表彰大会召开

2008年1月28~29日，省人事厅、省档案局主持召开2008年云南省档案工作及表彰大会。会议表彰了为省档案事业作出贡献的先进集体和先进个人，19个单位获“档案工作集体二等功”，98个单位荣获“档案工作集体三等功”，29名档案工作者荣获“档案工作个人二等功”，154名档案工作者荣获“档案工作个人三等功”。

2．《乌蒙兰台情——2008年云南档案学术研讨会论文集》（上、下册）出版

2008年5月，云南省档案学会编写了《乌蒙兰台情——2008年云南档案学术研讨会论文集》（上、下册）。全书62万余字，收录论文146篇。

3．云南省档案学会编写论文集《苍山脚下论兰台》

2008年5月，省档案学会编写2007年省档案学术研讨会论文集——《苍山脚下论兰台》，全

书50余万字，收录论文128篇。

4.《中国档案报》云南记者站获省委表彰

2008年8月，受省委、省政府委托，省委办公厅、省政府办公厅、省委宣传部共同组织了“驻滇新闻单位宣传云南贡献奖”评选活动，设立“宣传云南特别贡献奖”、“宣传云南贡献奖”。《中国档案报》云南记者站在评选活动中获得“宣传云南贡献奖”，受到省委办公厅、省政府办公厅、省委宣传部表彰。

5．2008年国庆“金秋兰台”诗歌比赛成功举行

2008年9月，由省档案学会、《云南档案》编辑部承办的2008年国庆“金秋兰台”诗歌比赛结果揭晓，评出一等奖3名，二等奖6名，三等奖10名，优秀奖40名。本次诗歌比赛活动是为庆祝改革开放三十年举办的，收到69名参赛作者108首诗歌作品。

6．云南省档案馆建馆50周年

2009年5月30日，省档案馆举行建馆50周年庆典。在馆庆之际，社会各界名人纷纷为云南省档案馆建馆五十周年挥笔题词作画。

7．中共云南省委组织部顺利通过党政机关档案室建设五星级验收

2009年7月24日，省委组织部通过党政机关档案室建设五星级验收，成为省级机关中第9家通过五星级验收的单位。省档案局局长黄凤平出席验收会，为省委组织部颁发了匾牌和证书。省委组织部副部长崔茂虎参加验收会。

8．新加坡与云南签署档案合作协议

2009年10月20日，由中国国家档案局、新加坡国家档案馆联合举办，省档案局承办的《南洋华侨机工回国抗战史料图片展》在新加坡举行开幕式，中国国家档案局副局长李明华带队，由省档案局黄凤平、副局长张文芝等六人组成的代表团参加了开幕式。新加坡国家档案馆与云南省还就通过新加坡国家档案馆提供培训，分享口述历史方法学，开展保存云南少数民族历史文化与传统中医史的口述历史计划，分享新加坡保存少数族群历史和民间歌谣的经验等方面的工作签署了《新加坡国家档案馆与中华人民共和国云南省档案局口述历史合作项目》备忘录。

9．大理州档案馆和腾冲县档案馆获“国家二级档案馆”称号

2009年11月30日和12月2日，受国家档案局委托，由省档案局组织省内部分档案专家组成的国家二级档案馆测评组，分别对大理州档案馆和腾冲县档案馆进行测评。经测评，大理州档案馆和腾冲县档案馆均达到国家二级档案馆标准，王雁宾为两馆授牌。

10．楚雄彝族自治州州政府隆重召开全州档案“双先表彰”会议

2010年3月1日，楚雄彝族自治州州政府隆重召开全州档案“双先表彰”会议。楚雄州州委常委、副州长李红民、州人大副主任江正荣、州政协副主任李振华、云南省档案局局长黄凤平等出席会议。全州各市县政府分管档案工作的领导、档案局局长及档案工作者280余人参加会议。

11．云南省档案局举办“国家重点档案抢救和保护补助费项目申报工作研讨班”

2010年3月3日至5日，省档案局在昆明举办了国家重点档案抢救和保护补助费项目申报工作研讨班，各州（市）、县（市、区）档案局136名分管国家重点档案抢救和保护补助费项目申报工作的领导和工作人员参加学习。

12．云南省获批为“抢救保护少数民族口述历史档案试点地区”

2010年3月，国家档案局批准将云南省作为开展抢救保护少数民族口述历史档案试点地区。云南是我国少数民族最多的省份，但绝大多数的少数民族只有语言，没有文字，民族文化主要是通过精通与掌握少数民族文化的土司、毕摩、东巴、和尚、长老和民间艺人口耳相传保存本民族历史文化，云南少数民族口述历史档案丰富多彩。据统计，云南省目前无文字民族的文化传承人仅有500多人，而且其中部分艺人年事已高，口述文化传承将面临失传，有些甚至会出现“历史性断代”，急需把这些无文字民族的口述历史档案抓紧抢救下来。

13．《2009年云南省档案学术研讨会论文集》出版

2010年5月，云南省档案学会编辑出版了《2009年云南省档案学术研讨会论文集》，该论文集收录论文73篇，30余万字。

14．云南省档案专业基础知识培训班在昆明举办

2010年7月11日~8月2日，2010年第2期云南省档案专业基础知识培训班在昆明举办，来自云南各级档案部门的400余名专兼职档案工作人员就“文书档案管理”、“科技档案管理”、“档案保管与保护”、“数字档案馆建设”、“档案利用与编研”、“人事档案管理”、“特殊载体档案管理”、“重点建设项目档案管理”等11门课程进行学习。

15．云南省档案系统在林改工作中涌现出来的先进集体先进个人获表彰

2010年7月27日，省委、省政府召开大会对云南省集体林权制度改革战线上涌现出的先进集体和先进个人进行表彰。省委书记白恩培、省长秦光荣，省委副书记李纪恒等领导为先进集体和先进个人颁发奖状。

16．云南省档案局新闻获“宣传云南好新闻奖”和“宣传云南头条工程奖”表彰

2010年8月6日上午，省委副书记李纪恒，省委常委、省委宣传部部长张田欣，副省长孔垂柱等出席了抗旱救灾宣传报道暨2009年度驻滇新闻单位“宣传云南好新闻奖”和“宣传云南头条工程奖”表彰大会，并为获奖者颁奖。由省档案局采写，中国档案报刊发的“云南档案部门提出新目标　档案工作要全方位服务新农村”获2009年度驻滇新闻单位“宣传云南好新闻奖”三等奖；“勉励档案部门为社会和谐稳定再立新功”和“全省3至5年要解决档案馆库建设问题”等报道获2009年度驻滇新闻单位“宣传云南头条工程奖”三等奖。

17．全国档案新闻宣传工作会议在安徽合肥召开，云南省档案局获两项表彰

2010年8月10~13日，全国档案新闻宣传工作会议在安徽合肥召开。主题是深化改革迎接挑战，努力提高档案新闻宣传工作的服务能力和水平。来自全国各省、自治区、直辖市以及计划单列市、副省级市的档案局领导及代表共130余人参加了会议。会议对档案新闻宣传战线上涌现出的先进集体和先进个人进行了表彰。省档案局云南记者站被授予“中国档案报2009—2010年度优秀记者站”称号；法规宣传处殷俊燕被授予“优秀记者站站长”称号。

18．云南18个县级综合档案馆建设项目可行性研究报告顺利通过专家评审

2010年8月12~13日，省发展和改革委员会主持召开云南省第一批县级综合档案馆建设项目可行性研究报告评审会，七名建筑工程专家和档案管理专家组成的专家组对第一批项目的可行性研究进行认真评议审核。安宁市、寻甸县、江川县、元江县、楚雄市、大姚县、大理市、施甸县、瑞丽市、绿春县、凤庆县、镇康县、勐海县、水富县、西盟县、西畴县、福贡县、香格里拉县等18个县级综合档案馆建设项目可行性研究报告顺利通过专家评审。

19．西双版纳古茶树资源建档试点工作会议在景洪召开

2010年11月16日，西双版纳古茶树资源建档试点工作会议在景洪召开，省茶业协会会长、原副省长、原省人大副主任黄炳生，省档案局局长黄凤平，西双版纳州副州长杨沙出席了会议。

20．师宗县档案馆新馆建设开工仪式隆重举行

2010年11月29日，师宗县档案馆新馆建设开工仪式隆重举行。省档案局赵炳荣副巡视员、曲靖市档案局局长张石生，师宗县委常委组成人员，县人大、政府、政协、纪委主要领导，各乡镇党委书记、乡镇长，县直单位主要负责人，施工单位等共200余人出席了开工仪式。

21．凤庆县国家综合档案馆建设工程举行开工奠基仪式

2010年11月29日，凤庆县国家综合档案馆建设工程举行隆重的开工奠基仪式。省档案局、临沧市人民政府、临沧市档案局、凤庆县委、县人大、县人民政府、县政协等相关部门领导出席开工奠基仪式。

22．“云南省社会主义新农村建设档案工作现场会”召开

2010年12月8日，省社会主义新农村建设档案工作现场会在保山市龙陵县召开，这是自1998年云南省农业和农村档案工作会议后又一次针对我省农业和农村档案工作的专题会议。出席会议的领导有省档案局局长黄凤平、保山市人民政府副市长解丽平、中共龙陵县县委书记杜春强及省委农办等相关部门领导。会议由云南省档案局副

局长龙岗主持，来自全省16个州（市）、130个县（市、区）档案局局长及相关人员200余人参加会议。

（三）情报学界

1．云南省科技情报网会暨科技情报所长座谈会召开

2008年10月13日，由省科学技术情报学会、省科学技术情报研究院主办，昭通市科学技术情报研究所承办的省科技情报网会暨科技情报所长座谈会在水富县召开。会议总结了两年来的经验，谋划了未来两年的工作思路。

2．“中国—东盟新能源与可再生能源开发利用国际科技合作论坛”召开

2009年11月25~28日，在昆明举行了“中国—东盟新能源与可再生能源开发利用国际科技合作论坛”。论坛由科技部国际合作司、东盟秘书处、省科学技术厅主办，省科学技术情报研究院承办。论坛旨在为有关省、市、区和东盟各国提供信息交流平台，推动科技资源与成果共享，促进我与东盟国家在新能源与可再生能源的合作向多层次、高水平发展，提高我国与东盟国家在新能源与可再生能源合作开发利用的技术水平和产业化能力。

3．《云南企业专利信息分析与预警服务平台建设》项目启动

2010年3月，省情报院申报的国家工信部“2010年度中小企业专项资金固定资产建设类项目”——《云南企业专利信息分析与预警服务平台建设》项目获批准立项。

4．“云南省第二次经济普查研究”被推荐为国家优秀课题

2010年11月，由省科技情报院统计中心承担的省第二次全国经济普查研究课题《云南高新技术企业发展现状、问题及对策研究》通过了省经普办组织的评审，评审专家对课题成果给予了高度评价，并将该课题推荐为国家级优秀课题。

5．“云南重点产业发展创新方法研究与服务公共平台建设”项目启动

2010年12月22日，国家创新方法专项——“云南重点产业发展创新方法研究与服务公共平台建设”项目在省科技情报研究院召开了项目启动会，云南省科技厅李树洁副厅长、胡启相处长以及项目承担单位省科技情报研究院、参加单位省科技发展研究院、云南大学软科学与系统工程研究中心、昆明冶金高等专科学校的项目负责人和主要参与研究人员出席了会议。参会人员对项目实施方案在工作任务分解、成果形式、时间进度以及经费安排等方面进行讨论，项目领导小组根据讨论结果布置了近期工作内容，并对下阶段的工作提出进一步要求。

（昆明理工大学　张仲华　薛秀珍
昆明冶金高等专科学校　杨云）

教育学

2008年至2010年，云南省教育科学研究始终以坚持以马列主义、毛泽东思想和邓小平理论为指导，坚持党的“一个中心、两个基本点”的基本路线，深入贯彻党的十六大、十七大和全国教育工作会议的精神，遵照《中国教育改革和发展纲要》、云南省“十一五”规划及2010年《国家中长期教育改革和发展规划纲要（2010—2020）》的要求，进一步推动教育科研为社会主义现代化建设服务，为教育改革与发展服务，更好地发挥教育学学科的理论指导、实验探索。“十一五”是世纪初的关键时期，教育学学科在经历了“九五”、“十五”、“十一五”三个五年规划之后，教育学日趋成熟。目前，在云南省内也已形成了有计划、有组织、粗具规模、协同攻关的教育科研新局面。回顾这几年，云南省教育科学研究的重点表现在以下几个方面：

首先，教育科学研究的视野进一步拓宽。从重视教育对人发展所具有重要影响的研究，研究逐步向终身教育、民办教育、成人职业教育及社会教育等方面发展。

其次，在教育科研课题的价值取向上，重视总结教育发展的经验、研究解决现实教育改革与发展中的重大理论和实际问题以及准确地预测和把握教育未来发展三者的关系，也重视和加强对教育改革中出现的重大现实问题的应用性研究。

再次，随着教育改革深入发展和教育现代化建设的需要，教育学学科体系的构建朝着日趋成熟和完善的方向发展。一些老学科，如教育基本理论、比较教育、教育史、教育心理学等将勃发出新的生长点，不断开拓研究领域，取得新的研究成果。一些新兴的分支学科建设也将得到进一步发展：一是一些在教育改革实践中创造并发展起来的、具有典型中国特色的学科将不断完善、成熟，如农村教育学、民族教育学等；二是一些涉及教育宏观问题的研究领域将逐步向学科形态发展，如教育发展战略的研究、教育评价及教育改革与发展研究等。

最后，对教育科研方法的研究也有所突破。教育研究已经切合实际地引入一些自然科学和心理学的研究与实验方法，坚持田野调查、定性研究与定量研究、实证性研究和个案研究的有机结合和广泛运用，进一步提高教育科学研究的水平及其成果的信度和效度。对教育实验的再认识和运用也有所发展。在现实中，教育实验既是教育研究的一种方法，也是一种教育变革的实践活动。它所产生的效能必将超出教育研究活动本身。相信“十二五”期间，云南的教育学研究必将有更广阔的前景及飞跃性的发展。

一、主要学术活动

（一）2008年教育学主要学术活动

1．接待台北市教育参访团到云南进行教育交流访问

应云南省教育学会邀请，2008年5月1~8日，台北市教育参访团一行19人到云南省进行“两岸中小学优质教育与合作交流访问”。其间，参访团专程考察了丽江、大理、昆明等地优质中小学校，所到之处受到各校师生的热情欢迎。在昆明市第一中学，参访团对这所百年老校尊重历史、完好保存民国时期的学校资料非常感慨，同时，对昆一中注重学生特长发展、个性化培养以及学科竞赛很感兴趣，并就学校管理、优质资源向郊县区辐射等问题进行了交流。在滇池度假区实验学校，参访团详细了解了九年一贯制办学形式，并就校本课程，个性化课程，标准化教学，教师专业发展等问题与学校校长、教师进行了探讨。在丽江市高级中学，参访团就少数民族教育公平问题、教育教学质量问题、优质学校的创建、学校评估、基层教师的发展等问题进行了实地考察交流。

2．举办“在教育改革中成长”主题征文活动

2008年6~12月，为纪念改革开放30周年，同时配合中国教育学会成立30周年庆典活动，云南

省教育学会举办了2008“在教育改革中成长”主题征文活动。参加者有来自云南省各高校、教师进修学校、中小学（含职高）、幼儿教师及各地教研人员，论文内容涉及语、数、外、理、化、生、思品、体育、信息技术等各学科教学研究、教师专业发展、教育管理等。经专家认真评审、统筹兼顾，共评选出一等奖10篇；二等奖70篇，优秀奖19篇。玉溪市教育学会、玉溪市第二幼儿园荣获优秀组织奖。

3．云南省中小学校长论坛

2008年9月20~21日，由云南省教育学会和昆明滇池国家旅游度假区管委会共同主办的“云南省中小学校长论坛”在滇池国家旅游度假区举行。论坛由云南省教育学会常务副会长周益群主持，云南省教育厅副厅长张海翔出席并致辞。上海市教委副主任尹后庆、上海市人大教科文委办公室主任毛放、上海市实验小学校长杨荣以及深圳清华实验学校校长周杰等专家作专题报告，昆明第十一中学、曲靖一中、明通小学等校长作经验交流。来自云南省300多名中小学校长与全国知名专家围绕“教育家办学、校长能否成为教育家，校长怎样成为教育家”等问题，共同探讨校长的成长之路。

4．云南省首届基础教育论坛

2008年10月31日，作为西南联大在昆建校暨云南师范大学70周年校庆庆祝活动之一的“第一届云南基础教育论坛”在昆明莲花宾馆举行。论坛旨在牢记历史嘱托，坚持云南师范大学“坚定不移，服务基础教育”的办学特色，发挥学校在云南基础教育改革和发展中的作用。云南省教育厅、各州市教育局相关领导以及云南省内高校有关专家、部分中小学校长约200人参加论坛。云南师范大学党委书记伊继东教授致欢迎词。云南师范大学副校长何伟全主持论坛。围绕“课程改革与教师专业发展”这一主题，来自云南省基础教育第一线的专家和学者畅所欲言。云南省教育厅副厅长王建颖作了题为“科学研究，深化改革，促进全省基础教育又好又快发展”的主题报告，云南省教科院院长常锡光、五华区教育局副局长曾丽琼、云南师范大学教授李劲松等作主题发言。

5．西南联大热点问题研讨会

2008年11月2日，云南西南联大研究会理事会暨西南联大热点问题研讨会在云南师范大学图书馆召开，研究会理事及专家30余人就西南联大的热点问题进行探讨。会议认为，研究会目前还没有形成系统性、综合性的研究；从研究提炼的角度来看，西南联大热点问题的研究尚有提升的空间；应加大对西南联大“教授治校”的组织管理体系等问题的研究；还有专家提出，建立专门的学科——联大学，并将其作为教育学、历史学的一个分支学科，结合西南联大精神的研究，将联大学的概念上升到一定的高度，推进西南联大的研究。

6．全国教育与心理统计测量学术年会暨第八届海峡两岸心理与教育测验学术研讨会

2008年11月3~4日，“全国教育与心理统计测量学术年会暨第八届海峡两岸心理与教育测验学术研讨会”在云南师范大学校本部召开。本次学术研讨会参加会议代表人数共184人（其中包括国内代表140余人，中国台湾代表45人），为历届海峡两岸心理与教育测验学术会议的最多人数。代表们来自内陆、中国香港、中国台湾的50所大学，10所研究机构，教育部考试中心、人事部考试中心、卫生部考试中心等8个国家级考试机构，10多家中小学、杂志社及学会。海峡两岸教育评价和心理统计测量界的顶级专家几乎全部到会，前国际心理联合会执委、副主席、中国心理学会副主席、张之洞的嫡孙、北京师范大学教授张厚粲教授，中国台湾师范大学前任校长、中国台湾大学入学考试中心主任简茂发教授，前中国台湾心理测验学会会长、中国台湾师范大学著名教授吴武典，中国台湾心理测验学会会长、中国台湾师范大学教授陈学志，中国教育学会教育统计与测量专业委员会理事长、北京师范大学冯伯麟教授，中国教育学会教育统计与测量专业委员会副理事长、华南师范大学张敏强教授，中国心理学会心理测量专业委员会理事长、北京师范大学心理学院院长车宏生教授，中国香港中文大学教育学院教育心理系主任侯杰泰教授等，全程参加了会议。参会代表共提交会议论文190余篇。

7．2008年全国教育科学院院长年度工作会议

2008年11月25~29日，“全国教育科学院院长2008年度工作会议”在云南师范大学教育科学与管理学院召开，本次会议是为了进一步促进

全国教育科学院、系的改革和发展，加快传统师范教育向现代教师教育转型的步伐，为了加强各兄弟院系之间的交流与合作，2008年年度院长工作会议的主题为“教育专业人才培养改革与高校教育院系建设”。与会代表将围绕这一主题展开深入的大会讨论和交流。本次会议由全国教育科学院院长工作会议召集单位北京师范大学教育科学院主办；云南师范大学教育科学与管理学院承办。

8．第二届中国西部国际农村教育与农村发展论坛

2008年12月27~29日在中国云南昆明市、普洱市召开“第二届中国西部国际农村教育与农村发展论坛”，是为响应教科文组织的号召和我国政府关于实施“西部大开发”的战略以及加大对西部地区教育的投入，为进一步明确西部地区农村教育发展过程中所面临的问题、挑战，尤其是少数民族人口教育、跨境教育和扫盲等一系列教育问题，从而在政策框架和教育战略规划方面加强国际交流和合作。中国联合国教科文组织全国委员会、联合国教科文组织国际农村教育研究与培训中心、联合国教科文组织驻北京办事处以及云南省教育厅、云南师范大学共同举办此次论坛。云南省教育科学研究作为承办单位参与和组织本次论坛。

（二）2009年教育学主要学术活动

1．中国“三生”教育高层论坛

2009年5月29日，由中国教育学会、中央教科所、中国社科院哲学所和云南省教育厅共同主办的“三生”教育高层论坛在北京人民大会堂举行。来自教育部和国内教育界、科研院所的240余名专家学者，围绕“教育真爱”主题进行深入研讨，云南省教育厅厅长罗崇敏作主题演讲。

2．举办“云南省教育学会2009年优秀教育科研成果评选”活动

2009年5~12月，结合中国教育学会举办的第22届全国学术年会及以“办好每一所学校，教好每一个学生”为主题的学术论文征集评选活动，云南省教育学会举办了“2009年优秀教育科研成果评选”活动。参加者有来自高校、教师进修学校、中小学、幼儿园的教师和各级教育科研人员，论文内容涉及语、数、外、理、化、生、德育、体育、信息技术等各学科的教学研究、教师专业发展、教育管理等，论文数量和质量较往年有所提高。本次活动得到曲靖、玉溪、楚雄、红河等州市教育学会的积极支持和参与。

3．首届高校管理者论坛举行

2009年7月17日，由国家教育行政学院主办，云南师范大学、昆明学院承办的首届高校管理者论坛在昆明举行。来自全国数十所高校的百余名管理者及专家学者聚集一堂，专家们就“高等教育质量与教学评估”、“创新型人才培养的经验探讨”、“高等教育战略发展中的重要问题”等课题进行专题研讨会，深入探讨我国高等教育的发展。

4．筹备成立“云南省生命生存生活教育研究会”

2009年8月~12月，为了切实把社会主义核心价值体系融入国民教育全过程，整合学校、家庭和社会的力量，全面推进素质教育。云南省教育学会作为主要发起单位之一，承担了成立“云南省生命生存生活教育研究会”的全部筹备工作。12月，“云南省生命生存生活教育研究会”获得了省民政厅“同意”批复。

5．云南省农业教育研究会学术年会

2009年11月12日，云南省农业教育研究会2009年学术年会在云南农业大学隆重召开。云南省教育厅、云南省农业厅、云南省社科联、云南农业大学等20多个单位80余代表和特邀嘉宾出席会议。会议期间，听取2009年学会工作报告和2010年学会的工作要点。举行“中等职业教育就是做好农业教育”、“职业教育功能创新——兼论农业职业教育的时代课题”等专题讲座。会议还结合当前全省农业、职业教育的改革与发展问题进行了交流，表彰了2008年、2009年学术年会优秀论文作者和获优秀组织奖单位。

（三）2010年教育学主要学术活动

1．云南省教育学会圆满完成组团赴台教育考察任务

2010年1月，云南省教育学会组织“云南省生命生存生活教育赴台考察团”，由云南省委高校工委副书记陶晴任团长，云南省教育学会常务理事、中华职教社副主任李春为副团长，以及“三生教育”系列教材分册主编和部分中小学校长和幼儿园园长一行19人，赴台进行了为期10天的

交流考察。考察团先后考察了磐石中学、晓明女中、台中教育大学、慈济大学、台北护理学院，与校长、教师进行了以“生命生存生活”教育为主题的交流与座谈；拜会了海峡两岸教育交流促进协会；在对台北南湖高中进行回访考察时，台北市8所高中和初中的校长专程赶来会见老朋友，台北市教育局有关负责人专程来参会，两岸同行进行了亲切、深入的交谈，互赠纪念品，本次考察取得了高质量的圆满效果。

2．云南省高校德育研究会2010年年会在河口举行

2010年1月20~24日，云南师范大学、云南大学、曲靖师范学院、楚雄师范学院等40多所高校的领导、专家和德育教师100多人齐聚河口县，参加在河口举行的省高校德育研究会2010年年会。

3．云南省生命生存生活教育研究会成立大会暨中国生命生存生活教育（昆明）

2010年3月1日，云南省生命生存生活教育研究会成立大会暨中国生命生存生活教育（昆明）论坛在云南省教育厅大礼堂顺利召开。云南省政协副主席倪慧芳，云南省人大原副主任、省社科联主席王义明，中央教科所所长助理所广一，云南省教育厅厅长罗崇敏在会上发表了重要讲话。大会宣布成立了“三生教育”研究会第一届理事会、常务理事会，并选举产生了“云南省生命生存生活教育研究会”会长、副会长、秘书长、副秘书长。新当选的“三生教育”研究会的会长罗崇敏表示，自己一定会认真履行会长的职责，以科学的理念为指导，从坚持方向、认真履职、提高素质三个方向努力，始终保证“三生教育”在科学的轨道上运行。最后，来自各地的专家和学者在“三生教育”论坛上进行学术交流，他们分别从不同的角度对实施“三生教育”的目的、意义、经验作了总结，对未来如何更好地开展“三生教育”提出了切实可行的建议。

大会在云南省教育厅领导的大力支持、厅办等相关部门的鼎力配合、云南省教育科学研究院的精心组织和策划下，取得了圆满成功，在云南省教育界引起了巨大反响，得到了省内外专家和同仁的一致好评。

4．云南省首届教育科学论坛在昆隆重举行

2010年3月20日，由云南省教育科学研究院主办的云南省首届教育科学论坛在云南省教育厅的大礼堂举行。

出席此次论坛的有云南省政协副主席倪慧芳、越南社会主义共和国驻昆总领事阮洪海、云南省教育厅厅长罗崇敏、教育部教育发展研究中心主任张力、全国教育科学规划办公室常务副主任曾天山、教育部基础教育课程教材发展中心主任助理刘坚、教育部办公厅政务信息化领导小组办公室主任曾德华、北京教育科学研究院院长时龙、天津教育科学研究院院长张武升等相关专家。此外，云南部分高校的领导、云南省教育厅相关处室的领导、教科院的全体工作人员、各州市教育局和教科所的负责人都列席了此次论坛。

5．第二届中国贫困民族地区农村教育研讨会

2010年3月29日至4月4日，“第二届中国贫困民族地区农村教育研讨会”在云南师范大学教育科学与管理学院召开。本次会议是为了进一步研究当前我国贫困民族地区农村教育面临的问题，促进相关研究经验和成果的交流，由教育部人文社科重点研究基地华东师大基础教育改革与发展研究所、教育部人文社科重点研究基地西北师范大学西北少数民族教育发展研究中心和云南师范大学教育科学与管理学院联合举办。

6．云南省教育学会举办“云南省教育学会2010年优秀论文评选”活动

2010年7~12月，结合中国教育学会第23届全国学术年会主题“完善多样化高素质人才和创新人才培养模式”，云南省教育学会举办了“云南省教育学会2010年优秀论文评选”活动。本次论文评选活动共收论文843篇，涉及昆明、红河、大理、曲靖、玉溪、楚雄、文山、普洱、丽江、昭通、版纳等州（市）、县中小学、幼儿园乃至乡中心校以及特殊教育学校，论文质量和规模较往年有所提高。根据研究决定获奖比例为一等奖15%，二等奖35%，三等奖50%，经专家进行认真初评、终审、网上公示、证书寄送等一系列细致工作，增强了省教育学会的知名度，深受基层教师的欢迎。

7．“东亚峰会高等教育合作论坛”全省筹备会在云南大学召开

2010年9月25日上午“东亚峰会高等教育合作论坛”云南省筹备会在云南大学召开。会议由

教育部国际合作与交流司牵头，云南省教育厅召集，云南省财政厅、云南省政府外事办、云南省公安厅、云南省卫生厅、云南省委外宣办、昆明市人民政府等有关部门负责人出席了会议，云南大学校长何天淳、副校长肖宪在会上就论坛的筹备工作作了汇报。省教育厅副厅长邹平主持会议。何天淳表示，云南大学有着承办大型国际会议的丰富经验，2009年圆满承办了“世界民族学人类学大会”。他说，承办“东亚峰会高等教育合作论坛”是云南大学实施国际化建设和“走出去、请进来”战略的重要环节和内容，云南大学希望论坛的举办能形成一个长效机制，我们有信心、有能力将这个论坛办出水平，办出特色。

8．云南省高等教育学会教学管理分会2010年年会在红河学院召开

2010年12月9日早上8：30，云南省高等教育学会教学管理分会2010年年会在红河学院文鼎楼二楼报告厅隆重召开，会议由红河学院副校长彭强主持。会议首先由红河学院副校长彭强致欢迎词。其次由云南省教育厅高等教育处处长王永金作了题为“教学管理与教学资源利用”的大会主题发言：根据《国家中长期教育改革和发展规划纲要（2010—2020）》的精神，为实现《云南省中长期教育改革和发展规划纲要》中“高等教育质量提升工程”的具体目标任务，进一步激发高校办学活力，深入扎实提升我省高等教育质量，云南省教育厅研究决定，2011年在云南省高等学校开展“高等教育质量年”活动。“高等教育质量年”活动以科学发展观为指导，以《国家中长期教育改革和发展规划纲要（2010—2020）》为导向，以《云南省中长期教育改革和发展规划纲要》为基础，结合将云南建设成为绿色经济强省、民族文化强省和中国面向西南开放的“桥头堡”发展战略，立足实际，优化全省高等教育结构，努力在强化特色优势上求突破；深化体制机制改革，努力在创新人才培养模式上求突破；加强师资队伍建设，努力在提升教学科研水平上求突破；完善高校教学管理，努力在规范高校运作上求突破。探索建立高等教育质量评价及监控体系，全面推动云南省高等教育人才培养质量的提高。要对我省的特色产业和重点领域，如烟草、生物科学、冶金、旅游、电力、文化等加大产业对口人才的培养，以实现和提高高校的社会服务能力。

云南省教育厅发展规划处邱副处长作数据统计报告。强调高等教育发展的“十六字”方针：稳定规模，优化结构，提高质量，办出特色。邱副处长还指出，要建立健全高校毕业生就业、跟踪、分析和发布的预警机制，以政策为指导，合理支配资金，加强对各类人才的社会适应性培养，达到服务社会、提高科研水平、办出特色的要求。人民群众日益增长的高等教育需求与高校规模扩大速度缓慢的矛盾依旧是我省高等教育办学的主要矛盾。并对各高校今后的教学工作提出几点建议：要努力提高教学质量意识，在提高质量为前提下努力扩大规模。培养学生的就业能力、创业能力及社会适应能力。要将高校教学计划与经济社会的发展需要紧密结合。要坚持“以条件定发展、以条件定规模”的理念，多元化发展。着力改善办学条件。积极参与国家和省的教育体制改革。出席本次会议的还有：云南省教育厅高等教育处副处长郭云光、高等教育学会会长张建东。全省40多所高校教务处处长、教学管理人员参会。

9．云南省教育学会开展“送教下乡”活动

云南省教育学会是一个公益性的学术社团，有着整合社会资源，为云南教育，特别是边远地区的教育发展提供公益服务的责任。在省教育科学研究院领导的高度重视和大力支持下，在省教科图书中心的资金资助下，省教育学会组织了“送教下乡——怒江行”活动。2010年12月27~30日，云南省教育学会副秘书长董学虹、原云南省教育科学研究院院长李黎明、云南师范大学孙亚玲教授和昆明市五华区教育局副局长曾丽琼一行四人组成专家团来到怒江，针对目前在新课程改革过程中学校、教师面临的困惑和难点，为怒江的校长、教师和教研员进行了“现代校长的使命与挑战”、“校本教研与教师专业发展”、“参与式教学方法之：目标设计”和“新课程课堂教学评价改革”四个专题的讲座。从现场收回教师的反馈答卷可以看到，送教下乡很受基层欢迎。有校长说：“收获很大，对校长的办学思想、管理理念及具体措施有了深刻的理解，期望今后有更多这样的机会来享受、提高。”有

教师说："听了专家的讲座胜读十年书，今天没有白来！"这次支教活动开展的圆满、成功，达到了预期效果。

二、学术成果

（一）2008年教育学重要学术成果

云南省2008年教育学科研成果总计953项。出版著作合计54部，其中，专著20部，编著教材33部；工具书参考书1部；译成著作4部；发表论文合计889篇，其中国内外公开发表730篇，国内公开发表157篇，国外学术刊物2篇；获省级奖6项。

2008年从核心论文发表的篇数来看，教师状况、课程改革、基础教育和高等教育发展仍是教育学界关注的重点。教师的研究多数集中于教师自身状况和专业发展问题，主要探讨民族农村教师压力、少数民族教师职业道德、少数民族教师人格特征等自身发展状况，还研究如何促进教师专业化发展以及如何通过校本教研促进贫困民族教师发展，此外，还关注了现代教师教育模式的新探索，欠发达地区教师资格认证制度问题。课程与教学论方面来看，主要研究了课堂教学有效性标准，新课改中质性评价，教学模式的探索，课程研究者对新课程改革的主要意义等。基础教育中更多地关注了农村基础教育的投入、改革与发展和贫困民族农村社区学习中心的实践和探索；高等教育主要集中在教学质量、师资队伍建设、教师教学能力、高等教育投入与管理、高校改革等方面。

除了上述热点，云南省内教育学者们还关注：教育评价、教育原理、比较教育、学前教育、职业技术教育。教育评价，省内学者们集中于评价方式的思考，分析问题后提出新的教育评价观，传统评价观与新评价的变化主要集中在：从重视评价结果转向评价过程，教育评价功能从甄别功能转向发展性功能，教育评价标准从单一标准转向多元化标准，教育评价的主体从单一转向多元，从量化评价转向质性评价。对于教育学原理，省内学者们主要将教育学原理运用于课堂教学中，教学模式中，对理论与实践的关系进行新思考；比较教育省内学者们主要集中研究或对比国外的基础、高等教育各科课程设置，评价理论，目的在于对中国教育的借鉴和提升。学前教育，主要研究是教育民主化、全人发展背景下的幼儿教育发展。职业技术教育主要关注的学科建设、校园文化建设等方面。省内学者在2008年较少关注教育史、成人教育、特殊教育、全民教育和社会力量办学方面的研究。

其中，有代表性的成果如下：

罗崇敏：《扩大教育需求 优化教育结构 大力发展云南现代教育——在云南省扩大教育需求优化教育结构工作会议上的讲话》，载《云南教育》2008年第12期。

伊继东：《以科学发展观引领地方高校发展的思考》，载《云南师范大学学报》2009年第1期。

董云川等：《一个冷清的意义视界：非主流高校的生存与发展》，载《高教发展与评估》2008年第1期。

常锡光：《农村义务教育经费保障机制改革与软预算约束——基于贫困民族边疆地区的调查研究》，载《云南师范大学学报》2008年第2期。

罗明东等：《现代教师教育模式新探索——民族边疆地区"综合型"教师培养模式改革的理论与实践》，科学出版社2008年版。

谷禾：《学校教育与云南跨境民族身份的塑造》，载《民族问题研究》2008年第5期。

何志魁、张诗亚：《人的早产与教育起源——兼评理查德·利基〈人类的起源〉的教育价值》，载《教育学报》2008年第4期。

王凌、曹能秀：《依托学校建立民族农村社区学习中心的实践探索》，载《教育研究》2008年第12期。

张云钢：《中国人力资本外溢性与经济增长关系的实证研究》，载《学术探索》2008年第12期。

朱娴：《提高教学质量促进高校发展》，载《云南民族大学学报》2008年第3期。

曹能秀：《教育民主化浪潮下的世界幼儿教育》，载《外国教育研究》2008年第3期。

卢朝佑、刘应兰：《十七大精神引领下的成人高等教育发展趋势》，载《成人教育》2008年第10期。

（二）2009年教育学重要学术成果

云南省2009年教育学科研成果总计1110项。

出版著作合计80部，其中，专著17部，被译成外文17部；编著教材63部，译成著作3部；发表译文1篇；电子出版物2件；发表论文合计1007篇，其中国内外公开发表834篇，国内公开发表168篇，国外学术刊物5篇；获省级奖7项；成果应用合计10项；其中被有关部门采纳数为6项。

2009年从核心论文发表的篇数来看，仍关注教师状况、教育评价、基础教育方面的研究，相比2008年而言，在民族教育、职业教育和成人教育方面有很大突破。教师的研究比2008年更多地关注教师自身的发展。较多研究涉及教师自我更新及机制、教师知识研究、教师职业道德规范、教师专业化以及贫困地区农村代课教师状况问题。教育评价对校本评价、教师评价改革以及不同主体的评价作出了理性的思考，对传统评价进行反思并更新调整，同时，还对成人高等教育评估进行实践与反思。基础教育还是集中于云南民族贫困山区，薄弱学校的教改、教育现状、教育教学质量的研究。民族教育主要是探讨云南省文化传承与教育的关系，以教育促进贫困农村地区民族文化传承的实践探索，近年来，越来越多的学者开始着手于研究云南边境民族地区基础教育中存在的问题，云南与周边国家跨境民族教育问题。云南省作为民族大省，研究民族教育存在显著的区位优势，2009年相比2008年的研究而言，在民族教育方面有了很大的突破。职业教育和成人教育，主要是集中于研究职业教育和成人教育重要性，尤其是在云南少数民族地区社会变迁中的使命及特色，并对成人职业教育的学员特征及其教学观，成人高等学校开展社会主义核心价值观教育、实施“三生教育”进行了思考，以及对构建社区成人高等教育体系进行了探索。

此外，省内学者在高等教育方面，较为关注高职院校数学教师的成长、高师教育实习改革以及如何构建高等普通教育与职业教育“立交桥”方面作了思考；省内学者还研究各派教育理论对教育改革的启示，为教育改革寻求出路。课程与教学论中，除了关注校本教研外，越来越多的学者关注于教师、学生在新课改中的地位与作用；比较教育研究方面，与2008年相似，仍关注对外国教育经验的借鉴和对中国教育的启示。

其中，有代表性的如下：

罗崇敏：《生命 生存 生活》，云南人民出版社2009年版。

罗崇敏：《发展现代教育 推进教育现代化》，载《云南教育》2009年第11期。

伊继东：《留学生“四位一体”教育模式的实践探索》，载《中国高等教育》2009年第1期。

李劲松：《国际扫盲趋势及其内涵的新发展》，载《学术探索》2009年第1期。

张建新、董云川：《中国高等教育学会高等教育学专业委员会2009年学术年会综述》，载《高等教育研究》2009年第11期。

常锡光：《云南省未来五年高中阶段教育发展目标研究》，载《云南师范大学学报》2009年第2期。

曹能秀：《学前比较教育》，载《华东师范大学学报》2009年第1期。

樊倧：《20世纪90年代以来英国幼儿教育改革的经验与问题》，载《幼儿教育》2009年第5期。

柳景、卢朝佑、刘应兰：《中法成人教育比较研究》，载《云南师范大学学报》（哲学版）2009年第6期。

（三）2010年教育学重要学术成果

云南省2010年教育学科研成果总计1184项。出版著作合计17部，其中，专著17部；编著教材41部；发表译文2篇；电子出版物1件；发表论文合计1184篇，其中国内学术刊物1180篇，国外学术刊物4篇；获省级奖6项；研究咨询报告合计3项。

2010年从教育学的研究来看，涉及教师、学校教育、教育评价、民族教育等方面的成果很多，主要作以下归纳：关于教师的研究主要集中教师专业发展、教师理论与实践、教师素养、教师队伍结构、教师职业倦怠等方面进行了探讨和分析；关于学校教育的研究主要偏向贫困、民族、山区县义务教育均衡发展及其学校教育资源配置、农村义务教育、农村教育的价值取向；关于教育评价的文献主要讨论基础教育教学评价改革、教师评价、教学评价原则和方法、学生评教、课程评价、高等教育质量评估制度、高等职业院校专业评估指标的体系等；民族教育的文献主要关于民族学校校本课程开发的问题出路探究、学校教育与民族文化传承、云南跨境民族教育的认同及差异研究等。关于课程与教学论方面的成果主要讨论了中小学特别是农村中小学课程内容选择的、课程结构的设置、课程发展的转型等；教学方面的论文多基于不同视野对不同学科的教学策略的思考与构建、对不同学科的课堂活动设计的分析、教学资源共享问题进行了研究。

学前教育学论文成果多关于农村学前教育存在的问题探究、幼儿教育现状、对策研究及对幼儿教育的发展趋势进行的探讨。比较教育学这部分论文成果较少，主要关于中国与美、英、日等国在课程的阅读、学前教育制度和高等教育的国家竞争力等方面进行的比较研究。高等教育学的主要成果是关于高等教育资源配置、教育结构、教育模式及其发展进程的研究。成人教育学的论文成果主要涉及各阶段教师的职后培训、成人教育的政策取向、发达国家对我国成人教育改革与发展的启示、教师继续教育现状与对策研究、中美成人教育差异比较等。职业技术教育学：主要涉及了职业技术学院职业教育存在的问题研究、对职业学校的教育创新探索、发达国家对我国职业教育的启示、高等职业教育改革发展研究、高职院校人才培养模式构建和比较等。教育技术学：涉及此领域的论文成果很少，主要对中泰两国教育技术学硕士培养个案比较分析。弱势群体教育主要是关于农民职业技能培训的思考、农村进城务工人员子女家庭教育学校教育的现状问题研究。民办教育：其成果主要涉及民办师资的现状调查、民办教师专业化发展制约因素探析、民办高等教育政策研究等问题的探讨。

其中，有代表性的有：

罗崇敏：《论现代教育价值建设》，载《云南教育》2010年第2期。

刘寒雁、柳欢：《建立合理高效的中小学教育评估体系》，载《课程教材教学研究》2010年第51、52期。

刘康宁、董云川：《中国高等教育评估组织多元发展的制度文本分析》，载《中国高教研究》2010年第6期。

王立文、曹能秀：《刍议美国幼儿教师教育标准的特点及其启示》，载《教育导刊》2010年第7期。

曹能秀、樊倞、张丽花等：《当代美英日三国的幼儿教育改革》，云南大学出版社2010年版。

卢朝佑、刘应兰、柳景：《终身教育理念下云南成人高等教育发展的思考》，载《成人教育》2010年第4期。

王凌、陈瑶：《大学与中小合作伙伴关系的形成与发展——基于云南农村学校改革个案的分析》，载《民族教育研究》2010年第2期。

王艳玲：《儿童本位：中国课程发展的转型》，载《基础教育课程》2010年第2期。

（云南师范大学　李劲松）

体育学

21世纪的体育学科正向着多学科交叉方向发展，特别是体育学科与人文社会学科的联系和交叉，体育学科发展的人文价值取向表现得越来越明显，使得体育学科形成了有众多分支学科的综合学科。体育学科的科学研究也日益注重体育学科内部之间、体育学科与其他学科之间的联系和整合，注重体育学科对社会发展的作用。体育学科的发展趋势主要表现在多学科跨学科的科学研究、对复合型综合素质人才的培养、新的交叉学科的产生等方面。另一方面，竞技体育与大众体育共同发展的趋势，也加强了体育实践的科学研究，同时也丰富和提升了体育学科建设的内容。2008—2010年云南省体育学科的发展依托民族文化强省的建设，主要以少数民族传统体育研究为学科特色，形成了从新理论、新原理等学科基础研究到开发和推广少数民族传统体育项目的应用研究以及少数民族传统体育在推动生产力发展、社会发展，培养具有交叉学科视野、有解决多学科领域综合问题的能力和素质的专业人才，加强学科之间的文化渗透，促进体育学科的交叉发展等科学研究体系的发展态势。

一、学术活动

（一）国际人类学民族学联合会第16届世界大会体育人类学专题会议

2009年7月27~31日，国际人类学与民族学联合会第16届世界大会体育人类学专题会议在云南省昆明市召开，华南师范大学体育科学学院承担了“发展中的中国体育人类学”和“体育人类学的国际视野”两个专题会议。体育人类学专题会议参会人数有32人，会议共收到了33篇论文，参会学者主要从人类学、民族学、社会学、民俗学、生态学等研究领域和视角，专题报告了竞技的体质人类学和文化人类学、竞技的价值与未来走向、生态体育与人类身体运动形式的发展、文化人类学视野中的游戏与民族传统体育、休闲文化与民族传统体育、少数民族体育发展的行动取向、少数民族节日体育文化、体育人类学的研究方法、苗族独木龙舟竞赛的体质人类学分析、身体运动对东巴文字的影响、鄂伦春族猎民健康状况、民俗体育的发展逻辑及其现代道路、旅游人类学视角下的民族体育资源开发等问题，基本反映了当前中国体育人类学的研究热点。此次会议标志着中国体育人类学界与国内、国际学界之间交流与合作迈上了新的台阶，开启了一个学科发展与学术交流的崭新局面。

（二）云南省高校公共体育教学改革论坛

2008年6月27日，由云南省教育厅主办、云南大学承办的“云南高校公共体育教学改革”论坛在云南大学科技馆举行，论坛的主题是“高校公共体育教学改革的特色、成果与经验”。本次论坛参会人员主要是云南省各高等院校的体育工作者，参会人数达到310人，云南大学、云南师范大学、云南民族大学、昆明学院等院校的12位专家就当前云南省公共体育教学改革面临的机遇和挑战，云南省各高校公共体育教学的特色、成果、经验和管理模式，云南省高校公共体育教学改革的趋势等问题作了专题发言。论坛深入贯彻落实《中共中央国务院关于加强青少年体质的实施意见》（中发〔2007〕7号）的文件精神，系统总结云南省高等学校公共体育课程改革的经验和成果，推进公共体育教学改革取得新的成效。

（三）2009年云南省高等学校体育教学指导委员会公共体育组第一次会议

2009年12月12日，云南省学校体育教学指导委员会公共体育组于召开了第一次全体委员会议。会议由公共体育组组长单位云南民族大学主办，来自全省各高校的11位教指委委员参加了本次工作会议。会议学习了《中共中央国务院关于加强青少年体质的实施意见》（中发〔2007〕7号）和《中共云南省委云南省人民政府关于加强青少年体质的实施意见》（云发〔2009〕14号）的精神，重点讨论了《云南省高等学校体育教学指导委员公共体育组章程（讨论稿）》、《云南省高等学校体育教学指导委员公共体育组任期目标暨2010年工作要点》及具体的工作方案。会议对公共体育组的任期目标达成了共识，明确了积极贯彻、落实党的教育方针，全面提高高等教育质量，特别是针对中共中央〔2007〕7号文件和中共云南省委云南省政府〔2009〕14号文件提出的各项要求，要结合我省学校体育实际，认真落实“健康第一”的指导思想，建立健全学校体育的工作机制，努力开创学校体育工作新局面的首任期主要工作目标，并明确了公共体育组2010年的具体工作计划。本次会议圆满完成了公共体育组第一次委员会议的全部议程，对云南省高校公共体育的发展思路明确了方向，对建立健全公共体育的工作机制，推进公共体育各项工作的顺利进行有着重要的影响。

（四）云南省第二届高校学校体育论坛

2010年7月5日，由云南省教育厅主办、云南大学承办的“云南省第二届高校学校体育论坛”在云南大学科学馆举行。论坛主题是探讨云南省高校学校体育面临的困难与问题。论坛收到论文200余篇，经过教育厅组织专家进行评审，共评出了一等奖20篇，二等奖36篇，三等奖57篇，并对获奖论文进行了表彰。获奖的优秀论文成果主要涉及高校体育课程与教学改革、提高学生体质健康水平、校园文化建设以及阳光体育运动的开展等问题。优秀论文成果适应时代体育教育发展的主题，更立足云南实际，放眼未来，从素质教育的高度探讨云南高等体育教育的发展趋势。参加论坛的人数达340人，主要是云南省从事学校体育工作的体育教师和研究生。

（五）2010年全国民族传统体育学术大会

2010年11月15～19日，由国家体育总局体育文化发展中心和中国体育科学学会体育史分会联合主办、云南师范大学承办的“2010年全国民族传统体育学术大会”在云南师范大学召开。会议主题为“传承·创新·发展——民族传统体育的历史与未来”，这是一次探讨我国民族传统体育科学发展道路的重要会议。本次会议共吸引了200多名来自全国各地的专家学者参与，收到了200多篇学术论文，并对优秀论文进行奖励。会议期间进行了多场精彩的民族传统体育学术报告。

二、研究成果

（一）著　作

李德祥：《警察擒拿格斗》，群众出版社2008年版。

李德祥教授主编的《警察擒拿格斗》荣获了2009年云南省第十三次哲学社会科学优秀成果三等奖。本书结合当前公安工作形势、任务的需要，努力提高公安院校教育的质量，真正做到教学、科研、实战一体化。科教强劲，为构建现代公安警察院校和在职民警培训擒拿格斗课的教学模式，形成公安院校和在职民警培训简练、实用、科学有效的擒拿格斗理论与实践教程，使中国公安警察院校和在职民警培训擒拿格斗走在国际警察实战技击的领先行业，形成具有中国特色的公安院校和在职民警培训擒拿格斗课程教育体系。

饶远、刘竹：《中国少数民族体育文化通论》，人民出版社2009年版。

饶远教授和刘竹教授在《中国少数民族体育文化通论》一书中研究了中国少数民族体育文化形成、演进的历史进程与文化特征，并从文化学、民族学、人类学、体育学等多学科视角将少数民族体育作为一种内涵丰富厚重的文化特质行为进行系统的考察探索，对中国少数民族体育所固有的物质文化、行为文化、制度文化、观念文化等多种文化层面进行全方位的系统思考，提出了我国少数民族传统体育文化与西方现代体育文化的冲突与交融的具体范畴和对策、中国少数民族体育在当代世界发展背景下的时代价值和发展走向、中国民族体育走向世界的具体路径与策略以及从文化产业与体育产业发展的方向以及中国少数民族体育文化资源走向市场、进行产业化发展的基本路径与思路等，为中华民族体育的可持续发展提供了理论基础。这在我国少数民族传统体育文化领域研究中具有较新颖的见解和较深刻的解析。

赵静冬：《少数民族传统体育学科体系建设研究》，云南人民出版社2010年版。

赵静冬教授在《少数民族传统体育学科体系建设研究》一书中着重从建立少数民族传统体育学科体系的基本结构等方面，提出建设有中国特色的少数民族传统体育学科体系的设计方案，并特别提出了少数民族传统体育专业、课程体系的构成思路，并从文化的角度充分肯定了少数民族传统体育的文化地位，紧紧抓住文化传承这一切入点，将少数民族传统体育纳入学校教育资源，把少数民族传统体育作为一个相对独立的文化体系加以研究，使其作为一门学科而逐步走上理论研究的正轨，提高其文化地位，开辟少数民族传统体育新的研究方向和应用途径。本书不仅对推动边疆民族地区学校教育、全民健身计划的顺利实施有实践意义，同时对构建有中国特色的学校体育教育也有理论导向作用，可为各级政府在制订有关政策和决策服务。

张洪建：《大学体育与健康教程》，云南民族出版社2008年版。

余贞凯：《网球竞赛规则与裁判法研究》，云南大学出版社2008年版。

陈建华：《水上运动竞技与休闲》，哈尔滨地图出版社2009年版。

程斌：《云南民族传统体育理论与教学》，人民体育出版社2009年版。

冯艳琼：《地域武术与武术文化研究》，人民体育出版社2009年版。

李全德、赵福祥：《云南少数民族传统体育旅游资源研究》，云南大学出版社2009年版。

万朝顺：《中华体育养生学》，云南大学出版社2010年版。

（二）论　文

邱良武、武云化、郑龙云、郑春华、韩锐芳：《中小学体育课合作学习模式的教学实验》，载《体育学刊》2008年第1期。

段立颖：《中国古代的身体观念及其发展途径》，载《云南民族大学学报》（哲学社会科学版）2008年第4期。

饶远：《云南农村体育发展研究》，载《体育文化导刊》2008年第4期。

张册、李光辉、赵恒：《北京市高等院校体育舞蹈课程开展现状》，载《广州体育学院学报》2008年第5期。

李仕美、陈宝平、杨慧婷：《非投掷臂技术在推铅球中的作用分析》，载《成都体育学院学报》2008年第5期。

崔国文：《民族传统体育中的另类竞技》，载《体育文化导刊》2008年第6期。

张云：《云南少数民族传统体育与现代体育文化探究》，载《云南民族大学学报》（哲学社会科学版）2008年第6期。

杨霞：《少数民族体育项目欣赏研究》，载《体育文化导刊》2008年第10期。

张红、杨丽、田文波：《武术的文化自新与21世纪武术的发展》，载《成都体育学院学报》2008年第12期。

卢开智：《赌性与竞技》，载《体育文化导刊》2009年第2期。

吕品：《我国优秀运动员成绩交换价值理论研究》，载《武汉体育学院学报》2009年第2期。

王帆、杨雪芹：《重构少数民族体育文化生态系统的探讨》，载《成都体育学院学报》2009年第2期。

张册：《试论武术国际化》，载《体育文化导刊》2009年第3期。

徐长红：《女性身体观对女性体育的影响》，载《体育学刊》2009年第3期。

饶远：《我国边疆体育建设的特点与任务》，载《上海体育学院学报》2009年第3期。

翟波宇、宋淑华、刘坚、胡好、王林：《2008“好运北京”国际田联竞走挑战赛运动员战术特点分析》，载《中国体育科技》2009年第4期。

李国忠、张雷：《云南高校竞技体育的发展》，载《体育文化导刊》2009年第4期。

余志武：《云南少数民族传统体育研究状况分析》，载《体育文化导刊》2009年第5期。

赖云华、崔国文：《论中西体育文化差异》，载《体育文化导刊》2009年第5期。

崔国文、李学东、孙光芹：《民族体育异化分析》，载《体育文化导刊》2009年第5期。

句艳东：《少数民族传统体育科研方法初探》，载《体育文化导刊》2009年第6期。

刘坚、吕赟、徐长红：《城市化进程中少数民族传统体育文化传承与保护》，载《体育与科学》2009年第6期。

赖云华：《“三生教育”中体育价值的显现与实现》，载《云南民族大学学报》（哲学社会科学版）2009年第6期。

左文泉：《中小学武术教学思考》，载《体育文化导刊》2009年第9期。

张册：《我国普通高校体育舞蹈课程开展现状》，载《北京体育大学学报》2009年第9期。

杨勇：《篮球队共享心智模型评定方法的研制》，载《北京体育大学学报》2009年第10期。

金黄斌：《云南社会体育指导员研究》，载《体育文化导刊》2009年第10期。

杨勇、唐红明、李牧：《篮球队共享心智模型评定方法的研究》，载《北京体育大学学报》2009年第10期。

田世昌、饶远、母顺碧、熊亚兵：《我国东部地区体育产业发展分析》，载《体育文化导刊》2009年第11期。

徐长红、任海、吕赟：《女性身体观与女性体育互动关系的历史演变》，载《体育学刊》2009年第11期。

徐长红：《女性身体观与女性体育互动关系的历史演变》，载《体育学刊》2009年第11期。

刘坚：《城市化进程中少数民族传统体育文化传承与保护》，载《体育与科学》2009年第12期。

杨雪芹：《白族体育发展研究》，载《体育文化导刊》2009年第12期。

丁先琼、鲁平俊、崔国文、李学东：《中日体育硕士教育比较研究》，载《体育文化导刊》2009年第12期。

杨雪芹：《试论足球战术意识结构及其形成机制》，载《北京体育大学学报》2009年第12期。

宋淑华、熊开宇、高春刚：《常氧和低氧孵育对大鼠比目鱼肌(SOL)复合动作电位(CAP)的影响》，载《北京体育大学学报》2010年第1期。

杨霞:《云南省15个特有少数民族体育资源库研究》，载《体育文化导刊》2010年第1期。

杨雪芹：《白族体育发展研究》，载《体育文化导刊》2010年第2期。

杨雪芹、王帆、姬宁、路丁：《白族体育发展研究》，载《体育文化导刊》2010年第2期。

丁先琼：《中日体育硕士教育目的及培养目标比较研究》，载《山东体育学院学报》2010年第2期。

丁先琼：《“吹枪（箭）”的起源与发展研究》，载《成都体育学院学报》2010年第3期。

李晓华、贾学明、周山彦：《西南联大体育考》，载《体育文化导刊》2010年第3期。

赖云华、卢开智：《民族传统体育在新农村建设中的价值体现》，载《云南民族大学学报》（哲学社会科学版）2010年第4期。

方桢：《云南少数民族妇女体育及其文化特征》，载《云南民族大学学报》（哲学社会科学版）2010年第5期。

孟令成、康连：《优秀田径选手身高、体重和克托莱指数分析》，载《体育文化导刊》2010年第8期。

杨颖飞：《纳西族体育游戏与石头》，载《体育文化导刊》2010年第8期。

崔思栋：《职业实用性体育教学实验研究》，载《体育文化导刊》2010年第8期。

丁先琼、鲁平俊、李庆贺、王云飞：《中日传统体育吹枪（箭）比较研究》，载《体育文化导刊》2010年第8期。

张雪峰：《论竞技体育之亮剑精神》，载《体育文化导刊》2010年第10期。

吕金江、敬龙军、冯强：《佤族体育研究》，载《体育文化导刊》2010年第10期。

饶远：《我国西南少数民族打磨秋习俗的多维审视》，载《上海体育学院学报》2010年第5期。

翟波宇：《中国青少年耐力项目运动员骨龄现状研究》，载《北京体育大学学报》2010年第11期。

冯艳琼：《北京奥运会后高校体育发展研究》，载《北京体育大学学报》2010年第6期。

（云南民族大学　方桢）

语言学

一、学术活动

（一）2008年

1．历史语言学澄江国际学术研讨会

2008年7月12至14日，会议由上海高校比较语言学E-研究院和《民族语文》杂志社合办、云南民族大学协办，举行地点在云南澄江。来自美国、泰国、中国大陆和香港的20余名学者参加了会议，云南部分高校的教师和研究生旁听了会议。中国社科院语言所吴福祥教授主持会议，上海师范大学语言研究所潘悟云教授致开幕词。中国社科院民族学与人类学所吴安其教授在闭幕式上作会议总结发言。会议收到论文20余篇，内容涉及“国外历史语言学新理论、新视角、新方法和新成果的述评”、“层次分析法与汉语历史语言研究”、“中国境内语言接触引发的语言演变”以及“汉语及民族语言语法演变、音韵演变和语义演变的个案研究”等。

2．汉语国际推广及汉语言研究专题研讨会

2008年10月25日，会议由云南师范大学国际语言文化学院主办，北京大学中文系教授陆俭明、中山大学周小兵教授、华中师范大学文学院副院长储泽祥教授、北京语言大学崔希亮教授分别作了专题报告。

3．第二语言习得理论研究专题讲座

2008年12月24日，讲座由云南师范大学国际语言文化学院主办，北京师范大学朱志平教授作了与第二语言习得研究有关的专题报告，重点介绍了第二语言习得的研究方向和研究趋势。

（二）2009年

1．云南省语言学会第九届会员代表大会暨2009年年会

此次年会于2009年11月13日至15日在西双版纳召开，会议委托西双版纳职业技术学院协办。主要内容为：①讨论第八届理事会的工作总结和第九届理事会的工作计划。②根据学会章程，选举第九届领导机构。③开展学术交流。研讨主题分为“语言学与应用语言学教学与研究”、“汉语国际教育与研究”、“民族语言教育与研究”、“语文课程中的语言教学与研究”四个方面。④吸收和发展新会员。

大会共推选出理事24名，常务理事15名，领导班子成员10名，秘书处成员6名，名誉会长及顾问9名。李瞰被连选为省语言学会副理事长以及省中等学校语言教学研究会理事长，和德飞被推选为省语言协会副秘书长。

2．世界汉语教学学会第八届理事会第二次会议

2009年8月18日至21日在昆明召开。会议由国家汉办副主任、世界汉语教学学会秘书长马箭飞主持，全国人大常委会原副委员长、世界汉语教学学会会长许嘉璐同志，国家汉办主任许琳同志出席会议，来自牛津大学、剑桥大学、哥伦比亚大学等世界一流大学以及14个国家和地区的47位专家学者参加了会议。

云南省教育厅厅长罗崇敏代表云南省教育厅致辞。他表示本次会议的召开对云南来说是鼓舞，是支持，是鞭策，是激励，云南将以这次会议为契机进一步推动世界汉语教学工作和教育对外开放，努力提高云南教育国际化水平。

（三）2010年

1．第八届国际汉语教学学术研讨会

此次会议于2010年7月25~27日在昆明召开。会议由云南大学与美国佛蒙特大学联合主办，耶鲁大学、夏威夷大学、纽约城市大学、波特兰州立大学、外语教学与研究出版社共同协办。参会者150余人，来自6个国家。

会议论文160余篇。与会者主要围绕6个议题展开研讨：①二语习得理论在汉语教学中的应用与研究；②正规教学机构（大中小学）汉语教学模式及教学法研究；③孔子学院及其他非常规教学机构汉语教学问题及管理；④特殊目标（如商务、法律、医学等）的汉语教学实践与研究；⑤现代教育技术在汉语教学中的应用与研究；⑥汉语教材的开发与评价。

2．首届区域化汉语国际教育论坛

此次论坛于2010年8月8日至9日在云南师范大学召开。主办单位是华东师范大学国际汉语教师研修基地、云南师范大学国际语言文化学院、新疆师范大学国际文化交流学院。会议以论坛形式举行。议题为“区域化汉语国际教育的研究特色”、“区域化汉语国际教育的发展策略”、“区域化汉语国际教育的师资培养”、“区域化汉语国际教育的教材编写”、“区域化汉语国际教育的教学方法”、“现代教育技术支撑的区域化汉语国际教育”。

3．云南省语言学会2010年高层次论坛

此次论坛于2010年12月17~19日在红河学院举行。会议主题为：语言学学科的调整与学科建设；常务理事会。

4．第二届全国高等院校民族语文教学暨学术研讨会

为深入探讨、交流民族语文教学经验和学术研究，加快“中国少数民族语言文学专业”建设步伐，2010年12月24至27日，由德宏州人民政府、中央民族大学、云南民族大学主办，云南民族大学民族文化学院、德宏州语委、德宏州教育局承办，在德宏州芒市召开。

来自云南、北京、贵州、广西等8个省市区10余所高校和科研机构的80余位代表参加了会议，会议收到论文及专题报告67篇。

会议期间，与会代表围绕“高等院校民族语文教学”的主题，就如何加强高校小语种建设、如何提高中国少数民族语言文学本科教育和人才培养水平、如何开展切实可行的民族语教学工作、如何进行民族语作为第二语言教学的课程设计以及民族语教学的本体研究等问题展开了深入讨论。会议期间，与会代表考察了傣族、景颇族聚居区中、小学民—汉双语教学情况。

二、研究成果

（一）专　著

1．2008年

齐春红：《现代汉语语气副词研究》，云南人民出版社2008年版。

本书以“两个三角”为研究视角，运用原型范畴和语法化理论，界定了“语气副词”这一术语，并确定了语气副词的研究范围；对一些边界不清的词进行了归类，并具体阐释了这样归类的原因；以“主观量”作为意义标准，以我们所列的所有语气副词为研究对象，系统探讨了语气副词的语用功能；在聚合类的研究上，探讨了“好”、“太”、“多”、“多么”的次类归属及单音节语气副词的虚化机制。

本书结合两个三角的理论对语气副词进行动态的、综合的研究。在给语气副词分类时，也坚持表里互证。语法单位的范畴化是通过语法形式予以体现的，单凭意义所分得的语法单位常常是交叉的、模糊的，因此意义上的分类必须有形式上的依托和证明。运用义素分析法、分布分析法、变换分析法、替换分析法进行分析，对语气副词的句法、语义、语用特点进行静态描写。运用认知心理学、认知语言学、系统功能语言学、篇章语言学的观点，对某些规律予以解释。

冯英：《水语复音词研究》，中华书局2008年版。

本书以水语复音词作为研究对象，其目的是想通过复音词内部结构的分析、构词要素的解析、造词理据的探讨来获得对水语构词特点较为全面的认识。

该书的研究以水语复音词为主，兼及汉藏系语言复音词的比较；以共时为主，兼及一些历时演变的追溯；以语料分析为主，兼及一些理论问题的讨论。

李洁：《汉藏语系语言被动句研究》，民族出版社2008年版。

该书以汉藏语系语言的被动表述为研究对象，进行了类型学的比较与反观，并对造成被动句类型差异的内部机制和外部动因都作了探讨，旨在从比较和反观中求出不同语言被动表述的共性和个性。

周春林：《词语语义、语法偏离搭配研究》，云南人民出版社2008年版。

语言是人们交际时反映客观世界和心理行为的载体。语言的选择使用表现了发话主体交际的目的性、语言的功能性和自然性，反映了发话主体的言语行为和心理行为，即理性行为和情感行为。词与词组合搭配规范的言语往往遵循理性思

维，表达理性信息。词与词偏离搭配的言语往往遵循情感思维，表达情感信息。前者词与词搭配遵循语法的定法，后者遵循自然语言创造的“活法”，它超越了定法，即语法之法。它往往是发话主体的一种情感行为。当发话主体为现实所感动，要用现成的语言来表达，但现成的语言没有，便出现了“言不尽意”之困，但又不得不表达，便出现了语言的超常使用，即词与词组合搭配的偏离性。

和晓花：《纳西族谚语文化研究》，云南人民出版社2008年版。

纳西族谚语文化是纳西族以一独具特色的民族文化，是纳西族人民在漫长的历史发展中创造的宝贵的文化财富。本书从艺术特色、语言风格、民族精神、科学价值、生活习俗等多个角度，对纳西族谚语文化进行了深入、系统的介绍和研究，通过这些介绍和研究，充分展示了纳西族谚语文化的价值和魅力。

此外，这方面的著作还有：

秦丽辉：《中国语文》，云南大学出版社2008年版。

玉康编著：《西双版纳傣文图书内容概要》，云南民族出版社2008年版。

肖建华编著：《破译千古易经》，云南民族出版社2008年版。

玉康编著：《西双版纳傣族谚语》，云南民族出版社2008年版。

扎拉：《拉祜语基础教程》（教材），云南大学出版社2008年版。

张如梅：《新编实用汉语》，云南大学出版社2008年版。

陆生、杨丽周：《泰语视听说》，云南大学出版社2008年版。

李丽生、黄瑛主编：《外国语言文学与外语教学探索》，云南大学出版社2008年版。

2．2009年

刘劲荣：《拉祜语四音格词研究》，民族出版社2009年版。

以拉祜语四音格词为研究对象，系统、全面地描写其语音结构、构成方式、声调形式、语义特点、语法形式等，揭示拉祜语四音格词的本质属性和特征。研究表明，四音格词是语音、语义、语法的统一体，音节重叠、音韵和谐、双音化是形成四音格词的动因。

李明：《美国〈时代〉周刊标题修辞研究》，云南大学出版社2009年版。

本书从常用修辞类、理解、背景三个方面，从语言、修辞、语境等角度，尽力阐释美国新闻标题的修辞特征与规律，并从新闻语言的角度对修辞理论进行了验证。同进从新闻语体、修辞特征等方面，对多个新闻标题进行了分析。

刘艳：《元江县因远镇语言使用现状及其演变》，商务出版社2009年版。

语言是人类进化的产物，是窥看文化的视窗，也是一个民族特有的身份认同。语言的发展和变化既可能记录一个民族的历史进程，也可能描述一个民族的生存环境、社会文化系统。

该书以云南省玉溪市元江哈尼族彝族傣族自治县因远镇为例，对哈尼族、白族、汉族的语言使用现状，各民族之间的语言接触、语言影响、语言变化及其演变进行探讨。

此外，这方面的著作还有：

魏红：《面向汉语习得的常用动词带宾情况研究》，人民出版社2009年版。

魏红：《对外汉语教学导论》，商务印书馆2009年版。

张如梅：《体验汉语100句·旅游类·韩语版》，高等教育出版社2009年版。

张伟：《小学课本三年级语文上册（拉祜文）》（译著），云南民族出版社2009年版。

岩温龙：《中国贝叶经全集·波罗密经（下）》（译著），人民出版社2009年版。

岩温龙：《中国贝叶经全集·波罗密经（上）》（译著），人民出版社2009年版。

昂自明：《彝族撒尼丧葬经译疏舅家经》（译著），云南民族出版社2009年版。

昂自明编著：《彝族撒尼丧葬经译疏丧家经》，云南民族出版社2009年版。

刘劲荣编著：《中国少数民族语言简志·拉祜语简志》，民族出版社2009年版。

冯英主编：《汉英语分类词群对比研究（一）》，北京语言大学出版社2009年版。

冯英主编：《汉语义类词群的语义范畴及隐喻认知研究（一）》，北京语言大学出版社2009

年版。

李教昌：《小学四年级语文上册（傈僳文）》（教材），云南民族出版社2009年版。

李教昌：《小学四年级语文下册（傈僳文）》（教材），云南民族出版社2009年版。

郭友旭：《语言权利和少数民族语言权利法律保障研究》，云南大学出版社2009年版。

3．2010年

吴锤：《释名声训研究》，民族出版社2010年版。

该书主要依据近年来的音韵学理论新的发展，讨论了《释名》的成书年代、版本和校勘以及声训的体例、传承和断代，阐述了《释名》中的方音现象以及韵部、韵母、韵尾、声母的有关问题。

杨瑞鲲、王渝光等：《语言信息处理与语文教学现代化》，云南大学出版社2010年版。

该书旨在构建语言信息处理与语文教学现代化的理论框架，提高语文教学现代化的程度，完善普通话教学测试体系，满足社会对语言文字发展的需求，吸纳了各有关学科内容，经多次研究和实验，有较高学术价值及实用性，其内容反映了目前国内该研究领域中具有领先水平的研究成果。

此外，这方面的著作还有：

刘劲荣：《澜沧拉祜族语言使用现状及其演变》，商务印书馆2010年版。

王渝光等：《语言信息处理与普通话水平了测试》，云南大学出版社2010年版。

岩温龙：《傣族儿歌》（泰文版）（译著），朱拉隆功大学出版社2010年版。

和勇：《中国语文》（修订版），云南大学出版社2010年版。

刘劲荣编著：《中国少数民族语言简志·拉祜语简志》，民族出版社2010年版。

冯英主编：《汉英语分类词群对比研究（二）》，北京语言大学出版社2010年版。

冯英主编：《汉语义类词群的语义范畴及隐喻认知研究（二）》，北京语言大学出版社2010年版。

杨晓雯：《国际汉语教学实践与思考》，外语教学与研究出版社2010年版。

张艳萍等：《汉语听说教程》（第四册），上海外语教育出版社2010年版。

吕士清：《越语基础教程（Ⅲ）》，云南大学出版社2010年版。

吕士清：《越语基础教程（Ⅳ）》，云南大学出版社2010年版。

陆生：《大学泰语综合教程（Ⅰ）》，重庆大学出版社2010年版。

刘利民、王何忠：《缅语阅读》，云南大学出版社2010年版。

黄慕霞：《老挝语语音教程》，云南大学出版社2010年版。

（二）论　文

1．2008年

张云徽：《量词短语语法功能分析》，载《云南民族大学学报》（哲学社会科学版）2008年第1期。

文章认为量词短语的语法功能为：①名量词所参与构成的量词短语（A类），大多位于名词之类的词语之前，一般充当定语；②由动量词参与构成的量词短语（B类），大多位于动词之类的词语之后，充当补语，在其前，多充当状语；③复合量词参与构成的量词短语（C类），只出现在动词之类的词语之后。

刘青：《字法、句法与时间顺序原则之例外》，载《汉语学习》2008年第5期。

文章认为戴浩一的以认知为基础的汉语功能语法不仅为现代汉语中的一些语法现象找到了解释，甚至可以解决殷商甲骨卜辞中的一些语法问题，但该理论也有诸多不完善之处。该文从文字学角度入手，对欠妥之处进行了探讨，同时也提供了一种从认知角度来研究汉语句法的思路。

吴东海：《汉藏语系四音格形成的必然性》，载《云南民族大学学报》（哲学社会科学版）2008年第6期。

文章认为虽然汉藏语系语言的四音格十分丰富，各语言四音格不仅数量庞大，而且形式多样，但是汉藏语系语言四音格并不是从来就有的，各语言四音格的产生都是较晚的事情。汉藏语言词汇经历了从单音节到双音节再到四音节的发展过程，四音格的产生是汉藏语系语言词汇发展到一定历史阶段的产物。

此外，这方面的论文还有：

岳麻腊：《缅甸语研究综述》，载《南开语言学刊》2008年第1期。

李永勃：《“冬至”一词结构关系之我见》，载《汉字文化》2008年第1期。

陈萍：《从写作教材看句群写作的操练形式》，载《云南师范大学学报》（对外汉语教学与研究版）2008年第1期。

蔡英杰：《论“家”字的形义来源》，载《汉字文化》2008年第2期。

李雅梅：《泰国学生词汇学习策略调查研究》，载《云南师范大学学报》（对外汉语教学与研究版）2008年第2期。

杨艳：《基于语义韵的英语词汇学习》，载《昆明理工大学学报》（社会科学版）2008年第2期。

白健：《拼音化与汉字改革》，载《时代文学》2008年第2期。

陈俊羽：《对“字本位”理论在对外汉语教学中作用的认识》，载《云南师范大学学报》（对外汉语教学与研究版）2008年第3期。

施文志：《从泰国学生状语移位看母语负迁移——以介词短语移位为例》，载《云南师范大学学报》（对外汉语教学与研究版）2008年第3期。

李永勃：《“苦主”新义》，载《辞书研究》2008年第4期。

李雅梅：《丝绸之路上的汉语驿站——乌兹别克斯坦共和国的汉语教学》，载《云南师范大学学报》（对外汉语教学与研究版）2008年第5期。

李德鹏：《艺术语言与科学语言的语法差异性》，载《学术探索》2008年第6期。

吴思聪：《论篇章基础上的语义映射现象》，载《云南师范大学学报》（对外汉语教学与研究版）2008年第6期。

吴东海：《傣语四音格中的傣族文化》，见《民族学报》第6辑，民族出版社2008年版。

茅维：《云南方言程度副词“非”的用法分析及其探源》，见《三尺谭录》，云南民族出版社2008年版。

张如梅：《第二语言教学中的纠错》，见《三尺谭录》，云南民族出版社2008年版。

周锦国：《从功能语法的角度看古代汉语被动句》，见《三尺谭录》，云南民族出版社2008年版。

寸金燃：《对外汉语教学中的惯用语问题》，见《三尺谭录》，云南民族出版社2008年版。

杨梅：《浅议大学法语词汇学习策略》，载《当代高校教育》2008年4月。

杨艳：《元江县羊街乡中梁子彝族的语言兼用》，载《科学时代》2008年7月。

王清丽：《浅析汉字是否应该改为拼音文字》，见《西部教育论坛文集》，云南科技出版社2008年版。

唐川媛：《美国俄克拉荷马大学的汉语教学情况及在中国的教学衔接》，见《西部教育论坛文集》，云南科技出版社2008年版。

叶红波：《浅谈对外汉语课堂教学提问》，见《西部教育论坛文集》，云南科技出版社2008年版。

秦建文：《爨宝子碑中的异体字研究》，华东师大“国际视野下的汉字学研究”国际学术会议，2008年11月。

吴东海：《傣语四音格的混沌性》，见《混沌学与语言文化研究新视野》，中央民族大学出版社2008年版。

2．2009年

汤亚平：《论女旁汉字折射出的古代婚姻状况》，载《云南民族大学学报》（哲学社会科学版）2009年第1期。

文章认为女旁构形汉字中充分反映了古代婚姻的原始群婚、亲缘婚、买卖婚、一夫多妻等状况，反映了古代女性在社会生活和婚姻状况中的地位。

严玉培、孔婵：《双受事“被”字法结构的句法研究》，载《思想战线》2009年第S1期。

文章认为双受事“被”字结构是由双宾结构转换生成的。在分析早期“被”字结构研究成果的基础上，借鉴Chomsky最新《框架》的相关假设，把“被”字分析成一个汉语言特有的、具有强名词性特征的功能语类。在此基础上，论文对双受事“被”动结构进行新的分析，可探索其结构框架。

王国旭：《新中国成立以来突厥语族社会语言研究》，载《思想战线》2009年第S2期。

文章认为中华人民共和国成立以来，突厥语族的社会语言学研究在语言接触与影响、借词、语言变异、语言濒危、语言规划等研究领域取得了较好的成果。论文对该成果进行综述。

汤亚平、刀应芳：《从土旁汉字管窥中国古代的“土”文化》，载《思想战线》2009年第S2期。

文章认为“人非土不立,非谷不食”、“入土为安”的思想一直影响着数千年来的中国人。土地所蕴涵的丰富的历史文化反映在汉语的词汇上就形成了大量土旁汉字,而土旁汉字中蕴涵着丰富的祭土文化、土葬文化、土建筑文化。

张雨江：《澜沧汉话中的拉祜语语言成分》，载《云南民族大学学报》（哲学社会科学版）2009年第3期。

文章认为澜沧汉语话中融入有大量的拉祜语言成分,并成为澜沧汉话的一个重要特点,具体包括澜沧话中融入的拉祜语语词和移植的拉祜语语法形式两个方面。

刀洁：《白傣语和泰语的比较研究》，载《云南民族大学学报》（哲学社会科学版）2009年第3期。

文章认为白傣语和泰语均属侗台语族台语支,是分布于不同国度的跨境民族语言。尽管其间地域相隔,分化年代久远,但仍然保留着较为严整的语音对应规律,在语音、词汇、语法等方面存在异同及对应关系。它们是有亲缘关系的亲属语言。

齐春红、邱渊：《方言词“挨”表被动探源》，载《云南民族大学学报》（哲学社会科学版）2009年第5期。

文章认为在汉语方言里,“挨”作为被动介词的用法大量存在。对于“挨”表被动的来源,学界有两种看法,一种认为来自于“挨”的主动义,另一种则认为来自于“挨”的遭受义。我们认为“挨”也属于“给予”义动词,“挨”的虚化遵守“给予”义动词虚化的一般规律,表被动的介词“挨”来源于动词“挨”的“接触”义,而非“遭到不幸”义。同时,“挨”虚化为被动标记可以找到类型学上的证据。

张云徽：《介词短语语法功能重新审视》，载《云南民族大学学报》（哲学社会科学版）2009年第5期。

文章认为介词短语的语法功能特征从组合能力来看，介词短语主要与谓词或以谓词为中心的短语组合，其中以动词为中心的短语最为常见，有时也与助词“的”组合，偶尔可以用连词“而”来连接，组合时一般出现在前边，很少位于后面；从充当句法成分的能力来看，介词短语主要充当状语，其次是句首修饰语，只在特定情况下充当主语（表示处所,且为判断对象）、宾语（表示目的，位于判断动词“是”之后）或补语（书面语色彩较浓）。

秦建文：《爨宝子碑中的异体字分析》，见《中国文字研究》（第一辑），广西教育出版社1999年版。

原一川、L.Lloyd、尚云、袁开春、黄炜：《云南少数民族学生英语学习动机与英语成绩关系实证研究》，载《云南师范大学学报》（哲学社会版）2009年第1期。

李琳：《小议云南下关方言和普通话之间的语音差别》，载《云南农业大学学报》（社会科学版）2009年第1期。

魏红：《宾语结构形式的规约机制考察》，载《云南师范大学学报》（哲学社会科学版）2009年第2期。

李雅梅：《解读泰国广告的民族特色》，载《东南亚研究》2009年第2期。

李德鹏：《论“动词+介词”的词汇化》，载《齐鲁学刊》2009年第2期。

魏红：《汉语常用动词的带宾能力考查》，载《汉语学报》2009年第2期。

魏红：《汉语常用动词带宾情况的静态动态对比考察》，载《云南师范大学学报》（外汉语教学与研究版）2009年第2期。

魏红：《语言学研究的认知趋向》，载《云南行政学院学报》2009年第2期。

周春林：《语言文字游戏的辞趣》，载《齐齐哈尔大学学报》（哲学社会科学版）2009年第2期。

崔梅：《广告语言诉求方式对维护民族文化安全的影响》，载《当代文坛》2009年第3期。

魏红、朱军：《汉语论元结构的“动态性”特征》，载《思想战线》2009年第3期。

郭静：《从基本层次范畴的角度看英语中动结构的使用》，载《教学与管理》2009年第3期。

李德鹏：《论“单音节动词+于”的词汇化》，载《现代语文》2009年第3期。

李雅梅：《汉语和乌兹别克语音节系统对比》，载《汉学研究》（乌兹别克斯坦）2009年第3期。

李雅梅：《多元文化在泰国广告中的隐射》，载《云南师范大学学报》（对外汉语教学与研究版）2009年第3期。

赵敏：《羊街乡哈尼族为何能较好地保留母语》，载《云南师范大学学报》（哲学社会科学版）2009年第4期。

李燕：《认知语言学框架下的英语专业词汇教学》，载《云南农业大学学报》（社会科学版）2009年第4期。

罗江文：《〈声律发蒙〉版本考辨》，载《云南农业大学学报》（社会科学版）2009年第4期。

魏红：《论“的确”的篇章用法和衔接功能》，载《北方论丛》2009年第4期。

魏红：《汉语常用动词带宾语的习得研究》，载《语言教学研究》2009年第5期。

吴东海：《傣语四音格与傣族文化的多元性》，载《广西民族大学学报》（哲学社会科学版）2009年第5期。

齐春红：《汉语“有”字句和泰语“有”字句的对比研究》，载《云南师范大学学报》（对外汉语教学与研究版）2009年第5期。

费惠彬：《隐性对比性话题句——以汉语和日语为例》，载《西南民族大学学报》（人文社会科学版）2009年第6期。

郑丽芸：《英语课堂中的意义磋商》，载《科学时代》2009年第6期。

周春林：《语义激活扩散——词语偏离搭配的语言理据》，载《渤海大学学报》（哲学社会科学版）2009年第6期。

陈萍：《转折连词“可”、“可是”的语义、句法、语用比较》，载《语文学刊》2009年第6期。

毛玲：《词块教学及其对二语写作的启示》，载《科教文汇》2009年第7期。

李永勃：《说“苦主”》，载《语文建设》2009年第9期。

陈伟：《释“不可或缺”之“或”》，载《语文教学之友》2009年第11期。

彭静：《〈马氏文通〉的助动字系统及其影响》，载《语文学刊》2009年第11期。

彭静：《江有诰〈楚辞韵读〉中的通韵、合韵、借韵现象》，载《山东文学》2009年第12期。

钟黎：《论现代汉语方位词的定义、类型和范围》，载《中华教育探索》2009年第16期。

刘红娟：《对外国留学生学习使用汉语比较句的调查和研究》，载《现代语文》2009年第33期。

陈萍：《英汉文化限定词口译中的关联顺应策略初探》，载《同声传译与翻译教学研究》2009年1月。

欧建云：《从智能倾向看语言石化现象》，载《高校教育研究》2009年2月。

代芳芳：《影视语言的基本构成要素分析》，载《高校学术论坛》2009年3月。

陈萍：《汉语数字的文化内涵及口译处理策略》，载《高校学术论坛》2009年3月。

李明：《论汉语句末“了”的翻译》，载《中国科教创新导刊》2009年3月。

周德才：《彝族文字的产生及构成特征》，见《云南彝学研究》，云南民族出版社2009年版。

汤亚平：《第二语言习得与教材语料的关系》，载*SCIENCE*2009年6月。

和晓花：《论民族语文翻译在民族地区和谐社会建设中的功能》，载《民族翻译》2009年9月。

汤亚平：《网络语言的类型及利弊》，载*SCIENCE*2009年9月。

张彦萍：《日译汉四字词的使用技巧及应用》，载《同声传译与翻译教学研究》2009年10月。

张彦萍：《浅析日本人和古汉语的修养》，载《中外教育研究》2009年10月。

毛玲：《英语元认知学习策略的描述分析及其与英语成绩的关系》，载《理论纵横》2009年10月。

刘劲荣：《“学校”+“政府”云南民族语人才模式》，载《中国社会科学报》2009年11月。

3．2010年

刘青：《上古神话研究的民族学语言学视角》，载《西南民族大学学报》（人文社会科学版）2010年第3期。

文章认为上古口头流传的神话资料是汉藏语假说得以成立的理论基础，足可证明神话与语言学之间关系之密切，这种密切联系是建立在上古社会多民族之间相互作用之基础上的。因此，由上古民族衍化过来的现代各民族之田野调查资料，对解释上古文献的神话内容有着不可或缺的作用。而语言又是探寻在没有书面文献以前、靠神话得以流传的历史的重要工具。不唯如此，现代语言学其他流派的理论与方法，也可以为上古神话研究提供新的视角。

李德鹏：《汉语双音词判定的语法意义标准》，载《学术探索》2010年第3期。

文章认为目前学术界区分汉语双音词和双音节非词成分的标准主要有意义标准、结构标准、修辞标准等五种，文章在分析以上标准不足之处的基础上，提出了新的判定标准——语法意义标准，并进行了事实和理论验证。

齐春红、卢文娟：《汉语结构助词“的”和泰语结构助词t'i:41的对比研究》，载《云南民族大学学报》（哲学社会科学版）2010年第4期。

文章认为泰语里的t'i:41可以作结构助词，也可以作介词、连词，还可以作为构词成分；因为泰语里的结构助词t'i:41和现代汉语中的结构助词“的”有很多相似之处，也有一些不同的地方，因为语序的关系，“的”前后成分分别和t'i:41后前成分相对应。“的”和t'i:41可以连接的中心语和修饰语构成成分有异同，“的”字短语和t'i:41字名词短语组成成分的异同“的”和t'i:41的隐现条件及由此造成的语义关系改变是两种语言在这个词上的不同接触点。

齐春红、杨育彬：《泰北地区云南方言语法变异情况考察》，载《云南师范大学学报》（哲学社会科学版）2010年第6期。

论文对泰北地区华裔使用汉语定、状、补的情况进行了调查，总结了其语法变异的规律，并通过语言接触理论揭示了其动因。作者认为泰北地区华裔使用的云南方言在语法方面已经受到泰语的深层渗透，主要表现在以下几个方面：汉语的宾语和补语的语序在一定程度上表现出和泰语的趋同；不能正确地使用话题句；在汉语虚词的使用上也因受泰语的影响出现了一些偏误。为了提高云南华裔的汉语水平，必须针对他们语言中变异的地方进行培训。

此外，这方面的论文还有：

王周炎、卿雪华：《“诺”与“唯”的语用分析》，载《思想战线》2010年第S1期。

赵金灿：《拉萨藏语与香格里拉藏语语音之比较》，载《四川民族学院学报》2010年第1期。

孔婵：《联想在词义引申中的作用》，载《剑南文学》2010年第1期。

余成功：《充分利用独体字在汉字教学中的作用》，载《大理学院学报》2010年第1期。

严玉培：《汉语时间属性的表达方式及其语言学价值》，载《皖西学院学报》2010年第1期。

秦建文：《“字本位”观与汉字教学》，载《曲靖师范学院学报》2010年第1期。

施文志：《孔子因材施教原则与对外汉语教学》，载《云南师范大学学报》（对外汉语教学研究版）2010年第2期。

张鹏：《韩国〈韩汉大辞典〉中HSK动词收词示例问题补正》，载《云南师范大学学报》（对外汉语教学与研究版）2010年第2期。

孔婵：《词的本义与〈尚书〉研读》，载《剑南文学》2010年第2期。

严玉培、秦建文：《汉字学导论》，见《华西语文学刊》第2辑，四川文艺出版社2010年版。

张彦萍、李广志：《松野志步日语里「こと」的用法和意义》，载《南昌教育学院学报》2010年第2期。

张彦萍：《中日姓氏异同的比较研究》，载《时代文学》（下半月）2010年第2期。

张雨江：《拉祜语量词研究》，载《云南民族大学学报》（哲学社会科学版）2010年第3期。

邵红、杨竹芬：《报纸新闻报道中名词化的语义扩张功能分析》，载《鸡西大学学报》2010年第3期。

杨开昌：《内蒙古后套话中的新程度副词“海”和“砍”》，载《广播电视大学学报》（哲学社会版）2010年第3期。

杨开昌：《“六书”理论在对外汉语汉字教学中的作用》，载《河套大学学报》（哲学社会版）2010年第3期。

马志远：《云南方言古语词历史流变》，载

《兰州教育学院学报》2010年第3期。

刘劲荣：《拉祜语四音格词的语义特点》，载《民族语文》2010年第3期。

刘劲荣、肖冬：《拉祜语与汉语四音格词的初步比较》，载《暨南大学学报》（哲学社会科学版）2010年第4期。

周蕾：《从英语的演变看英语新词》，载《昆明学院学报》2010年第4期。

卿雪华、王周炎：《泰国学生学习汉语近义词常见偏误分析》，载《贵州民族学院学报》（哲学社会科学版）2010年第5期。

张云徽：《关于"乱七八糟"的结构》，载《云南民族大学学报》（哲学社会科学版）2010年第5期。

赵金灿：《语言态度与少数民族新创文字的前景》，载《北方民族大学学报》2010年第5期。

齐春红、汪南哲：《泰国学生汉语"得"字补语句习得偏误分析》，载《西南石油大学学报》（社会科学版）2010年第5期。

魏红：《"的确/确实"的主观化与语法化》，载《云南师范大学学报》（对外汉语教学与研究版）2010年第6期。

刘云：《试谈英语角与大学生英语综合运用能力培养》，载《海外英语》2010年第7期。

山娅兰：《对外汉语口语教学原则初探》，载《学理论》2010年第24期。

杨开昌：《析内蒙古后套方言中的"儿话"现象》，载《语文学刊》2010年4月。

杨开昌：《例析成语中的词类活用现象》，载《东京文学》2010年5月。

蔡英杰：《〈说文〉从寸字说解献疑》，载《说文学研究》第四辑，线装书局2010年版。

马晓燕：《两种带借用动量词的"在＋处所"格式辨析》，载《外语教学与研究》2010年7月。

胡亮节：《泰国学生汉语"比"字句偏误分析》，载《外语教学与研究》2010年7月。

张艳萍：《高级汉语阅读教学的层次性及其教学策略》，载《外语教学与研究》2010年7月。

刘辉：《从第二语言教学的特殊性谈对外汉语口语课堂教学》，载《外语教学与研究》2010年7月。

张高翔：《本科高年级留学生"是……的"句式偏误调查分析》，载《外语教学与研究》2010年7月。

朱振华：《留学研究生公共课程问题初探》，载《外语教学与研究》2010年7月。

刘权：《泰国学生"能、会、可以"习得偏误分析》，载《外语教学与研究》2010年7月。

肖锐：《汉泰"心"族词对比研究》，载《外语教学与研究》2010年7月。

杨晓雯：《跨文化语境中的古代文学教学》，载《外语教学与研究》2010年7月。

黄璐：《"被"字句对外汉语教学策略浅析》，载《外语教学与研究》2010年7月。

舒凌鸿：《中高级阶段汉语综合课教学中语体意识的培养》，载《外语教学与研究》2010年7月。

蔡英杰：《"好容易"与"好不容易"同义说解》，内蒙古大学举行中国语言学会第15届学术年会论文，2010年8月。

蔡英杰：《"离"字本义考》，南开大学第五届中国文字学国际学术研讨会论文，2010年8月。

薄巍：《浅析计算机图形文字在国际汉语教学中的作用》，载《大学学术研究》2010年9月。

马雪燕：《试从句法层面对比分析汉语和越南语可能补语的异同》，载《大学学术研究》2010年9月。

蔡英杰：《"离"字词义的发展》，西南大学举行第十届全国古代汉语学术研讨会论文，2010年10月。

王国旭：《昭通方言咒死詈语的语义演变动因探究》，见《浑沌学与语言文化研究新收获》，中央民族大学出版社2010年版。

张如梅：《对外汉语专业实践教学的探索》，见《全国高校对外汉语专业建设研讨会论文集》，北京语言大学出版社2010年版。

李丹丹：《论对外汉语中的修辞教学》，中国修辞学会成立三十周年学术研讨会，上海，复旦大学，2010年12月。

周锦国：《试论流行词语"被××"结构能否进入语法层面》，中国修辞学会成立三十周年学术研讨会，上海，复旦大学，2010年12月。

李德鹏：《论"介词+着"现象》，载《语文学刊》2010年12月。

张云徽：《语言学流派形成之差异比较分析》，见《当代云南教育论文大系》，云南民族出版社2010年版。

汤亚平：《文化差异对语言习得的影响因素分析——以韩国学生习得汉语为例》，见《中国语文学论集》，韩国，中国语文学研究会，2010年12月。

（云南师范大学　齐春红　邱渊）

文 学

经过多年的坚持与努力，云南文学研究进入了较为繁荣时期，专家、学者们从宏观到微观、从小说到各种文学体裁都广泛地进行了研究和探讨，尤其在文艺理论、民族民间文学理论、古代文学理论和现当代文学理论等方面取得了可喜的成绩。

一、主要学术活动

（1）2008年4月27日至5月5日，“中国佤族‘司岗里’与传统文化学术研讨会”在临沧市举行。

（2）张国庆的专著《〈二十四诗品〉诗歌美学》（中央编译出版社2008年版）入选《国家社科基金成果文库》第三批十部优秀成果，2008年9月21日的《光明日报》对这批优秀成果给予了高度评价，称其具有较高的学术价值和示范作用。

（3）2009年11月6日至9日，全国辞赋学会、楚雄师范学院中文系、云南大学人文学院中文系主办的“第八届国际辞赋学学术研讨会”在云南大学举行。

（4）2009年11月13日至15日，“云南省语言学会2009年年会”在西双版纳举行。

（5）2009年11月14日至16日，全国女性文学学会、云南大学人文学院中文系主办的“第三届中国女性文学奖颁奖大会暨第九届中国女性文学国际学术研讨会”在云南大学举行。

（6）2010年1月11日，云南省作协在昆明召开“繁荣云南少数民族文学创作座谈会”。

（7）2010年7月30日，云南大学著名教授张文勋先生，把自己获得“兴滇人才奖”的30万元奖金捐赠给学校用于设置奖学金。同时，云南省人民政府和云南大学提供配套资金70万元，共计100万元人民币，设置“云南大学张文勋奖学金”。

（8）2010年8月18~20日，由云南省作协、玉溪市委宣传部主办的繁荣云南诗歌论坛在玉溪举行。云南省委常委、宣传部长张田欣同志到会并讲了话。

（9）2010年8月22~26日，由云南大学、开远市委、开远市政府、中国社会科学院民族文学研究所、日本亚洲民族文化学会联合主办的“兄妹婚神话与信仰民俗暨云南省开远市老勒村（彝族）人祖庙考察与研究国际学术研讨会”在云南大学举行。8月23~26日，所有与会专家赴开远市进行考察。

二、重要研究成果

1. 著 作

张国庆的专著《〈二十四诗品〉诗歌美学》（中央编译出版社2008年版）入选《国家社科基金成果文库》第三批十部优秀成果，主要体现为导向正确；能够传承民族优秀文化，弘扬伟大民族精神；创新性强；积累丰厚，体现了十年磨一剑的治学精神和打造学术精品的不懈努力以及勇攀学术高峰的执著追求。

云南大学中文系谭君强的专著《叙事学导论——从经典叙事学到后经典叙事学》由高等教育出版社2008年出版。专著系教育部学位管理与研究生教育司推荐的“研究生教学用书”之一，致力于对叙事学基本理论作系统的探讨，力图较为完整地描述出这一理论的基本框架，对叙事学的发展作动态的描述，对后经典叙事学的研究作进一步的补充。

2. 著作存目

蔡英杰注：《孙子兵法》，高等教育出版社2008年版。

黄泽：《非物质文化遗产视野下的民俗艺术与宗教艺术》，海南出版社2009年版。

黄泽：《神话学引论》，海南出版社2008年版。

黄泽：《西南民族文化与民俗》，海南出版社2008年版。

黄泽：《西南民族节日文化》，海南出版社2008年版。

李丛宗：《文学潮汐录》，大众文艺出版社2008年版。

蒙树宏：《鲁迅年谱稿（修订本）及其他》，香港天马出版有限公司2008年版。

殷光熹：《楚辞论丛》，巴蜀书社2008年版。

殷光熹：《诗经论丛》，线装书局2008年版。

殷光熹：《宋词探美》，线装书局2008年版。

杨立权：《白语的发生学研究——白语的历史层次分析和异源层次的同质化机制》，云南教育出版社2007年版。

张国庆：《〈二十四诗品〉诗歌美学》，中央编译出版社2008年版。

张佐邦：《美学人类学：原始人类审美心理的生成及其文化表现形态》，民族出版社2008年版。

锁昕翔：《纳训评传》，宁夏人民出版社2009年版。

昂自明：《彝族撒尼丧葬经译疏舅家经》，云南民族出版社2009年版。

肖建华：《云南少数民族古典史诗全集——居次勒俄》，云南教育出版社2009年版。

黄毅：《西南文学瞭望》，云南民族出版社2010年版。

张永刚：《滇东文学：历史与个案》，云南人民出版社2008年版。

严彦：《陪都电影专史研究》，中国传媒大学出版社2008年版。

陈红映：《庄子思想的现代价值》，人民文学出版社2008年版。

段炳昌：《民间生活与习俗》，云南民族出版社2009年版。

董秀团：《石龙新语》，中国社会科学出版社2008年版。

董秀团：《石龙白族乡戏》，云南人民出版社2009年版。

冯良方：《云南古代汉文学文献》，集团巴蜀书社2009年版。

李道和：《民俗文学与民俗文献研究》，巴蜀书社2008年版。

李道和：《干将莫邪传说研究》，香港大学饶宗颐学术馆出版单行本，2008年12月。

谭君强编著：《叙事学导论——从经典叙事学到后经典叙事学》，高等教育出版社2008年版。

张文勋：《国学叢譚》，云南大学出版社2008年版。

张佐邦：《神圣的解构》，四川大学出版社2008年版。

张国庆：《中和之美》，中央编译出版社2009年版。

谢雪梅：《虚构叙事中时间的分形》，云南人民出版社2009年版。

杜东枝：《审美自由论》，中国社会科学出版社2010年版。

蒋永青编著：《西方美术史文献选集与梳理》，云南大学出版社2010年版。

刘炜：《六艺与诗——马一浮思想论衡》，中国社会科学出版社2010年版。

向丽：《审美制度问题研究——关于“美”的审美人类学阐释》，中国社会科学出版社2010年版。

谢雪梅：《虚构叙事中的时间分形》，云南人民出版社2009年版。

殷光熹：《文学散论》，大众文艺出版社2009年版。

张志平编：《王西彦卷》，上海文艺出版社2010年版。

曾莹：《文人雅集与诗歌风尚研究初探——从玉山雅集看元末诗风的衍变》，广东高等教育出版社2011年版。

张震：《理解的真理及其限度》，中国社会科学出版社2010年版。

3．论　文

云南大学中文系谭君强在《论叙事虚构作品的作者自我》（载《云南民族大学学报》2008年第5期）中撰文指出：“在小说之类的叙事虚构作品中，都有可能发现作者将自我或多或少地显露出来。但是，不论以何种方式出现，都不应该将其中的叙述者或人物等同于作者，而应该将其视为不同形式的作者自我虚构，并成为具有虚构意义的艺术形象。作者自我虚构在作品中可以采取不同的方式来进行，以作者名义出现的叙述者在作品中具有独特的修辞意味。”该文被人大复印资料《文艺理论》2009年第1期全文转载。

从2008年至2010年，云南大学中文系向丽围绕“审美人类学”的主题发表了一系列论文，尤其在《看：一种意识形态凝视？——关于“美”的审美人类学的阐释》（载《文艺理论研究》2008年第5期）中指出：审美人类学的基本任务是考察来自不同文化语境中的人们如何“看”世界，“看”于此成为一种关于“什么是美”以及“如何审美”的意识形态凝视，具有学科开创和理论首发的意义。2008年5月，其《审美人类学的兴起和发展》在《光明日报》（理论版）作为重点介绍；其《国外审美人类学的发展动态》（载《国外社会科学》2010年第2期）被《中国人民大学书报资料中心》2010年6月转载。

曲靖师范学院张永刚在《文学本质界定方式的一种反思》（载《曲靖师范学院学报》2008年第2期）一文中指出：“文学不是某种经过限定的意识形态，但充满了意识形态性，这是生活影响和文学理论规约的结果。在界定文学本质的时候，应保持对文学理论意识形态内涵的自觉，避免将文学理论对文学的价值诉求转化为文学的本质定义。”

云南大学王卫东、曾静在《关于“女性文学”命题的反思》（载《南开学报》2010年第4期）中指出：“女性文学”命题包含了女性及女性文学的自我定位，也隐含了女性在当今文化结构中遭到的压抑和遮蔽，以及边缘性别的自我表述和反抗的立足点，是文学研究中一个不可或缺的维度。“男性”与“女性”是一种二元互证的结构关系，女性意识并非天然具有而是不断生成的。这对于进一步厘清女性文学研究的发展方向是有所裨益的。

云南大学中文系张文勋发表了系列论文：《题品司空图〈诗品〉》（载《古代文学理论研究》2008年8月）、《庄子思想的现代解读》（载《思想战线》2008年3月）、《庄子的“逍遥”之“游”》（载《楚雄师范学院学报》2008年2月）、《刘文典诗文存稿序》（见《刘文典诗文存稿》2008年8月）、《刘文典诗存笺注跋》，（见《刘文典全集》补编2008年8月）。

云南大学哲学系郑全对葛洪的文论思想进行了研究，其文《论葛洪的文论思想》（载《文艺理论研究》2009年第2期）认为刘勰的“六观”说中“三观”即“味”、“神”、“韵”作为中国古代文论的基本范畴由葛洪最早使用。

云南大学中文系黄静华围绕“民间艺人”这一特殊群体进行系列研究。《民俗艺术传承人的界说》（载《民俗研究》2010年第1期）一文指出：民俗艺术传承人是在民俗生活实践中，通过思维观念、技艺知识、行为范式三个方面的“承”与“传”，体现出展演观念的现实性取向、技艺知识的地方性色彩、艺术行为的生活性操演三项特性，有能力和资格主持、参与民俗艺术的实践活动，肩负着确保其恒久延续之职能的俗民个体或群体。并且，从非物质遗产保护的视野出发，强调了民间艺人对于神话、民间工艺、文本的重要传承意义。

云南民族大学刘红聚焦于云南民族民间文学撰写了系列论文，尤其在是对“施惠得报”、“孝”、“手足”、“英雄”等民众伦理观进行了关注。《云南民族民间文学的故事》（载《民族文学研究》2008—2010年）一文中指出：昭示“施惠得报”这一伦理主旨的故事在云南民族民间文学中数量繁富、形态多样。这种以伦理主题的视角统摄、审视云南民族民间文学，对深化云南民族民间文学的整体研究具有一定的价值，对理解、建构云南少数民族的伦理思想和伦理体系亦将有所助益。

云南师范大学郝桂莲撰文阐释了苏珊·桑塔格在中国的接受与研究展望情况。在其《禅释“反对阐释”》（载《外国文学》2010年第1期）一文中认为：从本质上来说，“反对阐释”旨在对现有的“枯竭式”批评模式进行反思，指出艺术既不再现外部世界，也不表现内心情感，而是一种独立的自我呈现。对于这种“独立呈现”，应该运用“新感受力”，直抵审美的本真状态。禅宗的“禅悟”一定程度上就是这种本真状态的体验。该文从中古古典禅论的角度为比较文学在中国的发展提出了一种新鲜的理路。

云南师范大学孔怡对中国禅宗与西方诗学的关系进行了研究，其文《中西诗学的“象”与禅观的意义》（载《首都师范大学学报》2010年第5期）简要论述了中西方立“象”、取“象”的渊源和发展，对中西方关于“象”的认识论与美学范畴和命题，特别是对中西方关于言、意、象关系进行了认识比较，剖析了中西方在立

"象"、取"象"上所追求的不同，提出了中西诗学对"象"的关注的最大不同在于前者侧重立象以写意，后者则侧重求象以写实，由此发展了求真、求实、求经验实证的真实再现的艺术风格和艺术追求，而中国诗学立象的终极目的和理想是得道、明道，立言明道不足则立象。

云南大学中文系张志平在《实际和理念对擂——胡风事件的方法论根源》（载《文学评论》2010年第3期）中认为：胡风和周扬等人在思想方法上对擂体现于双方运作理论的逻辑起点、具体路径上，也体现于双方的态度、人格上。前者在双方的意识层面展开，后者在双方的无意识层面展开。胡风群体的悲剧是时代的悲剧，其方法论根源是时代的重大政治文化表征。

4．论文存目

谭君强：《论叙事作品中的叙述声音与叙述者》，载《云南民族大学学报》2007年第5期。

谭君强：《论鲁迅小说中的作者自我虚构》，载《甘肃社会科学》2008年第3期。

谭君强：《从鲁迅小说的动态描写看叙述时间与空间的融合》，载《贵州社会科学》2008年第2期。

殷光熹：《〈诗经〉中使臣自伤久役未归诗析评》，见《诗经研究丛刊》第13辑，学苑出版社2007年版。

殷光熹：《关于"秦破郢都"说的来龙去脉》，载《光明日报》2008年2月27日。

殷光熹：《论〈诗经〉中的军人思乡盼归诗》，载《思想战线》2008年第2期。

张文勋：《题品司空图〈诗品〉》（新订本），见《古代文学理论研究》第26辑，华东师范大学出版社2008年版。

张文勋：《庄子思想的现代解读》，载《思想战线》2008年第3期。

张文勋：《庄子的"逍遥"之"游"》，载《楚雄师范学院学报》2008年第1期。

蔡英杰：《论"家"字的形义来源》，载《汉字文化》2008年第2期。

蔡英杰：《释辛——兼论商族的起源神话》，载《殷都学刊》2008年第1期。

董秀团：《当下民族民间传统艺术的展演化趋向及其影响》，载《艺术百家》2008年第2期。

黄泽：《20世纪中国神话学研究述评》，载《思想战线》2007年第5期。

蒋永青：《"中国意义论"框架的探索与研究》，载《山西大学学报》2008年第3期。

李道和：《晋唐小说螺女故事考论》，载《中国古代、近代文学研究》2007年第9期。

李道和：《〈荆楚岁时记〉岁首占候风俗的文献考辨》，载《古籍整理研究学刊》2008年第1期。

刘炜：《以诗说法：马一浮的诗歌创作倾向》，载《文艺理论研究》2008年第1期。

宋家宏：《小郭夸赞鲁迅，谁的悲哀？》，载《文学自由谈》2008年第3期。

宋家宏：《云南边地的传奇人生》，载《文学报》2007年12月27日。

宋家宏：《论〈秧歌〉》，载《海南师范大学学报》2008年第3期。

吴东海：《傣语四音格中的傣族文化》，见《民族学报》第6辑，民族出版社2008年版。

魏云：《中国新诗的古典追求》，载《云南大学学报》（社会科学版）2008年第3期。

向丽：《审美人类学如何可能》，载《美学》2007年第9期。

向丽：《审美人类学的兴起和发展》，载《光明日报》（理论版）2008年5月13日。

向丽：《审美人类学与中国马克思主义美学的当代发展》，见《马克思主义美学研究》第11辑，中央编译出版社2008年版。

张佐邦：《宗教器物对人类审美心理的浸润》，载《贵州社会科学》2008年第5期。（中国人民大学书报资料中心《美学》2008年第7期转载）

张佐邦：《自然崇拜与人类审美心理的生成》，载《贵州民族研究》2008年第1期。

张佐邦：《自然崇拜与人类审美心理的生成》，载《高等学校文科学术文摘》2008年第3期。

张佐邦：《西南少数民族神话思维特征论》，载《广西社会科学》2007年第10期。

张佐邦：《神话对西南少数民族审美心理的影响》，载《广西社会科学》2008年第2期。

张佐邦：《关于创建美学人类学的构想》，载《广西民族研究》2008年第1期。

张佐邦：《巫术对人类审美心理的影响》，《云南师范大学学报》2008年第2期。

张佐邦：《自然环境与人类审美心理的发生》，载《学术探索》2008年第1期。

张佐邦：《原罪意识与张爱玲的小说创作》，载《云南大学学报》2008年第2期。

张志平：《汪曾祺的雅：从“生活政治学”到“生活美学”》，载《名作欣赏》2007年第11期。

张运贵：《文艺评论工作散论》，载《民族艺术研究》2008年第5期。

张运贵：《文艺与哲学的亲缘、情缘与绝缘——兼论当代文艺哲学思维的缺欠》，载《云南艺术学院学报》2008年第4期。

杨玲、聂巨宏：《略论美育的主体转向》，载《思想战线》2008年第3期。

何昌邑、钟妮：《对〈法国中尉的女人〉的海德格尔式解读》，载《云南大学学报》2008年第6期。

陆猛：《神学美学：汉语美学的一段追询史》，载《学术研究》2008年11月。

陆猛：《现代西方艺术的三大变革》，载《学术研究》2008年11月。

陆猛：《危机与变革：重释样式主义》，载《云南艺术学院学报》2008年6月。

谭君强：《论叙事虚构作品的作者自我》，载《文艺理论》2009年第1期。

谭君强：《叙事学的文化研究与审美文化研究》，载《江西社会科学》2009年第4期。

谭君强：《〈唐璜〉：作为叙述者干预的抒情插笔》，载《云南大学学报》（社会科学版）2009年第3期。

殷光熹：《李贽在云南姚安时的施政思想和业绩》，载《中国文化研究》2009年第1期。

张佐邦：《人种进化对原始人类审美心理的奠基》，载《云南师范大学学报》2009年第1期。

张佐邦：《宗教观念对人类早期审美心理的模塑》，载《思想战线》2008年第5期。

董秀团：《说唱类非物质文化遗产的保护与传承——以云南少数民族说唱艺术为例》，载《民俗研究》2009年第2期。

董秀团：《剑川石宝山歌会的历史变迁及文化内涵》，载《云南民族大学学报》（哲学社会科学版）2009年3月。

黄静华：《非物质文化遗产视角下少数民族传统工艺的应用开发》，载《民族艺术》2008年第3期。

黄静华：《民俗学视野中非物质文化遗产的特征形态和意义》，载《民族艺术》2009年第3期。

蒋永青：《中国艺术学研究的当代视野》，载《云南艺术学院学报》2009年第1期。

李道和：《莫一大王故事的文献考论》，载《百色学院学报》2009年第1期。

李道和：《〈梁四公记〉的文本、史实与故事》，见中国社科院文学研究院、中国古代小说研究中心主办《中国古代小说研究》第3辑，人民文学出版社2008年版。

李娟：《神话究竟有多“神”？——评当下“重述神话”的文学热潮》，载《文艺报》（理论版）2008年9月20日。

李娟：《女性主义批评：从单数到复数》，载《文艺报》（理论版）2009年6月6日。

刘炜：《古闻来学 未闻往教》，载《读书》2009年3月。

刘炜：《马一浮文艺论新解》，载《鹅湖月刊》（台湾）2009年5月。

宋家宏：《〈泥太阳〉农村精神价值的缺失与重建》，载《文艺报·评论》2008年10月30日。

宋家宏：《关于作家挂职深入生活的思考》，载《文艺报》2009年2月28日。

宋家宏：《永难摆脱的生命印迹——读〈门缝儿里的爱情〉》，载《文学报·书评》2008年11月20日。

宋家宏：《反腐文学的潜价值：呼唤体制创新》，载《边疆文学·文艺评论》2009年11月2日。

宋家宏：《重返批评的隧道》，载《边疆文学·文艺评论》2009年9月。

宋家宏：《杨扬和他的〈雕天下〉》，载《文学界》2009年3月。

向丽：《“美”如何作为一种被建构的存在》，见《马克思主义美学研究》第11卷，中央编译出版社2008年版。

向丽：《看：一种意识形态凝视？——关于“美”的审美人类学的阐释》，载《文艺理论研究》2008年第5期。

谢雪梅：《虚构叙事中时间的分形》，载《文艺理论研究》2009年第9期。

谢雪梅：《中国古代文学理论学会第十五届年会学术研讨会综述》，载《古代文学理论研究》2009年3月。

张国庆：《旷达精神与和谐人生、和谐社会构建》，载《云南民族大学学报》2009年第4期。

张国庆：《〈二十四诗品〉之典雅、清奇及其与孟浩然诗风》，载《学术探索》2009年第2期。

张震：《〈二十四诗品〉美学风貌的深度呈现——评张国庆教授〈二十四诗品〉诗歌美学》，见《古代文学理论研究》第二十八辑《中国文论的道与艺》，华东师范大学出版社2009年版。

张震：《走向隐喻的真理——利科隐喻哲学的基本问题》，载《红河学院学报》2009年第7卷第1期。

王静：《钢琴曲〈二泉映月〉的演释问题》，载《民族艺术研究》2009年第5期。

郝桂莲：《流连忘返——〈火山恋人〉的叙事时间分析》，载《当代外国文学》2009年第2期。

郑全：《葛洪的文论思想》，载《文艺理论研究》2009第3期。

谭君强：《从〈狂人日记〉看可靠的叙述者与不可靠叙述者》，载《云南民族大学学报》2009年第6期。

谭君强：《比较叙事学："中国叙事学"研究之一途》，载《江西社会科学》2010年第3期。

殷光熹：《莫泊桑短篇小说艺术特色初探》，载《职大学报》2010年3月1日。

殷光熹：《人中高士，赋中名篇——略论赵壹〈刺世嫉邪赋〉》，载《楚雄师范学院学报》2010年第1期。

魏国彬：《民族电影语境下的内蒙古发展模式》，载《影视艺术》2008年第9期。

魏国彬：《少数民族电影研究述评》，载《黑龙江民族研究丛刊》2009年第2期。

魏国彬：《分享人类学述评》，载《内蒙古社会科学》2009年第1期。

魏国彬：《少数民族电影概念再探讨》，载《艺术探索》2009年第3期。

魏国彬：《云南影视基地建设的产业博弈与建构分析》，载《中国电影市场》2009年第5期。

魏国彬：《云南影视基地产业发展模式综述》，载《中国电影市场》2008年第1期。

魏国彬：《云南民族影视研究与人才培养体系建构论》，载《新疆艺术学院学报》2008年第4期。

董秀团：《歌唱与生活：大理剑川白族调的社会功能及其变迁》，载《楚雄师院学报》2010年第8期。

黄静华：《民俗艺术传承人的界说》，载《民俗研究》2010年第1期。

黄静华：《非物质文化遗产语境中少数民族裔神话的传承问题——以云南地区为例》，载《民族艺术研究》2010年第4期。

黄静华：《民俗学视野中非物质文化遗产文本的特征、形态和意义》，载《民族艺术》2009年第3期。

蒋永青：《如何超越"二元对立"——中国艺术美学基本问题的相关讨论》，载《南开学报》2010年第1期。（《高等学校文科学术文摘》第2期论点摘编。）

罗江文：《云南大学图书馆馆藏朝鲜线装古籍考述》，载《东南亚文献研究》（韩国）2010年8月。

罗江文：《〈韵略易通〉版本考辨》，载《楚雄师范学院学报》2010年第2期。

刘炜：《国学随谈 大家手笔——读张文勋先生〈国学丛谭〉》，载《思想战线》2010年第1期。

刘炜：《一代儒宗的挽歌：马一浮〈自题墓辞〉说解》，载《鹅湖月刊》（台湾）2010年第2期。

刘炜：《评张国庆《〈二十四诗品〉诗歌美学》》，载《文学评论》2010年第3期。

木霁弘：《大山大河的文明 南有茶马古道》，载《中国文化遗产》2010年第4期。

木霁弘：《一次行走的命名》，载《普洱》2010年第8期。

宋家宏：《重返批评的隧道——云南当代文学批评回顾》，载《边疆文学·文艺评论》2009年第3期。

宋家宏：《一部具有史诗品格的作品——读彭荆风的〈解放大西南〉》，载《边疆文学•文艺评论》2010年第3期。

宋家宏：《用心追求光明——说说史光柱诗歌新作》，载《边疆文学·文艺评论》2010年第7期。

宋家宏：《忠实于自我的内心体验——读长篇小说〈天涯海角〉》，载《边疆文学·文艺评论》2010年第9期。

王卫东：《关于“女性文学”命题的思考》，载《南开学报》2010年第4期。

吴东海：《傣语四音格与傣族文化的多元性》，载《广西民族大学学报》2009年第9期。

谢雪梅：《爱情的乌托邦——〈又来了，爱情〉的女性主题》，载《职大学报》2010年第3期。

向丽：《国外审美人学的发展动态》，载《国外社会科学》2010年第2期。（《中国人民大学书报资料中心》2010年第6期转载。）

向丽：《激活美学对现实的思考——国外审美人类学前沿问题研究》，载《中国社会科学报》2010年8月3日。

张志平：《建构和迷恋表达性现实——浩然小说的真实性及其相关问题》，载《社会科学》2010年第8期。

张志平：《文坛“影射事件”的思想根源——以王蒙的遭际为例》，载《学术界》2010年第2期。

张志平：《实际和理念对搐——胡风事件的方法论根源》，载《文学评论》2010年第3期。

杨园：《〈文心雕龙〉书名辨证》，载《思想战线》2010年第1期。

赵嘉鸿：《空间的力量——论〈献给艾米丽的一朵玫瑰花〉的空间力量》，载《云南民族大学学报》2010年第5期。

杨吉华：《词体艺术的两个回归》，载《社会科学家》2010年第7期。

张玉莲：《宋代文言小说中相墓故事的文化阐释》，载《河南师范大学学报》2010年第5期。

郝桂莲：《“禅”释“反对阐释”》，载《外国文学》2010年第1期。

高建国、张俊峰：《西南联大教授群体通识教育的思想认同与实践效应》，载《云南师范大学学报》2010年第6期。

贺天忠、甘庆超：《论视像暴力对受众的异化性误导》，载《湖北社会科学》2010年第2期。

阳清：《论汉魏六朝志怪的预叙叙事》，载《广西社会科学》2010年第3期。

张立新：《信仰：〈诗经〉价值系统的重要维度》，载《云南民族大学学报》2008年第1期。

邹华：《温庭筠词在晚唐五代的传播及其流变》，载《云南民族大学学报》2008年第1期。

李雪梅：《佛罗伦萨“三杰”关于自由与爱情的思想探析》，载《广州大学学报》2008年第12期。

焦印亭：《史达祖研究百年述论》，载《中州学刊》2008年第2期。

曾庆雨：《高启与明代诗歌》，载《云南民族大学学报》2008年第1期。

尹爱民：《荒原上盛放的小花——从孩童的视角观照〈呼啸山庄〉》，载《思想战线》2008年第3期。

朱虹：《在基督教文化背景下看赫丝特与安娜》，载《云南民族大学学报》2008年第5期。

焦印亭：《文学评点的奠基人——刘辰翁》，载《古典文学知识》2008年第2期。

杨晓勤：《童话的情调——评陈映真小说〈将军族〉》，载《名作欣赏》2008年第1期。

赵联成：《政治理性对20世纪50~70年代情爱文学的规约》，载《宁夏大学学报》2008年第1期。

刘明坤：《辞气浮露　笔无藏锋——简论中国近代谴责小说的弊端》，载《云南民族大学学报》2008年第4期。

袁春红：《建构超越美学的美学》，载《云南民族大学学报》2008年第4期。

刀承华：《傣族土司刀安仁爱国长诗〈抗英记〉》，载《中央民族大学学报》2008年第4期。

刘红：《云南民族民间文学的“施惠得报”故事》，载《民族文学研究》2008年第2期。

刘红：《云南民族民间故事与民众的朋友伦理观》，载《云南师范大学学报》2008年第1期。

赵云芳：《从民间文学中的巧媳妇看王熙凤形象的塑造》，载《云南民族大学学报》2008年第4期。

方晨明：《中越民族文化交流的一朵奇葩——越南歌筹》，载《云南民族大学学报》2008年第6期。

陶学良：《独姆 神筒 竹王 夜郎》，载《民族文学研究》2008年第4期。

李瑛：《台湾鲁凯族作家奥威尼·卡露斯小说〈野百合花〉的叙事结局》，载《云南民族大学学报》2009年2期。

李雪梅：《〈十日谈〉的理论基础和道德原则浅析》，载《西华师范大学学报》2009年第1期。

李雪梅：《简论但丁〈神曲〉中人与神的对立交融》，载《厦门大学学报》2009年第2期。

杨亚涛：《论希斯克利夫性格的双重性》，载《作家杂志》2009年第3期。

杨亚涛：《论曼斯菲尔德短篇小说的女性主题》，载《云南民族大学学报》2009年第3期。

张磊：《吴哥文学的发展及印度史诗〈罗摩衍那〉对其的影响》，载《思想战线》2009年第2期。

陈国学：《论〈醒世姻缘传〉的女性形象刻画在世情小说史上的意义》，载《思想战线》2009年第2期。

和勇：《论六朝志怪小说中精怪传说的类型及其成因》，载《思想战线》2009年第2期。

黄玲：《在文学天空下的向死而生——论海男写作中的死亡意识》，载《思想战线》2009年第2期。

杨晓勤：《萧散简远 高风绝尘——论20世纪中国书画家的旧体诗词创作》，载《云南民族大学学报》2009年第2期。

江云岷：《何为玄言诗——兼论当下玄言诗研究存在的问题》，载《云南师范大学学报》2009年第6期。

江云岷：《性分·生死·穷达——论陶渊明与郭象的思想差异》，载《云南社会科学》2009年第6期。

张荣刚：《任情率性、心灵吟唱的艺术表现——纳兰性德爱情词赏析》，载《文学理论》2009年第15期。

李然：《论〈梅葛〉中的民族关系》，载《思想战线》2009年第1期。

刘明坤：《简论李涵秋小说对现代文学的影响》，载《当代文坛》2009年第2期。

陈友康：《中日文学交流中的诗词唱酬问题》，载《学术探索》2009年第5期。

张立新：《“骊姬之难”的文化内涵和悲剧意味》，载《云南民族大学学报》2009年第1期。

陈友康：〈司空图著作权被质疑后〈诗品〉的价值和地位问题——以《〈二十四诗品〉诗歌美学》为中心进行讨论〉，载《云南民族大学学报》2009年第4期。

锁昕翔：《论现代诗人林耀的诗歌创作》，载《云南民族大学学报》2009年第4期。

赵云芳：《文艺民俗与原生态民俗——谈原生态民俗在古典小说中的衍生与重建》，载《思想战线》2009年第2期。

王兰香：《论新时期以来的云南彝族现代诗歌》，载《民族文学研究》2009年第3期。

刀承华：《傣族古代文学中的动物图腾崇拜》，载《中央民族大学学报》2009年第4期。

赵秀兰：《论傣语借词在佤族文学中的审美意义——以沧源县班列村〈结婚祝酒辞〉为例》，载《民族文学研究》2009年第3期。

徐中原：《试论〈水经注〉独特的写景艺术》，载《学术交流》2010年第6期。

周雪根：《清代吴江女学兴盛及缘由辨析》，载《北方论丛》2010年第5期。

刘彦彦：《四十回〈三遂平妖传〉狐妖本事源流考》，载《西北大学学报》2010年第4期。

王焕文：《鲁迅悲剧人生观及其在文本中的再现》，载《文学理论》2010年第16期。

黄玲：《别具特色的云南少数民族女作家群》，载《民族文学》2010年第3期。

宋卫哲：《自然审美观照下的山水品格》，载《艺海》2010年第9期。

刘红：《云南民族民间故事的“孝”伦理思想》，载《民族文学研究》2010年第2期。

王惠：《“白麻雀”：荒野里的美丽歌者——严歌苓〈穗子物语〉中藏族女歌手斑玛措形象分析》，载《名作欣赏》2010年第27期。

孙秋克：《明代云南府隐逸诗人及“平居陈郭”考》，载《思想战线》2008年第4期。

黄毅：《守望和谐——论袁仁琮小说的价值取向》，载《贵州大学学报》2008年第5期。

那馨元：《彝族装饰图案吉祥意识与审美特征

的分析》，载《民族艺术研究》2009年第3期。

牟泽雄：《张承志散文中的“文化抗战”思想探析》，载《文学理论》2009年第4期。

董迅：《民间传统工艺面临的困境——基于云南、贵州民间制陶的考察》，载《思想战线》2009年第1期。

高燕梅：《浅谈旅游日语教学中的文化教育》，载《思想战线》2008年第3期。

高明扬：《科举八股文的写作要素——兼谈与古文要素的差异》，载《山西师大学报》2010年第3期。

任秀芹：《禁忌民俗与水浒好汉内质研究——以〈水浒传〉江湖禁忌为例》，载《思想战线》2008年第6期。

孔怡、杨全：《中西诗学的“象”与禅观的意义》，载《首都师范大学学报》2010年第5期。

严程莹、李启斌：《戏剧文学文本叙事学的理论构成》，载《戏剧之家》（上半月）2010年第4期。

徐萍：《原生之恶 新生之恶——论夏天敏小说的双向批判》，载《名作欣赏》2009年第21期。

农为平：《穿透历史的最强音符——对鲁迅与关汉卿反抗精神的分析比较》，载《名作欣赏》2009年第12期。

张永刚：《多民族多区域文学与新时期文学理论创新》，载《社会科学战线》2009年第3期。

张永刚：《形式主义文论的发展及自我终结》，载《文艺理论研究》2009年第3期。

张永刚：《文学理论：走向文学实践的可能及方式》，载《文艺理论与批评》2009年第3期。

张永刚：《从边缘到中心：当代云南民族文学研究的理论进程》，载《民族文学研究》2009年第4期。

张永刚：《少数民族文学：民族认同与创作价值问题》，载《文艺理论与批评》2010年第1期。

张永刚：《都市文化与革命诉求》，载《河北学刊》2010年第1期。

王炜：《现当代文学史观念与云南少数民族文学》，载《文艺理论与批评》2009年第5期。

陈清云：《对郑谷诗“格卑”的辨析》，载《船山学刊》2009年第1期。

纳张元：《来自苍茫天地间的隔世之音——对彝族史诗〈创世纪（天地人）〉的一种解读》，载《民族文学研究》2010年第2期。

王建华：《白族长诗〈青姑娘〉与〈孔雀东南飞〉之比较》，载《民族文学研究》2008年第2期。

赵淑琴：《清代大理白族女诗人周馥诗歌的艺术魅力》，载《 名作欣赏》2009年第17期。

赵怀仁：《白族民间文学与中华文化凝聚力的边地民间表达研究》，载《民族文学研究》2008年第3期。

张光映、杨刚、寇德明：《民间传统习俗与农村和谐社会建设——以祥云县大营村“龙华会”为个案》，载《思想战线》2008年第2期。

何昌邑、钟妮：《对〈法国中尉的女人〉的海德格尔式解读》，载《云南大学学报》2008年第6期。

李根灿：《简论〈一位女士的画像〉的叙事艺术》，载《名作欣赏》2009年第15期。

漆素红：《儒家德性修养论研究》，载《船山学刊》2009年第1期。

吴正荣、孔孚：《为了断了线的山水诗“接线”》，载《名作欣赏》2010年第12期。

张丽：《浅谈王安忆小说创作中的“世俗化”倾向》，载《大众文艺》2010年第2期。

吴正荣：《慧能的“净土禅”观新论》，载《船山学刊》2010年第2期。

唐冬梅：《西方现实主义文学的现代转生》，载《青海社会科学》2009年第5期。

黄龙光：《彝族民间“咪嘎哈”仪式象征解读——以峨山彝族自治县塔甸村为个案》，载《长江大学学报》2009年第1期。

（云南大学 王卫东）

艺术学

一、学科建设

2008年，以中共云南省委、云南省人民政府《关于建设民族文化强省的实施意见》正式出台为标志，云南文艺界在新的起点上开始了民族文化大省向民族文化强省迈进的新实践。5月，云南省文学艺术界联合会第六次代表大会举行，这对推动云南文艺大发展、大繁荣产生了积极影响：一批优秀剧（节）目在全国获奖，云南代表团在全国青年歌手电视大奖赛上再创辉煌，云南文化在北京奥运会上大放异彩，举办了纪念改革开放30周年云南省第十届新剧（节）目展演，4台优秀剧（节）目首次走进国家大剧院。公共文化服务能力增强，文化设施改善，文化遗产保护力度加大，文化交流日益扩大，人才队伍建设加强。

2009年，中华人民共和国成立60周年，云南文艺唱响主旋律与发展多样化交相辉映，文艺精品创作和文艺活动实现新突破，参加全国各类文艺竞赛继续保持全国领先地位，以影视、摄影为代表的“云南影响”再度引起全国瞩目，文化产业发展显现新的景象。

2010年新年伊始，云南省聘请了首批云南文化顾问，为繁荣发展云南文化、建设民族文化强省献计献策；2月，表彰了获得国际性、全国性艺术奖项的文艺作品和艺术家；在4月召开的全省宣传部长会议上提出，深化对中国特色社会主义文化发展道路的理解，推动文化事业和文化产业全面发展；5月，第十届中国（深圳）国际文化产业博览交易会举办，近年来在文化产业领域备受瞩目的“云南现象”及云南建设民族文化强省的措施和成效，引起了代表各界和客商的热切关注。在第九届中国艺术节上，云南获得“群星奖”和“文华优秀剧目奖”共18项，获奖作品的项目、门类均创各届之最。8月，“文化产业促进法立法”专题调研组到云南调研，云南省政协举行汇报会，汇报云南省文化产业发展情况。8月27日，云南省政府在上海世博园区召开世博会云南活动周新闻发布会上宣布，世博会云南活动周将成为云南参与上海世博会的重要内容和高潮部分。第十六届康巴艺术节暨迪庆州民族团结节各项活动于9月12日至16日在迪庆州举行，期间举办了迪庆州民族团结进步模范表彰、康巴文化长廊展览、大香格里拉旅游论坛、广场文艺汇演、商贸洽谈等丰富精彩的活动，充分展示了云南迪庆、西藏昌都、四川甘孜、青海玉树等地的文化艺术硕果和各项事业的发展成就。2010年9月，《金凤花开》、《滇西1944》、《冷箭》、《翡翠凤凰》四部在央视及部分省级卫视播出并引发收视热潮的电视剧精品力作，获得了共计836万元的嘉奖。10月，云南芒市傣族剪纸被列入联合国人类非物质文化遗产代表作目录。11月8日，云南演艺集团有限公司、云南文化艺术中心挂牌仪式在昆明举行，这标志着云南省首批省级国有文艺院团转企改制试点工作完成，各院团正逐步以现代企业制度进入正式运行和快速发展的实质性阶段，对于云南省演艺产业的发展具有里程碑的意义。社区文化建设从观念向实体推进，农村文化产业合作社、农民演艺协会不断涌现。11月，中共中央政治局常委李长春近日在云南调研时强调，党的十七届五中全会对文化的重要地位和作用作出了深刻阐述，对加强文化建设、提高文化软实力作出了新的部署，为“十二五”时期文化改革发展指明了方向。宣传思想文化战线要认真贯彻落实全会精神，深入推进文化体制改革，加快发展文化事业和文化产业，努力开创文化科学发展新局面，为加快转变经济发展方式、推动经济社会又好又快发展作出贡献。12月13日至15日，中共中央政治局委员、中央书记处书记、中宣部部长刘云山在我省调研时强调，要认真贯彻党的十七届五中全会和中央经济工作会议精神，把文化建设作为促进经济社会又好又快发展的重要支撑，把保障人民群众基本文化权益作为改善民生的重要内容，坚持重心下移、面向基层，坚持创新思路、拓宽渠道，切实加快边疆民族地区文化发展步伐，让各族人民群众共享文化改革发展成果。12月19日下午，省委、省政府在昆明召开全省文化建设工作视频会议，全面总结了近几年来我省文化建设取得的成绩和经验，深入分析面临的形势和任务，提出了贯彻落实党的十七届五中全会精神，推动云南文化大发展、大繁荣的新思路和新举措。会议要求，全省干部群众要进一步统一思想、提高认识，加快文化改革发展步伐，努力开创云南民族文化强省建设新局面。

二、主要学术活动

（一）2008年

1月19日，“春天的祝福——近期云南文艺获奖表彰晚会”在云南电视台演播厅举行，云南省委宣传部对云南省近期在文学、戏剧、音乐、舞蹈、杂技等门类取得优异成绩的部分集体和个人予以表彰奖励。

1月30日，“云岭之春”——云南省文艺界社科界2008年迎新春联谊会在昆明世博吉鑫园举行，来自我省的知名艺术家、获奖演员、省市文艺团体共同推出了一台大型歌舞曲艺杂技综艺节目。

2月3日晚，云南省暨昆明市在昆明福保文化城举办了2008年春节联欢晚会“希望的田野”，晚会在鼓舞《鼓动春雷》中拉开帷幕，共有四个篇章：《金鼓催春》、《农家庆春》、《百花迎春》和《龙舞新春》。

2月4日，全省宣传思想文化工作会在昆明举行，省委常委、省委宣传部部长张田欣提出了云南文化建设未来五年的目标任务：专项资金保文艺精品创作；杨丽萍大剧院落户民族村；花三年时间拍出云南的《闯关东》；推出云南原生态文化盛典；举办澳洲中国云南文化周。

3月19日，云南省委常委、昆明市委书记仇和，省委常委、省委宣传部部长张田欣在昆明会见了电影导演陈凯歌一行，就在昆明建设“东方影城”一事进行商谈。

4月21日，第十三届CCTV青年歌手电视大奖赛落下帷幕，云南队取得一金、二银、一铜、二优秀的成绩，总成绩和奖牌总数排名全国第二、地方代表队第一，充分展示了青歌赛“云南军团”的风采和实力。

5月7日，云南省举行青歌赛云南代表队表彰晚会；云南歌手向全国电视观众充分展现了云南民族文化的独特魅力，展现了和谐云南各族人民的精神风貌和文化繁荣发展的丰硕成果，进一步提高了云南在全国的知名度和影响力，为全省人民争得了荣誉，赢得了光彩。

4月8日~4月10日，由省长秦光荣带队，云南省在中国香港举办了“云南香港深化服务贸易合作洽谈会”，我省有三个文化产业项目签约，一是昆明影视与新媒体数码内容制作产业基地，涉及总投资额170亿元，首期启动资金30亿元；二是电视剧《翡暖翠寒》，预计投资3600万元人民币；三是合作开发元谋东方人类祭祖坛文化工程项目，总投资68亿元，占地面积7.5平方公里。

4月22日，张田欣在昆明会见了由北京电影学院党委副书记、著名作曲家王黎光带队的北京专家考察团一行，就携手在石林旅游风景区打造文化演出项目进行了交流。

4~6月，“云之南”艺术团在昭通市盐津县豆沙镇、玉溪市新平彝族傣族自治县嘎洒镇、文山州丘北县普者黑，进行了三场精彩演出。

5月5~7日，云南省文联第六次代表大会在昆明召开。此次代表大会是在全省上下深入学习贯彻党的十七大精神、省第八次党代会、省委八届四次全委会精神，全省人民建设富裕民主开放和谐云南的重要时期召开的一次文艺盛会。

5月22日，“5·12”汶川大地震云南省赈灾义演晚会在昆明举行，全省共有110多家单位和企业通过晚会向灾区人民捐款捐物。

7月4日，以“共建新农村，共享新成果”为主题，以丰富农村基层文化活动为目的的云南省首届新农村文艺汇演启动仪式在昆明石林彝族自治县举行；有16个州市、119个县组织了汇演，创作演出的节目有戏剧、音乐、舞蹈、曲艺、非物质文化遗产名录等22000多个，演出4600多场次，观众达1000多万人次。10月23日，在云南艺术剧院举行了云南省首届新农村文艺汇演闭幕式暨颁奖晚会。

7月2~3日，云南省重大文化艺术项目创作领导小组第一次全体会议举行，成立云南省重大文化艺术项目创作领导小组是我省解放思想、更新观念、进一步提升我省文化影响力和竞争力的一项重要举措，目的是通过整合优质资源，统筹多方力量，形成合力，共同研究探讨，集中策划和打造一批全省文化艺术精品，为云南文化强省建设出谋划策。

7月6日，大型梦幻风情歌舞《蝴蝶之梦》参加由文化部主办的2008北京奥运重大文艺演出活动；8月8日，第二十九届奥林匹克运动会开幕，在开幕式前的“欢天喜地庆奥运”大型文艺晚会上，云南省石屏县的120位彝家姑娘担当舞龙手，欢庆奥运。8月24日的奥运会闭幕式上，云南元素充满其中；9月4日，“云南省参加2008年北京奥运会闭幕式演出总结表彰会”在昆明举行。

8月3日，全省群众性广场文化活动现场会在丽江市举行。

11月起，云南省举办文艺系列活动纪念改革开放30周年。11月20晚，“七彩颂歌”专题文艺晚会在云南民族村滇池大舞台隆重举行；12月15日，《三十年，我们一同走过》大型图片展在省博物馆开幕；“纪念改革开放30周年优秀电影展映周”，10月29日在新昆明影城举行启动仪式。

12月21日，首届“云南原生态文化盛典·怒江民族服装服饰文化节”开幕。

（二）2009年

1月起“云之南”艺术团举办系列演出，在红河州蒙自县、昆明钢铁集团公司、高校新区、云南警官学院等地，举行大型专场文艺演出。

1月中旬，云南省文艺界、民革云南省委分别举行新春联谊会、联欢会，共贺新春，展望未来。

1月13日，昆明市第四届“茶花奖”颁奖仪式暨宣传文化系统迎新春茶话会在昆明举行，123件优秀文艺作品受到表彰。

2月23日，全省农村文化工作会议在昆明召开，对切实加强农村文化工作进行了具体部署。

3月1日，“喝彩·云南——云南省2008年度文化精品颁奖盛典”举行。在省委宣传部组织的第五届“云南文化精品工程”评选中，有30件作品获优秀奖，58件作品获入选奖，8家单位获组织工作奖。

6月16日，“精彩云南——首届全国优秀流行歌曲创作大赛云南代表团汇报演出”举行，全国优秀流行歌曲创作大赛是新中国成立以来规模最大的流行歌曲赛事，2008年6月拉开帷幕；云南代表团取得了优异成绩。

6月12日，首届中国聂耳音乐（合唱）周开幕式大型文艺晚会《前进颂》在北京人民大会堂隆重举行，拉开了音乐周的序幕。6月13日晚，国内首家竹乐团——玉溪聂耳竹乐团与云南省歌舞剧院民族乐团联合演出云南民间竹乐与中外器乐合奏的交响音乐会《重彩音画》。6月14日晚，中国聂耳音乐（合唱）周“聂耳杯”合唱比赛颁奖晚会在玉溪聂耳文化广场举行。6月16日晚，音乐周精品民族音乐会在玉溪聂耳音乐厅上演，中外10支合唱队的精彩演绎，赢得满堂掌声。6月17日，音乐周又一重要系列活动“国歌与中国音乐文化”论坛在玉溪举办，探讨国歌在中国音乐文化发展中的地位、价值和影响，深入研究聂耳的音乐创作和精神内核及其对现代音乐的影响和启示。6月18日晚，音乐周闭幕式大型文艺晚会《万众一心》在玉溪聂耳音乐广场隆重上演，1万多人观看晚会。音乐周期间，北京交响乐团、俄罗斯国立模范红军歌舞团等享誉中外的著名演出团体奉献了精彩演出。

5月初，大型衍生态打击乐舞《云南的响声》在昆明登台；7月2日晚，《云南的响声》在北京保利剧院隆重演出；7月3日，云南省委宣传部邀请专家学者在北京举办《云南的响声》作品研讨会，对这部作品给予了充分肯定。

5月至10月，为庆祝新中国成立60周年，推动文化大发展、大繁荣，活跃行业企业群众文化活动，举办了《祖国在我心中》文艺汇演，云南省监狱管理局、省政府办公厅、云南电网公司、全省财政系统、云南中烟工业公司红云红河集团、云南锡业集团公司、省市侨联、省教育系统、省卫生系统、省商务系统、省直机关、省发改系统、省公安厅、驻滇部队等举办不同形式的专场文艺演出；11月10日，历史3个多月的文艺汇演在云南艺术学院实验剧场圆满落幕。

7月3日，云南省委宣传部邀请影视专家、学者和编导，在北京举行“发展云南影视产业座谈会”，就充分利用云南民族文化资源和影视资源、打造精品、推进云南影产业向纵深发展等重要问题进行座谈。

7月5日，2009年云南省“文化大篷车·千乡万里送戏行”启程，成为以文艺演出的方式深入农村，开展爱国主义教育活动的一项重要内容，也是省属各艺术院团有史以来力度最大的一次文化亲农、规模最大的一次送戏下乡、时间最长的惠民演出、阵容最强的公益行动。

8月1日，“第八届中国摄影艺术节暨2009首届大理国际影会”在大理开幕，为大理摄影创作乃至整个艺术的繁荣营造了新的氛围，提供了新的经验。

8月2日，大理国际影像博物馆暨中国艺术家大理市创作基地在大理喜州镇挂牌，这是云南省首个以影像收藏为主要内容的博物馆。

8月3日，中国新闻摄影高峰论坛在大理古城举行。

8月5日，第八届中国摄影艺术节暨首届大理国际影会落幕，备受期待的第八届中国摄影“金像奖”评奖结果揭晓：终身成就奖由陈复礼、徐肖冰、吕厚民等8位摄影界前辈获得，其余45位获奖者分获创作、理论评论、图片编辑、图书奖等奖项。

8月23日，“春满彩云南——云南省文联庆祝新中国成立60周年文艺成就暨美术书法摄影精品展”在省科技馆开幕。

9月15日，“云南60年成就展”在省科技馆隆重开幕，展览全方位、多角度展示了新中国成立以来云南经济社会发展的非凡历程和辉煌成就。

9月28日，云南省庆祝中华人民共和国成立60周年纪念大会暨歌咏演唱会《盛世华章》在昆明举行，艺术家放声高歌，将云南各族儿女对祖国的无限眷恋和对新中国的诚挚祝福融汇在歌声里，表达出建设美好云南、实现中华民族伟大复兴的共同心声。

11月18日，“第九届中国普洱茶节暨第二届云南民族服装服饰文化节”在普洱市举行，开幕式举行了大型文艺晚会《天下普洱》，以艺术的形式呈现出农业普洱、文化普洱、科学普洱、人文普洱欣欣向荣的景象和丰富厚重的云南民族服饰文化。

12月16日，纪念省人大常委会设立30周年文艺晚会《以人民的名义》在云南海埂会堂隆重举行。

（三）2010年

中国文联“百花迎春”大联欢晚会，“西南彩云飞——荷花赋”展现了云南丰富多彩的民族文化。

4月9日，“云之南”艺术团赴寻甸慰问演出大型文艺节目“红土情，丹桂香”，唱响团结一心、共克时艰的时代之歌，号召各族人民抗大旱、保民生。

5月1日，第十届中国昆明国际旅游节开幕，这届旅游节的主题是：七彩云南，狂欢昆明。

5月27日，“星星火炬，代代相传”六一专题晚会举行。

7月，“丹青云南，神韵楚雄”——舒建新中国画作品在北京展出。

7月25日，滇池泛亚文化艺术节开幕晚会举办，泛亚文化艺术节为期一周，是落实“两强一堡”战略、打造民族文化强省的重要探索。

7月24日，第二届中国少数民族戏剧会演闭幕，云南省楚雄彝族自治州民族艺术剧院参演的花灯小戏《冤家亲家》、小彝剧《摩托声声》获得小戏金奖。

7月26日，为庆祝中印建交60周年，“印度之夜”文艺演出在昆明剧院举行，全国人大原副委员长成思危、20国集团研究中心秘书长龙永图等出席观看。

8月1日，以“和谐的家园——人与自然”为主题的第二届大理国际影会暨洱海开海节举办，大理国际影会期间国际影展、高端论坛等活动超过20个，还举办了10个国内主要媒体摄影作品展和数十个摄影师邀请展、专题展和报名展。

8月，《神系云南》巨屏书画展展出，这是繁荣云南美术事业的重要举措，是以“请进来”方式与全国美术界互通、互动、对话、交流合作的创举。

8月，世博会云南活动周以“云南各民族欢聚世博园”为主题呈现，通过《绮彩云南》大型花车巡游、《激情云南》庆典广场表演、《七彩云南》大型民族歌舞演出、《云裳异彩》云南民族服饰演绎、《记忆云南》云南非物质文化遗产展示、《水彩云南》中国知名画家画云南精品展、《神系云南》巨屏书画展、《风情云南》民俗歌舞展演及旅游推介、《丽江情缘》浦江之夜大型音乐剧演出等一系列丰富的展演展示活动，向海内外嘉宾全方位展示云南“民族团结安居、盛世共聚世博”的城乡和谐局面。800多名云南各族演员组成的大型文化演出队伍在“活动周”上呈现世博会各参展地区中规模最大的演出阵容。

9月16日，云南电视台演播厅里歌舞翩跹，来自不同国家的留学生用中华才艺描绘着他们心中的云南。“云南美丽着我的梦——云南省外国留学生中华才艺展演”暨“留学生眼中的云南”征文颁奖晚会举行。

9月29日，“祥和云南”云南省政协系统书画摄影作品展在昆明举行。

10月2日，昆明景颇族目脑纵歌盛会在滇池举办。

10月3日，由丽江市政府主办的2010丽江雪山音乐节在束河古镇开幕。

10月9日，第五届“创意中国•和谐世界”文化产业国际论坛暨“全球文化产业学院奖”颁奖典礼在北京拉开帷幕，云南雄达茶城作为中国参展的文化园区，获得全球文化产业特色园区“创新引领奖”的奖项，云南景洪市获得“创意示范奖”。

11月18日，《开放的云南——摄影家眼中的桥头堡》大型影展在昆明举行。

11月19日，由文化部、中国文联、云南省人民政府主办，云南省文化厅、云南省文联、昆明市人民政府承办，昆明市官渡区人民政府、中国村社发展促进会、昆明市福保村党委、村委会协办的第二届“中国•福保乡村文化艺术节”，在昆明市福保文化城拉开帷幕。历时4天的艺术节将围绕“展示乡村发展新成果、讴歌民族团结新面貌”这一主题，通过八大主题活动展示中国农村的新风貌、中国农民的新生活、中国农业的新发展。

11月22日，中国文联党组书记、副主席胡振民，中国文联副主席、中国作协副主席丹增到云南文苑考察项目建设情况。胡振民考察云南文苑后指出，以云南文苑为代表的一批云南标志性重点文化项目的建设，表明了云南省委、省政府建设民族文化强省的信心和决心。云南文苑建筑面积大、功能齐备、特色鲜明、现代化程度高，这样的建设规模与省委、省政府的支持和重视是分不开的。社会主义文化的大发展、大繁荣，如果没有高品质的硬件设施也撑不起来，相信云南广大文艺工作者会从中受到很大的鼓舞。

11月27日，由云南文化产业投资控股集团精心打造的大型史诗剧《吴哥的微笑》在柬埔寨暹粒省吴哥首演，并以商业运作模式长期驻场演出。

三、研究成果

（一）专　著

宋杰：《纪录片：观念与语言》，云南大学出版社2008年版。

《纪录片：观念与语言》从视听体和语言的角度出发，首先阐述了视听语言的基本概念和研究范畴，然后就纪录片中的观念和语言作了相对系统的研究和梳理，范围涉及纪录片的含义、纪录片的真实性、纪录片的精神、纪录片创作中的语言和技巧等问题，基本上涵盖了视听语言研究的主要方面。

由于虚构与非虚构在美学上有着根本的不同，致使视听语言的运用也有着较大的差异。《纪录片:观念与语言》力图在比较虚构领域视听语言的基础上，找出非虚构领域视听语言的特点，并初步建立起纪录片系统性实践理论的基本框架。

赵芳：《重彩壁画》，云南美术出版社2008年版。

本书是对中国古代重彩壁画自身历史与艺术原理的探究，是利用现存壁画展现出来的面貌来关注它在历史穿越中的力度，以及在穿越过程中被陶铸的环境、被推动的源泉、被创造的智慧是如何发生和展开的。

（二）论　文

1. 艺术理论研究

（1）李华：《本土少数民族美术色彩语言对当代云南绘画的影响》，载《民族艺术研究》2008年第3期。

主要内容：云南少数民族美术色彩语言具有象征性、装饰性、主观表现性、色彩结构程式化等特征，并且蕴涵着足以实现民族精神审美、识别个体身份的文化内涵。从当代云南绘画色彩结构的创新，地域特色中的多元化面貌，民族风格色彩语言的探索，色彩语言文化底蕴的挖掘，都能明显地看到本土少数民族美术色彩语言对它的影响。

（2）杨德鋆：《人性真情与艺术梦境——大型情景诗画舞蹈〈鹤舞高原〉观后》，载《民族艺术研究》2008年第4期。

主要内容：2007年9月，云南省昭通市昭阳区创作演出的以讴歌大山包人——昭阳人悉心呵护濒临灭绝的黑颈鹤，从而成为人与自然和谐相处典范的感人故事为主线的大型情景诗画舞蹈《鹤舞高原》在该区首届苹果文化旅游节问世。该舞立足于大胆创新尝试，不因循前人旧格，给鹤舞以新容新意，首演即受到各方面好评。为客观评介这台取材意义特殊的节目，本文从回溯、解读鹤舞含义和中华鹤舞、云南鹤舞历史传统谈起，对该舞的内容、特色、主要成就和价值等进行析说。

（3）杨晓萍：《人鹤共吟的颂歌——〈鹤舞高原〉音乐浅析》，载《民族艺术研究》2008年第4期。

主要内容：大型情景诗画舞蹈《鹤舞高原》，以现实主义和浪漫主义相结合的艺术手法，通过优美生动的舞蹈语汇、美妙动听的音乐语言，栩栩如生地展示出大山包的自然之美、鹤舞之美、人性之美。而集作曲家向美庆多年音乐创作积淀所迸发而成的整部情景诗画的音乐，大气不失细腻，抒情不乏激昂，与舞蹈相映生辉。

（4）吴戈：《叙述技巧·表现能力·戏剧性场面——周培武及其合作者舞剧编导艺术品咂》，载《民族艺术研究》2008年第5期。

主要内容：周培武作为在全国有影响力的云南舞蹈界的舞蹈编导，其最为突出的艺术造诣与舞台创造体现在他的舞剧编导创作当中。舞剧创作更能体现一个编导的综合素质与全面能力，舞蹈编导的叙述技巧、表现能力和戏剧性场面的呈现正是这种素质与能力的表现。在他作为主要合作者参与编导的那些代表作当中，舞剧创作的艺术价值，远在那些“十八怪”趣味与“风情串烧”展览的作品之上，他们应该走出华丽包装下的自我重复，继续创造，燃烧激情，奉献出更多他们的能力完全有可能创造的舞剧佳作。

（5）周丰庆：《由“滇美”现象所带来的启示——兼论美声唱法云南本土化的成功经验》，载《民族艺术研究》2008年第6期。

主要内容：“滇美”作为美声唱法云南本土化成功的代名词，引起了音乐界的广泛关注。本文以现象事实为依据，从历史和现实两个方面对其成功的原因作出了初步的梳理和分析。在不同的历史阶段，美声唱法本土化表现出不同的特点。在提高传统西洋美声唱法水平的同时，如何创造出美声唱法本土化的“实体介质”是美声唱法本土化成功的关键所在。

（6）杨英：《声乐随想曲〈春江花月夜〉的艺术特色分析》，载《民族艺术研究》2008年第6期。

主要内容：有东方神韵之称的民族管弦器乐《春江花月夜》，凝聚着中国几千年的文明，深受世界人民的赞扬与珍爱。怎样用现代人的观点和欣赏习惯，从新的角度，用新的方式去阐释、表现中国古典音乐的精华，声乐随想曲《春江花月夜》的成功改编是一个很好的例子。文章重点从歌曲改编的选材、曲式结构、人声运用和钢琴伴奏等方面进行具体的艺术特色分析，从而获得中西音乐元素融会贯通的认知以及弘扬民族音乐之魂的启迪。

（7）廖大昆：《从“展演”看云南舞蹈创作的态势——2008年云南省新剧（节）目展演舞蹈节目评述》，载《民族艺术研究》2009年第1期。

主要内容：本文就“纪念改革开放三十周年云南省第十届新剧（节）日展演”舞蹈类剧（节）目作了评述，就“展演”中舞蹈创作主流的态势作了分析，就舞蹈创作发展的不平衡，呈现的多层多样性及其繁荣中所产生的忧虑提出了自己的观点与建议。

（8）李艾东：《云南大理明代王氏墓和韩政墓陶塑艺术辨析》，载《民族艺术研究》2009年第1期。

主要内容：云南大理明代王氏墓和韩政墓陶塑出土的使女俑及骑士俑，无论在工艺或是造型的手段上都可以说是传统雕塑中上乘之作，而这种生动的形式已经超出陶瓷艺术自身审美的范围，具有中国多民族文化的包容、和谐、独立、共荣这一特征。

（9）王锐：《传统民族图案在包装设计中的运用》，载《民族艺术研究》2009年第5期。

主要内容：随着人们对传统民族图案认知的提高，传统民族图案正在逐渐引起广大设计师和艺术家们的重视。伴随着对传统民族图案研究的热潮，越来越多以民族传统图形、图案作为民族艺术商品包装设计的元素，并对传统民族图案的基本性质、特征、内涵有了一些清晰的了解。本文就如何将传统民族图案与现代包装设计相结合、应用、创新及发展中存在的问题进一步挖掘和研究，并提出相应的解决方法和正确的思维方式。

（10）吴化雨：《云南少数民族图腾艺术中的生命意象》，载《民族艺术研究》2009年第6期。

主要内容：在云南灿若瑰宝的视觉艺术中，图腾主义可谓极为盛行。对于云南的众多民族而言，他们的图腾信仰之所以如此坚若磐石，几千年都难以改变，是因为图腾是社会发展到某个阶段传递各民族特定精神理念和文化信息的载体，这种“崇拜”始终以先民自身的生命感受作为出发点。

（11）聂乾先：《〈云南的响声〉的民族文化视野》，载《民族艺术研究》2010年第1期。

主要内容：大型衍生态打击乐舞《云南的响声》是杨丽萍继《云南映象》大获成功后，推出的又一部展现云南民间艺术的力作。本文试图从云南民族文化的视野出发，在《云南的响声》中阐释云南丰富多彩的民族民间文化艺术，让舞台艺术回归到民间的土壤中，重新研究杨丽萍提出的关于创新民族舞蹈艺术的问题。

（12）罗梅：《媒介接触对云南传统民间艺术行为影响研究》，载《民族艺术研究》2010年第2期。

主要内容：本文通过对云南省几个传统民间艺术之乡的抽样调查，对民间艺术主体的传承观念、艺术实践行为和媒体观等各方面进行了实证调查。研究发现，在除对社会层面发布的本地区传统艺术信息的了解程度和关心度等方面外，大众传媒对传统民间艺术主体行为和观念的影响力微弱；云南少数民族地区电视传播体现出高媒体接触率与媒体内容贫乏间的矛盾，媒介为受众认知本民族传统民间艺术营造了信息环境但没有充分发挥其引导功能。同时本文结合深度访谈，对产生这种状况的原因进行了探寻，并就如何通过大众传媒来实现对民间传统文化保护和传承的引导提出了一些建议。

（13）王智、郭静：《声像载体对云南少数民族原生态歌舞的保护与传承》，载《民族艺术研究》2010年第2期。

主要内容：云南少数民族原生态歌舞在现代经济文化的冲击下，面临着消亡的危机。记录载体的发展对云南少数民族原生态歌舞是否能够有效地保护和传承有着非常积极的意义。声像载体的出现，使云南原生态歌舞得以用音响和影像结合的方式保存下来，并可以通过网络传媒广发传播。本文从记录载体发展的视角来讨论载体的发展对云南少数民族原生态歌舞的保护与传承所带来的影响，分析了现代音乐元素和技术手段在原生态歌舞中的应用以及对原生态歌舞的保护与传承所起到的推动作用。

（14）李洪涛、董军：《从自我娱乐到大众娱乐》，载《民族艺术研究》2010年第2期。

主要内容：透过第十一届中国戏剧节，我们发现戏剧这种艺术形式已经渐渐脱离了百姓，从起初的娱乐大众变成了戏剧人的自娱自乐；同时，在参加展演的剧目中不乏大制作，现代舞台的表现手段应有尽有，然而观众却不买账，大制作未必换来大成效。戏剧与观众的结合点究竟在哪里？如何将戏剧与市场进行有效的衔接？本文通过对十一届戏剧节的个案研究，试图探寻中国戏剧在当今的生存发展之路。

（15）毛卫民：《云南民族文化视听表达的观念》，载《民族艺术研究》2010年第2期。

主要内容：电影电视是伴随科学技术发展而来的艺术门类，其艺术表现元素就是视觉和听觉。回顾我国的电影史，是在新中国成立后才将具有云南本土特征的视听艺术形象搬上屏幕。云南民族文化正以其无限的魅力，吸引着越来越多中外影视人。为保护云南民族文化的多样性，我们应用影视的方法进行探索。

（16）马惠龙：《云南民间剪纸艺术语境由传统向当代的转换》，载《民族艺术研究》2010年第2期。

主要内容：剪纸是中华民俗文化长期积淀的产物，集中体现了民间美术的造型观和审美意识，形成了独特的形式美语言，有着造型主观意向、高度概括的表现手法、艳丽浓烈的主观色彩、独具特色的装饰风格、镂空的制作技巧以及淳朴浓郁的乡土气息。在当代，云南民间剪纸艺术要紧随时代的发展，需要注入新的观念和个人风格上的自我表达的探索，使剪纸艺术在时空表现上得到改变，构成剪纸艺术作品的当代语境。

（17）董万里：《以设计的视野展望建水紫陶的产品开发》，载《民族艺术研究》2010年第3期。

主要内容：建水紫陶是中国四大名陶之一，如今在产业发展之时，面临市场的机遇，同时也是挑战和考验。保持和发展自身的特色，并以此进行全面的产品开发，从材料、工艺技术、艺术表现等多方面进行思考，并用设计的思维方式来分析、研究发展的根本要素，达到产品的开发以适应社会和市场的需求。

（18）李娅菲：《全球化景观中的中国先锋戏剧》，载《民族艺术研究》2010年第4期。

主要内容：全球化紧紧勾连着“现代化”以及“后现代化”所带来的政治、经济、文化等各个领域的巨大变革。中国的先锋戏剧和全球化之间存在着一种张力关系——全球化深刻地改变着文化的构成和观念、人民的生存状态和相互关系，同时构成了新的文化症候，这些都深刻地影响着先锋戏剧的生存、发展和前景，而先锋戏剧也用自身独特的艺术形式回应着全球化所带来的种种现象和问题。

（19）朱平：《表现性水墨艺术的兴衰及价值》，《民族艺术研究》2010年第4期。

主要内容：表现性水墨艺术是一种具有表现主义风格的现代水墨艺术，诞生于20世纪80年代，兴盛于20世纪90年代中期，尔后逐步衰落。其倡导的“张力释放”、“表现”、“艺术家情感直发笔端”等艺术主张对其他现代水墨艺术流派的探索产生了深刻的影响；在其发生、发展的过程中，产生了多位表现性水墨艺术画家，并诞生了许多表现性水墨艺术作品。在传统水墨艺术向现代水墨艺术转型的过程中，它扮演了一个重要角色。

（20）傅海燕：《音乐演释的人文性与科学性的系统辨证》，载《民族艺术研究》2010年第5期。

主要内容：当前的音乐演释中，经常出现科学性演释与人文性演释的问题，科学性演释与人文性演释是既相互矛盾、相互对立，又相互联系、辩证统一的。我们应该用系统辩证的观点，根据具体语境，多角度分析矛盾的主次方面，对音乐演释作相应调整，最终达到和谐统一。

（21） 郝云华、王京友：《云南民族电影：身份、性别与文化主体的转变》，载《云南民族大学学报》2010年第6期。

云南民族电影（故事片）作为中国少数民族电影（故事片）的重要组成部分，在20世纪五六十年代一度达到鼎盛期，但是在今天复杂多变的文化生态场域中，似乎成了一只独立在“十字街头”的“孔雀”，一度产生了某种困惑。比较云南民族电影在“十七年”时期和20世纪70年代后期至今两个时期的创作实践，可知20世纪70年代后期至今的云南民族电影（故事片）在身份确认、性别取景和文化主体的选择三个方面的变化是与当前时代变迁的社会文化紧密相关的，是值得肯定的，电影文本中蕴涵的人文价值是深刻隽永的，并逐渐被广为开掘出来。

（22）丁文静：《对当代中国民间美术的认识和思考》，载《云南艺术学院学报》2008年第1期。

民间美术正在逐渐引起文化界和艺术家的重视和兴趣。伴随着对民间美术研究的这股热潮，民间美术个体品类或具体问题的探讨，民间美术的基本性质、内涵、范畴、特征也有了一个较为清晰的轮廓，但是，民间美术的学术研究取向和方法还有待于进一步研究。这不仅是巩固民间美术基础理论的建设，同时也对民间美术作为学科理论的提出奠定了基础。从目前的文献资料研究来看，对民间美术的研究不外乎如下几种：第一种是广义上的民间美术研究，其中包括民间美术的产生、特征、构图、色彩及其图案的象征含义等；第二种是对具体的狭义的民间美术资源进行分类研究，这主要涉及它的地域性和民族性特点；第三种是对中国民间美术在当今社会发展中存在的问题进行反思，并提出了一系列的解决方案，引导其发展思路。

（23）张天欣、张晓辉：《从〈当我们死者醒来〉看象征主义戏剧流派》，载《云南艺术学院学报》2008年第3期。

象征体的运用是象征主义的基本特征。“通感、意象”是象征主义常用的方法，象征主义戏剧是传统戏剧与现代戏剧的分水岭。尽管作为一种戏剧流派，它到了20世纪第一个十年末已近尾声，但是，作为一种总体的象征手法，它对后来的表现主义戏剧和荒诞派戏剧都产生了很重要的影响。

（24）吴戈：《小剧场·小剧场戏剧·现代戏剧教育》，载《云南艺术学院学报》2008年第4期。

小剧场运动催生了中国现代话剧和现代戏剧教育；小剧场戏剧的重新崛起，改变了中国新时期“戏剧危机”的困境；小剧场戏剧的成功，导致戏剧教育内容、观念的变化，也刺激了校园戏剧——大学通识教育中戏剧欣赏与戏剧实践的新一轮繁荣。

（25）孙伟科：《艺术学的建构与发展》，载《云南艺术学院学报》2008年第4期。

艺术学科置于文学门类之下不符合艺术存在与发展的自身规律，不能满足艺术教育的迅猛发展。过去我们过多地依赖文学来认识其他艺术门类，这在揭示部分规律的同时，也造成了对艺术特殊规律的某些遮蔽，使艺术学科获得门类独立，既面临着突破学科体系设计的问题，也面临着艺术学科自身建设需要不断完善，特别是理论学科需要长足发展的问题。艺术学科的自我发展离不开艺术门类理论的中介性实践指导和学科培育意识的自觉。

（26）蒋永青、陈清峻：《中国艺术学研究的当代思路》，载《云南艺术学院学报》2009年第1期。

在新的时代背景冲击下，中国艺术学研究呈现出鲜明的时代特色，即艺术的市场化研究、艺术的全球化研究与艺术的信息化研究。艺术的市场化研究凸显了中国当代市场经济转型后，艺术所具有的生产力属性，艺术成为生产出的可以在市场上盈利的商品。艺术的全球化研究迫切地在全球化的格局下思索中国艺术何去何从，探寻全球化背景下中国艺术面临的挑战与机遇及其应对策略。艺术的信息化研究则要考察数字化革命对艺术的传播、创造、消费及艺术观念的革新。除此之外，当代中国艺术学研究还有着关于“超二元对立”领域的探索，这一内在领域的探索深刻地揭示了艺术的本质，敞开了审美所从之出且向之归的源初世界。

（27）唐衍欢、黎学文：《戏剧动作简论》，载《云南艺术学院学报》2009年第1期。

戏剧是动作的艺术，戏剧动作是戏剧活动中不可缺少的必备要素。古今中外许多关于戏剧的论述都绕不开戏剧动作这一概念。戏剧动作是戏剧活动中最基本的表现手段。正是依靠这种最基本的手段，戏剧艺术才因为其强烈的直观效果成为区别于文学、电影等其他艺术门类的独立艺术形式。戏剧动作可分为三种类型，即外部动作、言语动作和静止动作。它们共同构成了戏剧舞台的表演形态，使戏剧动作具有夺目的“艺术的直观性”和“非直观的心理揭示性”。正是戏剧动作才赋予了戏剧的戏剧性，离开了戏剧动作，戏剧不能称之为戏剧，戏剧也就失去了戏剧性。对于戏剧艺术而言，戏剧动作就像一根贯穿其中的红线，缺了它，戏剧就会丧失生命力。

（28）吴戈：《中国内地小剧场戏剧发展讲话》，载《云南艺术学院学报》2009年第2期。

中国小剧场戏剧有过两次历史性的浪潮。第一次为中国话剧的生根、开花作出了巨大贡献，第二次为拯救戏剧危机开辟了充满生机的空间。第二次小剧场戏剧浪潮注重戏剧艺术本体的回归与体认，在假定性、空间意识、观演关系、活动设计等等各方面都作出了富有成果的贡献。小剧场戏剧从实验探索空间走向一个开放兼容空间，多元活力和特殊魅力，成为今天小剧场戏剧的关键词。

（29）严程莹、李启斌：《论汉德克“说话剧”的戏剧特征》，载《云南艺术学院学报》2009年第3期。

德国汉德克提出了“说话剧”理论，他的剧本就是让表演者面对观众不停地说话，这一类剧作没有动作也没有情节，从而呈现出取消戏剧代言体、取消戏剧内交流系统、取消戏剧与生活界限等戏剧特征。

（30）魏美仙、蒋少华：《多元文化背景下少数民族艺术的生存与传承——基于云南彝族、傣族两个村落的田野考察》，载《云南艺术学院学报》2009年第4期。

当代多元文化背景下的少数民族艺术传承发展面临着多重压力。在对彝族、傣族村落的田野调查中，笔者发现被称为“艺术”的文化在当下民族生活中有着不同的生存境遇：在仪式场景以其实用性功能整合于民族生活的，不仅在地方性生活方式的延续中自然传承着并且有复兴重构之势；仪式场景外的艺术则在生活方式的逐步变迁中失去了其赖以生存的根基，更多地存在于展演场域。民族艺术的生存是其传承讨论的起点，而与文化整合的功能决定了其生存境遇，因此，在功能性结构中讨论传承才符合艺术生存发展逻辑。目前变迁的生活中，村落传统艺术主要担当着两种功能：日常生活中的实用功能和面向他者的展示功能及其相关派生功能，以此为基点探讨其传承，可以看到多元文化交流互动和“艺术”所具有的基于感官符号的共享性，使面向他者的展示成为当代民族艺术最主要的生存方式，由此导致其传承方式和途径的更加多样化选择。

（31）吴戈：《中国内地新时期戏剧观念论争与理论建设》，载《云南艺术学院学报》2010年第2期。

中国新时期戏剧理论建设，成绩巨大，局限显然。成绩在于通过戏剧观念的讨论争鸣，为文艺正名、为戏剧本质的重新体认拓展了研究视野、思考空间和实践平台；局限在于为“文艺正名”的理论反思与实践探索不彻底，结果在卸下“文艺为政治斗争服务”的负载后，又背上了“文艺为经济建设服务”、“文艺为宣传需要服务”包袱。

（32）蹇河沿：《作为艺术创造者的编剧》，载《云南艺术学院学报》2010年第3期。

在商品意识无所不在的今天，艺术创造逐步丧失了自己独立的品格，沦为为商业资本牟利的工具。真正的艺术创造，应该是人类精神家园的构建，应该是艺术家独特的个性表达。艺术创造者，也应该是人类精神世界和人类客体社会的审视者、探索者、建构者，应该是一个艺术主观个性的表达者；艺术创作的两大基本原则：一是主观性原则，一是客观性原则；艺术家的价值，在于展现人类精神的自由，为人类精神解开锁链，寻找出路；艺术创造者要有较高的道德水准，有强烈的社会正义感，勇于承担引导人类文化正确的价值取向的社会责任。

（33）何璞：《多媒体在戏剧中的创意表现》，载《云南艺术学院学报》2010年第4期。

在探索数字技术与传统戏剧作品结合的过程中，本文从总结多媒体音乐剧《弘一法师》与多媒体话剧《爆玉米花》的创作经验出发，试图分析传统戏剧中多媒体的创意方法和一些值得大家注意的问题，以便在今后的多媒体创作中总结经验，向着更高的艺术高度出发。所谓“多媒体戏剧”是目前从事戏剧研究的主流方向之一，而当前国内的实践证明在多媒体戏剧的发展过程中我们正走在“戏剧中的多媒体”阶段，所以多媒体创作首先在舞台设计方面凸显出来。因此本文主要在舞台设计领域进行分析。文中阐述了两个作品各自特有的风格，不同的定位决定了在多媒体创作方向上的区别，并把如何找寻多媒体创意点进行了陈述。另外，在创作过程中发现了一些容易产生困惑或者偏差的环节，并对此发表了自己的看法。

（34）陈蔚：《论民族艺术审美价值多样性的形成原因》，载《云南师范大学学报》（哲学社会版）2008年第3期。

不同的民族艺术不仅具有人类共性的审美价值，并因自然环境、文化环境和发展轨迹的不同而具有各自的特质，其所具有的多样性特征为人类审美提供了丰富的可选择性。探寻其多样性的根源和生成机制，是更好地繁荣发展民族艺术的关键。

（35）樊华：《原生态艺术真实性刍议》，载《云南师范大学学报》（哲学社会版）2009年第2期。

本文将原生态艺术的真实性问题放在动态的场域中考量，将原真、仿真、本真与民族民间艺术的原生形态、市场形态、专业形态相对应，探析它们之间的区别、联系以及融合的可能，以期在更开阔的视域中彰显民族民间艺术的现代价值。

2. 艺术社会学研究

（1）颜霁琪、刘卫平：《浅论〈神路图〉的审美意识及其与苯教的联系》，载《民族艺术研究》2008年第1期。

主要内容：《神路图》画卷是东巴画的珍品，有地狱、人间、天堂三个部分。内容可分18个鬼狱界、人间界、自然界、33个神灵界等四个阶段，神路图上端即最高神界。《神路图》画中有360余个栩栩如生的人物、神灵、鬼怪以及

70余种奇禽异兽，表现了人的生命轮回过程，反映了纳西人的生命意识和惩恶扬善的审美观。东巴教源于苯教，苯教相信万物有灵。从东巴教的《神路图》画卷内容在大鹏鸟、青龙等动物崇拜、图形符号与数字审美偏好、创世论神话和颜色的审美意识及对雪莲花的崇拜等方面表现出的审美特征分析入手，可以发现《神路图》画卷的深层审美意识及其与苯教的密切关联。

（2）郭思九：《非物质文化遗产保护与地方剧种的生存发展》，载《民族艺术研究》2008年第1期。

主要内容：非物质文化遗产保护已成为文化工作的一大亮点。本文就非物质文化遗产保护与地方剧种生存发展的历史与现状进行探讨。对民族民间文化遗产的保护具有继承性与延续性，云南就经历三个高峰时期；地方民族剧种具有地域性特征，首先必须认识剧种，才谈得上尊重和保护剧种；剧种具有物质文化与非物质文化相互依存性，是借助群体组织亦即剧团进行活态保护，作为剧种载体的剧团一旦消亡，保护主体也就不复存在；目前云南地方民族戏剧正在走着被民族歌舞综艺嫁接的异化道路，面临生存危机，抢救和保护已经刻不容缓。

（3）迟燕琼：《少数民族传统节日的文化传承功能》，载《民族艺术研究》2008年第3期。

主要内容：节日是人类社会各个族群普遍传承的一种重大的显性文化事象，是民族文化的重要表征，是最具地方特色、蕴涵丰富意义的文化符号。本文将对全球化背景下少数民族传统节日的文化传承功能进行深入分析，期望从一个视角揭示民族传统节日的生境与传承状况。

（4）申波：《云南古戏楼的审美解读》，载《民族艺术研究》2009年第1期。

主要内容：云南由于特殊的地理与人文环境，在高原的大地上，至今仍保留着大量的古戏楼。作为一种人文情感记忆的符号载体，它们就像撒落在大地的珍珠，不单在过去的岁月里给高原的人们提供了敬神娱人的心理安慰，直到今天，许多古戏楼仍然以草根的力量，焕发出顽强的文化生命力，在广袤的乡间社区为人们提供精神的娱悦，成为增强族群认同感，加强文化凝聚力的重要场域。可以说，古戏楼的存在，不单是前人为我们留下的一批宝贵的物质文化遗产，也是今天云南建设社会主义新农村、构建和谐社会进程中不可缺少的精神依托，更是本土传统文化得以活态传承的重要场所。本文分别从云南古戏楼的文化背景、文化内涵、工艺特征、人文意趣及其引发的文化思考几方面进行了探讨，是云南该项选题中尚不多见的一篇论文。

（5）王志芬：《坡芽歌书图案与铜鼓、岩画图案之比较研究》，载《民族艺术研究》2009年第1期。

主要内容：坡芽歌书是云南省富宁县坡芽村的壮族村民用图画符号记录民歌的一部民歌集。歌书中所画的图案中有很多幅与广西、云南一带发现的铜鼓纹饰和岩画图案有相同和类似之处，如：都有鸟、鱼、马、人物、犁、船、干栏式建筑等图案和纹饰，这些图案和纹饰都带有明显的壮族文化特征。坡芽歌书是仍在被村民使用的“活”文化；岩画是已经不再发挥其原有功能的“死”文化；部分铜鼓虽然仍在被村民使用，但铜鼓上的纹饰、图案和符号已经意义模糊。对坡芽歌书图案和铜鼓、岩画图案的比较研究有助于我们正确理解坡芽歌书中的图画符号，对我们认识壮族文化具有重要意义。

（6）杨军：《云南花灯、滇剧在传统节庆活动中的现代嬗变》，载《民族艺术研究》2009年第3期。

主要内容：传统节日是传统文化的集合体，现代生活通过传统节日对传统文化进行综合的继承。地方戏曲在民间的生存与传统节日有着密切关系，一些传统节庆文化的核心内容就是地方戏曲。云南花灯、滇剧作为云南最主要的地方剧种，在民间的流传很广泛，也成为云南民间节庆活动的主要内容。它们在今天的传统节日里，既承担着民俗活动的传统角色，又演绎着现代社会生活的新内涵；既保存着传统文化的永恒魅力，又引领着新的审美取向；既面临着戏曲生存的无奈困境，又试图再拓展新的生存阵地。希望云南花灯、滇剧在新的历史时期走上新的发展阶段，希望传统文化在创建民族文化强省的进程中更发扬光大。

（7）张又兮：《云南广场舞蹈的特色与内涵》，载《民族艺术研究》2010年第2期。

主要内容：广场舞蹈在我国出现很早，有着久远的历史。随时代语境的变迁，现在广场舞蹈的内涵和价值也有了相应的变化，主要是与城镇文化的发展结合在一起，而与乡土文化拉开了一定的距离。与之相对应，云南的广场舞蹈发展则有所不同，具有自己独特的艺术特色和文化内涵，其始终来自于民间，与民族民间舞保持千丝万缕的联系，值得我们关注和研究。

（8）黄龙光：《少数民族传统歌场的文化空间性》，载《民族艺术研究》2010年第6期。

主要内容：少数民族传统歌场，属于典型的文化空间类型非物质文化遗产。少数民族传统歌场，往往在相对固定的时空环境下，集祭祀、神话、史诗、歌舞、交游、手工技艺、游艺、贸易等综合文化作立体呈现。理解少数民族传统歌场的文化空间性，可从其物理、文化以及社会属性入手，这样不仅以文化空间的视野理解少数民族传统歌场的特征，同时为整体保护和传承少数民族传统歌场奠定坚实的基础。

（9）秦莹：《南涧彝族“跳菜”的文化功能及社会作用》，载《云南民族大学学报》2008年第1期。

南涧彝族“跳菜”，是南涧彝族饮食文化和舞蹈艺术传播的重要途径，也是南涧彝族神灵信仰和价值取向传承的媒介，更是南涧彝族社会伦理和民族心理的直接表达。“跳菜”不仅提高了南涧的知名度，而且促进了当地民族民间文化的发展。

（10）魏美仙：《民族村寨旅游展演艺术的意义阐释——以大沐浴为例》，载《云南艺术学院学报》2008年第1期。

民族村寨旅游场域建构的展演艺术在本地人和他者双重视域中的存在，决定了它具有地方性文化表征和大众消费产品两副面孔，由此生成对本地人和他者的双重意义。以市场、展演、文化、艺术、互动等不同层面的要素为中介，在本地人和他者基于不同文化图式的不同视角的感知中，展演艺术生成了生计与消费方式、自我与他者关系重构、文化表征与异域想象、艺术经验共享、文化交流与再生产等彼此关联又相异的文化意义，成为对其进行文化定位的基础。

（11）赵世林、陈桂波：《民族文化传承视野下的云南歌舞演出产业》，载《云南民族大学学报》2008年第4期。

近些年，云南的歌舞演出产业成为云南文化产业的一大亮点，对这一正在蓬勃发展的经济文化现象，我们在投入关注和热情的同时，还应赋予理性的思考，将其置于民族文化传承的视野下审视，才能作出正确的认识与评判，以确保它的良性可持续发展。当前的歌舞演出产业在促进民族文化传承的同时，也存在着一些问题，对民族文化传承产生了一些负面影响。因此，在开发过程中要注意到文化资源的脆弱性和较低的社会发育度，进一步处理好保护和发展的关系，促使文化产业可持续发展。

（12）董秀团：《剑川石宝山歌会的历史变迁及文化内涵》，载《云南民族大学学报》2009年第2期。

石宝山歌会历史悠久，但其起源不会早于石钟山石窟的修建。歌会自产生之初开始，历经发展变迁，大致可分为明清至新中国成立前，新中国成立至20世纪80年代初期，20世纪80年代初中期至今三个阶段。歌会包含着丰富的文化内涵，其中既有原始的生殖崇拜，也有佛教朝山庙会的痕迹，还有白族先民农耕文化的产物，同时也是佛教对白族地区原始信仰文化进行利用和整合的结果。

（13）孙明跃、方伟伟：《社会功能变迁中的“白沙细乐”》，载《云南民族大学学报》2009年第3期。

“白沙细乐”是产生于元明之际并至今仍流传于云南丽江纳西族民间的一部古典音乐。纵观这部音乐的产生和发展，我们发现，这部音乐的社会功能经历了多次变化。最初“白沙细乐”是以民间歌舞的形式出现；后被丽江木氏土司府吸收为礼仪音乐；木氏土司衰败后又流入民间成为民间歌舞音乐；清初“改土归流”后又逐渐成为纳西族的丧礼音乐；改革开放后，这部音乐又被打造成为丽江的文化产品。“白沙细乐”社会功能的每一次变化或者说变迁，都与近现代纳西族整体社会文化发展变化密切相关。

（14）蹇河沿：《冲突与和谐：艺术创造背后的人性解说》，载《云南艺术学院学报》2008年第3期。

艺术的内在冲突来源于人自身的分裂。相对于造物主来说，人是奴仆，是被造物。而相对地球上的其他生命来说，人又是万物之灵长，是一个小小的神祇，是创造者。如此二元分裂的人类，希望和绝望并存，自信与自卑缠绕，这种本性的双重性决定了许多艺术作品内在的冲突性。人类面对神灵、自然、命运、社会等对象力量时，有两种截然不同的状态：一种是对抗，一种是顺应。而这两种截然不同的取向，正是来源于人类本性中两种分裂冲突的自我本质。所谓对抗，是人类充分发挥自己的自信心、能动力，去反抗一切阻碍人类的对象力量，并希望通过这种对抗去改变人类的生存状态，获取更大的生存空间，它体现人类“神祇”、“创造者”的性质。所谓顺应，是人类自信消减，从被动屈从强大的对象力量，到主动顺应强大的对象力量，希望与对象融为一体，同样也是人类改变自己生存状态、获取更大生存空间的努力。它主要体现人类“奴仆”、“被造物”的性质。科学是人类对抗精神的典型表达，宗教则是人类顺应精神的典型表达，而艺术则同时表达人类的对抗与顺应。在许多作品充分表达人类这种本性冲突的同时，一些艺术作品则力图去消解这种冲突，而真正能够追求艺术内部和谐的艺术以深受禅宗思想、道家思想影响的中国传统艺术为代表。艺术家们虚静无为、超然脱俗，寻求自然之道、生命之道，并在这种寻求中荡涤精神、消退意志，消解一切生命本体的冲突感，与对象融为一体，它中有我，我中有它，从而获得心灵的宁静与精神的解脱。因此他们的作品体现为一种真正意义的内在和谐。

（15）黄凌飞：《红河地区哈尼族叫魂祭祀音乐活动实录》，载《云南艺术学院学报》2009年第1期。

世居滇南群山中的古老民族哈尼族，在其传统观念中，世界万物都有生命，世界万物都有神性，它们影响甚至支配着人的生活，并以形态各异的方式形成名目繁多的祭祀仪式。而其中的招魂仪式是人们生活中最为关注的焦点之一。在仪式活动中，由音乐行为所产生的音声，不仅在丰富仪式内容与形式方面起着重要的作用，在渲染宗教气氛、营造某种神秘气氛方面也有着重要的功能和地位。人们在一种特殊的时空和语境中，耳濡目染，捕捉着丰富而广泛的信息，这种信息的积累不仅增强了社会群体之间的凝聚力，也建立了一种不同于他族的表达能力。

3. 艺术评论学研究

（1）张运贵：《文艺评论工作散论》，载《民族艺术研究》2008年第5期。

主要内容：文艺评论家的处境；文艺评论的现状；文艺评论应去“五媚”倡“五重”；文艺评论的重要性；文艺评论与创作的关系；文艺创作的甘苦与文艺评论的艰难；发展文艺评论工作的几个问题。

（2）舟子、陇艺梅：《“卉”泽天下，“壁”立千秋——王晋元先生中国彩墨画艺术创作浅谈》，载《云南艺术学院学报》2008年第1期。

王晋元先生（1939—2001）毕业于中央美院国画系，新中国第一代中国画知名画家，河北乐亭人，原云南画院院长、省文联副主席、省美协主席、国家一级画师；徐悲鸿先生早年倡导的中国画艺术改良观和复兴观，即守、继、改、增、融民族文艺和“倡写实主义”，是留给并影响晋元先生彩墨画艺术创作的一笔重要遗产；晋元先生毕业时曾毅然地选择了云南，后又在彩墨画艺术的创作中孜孜以求，“卉”泽天下、“壁”立千秋，直至生命的最后一息，这与其说是对郭味渠等一批中国画名家的尊从，毋宁说是对悲鸿先生所倡导的这一艺术理想的践行和发展：晋元先生的这种彩墨画艺术创作对推动当前中国传统艺术的发展和创造先进视觉文化、构建和谐艺术世界也不无启发。

（3）赵海若：《绝不似又绝似——潘天寿与陈子庄》，载《云南艺术学院学报》2008年第1期。

这两位画家的对比实在太强烈了：一为名重海内外的教授、美院院长、美协主席；一为成都陋巷无人问津、自生自灭的寒士。一位善作巨幅，雄强浑穆，霸气充塞天地之间；一位精于小品，平淡天真，妙趣溢于笔墨之外……潘天寿平生致力于“造极”，陈子庄恰好在同时代造了另一个“极”。但在“南辕北辙”的后面，蕴藏着异乎寻常的“神似”。

（4）杨一江：《斯宾若沙的顾客——忆刘傅辉早年绘画》，载《云南艺术学院学报》2008年第4期。

刘傅辉这个名字，本地的艺术学子也不熟悉了。现在讲与时俱进，若干毕业论文里面的举证都是当红艺术家，要么巧了，这个话题的篇章都让作者赶上了。好在历史记得他，2004年年底，省博举办了刘傅辉回顾展，题为“尘封50年的艺术瑰宝”，横幅挂出来，没有异议，包括艺术新锐和新贵。

（5）杨俊霞：《写实的消解与荒诞的建构——论〈等待戈多〉中的种种不确定对理性的否定之否定》，载《云南艺术学院学报》2009年第1期。

塞缪尔·贝克特的剧作《等待戈多》历来被看做是荒诞派戏剧作品的典范。这个类型的作品常常采用不合逻辑的情境、非传统的对话以及最少限度的情节来表达人的存在的荒诞性。本文认为，在《等待戈多》中，贝克特通过对西方传统戏剧情节、语言、人物的消解，造成种种不确定，在消解写实的同时建构了人的处境的荒诞。情节的消解带来了发展的不确定，直喻人生与未来的不确定。语言的消解带来了意义的不确定，让我们惶恐生存的无意义。人物的消解带来了救赎的不确定，凸显了人的处境的不确定。通过放弃对人生表面细节的刻画追求，《等待戈多》转而从整体的层面、直觉的层面，强调等待毫无结果，死亡难以实现，生存了无意义，在构建人的荒诞处境的同时，在以荒诞解构传统理性的权威的同时，《等待戈多》却成为荒诞的典范，完成了对传统理性的否定之否定。

（6）杨帆：《论“大团圆结局”掩盖下的中国悲剧》，载《云南艺术学院学报》2009年第1期。

中国近代一些学者认为中国无悲剧。但中国古典戏剧其实具有充盈的悲剧性内涵，不但表现在人物的悲惨遭遇上，而且也表现在剧作的悲剧性情境和氛围上。大团圆结局虽然对中国古典戏剧的悲剧性精神起到了消解作用，但不能以此作为否定中国存在悲剧的依据。而中国古典悲剧以大悲+小喜的范式出现也是有其必然原因的。这种“小喜”的结局是由于特定环境下的政治因素、审美心理和文化因素的相互作用下产生的。中国古典戏剧中是有悲剧存在的。

（7）王跃：《从现实存在到象征符号——基耶斯洛夫斯基影片中的声音》，载《云南艺术学院学报》2009年第3期。

声音的出现是电影史上的重大革命，它使得电影从早期的纯视觉艺术演变为视听艺术，然而早期的技术革命却并没有带来相应的观念变革。爱森斯坦、爱因汉姆等早期的无声电影理论家在声音出现后，都发出了对电影的悲观论调。基耶斯洛夫斯基早期在欧洲所受的视听教育是基于纪录片教学的，因此和经典好莱坞时期注重声音的“干净”性不同，他更关注声音的纪实性。从基耶斯洛夫斯基早期的纪录片中我们可以发现，他对声音的空间特性和真实性尤为重视，同时也在声音的表现层面作了开拓性的尝试。

（8）王佳磊：《神秘、胁迫与生存的荒诞——品特剧作〈送菜升降机〉解读》，载《云南艺术学院学报》2009年第4期。

哈罗德·品特是20世纪英国最伟大的戏剧作家之一，他的《送菜升降机》是他前期重要的代表作品，被誉为“现代经典”。全剧笼罩着一层浓郁的神秘气氛，戏剧冲突是以人物的语言冲突的形态表现出来的，语言成了人物相互胁迫、争权夺利的武器。本和格斯的命运其实构成了人类生存境遇的一种隐喻：面对冥冥的外在强大的神秘力量，人类无所适从，被异化成非人而又心存不甘的痛苦；人与人渴望以交流排遣无聊和孤独，却又视交流为畏途因而走向更深的隔膜的荒诞。

（9）栗鹏：《徐渭〈四声猿〉本事考辨及对后世剧作的影响》，载《云南艺术学院学报》2010年第1期。

徐渭的一生充满传奇色彩，有人戏称他为“命运的弃儿，艺术的宠儿”。他的才情激越，诗词书画样样精通，而这位被人冠以“奇”、“绝”的人物，对戏曲的贡献也不可小觑，他的《南词叙录》填补了中国古代南戏理论的空白，具有极高的史料和文献价值，《四声猿》更是获得众多赞誉之词，给杂剧的发展注入了一股新鲜血液，以致后世的许多作品都深受其影响。

（10）熊美：《人物塑造与时代重构——论北京人艺舞台〈雷雨〉中的主角》，载《云南艺术学院学报》2010年第4期。

《雷雨》不仅是曹禺先生的代表作，也是北京人民艺术剧院舞台上保留的经典剧目。《雷雨》从20世纪50年代演出至今，经历了半个多世纪的变迁，三次排演，以其“原汁原味”的舞台演出得到专家、学者和评论界的一致认可。本文仅以北京人艺舞台上演出的三个版本的《雷雨》为研究对象，通过不同历史阶段《雷雨》舞台呈现的变化与发展，着重探讨周朴园、蘩漪这两个主要人物的塑造与时代重构，解读北京人民艺术剧院三个版本《雷雨》的导演在不同历史时期的导演立意与美学追求。

（11）朱琳：《迷失性寻找：音乐〈猫〉剧的现代隐喻》，载《云南艺术学院学报》2010年第4期。

现代音乐剧融合了戏剧、音乐、舞蹈的三大元素，满足了现代人复合型的审美需求。《猫》剧除了音乐剧的基本要素之外，还具有现代人生困境的揭示与隐喻功能。迷失性寻找——现代的人文境遇在《猫》剧中呈现，体现出悲凉的美感。

4. 民族民间艺术理论研究

（1）包钢：《白族吹吹腔新探》，载《民族艺术研究》2008年第1期。

主要内容：白族吹吹腔戏是云南最古老的戏曲剧种，其剧种源流、形成时期众说纷纭。本文从有关的戏曲剧种史、声腔演唱特点及演变、传播途径、主奏乐器等多重角度进行综合研究，探讨吹吹腔戏的来源和形成时期，有一些新的见解。

（2）杨军：《题材！题材！——荆楚归来思云南戏剧》，载《民族艺术研究》2008年第1期。

主要内容：地方戏曲的生存发展是一个全国性的问题。全国的地方剧种正以每年消亡一个的速度在递减，不禁让人担忧我们身边的剧种。从八艺节参评剧目中可看到，已经作了一些创新发展探索的剧种，确实焕发着新的生机。纵观他们的经验做法中，有一条都是不约而同的，也是值得我们借鉴的。那就是：题材的拓展。题材的拓展可以说是所有创新的前提，是赋予古老传统艺术新血液的第一步，是刺激剧种新创造，吸引观众重回剧场的重要措施。本文从横向、纵向的三方面阐述了题材拓展对于当前云南戏剧创作的重要性。

（3）高燕：《对彝剧表演走向的一点想法》，载《民族艺术研究》2008年第2期。

主要内容：彝剧是一个年轻的剧种，在其发展历程中，经过多种表演路子的探索后，它今后表演方式的走向，适合走山歌剧的表演方式。

（4）石英：《峨山彝族花鼓乐文化特征与诗学特征》，载《民族艺术研究》2008年第2期。

主要内容：云南省峨山县彝族花鼓乐是诗（歌）、乐、舞为一体的艺术形式，它作为彝族生活的“文化焦点”，是彝族丧葬仪式赋予了它生命和意义。本文通过对峨山彝族丧葬仪式中的花鼓乐及丧葬仪式的描述，直观地呈现峨山彝族花鼓乐的艺术形式，并审视沉淀于该艺术形式中的彝族文化特征和诗学特征。

（5）张桥：《云南花灯剧的基础、定位及发展》，载《民族艺术研究》2008年第3期。

主要内容：就云南花灯剧而言，继承传统、创新发展是时代的要求。这其中除了重视创作优秀精品剧目、培养优秀人才、重视市场运作等生产、管理、营销手段外，笔者认为还应从该剧中的基础、定位切入，深入思考其发展的问题。

（6）罗国玲：《文山壮族哭丧调》，载《民族艺术研究》2008年第4期。

主要内容：文山壮族哭丧调，融合了千百年来壮族人民在生产生活实践当中产生的思想、文化、道德、音乐等众多因素，以其独特的形式和内容彰显出壮族民俗古老文化。其曲调自然流畅，节拍为散板，有明显的附点节奏，突出了“以善为本，以孝为先”的古老道德文化教育，具有独特的民族性和民众教化性。

（7）张在云：《漫谈一些地方戏的发展与滇剧的比较》，载《民族艺术研究》2008年第5期。

主要内容：本文介绍了一些优秀地方戏的兴旺和发展概况，并同云南的滇剧现状进行了比较，说明了我们应该虚心向外地剧种学习，奋起直追，高度重视滇剧的兴衰，动员一切社会力量，从财力、物力、人力等各方面来抢救、扶持、振兴和弘扬云南的滇剧，使这项优秀的民族文化遗产得以生存、继承、普及、振兴和发展。

（8）聂乾先：《“白族打歌〈考略〉与〈质疑〉”之我见》，载《民族艺术研究》2009年第1期。

主要内容：1982年施立卓在《大理文化》发表了《白族“打歌”考略》，提出洱源西山白族“打歌”受到彝族影响；时隔26年，李缵绪在

《边疆文艺评论》2008年第1期上发表《〈白族“打歌”考略〉质疑》，对此文提出了批评。《考》、《疑》二文的焦点聚集在洱源西山白族“打歌”的源流、族属问题上。本文从“中国民族民间舞蹈集成”的角度，对洱源西山白族“打歌”、“哩格高”的名称、源流、族属、艺术形式作了解读。

（9）严伟：《大型现代花灯剧〈大山深处有天堂〉导演阐述》，载《民族艺术研究》2009年第2期。

主要内容：大型现代花灯剧《大山深处有天堂》是一出批判现实主义的正剧。该剧的意义在于拯救文化、拯救农村乃至拯救农民自己。该剧在坚守戏曲本体的前提下，对花灯的表演形式和舞台美术的设计和运用作了大胆尝试和探索。

（10）熊丽芬：《云南苗族的挑花工艺》，载《民族艺术研究》2009年第2期。

主要内容：在云南苗族地区广为流传的苗族挑花工艺是苗族人民为加固衣服、美化生活、表达感情、记录和传播民族历史文化而创造的一种手工艺。云南苗族挑花工艺以十字挑花为主要构图手段；其纹饰图案造型以几何纹、动物纹、植物纹为主；其色彩对比鲜明，素而不艳、简而不繁；其纹饰图案内涵丰富，既有苗族妇女对自然界中的动植物、山川风貌及生活用品的写意寄情，又有她们用绣花针记录下的本民族人民在不断的迁徙过程中逃避战争、追求美好幸福生活的斗争征程等内容；其纹饰图案遵循一定的美学原则来造型。随着时代的发展变化，云南苗族挑花工艺在传承中发展，在美化着苗族人民生活的同时，也给予各族人民美感享受。

（11）韩萍：《论艺术展演和乡村旅游对民间音乐的开发和保护作用》，载《民族艺术研究》2009年第2期。

主要内容：艺术展演是通过复制、拼贴、炒作的方式，使民间艺术在保持其原有的特点基础上进行的结构和风格的重建。这种重建，是一种对源自传统民族民间艺术的转换、锻造，满足当今大众审美的需要。乡村旅游对优化和调整地区旅游产业、促进农业产业结构，调整、扩大农村就业机会、促进农村社会经济可持续发展有着重要的作用。民族民间艺术展演与乡村旅游相结合，不仅可以在一定程度上起到弘扬、保护和传承民间艺术的作用。同时，还能对乡村经济的发展带来良好的契机。

（12）那馨元、李河良：《彝族装饰图案吉祥意识与审美特征的分析》，载《民族艺术研究》2009年第3期。

主要内容：本文通过对民间吉祥意识产生、彝族吉祥图案的表现内容及形式的分析，阐述了传统民间吉祥图案的民族文化的特征，以望设计者在当代艺术的创作过程中，能从传统民族艺术中汲取精华，不断以新的意识和表现技巧进行再创造。

（13）余光荣：《花腰傣口头叙事文艺作品与族际文化交流》，载《民族艺术研究》2009年第3期。

主要内容：民间口头叙事文艺作品以活态文化的方式承载着民族历史文化的传承。本文以花腰傣民间口头叙事文艺作品为切入点，探讨红河流域多民族杂居区域内花腰傣与其他民族的文化交流关系，从中可以看到花腰傣以特有的民间叙事文艺作品呈现出的与其他民族交往互动的状况及其既开放又坚持自我边界的族际文化关系，以期为当下民族区域和谐族际关系的构建带来一定的启示。

（14）卢飞：《略论花腰彝民间文化的传承与发展》，载《民族艺术研究》2009年第3期。

主要内容：本文在对花腰彝民间文化面临危机、挑战与机遇并存现状进行深入分析的基础上提出：要以文本传承和本土的民间艺人传承、民俗活动传承等方式，为花腰彝民间文化留下根基；要通过广泛宣传、加强交流，打造文化品牌、开发文化精品，紧扣市场、发展文化和旅游产业等举措，来促进花腰彝民间文化的发展。

（15）苏燕：《非物质文化遗产的一朵奇葩——云南腾冲县荷花乡甘蔗寨佤族清戏》，载《民族艺术研究》2009年第4期。

主要内容：佤族清戏沿南丝绸古道传来，落根于腾冲县荷花乡甘蔗寨，又由于古道的荒废，加之甘蔗寨重新封闭，从而得以保存，它是外来戏曲植根于本土后，逐渐演化而成的民族民间戏剧。佤族清戏是腾冲县唯一被正式列入中国少数民族剧种的地方戏剧，至今仍保留着早期清戏原始古朴的特色，至今为止其唱腔基本没有变化，仍保留着它传入时原生态的形态，是一份珍贵的少数民族非物质文化遗产，是古代戏曲发展演变的极为珍贵的“活化石”剧目，具有较强的艺术表现力和感染力，被誉为“珍贵的民族剧种”，对于该“活化石”的研究调查具有极其重要的价值。

（16）姚芃：《彝剧打击乐的配置、设计及其功效探析》，载《民族艺术研究》2009年第4期。

主要内容：彝剧是一个新兴的少数民族剧种。笔者结合多年的彝剧排练演出实践，就如何使彝剧的艺术表现方法和手段更加丰富、如何不断扩大彝剧反映和表现社会生活的艺术能力等问题作了较为深入地探索和思考，并对彝剧中打击乐应该怎么打、用什么样的乐器和模式更适合彝剧等问题作了一定的经验总结和研究，并得出“不限制，不轻视；以他人之长补我所短，让彝剧打击乐更快地走向规范化，并逐渐形成一套彝剧打击乐应用体系”等主要观点。

（17）林艺：《云南个旧“斑锡”工艺品的现状分析》，载《民族艺术研究》2009年第5期。

主要内容：锡产业是云南红河州个旧市的支柱产业，几百年来，依托优良的锡资源，个旧成为“锡都”。但锡都并不生产锡工艺品，锡工艺品是锡产业发展的软肋，如果与当下作为云南支柱产业的旅游业相联系地看待，锡工艺品产业更是滞后。“斑锡”工艺品是突破锡工艺传统产品的一种创新型产品，具有传统的技术，又有时尚的外观，很符合现代人的审美情趣，但经过多年发展的“斑锡”工艺品始终未能走上良性发展，原因为何？对此，本文在实地调查的基础上进行了阐述。

（18）何婷婷：《石屏彝族尼苏支系“花腰”音乐探析》，载《民族艺术研究》2009年第6期。

主要内容：“花腰彝”是一个喜爱歌舞的民族，歌舞在花腰人的生活中占据着重要的地位，表达感情、娱乐休闲、祭祀祖先、红白喜事等场合都离不开歌舞。笔者分别考察了石屏县哨冲、龙武的6个村寨，收集整理并记录了花腰的唱调、跳调，对花腰音乐的特点进行了简要分析，并对“花腰”文化的传承、保护和发展提出了相关的意见和建议。

（19）王文军、周琨：《云南富宁县汉族丧仪音乐文化的现状调查与分析》，载《民族艺术研究》2010年第1期。

主要内容：丧仪音乐是丧俗系列仪式活动中一个重要组成部分，云南省富宁县汉族的丧仪音乐是当地颇具代表性的音乐形式之一。本文通过对富宁县汉族丧仪音乐文化现状的调查、分析与研究等，展现并论述这一文化现象的现实情况及存在的问题，并在文章结尾处提出了保护、传承这一文化现象的几点建议，希望能为更多的专业人士在这方面的研究起到“抛砖引玉”的作用。

（20）赵鑫、赵立德：《云南少数民族乐器文化产业的培育及发展构想》，载《民族艺术研究》2010年第1期。

主要内容：云南的少数民族乐器品种繁多、形态各异、特色鲜明，是云南优秀文化宝贵遗产中的一个有机组成部分。发展云南少数民族乐器文化，更是弘扬各少数民族优秀文化，加快云南民族文化强省建设步伐的重要任务。本文通过对云南少数民族乐器开发运用历史的回眸，看到民族乐器文化产业发展的现状，并经过仔细的调研和思考，提出了新的构想和建议。

（21）龚梅：《飞出峡谷的和谐》，载《民族艺术研究》2010年第1期。

主要内容：傈僳族是主要居住在我省怒江地区的一个少数民族，其多声部民歌合唱“摆时”曾登上国内外和我省青歌赛的舞台。本文试图对“摆时”的分析研究，探索傈僳族多声部音乐的特点。

（22）徐何珊：《芒市傣族民间南传佛教手工艺分类与特点》，载《民族艺术研究》2010年第2期。

主要内容：本文从傣族民间手工艺品简介、傣族民间手工艺品分类及技艺特点、傣族民间南传上座部佛教手工艺品的特点几方面，叙述德宏芒市傣族民间的宗教手工艺品，其有着上千年的传承，制作精美、种类繁多，是保存较为完好的傣族传统文化的杰出代表，也是国家非物质文化遗产的保护项目。

（23）陈申：《云南少数民族舞蹈身体表现的研究》，载《民族艺术研究》2010年第2期。

主要内容：云南作为一个多民族的省份，多

数民族舞蹈展现出风格各异的身体语言表达。舞蹈的身体表现，能够反映不同民族的风俗、历史、宗教、审美等文化特征。本文试图对云南少数民族舞蹈身体表现的实践、发展、文化变迁以及对该学科的进一步探索，作一个初步的勾勒与探讨。

（24）焦丹：《德昂族三台山南传佛教音乐考》，载《民族艺术研究》2010年第3期。

主要内容：德昂族是云南特有的人口较少民族，全民信仰南传上座部佛教。南传上座部佛教传入德昂族地区后直接影响着德昂族的民俗音乐，同时形成了德昂族特有的宗教音乐样式。随着时代的发展，宗教音乐与民俗音乐相互影响、相互依存，宗教音乐也在宗教仪式和世俗活动中愉悦着诸神与民众。

（25）光映炯：《民间艺术的公共化与公共化的民间艺术》，载《民族艺术研究》2010年第3期。

主要内容：在现代化的发展过程中民间艺术的内容、形式和为生活服务的本质都已发生变化，最明显的变迁就是公共化的趋势，电视、网络等大众媒介甚至包括旅游文化在内的大众文化形态都加速了这一变化。公共化的民间艺术在特殊的环境下具有了空间上的开放性、参与上的自由性、认同上的自觉性、民族性与国际性等特点。

（26）迟燕琼：《云南少数民族传统节庆艺术活动的基本特征》，载《民族艺术研究》2010年第3期。

主要内容：云南少数民族众多，浓郁而独特的艺术活动是民族节庆的精髓，彰显着民族节日的本质与民族的精神内核。本文阐释了云南少数民族传统节庆艺术活动的基本特征，以期从一侧面揭示民族传统节日文化的本质，凸显对传统节庆艺术进行挖掘、保护与传承的价值和意义。

（27）葛树蓉：《云南民间舞蹈现状调查报告》，载《民族艺术研究》2010年第4期。

主要内容：《中国民族民间舞蹈集成·云南卷》编撰后的二十年，云南民族民间舞蹈发生了很多变化。本文通过对云南民族民间舞蹈资源的现状进行调查，分析其发生变化的方式及目前存在的问题，提出相应的建议以供探讨研究。

（28）黄静华：《非物质文化遗产语境中少数族裔神话的传承问题》，载《民族艺术研究》2010年第4期。

主要内容：在非物质文化遗产的言说语境中，许多少数族裔神话表现为濒危的活态表演，而重要原因即在于其陷入了传承困局。此问题的解决，有三点特别需要重视：一是尊重少数族裔神话的生命原力，这是重辟传承之路的前提条件；二是再建传承之路的核心工程；三是重建传承之路的主要追求。

（29）聂乾先：《关于构建云南“一族一舞”的情况分析——兼及对“原生态舞蹈”的思考》，载《民族艺术研究》2010年第5期。

主要内容：1997年11月，由云南省文化厅、云南省民委主办的“云南省民族民间歌、舞、乐展演”，是实施“民族文化工程”的一个重要举措。至2009年9月，该“展演”已举办了六届，前五届共编创演出了25个民族的147个舞蹈节目，取得显著成绩，这些节目是在继“原生态舞蹈”基础上的发展创新工作，取得了许多经验。本文从构建云南“一族一舞”取得显著成绩，构建云南“一族一舞”与“原生态舞蹈”、云南“原生态舞蹈”第一大省、云南“原生态舞蹈”的生态场，构建云南“一族一舞”的内容、形式及标准，构建云南“一族一舞”的主体及方法等几个方面对构建云南“一族一舞”的基本情况进行了具体分析。

（30）陈申、唐文：《中国民族民间舞蹈的本土化特征——以杨丽萍舞蹈作品为例》，载《民族艺术研究》2010年第6期。

主要内容：本文以杨丽萍舞蹈作品为例分析中国民族民间舞蹈的本土化特征。本土化是指舞蹈艺术中表现出的具有本民族特定生活气息和风格气质的符号表现体系。杨丽萍舞蹈作品所体现出的本土化特征：“身份”认同；“原色”的宗教仪式；情景式再现；“火塘”文化的寓意。这些对人是中国民族民间舞蹈提供了依据，“只有守望民间，才能守望我们的家园”。

（31）亦羽：《妙舞共赏 与时共存——云南花灯“舞”的创作解析》，载《民族艺术研究》2010年第6期。

主要内容：主要针对花灯艺术周上歌舞类作品中“舞”的创作，并通过专业性研究的方式解析花灯舞蹈的创作内容与表现形式、舞蹈语言及构图，力图扩展花灯舞蹈的创作手法与形式，为花灯舞蹈创作提供可参考、可行动性的依据。

（32）杨杰宏：《丽江洞经音乐传承与变迁的调查与思考》，载《民族艺术研究》2010年第6期。

主要内容：本文以丽江洞经音乐的变迁历程概述为主线，对丽江洞经音乐的社团组织、传承主体、内容及形式、传承方式、观众与艺人关系等方面的变迁状况进行了考察，并对当下的危机与社会根源进行了分析与思考。

（33）吴炜：《云南的斑铜与乌铜走银工艺》，载《云南民族大学学报》2008年第2期。

生斑铜、熟斑铜和乌铜走银是云南闻名遐迩的传统工艺产品，充分表现了滇铜之美，国内外都享有盛誉。其材质、制作技术因其独特性一直受到国内外工艺美术家和冶金工作者重视，特别是生斑铜的再结晶过程，银鎏乌铜的工艺具有重要的技术价值。

（34）郝云华：《楚雄彝族服饰的种类与文化内涵》，载《云南民族大学学报》2008年第2期。

楚雄彝族支系繁多，各个支系服装的款式、图案和选色上都显示出各自不同的特色。从这些服饰中体现出来的夸张艺术造型和大胆配色，是彝族审美与文化功利性的结合，是情感表达与文化意蕴表达、传递的结合。

（35）陈亚颦、马黎、张丹宇：《对傣族民间舞动态意象演变的结构阐释》，载《云南民族大学学报》2008年第3期。

民间舞是由特定文化群体利用文化物质材料和文化主体精神综合创造的动态意象。它有两种基本的类型，即特质意象和创造意象。特质意象使傣族舞在创造变化中始终保持民间舞动态意象的文化特征和标示。创造意象使民间舞随社会环境的变化而变化，在不同的社会文化环境下具有不同的时代展现。

（36）刘江：《德宏傣剧发展模式初探》，载《云南民族大学学报》2008年第3期。

傣族非物质文化遗产傣剧是德宏傣族喜闻乐见的综合性艺术形式，它从历史中走来，在今天面临巨大挑战。深入考察傣剧的传统化与现代化两种发展模式，探索全球化、现代化进程中非物质文化遗产的保护与发展问题，以及在社会主义新农村文化建设中不可替代的作用和意义。

（37）孙明跃：《“纳西古乐”与纳西族传统民族音乐》，载《云南民族大学学报》2008年第4期。

“纳西古乐”这一称谓源于20世纪50年代末。当时，丽江洞经音乐演奏者为避免把宗教视为封建落后的政治风气而将丽江洞经音乐称为“丽江古乐”；90年代初宣科先生用“纳西古乐”取而代之，也是专指“丽江洞经音乐”。长期以来由于丽江大研古乐会是以演奏丽江洞经音乐为主的，所以在许多人的观念中把纳西古乐等同于丽江洞经音乐。其实，“纳西古乐”是指在纳西族的历史发展长河中，由纳西族先民在长期生产实践中不断创造并融合外来音乐，而逐步形成并传承至今的传统民族音乐，包括“丽江洞经音乐”以及“崩思细哩”、东巴音乐和“热美蹉”等。

（38）王四代、颜霁琪：《论彝族毕摩绘画的艺术形式》，载《云南民族大学学报》2009年第4期。

毕摩绘画是彝族祭司毕摩用于图解宗教观念、祭祀、占卜、驱魔除患的原始宗教绘画艺术，它折射出了彝族古代社会生活和思想的面貌，蕴涵着大量彝族古代历史和文化的信息。它所隐含的传统哲学和宗教思想，一直以宗教艺术的方式深远地影响着彝族人民的生活。根据其用途，毕摩绘画大致可以分为护法防卫类神图、祭祀神座图、驱鬼除患类木板画和占卜绘画四大类。为适应宗教内容的表达，毕摩绘画在造型、构图、线条和色彩运用等形式上形成了一些特点。毕摩绘画具有重要的宗教价值，也有一定的绘画艺术审美价值。

（39）范例：《论云南现代民间绘画的艺术特点》，载《云南民族大学学报》2010年第6期。

云南现代民间绘画具有绘画题材的民俗文化事象性、完美式的造型构图理念、随心运用的色彩、稚拙而又洒脱的装饰性等风格，即在绘画的题材、造型构图、色彩等元素和风格上，都显示了正处于发展期的地方民间艺术的特点。

（40）武斌：《论云南甲马艺术的寓意》，载《云南艺术学院学报》2008年第1期。

云南甲马是民间绘画艺术中的一个分支，是老百姓用于祈福禳灾祭祀活动时的各种雕版印刷品的总称。它是一种文化交融的民俗事象，是一种融在信仰之中的艺术，是云南民间广泛流传的一种古朴、稚拙、粗犷的木刻雕版拓印艺术品。民间艺人运用简单又方便的平面造型语言，创造出形式各异的民间木刻版画，带我们进入超越现实的境界之中。

（41）杨知秋：《大理洞经源流探》，载《云南艺术学院学报》2009年第1期。

大理物华天宝，人杰地灵。被誉为“仙音”的洞经，就是从这块沃土上生长出来的。所谓洞经，是指经过谱曲的道经，而不必称为洞经音乐。洞经不仅是道教音乐的一个重要组成部分，而且是道教音乐的后起之秀，道教音乐的精华所在。

（42）张兴荣：《明代遗存的“勃石细哩”探究——一部存活的纳西族安魂套曲》，载《云南艺术学院学报》2009年第1期。

云南明代遗存的安魂套曲“勃石细哩”，充满缠绵悱恻、哀伤凄婉之情，常用于纳西族丧葬仪式中。现仍传承于纳西族的有9首器乐歌舞曲牌。其来源与族属众说纷纭，目前暂无定论。笔者认为“勃石细哩”源起于明代，它的创作及形成，与凭吊纳普米（西番）之战或纳藏（吐蕃）之战双方阵亡将士之阴魂有关，同时，也在逐渐的完善过程中，融入了蒙古族带来丽江的一些乐器及音乐调式风格，后又吸收了东巴文化及大量的汉族音乐（如明清曲牌、道教音乐）等，最终形成的。最早流行地是丽江的白沙。

（43）陈劲松：《花腰彝服饰艺术初探》，载《云南艺术学院学报》2009年第2期。

花腰彝服饰艺术有着迷人的魅力，它有着不同于当代流行服饰中的审美意境，在现代环境中它似乎略显青涩，但亮丽而不失沉稳，浓郁而不失庄重。这是一个民族支系世代相传的集体表象，在这里，黑、红、蓝、绿等色已超越自然色彩赋予了特定的民族内涵。笔者十余次花腰彝田野调研，感知了花腰彝服饰文化活态的特征，体味了民族服饰艺术与民间传统生活方式的紧密联系。但现时的生活方式影响下，民族服饰艺术的消亡速度似乎是与现代生活方式的发展速度相等。如何解决民族服饰艺术的传承危机，这是一个热点话题。田野与思考的感受是：拥有对民族文化的自豪感，才能孕育出根植于民族文化土壤的设计灵感火花，这样会更加关注传统和研读民族艺术，认知设计创新的必要性，让其不断获得新的生命力。

（44）游峭：《迷失与寻找——阿昌族户撒刀工艺特色初探》，载《云南艺术学院学报》2009年第3期。

户撒刀（也称阿昌刀），作为云南本土颇具特色的民族工艺中的一种，无论是它的历史沿革，还是人文背景，都具有丰富的人文价值和艺术价值。作为拥有丰富人文资源的云南，使用铁器的历史悠久，在战国中晚期就开始了铁器的制作，2000多年来在制铁技术上取得了卓越的成就，又以阿昌族户撒刀最富盛名。笔者于2008年1月和2009年2月两次深入云南省德宏州陇川县户撒乡进行田野调研，2个月的调研时间让笔者在充分了解其制作工艺的同时，深刻体会到了阿昌族户撒刀的文化特征。与此同时，这项特色民族传统工艺也以一种难以名状的速度消亡着。伴随着现代经济的高速发展，户撒刀同样受到急功近利的商业思想和机械生产的批量复制影响，如何继续传承这些优秀的特色民族民间工艺成为我们必须思考的首要问题。对于特色民族民间艺术的传承，抱有一份对天地自然的大爱和对本民族文化深刻的热爱与自豪感，深入关注和研究民族传统文化，从设计的角度来重新诠释特色民族民间工艺，才是让这些浑然天成的民族民间艺术获得新生的必由之路。

（45）杨茂香：《浅论禄劝彝族笛脚舞的保护与传承》，载《云南艺术学院学报》2009年第4期。

在当代，随着生活环境和生活方式的转换，民族民间舞蹈逐渐失去了其生存的土壤，很多民族民间舞蹈都面临着流失和失去传承主体的危险。针对这种情况，作者以禄劝彝族笛脚舞的发展、现状为例，就民族民间舞蹈的保护与传承提出自己的看法。

（46）彭小希：《怒江州福贡县傈僳族民间传统舞蹈文化特征及演变初探》，载《云南艺术学院学报》2010年第1期。

在云南西北部被誉为“东方大峡谷”的怒江

流域，因其独特的自然环境，长期处于相对封闭的状态。笔者以在怒江州福贡县对傈僳族传统舞蹈的考察为依据，通过对该地区代表性民间舞蹈“哇其”和“迁俄”的分析，探究传统民间舞蹈蕴含的内在民族文化特征，并解析傈僳族传统舞蹈在功能、内容及形式上的当代演变，力求更好地把握傈僳族舞蹈当代发展的关注点。

（47）徐辉斌：《大理白族自治州祥云县鹿鸣乡现存古乐器情况调查报告》，载《云南艺术学院学报》2010年第3期。

大理州祥云县鹿鸣乡存有大量古乐器。这批古乐器的发现，为我们研究古代少数民族地区与中原地区的音乐文化交流、大理地区的音乐文化特点、乐队编制、乐器的演变及演奏特点等，提供了非常珍贵的实物资料。

（云南民族艺术研究院　倪涛）

历史学

一、学术活动

（一）2008年

2008年7月21~26日，第四届“纳粹屠犹国际研讨会”在昆明举行。云南大学西南亚研究所与纳粹屠犹教育、纪念和研究国际合作特别行动组织、伦敦犹太文化中心、法国纳粹屠犹纪念基金会共同举办了此次研讨会。研讨会的宗旨是认识纳粹屠犹及如何进行关于纳粹屠犹的教育。中外专家进行积极的发言，并围绕主题展开热烈的讨论。

2008年7月29日至8月1日“国际宋史研讨会暨中国宋史研究会第十三届年会”在云南大学举办，会议以专题论坛形式组织，共收到论文145篇，内容涉及宋代政治军事、社会经济、思想文化、中外关系等研究领域，充分展现了当前海内外宋史研究的学术成就，也反映出宋史研究在广度、深度上进一步拓展的趋势。对此次会议，林文勋等人合著《宋史研究论文集（2008）》（云南大学出版社2009年版）总结了研究成果。

2008年8月22日至24日，云南省历史学界第六届代表大会暨云南省史学会2008年年会在昆明召开。这次会议由省史学会主办，云南师范大学承办，云南省社科院、云南大学、云南师范大学、云南民族大学、昆明学院及各地州高等院校和科研机构的专家学者110余人与会。省社科联副主席江克研究员莅临指导，第五届史学会会长林超民教授主持大会的主要议程。这次年会的主题为“云南与世界”。与会代表一致认为，云南自古以来就是中国陆上通向东南亚国家、联系中西的重要通道，为中华文明和世界文明的沟通和发展作出了不可替代的贡献。围绕“云南与世界”这个主题，会议对“国外学者的云南历史研究”、“中国西南与周边国家关系研究”、“云南在世界中的地位”三大议题进行了大会交流和分组讨论。

2008年8月16至17日，由云南大学滇学研究中心发起主办的“首届滇学学术研讨会”在云南江川县召开。中共云南省委常委、省委宣传部部长张田欣出席会议并讲话，来自云南大学、云南师范大学、云南省社科院、云南省博物馆、云南省社科联、玉溪古滇国研究会等高校、科研机构以及玉溪市、江川县的40余位历史学、民族学、文艺学、考古学、古生物学等学科领域的专家学者参加了研讨会。

2008年10月18至19日，由教育部主办、云南大学历史系承办的“2008年教育部历史学科教学指导委员会暨全国高校历史系主任联席会议”在云南大学科学馆召开。教育部历史学教学指导委员会委员及来自全国86所高等院校的历史系主任、有关出版机构的专家学者共150余人出席了会议。教育部历史学科教学指导委员会主任、华中师范大学校长马敏教授主持会议。这次年会认真讨论了历史学科建设及创新人才培养、毕业生就业前景等热点问题，并形成了初步意见。与会代表就历史学科课程体系与课程内容改革、历史学本科教学的国际比较、历史学创新人才培养、历史学本科生就业前景与历史专业各层次人才培养对策、历史学硕士统考等问题进行分组讨论，取得广泛共识。

（二）2009年

2009年3月，云南省史学会和云南大学联合举办了“云南史学高层论坛”。邀请了中国社会科学院的马大正、于沛、陈启能、李国强四位研究员，就史学理论、中国边疆研究的历史与现状、中国海疆史研究等问题作了精彩的学术报告，云南大学、云南师范大学、云南民族大学、昆明师专、云南警官学院的200余名师生参加了论坛。

2009年4月27日，云南省国学研究会成立大会在云南省文史研究馆隆重举行。与会的80余名会员通过无记名投票的方式，选出云大原副校长、省文史馆员林超民教授担任国学研究会会长。研究会将计划举办国学论坛，向社会推介国学研究新成果，组织、策划文化学术研讨与展览，出版专集，开展文化建设咨询服务。

2009年7月17至18日，由中国东南亚研究会与云南大学东南亚研究所联合举办的“《剑桥东南亚史》评述与中国东南亚史研究”学术研讨会在云南大学召开。与会代表围绕《剑桥东南亚史》评述和中国东南亚史研究这一主题，分“《剑桥东南亚史》的学术价值及其相关问题”、“东南亚古代史研究”、“东南亚近现代史研究”、“国内外东南亚研究动态”等进行了发言和讨论。

（三）2010年

2010年3月，云南省史学会与云南大学联合举办了以“中国边疆问题研究”为主题的云南省史学高层论坛第二期学术系列讲座。邀请中国社会科学院中国边疆史地研究中心研究员、《中国边疆史地研究》杂志主编李大龙和中国资深外交官，曾担任中国驻印度、缅甸大使的程瑞声为主讲。这期系列讲座即使云南省史学界的师生增进了对中国边疆问题研究前沿和热点问题的认识，开阔了学术视野，也加强了云南省史学界与内地史学研究机构和学者的联系。

2010年7月21日至23日，由中国经济史学会和云南大学主办，云南大学历史系和中国经济史研究所承办的中国经济史学会年会暨“中国经济的长期发展”国际学术研讨会在昆明举行。会议就中国古代经济史、中国近现代经济史、外国经济史和经济史研究理论、方法与教学等一些研究热点问题进行了热烈的讨论，本次会议加强了学术交流，推进和深化了中国经济史研究。

2010年8月21日至22日，中国灾害防御协会灾害史专业委员会、中国可持续发展研究会减灾专业委员会、中国人民大学清史研究所、云南大学历史系联合举办的“西南灾荒与民族社会变迁”暨第七届中国灾害史国际学术研讨会在云南大学科学馆隆重召开。53名来自中国人民大学、黄河水利科学研究院、中国地震局、首都医科大学等社会科学、自然科学领域的专家莅会，提交论文50篇。围绕“环境灾害史”、“灾荒史文献研究”、“环境疾病史”、“西南灾荒与社会变迁”、“灾荒与赈济”等专题，展开了多视角、跨学科的研讨，着重探讨了灾害史、环境疾病史、赈灾史研究的理论方法及实证途径。

二、研究成果

（一）历史学理论研究

李杰教授对唯物史观及史学方法论进行深化讨论，著有《历史进程与历史理性唯物史观史学方法论》（人民出版社2010年版）。认同巴勒克拉夫当今唯一还有生命力的历史哲学是唯物史观的观点，并以此作为论述的出发点，结合历史学的实际，主要是在唯物史观的史学方法论上做文章，其主题思想是：从史学方法论的角度阐释马克思的历史理论。李杰《对当前历史观念两个问题的分析》中（载《历史研究》2008年第1期）认为多学科综合运用进行历史学的实证研究，具有重要性及科学性，并且必须摒除现今学术界的教条主义。

李杰在《史学方法论问题域探析》（载《历史研究》2009年第6期）中，探析了历史研究中运用理论与方法存在的认识问题、史学方法的运用于价值判断的关系问题、史学方法的运用与历史宏大叙事的关系问题，可以论证唯物史观的有效性。

林超民教授在《“民族实质”问题论谈》（载《云南民族大学学报》2008年第1期）中，深入研究了斯大林的民族理论，并结合民族史研究的多年学术经历，认为当前仍需结合中国民族问题的实际情况，进一步完善马克思主义民族理论。

林文勋的《历史与现实：中国传统社会变迁启示录》（人民出版社2010年版）基于对学理层面与现实层面的思考，探讨了历史与现实的关系究竟如何，如何从历史的长河中去找寻和书写历史的启示。主要回答了两个问题：“历史学的作用到底是什么”，“历史论文可不可以写现实问题”。

白云在其学术专著《中国古代史学批评史论纲》（人民出版社2010年版）中指出：历史学的发展，“论”和“史”须结合，并提出史学的批评范畴。主要是论述中国古代史学批评的批评形式、批评方法、批评对象、基本范畴、重要标尺和基本功用等重要问题，揭示中国古代史学批评发展之历史及其各阶段的发展趋势、主要成就及其重要价值。其上、下编合观，则“论”与“史”相兼，纵与横交错，宏观与微观相结合，力求系统把握中国古代史学批评的历史发展、基本成就和基本特点，挖掘其理论内涵，总结其固有特色。此外，白云还著有史学批评研究论文《中国古代史学批评的基本范畴》（载《江海学刊》2009年4月）等。

杨绍军、黄荣华《“战国策派”的史学思想及其意义》（载《学术探索》2010年第3期）分析了抗战时期，以雷海宗、林同济、陈铨等驻昆高校教授为代表的“战国策派”的学术思想及其意义。

胡晶所作《浅谈梁启超与心理史学——读〈中国历史研究法〉札记》（载《大众文艺》2010年第11期），通过分析《中国历史研究法》中梁启超对历史人物及事件的心理分析来简要地阐述梁启超的心理史学思想。

王璞对藏族史学思想进行了研究，著有《藏族史学思想论纲》（中国社会科学出版社2008年版）。以藏族史学思想生发递嬗的四个时期为经，以藏族史学经典之思想内涵为纬，从历时与共时相结合的角度演绎了藏族史学思想的存续流变。

潘先林的《“沿边型”近代化模式与“近代化”视野下的少数民族社会变迁——对“边疆民族型”近代化模式的再讨论》（载《贵州民族研究》2008年第1期），将地域的“边疆”型和族群的“少数民族”型近代化进行区分，认为地域的“边疆型”是指中国近代化的区域研究，可以将其界定为“沿边型”近代化模式，作为中国近代化的第四种类型；族群的“少数民族”型是指“近代化”视野下的少数民族社会变迁，属于“沿边型”近代化模式的重要内容。

陆韧教授对国家疆域观进行了深入研究，发表《泛朝政化与史料运用偏差对边疆史地研究的影响——以明代“三征麓川”研究为例》（载《中国边疆史地研究》2010年第1期）一文，强调对于关系到西南边疆稳定的重要事件要准确地认识及利用西南边疆地理环境对事件的影响及在研究时应该注意的问题，并进一步研究了国家疆域观。

陆韧教授在其《明朝的国家疆域观及其明初在西南边疆的实践》［载《云南师范大学学报》（哲学社会版）2010年第5期］一文中认为：明朝的国家疆域观的进步在于认识到 “中国”是涵括了我国历代王朝疆域范围各民族在内的国家名称；明朝承认元朝入主中原的合法性，并肯定元朝统一是多民族统一国家正统的延续；所谓“中国之旧疆”直接指称元朝建立的广大疆域，在此疆域内的少数民族地区是“中国封疆”不可分割的部分，明朝的国家疆域观在明初治理西南边疆得到了充分的实践和体现。

方铁在《试论中国边疆学的研究方法》（载《云南师范大学学报》2008年第5期）中认为：边疆学的研究应该与相关的多学科结合，鉴于中国边疆学自身的特点与所面临的形势，实现研究方法的多样化与先进化，已属刻不容缓。既要继承和发展历史学的研究方法，也应学习和借鉴相关学科的研究方法。

杨煜达、王美苏、满志敏在《近三十年来中国历史气候研究方法的进展——以文献资料为中心》（载《中国历史地理论丛》2009年第2辑）中，主要对近三十年来历史气候研究中文献资料的收集整理、资料中存在问题的甄别和处理，温度序列、干湿序列的重建及其他相关历史气候研究领域中研究方法的进展作了回顾总结。

段金生在《20世纪40年代中国边疆研究的方法与理论——以〈边政公论〉为中心》（载《云南民族大学学报》2010年第6期）一文中强调，20世纪上半叶时的学者对边疆的研究方法至今仍有借鉴意义，值得深入学习和讨论。

（二）世界史研究

1．缅甸史研究

贺圣达、李晨阳所主编的《列国志：缅甸》（社会科学文献出版社2009年版）以翔实的资料全面介绍了缅甸的基本情况，并解读其政治、经济、社会等方面的曲折发展历程，尤其重点研究了1988年新军人政府执政以来的新发展和所面临的问题。

祝湘辉在其著作《山区少数民族与现代缅甸联邦的建立》（世界图书出版公司2010年版）中，主要研究山区少数民族与现代缅甸联邦建立的问题。

李谋、李晨阳、钟智翔主编的《缅甸历史论集：兼评〈琉璃宫史〉》（社会科学文献出版社2009年版），是对缅甸八十年来历史研究的综论及对《琉璃宫史》的研究及评述。本书是汇聚国内外缅甸研究一流学者的高水平学术论文集萃。

贺圣达在《柏威夏古寺争端的由来、影响和发展趋势》（载《东南亚南亚研究》2009年第1期）中，重点介绍了柏威夏寺争端的历史由来，并对目前形势的发展进行了分析，研究了缅甸军政府统治20年以来缅甸面临的问题及将来的走势。

贺圣达在《中缅关系60年：发展过程和历史经验》（载《东南亚纵横》2010年第11期）中，认为六十年来中缅关系提供了发展两国关系的宝贵历史经验。

祝湘辉在《英国殖民初期缅甸山区行政制度研究》（载《东南亚南亚研究》2010年第1期）中，认为第三次英缅战争后，英国以殖民统治为目标，建立和完善了对掸、克钦、钦和克耶等山区少数民族的行政制度，其主要宗旨为：保留各民族原有的社会组织和经济体制、土司制度，维持当地民族上层原有的特权和地位，通过他们对山区实行间接控制和统治。这种政策以牺牲缅甸各民族之间的交流为代价，人为扩大了各民族之间的政治、经济、文化等方面的差距，使缅甸在构建多民族国家时面临着重大挑战。

杨煜达的《藩属体系下的礼仪之争——老官屯和约考略》［载《云南师范大学学报》（哲学社会版）2010年第5期］，考察了老官屯和约的背景，指出清代中缅双方都有和平愿望，在战场上难分胜负的情况下，前方将帅才开始和谈，并对和谈的过程进行了考辨，并认为传统时代中央王朝追求的中国中心礼制秩序，常常对边疆的经济社会造成损害。

何平、许红艳的《克伦人的起源与早期历史》（载《思想战线》2010年第5期）中认为过去许多关于克伦人的起源和早期历史的说法都是西方传教士杜撰出来的，克伦人实际上是从中国古代的氐羌族群中分化出来并迁徙到缅甸后形成的一个民族。

2. 泰国史研究

王士录的《从人民力量党的胜出看当前泰国政党政治的特点》（载《当代世界》2008年第2期）中，认为作为东南亚典型的威权政治国家，自近代以来，泰国政党政治的发展自始至终与王室，尤其是与军人紧密相连。泰国多党民主政治的发展常常被频繁的军事政变所打断。

谢远章的《泰国古籍有关云南洱海、澜沧江及河蛮的传说》（载《东南亚南亚研究》2009年第1期）中，基于泰国古籍中有关于云南洱海、澜沧江及河蛮的记载，提出虽然这些记载主要还是历史传说，但这些记载从侧面反映出泰族先民在古代可能和洱海发生过关系，甚至可能在南诏国建立前曾在洱海一带居住过。

许红艳的《泰国泰语民族的起源与变迁》（载《曲靖师范学院学报》2009年第5期）中，认为历史上的当地泰人、孟人、马来人及北部、东北部的移民长期相互融合形成了现代的南部泰人。

饶春颖的《“八百媳妇”到“兰那王国”名称变更考释——泰国古代北方泰族国家变迁新探》（载《广西民族研究》2010年第2期）一文，在所掌握的大量中外文献资料的基础上，对这些名称的变更，以及这个泰境古国的变迁进行了深入的探讨。

杨光远的《十三世纪泰国素可泰时期坤兰甘亨碑文声母考》（载《民族语文》2010年第3期）用素可泰时期的坤兰甘亨碑文字体同现行文字进行比较，确认碑文字母的读音，考证音系。探究泰语声母时，采用李方桂先生的原始台语声母系统进行对照，考察音变轨迹。

朱振明的《中泰关系发展中的一个亮点：中泰文化交流》（载《东南亚南亚研究》2010年第4期）认为在中泰关系中，中泰文化交流日益活跃，成为中泰关系的一个亮点，中泰文化交流活动之频繁、涵盖面之广、内容之丰富、参与民众之多，都显示了中泰文化交流的活力。这从一个方面显示了中泰关系的密切程度。中泰文化交流对促进中泰关系的发展发挥了积极作用。

除了以上国别史的研究，一些学者对东南亚整体史研究也进行了探讨。

李晨阳、祝湘辉合作有《〈剑桥东南亚史〉评述与中国东南亚史研究》（世界图书出版公司2010年版）。书中主要是对《剑桥东南亚史》的特点及谬误，还有涉及某些国别史的史观、译本等问题提出了比较客观的看法。

王民同在《〈剑桥东南亚史〉的编写特点及其谬误》（载《东南亚南亚研究》2009年第4期）一文中，指出《剑桥东南亚史》有两个特点：一是众多学者参与编写；二是对东南亚历史的某些论述不同于西方学者的传统看法。同时，该书的一些观点还存在明显的错误，特别是在越南古代史部分，这是我们阅读时需要注意的。

此外，一些学者还对菲律宾、越南等东南亚国家的一些历史问题进行了探讨研究。

贺圣达的《东亚文化圈和东亚价值观的历史考察——以中日韩（朝）越为主体的历史分析》（载《东南亚纵横》2010年4月）一文中，围绕中越等国之间的比较研究，对东亚文化圈和东亚价值观及两者之间的关系作一个历史的考察，进而分析传统的东亚价值观与构建当代价值观的关系。

邓耘在《试论越南历史上的女性主义》（载《思想战线》2010年人文社会科学专辑）一文中，指出越南历史上有尊重女性的传统。在封建社会，尊重女性的条例曾见诸法律文本，但男尊女卑又是越南社会几百年内的主流价值观。

杨静林的《前殖民时期的菲律宾与中国的贸易》（载《东南亚之窗》2008年第1期）一文，研究了从公元3世纪到16世纪上半叶，中菲间长达千年之久的经济、文化交流，认为这促进了两国社会的共同发展，尤其对前殖民时期菲律宾社会的发展和进步起到了一定的推动作用。

3. 印度史研究

吕昭义、余芳琼的《印度东北地区的民族分离运动与反政府武装》（载《南亚研究》2010年第2期）认为自印度独立以来，印度东北地区民族分离运动、反政府武装活动持续不断，至今未绝。独立以后至20世纪80年代，主要为民族分离主义争取民族自决权与印度政府维护统一的斗争，20世纪80年代至今，主要为由移民与本地居民、部落民之间的矛盾激化而引发的反政府武装活动。进入新世纪，反政府武装组织出现恐怖主义化、黑社会化趋向。

陶亮与李敏合作的《论印度在朝鲜战争中的外交活动及其影响》（载《学术探索》2010年第4期）中提出印度独立后，不结盟成为印度对外政策的基本准则。朝鲜战争爆发后，印度利用自己的中立地位，展开了积极的外交斡旋，为朝鲜战争停战作出了有益的作用。印度在战争中的表现扩大了印度在亚非国家的影响，使不结盟成为亚非国家的共识，对20世纪50年代印度的对外政策产生了重要的影响。同时，限于自身实力，印度在某些问题上屈从于美国的压力，并未做到完全的“中立”。

4. 非洲史研究

刘鸿武与杨洁勉共同主编的《中非合作50年：背景、进程与意义——中国学者论中非关系》（云南大学出版社2009年版），内容涉及中非在政治、外交、经济、科技、农业、文化和教育等领域合作的历史、现状及未来展望。

刘鸿武与暴明莹共著的《蔚蓝色的非洲——东非斯瓦希里文化研究》（云南大学出版社2008年版）一书，是关于介绍“东非斯瓦希里文化”的专著，书中在充分汲取前人研究成果的基础上，以作者实地考察所获得的丰富资料和真切感受为素材写成。

刘鸿武、沈蓓莉合作撰写的《非洲非政府组织与中非关系》（世界知识出版社2009年版）中，初步介绍和研究了当代非洲国家的非政府组织发展过程及活动情况，在实地考察非洲的基础上，选择了若干个具有代表性或特殊性的非洲非政府组织作为个案进行探讨。对于非洲非政府组织快速发展及其日益广泛活动对中非民间交往，对中非政治和经济关系的发展进程可能产生的影响，作了初步的探讨。

刘鸿武、李新烽主编《全球视野下的达尔福尔问题研究》（世界知识出版社2008年版），书中全面系统论述了达尔富尔问题，从全球的视野全面论述了达尔富尔的历史与现实、资源与环境、宗教与文化、冲突与维和、内外矛盾与大国角力、中国与苏丹关系等多方面的内容，并从全球化时代非洲民族国家构建与经济发展面临严峻挑战的背景上，综合探究了达尔富尔问题的特殊性质及影响后果，提出达尔富尔问题本质上还是一个非洲国家如何实现经济发展、社会公正的问题，国际社会应该为非洲的发展作出负责任的切实努力。

赵姝岚、刘鸿武的《曼德商人与伊斯兰教在西苏丹的传播》（载《西亚非洲》2009年第3期）中认为曼德商人所推动的长途贸易与伊斯兰教在西苏丹地区的传播和发展是个互动过程。

刘晓平、刘鸿武的《战后北非对欧洲移民问题及其影响》（载《西亚非洲》2008年第3期）中认为第二次世界大战以后，北非与欧洲国家采取了诸多应对措施来解决由移民引发的一些社会问题，虽然取得了一定的成效，但迄今仍面临多重挑战。

5. 欧美史研究

李剑、夏古华的《刍议黑人奴隶主营利性蓄奴及原因》（载《新西部》2009年第20期）中提到不是所有的奴隶主都是白人，黑人奴隶主的产生有着它独特的背景。

李剑、郑宗玲的《从美国独立战争对自由黑人人口结构的影响看白人对自由黑人的态度成因》（载《牡丹江大学学报》2010年第6期），指出美国独立战争给一些黑人奴隶打开了通向自由的大门，自由黑人在“质”和“量”上都有了很大的飞跃，纯种黑人代替黑白混血儿在自由黑人中占绝大多数，从而引起了白人的憎恶乃至仇视。因此，憎恶和仇视成为美国独立战争到南北战争期间白人对整个自由黑人群体的主要态度。

甘开鹏的《二战后国际难民政策的历史演变》（载《海南师范大学学报》2010年第5期）一文提出1943年建立的联合国善后救济总署、1951年《关于难民地位的公约》及联合国难民署都对二战后国际难民政策的发展起了不可忽视的作用，但这些国际组织的难民政策具有比较明显的政治色彩，使大多数难民无法充分地得到国际保护。

许洁明、甘开鹏的《欧盟共同难民政策的发展轨迹》（载《学海》2010年第4期）中追述欧盟共同难民政策发展的历史轨迹，指出在这个过程中多层级治理与决策机制在某种程度上的制约作用，以及从限制性走向宽松难民政策的困境。

钱金飞对近代德国问题进行了研究，《近代转型中德意志王权的落后性》（载《历史教学》2008年第8期）中认为在欧洲向近代转型的过程中，王权因其代表时代所需和正在兴起的民族国家，因而具有进步性和需要强化。然而，德意志王权的表现却与时代要求相去甚远，难以成为正在兴起的民族国家的代表，表现出很强的落后性。

钱金飞的《宗教改革前期南德帝国城市与王权的结盟》（载《武汉大学学报》2010年第3期）中认为在德意志从中古向近代转型的过程中，德意志南部的帝国城市和王权结成了非常紧密的同盟，为创建一个新生德意志君主国提供了基础和可能。查理五世皇帝和大多数南德帝国城市在对待宗教改革问题上的分歧，最终导致了城市和王权结盟的破产。

此外，还有部分学者对欧美史问题进行了研究。

姜明新的《略论奥斯曼帝国的西化改革》（载《西亚非洲》2008年第10期）中认为奥斯曼帝国推行西化改革的原因包括两个方面：奥斯曼帝国的衰落、奥斯曼帝国内部整肃式复古主义改革的失败。

杨艳华《德国人能正视战争历史的原因探析》（载《思想战线》2009年人文社会科学专辑，第35卷）中认为1949年建立的联邦德国，是以议会民主制为政体的资产阶级民主共和国，但它实行的民主政治，是在德国民主政治文化传统的基础上，吸收西方民主的合理内核而建立起来的德国式民主制度。德国人民的参政意识普遍提高。这是德国人民能正视战争历史的重要原因。

张尚谦《关于1933—1935年的美苏债务谈判》（载《云南民族大学学报》2009年第6期）一文，认为澄清债务谈判的历史提供了一个走出罗斯福“外交迷宫”的线团。

车辚的《法国修筑滇越铁路的地缘政治经济意义》（载《广西师范大学学报》2010年第5期）中提出滇越铁路是法国环北部湾战略布局中路网规划的重要一环，对法国控制势力范围、与英国展开地缘政治经济角逐具有重要意义。1910年滇越铁路的通车标志着法国环北部湾铁路网建设的重要进展，使法国在和英国争夺云南的路权和矿权中占得先机。

（三）中国史研究

1. 中国古代史

刘青的《甲骨卜辞神话资料整理与研究》（云南人民出版社2008年版）一书，选择即甲骨卜辞为神话的研究对象，认为尽管卜辞辞例中所见的神话内容零星散碎，但也足以起到与上古的口头传说以及后代的传世文献相佐证的作用。

李波的《齐桓公的用人政策述论》（载《边疆经济与文化》2008年第5期）对齐桓公的用人之道进行了探究。

董慧秀的《司马氏宗王斗争的延续与两晋政权的交替》（载《云南农业大学学报》2010年第4期）对晋愍帝被俘后司马氏宗王之间的斗争加

以梳理和分析，揭示了两晋交替之际政治的风云变化。

尹建东的《试论北魏统治时期关东豪族士族化的过程及特点》（载《思想战线》2009年第35卷）探讨了北魏统治时期关东豪族士族化的过程及特点，认为关东豪族的士族化过程及其所表现出来的特点迥异于魏晋时期，且在一定程度上影响和改变了北朝社会政治的走向。

何磊的《李唐王朝的域外形象及历史启示》（载《河北学刊》2009年第1期）通过对日本人、阿拉伯人、新罗人留下的一些记录有关李唐王朝见闻文献的梳理与分析，来探究李唐王朝的域外形象，认为一个国家良好的域外形象与国力的增强有直接关系。

唐五代是乐舞兴盛的时期，欧燕对唐朝和五代的乐人与乐户进行了探讨，作有《唐五代乐人的劝谏与干政》（载《思想战线》2009年第35卷）、《论唐代乐户的平民化》（载《亚洲研究》2010年第5期）。

张锦鹏的《南宋交通史》（上海古籍出版社2008年版）一书也是近年宋史研究的代表作，该书对南宋的交通事业及相关问题进行了深入分析，特别是对南宋时的海外交通发展以及交通发展与经济发展之间相互促进的关系进行了认真的探讨。

方铁与邹建达主编的《中国蒙元史学术研讨会暨方龄贵教授九十华诞庆祝会文集》（民族出版社2010年版）一书收集了《关于〈元朝秘史〉书名问题之再探讨》、《长安竹林寺碑译释》、《元代女性的文化生活》、《金和南宋初有关蒙古史料之考证》等蒙元史方面的24篇论文，以及庆祝方龄贵教授九十华诞的文章和对其书籍的书评14篇。

王文光与朱映占的《明代土兵述论》（载《中南民族大学学报》2009年第4期）对明代卫所制度的崩溃及土兵的发展、职责与作用进行了分析，认为土兵具有巩固国家政权、稳定社会治安、维护边疆稳定的作用，为明代统一多民族国家的巩固与发展作出了很大的贡献。

张学亮的《明中后期内阁首辅的嬗替与政治影响》（载《东北师范大学学报》2008年第2期）梳理了明中后期内阁首辅的人事嬗替与悲剧性结局，分析了产生悲剧性结局的原因以及对明中后期政治产生的深刻影响。

秦树才与陈平的《绿营兵研究述评》（载《学术探索》2010年第1期）对绿营兵的研究现状进行了综述。

邹建达与熊军的《清代观风整俗使设置研究》（载《清史研究》2008年第3期）对清雍正时设置的观风整俗使的情况、原因、特点和效果进行了分析。

2. 中国近现代史

罗群的《论晚清改革的制度变迁》（载《历史教学》2008年第14期）分析、比较了晚清洋务运动、戊戌变法和清末新政中制度变迁的情况。

陈征平的《民国南京中央威权的重建及其统一实质》（载《云南师范大学学报》2008年第1期）就民国政府与地方关系进行了分析。

程利的《从战略思想看甲午战争清海军的失败》（载《云南农业大学学报》2008年第6期）通过对晚清海军战略思想发展演变的论述，指出由于近代中国海军长期坚持防口守岸的消极防御战略，形成有海无防的局面，从而酿成甲午海战中北洋舰队全军覆没的惨剧。

邹丽娟的《从儒家“和”哲学看晚清的“和戎”外交策略》（载《云南民族大学学报》2009年第5期）结合儒家的“和”哲学，反思晚清“和戎”外交策略的得失，重点分析了“和”的内容及其对晚清外交名臣的影响，“和戎”的内涵、形成原因与实施效果。

梁建的《第二次鸦片战争期间英国对华交涉全权代表的称谓辨》（载《历史档案》2008年第4期），认为第二次鸦片战争期间的英国对华交涉全权代表的称谓在各种文献中的表述杂陈百出，并对此进行了辨析。

许新民的《长江通商：以额尔金、巴夏礼溯江行为中心》（载《云南师范大学学报》2008年第5期）以额尔金、巴夏礼的溯江行程为线索，探讨了长江通商的时代背景，围绕通商所发生的各种“插曲”，分析了第二次鸦片战争期间长江流域内外矛盾复杂交织的局面。

杜奎昌的《梁启超与护国运动》（载《炎黄春秋》2010年第4期）一文，对梁启超在护国运动中的所作所为，以及他的有关言论集中进行了审视和评判。

张根生、吴道显、黎亚的《护国运动与日本军国主义倒袁关系刍议》（载《边疆经济与文化》2010年第10期）中认为护国战争爆发后，日本帝国主义迅速改变政策，倒袁而“扶革”，企图继续操纵中国内政以从中获取在华权益，虽然其在客观上有助于革命的发展，但主观目标却远没能达到，究其实质是日本并没有认清这次革命的实质。

张世斌的《浅析外国势力在护国运动中的作用》（载《黑龙江史志》2009年第6期）中就外国势力在护国运动中所起作用进行分析，强调不能忽视其所起客观作用，它是护国运动胜利的重要外部因素。

肖雄的《抗日战争时期国民政府的战时驿运》（载《云南民族大学学报》2010年第1期）中指出抗日战争时期由于形势的需要，国民政府又着手恢复传统驿运制度，利用传统运输工具与动力，以古驿道为基础开辟了无数条民间运输通道，为中国抗战运输了大量军需民用的各类物资，称之为战时驿运。

范德伟所作《蒋介石和史迪威的分歧与中国远征军入缅作战失败》（载《学术争鸣》2010年第5期）中认为1942年中国远征军兵败缅甸，与蒋介石和史迪威的分歧有密切关系。

王晓华的《试论中国远征军在缅甸战场的作用》（载《云南民族大学学报》2008年第2期），分析了中国远征军在缅甸重创日军、解救英军等战绩，让世人认识到中国是世界反法西斯统一战线中的一支重要力量，认为中国远征军在缅甸保卫战中发挥了重要作用，为世界反法西斯战争作出了杰出贡献。

（四）历史文献学研究

2008年至2010年，云南的历史文献学研究取得了丰硕的成果，主要体现在以下几个方面：

1．目录索引书籍

2009年，在云南省图书馆馆长李友仁与该馆历史文献部的合作编成了两本目录图书：一是《云南省图书馆馆藏珍品图录》（云南美术出版社2009年版），共收录云南省图书馆庋藏的199种珍贵典籍，分为写本、刻本、稿本抄本、地方文献、报刊等七个部分，展现了图书馆的馆藏及古籍庋藏的历史变迁和现状；二是《云南省图书馆馆藏善本书录》（云南人民出版社2009年版），共收1324个条目，以传统的经、史、子、集、丛五大部类及下属门类类分序列，展示了馆藏善本的基本概貌和一些有价值的资料，为研究中国古代文化史、书籍史、印刷史的学者提供了丰富的参考资料。

国家民委全国少数民族古籍整理研究室组织的、李克忠等人主编的《中国少数民族古籍总目提要：哈尼族卷》（中国大百科全书出版社2008年版）对云南哈尼族的书籍、家族谱系、神话传说、音乐舞蹈、铭刻、地名等资料条目进行了收集与整理。

普学旺主编的《云南民族口传非物质文化遗产总目提要》（上、下卷）（云南教育出版社2008年版）对云南民族口传非物质文化遗产如神话传说、史诗歌谣、民间故事等条目进行了整理。

2．史料和档案的整理汇编

2008年到2009年，由杨世钰和赵寅松主编的“大理丛书”系列的阶段性研究成果相继出版。《大理丛书·大藏经篇》（云南民族出版社2008年版）汇集了在大理汤天法藏寺、崇圣寺千寻塔及其后在佛图塔发现的南诏、大理国写本佛经；《大理丛书·白语篇》（云南民族出版社2008年版）汇集了古今中外学术界对白语白文研究的成果，是迄今为止对白族语言文字收集、保存最广泛的资料大全；《大理丛书·族谱篇》（云南民族出版社2009年版）收录了大理及白族代表性家族谱65部；《大理丛书·考古文物篇》（云南民族出版社2009年版）收录云南地区的考古文物资料、主要调查报告、重要论文、重要文物资料，为云南考古文献资料集大成者。这三本书为深化大理文化的研究提供了第一手资料。

大理州回族学会组织编纂的《大理回族文化丛书》（云南民族出版社2010年版）包括《大理回族史料集》、《影印孤本“咸阳家乘”考释》、《珂里庄志》和《随心集》四个分册，从不同角度，反映了大理回族的历史文化风貌，是研究大理回族的重要史料。

大理白族自治州彝学会主编的两本彝族谱牒《中国彝族谱牒选编·大理卷》（云南民族出版社2008年版）、《中国彝族谱牒选编·楚雄分卷》（云南民族出版社2008年版），云南省彝学会主编《中国彝族谱牒选编·云南卷》（云南民族出版社2009年版），这三本谱牒不仅为《中国彝族通史》提供了准确、翔实的史料，而且也为研究彝族历史文化提供了宝贵的资料。

由云南大学、云南省档案馆合作编写的《云南大学史料丛书》的系列书籍也相继出版。《云南大学史料丛书·教职员卷（1922—1949）》（云南民族出版社2008年版）；《云南大学史料丛书·国立云南大学教授文集（二）》（云南大学出版社2010年版）；《云南大学史料丛书·会议卷（1924—1949年）》（云南大学出版社2010年版）。这些资料为推动云南大学的深入研究提供了基础。

云南省档案馆的《私立五华文理学院档案资料汇编》（云南大学出版社2009年版）对私立五华文理学院成立、发展的相关文件档案进行了整理和编排，为研究云南近代教育提供了第一手资料。

中共云南省委党史研究室编撰的《罗炳辉年谱》（云南民族出版社2008年版）充分介绍了他的生平。

陈丽萍的《晚明学人张萱及其〈西园闻见录〉》（载《云南师范大学学报》2008年第5期）简介了张萱及其著作《西园闻见录》，分析了《西园闻见录》所具有的史料价值，指出其为研究明代有关德行、政事、边疆问题等方面的重要资料，史料价值很高。

陈子丹的《民族档案史料编纂学概要》（云南大学出版社2009年版）根据历史文献资料，对我国少数民族档案文献编纂的历史、现状作了系统的论述，具有较深的理论价值和实践意义。

古永继编汇的《哈尼族古代史料汇编》（见《西南古籍研究》，云南大学出版社2010年版）从近70种正史、野史、方志、档案、调查资料中辑录出有关哈尼族民国初年以前主要是清朝时期的古代汉文史料，经标点整理和分类归纳，为进一步深入研究哈尼族提供了重要的史料。

文婷的《20世纪五六十年代湖南人迁移西双版纳相关资料编年》（见《西南古籍研究》，云南大学出版社2010年版）对1951年至1968年大批迁入西双版纳的湖南人的相关档案、地方文献、志书及一些工作文件等资料进行了整理。

朱端强的《元人别集新见云南史料举偶》（载《云南师范大学学报》2010年第2期）对元人别集中有关云南的史料进行择要举偶，并略加考说。

董晓京的《尹明德年谱》（见《西南古籍研究》，云南大学出版社2010年版），以中缅界务研究专家尹明德一生的重要活动为主线，勾勒其生命轨迹。

江晓林对江应樑于1944年12月到1945年2月由昆明到西双版纳途中所写的一份行程记录进行了整理注释，撰有《思普沿边调查报告·纪程——从昆明到南峤途程记》（见《西南古籍研究》，云南大学出版社2010年版），为研究云南西南部的交通史提供了更加准确和完整的资料。

3. 古籍校注

李兴和对袁宏的《后汉纪》30卷进行了点校，著有《袁宏〈后汉纪〉集校》（云南大学出版社2008年版）。

古永继的《滇黔志略点校》（贵州人民出版社2008年版）对清乾隆年间福建人谢圣纶根据滇黔两省史志及本人为宦时见闻所辑的《滇黔志略》进行了整理，为了解和研究清初以前云南省与贵州省的历史发展提供了更为准确的资料。

李春龙对《云南备征志》（云南人民出版社2010年版）进行了系统的整理与点校，为修志写史提供了重要而翔实的资料，对当代历史学、民族学、人类学、民族史和云南地方史、地方志的研究也有十分重要的参考价值。

云南省宜良县志编纂委员会的《宜良县志点注》（云南民族出版社2008年版）对宜良县从清中叶起至民国初这150多年间政治、军事、经济、文化、社会等各方面综合史迹文献进行了点注。

云南省彝学会对收录了云南、四川、贵州和广西4省区有代表性的彝文典籍、口传祭经、创世史诗、英雄史诗和叙事长诗等内容的《彝族毕摩经典》进行了翻译注释，为研究彝族毕摩文化提供了更加准确、全面的资料，撰成《彝族毕摩经典译注》（云南民族出版社2009年版）。

此外，还有几篇论文对一些古籍进行了校注和考释。

马经的《〈祭咸阳王忠惠赛公文〉揆释》（载《云南民族大学学报》2008年第5期）一

文，认为《元史》等文献记载赛典赤逝世时出现云南“百姓巷哭”以及安南致祭使团“号泣震野”的场面和安南王祭文对赛公去世所表露出的哀痛忧伤等情景，既是赛典赤治滇伟大历史功绩的体现，也是行省政府妥善处理邻边关系的有力佐证，有其重要的学术价值和现实意义。

朱端强的《元人刘岳申〈云南中庆路儒学新制礼器记〉注》（见《西南古籍研究》，云南大学出版社2010年版）对元人刘岳申的《云南中庆路儒学新制礼器记》一文进行了笺注，为研究元代云南儒学教育和文庙历史提供了更为准确的参考资料。

何磊的《〈晚闻斋稿·示儿录〉点注》（见《西南古籍研究》，云南大学出版社2010年版）对清代云南人窦垿所著的《示儿录》进行了标点注释，为了解当时知识分子的心路历程提供了更加完善的历史资料。

张晓梅对清人何绍祺在任广通知县两年间所撰的案牍进行了点校，撰有《滇牍偶存》(见《西南古籍研究》，云南大学出版社2010年版)。

4. 文献考释

朱桂昌的《秦汉史考订文集》（云南大学出版社2009年版）对秦汉时期的历法、史书、人口等问题进行了考证辨疑，共收录论文17篇。

陈亮旭的《〈史记·孝景本纪〉举误三例》（载《云南民族大学学报》2008年第4期）对《史记·孝景本纪》中存在的将“冬天和十月排在年末”的错误进行了指正。

张尚谦的《董仲舒对策考》（载《云南民族大学学报》2008年第4期）和《〈汉书〉记汉文帝举贤良事辨误》（载《云南民族大学学报》2009年第3期）两篇文章，对《汉书》中的一些记载进行了考证。

徐兴祥的《东汉马援请通（米尼）冷道上书的几个问题》（载《云南民族大学学报》2008年第3期）对《水经注》卷37所载的“马援请通（米尼）冷道上书”几个问题进行了考证，证明这些记载是信史。

万永林与甘友庆的《云南图书馆藏本〈安龙逸史〉的价值》（见《西南古籍研究》，云南大学出版社2010年版）探讨了南明重要史料《安龙逸史》一书的价值。

秦树才的《绿营兵“营制总册”与清史的编纂与研究》（见《西南古籍研究》，云南大学出版社2010年版）详细地对记录清代有关绿营兵情况的档册——《营制总册》的基本情况、资料源流、史料价值等问题进行了探讨。

许新民与康春华的《张凯嵩事迹与〈抚滇奏疏〉的史料价值》（见《西南古籍研究》，云南大学出版社2010年版）主要梳理了清代云南巡抚张凯嵩毁誉参半、颇具争议的一生，分析了其在云南巡抚任内所撰的从政记录——《抚滇奏疏》一书的史料价值。

周立英的《晚清中国边吏眼中的日本——陈荣昌〈乙巳东游日记〉评介》（载《史学月刊》2008年第9期）对晚清云南官绅赴日第一人——陈荣昌远赴日本考察学务所撰的《乙巳东游日记》一书的成书、主要内容和史料价值进行了客观的介绍和分析。

萧霁虹的《云南道教历史研究的重要史料》（见《西南古籍研究》，云南大学出版社2010年版）主要列举了云南道教的一些碑刻资料，分析了碑刻辑录的目的与意义。

彭瑶与杨朝芳的《于乃义〈云南文献〉述略》（见《西南古籍研究》，云南大学出版社2010年版）简述了文献学家于乃义先生的学术贡献，梳理了刊载《云南文献》之《云南史地辑要》的撰著和出版过程，介绍了《云南文献》的内容，分析并讨论了其重要的学术价值与现实意义。

潘先林的《二十世纪三四十年代云南史地研究的首次学术总结——〈云南史地辑要〉概说》（载《史学史研究》2008年第1期)初步探讨了《云南史地辑要》的出版及“湮没”、内容与作者。

朱惠荣的《谭其骧先生谈〈肇域志〉整理》（载《西南古籍研究》，云南大学出版社2010年版）一文是对谭先生阐述的整理《肇域志》的指导性意见的总结。

（五）云南地方史和民族史

2008年到2010年间，关于云南地方史和民族史的成果颇丰，以下将分类进行总结。

1. 专　著

方国瑜先生遗著《方国瑜纳西学论集》（民族出版社2008年版）一书，系统全面收集了方先生纳西族研究的论著，诸如生存环境、存在历史、生活方式、精神信仰、组织制度、艺术创造、技术成就、民族研究的理论与方法等方面均有涉猎，这对整体推进纳西族研究具有突出的重要价值和意义。

徐嘉瑞先生遗著《徐嘉瑞全集》（四卷本）（云南大学出版社2009年版）涵盖了作者20世纪20年代至60年代的著作，其中对于云南历史与民族文化的研究着力颇深。

《马曜文集》共六册（云南人民出版社2008年版），全面收集整理了马曜先生在民族史和地方史等领域的研究成果。

《尤中文集》共6卷，汇集了尤中教授60年来除《中华民族发展史》之外的绝大部分研究成果，共汇集了尤先生在西南民族史、边疆史、云南地方史等方面研究成果。《尤中文集》第1~6卷，由云南大学出版社出版，于2009年2月到9月间陆续面世。

《林超民文集》共4卷，从2008年12月至2010年1月，由云南人民出版社全部出齐。该文集是林超民先生1978年师从方国瑜先生学习中国民族史与地方史以来的学术记录与读书心得的汇编。

潘先林的《民族史视角下的近代中国论稿》（云南大学出版社2009年版）是多年来作者从民族史视角研究近代中国的心得与收获的结集，收录了作者的撰著历程及近年来作者学术研究思路演变的轨迹。

王文光、龙晓燕、张媚玲合著的《中国民族发展史纲要》（云南大学出版社2010年版），是全面系统论述中国民族形成、发展、交流与融合问题的专著，对从远古至清朝几千年以来在中国这块土地上生活、繁衍的各族人民的情况进行了比较全面的考证与评价。

王文光、龙晓燕在《云南的民族与民族文化》（云南教育出版社2000年版）一书的基础上重新修订完成了《云南民族的历史与文化概要》（云南大学出版社2009年版），增加了云南近代和现代的民族及民族文化，使读者较为全面地了解云南民族的历史与文化。

由云南省社会科学院历史研究所编著的《云南乡土文化》，云南科技出版社2009年出版。

《当代云南少数民族简史丛书》（云南人民出版社2009年版）包括《当代云南回族简史》、《当代云南蒙古族简史》、《当代云南藏族简史》，对云南当代回族、蒙古族、藏族的人口、政治、经济、文化等方面的发展进程和变化状况进行了全面的整理和分析。

云南省博物馆主编的《云南宝藏系列丛书》：《滇国寻踪——青铜铸成的史诗》（云南民族出版社2008年版）和《佛国遗珍——南诏大理国的佛陀世界》（云南民族出版社2008年版），以云南省博物馆藏品为基础，用这些历史遗物见证云南各民族的生存与发展，印证了云南先民生活的方方面面。

云南省档案馆编写的《建国前后的云南社会》（云南人民出版社2009年版）基于云南和平解放的背景，云南民国时期的档案得以齐全完整的保存，云南省档案馆根据这些档案整理编写的这部书，一定程度上还原了那个社会变革时代的社会记录。

夏光辅著的《滇史论集》（云南民族出版社2008年版），是作者从“云南科技史研究”、“彝族思想史研究”、“云南地方史研究”三方面，对自己从事史学研究以来所写文章的一个选集。

蒋中礼的《云南近现代史论集》（云南民族出版社2008年版），将其长年来对“一二·一”运动、“刘永福入越及其抗法斗争”等内容的研究成果收罗其中。

2. 研究论文

（1）先秦两汉时期。

蔡英杰在《关于〈滇国史〉的几个问题的考察》（载《大理学院学报》2009年第7期）中对黄懿陆《滇国史》中涉及的一些问题作了较为细致的考察，提出了自己不同的看法。

肖正伟在《哀牢国与滇国、滇越国之辨析》（载《保山学院学报》2010年第1期）中将哀牢国与滇国、滇越国比较，指出哀牢国是一个建立在中国滇西地区强盛的国家，统治历史长达400多年，无论是研究它的统治历史还是统辖疆域，以及社会地位，都比滇国大。

耿德铭在《哀牢族属百年争议的再认识》（载《保山学院学报》2010年第1期）中，总结了自明清时代以来的哀牢族属问题，提出哀牢夷应是以濮、越为主体的多民族共同体，包括了世居在滇西及其西南境外的至少八、九个当代民族的先民。

（2）魏晋南北朝。

鲁刚在《论爨文化时期南中地区的夷汉民族融合》（载《云南民族大学学报》2008年第4期）中，从南中汉族移民及其“夷化”，西、东两爨与夷汉民族融合和其他民族群体中的夷汉融合这三方面，系统地研究了这一特定时间地点背景下的民族融合。

谷跃娟在《魏晋南北朝时期西南地区民族关系的变化》（载《云南民族大学学报》2008年第1期）中，以内地政权、大姓和夷帅三方面分析西南地区的势力结构和民族关系，以及政权动荡下的政治互动和民族主体变化。

王振刚在《历史上云南行政中心东移曲靖的原因及影响》（载《曲靖师范学院学报》2008年第1期）中分析了三国初期行政中心东移曲靖的原因和历史影响，提出众多拥有政治、经济、军事特权的大姓聚居滇东，是导致这一时期行政中心在滇东曲靖地区确立的重要原因。

（3）南诏大理国。

杨福泉在《从姜察拉本、姜摩赤尊到金城公主——唐代汉、藏、纳三族关系的一段轶事考释》［载《中南民族大学学报》（哲学社会版）2010年第5期］中，分析了为什么历史上在藏区普遍地指称麽些人为“姜”，认为这皆与历史上藏人与纳人（麽些）之间长期所建立的密切关系息息相关，这些民间传说，为深入探究历史上藏、纳西和汉几个民族之间的关系提供了线索和资料。

郭家骥在《地区性初级统一为全国大统一奠定基础——论南诏大理国的历史作用》（载《云南社会科学》2009年第4期）中，认为南诏大理国是云南民族关系发展史上的一个重要时期。一方面由于唐宋王朝中央错误的治滇政策导致了南诏大理国与中央王朝长达5个世纪的分立割据；另一方面南诏大理国又实现了云南的地区性初级统一，为元代更高层次的全国大统一奠定了基础。

沈乾芳的《南诏大理国的局部统一对元代云南建省的影响》（载《思想战线》2008年第1期）中认为南诏、大理国统治时期的一个重要贡献，就是在较长的时期里完成并维护了今云南和川西南地区的统一，为经济发展提供了良好的社会环境，加上两个政权统治者对其辖区进行了积极经营，为13世纪蒙古军占领云南后，建立云南行省奠定了基础。

万永林、谷跃娟合著的《南诏的守土措施与中国西南疆域的稳定与发展》（载《中国边疆史地研究》2008年第3期）一文，认为南诏是唐代中国西南边疆的一个重要政权，它在唐朝的支持下，拓展了祖国的西南边疆，并创立了一系列稳定疆土的措施与办法，为中国西南疆域的稳定和发展作出了积极贡献。

（4）元明清。

周芳发表了多篇关于云南治理的文章，研究元代云南治理的情况。《元代云南政区土官土司的设置及相关问题再考察》（载《云南社会科学》2008年第5期）一文，主要研究元代土官土司制度，认为土官土司制由常规行政体系中任命土官和专门为少数民族首领设置官职体系，即宣慰司体系两条主线构成。此外，她还撰写了《元代云南万户府体系设置及相关问题考证》（载《云南农业大学学报》2009年第2期）、《元代云南宗王考析》（载《云南民族大学学报》2010年第6期）等多篇论文。

陈碧芬《论朱元璋治滇的意义》（载《中国边疆史地研究》2008年第1期），提出朱元璋统一云南后，根据云南形势的发展和各方面的具体情况，采取了一系列妥当而得力、因地制宜的措施，造成了云南历史的划时代变化，密切了云南各族人民同中原的联系和交往，促进了云南边疆与祖国内地在政治、经济、文化方面的整体发展，使之进一步成为我们统一多民族国家不可分割的一部分，最终推动了中国多民族统一国家一体化的历史进程。

陆韧《元代西南边疆与麓川势力兴起的地缘政治》（载《边疆史地研究》2008年第3期）认为：麓川势力兴起与元朝边疆开拓、征缅战争和元末边疆控制减弱有密切关系，征缅战争成为麓川势力兴起的条件，导致西南边疆的地缘政治和民族关系发生了重大改变。

陆韧《明朝的国家疆域观及其明初在西南边疆的实践》（载《云南师范大学学报》2010年第5期）中认为：明朝的国家疆域观的进步在于

“中国”是涵括了我国历代王朝疆域范围各民族在内的国家名称。

陆韧《清代直隶厅解构》（载《中国历史地理论丛》2010年第3辑）对清代设置直隶厅地区的民族构成变化和直隶厅行政管理体制进行了解构，指出直隶厅是清朝在大量汉族移民进入边疆民族地区后而创设的一种特殊的行政区划，具有行政双结构、民族构成多样性、户籍管理分类性、赋役征收的差异性和军事控管等特征。

王文光、段丽波合著《试论明朝对乌蒙等部的治理及其政治博弈关系》（载《云南师范大学学报》2008年第3期），研究了明初对乌蒙、乌撒、东川、芒部的治理，认为维护边疆稳定是明朝明执政的重要目的，经过元以来中央与地方关系的构建，边疆少数民族已经有了很强的国家意识。尽管地方民族利益集团与中央政府的矛盾不断，但他们对于中央承认和授予的印信格外珍视。

古永继在明代移民进入西南问题的研究成果颇丰，在《明代滇黔外来移民特点及影响探究》（载《云南民族大学学报》2009年第4期）中分析了滇黔移民入迁的不同目的及任务入手，并探讨由此产生的两地移民种类与分布差异、滇黔民族关系变化中的他留人和屯堡人现象等相关问题。

古永继《明代滇西地区内地移民对中缅关系的影响》（载《中国边疆史地研究》2008年第3期）一文对明代内地军事移民、商业移民在滇西、缅甸间的活动及其对当时中缅关系产生的影响，进行了相关的考察和分析。

古永继的《明初的中日关系与寓滇日僧》（载《西南边疆民族研究》2009年版）梳理了明朝初年寓居云南的日僧如机先、天祥、大用、昙演等人的情况，并对由此反映出的中日关系的发展变化进行了分析。

方铁《清代云南普洱茶考》（载《清史研究》2010年第4期）从普洱茶的源起、普洱茶的采制与引用、普洱茶的兴盛和普洱茶兴盛原因及影响四方面，全面地考述了云南普洱茶的发展历史。

周智生《明清时期汉族移民与云南少数民族和谐共生》（载《光明日报·理论周刊》2010年4月27日）一文，从汉族移民社区与当地民族交错聚居的共生地理格局、一体多元的边疆行政化治理体系的有效运行、以儒学为纽带的核心价值观的构建与普遍认同、边疆开发中汉族移民与土著民族间经济共生关系的构建等四个方面对明清时期汉族移民大规模进入移民而后能够成为土著，并与各少数民族长期和谐共生的历史发展动力进行了理论总结。

美国学者李中清撰文，林文勋、秦树才翻译的《元明清时期中国西南地区的交通发展》（载《思想战线》2008年第2期）一文中，对元明清时期西南地区的交通线路、途程、政府对改善西南地区交通所作的努力及对货物运价和贸易所产生的作用等问题进行系统探讨，弥补了前人对道路建设、政府参与等方面研究的不足。

（5）近代时期。

关于杜文秀起义问题的研究，一直是近代云南地方史研究的一个热点。2008年到2010年间，又涌现出了一批重要成果。

罗尔纲的《杜文秀“卖国”说辟谬》（载《回族研究》2009年第2期）中认为杜文秀“卖国”的谬说，起于一张所谓“大理回教国”的传单和所谓“大理使臣”这两件勾当，前者是外国侵略者捏造的，后者则为刘道衡这个卖国败类干的骗局。

田汝康的《杜文秀对外关系以及刘道衡“使英”问题的研究》（载《回族研究》2009年第2期）中认为杜文秀在对外关系问题上，他的爱国态度是始终坚决的，至于刘道衡出使英国，完全是他个人的行为，所有这一切，均与大理政权无关。

马颖生发表《杜文秀是否建立过“平南国”》（载《回族研究》2009年第3期）和《杜文秀大理农民革命政权的历史贡献》（载《回族研究》2010年第2期）两篇文章，认为史学界所传“平南国”一说实为舛误。

马颖生《杜文秀历史疑案真相大白于天下——我国史学界50余年讨论杜文秀对外关系问题评述》（载《回族研究》2009年第1期），整理了我国史学界50余年对杜文秀对外关系的发展和讨论，并为这个中国近代史上讨论时间长、最富争议的历史疑案作出结果性认定。

林荃对杜文秀政权的性质予以充分肯定，先后发表了：《杜文秀大理政权与刘道衡出使英国——兼对刘道衡〈上英皇表〉辨伪》（载《回族研究》2009年第1期）；《刘道衡〈上杜公书〉剖析》（载《回族研究》2009年第1期）；《论大理政权的军帅制——再论大理政权的性质》（载《回族研究》2010年2月）；《遥奉太平天国革命的杜文秀大理政权——三论杜文秀大理政权的性质》（载《回族研究》2010年第3期）等一系列文章。

潘先林的论文《二十世纪三四十年代云南史地研究的首次学术总结——〈云南史地辑要〉概说》（载《史学史研究》2008年第1期），文中初步探讨了《云南史地辑要》的出版、内容与作者，认为它是二十世纪三四十年代云南史地研究的首次学术总结，肯定了它在云南学术史上的地位。

龙晓燕在《晚清边疆危机中云南土司制度的变化》（载《思想战线》2009年第3期）中认为晚清以来的边疆危机中，边疆沿线的土司地区成为保家卫国的第一道防线。在其另作《民国民族国家建构过程中云南傣族边区民族关系研究》（载《思想战线》2010年第4期）中认为民国政府在构建民族国家的过程中，采取了多种措施强化其对云南边区的控制，以加强边区少数民族对政府的认同。

王文光、张媚玲合著的《民国时期对云南边疆民族的治理与认识》（载《云南师范大学学报》2008年第6期）中认为民国时期为了加强对云南边疆尚未改流土司和“边民”的治理，成立了设治局，使云南向着有利于边疆稳定的方向发展；与此同时云南省政府民政厅还对“边民”进行了史无前例的人口调查，得到了许多珍贵的民族研究资料，对今天云南边疆民族研究意义重大。

盛美真、李维昌的《试论近代社会转型中云南多民族地区社会风尚变迁的特点》（载《云南大学学报》2010年第3期）中认为云南作为西部边疆的一个多民族地区，伴随着近代社会的转型，其社会风尚的变化呈现出与东部沿海地区有所不同的特点。

龚卿《民国时期彝族集团统治下的云南近代化进程》（载《思想战线》2008年第3期）中提出南京政府时期，崛起的龙云卢汉彝族政权因势利导，滇省经济发展蒸蒸日上，滇境精神面貌焕然一新，社会进步展现蓬勃生机。这些文章从民族治理角度入手，分析了晚清民国时期的云南边疆社会。

周智生的《抗日战争时期的云南商人与对外民间商贸》（载《抗日战争研究》2009年第2期）一文，梳理了抗日战争时期云南商人从事的滇藏川跨省贸易及中印、中缅等跨国民间商贸的具体经营活动，以及云南商人为抗战捐资献物、勘探中印公路线路等活动作出的贡献和支持。

杨黔云、程利合作的《论日军进攻中国的第二条战线》（载《军事历史研究》2009年第2期），研究了太平洋战争爆发后，日军进攻缅甸并占领了滇西，企图形成从西南夹击中国的第二条战线，以及日军企图未能实施的原因。

潘先林的《蒋介石1935年在昆明的两篇“演讲”概说》（见《西南古籍研究》，云南大学出版社2010年版）主要是就1935年蒋介石为追剿红军抵昆后所作的题为“希望全滇民众负起民族复兴之责”和“建设新云南与复兴民族”两篇演讲的内容及相关问题的初步研究。

（6）综合研究。

方铁的《唐宋元明清的治边方略与云南通道变迁》（载《中国边疆史地研究》2009年第2期）中考述隋唐、宋朝、元朝、明朝和清朝的治边方略以及不同时期云南交通的状况，力图揭示治边方略与云南通道开发间的复杂联系。

李伟的《论中原王朝对云南经营模式的转换》（载《云南师范大学学报》2010年第4期）中通过分析历代中原王朝对云南的心态、手段、政策等方面，纵向缕析“中心”——中原王朝对“边缘”——云南的经营思想的转变，并在此基础上总结出历朝历代所采取的不同经营模式以及与此相应的经营手段。

王丽萍、秦树才的《论历史上滇藏茶马古道文化交融及其发展途径》（载《学术探索》2010年第4期）中以历史上茶马古道上各族文化交流基本情况的梳理为基础，从文化学、历史学的角度对茶马古道文化交融的特点、方式和发展途径进行了初步的研究，对当下保护和利用茶马古道文化意义，新形势下推进古道沿线民族文化的交流与合作具有重要意义。

周智生的《藏彝走廊地区族际经济互动发展研究》（载《中国社会经济史研究》2010年第1期），通过梳理族际人口迁徙、族际交换、城镇辐射导引等民族经济共生的互动因素，以族际经济联系研究为视角，试图揭示“藏彝走廊”这个多民族交错聚居区历史上各民族经济生活共生关系发展的活动内涵和成长特质，进而指出中国西南边疆的形成与发展从某种意义讲就是各民族在特定内空间共生关系动态演进的积淀过程。他的另作《茶马古道上的纳西族“藏客”起源探析》（载《西藏研究》2009年第5期）中认为，“藏客”这个纳西族参与茶马古道商贸交流的主要参与群体，其起源于赴藏区朝圣的僧侣。而由僧侣向商人的转变及至崛起，得益于纳、藏文化交流的加深及族际间心理认同的深化和升华，契入并借助于藏族“乃仓”这个族群内互助性交换关系而成长壮大起来的。

于晓燕的《滇黔义学比较》（载《云南师范大学学报》2008年第1期）指出：由于滇、黔两省的历史原因、地理条件、办学模式等方面的差异，两省义学在历史运行的过程中，有着各自的发展历程和办学特色，两省义学都以对边疆民众广行教读与识字明理为目的，最终对加强多民族国家整体发展和提高少数民族文化素质都发挥了极其重要的作用。

（六）方志学研究

2009年由凤凰出版社出版的《中国地方志集成：省志辑·云南》内容包括：康熙云南通志（一）、康熙云南通志（二）、民国新纂云南通志（一）、民国新纂云南通志（二）、民国新纂云南通志（三）、民国新纂云南通志（四）、民国新纂云南通志（五）、民国新纂云南通志（六）。此书共八卷，是近年来对云南地方志的充分整理和集结。

李一是发表《谈快乐修志》（载《中国地方志》2008年第12期），从修志管理者的角度提出，修志的新境界为快乐修志，做好地方志事业，可以为地方志工作者制造一个比较轻松、快乐的工作和人际氛围，使地方志工作从长期的“艰苦、辛苦、清苦”困境中逐步摆脱出来。

温益群的《地方志内刊如何为修志服务——〈云南史志〉的办刊体会和思考》（载《中国地方志》2009年第1期）中，认为地方志内部刊物如何继往开来，更好地为地方志服务，是个值得探讨的问题。《云南史志》经过20多年的办刊实践，作出了有益的探索。

祈志浩的《历史学研究的新视域与传统地方志的利用——以清代云南地方志为例》（载《中国地方志》2009年第8期）中认为传统地方志会因史学新视域的跟进而得到重新利用，成为区域史研究不可或缺的重要资料。

朱凌飞在《史与志——对口述史与历时性民族志研究的探讨》（载《西南边疆民族研究》第6辑，云南大学出版社2009年版）中，采取口述史——个人记忆——集体记忆——传统文化变迁的研究模式，同时也以制度变迁和经济统计作为参照系，力图建构玉狮场村30年变迁的民族志。

李万辉在《对年鉴目录的再认识》（载《广西地方志》2009年第4期）中认为：年鉴目录是年鉴篇目设置与框架结构设计的体现，要体现出信息量和利用价值，应追求个性化和独特风格，还应图文并茂，与索引相结合。他的另作《对第二轮志书编纂的若干思考》（载《新疆地方志》2010年第2期）和《对第二轮续志质量的一些综合思考》（载《广西地方志》2010年第3期）中，认为第二轮志书应在首轮修志的基础上质量不断提高。

古永继撰文《旧志整理出版 岂能滥施刀斧——读民国〈腾冲县志稿〉点校本有感》（载《中国地方志》2009年第5期），对民国《腾冲县志稿》点校本中存在的问题进行了评述，强调旧志点校出版应遵循古籍整理的基本原则，不能用今人的政治标准来苛求古人而对底本擅自更改删略，破坏古籍的真实面貌和完整结构。

温益群的《关于志书社会部类和社会篇编写若干问题的探讨》（载《中国地方志》2010年第4期）中首先明确了志书中社会的记载对象，并对社会部类和社会篇的含义作了区分，文章建议在县级志书中专设社区篇或章。

农应忠的《建立年鉴质量标准体系的一些思考》（载《年鉴信息与研究》2009年第5~6期），文章的主要内容包括年鉴质量问题举要、建立年鉴质量标准体系的必要性、建立年鉴质量标准体系的可行性和年鉴质量标准体系内容。他的另一篇文章《方志评论存在问题举要》（载《中国地方志》2009年第9期）中认为，方志评论意义重大，而目前方志评论存在溢美、以点代面、离题、妄下定论、就志论志、空评空论、画蛇添足和重篇目轻正文等方面的问题。

杨曼的《新编地方志对古代方志理论的继承与发展》（载《贵图学刊》2010年第3期）通过对古代方志理论与现代人修志工作的梳理，阐述我国古代方志的相关理论对现代人修志的影响。

（七）专门史

1．经济史研究

林文勋的《历史与现实——中国传统社会变迁启示录》（人民出版社2010年版）一书，共收论文11篇，按类编排，主要研究了历史时期中国东西部经济发展不平衡问题和中国传统社会变革问题的看法。作者提出的“富民”阶层和“富民社会”理论体系，从历史时期的“三农”问题来思考当前的“三农”工作，并在重新解构云南古代和近代历史发展基本特征的基础上，探讨21世纪云南国际大市场的构建和云南的对外开放。林文勋还著有《云南大学中国经济史研究丛书——中国古代“富民”阶层研究》，由云南大学出版社2008年出版。本书系统地研究了中国古代的“富民” 阶层，认为“富民”阶层是在唐宋以来中国社会变迁中崛起的一个新的社会阶层，它的崛起，极大地推动了唐宋以来中国社会的发展与变迁。本书试图在挖掘相关历史文献资料的基础上，从不同的角度和方面透视这一阶层的成长壮大、社会活动，以及它对中国社会的影响。

林文勋的《宋王朝边疆民族政策的创新及其历史地位》（载《中国边疆史地研究》2008年第4期）中认为，唐宋时期，随着市场扩大，周边各少数民族被卷入了宋王朝的市场体系，对宋王朝形成强烈的经济依赖关系，以“互市”为中心的一套民族政策推行，开创了民族关系的新局面。

林文勋、张锦鹏的《乡村精英·土地产权·乡村动力——中国传统乡村社会发展变迁的历史启示》（载《中国经济史研究》2009年第4期）中认为，唐宋以来，富民阶层不断发展壮大，成为一个对乡村社会发展具有重要影响的乡村精英群体，并推动乡村经济文化发展和社会进步，这是中国传统社会得以长期保持发展和繁荣的重要原因。

武建国的《汉唐经济社会研究》（人民出版社2010年版）中分别对自北魏至唐代的均田制、汉代至唐五代土地制度的有关方面进行系统的研究，揭示了均田制的历史演进过程和土地制度发展的基本历史趋势，论证了均田制是集井田制以来的中古土地制度之大成，具有国有和私有并存的两重性质，是中国古代以土地国有制为主体向土地私有制为主体的过渡时期的土地制度。

武建国、张锦鹏的《从唐宋农村投资消费结构新特点看乡村社会变迁》（载《中国经济史研究》2008年第1期）中认为唐宋时期，农村投资与消费结构出现了一些新的特点，该文亮点是从农村投资消费角度来透析乡村社会变迁的问题。

吴晓亮的《20世纪前期云南与世界经济的互动——以云南省博物馆藏商号“洪盛祥”的两部账册为个案 》（载《中国经济史研究》2009年第4期）中指出20世纪前期，云南市场表现出中国步入早期经济全球化的某些特征，同时也反映出云南不同于内地市场的地域特色。

罗群的《近代云南商人资本的历史构成及经营》（载《中国经济史研究》2010年第1期）一文，对云南商人群体特性及商人资本的历史进行了深度的挖掘与研究，认为在近代云南商人资本的构成中，主要包括来自于商人的自有资本及部分向他人的借贷资本。此外，来自各级官吏和官府的资财以及来自华侨的投资则成为外力驱使下资本构成中新的内容。

王文成的《约开商埠与清末云南对外经贸关系的变迁》（载《云南社会科学》2008年第3期）一文，研究了清代中叶，云南传统对外经贸关系形成了以沿边边境贸易为主体，以贡赐贸易为补充的格局。王文成、顾胜华的《区域史视野中的明代云南市镇研究》（载《学术探索》2008年第6期）中，作者对20世纪80年代以来区域史视野中的明代云南市镇研究状况进行总结论述，并对明代云南市镇发展的基本定位、主要状况及一系列相关专题展开了深入的研究。

王文成《两宋“以银计价”史料考释——宋代白银价值尺度职能补论之一》（载《云南社会科学》2009年第5期）中考究了宋代300多年的历史上的“以银计价”的现象。

2．社会史研究

肖雄在《清至民国时期云南地震及灾后赈济》（载《云南民族大学学报》2009年第1期）一文认为云南地震地理分布广，发生频率高，地震强度大，给云南民众造成严重的损失与危害，对此损失与危害，地方政府与民间相应采取多种赈济措施，以减轻地震灾情。

许新民在《近代云南瘟疫流行考述》（载《西南交通大学学报》2010年第4期）中指出清代以来云南是瘟疫高发区，流行瘟疫的种类有动物间瘟疫和人间瘟疫，人间瘟疫以腺鼠疫和瘴气最为严重，造成大面积人口死亡。

李安峰的《清末昆明水旱灾纪实》（载《云南档案》2009年第2期）中记录了1905—1907年昆明水旱灾情况的史料。该史料是根据清末光绪年间革命党人在日本所创办的《云南杂志》整理而成，对研究当时昆明水旱灾情况具有重要价值。

周琼、李梅合作的《清代云南生态环境与瘴气区域变迁初探》（载《史学集刊》2008第3期）一文中，认为边疆民族地区长期存在的瘴气与生态环境有密切联系，其分布区域随自然生态要素的改变而变迁，随着清王朝对云南边疆民族地区统治的加强，很多瘴气密布的地区得到了开发，生态环境发生了重大变迁，瘴区范围从腹里地区向丘陵及深山河谷区退缩。她们另外合写的《清代中后期云南山区农业生态探析》（载《学术研究》2009年第10期）中，认为清代中后期，玉米、马铃薯等高产农作物在云南山区、半山区广泛种植，虽促进了清代云南的山区开发及民族经济的发展，但云南生态环境随之发生了重大变迁，其经验教训值得吸取和借鉴。

郭亚非、宋明彪的《民国时期云南匪患及特点研究》（载《学术探索》2009年第6期）中认为匪患发生与政府控制力有密切关系，民国时期云南匪患具有为害土匪数量众多、规模巨大，土匪活动猖獗、匪患十分严重，匪患爆发地域不平衡等三个特点。

陈庆江、成文章的《清代前期昆明城的街道》（载《云南农业大学学报》2008年第1期）中提出清代前期昆明城的街道承前代基础继续发展，昆明城街道的拓展改变了城市的地域结构，使得它的商贸经济功能进一步增强，表明它的发展已在相当程度上突破了城墙的限制。

叶少玲的《云南永胜客家史研究》（载《云南农业大学学报》2009年第3期）中，通过对永胜县汉人所使用的语言、生活习性、民风民俗、民居建筑、婚礼丧葬、墓穴形态等情况的调查发现：永胜汉族使用的语言为云南官话，是属于北方方言系统，未发现有人使用客家方言；丧葬习俗方面也没有发现客家人的“二次葬”习俗，山野间的墓穴形态也与客家墓地不同，民居建筑也无客家围屋，表明云南永胜县无客家人聚居，客家人及其后裔主要为散居。

3. 人物研究

一些学者对孙中山进行了深入研究，邵宇的《孙中山政党思想研究：从近代政党与国家建设关系的视角》（云南大学出版社2010年版）以近代政党与国家建设的关系为切入点，通过对孙中山政党思想的系统研究，解释中国近代政党政治的逻辑进程和演化规律，以为当下中国政党制度建设和政治发展提供借鉴。

汤明珠的《孙中山与祖国的统一》（载《云南民族大学学报》2008年第2期）与马丽萍的《论孙中山与近代中国的政治文明建设》（载《云南民族大学学报》2008年第4期）也探讨了孙中山的思想与实践活动。

贺良林对蒋介石的思想与心态进行了剖析，主要作品有：《蒋介石访苏见闻与反苏反共思想的产生》（载《兰台世界》2010年第3期）；《在抗日与反共间游移——抗战时期蒋介石心态剖析》（载《沧桑》2008年第4期）。

林超民、秦树才的《方国瑜与中国西南对外关系史研究》（载《中国边疆史地研究》2008年12月）中提出方国瑜先生不但从文献资料的整理与研究、人才培养方面奠定了中国西南对外关系史研究的坚实基础，还广泛深入地研究了中缅、中越界务问题，中国西南与东南亚的民族联系与政治关系，中国西南与东南亚及南亚的交通、经济和文化关系，是中国西南对外关系史研究的开拓者和奠基人。

段金生对晚清在任新疆最高地方行政长官17年之久的云南进士杨增新的思想与治新实践进行了系统探究，出版了专题学术著作《调适与冲突：杨增新思想与治新实践研究》（云南人民出版社2010年版）。

朱端强、刘亚朝、陈亮旭、木基元合写的《王宏道先生与云南民族学院历史系》（载《云南民族大学学报》2009年第5期）中，对已故历史学教授王宏道先生多年来筚路蓝缕、呕心沥血，为民族学院历史系的创业和发展以及培养人才作出的不可磨灭的贡献进行了肯定性评述，同时指出王宏道先生还是学界公认的著名民族史专家，在云南民族史和地方史领域，取得了独具特色的丰硕成果。

朱端强的《徐渭与云南关系考略》（载《云南民族大学学报》2009年第1期）中认为云南民间多有“徐文长故事”流传，但关于徐渭与云南之真实关系率多失察。

潘先林的《试论龙云的治滇思想》（载《云南民族大学学报》2008年第6期）和《唐继尧与中国近代化》（载《学术探索》2009年第2期）分别对龙云的治滇思想，以及唐继尧对于中国近代化发展贡献分别作出了研究。

谢本书的《缪云台先生家族族籍问题之研究》（载《云南社会主义学院学报》2009年第1期）中对缪云台先生进行综合研究，认为他的祖籍可能是彝族，他本人可能是彝族的后裔。谢本书教授的另作《刀安仁——近代土司的杰出代表》（载《云南民族大学学报》2008年第1期），认为刀安仁作为傣族同盟会员，为民主革命作出了重大贡献，是土司制度的叛逆者，同时也是土司头人的杰出代表。

陈征平的《近代民族主义与龙云地方“独立”政权》（载《学术探索》2009年第2期）中认为龙云政权的建立不仅与北伐时期国人向往统一的民族主义心理同步发展；并且由同一民族跨境集聚的地区民族特性所致，龙云政权在地方意识上又多了一点由自然地理分布形成的西南地域观而少了一些行政划分的省界观念。

戴美政的《曾昭抡评传》（云南人民出版社2010年版）全面真实反映了科学家、教育家、评论家、民主人士曾昭抡丰富曲折的一生和对国防科学教育的突出贡献。

钱家先的《窦垿评传》（云南大学出版社2009年版）对清代云南罗平人窦垿进行了评说。

（云南师范大学　周智生　刘然　陈静　邹环）

考古学

云南是元谋人的故乡。在这块古老的土地上，古人类化石、旧石器、新石器、青铜器、铁器时代环环相扣，众多文物以深厚的文化内涵，鉴证着人类的起源与云南历史的昨天。2008—2010年，云南文化遗产保护事业踏出了坚实的步伐。剑川海门口遗址第三次发掘入选“2008年度全国十大考古新发现”等捷报频传，云南省文物考古研究所迎来了五十华诞；云南省博物馆、云南民族博物馆荣膺全国一级博物馆行列；西双版纳州博物馆隆重开馆，昆明奋力打造“博物馆之城”；第三次文物普查成果喜人，茶马古道列入国家层面的保护；《云南省博物馆馆藏精品全集》等专著迭出，文物产业集团发展壮大，对外文化交流不断，在文化遗产、非物质文化遗产保护工作中都取得了不俗的成绩。

一、考古发现与研究（古生物、旧石器、新石器、青铜器、铁器等调查、发掘与研究）

（一）“世界恐龙谷”唱响禄丰旅游品牌

2008年4月18日，一个名为“世界恐龙谷”的景区在禄丰县开园后，这座真实再现侏罗纪世界的主题公园名声越来越响。1938年10月26日，中国恐龙研究之父杨钟键在禄丰境内发掘出中国第一具恐龙化石标本——许氏禄丰龙。随后70多年来，中外古生物学家不断到禄丰进行考察、发掘。截至目前，禄丰县境内已出土恐龙化石130多具，数量之多，规模之大，禄丰堪当“世界恐龙之乡”的美誉。世界恐龙谷集观光、休闲、科普、娱乐、科考为一体，填补了中国西部地区没有大型主题公园的空白。在恐龙谷中，震惊世界的恐龙大坟场、世界一流的恐龙骨骼化石标本装架及60具恐龙化石，堪称世界奇观。谷内的序馆也成为目前中国恐龙知识展示最为全面、专业，最具地方特色，科技含量最高，互动性最强的恐龙科普知识馆。世界恐龙谷景区一期项目自开园以来，已接待海内外游客185万人次，收入7780万元，相继荣获“世界著名文化旅游景区”、“世界上规模最大的恐龙化石保护遗址——吉尼斯世界纪录”、“国家AAAA级风景旅游区”、“国家地质公园”等多项荣誉。2010年4月16日，世界恐龙谷二期项目动工奠基仪式暨第二届阿纳狂欢节开幕式举行，拉开新一轮建设序幕。

（二）云南省向中国科技馆赠送三具恐龙化石

2009年9月16日，云南省委、省政府向中国科技馆赠送三具恐龙化石，分别是许氏禄丰龙、中国双脊龙和阿纳川街龙，成为中国科技馆新展馆的“镇馆之宝”。全国人大常委会副委员长、中国科学技术协会主席韩启德，全国政协副主席、科技部部长万钢，全国政协原副主席、中国工程院院长徐匡迪，中国科学技术协会常务副主席、党组书记邓楠，云南省有关方面负责人等出席赠送仪式。走进面积1600平方米、高30米的恐龙展厅，参观者可感受到恐龙时代的“肉搏”场景：食肉的双脊龙正在准备攻击7米长的“中国第一龙”——“许氏禄丰龙”，而身材高大的“阿纳川街龙”正在低头观望。这组恐龙姿态全靠钢架支撑固定，形态优美，栩栩如生。

（三）中美合作清理昭通古象化石群

2009年10月19日～11月25日，云南省文物考古研究所古人类研究部专家与美国宾夕法尼亚大学人类学系主任江妮娜等10余名中外考古专家对昭阳区太平办事处水塘坝发现的古象化石群进行了清理。出土了象、貘、犀牛、鹿、河狸等草食类、肉食类、水禽类、啮齿类、爬行类、灵长类化石800余件。自20世纪50年代以来，昭通盆地褐煤层屡出古象及其他哺乳动物化石，种类多，数量丰富，保存完好，昭通剑齿象是迄今发现的剑齿象最早地点之一。昭通古象群遗址的发掘和研究，将对生物进化和灵长类进化的研究产生重要的作用。

（四）“高黎贡山人类与环境展”在保山市博物馆开展

该展是云南省文物考古研究所与保山市博物馆、保山市文物管理所和美国加州科学院人类学部共同承担的“高黎贡山生物多样性调查”成果的一次集中展示。法国《欧洲时报》与美国《国际日报》分别于2009年10月29日和11月5日，以“今日云南专版”对此次合作调查进行了头版报道。

（五）云南发现新属新种恐龙化石

2010年10月6日，考古人员在云南禄丰县大梨园村后的山坡上发现，是迄今为止禄丰发现首例保存较为完整的小型食肉类恐龙化石。这具化石为单体恐龙骨架化石，整体形态较为完整。据考古人员推断，这种恐龙体长约1.2米，身高在0.7~0.8米之间，生活在距今1.8亿年前，是新属新种恐龙。据介绍，这具恐龙化石除尾部外，头部、身子、脚爪等化石都保存得十分完好，食肉恐龙的形态特征完美再现，很像一只大鸵鸟。整个恐龙化石有一半露在外面，一半还埋在岩层里，恐龙化石的头形很像一条张大嘴的大蟒蛇，牙齿也较明显，恐龙化石的身子被挤压成S形状镶嵌在一块岩石上。目前，这种恐龙的定种定名工作正在进行。

（六）《穷究元谋人——我的元谋盆地人类考古学研究30年记》出版

这本书由周国兴著，2009年11月由云南科技出版社出版。我国著名古人类学家周国兴教授自1973年参加发掘化石产地以来，全身心投入元谋盆地人类考古学工作，历时35年，对元谋人化石形态特征的探究延伸其文化，甚至究其来龙去脉，而且溯元谋人之源，从境内追踪到了境外。《穷究元谋人》收录近千幅图片，注重专业研究与科普知识的结合运用，汇集众多领域的学术研究成果，使之成为有关早期人类研究百科全书式的新型论著。

（七）元谋人博物馆、元谋体育馆正式开馆

2010年1月15日，元谋人博物馆、元谋体育馆正式开馆。“元谋人”发现者、中国地质科学院研究员钱方，“元谋人”研究者、北京自然博物馆研究员周国兴等嘉宾应邀参加庆典活动。“两馆”立项开工建设历时近5年，累计投资4100万元。元谋人博物馆和元谋体育馆的建成开馆，对“元谋人”及其文化保护与研究、收藏与展示、宣传与利用，进一步提升“元谋人”国际知名度和美誉度，擦亮“元谋人”文化品牌，增进元谋与外界的相互了解、交流与合作将起到极大的推动作用。

（八）2008年度文物考古调查勘探

继续贯彻“保护为主，抢救第一，合理利用，加强管理”的方针，积极开展文物保护工作，共完成文物考古调查勘探工作27项、文物考古发掘工作9项、地面文物保护工作25项、对外合作交流项目4项，启动文物考古发掘4项，为云南省的文化遗产保护事业作出了新贡献。

（九）金莲山古墓群勘探

2008年1～3月，云南省文物考古研究所在2006年抢救性发掘的基础上，对金莲山古墓葬群进行科研性考古调勘，面积125600平方米。发现各类遗迹现象413处，其中墓葬400座，砖砌基址2处，冲积沟1处。墓葬中除少数为圆形火葬墓外，其余皆为长方形土圹竖穴结构。研究所发现该墓葬群有三个特点：墓藏数量大，分布密集，历史跨度较长，人体骨骼保存完好，考古价值和学术价值极高；所出土的青铜器几乎涵盖了滇青铜文化的主要发展阶段，冥器的大量出现具有极高的学术研究价值，在大多数墓葬中出土的冥器，是云南考古发掘中首次发现；墓葬的人殉、杀殉、二次葬等葬俗也是云南考古发掘中首次出现。墓葬分布密集，范围广阔，整体结构清晰，且保存较好，是云南省迄今为止所发现最大的一处古墓群。研究所还发现部分墓葬内青铜器残块较多，对古滇中地区的青铜文化研究提供了新的信息。

（十）滇池区域史前聚落考古调查

经国家文物局同意并报请国务院批准，云南省文物考古研究所与美国密西根大学人类学系联合进行为期三年“滇池区域史前聚落考古调查”，自2008年11月起开展项目的野外调查工作，中美双方共9人参加了该调查项目，调查区域为晋宁县滇池东南岸的晋城镇、上蒜乡和新街乡，调查面积90多平方公里。发现青铜时代的石寨山文化（俗称滇文化）遗址和汉代遗址20余处，其中石寨山文化中心聚落遗址面积达1平方公里以上的数处。在晋城镇东北的龙彻地发现汉代建筑遗物——粗大的绳纹瓦片，为汉代益州郡郡治乃至古滇国都城的发现提供了极其重要的线索；同时在晋城西面发现有石寨山文化时期的陶片和文化层。因此，古益州郡的郡治、古滇国的都城很有可能被晋城近现代建筑所叠压。

（十一）剑川海门口遗址第三次发掘

该遗址于2008年1～6月发掘，面积1400平方米，出土较完整已编号器物共计2000件。这是继1957年3月和1978年4月后对该遗址进行的第三次发掘考古发掘，基本弄清了该遗址南北距离约400米，东西最宽处约150米，总面积超过50000平方米；木桩分布集中区面积也达到20000~25000平方米。剑川海门口遗址是我省迄今发现年代最早的青铜文化遗址，也是全国少有保存好、面积大的早期“干栏式”建筑遗址。三次发掘共出土文物约3000件，分为陶器、石器、骨角牙器、木器、铜器、铁器、动物骨骼和农作物八类。其中第三次发掘出土的泥质和夹砂磨光黑陶、镂空圈足器、彩绘陶为云南早期遗址中首次发现。结合前两次发掘的年代测定数据，可以得出剑川海门口遗址的大概年代范围为：起于距今约4000年的新石器时代晚期，经铜器时代初期中期，以致铁器时代，是目前云南发掘最早的一处铜器时代遗址，为云南青铜文化的发源地之一。此次发掘丰富了该遗址的文化内涵，为研究滇西乃至云南青铜文化的发展状况，与中原文化的交流提供了更可靠的佐证。省文物局和大理州政府于2008年6月16日至19日在剑川召开论证会，邀请全国有关权威专家对剑川海门口遗址的文物价值意义及开发利用前景进行论证，认为海门口遗址是世界上规模最大的湖滨聚落遗址，具有世界罕见的突出普遍价值。2009年3月，剑川海门口遗址第三次发掘入选“2008年度全国十大考古新发现”之一。

（十二）潞西勐约坝遗址发掘

该遗址于2007年12月～2008年4月发掘，面积4000平方米。地层堆积三层，以云南青铜时代文化遗存为主，共揭露陶窑95座、圆形大坑19座、灰坑34座，并出土陶器、石器、铜器等大量遗物，已编号器物有1077件。陶窑均为平地下挖，其上再封顶而成。圆形大坑均直壁平底，多数坑中部或一端发现有柱洞或口大底小的长方形斗状坑。灰坑为圆形或椭圆形竖穴坑，多数近底部外袋，均平底。陶器多为夹砂灰陶或褐陶，有陶纺轮、陶支脚等器类及大量残破陶片。依陶片可辨识有罐、碗、盘、釜、壶等，少量陶片上饰有带状点线组合纹，个别陶片上似饰有红彩。石器多磨制，器类主要有斧、锛、镞、镖、镯、球、网坠、刮削器、花形器、范等。其中完整的花形器、刻有线纹的镯及铸造铜钺的范极为罕见，属本遗址的精品之作。铜器出土不多，器类主要有镞、弹丸、容器口沿残片、残渣等。这是对龙江流域科学化、规范化文物考古发掘的首次尝试，经测定该遗址的年代为西汉时期，足以证明史前以龙江流域为中心存在过相当繁荣的文化。

（十三）芒来坝遗址发掘

该遗址于2007年12月～2008年4月发掘，面积125平方米。清理圆形大坑、圆形袋装灰坑各1座，出土石器21件及较多陶片。从堆积地层、清理遗迹及出土器物等特性分析，该遗址与勐约坝遗址基本属于同一类型遗存。

（十四）绥江几个遗址发掘

2008年4月，绥江燕子岩崖墓发掘崖墓1座。同月，在绥江板岩坪墓地发掘“生基坟”3座，发掘出土相当数量的明代以来的陶片、炻片、瓷片及棺钉若干。同年5月，绥江黄金包墓地发掘“生基坟”3座，出土较完整炻罐3件，还发现了相当数量的陶片、炻片及瓷片。此次发掘的生基坟墓葬类型较全面，从单室一直到四室都较完善，同一座墓竟有石室及砖室两种，并且石室、砖室两种墓葬相连且墓制相同，这是以前所未见的，为考察生基坟这种特殊墓葬的形制变化及断代提供了新的资料。

（十五）永善大毛滩青铜时代遗址发掘

该遗址于2008年4月～6月发掘，面积300平方米，发现了一批基槽、柱洞等房屋遗迹和火堆、灰坑等生活遗迹。出土遗物包括磨制精美的石斧、石纺轮，以及饰有绳纹、方格纹等纹饰的陶器残片，还有大量的陶制网坠等生活用具和工具。此外，还出土了铜器残片、矿渣和当时人们食用各种动物后遗留下来的诸多动物骨骼等。大毛滩古代文化遗址为永善县历史上第二次正式的考古发掘项目，对于我们认识和了解金沙江中下游地区青铜时代文化面貌，研究当时的社会生活和经济生活具有重要的价值。

（十六）凤庆青龙桥桥墩发掘清理

2008年4～5月发掘，面积1000平方米，发掘出土器物49件。通过发掘基本了解了青龙桥桥墩的内部结构、桥墩基础的构筑方法、古代建桥和石质建筑中的技术工艺。青龙桥桥址属高山峡谷，两岸地势非常陡峭，底部岸边有突出伸向江里的岩石。当年建桥利用两岸陡峭的岩石，在岩石上凿“U”形洞穿铁链作锚锭，桥墩背依山体岩石，用青石和砂石砌筑，分三次建成，第一次建造的桥墩很小。现在的桥墩基础是第二次维修加固建成的，两岸的基础采用不同的方法构建使桥墩和江边岩石连为一体，紧密结合。桥墩两侧的防护驳岸则是第三次构筑的。

（十七）泸西石洞村青铜墓地（含大逸圃墓地）发掘

2007年12月～2008年4月，云南省文物考古研究所对其进行了抢救性的发掘，发掘面积1950平方米。这是该区域内对两汉时期遗存的首次发掘，对揭示其文化面貌有着重要的意义。石洞村墓地发掘面积950平方米，经发掘发现墓地分为两个墓葬分布区：一为土葬墓分布区，发现竖穴土坑墓93座；二为火葬墓分布区，发现火葬墓9座。出土青铜器、铁器、玉石器等文物200余件。根据随葬品分析，可推断石洞村墓地中的竖穴土坑墓的年代大致在西汉中晚期至东汉初，火葬墓中出土的陶器与竖穴土坑墓中出土的陶器在制作工艺、陶质陶色及表面装饰上都具有极大的相似性，应该是早期具有火葬习俗的氐羌系民族的遗留。大逸圃墓地发掘面积1000余平方米，清理墓葬190座，随葬品以装饰品为主，尤以各种形式的镯、钏为主。剑、戈等兵器较少，以箭箙、韘、箭镞这类用射箭的器物为多。此外，还有少量陶器出土，但器形单一。经发掘发现，该墓地的墓葬在构筑上也较有特点：一是有部分规模相对较大的墓葬存在夯筑填土的现象，墓坑里的填土甚至比生土还要硬。二是墓葬填土呈灰黑色，其中的黑土并不是挖掘墓坑随即回填的，而是从他处搬运而来。该墓地时代大致从战国末延续到西汉晚期，发现的遗迹现象及随葬品组合反映了一种新的考古学文化。云南省文物考古研究所、泸西县政府和红河州文物管理所编著，由杨帆、万杨、娄静等执笔的《泸西石洞村、大逸圃墓地》考古报告，于2008年12月由云南科技出版社出版。

（十八）2008年度地面文物保护

全年共完成与基本建设相关的地面文物保护工作15项，常规地面文物保护工作8项，国际合作性地面文物保护工作2项。其中有古水电站淹没区茶马古道文物迁移保护工程勘察设计外业、石屏企鹤楼抢险加固工程勘察设计外业、昆明市文明街小银柜巷8号文物修缮工程现场技术咨询服务工作；与瑞士理工大学合作完成了剑川兴教寺壁画专项科技保护方案编制及实验工作；与美国大自然基金会合作完成了迪庆维西县达摩祖师洞石质文物修复及保护方案的外业工作。

（十九）“2008年度边疆考古工作会”

此次会议由国家文物局主办、云南省文物考古研究所承办，2008年11月1日在昆明举行，国家文物局文物保护司、云南省文物局相关领导出席会议，来自吉林、内蒙古、宁夏、新疆、甘肃、陕西、西藏、云南、四川、贵州、广西、成都、西安13个边疆省、区、市的文物考古研究院所的负责人共20余人参加了会议。各与会单位汇报了2008年开展的边疆地区考古工作情况，并就今后边疆各省、区、市的文物考古工作发展、相互间的合作交流进行了探讨。

（二十）第五届西部考古协作会暨“史前时代的中国西部——以云贵高原为中心”国际学术研讨会

2008年11月2～4日，由云南省文物局和北京大学中国考古研究中心主办，云南省文物考古研究所承办的第五届西部考古协作会暨“史前时代的中国西部——以云贵高原为中心”国际学术研讨会在昆明召开。来自西部15个省、市、自治区为主的17家科研院所、6所高校及美国、加拿大相关研究机构的考古学者共60余人出席，提交论文三十多篇。这次会议展示了西部地区考古研究的最新成果，加强了西部考古信息的交流，开阔了研究视野，为跨省区考古合作研究以及科研院所与高校的合作科研提供了重要平台。

（二十一）《中国文化遗产》杂志出版“云南专辑”

由中国文物报、云南省文物考古研究所合编

的《中国文化遗产》2008年第6期出版“云南专辑”，刊载云南学者撰写的16篇文章。卷首概述了“近年来的云南文物考古工作”，“青铜文化”展示了滇国和铜鼓的风采，“佛国时代”复原了南诏大理的历史文脉，“文明之源”则随着禄丰古猿、元谋人、富源旧石器、耿马石佛洞的蹒跚步履追溯了人类的童年，并在茶马古道、滇越铁路等“交融传播”的时空隧道里盘点云南对外文化交流的足迹。

（二十二）《滇池畔的青铜文明——滇王及其贵族墓》

此书由肖明华著，作为中国20世纪百项重大考古发现丛书之一，2008年1月由天津古籍出版社出版。该书共8章，记述了晋宁石寨山滇王及其贵族墓的发现经过，介绍了晋宁石寨山的地理环境、滇王及其贵族墓的型制、墓葬出土器物，论述了出土文物反映的滇国农牧业以及中原青铜文化对滇国的影响等。

（二十三）《图说云南历史文化》出版

此书由杨德聪主编，云南教育出版社2008年7月出版。顺应读图时代的趋势，该书参阅大量云南文献史料，运用最新考古成果，穿插富有视觉冲击力的照片，以图文并茂的形式、清新优美的文字，述说云南历史文化。全书按时间顺序分为十章，包括旧石器时代、新石器时代、商末至两汉时期、三国至隋时期、唐朝时期、宋朝时期、元朝时期、明朝时期、清朝时期、民国时期等，把从远古到近代的云南历史、文化都较为全面地展示给广大读者。

（二十四）《云南边境地区考古调查报告》出版

该书为国家文物局资助的“云南中越边境地区（文山州和红河州）考古调查项目”的最终成果，由云南省文物考古研究所、文山州文物管理所和红河州文物管理所共同合作，杨德聪、杨帆、高峰执笔，全书33万字，2008年7月由云南科技出版社出版。

（二十五）《鹤庆象眠山墓地》出版

该书为2005年对该遗址抢救性发掘的考古报告，由云南省文物考古研究所大理州文物管理所和鹤庆县文物管理所共同完成，主要执笔人为杨帆、孙健，2008年12月由文物出版社出版。鹤庆县金墩乡象眠山墓葬群位于在建的大丽铁路线上，是以火葬墓为主，间有竖穴土坑墓，从大理国到清代的大型古墓葬群。该墓葬群于2004年8月被发现，2005年10月由省州县三级文物部门联合进行了抢救性发掘，这是鹤庆境内首次系统的科学发掘。这是鹤庆有史以来第一部系统科学的考古著作，对于研究白族葬俗及鹤庆历史文化均有重要的参考价值，同时对倡导丧葬改革亦具现实意义。

（二十六）2009年度文物考古调查和勘探

此次调查和勘探完成与基本建设相关的文物考古调勘工作34项，其中有昆明绕城高速东南段等20条高速和高等级公路建设沿线的文物考古调勘；丽江至香格里拉、昆明至玉溪等7条铁路建设沿线的文物考古调勘；兰坪碧玉河四级电站等5个电站建设区文物考古调勘；晋宁晋城镇龙柴小区建设区、小中甸水利枢纽工程建设区文物考古调勘。

（二十七）澄江金莲山古墓群第二次考古发掘

该古墓群于2008年10月～2009年4月发掘，面积600平方米，清理墓葬268座。邀请吉林大学边疆考古中心专家对人骨进行现场鉴定，中国科技大学金正耀教授和北京科技大学李晓岑教授对青铜文物进行观察和分析。经发掘发现，金莲山古墓群完整地反映了石寨山文化的丧葬习俗，首次大量发现叠层葬、叠肢葬、断肢、断头、俯身、同性合葬等现象，葬式奇特、葬俗丰富。保存完好的人体遗骸，为体质人类学的研究以及人类古DNA研究提供了珍贵的实物标本，为解决古滇国主体民族的问题提供了可能；金莲山古墓群是迄今为止云南所发现规模较大的一处青铜时代墓葬遗址，出土器物以陶器和青铜器为主，出现了专为随葬的青铜明器以及其他特殊器物，对于研究石寨山文化区域性差异和文化发展进程提供了丰富的实物资料；金莲山遗址还有南诏—大理时期的建筑基址以及元明时期的火葬墓遗存，是埋藏在抚仙湖东北岸的一部无字史书。

（二十八）临沧昔归遗址发掘

该遗址于2008年12月～2009年3月发掘，面积3000平方米，出土各类遗物3000余件，可确定这是一处以明代遗存为主兼有少量青铜时代遗存的人类生活遗址，共发掘和清理各类遗迹单位

135个，其中墓葬41座，灰坑66个，陶窑14座，陶灶3座以及和制陶相关的“工作坑”10个，排水沟1条。墓葬主要为明代墓葬，均为竖穴土坑墓，墓中人骨大多腐朽不存。通过清理出土各类随葬器物100多件。出土随葬器物有陶器、釉陶器、瓷器、铜器、铁器及银器等，根据一件青花瓷碗底“成化年制”落款，可知这批墓葬的相对年代为明代中后期。清理的14座陶窑大多已被破坏，形制较小，属烧制小型陶器的小型陶窑。陶窑由火膛、烟道、火门等组成，平面形状为马鞍形、靴形。陶灶则为当时人类生火做饭的遗存。从开口层位判断，陶窑、陶灶遗迹同属元明时期的遗存。昔归遗址的考古学材料，对我们进一步了解、认识和研究澜沧江中下游流域的史前人类的生产、生活和文化具有重要意义。

（二十九）临沧那蚌遗址发掘

该遗址于2008年12月～2009年3月发掘，面积3000平方米。发掘总共出土器物3000余件，主要为石器、陶器，另出土有一件铜管和几粒铜渣颗粒。石器数量非常大，可辨认器型者2772件，另有部分石料及加工未成形者。其中打制石器数量最多，主要为打制石斧，另外，还有刮削器、石凿、石锤、石铲、石刀、砍砸器等。磨制石器中又以磨制石斧和磨制石锛为大宗，还有石环、石磨盘、石锥、石箭镞、石管、石拍等。陶片多为夹砂，因烧制时气氛和温度不一，呈现出多种陶色。出土了一件铜管和几粒铜渣颗粒，初步认定为青铜。另外还出土了一件残石范，内壁有铜液残渣。初步认定遗址的年代为青铜时代早期，那蚌遗址对研究临沧市古代社会的人类活动和文化很有价值。

（三十）玉龙县江凹石棺墓地发掘

2008年11月～2009年1月，该墓地因金安桥电站建设进行发掘，面积4000平方米。墓地由于当地村民改台地种植天竺香叶而被大量破坏，仅发掘到8座石棺墓。八墓并排相连，墓间共用一石板为墓壁。墓为长方形竖穴，墓室底用石板铺垫，四壁以大块石板竖立围砌，墓口亦用石板覆盖，石板厚约0.05米，石块间不用黏合物充填，未见葬具，即人骨直接葬于其内而未再用木棺，石板多为自然剥离后未加工的毛材石。墓顺山势纵向排列，头骨位于墓室内南端，即头南脚北倚山面江呈南北向。此墓地为二次葬，即墓内只葬有头骨及肢骨，所葬人数不一，少者仅一具遗骸，多者则三至八具不等，肢骨堆放整齐。骨骸较朽，难以成形完整取出。墓室内无随葬品。江凹石棺墓地的考古发掘，为深化这一区域氐羌民族迁徙史的研究提供了新的资料。

（三十一）沾益洋乐山明墓抢救性清理

2009年1月，因铁路建设对该墓进行抢救性清理，此次对以墓口为中心25平方米的范围进行了清理，发现墓室为正东西向，西部有壁龛（头龛），南北两侧亦有顶部饰变形莲花纹的壁龛。西部壁龛出有三件瓷器，为香炉、酒壶、碗；南侧壁龛出有陶罐。出土瓷器呈现龙泉窑瓷器特征。根据墓葬形制和出土器物初步判断，该墓葬为明代（可能为早中期）的古墓；根据出土人牙判断，墓主人为一老年个体。该墓葬的清理为研究当地历史文化提供了有价值的实物资料。

（三十二）白塔村遗址发掘

为配合昆明绕城公路建设，2009年11～12月进行的发掘，面积480平方米。经过对该地点包括新石器时期晚期至青铜时代的贝丘遗址乃至明清时期墓葬的发掘，厘清了白塔村遗址丰富的文化面貌。出土物以陶器为主，器型有浅盘、釜、钵、罐等，也有少量石器、青铜器。遗址的螺蛳壳层出土大量桔红色的陶浅盘，为古人吃螺蛳的专用器，还发现了被螺蛳壳层叠压的文化层，明了了螺蛳壳层和古人活动层面的关系。墓地中发现有土坑墓和火葬墓，土坑墓的随葬品有骨钮扣、铜钮扣、瓷碗、银耳环以及板瓦、筒瓦等随葬品。该遗址的发掘，为了解云南火葬习俗和当地文化提供了新资料。

（三十三）2009年度地面文物保护

全年共完成与基本建设相关的地面文物保护工作12项，常规性地面文物保护20项，国际合作性地面文物保护1项。如功果桥水电站淹没区昌淦桥迁移保护工程勘察设计，小湾水电站淹没区省级文物保护单位霁虹桥摩崖石刻科技保护，云南大学贡院考举楼修缮工程勘察、测绘及设计，国家级文物保护单位大姚白塔维修方案的编制；与瑞士理工大学合作完成的剑川兴教寺壁画修复实验第二阶段工作及专项科技保护方案编制工作。

（三十四）《晋宁石寨山第五次发掘报告》出版

该书为1996年对晋宁石寨山进行第五次发掘的考古报告，由云南省文物考古研究所、昆明市博物馆和晋宁县文物管理所共同完成，资料整理和报告编写工作由蒋志龙负责完成，2009年10月由文物出版社出版。该报告指出：石寨山是一个集遗址和墓地于一处的古文化遗址。无论是本次发掘的早期小型墓葬，还是M71等大型墓葬，都是石寨山文化的墓葬遗存。俗称的“滇文化”只是石寨山文化晚期阶段的遗存。

（三十五）《探寻历史足迹保护文化遗产》出版

该书为纪念云南省文物考古研究所成立五十周年，2009年12月由云南教育出版社出版。全书27万字，分“探寻人类起源的足迹”、“追寻先民前进的脚步”、“揭秘云南古代文明”、“复原云南历史辉煌”和“让文物建筑永存”等五部分，收录了全所专业人员撰写的35篇文章。

（三十六）《考古》2009第8期云南专刊

专刊刊载了云南省文物考古研究所的5篇考古报告或论文。《云南剑川海门口遗址第三次发掘》依据2008年的发掘和出土物，将遗址分为三期，年代大致在距今2500~5000年，晚期遗存可延至宋、元、明时期，断言此次发掘在遗址的层位序列、遗存内涵、聚落形态等方面均取得了突破性的成果，并基本确立了剑湖周边地区考古学文化的年代序列；《云南大理市海东银梭岛遗址发掘简报》则是2003年发掘的研究成果，确认该遗址为典型的贝丘遗址，年代分别为云南新石器时代的中晚期、青铜时代的早期和青铜时代中晚期；《云南鲁甸野石山遗址发掘简报》是对2002年发掘的科学总结，指出从陶窑、出土陶器及地层堆积看，野石山遗址内存在着一个规模较大的陶器烧造场，代表了云南东北部和贵州西北部青铜文化发展的一个相对独立阶段，年代为公元前1300—公元前900年；《云南晋宁小平山遗址试掘简报》认为，从2005年该遗址的房屋看半地穴式和地面建筑两类，从出土器物有大量陶片、磨制石器和青铜残片分析应是青铜时代遗物，这是在滇池东南岸首次发掘的石寨山文化的遗址；《野石山遗存的初步分析》则指出这是分布于云南高原东北部昭鲁盆地的一种青铜文化遗存，具有不同于鸡公山文化的自身特征，很可能受到了来自四川西南部西昌及其以东青铜文化的影响。

（三十七）云南省文物考古研究所成立五十周年庆典活动

2009年12月18日，云南省文物考古研究所成立五十周年庆典活动在昆明举行。来自全国及省内90余家相关单位的领导和学者150余人出席，国家文物局发来贺信。国家文物局专家组组长黄景略、中国社会科学院考古研究所所长王巍和北京大学文博学院院长赵辉等在会上致辞；云南省文化厅副厅长、省文物局局长熊正益讲话，云南省文物考古研究所所长杨德聪回顾总结了五十年的发展历程；北京大学李伯谦教授、孙华教授，吉林大学朱弘教授、中国科学院古脊椎动物与古人类研究所研究员高星作了主题为“立足西南、面向未来的考古学”前沿学术讲座。12月19～22日，组织省外专家考察了元阳、蒙自、建水等地的文化遗产。

（三十八）2010年度文物考古调查勘探

2010年共完成与基本建设相关的文物考古调查勘探20项、科研性文物考古调查勘探1项、国际合作文物考古调查1项。其中有昭通至麻柳湾、大理至丽江等10项高速或高等级公路建设沿线的文物考古调查勘探；澜沧江黄登水电站等6项电力建设所涉区域的文物考古调查勘探；中缅油气管道工程、中国石油云南炼油100万吨/项目等其他类基本建设相关区域的文物考古调查勘探；中老、中缅边境科研性文物考古调查勘探。

（三十九）景谷怕叠遗址考古发掘

此遗址2010年1～4月发掘，面积3000平方米。出土各类遗物1000余件，以石器为大宗，伴出较多的石料、石片及少量陶片等。制作石器的石料以砾石为主，石质较差。从制作方法观察，石器以打制居多，另有极少的磨制石器。器类有石斧、石锛、石铲、石环、石镯、石箭镞、砺石、研磨器及圆饼形器等。所出陶片较为破碎，烧制火候低，为夹砂红褐陶，素面，可辨器形者为罐类。遗址内遗迹现象较少，发现并清理一座窑址，同时还清理了少量柱洞遗迹。怕叠遗址发掘所获的考古学材料和澜沧江中下游流域已发掘地点出土资料既有相似形态，亦有不同特点，对于我们进一步深化了解和认识澜沧江中下游流域的史前人类文化面貌具有重要价值和意义。

（四十）镇源庄房遗址考古发掘

此遗址2010年1～5月发掘，面积5000平方米。发掘灰坑8个、明代火葬墓1座、明代土坑墓4座，出土各类遗物500余件，出土器物以石器为主，器类有石斧、石锛、石箭镞等，陶器有陶纺轮、陶网坠等。庄房遗址发掘所获的考古学材料，对于我们进一步了解和认识澜沧江中下游流域的史前人类文化面貌具有重要价值和意义。

（四十一）个旧麻玉田遗址和墓地考古发掘

此遗址是2010年3～4月为完成马堵山水电站建设而进行的考古发掘，面积1325平方米。此次发掘分东、西两个区进行，可确定东区为一古遗址，西区为一古墓地。遗址和墓地计出土器物田野编号共43个。古遗址的地层堆积可以分为五层，出土了一批陶片及玉镯残件、石器、陶纺轮、陶弹丸等。清理墓葬21座，均为小型长方形竖穴土坑墓；不见葬具，个别墓葬的人骨上方有一层黑色灰烬，可能为某种覆盖物或是墓主身着的衣物；均为仰身直肢葬，部分墓主双手或单手放置于腹部。墓中随葬器物较为简单，仅有陶器和铜器。麻玉田是元江下游一个集居址和墓地为一地的青铜时代的古文化遗存，具有十分重要的考古学意义。

（四十二）盐津柿子崖墓考古发掘

此遗址是2010年3～4月为完成因盐津柿子至凤翥二级公路建设而进行的考古发掘，发掘面积400平方米。此次发掘共清理墓葬7座，所有墓葬均已被盗过，残存的随葬器物已被移至墓道口，有青铜器、铁器和陶器。青铜器器类有铜镳斗、铜带钩、铜摇钱树、铜俑足部和铜钱数枚，铁器器类有铁斧、铁釜、铁刀等，陶器器类有陶人物俑、陶动物俑、陶罐等。

（四十三）大理龙首关古城址考古发掘

此遗址是2010年3～6月因国道214线建设而进行的考古发掘，发掘面积2500平方米。此次发掘新发现南诏时期城墙一道，在现存城墙中又确认南诏时期城墙一道、明代城墙三道、宋元时期城墙两道，并在明代城墙中发现一种新的夯筑城墙方式，即在夯层中添加新鲜树叶进行夯筑。发现房屋遗迹14处、道路2条、用筒瓦相扣铺成的引水管道1条。龙首关古城址所获得的考古学资料，对研究南诏时期的城市建设史和城市防御体系建设具有重要意义。

（四十四）永胜枣子坪遗址考古发掘

此遗址是因鲁地拉水电站建设而进行的考古发掘，2010年3～7月发掘面积5300多平方米。发现房屋、灰坑、墓葬、灰沟、灶等遗迹现象，出土遗物按材质分有石器、陶器、瓷器和铜器等，其中以陶器和石器居多，达数吨之重，小件编号器物上千件。石器有石斧、石刀、石箭镞、纺轮等，陶器主要有陶罐、陶釜、陶壶、陶钵、陶豆等。遗迹时代跨度较大，既有早到新石器时期的房屋与墓葬，也有晚到明清时期的房屋遗迹和墓葬，基本反映了该遗址自有人类活动以来的生产生活状况。枣子坪遗址对于研究金沙江流域的早期文化与文明有较高的学术价值，该遗址的早期遗存从文化面貌来看，与宾川白羊村的比较接近，时代为距今3000~4000年，为永胜乃至滇西北地区发现并发掘的时代较早的遗存，为构筑金沙江中游地区的古代文化序列和云南西北部考古学文化编年提供了重要的实物资料。

（四十五）永胜堆子遗址考古发掘

此遗址是2010年4～9月因鲁地拉水电站建设而进行的考古发掘，面积10000平方米，发现房屋基址、墓葬和灰坑等遗迹。其中，房屋基址18座，多为半地穴式；墓葬140座，有土坑墓、石棺墓、石构墓、瓮棺墓四种类型。出土遗物非常丰富，数量近千件，按质地可分为陶器、石器、骨器、铜器、铁器等。陶器有罐、钵、壶、豆、釜、纺轮等；石器有斧、锛、凿、刀、钺、针、箭镞、璧、环、镯、砺石、研磨器等；骨器有锥、簪、耳环、戒指、饰件等；铜器有刀、剑、矛、箭镞、针、鱼钩、铃、手镯、饰件等；另外还有少量的牙饰件、贝饰件等。通过堆子遗址的发掘，并将发现的遗迹和出土的遗物与周边遗址进行比较，可初步确定其时间跨度应为新石器时代晚期至两汉间。发现遗迹类型多样，出土遗物丰富，为金沙江中游地区重要的早期人类活动遗址。该遗址地层清晰，打破关系复杂，有利于后续更细致的考古学分期，也将为金沙江中游地区的早期考古学文化研究建立一个标尺。

（四十六）永胜倮倮坪墓地考古发掘

此遗址是因鲁地拉水电站建设，2010年9～10月而进行的考古发掘，清理墓葬22座。墓葬多暴露于地表，均为长方形竖穴土坑墓，上部多有封土，残留有一层或两层围砌的石块；葬具应为木棺，多朽烂，仅见棺钉；骨骼保存较好，葬式多为仰身直肢；墓葬方向多与山体斜坡方向一致，头朝山体方向，面向上；随葬器物多为瓷碗、瓷罐等，还见有铜戒指、耳饰件、玉戒指等。瓷罐多葬于身体下面，且有一石块封盖，头下多枕有陶瓦。通过对倮倮坪墓地的出土器物进行分析，可确定为明清时期的遗址，这对我们了解和研究该地区明清时期的埋葬风俗提供了重要的实物资料。

（四十七）2010年度地面文物保护

2010年度对全国重点文物保护单位姚安龙华寺震灾后保护进行了三期维修；启动会泽会馆第二期维修、江川李家山和晋宁石寨山古墓群保护设施建设工程及通海秀山古建筑群、孟连宣抚司署等消防、安防和避雷工程等10余项保护工程。开展宜良文庙、大姚庆丰盐井、剑川兴教寺壁画、宁蒗扎美戈喇嘛寺、宾川杨氏宗祠名人题刻、腾冲英国领事馆、兰坪兔峨土司衙署、陆良大觉寺、云龙顺荡火葬墓、开远南桥电厂等30余项文物抢救维修工程。组织编制盈江允燕塔、孟连宣抚司署、石龙坝水电站、蒙自海关旧址、会泽会馆建筑群等项目保护规划；组织专家对省级文物保护单位大慈寺、宝丰隆商号、绮罗文昌宫、团山民居、龙门石窟、安宁曹溪寺宝华阁、建水双龙桥等项目40余个维修方案进行论证、审批，同意开展保护工程。按照中央领导批示，实施蒙自西南联大文物建筑遗迹保护工程，完成哥胪士洋行修缮和陈列展览提升改造工程。

（四十八）《金莲山考古文化研究》列入2010年度国家社科基金项目

2010年5月，由云南省文物考古研究所研究员蒋志龙申请的《金莲山考古文化研究》列入2010年度国家社科基金项目。金莲山位于云南省澄江县右所镇旧城村委会，该墓群2006年被发现，通过两次发掘共清理墓葬410座，出土器物2000余件。这批材料不仅可以填补云南青铜文化研究的空白，再现2000多年前抚仙湖盆地的历史，丰富石寨山文化的内涵，特别是对填补“滇文化”主体民族的体质特征及其族属在人类学研究上的缺环具有重要的作用。该课题拟在金莲山墓地的时间框架、空间关系及文化因素等分析研究的基础上，形成研究专著，其基本观点为：金莲山墓地属于石寨山文化的范畴，有其自身特点，属于分布在抚仙湖盆地的一个地方类型，可命名为金莲山类型。该课题首次提出石寨山文化的金莲山类型；首次在云南青铜时代墓地的研究中进行体质人类学和古DNA的分析和研究；首次在云南青铜时代墓地的研究中辅以现代科技的研究手段，对墓地人骨进行包括食谱在内的综合分析和研究；系统地对石寨山文化进行墓地空间布局的研究；系统地对石寨山文化进行多学科的综合研究，包括利用体质人类学、分子生物学（主要指古DNA）、冶金考古、考古年代学等学科的研究成果，完整地了解石寨山文化的一个墓地。

（四十九）《耿马石佛洞》出版

此书2010年7月由文物出版社出版，云南省文物考古研究所、中国社会科学院考古研究所、成都文物考古研究所、临沧市文物管理所、耿马傣族佤族自治县文化体育局等单位联合编写，周志清为报告主要执笔人。石佛洞遗址位于耿马县的东南部25公里处的小黑江畔。1983年进行调查性试掘，面积尚不足25平方米。2003年进行大规模考古发掘，面积达750平方米。整个洞深不可测，秘不可探，洞口高达20余米，宽至50余米，就在洞口下文化堆积层厚达3米，其中竟有早期人类房屋柱洞。石佛洞遗址的主人早在三千年前就会牛耕，会种稻，会烧陶，其石器精致，陶彩精美，造型精细，创造了西南最先进的新石器文化。早期地层中还出土铜器，表明石佛洞遗址已经跨入青铜时代的门槛，代表了云南西部乃至相邻东南亚区域史前文化的一个高度发达的时期。

（五十）《大理丛书·文物考古篇》出版

此书田怀清、黄德荣主编，2009年8月由云南民族出版社出版。该书本着“立足大理，辐射滇西，服务云南”的宗旨，搜集大理地区以及云南省及周边地区（以历史上南诏、大理国疆域为界）历年文物考古资料，汇集有关重要的考古发掘报告、简报和重要论文。分别按“总述”、“古人类与旧石器”、“新石器时代”、“商周时期”、“秦汉时期”、“魏晋南北朝时期”、“唐宋时期”、“元明时期”、“论文”九大类，搜录近700篇各种文章，是目前云南省搜集最全的考古文物资料大全之一，为广大读者提供了最为翔实的考古调查资料和考古文物研究信息平台。

（五十一）《云南考古（1979—2009）》出版

此书2010年1月由云南出版集团公司云南人民出版社出版，作者为杨帆、万扬、胡长城等。该书为集中概括地展示改革开放三十年来云南考古新发现及研究的汇集，作为汪宁生《云南考古》（云南人民出版社1980年版）一书的补充，重点收集了1979年以来至2009年间新石器时代及以后各时期的考古材料。该书的编写以考古材料为基础，概括每一个地点典型并具特点的文化内涵。为能直观反映材料，尤重视插图的挑选和制作，并将发掘报告及报告编写者的认识和结论作为最原始材料予以介绍。该书共分六章，每一章内容有一“小结”，归纳一个时期或一个地域考古材料的特点和异同，做了新的认识和萌发了一些新的观点，在每“小结”后的“认识和思考”里阐述，突出了学术研究的新流派和动向。

二、博物馆学研究

（一）云南民族博物馆被命名为全国民族团结进步教育基地

2008年1月，国家民委在北京举行第二批全国民族团结进步教育基地命名授牌仪式，云南民族博物馆被命名为全国民族团结进步教育基地。

（二）《云南省博物馆馆藏精品全集》出版

这是一套通过展示云南省博物馆藏品，大力宣传和弘扬云南历史文化的豪华系列套书，由马文斗主编，自2008年6月起由云南人民出版社出版，标志着云南省博物馆近二十万件藏品终于全面、真实地回到了人民群众的怀抱，人民群众对国有文物珍宝的观赏权在这里得到了最好的诠释。该套丛书计划出版11卷，截至2010年年底已出版《国宝集萃》（王永胜、陈浩、邢毅等撰稿）、《廖新学美术作品》（刘亚伟、徐政芸、樊海涛撰稿）、《书画》（陈浩、冯晓秋、樊海涛撰稿）等三卷。

（三）云南省博物馆、云南民族博物馆被国家文物局评为一级博物馆

2008年5月18日，国家文物局公示了83家一级博物馆，云南省博物馆、云南民族博物馆榜上有名。这是国家文物局在全国2400多家各类博物馆中经过精心组织相关评审材料，进一步规范博物馆的管理，通过博物馆评估定级工作，发挥和扩大博物馆的进步作用。昆明市博物馆等13家博物馆被评为二级博物馆，禄丰县博物馆等17家博物馆被评为三级博物馆。

（四）“第三届云南民族文化遗产论坛”举行

2008年6月13日，由云南民族博物馆、《今日民族》杂志社共同主办的“第三届云南民族文化遗产论坛”在云南民族博物馆举行。来自省内科研院所、文博机构的30余位专家学者汇聚一堂，就云南民族文化遗产的保护与发展发表了真知灼见。省民委副主任木桢、省文化厅副厅长范建华作了主旨发言。15位专家的精彩论点，集中刊登在《今日民族》2008年第7期。

（五）昆明市博物馆二期工程开工建设

2008年12月25日，昆明市博物馆二期工程开工建设。该项目占地面积约6.5亩，计划总建筑面积13700平方米，总投资初步估算为5005万元。建设将以“资源节约型、环境友好型”为指导，采用新工艺新材料做到美观适用又节能环保。该工程将结合昆明地区文化特色与馆藏文物的特点，展现昆明历史文化变迁，体现昆明地方特色和民族民俗特色，把昆明建城2000余年的历史文化变迁通过现代化的科技手段生动地呈现在市民面前，同时将提供国内外各种文物精品、文化交流等内容的专题和临时性展览。用3~5年的时间基本建成以国有综合博物馆为龙头，非国有博物馆为主体，国有专题博物馆和行业博物馆为两翼的博物馆业网络体系，努力将昆明打造成博物馆之城。

（六）云南省博物馆新馆建设奠基仪式

2008年12月31日，在完成建设项目征地、“三通一平”和外观设计方案确定的基础上，云南省博物馆新馆建设奠基仪式在昆明广福路宝象河左岸的新址举行。省委常委、省委宣传部部长张田欣出席奠基仪式并代表省委、省政府对省博物馆新馆建设奠基表示祝贺。据介绍，省博物馆

新馆占地面积10万平方米，计划投资5亿元，计划五年内竣工开馆。建筑设计体现了云南浓郁的地方特色，兼具现代气息，建成后将成为我省一项重要的标志性公共文化设施，能够满足有效的文物收藏，举办丰富多彩的陈列展览。

（七）国内首座景颇族博物馆开馆

国内首座景颇族博物馆2009年3月20日在瑞丽市竣工开馆。该馆为瑞丽景颇文化园的一个部分，2007年12月开工，目前已完成了目瑙示栋、博物馆、主席台等工程，完成总投资532万元。景颇族博物馆共展示了130多件实物和150多幅挂画，分为古代和现代两个厅，古代厅展示了景颇族的宗教、生产生活、乐器、刀具、兵器、古老而独特的树叶语言、织锦、饰品等；现代厅展现了在党和国家的关怀下景颇民族所发生的巨变，为世人创造了分享景颇文化的平台。

（八）我省学者参编的《中国民族民俗博物馆概论》出版

2009年4月，原国家文物局泰安培训中心副主任安廷山主编、西南林业大学木基元教授参编的《中国民族民俗博物馆概论》，由紫禁城出版社出版。该书集中论述了中国民族民俗博物馆相关理论、现状及前人研究成果等，具有较高的学术价值；还收录了世界民族民俗风情和全国2000余处文博单位的情况简介，知识面广，实用性强，是我国全面论述民族民俗博物馆的一本专著。

（九）“我们的生活——50场艺术展及讲座活动”圆满收馆

2009年5月30日，云南知名艺术家和热心观众200余人汇聚云南民族博物馆，举行“我们的生活——50场艺术展及讲座活动”闭幕仪式。这个为期一年的系列活动，共推出了活跃在省内外艺术舞台上的50场云南籍画家的作品展览及其讲座，先后有80位老、中、青艺术家的3000多件作品参展，观众达10余万人次，是迄今为止云南规模最大、历时最长的一次艺术盛宴。

（十）“云岭颂歌——云南民族工作60年成就展”开幕

2009年7月24日，由云南省民委主办、云南民族博物馆承办的“云岭颂歌——云南民族工作60年成就展”开幕，该展览真实记录了新中国云南民族工作60年的光辉历程和辉煌业绩。同期开幕新修改的“云南民族文字古籍展”，截至2010年年底该馆基本陈列尚有“民族服饰与制作工艺”、“民间美术”、“传统生产生活技术”、“民族民间面具”、“民族民间瓦当”、“奇石珍宝”等。

（十一）国家民委主任杨晶视察云南民族博物馆

2009年7月31日，国家民委主任杨晶视察了云南民族博物馆，对云南民博建馆以来的工作成绩给予了充分肯定，特别赞赏云南民族博物馆在刚刚闭幕的国际人类学与民族学联合大会上作为大会学术活动点所作出的积极奉献，并欣然题词：“云南民博展示了云南各民族文化”。

（十二）云南省博物馆特别展览

自2008年云南省博物馆被评为全国一级博物馆后，国家推出了博物馆免费开放的举措，并给予资金上的支持。云南省博物馆积极依托发挥服务社会的功能，“走出去，请进来”与其他省区博物馆优势互补，连续推出了特别展览，并印制了展览系列丛书，之一为：《徐悲鸿留在云贵高原的艺术足迹》（2009年5月与贵州省博物馆合作）；之二：《千年瓷都——江西省景德镇瓷器展》（2009）；之三：《记忆云南——非物质文化遗产传统技艺展》（2009年12月）；之四：《大千世界——张大千临摹敦煌壁画作品展》（2010年2月与四川省博物院合作）；之五：《大颐者寿——潘天寿书画特展》（2010年4月与黑龙江省博物馆合作）。

（十三）昆明市打造“博物馆名城”

在2009年7月18日召开的全市文化建设工作会议上，省委常委、昆明市委书记仇和提出：开创文化昆明建设新局面，昆明将在现有公共博物馆的基础上，广泛吸纳民间资本，建设一批不同特色、不同种类的博物馆，2009年年底前要确保全市博物馆总量突破100家，加快形成覆盖全市的博物馆网络。经过一年多的努力，到2010年年底，昆明市已拥有104家博物馆，市民可以怀揣一本政府免费赠送的《100家博物馆》索引图按图索骥，开始“寻宝之旅”。为使这一活动持续规范有序地进行，市委、市政府还发布了《昆明市建设博物馆名城实施意见（征求意见稿）》，提出要加大民办博物馆的扶持力度，引导行业博物馆的规范发展，把博物馆业的发展范畴，由综合历史类、艺术收藏类，向名人纪念类、民俗类、美术类、艺术类、农艺类、奇石类、民间工艺类等方面拓展。《意见》要求博物馆的建设要凸显“昆明特色”；《意见》还明确强调，昆明将探索博物馆新的发展与运营模式，通过招标方式建设博物馆或具有博物馆性质的主题公园，在坚持博物馆服务社会、非营利性质的原则下，在博物馆的发展中尝试引入市场化运作和企业化管理。同时，鼓励博物馆发展相关文化产业，开放相关文化产品。

（十四）云南民族博物馆获得世行项目课题

2010年8月23日，云南民族博物馆申请的“世界银行贷款国铁V期贵阳——广州新建铁路项目少数民族发展计划实施监测”项目经铁道部外资中心向全世界招标中中标。这是该馆在完成“亚洲开发银行贷款大理——丽江铁路少数民族发展计划实施监测（2004—2009）”后的又一课题。拟于2010年9月至2014年12月对贵州、广西、广东三省区铁路沿线的弱势群体，特别是少数民族群众的经济、社会、文化等方面40余项指标变化作动态的科学检测，每半年形成一份评估报告，对铁路建设中群众所受影响和存在的问题提出建设性的评估意见，并会商三地政府、贵广公司、施工方给予解决，真正实现铁路建设中和建成后充分考量当地本土居民的权益。

（十五）云南省博物馆基本陈列

文物展览是博物馆的主要工作职能之一。截止2010年年底，云南省博物馆有三个固定陈列：“滇国——云南青铜文明陈列”、“南诏大理——佛光普照的国度”、“金玉满堂——云南省博物馆珍宝展”。这三个固定展览以创意新颖、制作精细、展出文物档次极高而受到全社会关注，其中“滇国——云南青铜文明陈列”以后现代的美术观念设计，采用环保节能灯具，强调以人为本的展览理念，并辅以优质的服务体系，荣获第七届全国十大文物陈列展览精品奖。

（十六）云南文物展览实施走出去战略

“请进来，走出去”是云南省文博事业长期以来坚持的工作方针，并获得了喜人的成绩。2008年，云南省博物馆赴湖北省博物馆举办“七彩霓裳——云贵高原民族服饰展”；2009年，与江川县青铜器博物馆在江西省博物馆共同举办“滇王归来”大型青铜器展览；2010年在贵州省博物馆举办“云南佛教艺术展”，提供佛教文物127件；在浙江省博物馆举办“廖新学油画展”。2009年，云南民族博物馆赴内蒙古参加“薪传——中国少数民族非物质文化遗产遗产展”；2010年，“七彩秘境——云南民族民俗风情展”分别在广西民族博物馆、山西博物院、甘肃省博物馆巡回展出，宣传扩大了云南的影响。

（十七）文物修复及保护

2008年，云南省博物馆获得了国家文物局首批可移动文物技术保护设计甲级资质和首批可移动文物一级修复资质。2009年，云南省博物馆在文物修复和技术保护工作方面取得了良好的成效，着手防虫防霉情况检查和投放工作，对展厅进行人工湿度调节，对展柜环境实施恒湿调控和无线监测，完成了真空充氮杀虫灭菌消毒仪对绘画颜料色牢度的影响试验；在已有设备的基础上设计了“书画类文物修复中预期效果模拟与全色工序数字化辅助的初步研究”、“滇王编钟的有害锈去除和保护处理”、“皮铠甲的保护与修复”等三个研究课题，与昆明理工大学和昆明市博物馆共同合作开发的中国书画修复平台项目已进入成果申报阶段，与此同时，在文物保护修复及高仿品制作方面也获得了不断进步。

（十八）国家文物出境鉴定云南站文物鉴定

2008年以来，国家文物出境鉴定云南站（设云南省博物馆内）共为我国公民、港澳台胞及外宾鉴定出境文物80余起2000多件，为群众提供私人收藏文物鉴定服务，累计鉴定文物上千件，扩大了我省文物事业的影响，为逐步开展民间文物登记工作奠定了基础。为全省文物单位鉴定馆藏文物5000余件，确定三级以上文物200余件，充实了我省文物的馆藏，填补了国有收藏单位的部分空白。

（十九）云南省博物馆文物藏品逐年上升

截至2010年12月底，云南省博物馆文物（含资料）总数204498件。其中一级507件，二级1386件，三级12127件，一般文物（含资料）190478件。

（二十）《文化遗产与博物馆研究》（第一辑）出版

该书由马文斗主编，云南人民出版社2010年7月出版。全书25万字，收录了云南省博物馆专业人员撰写的25篇论文，涵盖文化遗产与博物馆、青铜文化、民族文物、近现代文物以及文物保管保养的科学研究领域，不乏新的观点，许多论文出自一线岗位、年轻同志之手。

（二十一）《从牧童到艺术大师——廖新学艺术创作史料辑》出版

该书由云南省博物馆编，2010年11月由云南美术出版社出版。廖新学（1900—1958），富民人，云南美术的开拓者，我国艺术界一位罕为人知的大师，在雕塑、绘画方面成果卓著。廖新学英年早逝后，他的家人、学生将他的主要作品及相关资料捐赠给云南省博物馆。该书分为三个部分：廖新学在国外生活期间的史料、回国后的艺术追求与成就、廖新学病逝后的追思与怀念，是一本集廖新学作品分类、整理、修复和研究大全的资料汇编，将有助于更多的人学习缅怀廖新学及其创作历程。

（二十二）西双版纳州博物馆开馆

该馆占地10万平方米，建筑面积1.6万平方米，总投资概算1.55亿元的西双版纳州博物馆于2010年11月11日建成开馆。通过文物陈列和非物质文化遗产的形式，展示了西双版纳的历史沿革、各民族丰富多彩的文化、生态多样性等特点。其主展区分为："勐泐回望——西双版纳历史帆影"、"和睦颂歌——西双版纳民族风采"、"雨林情韵——西双版纳自然掠影"、"文化兴边——多民族的和谐家园"和"睦邻友好——开放活州的西双版纳"五大板块。

（二十三）"云南藏宝系列丛书"出版

该丛书由云南省博物馆编，2008年起由云南民族出版社出版。该套丛书目前已出版三本：张永康、陈浩编撰的《佛国遗珍——南诏大理国的佛陀世界》，陈浩、邢毅编撰的《滇国寻踪——青铜铸成的史诗》，马文斗编撰的《薪火南来——云南青花的故事》，用浅显易懂的文字和精美的文物图片推介了绚丽多彩的云南历史文化。

（二十四）组织各州、市、县博物馆馆长观摩国际博物馆协会第22届大会

2010年11月7～12日，国际博物馆协会第22届大会在上海市世博中心举行。这是迄今为止我国主办的文化遗产和博物馆领域级别最高、规模最大的国际会议，为全球博物馆工作者提供一个分享专业成果、共创博物馆未来的平台。云南省文物局组织各州、市、县博物馆馆长和文化局分管文物博物馆的领导50余人赴上海参加了大会。与会人员一致表示，参加国际博协大会增长了知识，开阔了眼界，对下一步推动本地区博物馆事业的发展十分有益。同时，为配合在国际博协大会上展示中国博物馆的发展成就，按时完成了中国博物馆协会主编的《中国博物馆年鉴（2009）》（云南分述和大事记）的组稿编写工作。

（二十五）云南省文物博物馆协会召开换届大会

2010年12月3日，云南省文物博物馆协会换届大会在昆明举行。针对目前民间文物艺术品市场混乱等诸多问题，该协会将协助政府主管部门在民间贯彻执行《文物保护法》，配合文物行政主管部门监管好地方文物艺术品市场。省文化厅厅长黄峻、省文化厅原厅长贺光曙被聘为省文博协会名誉理事长，选举省文化厅副厅长、省文物局局长熊正益为理事长，省文物鉴定委员会主任张永康、省文物局副局长余剑明、省博物馆馆长马文斗、省文物考古研究所所长刘旭、省文物总店总经理王昆等为副理事长。

（二十六）"云南民族博物馆图文丛书"出版

该丛书由谢沫华主编，2010年12月由云南美术出版社出版。这是为真实记录建馆15年来的发展历程，以图文并茂、简明通俗的形式反映民族博物馆专题陈列展览内容的系列丛书。先期推出《记忆十五年》（毕发认、木基元编撰）、《民族服饰工艺》（杨莉、董菊英编撰）、《民族文字古籍》（杨莉、杜韵红编撰）。

（二十七）中国永胜云南边屯文化博物馆奠基

2010年8月21日，云南省省长秦光荣在永胜调研时作出重要指示：要进行全省性的边屯文化研究，在永胜程海镇建设边屯文化博物馆，把永胜建成云南边屯文化研究和开发的示范基地，将程海的生态保护与文化研究紧密结合起来进行总

体开发，从而推动当地经济、文化和社会的全面发展。12月26日，云南边屯文化博物馆在永胜县程海镇毛家湾村举行奠基仪式。据悉，边屯文化博览园占地78亩，将设置博物馆、研究所和毛氏宗祠。

三、文化遗产保护与文化事业的发展

（一）云南文化遗产保护成效明显

云南省在全国率先颁布了民族民间传统文化地方性保护法规、率先命名民族民间艺人、率先全面开展民族民间传统文化普查工作，每年从省级文化事业发展专项资金中划拨20%的比例用于少数民族文化的抢救保护，优秀民族文化得到较好的传承。到2010年年底，云南省各级文物保护单位和挂牌保护文物由2045处增加到3949处，全国重点文物保护单位由44处增加到76处，国家级和省级历史文化名城（村、镇）由31个增加到61个，分别比“十五”期末提高93%、72%、96%。

（二）云南省非物质文化遗产保护体系确立

云南省非物质文化遗产保护取得突破性进展，四级名录体系和三级保护制度初步建立，走在了全国前列。有国家级非遗保护名录（含扩张项目）91项、省级非遗保护项目217项、州市级非遗保护项目2881项、县（区、市）级非遗保护项目5417项。全省各级命名的非物质文化遗产项目代表性传承人有3551人，其中51人入选国家级代表性传承人、284人入选省级代表性传承人。

（三）云南省文物产业集团发展壮大

2007年6月，“云南文物产业集团”在原云南省文物总店基础上正式成立，涵盖保护、征集、拍卖、鉴定评估、销售、文物修复、展览、对外交流与合作等相关业务。已征集文物15万余件，为博物馆、科研机构提供文物1500余件，云南文物收藏爱好者队伍从200余人发展到目前的20万余人。2008年3月，委托云南典藏拍卖集团有限公司在昆明举办“首届全国文物商店文物艺术品联合拍卖会”，8000多万元的标的以5000万元圆满收槌，彰显了云南在全国文物收藏界的卓越影响力。

（四）积极应对国际组织对丽江古城保护状况的监测

根据第三十二届世界遗产委员会决议，云南省文物局编制《丽江古城保护状况报告》和《丽江古城突出普遍价值真实性声明》上报联合国教科文组织世界遗产中心，供世界遗产委员会审议。2008年7月2日至10日，组成云南省文化遗产代表团赴西班牙，协助国家文物局对大会提出丽江古城保护状况的质疑进行说明和陈述，体现了世界文化遗产缔约国的主权地位，极大地促进了世界文化遗产丽江古城的真实性保护。

（五）优秀剧（节）目在全国获奖

2008年，京剧《白洁圣妃》获第五届中国京剧艺术节新编历史剧类一等奖和中国少数民族戏剧学会金孔雀综合大奖、金孔雀优秀表演奖、金孔雀表演奖、金孔雀优秀造型服装奖；京剧小生组《白门楼》获第六届全国青年京剧演员电视大赛一等奖；魔术《彩云渔歌》获中国·宝丰第四届魔术文化节暨“宝丰杯”全国魔术比赛金奖；杂技新创节目《璇——蹬人流星》、《蹬技——仆少与鼓》获第七届全国杂技比赛三等奖；滇剧《西施梦》获第九届上海国际艺术节白玉兰戏剧表演艺术集体奖；花灯小戏《审村长》、《山上的嫂子》、《憨憨戏主》分获首届中国（赣州）地方戏展演剧目综合优秀奖（金奖）、剧目综合奖（银奖）和优秀表演奖（金奖）。省话剧团副团长王砚辉获第八届华语电影传媒大奖最佳男配角奖；省杂技团青年演员杨赵琼获全国“三八红旗手”荣誉称号。

（六）云南省对外文化好事连连

单是2008年，云南省歌舞团、杂技团、花灯团以及州县的文艺团队，组成对外派出文化交流团组和个人21起、324人次，出访日本、韩国、越南、文莱、印度、孟加拉国、南非、毛里求斯、莱索托、塞舌尔等22个国家；接待外国文化交流团组和个人18起、371人次，来自20个国家；对港澳台派出文化交流团组和个人10起、311人次，同时也接待了来自外国及港澳台地区的团队个人20余起、200多人次的交流。

（七）启动姚安地震灾区文物抢救维修工程

2009年7月9日，姚安发生6级地震，对文物建筑造成严重损伤。7月17日，国家文物局局长单霁翔赴灾区进行考察。7月28日，国家文物局专家组赴现场指导文物建筑抢救维修并制订实施计划。10月31日，国家文物局和云南省人民政府在姚安共同举行了“姚安龙华寺古建筑群抢救维修工程开工仪式”，对全国重点文物保护单位姚安龙华寺进行维修，并落实姚安地震灾区文物保护抢救专项经费1100万元，投入2000万元用于姚安龙华寺整体维修和大姚白塔加固保护。

（八）“丽江古城保护利用对当地经济社会发展的贡献研究”后续成果

2005年3月，云南省文物局承担了国家文物局文物保护科学和技术研究课题“丽江古城保护利用对当地经济社会发展的贡献研究”（课题合同编号：20050202—04）。该课题由云南省文化厅副厅长兼省文物局局长熊正益担任项目总负责人，云南省文物局副局长张永康、丽江市副市长杨一奔为项目协调管理负责人，云南省经济研究所所长段钢、云南民族博物馆研究员木基元任课题组主要成员。经过周密细致的调查和分析论证，课题组于2006年7月完成了课题报告的编制，并于当年10月通过了课题结题和验收。其后，段钢在《云南省经济研究院年度研究报告》（云南人民出版社2008年版）发表《丽江古城保护利用遗产经济学研究》，木基元在《云南文化发展蓝皮书》（云南大学出版社2009年版）刊载《云南历史文化名城保护与经济发展综论——以丽江为例》的后续成果。

（九）推进滇越铁路的保护和研究工作

2009年3月1日，省政府举办滇越铁路通车100周年纪念活动，召开滇越铁路保护国际学术论坛，举办滇越铁路专题展览。来自中、越、法三方的官员和学者，在论坛上就未来这条铁路的保护和开发提出了许多可行性建议，一致达成共识——中越两国联手共同为滇越铁路申遗。以全国政协副主席陈奎元为团长的调研组一行50余人，于9月10日对滇越铁路沿线文物进行了考察。副省长刘平汇报了滇越铁路保护和利用工作，省委常委、宣传部部长张田欣听取了考察团的情况反馈。通过考察和交流，统一了保护和利用好滇越铁路的思想，对加强滇越铁路保护提出了新的要求。

（十）云南省文化资源共享工程

截至2009年年底，云南省共建成1个省级分中心，91个县级支中心，633个乡镇基层服务点（含农民素质教育网培训学校407个），累计培训各级文化共享工程基层工作人员755人次。云南省分中心自建专题数据库12个，资源总量达4TB。其中农业科技片903部，舞台艺术14部，禁毒防艾4部，其内容大都涵盖云南民族特色的数字资源，体现出“人无我有”的个性。云南文化信息资源网站自2007年6月1日开始运行，至2009年年底信息总量达37500篇（条），浏览总量达70多万人次。

（十一）《云南省非物质文化遗产传承人名录》出版

该书云南省文化厅编著、蔡永辉主编，2009年4月由云南大学出版社出版。该书简要介绍了230位云南省（国家级、省级）非物质文化遗产传承人的基本情况及特殊技艺，其中有民间工艺的能工巧匠、民间艺术的传承人物、宗教仪式和民俗礼仪的主持者、民族民间文化典籍和资料的保存者等。

（十二）“文化遗产保护与经济社会发展论坛”成功举办

2009年6月10～11日，由云南省文化厅、省文物局主办的“文化遗产保护与经济社会发展论坛”在昆明成功举行。论坛从文化遗产保护经济社会发展理论；世界文化遗产、历史文化名城（村镇）的保护；博物馆、文物企事业单位改革；非物质文化遗产传承等四个方面展开讨论，厅长黄峻作了主旨发言，副厅长熊正益作了总结发言。来自城建、高校、旅游、宗教、文化、文物等部门的80位领导、专家和学者参加了论坛。论坛回顾了近年来云南在文化遗产保护与利用方面的运作模式，总结了文化遗产开发利用的先进经验，对提高我省文化遗产的开发和利用水平起到了极大的促进作用。

（十三）“云南省民族传统文化保护区建设工作经验交流会”在石林召开

该会于2009年3月举行，27个民族传统文化保护区的代表介绍了建设管理工作情况及经验，与会专家围绕民族传统文化保护区建设管理进行专题调研，分析面临的困难和矛盾，提出了解决问题的思路。国家非物质文化遗产保护中心专家委员会、省人大、省政协的相关领导到会指导。

（十四）国庆60周年云南彩车制作及游演

2009年10月1日，在北京天安门广场举行的庆祝中华人民共和国成立60周年隆重庆典上，云南彩车成为游行队伍中一道亮丽的风景，得到大众的喜爱和组委会的表彰。由云南省文化厅负责制作展示的云南彩车，以“七彩祥云”为设计主题，突出了行云流水、写意浪漫、色彩明朗、气氛热烈等诸多元素，充分表达出云南4500多万各族儿女庆祝祖国六十华诞的喜悦心情。

（十五）云南陆军讲武堂百年庆典学术研讨会暨昆明市云南陆军讲武堂研究会成立

2009年10月26日，云南陆军讲武堂百年庆典学术研讨会暨昆明市云南陆军讲武堂研究会成立大会上，来自中韩的数十位专家学者济济一堂，热论云南陆军讲武堂的历史意义和现实意义。云南陆军讲武堂是目前国内保存最完整、历史最悠久的著名军事院校之一，从1909年开办，至1928年结束，共培养学生9000余人，朱德、叶剑英等300余名将帅就是该校的优秀毕业生，他们为中国近现代史写下了浓墨重彩的一笔。中共云南省委常委、昆明市委书记仇和为“百年军校 将帅摇篮”主题展览剪彩，该展览展品近2000件（套），其中叶剑英的毕业证书，朱德、叶剑英的元帅服，《步科笔记》（教材）及光绪铁炮等都属难得的展品。

（十六）非物质文化遗产传承人进校园系列活动

2009年11月，为积极推进非物质文化进校园、进教材、进课堂、进社区，普及非物质文化遗产知识，省文化厅与云南艺术学院、云南民族大学联合举办的“非物质文化遗产传承人进校园”系列活动正式启动。各大学聘请民间艺人为客座教授和专家，彝族刺绣、剑川木雕等艺人现场授艺，互动交流。烟盒舞、打歌、弦子舞、乐作舞、热美蹉、花灯、左脚舞等群众基础较好的舞蹈节目，被列入乡土教材，成为中小学的课间操和群众的健身舞、自娱舞进行推广。到2010年年底，已举办8期9个项目“非物质文化遗产进校园”活动，引起各高校广大师生强烈反响。

（十七）首届云南少数民族酒歌大赛在怒江举行

2009年12月21日，由云南省文化厅、省民委、省商务厅、省旅游局、怒江州委州政府共同主办的“首届云南少数民族酒歌大赛”决赛在怒江举行。这一在傈僳族阔时节期间举办的文化盛事，邀集16个州市17个代表队参赛，共产生最佳歌曲奖17名，最佳歌手奖、最佳形象奖、最佳创意奖各10名，优秀歌手奖28名。

（十八）第三次全国文物普查云南成果丰硕

截至2009年12月30日，全省有2745人参加文物普查，累计投入经费4256万元；全省129个县（市、区）均启动并完成实地文物调查，启动率和完成率均为100%。调查登记不可移动文物15047处，其中新发现11184处，超额完成《云南省文化遗产保护工程实施方案》中新发现1万处目标。从全国情况看，云南省普查人员数位居全国第6位，新发现文物位居全国第14位。全省129个县（市、区）共调查登记不可移动文物15866处，其中新发现11885处，复查3981处，调查登记消失文物919处。对新型文化遗产如乡土建筑、生态村落、工业遗产、老字号，重要历史遗迹如名人故居、滇西抗战、金沙江岩画和矿业遗址，文化线路如茶马古道、滇越铁路开展了专题调查，极大地丰富了云南文化遗产的数量和类型，充分体现了我省文物普查取得的丰硕成果。2010年11月16日至19日，国务院第三次全国文物普查领导小组办公室组织专家对我省实地文物调查阶段工作进行了整体验收。

（十九）“云南现象”座谈会在北京举办

2010年3月7日，由光明日报社和中共云南省委宣传部共同举办的中国文化产业“云南现象”座谈会在北京举办，国内著名专家学者就云南文化产业发展的实践进行深入解读，并为云南文产的进一步创新发展积极建言献策。与会专家学者认为，“云南现象”的核心和实质，是探索和建立了一个由政府主导、民族文化主打、旅游助推、龙头带动、民资撬动、文化事业产业互动的文化产业发展机制。“云南现象”既是云南作为多民族地区努力创新和发展特色文化产业的重要成果，也是我国进一步实现文化产业又好又快发展、推动社会主义文化大发展大繁荣的有益实践。

（二十）《云南映象》再度赴日演出

2010年3月18日，云南省政府在日本举行“魅力云南”系列活动之一《云南映象》专场演出，演出地点在东京一流的演出剧院东急文化村。这是《云南映象》剧组2008年3月中旬到东京成功进行12场商演两年后的再次文化盛事，为云南和日本的交流与合作注入了新活力。

（二十一）云南杂技团赴法演出载誉归来

2010年3月30日，云南杂技团一行46人自2009年11月赴法国成功地进行100场商业演出载誉归来。这次演出是云南省杂技团建团以来，凭借自身的实力首次单独组织到欧洲具有传统杂技表演历史的地区进行演出，受到了欧洲主流媒体的集中宣传和热情关注。

（二十二）副总理李克强关注云南文物保护工作

2010年5月31日，中共中央政治局常委、国务院副总理李克强同志视察全国重点文物保护单位——国立西南联合大学蒙自分校旧址时作了重要指示。在中共云南省委、省政府和财政部的重视和支持下，云南省组成了文物建筑保护与陈列展览专项工作组。省、州、市有关部门认真抓落实，进行文物建筑修缮，开展文物资料征集，高质量、高标准设计制作陈列展览。目前，西南联大展览已顺利进入布展阶段。

（二十三）“中国文化遗产保护普洱论坛——茶马古道遗产保护及培训”在普洱举行

2010年6月3～6日，由国家文物局、云南省政府主办，省文物局、普洱市政府承办的“中国文化遗产保护普洱论坛——茶马古道遗产保护及培训”在普洱市成功举办。国家文物局局长单霁翔、云南省政协副主席顾伯平出席论坛开幕式并作了重要讲话，西藏、四川、甘肃、青海、贵州及云南省文物局领导分别作了专题发言。培训期间，国家文物局专家、清华大学文化遗产保护研究所、中国建筑学院、西北大学、云南大学等单位专家为60余名学员进行了培训。论坛形成了《茶马古道遗产科学保护普洱倡议》，标志着茶马古道国家保护行动启动、茶马古道整体保护行动启动。云南省文物局组织有关学术机构开展了“茶马古道文化线路”研究项目，形成了“茶马古道文化线路”研究成果；在澳门举办“千年印记——茶马古道风情展”；编辑出版了《茶马古道论文集》。

（二十四）大理州文化遗产局成立

2010年6月4日，全省第一个州市级文化遗产局——大理州文化遗产局成立，这是大理州实施“文化立州”战略，全面加强文化遗产保护的重要举措。长期以来，大理州委、州政府高度重视文化遗产保护工作，始终坚持以科学发展观为指导，按照“保护为主，抢救第一，合理利用，加强管理，传承发展”的方针，正确处理经济发展与文化遗产保护的关系，全州文化遗产保护工作取得了显著成绩。成立文化遗产局，是大理州顺应形势发展，进一步推动文化大州向文化强州的重大转变。

（二十五）国家文物局同意将哈尼梯田列入2011年“申遗”预备名单

2010年6月24日，由副省长高峰召集红河哈尼梯田申报世界文化遗产领导小组成员单位召开领导小组全体会议，哈尼梯田保护规划编制单位、“申遗”文本编制单位分别作了说明。省文物局、红河州政府召开了红河哈尼梯田保护规划、“申遗”文本论证会，会上对保护总规和申遗文本提出了修改完善意见。9月30日，申遗文本编制完成，由省文物局上报国家文物局，正式进入申报程序，国家文物局同意将哈尼梯田列入2011年“申遗”预备名单。

（二十六）“2010中国丽江茶马古道文化研讨会暨生态绿色名优茶博览会”在丽江举行

2010年7月6～8日，来自全国各地的300多名专家学者云集丽江，交流茶马古道及茶文化研究领域的最新成果，共同为茶马古道未来的保护与开发出谋划策。此次研讨会共收到论文88篇，主办方将其分为历史文化、区域族群文化、旅游与文化产业、遗产保护、民族志、语言文字、民族艺术、民族宗教等专题。出席研讨会的学者们在主办方的精心安排下，分别踏访了七河、龙蟠两段古意盎然的马道，切身感受了茶马古道的文化韵味。

（二十七）编制完成《云南省文物保护项目及经费需求“十二五”规划》

该规划由云南省文物局于2010年8月编制完成，该规划包括文物保护单位维修、保护项目规划编制、大遗址保护、考古发掘、消防安防、文物征集、藏品保护、馆藏环境达标、展览提升、馆舍维修、文物库房建设、人口较少民族博物馆建设等各类文物保护项目及经费需求，涉及保护项目797个，经费21.55亿元，为云南省“十二五”期间争取中央和地方资金支持制订了科学计划。其中哈尼梯田申遗、茶马古道保护和“东南亚南亚考古研究和文物保护基地”建设被列入国家文物局“十二五”文化遗产保护规划和重点项目。

（二十八）昆明泛亚国际民族民间工艺品博览会

2010年8月27日，由云南省文产办、省文化厅、省旅游局、昆明市政府、云南世博旅游控股集团有限公司共同主办，昆明泛亚国际民族民间工艺品博览会在昆明国际会展中心开幕。博览会参展范围包括文物艺术品、民间收藏类，编织刺绣类，民间陶瓷类，民族民间器乐类，奇石玉器类，仿古家具类，新型工艺品类，非物质文化遗产类等12个门类，并通过非物质文化遗产传承人、民间手工艺大师现场演示以及云南原生态民族歌舞表演等活动，进一步展示云南省丰富多彩的民族民间工艺品、民间文物艺术品和旅游文化品，拓展云南省和周边省区及区域性国际范围内民族民间工艺品的推介渠道和贸易空间。

（二十九）上海世博会云南活动周

2010年8月27～31日，为中国2010年上海世博会云南活动周。此次活动周由云南省委书记白恩培、省委副书记李纪恒和省政协主席王学仁带队，并邀请国内外嘉宾共同参与。活动周以“云南各民族欢聚世博园”为主题，通过《绮彩云南》大型花车巡游、《激情云南》庆典广场表演、《七彩云南》大型民族歌舞演出、《云裳异彩》云南民族服饰演绎、《记忆云南》云南非物质文化遗产展示、《水彩云南》中国知名画家画云南精品展、《神系云南》巨屏书画展、《风情云南》民俗歌舞展演及旅游推介、《丽江情缘》浦江之夜大型音乐剧演出等一系列丰富的展演展示活动，向海内外嘉宾全方位展示了云南“民族团结安居、盛世共聚世博”的和谐画卷。

（三十）《中国文化遗产》杂志出版《茶马古道云南专辑》

由《中国文物报》、云南省文物局合编的《中国文化遗产》2010年第4期出版《茶马古道云南专辑》，刊载了18篇文章。国家文物局局长单霁翔为之专文《守护千年古道，再书世纪新篇》，该专辑是2010年4月普洱论坛的科学总结，熊正益、木霁弘、余剑明等也刊发文章，阐述了云南省专家、学者和文物工作者对茶马古道的认识及感悟。

（三十一）第六届康巴艺术节暨迪庆州民族团结节

2010年9月12～16日，第六届康巴艺术节暨迪庆州民族团结节在香格里拉县举办。这次盛会由云南省迪庆藏族自治州、四川省甘孜藏族自治州、青海省玉树藏族自治州和西藏自治区昌都地区主办，迪庆州承办。节庆期间，举行四地州舞台和广场文艺演出、大香格里拉旅游论坛、康巴文化长廊、香格里拉邮票首发式、迪庆州第六届民族民间文艺汇演等活动。独克宗古城张灯结彩，新落成的迪庆州红军长征博物馆、迪庆州博物馆以独特的文化展示迎接来自国内外的嘉宾。

（三十二）“云南民族风情外宣数字电影精品工程”启动

2010年9月28日，“云南民族风情外宣数字电影精品工程”启动仪式在昆明举行。“云南民族风情外宣数字电影精品工程”是云南省委对外宣传办公室在中央对外宣传办公室的大力支持下，同中央外宣办五洲传播中心共同实施的一项大型外宣工程，计划到2011年年底为云南的18个少数民族（包括云南独有的15个少数民族以及彝族、水族、布依族）各创作拍摄一部数字电影。

（三十三）“三江并流地区考古暨民族关系学术研讨会”在迪庆举行

2010年10月10～12日，由迪庆州政府主办，云南大学民族研究院、迪庆州文化局承办的“三江并流地区考古暨民族关系学术研讨会”在香格里拉县城召开，来自全国各地学者50余人赴会，共提交了30多篇论文。专家学者们总结近年来“三江并流”地区考古和民族学研究的新成果，对进一步加强地区间的协作和学术交流，推动当地考古学和民族学研究产生了积极影响。

（三十四）“2010年云南省花灯艺术周”在姚安举办

2010年11月1～6日，由云南省委宣传部、省文化厅、省文学艺术界联合会主办，云南电视台、楚雄州委宣传部、姚安县委县政府承办的群众性文化活动盛会——“2010年云南省花灯艺术周”在素有“花灯之乡”美誉的姚安县举办。云南省花灯剧院带来了大型演出——现代花灯剧《梭椤寨》，并举行了小行星“姚安星”命名仪式。“2010年云南省花灯艺术周”是展示近年来云南省文化建设和文艺发展成果的一个重要平台，艺术节期间举办“姚安本地群众花灯节目演出”、“青年演员演唱比赛”、“优秀剧（节）目展演”等活动。

（三十五）第二届中国（福保）乡村文化艺术节暨“中国乡村非物质文化遗产传统工艺展”

2010年11月19～22日，由中国文联和云南省政府主办的第二届中国（福保）乡村文化艺术节在昆明福保村举行，同期推出“中国民族民间刺绣精品展”和“中国乡村非物质文化遗产传统工艺展”，吸引了来自全国14个省、市、自治区、直辖市的45个国家级、省级非物质文化遗产项目参加。国务院副总理回良玉，文化部副部长杨志今，省委副书记、省长秦光荣，省政协主席王学仁，省委副书记李纪恒，副省长刘平、高峰，省政协副主席陈勋儒等领导莅临现场视察指导。

（三十六）《吴哥的微笑》在柬埔寨首演

2010年11月27日，由云南文化产业投资控股集团精心打造的大型史诗剧《吴哥的微笑》，在柬埔寨暹粒省吴哥首演。该剧将以商业运作的方式长期驻场演出。这是云南文化产业具有里程碑意义的事件，标志着云南省文化体制改革，特别是国有文艺院团转企改制进入了新的阶段。《吴哥的微笑》是中柬两国共同打造的第一个文化合作项目。整台演出由“序·问神”、“辉煌的王朝”、“复活的众神”、“搅乱乳海”、“生命的祈祷”和“尾声·吴哥的微笑”六个章节构成。

（三十七）昆明市非物质文化遗产保护协会在昆明成立

2010年12月30日，云南省第一家非物质文化遗产保护协会——昆明市非物质文化遗产保护协会在昆明成立。昆明是国务院首批公布的24个历史文化名城之一，已有口述文学阿诗玛、滇剧、大三弦、石林彝族刺绣四个项目被列入国家级非物质文化遗产名录。为进一步加强非物质文化遗产保护工作，昆明市在全省率先成立了非物质文化遗产保护协会。

（西南林业大学民族生态文化研究中心　木基元）

科研课题

年鉴

2008—2010

2008—2010年国家社会科学基金项目立项情况

2008年度云南省国家社科基金年度项目立项名单

2008年．我省34个单位共申报国家社科基金项目613项，经全国社科规划办组织专家评审，67项获得立项，其中，年度项目35项，西部项目32项。

序号	项目批准号	项目名称	负责人	所在单位	成果形式	计划完成时间
1	08BZW081	明清时期白族家族式作家群研究	周锦国	大理学院	专著	2009年12月31日
2	08BZW082	南诏大理文学研究	杜成辉	大理学院	专著 论文(集)	2010年12月30日
3	08BFX041	反垄断法适用除外制度研究——兼论与产业政策的关系并以日本经验为例	齐虹丽	昆明理工大学法学院	专著	2010月12月31日
4	08BKS020	西南边境民族地区和谐问题研究	杨迎潮	昆明理工大学社会科学学院	论文（集） 研究报告	2009年10月30日
5	08CJY041	基于SCP范式的农业社会化服务体系研究	李春海	玉溪师范学院	论文（集） 研究报告	2010年8月30日
6	08BYY036	中国面向东盟的对外汉语网络教育平台构建与发展战略研究	崔晓霞	云南财经大学	论文（集） 电脑软件	2010年12月31日
7	08BFX046	生态文明建设中公众参与法律机制研究	蔡　磊	云南大学法学院	专著	2011年7月5日
8	08BMZ036	少数民族高等教育需求差异研究——以云南省世居25个少数民族为例	张建新	云南大学高等教育研究院	专著 研究报告	2010年2月28日
9	08BTQ012	欠发达地区农村图书馆的科学发展研究——以云南省腾冲县农村图书馆（室）的发展为例	杨　勇	云南大学公共管理学院	专著 研究报告	2010年12月31日
10	08BZZ032	当前我国城市公用事业的公私合作改革与政府监管——基于公共管理的研究	崔运武	云南大学公共管理学院	研究报告	2009年12月31日
11	08CSH029	中国多族群居地区族群关系的变迁与现实：以昆明为例	马雪峰	云南大学公共管理学院	研究报告	2009年12月31日
12	08CZZ027	我国政策网络实证研究——基于云南省艾滋病项目执行情况的分析	李　玫	云南大学公共管理学院	研究报告	2009年12月31日
13	08BZS049	历史时期滇池流域人地关系及生态环境演变研究	陆　韧	云南大学历史系	专著	2010年12月31日
14	08CMZ005	民国时期云南彝汉关系研究	谷跃娟	云南大学民族研究院	专著	2010年7月30日

续 表

序 号	项目批准号	项目名称	负责人	所在单位	成果形式	计划完成时间
15	08CMZ007	世界文化遗产保护与利用的人类学研究——以丽江古城为例	李继群	云南大学民族研究院	专著	2010年12月31日
16	08CZX004	多民族地区公民社会建设的理论与实践研究：以云南为个案	蒋 红	云南大学人文学院	专著	2010年12月31日
17	08BZW001	《文心雕龙》集注、集解、直译	张国庆	云南大学人文学院中文系	专著	2011年7月31日
18	08BGJ008	当前西南边疆非传统安全威胁的主要表现与对策研究	陆 云	云南警官学院	论文（集）研究报告	2009年8月29日
19	08CFX050	云南禁吸戒毒模式研究	房 红	云南警官学院	研究报告	2009年6月30日
20	08CSH021	流动人口艾滋病社会干预研究	王 清	云南警官学院	论文（集）研究报告	2009年12月31日
21	08BJY101	云南“直过民族”地区建设社会主义新农村面临的新问题与对策研究	那金华	云南临沧师范高等专科学校	研究报告	2009年9月30日
22	08BZJ019	云南宗教文化与旅游研究	张桥贵	云南民族大学	专著研究报告	2010年12月31日
23	08BZZ010	平等与自由的博弈——西方宪政民族的价值冲突与演进趋势研究	陈德顺	云南民族大学法学院	研究报告	2010年12月31日
24	08CMZ015	以旅游为产业动力的少数民族地区特色城镇化道路研究	李柏文	云南民族大学管理学院	论文（集）研究报告	2010年6月1日
25	08BMZ004	多民族杂居村落文化形态与构建和谐社会研究：以云南民族自治地区为例	李 列	云南民族大学继续教育学院	专著研究报告	2011年7月31日
26	08BSH012	中近期中国社会问题演化的趋势研究——中缅边境地区毒品问题整体演化趋势及其对策研究	鲁 刚	云南民族大学人文学院社会学系	研究报告	2010年9月30日
27	08BMZ026	近年来云南回族社区人口流动与社会和谐研究	马丽娟	云南民族大学校办	研究报告	2010年7月31日
28	08BKS038	老挝社会主义的理论与实践研究	马树洪	云南省社会科学院	专著	2010年6月30日
29	08BMZ034	泰国泰人的族别认同及其对中国和谐边境建设的影响	郑晓云	云南省社会科学院	研究报告	2010年6月30日
30	08BSH054	东南亚的中国大陆新移民与华侨华人社会——老挝案例研究	方 芸	云南省社会科学院	研究报告论文(集)	2009年12月31日
31	08CGJ003	中印关系前景及其影响因素研究	柳 树	云南省社会科学院	研究报告	2009年10月30日
32	08CZX007	云南少数民族传统生态伦理与当代生态文明建设研究——以傣族、哈尼族和白族为例	谢青松	云南省社会科学院	专著	2010年6月30日

续 表

序 号	项目批准号	项目名称	负责人	所在单位	成果形式	计划完成时间
33	08BJY041	新农村建设中的少数民族贫困乡镇政府人力资源开发研究	杨　林	云南师范大学	研究报告	2010年12月30日
34	08BTY015	中国西南边境地区体育发展特征与模式研究	饶　远	云南师范大学体育学院	论文（集）研究报告	2009年12月30日
35	08BXW023	民族文化传播与边疆少数民族和谐文化建设	陈　路	云南师范大学哲学与政法学院	研究报告	2010年12月31日

2008年云南省国家社科基金西部项目立项名单

序号	项目批准号	项目名称	负责人	所在单位	成果形式	计划完成时间
1	08XKS015	城市弱势群体——贫困人群的思想政治工作研究	胡　椿	大理学院	研究报告	2010年8月16日
2	08XMZ033	云南哈尼族传统生态文化研究	黄绍文	红河学院	专著	2011年10月1日
3	08XMZ042	滇越跨境民族和谐文化关系研究	师有福	红河学院	专著	2011年12月31日
4	08XMZ035	滇藏茶马古道文化遗产廊道研究	王丽萍	昆明大学	研究报告	2009年12月30日
5	08XFX016	刑罚的伦理性分析	曾粤兴	昆明理工大学法学院	专著	2010年12月31日
6	08XZX013	大学文化建设与素质教育：以西南联大为范本	陈茹苏	昆明理工大学文学院	专著	2010年12月31日
7	08XZX004	少数民族地区世界遗产地的生态文明建设研究——以云南为例	杨桂芳	丽江师范高等专科学校	专著	2010年6月30日
8	08XZW027	西南边疆少数民族文学发展中的“后现代”问题研究	张永刚	曲靖师范学院	专著 研究报告	2011年5月31日
9	08XZX001	马克思对人类哲学的理论构建研究	许鲁洲	曲靖师范学院	专著	2010年12月30日
10	08XMZ031	少数民族社区生态文明建设研究——基于滇西北生态旅游的实证	叶　文	西南林学院	研究报告 论文（集）	2009年12月31日
11	08XMZ027	和谐社会视野下的民族地区文化旅游发展与民族关系互动研究——以川滇泸沽湖地区为例	陈　刚	云南财经大学	研究报告 论文（集）	2010年8月31日
12	08XTJ001	多水平模型及其在经济领域中的应用	石　磊	云南财经大学	论文（集） 专著	2010年10月1日
13	08XXW004	新闻传媒与构建边疆民族地区和谐社会研究——基于媒介素养和“知沟”假设研究	唐嘉庚	云南财经大学	研究报告	2010年6月30日
14	08XYY007	学习者英语写作中语言表现的测量及其测量方法问题的研究	陈慧媛	云南财经大学	专著 研究报告	2010年12月31日
15	08XFX010	民商法基础理论——亲属法基础理论问题研究	杨晋玲	云南大学法学院	专著	2010年8月30日

续表

序号	项目批准号	项目名称	负责人	所在单位	成果形式	计划完成时间
16	08XJY013	微观视角的西部地区少数民族文化产业可持续发展研究	王克岭	云南大学工商管理与旅游管理学院	专著 研究报告	2010年6月30日
17	08XTQ003	西南地区图书馆服务体系理论研究	程结晶	云南大学公共管理学院	专著 研究报告	2010年12月31日
18	08XMZ036	坡芽歌书的传承与保护——非物质文化遗产的个案研究	王志芬	云南大学民族研究院	专著	2010年12月29日
19	08XFX006	户籍制度改革研究——深化户籍迁移制度改革的基本保障及排出对策研究	张爱华	云南警官学院	研究报告	2009年12月31日
20	08XSH007	完善突发事件应急管理机制研究	龙　艳	云南警官学院	专著 研究报告	2009年12月31日
21	08XZS001	汉唐时期西南地区的恶豪族大姓与地方社会	尹建东	云南民族大学人文学院	专著 研究报告	2010年12月31日
22	08XMZ002	云南人口较少民族聚居地区信息媒介接触状况研究	佘玉梅	云南民族大学数学与计算机科学学院	研究报告	2010年11月30日
23	08XKS008	边疆民族地区社会稳定的影响因素与防治对策研究	李育全	云南农业大学	论文（集） 研究报告	2010年8月30日
24	08XMZ003	境外替代发展与云南边境地区和谐社会建设研究	李向春	云南省社会科学院	研究报告	2010年12月31日
25	08XMZ010	云纳跨境民族文化认同与和谐社会的构建	李劲松	云南师范大学	论文（集） 研究报告	2010年12月31日
26	08XZX011	新农村建设中农民的社会心理问题研究——以云南为例	李　辉	云南师范大学教育科学与管理学院	论文（集） 研究报告	2010年12月31日
27	08XDJ003	反商业贿赂新预防体系构建研究	樊　冀	云南师范大学经济学院	论文（集） 研究报告	2010年12月31日
28	08XTY004	阿昌、德昂、景颇族6~18岁学生体质现状调查与测量评价标准建立	舒巨伟	云南师范大学体育学院	专著 研究报告	2009年12月31日
29	08XMZ037	西南少数民族地区村寨生态文明建设研究	肖　青	云南师范大学文学与新闻传播学院	研究报告	2010年12月30日
30	08XZW005	明代诗文流派论争研究	冯小禄	云南师范大学文学与新闻传播学院	专著 论文（集）	2010年6月30日
31	08XFX015	新型农村合作医疗立法研究——以民族贫困地区为例	熊琼芬	中共昆明市委党校	研究报告	2009年10月31日
32	08XDJ004	边疆民族地区贯彻落实科学发展观与加强党的执政能力建设研究	鲁彩荣	中共云南省委党校	研究报告	2009年12月30日

2009年度云南省国家社科基金年度项目立项名单

2009年．我省共申报国家社科基金项目656项，经全国社科规划办组织专家评审，75项获得立项，其中，年度项目39项，西部项目36项。

序号	项目批准号	项目名称	负责人	工作单位	成果形式	拟完成时间
1	09BKS051	西南少数民族地区社会主义核心价值体系建设研究	赵金元	大理学院	专著 研究报告	2011年7月31日
2	09CKS015	新时期边疆民族地区的人民内部利益矛盾与社会和谐	李维昌	云南大学 马克思主义研究院	专著 研究报告	2011年12月31日
3	09BZX002	民族和谐与科学发展的关系研究	邹宇昆	昆明理工大学	专著 研究报告	2011年12月31日
4	09BZX054	和谐社会构建中的西南少数民族族际伦理	蒋颖荣	云南大学人文学院 哲学系	研究报告	2010年12月30日
5	09CZX021	《俱舍论》佛学流派渊源考辨及历史意义研究	杨　勇	云南大学人文学院	专著	2011年12月31日
6	09BJL051	促进西部地区优势产业发展政策研究	张荐华	云南大学经济学院	研究报告	2010年12月30日
7	09CJY008	加快少数民族地区经济社会发展政策研究	许华荣	楚雄师范学院	专著 论文集	2012年12月31日
8	09BZZ004	城市化进程中农民权益的政府保护机制研究	朱　秦	中共云南省委党校	研究报告	2010年11月30日
9	09CZZ005	西方参与式民主理论发展研究	卢　瑾	云南大学 公共管理学院	专著	2010年12月31日
10	09CZZ011	网络结社与边疆民族地区稳定和发展研究	陈　昱	云南警官学院	论文集 研究报告	2010年12月31日
11	09BSH017	西部村落生态智慧承传与乡村治理结构多元模式研究	高小和	曲靖师范学院	专著	2011年12月31日
12	09BSH056	社会工作促进精神健康的理论与实践研究	高万红	云南大学 公共管理学院	专著	2011年12月31日
13	09BSH001	抗战时期云南社会学的实践及其对中国社会学的影响和贡献	李立纲	云南民族大学 人文学院	专著	2011年10月30日
14	09CSH029	云南边境地区人口流动与相关人群的艾滋病脆弱性研究	邓　睿	昆明医学院	研究报告	2012年12月30日
15	09CSH033	纳西族新型农民合作组织与社区治理研究	崔江红	云南省社会科学院 农村发展研究所	研究报告	2010年10月31日
16	09CFX028	集体林权制度改革跟踪研究——以云南省为例	雷　敏	云南省楚雄 师范学院	论文集 研究报告	2011年6月30日
17	09BGJ016	中国—东盟货币合作中的人民币区域化研究	王智勇	云南财经大学 金融学院	研究报告	2011年12月31日
18	09BZS007	南诏历史研究	梁晓强	曲靖师范学院	专著 论文集	2011年12月31日
19	09BZS032	20世纪贵州威宁石门坎苗族百年社会文化变迁	马玉华	云南大学人文学院 历史系	专著	2011年3月31日
20	09BMZ006	我国社会主义民族关系的巩固与发展研究	尹可丽	德宏师范高等专科 学校社科部	研究报告 论文集	2011年12月30日

续 表

序 号	项目批准号	项目名称	负责人	工作单位	成果形式	拟完成时间
21	09BMZ002	扶持人口较少民族政策的实践程度调查研究	沈素平	云南师范大学	专著 研究报告	2010年12月31日
22	09BMZ020	我国多民族地区公民意识与民族认同研究	马永红	云南民族大学	专著 研究报告	2012年6月30日
23	09BMZ037	民族地区乡村旅游开发中的土地流转研究	黄继元	昆明学院	研究报告	2011年9月30日
24	09BMZ039	云南跨界民族的非传统安全问题研究	庞海红	云南民族大学人文学院	专著	2012年7月30日
25	09CMZ009	中国跨境民族的民族认同与国家认同实证研究	袁　娥	云南大学公共管理学院社会学系	研究报告	2011年6月30日
26	09BZJ019	少数民族民间信仰与非物质文化遗产保护	安学斌	云南民族大学	研究报告	2011年6月30日
27	09CZJ008	国家安全视野下基督教在当代我国藏区的传播及影响	何　林	云南大学	研究报告	2010年12月30日
28	09CZJ001	西双版纳巴利语系佛教仪式经典研究	姚　珏	云南大学民族研究院	专著	2012年6月30日
29	09BZW073	彝族撒尼人仪式文学研究	昂自明	云南民族大学民族文化学院	专著	2011年12月30日
30	09CZW069	白族文学与东南亚、印度、汉族文学的关系研究	董秀团	云南大学人文学院中文系	专著	2011年12月30日
31	09CZW042	现代词学史研究（1900—1949）	傅宇斌	云南师范大学文学与新闻传播学院	专著	2011年12月20日
32	09BYY016	和平繁荣视野下中国和东盟国家外语政策的对比研究	王晋军	云南大学外语学院	专著	2012年7月30日
33	09BYY061	十一世纪末以来的缅甸语语音研究	岳麻腊	云南民族大学民族文化学院	专著	2012年7月30日
34	09BYY063	普米族韩规古籍译注	谭　超	云南师范大学文学与新闻传播学院	译著	2011年6月1日
35	09CXW001	西部少数民族地区地市党报现状及发展战略研究	李　昌	昆明理工大学文学院	研究报告	2011年12月31日
36	09CTQ021	内容管理的政府信息资源开发模式与评价研究	朱瑞勋	中共云南省委党校	研究报告	2010年12月31日
37	09BRK010	中国低生育水平的多样性文化影响因素研究	郭　山	云南大学发展研究院	专著 研究报告	2011年6月30日
38	09BTJ014	基于特征价格理论的价格指数与商品质量变动研究	王力宾	云南财经大学统计与数学学院	专著	2011年9月30日
39	09CTY013	以学校体育为平台实现应急避险能力训练及生命安全教育的常态化研究	王　帆	云南大学体育学院	研究报告	2010年12月31日

2009年云南省国家社科基金西部项目立项名单

序号	项目批准号	项目名称	负责人	工作单位	成果形式	拟完成时间
1	09XGJ002	中非合作面临的机遇与挑战及对策研究——基于全球化新阶段非洲比较优势动态变化的分析	梁益坚	云南大学国际关系研究院	专著	2011年12月31日
2	09XJL022	西部弱生态地区环境修复的经济学分析——基于经济增长路径选择的研究	谭　鑫	云南大学发展研究院	专著	2011年12月30日
3	09XMZ033	遏制少数民族地区旅游资源过度开发对策研究	邓永进	云南大学旅游研究所	专著 研究报告	2011年8月30日
4	09XMZ040	少数民族聚居地区农村新型养老保障模式实证研究——以云南省为个案	谢和均	云南大学公共管理学院	研究报告	2011年12月31日
5	09XTQ005	信息技术对云南少数民族地区农业的支撑作用及问题分析	杨路明	云南大学工商管理与旅游管理学院	专著	2011年12月31日
6	09XZS010	清前期（1644—1795）重大自然灾害与救灾机制研究	周　琼	云南大学人文学院	专著	2012年7月30日
7	09XDJ001	政治文化变迁中的中国政党制度研究	贺良林	红河学院	专著	2012年12月31日
8	09XFX010	应收款债权担保研究	陈兴华	昆明理工大学法学院	专著	2011年3月31日
9	09XFX031	解决群体性事件的法律机制研究——以边疆民族地区和谐社会建设的法治保障为视角	佴　澎	云南财经大学法学院	专著	2011年8月30日
10	09XFX035	自由贸易协定中的知识产权问题及我国的对策	杨　静	云南财经大学	研究报告	2011年12月31日
11	09XJL015	促进西部地区优势产业发展政策研究	赵果庆	云南财经大学区域发展研究所	专著 研究报告	2010年6月30日
12	09XSH001	和谐社会构建中的制度创新研究——基于综合改革实验区的视角	周　文	云南财经大学研究生部	专著	2012年5月31日
13	09XJL006	扩大就业的理论与政策研究——微观行为主体的视角	汪　戎	云南财经大学	专著 研究报告	2012年12月31日
14	09XGJ001	发展中印战略合作伙伴关系的意义及面临的机遇与挑战及对策研究	杨思灵	云南省社会科学院	研究报告	2011年3月31日
15	09XMZ009	以理论和政策创新推动云南散居民族地区农村经济社会发展研究	王　俊	云南省社会科学院	研究报告	2010年12月31日
16	09XMZ050	云南特有7个人口较少民族扶贫绩效调查研究	罗明军	云南省社会科学院农村发展研究所	论文（集） 研究报告	2010年10月30日
17	09XSH002	边疆地区新农村建设中的艾滋病问题研究	李进参	云南省社会科学院	研究报告	2010年12月31日
18	09XJY001	边疆少数民族地区建设促进城乡经济社会发展一体化制度研究	赵　涛	中共云南省委党校	专著 研究报告	2010年12月31日

续表

序号	项目批准号	项目名称	负责人	工作单位	成果形式	拟完成时间
19	09XKS008	中国特色社会主义公民社会与社会主义和谐社会的契合性内在机理研究	苏咏喜	中共云南省委党校哲学教研部	专著	2011年12月31日
20	09XZZ009	县级政府行政权配置研究	邓　博	中共云南省委党校	研究报告	2010年12月30日
21	09XJY020	新形势下粮食安全问题研究——云南的探索与实践	张海翔	云南农业大学	研究报告	2010年12月31日
22	09XKS009	中西部地区突发性群体事件的诱因和对策机制研究	马　雁	云南农业大学人文学院	论文(集) 研究报告	2011年12月31日
23	09XMZ004	边疆民族新农村建设持续推进的难点与对策研究	王俊程	云南师范大学历史与行政管理学院	研究报告	2010年12月31日
24	09XMZ058	旅游文化与族群认同——基于丽江旅游的人类学考察	赵红梅	云南师范大学旅游与地理学院	研究报告	2011年6月30日
25	09XSS002	他信政府的草根政策与泰国政局动荡——兼论发展中国家现代化进程中公平与发展关系	李有江	云南师范大学	研究报告	2010年12月31日
26	09XXW006	藏族僧众手机使用情况的民族志研究——以云南藏族为研究对象	陆双梅	云南师范大学文学与新闻传播学院	研究报告	2010年12月1日
27	09XZJ014	中国普米族宗教研究	熊永翔	云南师范大学文学与新闻传播学院	专著	2011年12月31日
28	09XMZ029	少数民族女性信仰变迁与民族文化关系研究	宋建峰	昆明学院文学与新闻传播系	论文(集) 研究报告	2011年6月30日
29	09XMZ031	佤族、怒族的传统医药文化研究	王志红	云南中医学院基础医学院	研究报告	2012年5月31日
30	09XMZ065	云南不明原因猝死病区人群生命质量、心理健康状况及影响因素的研究	石武祥	大理学院公共卫生学院	论文(集) 研究报告	2012年12月30日
31	09XSH009	农村治理中正式制度与非正式制度的整合方式研究	高满良	曲靖师范学院马克思主义学院	研究报告	2012年12月31日
32	09XZJ015	中国西南边疆跨境民族宗教认同与国家关系研究	杨黔云	曲靖师范学院人文学院	研究报告 论文(集)	2011年12月31日
33	09XTJ001	毒情评估及禁毒对策遴选的统计技术应用研究	张义平	云南警官学院	研究报告 论文(集)	2011年12月31日
34	09XTQ004	西南多民族地区虚拟社区、虚拟社会行为及管控措施研究	殷启新	云南警官学院	论文(集) 研究报告	2011年12月31日
35	09XYY025	云南省东南亚语种（泰、缅、越、老、柬）基础教学规律研究	刘晓荣	云南民族大学东南亚南亚语言文化学院	研究报告	2011年6月30日
36	09XZW027	台湾少数民族小说创作乡土审美研究	李　瑛	云南民族大学民族文化学院	专著	2012年7月1日

2010年度云南省国家社科基金年度项目立项名单

2010年，我省共申报国家社科基金项目656项，经全国社科规划办组织专家评审，75项获得立项，其中，年度项目39项，西部项目36项；申报国家社科基金重大招标项目5项，1项获得立项；申报后期资助项目7项，1项获得立项；申报优秀成果文库12项，1项获得立项。

序号	项目批准号	项目名称	负责人	工作单位	项目类别	预期成果	计划完成时间
1	10BSH019	经济全球化背景下云南边疆少数民族地区社会稳定研究	齐　康	云南省社会治安综合治理工作办公室	一般项目	专著 研究报告	2012年12月31日
2	10BZZ027	责任政府与行政问责制实践路径研究	杨庆东	中共云南省委党校	一般项目	研究报告	2012年12月31日
3	10BJL047	深入推进西部大开发战略研究	马金书	中共云南省委党校	一般项目	研究报告	2011年12月31日
4	10BKS037	边疆民族地区新农村文化建设研究	黄小军	云南省社会科学院	一般项目	研究报告	2012年6月30日
5	10BTQ030	20世纪中叶云南少数民族社会历史调查资料数据库建设	田　青	云南省社会科学院	一般项目	电脑软件	2012年12月31日
6	10CJL043	金融危机后中国空间结构变迁与区域协调发展政策研究	刘　岩	云南大学	青年项目	专著 研究报告	2013年12月31日
7	10CJL044	产业转移促进西部地区产业升级的机制分析	马子红	云南大学	青年项目	研究报告	2011年12月30日
8	10BZZ033	边疆治理模式绩效评价与创新研究	方盛举	云南大学	一般项目	研究报告	2012年12月31日
9	10CSH043	社会政策视野下农民工融入城市问题研究	刘建娥	云南大学	青年项目	专著 研究报告	2012年12月31日
10	10BGJ017	中国—伊朗关系史	姚继德	云南大学	一般项目	专著	2013年6月30日
11	10AZS004	近代西南边疆民族地区内地化进程研究	陈征平	云南大学	重点项目	专著	2012年12月31日
12	10BMZ007	国家认同与民族认同的典型个案研究	白志红	云南大学	一般项目	专著	2012年12月31日
13	10BMZ031	中国西南民族音乐图像文化保护与资源开发研究	王　玲	云南大学	一般项目	专著	2013年6月30日
14	10CMZ017	滇越边民非法跨国流动与社会稳定研究	谷家荣	云南大学	青年项目	专著	2012年9月10日
15	10BXW032	电影与滇川藏“大三角”地区社会变迁研究	郭建斌	云南大学	一般项目	专著	2013年7月31日
16	10CXW015	媒介化社会中的少数民族村寨文化转型研究	孙信茹	云南大学	青年项目	专著 研究报告	2013年3月1日
17	10BTQ027	民族地区口承文献的保护与利用研究	胡立耘	云南大学	一般项目	专著	2013年7月1日
18	10CTQ015	云南少数民族口述文献价值及其数字化语音库建设	侯明昌	云南大学	青年项目	研究报告 电脑软件	2012年7月31日

续表

序号	项目批准号	项目名称	负责人	工作单位	项目类别	预期成果	计划完成时间
19	10BTY039	云南省15个特有少数民族体质健康状况及发展规律研究	杨　霞	云南大学	一般项目	专著 研究报告	2012年12月31日
20	10BGL058	我国西南村镇银行金融服务功能的管理与创新研究	武晓芬	云南大学	一般项目	研究报告	2011年12月30日
21	10CZJ015	"民族宗教多元和谐共生"的云南模式研究	吴之清	云南师范大学	青年项目	研究报告	2012年6月30日
22	10BYY030	云南跨境民族三语教育成效与外语教育规划研究	原一川	云南师范大学	一般项目	论文(集) 研究报告	2012年12月31日
23	10BMZ055	资源开发、工程建设与少数民族就业问题调查研究	张　雄	云南民族大学	一般项目	研究报告	2012年11月30日
24	10BZJ023	中越跨境民族宗教生态平衡与和谐边疆建设关系研究	徐祖祥	云南民族大学	一般项目	研究报告	2012年7月31日
25	10BZJ024	多民族共聚地区宗教现状与社会稳定对策研究	韩军学	云南民族大学	一般项目	研究报告	2011年10月31日
26	10BZW118	中国少数民族文学专题研究	王　惠	云南民族大学	一般项目	专著	2013年6月30日
27	10BGL086	民族自治地方跨界公共事务治理研究	普永贵	云南民族大学	一般项目	专著	2012年12月30日
28	10CFX029	群体性事件的刑法解决机制研究	于　涛	昆明理工大学	青年项目	专著	2012年12月31日
29	10BMZ037	云南大理洱海地区民间文献的历史人类学研究	赵玉中	昆明理工大学	一般项目	专著 研究报告	2013年6月30日
30	10CZX047	艾滋病防控面临的道德冲突及实践对策研究	朱海林	昆明理工大学	青年项目	论文(集) 研究报告	2012年6月30日
31	10CZJ005	如来藏与本觉思想比较研究	刘正平	昆明理工大学	青年项目	专著	2012年12月30日
32	10CYY007	华兹生英译《史记》的翻译诗学生成研究	吴　涛	昆明理工大学	青年项目	专著	2013年5月30日
33	10BMZ009	西部苗族的历史迁徙及族群记忆研究	刘　芳	云南财经大学	一般项目	专著	2012年12月31日
34	10CTQ014	云南傣族、彝族医药古籍文献总目提要编纂及其价值研究	罗艳秋	云南中医学院	青年项目	研究报告 工具书	2012年12月31日
35	10BKG006	云南澄江金莲山考古研究	蒋志龙	云南省文物考古研究所	一般项目	专著	2012年12月31日
36	10BTQ028	南诏大理国碑刻铭文整理研究	张锡禄	大理学院	一般项目	专著	2012年12月31日
37	10BFX015	《冕宁县清代档案》整理与研究	李艳君	大理学院	一般项目	专著	2012年12月31日
38	10BMZ040	东南亚哈尼族文化认同对中国边境地区构建和谐社会的影响研究	杨六金	红河学院	一般项目	研究报告	2012年11月30日

续表

序号	项目批准号	项目名称	负责人	工作单位	项目类别	预期成果	计划完成时间
39	10CFX049	广告欺诈行为的法律对策研究	于林洋	玉溪师范学院	青年项目	论文（集）研究报告	2012年12月31日

2010年国家社科基金西部项目立项名单

序号	项目批准号	项目名称	负责人	所在单位	成果形式	预计完成时间
1	10XGJ0005	中缅边界史	卓人政	中共云南省委党史研究室	研究报告	2011年12月20日
2	10XGJ0007	东南亚社会主义的历史、现状及发展趋势研究	靳昆萍	云南省社会科学界联合会	研究报告	2012年12月30日
3	10XDJ0006	边疆民族地区基层党组织建设科学化研究	熊　敏	中共云南省委党校	研究报告	2011年12月31日
4	10XGJ0009	中国进口油气运输安全研究	舒　源	中共云南省委党校	专著	2013年8月30日
5	10XMZ0026	云南少数民族民俗文化保护的新思路	刘　婷	云南省社会科学院	专著研究报告	2012年12月31日
6	10XMZ0045	西部民族地区农地林地流转中的问题与解决对策	赵俊臣	云南省社会科学院	研究报告	2012年6月30日
7	10XMZ0056	云南跨界民族农村富余劳动力异地就业研究	孔建勋	云南省社会科学院	专著研究报告	2011年12月20日
8	10XZS0013	晚清云南督抚治理边疆基层社会研究	康春华	云南省社会科学院	研究报告	2012年7月30日
9	10XGJ0006	中非科技合作的现状、问题及对策研究	张永宏	云南大学	专著研究报告	2011年11月1日
10	10XSH0006	绿色环保社会生活方式研究	戴　波	云南大学	研究报告	2012年12月31日
11	10XTQ0006	中央政府资助农村图书馆（室）建设工程研究	万永林	云南大学	专著	2013年12月20日
12	10XZS0011	明清时期外来移民对滇黔地区的开发及民族融合影响研究	古永继	云南大学	专著	2012年12月30日
13	10XZS0016	湖南移民史研究（618—1279）	薛政超	云南大学	研究报告	2012年6月30日
14	10XFX0019	企业在节能减排中的法律责任研究	陶伦康	云南师范大学	研究报告专著	2012年12月30日
15	10XSH0016	优化高等教育结构与大学生就业率提高的综合研究	伊继东	云南师范大学	专著	2012年7月30日
16	10XYY0009	云南少数民族汉语习得研究	王渝光	云南师范大学	研究报告	2012年7月1日
17	10XZZ0006	完善干部公开选拔任用机制研究	杨永生	云南师范大学	研究报告	2011年12月30日
18	10XZJ0008	缅甸华人社团及其中国民间宗教传统调查研究	周　倩	云南师范大学	研究报告	2013年9月6日
19	10XMZ0031	城市化背景下的少数民族乡村文化保护研究	林　庆	云南民族大学	专著研究报告	2013年7月1日
20	10XMZ0041	中国边疆少数民族地区社会分层与教育机会分配研究	吕国光	云南民族大学	专著研究报告	2012年12月31日
21	10XTQ0010	布依族象形文字古越书价值及其资源抢救、建设与开发利用研究	罗祖虞	云南民族大学	专著	2013年11月30日

续 表

序 号	项目批准号	项目名称	负责人	所在单位	成果形式	预计完成时间
22	10XYY0026	西双版纳老傣文正字法研究	陆 生	云南民族大学	专著	2012年12月31日
23	10XKS0005	西部地区生态文明进程中的工业化发展模式研究	秦成逊	昆明理工大学	研究报告 论文（集）	2012年9月30日
24	10XXW0012	西部边疆少数民族地区政府网络传播能力的构建与提升研究	张名章	昆明理工大学	专著 研究报告	2012年12月30日
25	10XYY0006	从生态语言学视觉解读中国濒危语言现状	寸红彬	昆明理工大学	专著 研究报告	2013年5月31日
26	10XFX0023	国际非政府组织在华运作的法律监管问题研究	张 玲	云南财经大学	论文（集） 研究报告	2012年6月30日
27	10XJY0006	国有企业内部控制与风险预警机制研究	朱锦余	云南财经大学	专著	2013年12月30日
28	10XJY0029	中国特色的农村反贫困度量理论与实践研究	王荣党	云南财经大学	论文（集） 研究报告	2011年12月30日
29	10XGJ0001	反跨国拐卖妇女儿童犯罪国际合作机制研究	向 群	云南警官学院	研究报告	2012年12月31日
30	10XGJ0002	我国的周边安全形势与对策研究	梁晋云	云南警官学院	研究报告 论文（集）	2012年12月31日
31	10XMZ0050	边疆人口较少民族地区农村最低生活保障模式研究	起建凌	云南农业大学	研究报告	2011年12月31日
32	10XZX0008	胡塞尔哲学中的意义问题研究	庄 威	西南林学院	专著	2013年12月30日
33	10XFX0003	西南民族地区非物质文化遗产的法律保护问题研究	苟 园	昆明学院	研究报告	2012年12月31日
34	10XTQ0009	纳西族藏语音读东巴古籍文献的整理与研究	和继全	云南省丽江市博物院	研究报告	2012年3月20日
35	10XZW0003	中国文论中的“象思维”体系与西方审美思维体系比较研究	吴登云	曲靖师范学院	专著	2013年7月30日
36	10XZW0024	茅盾小说历史叙事研究	梁竟男	曲靖师范学院	专著	2013年12月31日
37	10XSH0004	西南边疆跨国婚姻与少数民族地区社会稳定研究	王晓丹	曲靖师范学院	研究报告	2012年9月30日
38	10XZW0045	彝族史诗的诗学研究——以《查姆》、《梅葛》为中心	陈永香	楚雄师范学院	专著	2012年12月31日
39	10XMZ0022	哈尼族疾病信仰与治疗实践的医学人类学研究	徐义强	红河学院	专著	2012年12月31日

2010年度云南省国家社科基金重大招标项目立项名单

序 号	项目批准号	项目名称	负责人	工作单位
1	10&ZD059	中国少数民族哲学史	伍雄武	云南师范大学

2010年国家社科基金优秀成果文库入选名单

序 号	项目批准号	成果名称	学 科	作 者	工作单位
1	10KSH001	社会和谐与边疆稳定：基于地缘、民族、社会和宗教的实证研究	社会学	鲁 刚	云南民族大学

云南省国家社科基金教育学单列学科2008—2010年度立项课题名单

序 号	项目批准号	项目名称	负责人	所在单位	立项类别	成果形式	计划完成时间
1	CHA080218	汉语拼音教学有效性调查研究——以云南傣族为例	蔡荣男	云南民族大学	国家青年基金课题		
2	EIA080299	西南联大教育思想与区域高水平大学建设研究	冯用军	云南师范大学	教育部青年专项课题		
3	BKA090084	成人教育院校转型发展研究	李兴仁	云南师范大学	国家一般课题		
4	CMA090129	西南少数民族地区教师多元文化教育能力与有效培训研究	王艳玲	云南师范大学	国家青年基金课题		
5	DFA090225	高水平大学建设与卓越教师培养	罗明义	云南财经大学	教育部重点课题		
6	DLA090310	学生营养配餐与地方食物结合的营养知识家庭推广研究	陈彦红	昆明医学院	教育部重点课题		
7	DLA090317	经济欠发达地区高校“教体结合”培养区域优势项目优秀运动员有效模式实践研究	刘　华	云南师范大学	教育部重点课题		
8	DCA090328	云南边境一线民族地区农村中小学校现代教育技术设备使用效益绩效评价研究	刘敏昆	云南师范大学	教育部重点课题		
9	DMA090343	学校教育中的民族文化传承与发展研究	普丽春	云南民族大学	教育部重点课题		
10	ELA090435	体育锻炼促进大学生心理健康发展的研究	杨　勇	云南师范大学	教育部青年专项课题		
11	BHA100058	云南省义务教育均衡发展监测与评价研究	张谦舵	云南师范大学	国家一般课题		
12	BIA100062	西南联大教育模式与创新型人才培养研究	董险峰	云南师范大学	国家一般课题		
13	CAA100111	美国教育学科形成的历史研究（1865—1919）	陈　瑶	云南师范大学	国家青年基金课题		
14	DMA100351	云南少数民族自治州农村富余劳动力转移培训现状及对策研究	罗建华	云南交通职业技术学院	教育部重点课题		
15	EMA100453	基于文化再现理论的民族地区多元文化理解教育研究	李　倩	云南师范大学	教育部青年专项课题		

云南省国家社科基金艺术学单列学科2008—2010年度立项课题名单

序号	项目批准号	项目名称	负责人	所在单位	立项类别	成果形式	计划完成时间
1	08EA77	云南民族文化艺术信息资源网络化研究	陈复声	云南省民族艺术研究所	国家西部项目	论文 研究报告	2009年
2	08ED82	失落文明的挽回——云南7个人口较少特有民族濒危民歌保护研究	王　群	云南省民族艺术研究所	国家西部项目	研究报告	2009年
3	10CD089	云南省石屏彝族“花腰”歌舞音乐及其文化形态研究	何婷婷	云南省民族艺术研究所	国家青年项目	研究报告	2011年
4	10EE109	云南当代舞蹈发展史（1949—2009）	陈　申	云南民族大学	国家西部项目	专著	2013年
5	10EF111	云南现当代美术资料库	路炜峰	云南艺术学院	国家西部项目	专著 电脑软件	2013年

（中共云南省委宣传部　田仁波）

云南省2008—2010年教育部人文社科项目立项情况

1．2008年

序号	项目批准号	项目名称	负责人	所在单位	类别
1	08GZD0023-3	边疆民族心理、文化特征与社会稳定研究——西南地区分课题	何　明	云南大学	重大课题攻关项目
2		统一多民族中国形成与发展视野下的中国西南民族通史研究	王文光	云南大学	教育部人文社科基地重大项目
3		西南少数民族农村30年变迁的民族志研究	何　明	云南大学	基地重大项目
4	08FD3083	多校区高校学生思想政治体育体系建设	李顺洪	云南大学	思想政治理论课专项任务项目
5	08SZ2031	加强高校学生形式与政策教育理论与实践	苏升乾	云南大学	思想政治理论课专项任务项目
6	08JA790116	地区间税收转移微观模拟模型的研究与应用	王　敏	云南财经大学	规划基金
7	08JA760027	数字媒体艺术设计专业方向教学体系的研究	彭　澎	云南财经大学	规划基金
8	08JA630075	司法会计鉴定的基本理论框架研究	赵如兰	云南财经大学	规划基金
9	08JA820031	法律文化遗产的抢救与保护——以傣族法律文书、文献资料的收集整理为视角	陈令华	云南大学	规划基金
10	08JA850007	基于旅游人类学视角的民族节日文化传承与发展研究——以云南为例	张晓萍	云南大学	规划基金
11	08JA850006	女性主义与人类学	白志红	云南大学	规划基金
12	08JA770033	中国古代官方史学的价值取向	韩　杰	云南大学	规划基金
13	08JC630075	风险投资团队内部冲突的管理方案设计与研究——基于金融衍生工具的方法	傅世昌	云南大学	青年基金
14	08JC850005	实践民族学——基于中国实践的民族学/人类学学科重构	何　林	云南大学	青年基金

续 表

序 号	项目批准号	项目名称	负责人	所在单位	类别
15	08JA740040	缅语支语言语音系统研究与数字化资源库建设	王嘉梅	云南民族大学	规划基金
16	08JA790117	高校招生规模与教育质量的建模及政府调控研究	化寸才	云南师范大学	规划基金
17	08JA810022	少数民族地区政府行为与生态文明建设研究——以云南为例	赵　虹	云南师范大学	规划基金
18	08JC790090	我国资本外逃现象的非经济性因素研究——制度和扭曲的视角	左昊华	云南师范大学	青年基金

2．2009年

序 号	项目批准号	项目名称	负责人	所在单位	类别
1	09JZDMG015	中国民族史	王文光	云南大学	重大攻关项目（马克思主义理论课）
2		民族地区旅游地利益相关者协同记住与和谐社会建设研究	吕宛青	云南大学	基地重大项目
3		哈尼—阿卡社会文化调查研究	马翀炜	云南大学	基地重大项目
4	09JDSZ3092	高校少数民族学生装人际效障碍原因分析及其解决途径的研究	钱发维	云南大学	思想政治理论课专项任务项目
5	09JDSZK053	高校思想政治理论课“12358教学法”及其实践教学模式研究	钱明辉	云南师范大学	思想政治理论课专项任务项目
6	09JDSZK054	思想政治理论课教学方法研究——基于云南师范大学的实证分析	罗　文	云南师范大学	思想政治理论课专项任务项目
7	09YJC870006	《南诏大理国史料事类索引》的编制研究	何俊伟	大理学院	青年基金项目
8	09YJC752004	伊丽莎白·毕晓普诗歌研究	胡　英	大理学院	青年基金项目
9	09YJA880033	教师教学行为设计研究	马会梅	红河学院	规划基金项目
10	09YJA630056	制造业产业链下的循环经济指标体系构建和演变路径研究	郑季良	昆明理工大学	规划基金项目
11	09YJC630110	我国西部农业合作经济组织生命系统发展研究	龚映梅	昆明理工大学	青年基金项目
12	09YJC790131	多民族山区征地冲突预警及协调机制研究	李红波	昆明理工大学	青年基金项目
13	09XJC790005	西南高原湖区生态安全与经济发展良性耦合的模式研究	胡元林	昆明理工大学	青年基金项目
14	09XJC720001	在公共健康与公民权利之间——艾滋病防控面临的伦理冲突及其协调	朱海林	昆明理工大学	青年基金项目
15	09YJAZH038	滇西北高山峡谷区多民族杂居村落语言与文化接触关系研究	刘　青	昆明学院	规划基金项目
16	09YJA840015	滇池流域人口社会分化与水环境空间结构变迁研究	吴　瑛	昆明学院	规划基金项目

续 表

序 号	项目批准号	项目名称	负责人	所在单位	类别
17	09YJC790228	云南农业产业集群的生成机理和演化路径研究	李春海	玉溪师范学院	青年基金项目
18	09XJA820014	广告荐证制度研究——以行为规范为中心	于林洋	玉溪师范学院	规划基金项目
19	09XJCZH013	云南少数民族传统水文化与边疆生态和谐社会构建研究	黄龙光	玉溪师范学院	青年基金项目
20	09YJA790176	FDI双重集聚及其效应研究——基于中国产业与空间视角	赵果庆	云南财经大学	规划基金项目
21	09XJA630006	边疆少数民族地区农村物流体系构建模式研究	李严锋	云南财经大学	规划基金项目
22	09XJA630007	企业集团财务战略与风险管控研究——以云南矿产资源型企业集团为例	纳鹏杰	云南财经大学	规划基金项目
23	09XJA630008	中国跨国公司外派经理人的职业发展研究——以外派东盟国家为例	张洪烈	云南财经大学	规划基金项目
24	09XJA630009	西部资源型企业发展战略转型与成长研究——以云南生物产业企业发展为例	于克信	云南财经大学	规划基金项目
25	09XJA790017	金融危机下的会计政策选择研究——基于A股市场2007—2009年年报数据分析	王　凡	云南财经大学	规划基金项目
26	09XJC790020	西部矿产资源开发中的利益冲突及其协调机制研究	刘春学	云南财经大学	青年基金项目
27	09XJC850010	大众传媒与云南跨界民族文化认同研究	谭庆莉	云南财经大学	青年基金项目
28	09XJC810004	基于网络舆论危机治理视角下的政府形象管理研究	谢金林	云南财经大学	青年基金项目
29	09XJC810005	欧盟层面家庭政策研究	吕亚军	云南财经大学	青年基金项目
30	09YJA630140	基于CVM的电子政务价值评估方法研究——以云南省为个案	邓　崧	云南大学	规划基金项目
31	09YJAZH087	发展中国家本土知识保护与利用战略研究	张永宏	云南大学	规划基金项目
32	09YJA870024	文化遗产抢救视野下的西部濒危少数民族历史档案保护研究	华　林	云南大学	规划基金项目
33	09YJA870025	民族档案学理论方法及其学科化建设研究	杨　毅	云南大学	规划基金项目
34	09YJC820103	明清法律生活中的利益平衡：从日常交往到司法原则	汪雄涛	云南大学	青年基金项目
35	09YJC850014	西南边疆少数民族地区回族多元宗教文化研究	冯　瑜	云南大学	青年基金项目
36	09YJC840039	我国西南边境地区艾滋孤儿生存现状及对策研究	晏月平	云南大学	青年基金项目
37	09YJC840040	新医改背景下边疆地区的艾滋问题治理	余翠娥	云南大学	青年基金项目
38	09YJC810036	边疆多民族地区政治资源配置研究	邵　宇	云南大学	青年基金项目
39	09YJC810037	农村公共服务的三级政府供给模式研究	蒋小杰	云南大学	青年基金项目
40	09YJC730010	西双版纳傣族《维生达腊本生经》研究	姚　珏	云南大学	青年基金项目
41	09XJA790018	旅游目的地品牌化及品牌管理研究	陶　犁	云南大学	规划基金项目
42	09XJA751010	中国现当代文学经典化理论和实践探索	张志平	云南大学	规划基金项目
43	09XJC770007	云南梵文碑幢的收集、整理与初步研究	张海超	云南大学	青年基金项目

续 表

序号	项目批准号	项目名称	负责人	所在单位	类别
44	09XJC850011	改革开放以来边疆民族自治地区公共事业发展研究——以云南省为例	杨 荣	云南大学	青年基金项目
45	09XJC850012	建国60年来佤族的民族认同与国家认同变迁研究	袁 娥	云南大学	青年基金项目
46	09XJC840002	我国城乡劳动力市场融合中的非农就业机制研究	陈 瑛	云南大学	青年基金项目
47	09YJC820104	少数民族地区社会稳定长效机制研究	高 翔	云南警官学院	青年基金项目
48	09XJA810003	中国与缅甸掸邦第二特区（佤邦）接壤一线国家边境安全战略研究	梁晋云	云南警官学院	规划基金项目
49	09XJA730004	少数民族地区宗教发展趋势与和谐边疆建设研究——以中越中老边境地区跨境民族宗教为例	徐祖祥	云南民族大学	规划基金项目
50	09XJC850013	滇越铁路文化线路遗产论证与发展研究	吴兴帜	云南民族大学	青年基金项目
51	09YJC790229	民族地区贫困人口权利状况对其福利的影响：以云南为例	普雁翔	云南农业大学	青年基金项目
52	09YJA880121	云南沿边境地区跨境民族教育发展与边疆稳定研究	何 跃	云南师范大学	规划基金项目
53	09YJA710064	思想政治教育视野下生态文明观的伦理形塑研究	宋锡辉	云南师范大学	规划基金项目
54	09YJA760043	面向云南民居建筑文化的数字化保护研究	向 杰	云南师范大学	规划基金项目
55	09YJA810021	边疆民族地区社会群体事件与民意表达机制的关系研究	王 虹	云南师范大学	规划基金项目
56	09YJC880087	教师专业化视野下发达国家教师教育课程改革的基本经验研究	王艳玲	云南师范大学	青年基金项目
57	09YJC840041	草根NGO的生存现状调查研究——以云南为例	王妮丽	云南师范大学	青年基金项目
58	09YJC752023	苏珊·桑塔格小说艺术研究	郝桂莲	云南师范大学	青年基金项目
59	09YJC860028	手机媒体的使用与藏区稳定研究	陆双梅	云南师范大学	青年基金项目
60	09YJC751077	宗教造神运动与先唐叙事文学的演变	阳 清	云南师范大学	青年基金项目
61	09XJAZH010	西部乡村民族社区的景区化响应与调控研究——以云南乡村民族社区为例	王维艳	云南师范大学	规划基金项目
62	09XJA770004	清末民初云南藏区社会变动与乡村社会回应	周智生	云南师范大学	规划基金项目
63	09XJC820019	政府在节能减排中的生态责任研究	陶伦康	云南师范大学	青年基金项目
64	09XJC820020	城镇流动人口子女义务教育法律问题研究	穆美琼	云南师范大学	青年基金项目
65	09XJC770008	明清云南书院与边疆文化教育发展研究	肖 雄	云南师范大学	青年基金项目
66	09YJAZH012	器乐演奏教学中的心理错觉与行为障碍	陈若良	云南艺术学院	规划基金项目
67	09YJAZH002	云南边境地区教育竞争与国家安全问题的研究	王国强	保山师范高等专科学校	规划基金项目

3．2010年

序号	项目批准号	项目名称	负责人	所在单位	类别
1	10JJD850007	中国西部民族文化通志	瞿明安	云南大学	基地重大项目
2	10JD710047	依托高校学生理论社团建设推进马克思主义理论大众化研究	冯　皓	云南大学	专项项目（马克思主义时代大众化）
3	10JDJN266	1921年以来革命歌曲的传唱与马克思主义大众化	唐应龙	云南大学	专项项目（纪念建党九十周年）
4	10JDJN267	用社会主义核心价值体系培养当代大学生社会主义核心价值观	张巨成	云南大学	专项项目（纪念建党九十周年）
5		民族高校学生马克思主义民族观教育途径创新研究	黄　红	云南民族大学	人文社科专项项目
6		少数民族大学生对学校文化认同的行动研究——以××大学为例	李　亚	云南师范大学	人文社科专项项目
7	10YC810060	边疆地区公民意识教育现状及其发展策略研究	赵　珂	曲靖师范学院	青年基金项目
8	10YJC860067	云南4个特困民族居住区农业科技信息扩散过程中的传播策略研究	赵长雁	昆明理工大学	青年基金项目
9	10YJA770028	茶马古道：迪庆藏族大理朝圣的调查与研究	李学龙	大理学院	规划基金项目
10	10YJA790073	中国演变开放中的跨境经济合作区研究——以云南为例	胡列曲	云南财经大学	规划基金项目
11	10YJA880185	南诏大理国教育史研究	张颖夫	大理学院	规划基金项目
12	10YJA820127	我国不同法域的地役权制度研究	张　鹤	昆明理工大学	规划基金项目
13	10YJA820070	法学视野下的中国西部边疆非传统安全问题研究	罗　刚	云南大学	规划基金项目
14	10YJC820092	《中华人民共和国民族区域自治法》与相关法律性文件关系研究	沈寿文	云南大学	青年基金项目
15	10YJA630060	边疆民族地区民间组织发展现状及管理对策研究——以云南为个案	侯江红	云南大学	规划基金项目
16	10YJC790159	中国边疆桥头堡经济研究——基于空间经济学的分析	梁双陆	云南大学	青年基金项目
17	10YJC790236	中国人力资本结构变迁的经济增长效应研究——以西部地区为例	陶小龙	云南大学	青年基金项目
18	10YJC790282	经济学国际双边产业政策对全球价值链空间分布的影响	吴　明	云南大学	青年基金项目
19	10YJC790370	基于社会成本内部化的我国新生代农民工市民化研究	张国胜	云南大学	青年基金项目
20	10YJC790362	市场分割条件下积极劳动力市场政策对农民工就业影响的机制及其评价的研究	袁志刚	云南财经大学	青年基金项目
21	10YJC780002	中国西南与中南半岛各国新石器与青铜时代文化关系研究	陈　果	云南大学	青年基金项目
22	10YJA770035	晚清时期清廷对群体性突发事件的应对——以云贵为中心的个案考察	罗　群	云南大学	规划基金项目

续 表

序号	项目批准号	项目名称	负责人	所在单位	类别
23	10YJC710041	云南边疆民族地区人权进步与社会和谐稳定关系研究	卢双喜	云南大学	青年基金项目
24	10YJC710032	云南跨境民族地区积极引导社会思潮运动的对策与建议	李红专	云南师范大学	青年基金项目
25	10YJC850037	民族学视野下的缅甸与泰国跨国民族	赵永胜	玉溪师范学院	青年基金项目
26	10YJC850039	欧盟促进语言多元化教育与中国少数民族语言教育的比较研究	周晓梅	云南财经大学	青年基金项目
27	10YJC850032	云南小凉山彝区民主改革的历史人类学研究	杨洪林	云南大学	青年基金项目
28	10YJC850013	云南贫困山地民族的民族认同与国家认同研究——以傈僳族为例	李智环	云南民族大学	青年基金项目
29	10YJC850005	独龙族医药文化研究	侯　宾	云南中医学院	青年基金项目
30	10YJA840049	民间组织对中缅跨境民族地区教育发展影响的实证研究	徐　东	保山学院	规划基金项目
31	10YJAZH111	加强对缅甸掸邦果敢族地区教育文化输出对云南边疆安全稳定的影响研究	禹志云	云南师范大学	规划基金项目
32	10YJCZH004	网络信息披露机制下的海量金融数据挖掘模型研究	曾志勇	云南财经大学	青年基金项目
33	10YJCZH190	资源环境约束下高原湖滨城市建设用地空间绩效及其精明增长研究：以云南昆明市为例	熊理然	云南师范大学	青年基金项目
34	10YJA880095	边疆民族地区中小学突发事件应急教育训练系统构建研究——以云南为例	罗　芸	云南警官学院	规划基金项目
35	10YJA880094	民族地区和谐人际关系构建的教育人类学研究——基于礼物交换的视角	罗利群	云南民族大学	规划基金项目
36	10YJA880081	云南省少数民族传统体育文化演进与重构研究	刘　坚	云南师范大学	规划基金项目
37	10YJC880095	留学西方的中国英语教师课堂教学的全球本土化实践及理论框架构建	浦　虹	云南师范大学	青年基金项目
38	10YJC880138	城市化进程中我国民俗体育的发展研究	徐长红	云南师范大学	青年基金项目
39	10YJC880173	基于人文价值理念的水、卫生和健康教育模式研究——以昆明市为例	朱妙园	云南师范大学	青年基金项目
40	10YJC760081	镜像中国：新时期以来银幕农民形象流变及社会思辨	谢晓霞	云南师范大学	青年基金项目
41	10YJA740110	云南彝族山苏语研究	许鲜明	玉溪师范学院	规划基金项目
42	10YJA740093	现代汉语范围范畴研究	魏　红	云南师范大学	规划基金项目
43	10YJC740143	现代汉语辞格系统论	周春林	云南师范大学	青年基金项目
44	10YJA630234	复杂产品自主创新能力动态演化机理及能力提高途径研究	庄永耀	昆明理工大学	规划基金项目
45	10YJC630218	基于非线性复杂系统观的群组ANP-BOCR决策方法研究	孙永河	昆明理工大学	青年基金项目
46	10YJC630047	企业持续创新机遇的动态识别、价值评价及管理机制研究	段云龙	云南财经大学	青年基金项目
47	10YJC630131	旅游形象屏蔽半径与强度研究	李雪松	云南财经大学	青年基金项目

续 表

序号	项目批准号	项目名称	负责人	所在单位	类别
48	10YJC630153	基于物联网的农产品供应链管理模式研究——以云南为例	刘胜春	云南财经大学	青年基金项目
49	10YJAZH004	旅游影响下云南民族村落向小城镇形态演变过程和机制研究	车震宇	昆明理工大学	规划基金项目
50	10YJAZH113	城市化背景下的云南少数民族村寨（村舍）原生态的动态保护研究	袁　涛	昆明理工大学	规划基金项目
51	10YJAZH120	水电建设对民族文化的影响及保护	张林洪	昆明理工大学	规划基金项目
52	10YJCZH020	宗教对西南边疆跨境民族教育的影响及对策研究——以云南傣族为例	程　利	曲靖师范学院	青年基金项目
53	10YJCZH199	婚姻挤压与人口安全问题研究——以云南省7个人口较少民族为个案	杨　筠	曲靖师范学院	青年基金项目
54	10YJC880020	教育信息化促进西南民族地区农村学校教学改革的保障体系研究	邓小华	楚雄师范学院	青年基金项目
55	10YJC880029	教学改革中经验学习的理论与实践研究	房　慧	大理学院	青年基金项目
56	10YJC880099	民族地区中小学公民教育体系构建研究：以云南民族地区为例	任京民	云南民族大学	青年基金项目
57	10YJC880112	“桥头堡”战略中云南省扩大对东南亚、南亚开放的教育交流平台建设研究	田　静	云南农业大学	青年基金项目
58	10YJC790219	加快西部地区农村水利建设融资的模式和政策机制研究	苏　娅	昆明学院	青年基金项目
59	10YJA770059	中国近代内陆通商口岸研究（1840—1949）——以云南为视角	肖建乐	云南民族大学	规划基金项目
60	10YJA850032	白族医药历史与文化研究	吕跃军	大理学院	规划基金项目
61	10YJA850013	回访与新探——对梁钊涛先生1963年滇西民族调查的再研究	高登荣	云南民族大学	规划基金项目
62	10YJC850003	从“调查报告”到“民族志”的范式转变：以云南民族研究文本的书写为例	娥　满	昆明理工大学	青年基金项目
63	10YJA840060	云南少数民族节庆与民族社区发展研究——社会“去结构”状态与社会发展	赵　煜	昆明理工大学	规划基金项目
64	10YJC840081	西南边疆青少年滥用依赖性处方药的调查研究——以云南为例	杨黎华	云南警官学院	青年基金项目
65	10YJA760041	云南少数民族鼓乐文化研究	申　波	云南艺术学院	规划基金项目
66	10YJA740004	《蛮书》英语翻译及其研究	卜绍先	大理学院	规划基金项目
67	10YJC810004	国际非政府组织监管制度重构研究	陈姝娅	云南民族大学	青年基金项目
68	10YJC751041	文学艺术中的零符号研究	李　兵	曲靖师范学院	青年基金项目
69	10YJA73001	佛教经济学研究：立足于中国的考察1	孙健灵	曲靖师范学院	规划基金项目

（云南省教育厅　王　珏）

2008—2010云南省省院省校教育合作项目

序号	云南方	合作方	立项年度	项目名称	主持人	经费（万元）
1	云南大学西边中心	清华大学	2008年	云南边疆地区少数民族农村农民需求调查研究	李志农	10

续 表

序号	云南方	合作方	立项年度	项目名称	主持人	经费(万元)
2	云南大学西边中心	清华大学	2008年	改革开放30年云南农村变迁研究	何　明	10
3	云南大学	中央民族大学	2008年	跨境民族与云南边疆地缘安全问题研究	李晨阳	16
4	昆明理工大学	对外经济贸易大学	2008年	云南中小企业在周边国家直接投资风险及规避对策研究	吴　萍	16
5	昆明理工大学津桥学院、云南省科技情报研究院	浙江大学	2008年	云南省高等院校面向东盟科技合作与交流研究	赵光洲	16
6	云南财经大学	中国社会科学院财贸所	2008年	云南省服务业产业发展模式与产业政策研究	于干千	17
7	云南农业大学	厦门大学教育研究院	2008年	云南省高等院校面向大湄公河次区域实施走出去战略对策研究	唐　滢	16
8	昆明医学院	华东师范大学	2008年	地方性高校现代大学制度建设及探索研究	王灿平	10
9	云南艺术学院	中国艺术研究院美术研究所	2008年	云南特色民间工艺产业化发展研究	傅永寿	14
10	云南大学	南开大学	2008年	云南高等教育提高质量与效益对策研究	沈建荣	10
11	云南省学位办	国务院学位办、云南有关高校	2008年	云南省“十一五”新增学位授予单位及新增学位授权点建设规划研究		10
12	省委党校	中国人民大学	2009年	滇中地区高新技术产业开发研究		
13	省委党校	中央党校	2009年	社会主义核心价值体系建设与“三生”素质教育		
14	云南大学	中国社科院文化研究中心	2009年	云南边疆文化安全问题研究	秦德智	12
15	云南大学	南开大学国际经济研究所	2009年	云南在周边国家推进资源导向型直接投资问题研究	杨先明	13
16	云南大学	复旦大学	2009年	推进云南与周边国家区域合作的对策研究	卢光盛	15
17	昆明理工大学	浙江大学	2009年	云南实施城乡一体化发展的路径研究	杨　丽	15
18	云南师范大学	华东师范大学	2009年	云南休闲型旅游目的地培育与品牌创新研究	明庆忠	15
19	云南师范大学	中国农科院	2009年	云南县乡政府农村公共服务供给研究	陈　新	13
20	云南师范大学	中国人民大学	2009年	社会主义核心价值体系建设与“三生”素质教育研究	周本贞	14
21	云南民族大学	中央民族大学	2009年	云南国家级非物质文化遗产保护研究	安学斌	15
22	云南民族大学	四川大学	2009年	引导宗教为构建和谐云南服务研究——以南传上座部佛教为例	赵世林	12

续 表

序号	云南方	合作方	立项年度	项目名称	主持人	经费（万元）
23	云南财经大学	南开大学	2009年	云南休闲型旅游目的地培育与品牌创新研究	罗明义	15
24	云南农业大学	浙江社科院	2009年	云南边疆粮食安全的经济原理与新策略	张海翔	15
25	曲靖师范学院	上海师范大学	2009年	云南城市文化风格塑造研究	张永刚	15
26	省政府政研室	国务院研究室	2009年	云南服务外包产业发展研究	张懋功	8
27	省委党校	中国人民大学	2009年	滇中地区高新技术产业开发研究	马金书	6
28	省委党校	中央党校	2009年	社会主义核心价值体系建设与“三生”素质教育研究	欧黎明	14
29	云南大学	复旦大学	2010年	云南省区域发展系统性融资规划研究（2010—2015）	蒋　冠	14
30	云南大学	中国人民大学法学院	2010年	艾滋病防治的法律与社会控制研究：基于法社会学的视角	陈云东	15
31	昆明理工大学	上海大学	2010年	云南省低碳经济发展路径和对策研究	郑季良	14
32	昆明理工大学	北京理工大学	2010年	云南知识密集型服务业服务创新机制研究	段万春	15
33	昆明理工大学	复旦大学	2010年	云南省新型工业化道路背景下资源节约型和环境友好型社会建设对策研究	樊　勇	13
34	云南师范大学	中国社会科学院世界经济与政治研究所	2010年	云南“桥头堡”建设中的金融支撑服务体系研究	丁文丽	13
35	云南师范大学	中国科学院地理科学与资源研究所	2010年	“桥头堡”建设中的滇中城市经济圈城市化外向发展研究	吴映梅	13
36	云南师范大学	华东师范大学	2010年	云南民族自治地方农村义务教育质量研究	王　凌 何伟全	15
37	云南财经大学	复旦大学	2010年	创新云南政策性农业保险及巨灾风险管理制度研究——以2010年云南特大旱灾事件为例	钱振伟	15
38	曲靖师范学院	上海师范大学	2010年	滇沪合作儿童教育创新体系研究	丁晓东	14
39	楚雄师范学院	中国人民大学	2010年	云南边疆民族地区社会主义核心价值体系与文化安全研究	陈文清	12
40	昆明学院	中国社科院	2010年	云南跨界民族双向迁移与社会发展研究	吴　瑛	12

（云南省教育厅　王　珏）

云南省教育科学“十一五”规划2008年度立项课题名单

一、重点招标课题（4项）

立项编号	课题名称	工作单位	姓 名
ZB08002	我国现代大学制度理论与实践研究	云南大学	刘绍怀
ZB08003	云南省高等教育现代化梯度推进发展战略——地方性特色型高水平大学建设及其作用研究	云南财经大学	罗明义
ZB08004	云南省义务教育质量保障机制——教师、教学专业标准建构及其应用	云南师范大学	孙亚玲

二、高等学校课题（78项）

重点课题（5项）

立项编号	课题编号	课题名称	工作单位	姓 名
GZ08001	11530103	社会需求视野下土建类人才工程能力培养探索	昆明理工大学建筑工程学院	程赫明
GZ08002	11530230	民族文化传统生态观的空间再现与教育传承——以西双版纳傣族为例	云南师范大学旅游与地理科学学院	陈亚颦
GZ08003	11530243	云南清末书院改制与教育近代化研究	云南师范大学	肖　雄
GZ08005	11530433	高等口腔医学教育改革的探索研究	昆明医学院口腔医学院	丁仲鹃

一般课题（1）（15项）

立项编号	课题编号	课题名称	工作单位	姓 名
GY08001	11530064	云南少数民族地区教师职业幸福感研究	楚雄师范学院	周云燕
GY08002	11530016	中国云南省与泰国清迈府高等农业教育交流与合作研究	云南农业大学	李顺琴
GY08003	11530029	云南省护理专业大学生择业心理的调查及应对措施	云南中医学院临床医学院护理教研室	蔡恩丽
GY08004	11530033	医学生疑病状况调查及心理教育模式的实证研究	云南中医学院	刘海静
GY08005	11530037	人体解剖学网络课程建设及探究能力培养研究	云南中医学院基础医学院	杨恩彬
GY08006	11530225	流动人口子女义务教育法律问题研究	云南师范大学	穆美琼
GY08007	11530255	生命取向下农村中小学新型教师发展研究	云南师范大学	张向众
GY08008	11530224	云南中小学体育与健康课程的效果评价与对策	云南师范大学体育学院	刘　坚
GY08009	11530369	东南亚留学生汉语学习动机和策略实证研究	云南师范大学	原一川
GY08011	11530251	高校德育发展背景下网络舆论的调控及引导	云南师范大学哲学与政法学院	任　祥
GY08012	11530263	云南省少数民族地区中学教学质量与特色研究	云南省教育科学研究院	尹海川
GY08013	11530113	提高云南高校教师身体健康状况的对策研究	云南财经大学	谢建华
GY08014	11530084	构建独立学院体育课程的理论与实践研究	云南师范大学文理学院	杨世红
GY08015	11530297	氧化铝生产模拟仿真系统实训项目的开发	昆明冶金高等专科学校冶金与矿业学院	刘洪萍

续 表

一般课题（2）（11项）

立项编号	课题编号	课题名称	工作单位	姓 名
GY08016	11530001	提高高校贫困生能力的对策研究——以楚雄师院为例	楚雄师范学院学生处	李 辉
GY08017	11530040	《软件工程》课程教学改革研究	昆明大学电子信息与机械工程系	刘渝妍
GY08018	11530260	师范生教育技术技能评价量规系统的研制	云南师范大学计算机科学与信息技术学院	朱云东
GY08019	11530237	云南少数民族非物质文化学校教育与传承研究	云南师范大学文学与新闻传播学院	陆双梅
GY08020	11530234	云南区域高等教育国际化发展策略研究	云南师范大学现代教育技术中心	杨 颖
GY08021	11530106	高等学校学生管理法治化问题研究	云南财经大学	高学敏
GY08022	11530112	中国加入世界贸易组织与教育经济学发展关系研究	云南财经大学国际工商学院	张立莉
GY08023	11530101	力学创新教育体系的建立与实践	昆明理工大学	屈本宁
GY08024	11530018	大学英语深层学习法研究	云南农业大学外语学院	陈利平
GY08025	11530202	高校教师心理压力与心理健康研究	曲靖师范学院	李 俊
GY08026	11530371	云南高考公平的发展阶段与政策措施研究	云南省招生考试办公室	朱金陵

规划课题（47项）

立项编号	课题编号	课题名称	工作单位	姓 名
GG08002	11530028	中医类学生临床综合能力培养研究	云南中医学院临床医学院	苗晓玲
GG08003	11530030	傣医药高等教育人才培养模式的研究	云南省中医学院第一附属医院	叶建州
GG08004	11530079	三本院校经济类复合应用型人才培养模式研究——以文理学院进行案例分析	云南师范大学文理学院	陈 敏
GG08005	11530080	高等教育立法和执法研究	云南师范大学文理学院	王姗姗
GG08006	11530081	现代信息技术下的素质教育新探索——以民办高校为例	云南师范大学文理学院	张美惠
GG08007	11530082	Reflets教材在法语教学中的运用	云南师范大学文理学院外语学院	关静秋
GG08008	11530083	德育教育三维立体管理模式的构建研究——以云南独立学院为例	云南师范大学文理学院	吴志锋
GG08009	11530088	彝族大学生英语自主学习能力培养模式研究	云南师范大学文理学院	杨家丽
GG08010	11530089	中国汉字在日语学习中的利与弊	云南师范大学文理学院	温玉晶
GG08011	11530092	西南林学院分子生物学实验教学改革与实践	西南林学院	丁 勇
GG08012	11530100	云南地区广义建筑学教学体系构建与教学改革研究	昆明理工大学建筑工程学院	王 冬
GG08013	11530105	“云南省—东盟”经贸圈内汉语教学模式研究	云南财经大学传媒学院	赵小东
GG08014	11530108	云南高校人才培养中的职业生涯规划教育研究	云南财经大学教务处	吴利敏
GG08015	11530109	大学德育中的公民道德建设研究——以道德能力提升为核心	云南财经大学	谢金林

续 表

立项编号	课题编号	课题名称	工作单位	姓 名
GG08016	11530120	建设多元化、应用型项目管理课程教学体系研究	云南财经大学国际工商学院	余 泳
GG08017	11530122	云南地方高校教师教育专业化的实践研究	玉溪师范学院教育学院	高 洪
GG08018	11530126	云南当代民族绘画的优势性研究	玉溪师范学院艺术学院	平 军
GG08019	11530130	案例教学法在肿瘤临床教学中的应用研究	昆明医学院	沈丽达
GG08020	11530137	云南学校推进生命教育的方法与途径研究	昆明医学院人文学院	周家荣
GG08021	11530142	促进县域义务教育均衡发展的财政体制研究	大理学院政法与经管学院	崔慧广
GG08022	11530146	民族地区农村留守儿童德育现状与对策研究	大理学院教育科学学院	张永飞
GG08023	11530149	白族民间歌舞引入学校教育的理论与实践研究	大理学院艺术学院	喻力娟
GG08024	11530186	响应社会需求的旅游动态课程体系建设研究	云南民族大学管理学院	李柏文
GG08025	11530187	少数民族传统体育教学研究——以射弩运动项目为例	云南民族大学	丁相洋
GG08026	11530188	高职教育课程模式开发与评价研究——以计算机应用技术专业为例	云南民族大学职业技术学院	马永涛
GG08027	11530199	云南省小学教育专业化发展理论与实践研究	曲靖师范学院初等教育学院	张应奎
GG08028	11530228	西南联大通识教育思想下的课程设置与课程体系研究	云南师范大学党委宣传部	余冰释
GG08029	11530240	教学研究型大学研究型教学实践的难点与对策	云南师范大学经济学院	丁文丽
GG08030	11530247	师范生信息技术与课程整合能力训练课程研究	云南师范大学现代教育技术中心	刘敏昆
GG08031	11530248	云南省高中信息技术新课标实施策略研究	云南师范大学	李志平
GG08032	11530252	学生体质监测中应用身体成分综合测试指标与评价标准的研究	云南师范大学体育学院	刘 华
GG08033	11530253	全球化背景下高校民族传统体育课程改革研究	云南师范大学体育学院	孟纹波
GG08034	11530256	云南民族农村地区劳动者继续教育研究	云南师范大学教育科学与管理学院	周郎萱
GG08035	11530342	德宏傣族民俗数学研究	德宏师范高等专科学校	申玉红
GG08036	11530364	高职高专炼铁学课程改革研究	昆明冶金高等专科学校	卢宇飞
GG08037	11530370	高校教学质量监控体系研究	云南大学发展研究院	晏月平
GG08038	11530413	云南禁毒高等教育与禁毒人才供求关系研究	云南大学法学院	陈云东
GG08040	11530244	云南省现代大学制度理论与实践研究	云南师范大学成人继续教育学院	李朝有
GG08041	11530420	原生态音乐教育研究	云南师范大学	陈 蔚
GG08042	11530257	云南省特岗教师研究	云南师范大学教育科学与管理学院	李天凤
GG08043	11530125	当代版画与民族区域文化的融合	玉溪师范学院艺术学院	李 吉
GG08044	11530151	地方本科院校科研对教学的促进作用研究——以大理学院为个案	大理学院科技处	李丽娟
GG08045	11530258	不通普通话民族儿童入学前普通话听说能力的培养	云南师范大学教育科学与管理学院	李劲松

续 表

立项编号	课题编号	课题名称	工作单位	姓 名
GG08046	11530367	民办高职院校软环境建设与多元文化背景下学风塑造	云南经济管理职业学院	杨 军
GG08047	11530437	云南省独立学院发展研究	昆明理工大学津桥学院	赵光洲

三、中等及以下学校课题（95项）

重点课题（5项）

立项编号	课题编号	课题名称	工作单位	姓 名
ZZ08001	11530164	普通初级中学学生心理互助咨询探究	红河州开远市第十一中学	姚军莲
ZZ08002	11530023	远程教育资源在小学课堂教学中的应用研究	临沧市耿马县耿马镇培承片区中心学校	王 桥
ZZ08003	11530051	教师教学活动过程与结果形成性评价系统	玉溪师院附中	罗廷华
ZZ08004	11530039	蒙特梭利教育园本化课程探索实践研究	云南省政府办公厅圆通幼儿园	兰元青
ZZ08005	11530436	云南教育改革30年回顾与展望	云南省教育厅	黄 强

一般课题（1）（27项）

立项编号	课题编号	课题名称	工作单位	姓 名
ZY08001	11530050	高中政史地教学中文综思维能力培养的研究	玉溪师院附中	陈绍芬
ZY08002	11530359	智障教育学校融合教育研究	昆明市五华区新萌学校	任 慧
ZY08003	11530418	昆明市中学生对中国传统文化思想“知信行”的实证研究	昆明市教育科学研究院	饶又明
ZY08004	11530293	农村成人文化技术学校现状与发展研究	文山州麻栗坡县麻栗镇中心学校	陆永兵
ZY08005	11530327	民族地区农村学校网络资源开发研究	大理州经济开发区满江中学	朱近赤
ZY08006	11530426	中职学校学生伤害事故责任风险预防研究	曲靖财经学校	赵光清
ZY08007	11530172	中职学校“三生教育”的特点与途径研究	红河州民族师范学校	周国华
ZY08008	11530358	图说《哲理与生活》校本教材的研究与开发	昆明市第三中学	徐昆林
ZY08009	11530397	儿童良好养成教育实验研究	曲靖市麒麟区北关小学	朱瑞生
ZY08010	11530171	农村初级中学教师教育科研能力的培养研究	红河州泸西县舞街铺镇初级中学	赵 凯
ZY08011	11530044	小学生体悟生命之乐的教育途径研究	玉溪第一小学	杨琼英
ZY08012	11530268	本土劳动技术资源引入学校第二课堂的校本研究	文山州砚山县第二小学	彭丽萍
ZY08013	11530428	基于新课改理念的高中地理教师课堂行为研究	昆明一中	李 琳
ZY08014	11530058	同步课程资源开发及应用——高中生经典文学阅读态势整合	玉溪三中	陈 宇
ZY08015	11530414	优化语文课堂教学的有效性研究	曲靖市麒麟区第三中学	张渊明
ZY08016	11530169	少数民族地区小学语文习作教学模式研究	红河州红河县第一小学	杨树福
ZY08017	11530328	白族文化资源在中学史地教学中的开发与利用	大理市下关第四中学	叶叶红

续 表

立项编号	课题编号	课题名称	工作单位	姓 名
ZY08019	11530346	在幼儿园谈话活动中渗透“儿童哲学”的研究	文山州幼儿园	王卫红
ZY08020	11530295	新背景下初中物理教学存在的问题及对策研究	文山州教科所	冉 飞
ZY08021	11530315	中学化学实验优化与创新的研究	大理市第一中学	杨春玲
ZY08022	11530262	幼儿体验式教学在幼儿活动中应用研究	玉溪市红塔区李棋中心幼儿园	曹 琳
ZY08023	11530362	独生子女家庭幼儿良好生活习惯培养的研究	昆明市政府机关第三幼儿园	陈燕玲
ZY08024	11530387	以蒙氏思想为指导培养幼儿学习数学兴趣和能力的研究	曲靖市宣威市幼儿园	何跃兰
ZY08025	11530190	西双版纳少数民族体育游戏在幼儿园体育活动中的开发与利用	西双版纳州机关幼儿园	王惠玲
ZY08026	11530006	少数民族地区中小学教师培训方式及其实效性的研究	丽江市古城区教师进修学校（教研室）	赵维秀
ZY08027	11530192	边疆少数民族地区经济发展与学生学习态度的协调关系的调查研究	西双版纳州允景洪小学	杨红武

一般课题（2）（4项）

立项编号	课题编号	课题名称	工作单位	姓 名
ZY08028	11530377	创设教研组文化，促进教师专业发展研究	昆明市第十五幼儿园	徐 红
ZY08029	11530176	小学低段陶艺造型能力的培养	红河州蒙自县第二小学	武 俊
ZY08030	11530196	小学生诵读古诗文的实践与研究	玉溪市通海县秀山二小	刘八一
ZY08031	11530329	大理市制约初中数学教师实施新课程的因素与应对策略的课题研究报告	大理市下关四中	张国祥

规划课题（59项）

立项编号	课题编号	课题名称	工作单位	姓 名
ZG08001	11530046	高中化学演示实验革新与多媒体整合研究	玉溪师范学院附属中学	张运鸿
ZG08002	11530215	对小学高年级学生进行青春期健康教育教法的研究	红河州蒙自县第四小学	刘云梅
ZG08003	11530078	云南省推进现代学校制度建设对策研究	保山市昌宁县第二中学	罗治宇
ZG08004	11530157	新课标下城乡结合地区小学生心理健康研究	楚雄州武定县近城小学	张玉萍
ZG08005	11530282	民族地区留守儿童心理问题研究及对策	文山州广南县城区二小	晏大明
ZG08006	11530302	新课程背景下农村初级中学班主任工作策略	大理州弥渡县红岩镇第二初级中学	段玉林
ZG08007	11530309	农村初中学习困难学生的特征及其干预对策	大理州云龙县检槽中学	赵云嵩
ZG08008	11530331	大理州中职学生心理健康现状调查及制约因素研究	大理卫生学校	陈德军
ZG08009	11530336	农村苗族学生厌学原因分析及对策研究	大理州永平县水泄初级中学	茶郭熊
ZG08010	11530409	幼儿园教育的信息化应用研究	曲靖市第一幼儿园	周 玲
ZG08011	11530059	中职学校数控专业教学改革研究	玉溪工业财贸学校	董从华

续 表

立项编号	课题编号	课题名称	工作单位	姓 名
ZG08012	11530061	汽车运用与维修项目教学法研究	玉溪工业财贸学校	周爱华
ZG08013	11530167	中专卫校化学课程资源开发和应用的研究	红河州卫生学校	马瑞菊
ZG08014	11530424	职业教育教学方式改革研究	曲靖财经学校	丁边华
ZG08015	11530074	透视“90后”非主流文化现象	保山一中	周舒艳
ZG08016	11530153	发挥儿童文学作品在小学生德育中的作用研究	楚雄开发区实验小学	姚桂玲
ZG08017	11530163	初级中学开展德育工作实效性途径的研究	红河州开远市第十一中学	马良伟
ZG08018	11530280	多民族地区和谐校园文化建设研究	文山州广南县城区第一小学	王红梅
ZG08019	11530341	金牛镇一中德育综合实践活动课程	大理州宾川县金牛镇第一初级中学	曾继春
ZG08020	11530400	学校德育对学生健全人格形成的途径研究	曲靖市麒麟区第五中学	马杰英
ZG08021	11530301	山区农村小学生归并教育的研究	大理州弥渡县寅街镇三甲完小	李志新
ZG08022	11530361	提升农村教师专业素养的行动研究	昆明市西山区教育科研信息培训中心	谷晓华
ZG08023	11530154	“三人备一课　一课三人教”合作教学研究	楚雄州永仁县城关中学	王宏波
ZG08024	11530020	课改背景下的中小学衔接问题研究	临沧市第二中学	郑建华
ZG08025	11530168	初中大班额分层推进差异教学策略研究	红河州蒙自县第二中学	普朝明
ZG08026	11530042	玉溪市小学课程改革实验中的教学问题及对策研究	玉溪市教育科学研究所	彭慧勇
ZG08027	11530289	小学阶段有效性课堂教学策略研究	文山州麻栗坡县城区第二小学	邓正榜
ZG08028	11530321	中小城市流动人口子女小学阶段成功教育的研究	大理市第六完全小学	何　蓉
ZG08029	11530340	校本培训促进小学教师专业化发展研究	大理州宾川县教师进修学校	李德成
ZG08030	11530318	体育与健康课程的校本教材建设	大理一中	段伟林
ZG08031	11530210	提高初中生语文阅读速度和能力研究	保山市施甸县旧城中学	蒋许荣
ZG08032	11530325	发掘农村初中生阅读资源，提升阅读能力	大理州经济开发区满江中学	施勇奇
ZG08033	11530357	新课标背景下高中语文校本选修课程资源（系列一：诗歌与散文）的开发与实施	昆明市第三中学	杨永波
ZG08034	11530408	语文教学中培养学生良好非智力因素的研究	曲靖市罗平县阿岗第一中学	周乔林
ZG08035	11530160	农村小学生口语交际开口难问题研究	楚雄州禄丰县土官镇小学	丁世泉
ZG08036	11530180	小学生习作生活化的实践研究	红河州石屏县东风(示范)小学	童冬梅
ZG08037	11530303	农村小学语文数学课堂教学有效要素研究	大理州弥渡县红岩镇大营明德小学	李建民
ZG08038	11530076	农村初中英语快乐教学模式探究	保山市隆阳区魏家中学	蒋朝和
ZG08039	11530045	“三生”教育走进高中历史课堂的探究与实践	玉溪师院附中	杨春楠
ZG08040	11530373	少数民族地区高中地理教学与乡土地理整合研究——以大理白族自治州为例	大理市下关第一中学	孙爱民

续 表

立项编号	课题编号	课题名称	工作单位	姓 名
ZG08041	11530429	高中地理教学中的图像、表格设置和实施过程研究	大理州南涧县民族中学	蒋桂枝
ZG08042	11530007	古城区农村初中数学活动课现状调查及对策研究	丽江市古城区教师进修学校	谢 炎
ZG08043	11530216	低年级数学“问题意识和提问能力”教法的研究	红河州蒙自四小	李菊莉
ZG08044	11530267	“六顶思考帽”在小学数学课堂教学评课中的应用研究	文山州砚山县第二小学	谢芳仙
ZG08045	11530305	关注学生生活经验，培养学生数学学习习惯	大理州鹤庆县云鹤镇中心小学	董静海
ZG08046	11530319	高中一年级学生数学学习习惯与学习方法研究	大理一中	宋茂基
ZG08047	11530378	小学中段数学个性化作业设计的研究	昆明市盘龙区金康园小学	李雪菲
ZG08048	11530057	高中物理力学、电学教学资源库的建设与应用研究	玉溪三中	雷俊杰
ZG08049	11530374	新课程背景下高中物理教学研究	大理市大理第一中学	李维刚
ZG08050	11530063	“爱园教育”绿色幼儿园园本课程研究	玉溪市红塔区第二幼儿园	郭玲萍
ZG08051	11530355	整合社区资源 实施幼儿园环保教育的策略研究	昆明市官渡区幼儿园	王学玲
ZG08052	11530376	基于昆明传统文化资源的校本课程开发行动研究	昆明市教工第一幼儿园	张管琼
ZG08053	11530021	幼儿园主题活动中民族艺术资源的运用与研究	临沧市第一幼儿园	杨爱华
ZG08054	11530285	留守幼儿教育现状及对策研究	文山州教育局教育科学研究所	方志丽
ZG08055	11530286	家、园、社区合作，发展农村社区学前教育——以文山州砚山县江那镇嘉禾社区为例	文山州砚山县幼儿园	何 俊
ZG08056	11530022	提高少数民族地区寄宿生学习意识的策略研究	临沧市耿马自治县五华民族小学	吴应菊
ZG08057	11530220	边疆少数民族地区小学生非智力因素的研究	西双版纳州景洪市第二小学校	袁祖芬
ZG08058	11530296	民族地区学科知识整合——课外科技实践与创新	文山州砚山县民族中学	王开龙
ZG08059	11530222	云南少数民族服饰艺术对提高幼儿审美表现力的行动研究	云南师范大学幼儿园	曾 敏

云南省教育科学“十一五”规划2009年度立项课题名单

一、高等学校课题（94项）

重点课题（12项）

立项编号	课题编号	课题名称	学科分类	工作单位	姓 名
GZ09001	11540358	校本课程开发与云南少数民族非物质文化遗产的保护与传承研究	L. 民族教育	大理学院教育科学学院	何志魁
GZ09002	11540189	云南省高校思想政治理论课实践教学模式研究	G. 德育	昆明理工大学社会科学学院	樊 勇
GZ09003	11540190	新型大学生就业指导服务体系研究	E. 高等教育	昆明理工大学校办公室	李 莉
GZ09004	11540305	昆明市流动人口子女家庭教育问题研究	G. 德育	昆明学院	刘 芳

续 表

立项编号	课题编号	课题名称	学科分类	工作单位	姓 名
GZ09005	11540340	创新型临床实践教学模式在肿瘤学教学中的应用	E.高等教育	昆明医学院	任宏轩
GZ09006	11540144	云南省普通高校教育投资效益评价与债务风险防范研究	E.高等教育	云南财经大学教务处	章 玲
GZ09007	11540420	网路环境下大学英语教学中教师主导作用研究——以云南大学大学英语教学改革为例	E.高等教育	云南大学大学外语教学部	任 勤
GZ09008	11540248	工商管理类本科专业创业教育研究	E.高等教育	云南大学工商管理与旅游管理学院	杜靖川
GZ09009	11540176	中外合作高等教育的组织模式与竞争力研究——以云南师大为例	M.国际与比较教育	云南师范大学	冯用军
GZ09010	11540008	云南省高等教育教学质量现状调查及对策研究	E.高等教育	云南师范大学教育科学与管理学院	茅 锐
GZ09011	11540162	边疆民族地区宗教对现代学校教育的影响——以西双版纳为例	L.民族教育	云南师范大学科研处	余明九
GZ09012	11540291	教育生态视野下中学综合科学课程的有效性课堂教学研究	D.基础教育	曲靖师范学院	施传柱

一般课题（22项）

立项编号	课题编号	课题名称	学科分类	工作单位	姓 名
GY09001	11540365	和谐校园建设研究——地方高校人际和谐实现途径	G.德育	大理学院党委宣传部	王红武
GY09002	11540367	边疆民族地区农村中小学教师对教育科研的认同态度及研究（以云南省为例）	D.基础教育	大理学院教育科学学院	褚远辉
GY09003	11540364	云南特有民族大学生心理的对比研究——以白族和纳西族为个案	H.教育心理	大理学院马克思主义学院	李乾夫
GY09004	11540063	高校英汉双语教学环境建设方案及示范	E.高等教育	昆明理工大学津桥学院	车永平
GY09005	11540322	高职院校思想政治理论课与高职前该课程衔接问题研究	F.职业教育	昆明冶金高等专科学校	毛娅萍
GY09006	11540347	构建有利于培养学生实践能力和创新能力的解剖学教学体系	E.高等教育	昆明医学院	王金德
GY09007	11540269	云南林业类本科高校重点优势特色学科建设和发展研究	E.高等教育	西南林学院	罗明灿
GY09008	11540271	西南林学院植物保护专业素质教育模式	E.高等教育	西南林学院	李 巧
GY09009	11540272	大学物理教学中渗透素质教育的教学策略研究	E.高等教育	西南林学院	段志刚
GY09010	11540036	主体参与教学模式原理、方法及实践研究	E.高等教育	云南财经大学	屈仁均
GY09011	11540142	在财经院校中实施纳税会计证书考试的可行性研究	E.高等教育	云南财经大学会计学院	王红云
GY09012	11540143	云南省研究生教育质量现状研究	E.高等教育	云南财经大学经济研究院	袁珠盈

立项编号	课题编号	课题名称	学科分类	工作单位	姓名
GY09013	11540249	教育对经济社会的贡献率研究	C.教育经济与管理	云南大学发展研究院	陈瑛
GY09014	11540391	和谐校园视角下的高校宣传工作应急机制研究	G.德育	云南民族大学	王江屏
GY09015	11540009	云南高等教育地域（布局）结构优化研究	B.教育发展战略研究	云南师范大学	封海清
GY09016	11540161	新课程改革下云南省普通高校体育教师继续教育的现状与对策研究	I.体育卫生艺术教育	云南师范大学	吕赟
GY09017	11540152	面向东南亚国家的远程教育模式研究	J.教育技术与传播	云南师范大学现代教育技术中心	肖斓楠
GY09018	11540173	高校体验式生涯规划教学设计研究	E.高等教育	云南师范大学哲学与政法学院	张国华
GY09019	11540174	高等职业教育“专接本”衔接机制研究	F.职业教育	云南师范大学职业技术教育学院	苟顺明
GY09020	11540240	欧洲高等音乐教育课程体系对云南高等音乐教育特色化课程建构的借鉴研究	E.高等教育	云南艺术学院音乐学院	朱发刚
GY09021	11540287	功能翻译理论与应用翻译教学研究	E.高等教育	曲靖师范学院	张全
GY09022	11540092	新建地方本科院校实践教学质量保障体系研究——以文山学院为例	E.高等教育	文山学院	刘勇

规划课题（60项）

立项编号	课题编号	课题名称	学科分类	工作单位	姓名
GG09001	11540041	地方高校学生人际氛围与心理辅导研究	H.教育心理	楚雄师范学院	胡钊
GG09002	11540368	民族地区乡级中学图书馆建设的现状、问题及对策——以大理地区为例	D.基础教育	大理学院	赵志宏
GG09003	11540371	教学模式改革与物理学科教学思想创新研究	E.高等教育	大理学院	环敏
GG09004	11540360	少数民族中学生考试焦虑现状、影响因素及其干预研究——以大理白族自治州为例	H.教育心理	大理学院基础医学院	王剑华
GG09005	11540380	滇西民族地区高校语文教师教育与高中新课改衔接研究	E.高等教育	大理学院文学院	付睿
GG09006	11540055	学校教育场域中学生民族文化的生成与转换模式研究	L.民族教育	红河学院	胡发稳
GG09007	11540194	材料科学与工程学科人才培养体系的建立与研究	E.高等教育	昆明理工大学材料与冶金工程学院	赵昆渝
GG09008	11540193	推进云南省“跨国高等教育”产业战略之法律问题研究	B.教育发展战略研究	昆明理工大学法学院	黄颖
GG09009	11540065	民办高校多样化、国际化新型人才培养模式的探讨	E.高等教育	昆明理工大学津桥学院	刘万明
GG09010	11540066	构建独立学院本科教学质量保障与监控体系的研究与实践	E.高等教育	昆明理工大学津桥学院	向乃明
GG09011	11540067	民办高校学风建设现状与对策研究	E.高等教育	昆明理工大学津桥学院	张勇

续表

立项编号	课题编号	课题名称	学科分类	工作单位	姓名
GG09012	11540068	独立院校双语教学适应性教学方法研究	E.高等教育	昆明理工大学津桥学院	翁玮
GG09013	11540070	基于建筑设计类课程动手实践教学手段的探讨	E.高等教育	昆明理工大学津桥学院	李莉萍
GG09014	11540071	独立学院校园文化建设研究	E.高等教育	昆明理工大学津桥学院	孙昀
GG09015	11540072	法学专业面向东南亚国家法律人才培养模式构建研究	B.教育发展战略研究	昆明理工大学津桥学院	张树兴
GG09016	11540191	现代教育价值体系研究	A.教育基本理论与教育史	昆明理工大学社会科学学院	任阿娟
GG09017	11540197	原型法在创新人才培养中的实证推广研究	E.高等教育	昆明理工大学信自学院	邵建龙
GG09018	11540188	云南省大学生“三生教育”实践研究	A.教育基本理论与教育史	昆明理工大学宣传部	徐绍华
GG09019	11540301	现代技术教育在教学实践中应用的有效性研究	J.教育技术与传播	昆明学院	张必清
GG09020	11540304	《电机与电力拖动》课程研究性教学模式的探索与实践	E.高等教育	昆明学院	李扬清
GG09021	11540320	图式理论在高职高专商务英语专业教学中的应用与实践研究	F.职业教育	昆明冶金高等专科学校	木鸿英
GG09022	11540327	高校债务分析及化解对策探讨（典型学校分析）	E.高等教育	昆明医学院	熊娜
GG09023	11540333	医科院校本科教学质量保障体系构建研究与探索	E.高等教育	昆明医学院	于建云
GG09024	11540339	肿瘤学专业本科生双导师制在临床实习中的实施探索	E.高等教育	昆明医学院	雷玉洁
GG09025	11540343	参与式培训在“三生教育”中的运用研究	G.德育	昆明医学院	沈凌
GG09026	11540266	地方本科院校教师专业发展的研究	E.高等教育	西南林学院	廖春华
GG09027	11540270	西南林学院基础部教学质量保障与监控体系的研究与实践	E.高等教育	西南林学院	李清玉
GG09028	11540273	云南省特色专业——林产化学加工工程专业建设改革与实践	E.高等教育	西南林学院	吴春华
GG09029	11540276	云南省大学生体质健康现状及对策研究	I.体育卫生艺术教育	西南林学院	刁国炎
GG09030	11540277	教育改革背景下学校定向运动教学模式研究	I.体育卫生艺术教育	西南林学院	索建强
GG09031	11540140	高校社科类创新型科研团队对研究生培养质量的保障作用研究	E.高等教育	云南财经大学财政与经济学院	熊辉
GG09032	11540141	化解我省高校债务的法律对策研究	E.高等教育	云南财经大学法学院	吴凡
GG09033	11540139	参与式培训在“三生教育”中的运用研究——参与式表演方法的理论与实践研究	G.德育	云南财经大学经济发展研究中心	徐天祥

续 表

立项编号	课题编号	课题名称	学科分类	工作单位	姓 名
GG09034	11540137	拉祜族主要聚居地乡级中小学图书馆建设状况研究	L.民族教育	云南财经大学图书馆	马武仙
GG09035	11540128	云南省高等教育供需的博弈分析	C.教育经济与管理	云南财经大学信息学院	马苏拉
GG09036	11540418	云南省高职院校大学生就业服务体系建设研究	E.高等教育	云南交通职业技术学院	温爱花
GG09037	11540312	云南民办高校大学生经济状况及资助情况调查研究	C.教育经济与管理	云南经济管理职业学院	陈伟红
GG09038	11540456	澳大利亚农林类某专业“培训包”及其在教学实践中的应用研究	F.职业教育	云南林业职业技术学院	牛焕琼
GG09039	11540381	以调查表为核心的实践教学研究	E.高等教育	云南民族大学	姚顺增
GG09040	11540383	英语习得主体语言生态意识转换生成规律与语用输出能力培养策略研究	E.高等教育	云南民族大学	李志凌
GG09041	11540388	云南高校体育院系篮球专业选修课程改革与建设研究	I.体育卫生艺术教育	云南民族大学	段立颖
GG09042	11540389	构建新型培养机制推进理科大学生创新能力发展的研究与实践	E.高等教育	云南民族大学	高云涛
GG09043	11540158	云南省幼儿教师职业倦怠问题研究	H.教育心理	云南师范大学	王 欢
GG09044	11540157	云南省青少年女子中长跑运动员的形态、生理机能与素质特征研究	D.基础教育	云南师范大学体育学院	康 连
GG09045	11540163	高校礼仪教育教学模式创新型研究	E.高等教育	云南师范大学文学与新闻传播学院	余 玫
GG09046	11540151	PBL教学法在中学物理教学中的实证推广研究	D.基础教育	云南师范大学物理与电子信息学院	彭朝阳
GG09047	11540169	云南高师职业教育双师型师资培养模式新探索——以云南电子信息技术师资培养创新为例	F.职业教育	云南师范大学物理与电子信息学院	李 星
GG09048	11540170	参与式教学在高校“三生教育”中的运用研究	G.德育	云南师范大学哲学与政法学院	李秀妮
GG09049	11540241	少数民族地区艺术职业教育办学特色研究	F.职业教育	云南艺术学院高职学院	邱 剑
GG09050	11540228	云南高校英语教师职业倦怠状况调查与应对策略	E.高等教育	云南中医学院	范 波
GG09051	11540229	基于Vmware环境的医学院校计算机虚拟实验室的建设研究	J.教育技术与传播	云南中医学院	吕 峰
GG09052	11540234	PBL模式在中西医结合妇产科学教学中的应用研究	D.基础教育	云南中医学院	周晓娜
GG09053	11540237	PBL教学法在中医外科见习教学中的应用	E.高等教育	云南中医学院	杨恩品
GG09054	11540201	当代摩梭中学生性别角色取向与教育对策研究	H.教育心理	丽江师范高等专科学校	何木叶
GG09055	11540202	基于胜任力的幼儿教师选拔指标研究	H.教育心理	丽江师范高等专科学校	刘继舜
GG09056	11540205	丽江师专构建多元化人才培养模式的研究	E.高等教育	丽江师范高等专科学校	李小兵
GG09057	11540283	云南省少数民族地区三语教育比较研究	L.民族教育	曲靖师范学院	王进军

续 表

立项编号	课题编号	课题名称	学科分类	工作单位	姓 名
GG09058	11540281	特制巨大骨盆在分娩机转教学中的应用及推广	F.职业教育	曲靖医学高等专科学校	任晓蒙
GG09059	11540282	曲靖医专可持续性发展研究	F.职业教育	曲靖医学高等专科学校	荀传美
GG09060	11540093	中越边境学前教育政策法规比较研究	M.国际与比较教育	文山学院	印义炯

二、中等及以下学校课题（69项）

重点课题（6项）

立项编号	课题编号	课题名称	学科分类	工作单位	姓 名
ZZ09001	11540442	农村寄宿制学校管理科学性和有效性的研究	C.教育经济与管理	南涧彝族自治县胜利小学	薛如荣
ZZ09002	11540011	新课程背景下县级教研机构实施片区教研促进教师专业发展的实践研究	B.教育发展战略研究	开远市教育科学研究所	颜腊荣
ZZ09003	11540105	网络信息对学生学习兴趣影响的研究	H.教育心理	开远市第五中学	张云皎
ZZ09004	11540452	河口县边境小学学生国家意识养成研究	G.德育	河口县城区小学	雷开明
ZZ09005	11540077	昆明市推进滇池流域城乡教育一体化发展思路与对策的研究	B.教育发展战略研究	昆明市教科院	李庭辉
ZZ09006	11540417	混龄自由游戏促进幼儿社会交往能力发展的研究	D.基础教育	昆明市人民政府机关幼儿园	周已尧

一般课题（25项）

立项编号	课题编号	课题名称	学科分类	工作单位	姓 名
ZY09001	11540467	边疆民族地区城镇小学寄宿部功能研究	C.教育经济与管理	保山市实验小学	祝有光
ZY09002	11540022	楚雄州民间体育游戏在幼儿园体能活动中的运用研究	I.体育卫生艺术教育	楚雄市机关幼儿园	刘咏梅
ZY09003	11540042	农村小学语文课堂有效教学实施策略的研究	D.基础教育	禄丰县舍资小学	李桂兰
ZY09004	11540399	本土彝族音乐走进课堂的实践研究	I.体育卫生艺术教育	楚雄开发区实验小学	苏 双
ZY09005	11540464	提高高中物理实验教学质量实践研究	D.基础教育	武定第一中学	邝永平
ZY09006	11540031	开远市提高（人教版）品德与社会课堂教学有效性探究	D.基础教育	开远市教育科学研究所	王秋人
ZY09007	11540032	新课程背景下“尝试指导、效果回授”教学策略的实践与研究	D.基础教育	开远市教育科学研究所	刘 红
ZY09008	11540107	流动人口子女中学困生的成因及对策研究	D.基础教育	开远市灵泉小学	李文高
ZY09009	11540110	边疆民族地区学前班普通话有效教学的应用研究	L.民族教育	蒙自县教育科学研究所	罗玉荣
ZY09010	11540007	幼儿节奏乐教学有效性策略的研究	D.基础教育	昆明市第一幼儿园	喻 兰
ZY09011	11540085	实验室资源开发应用促进小学生科学探究活动有效性的策略研究	D.基础教育	盘龙区新迎第一小学	黎泽红

续 表

立项编号	课题编号	课题名称	学科分类	工作单位	姓 名
ZY09012	11540088	昆明市高中政治新课程学生评价机制的研究	D.基础教育	昆明市第一中学	杨建萍
ZY09013	11540089	通过植物组培实践活动提升小学生创新能力的研究	D.基础教育	西山区棕树营小学	王永凤
ZY09014	11540253	初中学生语文素养形成的非课堂因素的研究	D.基础教育	云南大学附中	刘 翥
ZY09015	11540254	中学生减负与思想品德课评价机制转变的研究	D.基础教育	云南大学附中	姜英琼
ZY09016	11540258	学生体质健康现状研究——以云大附中校本部初中学生为例	I.体育卫生艺术教育	云南大学附中	张 平
ZY09017	11540350	高中英语新课程课堂教学模式案例研究	D.基础教育	云大附中（星耀校区）	毕劲梅
ZY09018	11540355	体育教育与中考体制改革关系研究	D.基础教育	云大附中（星耀校区）	胡 嫔
ZY09019	11540439	昆明市新课程背景下高一有效教学策略研究	D.基础教育	昆明市第一中学	何文轶
ZY09020	11540409	大研中学校园民族文化传承与研究	D.基础教育	丽江市古城区大研中学	和丽刚
ZY09021	11540462	丽江纳西族民间美术资源与中学美术校本教材开发、利用研究	I.体育卫生艺术教育	丽江市第一高级中学	和秀谷
ZY09022	11540423	在三生教育中家园共育的策略研究	D.基础教育	云县县城中心幼儿园	李忠仙
ZY09023	11540430	高三课堂教学有效性的探究	D.基础教育	临沧市第一中学	冯体益
ZY09024	11540025	幼儿园人际氛围的测量与改善研究	H.教育心理	普洱市思茅区幼儿园	王海燕
ZY09025	11540123	边境地区乡镇中学生品德发展状况调查研究	G.德育	文山州富宁县二中	蒲应啟

规划课题（38项）

立项编号	课题编号	课题名称	学科分类	工作单位	姓 名
ZG09001	11540026	幼儿生存教育的实践与研究	D.基础教育	禄丰县第一幼儿园	尚楚萍
ZG09002	11540395	通过开展班队活动培养小学生情商的策略研究	H.教育心理	楚雄开发区实验小学	苏 雁
ZG09003	11540396	“减负”背景下小学数学课堂有效性研究	D.基础教育	楚雄开发区实验小学	卓思翔
ZG09004	11540400	小学中、高年级英语阅读能力培养的研究	D.基础教育	楚雄开发区实验小学	田 珊
ZG09005	11540451	民族地区“预习、交流，分类达标”教学结构探究	D.基础教育	楚雄州武定县白路乡小学	李先会
ZG09006	11540438	民族贫困地区中小学教师职业倦怠问题研究	H.教育心理	大理州南涧县教师进修学校	周嘉誉
ZG09007	11540019	边疆少数民族地区构建初中“有效课堂”的模式	D.基础教育	德宏州民族初级中学	刘江恩
ZG09008	11540050	学案在高中地理教学中的功能和价值研究	D.基础教育	云南省德宏州民族第一中学	杨林邦

续 表

ZG09009	11540001	提高本地区小学数学课堂教学的有效性探究	D. 基础教育	开远市教育科学研究所	何丽翠
ZG09010	11540100	小学生良好行为习惯养成的研究	A. 教育基本理论与教育史	弥勒县弥阳镇牛背小学	张文刚
ZG09011	11540115	新课程理念下蒙自县小学《体育与健康》课程实施现状调查研究	D. 基础教育	蒙自县第三小学	陆高峰
ZG09012	11540119	小学数学教研组有效集体备课的实践与研究	D. 基础教育	个旧市绿春小学	黄　励
ZG09013	11540073	开展经典诵读提升人文素养，增强学校德育工作针对性的实践研究	G. 德育	盘龙区金星小学	闫东红
ZG09014	11540075	通过开展航空航模活动，提升小学生科学素养的实践研究	D. 基础教育	盘龙区金星小学	高　鹏
ZG09015	11540078	“经典古诗文诵读”对小学生品格的影响研究	D. 基础教育	盘龙区工农小学	孔凡莉
ZG09016	11540080	小学科学课、美术课中渗透三生教育的研究	D. 基础教育	盘龙区工农小学	严国玉
ZG09017	11540082	官渡区城郊结合部小学“问题学生”的成因探析及转化手段的研究	G. 德育	官渡区东站小学	王　梅
ZG09018	11540086	农村小学班级“减负增效”实验研究	D. 基础教育	盘龙区松华乡小河村	陈志禄
ZG09019	11540091	中等职业学校以“三生教育”为主线的德育教育模式实践研究	G. 德育	盘龙职业高级中学	廖晓琼
ZG09020	11540252	初中生生物学科兴趣个体差异与课堂教学方式关系的实证研究	D. 基础教育	云南大学附中	何　晓
ZG09021	11540256	“三生教育”在初中物理教学中的实践研究	A. 教育基本理论与教育史	云南大学附中	章建芝
ZG09022	11540259	提高英语课堂教学的有效性研究	D. 基础教育	云南大学附中	黄丽娟
ZG09023	11540319	新课程与提高数学课堂教学的有效性的探究	D. 基础教育	云南民族中学	马丽拉
ZG09024	11540348	中学教师职业倦怠问题研究	H. 教育心理	云大附中（星耀校区）	雷彤云
ZG09025	11540353	高中生物新课改中探究实验教学方法的系统研究	D. 基础教育	云大附中（星耀校区）	杨文华
ZG09026	11540354	影响云南教育走向的重大历史事件研究	D. 基础教育	云大附中（星耀校区）	范聚和
ZG09027	11540457	新课程背景下高中数学三精教学与测量研究	D. 基础教育	云南大学附属外国语学校	水云波
ZG09028	11540408	《美丽的古城我的家》——古城区幼儿园园本教材开发研究	L. 民族教育	丽江市古城区幼儿园	王红梅
ZG09029	11540426	三生教育在小学阶段的实践研究	G. 德育	云县爱华镇河湾完小	马　坤
ZG09030	11540401	外来务工人员子女教育问题研究	D. 基础教育	东关小学	丁绍旭
ZG09031	11540402	高中阶段教育与初中义务教育衔接的研究	D. 基础教育	曲靖市麒麟区第一中学	曹国成

续 表

立项编号	课题编号	课题名称	学科分类	工作单位	姓 名
ZG09032	11540403	生命教育在学科中的整合与渗透研究	G.德育	曲靖市麒麟区第三中学	盛德谦
ZG09033	11540404	提高小学数学课堂教学有效性的研究	D.基础教育	城关小学	李 妹
ZG09034	11540029	高中文科教材中的优秀古文化对中学生心理健康的作用	H.教育心理	昭通市昭阳区第一中学	范家松
ZG09035	11540227	新课改背景下提高高中生物课堂教学的有效性研究	D.基础教育	昆明第十中学	和丽萍
ZG09036	11540017	和谐校园建设研究	G.德育	昆明高新第一小学	金明华
ZG09037	11540030	昭阳区城乡高中语文教师教学能力差异的比较研究	M.国际与比较教育	昭通市昭阳区第一中学	蒋 林
ZG09038	11540298	参与式教学模式在农村小学语文教学中的实效性研究	D.基础教育	昭通市昭阳区乐居小学	方铭素

云南省教育科学“十一五”规划2010年度立项课题名单

一、重点招标课题（1项）

序 号	立项编号	申请编号	课题名称	工作单位	申报人
1	GZB10001	1155A004	云南民族地区义务教育均衡发展策略研究	西南林业大学	刘沧山

二、高等学校课题（72项）

重点课题（12项）

序 号	立项编号	申请编号	课题名称	工作单位	申报人
1	GZ100001	11550121	中国少数民族高等教育立法研究	西南林业大学	宋向杰
2	GZ100002	11550080	云南省普通高等院校贫困学生抗挫能力研究	云南师范大学文理学院	蔡 明
3	GZ100003	11550189	实施体验式德育教育的路径研究	云南财经大学	陆 丹
4	GZ100004	11550315	政府和市场在提供教育公共服务中的作用研究	曲靖师范学院	荀关玉
5	GZ100005	11550229	云南国际留学状况调查与对策研究	云南民族大学	唐志颖
6	GZ100006	11550181	中外合作办学中的跨文化冲突及应对策略研究——以云南财经大学为例	云南财经大学	黎纯阳
7	GZ100007	11550314	云南少数民族地区三语背景下高中英语课改实效性研究	曲靖师范学院	朱宏华
8	GZ100008	11550028	高职素质教育与学生就业质量提升的相关性研究	昆明冶金高等专科学校	杨丽敏
9	GZ100009	11550259	高职院校大学生创新创业与就业指导研究	云南交通职业技术学院	彭林珍
10	GZ100010	11550017	云南州市本科院校定位与特色办学研究	保山学院	杨 杰
11	GZ100011	11550413	云南高等教育区域布局调整	云南民族大学	王顶明
12	GZ100012	11550103	云南省林业本科院校成人在职学习状况调查研究	西南林业大学	和亚君

一般课题（60项）					
序 号	立项编号	申请编号	课题名称	工作单位	申报人
1	GY100001	11550221	中国特色中小学公民教育体系构建研究	云南民族大学	任京民
2	GY100002	11550320	健康教育对少数民族早婚习惯的影响研究	昆明医学院	张忍发
3	GY100003	11550233	云南边境民族地区中小学开展民族团结教育研究	云南民族大学	陈 柳
4	GY100004	11550081	民族地区地方感塑造与地方课程资源开发研究——以西双版纳傣族为例	云南师范大学文理学院	徐丽姣
5	GY100005	11550347	中学语文教师能力素质模型研究	云南师范大学教育科学与管理学院	陈 虹
6	GY100006	11550124	教师能力素质模型研究	西南林业大学	李田伟
7	GY100007	11550202	高校教师职业焦虑状况及其心理辅导技能研究	云南中医学院	秦 竹
8	GY100008	11550244	德宏傣族景颇族数学课程资源开发研究	德宏师范高等专科学校	周长军
9	GY100009	11550393	对外纳西语教学资源开发研究	丽江师范高等专科学校	木春燕
10	GY100010	11550211	云南医学院校医学生人际沟通能力现状及培养模式的研究	云南中医学院	杨玉芹
11	GY100011	11550226	云南省“直过民族”地区教师现状与评价指标体系研究	云南民族大学	吕国光
12	GY100012	11550023	高职院校校园生态文化建设研究	昆明冶金	朱玉芹
13	GY100013	11550199	学校教育与云南跨境民族文化认同研究	云南财经大学	谷 禾
14	GY100014	11550343	云南佤族汉语习得研究	云南师范大学	张 鹏
15	GY100015	11550345	云南高校东盟留学生非学历教育现状与对策研究——以云南高校为例	云南师范大学	鲁 艺
16	GY100016	11550344	中国职业教育发展史研究	云南师范大学职业技术教育学院	杨 洋
17	GY100017	11550127	新时期高校青年教师的需求与激励机制研究	西南林业大学	熊春梅
18	GY100018	11550096	农村教师队伍流动和补充机制研究	曲靖师范学院	李建新
19	GY100019	11550216	高等医学院校医院信息系统（HIS）实验教学平台的建设研究	云南中医学院	高春林
20	GY100020	11550208	中医药人才综合素质与创新能力培养模式研究	云南中医学院	李晓燕
21	GY100021	11550346	政策视角下的云南民族地区教育公平研究	云南师范大学	柯学民
22	GY100022	11550162	云南少数民族地区教育收益率及其影响因素的实证研究	昆明学院	杨荣海
23	GY100023	11550329	基于信息技术的体验式教学在三生教育中的应用研究	云南师范大学	邓 鹏
24	GY100024	11550327	数字时代媒介素养教育理念的变迁与大学生现代公民意识的培育研究	云南师范大学	邱 昊
25	GY100025	11550029	高校人事岗位管理若干关键问题研究	昆明冶金	李小薇

续 表

序 号	立项编号	申请编号	课题名称	工作单位	申报人
26	GY100026	11550207	《中医内科学》教学医案数据库的建立与应用	云南中医学院	王 清
27	GY100027	11550016	新技术条件下的启发式教学研究	保山学院	杨朝凤
28	GY100028	11550311	云南省新建地州本科院校基于网络环境的翻译课程混合式学习模式及其成效研究	曲靖师范学院	黄琼英
29	GY100029	11550322	医学院校教师教学胜任模式与评价研究	昆明医学院	吕 力
30	GY100030	11550038	民办高职院校“双师型”师资队伍建设研究	云南经济管理职业学院	李建红
31	GY100031	11550011	大理学院全科医师培养与管理模式	大理学院	陈海燕
32	GY100032	11550321	云南省中小学生近视现状、影响因素调查及对策研究	昆明医学院	邱良武
33	GY100033	11550335	电子传媒中的体育信息对昆明市中学生体育意识的影响	云南师范大学	卢开智
34	GY100034	11550082	高校声乐课堂教学模式改革与创新研究——基于美声民族通俗实例分析	云南师范大学文理学院	板 燕
35	GY100035	11550348	云南农村地区教师职业压力调查与对策研究	云南师范大学	赵 琳
36	GY100036	11550179	防治教师职业病的运动处方研究	云南财经大学	谢建华
37	GY100037	11550230	云南省高校公共体育课中理论课程教学改革创新研究	云南民族大学	孙银蔓
38	GY100038	11550010	云南省小学书法教育现状分析与对策	大理学院	张云霁
39	GY100039	11550131	高职院校在大学生就业指导工作中的PGSR角色定位研究——以云南国土资源职业学院为例	云南国土资源职业学院	李泽华
40	GY100040	11550349	中小学语文教科书的语言文字规范标准研究	云南师范大学	刘赛西
41	GY100041	11550039	云南职业教育集团在云南高职高专法律事务专业人才培养中应用机制研究	云南经济管理职业学院	邓 森
42	GY100042	11550180	普通高等学校体育伤害事故归责研究	云南财经大学	马慧娟
43	GY100043	11550159	农村教师心理健康教育培训机制研究	昆明学院	李 里
44	GY100044	11550387	老年人健康现状及体育健身的调查与研究	云南师范大学	杨秀芝
45	GY100045	11550186	基于数据挖掘技术的教学评价模型与算法研究	云南财经大学	陈韬伟
46	GY100046	11550190	创新型网络人才培养模式研究	云南财经大学	胡 丹
47	GY100047	11550231	中国—东盟背景下西南地方民族院校国际化策略研究	云南民族大学	周育萍
48	GY100048	11550215	中药产学研结合的知识产权分配机制研究	云南中医学院	谢晓如
49	GY100049	11550119	提高云南省林业类硕士研究生培养质量的对策与实践研究	西南林业大学	张志华
50	GY100050	11550342	云南高师院校研究生就业指导创新研究	云南师范大学	杨顺清

续 表

序 号	立项编号	申请编号	课题名称	工作单位	申报人
51	GY100051	11550076	云南高校教育服务的学生满意度调查研究	云南大学	徐延宇
52	GY100052	11550307	聘任制下高校教师评价激励机制研究	曲靖师范学院	李 应
53	GY100053	11550182	大学生创业教育教学模式研究	云南财经大学	栾 敏
54	GY100054	11550214	构建创新型中医本科人才培养模式的研究	云南中医学院	张云富
55	GY100055	11550158	高师院校“一体化”教育实习模式改革创新研究	昆明学院	罗明东
56	GY100056	11550095	基于教育专业学位的教师教育的转向研究	曲靖师范学院	刘志忠
57	GY100057	11550109	以创业教育提升大学生就业研究	西南林业大学	曹超学
58	GY100058	11550176	工科院校实验课程体系构建及实验教学内容优化的研究	昆明理工大学建筑工程学院	卢 蕾
59	GY100059	11550107	高等院校食品化学实验教学改革与实践	西南林业大学	郭 磊
60	GY100060	11550318	对医学生临床思维能力培养的分析研究	昆明医学院	罗志勇

三、中等及以下学校课题（46项）

重点课题（6项）

序 号	立项编号	申请编号	课题名称	工作单位	申报人
1	ZZ100001	11550282	小学校园安全管理研究	禄丰县金山小学	李永贵
2	ZZ100002	11550368	职教学生团体心理辅导“式”职业指导教学实践研究	昆明铁路机械学校	宁福芝
3	ZZ100003	11550373	新课程背景下小学数学教学质量监控与评价机制研究	西山区书林二小	严 冰
4	ZZ100004	11550407	贫困山区课改中存在的困难、成因及对策研究——以保山市隆阳区瓦渡乡中心学校	保山市隆阳区瓦渡乡中心学校	王晓明
5	ZZ100005	11550168	新课程背景下普通高中实施“分层走班教学”的实践研究	姚安县第二高级中学	陈光有
6	ZZ100006	11550143	在数字实验条件下进行高中化学探究式教学的研究	曲靖市第一中学	马建播

一般课题（40项）

序 号	立项编号	申请编号	课题名称	工作单位	申报人
1	ZY100001	11550153	在劳动技能教育中培养小学生的探究能力研究	曲靖市沾益县水桥小学	张秋凤
2	ZY100002	11550145	云南边远农村校本培训中开展同课异构的实践研究	曲靖市罗平县教师进修学校	马旭虹
3	ZY100003	11550403	寄宿制小学学生生活自理能力培养的研究	保山市永昌小学	辉春梅

续表

序号	立项编号	申请编号	课题名称	工作单位	申报人
4	ZY100004	11550363	高中远程直播教学效果及其对促进教书队伍建设的作用研究	云南省丽江第一高级中学	刘　超
5	ZY100005	11550043	小学生感恩分层教育的行动研究	红河州开远市西湖小学	李素琼
6	ZY100006	11550367	中职学校教师绩效评价研究与实践	昆明铁路机械学校	岑　兵
7	ZY100007	11550383	县城初中学生德育综合素质评价研究	文山州砚山县民族中学	杨明焘
8	ZY100008	11550020	中等职业学校“成人成才就业创业”年级主题教育研究	云南省旅游学校	范德华
9	ZY100009	11550057	工学交替、中等职业教育人才培养模式研究	红河州建水县职业教育中心	张学忠
10	ZY100010	11550272	提高初中教师信息素养，促进教师专业化发展的研究	姚安县栋川中学	陈建荣
11	ZY100011	11550372	昆明市县镇3至6岁儿童异常行为调查与干预研究	嵩明县幼儿园	冯丽萍
12	ZY100012	11550369	小学专科课教学质量考核办法的研究	昆明市盘龙区金康园小学	李雪菲
13	ZY100013	11550151	流动儿童城市生活社会适应性研究	曲靖市麒麟区阳光小学	王赛丽
14	ZY100014	11550371	小学教师专业化发展的团队建设实践研究	昆明市西山区阳光小学	盛洪琳
15	ZY100015	11550324	城镇化进程中小学生心理健康状况调查研究	云师大附属世纪金源学校小学部	何家成
16	ZY100016	11550044	交互式电子白板对教学的促进	红河州个旧市金湖小学	王　琳
17	ZY100017	11550385	大班额环境下的小学语文阅读教学课堂评价策略研究	文山州砚山县第二小学	陈明珠
18	ZY100018	11550376	优化小学语文课堂的策略研究	安宁市第一小学	戴文惠
19	ZY100019	11550325	云南城镇化进程中的小学“乐学教育”研究	云师大附属世纪金源学校小学部	孟　强
20	ZY100020	11550360	小学生书法兴趣的培养研究	文山州实验小学	付　川
21	ZY100021	11550171	小学“疑探练思”高效课堂构建研究	楚雄州大姚县金碧小学	曾以波
22	ZY100022	11550150	体验性学习在小学语文阅读教学中研究	曲靖市麒麟区阳光小学	吕茜琳
23	ZY100023	11550270	本土资源在幼儿园户外游戏活动中的应用研究	大姚县幼儿园	郭丽红
24	ZY100024	11550380	小学大班额有效教学研究	文山州砚山县第一小学	范珍菊
25	ZY100025	11550085	小学数学有效课堂教学策略的研究	红河州弥勒县弥阳镇第二小学	张玉菊
26	ZY100026	11550268	以家庭观察记录活动促进幼儿家园共育有效性的探索与研究	楚雄市鹿城幼儿园	刘继琼
27	ZY100027	11550353	边疆少数民族地区初中孤儿学生教育的有效途径探究	云南省陇川县第二中学	丁昌永

续表

序号	立项编号	申请编号	课题名称	工作单位	申报人
28	ZY100028	11550357	古城区特殊儿童随班就读研究	丽江市古城区大研中学	和学庆
29	ZY100029	11550086	思想政治课堂有效渗透“三生教育”的探究与实践	红河州弥勒县教育局教研室	陈燕芬
30	ZY100030	11550087	校园文化建设与学生素质培养的研究	弥勒县第三中学	蒋孝平
31	ZY100031	11550284	构建自主课堂　实践有效教学研究	元谋县教育局教研室	明芳琼
32	ZY100032	11550401	中学生综合素质评价研究	西畴县逸夫中学	吴炳文
33	ZY100033	11550091	新课改背景下城镇中学学生学习行为研究——以弥勒四中为例	弥勒县第四中学	施毅彪
34	ZY100034	11550167	学校健康体育实施模式研究——中学学校与家庭健康体育教育相结合实施模式研究	云南大学附中	张　克
35	ZY100035	11550165	新课程背景下中小学数学教学有效衔接的策略研究	云南大学附属中学	和文涛
36	ZY100036	11550354	小城镇流动儿童学习和生活适应性研究——以古城区为例	丽江市古城区大研中学	和胜春
37	ZY100037	11550356	传统古诗词创作教学作为校本教材的研究	丽江市古城区大研中学	和琼花
38	ZY100038	11550132	探究法在高中化学教学中的优化与实践	曲靖市师宗县第一中学	赵福忠
39	ZY100039	11550377	“五步自主学习教学法”在边疆少数民族贫困地区的探索研究	文山县第一初级中学	赵兰海
40	ZY100040	11550042	新课程改革下高中物理实验教学研究	红河州建水县第一中学	李正科

2008年度云南省“两院”立项课题名单

2008年度云南省“两院”课题经资格审查、专家通讯评审和学科组评审，报省委宣传部批准，“构建中国西南面向东南亚南亚国际产业带研究”等37项课题获得立项。

一、东南亚南亚课题（13项）

（1）构建中国西南面向东南亚南亚国际产业带研究（课题负责人：曲靖师范学院杨筠）。

（2）基于合作博弈的怒江—萨尔温江水电合作开发思路与对策（课题负责人：云南师范大学骆华松）。

（3）云南对东南亚直接投资中外派经理人跨文化管理有效性研究（课题负责人：云南财经大学张洪烈）。

（4）中国云南与周边国家贸易便利化问题研究（课题负责人：云南财经大学张立莉）。

（5）基于生态容量分析对怒江水电开发与环境保护优化模式研究（课题负责人：云南财经大学雷东梅）。

（6）比较视野下云南与东南亚高校体育教育合作模式的研究——以泰国、越南为例（课题负责人：云南师范大学袁际学）。

（7）印度“东向”政策对云南面向东南亚南亚开放的影响及对策研究（课题负责人：云南大学段学品）。

（8）缅甸警察制度与中缅国际禁毒合作研究（课题负责人：云南警官学院梁晋云）。

（9）云南省与东南亚南亚的教育合作研究（课题负责人：云南师范大学吴雁江）。

（10）缅甸国情研究报告（课题负责人：云南大学李晨阳）。

（11）云南新一轮对外开放政策研究（课题负责人：云南大学卢光盛）。

（12）中国与越南边境政策比较研究（课题负责人：云南大学毕世鸿）。

（13）云南面向东南亚、南亚物流人才资源开发研究（课题负责人：云南师范大学陈长瑶）。

二、民族问题课题（24项）

（1）人类学视野下的云南少数民族妇女月经期护理行为研究（课题负责人：楚雄师范学院李金莲）。

（2）云南民族传统金属制作工艺研究（课题负责人：云南民族大学吴炜）。

（3）对西双版纳傣族两部重要巴利语佛经*Pabbajjākammr*（《出家业经》）与*Upasampadakammr*（《比丘业经》）的研究（课题负责人：云南大学姚珏）。

（4）民族志电影拍摄（课题负责人：云南大学陈学礼）。

（5）大理地区白族习惯法问题研究（课题负责人：大理学院杜永波）。

（6）云南少数民族地区集体林权制度改革可持续性研究（课题负责人：西南林学院刘德钦）。

（7）云南自然保护区保护政策与民族村寨发展研究（课题负责人：西南林学院黄晓园）。

（8）旅游开发与非物质文化遗产传承保护研究——以昆明石林县大糯黑村为例（课题负责人：昆明学院黄继元）。

（9）滇西北政治文化研究（课题负责人：云南大学周俊华）。

（10）历史人类学视野下的云南回族农村变迁研究（课题负责人：云南省社科院李红春）。

（11）云南少数民族妇女在旅游开发与民族文化传承中的地位和作用（课题负责人：云南民族大学周爱萍）。

（12）人类学视野下云南少数民族妇女发展与民族传统体育研究（课题负责人：云南民族大学方桢）。

（13）民族地区重大自然灾害发生后的文化恢复重建研究（课题负责人：云南民族大学王明东）。

（14）历史人类学视野下的云南少数民族农村变迁研究——苗族社会历史文化变迁个案研究（课题负责人：云南财经大学刘芳）。

（15）自然保护区保护政策与民族村寨发展研究（课题负责人：云南大学张佩芳）。

（16）历史人类学视野下的大马散佤族住宅变迁研究（课题负责人：云南大学赵永忠）。

（17）云南少数民族法文化与生态环境建设研究（课题负责人：云南民族大学王俊）。

（18）迪庆奔子兰藏族传统木器制作工艺（课题负责人：云南民族大学曾庆新）。

（19）城市化进程中云南少数民族医药传统知识保护传承研究（课题负责人：曲靖师范学院向光富）。

（20）云南少数民族故事片的人类学研究（课题负责人：云南艺术学院杨静）。

（21）重访独龙江——经典民族志电影拍摄回顾（课题负责人：云南大学张海）。

（22）金沙江中下游傣族与西双版纳傣族的比较研究（课题负责人：云南民族大学罗阳）。

（23）从单姓开村到五姓共荣——对云南嵩明县龙咀石苗族自然村社会变迁的历史人类学考察（课题负责人：云南省社科院李吉星）。

（24）云南少数民族文化遗产保护研究——云南民族间面具文化遗产的数字化研究（课题负责人：昆明理工大学胡鹏）。

2009年度云南省哲学社会科学规划立项课题名单

2009年度，全省67个单位共申报省社科规划课题742项。省社科规划办根据《云南省哲学社会科学规划课题管理办法》的相关规定和申报通知精神，组织专家资格审查、匿名通讯评审和学科组评审，报省委宣传部审批，共批准“加强国有企业领导班子反腐倡廉建设问题研究”等14项委托课题立项，“马克思主义中国化、时代化、大众化研究”等2项重点课题立项，“马克思主义中国化进程的见证：基本路线历史演变”等53项一般课题立项，“云南少数民族价值观的心理学调查”等40项青年课题以及“金融危机对云南与东南亚经贸关系的影响及对策研究”等44项合作课题立项。

一、委托课题（14项）

（1）加强国有企业领导班子反腐倡廉建设问题研究（课题负责人：中共云南省委政策研究室郑维川；课题批准号WT2009001）。

（2）云南省宣传文化系统“四个一批”人才队伍建设研究（课题负责人：中共云南省委宣传部曹兵；课题批准号WT2009002）。

（3）村级组织干部教育管理（课题负责人：中共马龙县委宣传部范春荣；课题批准号WT2009003）。

（4）边疆少数民族地区农村思想政治工作当前迫切需要解决的问题（课题负责人：中共兰坪县委宣传部和贵群；课题批准号WT2009004）。

（5）跳出宁蒗看宁蒗，提高科学发展能力（课题负责人：中共宁蒗县委宣传部王海林；课题批准号WT2009005）。

（6）云龙地理太极保护开发与利用研究（课题负责人：中共云龙县委宣传部杨宗汉；课题批准号WT2009006）。

（7）云南省农民专业合作社融资机制创新问题研究（课题负责人：昆明理工大学杨凌；课题批准号WT2009007）。

（8）原始宗教情结对花腰傣民族传统体育的影响（课题负责人：玉溪师范学院余贞凯；课题批准号WT2009008）。

（9）基于技术控制视角的大学生网络舆论引导研究（课题负责人：云南师范大学刘六生；课题批准号WT2009009）。

（10）网络舆论影响下的政府形象管理研究——基于舆论危机的视角（课题负责人：云南财经大学谢金林；课题批准号WT2009010）。

（11）少数民族地区大学生宗教信仰教育与社会稳定预警机制的研究（课题负责人：大理学院马凤鸣；课题批准号WT2009011）。

（12）越南2001—2010年行政改革评价：理论与实践（课题负责人：云南大学刘新林；课题批准号WT2009012）。

（13）县城经济跨越式发展的“双向三化”路径研究（课题负责人：中共寻甸县委刘荣；课题批准号WT2009013）。

（14）云南与周边国家电影文化交流与合作发展研究（课题负责人：云南省文联郑明；课题批准号WT2009014）。

二、重点课题（2项）

（1）马克思主义中国化、时代化、大众化研究（课题负责人：中共云南省委宣传部戴世平；课题批准号ZD2009001）。

（2）云南非公经济发展带动社会就业问题研究（课题负责人：昆明理工大学段万春；课题批准号ZD2009002）。

三、一般课题（53项）

（1）马克思主义中国化进程的见证：基本路线历史演变（课题负责人：曲靖师范学院刘锦屏；课题批准号YB2009001）。

（2）云南边疆民族地区社会主义核心价值体

系建设研究（课题负责人：云南师范大学和军；课题批准号YB2009002）。

（3）云南省经济追赶进程中的优势叠加与科学发展研究（课题负责人：昆明理工大学秦成逊；课题批准号YB2009003）。

（4）白族对中华主体文化的认同与中华民族精神的培养研究（课题负责人：大理学院凡丽；课题批准号YB2009004）。

（5）马克思主义与当代社会思潮研究（课题负责人：云南师范大学李红专；课题批准号YB2009005）。

（6）云南省电子政务发展的复杂性研究——基于动力演化和公共管理的视角（课题负责人：云南大学邓崧；课题批准号YB2009006）。

（7）构建云南沿边开发经济区研究（课题负责人：云南省社科院任佳；课题批准号YB2009007）。

（8）云南跨境民族地区社会群体事件的原因、影响及治理对策研究（课题负责人：云南师范大学王虹；课题批准号YB2009008）。

（9）建立新型检警关系的理论与实践——以昆明地区的司法实践为研究对象（课题负责人：昆明市人民检察院沈曙昆；课题批准号YB2009009）。

（10）和谐社会视野下我省环境责任保险制度构建研究（课题负责人：云南民族大学谢秋凌；课题批准号YB2009010）。

（11）影响云南跨境民族地区社会稳定与安全的突出问题及对策研究——以非传统安全为视角（课题负责人：云南大学罗刚；课题批准号YB2009011）。

（12）政府主导的社区法律服务机制研究（课题负责人：云南财经大学吕涛；课题批准号YB2009012）。

（13）旅游发展与建设和谐社区、和谐村镇的互动性研究——以民族村寨旅游社区为例（课题负责人：昆明理工大学周常春；课题批准号YB2009013）。

（14）云南省土地流转问题及对策研究（课题负责人：云南民族大学张金鹏；课题批准号YB2009014）。

（15）法律社会学视野中的组织残疾人、儿童乞讨罪研究（课题负责人：云南师范大学李涛；课题批准号YB2009015）。

（16）网络群体性事件抽样调查与政府舆情危机应对机制研究（课题负责人：云南警官学院阮惠风；课题批准号YB2009016）。

（17）云南省生物产业发展研究（课题负责人：云南财经大学于克信；课题批准号YB2009017）。

（18）云南职业教育与城乡一体化发展研究（课题负责人：云南农业大学刘福军；课题批准号YB2009018）。

（19）加快推进孟中印缅地区经济合作实施研究（课题负责人：云南省政府研究室杨烨；课题批准号YB2009019）。

（20）云南省“十一五”期间招商引资政策效应的评价及发展对策研究（课题负责人：云南财经大学尹豪；课题批准号YB2009020）。

（21）云南省非公经济带动社会就业问题研究（课题负责人：云南师范大学杨永生；课题批准号YB2009021）。

（22）云南边境地区反洗钱问题研究（课题负责人：云南财经大学侯合心；课题批准号YB2009022）。

（23）云南省大型企业集团公司治理研究（课题负责人：云南民族大学王珊珊；课题批准号YB2009023）。

（24）从普惠性金融体系观探索云南村镇银行的机制创新（课题负责人：云南大学武晓芬；课题批准号YB2009024）。

（25）云南省林业土地流转市场存在问题及对策研究（课题负责人：云南师范大学商学院张云钢；课题批准号YB2009025）。

（26）云南餐饮业发展模式和产业升级研究（课题负责人：云南财经大学于千千；课题批准号YB2009026）。

（27）少数民族贫困县的贫困与反贫困调查与评估——以丽江宁蒗彝族自治县为例民族问题研究（课题负责人：云南财经大学李文睿；课题批准号YB2009027）。

（28）云南省扶持7个人口较少民族政策的实施效果研究（课题负责人：云南民族大学李若青；课题批准号YB2009028）。

（29）云南省彝族语言文字的潜在濒危趋势及其对策研究（课题负责人：楚雄师范学院朱元富；课题批准号YB2009029）。

（30）兴边富民行动及其成效的调查研究——以耿马傣族佤族自治县为个案（课题负责人：云南民族大学廖乐焕；课题批准号YB2009030）。

（31）云南少数民族文化安全及防止隐性文化侵略研究（课题负责人：云南师范大学李丽芳；课题批准号YB2009031）。

（32）云南跨境少小民族农村合作医疗制度研究（课题负责人：云南中医学院熊官旭；课题批准号YB2009032）。

（33）传承与发展民族传统体育研究（课题负责人：云南师范大学孙振武；课题批准号YB2009033）。

（34）云南省城市化进程中社区体育公共服务体系研究（课题负责人：云南师范大学李雪梅；课题批准号YB2009034）。

（35）云南跨境民族地区濒危语言的现状调查研究——以傣族地区为例（课题负责人：云南民族大学刀洁；课题批准号YB2009035）。

（36）云南跨境民族语言文化安全调查研究（课题负责人：云南省少数民族语文指导工作委员会办公室和丽峰；课题批准号YB2009036）。

（37）云南民族民间故事类型及流变研究（课题负责人：云南省少数民族古籍整理出版规划办公室龙江莉；课题批准号YB2009037）。

（38）白族民间长诗研究（课题负责人：大理学院王建华；课题批准号YB2009038）。

（39）中国古代降礼研究（课题负责人：红河学院路伟；课题批准号YB2009039）。

（40）堂琅文化研究（课题负责人：中共巧家县委宣传部邓天玲；课题批准号YB2009040）。

（41）西南联大人文学科学术史研究（课题负责人：云南农业大学袁国友；课题批准号YB2009041）。

（42）云南农村信息化可持续性研究（课题负责人：云南农业大学段美英；课题批准号YB2009042）。

（43）传播生态学视域中的云南民族文化遗产数字化生存研究（课题负责人：云南师范大学阮艳萍；课题批准号YB2009043）。

（44）新媒体与云南少数民族现代性建构（课题负责人：云南大学郭建斌；课题批准号YB2009044）。

（45）网络舆情与云南高校思想政治工作的应对问题研究（课题负责人：昆明理工大学徐绍华；课题批准号YB2009045）。

（46）云南警察职后教育的主要问题研究（课题负责人：云南警官学院顾俊；课题批准号YB2009046）。

（47）云南省与周边国家教育合作发展研究（课题负责人：云南师范大学伊继东；课题批准号YB2009047）。

（48）经典与本土——关于现代高教文化传承责任的研究（课题负责人：云南大学董云川；课题批准号YB2009048）。

（49）全球化背景下云南传统手工艺的现代转型（课题负责人：云南艺术学院傅永寿；课题批准号YB2009049）。

（50）云南民族音乐图像资源的保护、利用与开发研究（课题负责人：云南大学王玲；课题批准号YB2009050）。

（51）云南民族建筑艺术的数字化保护研究（课题负责人：云南师范大学向杰；课题批准号YB2009051）。

（52）浮世绘艺术与明清版画的渊源研究（课题负责人：云南师范大学高云龙；课题批准号YB2009052）。

（53）云南少数民族酒歌舞三位一体传统艺术的传承与发展研究（课题负责人：云南民族大学裘亚萍；课题批准号YB2009053）。

四、青年课题（40项）

（1）云南少数民族价值观的心理学调查（课题负责人：云南师范大学侯阿冰；课题批准号QN2009001）。

（2）高校、科研院所青年加入民主党派动因研究（课题负责人：云南省社会主义学院钟瑞华；课题批准号QN2009002）。

（3）佤族哲学思想史研究（课题负责人：

临沧师范高等专科学校艾兵有；课题批准号QN2009003）。

（4）边疆民族地区群体性突发事件研究——以公众参与理论为视角（课题负责人：昆明学院李冬玫；课题批准号QN2009004）。

（5）云南省非政府组织监管的政府责任研究（课题负责人：云南民族大学陈姝娅；课题批准号QN2009005）。

（6）边疆治理方略的历史演进及现代转型研究（课题负责人：云南大学蒋小杰；课题批准号QN2009006）。

（7）政府应对群体性事件的新闻发布与管理研究（课题负责人：云南警官学院陈玉；课题批准号QN2009007）。

（8）云南省管县改革的原因、动力和途径（课题负责人：云南大学张会龙；课题批准号QN2009008）。

（9）云南省参与GMS金融合作的对策研究（课题负责人：云南大学邹春萌；课题批准号QN2009009）。

（10）云南农村金融信贷担保的困境及其法律救济（课题负责人：云南警官学院王众；课题批准号QN2009010）。

（11）转型期地方政府处置群体性事件能力研究（课题负责人：云南大学刘婷婷；课题批准号QN2009011）。

（12）云南农村弱势群体权利保护及社会救助体系建立研究（课题负责人：曲靖师范学院李克艳；课题批准号QN2009012）。

（13）医疗纠纷第三方调解机制研究（课题负责人：昆明医学院陈颖；课题批准号QN2009013）。

（14）乡—城移民（农民工）的社会融入研究——以昆明市福德村为例（课题负责人：云南大学刘建娥；课题批准号QN2009014）。

（15）边疆民族地区经济社会发展中的社会歧视研究——以云南省为例（课题负责人：云南师范大学曲凯音；课题批准号QN2009015）。

（16）云南农村民间组织在农村社区建设中的作用研究——以大理州为例（课题负责人：云南民族大学赵静；课题批准号QN2009016）。

（17）金融危机背景下云南省保增长、保民生、保稳定的金融支持研究（课题负责人：云南财经大学牟怡楠；课题批准号QN2009017）。

（18）基于农户自主发展能力视角的云南农村反贫困问题研究（课题负责人：云南师范大学李君；课题批准号QN2009018）。

（19）产业转移对云南生态环境及可持续发展的影响研究（课题负责人：云南大学徐晓勇；课题批准号QN2009019）。

（20）云南省“直管县”体制改革研究——云南特色的区域协调发展模式选择（课题负责人：云南大学李娟；课题批准号QN2009020）。

（21）云南省大型企业集团公司治理研究——基于国有控股与集团公司治理有效性的研究（课题负责人：云南财经大学纳超洪；课题批准号QN2009021）。

（22）农户储蓄行为实证研究：基于8省微观面板数据（课题负责人：云南民族大学毕岚岚；课题批准号QN2009022）。

（23）云南跨境民族社会保障制度研究——以中越边境地区哈尼族、拉祜族为例（课题负责人：红河学院施建光；课题批准号QN2009023）。

（24）缅甸果敢民族问题的由来、特点及其对云南边疆地区安全形势的影响（课题负责人：云南大学罗圣荣；课题批准号QN2009024）。

（25）缅甸与泰国跨境民族的历史与现状（课题负责人：玉溪师范学院赵永胜；课题批准号QN2009025）。

（26）滇西北少数民族地区旅游扶贫研究——以丽江市玉龙县黎明傈僳族乡为例（课题负责人：丽江高等师范专科学校王荣红；课题批准号QN2009026）。

（27）宗教渗透与边疆民族地区意识形态安全研究：以云南跨境民族地区为例（课题负责人：云南民族大学孙浩然；课题批准号QN2009027）。

（28）流动人口宗教活动特点研究——以昆明外来流动回族为例（课题负责人：云南民族大学武承睿；课题批准号QN2009028）。

（29）云南蒙古族卡卓语语法结构及语言类型演变研究（课题负责人：玉溪师范学院张雅音；课题批准号QN2009029）。

（30）英语教育背景下云南少数民族学生文化认同研究（课题负责人：昆明理工大学杨玉；课题批准号QN2009030）。

（31）文字学视野下的先秦文体发生动因研究（课题负责人：云南师范大学邱渊；课题批准号QN2009031）。

（32）文化认同与国家认同——明清时期云南儒学的传播与影响（课题负责人：红河学院赵旭峰；课题批准号QN2009032）。

（33）近代西南边疆各民族国家认同意识研究（课题负责人：云南师范大学张媚玲；课题批准号QN2009033）。

（34）清代云南义学研究（课题负责人：云南民族大学于晓燕；课题批准号QN2009034）。

（35）学校教育中少数民族学生民族文化生成与转换模式研究（课题负责人：红河学院胡发稳；课题批准号QN2009035）。

（36）云南新课改背景下农村中小学新型教师发展研究（课题负责人：云南师范大学张向众；课题批准号QN2009036）。

（37）云南省职业教育与社会主义新农村建设的双赢发展研究（课题负责人：云南农业大学欧颖；课题批准号QN2009037）。

（38）哈尼族舞蹈传承与发展研究（课题负责人：云南艺术学院唐镛；课题批准号QN2009038）。

（39）云南少数民族特有民族乐器的传承与发展研究（课题负责人：云南艺术学院欧阳园香；课题批准号QN2009039）。

（40）书法线条美感之力意象的书论文献考察（课题负责人：曲靖师范学院谢建军；课题批准号QN2009040）。

五、合作课题（44项）

（1）金融危机对云南与东南亚经贸关系的影响及对策研究（课题负责人：昆明理工大学屠年松；自筹经费；课题批准号HZ2009001）。

（2）民族法律中的软法问题研究（课题负责人：昆明理工大学李丽辉；自筹经费；课题批准号HZ2009002）。

（3）刑事案件中电子证据适用规则研究（课题负责人：昆明理工大学何永军；自筹经费；课题批准号HZ2009003）。

（4）云南省土地流转过程中农户理性行动选择的逻辑研究（课题负责人：昆明理工大学李红波；自筹经费；课题批准号HZ2009004）。

（5）云南高原湖区可持续发展评判及对策研究（课题负责人：昆明理工大学胡元林；自筹经费；课题批准号HZ2009005）。

（6）从“调查报告”到“民族志”：以建国六十年来云南民族研究文本为对象的研究（课题负责人：昆明理工大学娥满；自筹经费；课题批准号HZ2009006）。

（7）云南边疆少数民族贫困大学生团体心理辅导的理论与实践研究（课题负责人：昆明理工大学王劲璘；自筹经费；课题批准号HZ2009007）。

（8）云南边疆民族地区大学生村官选派问题研究（课题负责人：云南财经大学潘祖和；自筹经费；课题批准号HZ2009008）。

（9）云南省农户林地流转行为的调查与研究（课题负责人：云南财经大学朱翠萍；自筹经费；课题批准号HZ2009009）。

（10）国家税收制度政策改革调整后对云南企业的影响及应对研究（课题负责人：云南财经大学杨树琪；自筹经费；课题批准号HZ2009010）。

（11）提升云南资源密集型企业自主研发和核心竞争力对策研究（课题负责人：云南财经大学郭晓曦；自筹经费；课题批准号HZ2009011）。

（12）泰国注册会计师行业制度及中泰比较研究（课题负责人：云南财经大学朱锦余；自筹经费；课题批准号HZ2009012）。

（13）国家税收政策调整背景下云南企业财务管理问题研究——以云南新长征集团公司为例（课题负责人：云南财经大学孙辉；自筹经费；课题批准号HZ2009013）。

（14）GMS金融合作对策研究——非对称性区域金融合作理论及其运用（课题负责人：云南财经大学胡列曲；自筹经费；课题批准号HZ2009014）。

（15）基于结构性视角的人力资本与区

域经济增长研究——以云南省为例（课题负责人：云南大学陶小龙；自筹经费；课题批准号HZ2009015）。

（16）六十年来云南维护促进边疆民族团结的基本经验研究（课题负责人：云南大学赵永忠；自筹经费；课题批准号HZ2009016）。

（17）云南民族文学走向世界的问题研究（课题负责人：云南大学何琍；自筹经费；课题批准号HZ2009017）。

（18）新中国成立60年云南职业教育发展研究（课题负责人：云南大学陈云山；自筹经费；课题批准号HZ2009018）。

（19）云南边疆民族地区党的执政安全问题研究（课题负责人：云南农业大学车辚；自筹经费；课题批准号HZ2009019）。

（20）云南少数民族地区农村社区建设模式研究（课题负责人：云南农业大学李新然；自筹经费；课题批准号HZ2009020）。

（21）“直过区”土地可持续利用问题及对策研究（课题负责人：云南农业大学彭尔瑞；自筹经费；课题批准号HZ2009021）。

（22）壮族“坡芽歌书”音乐文化价值与开发研究（课题负责人：云南艺术学院汪瑶；自筹经费；课题批准号HZ2009022）。

（23）云南古戏台对民族地区新农村和谐文化建设的影响研究（课题负责人：云南艺术学院申波；自筹经费；课题批准号HZ2009023）。

（24）云南省通海县常氏先祠古文物建筑群数字还原与研究（课题负责人：云南艺术学院常勋有；自筹经费；课题批准号HZ2009024）。

（25）云南少数民族生态审美智慧与生态文明建设研究（课题负责人云南师范大学李江梅；自筹经费；课题批准号HZ2009025）。

（26）云南政治发展中的非制度化政治参与研究——政治认同的视角（云南师范大学王茂美；自筹经费；课题批准号HZ2009026）。

（27）澜沧江云南段文化遗产廊道的构建研究（课题负责人：云南师范大学陈亚颦；自筹经费；课题批准号HZ2009027）。

（28）云南边境民族贫困县返贫问题研究（课题负责人：云南师范大学吴映梅；自筹经费；课题批准号HZ2009028）。

（29）哈尼族卡多话衰变现状研究（课题负责人：云南师范大学赵敏；自筹经费；课题批准号HZ2009029）。

（30）面向东南亚汉语国际教育中教材建设的理论与实践探索（课题负责人：云南师范大学沈毅；自筹经费；课题批准号HZ2009030）。

（31）东南亚留学生汉语双音节词语学习策略研究（课题负责人：云南师范大学李德鹏；自筹经费；课题批准号HZ2009031）。

（32）彝族语言文化对彝族学生外语自主学习能力的影响研究（课题负责人：云南师范大学杨家丽；自筹经费；课题批准号HZ2009032）。

（33）云南历史上自然灾害档案史料汇编（课题负责人：云南师范大学郭亚非；自筹经费；课题批准号HZ2009033）。

（34）抗战时期云南高等教育的流变与绵延（课题负责人：云南师范大学任祥；自筹经费；课题批准号HZ2009034）。

（35）云南省义务教育阶段教师绩效工资研究（课题负责人：云南师范大学茅锐；自筹经费；课题批准号HZ2009035）。

（36）师范院校大学生人文素质教育现状分析与对策研究——以云南师范大学为例（课题负责人：云南师范大学李孝川；自筹经费；课题批准号HZ2009036）。

（37）文化转型与中国少数民族艺术发展——基于云南沧源佤族文化艺术存续状况的实证研究（课题负责人:云南师范大学樊华；自筹经费；课题批准号HZ2009037）。

（38）旅游市场背景下的民族舞蹈传承与变异（课题负责人：云南师范大学彭莉；自筹经费；课题批准号HZ2009038）。

（39）云南边疆少数民族地区群体性突发事件的原因及应对措施研究（课题负责人：云南师范大学莫关耀；自筹经费；课题批准号HZ2009039）。

（40）云南省非法集资问题对策研究（课题负责人：云南警官学院刘敬平；自筹经费；课题批准号HZ2009040）。

（41）云南蓝靛瑶宗教文书的整理与研究（课题负责人：云南民族大学高朋；自筹经费；课题批准号HZ2009041）。

（42）明清云南书院与边疆文化教育发展研究（课题负责人：云南民族大学顾霞；自筹经费；课题批准号HZ2009042）。

（43）《现代旅游大潮下的民族传统文化——以云南旅游发展中的傣、纳西、哈尼三个典型文化为例》（课题负责人：云南民族大学陈燕；自筹经费；课题批准号HZ2009043）。

（44）网络舆情与云南高校思想政治工作的应对问题研究（课题负责人：云南师范大学史晓宇；自筹经费：课题批准号HZ2009044）。

2010年度云南省哲学社会科学研究基地立项课题名单

2010年度，25个省级社科研究基地共申报课题153项，省社科规划办根据《云南省哲学社会科学研究基地管理办法》的相关规定和申报通知精神，组织专家进行资格审查、匿名通讯评审和学科组评审，报经省委宣传部批准，“云南省领导干部应急管理能力建设问题研究”等25项重点课题立项，“云南省构建城乡统筹的基层党建新格局方法途径研究”等25项一般课题立项，“云南边境地区党的基层组织和政权建设问题研究”等6项委托课题立项，“云南民族文化产业发展的人力资源供需分析及均衡对策研究”等11项合作课题立项。

一、重点课题（25项）

（1）云南省领导干部应急管理能力建设问题研究（课题负责人：中共云南省委党校张光雄；课题批准号：JD2010ZD01）。

（2）云南藏区跨越式发展的产业支撑极其政策研究（课题负责人：云南师范大学周智生；课题批准号：JD2010ZD02）。

（3）“桥头堡”建设与云南民族文化“走出去”战略研究（课题负责人：中共云南省委党校李锐；课题批准号：JD2010ZD03）。

（4）滇池流域农村生活方式对面源污染的影响及防控对策研究（课题负责人：云南大学和树庄；课题批准号：JD2010ZD04）。

（5）“滇学”通论（课题负责人：云南大学林文勋；课题批准号：JD2010ZD05）。

（6）云南面向西南开放桥头堡建设的国际环境研究（课题负责人：云南大学刘稚；课题批准号：JD2010ZD06）。

（7）云南省“物联网”发展分析与对策研究（课题负责人：云南财经大学冉文学；课题批准号：JD2010ZD07）。

（8）云南面向东南亚国际化人才培养模式创新研究（课题负责人：云南师范大学伊继东；课题批准号：JD2010ZD08）。

（9）云南实施“桥头堡”战略的人力资源支持系统研究（课题负责人：云南师范大学杨林；课题批准号：JD2010ZD09）。

（10）基于生态文明的云南旅游产业生态化转型研究（课题负责人：云南师范大学明庆忠；课题批准号：JD2010ZD10）。

（11）企业社会责任与农民工职业健康服务（课题负责人：云南大学王彦斌；课题批准号：JD2010ZD11）。

（12）云南省农业战略性新兴产业选择与培育研究（课题负责人：云南农业大学张海翔；课题批准号：JD2010ZD12）。

（13）傣医药高等教育人才培养模式研究（课题负责人：云南中医学院郭兆刚；课题批准号：JD2010ZD13）。

（14）云南多元宗教和谐相处的经验研究（课题负责人：云南民族大学张桥贵；课题批准号：JD2010ZD14）。

（15）人口较少民族扶贫开发模式研究（课题负责人：云南民族大学王德强；课题批准号：JD2010ZD15）。

（16）促进云南省经济与生态协调发展的资源税收制度研究（课题负责人：云南财经大学杨树琪；课题批准号：JD2010ZD16）。

（17）大湄公河次区域金融发展与金融合作研究（课题负责人：云南财经大学胡列曲；课题批准号：JD2010ZD17）。

（18）云南森林资产流转相关政策与管理体系研究（课题负责人：西南林业大学杨爱华；课题批准号：JD2010ZD18）。

（19）非物质文化遗产保护政策在民族地区的实践现状研究（课题负责人：云南艺术学院李小明；课题批准号：JD2010ZD19）。

（20）新型毒品滥用监测指标体系构建与滥用人数估算方法研究（课题负责人：云南警官学院阮惠风；课题批准号：JD2010ZD20）。

（21）低碳农业与滇池流域农村生态社区（课题负责人：昆明学院钱春萍；课题批准号：JD2010ZD21）。

（22）白族文化资源保护与文化产业开发研究（课题负责人：云南民族大学赵世林；课题批准号：JD2010ZD22）。

（23）滇中城市群建设中的城市文化策略研究（课题负责人：曲靖师范学院张永刚；课题批准号：JD2010ZD23）。

（24）明清以来云南彝族文化变迁及其现代适应——以楚雄州为例（课题负责人：楚雄师范学院杨甫旺；课题批准号：JD2010ZD24）。

（25）越南西北各省与中国云南省合作发展机制研究（课题负责人：红河学院李继云；课题批准号：JD2010ZD25）。

二、一般课题（25项）

（1）云南省构建城乡统筹的基层党建新格局方法途径研究（课题负责人：中共云南省委党校张洁；课题批准号：JD2010YB01）。

（2）云南藏区藏传佛教与社会和谐研究（课题负责人：云南省社会科学院肖耀辉；课题批准号：JD2010YB02）。

（3）乡村文化产业集群式发展研究——以丽江大研古镇为例（课题负责人：云南财经大学晏雄；课题批准号：JD2010YB03）。

（4）全球气候变化条件下云南生态环境变化趋势研究（课题负责人：云南大学李俊梅；课题批准号：JD2010YB04）。

（5）契约文书与云南社会研究——以云南省博物馆馆藏资料为基础（课题负责人：云南大学吴晓亮；课题批准号：JD2010YB05）。

（6）维护西南周边安全面临的形势与任务研究（课题负责人：云南大学吴磊；课题批准号：JD2010YB06）。

（7）云南省新型工业化进程中城乡一体化建设的对策研究（课题负责人：昆明理工大学段万春；课题批准号：JD2010YB07）。

（8）云南较少民族教育发展研究（课题负责人：云南师范大学杨顺清；课题批准号：JD2010YB08）。

（9）云南少数民族地区乡镇党委书记公推直选问题及对策研究（课题负责人：中共云南省委党校鲁彩荣；课题批准号：JD2010YB09）。

（10）以云南民族文化遗产廊道为依托的旅游线路统筹开发研究（课题负责人：云南师范大学余明九；课题批准号：JD2010YB10）。

（11）流动人口的医疗保障制度研究——以农民工生殖健康服务保障为例（课题负责人：昆明医学院沈凌；课题批准号：JD2010YB11）。

（12）利用周边国家粮食生产优势解决云南省粮食安全问题研究（课题负责人：云南农业大学赵鸭桥；课题批准号：JD2010YB12）。

（13）云南特有少数民族景颇族和阿昌族医药文化保护模式研究（课题负责人：昆明医学院宋鑫；课题批准号：JD2010YB13）。

（14）跨境民族与云南边境地区国家安全研究（课题负责人：云南民族大学鲁刚；课题批准号：JD2010YB14）。

（15）云南人口较少民族社会保障体系建设研究（课题负责人：云南民族大学李若青；课题批准号：JD2010YB15）。

（16）云南省“省直管县”财政体制改革风险及风险防范路径研究（课题负责人：云南财经大学张丽华；课题批准号：JD2010YB16）。

（17）云南新型农村养老保险试点跟踪研究（课题负责人：云南财经大学钱振伟；课题批准号：JD2010YB17）。

（18）低碳经济在新农村建设中的评估体系研究（课题负责人：西南林业大学赵璟；课题批准号：JD2010YB18）。

（19）云南非物质文化遗产传承人调查研究（课题负责人：云南艺术学院魏美仙；课题批准号：JD2010YB19）。

（20）社区戒毒资源配置研究——以云南为例（课题负责人：云南警官学院张晴；课题批准号：JD2010YB20）。

（21）滇池流域生态文化建设与昆明旅游可持续发展研究（课题负责人：昆明学院窦志萍；课题批准号：JD2010YB21）。

（22）建立滇西旅游优势产业带研究（课题负责人：大理学院赵建军；课题批准号：JD2010YB22）。

（23）民族文化与云南城市特色：居于香格里拉的考察（课题负责人：曲靖师范学院孙健灵；课题批准号：JD2010YB23）。

（24）云南彝族易地扶贫搬迁与文化适应研究（课题负责人：云南民族大学李晓莉；课题批准号：JD2010YB24）。

（25）越南西北各省与中国云南省边境贸易关系研究（课题负责人：红河学院程敏；课题批准号：JD2010YB25）。

三、委托课题（6项）

（1）云南边境地区党的基层组织和政权建设问题研究（课题负责人：中共云南省委组织部；课题批准号：JD2010WT01）。

（2）全面提升“桥头堡”建设的产业基础研究（课题负责人：云南大学杨先明；课题批准号：JD2010WT03）。

（3）维西县民族团结教育方式研究（课题负责人：中共维西傈僳族自治县委员会宣传部；课题批准号：JD2010WT02）。

（4）国家社会科学基金民族问题项目在云南进展研究（课题负责人：云南民族大学何耀华；课题批准号：JD2010WT05）。

（5）民族政治学在“十一五”期间的发展及“十二五”期间的研究重点（课题负责人：云南大学周平；课题批准号：JD2010WT06）。

（6）国家社会科学基金社会人类学“十二五”规划调研（课题负责人：云南民族大学乔亨瑞；课题批准号：JD2010WT07）。

四、合作课题（11项）

（1）云南民族文化产业发展的人力资源供需分析及均衡对策研究（课题负责人：云南师范大学李亚；课题批准号：JD2010HZ01）。

（2）云南少数民族地区乡镇党委书记公推直选问题及对策研究（课题负责人：云南师范大学骆华松；课题批准号：JD2010HZ02）。

（3）“文化昆明”建设研究（课题负责人：中国传媒大学文化产业研究院范周、云南省社科联范建华；课题批准号：JD2010HZ03）。

（4）硕士专业学位研究生教育的ESP教学研究（课题负责人：云南财经大学李宪一；课题批准号：JD2010HZ04）。

（5）高校学位授权规模与区位条件相关研究（课题负责人：云南财经大学李蒙；课题批准号：JD2010HZ05）。

（6）南昭大理国医学史研究（课题负责人：大理学院赵建勤；课题批准号：JD2010HZ06）。

（7）南昭大理国神话传说的历史人类学研究（课题负责人：大理学院赵敏；课题批准号：JD2010HZ07）。

（8）南昭大理国律法研究（课题负责人：大理学院李艳君；课题批准号：JD2010HZ08）。

（9）大理民间信仰组织圣谕坛的调查研究（课题负责人：大理学院张汝梅；课题批准号：JD2010HZ09）。

（10）云南省集体林权改革绩效评价与制度创新研究（课题负责人：西南林业大学刘德钦；课题批准号：JD2010HZ10）。

（11）少数民族地区农民生产、生活与低碳经济关系研究——以元江为例（课题负责人：西南林业大学罗明灿；课题批准号：JD2010HZ11）。

（中共云南省委宣传部　田仁波）

获奖成果

年鉴

2008—2010

云南省第十一次哲学社会科学优秀成果获奖项目情况及名单

云南省哲学社会科学优秀成果奖是云南省人民政府设立并颁发的政府奖，是我省哲学社会科学界最高规格的奖项。云南省第十一次哲学社会科学优秀成果评奖自2007年8月15日至9月25日申报，共收到申报参评成果463项（其中专著192项，论文271项）。经过学科组的评审和省评委会的终评，最终评选出“东南亚国家经济贸易法律研究丛书”等获奖成果119项，其中：特等奖1项，荣誉奖3项，一等奖9项（专著4项，论文5项），二等奖21项（专著11项，论文10项），三等奖85项（专著36项，论文49项）。云南省人民政府于2008年7月14日颁发了《云南省人民政府关于云南省第十一次哲学社会科学优秀成果奖励的决定》（云政发〔2008〕127号）。

特等奖

“东南亚国家经济贸易法律研究丛书”

王义明 主编

荣誉奖

（1）《宋任穷云南工作文集》

中共云南省委党史研究室 编

（2）《二十世纪八九十年代云南经济发展宏观决策回顾》

和志强 著

（3）《范义田文集》（上、下）

云南省文史研究馆 余嘉华 主编

一等奖

（1）《金融工程与衍生产品创新研究：一种基于鞅定价的分析方法》

昆明理工大学 田存志

（2）《企业持续创新》

昆明理工大学 向刚

（3）《商人与近代中国西南边疆社会：以滇西北为中心》

云南师范大学 周智生 著

（4）《东南亚伊斯兰教与当代政治》

云南省社会科学院 贺圣达 等

（5）《回到生活：关于艺术人类学学科发展问题的反思》

云南大学 何明 洪颖

（6）《艾滋病的人口学研究——以云南省为例》

云南师范大学 莫国芳 包广静 吴瑛

（7）《西双版纳傣族的水文化：传统与变迁》

云南省社会科学院 郭家骥

（8）《云南人口与住房经济问题研究》

云南省统计局 胡瑜琳 等

（9）《制度变迁中中国宏观经济的IS-LM模型分析》

昆明新机场建设指挥部 龙小海 叶子荣 张吕

二等奖

（1）《高等教育体制变迁研究》

云南大学 张建新 著

（2）《云南古近代学制》

云南师范大学 党乐群 编著

（3）《云南地方文献概说》

云南省图书馆编

（4）《贫富论——唯物史观视角》

昆明理工大学 樊勇 著

（5）《中国少数民族大辞典·白族卷》

云南省民族学会 李缵绪 主编

（6）《史氏汉英翻译大词典》

云南师范大学 史企曾 主编

（7）《云南发展核电研究报告》

云南省人民政府发展研究中心 钱德三 等

（8）《中国工农红军长征过云南史》

中共云南省委党史研究室　著

（9）《云南省人力资源系统开发研究》

云南大学　任新民　汤文志　梁勇　主编

（10）《复合型商业业态——理论、应用、个案》

云南财经大学　李严锋　著

（11）《中美戏剧交流的文化解读》

云南艺术学院　吴卫民（笔名：吴戈）　著

（12）《教育思维方式的变革及其趋向》

云南师范大学　张向众

（13）《构建和谐的社会主义民族关系》

云南大学　陈国新

（14）《社会保险费欠费问题探讨》

云南省地方税务局　白玉刚

（15）《货币政策中介目标选择的发展与中国实践》

云南财经大学　胡列曲

（16）《中国的乡—城劳动力流动与城镇失业：一个经验研究》

云南财经大学　袁志刚

（17）《非传统安全视角下的云南跨界民族问题》

云南师范大学　何跃

（18）《会计信息管制的合约分析》

云南财经大学　彭家生

（19）《陈云对党的实事求是思想路线的历史贡献与现实启示》

云南师范大学　刘丽琼　钱明辉

（20）《云南房地产业发展统计预警系统研究》

云南省统计局　陈杨东　等

（21）《“共同善”与分配正义——社群主义的社会福利思想及其对社会政策研究的启示》

云南大学　钱宁

三等奖

（1）《带你走进博物馆——云南省博物馆》

云南省博物馆　编著

（2）《新制度主义》

云南大学　张林　著

（3）《愿景与探索——开远市社会主义新农村建设整体规划》

云南省社会科学院　纳麒　黄小军　陈利君　主编

（4）《〈孙子兵法〉语法研究》

云南大学　蔡英杰　著

（5）《中国近世白话短篇小说叙事发展研究》

红河学院　张勇　著

（6）《杨墨——背对阳光的少年》

云南省政协文史委员会　蒲元华　杨修品　编著

（7）《中国二十世纪“四十年代”乡土小说研究》

云南大学　张志平　著

（8）《宋明理学中的“孔颜之乐”问题》

云南师范大学　李煌明　著

（9）《品牌文化战略研究》

云南财经大学　朱立　著

（10）《传播理论》

云南师范大学　郝朴宁　陈路　主编

（11）《社会科学专家话临沧》

临沧市社会科学界联合会　《社会科学专家话临沧》编委会　编

（12）《经济增长及其相关因素研究——云南经济社会发展若干问题研究》

云南大学　施本植　等　编著

（13）《安北与单于都护府——唐代北部边疆民族问题研究》

云南民族大学　王世丽　著

（14）《〈云南省红河哈尼族彝族自治州自治条例〉修订与释义》

红河学院　马洪波　著

（15）《纳西东巴文化研究总览》

云南大学　宋光淑　主编

（16）《西部少数民族聚居区经济发展及机制研究》

云南师范大学　吴映梅　著

（17）《西南联大的文化选择与文化精神》

昆明学院　封海清　著

（18）《云南推进新型工业化的模式研究——以曲靖市为例的云南新型工业化模式研究》

曲靖市社会科学界联合会　云南推进新型工

业化的模式研究课题组

（19）“宜良文化丛书”

宜良县文学艺术界联合会　郑祖荣　等　编著

（20）《儿童福利社会化重构——“昆明模式”》

云南大学　王彦斌　赵锦云　主编

（21）《家住长江第一湾的纳西族》

云南省民族学会　郭大烈　周智生　著

（22）《中国少数民族生态文化研究》

云南大学　廖国强　袁国友　等　著

（23）《以人为本论》

云南大学　张祖训　著

（24）《推进云南纳税信用体系建设研究》

云南师范大学　陈新　等

（25）《马克思主义哲学与社会主义》

云南省社会科学院　韩敬　著

（26）《中国民族村寨文化》

云南大学　张跃、何斯强　主编

（27）《彝族社会历史文化调查研究》

楚雄师范学院　杨甫旺　著

（28）“云南传统蒙学丛书”

云南传统蒙学研究会　郑千山　主编

（29）《中华武术》

云南警官学院　李德祥　编著

（30）《红塔集团志》

红塔烟草（集团）有限责任公司编撰

（31）《学校毒品预防教育》

云南警官学院　杨丽君　等　编著

（32）《丽江劳动模范先进工作者群英集》

丽江市总工会　丽江市方志办　编

（33）《云南与巴蜀佛教研究论稿》

云南省社会科学院　侯冲　著

（34）《中国文化产业发展模式解析——云南文化产业发展启示录》

云南省社会科学院　唐嘉荣　陈真　李常林　著

（35）《纳西族文化史论》

云南省社会科学院　杨福泉　著

（36）《元代大理段氏总管史》

大理学院　张锡禄　著

（37）《云南财政收支问题研究》

云南省财政厅　任晓珍　等

（38）《政治技术研究论纲》

云南大学　方盛举

（39）《农户收入差距的微观基础：物质资本还是人力资本？》

云南民族大学　高梦滔　姚洋

（40）《论发表权侵权行为的认定——从一个著作权纠纷案谈起》

云南财经大学　杨静

（41）《社会政策研究的文化视角》

云南师范大学　毕天云

（42）《反洗钱有关法律问题研究》

云南财经大学　侯合心

（43）《19世纪中后期以来国外艺术人类学研究述评》

云南大学　洪颖

（44）《相邻建筑物间之利用关系的地役权调整》

昆明理工大学　张鹤

（45）《学术范式的转换与艺术人类学的学科建构》

云南大学　何明

（46）《国债转贷政策下政府信用效应及其影响》

云南财经大学　侯合心　孟庆红

（47）《族群社会心理：民族心理学的研究对象》

德宏师范高等专科学校　尹可丽

（48）《云南森林生态旅游发展战略研究》

云南省政府研究室　侯峰　等

（49）《中西方理想人格的比较及对塑造现代理想人格的启示》

红河学院　王萍　王妮妮

（50）《哈尼梯田景观空间格局与美学特征分析》

云南师范大学　角媛梅　杨有洁　胡文英

（51）《教育公平及其在我国的实现》

昆明理工大学　罗黎辉　王海云

（52）《为了生活使用暴力与暴力对生活的毁灭——暴力性私力救济发生的结构性原因之法律社会学考察》

云南大学　王启梁

（53）《清顺治朝〈明史〉修纂史事考论》

云南师范大学　朱端强

（54）《文学书写中的故乡记忆——以汪曾祺笔下的昆明为中心》

红河学院　张永杰

（55）《云南地方电力体制改革形势分析报告》

云南大学　郭树华　王健康　等

（56）《唯物史观是构建社会主义和谐社会的哲学基础》

云南师范大学　陈路　李红专

（57）《政治价值整合：执政党提高执政能力的重要课题》

云南大学　任新民

（58）《法律反功能的发生机制探微——对2002年〈医疗事故处理条例〉的法社会学思考》

云南财经大学　刘新星

（59）《药物依赖者复吸研究模型的回顾与展望》

云南师范大学　张锋　邓云菁　杨宏　等

（60）《少数民族学生在学校教育中的文化适应——基于教育人类学的认识》

云南大学　李怀宇

（61）《剑川石窟与白族的信仰民俗》

云南大学　李东红

（62）《基于农业信息化的农业产业结构调整》

云南大学　秦德智　姚超　雷森

（63）《关于文学理论话语方式的沉思》

曲靖师范学院　张永刚

（64）《我国女子马拉松竞技现状、相对落后原因及备战29届奥运会的对策研究》

云南大学　牟少华　于奎龙　刘武　等

（65）《纳西族象形文字研究》

云南民族大学　李国文

（66）《云南个旧方言谓词的体范畴》

红河学院　路伟

（67）《心诚则灵：三论中国学者的中国气派——冯友兰先生在西南联大校务活动考略》

云南师范大学　雷希

（68）《环境犯罪概念的刑法展开》

云南民族大学　王俊

（69）《解读“实验民族志”》

云南师范大学　李立

（70）《虚拟参考咨询服务中的版权保护研究》

曲靖师范学院　张绍武　张桂玲

（71）《区域性文献信息资源共建共享保障体系研究》

楚雄师范学院　黎白　赵青

（72）《建立和完善构建和谐社会所必需的社会机制》

西南林学院　王传发

（73）《数字信息长期保存的几个理论问题探讨》

曲靖师范学院　张绍武

（74）《我国开展绩效审计的十大难点》

云南财经大学　杨锡春

（75）《新世纪中国民族社会学与社会人类学的回顾与展望》

云南省社会科学院　乔亨瑞

（76）《地理历史学与中国历史进程的地理基础》

云南师范大学　潘玉君　武友德

（77）《少数民族妇女研究和学科建设的拓展（2001—2005年）》

云南民族大学　杨国才

（78）《教师专业发展的问题与出路》

云南师范大学　孙亚玲

（79）《七彩云南——人口与数字》

云南省统计局　云南省人民政府人口抽样调查领导小组办公室

（80）《大湄公河次区域贸易投资便利化战略行动框架下的中方商务人员流动问题》

中共云南省委党校　刘小龙　戴杰

（81）《行政伦理学是科学吗》

云南行政学院　李鹏飞

（82）《注册会计师独立性的微观动机和宏观行为：综述、分析和展望》

昆明新机场建设指挥部　龙小海　余怒涛　黄登仕　等

（83）《罗平小黄姜品牌市场的培育与发展对策》

罗平县农业局　申恩情

（84）《传统农业向现代农业转变的成功探索——曲靖市推行烤烟生产QTP模式的主要经验与启示》

曲靖市社会科学界联合会　　叶国伟

（85）《中国传统体育文化、人文精神与奥林匹克运动》

云南师范大学　刘坚　李运　陈斌　等

云南省第十二次哲学社会科学优秀成果获奖项目情况及名单

云南省第十二次哲学社会科学优秀成果评奖工作于2008年9月12日至12月27日举行，申报时间自2008年9月15日起至10月20日止，共收到申报参评成果478项（其中专著179项，论文299项）。经过学科组的评审和省评委会的终评，最终评选出《中华民族发展史》等获奖成果120项，其中：荣誉奖1项；一等奖9项（专著5项，论文4项）；二等奖20项（专著10项，论文10项）；三等奖90项（专著39项，论文51项）。云南省人民政府于2009年7月16日颁发了《云南省人民政府关于云南省第十二次哲学社会科学优秀成果奖励的决定》（云政发〔2009〕124号）。

荣誉奖

《中华民族发展史》

云南大学　尤中　著

一等奖

（1）《清代云南瘴气与生态变迁研究》

云南大学　周琼　著

（2）《边疆民族地区构建社会主义和谐社会进程中的社会稳定问题调查研究——以云南为例》

云南民族大学　鲁刚　等

（3）《抵御境外敌对势力利用宗教进行渗透的对策研究——云南跨境民族中的宗教渗透与反渗透》

云南民族大学　张桥贵　等

（4）《公司表外负债研究》

云南财经大学　陈红　著

（5）《能力结构与东西部区域经济合作》

云南大学　杨先明　等　著

（6）《论〈二十四诗品〉的理论体系》

云南大学　张国庆

（7）《云南和谐社会建设与高等教育区域发展研究系列成果》

云南师范大学　伊继东　等

（8）《边疆少数民族地区人力资源开发及其可持续发展研究系列成果》

云南师范大学　杨林　等

（9）《哈尼族研究中史误的三点辩正》

云南大学　古永继

二等奖

（1）《重日与九歌——从时间符号到神话仪式》

昭通师范高等专科学校　申江　著

（2）《云南省金沙江中游水电开发库区及周边优势产业与移民可持续发展规划研究》

云南省经济研究院课题组

（3）《马克思市民社会理论研究》

云南大学　蒋红　著

（4）《印度工业化进程中产业结构的演变——印度发展模式初探》

云南省社会科学院　任佳　著

（5）《法理学原论》

云南大学　张蓉蓉（笔名：章戎）　编著

（6）《百越民族发展演变史——从越、僚到壮侗语族各民族》

云南大学　王文光　李晓斌　著

（7）《当代日本中小学道德教育研究》

云南师范大学　曹能秀　著

（8）《现代大学体育教程》（第二版）

云南师范大学　刘坚　等　主编

（9）《西南联大时期的文学创作及其外来影响》

云南省社会科学院　杨绍军　著

（10）《晋唐小说螺女故事考论》

云南大学　李道和

（11）《频道形象宣传片的品牌传播范式研究》

云南财经大学　　任秀芹　荆翡

（12）《人地关系和谐：中国可持续发展的根本保证——一种地理学的视角》

云南师范大学　　明庆忠

（13）《从创新视角对舒尔茨贫困经济学的再认识》

云南财经大学　　李学术

（14）《社会资本与和谐社会的内在契合性问题探讨》

云南财经大学　　周文　李晓红

（15）《台湾历史语言研究所藏东巴经部分书目著录和翻译》

云南民族大学　　李国文

（16）《ETS——教育技术学研究的新课题》

红河学院　　王全

（17）《我国物权法定原则与地役权：宏观法定与微观意定之融合》

昆明理工大学　　张鹤

（18）《高师院校师范生免费教育政策的思考》

云南师范大学　　伊继东

（19）《我国宏观消费率变化的实证研究》

云南财经大学　　彭志远

（20）《傣族历史上并没有一个“达光王国”——与杨永生先生商榷》

云南大学　　何平

三等奖

（1）《向世界说明云南》

云南省文学艺术界联合会　　郑明　主编

（2）《中国古代音乐审美观研究（21世纪中国音乐学文库）》

云南大学　　叶明春　著

（3）《在有限与有为之间——西方立宪政府的理论与现实》

云南民族大学　　陈德顺　著

（4）《重订医门擥要》

云南中医学院　　楚更五　李平　主编

（5）《少数民族学生英语学习态度和动机实证研究》

云南师范大学　　原一川　著

（6）《风情湄公河》

云南省文学艺术界联合会　　郑明　主编

（7）《全球化背景下泛东南亚国际旅游合作与发展》

云南财经大学　　李水凤　编著

（8）《误读的批判——鲁迅解读和接受的反思》

文山师范高等专科学校　王光斌　巩凌　著

（9）《不朽的魂灵——文学永恒性探秘》

云南省社会科学院　　蔡毅　著

（10）《云南道教史》

云南省社会科学院　　萧霁虹　董允　著

（11）《旅游循环经济学研究》

云南师范大学　　明庆忠　李庆雷　著

（12）《物权法普及读本》

省司法厅　　周鹄昌　主编

（13）《民族文化传播理论描述》

云南师范大学　　郝朴宁　等　著

（14）《虚假广告侵权研究》

玉溪师范学院　　于林洋　著

（15）《现代西方学术视野中的中国西南边疆史》

云南大学　　陆韧　主编

（16）《旅游管理学》

云南财经大学　　罗明义　等　著

（17）《儿童心理理论能力中的情绪理解——纳西族和汉族儿童的跨文化研究》

云南师范大学　　李佳　著

（18）《马克思主义哲学现代化研究》

云南大学　　陈国新　等　著

（19）《中国金融可持续发展的评价与分析》

云南财经大学　　钟伟　著

（20）《企业会计信用评价与管理》

云南财经大学　　朱锦余　著

（21）《发展中大国最优汇率制度动态决定论》

云南财经大学　　胡列曲　著

（22）《〈形势与政策〉校本教材》

云南师范大学　　周本贞　陈路　主编

（23）《义务教育发展区域均衡系统研究》

（第1卷《区域教育发展及其差距实证研究》、第2卷《区域教育发展及其均衡对策研究》）

云南师范大学　　潘玉君　等　主编

（24）《教育技术学基础——现代教学理论与信息技术整合的探索》

昆明学院　　罗明东　等　编著

（25）《人才战略概论》

昆明市五华区委党校　　任新民　苏强　主编

（26）《云南民族文化纵横探》

云南省社会科学院　　黄光成　著

（27）《永远的辉煌·云南卷》

云南省延安精神研究会　编

（28）《楚雄州加快经济社会发展暨优化生产力布局研究》

云南省人民政府发展研究中心课题组

（29）《和谐昆明体育设施建设新概念》

昆明理工大学　　段万春　张萱　主编

（30）《电视剧市场体系研究》

保山师范高等专科学校　　魏国彬　著

（31）《“梅葛”的文化学解读》

楚雄师范学院　　李云峰　李子贤　杨甫旺　主编

（32）《钱南园诗文集校注》

云南师范大学　　余嘉华　主编

（33）《中国竹文化》

云南大学　　何明　廖国强　著

（34）《中国民族自治地方政府》

云南大学　　周平　方盛举　夏维勇　著

（35）《社会正义、公民权利和集体主义——论社会福利的政治与道德基础》

云南大学　　钱宁　著

（36）《十三世纪傣泰语言的语音系统研究》

云南民族大学　　杨光远　著

（37）《中国—东南亚跨界民族发展研究》

云南大学　　刘稚　著

（38）《云南小康年鉴（2007）》

云南省地方志编撰委员会　编

（39）《云南“直过民族”生产方式的变迁与管理体制创新研究》

临沧师范高等专科学校　　那金华　等

（40）《文化的固守与变迁——一个哈尼山村寨神林的人类学考察》

红河学院　　卢鹏

（41）《社会主义核心价值体系的价值生成：前提、动因与途径》

昆明医学院　　周家荣　廉永杰

（42）《以云南为例看我国西部山区的新农村建设问题》

云南省农业科学院　　游承俐　孙学权

（43）《中国太平奥林匹克体育小镇规划思路研究》

云南省人民政府发展研究中心课题组

（44）*Cultural Barriers to the Use of Western Project Management in Chinese Enterprises*

云南大学　　汪小金　刘兰凤

（45）《论社会政策时代的农村社会政策体系构建》

云南师范大学　　毕天云

（46）《拉祜语语法化研究》

云南民族大学　　张雨江

（47）《乡村旅游中的农民阶层分化研究》

云南财经大学　　尹戟

（48）《云南省大学生自杀行为及相关因素分析》

云南师范大学　　李辉　刘倩倩　方晓义　等

（49）《死刑条款的体系解释》

昆明理工大学　　曾粤兴

（50）《国外社会思潮评介（系列论文）》

云南师范大学马克思主义理论研究中心

（51）《森林碳汇市场与碳税影响分析》

西南林学院　　梁建忠　文冰

（52）《试析英国教师职前教育课程与教学的特征》

云南师范大学　　王艳玲　苟顺明

（53）《推进城乡统筹发展建设社会主义新农村的思考》

云南省委党校　　李晓冰

（54）《边疆、少数民族地区社会预警系统的构建》

云南师范大学　　冯江平

（55）《纪录片的精神:用视听语言进行反思和质疑》

云南艺术学院　　宋杰

（56）《中国—东盟自由贸易区建设与我国

经济安全》

云南民族大学　　　　彭有祥

（57）《内爆：电子传媒时代的感知、现实与文学——一种批判性的反思》

云南大学　　　　　张震

（58）《继承和弘扬民族文化传统的典范——对延安精神的认识》

玉溪市委党校　　　　万舰航

（59）《古代东南亚国家法制的产生及发展》

云南大学　　　　　米良

（60）《云南民族地区民族手工业集聚现象分析——以云南鹤庆为例》

云南师范大学　　　李灿松　等

（61）《从城市传奇看都市民间文学的休闲功能》

云南省社会科学院　　刘婷

（62）《云南小凉山地区经济社会发展研究》

中共云南省委党史研究室课题组

（63）《谈谈文科研究生读书研究和论文写作》

云南大学　　　　　陈国新　赵晓刚

（64）《“有定居后”与现实性的无定NP主语句》

云南师范大学　　　魏红　储泽祥

（65）《普世伦理视域中的公平与正义》

昆明理工大学　　　韩跃红

（66）《国外数字信息资源合作保存及我国的发展策略》

曲靖师范学院　　　　韩丽

（67）*Suppliers Innovative Capabilities and Their Relationship with Customers: An Evidence from Packaging Machinery Industry in China*

昆明理工大学　　　和矛

（68）《区域经济一体化：内涵、效应与实现途径》

云南师范大学　　　李瑞林　骆华松

（69）《论中非新型战略伙伴关系的时代价值与世界意义》

云南大学　　　　　刘鸿武

（70）《教育科研“别替外国人拉洋车”》

大理学院　　　　　褚远辉

（71）《企业“创新—控制”范式与持续发展》

云南财经大学　　　聂元昆　王国樑　彭星闾

（72）《日本东洋文库所见滇版伊斯兰教文献题录》

云南师范大学　　　朱端强

（73）《区域经济视角下的地方高校发展定位重构》

楚雄师范学院　　　许华荣

（74）《政党政治进化与政府绩效》

云南财经大学　　　付杰　付明喜

（75）《深化云南农村综合改革研究》

云南省人民政府发展研究中心课题组

（76）《云南彝族烟盒舞及其教育传承的特殊价值》

云南民族大学　　　普丽春

（77）《西部民族地区社会和谐发展研究》

云南师范大学　　　吴映梅　彭福亮

（78）《存在的焦虑：论〈野草〉的生存哲学》

云南民族大学　　　李骞

（79）《论历史民族志的书写》

云南大学　　　　　张海超　刘永青

（80）《三北防护林体系工程社会影响评价——以固原市原州区和辽宁省朝阳县为例》

西南林学院　　　支玲　李怒云　刘俊昌

（81）《拉祜语与傈僳语四音格词比较研究》

云南民族大学　　　　刘劲荣

（82）《云南省粮食发展战略研究》

云南省粮食经济学会课题组

（83）《农民工市民化的城市住房政策研究：基于国别经验的比较》

云南大学　　　　　张国胜　王征

（84）《用自己的语言讲自己的故事——云南水彩画现状与思考》

曲靖师范学院　　　　屠维能

（85）《石寨山型铜鼓花纹新解》

云南师范大学　　　　董晓京

（86）《依托民族文化资源优势，积极推进文化产业发展——丽江文化产业发展现状与对策》

丽江师范高等专科学校民族文化研究所

张波　赵沛曦

（87）《收入挤压、农民工短缺与出口导向增长方式转型》

云南大学　　杨先明　黄宁　李娅

（88）《民族地区特色产业发展与人口集聚的交互效应——以丽江中心城市为例》

云南大学　　吕宛青　苏丽春

（89）《人类学视角下的学术考察与文化旅行》

云南民族大学　　李列

（90）《过程层次论》

云南省委党校　　洪昆辉　杨娅

云南省第十三次哲学社会科学优秀成果获奖项目情况及名单

云南省第十三次哲学社会科学优秀成果评奖工作，于2009年8月28日至12月27日举行，申报时间自2009年9月3日起至10月10日止，共收到申报参评成果432项，其中符合申报条件的为415项（专著158项，论文257项）。经过同行专家阅评、学科组评审和省评委会终评，最终评选出《马曜文集》等获奖成果106项，其中：荣誉奖2项（专著2项）；一等奖10项（专著5项，论文5项）；二等奖20项（专著10项，论文10项）；三等奖74项（专著33项，论文31项）。云南省人民政府于2010年8月1日颁发了《云南省人民政府关于云南省第十三次哲学社会科学优秀成果奖励的决定》（云政发〔2010〕118号）。

荣誉奖

（1）《马曜文集》

云南民族大学　马曜

（2）《徐嘉瑞全集》

云南民族大学　马曜

省歌舞剧院　徐演

一等奖

（1）《当代中国文化人类学》

云南大学民族研究院　瞿明安　主编

（2）《云南古代举士》

云南师范大学教育科学与管理学院

党乐群　著

（3）《南宋交通史》

云南大学民族研究院　张锦鹏　著

（4）《〈二十四诗品〉诗歌美学》

云南大学人文学院中文系　张国庆　著

（5）《中国西部外资问题研究》

云南大学发展研究院

杨先明　张建民　黄宁　赵果庆　等　著

（6）《理解人类的命运：从规律性假设到复杂性假设——兼与王南湜教授商榷》

昆明理工大学社会科学学院哲学所　白利鹏

（7）《偏离与调适：规范民族区域自治运行——兼以西南E自治县为例》

西南林学院人文社会科学系　王传发

（8）《我国省对县（市）一般性转移支付的绩效评价——基于DEA二次相对效益模型》

云南财经大学财政与经济学院　伏润民

常斌　缪小林

（9）《问题意识与意识问题——人文社会科学问题的特征、来源与应答》

云南大学民族研究院　何明

（10）《关于云南省应对金融危机应急对策研究系列报告》

云南大学发展研究院

杨先明　吕昭河　梁双陆　等

二等奖

（1）《李国文纳西学论集》

云南民族大学云南省民族研究所　李国文　著

（2）《绿色供应链管理——企业可持续发展模式》

昆明理工大学管理与经济学院　杨红娟　编著

（3）《传播与文化概论》

云南师范大学科研处　庄晓东　主编

（4）《电子政务价值评估——基于政务流程和信息整合的研究视角》

云南大学公共管理学院公共管理系

邓崧　著

（5）《汉字学导论》

曲靖师范学院人文学院　秦建文　著

（6）《发展的反思——澜沧江流域少数民族变迁的人类学研究》

云南省社会科学院民族文学研究所

郭家骥　著

（7）《叙事学导论：从经典叙事学到后经典叙事学》

云南大学人文学院中文系　谭君强　著

（8）《冲击与震荡》

云南艺术学院思想政治理论教学部

赵彦飞　著

（9）《课堂教学有效性标准研究》

云南师范大学教育科学与管理学院

孙亚玲　著

（10）《基于比较优势动态化的中国贸易条件研究》

云南大学发展研究院　黄宁　著

（11）《1992—2005年中国旅游业全要素生产率及省际差异》

云南财经大学旅游学院　左冰　保继刚

（12）《云南电网项目依法合规建设的措施研究》

云南省经济研究院　课题组

（13）《董事会规模与公司价值关系的进一步检验——基于公司规模门槛效应的分析》

云南财经大学会计学院　余怒涛　等

（14）《西方宪政民主的内在价值冲突》

云南民族大学　陈德顺

（15）《关于中国——非洲能源关系发展问题的若干思考》

云南大学国际关系研究院　吴磊　卢光盛

（16）《依托学校建立民族农村社区学习中心的实践探索》

云南师范大学教育科学与管理学院

王凌　曹能秀

（17）《对中国云南省不同人群美沙酮维持治疗可接受性的调查》

云南警官学院刑事科学技术系　杨丽君　等

（18）《解决农村义务教育投入保障中的制度缺陷——对中央转移支付作用及事权体制调整的思考》

云南财经大学财政税收研究所

张丽华　汪冲

（19）《边疆考古的民族视角与范式思考》

云南大学社科处　李东红

（20）《试论中国边疆学的研究方法》

云南大学西南边疆少数民族研究中心　方铁

三等奖

（1）《破译千古易经——兼论彝汉文化的同源性》

云南省司法厅　阿苏大岭　著

（2）《彝族建筑文化——全球背景下传承楚雄彝族建筑文化个案研究》

楚雄州委办公室　李明峰　著

（3）《地区主义与东盟经济合作》

云南大学国际关系研究院　卢光盛　著

（4）“活力楚雄和谐彝州丛书”

楚雄州社科联　李忠吉　主编

（5）《现代教师教育模式新探索——民族边疆地区“综合型”教师培养模式改革的理论与实践》

昆明学院院长办公室　罗明东　等　著

（6）《现代汉语语气副词研究》

云南师范大学国际语言文化学院

齐春红　著

（7）《云南民族口传非物质文化遗产总目提要》

云南省少数民族古籍整理出版规划办公室

普学旺　主编

（8）《甲骨卜辞神话资料整理与研究》

昆明学院文学与新闻传播系　刘青　著

（9）《经济分析的伦理基础：马克思对古典经济学的道德重塑》

云南师范大学哲学与政法学院

李建立　李东方　王红玲　著

（10）《中国少数民族古籍总目提要·哈尼族卷》

云南省少数民族古籍整理出版规划办公室

李克忠　普学旺　史军超　主编

（11）《汉藏语系语言被动句研究》

云南师范大学文学与新闻传播学院中文系

李洁　著

（12）《教育项目评估方法：微观视界的评估研究》

云南大学高等教育研究院　刘康宁　著

（13）《水语复音词研究》

云南师范大学文学与新闻传播学院　冯英　著

（14）《纳税信用体系研究》

云南师范大学经济与管理学院　陈新　著

（15）《滇东文学：历史与个案》

曲靖师范学院人文学院　张永刚　著

（16）《明清佛教发展新趋势》

云南师范大学组织部　黄海涛　著

（17）《生存与信仰——云南稻作文化之鬼神崇拜》

云南师范大学历史与行政学院　董晓京　著

（18）《贝叶上的傣族文明——云南西双版纳南传上座部佛教社会研究》

云南师范大学哲学与政法学院哲学系

吴之清　著

（19）《词语语义语法偏离搭配研究》

云南师范大学文学与新闻传播学院

周春林　著

（20）《云南水富内陆港发展战略及建设方案研究》

省政府研究室　课题组

（21）《云南调查报告》

云南调查总队　杨雯　主编

（22）《纳西民族志田野调查实录》

云南省社会科学院　杨福泉　著

（23）《区域人文社会和谐发展机制及对策研究》

云南师范大学旅游与地理科学学院

吴映梅　封志明　彭福亮　著

（24）《少数民族发展中的人力资源开发研究》

云南大学工商管理与旅游管理学院

杨红英　著

（25）《纪录片：观念与语言》

云南艺术学院影视学院　宋杰　著

（26）《简单：整合营销传播的一个关键词——理论模式及运用》

云南财经大学传媒学院　蔡勇　著

（27）《翻译与创作：鲁迅语言的现代转型》

曲靖师范学院外国语学院　黄琼英　著

（28）《跨境洗钱犯罪研究》

云南警官学院侦查系　李春　著

（29）《重彩壁画》

玉溪师范学院艺术学院美术系　赵芳　著

（30）《保山碑刻》

保山市文化广电新闻出版局　编

（31）《警察擒拿格斗》

云南警官学院　李德祥　主编

（32）《刑法适用解释》

昆明市人民检察院公诉三处　王凯石　著

（33）《都市经济简明教程》

云南财经大学公共管理学院

于千千　李河流　胡洪斌　主编

（34）《彝族谱牒的史学研究价值》

楚雄彝族文化研究所　普珍

（35）《中国边境地区的一体化效应与边缘经济增长中心的形成——基于空间经济理论的解释》

云南大学发展研究院　梁双陆

（36）《从生命伦理看吸毒行为及其社会后果》

昆明理工大学社会科学学院　韩跃红

（37）《信息服务与农户收入：中国的经验证据》

云南民族大学经济学院

高梦滔　和云　师慧丽

（38）《关于放生的叙事与分析——嘉绒藏族村落宗教生活考察》

云南师范大学艺术学院　李立

（39）《高校思想政治工作要注重人文关怀》

云南大学马克思主义研究院　张巨成

（40）《金平县莽人族属问题简论》

红河学院国际哈尼/阿卡研究中心　杨六金

（41）《生态文化与生态文明》

云南大学生命科学学院　周鸿

（42）《和谐社会建设与当代中国经济学家责任——兼论“预言与劝说”之经济学伦理内涵》

云南财经大学金融学院　侯合心

（43）《加强云南多发性自然灾害预警应急机制建设研究》

中共云南省委政策研究室党政处　课题组

（44）《隆阳区新型农村合作经济组织的理论与实践研究》

中共保山市隆阳区委党校　课题组

（45）《文学历史的阐释与文学经典的建构》

云南师范大学文学与新闻传播学院　傅宇斌

（46）《地区主义与跨界民族主义——论中

国西南边疆跨界民族主义》

云南师范大学历史与行政学院　　何跃

（47）《试论中国农民获得物质帮助的宪法权利》

云南师范大学哲学与政法学院　周梁云

（48）《论中国保险产业的适度规模》

云南财经大学金融学院保险系

何晓夏　章林

（49）《国外热点问题研究系列论文》

云南师范大学

云南师范大学马克思主义理论研究中心

（50）《欠发达地区教师资格认证制度问题及对策——以云南省为例》

云南师范大学党委组织部　史晓宇

（51）《终极控制权、股权结构与资本结构》

云南财经大学会计学院财务管理系

李小军　王平心

（52）《建立潜在债权保护制度的初步构想——以瑕疵担保请求权为考察中心》

云南财经大学法学院　　于定明

（53）《云南农民增收：体征、模式和机制》

玉溪师范学院商学院　　李春海　沈丽萍

（54）《人在学校日常教育实践中的共同成长——一种教育学意义上的幸福观》

云南师范大学教育科学与管理学院　张向众

（55）《论数字图书馆知识社区的构建》

曲靖师范学院图书馆　　韩丽

（56）《殷商教育思想重溯》

昭通师专中文系　　简孝平

（57）《清代云贵总督之建置演变考述》

云南师范大学学报编辑部　　邹建达

（58）《中国贫困地区的功能定位与反贫困战略调整研究》

云南师范大学旅游与地理科学学院

熊理然　成卓

（59）《略论南京临时政府处理民族问题的政策及设想》

云南大学人文学院历史系　　潘先林

（60）《云南省旅游业投融资方式与体制机制创新研究》

云南省财政厅　云南财经大学　课题组

（61）《西部少数民族人口城市化的特征——非剩余劳动力大尺度异地城市化》

曲靖师范学院经济与管理学院　　杨筠

（62）《人的早产与教育起源——兼评理查德·利基〈人类的起源〉的教育价值》

大理学院教育科学学院　　何志魁　张诗亚

（63）《信息时代的国家安全与信息安全研究》

楚雄师范学院图书馆　　李仲良

（64）《马克思的社会建设思想》

云南大学马克思主义研究院　　蒋红

（65）《中国民族村寨研究省思——以20世纪中叶以来的学术著作为对象的讨论》

云南师范大学文学与新闻传播学院　　肖青

（66）《承认与执行国际体育仲裁裁决相关法律问题研究》

云南财经大学法学院　　石现明

（67）《建立“云南旅游综合改革试验区”的构想》

云南大学工商管理与旅游管理学院

田里　吕天云

（68）《云南民族地区城市弱势群体现状分析》

楚雄师范学院党委宣传部　陈文清　陆琴雯

（69）《西部大开发税收优惠政策执行情况的回望分析与调整完善相关优惠政策的思考》

云南省地方税务局　白玉刚

（70）《彝汉纠纷中的身份、认知与权威》

云南大学民族研究院民族学所

杨洪林(嘉日姆几)

（71）《对农村金融的差异需求与分层供给行为选择的模型分析——基于机制设计理论的视角》

云南大学经济学院　郭树华　王健康　袁天昂

（72）《持久收入与农户储蓄：基于八省微观面板数据的经验研究》

云南民族大学经济学院

高梦滔　毕岚岚　师慧丽

（73）《云南地方党委领导方式转变研究》

中共云南省委党史研究室　　课题组

（74）《社会资本与消除农村贫困》

云南财经大学　　周文　李晓红

（云南省社科联　金丽霞）

社会科学组织机构

年鉴

2008—2010

党政机关系统

一、中共云南省委政策研究室、省委农村工作领导小组办公室

中共云南省委政策研究室、省委农村工作领导小组办公室，是为省委决策服务、从事综合性研究的工作部门。2007年3月，根据《云南省机构编制委员会关于调整省委农村工作领导小组办公室机构编制的通知》（云编〔2007〕18号）精神，中共云南省委政策研究室与省委农村工作领导小组办公室合署办公，省委政研室主任兼任省委农办主任。合署后的省委政研室、省委农办肩负着省委、省政府重要文件、文稿的起草，全省经济、社会重大问题调研，省委农村工作和新农村建设综合协调以及为省委、省政府领导提供信息咨询服务等职能。内设15个处室，现有82名在职干部职工。

2008年至2010年以来，省委政研室、省委农办紧紧围绕全省经济社会发展和人民群众普遍关注的热点难点问题，深入开展调查研究，不断拓宽研究领域，大胆创新研究方法，在深入研究经济、社会、文化和党的建设等方面取得了一批重大成果。3年来，累计组织完成重大课题研究107个。其中，研究成果直接转换成省委、省政府“红头文件”的有28个，得到省委领导批示的有34个，较好地发挥了为省委中心工作搞服务、为省委重大决策提建议、为省委领导当参谋助手的职能作用。研究的基本情况如下：

（一）在经济建设研究方面

先后组织完成了“关于优化云南投融资环境相关问题调研”、“云南改革开放30年的基本经验总结和若干重大问题研究”、“云南统筹城乡发展研究”、“云南深化农村改革研究”、“云南省农村流通服务体系建设研究”、“建立和完善农村土地流转市场研究”、“用科学发展观武装头脑指导实践推动云南经济社会又好又快发展研究”、“统一战线促进云南非公有制经济发展研究”、“云南发展服务贸易研究”、“云南发展边境贸易研究”、“云南中小企业‘走出去’战略研究”、“云南提升沿边开放战略研究”、“关于促进金融合作创新的调研”、“关于促进我省优势产业发展及结构优化升级的研究”、“云南‘十二五’时期面临的宏观形势和环境研究”、“云南农业产业化提升行动研究”、“关于进一步解放思想、深化改革、扩大开放、加快现代新昆明建设的调研”、“昆明市招商引资经验推广研究”、“关于提升科技整体水平促进云南经济社会可持续发展的研究”、“昆明市招商引资经验推广研究”、“云南新农村建设中土地问题研究”、“云南农业风险防范体系建设研究”、“云南酒产业发展问题研究”、“云南农村金融发展研究”、“云南农村金融发展研究”、“中共云南省委关于我省‘十二五’规划建议的几个重大问题研究”、“云南省经济发展重大思路与对策研究”、“深化政府投融资体制改革 助推昆明科学发展新跨越研究”、“云南加快经济发展方式转变的对策研究”、“云南经济建设重点问题研究”、“云南农业农村历史性变化及今后发展趋势研究”、“云南转变农业增长方式研究”等30个重大课题研究。

（二）在政治建设研究方面

先后组织完成了“深入学习实践科学发展观问题研究”、“云南藏区发展问题研究”、“关于推进我省司法体制机制改革研究”、“云南贯彻党的十七届三中全会精神重大政策措施研究”、“云南抵御境外宗教渗透对策研究”、“关于云南民族工作若干重要问题的调研”、“关于云南宗教代表人士培养问题的调研”、“党的统一战线理论与政策在云南60年的实践经验研究”、“关于加强我省司法执行工作研究”、“云南党外知识分子工作研究”、“云南边疆民族地区预防和处理群体性事件问题研究——以孟连‘7·19’事件为个案分析”、“云南藏区常态化维稳对策研究”、“云南党外代表人士队伍建设研究”、“建党90年云南边疆民

族地区党建工作探索实践研究”、“宗教工作重点地区基层党组织建设研究”、“云南海外统战工作研究”、“社会转型时期云南民族关系研究”、“云南农村政治建设重大问题研究”等17个重大课题研究。

（三）在社会建设研究方面

先后组织完成了“云南维护社会稳定的问题研究”、“社会矛盾凸显期的群众工作研究”、“关于当前形势下鼓励创业促进就业有关政策措施的调研”、“新时期充分发挥云南工青妇职能作用研究”、“云南农村社会民生改善行动研究”、“关于党政军警民联合处置云南边境社会重大突发情况的调研”、“关于加快推进我省社区矫正工作的调研”、“关于推进我省社区矫正工作研究”、“云南青年就业创业现状研究”、“云南省新型农村社会养老保险试点工作的调研”、“发挥统一战线在加强社会管理中的作用研究”、“现阶段我省群体性事件的主要动向及源头治理研究”、“云南省农村民居建设问题研究”、“云南群体性事件研究”、“金融危机背景下维护云南和谐稳定若干重大问题研究”、“建立健全云南省维护社会稳定预警机制研究”、“当前云南省留守儿童特点及对策研究”、“云南省企业劳动关系状况研究”、“发展家庭服务业促进妇女创业就业的途径与对策”、“云南和谐社区建设问题研究”、“云南省社会发展重大思路与对策研究”、“云南‘十二五’农村社会发展研究”等22个重大课题研究。

（四）在文化建设研究方面

先后组织完成了“文化遗产保护开发与旅游业互动发展研究”、“云南省对南亚、东南亚传播战略研究”、“云南文化体制改革的现状、问题及对策研究”、“关于加快云南民族文化强省建设若干重要问题的调研”、“加快发展文化产业推进云南民族文化强省建设问题研究”、“提高领导干部运用新兴媒体的能力问题研究”、“加快发展文化支柱产业推进云南经济结构优化升级问题研究”、“云南农村文化产业发展研究”、“加强边疆民族地区未成年人思想道德建设问题研究”、“云南建设学习型党组织的对策研究”、“加强云南文化支边研究”、“云南文化建设问题研究”等12个重大课题研究。

（五）在生态文明建设研究方面

先后组织完成了“云南农村绿色家园创建行动研究”、“云南生态文明建设研究”、“关于推进以滇池为重点的水环境综合治理、加快把昆明建设成为高原湖滨生态城市的调研”、“关于争当全国生态文明建设排头兵若干问题研究”、“云南天保工程区森工企业改革问题研究”等5个重大课题研究。

（六）在党的建设研究方面

先后组织完成了“云南以改革创新精神切实加强党校工作研究”、“领导班子思想政治建设及干部教育培训工作研究”、“‘两新’组织党建问题研究”、“进一步深化干部人事制度改革问题研究”、“云南省贯彻落实建立健全惩治和预防腐败体系2008—2012年工作规划实施办法”、“云南省委党群系统领导干部问责办法”、“云南加强高校党建研究”、“关于边境地区党的基层组织建设问题调研”、“我省机关各处室主要负责人年度考核办法研究”、“加强边境地区农村基层党组织建设问题研究”、“扩大干部工作民主中出现的负面影响问题研究”、“深化干部人事制度改革问题研究”、“加强和改进县委书记队伍建设问题研究”、“近年来云南省县（市、区）党政主要领导违纪违法案件剖析”、“充分发挥巡视监督作用，解决领导干部作风方面突出问题研究”、“深入推进省级行政事业单位经营性国有资产管理改革 加大从源头上防治腐败工作力度研究”、“关于加强我省城市社区党的建设问题研究”、“云南省党政机关内设事业单位深化改革与发展研究”、“提高组织工作满意度对策问题研究”、“加强国有企业反腐倡廉建设问题研究”、“云南加强农村党风廉政建设研究”等21个重大课题研究。

二、省委党史研究室

（一）省委党史研究室机构编制和主要职责

1．机构编制

2001年3月，经省机构编制委员会办公室审核，报省委批准，由省委办公厅印发了《中共云南省委党史研究室职能配置内设机构和人员编制方案》，明确了“中共云南省委党史研究室是省委直属正厅级事业单位，主要负责中国共产党党史的研究和对全省党史工作的管理”，并明确了省委党史研究室10个方面的主要职责，内设机构为5个职能处（室）：办公室、一处、二处、科研管理处、宣传教育处，人员编制为事业编制36名。其中，厅级领导职数4名，处级领导职数11名（含机关党委专职副书记），机关工作人员参照《国家公务员暂行条例》管理。

2. 主要职责

（1）在省委和省委党史工作领导小组领导下，贯彻落实中央和省委有关党史工作。

（2）承担省级地方党史资料的征集、整理和编纂任务，编写云南地方党史和重要党史人物传记，协助有关老同志编写重要回忆资料，编辑党史书刊。

（3）开展党史研究，总结历史经验，运用党史资料和研究成果对广大党员、干部、群众和青少年进行革命传统、爱国主义、集体主义和社会主义教育，充分发挥党史资政育人的作用，为我省加强党的建设和社会主义精神文明建设服务，为改革开放服务。

（4）组织指导地、州、市党史部门和省级单位的党史业务工作，指导地、州、市党史部门的组织建设。

（5）对全省涉及地方党史全局性、政策性的重要工作进行指导和管理。负责重大党史问题史实的认定；指导重要党史事件、重要党史人物的宣传；对有关党史的重要出版物、影视作品、展览等进行史实审定；对需要保护和建设的党史遗址、纪念设施进行认定、审核；负责有关党史重大事件、重要人物纪念设施修建的规划、呈报；处理有关党史的来信来访。

（6）为省委处理有关历史遗留问题提供党史资料依据和意见。

（7）组织开展党史、革命史宣传教育工作，组织党史方面的重大纪念活动。

（8）组织开展国际间、省际间、部门间的党史学术交流活动。

（9）组织评定党史科研成果；协调全省党史系统专业技术职称评定；培训党史工作人员。

（10）指导云南中共党史学会的工作及有关社团的工作。

（11）承办省委、省政府和上级机关交办的其他事项。

（二）三年来的主要工作概述

2008年至2010年，省委党史研究室、云南中共党史学会以马列主义、毛泽东思想、邓小平理论和“三个代表”重要思想为指导，深入贯彻落实科学发展观，认真贯彻落实中央、省委关于党史工作的重要指示精神，坚持以史鉴今、咨政育人的根本任务，开拓创新，围绕中心，服务大局。三年来，云南党史研究工作围绕重大课题研究，进一步加强和完善党史学科资料体系建设；以强化资政研究为重点，开展了党的建设、执政能力建设、“三农”问题、少数民族特殊政策、红色旅游、宗教问题等方面课题研究；以党史重大事件和重要人物纪念活动为契机，多形式开展党史宣传和党史育人，进一步深化地方党史研究；以开展深入学习实践科学发展观活动和创先争优活动为契机，加强自身建设，打牢服务科学发展的基础。

三、云南省人大常委会研究室

（一）基本情况

云南省人大常委会直属的社会科学组织机构，是省人大常委会研究室。研究室下设办公室、调研处、宣传处、云南人大杂志社，共3个处室和1个事业单位（云南人大杂志社属自收自支事业单位），2008年至2010年，研究室有工作人员18人。

省人大常委会研究室作为省人大及其常委会依法履职的办事机构，认真起好参谋助手作用，参与服务省人民代表大会会议、省人大常委会会议、省人大常委会主任会议和省人大代表的相关工作；围绕坚持和完善人民代表大会制度，推进人大工作，开展调查研究，及时提出意见和建议，为省人大常委会领导总结和安排部署人大工作提供参考；宣传人民代表大会制度理论和人大工作。其主要职责是：①围绕省人大及其常委会会议审议的议题开展调查研究，提供调查报告、研究报告及有关信息资料；②负责常委会工作报告、有关文件和主要领导讲话稿的起草工作；③承担省人代会和省人大常委会会议简报、快报的编写工作；④研究人民代表大会制度和人大工作理论；⑤负责联系和组织对省人大及其常委会各项工作的新闻报道；⑥编辑发行《云南人大》月刊、《人大工作信息》、《人大研究摘编》等刊物，编辑省人大常委会大事记和有关人大工作书籍；⑦管理省人大机关资料室、图书室；⑧办理省人大常委会领导交办的其他事项；⑨协助和参与各委员会、办公厅撰写有关专题报告。

（二）重要工作成果

1．起草常委会工作报告和重要文件

2008年至2010年年底，共起草省人大常委会年度工作报告3篇约5万字；起草上报全国人大常委会和中共云南省委的汇报材料、规范省人大常委会具体工作的内部规范性，以及以常委会、常委会党组或常委会办公厅名义下发全省各地的相关文件。其中，代表省委起草了《中共云南省委关于加强和改进新形势下人大工作的意见（稿）》。该意见稿经省委讨论修改通过后，以文件下发全省各地，有力推动了云南全省新时期的人大工作。

2．参加起草法规案

根据省人大常委会主任会议要求，研究室组织精干力量，参加了《云南省实施〈中华人民共和国各级人民代表大会常务委员会监督法〉办法（草案）》的起草和修改工作。

3．起草重要讲话稿

主要起草省人大常委会会议和综合性会议上的领导讲话稿，包括2010年省委领导和省人大常委会领导分别在省委人大工作会议上的讲话初稿、2009年省委领导和省人大常委会领导分别在全省纪念地方人大设立常委会30周年大会上的讲话初稿，以及省人大常委会领导在全省人大工作经验交流会上的重要讲话初稿等。

4．开展调查研究

在开展调查研究方面的重要成果主要有：参加由省人大常委会常务副主任晏友琼任组长的调研组，对全省城乡社会保障体系建设情况进行专题调研，形成了《关于我省城乡社会保障体系建设情况的调研报告》；参加由省人大常委会副主任李春林任组长的调研组，赴玉溪、普洱、西双版纳等地就我省公路建设项目投资及城镇污水和生活垃圾处理设施建设情况进行专题调研，形成了《关于我省公路建设情况项目投资及城镇污水和生活垃圾处理设施建设情况的调研报告》，上述两个调研报告一并列入省十一届人大常委会第十二次会议议题，获得审议通过。根据对石林、建水、大姚等地乡镇人大工作现状的调研，写成了《关于乡镇人大建设的研究报告》，为进一步搞好新时期乡镇人大建设起到了促进作用。开展了“关于我省基层人大发挥职能作用，促进经济发展情况”的调研，从“明确地方各级人大及其常委会围绕经济建设开展工作的内容和范围，实现四个转变”等四个方面提出了意见等。

5．编写出版书籍和发表文章

2008年至2010年，编辑并公开出版书籍有：《光辉历程——纪念云南省人民代表大会设立常务委员会30周年》、《云南省十届人大及其常委会大事记》、《务实奋进的五年》、《庄严的使命》等；编发的内部书籍有：《人大研究文撷》第1～3辑、《人大新闻写作教程》、《2008—2009调查研究及课题研究成果选》、《2010调查研究及课题研究成果选》、《全省人大工作经验交流会材料汇编》、《回顾与展望》、《云南省人民代表大会制度理论研究会文集》、《云南省省、州、市人大常委会主任座谈会材料汇编》、《部分省区市人大常委会研究室主任座谈会交流材料》等。在《中国人大》、《检察日报》、《人民代表报》、中国人大新闻网等省级以上报刊、网站发表文章110多篇90多万字，多次获得全国人大好新闻奖和省人大好新闻奖等奖项。每年还向《中国人民代表大会》、《云南年鉴》、《云南政治蓝皮书》等撰写与云南人大工作相关的文章，扩大了对人大制度和地方人大工作的宣传面。

6．简报编写

2008年至2010年，组织完成了3次省人民代表大会会议简报270多期54万多字的综合整理；组织完成了省人大常委会各次会议简报250多期550多万字的综合编写工作；组织编写第十一届全国人民代表大会第一、二、三次会议云南代表团会议简报26期6万多字。

7．编辑发行刊物

2008年至2010年，编发《云南人民代表大会》

月刊36期400多万字、《人大工作信息》约110期80多万字、《人大研究摘编》82期200多万字。

8．加强人大宣传工作

2008年至2010年，参与组织对每年省人代会会议、历次省人大常委会会议、全国人大会议云南代表团和人大其他工作的宣传；组织了3次我省年度宣传人大制度好新闻评选活动；加强稿件刊发的联系协调工作，积极向中央和省级新闻单位推荐有关宣传人大制度、依法治省、民主法制建设方面的文章，在全国人大常委会组织的全国宣传人大制度好新闻评选活动中，每年都有推荐作品获奖；三年来出版《云南日报·人大建设》专版36期约60多万字，加大了对人民代表大会制度和地方人大工作的宣传力度。

9．开展云南省人大制度理论研究会的有关活动

2008年至2010年，共召开了两次云南省人大制度理论研究会。通过召开理事会会议、常务理事会会议、学术讨论会，以及每年安排布置人大制度理论研究参考题目等方式，积极组织开展学术研究活动，加强对人大制度理论和人大工作的研究，为不断完善人民代表大会制度和不断创新地方人大工作发挥了积极作用。

四、云南省人民政府研究室

云南省人民政府研究室，为云南省人民政府直属机构，正厅级。设12个内设机构（正处级）和机关党委、离退休人员办公室，共有92个行政编制。下设云南年鉴编辑部、省政府研究室机关服务中心2个事业单位。

（一）主要职责

1．文稿起草

负责起草政府工作报告；起草或参与起草中共云南省委、云南省人民政府重要文件；起草或参与起草云南省人民政府领导的重要讲话和文稿。

2．调查研究

围绕中共云南省委、云南省人民政府中心工作和重大部署，对当前经济社会发展中的重点、热点、难点问题开展调查研究，及时为中共云南省委、云南省人民政府提供决策咨询意见和政策建议。

3．课题研究

承担云南省人民政府重大决策和重要课题的研究任务；对事关全省经济社会发展的全局性、综合性、战略性、长期性问题开展超前研究和跟踪研究，并提出建议；参与研究经济体制、行政管理体制改革等问题。

4．政府管理职责

一是承担云南省人民政府决策咨询研究课题管理工作，组织和协调云南省人民政府重大决策咨询课题研究。二是承担云南省县域经济发展协调小组的具体工作。三是负责云南省人民政府经济社会发展咨询团的日常工作。四是负责诤言征集、评奖工作。五是开展省政府网评工作。六是与有关国际组织和国内研究机构开展合作与交流。七是承办云南省人民政府交办的其他事项。

（二）2008—2010年完成的重点研究工作

2008—2010年来，云南省人民政府研究室全面贯彻党中央各项方针、政策和部署，紧紧围绕省委、省政府的中心工作，抓住云南经济、社会发展中的全局性、战略性、长远性、综合性问题和云南改革、开放、发展中的重点、热点和难点问题，急领导之所急，想领导之所想，深入调查研究，完成了107项重大课题，提出了许多有重大价值、重要影响和显著成效的决策咨询建议。云南省人民政府研究室的成果，大部分已被省委、省政府和有关部门采纳并付诸实施，研究室也受到了省委、省政府的充分肯定和信任。

1．2008年完成的重点研究工作

面对世界经济形势变幻莫测、全球金融危机影响严重和自然灾害频发的局面，针对工业增速下降、固定资产投资迟缓以及扩大内需、基础设施建设、产业发展、生态文明建设等制约全省发展的重大问题开展了以下研究：

（1）2007年我省五大支柱产业发展情况分析。

（2）2007年全省社会事业发展情况分析。

（3）2008年一季度、1～4月、1～5月全省经济运行情况分析。

（4）2008年上半年我省五大支柱产业发展情况分析研究。

（5）2008年上半年全省社会事业发展情况分析研究。

（6）2008年一季度、上半年州市经济运行分

析研究。

（7）中国昆明国际农产品交易物流中心项目建设研究。

（8）加快云南服务业发展研究。

（9）深化云南行政管理体制改革重点问题研究。

（10）云南山区综合开发研究。

其中有多项成果分别得到白书记、秦省长、罗副省长等省委、省政府领导的重要批示。

2．2009年完成的重点研究工作

2009年，研究室认真贯彻落实中央和省委省政府的决策部署，紧密结合云南发展实际，积极开展了一批促进云南经济社会平稳较快发展的重要课题研究。主要完成了以下课题研究：“云南产业发展总体构想”、“云南产业集群发展研究”、“新形势下云南省产业选择研究”、“云南产业发展的历史进程及国际、国内比较研究”、“云南企业发展研究”、“云南企业走出去研究”、“提高云南工业产业集中度研究”、“云南省发展低碳经济的思路及对策研究”、“云南扩大消费需求拉动经济增长研究”、“完善云南农村社会养老保险制度研究”。

以上课题研究得到了省政府领导和州市领导的好评，研究成果分别形成了省委、省政府重要文件或在省政府领导讲话、全省专业性会议及州市现场会上采用。

3．2010年完成的重点研究工作

2010年，研究室紧紧围绕“两强一堡”建设、“转方式、调结构”等方面开展了以下课题研究：“云南中长期发展展望”、“云南产业发展的总体构想”、“云南产业国际化发展研究”、“云南产业集群发展研究”、“云南产业发展中的品牌培育研究”、“云南旅游产业改革发展综合试点政策研究”、“云南扩大开放政策研究”、“依靠科技促进云南旅游转型升级研究”、“中国（云南）—东盟自由贸易区—南亚区域合作联盟空间信息公共平台建设项目研究”、“我国向西南开放重要桥头堡的内涵及辐射区域发展特点研究”。

其中，“把云南建成中国面向西南开放桥头堡的研究报告”，经中央财经领导小组办公室报中央领导后，得到了胡总书记、温总理、习副主席、李副总理的重要批示。

三年来，编辑出版各类书籍20余册。

（三）获奖情况

2008—2010年，云南省人民政府研究室由于工作完成出色，许多专项工作和研究成果获省部级表彰奖励。

2010年荣获省委、省政府表彰奖励的有：“云南省抗旱救灾先进集体”、“2010年度全省中低产田地改造工作先进单位”、“云南省农村劳动力转移及劳务输出工作先进单位”、“云南省集体林权制度主体改革先进集体”、“群众评议省直机关作风活动先进单位”等5项。

研究成果获奖的有：“中国发展研究奖”三等奖1项；“云南省科学技术进步奖”三等奖2项；“云南省社会科学优秀成果奖”三等奖5项。

五、省政协研究室

省政协研究室成立于1987年8月，为处级单位。1997年2月升格为正厅级单位，下设综合处和信息宣传处。2008年，综合处更名为文稿处。2009年，增设理论处。现在省政协研究室设主任1名、副主任2名，有文稿处、信息宣传处和理论处3个处级建制，在编人员共有14人。

省政协研究室的主要职能是起草省政协的重要文稿，协调安排省政协的宣传工作，开展人民政协理论的研究，并就全省经济社会发展中的一些重大问题进行专题调研。2008年至2010年，共对以下三个方面的有关问题进行了研究：

（一）对人民政协理论开展了2项专题研究

为加强省政协自身建设，在2008年联合省委组织部、省委统战部等相关部门，开展了“关于政协委员产生工作情况”和“关于加强政协委员队伍建设工作”两个问题的专题调研，形成了《关于政协委员产生工作情况的调研报告》和《关于加强政协委员队伍建设工作的专题调研报告》，同时形成了《关于加强省政协委员队伍建设的暂行规定（草案）》。为进一步发挥专门委员会在省政协工作中的作用，在2010年开展了“发挥专门委员会基础性作用”的专题调研。

（二）对加快发展特色产业开展了1项专题研究

为积极应对国际金融危机、促进我省培育新

的经济增长点，在2009年开展了“云南省石产业发展研究”，形成了《云南省观赏石产业发展调研报告》、《云南省石材产业发展调研报告》、《云南省珠宝玉石产业发展调研报告》。在此基础上，完成了《云南省石产业发展调研报告》，并经省政协主席会议审议后，形成《政协云南省委员会关于加快我省石产业发展的建议案》报送省委、省政府。

（三）对文化建设开展了1项专题研究

为推动我省文化产业发展，在2008年与云南大学国家文化产业研究中心合作，完成了《云南省民族民间工艺品产业发展调研》。

六、云南省文史研究馆

云南省文史研究馆成立于1954年7月，是中共云南省委、省人民政府为团结和安排老年知识分子而设立的具有统战性和荣誉性的文史研究机构，以敬老崇文为宗旨，以馆员为主体。馆员由省长礼聘，馆长、副馆长由省人民政府任命。文史研究馆的主要任务是按照“存史、咨治、教化、统战联谊”和“发挥独特优势，促进中华文化传承、发展和繁荣，积极参与社会主义文化建设”的要求，努力为馆员服务，组织馆员开展文史研究、书画艺术创作、统战联谊和建言献策活动。发挥馆员专长，支持他们探寻古典、激发当代，继承、发展和繁荣云南地方优秀文化传统方面尽力施展才华，为云南民族文化强省建设作出贡献。

云南省文史研究馆为省人民政府直属的正厅级事业单位，有编制22人，下设办公室、编辑室、文史处、宣传联络处4个处室，另有云南书画院为其下属事业单位。文史馆现有馆员45人。馆员均为文史研究、书画艺术领域的名老耆宿或领军人物，德、才、望兼备，由省长礼聘。

2008年以来，云南省文史研究馆主要开展了以下几方面的工作：一是按期编辑出版馆办内部刊物《云南文史》12期（季刊），刊发云南地方文史资料240万字，受到读者、作者和社会的广泛好评，连续第三次荣获云南省连续性内刊质量评比金奖第一名的殊荣。二是完成了大型地方历史文献丛书《云南丛书》的抢救整理重印出版工程（全书共1600余卷，1000多万字，50册），并荣获国家古籍图书奖一等奖，为云南的古籍整理出版工作赢得了荣誉。三是编辑出版推荐馆员风采的图书《先生之风》和馆员学术著作丛书《云南文史书系》，受到馆员、省外同行和社会的高度评价。四是积极组织开展多种形式的云南地方文史学术研究活动。通过国学研究会参与“云岭大讲坛”工作，组织十几位馆员专家作了学术报告；继续办好坚持近十年的“云南历史文化论坛”系列学术报告和“云南历史文化名人研究”活动，为推动云南地方文化传统的弘扬和文化事业的发展做出了贡献。五是积极组织开展丰富多彩的采风和书画艺术创作、交流、展览活动。先后组织馆员、书画院研究员到十余个省市考察采风并进行书画艺术创作交流，在省科技馆举办“全国文史馆系统纪念改革开放三十周年书画纪念展”、书画院第一、第二届院展，多次参加全国和兄弟省市文史馆书画展，充分展示了云南书画艺术创作的新成就，提高了云南文史馆及云南书画院的知名度。六是开门办馆，组织开展馆际文化艺术交流活动。承办了云、贵、川、渝四省市文史馆交流活动，先后出省参加了中央文史馆和陕西、重庆、浙江、宁夏、内蒙古、上海、广东、河南等省市文史馆组织的文史研究和书画创作展览活动，扩大了云南文化艺术的社会影响。七是组织开展海外文化学术交流活动。先后组织馆员到澳大利亚、泰国、印度、孟加拉国等国家进行考察交流和联谊活动，既结交了一批文史书画界的朋友，建立了文化交流合作关系，又扩大了云南文化艺术在国外的影响。八是接待了一大批国外和省外来云南考察采风的学者和书画艺术家，为宣传云南作出了积极的贡献。九是积极组织馆员深入文化建设的实际调查研究，向党委政府及有关部门建言献策，还完成了中央文史馆和省委、省政府交给的有关文化建设方面的调研课题，为推进云南民族文化强省建设作出了积极贡献。十是按照省委省政府的要求，努力做好扶贫挂钩和新农村建设工作，先后为扶贫点和新农村建设指导员住村点争取项目资金150余万元，得到省委、省政府的表彰。

“十二五”期间，云南省文史研究馆将紧紧围绕省委、省政府制订的发展规划，结合自身发展的目标，不断增强大局意识、统战意识和服务意识，努力提高服务能力和开拓创新能力，刻苦学习、勤奋工作、真诚服务，为实现全省“十二五”规划目标和文史馆事业的发展作出新的贡献。

（中共云南省委宣传部　汤文治）

党校系统

一、概　述

云南省委党校、云南行政学院，一所学校，两块牌子，是云南省培训、轮训领导干部和马克思主义理论骨干以及全省公务员的最高学府，是学习、研究、宣传马列主义、毛泽东思想、邓小平理论、“三个代表”重要思想和科学发展观的重要阵地和党性锻炼的熔炉，是省委的一个重要部门。

云南省委党校、云南行政学院校（院）长由李纪恒同志兼任，常务副校（院）长黄顺，副校（院）长陈一之、曾柏苓、陈榕、王国忠、何祖坤、杨赛光。校院领导机构是党委会，下设哲学、经济学、经济管理、公共管理、科学社会主义、法学、中共党史、党建、科技与文化九个教研部和省情与政策研究所；校（院）设有校刊编辑部、图书馆、网络管理中心；进修部、培训部、干部继续教育学院、研究生部是四个学员管理部门；并设有教务处、科研处、组织人事处、机关党委、工会、老干办、行政处等职能部门。全校有工作人员近390人。

近年来，云南省委党校、云南行政学院以邓小平理论、“三个代表”重要思想、科学发展观为指导，与时俱进、开拓创新，各项事业有了较大发展。按照中央和省委的要求，进一步深化教学科研改革，深化干部人事制度改革，深化行政后勤改革，强化队伍建设，强化从严治校方针的落实，强化思想政治工作，坚持抓中心、抓重点、抓改革、抓突破、抓保障、抓落实，充分发挥“哲学社会科学研究机构”、为党委政府决策的“思想库”作用，推动党校教育事业不断向前发展。

在教学工作上，按照中央关于党校教学改革的要求，深入学习贯彻中国特色社会主义理论体系，着力用马克思主义中国化的最新成果武装全党，深入贯彻落实科学发展观，建立和完善教学新布局，坚持以学习邓小平理论、“三个代表”重要思想以及科学发展观为中心，着眼于提高党员领导干部的领导素质和执政能力，以掌握理论创新的最新成果为重点夯实学员的理论基础，以把握时代特征和国际经济政治形势为重点拓展学员的世界眼光，以强化大局意识和应对复杂局面为重点培养学员的战略思维，以坚定理想信念、增强宗旨观念和改进作风为重点增强学员的党性修养。在教学过程中，积极探索研究式教学方法，在继续完善讲授式教学的基础上，根据不同班次和不同内容，运用案例式教学、现场教学、情景模拟、异地培训、专题调研、公共选修等多种影响力强、生动活泼的方式方法，增强教学效果，提高教学质量。定期邀请省委领导和省委、省政府有关部门的负责同志以及各方面的专家来校作“形势、省情、政策”的报告。坚持理论联系实际的原则，实践“实事求是”的校训。教学中坚持自学为主、读原著为主和加强研讨的方法，坚持联系省内、国内大局和国际大局来深化理论学习的方法，坚持结合个人工作实际和思想实际促进主观世界改造的方法。

在科研工作上，随着《中国共产党党校工作条例》和《行政学院工作条例》的相继颁布和实施，校院科研工作面临着新形势下的转型和创新，如何构建“思想库”这个哲学社会科学的研究平台，更好地为党委政府决策咨询服务，校院科研工作从以下方面作了一些探索：一是成立五个研究所，构建对策研究的基础平台。以党校五大学科为基础，在整合九个教研部资源基础上挂牌成立了“哲学与发展研究所”、“社会发展研究所”、“区域经济研究所”、“党史党建研究所”、“公共管理与政府改革研究所”。依托五大学科的学术资源和学术背景，发挥学科优势，同时发挥研究所对外联系、沟通、协调的职能作用，强化对外交流合作，开展对重大现实问题的研究。新成立的五个研究所和原有的“省情与政策研究所”一道，为今后决策咨询工作更好地开展搭建起一个有效的平台；二是争取进入省委、省政府决策咨询研究平台。积极争取进入省委、省政府决策咨询研究平台，是校院党委为强化广大教研人员决策咨询研究意识，提高研究水平和能力所提出的重要举措之一。针对科研人员在开展决策咨询研究的意识、方式方法等方面存在的不足，校院多次邀请省委省政府及科研院所从事决策咨询研究的领导和专家学者到校作专题辅导，取得了很好的效果。三是设立校管重点开题。结合省委省政府中心工作，紧扣经济社会发展以及教学实践中的热点、难点和前沿问题，校院每年适时推出一批校管重点开题，每一课题由一位校领导牵头，在经费、人力方面给予充分保障。这项工作已逐步形成制度。通过这一系列工作，党校的决策咨询研究取得了初步成效。2008年以来，通过组织专题调研、承接专项委托课题、开展横向联合研究等形式，完成各类决策咨询研究课题30余项。其中部分研究成果还得到了省级领导的重要批示，并且在实际工作的运用中取得了良好的效果，对提升党校社会影响力起到了积极的推动作用。

在业务指导上，省委党校具有对全省16个州市委党校、行政学校、各大中型企业党校和各县市级党校的业务指导职能，设有全省党校系统职称评审委员会，建立了评选和奖励教学、科研先进单位及优秀教师、先进工作者制度，充分发挥了全省党校系统整体功能，有力地推动了全省党校教育事业的发展。

云南省委党校、云南行政学院办有《创造》、《云南行政学院学报》、《云南省委党校学报》等刊物。2005年校园网络和远程教学网络初步建成，到目前已逐步实现教学科研和办公管理手段现代化。图书馆藏书30余万册。随着对外学术交流的扩大，许多国家的政党代表团、学术团体和著名学者到校访问或开展学术交流活动，党校适时安排教师和管理人员出国考察、交流，扩大了云南省委党校、云南行政学院对外交往和国际影响。

近年来，云南省委党校、云南行政学院选拔了一批德才兼备的中青年领导干部充实到领导岗位，使领导班子的结构更加合理。重点抓了中青年教师和学术骨干的培养工作，形成了以一批省内知名的老学者和部分中青年教师为主体的教学科研队伍。全校现有教授27人，研究员1人，副教授51人，讲师43人。

二、社科活动

（一）2008年度

2008年5月，由中共中央党校、中国社会科学院、中共云南省委主办，中共云南省委宣传部、中共云南省委党校、中共保山市委承办的“艾思奇哲学思想与中国化最新成果研讨会”在保山市腾冲县召开。中央党校、中国社科院以及其他省内外专家学者120多人参加会议，参会论文60多篇。

2008年9月，云南行政学院与中国行政管理学会联合主办了“纪念改革开放30周年暨第六届全国行政哲学研讨会”，省委宣传部、省社科院、省社科联、云南大学等以及来自省内外的有关专家学者100多人参加会议，参会论文80余篇。

（二）2009年度

2009年7月，云南省委党校与中央党校科社部、云南省科学社会主义学会共同主办了“全国党校系统中国特色社会主义理论体系研讨会”。中央党校、省内外党校及相关专家学者80多人参加会议，参会论文40多篇。

2009年9月，为贯彻落实《中国共产党党校工作条例》、《中共云南省委关于贯彻“中国共产党党校工作条例”的实施意见》关于党校科研工作的精神和要求，研讨新形势下党校科研工作的科学定位、发展方向、发展思路，在省委党校召开了全省党校系统科研工作会议。省委党校、全省16个地州市党校分管科研的副校长、科研办主任以及部分县级党校主要领导共100多人参加了会议。

2009年10月，省委党校举行“纪念建国60周年理论座谈会”。会议以建国60周年，特别是改革开放30年来党的基本理论的创新和发展为主题，座谈马克思主义中国化的光辉历程以及所取得的伟大理论成果。出席会议的有校（院）领导，离退休老专家、老教授代表，外请专家和省里相关部门领导，校院各教研部主任、优秀教师代表和相关部门负责同志共40多人。

（三）2010年度

2010年10月，云南行政学院与俄罗斯国家行政学院弗拉基米尔分院联合召开“中俄政府绩效评估国际学术研讨会”，会议围绕政府绩效评估这一主题，对中俄政府绩效评估中可供借鉴的相关问题进行了交流、探讨，对促进和深化与弗拉基米尔分院的交往与合作，提升公共管理研究水平起到了积极作用。会前以中俄两种文字正式出版了论文集，论文集共收集论文19篇，中方14篇，俄方5篇。

2010年12月，云南省委党校举办了建校60周年“建设中国面向西南开放的桥头堡报告会”，副省长顾朝曦作为特邀嘉宾在会上作主旨演讲。15个省级党政机关部门和近10家高校、科研单位的领导，校内各培训班学员、我校全体专业技术人员和参公管理人员等共计430余人聆听了报告会。

（中共云南省委党校　李亚明）

教育系统

一、云南大学社会科学研究机构

（一）云南大学国际关系研究院

云南大学国际关系学院成立于2002年4月。2006年1月更名为“云南大学国际关系研究院”。研究院设有3个研究所，5个研究中心，1个研究基地、2个办公室，即东南亚研究所、西南亚研究所、世界民族与民族问题研究所，以及非洲研究中心、印度研究中心、大湄公河次区域（GMS）研究中心、能源安全与战略研究中心、伊朗研究中心、云南省周边安全与区域合作研究基地、党政办公室和资料室。有教职工33名，其中专任教师30人，行政人员3人。具有正高级职称6人，副高级职称11人，中级职称14人；研究生指导教师17人，其中博士生指导教师3人；具有博士学位12人，在读博士6人。研究院有国际关系、国际政治、世界史、世界经济、世界民族与民族问题、外交学6个硕士学位点，国际关系、世界史、世界民族与民族问题3个博士学位授权点，招收全日制硕士研究生、博士研究生、外国硕士研究生。

1．科学研究

2008—2010年获得国家社科基金项目6项、省部级项目10项、国际合作项目9项、云南大学校级项目9项，课题资助经费500多万元。全院教师共出版专、译著34部，发表论文300余篇，其中国外发表21篇，核心期刊64篇。提交研究咨询报告29份，分时出版《周边要报》10期。获云南省第十三届哲学社会科学优秀成果二等奖、三等奖各一项，首届西部地区大学出版社优秀图书奖1项。

2．学术交流

2008—2010年共举办高水平的国际、国内学术会议12次，参与学者、学生2000余人次。与复旦大学、北京大学、清华大学、厦门大学、中国社科院、日本早稻田大学、新加坡国立大学莫斯科国立大学、泰国朱拉隆宫大学、瑞典安全与发展政策研究所开展了学术交流；派出了优秀骨干教师赴新加坡、印度、日本、越南、迪拜、沙特阿拉伯等国访学。

3．代表性的成果

研究院学者的政策建议首次上升为国家的重大决策。2009年3月26日下午，在中共中央政治局常委李长春和缅甸和平与发展委员会第一秘书长丁昂敏乌的见证下，国家能源局局长张国宝与缅甸能源部部长伦迪代表两国政府在缅甸首都内比都正式签署了《关于建设中缅原油和天然气管道的政府协议》，标志着由云南大学李晨阳、瞿健文、吴磊等学者提出并论证的中缅油气管道建议已被两国政府所采纳，中缅油气项目获得重大进展，对国家能源安全和云南地方经济社会发展具有重大意义。这是云南大学学者的政策建议首次上升为国家的重大决策，也是云南省高校为国家和地方提供智力咨询的典型个案。

（二）云南大学发展研究院

云南大学发展研究院是集经济学、管理学和社会学三大学科为一体的科研和研究生培养单位，是云南大学建立最早的研究型学院，现已拥有5个科研机构、2个博士学位授权点、12个硕士学位授权点、4个省级重点学科，形成了以经济学为主，多学科交叉，前沿性、创新性突出的发展格局。2010年省级重点学科理论经济学的评审验收，获得“优秀”的好成绩，理论经济学博士后科研流动站开始运转，共接收2名科研人员进站开展研究工作；启动了“211三期”4个支撑课题和若干研究专题研究。

1．科学研究

2010年获得国家自然科学基金项目1项，国家社科基金项目2项，教育部人文社科项目4项，国家社科基金项目结题1项，教育部人文社科项目结题1项，云南省社科重点项目结题1项，并获得“优秀”等级鉴定，亚洲开发银行国际项目结题1项；在人民出版社出版专著2部，其他出版社出版专著5部；在《历史研究》、《世界经济》、

《中国人口科学》等高层次刊物发表学术论文3篇，其他公开刊物发表30余篇。贝叶文化研究取得新突破，参与编写的《中国贝叶经全集》1~100卷顺利出版发行，研究院的贝叶文化研究成果受到国内外的关注和好评。杨先明教授的专著《中国西部外资问题研究》，杨先明、吕昭河、梁双陆等完成的《关于云南省应对金融危机应急对策研究系列报告》（学院《研究报告》第52、55、56期）两项成果获云南省第十三次哲学社会科学优秀成果一等奖，黄宁、梁双陆的成果分别获二等奖和三等奖各1项。

2．学术交流

参加中国经济学年会女经济学家分会1人，到泰国、澳大利亚、越南等国家参加国际学术研讨会5人次。推进贝叶文化国际研讨会、系统工程学会等学术研讨活动，邀请了Aradhna Aggarwal、安虎森、方福前、孟捷等国内外知名学者到云南大学讲学。

此外，与昆明市政府合作建立中国泛亚经贸合作研究院、筹建工业经济研究院和资本市场研究中心。2010年研究院出版发行《研究报告》共7期，刊载的研究成果具有较强的决策咨询价值。为云南省政府和相关职能部门提供《转变经济发展方式 科技支撑云南经济增长研究》等决策咨询研究报告20余份，研究成果被有关部门采用，在省内外学术界及政府有关部门获得好评。2010年招收全日制硕士研究生68人，博士研究生8人，专业学位硕士研究生44人，毕业全日制研究生共45人、专业硕士共37人通过答辩，获得学位，为社会输送了一大批合格的高层次人才。

（三）云南大学民族研究院

2006年1月，云南大学以民族学重点学科、西南边疆少数民族研究中心（以下简称“西边中心”）、伍马瑶人类学博物馆（以下简称“人类学博物馆”）为基础，组建了云南大学民族研究院。经过三年的调整与磨合，下设院综合办、人类学博物馆、民族学研究所、宗教文化研究所、民族史研究所、边疆学研窟所、人类学教研室。目前，云南大学的民族学已建设为全省哲学社会科学领域唯一的国家级重点学科，进入全国一流学科的行列。2008—2010年期间的科学研究、学术交流情况如下：

1．科学研究

获得教育部重大课题攻关项目1项：“边疆民族心理、文化特征与社会稳定——西南部分”，马克思主义理论研究和建设工程教育部第一批高等学校哲学社会科学重点编写教材项目1项，马克思主义理论研究和建设工程教育部第二批高等学校哲学社会科学重点编写教材项目1项，获得第五届中国高校人文社会科学研究优秀成果二等奖、三等奖各1项，国家民委社会科学研究成果奖2项，云南省哲学社会科学优秀成果一等奖4项。

2．学术交流

2009年，中心举办了“人类、发展与文化多样性：国际人类学与民族学联合会第十六届大会”。国际人类学与民族学联合会大会，是本学科规格最高、规模最大的学术会议，是迄今为止在亚洲第二次召开、在中国第一次召开的会议，来自100多个国家和地区的4000多名专家学者参会，中共中央政治局委员、国务院副总理回良玉代表中国政府参加大会开幕式并讲话。青年彝族学者杨洪林（彝族名嘉日姆几）博士导演与拍摄的人类学影片《火把节》，作为大会23部影展作品展播，获得提名奖。此外，三年期间，中心主办了8个有重要影响的国际学术会议：“中国边境民族的迁徙、交流和文化动态——中日国际学术研讨会”、“多彩的缅甸民族文化——首届澜沧江—湄公河次区域民族学人类学国际研讨会”、“全球化背景下的东亚社会文化互动首届东亚人类学家会议”、“‘重现的边疆’首届人类学/社会学纪录影像年度论坛——2010年”、“生物多样性与文化多样性关系及其保护国际会议”、第三届中欧社会论坛T12a小组会议“族群、国家、人类认同”、“中越民族文化的比较”——第二届澜沧江—湄公河次区域国际研讨会、“中国西南开发与环境、生计、健康及生态人类学2010国际论坛”等。出版了多部学术论文集，一大批国内外知名学者、官员到校访问。

3．标志性成果

尤中著《中华民族发展史》，全书近500万字，是迄今为止全国唯一的一部完整的、真实的中华民族史，获教育部人文社会科学优秀成果二等奖；陈庆德等著《人类学的理论预设与建构》突破了以往中国人类学研究方法和理论的诸多视角，在中国民族学学科的基础理论研究方面提出诸多具有原创性意义的理论观点。该书出版后被多种著作和论文引用，成为近年来被引频次最高的民族学和人类学著作之一；瞿明安主编《当代中国文化人类学》从学科发展的实际出发，简明扼要地介绍与评述了当代中国文化人类学各个分支学科形成的背景、发展过程和现状、主要特点、面临的问题以及未来发展的趋势，获云南省第十三届哲学社会科学优秀成果一等奖；何明、洪颖著《回到生活：关于艺术人类学学科发展问题的反思》，全文对建构具有中国特色和时代特征的艺术人类学学科提出诸多具有原创性意义的理论观点，获云南省第十一届哲学社会科学优秀成果一等奖；何明主编“新民族志实验丛书”以日记体的形式对各村发生的社会文化记述，运用“主位”（emic）方法，从“本文化”内部视角对自己民族和村寨的社会文化进行叙述与评论，促进具有时代特征和中国特色的民族学建设。

二、云南财经大学社会科学研究机构

（一）云南财经大学财政税收研究所

云南财经大学财政税收研究所成立于2005年1月，是云南财经大学独立的专职研究所，承担着学校优势学科和专业——财政学的研究任务。建所6年来，现已形成了一支教授2人、客座教授多人、副教授2人的科研队伍，博士及博士生4人，硕士生30余人。

科学研究：累计已完成各类课题26项，其中，国家自然科学基金课题1项，省财税基地重点课题1项，省社科规划课题2项，财政部、国家税务总局协作课题4项，省人大、省政府、省财税系统横向课题18项。另外，参与组织和指导省国税系统课题11项；在研课题13项，其中，国家自然科学基金课题1项，云南省社科基地课题2项（其中1项重点），云南省社科规划课题2项，财政部协作课题2项，国家税务总局课题（与省国税科研所合作）1项，各级财税部门横向课题5项。2009年，云南省社科重点课题“云南省政府非税收入管理研究”，结项验收为优秀。完成并在国家级出版社出版专著4部；公开发表学术论文24篇，其中由张丽华、汪冲撰写的学术论文《解决农村义务教育投入保障中的制度缺陷——对中央转移支付作用及事权体制调整的思考》作为国家自然科学基金课题的阶段性成果，发表于国家权威刊物《经济研究》2008年第10期，所提观点和改革思路及政策主张引起了学术界的巨大关注和重视，在社会上产生了较大的影响；发表在《财政研究》6篇。在奖励方面获云南省哲学社会科学优秀成果个人二等奖1项、三等奖2项。

（二）云南财经大学国土资源与持续发展研究所

云南财经大学国土资源与持续发展研究所是2004年1月6日经云南财经大学党委批准成立的专职科研机构，直属学校管理。现任所长为杨子生教授。该所现有专兼职科研人员24人，其中教授和副教授（高工）13人，讲师、助理研究员和工程师7人。研究方向为：土地资源与土地利用规划，水土保持与土地生态整治，土地经济与土地政策，土地资源管理信息系统，国土安全与可持续发展。该所2005年获得土地资源管理学硕士学位授权点，2006年获得校级土地资源管理重点学科。2005年11月该所被云南省国土资源厅推荐为第一批云南省土地利用规划修编机构之一，2007年6月入选第一批全国甲级土地规划机构，现为云南省7家全国甲级土地规划机构之首。

科学研究：2008—2010年，获得“海南省琼海市土地利用总体规划修编”课题1项、国家自然科学基金课题1项、国务院第二次全国土地调查领导小组办公室/国土资源部第二次全国土地调查专项调查研究项目1项、云南省第二次全国土地调查领导小组办公室公开招标项目1项，该项目基本任务是完成云南省第二次全国土地调查中的《云南土地资源专著》及《云南省第二次土地调查报告》的编写、修改、统稿、审稿、核稿及出版印刷，最终提交正规出版社出版的第二次全国土地调查成果专著《云南土地资源》和《云南省第二次土地调查报告》。

2008年以来，研究所师生共计发表论文近100篇，其中SCI和EI收录论文8篇，《自然资源学报》、《生态学报》等重要学术刊物10余篇，被中国自然资源学会授予“全国土地资源优秀论文”称号，获一、二等奖的论文20多篇。

2010年，杨子生教授《中国山区生态友好型土地利用研究——以云南省为例》获得了云南省科学技术奖科技进步类二等奖。

（三）云南财经大学经济制度与经济政策研究所

经济制度与经济政策研究所是2007年云南财经大学决定成立的一所正处级专职研究机构。学术研究方向主要是以中国社会经济发展为背景，运用现代经济学的理论和方法，研究中国的制度变迁与经济政策效果，并对西部地区的非正式制度的演化给予特别关注。研究所的重点领域是制度的形成理论、权力与制度理论、制度与经济增长理论、收入分配制度与社会经济和谐发展理论、中国经济改革的重大前沿问题等。研究所下设经济制度研究中心、经济政策效果评价中心、行为与制度研究中心、收入分配与福利经济学研究中心、中国改革问题研究中心、云南经济发展与制度研究中心。有专职研究人员3人，根据研究项目及需要，聘请校内外相关专家学者作为兼职和客座教授。

科学研究：2008—2010年，研究所共发表CSSCI及其他中文核心期刊论文15篇，并获得云南省社科基金项目、中国博士后基金面上项目一等资助项目等多项研究项目。2010年4月朱启才教授发表于《改革》杂志的论文《孙冶方经济科学奖与中国经济学发展的关联：1984—2008》被《新华文摘》2010年第14期作为封面论文全文转载。

（四）云南财经大学公共政策研究中心

云南财经大学公共政策研究中心成立于2007年，是云南财经大学直属的独立学术研究机构。中心以我国公共政策制度为突破口，展开集成性、创新性和综合性的理论和实证研究，为我国公共政策研究作出基础性、前瞻性和战略性的贡献。中心现有设备、图书等可满足20名教师及研究生的研究需要。创办了《公共政策研究》（内刊），定期报道中心研究成果和介绍国内外研究动态，上报相关部门和其他研究机构进行学术资料交流。云南省财税与公共政策研究基地和公共政策研究中心合署办公，由伏润民教授担任首席教授和负责人，伏润民教授曾被授予“云南省哲学社会科学优秀专家”、“云南省高等学校教学名师”、“云南省有突出贡献的优秀专业技术人才”等称号，先后获得云南省哲学社会科学优秀成果奖一等奖2次、二等奖3次、云南省科学技术奖三等奖2次。目前，中心现有在职科研人员8人，其中：教授2人、研究员1人、讲师1人；博士1人，硕士6人（在职博士6人）。

科学研究：2008—2010年间，公共政策研究中心科研团队共在国内核心期刊上论文11篇；出版专著1部；获云南省哲学社会科学优秀成果奖一等奖1项、云南省科学技术奖科技进步类三等奖1项；主持及完成国家社科基金重大项目子项目、国家自然科学基金，财政部、云南省财政厅、云南省政府金融办、云南省编办等委托项目18项，科研经费合计502万元。

（五）云南财经大学区域发展研究所

云南财经大学区域发展研究所成立于2002年9月，是云南财经大学直属专职研究机构，首任所长为孟庆红教授。现有8名专职人员，其中1位研究员，3位教授、2位副教授、1位讲师，1位助理研究员，有6位成员拥有博士学位。现任所长罗宏翔为云南省中青年学术和技术带头人，中国城市经济学会副秘书长，云南省区域经济学会副会长兼秘书长。

区域发展研究所自成立以来，在区域经济领域开展了众多研究工作，已公开发表学术论文100余篇，多篇论文被中国人民大学报刊复印中心转载。出版了近10部学术专著。主持各类课题30余项，其中国家哲学社会科学基金项目3项、教育部人文社科研究项目1项。由研究所承担的《云南省经济发展报告》曾在云南省产生了较广泛的社会影响。研究成果获云南省第八次社科优秀成果奖二等奖1项，云南省科技进步三等奖1项，云南省第九次哲学社会科学优秀成果二等奖1项，云南省第十一次哲学社会科学优秀成果三等奖（集体项目）1项，2010年第十届全国统计科学研究优秀成果三等奖1项。

（六）云南财经大学社会与经济行为研究中心

社会与经济行为研究中心现有教授2人，特聘教授1人，副教授1人，助教1人。现中心主任陈刚教授。主要研究方向有：应用人类学，饮食、食品安全卫生行为与文化，发展人类学与文化旅游开发，宗教与仪式，人类学研究方法与理论、全球化，农村发展和经济人类学。宗教人类学、生态经济学、海洋社会经济史以及华侨华人研究等。

1．科学研究

2008年至2010年中心获国家社科基金2项，教育部社科基金1项，云南省两院课题1项，蒋经国国际学术交流基金会项目1项，联合国人口基金课题1项，云南省社会科学基金规划项目中心在国内外有影响的刊物上发表学术论文28篇，其中SCI检索期刊1篇，CSSCI检索期刊5篇，1篇被人大复印报刊资料全文转载，被《新华文摘》论点摘编。

2．学术交流

中心开展多种形式的对外合作与交流，参与和主办了各类学术会议和重要学术交流。2008年6月中心与国家知识产权局联合举办“全球化与中国可持续发展”研讨会，围绕“全球分工与价值链”、“全球就业、贫困、失业和国际财富分配”、“比较优势与全球贸易”、“国际金融市场中的风险”四个主题展开了对话和交流。2009年6月，与西安交通大学及美国俄亥俄大学合办的“2009食品、环境与健康国际学术会议”在西安成功举办，来自美国、加拿大、中国香港及国内各高校的学者就我国及国际当前食品安全、环境污染及其应对策略展开了热烈的讨论，并达成许多共识。

（七）云南对外金融合作研究基地、昆明泛亚金融合作战略研究院

云南对外金融合作研究基地是由中共云南省委宣传部2009年11月授牌成立的省级研究机构，由云南财经大学承建，也是云南省唯一的研究对外金融合作的省级研究机构。研究基地由云南财经大学副校长周跃教授担任负责人，云南财经大学教授胡列曲担任首席专家召集人。2010年10月成立昆明泛亚金融合作战略研究院，目前，两个研究机构合署办公。目前研究团队共有22人，其中有博士学位的20人，硕士学位2人，教授9人，副教授10人，讲师3人。主要任务是：研究对外金融合作问题；向政府、企业及社会各界提供智力支持和咨询服务；汇集国际经贸信息；开展国内外学术交流；促进双边和多边经贸关系发展。主要研究领域是：中国一东盟自由贸易区金融合作及大湄公河次区域金融合作；昆明区域性国际金融中心建设；云南“两强一堡”战略的金融支持体系；人民币区域化；云南金融改革与开放。

科学研究：已承担了国家社科基金一般项目1项、国家社科基金特别委托项目1项、云南省省院省校教育合作人文社科研究项目1项、教育部人文社科规划基金项目1项、云南省哲学社会科学基地重点课题1项、云南省人民政府金融办等10余项课题研究。在国内重要期刊上发表了20余篇学术论文，在国家级出版社出版专著2部，即将在国家级出版社出版专著3部。研究成果获得云南省哲社优秀成果三等奖3项。2010年7月完成了昆明市政府“昆明泛亚金融服务中心建设可行性研究”课题报告，为今后昆明区域性国际金融中心建设及泛亚金融合作研究奠定了重要基础。

云南对外金融合作研究基地提出的建设昆明区域性国际金融中心、大湄公河次区域金融合作、跨境贸易与投资人民币结算、金融服务“三农”发展等方面的一些决策咨询建议已被政府部门和金融机构所重视和采纳。2009年9月胡列曲教授发表于云南省委内参上的决策咨询报告《关于将昆明建成大湄公河次区域金融中心的建议》被中共云南省委常委、昆明市委书记仇和批示并给予高度重视，昆明市政府立项课题研究。

另外，团队成员关于泛亚金融合作、跨境贸易与投资人民币结算、昆明金融中心建设、桥头堡建设的金融支持体系等主要观点均被广泛报道，特别是积极宣传了大湄公河次区域金融合作、昆明金融中心建设和云南跨境贸易与投资人民币结算，获得了较高的社会评价，产生了积极的社会影响。

三、云南师范大学社会科学研究机构

（一）云南教育科学研究所

云南省教育科学研究所是1979年12月由云南省委批准，依托云南师范大学教育科学与管理学院设立的一个科学研究机构，现任负责人为李劲松教授。主要研究方向为：民族教育、农村教育、研究课程论与教学论、学校心理健康教育、教育研究方法、教师教育、学前教育、比较教育、道德教育研究等方向。

科学研究：2008—2010年，研究所获得教育部人文社科重点研究基地重大项目子课题1项，

一般项目1项，国家社科基金2项，省哲学社会科学基金项目2项，全国教育科学“十一五”规划课题2项，国家哲学社会科学重点项目子课题1项，云南省省院省校合作项目1项，福特基金会项目 1项，教育部人文社会科学重点研究基地2009年重大招标课题，中国香港乐施会项目1项，云南省社会发展科技计划科普及专项1项，云南省教育科学规划重点课题1项。2008—2010年教育研究所的研究成果获得教育部基础教育课程改革教学研究成果三等奖2项，云南省哲学社会科学优秀成果二等奖2项，云南省第五届教育科学优秀成果一等奖、三等奖各1项。

2010年5月，省教育厅与研究所合作，对全省学前教育工作基本情况进行了调研。提交的调研报告为我省制订《云南省教育事业“十二五”发展计划及（2010—2020）中长期发展规划》的制定提供了决策咨询意见。

（二）云南师范大学云南地方文献研究所

云南师范大学云南地方文献研究所是云南师范大学下属的一个研究所，2008年至2010年，研究所获得省级课题2项，教育部项目1项，其他部级项目1项，西南边疆项目2项：厅级课题6项，横向课题及校级课题各1项。发表各级各类论文数十篇。出版专著、著作若干部。白云教授的学术专著《中国古代史学批评史论纲》，朱端强教授的《白话史记》、《白话三国志》，董晓京副教授的专著《生存与信仰——云南稻作文化之鬼神崇拜》，周智生教授参加编撰的《纳西族简史》（修订本），朱桂昌教授的《钱南园研究论集》等专著都在学术界产生了较大的影响，获得了不同层次和级别的奖励。云南地方文献研究所成员经常参加学术交流活动，近年来所内成员参加了第十三届明史国际学术会议、《三字经》学术文化研讨会、第三届《科举与科举学》研讨会、西南联大学术研讨会、唐史研讨会、武则天文化研讨会、万斯同纪念研讨会等等学术会议，提交了论文，作了大会发言或主题发言，邀请请南开大学的李世安教授来我院作关于蒙古语文的学术报告，请中国社会科学院近代史研究所的闻黎明研究员来我院作关于李闻惨案的学术报告等活动。

（三）云南师范大学预防艾滋病教育与研究中心

中心组织专家编写并于2009年8月出版了“学校禁毒防艾教育教师指导丛书”，分高师院校版、普通院校办、中学版、小学版；2010年2月出版了《大学生禁毒防艾志愿者培训教程》；2010年9月出版了《我的健康我做主——大学生性健康教育读本》及《我的青春我做主——中学生性健康教育读本》。中心与联合国教科文组织合作，启动并正在实施“将全面的性教育纳入中国职前教师教育，深化中国的艾滋病教育”项目；与云南省社科院、云南省教育厅合作，正在实施“增强性健康权利和社会性别敏感，提升大学生有效对抗艾滋病病毒的能力——行动和教学的案例研究”项目。

中心承办和参与了各类大型宣传活动，主要有：于2008年、2009年举办了云南省高校禁毒防艾健康教育骨干教师培训和全球基金/中英艾滋病项目地骨干教师培训，有150余名骨干教师参加了培训；举办了云南省高校禁毒防艾骨干教师培训初级班和高级班的培训；参与承办云南省学校“抗击艾滋，走向幸福生活”情景剧大赛，2008年11月参与承办“禁毒防艾云南行——走进云南高校”活动，对云南省禁毒防艾宣传教育工作将会有良好的辐射作用和较大推进；参与承办《没有硝烟的战争》首映式；受云南省教育厅的委托，中心参与“云南省高校禁毒防艾教育信息网”网站设计开发，网站的启动受到了社会各界的广泛关注，《云南日报》和《春城晚报》对网站启动仪式进行了报道，新华网、腾讯网、中国红丝带网、云南禁毒网等大型门户网站转载了相关报道。

2008年6月学校被评为“云南省禁毒工作先进集体”、“云南省防治艾滋病人民战争先进集体”，中心专家蔡金红、尚云两位老师被评为“云南省防治艾滋病人民战争先进个人”。2010年11月学校被评为“云南省教育系统新一轮禁毒人民战争先进集体”、“云南省教育系统新一轮防治艾滋病人民战争先进集体”、“云南省校园禁毒防艾征文评选优秀组织奖”。

（四）云南师范大学应用心理研究中心

云南师范大学应用心理研究中心任务设立在

云南师范大学教育科学与管理学院。

1．科学研究

2008—2010年，云南师范大学应用心理研究中心共发表科研论文30余篇，其中在国家核心刊物发表论文15篇。主持科研基金项目十余项，其中主持国家社会科学基金课项目1项；参与国家社科基金项目1项；主持云南省重点科研项目2项、省教育厅重点科研项目1项、厅级一般科研项目和横向项目多项。获得云南省第十二届社会科学优秀成果（论文类）三等奖1项（2009），获得云南省教育厅第五届云南省教育科学研究成果三等奖1项（2009）。目前，该研究中心在社会预警、公共安全心理以及灾害心理救助、人力资源开发与管理等研究领域，取得了较为突出的成绩。

2．学术交流

2008年10月~2009年11月，云南师范大学应用心理研究中心承办2011年首次在中国召开的亚洲心理学大会的申请获得成功。2009年7月，中心与中国社会科学院在昆明合办了“全国社会心理学暑期高级研讨班”；邀请多名全国、世界知名人事到校进行讲学和学术交流，有亚洲社会心理学会秘书长、新西兰惠灵顿大学心理学教授、《亚洲社会心理学刊》主编James Liu，中国社会心理学会理事长、博士生导师杨宜音教授，中国社会心理学会理事长、博士生导师杨宜音教授；中国社会心理学会副理事长、中国科学院心理研究所副所长、博士生导师张建新教授；中国社会心理学会副理事长、中国科学院研究生院博士生导师时勘教授；南京师范大学教科院博士生导师、国务院特殊津贴获得者杨鑫辉教授；中国社会心理学会秘书长、北京师范大学心理学院博士生导师刘力教授；华南师范大学教科院博士生导师郑雪教授等。

（五）云南师范大学灾害心理研究与援助中心

云南师范大学灾害心理研究与援助中心，成立于2009年10月，中心主任为冯江平教授，副主任叶存春副教授。这是国内高校首家成立的专门研究灾害心理并开展灾害心理援助工作的研究机构。

该中心主要针对国内当前对于灾难、事故心理和心理创伤研究及心理援助工作的缺乏而组建，主要开展对各种灾害、事故等造成的心理伤害的系统研究，以把握灾害心理活动的特点及其规律性，提高灾害心理援助工作的时效性、科学性，建立对受灾者、救灾者等进行心理支持和援助的完善的专业技术体系。同时，也为政府部门做好灾害心理的应急管理和有效救助提供咨询建议，从而更好地帮助受到心理创伤的人们摆脱心理危机，恢复心理平衡，做好防灾减灾和救灾工作，维护社会的和谐与稳定。

在该中心正式成立之前的2008年“5·12”汶川地震发生时，即成立了云南师范大学心理援助志愿队，组织云南师范大学教育科学与管理学院的9名教师和60多名研究生、本科生、社会志愿者等，对汶川灾区转赴昆明救治的地震伤员以及就读的小学生，开展心理辅导工作。此外，还对参加汶川救灾返昆的武警某部官兵进行心理损伤调查、诊断，并对一些心理损伤较为严重的人员进行了心理辅导，取得了较好的效果。该中心已顺利完成云南省科技发展战略与政策研究计划项目（省软科学重点项目）1项。书稿《灾害现场人员的自我心理调节》将于2011年年初正式出版。同时，还撰写了多篇学术论文和研究报告，该项目完成的《云南省突发事件心理援助应急预案》和《云南省突发事件心理援助管理机制》（内部咨询报告），受到省有关部门的高度重视，该应急预案是全国首份灾害心理援助的应急预案。

中心教师、研究生还与省红十字会、省心理卫生中心合作，参与了省里组织的“云震—2010”地震应急救援联合演习的心理援助演练、云南省科普计划项目开展心理援助的理论、技术等方面的培训和实践活动。

（六）云南师范大学“中国西南边疆稳定与发展研究中心”

云南师范大学“中国西南边疆稳定与发展研究中心”是由云南师范大学于2010年批准成立的校级研究中心。自中心成立以来，中心研究成员和兼职成员先后在《经济研究》、《光明日报》（理论周刊）、《中国社会经济史研究》、《中国边疆史地研究》等学术刊物发表论文30余篇。出版学术著作《西南民族地区特色经济研究》（科学出版社2010年版）、《云南百年现代化：1909—2009》（云南人民出版社2010年版），中心主任杨林教授领衔的系列成果“边疆少数民族地区人力资源开发及其可持续发展研究系列成果”获云南省第十二次哲学社会科学优秀成果一等奖。中心的主要骨干杨林教授、骆华松教授、周智生教授分别入选2009年度和2010年度的教育部新世纪优秀人才支持计划。中心常务副主任周智生教授，获第十二届霍英东全国高校青年教师奖三等奖，为该次评选云南省唯一获奖者。2010年9月，骆华松教授主持的项目“基于演化博弈的东南亚地缘政治与地缘经济格局演变机理及耦合规律”，获得国家自然科学基金立项支持。中心承担完成了“昆明市人才发展规划（2010—2020）”中“昆明市人才发展战略研究”、“昆明市人才管理体制机制创新研究”两个重要横向课题，而且最后都以优秀结题，取得了较好的社会效应。

四、大理学院社会科学研究机构

大理学院民族文化研究所隶属于大理学院，2008年至2010年的主要科研有：获日本丰田财团资助项目1项，资助金额478万日元，教育部人文社科研究一般项目1项。研究成果获云南省第十一次哲学社会科学优秀成果著作类3等奖。研究所积极开展对外合作交流，2009年，研究所与香港科技大学华南研究中心、中山大学历史人类学研究中心签署了科研合作协议。三方决定在学术互访、田野考察、成果交换、共同出版研究资料等方面开展实质性的合作。2009年8月，研究所与中国社会科学院民族学与人类学研究所、上海市高校比较语言学E－研究所、大理州白族文化研究所共同举办的“首届白语国际学术研讨会”在大理下关召开。国内外研究语言学的专家学者近80人参加了此次会议，极大地拓展了学界对白族语言研究的深度与广度。会议编辑刊印了论文集，共收入论文31篇，计20余万字。2010年9月，由研究所创作、云南大学音像出版社出版发行的《大理上下四千年》光碟在国家新闻出版总署举办的“第三届中华优秀出版物奖”评比中荣获“音像出版物提名奖”。

五、云南艺术学院社会科学研究机构

云南艺术学院民族民间艺术研究所前身为云南艺术学院民族民间艺术研究室，始创于1980年。1990年更名为云南艺术学院民族民间艺术研究所。2002年以前，民研所、科研处及学报编辑部合为学院的一个综合职能部门，2002年随学院机构设置的变动，民研所作为一个独立的机构从中分离出来。2006年艺术学省级重点学科归属民研所管理，2007年获硕士学位授权并开始招收艺术学专业硕士研究生。民研所自成立时起便承担着民族民间艺术研究等职能，经过20多年的发展，现已发展为一个集民族民间艺术研究、艺术学学科建设、研究生教育培养及其管理等多项职能为一体的综合性机构。全所编制8人，现有4人，其中行政人员2人，专职研究人员2人，现任所长吴云祥。

1．科学研究

2008—2010年度民研所承担各级各类科研项目共六个，其中教育部人文社科研究项目1项，云南省哲学社会科学规划课题1项，省级科研课题3项，院级课题1项。论文获 “云南省第二届高校艺术教育科研论文评比”一等奖2项，“中国百科优秀论文评选”一等奖1项。在各种中文核心期刊上发表论文7篇，出版著作3部。

2．学术交流

研究所还参与和组织各种学术交流与研讨，其中参加的重要的学术研讨会有：“多彩的缅甸民族文化—首届澜沧江—湄公河次区域民族学人类学国际研讨会”、“世界民族音乐研究国际学术研讨会”、“亚太民族音乐学会第十四届学术研讨会”、“第十五届亚太民族音乐学会国际会议”、“第四届世界民族音乐学会年会”、“中国少数民族音乐学会第十二届年会”，提交了多篇有影响力的论文。此外还协助云南省教育厅开展了各种类别的课题研究工作，如“云南省十五个农村艺术教育试验县”、“第三届全国中小学艺术教育科学论文报告会”等工作。

六、昆明学院社会科学研究机构

（一）昆明科学发展研究院

昆明科学发展研究院成立于2009年3月，是按照中共昆明市委、昆明市人民政府要求，依托昆明学院组建、汇集各方智力为昆明市经济社会发展和现代新昆明建设服务的研究、咨询机构。其功能定位是：深入研究昆明经济社会发展的重大理论和现实问题，促进科学研究成果转化为现实生产力的研究机构；是为昆明市委、市政府的决策提出咨询建议的咨询机构；是为有关部门的工作和县区、企业的发展提供智力支持的服务机构。下设专业调研机构——社情民意调查中心，2008年市社科联在研究院授牌成立 “昆明社会科学研究普及基地”。中共云南省委常委、昆明市委书记仇和，中共昆明市委副书记、市长张祖林任昆明科学发展研究院誉院长，昆明学院党委书记梁晓谷任研究院院长，昆明学院院长陈世波任研究院秘书长，昆明学院副院长熊晶、市委政研室主任袁培文、市政府研究室主任王笑平担任研究院副秘书长，研究院同时设有顾问、特聘专家和特邀研究员。

成立以来，围绕昆明经济社会发展的重大理论和现实问题以及群众关心的热点、难点问题，开展应用性对策研究，为市委、市政府的科学决策提出咨询建议；共承办4次“昆明科学发展高层论坛”，23次“昆明讲坛”，对繁荣学院学术文化及市委、市政府的决策和昆明经济社会的发展起到了积极的推动作用。牵头编辑《都市前沿》第5期，收集国内外城市的最新动态、前沿成果、成功经验等信息材料，作为内部参考资料提供给市委、市政府及相关部门，供他们参考借鉴。

2008年至2010年研究所独立或牵头承担的国家级、省、市、县级在研或完成的课题21项，并参与石林县、富民县、晋宁县及楚雄州各州县各类规划编制。研究所获得昆明市2009年度经济社会制度创新成果奖三等奖1项，主编《旅游心理学》获全国旅游协会优秀奖，2009年研究院办公室的3位同志受到市委宣传部、市社科联的表彰。

（二）昆明学院旅游研究所

昆明学院旅游科研所，成立于1999年，从事旅游规划及相关科学研究，具有国家旅游局丙级旅游规划设计资质。办公地址为昆明市经开区浦新路2号惟行楼4203室。目前共有9名专业技术人员。其中正高职1人，副高职5人，中职3人。硕士及以上学位6人，负责人窦志萍教授。旅游研究所下设办公室、《旅游研究》编辑部两个部门。

《旅游研究》于2009年创刊，季刊，作为全国第四本旅游类专业性刊物，具有较强的影响力和号召力，多篇论文被中国人大复印资料《旅游管理》检索。办公室负责组织相关业务的进行，近两年主持完成了“西山旅游区战略发展研究”、“小水井旅游发展项目战略与实施研究”、“乡村旅游促进社会主义新农村建设试点研究——富民小水井村为例”、“石林县大糯黑阿诗玛民族生态文化村规划”等规划项目。研究所近两年完成的旅游规划项目，充分实现了为社会服务的功能，得到了委托单位的肯定。

七、楚雄师范学院社会科学研究机构

楚雄师范学院地方民族文化研究所是楚雄师范学院直属学术研究机构，1999年4月成立。从发掘、研究楚雄及云南各民族传统文化为楚雄及云南两个文明建设服务为宗旨。现任所长李云峰，常务副所长杨甫旺研究员，有专职研究人5名，其中研究员1名，副研究员1名，助理研究员1名，实习研究员2名。杨甫旺研究员为云南省中青年学术技术带头人。学历结构中，有博士1名，硕士4名，聘请国内外40余名学者担任兼职研究员。

2008—2010年，研究所研究人员出版学术专著2部，即《民族学视野下的勐连彝村：变迁与发展》、《中国直苴彝族文化研究》，参与撰写3部。此外，编辑出版《楚雄民族文化论坛》第三、四、五辑。在国内外学术期刊发表学术论文41篇，其中国内核心期刊或CSSCI期刊13篇，重要的有《南方民族蛊女叙事中的拯救意识与悲剧情结》（载《民族文学研究》2009年第4期），《论道教与彝族原始宗教的互动与融合》（载《宗教学研究》2010年第1期）等。

2008—2010年研究所科研人员承担的科研项目有：国家级社科项目3项，即国家社科基金西部项目1项，国家社科基金西南边疆项目1项，国家社科基金特别委托项目1项；省级社科项目2项，即云南省哲学社会科学基地项目1项，云南省“两院”项目1项（2009年结题验收）；楚雄师范学院和楚雄州政府社科项目6项（其中3项已于2009年和2010年结题）。获云南省第十二次哲学社会科学优秀成果（专著）三等奖1项，第九届中国民间文艺山花奖·民间文艺学术著作奖1项。有4项成果获楚雄州第六届（2009年）社会科学优秀成果二、三等奖。

研究所还选派研究人员18人次参加国际国内重大学术研讨会并作学术交流。

此外，以研究所为依托，承担建设“十一五”云南省级重点学科“民族学”和云南省哲学社会科学研究基地“云南彝族历史文化与社会发展研究基地”，并与双柏县人民政府、姚安县人民政府建有“中国彝族‘查姆’文化研究基地”和“中国彝族‘梅葛’文化研究基地”。研究所还是教育部人文社会科学重点研究基地“云南大学西南边疆少数民族研究中心调研工作站”。

八、云南农业大学社会科学研究机构

（一）云南农业大学农业教育研究所

云南农业大学农业教育研究所成立于1994年9月，属教育学类的县处级研究所，现有研究人员4人。研究所在云南农业大学和省有关部门的领导下，围绕着学校的中心工作和全省农业教育中急待解决的问题，结合全省农业教育和学校的实际，认真开展教育研究工作。

科学研究：2008—2010年研究所主持了中国管理科学研究院2009年中国管理科学理论重大研究课题1项、云南省哲学社会科学规划课题1项、中国农学会教育专业委员会2009年度立项课题1项、云南农业大学教改项目2项；参与了云南省社科规划重点课题1项，教育部哲学社会科学研究重大课题攻关项目1项，全国教育科学“十一五”规划、教育部重点课题1项，云南省教育厅科研基金项目1项。出版专著与论文集有：主编《高等农业教育与新农村建设》，参编《新农村建设时期中国农民教育研究》，编辑出版了云南省农业教育研究会2008年学术年会论文集《农业教育与农村改革发展》、云南省农业教育研究会2008年学术年会论文集《科学发展与农业农村教育》及云南省农业教育研究会2008年学术年会论文集《农职业教育与经济社会发展》。公开发表论文10篇。承担了云南农业大学和云南省农业教育研究会联合主办的学术性期刊《农业教育研究》。该刊从1995年出刊以来，已11年时间，目前为季刊。现为CNKI《中国期刊全文数据库》全文收录期刊、《中国学术期刊综合评价数据库》来源期刊，并与“中国学术期刊电子杂志社”联合进行电子网络出版。2008年至2010年，共出版12期，刊登了240多篇文章，约10.8万字。2005年、2010年被云南省新闻出版局评为优秀内部刊物。

此外，研究所还是云南省农业教育研究会秘书处，在云南省教育厅、云南省农业厅和云南农业大学的领导下，负责管理着学会的具体工作，三年内共组织召开了5次专题研究会（常务理事会）、3次学术年会（理事会和会员代表大会）。

（二）云南农业大学科学技术史研究所

云南农业大学科学技术研究所隶属于云南农业大学，招收科学技术史一级学科硕士研究生，现任所长为诸锡斌教授。2008—2010年以来，开展的科学工作主要有：国家社科基金项目“傣族传统灌溉技术的保护与开发”，承担云南省教育科学“十一五”规划“重点招标课题”子课题1项，参与全国教学科学“十一五”规划课题1项，出版了论文集1部、《农科院校大学生心理成长向导》（三册）及《跳菜——南涧彝族的飨宴礼仪》两部专著，《论少数民族传统技术研究的价值》一文由《哈尔滨工业大学学报》（社会科学版）2009第2期公开发表，并被《中国人民大学书报资料中心》全文转载。完成了把云南昆明石林台湾农民创业园升格为国家农业科技园区的总体规划，并由专家评审会论证通过，经昆明市科技局以及省相关部门批准上报国家科技部。并配合相关部门完成了云南社会主义新农村建设研究基地申报的各项任务。2008年10月，诸锡斌教授当选为全国科技史研究会教学工作委员会委员。

学术交流：2008—2010年一共参与国内学术交流6次，发表论文6篇及主题发言2次，受共同参与研究的国际项目组（GEF）委派，诸锡斌教授前往意大利罗马国际生物多样性研究中心汇报和交流中国项目组的研究进展情况，并圆满完成任务。

三年来，研究所共招收硕士研究生25名，硕士生获得云南省优秀硕士学位论文1篇。

九、昆明艺术职业学院社会科学研究机构

昆明艺术职业学院非物传承教研中心在中共云南省委宣传部主要领导的高度重视和正确领导下，2009年12月28日，昆明艺术职业学院与著名词作家陈哲所创导的“文化保护ABC”理念下的“土风计划”联合成立了“土风教研中心”（后更名为“非物传承教研中心”），旨在发挥各自优势，整合双方资源，共同开展对云南“原生态”少数民族根文化实质性地保护、开发、宣传、教育研究等工作。中心教学研究的主要内容是：以传承各少数民族文化为主题并研究少数民族“原生态”歌、舞、乐的“土风计划”作为非物质文化遗产保护、传承、发展项目之一，是专门收集、整理、挖掘少数民族文化资源，并邀请深谙本民族文化的民间艺人以“口传心授”、“言传身教”等方式对各少数民族学员传授本民族文化，这一活态传承非物质文化实验教学活动，目的是使学员们认识、了解本民族文化，产生必要的文化自觉和文化自豪感，并对其继续保护、传承与发扬。

中心从我省怒江、思茅、文山、红河等地州招收了6个民族的60名学员进入“非物传承”教研中心，以“特训班”名义实施“土风计划”的学习、培训，还邀请了民间艺人教师10多人进行实体教学传承。

教学成果主要有：2010年11月“土风”佤族学员赴上海参加普洱茶艺博览会；土风班学员赴北京参加友成企业扶贫基金会举行的活动及“母亲与女儿展览会”；赴湖南参加《全南组合》演出活动；参加云南省电视台举行的以“地球之声”为主题的跨年元旦晚会。

“非物传承教研中心”在做好对云南各民族非物质文化遗产发掘、整理、提升的前提下，适当将其转化为经济资源，合理利用其经济价值，中心舞台艺术精品打造团队先后与香格里拉组合，李怀秀、李怀福、张美珍、许凤艺、高洪章，阿乖罗祖合，坡雅祖合，山茶花组合，日月星组合，老鼠乌鸦组合，阿四龙组合，牧之灵组合，马头琴与长调等积极沟通、交流，希冀组成具有一定民族文化感染力与文化影响力的演出团体，真正为云南民族文化大省的建设作出贡献。

（云南省教育厅　王珏）

社会科学院系统

一、云南省社会科学院直属单位

（一）云南省社会科学院

云南省社会科学院是云南省唯一的省级综合性社会科学研究机构。目前已建立起4个重点学科，9个一级学科，58个二级学科，其中重点学科有马克思主义与邓小平理论、民族学、东南亚与南亚研究、经济学等，特色和优势学科有民族学、东南亚南亚研究等。

1．内设机构

全院拥有13个行政管理部门和科辅部门：办公室（云南省东南亚南亚研究院秘书处）、人事处、科研处、行政处、机关党委办公室、工会、离退休人员管理处、培训部、信息中心、图书馆、《华夏地理》杂志社、《云南省社会科学》编辑部、《东南亚南亚研究》编辑部。11个直属研究所：东南亚所、南亚所、民族学所、社会学所、民族文学所、农村发展研究所、历史文献所、马列所、宗教所、哲学所、经济学所。主办公开学术刊物3种：《云南社会科学》、《华夏地理》、《东南亚南亚研究》。主办为各级党委、政府提供决策咨询和政策建议的内刊3种：《云南智库要报》、《舆情信息》、《云南社科动态》。全院还有8个研究中心，18个工作室，1个图书馆，1个代管单位，14个实行双重领导的州市县地方社科院（分院、所）。并加挂有“云南省东南亚南亚研究院”牌子和挂牌成立了“云南智库”。

截至目前，全院（不包括双重领导单位和代管单位）共有正式职工276人。其中全院正高人员66人，副高级人员47人，高中级专业技术人员占全部专业技术人员的75%；国突4人、省突15人、国贴15人，省贴12人，国家“百千万人才”1人，全国宣传文化系统“四个一批”人才1人，省中青年学术带头人4人、省宣传文化系统“四个一批”6人，博士19人，硕士93人。

2．重要成果

推出了“云南蓝皮书”、“云南全面建设小康社会研究丛书”、“云南省社会科学院学术研究文库丛书”，及各类专史专志类丛书、老专家学术文库丛书等。2008年至2010年，全院共出版专著150余部，完成调研报告500余篇，发表论文1000余篇，提供给各级政府、党委部门的决策咨询研究报告200余份。先后承担国家社会科学基金研究项目18项；承担云南省社会科学规划项目4项；承担东南亚南亚研究院课题和民族研究院课题共4项；承担省院省校合作项目4项；承担中央有关部委、云南省政府及各有关部门下达的重点研究项目20余项；承担国际合作项目10余项；完成了地州及企业、社会委托研究项目50余项。

现任院长、党组书记任佳，副院长、党组成员杨福泉、任佳、王文成，副院长边明社。

（二）东南亚研究所

东南亚研究所现有编制25人，在编20人。其中研究员4名，副研究员4名，中级职称研究人员10名；资料室管员1名；办公室人员1名。

研究方向：东南亚研究所的一大优势是每个科研人员都有自己的传统学科方向并定有一个研究的对象国，以国别研究为基础，向纵深化、综合领域拓展。东南亚研究所以中南半岛国家即泰国、缅甸、越南、老挝、柬埔寨为主要研究对象，同时重视对新加坡、马来西亚、菲律宾、印尼等国以及地区性问题的研究。学科涉及国际经济、国际政治、国际关系、历史学、民族学等。目前的主要研究领域包括：①东南亚国家经济；②东南亚的区域、次区域合作；③当代东南亚国家的政治与国际关系；④东南亚国家的历史；⑤东南亚国家的传统文化与现代化；⑥中南半岛国家与云南的民族关系和民族文化；⑦云南与东南亚国家的经济技术合作；⑧东南亚国家的社会、环境和生态问题。

（三）南亚研究所

南亚研究所下设国际区域合作研究室、对外

开放战略研究室、国情研究室、对外联络部、《面向南亚》编辑部、BCIM工作室、资料文印部等。现有人员18人，其中研究员5人，副研究员2人，助理研究员5人，硕士8人。

研究方向：南亚研究所是中国云南开展南亚问题研究的专业科研机构，在全国南亚研究领域产生了广泛的影响，成为中国“四大南亚研究专门机构”之一，并在南亚地区的学术界也有较大知名度。主要从事中国（云南）与南亚国家之间以经济合作为主线的各项研究，主要研究方向及领域包括中国（云南）与南亚国家经贸合作，中国（云南）面向南亚开放问题，中国（云南）与南亚国家的科技、文化、教育合作，中国连接南亚的国际大通道，国际区域合作，南亚各国国情，南亚国家对外战略与政策，南亚国家的政治、经济、社会、历史、文化等问题，南亚地区热点问题等。

（四）民族学研究所

民族学研究所下设民族文化、民族史、民族经济、民族理论与政策、影视人类学等研究室。现有人员20人，其中有彝、白、苗、纳西、瑶、景颇、藏、独龙、拉祜等少数民族研究人员13人，研究员4人，副研究员6人，博士3人，硕士5人。

研究方向：近年来，民族学研究所承担过国家、省、院等下达的一系列重点研究项目，开展全省性民族学基础学科、应用学科的研究和族别研究。并研究云南各民族的形成和发展规律，研究处于不同社会发展阶段各民族的经济基础和上层建筑。广泛建立国际国内合作的研究体系，准确掌握学科前沿，运用新方法，提出新看法，解决新问题。目前该学科以田野工作著称，在全国具有一定的学科地位。

（五）民族文学研究所

该所下设民族文学与艺术研究室、藏学和格萨尔史诗研究室、民俗学研究室、人类学研究室、民族文化研究室、《山茶》杂志社（现为《华夏人文地理》并划归云南省社会科学院管）。现有人员19名，其中研究员5人，副研究员5人，助理研究员5人，其他2人，博士3人，硕士4人。

研究方向：民族文学研究所是专门研究云南少数民族文学和文化的研究机构，是云南省社会科学院民族学（文化人类学）、民俗学、文化学方面的重点学科科研基地之一，并立足于民族文学和民俗学，注重民族学、民族文化学、文化生态学等交叉学科。主要从事少数民族民间文学、格萨尔史诗、民族文化理论、民俗、民间艺术、社区发展等方面的研究，涉及民族学、社会学、宗教学、经济学等相关学科。目前，为适应多种交叉学科的研究趋势，再次进行学科调整，在原设置的学科基础上，重点设置国家一级学科“文化人类学”之下的民族文化研究室，注重民族文化、民族生态文化等相关领域的研究，研究领域将逐步转向民族文化，涉及社会文化人类学、生态人类学、民族文化与生态等学科。从单一的民族文学研究，转向民族文化研究、民族宗教、民族经济、民族现实问题、民族艺术、民族生态等多领域，并以应用民族学和民族文化学为主要学科方向和领域。同时，云南民族文化保护与发展研究中心，主要负责民族文化保护与发展研究及决策咨询工作，围绕民族文化大省建设的理论与实践，在繁荣民族文化事业和发展民族文化产业、民族生态文化、江河文化、茶马古道文化、村镇文化、民族体育文化、世界遗产申报战略、摩梭母系文化、独龙族文化、少数民族和民族地区经济、社会、文化、生态全面协调可持续发展和民族关系等方面，加强田野调查和理论研究。

（六）历史文献研究所

该所下设云南古代史研究室、云南近现代史研究室、云南民族文化史研究室、无形文化保护与研究中心、中国西南文化研究中心。现有人员16人，其中研究员7人，副研究员1人，助理研究员4人，博士2人，在读博士4人，硕士4人。

研究方向：历史文献研究所是主要研究云南地方史和民族史的研究机构，主要从事云南地方史、民族发展史、民族文化的变迁研究，云南省古代文献典籍的研究与整理工作，点校、注释出版了一批云南古籍的目录、方志、笔记、佛教典籍等方面的著作及研究专著等。目前，历史文献研究所的重点工作是：坚持抢救整理与现实服务相结合的原则，以弘扬云南优秀民族传统文化为宗旨。

（七）哲学研究所

该所下设品牌研究室等。现有人员11人，其中研究员4人，副研究员3人，助理研究员2人，博士2人，硕士3人。

1．研究方向

哲学研究所的研究方向涉及科技哲学，哲学与伦理学，哲学与人学，哲学与文化科学，哲学与文艺美学，哲学与管理科学，哲学与发展理论，哲学与品牌战略，哲学与社会休闲，哲学与社会心理等9个方向。

2．主要研究领域

该所主要研究领域为马克思主义哲学、中国哲学、科技哲学、人学理论及人权问题研究、云南文化产业研究、文艺美学与文艺理论研究。中国哲学研究、思维科学研究、文化产业研究在全国有一定影响。文化产业研究成果直接推动了云南民族文化大省建设进程。

（八）经济研究所

该所下设战略与规划研究室、产业经济研究室、区域经济研究室、数量与技术研究室、生态经济研究室、国际合作研究室、情报资料室等。现有人员24人，其中研究员5人，副研究员6人，助理研究员7人，博士2人，硕士8人，在读硕士1人，硕士生导师3人，国外留学归国人员7人，云南省学术带头人1人，云南省学术带头人后备人才1人。

研究方向：经济研究所在研究领域和方向上一直是从云南整体经济发展出发，研究宏观经济问题和多个经济领域的发展问题，即宏观经济、农村发展、产业经济、区域经济、战略与规划、财政与金融、资源经济、环境经济、市场经济以及国际贸易和合作等领域的研究。主要职能是从事经济理论的探索与创新，研究云南经济发展状况及其趋势，完成政府决策咨询，协助政府制订经济发展战略与规划，参与政府制定经济发展政策，实施重大经济项目试验与示范，执行云南经济社会发展中的国际援助项目，提供国内外经济理论动态，培养研究型人才等。

（九）宗教研究所

该所下设宗教理论政策研究室、云南宗教综合研究室、资料室等。2009年，中共云南省委统战部“宗教理论与政策研究云南省社会科学院基地”和云南省宗教学会秘书处设在宗教所。现有科研人员10人，从事汉传佛教研究1人、藏传佛教研究1人、南传上座部佛教研究1人、道教研究1人、基督教研究1人、天主教研究1人、伊斯兰教研究1人、原始宗教研究1人、宗教理论政策研究1人，其中研究员5人，副研究员1人，助理研究员3人，硕士2人，在读博士1人。

研究方向：宗教研究所主要研究云南各民族中存在的佛教、道教、基督教（含天主教）、伊斯兰教、原始宗教的理论和实际问题，对各种宗教的历史、现状和未来发展趋势开展调查研究，探索其发生、发展和消亡的规律；以党在现阶段关于宗教问题的各项方针、政策为指针，加强运用研究，努力从理论与实际的结合上研究宗教问题，为党和政府决策部门提供咨询。同时，还承担云南省委、省政府和相关部门委托的宗教热点、难点问题的调查研究项目，为云南省委、省政府提供解决宗教问题的决策建议。

（十）社会学研究所

目前有两个省级学会和一个院级中心依托于社会学研究所，分别为云南省社会学学会、云南省青少年犯罪研究会和云南省社会科学院妇女与发展研究中心。现有人员14人，其中研究员4人，副研究员5人，助理研究员3人，博士2人，硕士11人。

1．研究方向

社会学研究所主要从事社会学基础理论、民族社会学、云南农村社会发展、人口问题、社会性别问题、妇女问题、青少年问题、儿童出生性别比问题、社会保障问题、少数民族地区文化发展、城镇化问题、社区问题、拐卖妇女与有关犯罪问题、艾滋病问题、边境禁毒问题等研究。

2．重要成果

社会学研究所承担、参与了多项国家、省、院及其他单位下达或委托的科研项目，其中包括国家社科基金课题3项；国家十五科技攻关项目2项；全国妇女学研究会招标课题1项；云南省政府下达课题1项；云南省政府相关部门和企业委托的社会热点问题研究9项；中国香港社区提供项目2项；国外基金会资助项目2项。公开出版了云南蓝皮书16部，发表学术论文1000余篇，其中多篇被转载和获得国家级、省级奖励。社会学研究所学者还被相关机构受聘为专家或顾问，对国内外组织或机构在云南以及省外开展的社会性别与发展项目提供咨询、评估和培训。

（十一）马列研究所

该所下设当代马克思主义研究室、马克思主义基本原理研究室、地方治理研究室、发展战略研究室、党的建设研究室、软实力研究室、社会发展研究室。现有人员11人，其中研究员2人，副研究员2人，助理研究员5人，在读博士1人，硕士3人。

1．研究方向

1994年11月，邓小平理论研究中心成立，放在马列研究所，实行两块牌子一套人马的管理机制。之后马列研究所的研究方向也逐步转移到对邓小平理论和中国特色社会主义实践问题的研究上来。

2．研究成果

一是完成云南省社会科学院重点项目1项；二是完成云南省“九五”社科规划重大项目1项；三是承担、完成多项国家级、省部级项目，如国家社科基金重点项目1项，国家社科基金青年项目1项，云南省社科规划项目1项；四是在《云南日报》、《云南社会科学》、《学术探索》、《中共云南省委党校学报》等报刊上发表文章上百篇，其中多篇被人大报刊复印资料全文转载；五是积极与地方和企业合作进行现实问题研究，出版专著3部。

（十二）农村发展研究所

该所现有人员10人，其中研究员1人，副研究员1人，助理研究员4人，博士1人，在读博士2人，硕士5人。

研究方向：农村发展研究所是一个建基于云南，通过跨学科行动研究、弘扬民本思想、服务政府决策、创新发展理论、致力于建设和谐农村的外向型学术机构，也是以社区为基础，从事可持续发展研究、项目实施、培训和咨询为主的机构。中心经过几年的不懈探索与追求，构建了以农村社区发展为导向，以跨学科、参与性、操作性为特点的理论研究与实践的整体框架。

（十三）当代云南编辑部

当代云南编辑部为负责当代云南史研究和编纂的经常性机构，行政管理挂靠云南省社会科学院，业务由云南省委宣传部指导。

主要成果：当代云南编辑部编写出版了：《当代云南大事纪要》（1949—1995），全书共160万字，于1996年1月出版发行，2007年又在此书基础上增补1996—2006年的内容，出版了《当代云南大事纪要（增订本）》（1949—2006）；《云南百科全书》，全书257万字，4773个条目，368幅插页彩色图照，536幅插文黑白图照，是全省第一部大型综合性百科全书；《当代云南简史》，是“中华人民共和国地方简史丛书”的一卷，是我省第一本全面系统记述当代云南发展过程的史书，全书50万字，印刷5 000册，于2004年5月出版发行，此书在云南省第九次哲学社会科学优秀成果评选活动中获一等奖。

目前，当代云南编辑部正在组织编写“当代中国城市发展丛书”云南部分和续编《当代云南大事纪要》。

二、各州市社会科学院

（一）昆明市社会科学院

独立设置的昆明市社会科学院为市政府直属、全额拨款事业单位，归口昆明市委宣传部管理。昆明市社会科学院有三个职能处室：办公室、科研处、编辑资料室；四个研究所：哲学研究所、经济研究所、社会研究所、行政管理研究所。有编制42人，目前在职、在编人员24人，其中副高级以上职称7人。

主要职能：昆明市社会科学院是昆明市委、市政府的“智囊团”和“思想库”之一，以建设党委、政府的“智库”为目标，主要职能是开展社科研究，以开展应用性、对策性研究和地方特色的基础研究为重点，为市委、市政府提供决策咨询服务，为社会提供社会科学精神产品。

（二）丽江东巴文化研究院

该院下设办公室、综合研究室、文化产业开发部。现有人员16人，其中研究员3人，副研究员5人，助理研究员1人，研究实习员3人，电子助理工程师1人，其他3人；兼职硕士研究生导师2人，省政府特殊津贴人员1人，市级劳模1人，市管专家1人，市级中青年学术带头人1人，省古籍保护专家2人。

（三）西双版纳州社会科学院

西双版纳州社会科学院与西双版纳州社科联实行两块牌子，一套班子，为正处级单位。现有编制4人，设主席（院长）1人，副院长1人，秘书长1人，主任科员1人。

西双版纳州目前共有55个学会、协会、研究会。其中党政系统45个、宣传文化系统6个、教育系统3个、党校干校系统1个。

主要工作：西双版纳州社会科学院和各学会主要立足西双版纳经济社会发展状况，结合各自的研究领域和学科特点，组织课题调研，开展各类专题学术研讨活动，积极发挥“智囊团”、“思想库”的作用，为党委政府的科学决策服务。与州委宣传部理论科联合举办了“西双版纳四季论坛”、“西双版纳发展论坛”、“引导农民健康消费论坛”等研讨活动；举办了“先进文化讲座”，组织思想道德建设系列报告会；组建了“西双版纳—勐巴拉娜西先进文化流动宣讲团”；西双版纳州社会科学院积极围绕西双版纳经济社会发展实际开展研究，为各级党委和政府科学决策提供理论依据和智力支持。

（四）迪庆州藏学研究院

迪庆州藏学研究院为处级科研单位，隶属迪庆州人民政府，业务挂靠云南省社会科学院。内设机构：下设办公室、综合研究室、藏文编译科、东巴文研究室。现有人员15人。

工作职能：迪庆州藏学研究院的主要职能是挖掘、保护、传承、宣传迪庆香格里拉民族文化。从事《格萨尔》及迪庆历史、文化、宗教研究；从事迪庆藏文化、语言、文字及迪庆香格里拉发展和迪庆藏文古籍的研究。

（五）云南省社会科学院曲靖分院

内设机构：下设办公室、编辑部、学会、科研、科普部。现有工作人员8名。

主要职责：围绕曲靖市委、市政府的经济发展战略开展各种调研活动，为领导决策提供依据；开展社会科学各学科的基础理论研究，当好党委、政府的参谋助手；组织社会科学工作者开展科研和学术活动；领导和协调社会科学各学会、协会、研究会工作；组织全市社会科学优秀成果评奖活动；办好《曲靖社会科学》学术期刊；组织和推动社会科学知识的普及工作，关心和维护社会科学工作者的正当权益。

（六）云南省社会科学院德宏分院

德宏分院挂靠在德宏州社科联，实行“两块牌子、一套班子”，为德宏州委、州政府与省社科院双重管理的社科研究机构。现有工作人员4名。

工作职能：开展中国与东南亚、南亚尤其是中缅经贸、政治、文化、旅游、社会的研究；有效整合社科资源，把德宏建设成为中国向西南开放重要桥头堡的黄金口岸试验区功能；为德宏及省内外其他地区工商业与缅甸合作提供咨询服务；结合德宏的实际开展课题研究；组织社会科学界有计划地开展学术研究和学术交流活动，为各级党委和政府的决策提供咨询服务。

（七）云南省社会科学院保山分院

保山分院设在保山市社会科学界联合会，与保山市社科联两块牌子一套班子，分院院长由保山市委常委、宣传部部长兼任，副院长由市社科联主席兼任，分院下设南亚研究所，所长由社科联主席兼任，有专职工作人员1名。现有工作人员5名。

工作职能：保山市社科联及保山分院主要对社科类学会、协会、研究会进行业务指导和日常管理；开展学术研究和学术交流活动，为党委、政府的决策提供咨询服务；组织和推动社会科学知识的普及工作，积极促进社会科学研究成果的社会化；组织全市社会科学优秀成果的评奖工作；编辑出版学术期刊和社科动态信息；促进哲学社会科学学科建设和人才队伍建设，表彰先进学会和优秀社科工作者；积极促进保山社会科学界与自然科学界的横向联系与合作，开展民间学术交流活动；关心和维护社会科学工作者的正当权益，反映社会科学界的意见和要求。

办有连续性内部学术期刊《活水》、《保山经济》、《保山社会科学》、《保山教育》、《保山金融》、《保山公安交通报》、《雄风》季刊等。

（八）楚雄彝族文化研究院

该研究院是我国人类学、民族学研究中专门从事彝族文化研究的唯一机构。内设机构有毕摩文化研究室、社会历史调研室、课题研究室和办公室；现在编人员26人，其中研究员1名，副研究员3名，助理研究员10名，研究实习员4名，行政管理人员4名，彝文古籍装裱技工4名，已建成一支具有一定规模的、以彝族中青年为主的彝族文化研究专业队伍。

主要职能：楚雄彝族文化研究所是从事民族学，承担彝族文化专门研究的社会科学研究机构。建所多年来，立足学科特点，以系统开展彝族优秀传统文化的抢救、发掘、研究为工作目标并承担彝族文化的宣传、保护、传承的职能职责。旨在育人才、出成果、树品牌，弘扬优秀的彝族文化。彝族文化的研究领域范围广阔，主要包括彝文古籍的收集、翻译、整理和开展对彝族历史、政治、经济、哲学、宗教、法律、天文、地理、医药、文学、工艺、考古、民俗和语言文字等多学科的专题研究。并从宏观着眼，微观入手，采行两条腿走路，即以收集、翻译、整理彝文古籍和深入实地调查获取活史料并重，运用三重证据法，走出了一条实地调查与文物考证和彝汉文献相结合的研究路子，在获取大量活史料的基础上，彝族文化研究所科研人员同心协力，大胆探索新领域，取得了丰硕成果。

（九）云南省社会科学院怒江分院

内设机构：怒江分院和怒江州政府经济研究中心下设综合科、经济研究科、社会科三个职能科室，人员编制8人，现有5人。

主要成果：怒江分院和怒江州政府经济研究中心自成立以来，出版发行了《怒江中游的傈僳族》（中英文版）学术专著；编辑出版了怒江民族语言专业丛书《怒族、怒苏语言资料集》、《怒族、若柔语言资料集》；傈僳族教学材料《傈僳语文基础知识》、《傈僳文识字课本》，以及《傈僳族人才名人录》等；撰写了《贡山县丙中洛开发旅游业和羊脂玉的利与弊》、《关于对丙中洛旅游景区一期建设项目实施情况的调研报告》等一批能及时为各级政府提供决策参考的调研报告；完成全方位介绍怒江风光、民族风情、民族文化等旅游优势资源的《东方大峡谷——怒江傈僳族自治州》旅游胜地概况篇；协助民族工作部门开展"州边三县民族经济发展框架"课题研究；参与全省民族文字教材审定；开展"三基地、一品牌"战略目标的调研；完成《云南省情怒江篇——经济建设》部分的撰稿工作；完成《怒江州人才发展战略研究》。办有学术刊物《怒江经济》。

（十）红河哈尼族彝族自治州民族研究所

研究所是一个享受正县级待遇的科研机构，内设办公室、民族语文研究室、民族古籍研究室、民族学研究室、民族经济研究室、哈尼学室等六个科室。现有人员21名。

主要职能：搜集、抢救、翻译、整理少数民族古籍文献；编辑出版双语文教材和读物，研究双语文教学；调查研究全州少数民族的社会经济和教育问题，以及民族地区存在的其他问题，同时关注民族地区的文化多样性。努力探索有关民族研究的理论和方法问题，为繁荣和发展红河州社会科学作贡献。

办有《红河民族研究》学术内刊，共刊发30期，累计发表文章约650万字。

（十一）宁蒗民族文化研究所

研究所是全省第一家专门从事民族文化研究的县级社会科学研究机构。下设办公室、彝族文化研究室、摩梭文化研究室、普米文化研究室、傈僳文化研究室、文化产业开发部、万格彝文报编辑室。现有在编人员12人，其中所长、副所长2人，专业技术人员7人，毕摩2人。

主要职能：宁蒗民族文化研究所主要是推广和普及少数民族语言文字，抢救和整理宁蒗及周边县（市）区民族文化遗产，深入对彝族毕摩文化、摩梭达巴文化、普米韩规文化、傈僳毕扒文化开展全方位、多层次、多学科的研究，统一管理文头、印章、门（车）牌和广告上的彝文用字，积极传播民族文化，大力发展文化产业。

（十二）墨江哈尼族自治县哈尼文化研究所

该所现有研究人员5人。

主要职能：搜集、抢救、整理哈尼族传统口碑古籍文化；研究传统文化与民族经济建设的理论和规律；注重民族文化田野调查与资料库的建设；研究哈尼族地区可持续资源的开发利用；开展对外文化学术交流和宣传；掌握国内外哈尼文化学术研究动态；加强与外地民族文化研究机构的联系，加快哈尼文化的发展；参与哈尼族传统文化与生态文化的保护，提出保护建议。

（十三）曲靖爨文化研究所

研究所下设办公室、研究室、档案室、财务室。现有研究人员8人，其中副研究员1人，助理研究员4人，研究实习员2人，其他1人。

主要职能：曲靖爨文化研究所主要承担曲靖历史文化（爨文化为其重点）的研究与宣传；曲

靖辖区内物质文化遗产（文物）的保护、管理、调查、发掘、维修、陈列、执法、宣传交流与研究等多项职能；曲靖历史文化品牌与文化产业的系统研究；曲靖历史文化专业人才和文物保护专业人才的培养。

（十四）南诏大理文化研究所

该所内设办公室、图书资料室、技术工作室。现有人员10人，其中研究员6人，博士3人。

1．主要工作

南诏大理历史文化研究所主要是以滇西少数民族历史文化为主要研究对象，侧重于南诏、大理国历史文化与白族历史文化方面的研究。

2．主要成果

建所以来，进行了大量的田野调查，出版了专著3部，承担国家社科基金项目3项，教育部人文社科项目1项，国际合作项目1项，举办了第八届中国少数民族科技史国际会议暨首届中国传统手工艺论坛、中日白族歌谣文化学术研讨会。先后接待了美国、英国、德国、日本、泰国等国的学者，进行了广泛的学术交流。

办有《大理民族文化研究论丛》（年刊，民族出版社2009年版），现已出版3辑。

（云南省社会科学院　李向春　袁春生）

出版系统

一、出版单位基本情况

云南省有8家出版社，分别为云南出版集团有限责任公司下属的5家出版社即云南人民出版社有限责任公司、云南教育出版社有限责任公司、云南晨光出版社有限责任公司、云南科技出版社有限责任公司和云南美术出版社有限责任公司以及云南大学出版社有限责任公司，云南民族出版社与德宏民族出版社。其中云南民族出版社和德宏民族出版社属公益性出版单位。各出版社基本情况如下：

（一）云南人民出版社有限责任公司

云南人民出版社有限责任公司成立于1951年，60年来，出书总量达2万余种、22亿多册，现已发展成为集书、刊、电子、音像、网络、手机出版为一体的“全媒体”出版单位。主要经营出版马列主义、毛泽东思想理论著作；以马克思主义为指导的哲学、政治、法律、经济、历史等研究著作，上述各类辞书、工具书；当地党委、政府责成出版的宣传方针、政策和时事宣传读物；党史、党建读物和通俗政治理论读物、青年思想教育读物；以及学术、古籍和摄影旅游读物。1991年增补出版外国文学作品、文学理论著作及有关资料。下设社办公室、总编室、计划财务部、社科读物编辑部、政治读物编辑部、文艺读物编辑部、教育读物部编辑部、历史读物编辑部、文化读物编辑部、生活读物编辑部、青年读物编辑部、东南亚南亚读物编辑部、《大家》编辑部、《学园》编辑部、数字出版中心、人文读物编辑部、社会读物编辑部、图书发行部、出版校对部、物流中心、后勤服务中心、云南书林纸行等22个部门。截至目前，在岗职工157人，其中正高13人，副高15人，中职55人，助理编辑4人。

（二）云南教育出版社有限责任公司

云南教育出版社有限责任公司1985年成立，1993年独立经营以来，始终坚持为人民服务、为社会主义服务和百花齐放、百家争鸣的出版方针，认真执行党和政府的各项出版管理规定，坚持把社会效益放在首位，以民族文化类图书、中小学课外读物、教育科学理论图书及其他学术著作为特色的出书方向，重管理、求质量、讲信誉，出版的图书已有500余种在全国和跨地区的评比中获奖，其中22种图书和电子音像出版物获国家级“三大奖”，还承担了中华大典《哲学典》、《生物典》等国家级重点出版项目。该社领导班子思想解放，团结务实，具有开拓创新精神，现已发展成集图书出版、电子音像出版、教育培训、社刊工程为一体的出版格局，曾被列为云南省地方国有企业赢利50强。目前，年出书近2000种，电子音像制品近百种，销售码洋4亿多，干部职工150多人。

（三）云南晨光出版社有限责任公司

云南晨光出版社有限责公司成立于1986年，主要出版以少年儿童为读者对象的政治、思想、品德教育读物；儿童文学作品、连环画、科普读物；以及少儿工作者和家长培养教育少儿的辅导读物。目前在职33人，招聘37人，其中高职17人，中职13人。

（四）云南科技出版社有限责任公司

云南科技出版社有限责任公司成立于1985年，出版各类科普读物。以普及自然科学基础知识和介绍应用技术为主，兼营提高性读物；以农村科技读物为重点，突出地方特色；有选择地出版国内外科技专著及科技工具书。至今已出版图书4000多种。曾获全国新闻出版系统先进集体，属国家二级出版社。25年来，一方面立足于挖掘本省的优秀选题，更好地服务于本省人民；另一方面立足于对外做好本省的宣传工作，发挥云南的各项优势，把云南的优秀文化带到全国乃至世界。出版了大量专门为农民朋友服务的三农图书以及大众图书；出版了围绕云烟、云药、云花、云宝、云茶等有云南特色和优势产业的相关图书，得到了广大读者的认可和欢迎。目前，在岗职工47人，其中高级职称15人（其中正高7人，副高9人）；中级职称7人（3人为招聘）；初级职称16人（13人为招聘）。

（五）云南美术出版社有限责任公司

云南美术出版社有限责任公司成立于1993年，现有职工60人。其中高级职称23人，中级职称13人，退休职工19人，离休干部1人，党员22人。主要经营图书报刊、画册的初步发行；音像制品，美术设计，摄影服务。自建社以来，已出版图书约3000余种。其中5种图书获国家级奖励，百余种图书获省部级奖励。出版的《云南民族美术全集》、《担当书画全集》、《永昌府文征》、《郑和史诗》、《历史的凝眸》、《见证历史的巨变》等重点学术著作和大型艺术画册深为学术界、艺术界所推崇。而今，在云南出版集团有限责任公司的引领和部署下，云南美术出版社有限责任公司立足大视野、大艺术、大文化的出版理念，策划出版了一系列的精品艺术创作和理论、云南民族旅游文化、国际少儿经典漫画、珠宝翡翠玉石、云南民族文化发展等五大板块图书。

（六）云南大学出版社有限责任公司

云南大学出版社成立于1988年2月，出版图书类别主要为出版本校设置的主要学科、专业、课程所需要的教材；本校教学需要的教学参考书、教学工具书；与本校主要专业方向相一致的学术著作、译著；适合高等学校教学需要的通俗政治理论读物；根据学校主管部门确定的分工和安排，为尚未成立出版社的高校出版同一专业系统的高校教材。出版范围包括高校学术著作、教材、教辅、大众读物、少儿读物、农村读物等方方面面，是一所集图书、音像和电子出版物为一体的综合性出版社。现有职工70人，其中正高8人、副高11人、中级职称15人、初级职称8人。

（七）云南民族出版社

云南民族出版社成立于1957年，以出版少数民族文字图书为主的多文种综合性出版社。图书出版类型以多种民族文字有计划地出版好有利于民族团结和坚持四项基本原则，有利于提高各民族的政治思想和科学文化水平，有利于发展生产和适合本民族特殊需要的各类图书；以汉文或民族文字出版民族问题研究著作；少量出版有民族特色，适合本民族读者阅读的汉文图书。主要出版西双版纳傣文、德宏傣文、景颇文、傈僳文、拉祜文、佤文、彝文、哈尼文、藏文、苗文（川滇黔苗）、纳西文、白文等12种少数民族文字的各类图书，同时还出版上述民文以及载瓦文（景颇）、壮文、独龙文、门方言瑶文、勉方言瑶文、滇东北苗文共等18种民族文字的图书，并出版有关民族政治、经济、历史、语言、文字、文学、艺术、教育、医药、卫生及民族问题研究等多学科、多门类的汉文图书，是目前全国出版文种最多的民族出版社。经过52年的持续发展，现已拥有一支由14个民族成分组成的事业心强、业务精深的编辑队伍，其中正高职10人，副高职20人，中职15人。全社现有职工84人，退休职工44人（以上数据不含印刷厂），下设办公室、总编室、财务室、出版部、发行部、策划部、一编辑部、二编辑部、三编辑部、电视制作中心、摄影艺术中心、校对室等部门和云南民族印刷厂，在民族文字、民族题材图书的出版以及摄影、图片资料的收集、整理、出版方面已形成了自己的优势。截至目前，出版图书5000多种，其中用18种少数民族文字出版图书1600多种，约占出版图书总数的32%。从1980以来，有记录的获奖图书有500多种。其中，包括中国图书奖、中国民族图书奖、中国出版政府奖图书奖等国家级的奖项。该社保留公益性出版单位。

（八）德宏民族出版社

德宏民族出版社成立于1981年，属德宏傣族景颇族自治州人民政府主办主管的事业单位，是综合性出版机构，主要致力于弘扬和传播少数民族文化。图书出版种类以多种民族文字有计划地出版好有利于民族团结和坚持四项基本原则，有利于提高各民族的政治思想和科学文化水平，有利于发展生产和适合本民族特殊需要的各类图书；以汉文或民族文字出版民族问题研究著作；可少量出版有民族特色，适合本民族读者阅读的汉文图书。本着立足本地，面向全国，辐射东南亚，以出版本地少数民族文字和民族题材汉文图书为主，涉及少数民族的政治、经济、哲学、法律、文学艺术、文化教育、语言文字，历史地理、工业、农业、社会科学、自然科学、医药卫生、综合性图书等方面，建社以来，出版各类图书1541种，近470多万册，近两年来所出版的民文图书占出书总量的50%以上。以图书及多媒体形式向国内外展示中国少数民族的风采，发掘和整理少数民族的文化遗产，为中国乃至世界的民族、宗教及人类学研究提供权威性读物。截至目前，在编在岗人员32人，其中傣族12人，景颇族10人，傈僳族4人，德昂族1人，彝族1人，汉族5人；少数民族干部职工27人，占全社干部职工总数的88%。退休人员29人，其中少数民族21人，汉族8人，少数民族退休人员占退休人员总数的72%。全社在册少数民族干部职工共49人，占总在册人员61人的80%。全社在职在岗人员中有本科学历14人，大学专科11人，中专高中及以下7人，大专以上学历占78%；专业技术人员17人，其中正高职称1人、副高职称6人，中级职称1人、初级职称9人；管理人员3人；工勤人员12人，其中高级工4人，中级工6人，初级工2人。

二、云南省2008—2010年图书出版基本情况

（一）2008年

1．图书出版情况

2008年出版图书3 260种，重印图书1 728种，销售收入63 762万元，图书出版利润10 720万元。

2．重点图书出版情况

2008年出版重点图书641种。其中：马克思主义理论最新研究成果题材图书39种，纪念改革开放30周年题材图书24种，北京奥运类题材图书9种，纪念建国60周年题材图书9种，服务“三农”类题材图书440种，服务少数民族读者的少数民族文字图书110种，抗震救灾题材图书10种。

3．完成经营性图书出版单位等级评估工作

根据新闻出版总署新出图〔2008〕708号和741号文件通知精神，对云南人民出版社、云南教育出版社、云南科技出版社、晨光出版社、云南美术出版社、云南大学出版社六家出版类别不同的经营性图书出版单位的资产、销售、利润、库存、印数、印张、制度建设等指标进行统计、核实。以5个项目、25项要素公开公正地对六家出版单位进行分类量化，评比打分。由云南省新闻出版局评估，经新闻出版总署审定，云南省二级出版单位4家，三级出版单位2家。

4．扶持少数民族文字图书出版情况

云南民族出版社和德宏民族出版社承担着云南省18种少数民族文字图书出版的任务，是全国少数民族文字出版种类最多的出版社。2008年11月云南省财政厅下拨资金200万元，用于云南民族出版社、德宏民族出版社18种少数民族文字图书编辑、排版、制作、出版软件的系统建设。

（二）2009年

1．图书出版情况

2009年出版图书4081种，重印图书1841种，销售收入62309万元，图书出版利润11147万元。

2．图书获奖情况

云南教育出版社主办的卡通故事会丛书进入全国最畅销期刊的排名榜，《中华大典•哲学典》获第二届中华优秀出版物奖，《真爱长歌》获中宣部第十一届“五个一”工程入选图书奖。云南美术出版社出版的《黑颈鹤》入选全国第二届“三个一百”原创图书书目。云南大学出版社出版的《西南边疆民族研究》第五辑为全国民族学、人类学学科唯一入选的集刊，《蔚蓝色的非洲—东非斯瓦西里文化研究》一书应新闻出版总署、中国版本图书馆之邀，作为对非工作的珍贵出版物参展。

3．版权输出情况

《云南普洱茶春、夏、秋、冬》实现了向韩国、美国的版权输出，获全国第八届版权输出优秀图书奖。2009年版权输出36项，成品输出435项。

4．“三农”图书出版情况

2009年50种图书入选新闻出版总署发布的“农家书屋”工程选购图书目录。

5．国家“十一五”重点图书出版情况

云南人民出版社的“当代云南少数民族简史丛书”完成了《当代云南回族简史》、《当代云南蒙古族简史》、《当代云南藏族简史》。“爱尔兰文学丛书”完成了《两个月亮》和《天堂之旅》。云南大学出版社的《泰国六年制小学汉语课本》、《李元阳集》、《高等学校文化管理专业系列教材》已全部完成。云南教育出版社已完成《云南民族口传非物质文化遗产总目摘要》、《漫画party》、《西南联大人物访谈录》、《中华大典·哲学典》。云南科技出版社已完成《人工群落》、《云南稻种资源生态地理分布研究》。

6. 实行书号实名制

2009年4月开始实行书号实名申领制度。出版单位在图书出版活动中按书稿实名申领书号，一书一号。

7. 出版体制改革情况

认真贯彻落实《中共中央、国务院关于深化文化体制改革的若干意见》、《新闻出版总署关于深化出版发行体制改革工作实施方案》文件精神，平稳有序地完成了转企改制。云南大学出版社2009年4月改制为云南大学出版社有限责任公司。云南出版集团实现了整体转制，正式挂牌为“云南出版集团有限责任公司”，其旗下的5家出版社2009年12月挂牌为有限责任公司。经云南省文化体制改革领导小组批准，云南民族出版社、德宏民族出版社为公益性出版单位。

（三）2010年

1. 图书出版情况

2010年出版图书5263种，重印图书2633种，销售收入65232万元，销售利润12420万元。

2. 图书获奖情况

2010年有22种图书获三大奖项，有92种图书获国家级奖项，有469种图书获省级奖项。

云南人民出版社出版的《当代中国人类学民族学文库》获第三届中华优秀出版物奖提名奖。云南教育出版社出版的“人类与遗产丛书”获第三届中华优秀出版物奖提名奖，“中华民族走廊丛书”获第二届中国政府出版物奖提名奖，《踩新路》获第八届全国少年儿童优秀文学奖。晨光出版社出版的“校园快乐幽默短篇小说——麻辣小女生丛书”入选新闻出版总署向全国青少年推荐百种优秀图书目录。云南美术出版社出版的《解放大西南》获第五届鲁迅文学奖，《丽江老照片——20世纪70年代丽江社会生活图志》获第十九届优秀美术图书金牛铜奖。云南大学出版社出版的《寻找文化身份——一个嘉绒藏族村落的宗教民族志》、《云南导游基础知识》等五种图书获首届中国大学出版社图书奖，《民族文化生态村——当代中国应用人类学的开拓》等三种图书获国家民委民族问题研究优秀成果一、二、三等奖。

3. 国家“十一五”重点图书完成情况

云南省列入“十一五”国家重点图书出版规划的图书项目共有18个。截至2010年，全部完成的有8个，部分完成的有9个，拟顺延至“十二五”期间完成的有1个。

4. 省级重点图书完成情况

2010年，策划省级重点图书100种，已经完成82种。

5. 重点项目申报情况

根据新闻出版总署古籍整理、少数民族文字图书出版、国家出版基金项目申报的要求，2010年申报国家古籍整理出版资助项目4个，申报资助经费123.67万元；申报少数民族文字图书出版专项资金项目19个，申报资金609.53万元；申报国家出版基金项目20个，申报资金3121.38万元；申报2010年度“经典中国国际出版工程”资助项目2个，申报资金494.20万元。

（云南省新闻出版局　田华）

学术人物

（按姓氏音序排）

年鉴

2008—2010

陈利君

陈利君，男，研究员，云南省社会科学院南亚研究所所长，兼职有云南省青年常委、云南省南亚学会秘书长等，被云南大学、云南财经大学等聘为特约研究员、硕士生导师。2004年获“省突”称号，2006年获省中青年学术技术带头人后备人才称号，2008年被评为云南省“四个一批”人才。

陈利君主要从事南亚经济研究。主要成果有：《新世纪的云南能源》（云南人民出版社2002年版）、《中国与印度信息产业合作新趋势》（云南人民出版社2003年版）、《不发达区域经济学》（云南大学出版社1997年版）、《南亚报告（2003—2004）》（云南大学出版社2004年版）、《聚焦南亚》（云南人民出版社2004年版）、《孟中印缅能源合作与中国能源安全》（中国书籍出版社2009年版）、《中印能源合作战略与对策研究》（中国社会科学出版社2011年版）、《面向南亚的开放与合作》（云南大学出版社2010年版）等20多项。在《当代亚太》、《南亚研究》、《当代经济科学》、《科学经济社会》、《云南社会科学》等报刊上发表论文约180篇，累计科研成果超过400万字。获奖论著22篇（包括云南省政府社科论文一等奖）。

董　棣

董棣，男，中共党员，1960年6月出生，云南省社会科学院研究员。

工作经历：1982年2月至1987年5月，昆明工学院采选系毕业后在省冶金厅和中国有色总公司昆明分公司下属企业任助理工程师、工程师；1987年6月至2005年9月，在省社科院农村经济研究所、经济研究所从事研究工作，于1993年和1999年被云南省人民政府破格晋升为副研究员、研究员，2003年1月至2005年9月任经济研究所副所长（主持工作）；2005年10月至目前，任省社科院院长助理。现为云南省社科院学术委员会委员，云南省政府特殊津贴专家，全省宣传文化系统“四个一批”人才，云南省区域经济学会副会长、云南省社区林业与农村发展学会副理事长、云南省交通运输行业协会常务理事、云南省价格协会常务理事等，西南林业大学、云南财经大学、云南民族大学硕士生导师，省社科院经济社会研究与评价中心主任。

科研简况：在农村经济、产业经济、资源经济和国民经济等领域进行着深入而持续的理论研究与实践探索，具有较强的综合研究实力和踏实勤奋的科研学风及钻研精神，其科研成果数量大且质量较高，研究成果中著作、论文、课题、获奖之间的各类结构关系良好，曾主持国家、省部、企业和地方等多层次研究课题65项，出版并主编著作8部，获省部级科研奖9项，完成科研成果170余项，科研成果字数350余万字，其中公开发表论文109篇。研究成果特点鲜明，多围绕云南经济发展三大领域，从把握云南发展规律、探索问题研究及模式、实地调研分析上，立足实际、面向未来，在力求破解云南发展难题方面获得一系列的研究结论与成就，其科学性、实用性和前瞻性较为显著，有些已对云南经济发展形成了较积极的影响，对省委省政府的决策咨询产生了有益作用，同时，长期承担省委、省政府经济发展咨询任务、定期为云南人民广播电台从事经济发展解读与点评工作。

窦志萍

窦志萍，女，教授，昆明学院旅游学院院长，旅游研究所所长。2009年主持创办了云南唯一旅游学术期刊《旅游研究》杂志并担任主编，云南省哲学社会科学研究基地——“高原湖泊（滇池）生态文化研究基地”首席专家召集人，云南省青联委员，云南旅游协会理事，云南大学硕士研究生导师。2006年，作为教育部国家公派高级访问学者，到瑞士苏黎世做高级访问，完成“中瑞旅游教育比较研究”项目。昆明市第十二届政协常委，昆明市五华区第十三、十四届人大代表。

2010年获“省突”称号。2009年被云南省人民政府授予“云南省旅游产业先进个人”称号，2008年被授予“云南省高等学校教学、科研带头人”称号，2009年被授予“云南省高等学校教学名师”称号，2011年云南省教育厅授予“窦志萍名师工作室”首席导师称号。

窦志萍教授长期从事旅游地理、旅游经济学和旅游教育学的研究，在旅游资源开发与景区建设、旅游文化产业、旅行社及导游管理等领域取得了较为丰硕的成果。近年来主持或参与完成了国家、教育部、省、市各级旅游类科研课题及NGO项目20余项，出版《中国古建筑游览与审美》（云南科技出版社2006年版）、《导游技巧与模拟导游》（清华大学出版社2006年版，2010第二版）、《昆明城市型旅游目的地建设研究》（云南科技出版社2011年版）、《高职高专教育旅游专业人才培养规格和课程体系改革、建设的研究与实践》（高等教育出版社2007年版）等四部专著，主持及参与编撰《中国旅游地理》、《导游业务》、《饭店管理概论》等教材20余部。在《中国文化蓝皮书》、《云南省文化产业蓝皮书》以及《经济问题探索》、《旅游研究》、《学术探索》、《旅游论坛》等书及刊物上公开发表学术论文30多篇，主持参与研究编制完成旅游规划20余项。科研成果多次获得省部、市厅及学校奖励。

在旅游教育方面，主持建设了国家级精品专业，主持建设了国家级精品课程——“模拟导游”，省级教学团队和教改试验区负责人，主编教材《模拟导游》评为国家级十一五教材和省级精品教材。

费　宇

费宇，男，教授，统计学博士，英国曼彻斯特大学博士后，云南财经大学统计与数学学院副院长，硕士生导师，2005年入选云南省中青年学术技术带头人后备人才，2010年获云南省中青年学术技术带头人称号，担任全国经济数学与管理数学学会理事，统计与数学学院“统计调查与数据挖掘研究所”所长。

费宇主要从事统计理论与方法、应用统计和计量经济分析方面的研究。主要成果：专著《线性混合效应模型的影响分析》（第一作者，科学出版社2005年版），教材《应用数理统计基本概念与方法》（独立编写，科学出版社2010年版），教材《统计学》（主编，高等教育出版社2010年版），主持完成教育部课题1项，国际合作项目1项，省级课题3项；在国内外核心期刊*Lecture Notes in Control and Information Sciences*、*Systems Science and Mathematical Sciences*、《生物数学学报》、《数理统计与应用概率》等上发表论文30余篇，其中SCI收录3篇，ISTP收录4篇，获省部级以上奖3项。主要获奖：第十届全国统计科研成果奖优秀统计教材二等奖（2010年），云南省第六届高等教育教学成果一等奖（2009年），英国皇家学会(The Royal Society)王宽诚奖学金（KC Wong Fellowship）（2004年），云南省自然科学三等奖（2004年）。2004年至2005年在英国Manchester大学做博士后，先后访问过荷兰Nijenrode大学、美国Bentley大学和英国Keele大学。目前主持1项国家自然科学基金项目“线性混合模型和广义线性混合模型均值和方差协方差结构的同时拟合及其统计诊断”（2011年1月~2013年12月，经费26万元）和1项云南省科技厅应用基础研究项目“中国宏观经济统计数据的统计诊断分析”（2009年12月~2012年12月，经费5万元）。

伏润民

伏润民，博士、教授、博士生导师。现任云南财经大学经济学首席教授、校长助理、研究生部主任、云南财经大学公共政策研究中心执行主任、云南省财税与公共政策研究基地首席召集专家，兼任云南省人民政府金融发展专家委员会委员、中国高等院校财政学教育委员会理事、中国工业经济研究与开放促进会理事。

伏润民教授主要从事财政与金融、经济动态分析领域的研究，在《经济研究》、《金融经济研究》（日本）、《比较经济体制研究》（日本）、《财贸经济》等学术刊物上发表论文25篇，其中《经济研究》5篇；在中国社会科学出版社、中国财政经济出版社等出版学术专著3部；主持完成国家级、省部级等科研项目25项，其中：国务院委托项目1项，国家自然科学基金1项，教育部项目2项。2006年被授予“云南省哲学社会科学优秀专家”称号，2009年获得“云南省高等学校教学名师”称号，2010年获得“云南省有突出贡献的优秀专业技术人才”称号，2010年被授予“云南省中青年学术和技术带头人”称号；先后获得云南省哲学社会科学优秀成果奖一等奖2次、二等奖4次、云南省科学技术奖（科技进步类）三等奖2次。

韩跃红

韩跃红，女，教授，博士生导师，昆明理工大学社会科学学院院长，兼职有中国自然辩证法研究会理事、中国生命伦理学专业委员会常务理事、中国科技与工程伦理学专业委员会委员、云南省社会科学界联合会常委、云南省哲学学会副会长、云南省思想政治理论课教学研究会副会长、云南省中国特色社会主义研究中心特约研究员、云南省“红云大讲坛”特约嘉宾等。2009年获全国优秀教师称号，2007年被评为云南省宣传文化系统“四个一批”人才，2009年获云南省中青年学术技术带头人称号，2010年获云南省有突出贡献优秀专业技术人才称号，2008年获云南省“三八”红旗手称号。

韩跃红主要从事生命伦理学研究。主要成果有：国家社科基金项目“现代生物技术中的伦理问题和道德抉择”（2004年鉴定为良好）、国家社科基金项目“艾滋病防控中的道德难题及公共政策研究”（2010年鉴定为良好）、《护卫生命的尊严》（人民出版社2005年版）、《生命伦理学维度：艾滋病防控难题与对策》（人民出版社2010年版）、《多学科视野中的公平与正义》（云南人民出版社2006年版）等20多项。在《新华文摘》、《哲学研究》、《哲学动态》、《教育研究》、《光明日报》（学术版）、《自然辩证法研究》、《伦理学研究》、《中国人民大学复印报刊资料》、《科学技术哲学》、《科技导报》、《道德与文明》、《中国科技论坛》、《中国应用伦理学》、《科技日报》（理论版）等报刊上发表论文100余篇。获得省部级以上科研成果奖励7项，其中中国高校优秀科学研究成果（人文社会科学）三等奖1项、云南省哲学社会科学优秀成果一等奖2项、二等奖1项和三等奖3项。2010年被评为云南省教学名师。

黄小军

黄小军同志1964年出生于重庆市，博士研究生学历，先后就读于四川大学哲学系、中国社会科学院研究生院、云南大学马克思主义研究院。1986年至1989年在重庆大学工作。1989年至今，在云南省社会科学院工作。现为云南省社会科学院马列主义研究所所长、邓小平理论研究中心主任、研究员、硕士生导师。黄小军同志主要研究方向为马克思主义中国化，兼及政治学以及重大现实问题研究。已出版个人专著5部，参与写作著作10多部，发表论文100多篇，总科研成果350余万字，主持过多项国家与省里的重大科研项目。近年来，为云南省党政机关、部队、企业、高校作报告500余场，产生了良好的社会效果。

黄小军同志获奖情况：《邓小平理论与云南扶贫攻坚》获云南文化精品工程奖；《邓小平理论的科学体系与哲学基础》（主编之一），获云南文化精品工程奖；《开远市社会主义新农村发展规划》获云南省人民政府社科著作三等奖；《德宏州文化产业发展战略研究》获滇缅合作论坛二等奖。

李永祥

李永祥，研究员，生于1964年，彝族。2005年毕业于美国华盛顿大学人类学系，获人类学硕士和博士学位。现就职于云南省社会科学院民族文学研究所。他在西方受到了严格的学科训练，具有坚实的理论功底。回国后，又把西方的理论和中国的实际情况结合在一起，开展了扎实的田野调查工作，为人类学中国化和中国人类学国际化作出了贡献。2010年，他获得了云南省有突出贡献的优秀专业技术人才人三等奖。他的研究主要集中在灾害人类学和艺术人类学两个方面。

在灾害人类学方面，他是国内最早进行灾害人类学研究的学者和领军人物，他近期发表的论文《灾害的人类学研究述评》（载《民族研究》2010年第3期）被认为是中国第一篇系统地介绍西方灾害人类学理论的文章，该文与另外的两篇文章《关于泥石流灾害的人类学研究》（载《民族研究》2008年第5期）和《傣族社会和文化对泥石流灾害的回应》（载《民族研究》2011年第2期）一起，被认为是中国灾害人类学研究中的理论力作。此外，他的专著《国家权力与民族地区可持续发展：云南哀牢山区环境、发展与政策的人类学考察》和即将出版的专著《泥石流灾害的人类学透镜》使他在中国灾害人类学的研究中处于领先地位。除了对灾害理论进行研究之外，他还对受灾地区的文化恢复和民族关系进行了应用性的帮助，对灾害人类学的理论与实践作出了突出贡献。

在艺术人类方面，李永祥研究员以云南省的少数民族民间艺术为例，进行了深入的田野考察和研究，发表了专著《舞蹈人类学视野中的彝族烟盒舞》（云南民族出版社2009年版），本书除了探讨烟盒舞的文化意义之外，还构建了舞蹈人类学的理论框架。此外，还主编了《首届新平扬武彝族烟盒舞文化学术讨论会论文集》和《花腰傣服饰艺术与非物质文化遗产保护》两本书，探讨了舞蹈和服饰艺术的人类学意义。他发表了与民族艺术有关的论文，包括《现代化对彝族土掌房的冲击：云南丕且莫村的案例》（载《民族研究》2008年第3期）、《传统的发明、销售与族群标志：以泰国东北部Isan地区的排笙制作为例》（载《学术探索》2009年第2期）、《傣雅服饰文化变迁与族群认同：以云南省新平彝族傣族自治县漠沙镇为例》等论文，内容涉及建筑、舞蹈、乐器、服饰等，对艺术人类学的理论构建具有重要的意义。

李永祥研究员工作刻苦，具有钻研和创新精神，在科研工作中具有突出贡献，近三年来，他在国家一级刊物上发表了6篇论文，特别是三年内在本学科最高刊物《民族研究》上连续发表5篇论文，在云南省尚属首次。此外，他还在国际著名刊物*Modern China*（美国）、*Int. J. Agricultural Resources, Governance and Ecology*（英国）和国内如《学术探索》、《民族文化论坛》、《中南民族大学学报》等核心期刊上发表了多篇论文，对艺术人类学、医学人类学等进行了深入的研究。他主持参与过很多项目，如人力资源和社会保障部留学人员科技活动择优资助项目、中日合作项目、石林县阿诗玛文化发展史项目等；主持召开了两次具有较高水平的学术讨论会，对当地社会产生了很大的影响。他应邀访问过美国、澳大利亚、日本、泰国等国家，参加过多次国内外学术研讨会，对人类学的学科建设具有一定的贡献。

李兴绪

李兴绪，男，教授，云南财经大学统计与数学学院副院长，兼职云南政协人口与资源环境委员会专家委员，云南财经大学统计学、数量经济学和应用统计专业硕士导师，被天津财经大学和首都经贸大学聘为博士研究生导师。2008年获省中青年学术技术带头人后备人才称号，2010年获云南省政府特殊津贴，2010年获云南省“五一劳动奖章”。

李兴绪主要从事宏观经济统计研究。在《地理学报》、《数量经济技术经济研究》、《统计研究》等重要期刊上发表专业学术论文40余篇，出版学术专著2部，主持完成课题20余项。4项研究成果获“全国统计科学优秀成果三等奖”，3项成果获云南省社科优秀成果三等奖。多项研究成果被云南省各级党委和政府部门采用，产生了巨大的社会效益。

李严锋

李严锋，男，管理学博士，云南财经大学商学院教授、商学院院长，物流管理硕士生导师，教育部全国物流类专业教学指导委员会委员，全国贸易经济研究会常务理事，云南省中青年学术技术带头人，国家社科基金同行评审专家，中国物流学会常务理事，全国高校贸易经济教学研究会常务理事，云南省教学名师，云南省高校学术委员会委员，昆明市政府科学决策专家委员会委员，昆明市西山区政府专家咨询委员会副主任，昆明市百货行业协会副会长，云南省国资委委派云南物流产业集团外部董事。

李严锋主要从事物流与供应链管理、流通经济研究。主要著作有《现代物流管理》、《产业物流与供应链：理论、应用、个案》、《供应链与扩展流通市场研究》、《第三方物流》、《复合型商业业态》、《薪酬管理》、《物流运作管理》、《物流金融》、《物流质量管理》、《物流营销》、《业务流程管理》、《物流网络管理》、《物流采购管理》、《物流产业供应链理论与实践》等，主持国家社科基金项目、教育部人文社科规划课题等10余项省市级课题和“云南省乡村流通工程”、“云南富宁港物流中心规划”、“云南红河物流发展规划”等20余项横向课题研究，发表论文130余篇。主持国家级精品课程、国家第二类特色专业建设，主持云南省名师工作室，主编国家级精品教材，是云南省创新团队带头人、省级教学团队带头人，完成的国家社科基金课题结项优秀，曾获云南省教学成果二等奖、云南省社科成果二等奖、云南省科技进步三等奖、云南省“地矿优秀教师奖”、“红云园丁优秀教师奖”等。

罗宏翔

罗宏翔，男，研究员，云南财经大学区域发展研究所所长，博士，云南省中青年学术和技术带头人，云南省省级重点建设学科区域经济学学科带头人，区域经济学专业硕士研究生导师。兼职有中国城市经济学会副秘书长，云南省区域经济学会副会长兼秘书长，政协云南省第十届委员会经济委员会委员。

罗宏翔主要从事区域经济、城市经济研究，主要成果有：出版《中国小城镇发展研究1949－2002》（高等教育出版社2005年版）等著作6部（包括合著）；在《中国农村经济》、《财贸经济》、《统计研究》、《经济管理》、《中国城市年鉴》、《宏观经济研究》、《人口学刊》、《经济学家》、《经济体制改革》等报纸杂志上发表论文60余篇；主持和参与国家社会科学基金项目课题、省部级哲学社会科学基金项目课题以及其他各级各类课题20余项。研究成果获四川省哲学社会科学优秀成果一等奖1项、三等奖1项，成都市哲学社会科学优秀成果二等奖1项，云南省哲学社会科学优秀成果二等奖1项、三等奖2项。

罗明东

罗明东，男，教育学博士、二级教授，昆明学院副校长，担任全国教育学研究会理事、云南省学术委员会委员、省高级职称评委会委员、社科基金评委、云南省高校师资工作研究会副理事长、云南省高校专业设置评委会委员、云南省高教学会副秘书长等学术机构职务。 2004年被选拔为云南省高校“教育学”学科教学科研带头人，2004年获云南省政府特殊津贴突出贡献专家称号，2006年被选拔为云南省中青年学术技术带头人后备人才，2006年被授予“云南省有突出贡献哲学社会科学专家”称号。2007年被选拔为云南省“四个一批人才”，2007年被授予“云南省优秀教育工作者”称号。2007年被聘为“云南省人民政府督学”。2008年获国务院政府特殊津贴突出贡献专家称号，是国家教育部全国高校本科教学工作水平评估专家。

罗明东教授主要从事高等教育研究，是教育地理学新兴学科的倡导人，在我国首次提出“教育地理学”的概念并开创了这一新兴边缘学科，出版国内外第一部系统研究教育地理学问题的专著《教育地理学》。针对传统学科型教师人才培养模式的不足和基础教育新课程改革的需求，开展了 “综合型”教师教育模式改革研究，创立了“整合式”、“主辅式”等新型师资人才培养模式。针对传统分段式教师人才培养模式的不足和新时期教师教育发展的新需求，创造性地开展了“整合连贯型”师资人才培养模式改革试验。此外，他还在《光明日报》等重要报刊上首次撰文提出大学毕业生就业质量问题、人类社会教育发展三形态论等观点，在国内产生了广泛影响。

主要成果有：主持或参与国家级、省级科研项目11项，出版学术著作、教材共28部，主要有《教育地理学》、《区域教育可持续性发展研究》、《现代中小学教学论》、《比较教育管理学》、《教育学文集》（12卷）、《现代教师教育模式新探索——民族边疆地区“综合型”教师培养模式改革的理论与实践》、《教育技术学基础——现代教学理论与信息技术整合的探索》、《义务教育发展区域均衡系统研究》、《教育学——基础教育原理与应用》、《心理学——基础教育心理学原理与应用》等学术著作、教材27部，翻译出版[美]约翰•D.麦克尼尔著《课程导论》1部。

在国家级、省级公开刊物发表学术论文110余篇，其中50余篇在《光明日报》、《教师教育研究》、《学术探索》、《中国大学教学》、《高等师范教育研究》、《云南师范大学学报》等国家级中文核心刊物上发表。《教师教育模式改革新方向——“整合连贯型”教师教育模式改革的探索》、《教育地理学：一个崭新的研究领域》、《教育中心简论》、《建立教育地理学刍议》、《教育地理学简论》、《校本管理探究》、《人类社会教育发展三形态论》、《家庭学校：一种新的教育形式》、《我国师范大学教师教育“亚制度环境”的探讨》、《高等师范院校教育学科类课程结构整体优化的探索》等16篇文章被《新华文摘》、《全国高等学校文科学报文摘》、《高教研究》、人大复印资料《教育学》、《高等教育》、《地理学》等全文转载或摘要。另外发表翻译学术论文《英才教育》、《改进教科书的研究》等8篇。

教育教学科研成果获教育部、省、厅级奖励20项，其中教育部、省人民政府奖励11项。

骆华松

骆华松，男，博士，教授，云南师范大学旅游与地理科学学院党委书记，区域经济与人口研究所所长，硕士研究生导师。兼任云南省遥感应用技术学会副理事长，云南省地理学会常务理事，云南省人口学会常务理事，云南省区域经济学会常务理事兼副秘书长，云南省性病艾滋病协会理事等。2007年入选云南省中青年学术技术带头人后备人才，2009年入选教育部新世纪优秀人才支持计划，是国家一类特色专业、云南省重点专业、云南省特色专业“地理科学”建设项目负责人，校级精品课程《中国地理》负责人。

近年来，致力于人文地理及其相关领域的研究工作，并在区域合作、人口与人力资源、人地关系与资源环境等人文地理学重要研究领域形成特色，并取得较丰富研究成果。主持国家自然科学基金项目3项，中美NIH国际合作项目、云南省软科学重点项目、云南省“十二五”前期重大招标项目、云南省人口发展战略重大项目等各类项目20余项。参与完成国家863计划、国家自然科学基金项目、国家社会科学基金项目等10余项。以第一作者或通讯作者发表论文近50篇，出版著作《云南艾滋病防治政策研究》、《旅游地质资源与人地关系耦合》2部，参编8部。曾获得云南省自然科学奖二等奖、云南省科技进步三等奖（3次）、全国人口科学优秀成果三等奖、云南省哲学社会科学优秀成果奖一等奖（2次）、云南省优秀教学成果二等奖等奖项。

马 勇

马勇，男，1967年2月生，云南昌宁人，云南省社会科学院经济研究所副所长、研究员，云南省中青年学术技术带头人，云南大学、云南财经大学等五所高校硕士生导师，新华社东南亚南亚报道特聘专家，民盟云南省委经济委员会副主任。自1994年以来，该同志一直从事东南亚与经济研究，在研究中，坚持马列主义、毛泽东思想和邓小平理论，全面贯彻落实科学发展观，紧密结合实际，取得较多有创见性、开拓性的重要研究成果，对推进改革开放、促进两个文明建设作出突出贡献。该同志先后主持和参与10项国家社会科学基金项目研究，协助主持3项云南省省院省校合作项目研究，主持和参与其他项目40多项。合著《中越共建“两廊一圈”与云南的参与》、《中国－东盟自由贸易区建设与云南面向东南亚开放》等著作20部。在《世界经济》、《世界历史》、《当代亚太》《亚太经济》等刊物上发表学术论文100多篇，其中15篇被人大复印资料全文转载。提交国内外较重要学术会议论文20多篇，向国家相关部委和中共云南省委、省人民政府提交较重要咨询报告30多篇，多篇被批示。1篇论文在全国性专业学术会议上获优秀中青年论文一等奖，4项成果分获云南省社科论著一、二、三等奖。

任 佳

任佳，女，博士、研究员。现任云南省社科院/云南省东南亚南亚研究院院长，云南省政协委员，获云南省突出贡献专家、云南省优秀社会科学管理工作者等称号。同时任中国南亚学会副会长、中国亚太学会副会长、云南南亚学会会长。

学科专业为经济学。研究领域为国际经济与国际问题、印度经济和南亚问题、对外开放和区域经济发展问题。主持完成的主要项目有：国家社科基金项目“中国云南与南亚经贸合作战略研究”、省院省校合作项目“中国云南与印度经贸和科教合作研究”、云南省社科基金项目“云南面向周边国家开放与合作研究”、“南亚国情研究”、“构建中国云南沿边开放经济区研究”等。参与完成国务院发展研究中心“中印经贸合作发展前景”、“世界各国产业结构及政策研究”等项目。

出版的主要专著有：《中国云南与南亚经贸合作战略研究》（中国社会科学出版社2009年版）、《印度工业化进程中产业结构的演变》（商务印书馆2007年版），以及“中国—南亚书系”：《南亚国家经贸指南》、《穿越时空的商道——滇印民间贸易研究》、《中国云南与印度：历史、现状与未来》、《中国与印度经贸合作新战略》（云南人民出版社2003年版）等。在《南亚研究》、《南亚研究季刊》、《财贸经济》、《中国金融》、《云南社会科学》、《亚非动态》等核心刊物上发表数十篇学术论文。曾多次获云南省社会科学优秀成果一、二等奖等多种奖项。

在学术交流方面，曾牵头负责主办“中国—印度合作论坛”。多次赴印度、孟加拉国、缅甸、斯里兰卡、尼泊尔等国。组织我院学者与印度前总统座谈交流。主持我院与印度驻华大使及外交官、孟加拉国部长及驻华大使、斯里兰卡外交官、美日地区安全代表团到我院的多个座谈会。参与和组织了“孟中印缅地区经济合作论坛”、 “中国—南盟国际研讨会”、“中国—南亚论坛”、“第三亚欧大陆桥西南通道国际研讨会”、“中国—南亚商务论坛”等重要国际学术会议。

宋光兴

宋光兴，男，管理学博士后，教授，硕士生导师，云南省中青年学术和技术带头人，国家自然科学基金项目同行评议专家。现任九三学社云南省委员会高层政治协商专家咨询委员会委员、政协昆明市第十二届委员会常委、中国软件行业协会系统工程分会理事、中国运筹学会青年工作委员会委员。

2005年获云南省哲学社会科学优秀成果二等奖、云南省科技进步三等奖；2006年被中共云南省委和云南省人民政府授予“云南省教育改革与发展优秀教师”称号；2007年获第二届“昆明市青年科技奖”；2008年获云南省政府特殊津贴；2010年被评为云南省高等学校教学名师；2010年被云南省人民政府授予“云南省中青年学术和技术带头人”称号。

从事决策分析、电子商务、系统工程等方面

的研究，发表学术论文70余篇，主持完成译著《用设计再造企业》、《战略管理和组织动力学》，主持完成国家自然科学基金项目《电子商务环境下的在线信用管理方法研究》、国家社会科学基金项目《电子商务中的信任问题及信任建立途径研究》、政府重大决策咨询课题《富源县共享资源开发成果规划》、云南省发改委“十二五”重大前期研究课题《云南省扩大就业战略研究》、昆明市政府委托项目《昆明市信用体系建设联合征信指标体系研究》等课题20余项。

杨福泉

杨福泉，男，纳西族，博士、研究员（二级）、博士生导师。现任云南省社会科学院副院长、被评选为云南省跨世纪学术技术带头人（第一层次）；入选由国家5个部委联合评选的“中国百千万人才工程”第一层次人才； 2009年获得享受国务院特殊津贴专家称号。杨福泉还先后获得云南省有突出贡献的优秀专业技术人才（一等奖）；云南省“有突出贡献的哲学社会科学专家”称号等。多年来主要致力于民族学、人类学、纳西学和民族文化保护和发展的研究。曾多次应邀赴德国、美国、英国、加拿大、瑞士、瑞典、日本、泰国、越南等国讲学访问。主持过3项国家社科基金研究项目、10多项省级和国际合作研究项目。在国内外学术刊物上发表160多篇学术论文。在中国内陆、中国台湾、中国香港和德国出版了《现代纳西文稿翻译和语法分析》、《纳西族和藏族的历史关系研究》、《玉龙情殇——纳西族的殉情研究》、《多元文化与纳西社会》、《灶与灶神》等30部专著；其独立完成的国家社科基金项目“东巴教通论”在2010年获得优秀等级。个人完成和与人合作的10多项论著先后获中国国家级、省部级优秀论著奖。

杨　林

杨林，男，博士，教授，云南师范大学校长，博士研究生导师，北京师范大学政治与国际关系学院兼职教授。兼任国家教育部本科教学工作水平评估专家、《中国社会科学文摘》编委会委员、云南省高校第六届学术委员会副主任委员、云南省优秀中青年破格评审委员会副主任委员、昆明市智联院首席专家、昆明市五华区人才协会会长等。2007年入选云南省中青年学术技术带头人后备人才，2009年入选教育部新世纪优秀人才支持计划。

杨林教授主要从事人力资源开发与高等教育管理研究。主要著作有《边疆少数民族地区人力资源开发及其可持续发展研究》（人民出版社2008年版）、《欠发达地区人力资源开发与可持续发展研究》（清华大学出版社2005年版）、《人力资源开发与管理》（科学出版社2004年版）、《转型期人力资源配置研究——云南高校毕业生就业市场优化配置实证分析》（云南人民出版社2006年版）等10余部。在《经济研究》、《光明日报》（理论周刊）、《国家教育行政学院学报》、《思想战线》等报刊发表论文40余篇，《综合集成战略：地方高校实现跨越式发展的现实选择》、《民工潮对农村基础教育的影响》等多篇论文曾先后被《新华文摘》、《人大报刊复印资料》等全文转载。学术研究系列成果《边疆少数民族地区人力资源开发及其可持续发展研究》曾获云南省第十二届哲学社会科学优秀成果一等奖。

叶文辉

叶文辉，男，教授，《云南财经大学学报》执行主编，兼职有云南省高校文科学报研究会副会长等。现为云南省级重点学科国民经济学学科带头人，云南省人文社会科学研究基地“云南省财税与公共政策研究基地”首席专家，国民经济学、西方经济学硕士研究生导师，云南财经大学学术委员会委员，中组部西部之光访问学者。2010年获云南省中青年学术技术带头人称号。

叶文辉近年来主要从事公共经济、宏观经济研究。2001年以来，在《光明日报》（理论版）、《中国软科学》、《中国经济史研究》、《财经研究》等期刊发表论文40余篇，其中第一作者在中文核心期刊发表论文24篇、CSSCI来源期刊15篇。有2篇论文被《新华文摘》全文转摘，3篇次论文被《中国社会科学文摘》、《高等学校文科学术文摘》全文转摘，4篇论文被人大复印报刊资料全文转载，7篇论文被国务院发展研究中心信息网（国研网）全文转载。2006年、2004年独立获得云南省哲学社会科学优秀成果一等奖、三等奖各1项，2010年（排名第一）获得云南省哲学社会科学优秀成果三等奖1项，2005年获云南省“第三届张怀渝经济学奖”1项，在高等教育出版社、经济科学出版社各出版专著1部，主持完成国家社会科学基金一般项目1项，参与完成省部级以上科研项目8项。

张 伟

张伟，男，经济学博士、教授，云南财经大学区域发展研究所副所长，硕士生导师，2009年获云南省中青年学术技术带头人称号。兼任云南省区域经济学会副秘书长，云南省国际贸易学会副秘书长，昆明市科学发展决策咨询专家。

张伟主要从事国际经济与区域经济领域的研究和教学工作。研究成果曾经获得云南省哲学社会科学优秀成果奖二等奖（2005年），云南省科学技术三等奖（2006年）。主要成果有：《国际贸易理论与政策》（经济科学出版社1998年版）、《区域经济学概论》（经济科学出版社2003年版）、《后发优势与贸易发展》（中国社会科学出版社2003年版）、区域经济合作研究（西南交通大学出版社2004年版）、《出口增长论》（中国商务出版社2004年版）、《中部崛起论》（经济科学出版社2006年版）等近10项，在《财贸经济》、《投资研究》、《经济评论》、《思想战线》等杂志发表论文40余篇。

郑宝华

郑宝华，男，汉族，生于1964年8月，陆良县人，1985年加入中国共产党；1986年毕业于云南大学，获学士学位；1986—1992年，在省社会科学院农村经济研究所从事科研工作；1994年毕业于国立菲律宾大学，获硕士学位；1994年8月回到省社会科学院农村经济研究所从事科研工作；1995年当选省第七届青年委员；1996年被破格评聘为副研究员；1998年被破格评聘为研究员；2000年被评为省跨世纪中青年学术技术带头人；2005年获省人民政府“有突出贡献专家”称号；2006年起担任省社会科学院农村发展研究所所长；2008年被评为省宣传文化系统“四个一批”

人才。多年来，主要从事农村发展研究工作，在农村发展、扶贫、自然资源开发与管理等方面形成了自己的专长，把国外的许多好的理论和方法引进到国内并结合到自己的研究领域，且取得了较好的效果。先后主持研究项目20多项，其中1项由联合国教科文组织资助；3项由世界银行资助；2项由联合国粮农组织资助；6项国际合作项目；4项省委、省人民政府交办课题；2项省社科规划办项目。参与项目20多项。为欧盟、联合国机构以及其他国际组织提供咨询服务30多次。出版专著及合著10多部，在《中国农村经济》、《经济学研究》、《云南社会科学》、《思想战线》等公开刊物发表学术论文50多篇。

郑晓云

郑晓云，现任云南省社会科学院院长助理、科研处处长，二级研究员，是全国“四个一批”（其中一批名理论家）专家、享受国务院特殊津贴专家。担任国际水历史学会副主席、国家水利部水文化专家委员会副主任等社会兼职，国内外多所大学的客座教授、荣誉教授。郑晓云教授长期致力于生态文化、民族文化及文化认同等领域的研究，在国内外享有较高的知名度。

郑晓云教授是云南省社会科学界中青年学者中发表研究成果层次最高、在国内外著名刊物及出版社发表成果数量最多的学者之一。1993年在中国社会科学出版社出版专著《文化认同与文化变迁》，是中国第一部在这个领域内的第一本专著，出版后受到国内外专家的高度评价。目前出版《全球化背景下的云南与东南亚傣泰族文化多样性》、《最后的长房》、《文化认同论》、《社会资本与农村发展》、《水文化与生态文明》、《全球化与民族文化》等专著与文集。其中三部由中国社会科学出版社出版。越南文版《水文化》越南出版。在《中国社会科学》、《中国社会科学季刊》，及日本有110年历史的著名学刊《国学院杂志》、日本《国立民族学博物馆研究报告》、《日本农业》，德国《泰文化》、泰国朱拉隆功大学《人文学报》及美国、英等国刊物，中国国家级刊物《民族研究》、《社会学研究》、《社会科学战线》等国内外著名学刊物发表论文20余篇，同时在中央及地方刊物发表各种研究论文100余篇。

郑晓云是云南省社会科学界在国际及国内学术界享有较高声誉的学者。近年来50次余次作为访问学者、客座教授、研究人员等前往近20个国家的科研、教学机构从事访问研究、讲学、参会、调研等活动，在国际学术界有一定影响。主办多次重要国际会议，同时主持多项国际合作项目，如中日关于云南环境资源可持续利用项目及中越红河流域民研究项目等。

周智生

周智生，男，纳西族，博士，教授，云南师范大学科研处副处长，硕士研究生导师。兼任云南省纳西学会副会长、云南省史学会和国学会理事。被云南大学、贵州财经大学、重庆工商大学等多所高校聘为特约研究员。2010年获霍英东全国高校青年教师奖。2008年入选云南省中青年学术技术带头人后备人才，2010年入选教育部新世纪优秀人才支持计划。

周智生教授主要从事西南边疆少数民族社会经济发展研究。主要著作有《商人与近代中国西南边疆社会——以滇西北为中心》（中国社会科学出版社2006年版）、《家住长江第一湾的纳西族》（湖北教育出版社2006年版）、《中国云南与印度的历史、现状和未来》（云南人民出版社2006年版）等10余部。在《中国边疆史地研究》、《光明日报》（理论周刊）、《南亚研究》、《中国社会经济史研究》等报刊发表论文50余篇。学术专著《商人与近代中国西南边疆社会——以滇西北为中心》曾获云南省哲学社会科学优秀成果一等奖，学术论文《云南商人与近代滇藏商贸交流》等多篇曾获云南省哲学社会科学优秀成果三等奖。

朱锦余

朱锦余，男，1967年5月出生，1986年6月参加工作。湖南绥宁人，苗族，中共党员，管理学（会计学）博士、留英博士后、会计学教授、硕士研究生导师。1997年、2001年分别破格晋升副教授、教授职称；先后任云南财经大学会计学院副院长、党委书记，现任科研处处长。

朱锦余2006年入选首期财政部全国会计学术带头人后备人才，2002年至今为财政部中国注册会计师审计准则起草专家，2009年至今担任财政部企业内部控制标准委员会咨询专家；系云南省中青年学术和技术带头人（2008），云南省高等学校教学与科研带头人（2009），云南省首批高等学校教学名师（2007），中国会计学高级会员、中国审计学会理事和个人会员，云南省审计学会常务理事兼副会长，云南省内部审计协会常务理事兼副会长，云南省审计厅外聘审计专家。

主要从事会计、审计、财务管理教学和研究，累计科研成果400万字。先后在《会计研究》、《审计研究》等公开发表论文100多篇；出版《注册会计师执业报告研究》（高等教育出版社2005年版）、《企业会计信用评价与管理》（经济科学出版社2007年版）、《注册会计师法律制度研究》（法律出版社2009年版）等专著，主编《新旧会计制度比较与案例》（中华工商联合出版社2001年版）、《经济责任审计》（东北财经大学出版社2002年版）、《会计报表审计案例》（高等教育出版社2004年版）、《审计》（东北财经大学出版社2004、2007年版）、《审计学》（高等教育出版社2006年版）、《现代内部审计：法规、理论与操作实务》（中国时代经济出版社2006年版）、《企业合同风险管理与内部控制》（大连出版社2010年版）等教材10多本，参编《基础会计学会》（云南人民出版社1994、1996年版）、《审计理论与实务》（云南科技出版社1996年版）、《外商投资企业会计》（云南人民出版社1998年版）、《审计与鉴证服务》（高等教育出版社2007年版）等教材10部，主译《公司舞弊手册：检查与防范（第二版）》（东北财经大学出版社2010年版），参译《审计与保证服务：整合法》（东北财经大学出版社2005年版）；主持完成财政部重点会计研究课题和云南省科技厅软科学项目等省部级课题6项，参与完成国家级和省部级课题多项；正在主持或参与的国家社科基金项目（10XJY006）、省部级课题多项；多次参与起草制定中国注册会计师审计准则与指南多项；论文、专著获云南省哲学社会科学优秀成果奖二等奖1次（2006年）、三等奖4次（2001年、2004年、2008年、2010年），论文中国会计学会优秀论文奖4次，主编的教材云南省高等学校教学成果二等奖1次（2005年），获审计署优秀研究报告二等奖1次（2010年）、论文或研究报告中国内部审计协会优秀论文奖5次。当前主要研究领域：资本市场中的会计与审计问题、舞弊审计、企业风险管理与内部控制等。

具有中国注册会计师和中国注册资产评估师资格，兼职从事过注册会计师业务和注册资产评估师业务，具有较丰富的企业会计与财务管理、审计和资产评估实务经验。

（云南省社科联　李春）

社科活动

年鉴

2008—2010

2008—2010年云南社科活动

一、2008年

（一）国内学术活动

2008年1月普洱市社科联启动了普洱市第二次（2006—2007年度）哲学社会科学优秀成果评奖工作。此次评奖共收到符合条件的申报成果73项，根据《评奖实施细则》，经过专家评审组评审，市评审委员会审定，报市人民政府审批，共评出普洱市第二次哲学社会科学优秀成果奖35项，其中著作类二等奖1项，三等奖1项；论文类（含调查报告）一等奖3项，二等奖10项，三等奖20项。12月19日上午，普洱市社科联在思茅召开“普洱市第二次哲学社会科学优秀成果表彰大会”，共110多人参加了会议。

2008年4月28日，云南省延安精神研究会在昆明召开“学习十七大文件，弘扬延安精神”理论研讨会，100多人参加了会议。

2008年5月10日，由中共中央党校、中国社会科学院、中共云南省委主办，中共云南省委宣传部、中共云南省委党校、中共保山市委承办的“艾思奇哲学思想与中国化最新成果研讨会”在保山市腾冲县召开，120人参会，参会论文60多篇。

2008年5月17日，云南省粮食经济学会与云南省粮食局、昆明市粮食局、昆明市粮食行业协会在省科技馆共同举办了“粮食科技周活动”，主题是：提倡科学膳食，推动工业化。

2008年5月，云南省科技厅、云南省委宣传部、云南省科协、云南省社科联，五华、西山、官渡、盘龙区科技局、教育局、科协、五华区少年宫、昆明第二中学主办，云南省青少年思想道德教育研究会在昆明承办了云南省科技活动周《科学在我身边》青少年科普系列活动，共有52所中、小学校参加了活动，直接受益的学生近5万人。

2008年5月到12月，文山州社科联在全州范围内广泛开展了“纪念改革开放30周年有奖征文活动”。此次活动共收到论文286篇，评出特等奖10篇，一等奖25篇，二等奖35篇，三等奖60篇。并于2008年12月15日在全州开展了“纪念改革开放30周年理论研讨会”，研讨会共收到论文121篇，评出一等奖5篇，二等奖10篇，三等奖20篇。

2008年7月3日，由云南大学、云南财经大学、云南师范大学、云南省社科院、云南民族大学、昆明理工大学联合发起主办的 “第三届云南论坛” 在云南大学举行，会议以“云南经济：模式、能力、质量”为主题，有80余人参会。

2008年7月5至6日，由中国人民大学经济法学研究中心、昆明理工大学、北京市经济法学会、上海市法学会经济法研究会四家单位主办的“第三届中国经济法治论坛”在昆明银天大酒店举行，论坛的主题有两个：一是“改革开放30年与中国经济法”，主要在改革开放30年的大背景下讨论中国经济法的作用，总结存在的问题，展望其未来的发展；二是“湄公河区域经济合作法律问题”，就该区域经济合作与发展中的经济法问题进行研究。

2008年7月11日，由云南师范大学与中国历史唯物主义学会联合举办的“历史唯物主义与改革开放三十年的伟大历史进程”全国理论研讨会召开。

2008年7月，云南会展经济研究会承办的“中国法国文学研究会年会暨法国女作家波伏瓦作品研讨会”召开，有40人参会。

2008年9月5日，云南省保险学会在昆明举办了“巨灾与保险论坛”，推荐了7位优秀论文作者在论坛上进行观点宣讲并同与会者进行讨论。

2008年9月20日~21日。由云南省教育学会和昆明滇池国家旅游度假区管委会主办、昆明滇池度假区实验学校承办的“云南省中小学校长论坛”在昆明召开。来自全省的300余名中小学校长与国内知名专家围绕“教育家办学”、“校长能否成为教育家”、“校长怎样成为教育家”等话题展开讨论。

2008年9月23~25日，云南省审计学会在个旧市召开2008年度全省审计理论研讨会，共收到“风险导向审计在风险管理中的运用”、“环境效益审计”、“财政资金效益审计”三个主题的论文90篇。经论文评审委员会在研讨会上进行最终审定，共评出一等奖5篇，二等奖10篇，三等奖15篇，优秀论文30篇。

2008年9月27日，由云南财经大学、中国社会科学院马克思主义研究院和上海财经大学马克思主义研究学院、经济学院三家共同举办的“第二届全国现代政治经济学数理分析研讨会”在云南财经大学召开，有40人参会。

2008年10月18日，云南师范大学和《经济研究》杂志社共同举办“经济全球化与东南亚区域经济合作论坛”，本次论坛以“经济全球化与东南亚区域经济合作”为主题，400余人参会。

2008年10月20日，玉溪市“古滇国文化研究会第三次学术研讨会”在澄江举行，40余人参会，会后编辑出版了《古滇国文化研究文集》第三辑。

2008年10月24~26日，云南师范大学举行“第八届冯友兰全国学术研讨会”，主题为“旧邦新命：冯友兰与西南联大”，省内外学者共40余人参会。

2008年10月26日，云南师范大学举行“汉语国际推广与汉语研究”学术报告会，围绕“汉语国际推广与汉语研究”主题分别作出专题演讲。

2008年10月30日，由云南大学举办的“土地法研讨会”在云南大学科学馆举办，研讨会以党的十七届三中全会通过的《中共中央关于推进农村改革发展若干重大问题的决定》以及《中华人民共和国土地管理法》的修改为背景，在对土地问题调查的基础上，就我国土地立法、执法、司法、法律援助、监督检查等问题展开了全面、深入的讨论。

2008年11月26日，楚雄州社科联组织召开“全州纪念改革开放30周年理论讨论会”。

2008年11月27日，普洱市委在思茅召开“纪念改革开放30周年理论研讨会”，共150多人出席了研讨会。

2008年12月4日，德宏州社科联在瑞丽市举办“中国云南（德宏）与缅甸经贸合作暨中国·瑞丽珠宝文化发展研讨会”，论坛的主题是“挖掘珠宝翡翠文化内涵、推进中缅经贸和谐发展”。

2008年12月8日，省委依法治省办、省司法厅、省法学会在昆明联合召开“云南省纪念改革开放30周年民主法制建设理论研讨会”。

2008年12月22日，云南省领导科学决策研究会会员大会举行，并以“践行宗旨，改善民生”为主题，进行论文交流和大会发言，有146人参会，收到论文68篇。

2008年12月13~14日，云南省科学社会主义学会和红河卷烟厂联合召开“纪念中国改革开放30周年座谈会——中国特色社会主义理论与实践创新研究”。

2008年，怒江州社科联组织参与“全省纪念改革开放30周年理论研讨会理论文章征集活动”，共征集论文45篇，通过精选报送省委宣传部6篇，其中有2篇入选云南省纪念改革开放30周年理论研讨会。

2008年，文山州社科联与中共文山州委宣传部联合举办开展“成就文山、辉煌文山五十年有奖征文活动”，共收到论文368篇，评出特等奖5篇、一等奖10篇、二等奖15篇、三等奖25篇。

（二）国际交流活动

2008年3月3~5日，由美国斯坦利基金会、外交部下属的中国国际问题研究所和云南大学联合举办的“世纪之初的亚洲区域合作机制与框架：东南亚新动力”国际学术研讨会在昆明翠湖宾馆举行，本次会议，有来自中国、美国、日本、印度、马来西亚、新加坡、菲律宾、越南、柬埔寨等国家的30余人参会。

2008年4月15日，由云南省社会科学院（暨云南省东南亚南亚研究院）、云南省社科院南亚研究所、云南省南亚学会、巴基斯坦政策研究所和四川大学南亚研究所共同举办的“新形势下的中巴经贸合作”国际学术会议在昆明召开，会议主要议题为“中巴经贸合作的现状与展望；中巴经贸合作面临的挑战和机遇；中国西南地区与巴基斯坦经贸合作”，参会人员50人，收到论文14篇。

2008年9月2~4日，由云南大学和日本国立民族博物馆共同主办的“中国边境民族的迁徙、交流和文化动态”中日国际学术研讨会在云南大学举行，有30余人参会。

二、2009年

（一）国内学术活动

2009年1月8日，云南省南亚学会“2008年度年会暨南亚形势学术研讨会”在云南省社科院举行，会议主题为“南亚形势发展与云南对外开放”，40多人参会。

2009年1月12日，云南省社科联、云南省中华传统道德研究会召开了以“弘扬中华传统美德、学习实践科学发展观”为主题的学术研讨会。

2009年2月，云南省统计学会组织了“全省统计优秀论文（2007—2008）评选活动”，共有85篇（项）获奖，其中一等奖8篇（项），二等奖15篇（项），三等奖32篇（项），纪念奖30篇（项）。同时，有7个单位、部门被评为论文组织推荐先进单位。

2009年3月15～18日，红河州委宣传部、红河州社科联、红河州梯田管理局组织省内外多学科专家深入到元阳，就哈尼梯田申报世界文化遗产工作作专题调研。

2009年4月9日至10日，德宏州社科联组织州级社科专家、学者共40余人，参加了由云南省傣学会、德宏州人民政府举办的“首届刀安仁革命思想学术研讨会”。研讨会共收到论文94篇，编印大型文集“话说盈江”刀安仁专辑等有较高的学术研究价值的论文集。

2009年4月30日，云南师范大学主办了“高校文科学报改革与特色栏目建设主编论坛”，围绕“高校文科学报改革的走向、《云南师范大学学报》特色栏目建设的成效以及相关建议”等主题进行研讨。

2009年5月11日，云南省纪检监察学会在昆明清源宾馆召开了第三届理事会第二次会议暨“云南特点反腐倡廉建设论坛”，共收到论文130多篇。

2009年5月16日，云南省2009年科技活动周在宣威市举办，曲靖市社科联协助云南省社科联对科技活动内容和形式进行详细的部署和安排。

2009年5月，云南省青少年思想道德教育研究会在昆明承办了云南省科技活动周《科学在我身边》青少年科普系列活动。

2009年5月30日至6月1日，由中国自然辩证法研究会科学技术与工程伦理专业委员会和昆明理工大学共同主办的“全国第二届科学技术与工程伦理学术研讨会”在昆明召开，会议主题是“利益、风险与工程伦理”，会议共收到论文48篇，有80余人参会。

2009年6月，由省广播电视学会组织汇编的论文集《论与思》正式出版发行，该书由云南出版集团、云南人民出版社出版发行，主要收录云南省广播电视学会秘书长杨宏同志于1997年至2008年发表于广播电视理论期刊《云岭声屏》“卷首语”栏目的文章。全书共281页，16.7万字，共收录130篇文章。

2009年7月9～11日，由云南省保险行业协会、云南省保险学会等单位承办的“第六届中国保险精英圆桌大会”在昆明国际会展中心召开，会议主题为“绿色赢销新境界”。

2009年7月27～31日，由云南大学承办的“国际人类学与民族学联合会第十六届大会”在云南大学召开。本次大会有来自100多个国家和地区的4000多位人类学民族学专家学者参加，大会共收到5000多篇学术论文，通过了《昆明宣言》，各国与会学者围绕“人类、发展与文化多样性”的主题，就国际社会和学界广泛关注的一些重大问题达成了共识。

2009年7月20～23日，由国际汉语应用写作学会主办，昆明理工大学社会科学学院人文素质教育中心承办的“第十届现代应用文国际研讨会”召开，会议主题为“第十届现代应用文国际研讨会——全球一体化、信息化高速发展的新形势下，大力推进汉语应用文写作理论和教学改革与创新”，会议收到论文96篇，专著、教材59种，120多人参会。

2009年7月28日和12月7日，云南省纪检监察学会先后分别在保山市、昆明市召开了滇西片、滇东滇南片州市纪检监察学会负责人参加的“关于农村基层党风廉政建设问题”研讨会，共40多人参加了会议。

2009年7月，中央党校科学社会主义教研部、中央党校社会发展研究所、中共云南省委党校和云南省科学社会主义学会共同主办了“全国党校系统中国特色社会主义理论体系研讨会”，80多人参会，收到论文40多篇。

2009年8月3～6日，由中国法学环会境资源法学分会和昆明理工大学联合主办的“中国法学会环境资源法学研究会第三次会员代表大会暨2009年全国学术研讨会”在昆召开，260余位专家学者参加会议。

2009年8月6～7日，云南省延安精神研究会和中共云南省委农村工作领导小组办公室，召开了“云南省延安精神进农村首次经验交流会”，出席会议的代表有130多位，提交的论文和经验交流材料有68篇，有14位同志在大会上作了交流发言。

2009年8月11日，由云南师范大学和中国香港城市大学联合主办的第二届“中华青年新闻传播学者论坛”在云南师范大学举行，共有来自全国10所高校的20余位青年教师参与此次论坛。

2009年8月24～26日，由广东、云南两省学位委员会办公室主办，暨南大学、昆明理工大学承办的“广东云南两省经济管理类研究生学术论坛”召开，论坛围绕“金融海啸与中国经济发展”为主题共征集博士生、硕士生论文218篇，入选论文共132篇，评选出优秀论文55篇。

2009年9月18日，玉溪市社科联组织召开玉溪市社科界庆祝新中国成立60周年座谈会，大会围绕“坚持中国特色社会主义道路，实现中华民族伟大复兴”的主题召开。

2009年9月19～20日，云南省科学社会主义学会与大理学院联合召开“新中国60年科学社会主义理论发展历史经验研讨会”。

2009年9月20～23日，云南省审计学会在保山市腾冲县召开全省“2009年度审计理论研讨会”，共收到论文125篇。按照评审程序，最终经论文评审委员会议进行审定，共评出一等奖6篇，二等奖12篇，三等奖34篇，组织工作优秀奖7个。

2009年9月26～28日，红河州社科联（院）与云南省社科院共同承办的“中国中外关系史学会第七届会员代表大会暨中国与周边国家关系学术研讨会”在红河州蒙自市召开。

2009年11月7～17日，文山州社科联与文山州明德国学促进会在文山会堂举办“文山州首届弘扬优秀传统文化、构建和谐社会”为主题的国学论坛。在会期间邀请中国台湾国学专家林凯聿在文山文化大厦多功能厅讲授国学专题讲座。

2009年10月20日，文山州社科联与文山州民族美食研究会于联合举办了“中国文山第五届民族美食节”。

2009年10月25日，玉溪市社科联、玉溪市古滇国文化研究会在江川宾馆召开第四次学术研讨会。70余人参会，收到论文36篇，会后汇集出版《古滇国文化研究文集》第四集。

2009年11月9日，德宏州社科联与德宏州委宣传部共同组织召开“德宏州宣传文化理论社科界学习贯彻党的十七届四中全会精神理论研讨会”。

2009年11月19～20日，由云南省纪检监察学会主办、四川省纪检监察学会承办，在成都市召开了中国监察学会西南学联组2009年学术交流联谊会，共有34人参加了会议，共报送调研成果（论文）25篇。

2009年11月24日，云南省“第三届社科学术年会南亚专场暨云南省南亚学会年会”在云南省社会科学院举行，本次会议的主题为“新形势下的中国（云南）与南亚地区合作”。

2009年11月28日，云南省领导科学决策研究会会员大会举行，并以“保增长、保民生、保稳定”为主题，进行论文交流和大会发言，有92人参会，收到论文51篇。

2009年12月12～13日，云南省区域经济学会2009年年会暨滇西经济发展论坛在下关举行，收到学术论文63篇，到会人员140余人。

2009年12月28日，省委宣传部、省委高校工委组织的“云南省高校社会主义核心价值体系建设座谈会”昆明召开，220余人参加了会议。

2009年，文山州社科联举行“文山州首届社科专家都龙行”活动。

（二）国际交流活动

2009年8月18～20日，由世界汉语教学学会主办、云南师范大学协办的世界汉语教学学会第八届常务理事会第二次全体会议暨第八届理事会第二次全体会议在昆明召开。来自北京师范大学、香港大学等30家国内和美国、俄国、突尼斯等18家国外汉语教学机构的专家学者参与。

2009年8月18～20日，由中国法学会刑法学研究会、北京师范大学刑事法律科学院主办，云南省高级人民法院、云南省人民检察院、昆明理工大学法学院、高铭暄刑法学发展基金协办的第七届中韩刑法学术研讨会在昆明滇池温泉国际花园大酒店隆重举行，会议主题为“刑法的修正与发展”，共计50余位中韩专家学者参加了此次研讨会。

三、2010年

（一）国内学术活动

2010年3月25日，中央宣传部、中央党校、中共云南省委在北京召开“纪念艾思奇同志诞辰100周年暨推进当代中国马克思主义大众化”座谈会；2010年4月2日，中共云南省委宣传部、保山市委、腾冲县委在腾冲隆重举行“艾思奇同志诞辰100周年纪念大会”，600多人参加了纪念活动。

2010年3月30日～4月3日，云南师范大学、华东师范大学教育部人文社会科学重点研究基地联合主办的“第二届中国贫困民族地区农村教育研讨会”在云南昆明和临沧召开，会议主题是“教育的公平与均衡”。

2010年4月20～21日，由西双版纳州政府和云南大学合办，云南大学贝叶文化研究中心、西双版纳贝叶文化研究中心承办的“首届国际贝叶文化研讨会”在景洪市召开，100余人参加了这次盛会，会议收到80多篇论文。

2010年6月24日，云南财经大学和《民族研究》杂志社联合主办的“应用人类学最新发展和在中国的实践”在昆明召开，会议的主题是“国内外应用人类学研究发展历程与趋势、学科研究理论与方法、中国的经验与实践”，会议有50人参加，收到学术论文20余篇。

2010年7月26日，由云南省人民政府主办的“昆明泛亚文化传媒合作大通道建设高层会议”在昆明召开，会议围绕“泛亚文化传媒合作的现状与展望”、“泛亚文化传媒合作的连通性与便利化”和“泛亚国家文化贸易合作区的建设和文化产业市场化”等议题展开了讨论，有180余人参会。

2010年8月6～7日，云南财经大学、清华大学社会学系、香港科技大学社会科学部、中国台湾东海大学社会学系联合主办的“当代华人社会的转变：延续与变迁”学术会议在昆明召开，会议主要讨论“中国大陆、香港、台湾这三个社会在过去三十年来的转变”，30人参会，收到学术论文15篇。

2010年9月24～25日，由中华外国经济学说研究会、云南财经大学共同主办的“中华外国经济学说研究会第18次学术研讨会暨外国经济学说与中国模式研讨会”在云南财经大学举行，会议以“坚持马克思主义为指导，以外国经济学说与中国模式为”主题，会议有120人参加。

2010年10月8～9日，云南省延安精神研究会和云南省教育厅主办、云南农业大学承办的“全省第七次用延安精神办学育人工作经验交流会”在昆召开，会议收到论文144篇。

2010年10月11～13日，云南省档案学会在文山州文山县召开“2010年档案学术研讨会”，会议主题为“档案信息化建设和档案工作‘三个体系’建设”。

2010年10月16日，云南省粮食经济学会与省粮食局，昆明市粮食局在昆明市南屏街口广场举办“世界粮食日”宣传活动，主题是：宣传粮食行业爱粮节粮自律公约年。

2010年10月23日，玉溪市古滇国文化研究会第五次学术研讨会在澄江举行，收到论文46篇，会后组织编辑《古滇国文化研究论文集》第五集。

2010年10月27~28日，云南省审计学会在安宁市召开“2010年度审计理论研讨会暨经验交流会”，共收到论文132篇，评出一等奖9篇，二等奖12篇，三等奖20篇，优秀奖33篇，组织工作优秀奖4个。

2010年10月29日~11月3日，云南省法学会协助组织开展“百名法学家百场报告会”活动。

2010年11月1日~5日，云南省地质经济学会在云南西双版纳主办了“西南片地质经济网学术年会和局长峰会”，会议围绕“地质队伍企业化方向及地质找矿行动”等议题讨论，110人参会。

2010年11月5～7日，由云南省民族学会苗学研究会主办，文山州苗学发展研究会具体承办的2010年“中国·西部苗学发展”学术研讨会在文山成功召开，收到论文39篇。

2010年11月12日，由民盟云南省委和云南大学共同主办的“费孝通与云南——纪念费孝通先生诞辰一百周年”座谈会在云南大学科学馆举行。

2010年11月15～17日，由国家体育总局体育文化发展中心和中国体育科学学会体育史分会联合主办，云南师范大学承办“2010年全国民族传统体育学术大会”在云南师范大学举行。会议主题为“传承·创新·发展——民族传统体育的历史与未来”，200多人参会。

2010年11月19～20日，由昆明理工大学承办的“2010年云南省哲学学会年会暨人文·生态与新农村建设”研讨会在墨江县举办，大会收到论文155篇，共有145人参会。

2010年11月27～28日，云南省区域经济学会以“桥头堡建设暨滇南经济发展”为主题，在蒙自召开研讨会。

2010年12月1日，由云南大学禁毒防艾研究中心承办的“人文社会科学领域毒品、艾滋病问题学术研讨会”在云南大学召开，50余人参会，提交论文40余篇。

2010年12月7日，由红河州委、红河州人民政府主办，红河州委宣传部、红河州社科联承办的“桥头堡建设，红河怎么办”论坛在蒙自市举办，论坛共收到论文共113篇。

2010年12月3日，由云南大学、云南财经大学、云南师范大学、云南省社科院、云南民族大学、昆明理工大学联合发起主办的第五届“云南论坛”在昆明理工大学举行，论坛以“科技·产业·创新——‘两强一堡’战略与云南可持续发展”为主题，共征集160余篇论文。

2010年12月17日上午，云南省社科院在社科院会议室主办了“第十五次全国社科院系统图书馆馆长协作及学术研讨会”，有60多人参会。

2010年12月17～19日，云南省语言学会召开“2010云南语言学高层论坛”，会议主题为“语言学学科调整与学科建设”。

2010年12月25日，由昭通市委宣传部、昭通市社科联主办的“昭通市首届社科学术年会·富民强市跨越发展战略论坛”在昭通召开，共130多人参会，征集到152篇征文。

2010年12月17日，云南省社科院举办“全国地方社科院智库建设座谈会”，就“智库”建设中的难点问题进行座谈。

2010年，云南中华周易研究会在云南大学和曲靖开办“中华易学讲坛”，举行了学术报告会。

（二）国际交流活动

2010年1月14～15日，由云南省对外文化交流协会、云南省社会科学院（云南省东南亚南亚研究院）主办的“中国（云南）——印度合作论坛”国际研讨会在云南省社会科学院召开，论坛主题为“国际金融危机下的中印合作”，共80余人参加了论坛。

2010年1月22～23日，由云南大学与新加坡国立大学东亚研究所、云南卫视新视野栏目联合举办了首届“西南论坛”，会议期间，与会学者围绕“后金融危机时期的中国与世界”的主题，就“金融危机爆发后中国与世界的政治、经济、安全关系”、“把云南建设成为中国面向西南开放的重要桥头堡”、“新形势下中国西南与东南亚的区域合作”、“中国西南与南亚的区域合作及其与东南亚的比较”等四个主要议题进行了深入的讨论。

2010年7月19日，云南财经大学、美国宾夕法尼亚州立大学联合举办的“2010计算经济与统计学术研讨会”在昆明召开，80多人参会。

2010年7月27日至28日，云南师范大学主办的“中国—加拿大民族与文化多元性比较研究双边学术会议”召开。会议的主议题为“中国—加拿大民族与文化多元性比较研究”。

2010年8月8日，由云南师范大学、华东师范大学国际汉语教师研修基地和新疆师范大学国际文化交流学院共同主办的 “首届区域化汉语国际教育论坛”在云南师范大学召开，来自日本、韩国、新加坡、美国、中国大陆及台湾地区的60多位专家学者及云南师范大学300多位师生出席了本次大会，共收到55篇论文。

2010年10月14日，由中国教育部和云南省政府主办，云南省教育厅和云南大学承办的“东亚峰会高等教育合作论坛在昆明”召开，与会代表来自包括中国、文莱、柬埔寨、印度尼西亚、老挝、马来西亚、缅甸、菲律宾、新加坡、泰国、澳大利亚、印度、日本、韩国、新西兰在内的15个东亚峰会成员国共150余人出席了会议，论坛通过了《东亚峰会高等教育合作论坛会议纪要》。

2010年10月25日，云南行政学院与俄罗斯国家行政学院弗拉基米尔分院联合召开“中俄政府绩效评估国际学术研讨会”，会议围绕“政府绩效评估”的主题进行讨论，会前以中俄两种文字正式出版了论文集，论文集共收集论文19篇，中方14篇，俄方5篇。

（云南师范大学科研处　梁子卿
云南大学科研处　杨毅）

云南省社会科学学术年会

云南省社会科学学术年会，是中共云南省委宣传部、云南省社会科学界联合会为深入贯彻落实中央和省委关于进一步繁荣发展哲学社会科学的精神，更好地发挥哲学社会科学“认识世界、传承文明、创新理论、咨政育人、服务社会”功能而创办的全省社会科学界最高层次和最具权威的学术平台，是与“云南省社科专家基层行”、“云岭大讲堂”并列为我省社科界着力打造的“三大品牌”工作之一。

学术年会旨在聚焦经典学术，推动学术创新，推出最新学术成果；展现学人风采，培育高水平人才；积极营造公正、开放、活跃、民主的学术氛围。充分展示我省学术文化的魅力，促进我省社科界的广泛交流和合作，为我省哲学社会科学界构筑多学科、高层次、权威性、品牌化的学术文化公共平台，成为云南省哲学社会科学界标志性的学术盛会。

云南省学术年会始办于2007年，每年一届，于每年11~12月举行，由一个主场活动（学术年会大会、专家咨询座谈会）、若干个专场活动（学科专场研讨会）组成。每届学术年会根据云南省经济、政治、文化和社会发展中的重大理论和实际问题以及学术前沿问题确定一个主题，围绕主题，从不同学科、不同层面开展研究，进行学术交流。围绕主题面向社会公开征集论文，对应征论文经由专家评审后择优收编成册公开出版。为充分发挥哲学社科界“思想库”、“智囊团”作用，年会中还将举办专家咨询座谈会。座谈会主办者组织省内外专家就省委、省政府关注的经济、政治、文化、社会发展等热点、难点问题进行先期研究，以座谈会形式与省委、省政府领导及有关部门进行面对面的研讨，积极为党委、政府进行科学决策提供有效服务。

第一届云南省社会科学学术年会于2007年10月9~30日举办。本届社科学术年会是在省委宣传部领导下，由省社科联主办，云南大学、云南民族大学、云南财经大学和省委党校承办。本届学术年会主题为“全面贯彻落实科学发展观，建设富裕民主文明开放和谐云南”，对全面建设小康社会关键时期，经济社会发展的理论与实际问题进行了深入研讨，力争产生具有重大理论创新意义和实际应用价值的研究成果，促进云南边疆社会主义和谐社会建设。云南大学举行了“科学发展观与构建和谐社会”专场，云南民族大学举行了“科学发展观与民族团结，边疆稳定”专场，云南财经大学举行了“科学发展观与建设社会主义新农村”专场，云南省委党校举行了“科学发展观与党的执政能力建设”专场。

本届年会10月30日下午召开了专家咨询会，邀请了12位社科专家，围绕省委省政府提出的建设富裕民主文明开放和谐云南的奋斗目标，与省委省政府及相关职能部门的领导进行咨询座谈。

共收到论文100余篇，编辑出版论文集1本。

第二届云南省社会科学学术年会于2008年12月15日~22日举办。本届年会本届学术年会由中共云南省委宣传部、云南省社科联主办，以“解放思想，科学发展”为主题。设一个主场，四个专场，分别为省社科联主场，昆明理工大学“人文社会科技交融与科学发展”、云南省社会科学院“东南亚与南亚研究与云南对外开放”、云南师范大学“边疆民族文化与科学发展”和大理学院“解放思想，科学发展，提高高校服务地方经济社会发展的能力”专场。

16日上午召开了专家咨询座谈会，邀请了18位专家就工业、农业、环保、金融、对外开放和文化、教育、体育及应急管理等问题与省级有关部门领导进行座谈。会后编印专家咨询建议1册。

本届年会收到论文190篇，遴选出61篇汇编成册公开出版。省社科院、昆明理工大学和云南师范大学各出1本年会专场文集，共计4本。

第三届云南省社会科学学术年会于2009年11月18~26日举办。本届学术年会由中共云南省委宣传部、云南省社科联主办，主题为“云南六十年：理论与实践创新”。云南财经大学、西南林学院、云南警官学院、红河学院、省科学社会主义学会、省高等教育学会以及省南亚学会协办。设一个主场，七个专场，专场分别是云南财经大学的“金融危机与促进经济增长”专场、西南林学院的“生态文明与可持续发展”专场、云南警官学院的“和谐社会构建与边疆稳定”专场、红河学院的“云南面向东南亚对外开放战略”专场、省科学社会主义学会的“中国特色社会主义理论体系有关问题”专场、省高教学会的“青年学人的成长之路”专场以及省南亚学会的“新形势下的中国（云南）下南亚地区合作”专场。本届学术年会紧紧抓住中国特色社会主义理论这条主线，重点对60年来我省哲学社会科学的成就和改革开放的历史经验、重大作用和发展规律进行深入研讨，推出了一批较高层次的理论和实际工作研究成果，较好地展示了我省社科人才风采，在社会上产生了极大的反响。

12月26日上午，召开了专家咨询座谈会。座谈会遴选了我省6位知名专家学者就“云南非公经济发展现状、问题及对策”、“云南社会主义新农村建设的基本内涵、目标和实现途径”、“高校社会主义核心价值体系建设”、“民族文化强省建设的内涵与途径”、“进一步加强云南边疆民族地区社会稳定发展研究”和“云南省推进公共服务均等化的若干问题”等6个专题与邀请到会的省委办公厅、省委宣传部、省政府研究室、省委高校工委、省文化厅、省发改委、省财政厅、省文产办、省民委、省农业厅等部门领导进行面对面的交流。会后编印专家咨询建议1册。

本届年会主场、专场收到应征文章600余篇，其中主场收到235篇，评选出75篇论文收编《云南60年：理论与实践创新》一书，由云南大学出版社出版发行，另有77篇入选《学术探索》增刊。还有云南财经大学、省高教学会、省南亚学会各公开出版1本专场文集，共计4本。

第四届云南省社会科学学术年会于2010年11月9日~12月7日举办。本届年会由中共云南省委宣传部、省社科联主办，主题为“中国面向西南开放桥头堡：机遇与发展”。设一个主场、五个专场，由云南财经大学、云南省物流与采购联合会、云南省社会科学院、中共德宏州委宣传部、德宏州社科联、中共西双版纳州委宣传部、西双版纳州社科联、磨憨经济开发区、中共红河州委、红河州人民政府、中共红河州委宣传部、红河州社科联协办。分别在昆明、红河、西双版纳、德宏四地举行。六场学术活动，紧紧围绕主题，进一步动员整合了我省哲学社会科学界力量，对桥头堡战略的内涵与外延展开全方位的研究与探讨。通过开展丰富多彩、形式各异的学术活动，在社会上积极营造起了一个研究、宣传桥头堡战略的氛围，有力地推动了省委、省政府这一重大战略的实施。

11月19日召开了专家咨询座谈会。本次咨询会围绕中心议题，邀请了6位专家学者与会，就桥头堡战略建设中所面临的总体认识、文化、生态、物流、禁毒、高等教育国际化及中缅油气管道建设等问题与到会的省人大常委会杨保健副主任，省人大常委会原副主任、省社科联主席王义明、省政协副主席陈勋儒，及省委办公厅、省委宣传部、省委政法委、省发展和改革委员会、省工业和信息委员会、省公安厅禁毒局、省交通运输厅、省商务厅、省外办、省政府研究室、云天化集团有限公司和云南物流产业集团有限公司部门领导进行座谈交流。会后编印专家咨询建议1册。

本届年会收到论文来稿181篇，经评审遴选出76篇汇编成册公开出版。另有云南财经大学物流专场、西双版纳专场公开出版各1册，德宏专场内部编印1册，共计4本（册）。

（云南省社科联　李春）

云南省社会科学专家基层行

社科专家大理行

2008年5月15日至5月22日，云南省委宣传部、大理州委州政府、云南省社会科学界联合会联合举办了“云南省社会科学专家大理行”调研活动。本次活动的主题为“解放思想，实事求是，总结大理发展经验，破解大理经济社会发展难题”。54名来自省、州的社科专家分东、西、中三条线路对大理州12个县市进行调研，并举办“大理州经济社会发展高端论坛”，出版了53万字的《社科专家话大理》调研成果论文集，编辑《大理经济社会发展高端论坛专家咨询建议》并报送有关部门，《云南日报》等媒体对此次活动作了报道。

社科专家元阳行

2009年3月14日至3月18日，云南省社会科学界联合会主办，中共红河州委、红河州委宣传部、红河州社会科学界联合会、红河州哈尼梯田管理局、中共元阳县委、元阳县人民政府、中共攀枝花乡党委、政府协办了主题为“以科学发展观为指导，进一步推动红河哈尼梯田申报世界文化景观遗产工作，最终促进红河哈尼梯田申遗核心区及其相关地区的经济社会可持续发展”调研活动。来自国家、省哲学社会科学界、自然科学界和实际工作部门的12名专家学者，到哈尼族、彝族村寨及梯田景区调研考察，并深入申遗核心区进行集中专题调研活动。在元阳县和红河州召开了专题调研会和调研反馈交流会，编辑形成了6万余字的《专家建议书》，新华社云南分社、《云南日报》、云南电视台、云南人民广播电台、《春城晚报》、红河州电视台、《红河日报》等新闻媒体对此次活动作了报道。

社科专家丽江行

2009年9月21日至9月28日，云南省委宣传部、丽江市委市政府、云南省社会科学界联合会联合举办了“云南省社会科学专家丽江行”调研活动。本次活动的主题为“深入贯彻落实科学发展观，促进丽江经济社会全面协调可持续发展”。来自国家、省哲学社会科学界、自然科学界和实际工作部门的18名专家学者对丽江市4县1区进行调研，举办了“丽江发展专家论坛”，出版了23万字的《社科专家话丽江》调研成果论文集，编辑《丽江发展专家咨询建议》并报送有关部门，《云南日报》等媒体对此次活动作了报道。

社科专家德宏行

2010年5月6日至5月14日，云南省委宣传部、德宏州委州政府、云南省社会科学界联合会联合举办了“云南省社会科学专家德宏行暨百名学者话德宏”大型调研活动。本次活动的主题为“深入学习实践科学发展观，着力推进中国面向西南开放的桥头堡建设，促进德宏经济社会又好又快发展”。活动分3个小组，按照统一路线开展调研活动，每到一县、市举行两场专家报告会，给梁河县遮岛镇吉庆移民新村和盈江县太平镇翁滨新村赠送电脑和科普书籍，举办了德宏经济社会发展高端论坛，出版了51万字的《社科专家话德宏》调研成果论文集，编辑《德宏经济社会发展高端论坛专家咨询建议》并报送有关部门，《云南日报》等媒体对此次活动作了报道。

（云南省社科联　左安嵩）

云岭大讲堂

云南·先进文化论坛

由省社科联和省演讲学会、红云红河集团等在昆明市南屏街新华书店举办，2008年、2009年共安排48场，听众一万多人，共邀请100余名省内外知名学者主讲。

国学讲坛

由省社科联与云南传统蒙学研究会共同在省社科联举办，2008年、2009年共40讲，听众共计400多人，邀请30多名省内专家学者主讲。

文史论坛

2008年由省社科联与省文史馆共同在省文史馆举办，2008年、2009年共24讲，听众1000多人，邀请省文史馆馆员主讲。

云岭大讲堂

2009年省社科联联合云南省演讲学会、云南传统蒙学研究会、云南省国学研究会把“云南先进文化论坛”、“国学讲坛”、“文史论坛”等科普讲座整合提升为“云岭大讲堂”。2010年共举办了43场，社会各界听众六千余人，范围较广，社会反响热烈。

2009年、2010年“云岭大讲堂” 连续两年举办了“云岭大讲堂•名家讲坛”，相继邀请了云南省省委老领导丹增同志，省委常委、昆明市委书记仇和同志，中央党校赵曜、庞元正教授，中国社科院李林、张宇燕研究员，北京工商大学何明珂教授，新加坡国立大学东亚研究所郑永年所长等国内外知名学者，举办了高质量的专场报告会，并通过电视、电台、报纸作了新闻报道，产生较为广泛的社会影响，受到各界听众的普遍欢迎和好评。九场听众达2000多人。

（云南省社科联　卢华）

科普活动

举办大型的科学普及活动

2008年、2009年、2010年省社科联作为成员单位参加了由省委宣传部、省科技厅、省科协主办的科技活动周，组织了10多家省属社科学会、协会、研究会共100多人参加了科普游园活动。

2008年、2009年、2010年与省科协共同主办了三次“全国科普日”。先后组织所属20多家所属学会、协会、研究会共100多人参加组委会组织的大型科技游园活动。用贴近实际、贴近生活、贴近群众的形式，全方位地开展社科普及，使活动内容更为丰富多样。

编辑出版哲学社会科学普及读物

编辑出版了《云南先进文化论坛演讲集》（2008年、2009年各一集，共二本）。

建立社科普及基地

2008年4月，在楚雄州禄丰县黑井镇建立了第三个社科普及基地；2008年8月在昆明市社会科学界联合会建立了云南省社会科学研究普及基地；2010年12月在临沧市沧源县翁丁村建立了民族文化普及基地。所建基地充分利用了自身的地域优势、厚重的人文历史积淀、丰富多彩的文化资源、人才荟萃的社科研究资源，探索出一条社科普及基地建设与经济文化旅游建设相结合，与当地经济社会发展相结合的工作新路子，起到了重要的示范作用。

（云南省社科联　卢华）

学术团体

年鉴

2008—2010

云南省社会科学界联合会

云南省社会科学界联合会（简称云南省社科联），属中共云南省委、省人民政府领导下的学术性人民团体，云南省社科学术团体和各州、市社科联的联合组织，省委、省政府联系社会科学工作者的桥梁和纽带，是发展社会科学事业和先进文化的重要力量。省社科联具有学科齐全、人才荟萃、渗透和覆盖全省哲学社会科学界各路大军的综合优势。其主要任务是：对所属学会、研究会、协会进行业务指导和日常管理，联系和指导各州、市社科联的业务工作；组织全省社会科学界有计划地开展学术研究和学术交流活动，为各级党委、政府的决策提供咨询服务；组织和推动社会科学知识的普及工作，积极促进社会科学研究成果的社会化；受省人民政府的委托组织全省社会科学优秀成果的评奖工作；编辑出版学术期刊和社科动态信息；促进社会科学学科建设和人才队伍建设，表彰先进学会和优秀社科工作者；开展民间国际学术交流；关心和维护社会科学工作者的正当权益，反映社会科学界的意见和要求。

云南省社会科学界联合会前身为云南省哲学社会科学学会，成立于1962年，“文革”期间被迫停止活动，1987年7月正式恢复工作。2003年7月7日，云南省社会科学界联合会第三次代表大会在昆明召开，大会选举产生了云南省社会科学界联合会第三届委员会、常务委员会，省人大常委会副主任王义明同志兼任云南省社会科学界联合会第三届委员会主席。省社科联内设办公室、学会工作部、社科普及咨询部、科研工作部四个正处级部室及一个副处级事业编制的《学术探索》杂志社，另设有云南省社会科学优秀成果评奖委员会办公室、云南省中国特色社会主义理论体系研究中心、云南省哲学社会科学工作委员会办公室、云南省社会科学界联合会直属单位党委等机构。目前有参公管理的事业编制30名，事业编制5名。

一、2008年工作概况

2008年，省社科联围绕中心，服务大局，成功打造了“社科专家基层行”、“云岭大讲堂”、“云南省社会科学学术年会”三大品牌，以学会为基础，调动广大社会科学工作者的积极性和主动性，团结带领全省社科界认真贯彻落实中央和省委的战略部署，在社会科学研究、社科学术团体管理、社会科学知识普及、社科成果转化等方面开展工作，呈现出重点突出、亮点频现、整体推进、蓬勃发展的良好态势。

深入学习实践科学发展观，承担中宣部“中国特色社会主义文化建设的理论和经验研究”课题，推出《云南省中国特色社会主义理论体系研究中心•学习实践科学发展观专辑》，在研究和宣传中国特色社会主义理论方面取得新的进展。

围绕中心，服务大局，以创建“学习型、创新型、服务型”机关活动为载体，强素质，建队伍，重视社科基础理论研究，社科普及基地建设，组织实施“社科专家大理行”、社科专家咨询会等活动，促进科研成果服务地方经济建设；成功举办了云南省第二届社会科学学术年会；组织全省哲学社会科学优秀成果第十二次评奖，配合省委宣传部实施“四个一批”人才工程，培养社科人才；搭建平台，组织“瑞典教师2008年中国云南之旅”交流活动，扩展对外交流。

加强对社科学会的管理和业务指导，截至2008年年底，省社科联有所属省级社会科学学会（研究会、协会）共103个，团体会员1800余个，个人会员16万人，联系着全省30多万名社会科学工作者。全省16个州（市）成立了社科联，弥勒县、潞西市、楚雄市、禄丰县等8个县（市）成立了县级社科联。

二、2009年工作概况

2009年，省社科联认真学习贯彻中央和省委重大决策部署和关于加强哲学社会科学工作的一系列指示精神，深入学习宣传贯彻科学发展观，加强领导班子自身建设，坚持创新发展理念，提出了以邓小平理论和“三个代表”重要思想为指导，深入贯彻落实科学发展观，坚持以学者为本、学术为根、学会为基，着力加强社科联协作机制建设，构建大社科格局，彰显社科界合力；加强学术平台建设，整合学科人才资源；营造创新理论，繁荣学术良好环境，加强激励机制建设，积极鼓励理论探索创新，激发广大哲学社会科学工作者的积极性和创造性；加强学会和基层社科联工作，争取社科联组织政治上有地位、组织上成系统、经济上有能力、学术上有成果、社会上有影响。为推动我省哲学社会科学事业繁荣发展，建设富裕民主文明开放和谐云南提供理论支撑、思想动力和智力支持。

进一步落实党组理论学习中心组的学习制度，带动学习型机关建设。2009年，省社科联党组中心组召开5次学习扩大会议，学习传达贯彻党的十七大、十七届四中全会精神、胡锦涛总书记视察云南重要讲话、省委八届七次、八届八次全委会精神，认真组织“三个一”学习教育活动、深入学习实践科学发展观及“回头看”活动，以群众评议机关作风活动为契机，加强机关作风建设。安排部署省属社科学会开展学习实践活动。

继续打造好“社科专家基层行”、“云岭大讲堂”、“云南省社会科学学术年会”三大社科品牌。成功举行“社科专家丽江行”活动；第三届社科学术年会首次由下属学会举办专场；“云岭大讲堂”全年共举办61场次，受众达11000多人次，特别推出了“云岭大讲堂·名家讲坛”，讲堂质量明显提升。

为助推红河哈尼梯田申报世界文化遗产，省社科联组织中国科学院等单位的专家深入哈尼梯田核心区实地调研，为梯田申遗出谋划策；为宣传巍山，打造巍山名片，组织“庆祝新中国成立60周年——中国历史文化名城巍山全国摄影展”。

以社科学会开展学习实践科学发展观为契机，推进党组织和党的工作在社科学会中全覆盖，帮助指导省属社科学会实现跨越式发展。2009年新增省级学会2个，省社科联有所属省级社会科学学会（研究会、协会）增至105个，团体会员1900余个，个人会员逾16.5万人，联系着全省30多万名社会科学工作者。临沧市凤庆县、云县、双江县，红河州泸西县、蒙自县、建水县先后成立县级社科联，县级社科联从2008年的8家增加到14家，州(市)、县社科联所属学会发展到534个，会员125万余人。

三、2010年工作概况

2010年，省委调整充实社科联领导班子，任命张红苹同志为省社科联党组书记、范建华同志为省社科联常务副主席，省社科联在认真学习贯彻党的十七届五中全会和省委八届八次、九次、十次全委会精神，深入学习实践科学发展观的基础上，按照中央和省委关于繁荣发展哲学社会科学工作的要求，社科联党组提出“巩固提高、创新发展”的工作思路，进一步强化政治意识、大局意识、服务意识、团结意识、创新意识，充分发挥“联”的优势，坚持求真务实，巩固“三大品牌”建设，增强社科专家基层行的针对性，实施“社科专家小分队”工程，强化对学会、研究会的服务和对州市、县社科联的指导，服务“两强一堡”建设的伟大实践，承担了桥梁纽带、组织协调、咨询服务、宣传普及的重要职责。

学习宣传贯彻党的十七届五中全会和省委八届八次、九次、十次全委会精神，深入开展学习实践科学发展观活动、创先争优活动及学习型党组织建设活动，把学习研究宣传马克思主义中国化最新成果作为长期的、根本的和首要的任务，推进马克思主义大众化，左安嵩同志撰写的《大众哲学的方法论特点及启示》在2010年2月18日《光明日报》上发表。

2009年10月至2010年3月，按照中央和省委的安排，组织省属学会1420人参加深入学习实践科学发展观活动，各学会开展主题实践活动125个，查找问题150个，解决问题110个，向主管单位提意见建议64条，为会员办实事187项，涌现出一批先进典型，省延安精神研究会被国家民政部评为学习实践科学发展观的先进单位。

创先争优活动和学习型党组织建设有序开展。2010年，省社科联成立了创先争优活动、学习型党组织建设领导小组，抽调相关人员组成工作班子，明确相关职责，制订工作方案，召开动员大会部署。在创先争优活动中，严格按照“推动科学发展、促进社会和谐、服务人民群众、加强基层组织”的总体要求，以开展“五比五创”活动为载体，把创先争优与开展讲党性、重品行、作表率活动，与开展“个人形象一面旗、工作热情一团火、谋事布局一盘棋”主题实践活动进行了有机结合。在学习型党组织建设中，党组以中心组集中学习的方式，带头学习。直属单位党委有针对性地确定学习内容，统筹安排、分段实施、循序渐进、典型引路、整体推进，同时积极探索完善各种学习形式，采取个人自学与集中学习相结合、短期集中培训与参加党校学习相结合等，不断增强学习的针对性和实效性。

组织实施“云南社科专家德宏行暨百名学者话德宏”大型调研活动，分经济、社会事业和“桥头堡”建设三个组展开了为期7天的基层调研，在5县市共作了10场理论宣讲报告，举行了“德宏州经济社会发展高端论坛”，编印出版《德宏经济社会发展高端论坛专家咨询建议》、《社科专家话德宏》。2010年“社科专家基层行”获首届全省宣传思想文化工作创新奖。按照党组关于“社科专家基层行”活动常态化、制度化、规划性和目的性的要求，相继举办了“云龙行”、“沧源行”、“镇康行”三次“专家小分队”基层行活动，“专家小分队”丰富和创新了“专家基层行”活动的方式，增强了针对性。

“云岭大讲堂”全年安排讲座43讲，听众达12000人，从中选出30讲，精心制作，在云南网上播出。同时，与云南干部在线学习学院联合，为云南干部在线学习提供本土教材。“云岭大讲堂·名家讲坛” 与云南大学、云南财经大学合办，邀请了何明珂、张宇燕、郑永年，紧紧围绕桥头堡建设和中国对外开放与合作等内容作了专题报告，四场讲座听众达1800余人。

成功举办云南省第四届社科学术年会，以“中国面向西南开放桥头堡：机遇与挑战”为主题，设省社科联主场和云南财经大学“物流论坛”、省社科院“国际大通道”、红河州“桥头堡建设——红河怎么办”、德宏州“桥头堡建设——德宏先行”和西双版纳州“桥头堡建设——西双版纳州论坛”等五个专场。年会期间，围绕主题，举办了领导与专家咨询座谈会，就桥头堡战略建设中的总体认识、文化、生态、物流、禁毒、高等教育国际化及中缅油气管道建设等问题，邀请了6位专家学者作了专题咨询意见建议陈述。王义明、杨保健、陈勋儒等领导全程听取专家的咨询陈述，省委办公厅等12个部门领导出席，搭建了省领导、有关部门领导与专家面对面交流的平台。本届年会在组织形式上有了探索和创新。一是引入了专家牵头负责承办方式，二是结合主题，搭建了三个我省沿边州承办的专场，州市级社科联在其中发挥了重要的组织联系工作，推动了地方社科联的工作，扩大了社科联的影响。

加强学会管理和州市县社科联建设，进一步巩固社科联的组织基础。增强服务意识，创新工作方法，改进工作作风，学会部邀请省民政厅民管局上门共同集中办公进行年检，提高年检工作的整体推进程度和工作质量。组织学会参与完成全省社会团体“小金库”专项治理工作。认真审查并指导云南省民族文化促进会、云南省投融资研究会、云南省毛泽东诗词研究会的成立，云南省民俗文化研究会和云南省紫陶文化研究会完成筹备工作，省属社科学会增加到108家。促进州市县社科联组织建设，推进工作向基层延伸。2010年是我省社科联组织建设年，全省县级社科联组织由2009年的14家增加到24家。

组织第十四次社科优秀成果评奖委员会和成果申报、分类、资格审查、学科组初评等工作。组织有关专家，成立编委会，启动了“当代云南社会科学百人百部优秀学术著作丛书”编印工作。科普工作完成了《云南先进文化论坛演讲集（2009年）》的编辑出版工作，资助出版《中华演讲赏析普及读物》，开展“再生经济研究”课题资助，指导临沧市建立科普基地一个。参与策划、组织并协办了“首届哈尼梯田大会”。组织“云南省社科界教育交流团”出访瑞典、挪威，学习了解到北欧国家在可持续发展教育方面的经验，促进了我省教育国际化进程和推动我省学校与北欧国家学校的交流与合作，为今后推动我省社科界和各学校进一步开展对外交流与合作奠定了很好的基础。

由省哲学社会科学工作委员会办公室牵头，开展“创新团队”建设调研工作。调研小组在掌握第一手材料的基础上，提出了创新团队的实施方案。

完成被列为“云南省马克思主义理论研究和建设工程”项目、题为“新时期云南省社科学会研究”的课题，从云南省社科类社团业务主管单位的角度，对云南省社科学会的现状、特点和发展作了比较全面深入的阐述，总结经验，分析问题，提出意见和建议。

完成“云南省社科学会党建工作研究”、“云南省社科联学习型机关建设初探”两项党建课题。

积极配合省审计厅驻点审计，做好审计整改工作。进一步完善了有关财务管理制度，并虚心听取审计组的意见，积极整改，坚持以制度管人管事，机关财务管理更为规范。组织参观反腐教育警示基地，促进了机关工作的规范、有序、高效。

举行第七次学会暨各州（市）县社科联“双先”评选，评选出十佳学会10个，优秀学会10个，优秀社科联10个，先进社科联7个；十佳秘书长10人，优秀学会工作者10人，优秀社科联工作者16人，先进社科联工作者6人。

2010年9月29日，云南省社科联直属单位第一次党员大会召开，大会形成了“准确把握新时期党建工作形势与任务，努力推进省社科联直属单位党建工作”的决议，选举产生省社科联直属单位党委委员7名，选举产生党委书记、专职副书记各一名，理顺了省社科联党组织与学会党组织之间的关系。

注重学术阵地建设，《学术探索》杂志继续巩固“双核心”成果，打造学术名刊，坚持严格的用稿程序，严把稿件质量关，确保刊物的信誉和质量。《云南省志·社会科学志》形成83万字文稿，送省地方志办专家阅评。《云南社会科学年鉴（2008—2010）》编撰工作于2010年11月下旬正式启动。

云南省社科联所属省级学会、协会、研究会一览表

序号	学会名称	成立时间	会长	秘书长	联系地址	邮编	联系电话
1	云南省教育学会	1961年	何天淳	李慧勤	省教育厅	650223	5143564 13577033459（董学虹）
2	云南省史学会	1963年	林文勋	秦树才	云南大学西南古籍研究所	650091	13769169089
3	云南省图书馆学会	1979年6月	李友仁	金美丽	昆明市翠湖南路141号省图书馆	650031	5320545 5323851 13888838775
4	云南省经济学会	1979年7月	段　钢	杨先明	云南大学发展研究院	650216	13888191265
5	云南省中国近代史研究会	1979年9月	吴宝璋	吴承越	昆明市茭菱路88号142邮箱	650118	13888131567
6	云南省哲学学会	1980年	王展飞	黄小军	省社科院哲学所	650034	4154724 13888184895
7	云南中共党史学会	1980年1月	杨　毅	应细飞	省委党史研究室	650032	3993921 13888656599（王东立）
8	云南省金融学会	1980年4月	杨小平	雷一忠	省人行	650021	3212240
9	云南省农村经济学会	1980年5月	段　钢	冯　勇	省发改委转省经研院	650041	3113314 3113317 13888030763（罗志蓉）
10	云南省劳动和社会保障学会	1981年1月	脱佑慈	张祖祯	昆明市环城南路675号汕头大厦A座3楼	650021	13987670143
11	云南省统计学会	1981年5月	姚堂文	侯家荣	省统计局	650041	5108013 13987168338（张青）

续 表

序 号	学会名称	成立时间	会 长	秘书长	联系地址	邮 编	联系电话
12	云南省民族经济研究会	1981年5月	董子健	邹世恒	省民委经济发展处	650011	5322989 13888775879（郭锟）
13	云南省财政学会	1981年7月	陈秋生	苏建宏	省财政厅	650021	3637527 13888991880（董习保）
14	云南省会计学会	1981年8月	唐新民	赵学源	省财政厅会计处	650031	3637375 13099920159（杨洁）
15	云南省地质经济学会	1981年8月	李建华	朱延秋	省地矿局	650011	3124057 1308898488
16	云南省世界语协会	1981年9月	袁洪宇	林有光	昆明市拓东路石家巷9号省交通科研所	650011	15987150246
17	云南省民族理论学会	1981年12月	格桑顿珠	刘继红	省民委	650032	5316276
18	云南省东南亚研究会	1982年	张瑞昆	王 宏	省社科院	650034	13099996230（刘昆明）
19	云南省写作学会	1982年	资庆元	余 松	云师大文学与新闻传播学院	650031	13888351727
20	云南省科学社会主义学会	1982年1月	赵绍敏	李士文	昆明市五一路221号省社会主义学院	650031	13700663779
21	云南省国际贸易学会	1982年1月	王建伟	童晓谷	省商务厅	650011	3167834 15925230528（王文娜）
22	云南省党建研究会	1982年2月	张百如	朱 江	省委组织部研究室	650228	3991620　3991606 13577059665（赵娴）
23	云南省档案学会	1982年2月	张文芝	黄燕秋	省档案馆	650032	4197528　4184021 13170631013（陈静波）
24	云南省逻辑学会	1982年2月	韦世林	罗翊重	省社科院《云南社会科学》编辑部	650034	13211657560
25	云南当代文学研究会	1982年2月	马旷源	龙 平	昆明市丹霞路198号昆明电视台	650118	5392310 13888320274
26	云南省农村金融学会	1982年2月	字如钧	郝云康	省农行	650021	3203428 13908712005
27	云南省高等教育学会	1982年3月	和福生	董云川	云南大学高教院	650091	5033239 13808798193（陈丹）
28	云南省价格协会	1982年9月	李承宗	任瑞刚	省发改委	650041	3113386 18987058370
29	云南省地方志学会	1982年11月	李一是	姜定忠	昆明市春苑小区春明里省方志办	650118	8213471 1592511355
30	云南省速记速算研究会	1983年1月	莫福臣	何 花	昆明市东郊白沙河苏家营新村88号	650216	13888435830（莫福臣） 13888769985（郑本标）
31	云南省钱币学会	1983年12月	刘 莹	雷一忠	省人行	650021	3212124

续表

序号	学会名称	成立时间	会长	秘书长	联系地址	邮编	联系电话
32	云南省社会学学会	1984年	何耀华	乔亨瑞	省社科院	650034	13577023877
33	云南省高校德育研究会	1984年	杨纪武	杨守聪	云师大社会发展学院	650092	13708427352（杨纪武） 13888425643（杨守聪）
34	云南省语言学会	1984年	骆小所	周　芸	云师大文学与新闻传播学院	650223	6965035
35	云南省外语教育学会	1984年	原一川	冯智文	云师大外语学院	650092	5516074 13888599089
36	云南省中小企业协会	1984年1月	涂济民	李振兴	省科协后楼309	650041	3333230 15812038385
37	云南省法学会	1984年4月	孟苏铁	李文全	省司法厅	650034	4189040 13577109967（段雪林）
38	云南省统一战线理论研究会	1984年	黄　毅	杨佑钧	省委统战部	650228	3992428（胡奇）
39	云南省家庭教育研究会	1985年	郑　露	杨灿坤	省妇联	650032	4159391 13708468526
40	云南省高校思想政治理论课教学研究会	1985年	张建国	熊万兴	云南民族大学马列部	650093	13888515989（黎贵优）
41	云南华侨历史学会	1985年6月	龚宁珠	张俊廉	昆明市委统战部干部处转张俊廉	650021	13888953752
42	云南省卫生经济学会	1985年7月	付兴安	王启林	昆明市人民西路205号医学信息研究所四楼	650031	8091613
43	云南省职工思想政治工作研究会	1986年	毕国光	廖树东	省委宣传部经济宣传处	650228	9332106 13577093265（李宏）
44	云南省群众文化学会	1986年	欧阳俊虎	周　玲	昆明市人民西路356号省文化	650118	8336063
45	云南省保险学会	1986年1月	姚向东	牛晓露	昆明市东风西路276号文化大厦1206	650031	5328093 13888910135
46	云南省农垦经济研究会	1986年4月	杨焰平	迟中华	省农垦局	650041	3328119
47	云南省审计学会	1986年6月	吴绍吉	易　挺	省审计厅	650021	3632020 13013322177（褚文勋）
48	云南省税务学会	1986年9月	段捷庆	陈家谷	省国税局	650051	3121526
49	云南省广播电视学会	1987年8月	杨连松	杨　宏	省广电厅	650031	5310076 15911520617（梁红梅）
50	云南省人口学会	1988年	张玉明	易会安	省计生委宣传处	650200	7195391 13700687413（王元新）
51	云南省粮食经济学会	1988年	李国华	徐世俊	省粮食局	650021	3613399
52	云南省翻译工作者协会	1988年4月	周　红	甘雪春	昆明市国防路2号	650032	4145503　4196335
53	云南省电影电视评论学会	1988年6月	李跃云	陆家华	昆明市环城西路天阳花园13幢201	650032	1300868727（李跃云） 13888673936（朱涛）

续 表

序 号	学会名称	成立时间	会 长	秘书长	联系地址	邮 编	联系电话
54	云南省民族学会	1989年	郭大烈	饶 琨	省社科院民族学所	650034	4141750 1398713469
55	云南省青年社会科学工作者协会	1989年1月	施维达	王亚南	省社科院	650034	13308847318（王亚南） 13759174777（刘婷）
56	云南省秘书学会	1989年3月	杨应楠	牟建国	省委办公厅	650228	3990112 13508713175（李如梅）
57	云南省民族伦理学研究会	1989年10月	杨国才	高 力	云南大学公共管理学院	650091	5033924 13888425343（单斌）
58	云南省供销合作经济学会	1990年3月	和润培	单昆生	省供销社	650031	3661201 13908712293（陈芳）
59	云南省延安精神研究会	1991年1月	吴光范	胡 润	省总工会转	650034	4151211 13294967252
60	云南省新闻学会	1991年9月	张德文	张剑翔	云南报业集团16楼13号	650032	4112248 6581844 13700666164（叶茸）
61	云南省妇女理论研究会	1991年11月	陈 洁	葛 琪	省妇联	650032	4144063 4179309
62	云南省市场学会	1992年	胡其辉	常志有	云南大学经济学院	650031	13888357681（常志有） 13033365799（胡其辉）
63	云南省纪检监察学会	1992年3月	段金堂	尹向阳	省纪委	650228	3991076 13888966089（曹金山）
64	云南省美学学会	1992年6月	李健夫	骆锦芳	云师大文学院	650031	13888062659
65	云南省宗教学会	1992年9月	杨学政	肖耀辉	省社科院宗教所	650034	4154726 13629683854
66	云南省警察协会	1992年12月	马永清	蒲云久	省公安厅五一路	650021	3052202 3051412
67	云南孔子学术研究会	1993年9月	赵廷光	李正亭	昆明市滇池路南苑地中海10栋2单元303	650031	13708440636（冯莉亚） 13888307262（李正亭）
68	云南省高等院校思想政治教育研究会	1993年12月	刘绍怀	李 平	云南大学学生处	650223	5034075 13312503162（王亚丽）
69	云南省公共关系协会	1994年5月	吴遵海	王东辉	省粮食局二办公楼四楼	650032	3610956（杨艳芳） 1365887498（王东辉）
70	云南客家文化研究会	1994年7月	陈道泉	罗万程	昆明市西华北区7B栋1单元102号	650032	4147123 18987474469
71	云南省城市金融学会	1994年10月	许 海	张型虹	省工行管理信息部	650021	3158666-91701 13888733926（李亮）
72	云南徐霞客研究会	1994年11月	朱惠荣	陈庆江	云南大学人文学院历史	650091	5031523 13888779969
73	云南省农业教育研究会	1994年12月	陈海如	刘福军	云南农业大学农教所	650201	5227709
74	云南中华周易研究会	1995年	申 雄	李家舜	昆明市东风东路36号建工大楼10楼2号	650051	13769161099
75	云南妇女扶贫协会	1995年11月	刘玉华	王志清	昆明高新开发区管委会11楼6号	650108	3114216 13888539506（刘玉华）

续表

序号	学会名称	成立时间	会长	秘书长	联系地址	邮编	联系电话
76	云南省思维科学学会	1996年7月	洪昆辉	陈　涛	省委党校哲学教研部	650111	8337431
77	云南省杂文学会	1996年12月	罗杰	菡　芳	云南报业集团	650032	4141969 13658861510（苏静波）
78	云南省工人运动研究会	1997年	张在权	吴以平	省总工会	650032	4109157 4143814（许国金）
79	云南外国文学学会	1998年	肖　宪	骆　洪	云南大学外语学院	650091	13888327315
80	云南省领导科学决策研究会	1998年11月	刘建荣	张庆和	昆明市茭菱路国运教育大厦613号	650118	8336103 13619677172
81	云南省行为科学学会	1999年5月	何玉林	赵光洲	昆明理工大学管理与经济学院	650093	13320513881
82	云南医学哲学研究会	1999年9月	黄传贵	陈国铸	昆明市关上关通路57号南疆医院	650200	7010003
83	云南省演讲学会	2000年1月	李志勤	刘　伟	昆明市南疆商务二号楼6025	650031	5316126 13608865306
84	云南省地方税务研究会	2002年10月	王蓝坤	张建勇	省地方税务局	650031	3623723 13888961041（白玉纲）
85	云南省郑和研究会	2002年12月	高发元	马颖生	云南大学	650091	1388837899
86	云南省绿色发展研究会	2003年7月	刘　磊	尚跃东	高新区海关保税库综合楼5012	650108	13708418239
87	云南省南亚学会	2003年9月	任　佳	陈利君	省社科院南亚所	650034	4141454
88	云南省农村劳动力资源开发促进会	2004年2月	董恒秋	晏国珧	云南省农业厅	650032	4199200 1398712762（李德荣）
89	云南探险协会	2004年5月	申献杰	张学忠	昆明市翠湖南路翠丽苑3单元5楼A座	650051	5318207 13211689983（赵美）
90	云南省中华传统道德研究会	2004年10月	吴　松	江　克	省社科联	650106	13808719434（朱胜祥）
91	云南传统蒙学研究会	2004年11月	郑千山	丁　蔚	云南报业集团	650118	13888710243（丁蔚） 13708430109（郑千山）
92	云南省农垦统计学会	2005年6月	庞建明	黄燕飞	省农垦局	650041	3346483 13095325613（黄燕飞）
93	云南省青少年思想道德教育研究会	2005年6月	鲍德珠	陈志国	省关工委	650032	6527080
94	云南省茶马古道研究会	2005年8月	秦邦屏	杨　杰	云南报业集团	650032	13518755735（李金兰） 13908854682（秦邦屏）
95	云南民族茶文化研究会	2005年9月	李师程	郭治新	省政协文史委	650228	4608022 13608850985（陈正荣）

续表

序号	学会名称	成立时间	会长	秘书长	联系地址	邮编	联系电话
96	云南省收藏家协会	2006年8月	李德昆	杨爱民	昆明市人民西路124号	650031	8053720 13808723114（李德昆）
97	云南西南联大研究会	2006年10月	周本贞	朱　曦	云师大图书馆	650092	5516086 15198723520（李红英）
98	云南文秘工作研究会	2006年10月	车　清	黄弘毅	昆明市五一路164号703	650021	13668707839
99	云南省飞虎队研究会	2007年8月	孙官生	朱俊坤	昆明市龙翔街77号	650031	5616110 13987641110
100	云南省再生经济产业开发研究会	2007年11月	冀育丰	杨荣华	昆明市气象路133号13幢一楼	650032	4106232 6634074（彭华祖）
101	云南省会展经济研究会	2008年1月	杨晓翔	宁伯洋	昆明华山东路60号第二房管301	650021	3638092 13700667988
102	云南省生态文明建设研究会	2008年12月	何　宣	许太琴	昆明五一路164号工行大厦801	650031	4184660 3625663 13888556263（许太琴）
103	云南省区域经济学会	2008年12月	孟庆红	罗宏翔	省财大区域发展研究所	650221	5114890 13888998710（姚永秀）
104	云南省滇越铁路研究会	2009年4月	陈　霖	李正有	龙翔街77号	650031	15987175581（洪钰清） 13064207765（何华明）
105	云南省国学研究会	2009年4月	林超民	杨世领	省文史馆	650031	3610399 13008666268（张勇）
106	云南省民族文化促进会	2010年3月	李仕良	何　宣	省政协	650228	13888078498（何廷发）
107	云南省投融资研究会	2010年8月	张建忠	李维耀	昆明市人们中路35号	650021	13888688525
108	云南省毛泽东诗词研究会	2010年7月	吴海坤	王万里	昆明市滇池路802号	650228	13211650166

（云南省社科联　阮凤平）

州（市）、县级社会科学界联合会

一、昆明市社会科学界联合会

昆明市社会科学界联合会（简称昆明市社科联），经中共昆明市委批准，于1989年9月成立。市社科联是市委领导下的，以社会科学研究和社会科学普及为主要任务的学术性社会团体，是全市社会科学界的联合组织，是党和政府联系社会科学研究机构、学会和社会科学工作者的桥梁和纽带。

主要职责是组织社会科学工作者开展科研、学术交流和学术合作；领导和管理全市社会科学各学会、协会、研究会的工作；组织、实施全市社会科学知识普及工作；编制和组织实施全市社会科学事业发展规划；组织、实施全市社会科学优秀成果评奖活动；培养、选拔和推荐社会科学优秀人才和学术带头人；关心和维护社会科学团体和社科工作者的正当权益；评选、表彰先进社会科学工作者和先进学会；编辑出版社科期刊和社科丛书；开展社科信息咨询服务活动；指导县（市）、区社科联组织和市级社科研究机构的工作和建设。

昆明市社科联编制18人，现实有在职、在编人员16人（含工勤2人）。领导职数一正两副，内设办公室、学会部、科研部（规划办公室）、社科普及咨询部（评奖办公室）、编辑调研室5个职能机构。昆明市社科联领导和管理的市级社科学会、协会、研究会共45个，会员6万余人。已形成了多学科、全方位的发展格局，形成了全市性的研究网络。

昆明市社科联坚持认真学习、贯彻、落实党的十七大和十七届三中、四中、五中全会、中央经济工作会议、省委、市委全体（扩大）会议精神，以邓小平理论、“三个代表”重要思想和科学发展观为指导，紧紧围绕市委、市政府的中心工作，解放思想，开拓创新，深入理论学习，强化学术交流，探索科研创新，加强学会管理，普及社科知识，为实现昆明科学发展新跨越提供了理论依据和智力支持取得了明显成效。

（一）2008年工作概览

2008年，昆明市社科规划办组织实施面向社会招标立项社科规划研究课题25项，完成2007年课题结题验收18项，完成《2006年度社科规划课题成果选》（上、下册）74万字；向省社科联申请在昆明市设置云南省社会科学研究普及基地，由市社科联负责落实，基地当年建成当年启动，完成了“昆明市场化指标体系研究”课题；同年，市社科联与社科院和昆明学院合作，成立了两个“昆明市哲学社会科学研究普及基地”；市社科研究普及基地以扶持中青年学者为宗旨，先后设立了6个青年课题。

2008年编辑出版《昆明社会科学》双月刊共6期，刊登文章125篇，文字总量110万字，被省新闻出版局评为“云南省优秀连续性内部出版物银奖”；编辑出版《昆明历史文化寻踪》，全书约84万字；编辑出版大型文化图书《筇竹寺五百罗汉》，全书使用高清晰片800余幅；编译出版《李范奭将军回忆录》等有关韩国开国总理兼国防部部长李范奭将军的三本回忆性书籍。

积极组织编撰社科理论知识的普及读物，使经常性的社科普及活动成为提高市民人文素养的重要手段，开展昆明历史文化研究的新成果“十大历史人物、十大历史建筑、十大历史事件”的图片展览、文字简介及制作光碟的演播活动，观众达3500余人次。

2008年，组织实施了第八届（2006—2007年度）社科优秀成果评奖工作，上报市政府批准决定39项优秀成果，其中一等奖3项、二等奖9项、三等奖27项给予表彰奖励。

按照市委、市政府的统一部署，2008年，组织实施了经济社会发展软环境建设学习教育活动；完成了对全市44个社科学会的年度检审工作，开展学会学术交流活动，昆明市民族理论研究会、昆明市法学会、昆明民族茶文化促进会、昆明市图书馆学会、昆明市科学社会主义学会被评为“全国先进学会”。

昆明市社科联2008年被中共云南省委宣传部、云南省社科联评为“先进社科联”。

（二）2009年工作概览

2009年，组织完成市社科规划办面向社会招标立项社科规划研究课题22项，完成2008年课题结题验收18项，完成《2007年度社科规划课题成果选》（上、下册）70万字；省市三个社科研究普及基地，共设置8个课题；组织开展了第二届（2007—2008）昆明市哲学社会科学先进集体、先进专家、先进个人评选表彰活动，表彰奖励社科先进专家12人，先进工作者18人，先进集体18家；

2009年，编辑出版了《昆明社会科学》期刊6期，约115万字；参与“全国科普日”活动，开展了以“文化昆明建设”为主要内容的社科普及教育进社区活动；完成了对全市43个社科学会的年度检审工作，举办了社区矫正与法治昆明建设理论研讨会，为促进昆明地区白酒产业的发展，组织开展了昆明—仁怀市酒文化研究专题活动及学术交流活动；组织开展“行政效能提升年”和“干部作风改进年”教育活动；昆明市社科联2009年被全国大中城市组委会评为“先进社科联”。

（三）2010年工作概览

2010年，完成市社科规划办面向社会招标立项社科规划研究课题27项，完成2009年课题结题验收21项，完成《2008年度社科规划课题成果选》（上、下册）70万字；2010年，设置8个研究课题，这些课题经省市专家指导，经过反复修改后，课题成果质量均达到评审要求，有的还受到省市领导的表扬，为锻炼培养市级社科队伍走出一条新路。

编辑出版《昆明社会科学》期刊6期，约120万字；2008—2010年，《昆明社会科学》被中国人民大学书报资料中心全文转载2篇，9篇被列为索引。

参与市科技局组织的“全国科普日”活动，在东风广场开展了《滇越铁路通车百年历史图片》展，发放了科研成果书籍300余册。深入村镇、社区，帮助群众解决生产生活中的实际问题。2010年，组织开展了昆明市第九届（2008—2009年度）哲学社会科学优秀成果评奖表彰工作，对115项申报成果进行了学科组初评和市评委会终评，共评选出40项优秀成果，其中一等奖3项，二等奖8项，三等奖29项。

总结学会工作经验，认真研究新形势下学会工作，以“创先争优”活动为载体，强化学会照章程办会、规范管理的意识，引导社科学会健康发展。2010年，完成了对全市33个社科学会的年度检审工作，举办了“科学发展—品质昆明”理论研讨会，昆明市档案学会、昆明市法学会、昆明市警察协会和昆明市民族理论研究会被评为“全国先进学会”，昆明市青少年发展研究会被评为全国标兵学会。

2010年，组织开展“效能昆明”建设活动，达到了思想认识有提高、工作目标有突破、工作作风有转变的目标要求。

加强团结，营造干事氛围，领导班子按照“班子坚强有力，队伍勤政廉洁，道德素质良好，服务宗旨明确，文明意识浓厚，综治工作落实，工作实绩明显，创建工作扎实”的标准，制定和完善了制度规定。2008—2010年，修改和完善了《昆明市社会科学界联合会工作运行管理制度》、《昆明市社会科学界联合会学习制度》、《昆明市社会科学界联合会财务管理制度》、《昆明市社会科学界联合会车辆管理制度》等制度规定。认真落实党风廉政建设责任制，实行“一岗双责”，坚持把党风廉政建设责任制的落实与业务工作结合起来，使党风廉政建设和其他业务工作相互促进，协调发展。坚持民主集中制，坚持集体领导、分工负责的原则，研究重大问题经党组会集体讨论决定。

二、丽江市社会科学界联合会

丽江市社会科学界联合会于2004年成立，是中共丽江市委领导下的群众团体，是全市社会科学学会的联合组织，是丽江市委、市政府联系社会科学工作者的桥梁和纽带。

市社科联的主要任务是领导和协调社会科学各学会的工作；组织社会科学工作者开展科研和学术活动，为市委、市政府决策提供咨询；组织和推动社会科学知识的普及工作；组织全市社会科学优秀成果评奖活动；加强阵地建设，办好

《丽江社会科学》杂志；关心和维护社会科学工作者的正当权益。

2008年3月，丽江市社会科学界联合会单列，不再挂靠市委宣传部，独立建制。丽江市编办文件《关于丽江市社会科学界联合会独立建制的通知》，核定市社科联处级领导职数2名（主席、副主席各1名），科级职数2名（秘书长1名，办公室主任1名）及工勤人员1名。张建华任主席，和文平任副主席。市社科联在市委宣传部的直接领导下，紧紧围绕市委的中心工作，社会科学工作严格按照“在务实上着力，在重点上突破，在特色上出彩，在改革中推进，在创新中发展”的要求，本着科学规范，便于管理，推动工作的原则，紧紧围绕社科联工作的实际，不断建立、健全各项工作制度，为全市社会科学工作者服务，为市委、政府的中心工作服务，不断推动丽江市社会科学工作迈上新台阶。

市社科联单列后，根据相关的法律法规和党纪政纪，制定了《丽江市社会科学界联合会工作规则》，根据社科联的性质，进一步明确了社科联的六大工作任务、四大工作职能。丽江市委办、丽江市政府办下发了《中共丽江市委办公室、丽江市人民政府办公室关于进一步加强县级社会科学工作的通知》，加强县级社会科学工作，推动社会科学研究和管理工作向基层延伸，为基层党委、政府提供理论服务。

2008年6月，设立哲学社会科学及重点文艺著作出版资助专项经费，成立丽江市哲学社会科学及重点文艺著作出版资助委员会，为全市社会科学成果出版搭建平台。

2008年7月，丽江市社会科学界联合会参照公务员法管理，丽江市委组织部下发了《关于丽江市社会科学界联合会参照公务员法管理的通知》。2008年12月，成立丽江市社会科学界联合会专家库，首批专家28人，涵盖政治学、经济学、历史学、民族学、人类学、社会学、文学、艺术学、新闻传播学。

2009年3月，丽江市社科联党支部成立，理顺了党组织关系，完善了相关党内组织生活制度。2009年5月25日至6月19日，在丽江市党建领导小组的指导下，由市委组织部和丽江文化研究会、纳西文化研究会共同组织实施的“结合民族文化创新基层党建调研”工作完成。调研组通过实地调查、听取汇报、座谈交流等形式，深入60余个基层党委、党支部，调研走访党员干部1800余人次，向市委提交了17000字的调查报告。充分落实了李源朝同志作的“云南丽江结合民族文化创新基层党建工作做得很好，民族地区的各项工作都应适应民族特色”的重要批示精神，进一步深入探讨这一命题。

完成丽江市第二届社会科学成果评奖，对丽江市四县一区及市级单位社科专家学者在2005年至2007年之间形成的参评成果专著40项，论文44项，委托云南省社科联组织对丽江市第二届社会科学优秀成果的评选，评审结果认定荣誉奖5项，评出一、二、三等奖30项，2009年5月，丽江市委、市人民政府对优秀成果进行了表彰。

2009年9月，中共云南省委宣传部、中共丽江市委、丽江市人民政府、云南省社会科学界联合会共同主办，云南省社科联、丽江市委宣传部、丽江市社科联共同承办的“社科专家丽江行”调研咨询活动在丽江举办。北京和全省14位知名专家学者深入全市各项建设第一线，进行了为期8天的深入调研考察，28日，在丽江举办了“丽江发展专家论坛”，为丽江经济社会全面、持续、科学、和谐发展对症把脉，建言献策，充分发挥了社会科学对地方经济社会发展的重要作用。“社科专家丽江行”对丽江市经济社会全面发展进行了深入的调研，针对丽江市经济社会发展存在的问题提出了高质量的对策建议，进一步探索了继续开展好“云南社科专家基层行”活动的成功经验。社科专家的意见和建议整理成《专家建议书》，整个“社科专家丽江行”活动形成的研究成果，编辑成《社科专家话丽江》公开出版发行，充分发挥社会科学的理论指导、决策咨询和智力支持的功能和作用。

2010年，市社科联党支部提出“五个一”党建目标要求：建设一个团结务实的领导班子；带领一支踏实干事的干部队伍；制定一套切实有效的工作机制；干出一番争创一流的工作业绩；树立一面群众认可的旗帜。

2010年8月22日，丽江市组织丽江边屯文化专题调研。落实了省长秦光荣“把永胜建设成云南边屯文化示范基地，在永胜县程海镇建设云南边屯文化博物馆，将程海湖的生态保护与文化研究结合进行总体开发”的指示精神，把永胜建设“云南省边屯文化博物馆”的理论研究工作。省长秦光荣对边屯文化发展作出重要指示以后，丽江市委高度重视，王君正书记专门召开会议，落实省长秦光荣指示精神，丽江市委于2010年8月21日成立了以市委常委、宣传部长郭华为组长，市政府副市长杨一奔、永胜县委书记陈星元为副组长，市、县两级有关部门领导为成员的丽江市边屯文化研究与产业开发领导小组。专题调研组一行于9月6日至10日到永胜县程海、期纳、涛源、六德等乡镇就边屯文化资源现状进行深入调研，为边屯文化的前期开发展开了扎实深入的准备工作，为《关于开展云南边屯文化研究的方案》的起草提供了翔实、客观的资料，同时也为永胜县委政府拟订《永胜县边屯文化产业区域发展规划》提供了咨询建议。积极与上级有关部门联系沟通，积极做好成立云南边屯文化研究会的申报的有关具体工作。

2008年至2010年，丽江市社科联深入贯彻落实市委“文化立市”战略，努力推动和促进全市学术研究的提质增效，取得了显著成效。丽江各社科研究会广泛联系市内外专，通过举办学术研讨会、座谈会、到基层调研等形式，推动丽江文化的发展繁荣，为丽江的科学发展建言献策。

共举办“2008丽江文化研讨会”、“2009丽江旅游文化研讨会”和“2010年丽江茶马古道文化研讨会”三届研讨会。两届研讨会共收到论文500篇，应邀参加会议的国内外专家、学者共有1000人，省市领导晏友琼、和自兴、王君正等出席会议。两次会议均根据会议成果，向市委、市政府作了总结报告，三次研讨会向市委、政府提出意见建议50条。

2008年至2010年，丽江各社科研究会组织了纳藏文化座谈会、在昆专家学者丽江文化旅游座谈会、通达民族文化座谈会、吾木民族文化座谈会等7次，向各级党委政府提出意见、建议120条。

2008年至2010年，丽江各社科研究会组织开展民族文化调研，当好各级政府的参谋。丽江各社科研究会根据丽江实际情况，深入基层，先后到玉龙县九河、吾木、永胜县六德、古城区金山、华坪通达等地进行民族文化调研。共开展民族文化调研12次，向各级党委政府提出意见建议96条。

加大科普工作的重视力度；加强区县社科联社科普及的指导；将科普工作纳入工作目标考核；利用电视、广播、新闻网和科普宣传月等有效的形式加强社科知识的宣传。

学科建设不断完善。东巴文化、纳西文化、边屯文化形成了有机的传承和教学网点，打开了国际东巴文化研究的渠道。

不断加强了丽江市社会科学界联合会各学会、协会、研究会的管理，指导和推动各学会的理论研究和学术交流，促进社会科学事业的繁荣、更好地为全市经济社会各项事业发展服务。至2010年，丽江社科学会不断壮大，所属社会科学学会、协会、研究会有丽江（纳西）文化研究会、丽江纳西文化传习协会、丽江市西促会、丽江彝族研究会、丽江傈僳族研究会、丽江边屯文化研究会、丽江市东巴文化传承协会等28个社科学会。丽江市社科研究机构有：中共丽江市委党史研究室、中共丽江市委党校、丽江市地方志办、丽江东巴文化研究院以及丽江市博物馆。主要学会有丽江（纳西）文化研究会、丽江纳西文化传习协会、丽江市西促会、丽江彝族研究会、丽江傈僳族研究会、丽江边屯文化研究会、丽江市东巴文化传承协会等，研究基地有丽江市玉龙县鲁甸新主村东巴文化传承基地。

三、西双版纳州社会科学界联合会

西双版纳州社会科学界联合会和西双版纳州社会科学院在州委、州政府的领导下，在省社科联、省社科院和州委宣传部的指导下，以哲学社会科学“认识世界、传承文明、创新理论、咨政育人、服务社会”的重要功能为指导，树立团结、务实、求索的精神，全面贯彻落实州委关于繁荣和发展西双版纳哲学社会科学的指导思想、奋斗目标和总体要求，解放思想，更新观念，开拓创新，求真务实，牢固树立科学发展观，大力开展哲学社会科学研究和社科优秀成果评奖、社会科学宣传普及、社科学术团体管理、社科学术交流、办好社科学术刊物、承办州委、州政府交办的其他事宜等方面的工作，西双版纳州社科联、社科院在州委、州政府的领导下，始终认真贯彻落实中央、省委和州委关于繁荣发展哲学社会科学的方针政策，紧紧围绕全州工作大局，团结广大哲学社会科学工作者，充分发挥“桥梁纽带、组织协调、咨询服务、宣传普及”的作用，努力担负起认识世界、传承文明、创新理论、咨政育人、服务社会的神圣职责，开创了西双版纳州哲学社会科学事业繁荣发展的新局面。

2008年1月，《版纳社科》杂志改名为《西双版纳社科》，登载“学习十七大，西双版纳怎么干”的理论文章20篇，“解放思想大讨论”的理论文章13篇，“学习党的十七届三中全会精神”的指导性文章3篇，“西双版纳改革开放30年”的文章20余篇。11月，云南省新闻出版局第二届优秀连续性内部出版物评选，《西双版纳社科》杂志被评为“银奖”，贾荣林同志被评为“优秀编辑”。

2008年3月，通过省州互动、上下结合，围绕改革发展稳定重大理论和现实问题联合攻关，为党和政府决策服务。州社科联配合省社科院课题调研组到景洪市、勐海县、勐腊县进行“边境经济贸易”调研，并组织州地税局、州人行、州港务局、州商务局、景洪海关等部门了解情况，为促进边境经济贸易健康发展提出了对策思路。紧扣州委、州政府及社会各界关注的热点、疑点、难点问题，把应用对策研究作为社科研究工作的重中之重。

提高素质，强化基础，机关自身建设进一步加强。

2008年4月，西双版纳州社科联被省社科联评为2006—2007年度“云南省社科工作先进单位”，贾荣林同志被为“社科优秀工作者”。

2008年7月，西双版纳傣族自治州机构编制委员会办公室下发批复文件，州社会科学界联合会机关单列为正处级单位，中共西双版纳州委任命游启道同志为西双版纳社会科学界联合会主席。

2008年，西双版纳哈尼族学会成立。

2009年3月，州社科联通过积极努力，对办公室进行了改造翻新，更新办公设备，新配置2台电脑，做到了人手一台，办公条件较以前大大改善。

为全面了解全州哲学社会科学工作的现状，总结经验，发现问题，明析思路，寻找对策，2009年6月，州社科联主席游启道及秘书长贾荣林历时半个月，先后深入州属24个社科学会（协会、研究会）进行调查研究。调研的形式主要有召开座谈会、个别走访、查看资料等。

2009年6月至9月，根据州委的统一部署，中共西双版纳州委宣传部、西双版纳州社会科学界联合会在全州范围内成功组织了“纪念新中国成立60周年理论征文”活动，收到各类理论文章120篇。经征文评审组认真评审，最后评出了一等奖3篇、二等奖5篇、三等奖15篇、鼓励奖21篇。《西双版纳社科》刊登了纪念新中国成立60周年、科学发展观论坛等为主题的理论文章。

2009年12月4日，针对西双版纳哲学社会科学研究队伍整体素质还不能完全适应形势发展需要，西双版纳州社科联在州委党校组织举办了全州社科界科研知识培训班。来自全州各个学会、协会、研究会，各县市、农垦和州直有关部门单位的106名理论工作者参加了学习培训。州社科联聘请省委宣传部社科规划办副主任汤文治、云南大学社科处副处长李东红教授为培训班授课。两位专家结合云南实际，着重阐述了加强社科研究的重大意义、云南社科研究的现状以及在进行课题研究及申报过程中应注意的问题，及“如何进行课题申报”、“如何撰写学术论文”等业务问题。

组织州内社科专家组成“科学发展观宣讲团”赴全州机关、农村、企事业单位进行宣讲174场，听众15400多人。党的十七届四中全会召开后，10月下旬，根据州委统一部署，“流动党校”抽调了州、县市党校50名教师组成“十七届四中全会宣讲团”。在集中培训，统一备课后，流动党校教师分赴全州各乡镇（街道）、村（居）委会为农村基层党员进行宣讲共计217场，听众达13000多人，实现了十七届四中全会在全州的全覆盖。据不完全统计，2009年，全州共组织各种社科知识讲座、报告会600余场，受众超过5万人次。

2009年，西双版纳州傣学研究会、西双版纳州保险行业协会、西双版纳州纪检监察学会成立。

2010年，重视理论学习，把学习“三个代表”重要思想和科学发展观作为必修课，把学习、宣传、贯彻党的十七大和十七届三中、四中、五中全会精神作为首要的政治任务，把开展“民族团结进步宣传月”和“桥头堡建设•西双版纳论坛”活动作为更新观念的契机。

州社科联以提升应用对策研究水平为目标取向，以立项研究课题为载体，以创新工作机制为保障，切实提高应用对策研究水平，努力为党委、政府科学决策较好发挥“智囊团”、“思想库”作用。受州发改委委托，州社科联、社科院承担了“西双版纳十二五对外开放对策研究”，组织并参与了“西双版纳州‘十二五’城乡一体化发展研究”。受景洪市委托，参与“景洪市十二五经济社会发展面临的有利条件和制约因素”等课题的研究。完成《西双版纳州“十二五”开放活州战略实施研究》、《西双版纳州十二五城乡一体化研究》、《景洪市十二五经济社会发展面临的有利条件和制约因素》等研究报告，参与了“将磨憨经济开发区提升为国家级边境经济合作区可行性研究”课题研究。州政策研究室、州委党校等部门和单位的广大理论工作者也充分发挥了智力优势，积极开展调查研究，为党委政府及部门单位编制“十二五”规划开展前期研究，为领导决策提供咨询服务。

2010年2月5日，州社科联组织召开各学会、协会、研究会负责人工作座谈会，介绍交流各自学会工作开展情况，并就如何进一步繁荣发展我州的哲学社会科学等问题提出意见建议，州社科联主席游启道介绍了州哲学社会科学工作发展相关情况及下一步的工作思路和工作重点。

根据省社科联和州政府办的通知要求，按期完成了西双版纳社会科学1993—2007年《云南省志•社会科学志》和1993—2005年《西双版纳第二轮地方志》续修编纂工作任务。

2010年9月，在“民族团结进步宣传月”期间，由州委宣传部牵头，州社科联、州委党校共同组织，从州委、市县委党校抽调了41名教师组成“流动党校”宣讲团，分赴全州31个乡镇、1个街道及村（居）委会和10大农场开展民族团结进步知识宣讲活动，对基层干部群众进行民族团结进步宣传教育，宣讲127场次，受众人数达9885人。

根据云南省第四届社科学术年会的统一安排部署，成功组织分会场活动。西双版纳州分会场由州委宣传部主办，州委干教委办公室、州社科联、磨憨经济开发区管委会承办，州委党校协办，组织召开“桥头堡建设•西双版纳论坛”主题学术研讨会。围绕把西双版纳建设成为连接中国和东盟的物流基地、商贸基地、加工基地和现代服务基地等问题开展学术研讨。组委会除邀请省内外著名专家学者参加会议并交流发言外，在研讨会召开前，在全州范围内组织了“西双版纳•桥头堡建设”征文活动，共收到征文85篇，经专家认真评审，评出获奖文章26篇。另外，还邀请州级领导、我省知名院专家学者撰写学术文章13篇。论坛结束后，将对所征集的文章进行编辑出版。

2010年11月16日，“桥头堡建设•西双版纳论坛”正式开幕。州委常委、州委秘书长、州“开放活州”领导小组组长李记臣在开幕式上致辞。我国著名物流专家、北京交通大学博士生导师汝宜红教授，省社科联副主席江克同志，省社科院院长任佳研究员，州人大常委会主任杨建明，州委常委、州人民政府副州长、州委宣传部部长陈启忠、州人大常委会副主任袁发先，全州处级领导干部和部分科级干部和企业、学会负责人出席开幕式及报告会。此外还有云南大学、云南师范大学、云南省委党校及云南社会科学院东南亚所、经济所等院校的专家和教授约350余人参加了论坛。主办此次论坛，一方面为社科专家提供一个高层次的学术交流平台，另一方面为当地党委政府决策服务，充分发挥社科专家的“思想库”、“智囊团”作用，为建设富裕民主文明开放和谐西双版纳提供智力支持和思想文化保证。

《西双版纳社科》在紧扣时代主题、弘扬主旋律、传播新思想、阐述新观点、交流新信息、促进成果转化等方面狠下工夫，突出了刊物的有效性和针对性，使杂志质量和水平有了明显提高。2010年第一期刊载了州委、州政府的工作报告，对州人代会、政协会相关内容作了宣传报道，让广大读者了解州委、州政府领导这年的目标任务和工作部署。在刊物栏目设置上，紧扣州委、州政府的发展战略和中心工作，开设了“科学发展观论坛”、“生态立州”、“科教兴州”、“开放活州”、“生物富州”、“旅游强州”、“依法治州”、“桥头堡建设大家谈”等栏目，组织引导社科工作者撰写理论文章集中刊发，受到各方面的广泛关注。

2010年州社科联的体制基本理顺，州委重新核定州社科联的机构编制和领导职数，财务独立，核定州社科联公务用车一辆。11月18日，在州长刀林荫组织召开的人民团体工作座谈会上，决定从2011年起每年安排10万元社科基金，将《西双版纳社科》办刊经费由每年6万元提高到12万元，同时每年还安排一定的事业经费，列入每年财政预算，为州社科联今后工作的开展，奠定了较好的物质基础。与此同时，州社科联与省社科联和省社科院的关系也进一步密切。

在全省社科联2010年工作年会上，西双版纳州社科联被评为2008—2009年度“优秀社科联”，游启道同志被评为“优秀社科工作者”。

2010年，西双版纳州统计学会、西双版纳基诺族学会在景洪成立。

四、昭通市社会科学界联合会

昭通市社会科学界联合会（简称昭通市社科联），1993年9月成立，名称为昭通地区社会科学学会联合会，1996年5月至2001年名称为昭通地区社会科学界联合会，2001年更名为昭通市社会科学界联合会，主管部门是昭通市委。昭通市社科联为财政全额拨款的正处级参公管理单位，2010年年底，人员编制为7名。

昭通市社科联是中共昭通市委领导下的学术性群众团体，是全市社会科学各学会的联合组织，是党委和政府联系社会科学工作的桥梁和纽带，是推动社会主义建设的参谋和助手，是繁荣发展我市哲学社会科学事业和先进文化的重要力量。昭通市社科联属于云南省社会科学界联合会的团体会员，接受云南省社科联的业务指导。昭通市社会科学界联合会学术刊物为《昭通社会科学》，属内部季刊。

昭通市社会科学界联合会的宗旨和主要任务是，在中国共产党的领导下，团结和组织全市社会科学工作者，以马列主义、毛泽东思想、邓小平理论、“三个代表”重要思想和科学发展观为指导，坚持党的基本路线和基本方针；坚持解放思想、实事求是、与时俱进；坚持为人民服务、为社会主义服务的方向，贯彻理论联系实际和“百花齐放、百家争鸣”的基本方针，积极开展社科学术研究活动，促进我市的哲学社会科学的繁荣与发展。

市社科联是市级社会科学学会、研究会、协会的业务主管部门，领导和协调社会科学各学会、研究会、协会的工作，负责对所属学会、研究会、协会的业务指导和学术活动的管理，下辖26个学会，为社科联团体会员；围绕昭通经济社会发展目标和“三个文明”建设的实际，有计划地组织开展学术活动，根据科研项目和宣传普及工作的需要，组织有关专家、学者和学会集中力量进行调查研究，对重大项目的联合攻关等，为各级党委和政府科学决策和经济社会发展服务；组织和推动所属团体会员开展社会科学知识普及和咨询服务活动，促进社会科学成果的社会化；组织社会科学优秀成果的评奖和社会科学研究成果的鉴定，向各级领导机关和有关部门推荐社会科学优秀人才和优秀科研成果；组织推动理论工作部门和实际工作部门、社会科学界和自然科学界之间的联系与协作，促进学术交流；向党和政府及有关部门反映会员和社会科学工作者的意见和要求，维护他们的合法权益。

多年来，入选研讨会的论文有《科学管理是企业成功的条件》、《培育四有新人，形成有利于精神文明建设的舆论氛围》、《社会主义阶段更需艰苦创业精神》，《朱提经济文化盛衰考说》和《科学管理是企业成功的条件》选入国家级大型文献《中国新时期社会科学成果荟萃》。参与编辑《光辉的扎西会议》。撰写完成《朱提文化论》，汇编完成《朱提文化研究论丛》、《昭通全面建设小康社会的理论与思考》。此外，还有李正清的《昭通史编年》，吴探林的《成才成功之谜》、《吴探林教育文萃》，刘廉昌的《教育文选》、《霜叶红于二月花》，高世清的《昭通旅游指南》，杨维武编著《罗炳辉传》，陈本明（主笔）的《昭通彝族史探》、《朱提文化论》，曾仕礼编著的《哲学原理》，黄吉昌、邓天玲、王琼合著的《威信镇雄方言志》，赵升奎的《沟通学思想引论》、《人类灵魂的自我对话》，傅奠基的《昭通地名文化》，黄吉昌的《金瓶梅新论》，李晓波编著的《快乐面试》等社科研究成果。

五、曲靖市社会科学界联合会

曲靖市社会科学界联合会（简称曲靖市社科联），于1995年11月成立，为正处级参公管理事业单位，与曲靖市社会科学院实行两个机构、两块牌子、一套班子的运作体制。机关共核定事业编制8名，其中，机关编制6名，其工作人员纳入实施国家公务员制度范围，参照国家公务员进行管理；社科院编制2名，其专业技术人员实行专业技术职务聘任制度和相应的工资制度。

市社科联、社科院设主席（院长）1名（正处级），副主席（副院长）1名（副处级），科级领导职数2名，内设办公室以及编辑部和学会、科研、科普部2个职能部室。

曲靖市社科联是中共曲靖市委领导下的社会科学的群众性学术团体，是全市社会科学学会的联合组织，是党和政府联系社会科学工作者的桥梁和纽带。主要职责是领导和协调宣传科各学会的工作；组织宣传科工作者开展科研和学术活动，为市委、市政府决策提供咨询服务；组织和推动宣传科知识的普及工作；组织全市社会科学优秀成果评奖活动；关心和维护社会科学工作者的正当权益。

（1）认真抓好理论学习。认真组织全市社会科学工作者认真学习马列主义、毛泽东思想、邓小平理论和“三个代表”重要思想；认真学习十六大、十七大提出的一系列重大战略思想、重大理论观点、重大工作部署，特别是一系列新思想、新观点、新论断；认真学习贯彻《中共中央关于进一步繁荣发展哲学社会科学的意见》（中发〔2004〕3号）、《中共云南省委关于繁荣和发展哲学社会科学的意见》（云发〔2004〕8号）文件要求，使广大社科工作者进一步明确了新时期哲学社会科学发展的指导思想、总体目标和主要任务，充分认识哲学社会科学的地位和作用，强化做好哲学社会科学工作的政治意识、大局意识、责任意识，增强做好哲学社会科学工作的责任感和使命感。

（2）认真开展学术活动和学术研究。市社科联在组织学术活动和学术研究时，始终突出“三结合、三为主”的方针（基础研究与应用研究相结合，以应用研究为主；历史问题研究与现实问题研究相结合，以现实问题研究为主；全国共性问题研究与本市个性问题研究相结合，以本市个性问题研究为主），引导全市社会科学各学会和社会科学工作者围绕市委、市政府的中心工作开展研究和咨询活动，为党和政府的决策服务。

（3）认真组织开展社会科学优秀成果评奖活动。曲靖市委、市政府于2005年8月作出决定，设立“曲靖市社会科学优秀成果奖”，评奖活动每两年举办一次，以曲靖市人民政府名义颁发。第一次评奖活动于2005年9月启动，共收申报成果149项，评出获奖成果47项。其中，一等奖3项，二等奖10项，三等奖34项；第二评奖活动于2008年5月启动，共收到申报成果101项，评出获奖成果39项。其中，荣誉奖3项，一等奖3项，二等奖8项，三等奖25项。经过不断的实践与探索，积累了经验，已初步实现了评奖的程序化、制度化与规范化，并逐渐向法制化、科学化的方向迈进。同时，为把曲靖市有创新、高水平、高质量的哲学社会科学优秀成果推荐出去，社科联通过各种渠道广泛动员全市社会科学工作者参与申报云南省社会科学优秀成果评奖。部分专著、论文获得了省政府的奖励。

（4）努力办好《曲靖社会科学》。《曲靖社会科学》作为曲靖市唯一社科综合性刊物，在办刊过程中，一是精心编辑稿件，不断提高刊物质量，抓好为市委市政府中心工作服务的重要栏目和重点文章；继续做好与兄弟社科联学术刊物的交流，努力扩大宣传，把《曲靖社会科学》办成我市对外宣传的窗口。二是及时召开有关作者、读者座谈会，认真听取不同层次人员的建议和要求，及时调整和新辟有关栏目，认真分析在新形势下办好社科期刊的新情况、新问题。三是进一步加强编辑人员的政治和业务学习，不断提高编辑人员的政治和业务水平。多年来，《曲靖社会科学》在全市社会科学界的支持帮助下，逐步走上健康发展的轨道。在“发挥社联作用，繁荣社会科学”方面进行了有益的探索，取得了较大的成绩。很多期刊都具有很高的专业水平和学术水平，在专业、学科方面都有相当大的影响，一些期刊在全省甚至全国都有一定的知名度。

（5）加强社科队伍建设。市社科联一如既往地把社科队伍建设作为一项基础工程来抓。不断创新社科联的管理体制和工作机制。进一步适应我市经济社会发展和管理体制改革的步伐，一是加强社科联机关建设，不断进行思想作风纪律整顿，建立健全限学习制度、例会制度、抽查制度、奖惩制度，努力打造一支“能打硬仗”的干部队伍。不断提高机关干部业务素质和思想道德素质，以适应新形势、新任务的新要求。二是不断加强和改进对团体会员的管理，加强科研工作和学术活动的业务指导，不断改进团体会员的管理方式和服务方式。在团体会员中开展“争先创优”活动，不定期召开经验交流会，组织学习考察活动，让理论骨干和学术骨干走出去，开阔视野，增长见识。加强后进学会的转化工作，提高整体水平，努力使学会工作充满活力。三是整合资源，努力形成上下积极配合、左右协调联动的工作格局。聚集一批具有深厚学术造诣，努力打造一支高素质的社会科学队伍，不断开创我市哲学社会科学事业繁荣发展的新局面。通过落实课题，推出一批瞄准学术前沿，代表曲靖整体水平的社科精品。

六、玉溪市社会科学界联合会

玉溪市社会科学界联合会（简称玉溪市社科联）的前身为原玉溪地区社科联，成立于1997年4月。1998年6月玉溪撤地建市，更名为玉溪市社科联，现有机关事业编制5人，内设科研部，办公室两个科室。玉溪市社科联是在玉溪市委领、市政府导下从事社会科学研究和理论宣传的学术性人民团体，是玉溪市社会科学各学术团体的联合组织，工作上受云南省社科联业务指导。

玉溪市社科联的主要职责有：领导协调个社会科学学会的工作；制订全市社会科学发展规划，组织开展各种理论研究和学术交流；宣传，普及社会科学知识和研究成果；编辑理论刊物；完成全市社会科学优秀成果奖的评审活动等。

玉溪市社科联成立后，全体同志齐心协力，开拓进取，“靠活动找活力，靠思想求发展”。紧紧围绕玉溪市委，市政府的中心工作，开展了一系列丰富多彩、行之有效的学术活动，受到有关部门和领导的好评。2002年获得云南省社会科学知识竞赛团体一等奖，被评为2002—2003年度云南省先进社科联、2006年云南省哲学社会科学工作优秀单位、2006—2007年度云南省优秀社科联。玉溪市社科联成立十年来，注重在基础建设上下工夫，进一步修订和完善社科联工作细则和制度，建立和完善了社会科学人才库、学会库、成果库和刊物库；制订了《玉溪市哲学社会科学十一五规划》，为社科工作的繁荣发展提供了远景规划；十年来玉溪市社科联召开了两届代表大会，不断充实壮大社科队伍；举行了五届哲学社会科学优秀成果评奖活动，共有345项成果获奖。积极参与和推荐优秀作品参加省社科联历届评奖活动，共有16项成果获奖，其中《聂耳——玉溪人民的骄傲》和《红塔志》获得著作类三等奖。组织编辑出版《社会科学优秀成果选》共5辑。玉溪市社科联在社科研究方面，除了进行邓小平理论研究、社会工程对策研究外，还围绕玉溪特色文化，开展聂耳文化研究，编辑出版了《聂耳——玉溪人民的骄傲》、《亲人心中的聂耳》、《云南日报上的聂耳》、《玉溪日报上的聂耳》；结合市委、市政府的中心工作组织编撰出版《玉溪市生态立市蓝皮书（2003—2007）》；参与组织古滇国文化研究学术研讨会、编辑出版《古滇国文化研究文集》四辑。在社科普及方面，以农村山区更需要社科普及为工作理念，积极建立农村社科普及点，以合作的方式，建成元江那诺哈施社科普及点、峨山新村社科普及点、北城居委会社科普建点，并以社科普及点为依托，组织农村党员干部培训，采取辅导、讲座、编印小册子和建立图书室等方式进行社科宣传和普及。

七、保山市社会科学界联合会

（一）机构设置及人员配备

保山市社会科学界联合会于2006年8月成立，正处级机构，独立办公，总编制6名（参照公务员管理），处级领导职数2名，内设秘书处，设秘书长1名（正科级），截至2009年3月，实有在职工作人员5名。

2006年8月10日至11日，保山市社会科学界联合会成立暨第一次代表大会在保山隆阳区召开。大会审议通过了《保山市社会科学界联合会章》和《保山市社会科学界联合会学会管理办法》。选举产生了第一届社科联委员35名、常委15名、主席1名、副主席5名（其中专职副主席1名）。

（二）特色工作及成果

1．贯彻落实《意见》精神，营造发展环境

保山市社科联成立后，结合保山实际，代市委起草了《中共保山市委关于繁荣和发展哲学社会科学的意见》（以下简称《意见》），以保发〔2006〕29号文件下发执行，《意见》明确了全市社科工作的目标、任务和经费保障；随后又代市政府起草了《保山市哲学社会科学优秀成果政府奖评奖办法》（以下简称《办法》），以保政办发〔2007〕58号文件下发执行，《办法》对保山市哲学社会科学优秀成果政府奖的指导思想、评奖原则、奖项设立、奖励标准、评奖范围及程序作出具体规定。《意见》和《办法》的出台，为推动保山哲学社会科学的繁荣发展奠定了良好的政策基础。

2．创新工作方式，拓展工作网络

2008年3月，在市内社科工作具有一定科研实力、科研成果较多的单位建立了三个专业性研究所（民族文化研究所、医学社会学研究所、党史党建研究所）和八个研究基地（青少年素质教育发展研究基地、基层组织建设研究基地、农村劳动力发展研究基地、滇西抗战文化研究基地、茶文化研究基地、幼儿健康智能研究基地、工业经济研究基地、旅游文化研究基地）。研究所、研究基地的建立和特约研究员的聘请，进一步完善了社科工作网络，拓宽了工作渠道，对整合资源，发挥优势，突出特色，加快理论创新起到了积极作用。

3．开展课题资助，培养和发现人才

保山市社科联成立后，围绕保山市委政府的中心工作， 2007年度立项资助了18个市级社科课题， 收到良好的效果，对整合研究力量，发现人才，规范社科课题申报和实施，联系社科工作队伍，突出地方研究特色起到积极作用。

4．开展联合课题研究，服务经济社会发展

保山市社科联积极探索社科工作直接服务地方经济社会发展的途径，先后与保山市委政法委、保山市烟草公司、保山市移民局联合开展“保山市禁吸戒毒调研”、“产业辐射与新农村建设”、“工程与工程移民”、“农村劳动力结构变化与农业产业发展”等课题研究，取得显著成效，有的成果已被采纳，有力地推动了相关工作。

5．建立专家队伍，实现资源整合

经保山市社科联建议并与专家协商同意，保山市委市政府研究决定，聘请31名省内知名专家为南亚研究基地专家组成员，专家组联络办公室设在市社科联。同时，聘请36名市内社科工作者为云南省社科院保山分院第一批特约研究员和《保山社会科学》特约撰稿人。聘请专家及专家组联络办公室的成立，为提升保山研究水平，借用外脑，深化对南亚的研究，打造保山面向南亚开放桥头堡地位发挥了积极的作用。

6．举办“论坛”，推进面向南亚开放

2004年6月22日，由保山市委政府、省商务厅、省社科院主办、省南亚协会、隆阳区委政府承办“面向南亚开放战略研讨会”在保山市举行，会议重点研讨面向南亚开放的思路和推进措施，保山市委政府根据省委省政府建设国际大通道的战略，提出了“云南走向南亚，保山先行一步”的战略构想。会议共收到论文60多篇，由云南人民出版了45万字的论文集《聚焦南亚——中国保山面向南亚开放战略研究论丛》。

2007年11月9日至12日，由保山市委政府、省社科院和省南亚学会主办，保山市社科联、省社科院南亚研究所和腾冲县委政府承办的第二届中国（保山）南亚论坛在腾冲县举行，论坛重点研讨在“云南走向南亚，保山先行一步”战略取得实质性突破的基础上，加快建设“六大要素平台”，构建面向南亚开放新格局的应采取的具体措施，论坛的举办，在国内外产生强烈反响。论坛收到论文60多篇，经保山市社科联和省社科院南亚研究所编辑，由云南人民出版社出版了29万字的论文集《走向南亚——第二届中国保山南亚论坛论文集》。

7．建立宣传载体，搭建交流平台

编辑出版《保山社会科学》（连续性内部期刊），刊物在形式、内容和栏目设置上积极适应形势发展，突出特色，精益求精，质量不断提高，受到了社会各方面的好评；建立 “保山社科网”及“南亚之窗”（网址：http://www.

bsskl.cn），通过网络宣传和普及社科知识，联系社科工作者，社科工作者利用互联网作为交流平台，做到互联互通，信息共享。

八、楚雄州社会科学界联合会

楚雄州社会科学界联合会是中共楚雄州委、州人民政府领导下的，由全州社会科学界学会、协会、研究会联合组成的学术性群众团体。州社科联于1989年4月经中共楚雄州委批准成立。中共楚雄州委设在州社科联的哲学社会科学具体办事机构有两个：楚雄州哲学社会科学工作委员会办公室；楚雄州社会科学优秀成果评奖委员会办公室。

主要职责：组织全州社会科学工作者开展科研、学术交流和学术合作；指导全州社会科学学会、协会、研究会开展学会业务工作；组织、实施全州社会科学知识普及工作；组织、实施楚雄州社会科学优秀成果评奖活动；评选、表彰先进社会科学工作者和先进学会；编辑出版社科期刊《楚雄社科论坛》；帮助指导州内县（市）社科联组织建设、队伍建设。

编制情况：州社科联编制14人，其中工勤2人，领导职数一正一副。现有党组书记、主席，在职在编干部职工11人（含工勤），定编四个科室(办公室、编辑部、科普评奖部、社科所)。

楚雄州社科联领导和管理的学会、协会、研究会50个，会员约7万余人。

九、红河州社会科学界联合会

（一）基本情况

红河哈尼族彝族自治州社会科学界联合会，简称红河州社科联。

红河州社科联是由全州社会科学各学会、协会、研究会联合组成的群众性组织（2007年4月加挂红河州社会科学院牌子），为中共红河州委领导、州委宣传部业务管理的正县级群团机关，履行对州内社会科学学术团体管理、县（市）社科联工作指导和组织社会科学学术研究、社科知识宣传普及活动的职能。现内设3个正科级职能科室：办公室、科研部、学会部；有事业编制8名，其中主席兼院长1名，专职副主席兼秘书长1名，科级领导职数3名。

红河州社科联于1986年10月召开第一次会员代表大会，正式宣告成立。同时成立的有红河州哲学学会、州经济学会、州党史学会和州思想政治工作研究会。四个学会同时成为红河州社科联的团体会员。

1998年11月，召开红河州社科联第二次会员代表大会，选举出新的领导班子，理事会有45名理事、15名常务理事。马明武任主席，松万明、普绍忠、何永才任兼职副主席。罗惠芸任秘书长。

2008年7月，按组织安排，社科联新老班子交替，州委任命罗惠芸任州社科联主席，任命潘晓东为社科联副主席兼秘书长。州政府同时任命罗惠芸任州社科院院长。原主席马明武由于年龄到限，不再担任主席（院长）职务，为州社科联正处级干部。

目前，红河州社科联已有33个州级学会、协会、研究会作为团体会员。弥勒县、泸西县、开远市、蒙自县、建水县、红河县成立有县级社科联。

（二）主要活动和科研成果

2008年6月20日，经与省社科院、州委宣传部、红河学院共同努力，经州委研究同意，“红河州越南研究中心”正式成立并举行挂牌仪式，并同时举办了研讨会。

2008年7月，红河州以红办发〔2008〕72号文件精神，出台了《关于深入贯彻落实党的十七大精神，繁荣发展哲学社会科学的意见》。

2008年7月以来，红河州社科联（院）受州委政府委托，就《红河州经济社会综合改革试点工作方案（试行）》的完善和提升寻求智力支持一事积极工作，请省上专家调研，代州委政府请专家座谈、磋商，参与组织了州委政府与省社科院专家参与的红河州综改试点工作座谈会。

自2008年8月以来，依托社科院正组织开展三项社科课题研究：“以工业化理念谋划农业发展”、“红河州哲学社会科学发展现状调查研究”、“红河州核心竞争力研究”。

（三）中共红河州委机关刊《红河》

《红河》杂志于1987年创刊，原名《红河社会科学》，当时为内部刊物季刊，1992年，改为双月刊。1996年，改为月刊，更名为《红河》，并根据州委、州政府通过的《红河州社会主义精神文明建设纲要》提出的要求，定位为按中共红河州委和州人民政府的机关刊物标准办刊。从2001年第7期纪念建党80周年专辑开始，《红河》杂志扩版为彩印大16开本，52个页码的现实国际国内通行的标准期刊，2004年3月，经州委批复，将《红河》由州社科联会刊更改为州委机关刊，主办单位更改为中共红河州委，由州社科联承办。

2008年7月，经请示州委同意调整充实编委，将全部州委常委和社科联主席聘请为编委，部分综合部门领导及县市委书记聘为特约编委，各县市委宣传部长聘为特约组稿人；同时争取办刊专项经费，得到了州委、州政府领导的支持，从2009年起划拨办刊专项经费并列入财政预算。

在2008年省新闻出版局组织的全省内刊评选活动中，《红河》获得银奖，一名同志获得优秀工作者称号。

2008年10月29日，红河州委在蒙自举行了州委机关刊《红河》创刊200期座谈会。州委书记刘一平到会讲话，国家新闻出版总署、天安门国旗护卫队、南京路上好八连、沈阳飞机工业集团有限公司等48家单位发来贺电、贺信。

十、文山州社会科学界联合会

文山壮族苗族自治州社会科学界联合会，简称文山州社科联，于1993年12月28日成立，下设办公室、学会部、科研部、编辑部、社科研研究所，有编制11个（其中行政编制6个，事业编制5个），现有正式职工8人，离退休干部2人。

文山州社科联管辖的学会、协会、研究会共74个，其中民族6个，宗教学会2个，共有会员40多万人。

积极开办“文山州社会主义先进论坛”讲堂活动。“文山州社会主义先进文化论坛”讲堂从2002年成立以来，共讲授学习实践“三个代表”重要思想、公民道德建设、文明礼仪、教师职业道德、保持共产党员先进性、解放思想、构建和谐社会、树立和落实科学发展观、党风廉政建设、学习《江泽民文选》、十六届六中全会精神、精神文明建设、妇女伦理道德、胡锦涛“6·25”重要讲话、社会主义荣辱观、党的十七大报告、社会主义核心价值体系、党的十七届三中全会精神、2008年国际国内经济形式分析、2009年中央1号文件解读等专题讲座300多讲。

积极开展国家、省课题的申报和研究工作。自2007年以来，文山州社科联已组织申报成功一个国家级课题，以查明华同志为课题负责人的“西部高校贫困生心理问题及教育对策研究——以云南为例”的课题被国家列为2007年度国家级社科基金项目。已申报成功五个省级课题，它们是：以原文山州委书记张田欣为课题负责人的“边疆民族贫困地区社会主义新农村建设——以文山为个例”；以现任州委书记李培为课题负责人的“云南少数民族地区‘通道经济’发展研究”；以原文山州委常委、组织部长陶晴同志为课题负责人的“云南边疆民族贫困地区农村基层党组织建设问题研究——以文山壮族苗族自治州为例”；以文山师范高等专科学校龙纪锋为课题负责人的“壮族‘莱瓦’艺术研究”；以文山州社科联主席周维丽为课题负责人的“民族地区社会主义核心价值体系研究”分别被列为2007年、2008年云南省级社科基金项目和2008—2009年度云南省实施马克思主义理论研究和建设工程课题。

积极开展各种形式的理论研讨和社科普及工作。几年来，文山州社科联分别组织过“学习实践‘三个代表’重要思想理论研讨会”、“保持共产党员先进性理论研讨会”、“纪念党的十一届三中全会20周年理论研讨会”、“加强党的作风建设理论研讨会”、“解放思想，促进文山经济社会快速发展理论研讨会”、“构建和谐文山理论研讨会”、“树立和落实科学发展观，加快文山经济社会又好又快发展理论研讨会”、“纪念改革开放30周年理论研讨会”等20多个理论研讨会，以及开展了“社会主义荣辱观有奖征文”、“成就文山、辉煌文山”50周年有奖征文、廉政文化有奖征文、纪念党的纪律检察机关恢复建设30周年有奖征文等20多个征文活动。开展了“纪念中国共产党成立86周年”社科界座谈会、“学习十七大精神”社科界座谈会、“学习实践科学发展观暨阳宗海砷污染事件”社科界座谈会等10多个座谈会。

积极参与各学会丰富多彩的学会活动。如瑶

研会一年一度的“盘王节”，苗研会一年一度的“花山节”，彝研会一年一度的“火把节”，壮研会一年一度的“三月三”，厨师技术文化交流研究协会举办的1~4届“美食节”，山歌协会举办的1~5届“民族民间山歌大赛”、佛教学会开展的“送温暖活动”、蒙古族学会开展的理论研讨会、伊斯兰教协会开展的“学习十七届三中全会精神培训活动”、内审协会开展的一年一度的“联谊会”等活动、句町文化研究会开展的“清代青花瓷鉴赏”、“根艺收藏与鉴定”、“钱币收藏、集邮鉴赏”等讲座。

文山州社科编写出版了《七乡风物》、《风正清心》、《文山州“十一五”社科课题》、《文山州党建优秀论文集》、《爱国主义教育纲要辅导》等书籍。

十一、普洱市社会科学界联合会

普洱市社会科学界联合会，正县级单位，编制6人，内设办公室和科研部，下属哲学社会科学学会、协会、研究会16个。承办由中共普洱市委主办的《普洱论坛》一刊，编有《社科动态》和《学术参考》。市社科联在市委、市政府的领导下，在市委宣传部和省社科联的具体指导下，认真学习党的十七届四中、五中全会精神，深入贯彻落实科学发展观，紧紧围绕省委提出的“两强一堡”战略和市委提出的“妙曼普洱、养生天堂”战略目标，充分发挥“思想库”、“智囊团”作用，团结带领广大哲学社会科学工作者，以更加扎实的作风，更加积极的作为，务实求理，科学谋划，全力推动我市哲学社会科学工作新跨越。

把好研究导向，抓好重大课题理论研究。结合普洱实际，突出重大课题、前瞻性、全局性和基础理论应用研究，先后组织完成了“普洱市桥头堡前沿阵地建设研究”、“普洱市社会主义核心价值体系研究”、“普洱市禁毒禁吸研究”等6个重大课题研究，理论研究成果取得重大突破。其中，由市社科联领导撰写的《对桥头堡前沿阵地建设的思考》一文在《云南日报》公开发表后，陆续被18家国家级核心期刊转载，并被中国前沿创新理论部评为首届“共和国重大前沿创新理论成果”特等奖，荣获“中国科学发展与人文社会科学优秀创作成果”一等奖。组织编写社会科学志。积极参加云南省社科联组织的第三次《云南省志·社会科学志》编纂工作，认真撰写《云南省志·普洱社会科学》部分，填补了我市社会科学无卷集的空白。

注重加强对学会的管理，把好年审关，表彰先进社团组织，2010年对10个先进集体进行了表彰奖励。加大服务指导力度，采取“走访、座谈、问卷、互动”等形式，深入社科各学会和社科工作部门开展调研，了解情况，摸清底数，为服务各学会提供有价值的参考。

为办好我市唯一融理论性、学术性、指导性、综合性学术期刊《普洱论坛》，始终坚持政治家办刊原则，优化舆论引导，立足普洱实际，着眼解决问题，着力为各级党委、政府决策服务。根据形势发展变化，择时更新栏目，博采众长，突出普洱特色，影响范围不断扩大，2010年9月，《普洱论坛》被省新闻出版局评为“云南省第三届优秀连续性内部出版物评选银奖”。

利用各种渠道、采取各种方式，扎扎实实做好社科知识普及工作。一是开辟“社科知识”专栏。在《普洱论坛》开辟“社科知识”专栏，刊登哲学社会科学知识，把“社科知识”专栏办成广大干部群众学习社科知识的主阵地。二是抓好社科知识普及。会同有关部门，采取多种形式，利用宣传月、宣传周、宣传日等时机，大力普及宣传社科知识，全民的哲学社会科学意识明确增强。三是开展社科专家访谈活动。2010年组织4名社科专家学者分4期，就有关社科知识方面的问题接受了普洱电视台的访谈，受到社会广泛关注。

根据《普洱市哲学社会科学优秀成果评奖条例》规定，2010年3月启动普洱市第三次（2008—2009年度）哲学社会科学优秀成果评奖工作。共收到符合申报条件的成果97项，经专家组按照公正、公平、公开的评奖原则，评出优秀成果55项，其中著作类一等奖1项，二等奖3项，三等奖5项；论文类一等奖5项，二等奖10项，三等奖31项。

把社科人才队伍建设作为一项基础性工作，完善人才培养和管理使用机制，建立健全人才档案数字库；规范哲学社会科学人才评选奖励制度，制定社科人才考核评选办法，促进社科人才脱颖而出；重视社科干部的锻炼培养。

十二、大理州社会科学界联合会

大理白族自治州社会科学界联合会成立于1998年7月，主要职责是负责全州社科理论工作。大理州社科联第一届委员会设主席1名（由州委常委、宣传部长兼任），专职副主席兼秘书长1名（副处），兼职副主席4名，兼职副秘书长3名。2003年社科联换届大会后，州社科联明确为正处级，编制5个，内设一个综合科，设专职主席、副主席各1名，兼职副主席4名，人员编制、内设机构得到大的加强。2005年中共大理州委第二次常委会议专题研究并出台了《中共大理州委关于繁荣和发展哲学社会科学的实施意见》。对州社科联的作用、地位、工作职责作了进一步明确，社科理论工作得到了前所未有的重视。社科联工作条件良好。目前在社科联登记注册的学会、协会共有29个。各学会、协会创办的刊物有《滇西北论坛》、《大理文化》、《大理统计》、《大理民族宗教研究》、《大理警坛》、《大理彝族研究资料》、《大理经济研究》、《大理白族自治州工业经济联合会通讯》、《大理白族自治州延安精神研究会通讯》、《白族学研究》、《大理白族自治州计划生育协会通讯》、《小河淌水文化》12种。共有巍山县和漾濞县成立了县级社会科学界联合会。

深入学习实践科学发展观，促进哲学社会科学工作健康发展。贯彻落实中央及省的宣传部长会议精神和全州宣传思想文化工作会精神，准确把握科学发展观的思想内涵，为抓好哲学社会科学的繁荣发展打下了坚实的理论根基。

积极抓好课题调研工作。围绕州委、州政府的工作重心，精心做好社科课题的设置、立项、研究和评审，使课题研究工作成为学习宣传贯彻科学发展观的具体行动，成为“围绕中心，服务大局”的具体实践。

2007—2009年公开评审立项的社会科学研究课题成果专辑《大理发展探索》（上、下册）一书印刷出版。全书26个社科理论课题研究都是紧紧围绕“生态优先、农业稳州、工业强州、文化立州、旅游兴州、和谐安州”的发展思路，紧紧围绕“把工业建成富民强州的最大产业；把大理建设成为滇西现代化交通枢纽；把大理建成全国著名的旅游胜地和全国经济建设、政治建设、文化建设、社会建设、党的建设搞得最好的民族自治州之一”的战略目标，紧紧围绕我州“十一五”规划中所提出的重大理论和现实问题，展望“十二五”奋斗目标，从不同的角度、不同的层面进行深入调研、理论探索、发展透视的成果。

加强对社会团体指导工作，激活社科队伍活力。在州社科联登记注册的州属社科各学会、协会、研究会有29个，为了进一步准确掌握各学会、协会、研究会的动态情况和开展工作情况，州社科联于2010年初对各学会、协会、研究会的领导班子、联系方式、工作地址进行了认真的核查，与每个学会、协会、研究会的负责人进行了有效沟通，对州属各学会、协会、研究会的情况做到了准确掌握、及时指导。州社科联配合州民政局对长期不组织活动、不进行年检的州金融学会、州哲学学会等6个社会组织进行了清理整顿。指导工业经济联合会、州统计学会进行了换届。

高度重视社会团体“小金库”治理工作，促进社团组织健康发展。社科联严格按照中央及省州关于社会团体“小金库”治理工作要求，督促检查落实社科联所属各学会的治理工作，完成了责任书的签订，自检自查报告和《社会团体和公公募基金会“小金库”自查自纠情况报告表》的上报。

利用社科载体对外宣传工作取得新成效，2010年，大理州民族史学者、大理市地方志办公室副主任杨周伟在由省委宣传部、省社科联主办的 “云岭大讲坛”主讲的“西南六朝古都大理与南诏大理国”取得较大成功，《香港明报》、《香港大公报》、中华网、新浪网、云南网、《滇池晨报》等州外媒体广泛进行了报道，在社会科学界掀起了新的“中华大古都及南诏、大理文化热”，扩大了大理的影响力。宾川县学者黄向实到“云岭大讲坛”主讲了“鸡足山佛教文化”。

开展专家基层行，为地方经济社会发展建言献策。2010年9月，省州社科联和云龙县委宣传部共同组织9名（其中省级专家4名，州级专家5

名）社科专家深入云龙考察调研云龙县文化旅游开展情况，县委政府十分重视，召开了县级领导和县级所有部门参加的专家咨询会，会后共收到专家咨询报告10篇。

开展“争先创优活动”，按照宣传部党总支要求，社科联领导带头，扎实开展争先创优活动，社科联全体党员认真落实“党员服务承诺”，综合科科长确定为“党员先锋岗”。根据宣传部安排，承担了联系州委宣传部挂钩扶贫单位洱源乔后镇的抗旱和扶贫工作，联系省委宣传部研究室，负责州委宣传部的宣传文化思想调研工作的具体业务。

十三、德宏州社会科学界联合会

德宏州社会科学界联合会于1997年8月成立，属正处级事业单位，参照公务员管理。内设有一个科（办公室），核编4人，实有4人。现有办公室4间，公务用车1辆，基本实现无纸化办公。2005年10月，从德宏州委宣传部独立分设办公。

在中共德宏州委、州人民政府和州委宣传部的大力支持和帮助下，2004年德宏州社科联第二次代表大会选举产生了第二届常务理事会和主席、副主席、秘书长。德宏州社科联第二届常务理事会主席林念兰，专职副主席兼秘书长赵云山；兼职副主席尹以庄、刘新光、杨前光、杨赛光、周湛鸿；副秘书长舒迎春、杨庆东、孔祥中。预计在2009年上半年，召开德宏州社科联第三次代表大会，届时将选举产生第三届社科联领导班子。

德宏州社科联是德宏州委、州人民政府领导下的学术性人民团体，是全州哲学社会科学界学术团体的联合组织，是州委、州人民政府政府联系社会科学工作者的“桥梁”和“纽带”，是发展社会科学事业和先进文化的重要力量，是州委、州人民政府的“思想库”、“智囊团”。其主要任务是：对所属学会、协会、研究会进行业务指导和日常管理；组织社会科学界有计划开展学术研究和学术交流活动，为各级党委和政府的决策提供咨询服务；组织社会科学知识的宣传普及工作，积极促进社会科学研究成果的社会化；受德宏州人民政府的委托组织全州社会科学优秀成果的评奖工作；编辑出版学术期刊和社科动态信息——《德宏社会科学》；促进社会科学学科建设和人才队伍建设，表彰先进学会和优秀社科工作者，关心和维护社会科学工作者的正当权益，反映社会科学界的意见和要求；加强社会科学界与自然科学界的横向联系与合作。

德宏州社联自成立以来，在中共德宏州委、德宏州人民政府的领导下，在省社科联和州委宣传部的关心、指导下，团结广大哲学社会科学工作者，以邓小平理论和“三个代表”重要思想为指导，全面贯彻落实中央、省委和德宏州委的重大战略部署，认真学习贯彻党的十五大、十六大、十七大和省委州委党代会精神，深入学习实践科学发展观活动，同心同德，开拓进取，艰苦奋斗，求真务实，大力开展社科优秀成果评奖，促进社科队伍建设，呈现重点突出、亮点频现，蓬勃发展的良好态势，为繁荣发展德宏州哲学社会科学事业，推进德宏州改革开放和现代化建设，促进德宏经济发展和社会全面进步，发挥了重要作用，作出了应有的努力。

历经10余年风雨，德宏州的哲学社会科学事业、人才、队伍都有了很大的发展。州级学会协会、研究会发展为25个，所属团体会员55个，共有会员9千多人。其中正高人数10人，副高职800多人，中级职称近5000人。目前，全州五县（市）已有潞西成立了社科联，其他县（市）正在积极筹备成立社科联组织。2008年德宏州社科联被省委宣传部命名为云南省社科院“德宏基地”，同年成立了云南省社科院“德宏分院”，内设中缅经济研究所。全州社科联广泛联系全州哲学社会科学所有学科和专业人才，形成了包含哲学社会科学各个学科，研究方向广阔，适应经济社会发展各领域的需要，人才荟萃，老中青结合、专业研究人员和实际工作相结合、社会科学工作者和自然科学工作相交叉，哲学社会科学蓬勃发展的局面。

总结过去，展望未来，在中共德宏州委、州人民政府和州委宣传部的领导下，在省社科联的指导下，德宏州社科联必将与全州哲学社会科学工作者一道，为繁荣、发展德宏州哲学社会科学事业，推进德宏州改革开放和现代化建设，促进德宏经济社会跨越式发展作出更大的贡献。

十四、迪庆藏族自治州社会科学界联合会

迪庆州社会科学界联合会（简称迪庆社科联），是中共迪庆州委、州人民政府领导下的学术性群众的团体，是党和政府联系和团结广大哲学社会科学工作者的桥梁和纽带，是社科类州级学会、协会、研究会的业务主管部门。

（一）基本工作职能

发挥本会作为党和政府联系迪庆州广大哲学社会科学工作者的桥梁纽带作用，反映哲学社会科学界的愿望与要求，维护哲学社会科学工作者的合法权益；组织社会科学界学习研究和宣传马克思列宁主义、毛泽东思想、邓小平理论、“三个代表”与社会主义和谐理论，科学发展观，学习、宣传贯彻和执行好党在各个时期的路线、方针、政策，指导和协调好迪庆哲学社会科学类学术团体的学术活动；组织开展理论研究和学术交流活动，扶持和促进优长学科的建设和发展，承担州委、州人民政府交办的重大课题及调研任务；普及社科知识，开展培训、咨询服务活动；加强与省内外学术界的联系，促进学术交流的友好往来，负责迪庆州社会科学优秀成果评奖活动的管理，组织和实施；大力宣传本州的优秀成果和优秀人才，奖励和表彰迪庆州社会科学界优秀学术性社会团体及其工作者。

（二）组织建设

迪庆州社科联批准成立于2003年10月，2006年召开第一次社科界代表会议，选举产生了迪庆州社科界第一届领导班子，社科联领导班子由常委9名组成，设主席1人，专职副主席兼秘书长1名，兼职副主席3名。由于迪庆社科联起步晚，所以基层社科联和学会、协会建设还相当薄弱，还有待于在今后的工作中进一步加强。

（三）编制与内设机构

迪庆州社科联机关编制3人，均按参公管理编制，由于编制少，内设机构仅为一个综合办。

（四）主要工作

自2003年社科联成立后，在巩固基础上提高，在深入发展的主导思想指导下，按照找准定位、发挥优势、明确思路、突出重点、振奋精神、有所作为的共识，制造性地开展了各项社科工作。把握机遇，更新观念，着力拓展发展空间，在推动中央、省委关于《进一步繁荣和发展哲学社会科学》文件精神的基础上，积极、主动，把中央、省委的政策运用到具体工作中，为工作开展提供了制度性保障，规范了对社团的管理，制定了规章，进一步完善了社科优秀成果的评选活动。改革创新、锐意进取，着力加强自身建设。注重理论学习及领导班子队伍建设。积极努力争取创办具有特色的社科刊物，获得了州委、州政府的批准，现正在筹备中。

十五、临沧市社会科学界联合会

临沧市社会科学界联合会于2004年经中共临沧市委常委会正式批准成立，核定人员编制2人，其中，主席1名，秘书长1名，挂靠中共临沧市委宣传部管理。2005年11月，市委召开了临沧市社会科学界联合会第一次代表大会，选举产生了市社科联第一届委员会委员29人，常务委员会组成人员主席1人、副主席（兼职）2人、常委10人。

2006年4月，经临沧市机构编制委员会批准，市社科联作为学术性群众团体单独设立，不再挂靠市委宣传部。根据《中共临沧市委办公室关于印发〈临沧市社会科学界联合会单位职能内设机构和人员编制方案〉的通知》（临办发〔2006〕67号）精神，核定人员编制6名，其中，行政编制5名，工勤编制1名，内设科室2个（综合办、科研部）。现有5人，主席1人，科研部主任兼秘书长1人、综合办主任1人、综合办秘书2人。市社科联是市委的群团工作部门，属参公管理单位，目前市社科联工作领导机构健全，科室工作机构还不够健全，正在积极争取健全和完善，机构的运行机制正常。

临沧市社科联现有社科学会、协会、研究会共28个，现有凤庆县、云县、临翔区、双江县、沧源县5个县区级社科联。

临沧市社科联在市委、市政府的正确领导下，在省社科联和市委宣传部的有力指导下，紧紧依靠全市广大社科工作者，凝聚力量，整合资源，开拓创新，各项工作重点突出、有效推进。

一是社科研究不断深入。始终把研究临沧经济社会建设中的重大理论和实际问题作为主攻方

向。借脑引智，邀请35位省内知名社科专家到临沧，对“在新形势下加强临沧市宣传思想队伍自身建设的思考、临沧市循环经济模式研究”等33个课题进行深入调研，形成的调研报告汇编成《社会科学专家话临沧》一书，汇集了近几年来临沧干部群众在推动临沧经济社会全面健康协调可持续发展过程所形成的新思维、所探索的新思路、所创造的新方法、所取得的新成效；汇集了30多位社科专家对临沧经济社会发展方方面面理论思考、科学建议，对临沧当前和今后的发展具有强有力的助推作用。同时，按照临沧市哲学社会科学“十一五”规划的要求，全市广大社科工作者对市委提出的16个专题配合相关部门进行了认真思考，深入研究，提出自己的真知灼见，为市委、市政府决策提供参考发挥了作用。

二是社科普及紧扣主题。始终把学习贯彻十七大精神作为社科知识普及的主要内容来安排，采取流动党校、形势报告会等方式，帮助广大党员干部人民群众加深对十七大精神的理解，全市共组织不同类型宣讲报告会、基层座谈会267次，参会干部群众266400多人次，制作并向基层党员发放《临沧市基层工作手册》34000册。同时，邀请云南大学教授、博士生导师陈国新，原省社科联副主席、研究员张瑞才和市级有关部门领导围绕树立和落实科学发展观、构建社会主义和谐社会开展等5个专题讲座，为市直机关800多名副科级以上领导干部进行了讲座，使大家开阔了视野，培育了学习创新能力，启迪了创新发展的思路。全市广大社科工作者还深入新农村建设点，开展“普及科学理论，服务群众需求”活动，有针对性地帮助农民群众解决生产生活中的思想问题和实际问题，有效地服务了全市新农村建设。在农村基层共举办各类培训班、知识讲座等理论宣讲服务活动达350多场次，受益干部群众达162400多人次。

三是学会管理逐渐规范。按照学会管理的规定和要求，临沧市社科联进一步增强服务意识，改变工作方法，真正做到了年初有安排布置，年中有督促指导，年末有检查审核。指导学会开展学术研讨、学术交流等活动。督促学会按期换届、按章办会。加大对挂靠学会的监督、管理力度。大力培育和发展新学会，成立了一批社科学术团体，全市社科学会力量进一步得到加强。

四是队伍建设不断加强。以建设学习型、服务型、创新型机关为目标，全面加强机关自身建设。巩固和扩大“先进性教育”、“三项教育”、“三力建设”和解放思想大讨论活动的成果，进一步完善各项规章制度的管理与落实，为全市社科界提供优质、高效、便捷的服务。

十六、怒江州社会科学界联合会

怒江州社会科学界联合会（简称怒江州社科联），成立于2006年11月，2010年经州机构编制委批准，州社科联编制从3人增至6人，增加1名正科职数，机构单设，为州委领导下的正处级社会团体组织，人员参照《公务员法》管理。

按照全省社科联工作会议和全州宣传思想文化工作会议精神，州社科联围绕州委政府的中心工作，以实现怒江“二次跨越”理论与实际相结合为重点，以创办会刊为亮点，以课题调研为突破口，充分发挥社科联特殊的职能，努力克服人手少、经费缺、条件差等困难，因地制宜，开拓创新，着力于打基础、抓重点、建制度、出亮点，全州社科工作取得了新的进展。

负责起草了州委主要领导在全州宣传思想文化工作会议上的讲话；完成全州宣传思想文化工作要点的起草和修订工作。

努力提升《怒江社会科学》办刊质量，突出刊物特色，紧紧围绕中心工作以及怒江“二次跨越”理论和实践，推出“驼峰航线”和“独龙江帮扶”两大主题栏目，为宣传、推介怒江和提供决策参考方面起到了积极作用，影响力不断扩大。

因地制宜地确定调研课题，为制定我州哲学社会科学“十二五”规划提供基础材料和数据。经过组织召开各方面社科专家、学者座谈会和多方征求意见，并紧密结合州委政府的中心工作和中央、省宣传思想文化工作会议的主要精神，确定了2010年14个调研课题；除组织、鼓励各学会协会结合怒江和本部门实际，深入进行调研，形成高质量、有价值的调研报告外。由州社科联负责完成“独龙江保护与开发”课题研究，牵头完成“怒江州生物多样性建设研究”（初定）两个调研课题。

起草了《怒江州社会科学优秀成果奖励办法（试行）》，已报经州委常委会研究同意，并以两办名义下发，负责完成宣传思想文化工作调研报告，负责起草《中共怒江州委关于进一步加强和改进宣传思想文化工作的意见》。为进一步加强和改进宣传思想文化工作，切实解决宣传思想文化工作中存在的困难和问题，全面推进新形势下宣传思想文化工作，根据全州宣传思想文化工作调研报告，按照中央和省委对新形势下宣传思想文化工作提出的任务和要求，紧密结合怒江实际，社科联负责起草《中共怒江州委关于进一步加强和改进宣传思想文化工作的意见》，通过多方征求意见，组织相关人员和部门进行了5次讨论修改，以州委文件（怒发〔2010〕11号）印发全州实施。

根据省委宣传部和省社科联的要求，认真撰写了《云南省志·社会科学志》州市社科联编纂内容，并通过了省社科联的审定。

坚持从本单位实际出发，开展创先争优活动，加强学习，改革创新，求真务实，不断提高党员干部政治理论素养。主要采取交流、讨论、自学与集中学习等方式，确保学习的效果。把创先争优与建设学习型党组织活动有机地结合起来，相辅相成，共同推进。

十七、楚雄市社会科学界联合会

按照州委的要求，楚雄市自2005年10月份以来，在市委的领导下，在市委宣传部的牵头下，在省、州社科联的指导下，认真开展市社科联的筹备工作。在筹备工作中，楚雄市采取先成立部分学会、协会、研究会，然后再成立市社科联的方法。经过深入调研，争取部分部、委、办、局的支持，先后成立了楚雄市延安精神研究会等20家学会、协会、研究会，涵盖了楚雄市20个基础社会学科。目前，学会、协会、研究会会员已发展到900多人，各学会、协会、研究会草拟了章程，进行了社团登记，初步开展了各项学科研讨活动。在基础学会、协会、研究会有了一定规模的基础上，楚雄市社科联筹备组初步拟定了《楚雄市社会科学界联合会章程》（草案），建立了各学会、协会、研究会的会员档案，并设计了楚雄市社科期刊的版式，征集到近20余万字的社科理论文稿以及一批图片，为市社科联的成立奠定了基础。在省、州社科联的指导下，在市委、市政府的领导下，2006年3月17日楚雄市社科联正式成立，内设办公室、编辑部。社科联成立后，市委、市人民政府为社科联落实了办公地点、争取编制配齐了2名工作人员。市社科联在全面履行工作职责的过程中，一是认真组织开展理论研讨活动。组织所属学会、协会、研究会举办了“社会主义荣辱观、科学发展观”等6个专题的理论研讨会，收集到一批会员结合工作实际撰写的体会文章，为繁荣全市哲学社会科学事业，推动经济社会发展进行了初步探索。二是认真办好社科机关刊物。按市委常委会精神，楚雄市社科联机关刊物每年编印四期，市社科联经过认真筛选收集到的文稿，将刊物分为十二个栏目，于2006年9月份正式开办了第一期社科期刊——《威楚社科》。第一期刊物推出了五个栏目， 8万多字，64个页码，文稿内容涉及楚雄市经济、社会事业发展各个方面。刊物分别传送到全市144个村委会，15个乡镇，70多家部、委、办、局，在指导全市开展理论学习上起到了一定作用。三是认真改善社科联机关办公条件。按照市委的安排，市社科联将采取由市委拨出部分资金，市社科联向上级争取资金支持的办法，计划在2006年年底购置车辆，改善办公条件，以便更好地开展工作。四是认真指导学会、协会、研究会开展工作。自市社科联成立以来，先后20次组织市延安精神研究会开展延安精神进校园、进机关、进企业活动，深入到市审计局指导内审学会开展理论研讨工作，深入市教育学会，指导教育学会开展教改经验调研与总结，受到了学校、机关、企业的欢迎。

楚雄市社会科学界联合会是中国共产党楚雄市委员会、楚雄市人民政府领导下的学术性人民团体，是全市社会科学界学术团体的联合组织，是市委、市政府联系社会科学工作者的桥梁和纽带，是发展社会科学事业和先进文化的重要力量。团结和组织全市社会科学工作者，坚持党的基本路线，坚持解放思想、实事求是、与时俱进，坚持为人民服务、为社会主义服务的方向，贯彻理论联系实际，“百花齐放、百家争鸣”的方针，积极开展社会科学学术研究活动，促进楚雄市社会科学事业的发展和繁荣，为市委和市政府的决策服务，为楚雄市改革开放和现代化服务。

对所属各学会、协会、研究会进行业务指导和日常管理；组织社会科学界有计划地开展学术研究和学术交流活动，为各级党和政府的决策提供咨询服务；组织推动社会科学知识的普及工作，积极促进社会科学于是内疚成果的社会化；受楚雄人民政府的委托组织全市社会科学优秀成果的评奖工作；编辑出版学术期刊和社科动态信息；促进社会科学学科建设和人才队伍建设，表彰先进学会和优秀社科工作者；关心和维护社会科学工作者的正当权益，反映社会科学界的意见和要求。目前所属学会数20个，学会会员人数920人。

十八、绥江县社会科学界联合会

绥江县社会科学界联合会，经绥江县机构编制委员会绥机编字〔2003〕14号文件通知正式成立，属财政全额拨款的正科级事业单位，所定编制3人，其中设主席1人、副主席1人、秘书长1人、常委7人。于2006年4月8日在省、市社科联的指导下，召开绥江县第一届社科联代表大会，选举产生了第一届领导班子。

绥江县社科联下属学会、协会6个，分别为理论研究学会，历史研究学会，奇石文化研究协会，作家协会，美术、书法、摄影家协会和音乐舞蹈戏剧协会。会员总计300人。

绥江县社科联工作职能职责主要是从事科学知识的宣传普及、开展社科课题研究、社科成果评奖和学会，协会组织发展等工作。

绥江县社科联成立近三年来，紧紧围绕县委、政府的中心工作，按照省、市社科联的安排部署，结合绥江移民迁建工程，经济社会发展的实际，一是积极组织、指导协会、学会活动、开展社科课题调研。人文历史研究学会、社科理论研究学会、奇石文化研究协会和县领导以及学会会长、会员积极主动开展社科课题研究和课题文章的撰写。先后有60余名理论工作者围绕绥江移民迁建、人文历史、支柱产业建设、文化旅游、产业发展、新农村建设、城市化发展、党的建设奇石、兰花理论研究等涉及全县经济、社会发展的各个领域开展调研，撰写了120余篇、60余万字的理论文稿，向县内外、省内外相关社科杂志、报刊投送和县内交流、赠阅。其中县社科联副主席吴运强撰写的《城镇迁建中保护老地名的现实意义》一文获民政部地理研究二等奖；县委党校校长张洪英，讲师辛红、车绍斌等撰写的理论文章先后被陕西省社科院主办的《新西部》，海南省科协主办的《科学时代》、《昭通社会科学》、《乌蒙论丛》、《昭通经济》和《云南日报》、《昭通日报》等报刊选登；县社科联主席马志明撰写的绥江县综合改革的做法与实践被《中国改革》、《云南改革》杂志选登，《对发展绥江县文化旅游产业的对策与思考》被《昭通社会科学》、《昭通日报》选刊。二是办好文艺社科期刊，为文艺社科人才搭建创作交流平台。绥江文联、社科联成立后，由于县委、政府的高度重视，于2006年下半年创办了《金江潮》文艺社科季刊，至今已出刊7期，刊发社科文稿30余篇、15万余字，刊发小说、诗歌、散文等文学作品近200篇80多万字，选登美术、书法、摄影等艺术作品近200幅。目前《金江潮》文艺社科季刊已纳入云南文学期刊方阵，受到文艺社科业内人士的好评，成为绥江对外交流的文艺名片。三是加强协会学会建设和业务指导，认真搞好文学艺术作品创作，提高文艺社科人才素质。文联社科联在人员少、经费紧张的情况下，在巩固好6个协会、学会的基础上，还积极指导、支持乡镇文学社的创建活动，资助相关协会的创作采风活动。先后选送了三名有较高创作水平的文艺人才到鲁迅文学社研修班进修学习、以提高创作水平。本县作家吴运强的小说《山雨欲来》、朱冬才的小说《童工白雪》分别荣获《中国作家》第四届金秋笔会三等奖和二等奖。同时吴运强的小说《爆炸》、马志明的摄影《长江东转图》分别荣获昭通市政府第四届文艺、社科优秀成果二等奖。吴运强的小说2008年被四川文学采用刊发。四是围绕移民迁建，加强横向联系、搞好移民文学创作。由昭通市文联主席倡导，绥江县文联社科联发起并于2008年承办了首届滇川五县（水富、屏山、雷波、永善、绥江）移民文学创作笔会，为地处金沙江溪洛渡、向家坝水电站库区的滇川五县拉开了移民文学创作的帷幕。五是围绕县委、政府中心，投身灾后恢复重建工程。震惊世界的2008年“5·12”汶川大地震发生后，使绥江县3000余户群众房屋和各项基础设施受损，造成全县经济损失高达2.5亿多元，按照县委、政府的安排部署，县文联、社科联在仅有3名人员的情况下，共向汶川灾区捐款和交纳特殊党费近2000元，投身到全县2718户受灾群众的恢复重建工程中，共投入40余人次2000多元资金，与县委外室办一道承担、完成了回望村40户受灾农户的房屋重建，向县委、政府交上了一份圆满的答卷。

十九、禄丰县社会科学界联合会

禄丰县社科联是中共禄丰县委领导下的以社会科学研究和普及为主要任务的学术性人民团体，是禄丰县社会科学界的联合组织，是县委、县政府联系社会科学工作者的桥梁和纽带。禄丰县社科联成立于2005年12月，与县委宣传部合署办公，机构级别为正科级，设主席1名，由县委宣传部1名副部长兼任，核定事业编制2名，参照公务员管理，经费列入县财政全额预算。目前联系管理学会、协会、研究会9个。

2008—2010年，禄丰县社科联坚持以邓小平理论和“三个代表”重要思想为指导，认真落实科学发展观，学习宣传党的十七大精神，深入贯彻中央及省、州、县关于繁荣发展哲学社会科学的意见，进一步解放思想，开拓创新，团结和组织广大社科工作者，紧紧围绕县委、县人民政府中心工作和禄丰经济社会发展实际，积极开展课题研究、学术交流、社科普及等活动，较好地发挥了桥梁纽带、组织协调、咨询服务和宣传普及作用，为促进全县社会科学的繁荣与发展，推动全县经济建设、政治建设、文化建设和社会建设全面发展作出了积极贡献。

办好《龙城社科论坛》期刊，为社科工作者搭建平台。围绕党的十七大精神的贯彻落实，积极响应解放思想大讨论、学习实践科学发展观、创先争优和推进学习型党组织建设等活动的深入开展，加强《龙城社科论坛》的组织、策划，通过专刊、增刊等大力倡导全县各级党员干部强化学习理论，提高推动实践的能力。2010年对《龙城社科论坛》进行改版，围绕禄丰“三化并举”战略和“十一五”发展成就，每期推出一个策划主题，突出刊物的运用性研究，提高决策参考性，并在封面设计、装帧等方面力求有突破、有提高，以此突出刊物的理论研究和学术交流功能，提高刊物的质量和社会影响力。三年来共出版《龙城社科论坛》正刊12期、增刊2期、专刊2期，发行17800册，刊登各类社科文章308篇。

加强学会管理，激发学会活力。充分发挥党和政府联系广大社科工作者的桥梁纽带作用，加强所属学会、协会、研究会的管理，理顺与学会之间的业务指导关系，规范学会工作制度，强化以目标责任制为主要内容的管理，提高学会管理工作的科学化和规范化。根据《社会团体登记管理条例》、《民间非营利组织会计制度》等有关规定，配合县民政局，对各学会、协会、研究会进行了清理整顿，严格依法管理和监督，确保各学会健康有序发展。组成调研组，深入各学会、协会、研究会进行走访和调研，全面了解各学会基本情况、工作开展情况和存在问题。按照“积极稳妥、成熟一家发展一家”的原则，积极发展社科学会，不断壮大社科队伍。在《龙城社科论坛》开设“学会工作动态专栏”，构建社科学会间的工作交流平台，促进学会工作和学术活动顺利开展。

理论研究深入开展。坚持以科学理论统领哲学社会科学各项工作，县社科联依托县委讲师团，组织社科专家系统学习，认真备课，深入机关、学校、厂矿、农村围绕新中国成立60年的辉煌成就、中国特色社会主义理论体系、民族团结、社会主义核心价值体系、延安精神、十七大和十七届五中全会精神宣讲600余场（次）。围绕县委政府提出的“强农、兴工、扩城、活商、固基、和谐”工作思路，积极开展课题研究和调研，《禄丰县实现县域经济跨越式发展初探》、《禄丰县山区综合开发的调查与思考》等多篇调研报告为县委政府决策提供了科学依据。在《龙城社科论坛》开辟“理论学习”专栏，组织广大社科工作者积极撰写理论文章、学习体会，帮助广大干部群众学习和掌握党的理论创新成果。

社科普及工作稳步推进。县社科联充分发挥“联”的优势，围绕大局，服务社会，加大社科宣传普及力度。一是切实抓好黑井省级科普基地建设。黑井镇因盐而兴、因盐而衰的历史，对社会科学的研究和发展具有深远的影响，在省、州社科联的大力支持下，黑井省级科普基地于2008年4月挂牌成立。在基地建设中，一方面深入挖掘盐文化内涵，以科普、爱国主义教育、休闲为主题，将科普基地建成知识性、历史性和游乐性兼具的综合类文化景观，作为古镇的一个旅游景点对外宣传和推介，目前多媒体信息系统展馆和盐文化生活体验馆已建成；另一方面围绕黑井经济社会发展实际，充分发挥社科普及基地作用，积极开展课题研究和实践活动，以节庆活动和盐文化研究为中心推动文化旅游业发展，加快当地经济社会发展步伐，使基地成为社会科学理论为基层服务、基层建设依托科学理论创新发展的典范。二是为加强和改进未成年人思想道德建设，推进社会主义荣辱观教育和“三生教育”，特邀著名英语教育家、演讲家郑小四、李新平老师到我县10所中学举行“英语改变命运，爱心成就人生”大型励志演讲活动，挖掘学生的学习动力，激发学习热情，让学生懂得感恩父母、感恩老师、感恩人生。三是各学会、协会、研究会结合自身工作实际，开展了形式多样、丰富多彩的社科宣传活动，向广大群众普及社科知识，传播科学思想，倡导科学、文明、健康的生活方式。

承办云南省2008年社科联工作会议。2008年4月20日至25日，云南省社科联2008年工作会议在禄丰召开。省社科联领导和部分省级学会负责人、全省16个州市和部分县市社科联的领导出席了会议。中共楚雄州委副书记刁殿伟，中共楚雄州委常委、州委宣传部部长杨正权，中共禄丰县委书记吕琳麟出席会议。刁殿伟和吕琳麟还分别代表楚雄州委和禄丰县委致欢迎辞和介绍县情。会议听取了雷翁团副主席代表省社科联所做的工作报告，表彰奖励了2006—2007年度先进集体和先进个人，部分州市县社科联在会上作了交流发言，原省人大常委会副主任、省社科联主席王义明同志作了重要讲话，在黑井古镇举行了省级社科普及基地揭牌仪式。参会人员围绕昆（明）攀（攀枝花）经济带建设与发展进行了考察。

2007年12月在楚雄州社会科学大会上被中共楚雄州委员会、楚雄州人民政府表彰为“先进集体”；2008年4月在全省社科联工作会议上被云南省社会科学界联合会表彰为“2006—2007年度云南省先进社科联”。

二十、泸西县社会科学界联合会

泸西县社会科学界联合会成立于2009年3月16日。泸西县社会科学界联合会是中国共产党泸西县委员会、泸西县人民政府领导下的学术性人民团体，是全县社会科学学会、协会、研究会的联合组织，是泸西县社会科学界综合性的学术团体，是县委、县政府联系全县社会科学工作者的桥梁和纽带。本会为红河州社会科学界联合会的团体会员，接受州社科联的工作指导。

泸西县社科联秉承的宗旨是，在中国共产党领导下，团结和组织全县社会科学工作者，以马列主义、毛泽东思想、邓小平理论和“三个代表”重要思想为指导，深入贯彻落实科学发展观。坚持党的基本路线，解放思想，实事求是，与时俱进，坚持为人民服务，为社会主义服务的方向，坚持理论联系实际，贯彻“百花齐放、百家争鸣”的方针。积极开展社会科学学术研究活动，促进泸西县社会科学事业的繁荣和发展，为县委、县政府决策提供服务。

泸西县社会科学界联合会，将在县委、县政府的领导下，在州社科联的指导下，认真履行“桥梁纽带、组织协调、咨询服务、宣传普及”的职能，抓住机遇，起好步，开好头，为今后的发展打好基础，并自觉遵循社科工作的客观规律，紧密结合泸西乃至全州的实际和中心工作，积极组织社科工作者开展理论研究和应用对策研究，用科学理论研究新情况，探索新举措，推动新发展；在工作中精心选取研究课题，认真承办杂志，确保理论研究对实际工作的针对性和指导性，多渠道地促进实科研究成果的转化和运用，为县委、县政府的科学决策提供参考。同时积极开展多种形式的社科普及宣传活动，让人民群众共享社科研究的成果，不断提高广大干部群众的科学文化素质。

泸西县社会科学界联合会将不断加强自身建设，切实承担起繁荣泸西哲学社会科学的职责，用改革创新的精神，认真探索做好社科联工作的新路子，积极拓展服务功能，不断提高工作的质量和水平，努力使社科联成为党委和政府可信赖的“智囊团”、“思想库”，成为社会科学研究的精品生产基地和社科普及的主要阵地，成为促进社科人才成长的平台，成为社科工作者之家，努力推动泸西哲学社会科学健康发展。

泸西县社会科学届联合会第一次代表大会通过法定程序，选举产生了第一届理事会理事21名，常务理事9名，主席1名，副主席3名，秘书长1名。

二十一、弥勒县社会科学界联合会

（一）弥勒县社科联基本情况

弥勒县社科联自1999年元月成立以来，在县委的正确领导下，在省、州社科联的关心指导下，在全省各地（州）、市（县）社科联的关心帮助下，经过十年不懈的努力，至今有专职人员2名，其中专职副主席1名，办公室人员1名，兼职人员3名。社科联下辖学会有教育学会、会计学会、金融学会、彝学会、演讲学会、新闻学会、预防医学会、红原女子管乐协会、警察协会及延安精神研究会。省、州学会弥勒活动小组有党史、图书馆、档案、地方史、历史小组。学会、协会及活动小组在县社科联的指导下，严格按各自《章程》积极开展活动，为弥勒县社会科学的繁荣和发展作出了最大的贡献。

（二）主要做法

十年来，弥勒县社科联在开展学术研讨、咨询、普及、自办刊物、理论培训、学习及围绕县委、县政府中心工作，开展决策咨询、提供思想动力、智力支撑方面充分发挥了社科联的职能作用，得到了全县广大干部群众的一致称赞，多次受到省、州社科联的奖励。

1．理论武装扎实有效

（1）抓学习，从思想上强化理论工作的重要性。

县社科联自身把政治理论学习及业务知识学习放在首位，做到工作学习化、学习改造化。同时还积极、主动参与县委理论中心组学习，并为全县广大干部群众的学习搭建平台。

（2）抓调研，为县委、政府决策提供科学依据。

县社科联把围绕中心，服务大局，唱响主弦，打好主动仗，认真组织开展有效的调研、研讨、征文活动作为最重要的工作任务。

（3）抓培训，着力提高广大干部群众的综合素质。

最近几年来，在县委、政府的高度重视支持下，县社科联多次邀请全国、全省、全州享有盛名的数十名专家、教授、学者讲课，为全县副科级以上干部和上万名机关干部、群众进行培训。

2．科普宣传内容丰富

在全县营造坚持以科学发展观为统领，用科学理论武装人，大力宣传普及社会科学知识，倡导科学方法、弘扬科学精神，努力形成一个良好的学科学、用科学、爱科学的社会氛围，宣扬积极健康文明、向上进取的人生价值观，提高全县各族人民的科学文化素质，为实现全面建设弥勒小康，构建和谐弥勒服务。

3．学会活动形式多样

着力管理、指导、服务各学会，推动其按照《章程》，围绕中心，积极开展活动，起好社科联的桥梁、纽带作用，为繁荣和发展全县社会科学作贡献是社科联的主要职责。

4．创办刊物有声有色

县社科联于2003年创办社科刊《弥勒》，着力向全县广大干部群众传递中央、省、州颁布的路线、方针和政策及重要理论，县里的重要会议精神及县主要领导讲话，工作经验、方法、体会、思考等方面的理论文章，刊登调研报告、征文获奖优秀文章。

（三）主要经验

1．抓领导

县社科联是县委、县政府领导下的群众性团体组织，各级领导的重视、关心和支持是社科联工作取得优秀成绩的重要保障。

2．抓制度

县社科联一直非常重视自身的制度建设，把干部职工的自身素质提高放在第一，要求做到学以致用，用学习推动工作，不断创新工作，多出实绩。每年的工作做到有计划、有步骤、有重点，思路清晰，有总结落实。

3．抓合力

充分利用社会人才，调动一切积极因素参与，形成强大的合力，促进全县各方面的信息网络发展，构建一支有力的传媒团体，为全县经济、社会、文化的发展提供优质服务。

4．抓创新

县社科联在实践中不断探索，有创造性地指导各学会开展活动，使各学会工作都有所创新，社会效益良好。

5．抓总结

县社科联注重总结工作，所属各学会（协会）每开展活动都做到事前有计划，事后有总结评比，总结经验教训，不断求新向上，使各方面的工作全面、有序地进行。

6．抓学风

县社科联在加强自身学习、不断提高业务水平的基础上，还严格要求各学会（协会）认真学习党的各项路线、方针和政策，端正学风，提高政治觉悟，努力开展好活动。

二十二、漾濞县社会科学界联合会

漾濞县社会科学界联合会（简称漾濞县社科联），成立于2005年12月，属县委宣传部归口管理的事业单位，编制4人，现有专职副主席1人，工作人员3人，漾濞县社会科学界联合会主席由漾濞彝族自治县委常委宣传部长赵琳兼任，常建世任漾濞彝族自治县社会科学界联合会专职副主席。

漾濞县社会科学界联合自成立以来，认真贯彻落实中央、省、州关于繁荣和发展哲学社会科学的意见精神，坚持“二为”方向和“双百”方针，紧密结合工作实际，认真履行社科联工作职责，扎实开展好社科联各项工作。一是及时做好每年社科课题的调研申报工作。围绕“三篇文章”（以核桃为重点的农业产业化、水电推动式工业化和项目带动式基础设施建设），构建和谐漾濞、改革开放30年来漾濞发展变化与所取得成就和在实践中解放思想科学发展等方面内容进行深入调研，并及时向省、州社科联报告。二是认真做优秀理论文章收集、整理、出版工作。编辑出版了近15万字的理论论文集《实践与思考》，收集、整理我县各级领导干部在新一轮解放思想大讨论活动中撰写的理论实践文章120多篇，结集出版了《在实践中解放思想科学发展》一书。三是不断发展壮大所属各协会。我县社科自成立以来，不断发展壮大所属的各研究协会，先后成立了延安精神研究协会、彝学会、警察协会、核桃产业协会。四是积极完成大理州社科工作先进集体、优秀社科专家和优秀社会工作者的评选和推荐工作。五是完成好省、州社科联安排的各项工作。

二十三、巍山县社会科学界联合会

巍山县社会科学界联合会（简称巍山县社科联），成立于2007年4月，在县委、政府的正确领导下，在省州社科联的关心支持下，为促进全县哲学社会科学的繁荣和发展，推动巍山经济社会又好又快发展，作出了应有的贡献。

（1）以学习宣传马克思主义最新成果为首要任务，大力推进理论武装工作。

一是深入抓好以学习党十七大精神和十七届三中全会精神为主题的在职干部理论学习教育活动，推动理论学习向纵深发展。通过不断探索做好理论教育工作的新路子，着力提升党员干部的理论水平、科学决策水平、执政水平和驾驭市场经济的能力，理论教育工作收到显著成效。二是组织开展了全县性理论宣讲活动。邀请了省内知名教授专家学者进行了科学发展观、解放思想、党的十七届三中全会精神专题讲座辅导。三是在全县开展了以“在实践中解放思想、深化改革、扩大开放、科学发展”为主题的声势浩大的解放思想大讨论活动，取得了良好效果。为全县深入学习实践科学发展观活动打牢了思想基础。通过大讨论活动，明确了农业稳县、工业强县、文化立县和旅游兴县的发展思路，乡科级以上领导纷纷撰写理论文章420篇。在全县形成“巍山发展，责无旁贷”的大学习、大讨论氛围，努力营造人人关心科学发展、人人谈论改革开放、人人思考科学发展的局面。四是县委、政府长期设立了“巍山建言献策奖”，广泛动员鼓励县内外各界人士共同为巍山经济社会发展献计出力。五是组织有关部门领导干部到省内红河、丽江、蒙自、剑川和省外浙江、上海、平遥等地考察，学习文化产业发展的先进经验，拓宽了视野。

（2）围绕中心，服务大局，进一步繁荣发展哲学社会科学，积极发挥社科联的职责。

一是组织开展了改革开放30周年纪念大会、座谈会、歌咏比赛、书画摄影展等系列纪念活动。二是精心组织，圆满完成了“云南社科专家大理行”巍山调研咨询活动的接待任务。由社科专家撰写的《巍山历史文化场的现代建构》收录在《社科专家话大理》专著中，对全县经济社会的科学发展产生了良好的影响。三是组织我县两年一届优秀社科成果作品申报工作，不断修改完善《评奖实施细则》，共申报15篇论文。四是加强对学会、协会、研究会的领导管理工作。社团组织规模不断壮大，目前，有协会、社会团体、学会33个。按照《章程》履行职责，广泛开展社科学术研究，进一步挖掘收集整理县内传统文化，编印了《彝族服饰》、《巍山彝学研究》、《古今诗人咏巍山》、《南诏发祥地巍山》和《南诏十三代王》等书籍。五是发挥优势，积极做好借船出海工作。在省州社科联的大力支持和帮助下，推荐了县内历史文化学者杨光梁在大理电视台“大理讲坛”完成了“巍山南诏根源文化巡礼”系列讲座；在“云岭大讲堂·国学讲坛”作了题为“历史文化名城巍山”的讲座；2011年8月还将在红云红河先进文化论坛中作“走进神秘的边陲古国”的专题讲座。同时省州社科联还帮助我县在《春城晚报》、《云南经济信息报》等四家主要报纸作巍山专版宣传，收到了良好的效果，社会各界反响强烈，不仅展示了县级社科学者的风采，而且提升了巍山文化外宣的影响力。

二十四、芒市社会科学界联合会

芒市社会科学界联合会（简称芒市社科联），其前身为成立于2004年11月的潞西市社会科学界联合会，2010年更为现名。市社科联有事业参公管理编制3人，为正科级单位，归属市委宣传部领导。办公地址在潞西市委宣传部，现有专职人员1人。经费保障有两个来源：一是财政拨款，二是合法创收。社科联与文联合署办公，“两联”一套班子，两班人马。

2008—2010年，芒市社科联在市委、市政府的正确领导和州社科联的关心指导下，深入学习实践科学发展观，按照 “高举旗帜、围绕大局、服务人民、改革创新”的十六字方针，为推动潞西经济社会又好又快发展提供了强有力的思想保证、精神动力、舆论支持和文化条件。积极协助央视一套、二套、七套、十套和中国国际广播电台、云南日报报业集团、《香港商报》等国内外媒体做好对潞西的宣传报道和专题拍摄工作，《滇西五味》、《小粒咖啡》、《德宏水牛》、《树化玉》、《傣族剪纸》、《孔雀舞》、《奇怪的黄龙玉》和《孔雀之乡品傣味》等反映潞西的专题片及《芒市——花果飘香美玉倾城》、《经营城市塑造新品牌》等文章在中央级、重量级媒体上的刊播，提升了芒市的知名度和美誉度。公开出版印刷发行了《绿色芒市》精美画册、黄龙玉主题外宣挂历、“康休天堂·休闲芒市”外宣贺卡等外宣产品，得到了社会及各级各部门的赞许和认可。认真做好目瑙纵歌节、勐巴娜西风情节暨泼水节等一系列重大外宣主题活动。2009年活动期间还专门组织20余家媒体对整个活动盛况和过程进行了全方面的宣传报道。

精心策划新中国成立60周年系列庆祝活动。组织召开了全市庆祝中华人民共和国成立60周年纪念大会暨六个“为什么”宣讲报告会；举办了芒市庆祝新中国成立60周年摄影、书画作品展、庆祝新中国成立60周年文艺晚会、红歌会、山歌比赛、演讲比赛和潞西市第二届广告作品展等活动；开展了图书、影视展销、展映、展播和走访慰问活动；启动了“迎国庆、讲文明、树新风青年志愿者治安巡逻活动”；制作并在市电视台播出了庆祝新中国成立60年专题片；在《云南经济日报》上冠名刊登了《潞西辉煌60年》的文章，在《芒市论坛》刊物和《魅力潞西》报纸上开设了“庆祝新中国成立60周年”专栏，协助州委做好《与共和国同行——德宏60年》大型文献的撰稿工作。编写傣族历史文化《贝叶经书写的文明》和德昂族历史文化《古老的茶农》两本散文体史书，以文为主，图文相间，由云南美术出版社出版。配合文产办、文体局，抓好实体文化企业的引导和发展，鼓励企业在产品研发上注入文化内涵和文化创新，引导企业提高品牌意识和宣传意识，后谷咖啡、遮放贡米等一批知名文化品牌逐步凸显。向市委、政府提交了《关于加快芒市珠宝产业发展的实施意见》，为打造芒市珠宝文化城增添了新内容。

积极做好中国昆明泛亚石博览会暨德宏珠宝文化宣传周相关工作，2010年组织了200余家珠宝商参展，成交额达5053.5万元，占全州交易额的53.51%，傣族玉雕师李斌被评为“云南玉雕名师”，彭铭山、方玉斌、华国津被评为“云南玉雕师”。在“神工奖”玉雕作品评选中，芒市参赛作品多件荣获金奖、银奖和铜奖。为加大对本土人才的技能培训，配合中国工艺美术协会完成了65名玉雕师的培训，组织7名傣族群众参加了联合国和中国工艺美术协会在陇川举办的“联合国徽章认证培训”，提高了当地手工业者的设计理念和制作技艺。2010年5月，配合云南社科专家和百名学者德宏大型咨询调研活动，协助专家学者在芒市调研后谷咖啡公司、遮放贡米公司等企业，并在芒市举行学术报告会、座谈会，为地方经济的发展把脉会诊、开方献策。

芒市社科联会刊《芒市论坛》创办于2004年，每年四期定期出版发行。2008年后进行改版，设有“工作指南”、“发展与探索”、“观察与思考”等栏目。围绕市委、市政府中心工作，对全市经济、社会等方面进行调研分析，总结经验，拓展思路，探索发展新路子，为市委、市政府决策提供参考依据。2008年结合解放思想大讨论和改革开放30周年纪念活动，组织刊发了全市各级各部门研究探讨潞西经济社会发展的社科文章，回顾历史，展望未来，鼓舞人心。为认真落实胡总书记的讲话精神，进一步做好桥头堡黄金口岸建设的宣传工作，形成良好的舆论氛围，2010年专门组织举办桥头堡建设专题征文活动。《芒市论坛》作为基层社科刊物，成为联系广大会员，反映群众心声，密切党群干群关系，相互交流的平台，充分发挥了阵地作用。

二十五、华坪县社会科学界联合会

华坪县社科联成立于2006年5月，是挂靠在华坪县委宣传部下的副科级单位。2006年5月25日召开了第一次代表大会，制定了社科联章程，产生了第一届领导机构。选举产生了第一任主席林义烽（兼职），专职副主席王惠，兼职副主席陈禄朝（华坪县科协专职副主席）、蔡立民（华坪县委党校专职副校长）、杨加敏（县史志办副主任）和秘书长王化永（华坪县文联专职副主席）。县社科联现下属社会团体（学会、协会、研究会）1个。

2008—2010年，县社科联在县委、县政府的领导和上级社科联的具体指导下，坚持以邓小平理论和“三个代表”重要思想为指导，认真贯彻落实科学发展观，深入学习中央关于繁荣发展哲学社会科学的意见，进一步解放思想，开拓创新。团结和组织广大社科工作者，围绕县委、县政府中心工作和华坪经济社会发展的实际，积极组织开展了理论学习、课题研究、社科普及、社会科学优秀成果评奖上报等工作，较好地发挥了桥梁纽带、组织协调、咨询服务和宣传普及作用，为促进全县社会科学的繁荣与发展，为推动华坪县经济建设、政治建设、文化建设和社会建设全面发展作出了积极贡献。

二十六、凤庆县社会科学界联合会

凤庆县社科联成立于2009年3月，设立为正科级常设机构，挂靠县委宣传部。核定人员编制2人。其中，主席1名，正科级；工作人员1名。凤庆县社科联为学术性群众团体，在县委的领导下及县委宣传部的指导下工作，下属学会、协会15个。其职责为：

（1）领导和协调所属各学会的工作，指导学会坚持社会主义方向，以科学的理论武装人，促进和支持学会开展正常活动，推动新学会的组建。

（2）制订学术活动规划，推动和支持所属学术团体有计划地开展学术研究活动，积极组织开展县内外学术交流和友好往来。

（3）制定工作条例，编制凤庆县社会科学事业发展规划和组织重大科研项目的联合攻关，负责向市级、省级和国家级社科主管部门推荐申报社科项目，组织开展社会科学知识普及和咨询服务工作。

（4）组织开展凤庆县社会科学研究成果的评奖活动，负责向上级社科联推荐申报全县优秀社科成果，培训和推荐优秀社会科学人才，表彰学会优秀工作者和先进学会。

（5）编辑出版社会科学学术书刊及有关学术资料。

（6）加强社会科学学术团体之间、理论工作部门和实际工作部门之间、各人民团体之间的联系协作。

（7）反映所属各学术团体及社会科学工作者的意见和要求，依法维护其正当权益，有计划地组织专家学者外出考察学习，努力把社科联办成社会科学工作者之家。

二十七、云县社会科学界联合会

云县社科联成立于2009年4月，设立为正科级常设机构，云县社科联与文联合署办公，一套班子，两块牌子。核定人员编制4人。其中，主席1名，正科级；工作人员3名。云县社科联为学术性群众团体，在县委的领导下及县委宣传部的指导下工作。其职责为：

（1）领导和协调所属各学会的工作，指导学会坚持社会主义方向，以科学的理论武装人，促进和支持学会开展正常活动，推动新学会的组建。

（2）制订学术活动规划，推动和支持所属学术团体有计划地开展学术研究活动，积极组织开展县内外学术交流和友好往来。

（3）制定工作条例，编制云县社会科学事业发展规划和组织重大科研项目的联合攻关，负责向市级、省级和国家级社科主管部门推荐申报社科项目，组织开展社会科学知识普及和咨询服务工作。

（4）组织开展云县社会科学研究成果的评奖活动，负责向上级社科联推荐申报全县优秀社科成果，培训和推荐优秀社会科学人才，表彰学会优秀工作者和先进学会。

（5）编辑出版社会科学学术书刊及有关学术资料。

（6）加强社会科学学术团体之间、理论工作部门和实际工作部门之间、各人民团体之间的联系协作。

（7）反映所属各学术团体及社会科学工作者的意见和要求，依法维护其正当权益，有计划地组织专家学者外出考察学习，努力把社科联办成社会科学工作者之家。

二十八、永仁县社会科学界联合会

永仁县社会科学界联合会2010年6月24日十一届中共永仁县委第69次常委会议研究讨论了关于成立永仁县社会科学界联合会的有关事宜，会议决定：①同意《关于成立永仁县社会科学界联合会的请示》；②同意成立永仁县社会科学界联合会，县社会科学界联合会为正科级事业单位，与县委宣传部合署办公，由县委宣传部一名副部长兼任社科联主席，设专职副主席1名，事业编制工作人员2人。目前，按照2010年政府机构改革统筹意见，已于2011年1月30日配设社科联专职主席1名（正科），其核定事业编制3名，工作人员2名正在按照相关程序报批，但工作人员已落实到位。现已完成《永仁县社会科学界联合会“三定”方案》的制订。县社科联的成立，为促进全县哲学社会科学事业发展步入正轨奠定了坚实基础。

认真开展管理协会、研究会等工作。在县委宣传部的精心筹备下，2010年2月成立了苴却石艺开发研究学会，2010年8月隆重召开了永仁县延安精神研究会三届一次会员代表大会，并选举产生了县一届研究会领导班子；2010年，在县民政局登记的21个新社会组织中开展了学习实践科学发展观教育活动及小金库清理和年度审核工作。

二十九、武定县社会科学界联合会

武定县社会科学界联合会（简称武定县社科联），成立于2009年3月，设主席1名，由县委宣传部副部长杨培武兼任，无其他专职人员。武定县社科联为学术性群众团体，在县委的领导下及县委宣传部的指导下工作。近两年来，在省、州社科联的关心指导下，在县委、县政府的领导下，以邓小平理论和“三个代表”重要思想为指导，以科学发展观为总揽，以服务经济社会发展为出发点，以新农村建设为着力点，积极探索县级社科联的发展思路。

每年依托县委党校、农管校、职业中学、农业局、畜牧局、妇联、团委等单位，采取举办培训班、知识讲座、报告会，成立宣讲团等形式，加强社科知识的普及与推广，但未建立经费投入机制。在深入调研的基础上，提出了武定县繁荣发展哲学、社会科学的意见建议。

（1）明确机构设置，统一明确县社科联的组织机构设置，配备专职工作人员。

（2）建章立制，为加强社科联工作的规范运作，建立健全一套切实可行的管理和活动制度：一是建立议事会议制度。按照章程规定，每年召开一次代表大会，每季度召开一次主席办公会，每月召开一次秘书长联系会，重点研究社科联日常工作，加强对全县社科工作的指导。二是建立联合活动制度。建立学会负责人议事制度和集中研讨制度，整合社科研究资源，针对各个时期的重要文件、会议精神和重大事件，不定期进行集体学习讨论交流，集中各学会骨干力量对重大课题进行联合攻关，优势互补，相互启发，各展其能。三是建立学习培训制度。四是建立考察交流制度。每年组织社科骨干外出参观考察1～2次，学习先进经验，拓展视野，提高社科研究水平。五是建立激励制度。对全县较突出的研究项目，在人力、物力、财力上给予大力的支持和帮助，成绩突出的给予奖励。

三十、梁河县社会科学界联合会

梁河县社会科学界联合会成立于2010年7月，挂靠在梁河县委宣传部，社科联主席由宣传部副部长兼任，目前尚未定级定编，办公室有兼职人员2名，联系管理学会、协会、研究会27个。2010年7月21日，举行 “梁河县社会科学界联合会”挂牌仪式，邀请州社科联、县委领导及县直机关相关领导参会，初步确定了我县社科联工作目标。

配合宣传部，做好深化思想理论武装工作。先后开展了“社会主义荣辱观教育”、“解放思想大讨论活动”、“感恩思进”和“学习型党组织建设”等活动，为促进全县经济社会跨越式发展提供强有力的智力支持和思想保证。

组织完成百名社科专家话德宏行活动，配合“2010年云南社科专家德宏行暨百名社科专家话德宏”大型调研活动在德宏的开展，县社科联全面组织完成了在梁河调研期间的各项活动内容，制定了完善的调研活动方案，组织了“专家学术报告会”和“专家座谈会”，安排了调研点，圆满完成了在梁河期间的各项活动内容。

三十一、建水县社会科学界联合会

建水县社会科学界联合会于2010年11月成立，挂靠县委党校，实行“两块牌子、一套班子”。 建水县社会科学界联合会第一次代表大会于2010年11月12日召开，会议选举产生了建水县社科联第一届理事、常务理事、主席、副主席、秘书长。党校常务副校长苏本国当选第一届社科联主席，李建屏当选副主席，包茹兰当选秘书长。

建水县社会科学界联合会是县委、县政府直接领导下的学术性群众团体，是哲学社会科学学术研究、学术交流的组织者和协调者，是社会科学界的联合组织，是县委、县政府联系广大社会科学工作者的桥梁和纽带。其职责和任务主要是：

（1）指导、联络和协调社会科学类学会、研究会、协会的工作。

（2）组织开展各学术理论研究活动和学术交流。

（3）组织开展社会科学的宣传普及和智力开发、咨询服务工作。

（4）组织开展优秀社会科学成果的评奖活动，配合开展全县社会科学规划工作及其负责社会科学著作出版基金筹资、资助、管理等工作。

（5）收集、整理社会科学研究信息，为县委、政府提供社会科学研究信息服务。

（6）组织社会科学界积极参与社会协商对话、民主监督和民主管理。

（7）维护本会所代表的社会科学工作者及其团体的合法权益。

（8）完成县委、县政府交给的各项任务。

三十二、临翔区社会科学界联合会

临翔区社会科学界联合会虽然挂牌成立时间早，但因种种原因，没有召开过社科联代表大会。2010年，临翔区委为加大哲学、社会科学力度，临翔区社会科学界联合会第一次代表大会于

2010年10月28日召开，大会选举产生了21位委员，9名常务委员，1名主席，5名副主席，1名秘书长。由于临翔区社科联没有固定的编制，主席由区委宣传部副部长王玉芹兼任，办公地点设在临翔区委宣传部。目前区社科联共有17个学会、协会，三个协会正在有序组建。

在召开社科联代表大会后，临翔区社科联认真做好哲学社会科学的理论研究工作，各项工作有序开展，举办了3场讲座，推荐了3个专题，并为全区各项中心工作的健康发展提供了有力的理论支持。尤其在理论推进工作中，区社科联在资金缺乏的情况下，深入农村，开展宣讲工作，为加强基层组织建设发挥了重要的作用。

三十三、开远市社会科学界联合会

开远市社会科学界联合会（简称开远市社科联），于2010年4月成立，挂靠开远市文学艺术工作者联合会。2010年8月落实了办公室及办公经费，创办杂志《城乡交响》。一年来，紧紧扣住我省“两强一堡”战略目标、我市统筹城乡发展开展工作，团结带领社科界深入基层，为全州桥头堡建设撰写并推荐文章10余篇。

市社科联联系管理着延安精神研究会、彝族学会、警察学会、统计学会、会计学会、统战理论研究会6个学会。

三十四、双江自治县社会科学界联合会

双江自治县社科联于2005年10月设立，挂靠县委宣传部，为正科级机构，设领导职数1职（正科）。目前县社科联下设有18个学会、协会和研究会。2009年6月，双江自治县安排部署筹备召开县社科联成立大会事宜，并向各乡镇、县级各有关部门分配代表名额，推选出席县社科联第一次代表大会代表。2011年11月27日县委召开常委会专题对召开县社科联成立大会工作进行研究，12月3日，在省社科联、市委宣传部、市社科联的关心指导及临沧市八县（区）社科联的支持帮助下，双江自治县社会科学界联合会第一次代表大会召开，正式成立双江自治县社科联。会议审议通过了《双江自治县社会科学界联合会章程》，并依照《章程》和有关规定，选举产生了双江自治县社会科学界联合会第一届委员会及常务委员会主席、副主席、委员，决定县社科联第一届委员会秘书长。

主要工作：一是积极抓好社科课题申报。2010年向上级社科机构申报国家社会科学基金项目1个，2011年向市社科联申报云南省哲学社会科学规划课题选题1个。二是抓好社科知识普及。2009年分别开展“流动党校进乡村”宣讲和“普及科学理论、服务群众需求”宣讲活动10场，受众1000多人次；2010年分别组织开展法制进校园宣讲和民族团结宣讲活动，参加听讲师生达1470余人。

三十五、沧源县社会科学界联合会

沧源佤族自治县社会科学界联合会于2010年3月25日正式成立，挂靠县委宣传部，兼职人员2名。近一年来，沧源县社科联始终坚定不移地以邓小平理论和“三个代表”重要思想为指导，深入贯彻落实科学发展观，认真贯彻落实党的十七大、十七届四中五中全会、省委八届八次全会、市委二届八次会议及县委十一届十次全会精神，围绕我县“七大战略”目标要求，按照省、市宣传思想文化工作会议的安排部署，团结和依靠全县哲学社会科学工作者，创新工作方式，积极建言献策，为我县在新的历史起点上，实现又好又快发展提供精神动力和智力支持。

精心组织全县哲学社会科学工作者认真学习、广泛宣传、深入研究社会主义核心价值体系，用马克思主义中国化最新理论成果占领思想文化阵地，巩固马克思主义在意识形态领域的指导地位。组织县社科联21名委员学习党的十七届五中全会精神、临沧市二届十次全会、沧源县十一届十次全会，配合县委宣传部做好临沧市推进学习型党组织建设示范点会议筹备工作。通过学习宣传研究会议精神，进一步准确把握当地科学发展的科学内涵、精神实质和根本要求，提高为当地经济发展服务的能力和水平。

组织筹备好社科专家沧源行活动。2010年10月24日至27日，由云南省社科联和临沧市社科联组织的省市社科专家沧源行活动在沧源县开展。

沧源县社科联积极做好相关筹备工作，形成12篇调研论文，取得良好的效果。加强翁丁社科普及示范基地建设力度，在省社科联的大力支持下，投资41.69万元，修整翁丁打歌场、民俗文化展厅，民族民间文化传承室。

围绕县委、县政府的工作中心，服务沧源经济建设、政治建设、文化建设和社会建设，切实把握发展规律，创新发展理念，破解发展难题，搭建服务平台，整合服务资源，找准服务重点，推进社科理论研究和应用对策研究，为县委、政府决策服务，为沧源改革发展服务，充分发挥思想库的作用。

围绕全县中心工作，组织县社科联21名委员和县文联145名学会委员召开课题研究会议，制定216个参考调研专题，形成108篇论文，编辑出版《沧源社会科学》第1期。

正确引导学会，把握活动的学术方向，加强各类学术活动的管理，大力推进在实践基础上的理论创新。积极做好文联指导工作，形成《沧源县社科联关于县文联工作的指导意见》，经常性深入到文联各协会调研。

认真开展佤族文化研究。积极与沧源县佤文化研究中心沟通，对佤族文化进行深入挖掘，开展系统研究，形成11篇学术性研究报告。

积极服务参与县委、县政府编制“十二五”规划。

三十六、陇川县社会科学界联合会

陇川县社科联于2010年7月8日挂牌成立以来，科联按照县委宣传思想工作的总体部署，紧紧围绕市县委、县政府中心工作，深入贯彻落实科学发展观，团结和依靠广大社科工作者，解放思想，务求实效，狠抓落实，推进陇川县社科工作的开展。

紧扣时代主题，认真开展十七届五中全会宣讲，陇川县委宣传部、县社科联结合学习型党组织建设和创先争优活动，深入全县各乡镇，对乡镇班子成员、乡镇干部，村支书、主任，大学生村官、农村致富带头人，就学习贯彻十七届五中全会精神开展集中宣讲辅导，在全县迅速掀起了学习贯彻十七届五中全会精神的热潮。

宣讲牢牢把握“十二五”的主题和主线，围绕提高城乡居民收入分配比重、扩大内需、新农村建设以及保增长、保民生、保稳定等方面一系列重大问题开展宣讲，加深了党员干部对十七届五中全会精神的理解与掌握。用党的十七届五中全会精神武装头脑、指导实践、推动工作的基础上，按照党的十七届五中全会要求调整和完善工作思路，把十七届五中全会精神贯彻到保障和改善民生、促进社会公平、维护社会稳定以及推动经济社会科学发展的各项具体工作中。共宣讲9场次，培训人员达1200多人。

陇川县社科联结合实际，创造性地推行“大讲坛”活动，以“创先争优大讲坛”，实现“比学赶超大发展”，促进创先争优活动取得更大成效。大讲坛本着“人人参与、人人登台、人人主讲”的原则，采取组织安排与自愿报名相结合，自由命题，自主撰稿的方式进行。通过这样的形式，调动全体干部群众自觉参与创先争优活动的积极性、主动性和创造性，增强党员干部职工责任感，展现党员干部职工综合才能，发挥榜样示范作用，推动创先争优活动深入开展。“大讲坛”活动，不仅丰富了活动内容，增强了全体党员的党性认识，还对深入推进创先争优活动注入了新鲜活力，开辟了更加广阔的道路。到目前大讲坛共举办了四期，每期评出一位讲坛之星。

深入开展学习刘永全同志先进事迹巡回宣讲活动。宣讲组成员用质朴的语言、详实的事例、真挚的情感和切身的体验，声情并茂地讲述了一件件刘永全同志感人的先进事迹，从不同角度讲述了他22年扎根基层，无私奉献，在平凡的岗位上诠释了一名新时期共产党员“个人形象一面旗、工作热情一团火、谋事布局一盘棋”的优秀品质，号召广大党员深入学习刘永全同志先进事迹。

三十七、瑞丽市社会科学界联合会

瑞丽市社会科学界联合会于2010年7月29日正式挂牌成立，社科联隶属市委宣传部，定为正科级单位，与市“文联”实行两块牌子一套人马，社科联主席由文联主席兼任任。目前市社科联设主席1人，副主席2人（兼），工作人员1人，社科联工作由市委常委、市委宣传部部长分管。社科联专家学者队伍主要由市委党校教师、市委政策研究室干部、市委宣传部干部、市作家协会部分会员、市直各单位正副职领导组成。

2010年，市社科联以邓小平理论和“三个代表”重要思想为指导，以科学发展观为统领，紧紧围绕市委、政府中心工作，坚持改革创新，拓宽思路，扎实工作，各项工作都取得了新的进展，较好地完成了州社科联及市委、政府交办的各项工作任务，发挥着哲学社会科学认识世界、传承文明、创新理论、咨政育人、服务社会的重要功能。

市委宣传部、市社科联、市文联组织了全市近50名社科专家、作家参观了勐力恢复重建点、瑞丽市联建大楼二期工程、姐告国门社区党总支、景成地海温泉度假村和勐秀乡万亩柠檬连片种植、石斛种植基地。为社科界积极发挥“创新理论、咨政育人”的功能，服务瑞丽经济社会又好又快发展建言献策提供条件。

编写《感恩思进，时代先锋》一书。为配合“自力更生、勤劳致富、感恩思进”主题教育活动的开展，进一步增强全市广大干部群众知恩、感恩意识，发扬积极进取、昂扬向上的精神，市感恩办、社科联、文联联合从全市各行各业中遴选出了包括有勤劳致富的带头人，有富而思进、反哺社会的企业老总，有尊老爱幼、恪守妇道的家庭妇女，有笔耕不辍、贡献余热的退休老干部，有舍生忘死、见义勇为的保安人员等方面的30位先进典型，将他们的先进事迹汇编成册，供全市广大干部群众学习。

组织完成百名社科专家话德宏活动。为配合“2010年云南社科专家德宏行暨百名社科专家话德宏”大型调研活动在德宏的开展，市社科联全面组织完成了在瑞丽调研期间的各项活动内容，制订了完善的调研活动方案，组织了“专家学术报告会”和“专家座谈会”，安排了调研点，圆满完成了在瑞丽期间的各项活动内容。

配合市委、市政府邀请社科专家“献策瑞丽”。为进一步建设好国家开发开放试验区，把瑞丽打造成西向大通道国际陆港，社科联积极配合市委、政府邀请了国务院发展中心副主任刘世锦、中国社会科学院工业经济研究所所长金碚、新加坡国立大学东亚研究所高级研究员杨沐等一批专家、学者，献计瑞丽国家重点开发开放试验区建设，为瑞丽经济社会发展出谋划策。

配合省社科专家搞好调研。组织协调海关、外事办、交通局、“桥堡办”、商务局、政研室、检验检疫局等部门，配合上海国际问题研究院亚太研究室的两位专家、省社科院东南亚研究所的两位专家到瑞丽进行关于“云南与东南亚互联互通以及中国与东南亚互联互通战略中口岸贸易、通关、通道建设情况”调研和“维护云南边疆少数民族地区社会稳定对策研究”调研，组织召开座谈会、陪同到调研点开展实地调研，并提供相关资料。

编撰出版《瑞丽发展研究》。与市委政策研究室配合，组织瑞丽市各行业领导及社科专家为瑞丽桥头堡建设及国家重点开发开放实验区建设撰写文章，建言献策。全年共出版3期《瑞丽发展研究》，选登了“领导讲话”、“发展研究”、“经验交流”、“经济指标分析”等研究文章近30篇，为领导决策提供参考。同时在市文联出版的《瑞丽江》杂志上开辟“桥头堡建设大家谈”栏目，在《瑞丽江》网站开设“桥头堡建设”专栏，选登各级领导、社会各界撰写探讨瑞丽经济社会发展的理论文章，为社会各界建言献策，提供平台。

开展宣讲，宣传党的方针政策。为全面深入学习贯彻党的十七届五中全会精神、州委五届十三次全会精神以及市委十届七次全会精神，由市社科联牵头制订了《关于传达学习和贯彻落实十七届五中全会、州委五届十三次全会、市委十届七次全会精神宣讲活动实施方案》，抽调了由宣传部、社科联、党校、政研室等部门人员组成的学习宣讲团，深入机关、农村、社区、学校、企业开展巡回宣讲。同时配合文化部门开展送电影、送文艺下乡活动。在全市范围内开展“素质提高工程”。全方位开展形势政策教育、社科知识宣传等活动，以达到多领域、多层次、广覆盖的社会效果。

2010年，社科联配合市精神文明办等部门联合开展评选和表彰“十佳文明市民”、“十佳文明的士”、“五好文明家庭”活动，并对从全市各个行业中评选出来的30个先进典型人物进行表彰，配合市广电局拍摄制作先进典型人物、家庭的专题片在市电视台播放。

（云南省社科联　阮凤平）

社会科学期刊、网站

年鉴

2008—2010

云南省哲学社会科学期刊

云南省目前共有哲学社会科学类期刊76种。

序号	期刊名称	国内统一刊号	负责人	电话	通讯地址	邮编
1	云南社会科学	CN53-1001/C	纳　麒	0871-4154719	昆明市环城西路577号	650034
2	思想战线	CN53-1002/C	王文光	0871-5033249	昆明市翠湖北路2号	650091
3	云南师范大学学报（哲学社会版）	CN53-1003/C	罗　骥	0871-5516038	昆明市一二一大街298号云南师范大学	650092
4	社会主义论坛	CN53-1005/D	杨　润	0871-4195021	昆明市新闻路337号	650032
5	经济问题探索	CN53-1006/F	余朝锡	0871-3113370	昆明市东风东路106号	650041
6	云南教育	CN53-1011/G4	陈兴华	0871-5151686	昆明市学府路61号	650223
7	民族艺术研究	CN53-1019/J	甘昭沛	0871-3161975	昆明市青年路371号文化科技大楼12楼	650021
8	滇池	CN53-1020/I	张庆国	0871-3313659	昆明市新迎小区文艺路28号	650233
9	大理文化	CN53-1021/G0	王子荣	0872-2123990	大理州大理市下关幸福路11号	671000
10	版纳（傣文）	CN53-1023/I-D	李志明	0691-2122304	西双版纳州景洪市宣慰大道96号	666100
11	含笑花	CN53-1024/I	周祖平	0876-2122042	文山州文山县城东风路27号州委大院	663000
12	勇罕（傣文）	CN53-1027/I	龚家强	0692-2128820	德宏州潞西市芒市勇罕街14~41号德宏州文联	678400
13	文蚌（景颇文）	CN53-1028/I	龚家强	0692-8886743	德宏州潞西市芒市勇罕街14~41号德宏州文联	678400
14	金沙江文艺	CN53-1029/I	周文义	0878-3136141	楚雄州楚雄市鹿城南路192号	675000
15	玉龙山	CN53-1032/I	石　蓉	0888-5112277	丽江市广播电视台	674100
16	云南支部生活	CN53-1033/D	李　维	0871-4159916	昆明市弥勒寺2号	650032
17	云南画报	CN53-1034/Z	闻林华	0871-3533939	昆明市北京路141号	650011
18	时代风采	CN53-1036/C	杨　可	0871-4143875	昆明市弥勒寺50号	650032
19	青年与社会	CN53-1037/C	李黎伟	0871-4166660	昆明市西坝路29号青年大厦5楼	650032
20	云南年鉴	CN53-1072/Z	普永宏	0871-3629524	昆明市五华山省政府研究室	650021
21	边疆文学	CN53-1081/I	潘　灵	0871-5159231	昆明市翠湖北路25号	650031
22	云南政报	CN53-1090/D	白建华	0871-3622913	昆明市五华山省政府办公厅	650021

续 表

序号	期刊名称	国内统一刊号	负责人	电 话	通讯地址	邮 编
23	法制与社会	CN53-1095/D	李 健	0871-4189037	昆明市西昌路26号省司法厅大楼8楼	650034
24	创造	CN53-1097/D	高 云	0871-8426267	昆明市西山区杨家村省委党校	650111
25	云南档案	CN53-1105/G2	黄燕玲	0871-4184021	昆明市西华北区档案大厦2楼	650032
26	女性大世界	CN53-1107/C	先燕云	0871-4151295	昆明市西坝路3号妇女之家11楼	650032
27	大家	CN53-1108/I	赵丁丁	0871-4194269	昆明市环城西路609号	650034
28	吉祥（缅文）	CN53-1115/G2	蔡春生	0871-4101644	昆明市环城西路577号社科院3楼	650034
29	保山师范高等专科学校学报	CN53-1128/G4	蒋永文	0875-3115018	保山市隆阳区远征路	678000
30	云南艺术学院学报	CN53-1132/J	吴卫民	0871-6249030	昆明市五华区麻园艺院巷4号	650101
31	云南社会主义学院学报	CN53-1133/D	彭济生	0871-8096996	昆明市五一路221号	650031
32	云南行政学院学报	CN53-1134/D	高 云	0871-8426267	昆明市西山区杨家村省行政学院	650111
33	昭通师范高等专科学校学报	CN53-1135/G4	张毅敏	0870-2163855	昭通市环城东路昭通师专	657000
34	文山师范高等专科学校学报	CN53-1136/G4	王光斌	0876-8896928	文山县学府路66号	663000
35	思茅师范高等专科学校学报	CN53-1137/G4	杜 巍	0879-2302377	普洱市宁洱大道275号	665000
36	云南广播电视大学学报	CN53-1142/G4	徐 彬	0871-5122475	昆明市学府路113号	650223
37	致富天地	CN53-1146/F	李 维	0871-4159916	昆明市弥勒寺2号	650032
38	学术探索	CN53-1148/C	袁显亮	0871-8317526	昆明市二环西路389号高新科技广场	650106
39	课程教材教学研究	CN53-1149/G4	沈怀灵	0871-5118055	昆明市学府路2号省教育厅大楼	650223
40	大观周刊	CN53-1152/G0	王 旭	0871-4163258	昆明市新闻路337号	650032
41	版纳	CN53-1155/I	李志明	0691-2148308	西双版纳州景洪市宣慰大道96号	666100
42	中共云南省委党校学报	CN53-1159/C	陈文兴	0871-8426511	昆明市西山区杨家村52号省委党校	650111
43	昆明理工大学学报（社会科学版）	CN53-1160/C	张云平	0871-5190023	昆明市一二一大街文昌路68号	650093
44	云南人大	CN53-1162/D	李希华	0871-4143343	昆明市滇池路166号	650228
45	曲靖师范学院学报	CN53-1165/G4	高小和	0874-8998687	曲靖市经济技术开发区曲靖师范学院	655011
46	玉溪师范学院学报	CN53-1166/G4	任宏志	0877-2055448	玉溪市红塔区玉溪师院西院	653100
47	今日民族	CN53-1167/D	马贤龙	0871-5324712	昆明市环城西路170号云南民族大厦	650032
48	风光	CN53-1170/G0	蔡金华	0871-4193510	昆明市海源北路丽阳星城123幢2-201	650118

续表

序号	期刊名称	国内统一刊号	负责人	电话	通讯地址	邮编
49	人与自然	CN53-1173/G	李安泰	0871-4110699	昆明市环城西路609号	650034
50	楚雄师范学院学报	CN53-1175/Z	李　明	0878-3120042	楚雄州楚雄市鹿城南路楚雄师范学院	675000
51	云南大学学报（社会科学版）	CN53-1176/C	卢云昆	0871-5032099	昆明市翠湖北路2号云南大学文津楼	650091
52	湄公河（泰文）	CN53-1177/G2	蔡春生	0871-4101644	昆明市环城西路577号社科院3楼	650034
53	现代物业	CN53-1179/N	宋有兴	0871-5716670	昆明市金星东门华富园11栋3-2室	650224
54	大理学院学报	CN53-1180/Z	李　明	0872-2219939	大理州大理市古城学府路	671003
55	香格里拉	CN53-1182/G	李志宏	0887-8222268	迪庆州香格里拉县城康珠大道8号州委大楼	674400
56	云南师范大学学报（对外汉语教学研究版）	CN53-1183/G4	罗　骥	0871-5516038	昆明市一二一大街298号	650092
57	云南财经大学学报（社会科学版）	CN53-1188/C	王学鸿	0871-5192475	昆明市龙泉路237号云南财经大学	650221
58	云南警官学院学报	CN53-1190/D	唐立红	0871-5188210	昆明市教场北路249号	650223
59	云南民族大学学报（哲学社会版）	CN53-1191/C	杨国才	0871-5137404	昆明市一二一大街134号云南民族大学	650031
60	生态经济	CN53-1193/F	高晓玲	0871-4138386	昆明市环城西路609号	650034
61	时代金融	CN53-1195/F	苏丽霞	0871-3212717	昆明市正义路69号	650021
62	红河学院学报	CN53-1196/C	彭　兵	0873-3694903	红河州蒙自县东郊红河学院学报编辑部	661100
63	生态经济（英文版）	CN53-1197/F	高晓玲	0871-4138386	昆明市环城西路609号云南新闻出版大楼4楼	650034
64	影响力	CN53-1198/F	朱　毅	0871-4164698	昆明市新闻路337号21楼6号	650032
65	占芭（老挝文）	CN53-1200/D	蔡春生	0871-4101644	昆明市环城西路577号社科院3楼	650034
66	普洱	CN53-1201/G2	罗洪波	0879-2147446	普洱市民航路18号	665000
67	民族音乐	CN53-1202/J	殷海涛	0871-8336063	昆明市人民西路356号	650118
68	学园	CN53-1203/C	李银和	0871-4194289	昆明市环城西路609号	650034
69	华夏地理	CN53-1204/K	纳　麒	0871-4142039	昆明市气象路133号	650034
70	漫画派对	CN53-1206/J	张　军	0871-4136301	昆明市环城西路609号	650034
71	东方风情	CN53-1207/GO	孙　东	0871-7112166	昆明国际机场专家楼	650200
72	纳税	CN53-1208/F	李安泰	0871-3550196	昆明市和平南路47号	650011
73	云南财经大学学报	CN53-1209/F	叶文辉	0871-5192375	昆明市龙泉路237号云南财经大学	650221
74	东南亚南亚研究	CN53-1210/C	任　佳	0871-4165357	昆明市环城西路577号	650034
75	昆明学院学报	CN53-1211/G4	罗明东	0871-5359436	昆明市昆师路2号	650031
76	旅游研究	CN53-1212/K	窦志萍	0871-5319345	昆明市人民西路226号昆明学院	650118

云南省哲学社会科学网站

一、社科联系统

云南省社会科学界联合会　www.ynskl.org.cn

云南哲学社会科学规划网　www.ynpopss.gov.cn

昆明市社会科学界联合会　skl.km.gov.cn

二、社科院系统

云南省社会科学院　www.sky.yn.gov.cn

云南省东南亚南亚研究院　www.seasas.cn

三、研究咨询机构

云南经济信息中心　www.yn.cei.gov.cn

四、党校系统

云南省委党校、云南干部教育网
www.ynce.gov.cn

五、高校系统

（一）云南本科院校

云南大学　www.ynu.edu.cn
昆明理工大学　www.kmust.edu.cn
云南农业大学　www.ynau.edu.cn
云南师范大学　www.ynnu.edu.cn
云南财经大学　www.ynufe.edu.cn
云南民族大学　www.ynni.edu.cn
西南林业大学　www.swfc.edu.cn
云南中医学院　www.ynutcm.edu.cn
楚雄师范学院　www.cxtc.net.cn
玉溪师范学院　www.yxtc.edu.cn
曲靖师范学院　www.qjnu.edu.cn
云南警官学院　www.yn-psnc.com
云南艺术学院　www.ynart.edu.cn
红河学院　www.uoh.edu.cn
昆明医学院　www.kmmc.cn
大理学院　www.dali.edu.cn
昆明学院　www.kmu.edu.cn
文山学院　www.wstc.net
保山学院　www.bsnc.cn

（二）专科高校

昆明冶金高等专科学校　www.kmyz.edu.cn
曲靖医学高等专科学校　www.qjyz.org
保山中医药高等专科学校　www.ynbsyz.cn
楚雄医药高等专科学校　www.cxmtc.net
昭通师范高等专科学校　www.zttc.edu.cn
临沧师范高等专科学校　www.lcnc.cn
思茅师范高等专科学校　www.smtc.cn
德宏师范高等专科学校　www.yndhec.net
丽江师范高等专科学校　www.lj-edu.cn
云南能源职业技术学院　www.ynny.cn
云南科技信息职业学院　www.ynkexin.cn
云南国土资源职业学院　www.yngtxy.net
昆明艺术职业学院　www.kmac.org.cn
西双版纳职业技术学院　www.bnzy.net
云南新兴职业学院　www.xxzyxy.cn
云南农业职业技术学院　www.ynavc.com
云南交通职业技术学院　www.yncs.edu.cn
云南文化艺术职业学院　www.ynarts.cn
云南爱因森软件职业学院　www.einsun.net
昆明工业职业技术学院　www.kmvtc.net
昆明扬帆职业技术学院
www.sailingedu.com
云南北美职业学院　www.ynbm.com
云南经济管理职业学院　www.ynjgx.com
云南机电职业技术学院　www.ynmec.com
云南林业职业技术学院　www.ynftc.cn
云南热带作物职业学院　www.ynry.cn
云南国防工业职业技术学院
www.yngfgx.net

玉溪农业职业技术学院　　www.yxnzy.cn
云南司法警官职业学院　　www.yncpu.net
云南体育运动职业技术学院　　www.ynasc.com
云南锡业职业技术学院　　www.ynxyxy.com
云南经贸外事职业学院　　www.ynjw.net
德宏职业学院　　www.yndhvc.com
云南三鑫职业技术学院　　www.ynasc.com

（三）云南独立学院

云南大学滇池学院　　dcxy.ynu.edu.cn
云南师范大学商学院　　www.ynnubs.com
云南大学旅游文化学院　　www.lywhxy.com
昆明医学院海源学院　　www.kyhyxy.com
云南师范大学文理学院　　www.ysdwl.cn
昆明理工大学津桥学院　　www.oxbridge.cn

（四）云南民办高校

云南科技信息职业学院　　www.ynkexin.cn
昆明艺术职业学院　　www.kmac.org.cn
云南新兴职业学院　　www.xxzyxy.cn
云南爱因森软件职业学院　　www.einsun.net
昆明扬帆职业技术学院
www.sailingedu.com
云南北美职业学院　　www.ynbm.com
云南经济管理职业学院　　www.ynjgx.com
云南经贸外事职业学院　　www.ynjw.net
云南三鑫职业技术学院　　www.ynasc.com

（云南省社科联　李官）

大事记

年鉴

2008—2010

大事记

2008年大事记

1月

2日　省人大常委会副主任、省社科联主席、省再生经济产业开发研究会总顾问王义明听取了云南省再生经济产业开发研究会班子成员汇报工作。

4日　云南省收藏家协会召开常务理事会。

5日　云南孔子学术研究会以“孔子思想与和谐文化建设”为主题，在云南省政协召开第十四次学术研讨会。

5日　云南徐霞客研究会和昆明市文化局在昆明徐霞客纪念馆联合举办纪念徐霞客诞辰420周年暨徐霞客考察昆明370周年座谈会。

12日　2008年“云岭大讲堂•红云先进文化论坛”在昆明举行开讲仪式。

12~13日　云南省收藏家协会邀请北京故宫潘深亮、黄秀纯、闪淑华等三位专家在护国路古玩城为省内外藏友鉴定书画、陶瓷及各种杂项共计300多件。

15日　罗炳辉将军诞辰110周年纪念座谈会暨将军纪念馆改扩建工程竣工庆典活动在昭通市彝良县隆重举行。

云南省南亚学会召开了“2007年南亚局势研讨会”。

16~18日　红河流域民族文化与生态文明国际会议在楚雄州召开，来自越南、日本、泰国、南非、瑞典、英国等国家的30多名国外代表和40多位中国学者出席会议。

文山州社科联召开“文山州2007年社科年会暨新春茶话会”。

16~18日　由云南省社会科学院与楚雄州政府、越南国家文化通讯研究院共同主办的“红河流域民族文化与生态文明国际会议”在楚雄召开，来自越南、瑞典、日本、泰国、南非、中国等国内外80多位专家学者参加，收到学术论文60余篇。

17日　云南省农村经济学会在昆明举行了主题为“学习贯彻党的十七大精神和中央农村工作会议精神”的迎春茶话会。

18日　普洱市社科联召开市社科界迎新春座谈会。

25日　云南民族茶文化研究会在昆明召开会员代表大会。

26日　云南会展经济研究会第一届第一次会员代表大会在昆明召开。

31日　云南中共党史学会五届六次理事会在昆明举行。

2月

1日　云南省警察协会在省交警培训中心召开一届五次常务理事会暨春节茶话会。

20日　云南省“三个代表”重要思想研究中心更名为云南省中国特色社会主义理论体系研究中心，并在省社科联举行揭牌仪式。

21日　省政协副主席顾伯平、副秘书长马孝初、省政协教科文卫体委员会副主任贺光曙、骆小所、祝武世、戴抗、杨鸿生、肖宪等到省社科联调研。

22日　由云南省茶马古道研究会主办的云南省第一家以茶马古道和云南茶文化为主题的文化纪念场馆——茶马古道文化馆举行开馆仪式。

24日　“云岭大讲堂·云南国学讲坛”举行开讲仪式。

28日　云南省人大教科文卫工作委员会主任马坚，副主任高苏平、邱瑜等到省社科联视察调研。

29日　省社科联召开三届六次常委会议，传达学习全省宣传思想工作会议精神，总结2007年工作和安排2008年工作。

云南省中小企业协会在昆明召开第一次年会，与会企业代表114人，云南省原副省长朱奎同志、省经委原常务副主任单志超同志、省商务厅副厅长王开良同志出席会议。

3月

1日　云南省演讲学会在昆明召开2008年年会。

3~5日　“世纪之初的亚洲区域合作机制与框架：东南亚新动力”国际学术研讨会在昆明举行，来自美国、日本、印度、马来西亚、新加坡、菲律宾、越南、柬埔寨等国的17位外国学者和13位国内学者参加。

4日　昆明市民政局和市委党史研究室在昆明召开座谈会，缅怀革命先驱王复生烈士。

6日　省社科联三届全委（扩大）会议在省社科联举行，省社科联第三届委员会委员、省直学会秘书长近180人参加。

7日　云南省收藏家协会特邀国际知名古玉研究学者、北京故宫资深专家杨伯达老先生在云南陆军讲武堂作“中国玉器及其鉴藏”专题学术报告。

11日　云南省第七届年鉴颁奖大会暨年鉴学术经验交流大会在昆明市安宁召开。

20日　省教育厅、省建设厅召开教育系统试点定向廉租住房建设工作布置会，对4个州（市）的教育系统试点定向廉租住房建设整体工作进行安排和布置。

22~25日　“云南与中国民族学/人类学学术研讨会”在昆明举行，来自北京大学、厦门大学、中国政法大学、中山大学、美国Trinity大学、西南民族大学等高校及云南省社会科学院等研究机构的50多位民族学、人类学知名专家学者参加研讨。

25日　云南省市场学会、云南省工业经济联合会、云南大学经济学院联合举办的关于“次贷、人民币升值、通货膨胀与2008年市场形势的高峰论坛”大型公益性报告会在云南大学科学馆举行。

26~27日　2008年（昆明）中国民族文化产业发展国际高峰论坛在昆明隆重举行，论坛由云南省委宣传部、云南省文化体制改革和文化产业发展领导小组办公室、中国文化产业论坛共同主办，150多人参加。

27日　云南省延安精神研究会召开六届二次会员代表大会。

27~28日　第一届“大湄公河次区域经济走廊：合作与发展”国际学术研讨会在昆明举行，来自柬埔寨、老挝、缅甸、泰国、越南、印度、日本、韩国和中国的70余名专家学者与会。

“云南新农村建设论坛暨省农村经济学会第九次代表会”在昆明福保文化城召开。

31日　云南省统计学会在昆明召开“云南省统计学会五届二次会员代表大会暨2008年年会”，100余会员代表参会。

4月

5~7日　首届澜沧江—湄公河次区域民族学人类学国际研讨会在昆明召开，来自缅甸、韩国、新加坡和中国4个国家的30名代表参加会议。

8日　楚雄州社科联四届二次全会暨“活力楚雄　和谐彝州”（丛书）首发式在楚雄州会务中心举行。楚雄州级各学会、协会、研究会秘书长，部分社会科学工作者参加会议。

8~9日　全省三级地方志工作机构主要负责人会议在昆明召开，全省16个州市、129个县市区地方志办公室主任，省直各修志单位的负责同志290多人参会。

12日　云南省语言学会主办、云南大学留学生院承办的汉语国际教育学术研讨会在云南大学召开。

14~15日　怒江州社科联召开第一届委员会第二次全体委员（扩大）会议。

15日　“新形势下的中巴经贸合作”国际学术会议在昆明召开，参加会议代表约50人。

16日　德宏州社科联组织州社科团体到潞西市遮放镇开展“科技、文化、卫生”三下乡活动。

17日　云南省保险学会邀请云南省经济研究院院长段钢在昆明作关于我国经济形势和云南的经济发展走向的专题讲座，云南保监局的领导、各保险省级公司的领导及相关人员近600人听取报告。

18日　云南省社科界解放思想大讨论活动座谈会在省社科联召开，我省社科界部分知名专家学者及省属学会秘书长近50人参加座谈。

19~20日　由云南省青少年思想道德教育研究会组织的全省科技教师科学实践活动研讨会在昆明召开，来自大理、红河、昆明等23所中学的科技教师参加。

20~25日　云南省社科联2008年工作会议在楚雄州禄丰县召开，省社科联机关和部分省级学会负责人、全省16个州市和部分县市社科联领导共100多人参加，会上省社科联还表彰了2006—2007年度优秀社科联和优秀社科工作者。

22日　云南省第三个省级社会科学普及基地在楚雄州禄丰县黑井古镇挂牌。

22~24日　云南省扶贫办与省发改委联合在昆明举办全省革命老区开发建设规划培训班，省委党史研究室、省农办等17个省级机关，昆明等15个州市及47个革命老区县扶贫办、发改委（局）、老促会等127人参加培训。

23日　云南省图书馆学会举行“云南省公共图书馆(昆明地区）2008年全民阅读活动”启动仪式。

24日　中共云南省委党史研究室和云南中共党史学会组织纪念中国改革开放30周年征文活动，并编辑出版了《云南中共党史研究（增刊）》。

27日　云南省医学哲学研究会第二次代表大会在昆明召开，118名会员代表与会，省人大原副主任、省社科联主席、研究会名誉会长王义明出席会议。

27日~5月5日　“中国佤族‘司岗里’与传统文化学术研讨会”在临沧市举办。

28日　云南省社会科学院研究员李立纲在云南农业大学人文社科科学学院作了题为“社区理论与实践”的讲座。

28~29日　云南省延安精神研究会在云南省老干部活动中心召开“学习十七大文件弘扬延安精神”理论研讨会，收到论文170多篇。

29日　泰国、英国、新加坡、越南、缅甸、俄罗斯、马来西亚、巴基斯坦、韩国、柬埔寨和加拿大11个国家在华总领事馆的总领事和高级官员来昆明就各自国家与云南加强教育交流合作展开深入探讨。

30日　云南省社科联召开解放思想大讨论活动动员会。

5月

5日　省委党史研究室在昆明市东川区拖布卡镇树桔渡村红九军团渡江指挥部旧址举行“纪念红九军团抢渡树桔渡73周年”纪念活动。

1~8日　台北市教育参访团应云南省教育学会的邀请到云南进行“两岸中小学优质教育与合作交流访问”。

9~11日　由中共中央党校、中国社会科学院、中共云南省委共同主办的艾思奇哲学思想与马克思主义中国化最新理论成果研讨会在腾冲县召开。

9日　云南省翻译工作者协会隆重举行成立20周年庆祝大会。

10~11日　云南省杂文学会召开换届暨研讨会，选举产生学会第三届理事会。

12日　云南省第二届社会科学学术年会召开筹备会，启动年会工作。

13~21日　云南省延安精神研究会再次组织老干部、老同志33人赴延安等地考察学习。

15日　“云南社会科学专家大理行”大型调研咨询活动正式启动，73名哲学社会科学、自然科学和实际部门的专家分三个调研组开展了为期10天的调研考察，并于6日至8日在大理举行了“大理州经济社会发展高端论坛”。

保山市委、市政府举行“首届保山市哲学社会科学优秀成果政府奖颁奖典礼”，表彰奖励了41项优秀成果。

16日　云南省图书馆学会组织“向地震灾区人民献爱心捐赠活动”动员大会暨捐赠仪式。

17日　云南省社科联组织了省法学会、省图书馆学会等8家学会参加在昆明市西山区碧鸡广场举行的科技活动周活动。

云南省高师院校第二届思想政治教育专业建设与教学工作研讨会在大理学院召开。

云南省粮食经济学会与云南省粮食局、昆明市粮食局、昆明市粮食行业协会在省科技馆共同举办“粮食科技周活动”，主题是：提倡科学膳食，推动工业化。

19日　楚雄州社科界召开解放思想大讨论专题研讨会。

20日　云南省纪检监察学会在昆明召开第三次会员代表大会，审议修改了《云南省纪检监察学会章程》，选举产生了省纪检监察学会第三届理事会。

云南省警察协会在昆明召开一届六次常务理事会。

云南省农村经济学会、云南省农民企业家联谊会在云南省经济研究院会议室召开“解放思想促进发展”座谈会。

20~21日　第六届泛珠三角区域合作与发展社科专家论坛在广西南宁举行，泛珠三角区域九省区社科联负责人和港澳社科界代表及专家学者60余人出席论坛。

22~29日　云南省延安精神研究会召开座谈会，学习省委关于开展“解放思想、深化改革、扩大开放、科学发展”大讨论活动的通知和省委书记白恩培同志的重要讲话。

23日　云南省翻译工作者协会在云南省外事办公室召开俄语翻译工作座谈会。

25日　云南省演讲学会召开常务理事会，筹划抗震救灾大型演讲报会。

26日~6月1日　云南省图书馆学会在省图书馆开展主题为“保护文化遗产，弘扬民族文化，建设社会主义核心价值体系”的宣传服务活动。

28日　云南省演讲学会策划和筹备的 “我爱你，中国——来自云南抗震救灾前线人员的心声”大型演讲报告会在云南大剧院举行，1600余人参加了报告会。

30日　云南党史网站开通并举行开通仪式。

31日　云南客家文化研究会2008年年会在省社科联会议室召开。

6月

5日　第三届中国—南亚商务论坛在云南昆明举行，参会的有云南省及八个南亚国家的医药、银行、纺织业、科技和教育的企业集团和公司及政府机构代表，以及云南省社会科学院、云南大学等科研机构。

10~13日　云南省社科联举办省社科联系统领导干部党的十七大精神培训班，省级社科学会、协会、研究会负责人，各州、市、县社科联主席和省社科联机关副处以上干部110人参加了培训。

11~13日　云南省档案学术研讨会在昭通召开，来自全省各州、市、县档案局（馆）长及专家、学者150余人参加研讨。

12日　云南大学举行“教育部教育援外基地”揭牌仪式。

13日　由云南民族博物馆、《今日民族》杂志社共同主办的“第三届云南民族文化遗产论坛”在云南民族博物馆举行。

19日　昆明理工大学Web of Science开通仪式暨学术报告会举行。

20日　“红河州越南研究中心”正式成立并举行挂牌仪式。

20~21日　云南省延安精神研究会组织部分理事赴会泽县考察学习社会主义新农村建设和用延安精神办学育人的经验。

22日　云南省高校新闻传播学专业负责人第一次联席会议在云南大学举行。

22~23日　云南省劳动和社会保障学会在昆召开第七次会员代表大会进行换届。

25日　《云南省志·社会科学志》编撰委员会第一次会议在省社科联召开。

25~27日　云南省高等教育学会2008年学术年会暨理事会换届选举大会在玉溪市易门县召开。

26日　张伯简同志诞辰110周年纪念座谈会在张伯简的家乡剑川举行。

27日　楚雄州禄丰县社科联召开一届二次全委会，来自全县社科界各学会、协会、研究会、乡镇及县级特邀嘉宾30余人参加。

“云南高校公共体育教学改革”论坛在云南大学科技馆举行。

27~28日　云南省翻译工作者协会和云南民族大学东南亚语言文化学院在昆明联合召开2008年云南省非通用语学术研讨会。

28日　云南传统蒙学研究会在昆明举行第一届三次年会暨中国传统蒙学恳谈会。

7月

1日　怒江州社科联会刊《怒江社会科学》创刊。

2~9日　昆明市社科联在晋宁县晋城镇农村指导员驻村点开展了为期一周的科普活动。

4日　云南民族茶文化研究会在昆明葳盛茶业公司召开以“自强不息共创云茶产业持续、健康、稳定发展新局面”为主题的学术研讨会。

5~6日　云南省财政厅、云南省会计学会、云南财经大学在昆明联合举办“纪念中国会计与改革开放30年活动暨云南省首届会计理论与实务研讨会”。

“第三届中国经济法治论坛”在昆明举行，主题是“改革开放30年与中国经济法”和“湄公河区域经济合作法律问题”。

6日　云南省收藏家协会成立《云南藏（新）》杂志编委会和编辑部、“云南省收藏家协会藏品流通中心”、“云南省收藏家协会收藏俱乐部”和“云南省收藏家协会宗教藏品研究中心”。

7~8日　“大理州经济社会发展高端论坛”在大理举行，中共云南省委常委、省委宣传部部长张田欣，省社科联主席王义明，中共大理州委书记刘明，州人大、州政协有关领导以及参加“云南社科专家大理行”的60多位专家和大理州各县市领导、党委政府各部门相关领导共200多人出席。

11~13日　由云南省高校图工委与美国华人图书馆员协会共同主办、昆明理工大学承办的第三届“中美图书馆实务论坛”在昆明举行，会议主题为“信息时代的图书馆”，来自美国和国内各地图书馆界的190位专家学者参会。

11~13日　“历史唯物主义与改革开放三十年的伟大历史进程全国理论研讨会”在昆明召开。来自中国社会科学院、北京大学、清华大学、中国人民大学等近40所高等院校及科研单位的100多位专家、学者与领导参会。

12~14日　历史语言学澄江国际学术研讨会在澄江举行，来自美国、泰国、中国大陆和香港的20余名学者参会，云南部分高校的教师和研究生旁听了会议。

13日　云南当代文学研究会在昆明举办《云南省当代文学研究会文学评论选》首发式，老红军作家苏策，省文联副主席黄玉玲，省政府副秘书长黄立新，云南民族大学副校长王四代，云南省知名作家王松、汤世杰、李钧龙、张长，知名评论家蔡毅等人士及本书的作者共50多人到会。

14日　云南省人民政府颁发《云南省人民政府关于云南省第十一次哲学社会科学优秀成果奖励的决定》（云政发〔2008〕127号）。

15日　云南省纪念“七·一五”爱国民主运动60周年大会在昆明召开，省委副书记李纪恒，省委常委、省委宣传部部长张田欣，省委常委、昆明市委书记仇和，省人大常委会副主任晏友琼，副省长高峰，省政协副主席罗黎辉，省老领导刘树生等，部分亲历“七·一五”爱国民主运动的老同志，以及青年代表和学生代表共900人参加。

18日　省社科联召开2008年学会秘书长会议，传达有关文件精神，安排学会下半年工作，90余个省级社科学会负责人和省社科联处以上的同志参加。

21~26日　第四届“纳粹屠犹国际研讨会”在昆明举行，云南大学西南亚研究所与纳粹屠犹教育、纪念和研究国际合作特别行动组织、伦敦犹太文化中心、法国纳粹屠犹纪念基金会共同举办。

26~27日　由开远市委、市政府与省社会科学院联合举办的“开远发展论坛·新农村建设篇·城乡一体化”论坛在开远市召开。

28日　云南省城市金融学会召开换届选举大会，选举产生了学会第三届理事会。

29日~8月1日　“国际宋史研讨会暨中国宋史研究会第十三届年会”在云南大学举办。

8月

1日　云南当代文学研究会会同石屏县委、县政府、石屏昆明同乡会在昆明“石屏人家”举行纪念著名彝族作家李乔诞辰100周年座谈会。

2~4日　云南省南亚学会秘书长王崇理和邓蓝应邀参加了在印度加尔各答举办的“南方丝绸之路：历史联系与当代融合”国际研讨会。

6日　云南省收藏家协会在昆召开“云南省收藏家协会第一届三次代表大会暨协会成立两周年庆典”，云南省文化厅厅长黄峻到会讲话。

16~17日　“首届滇学学术研讨会”在云南江川县召开，中共云南省委常委、省委宣传部部长张田欣出席会议并讲话。

18日　经省政府批准，云南省招生考试委员会办公室更名为云南省招生考试院。

19日　云南技师学院开工典礼在安宁举行。

22日　昆明市社科联组织社科专家在五华区莲花办事处为社区干部、居民开展“八荣八耻”

教育讲座。

22~24日　云南省历史学界第六届代表大会暨云南省史学会2008年年会在昆明召开，年会主题为“云南与世界”，省社科院、高校和科研机构的专家学者110余人与会。

26日　省委、省政府召开全省高等教育改革与发展工作会议，下发《中共云南省委、云南省人民政府关于深化改革大力发展高等教育的决定》，省委书记白恩培、省长秦光荣在会上作重要讲话。

27日　云南省税务学会关于“改进和优化纳税服务，构建和谐纳税关系研究”课题研讨会在安宁召开。

云南省社科联召开解放思想大讨论整改落实工作会议。

31日　“王德三诞辰110周年”纪念活动在大理州祥云县举行，省委常委、省委秘书长杨应楠，省委副秘书长、省委党史研究室主任梁宗华，省委党史研究室副主任侯明森，大理州委书记刘明等出席纪念活动。

9月

1~3日　中国边境民族的迁徙、交流和文化动态——中日国际学术研讨会在昆明召开，来自日本、韩国和中国广西、内蒙古以及云南的30多位学者参加了会议。

2~4日　由云南大学和日本国立民族博物馆共同主办的“中国边境民族的迁徙、交流和文化动态”中日国际学术研讨会在云南大学举行。

3日　云南省图书馆学会第五届九次常务理事会在省图书馆召开。

云南省地方税务学会在昆召开云南省地税系统2007年优秀科收科研成果表彰大会。

5日　云南省保险学会在昆明举办“巨灾与保险论坛”。

11日　云南省社科联召开会议，传达学习省委举办的“深入贯彻落实科学发展观，做好新形势下群众工作研讨班”精神。

13~26日　云南省社科联接待“2008年中国云南之旅”的25名瑞典教师进行为期14天的教育交流考察活动。

15~19日　全国地方志期刊工作会议在丽江召开，全国各省、市、自治区负责地方志期刊工作的领导、主编等50余人参会。

18日　云南省农村经济学会召开关于“云南省农村科学发展山区综合开发问题”研讨会。

18~19日　云南省统计学会在红河泸西召开《云南统计》通讯员首次培训会议。

20日　由云南省科技协会、省社科联、昆明市科技协会主办的云南省暨昆明市“全国科普日”活动在云南省科技馆启动。

20~21日　云南省教育学会和昆明滇池国家旅游度假区管委会共同主办的“云南省中小学校长论坛”在滇池国家旅游度假区举行。

22日　云南省绿色发展研究会成立云南省有机产品专业委员会。

23日　由云南省文史馆、云南省社科联主办，云南省国学研究会承办的2008年“国学在云南”系列学术讲坛在省文史馆开讲。

23~25日　云南省审计学会在个旧市召开2008年度全省审计理论研讨会。

24~25日　云南省劳动和社会保障学会在云南林业职业技术学院举办“劳动合同法和社会保险实务研讨班”。

云南民族茶文化研究会会同云南省文化厅、云南省科学技术协会、云南省民族事务委员会，在云南省科技馆举办“申报中的非物质遗产——易武七子饼茶传统加工工艺”展。

27日　“第二届全国现代政治经济学数理分析研讨会”在云南财经大学召开。

10月

9日　云南省社科联召开学习实践科学发展观活动动员大会。

9~10日　云南孔子学术研究会第十五次暨海峡两岸第八次孔子学术研讨会在省政协民主大楼举行。

10日　玉溪市社科联召开玉溪市第五次社科评奖评委会议。

15~18日　云南客家文化研究会参加了在西安召开的世界客属第22届恳亲大会。

17日　云南西南联大研究会在云南师范大学

图书馆召开2008年工作研讨会。

18日　云南师范大学经济学院和《经济研究》杂志社共同举办“经济全球化与东南亚区域经济合作论坛”。

18~19日　“2008年教育部历史学科教学指导委员会暨全国高校历史系主任联席会议”在云南大学科学馆召开。

20日　玉溪市古滇国文化研究会第三次学术研讨会在澄江举行，省、市、县从事古滇国文化研究的专家、学者40余人参会。

21日　云南省社科联开展中心组学习活动。

23日　云南中共党史学会召开第六届会员代表大会，来自全省党政机关、大专院校、科研院所以及企业的100多名代表出席会议。

24日　“哲学通论”与哲学教育改革学术研讨会在云南大学举行，来自复旦大学、浙江大学、中国人民大学、清华大学等单位的40余位专家学者参会。

24~26日　云南师范大学举行第八届冯友兰全国学术研讨会。

25日　2008年云南省教育系统“三生教育”研讨会在昆明召开，来自云南省61所高校的领导、专家、学者、教师和学生共200余人参加会议。

25日　汉语国际推广及汉语言研究专题研讨会由云南师范大学国际语言文化学院主办，北京大学中文系教授陆俭明、中山大学周小兵教授、华中师范大学文学院副院长储泽祥教授、北京语言大学崔希亮教授分别作专题报告。

28日　云南西南联大研究会、云南师范大学图书馆、云南师范大学文学与新闻传播学院联合举办“缅怀与守望”——西南联大在昆建校70周年诗文朗诵会。

29日　省社科联举行“深入学习实践科学发展观活动”学习培训辅导。

红河州社科联在蒙自举行红河州机关刊物《红河》创刊200期座谈会。

30日　由云南大学法学院举办的土地法研讨会在云南大学科学馆举办。

30~31日　云南省延安精神研究会与省教育厅联合主办、云南民族大学承办的“云南省第六届用延安精神办学育人工作经验交流会”在云南民族大学召开。

31日　第一届云南基础教育论坛在昆明举行，云南省教育厅、各州市教育局相关领导以及省内高校有关专家、部分中小学校长约200人参加论坛。

11月

1日　西南联合大学在昆建校暨云南师范大学建校70周年庆祝大会在昆明隆重举行。

由国家文物局主办、云南省文物考古研究所承办的“2008年度边疆考古工作会”在昆明举行，13个边疆省、区、市的文物考古研究院所的负责人共20余人参加会议。

2日　云南西南联大研究会在云南师范大学图书馆召开“云南西南联大研究会理事会暨西南联大热点问题”研讨会。

2~4日　由云南省文物局和北京大学中国考古研究中心主办的第五届西部考古协作会暨“史前时代的中国西部——以云贵高原为中心”国际学术研讨会在昆明召开，西部15个省、市、自治区的17家科研院所、6所高校及美国、加拿大相关研究机构的考古学者60余人出席。

3~4日　“全国教育与心理统计测量学术年会暨第八届海峡两岸心理与教育测验学术研讨会”在云南师范大学召开，参会代表184人（其中内地代表140余人，台湾代表45人）。

4~7日　由云南省社会科学院承办的“第三届中国与北欧妇女/社会性别学术研讨会”在昆明召开，会议主题为“全球化与本土化背景下的性别平等促进：中国和北欧国家的视角”。

6日　云南省面向东南亚南亚开放30周年学术研讨会在昆明召开，来自云南省政府政策研究室、云南省外事办公室、云南省发展与改革委员会、《云南日报》社、云南大学、云南财经大学、云南省经济研究院、云南省委党校等单位的40多名代表出席会议。

7日　云南省农村经济学会、农民企业家联谊会共同在昆明召开座谈会，学习党的十七届三中全会精神，研讨云南“三农”及民营企业发展问题。

8日　省延安精神研究会召开理事扩大会议，纪念改革开放30周年。

12日　昆明市社科联召开第八届（2006—2007年度）社科优秀成果奖励表彰大会。

云南省社科联开展学习实践科学发展观活动的案例分析教育活动，围绕“阳宗海砷污染事件”进行了学习讨论。

14日　云南省首届黄炎培职业教育奖在昆明颁奖。

18日　云南省委第14指导检查组组长杨祖龙、副组长延荣科及指导检查组3位成员到省社科联调研。

19日　大理州社科联负责牵头筹办的大理州改革开放30周年纪念座谈会召开。

21日　省政府办公厅督查室召开专题会议，对省级33家参与《云南省志》二轮编修的单位工作情况进行督查。

22日　云南省图书馆学会在昆召开2008年年会，主题为“图书馆的创新、发展与共享”。

云南省领导科学决策研究会第三届会员代表大会暨第九次理论研讨会在省社会主义学院召开。

云南省社科联党组召开学习实践活动专题调研情况汇报会。

25~29日　“全国教育科学院院长2008年度工作会议”在云南师范大学教育科学与管理学院召开。

25~27日　云南省青少年思想道德教育研究会在红河州弥勒县召开2008年年会。

26日　由楚雄州委主办、楚雄州社科联和禄丰县社科联承办的“楚雄州纪念改革开放30周年理论研讨会”在禄丰县召开，全州十县（市）宣传部长、理论股长，禄丰县社科联所属9个学会、协会、研究会会长，论文作者共100余人参加。

云南省农村劳动力资源开发促进会在昆召开2008年度理事会议。

26日　省社科联召开学习实践活动分析检查阶段工作部署会议，省委指导检查组组长杨祖龙等一行四人到会指导。

楚雄州社科联组织召开全州纪念改革开放30周年理论讨论会。

27日　普洱市社科联组织召开“社科界迎新春座谈会”。

云南省劳促会召开理事会暨2008年年会。

28日　云南省纪检监察学会在昆召开第二届第二次常务理事会议。

29~30日　《开放时代》杂志、云南大学西南边疆少数民族研究中心在云南大学召开“第六届开放时代论坛”，论坛的主题为“古典西学在中国”。

30日~12月5日　全国社科联协作会议在北京会议中心举行，全国30个省市自治区社科联170多名代表出席。

12月

1~3日　云南省农业教育研究会在昆明召开2008年学术年会。

2~5日　“瑞丽江论坛·缅甸经济政治新发展与云南（德宏）——缅甸经贸合作论坛”在瑞丽市举行，论坛由德宏州委、州政府和云南省社会科学院共同主办。

4日　德宏州社科联筹办的“中国•瑞丽首届国际珠宝文化节”、“瑞丽江论坛”、百名学者谈德宏系列活动启动。

云南省社会科学院德宏分院成立，与德宏州社科联实际“两块牌子、一套班子”，分院内设立中缅关系研究所。

5日　文山州社科联召开社科界“学习实践科学发展观暨‘阳宗海砷污染事件’”座谈会。

5~7日　“云南省哲学学会2008年年会暨学术研讨会”在开远市召开。

7日　云南省生态文明建设研究会在昆明召开第一次会员代表大会暨成立大会。

8日　云南省延安精神研究会召开理事扩大会议，纪念改革开放30周年。

云南省法学会、省委依法治省办、省司法厅在昆明联合召开“云南省纪念改革开放30周年民主法制建设理论研讨会”。省人大常委会副主任、省总工会主席、省委依法治省领导小组副组长江巴吉才，省政法委副书记齐海田到会并作重要讲话。

12日　云南省国际贸易学会年会在昆召开，云南大学发展研究院院长杨先明教授作“金融危机与云南可持续发展”的专题报告。

13~14日　云南省科学社会主义学会和红河卷烟厂联合召开“纪念中国改革开放30周年座

谈会——中国特色社会主义理论与实践创新研究”，40余名科社学会的专家学者参加会议。

14日　中国行政管理学会、云南行政学院、云南行政管理学会在昆明联合召开“纪念十一届三中全会30周年暨第六届全国行政哲学研讨会”，来自全国部分知名高校、科研院所、行政学院和行政管理学会的专家学者60多人参加研讨。

15日　由省委宣传部、省委党史研究室和新华社云南分社共同主办的云南省纪念改革开放30周年大型图片展——《三十年，我们一同走过》在省博物馆开幕。

文山州社科联举办“纪念改革开放30周年理论研讨会”。

云南省思维科学学会与云南省逻辑学会联合召开年会。

15日　云南民族大学民族研究中心邀请英国剑桥大学人类学系凯娅瑞（Mireille Kaiser）博士作“亲属制度的研究概况——以我在怒族中的研究为例”学术报告。

15~22日　中共云南省委宣传部、云南省社科联举办云南省第二届社会科学学术年会暨云南省第十一次社科优秀成果颁奖大会，年会主题为“解放思想　科学发展”。

16日　云南省纪念改革开放30周年理论研讨会在省委党校召开，省级有关部门、全省各州（市）宣传部门、大专院校的代表和入选论文作者约200人参加研讨，省委常委、省委宣传部部长张田欣到会讲话。

西双版纳州委宣传部、州纪委、州委政策研究室、州委党史研究室、州社科联共同举办西双版纳州纪念改革开放30周年和党的纪律检察机关恢复重建30周年理论讨论会。

云南省第二届社科学术年会昆明理工大学专场开幕，主题为“人文、社会、科技交融与科学发展”。

18日　云南省委组织部、云南省党建研究会联合召开全省组织系统纪念改革开放30周年党的建设和组织工作理论研讨会，省委常委、省委组织部部长辛桂梓出席会议并作重要讲话。

昆明市社科联召开“昆明市纪念改革开放30周年理论座谈会”，有关部门、单位、县(市)区、省级有关单位领导及专家，市级老领导，市人大、市政府、市政协有关领导共102人出席了会议。

云南省第二届社会科学学术年会云南省社会科学院专场南亚分会场学术报告会在云南省社科院举行，主题为“提升云南沿边开放——向西发展”。

云南省警察协会一届四次理事会在普洱市召开。

云南省招生考试院挂牌成立，负责组织、管理全省研究生、普通高校、中专学校、成人学校的招生考试工作，组织、管理全省自学考试、教师资格考试、大学英语四（六）级考试及社会考试工作。

19日　普洱市召开第二次哲学社会科学优秀成果表彰大会，对获奖成果进行了表彰奖励。

云南省第二届社科学术年会云南师范大学专场开幕，主题为“边疆民族文化与科学发展”。

20~28日　云南省收藏家协会“第三届云南省全国民间收藏交流大会”在昆明市潘家湾文化艺术市场召开，来自全国20余个省、市藏家、商家参加。

22日　云南省第二届社科学术年会大理学院专场开幕，主题为“解放思想　科学发展　提高高校服务地方经济社会发展的能力”。

云南省领导科学决策研究会举行会员大会，以“践行宗旨，改善民生”为主题进行大会交流。

24日　云南省妇女理论研究会举办“我经历的三十年——改革开放与云南妇女发展”论坛，省人大常委会原副主任、省社科联主席、省妇研会顾问王义明，省妇联主席、省妇研会会长胡有兰出席了论坛。

丽江市社科联召开自成立以来的第一次年会。

第二语言习得理论研究专题讲座由云南师范大学国际语言文化学院主办，北京师范大学朱志平教授作专题报告。

25~27日　云南省第十二次哲学社会科学优秀成果评奖委员会举行终评会议。

27日　云南省区域经济学会在云南省民主党派团体大楼召开了成立大会。

27~29日　“第二届中国西部国际农村教育与农村发展论坛”在昆明市、普洱市召开，中国联合国教科文组织全国委员会、联合国教科文组织国际农村教育研究与培训中心、联合国教科文组织驻北京办事处以及云南省教育厅、云南师范大学共同举办此次论坛。

云南省社科联的《学术探索》杂志入编《中文核心期刊要目总览》2008年版（第五版）之综合性人文、社会科学类的核心期刊。

（云南省社科联　金丽霞）

2009年大事记

1月

5日　云南徐霞客研究会与昆明徐霞客中心学校联合举行纪念徐霞客诞辰422周年活动。

8日　云南省南亚学会2008年度年会暨南亚形势学术研讨会在云南省社会科学院举行，会议围绕南亚形势发展与云南对外开放的主题进行研讨。

9日　省委统战部宗教理论与政策研究云南省社科院基地成立大会在昆明举行，“基地”成立后将依托省社科院，针对云南宗教的热点问题及其态势展开理论与政策研究。

云南当代文学研究会召开2009年第一次主席会议暨2009年迎新团拜餐会。

10日　2009年“云岭大讲堂·先进文化论坛”首讲开讲，云南省委宣传部原副部长、广东省委宣传部副部长兼省政府新闻办公室主任以“新闻与生活”为题作报告。

12日　云南省社科联、云南省中华传统道德研究会召开以“弘扬中华传统美德、学习实践科学发展观”为主题的学术研讨会。

20日　云南省法学会参加在北京人民大会堂举行的中国法学会第六次全国会员代表大会开幕式。

2月

5日　保山市法学会第一次会员代表大会在保山市隆阳区召开。

17日　云南省农村金融学会在省农行会议室召开了第七届会员代表大会暨换届选举会议。

19日　云南省社科联召开会议传达学习全省宣传部长会议精神。

20日　云南省社科联《学术探索》杂志社在省社科联召开编辑委员会会议。

20日　“禁毒法与艾滋病防治法研讨会”在云南大学科学馆举行。

25日　云南省社科联召开三届七次常委会议，传达贯彻全省宣传部部长会议精神，总结省社科联2008年工作，研究2009年工作安排。

26日　省长秦光荣到呈贡高校新区看望慰问师生员工及建设工作者，对呈贡新校区的建设进行现场调研。

27日　云南省社科联召开2009年学会秘书长会议，传达全省宣传部长会议精神，通报省社科联2008年工作，安排部署2009年工作。

云南省统一战线理论研究会召开理事会，在昆理事参会。

3月

2日　临沧市凤庆县召开社会科学界联合会第一次代表大会，选举产生了凤庆县社科联第一届委员会、常务委员及主席、副主席。

3日　云南省保险学会召开第六次会员代表大会，云南省政府副省长曹建方被推举为学会第六届名誉会长。

6日　云南省收藏家协会协办的“明韵清风——云南首届清古典家具展”在昆明市博物馆开幕。

7~21日　云南省社科联组织了巍山县历史文化学者杨光梁和剑川县石钟山石窟文管所所长董增旭分别以“解读历史文化名城巍山”、“南方的敦煌——剑川石宝山石窟”为题到“云岭大讲堂·国学讲坛”进行演讲。

13日　中国社会科学院荣誉学部委员、中国民俗学会会长、北京师范大学文学院客座教授、博士生导师刘魁立教授应邀在云南民族大学作了题为“关注非遗保护，建设精神家园”的学术报告。

14~18日　云南省社科联组织多学科专家到红河，专门就哈尼梯田申报世界文化遗产进行主题调研活动。

15日　云南中共党史学会与云南省图书馆学会联合举办了纪念中华人民共和国成立60周年“60年60讲”系列公益讲座。

云南省保险学会牵头在金碧广场举办保险行

业“3·15”大型宣传咨询服务活动。

15~18日　云南省社科联、红河州委宣传部、州社科联、州梯田管理局联合组织省内外多学科专家深入元阳，就哈尼梯田申报世界文化遗产工作作专题调研。

16日　云南师范大学华文学院在昆明成立。

20日　国内首座景颇族博物馆在瑞丽市竣工开馆。

23~24日　省委党史研究室在昆明召开全省党史工作会议，各州（市）、县（区）委党史研究室主任、省委党史研究室全体成员200多人与会。

23~28日　云南省社科联2009年工作会议在大理召开，会议通报省社科联2008年工作情况，安排2009年工作，交流州市县社科联工作经验。

24日　云南中共党史学会六届二次理事会在昆明召开。

24~27日　保山市社科联和保山市委党校联合举办“思想政治建设暨干部教育培训”班。

30日　云南省飞虎队研究会名誉会长、云南省人大常委会原主任尹俊同志视察东川“飞虎长廊”建设。

云南省保险学会正式批准成立云南省保险行业协会党支部，其隶属云南保监局党委。

31日　云南省农村经济学会在昆明召开以学习贯彻“两会”精神，座谈“三农”工作为主题的学术研讨会。

省社科联组织编辑的《云南社科联年鉴》（2009卷）出版。

3月　云南省史学会和云南大学联合举办了“云南史学高层论坛”，邀请中国社会科学院的马大正、于沛、陈启能、李国强四位研究员就史学理论、中国边疆研究的历史与现状、中国海疆史研究等问题作报告。

4月

1日　云南省财政学会承办了全国财政科研工作会议，财政部科研所、财政学会和各省、区、市财政厅（局）科研部门140人参加会议。

2日　由省委党史研究室、大理州委主办的剑川“四·二”武装起义60周年纪念活动在剑川县金华镇举行，大理州委书记刘明出席并讲话。

8日　云南省全面推进教育国际化会议在云南大学召开，省委宣传部部长张田欣、副省长高峰等领导和越南、马来西亚、美国、柬埔寨等国总领事馆领事参加会议。

云南省保险学会与云南保监局联合举办了题为“当前保险形势与保险稽查”为主要内容的专题辅导讲座，中国保监会稽查局裴光局长亲自讲授。

9日　普洱市社科联召开2009年工作会。普洱市直社科学会、协会、研究会领导和负责同志，市社科联全体机关干部和兼职副主席，思茅师专、市委党校、市委党史研究室、市政府经济研究室等相关单位的领导参加了会议。

楚雄州委、州政府召开纪念大会，纪念中国人民解放军原边纵八支队成立60周年。

省政府在大理州召开“全省中等职业教育发展现场会”，副省长高峰作重要讲话，省教育厅厅长罗崇敏主持会议。

云南省全面减轻中小学生负担论坛召开。

9~10日　德宏州社科联组织州级社科专家、学者共40余人，参加了由云南省傣学会、德宏州人民政府举办的“首届刀安仁革命思想学术研讨会”。

11日　云南省滇越铁路研究会在红河州蒙自召开成立大会。

20日　云南省南亚学会就美国政府决定增兵阿富汗举行研讨会。

23日　西南联大研究会与云南师范大学图书馆联合举办“世界阅读日”的全校阅读活动。

24日　昭通市社科联召开第二届全体委员（扩大）会议。

25日　云南传统蒙学研究会在昆明召开了第二届会员大会，100多名会员与会。

25~28日　德宏州社科联组织10余个所属学会、协会、研究会，围绕制约社会科学工作科学发展的主要矛盾、体制机制、队伍建设及如何实现德宏经济社会跨越式发展等问题进行了专题调研。

27日　云南省国学研究会在云南省文史研究馆召开第一次会员代表大会暨成立大会。

27~27日　云南省州市地方志办公室主任会议在昆明召开，副省长、省地方志编纂委员会副主任高峰，省人大常委会原副主任、省地方志编纂委员会副主任吴光范主席会议。

29日　潞西市社科联、文联召开“两刊一报”作者座谈会，广泛听取作者和会员的意见。

30日　云南师范大学主办高校“文科学报改革与特色栏目建设主编论坛”。

5月

4日　中国社会学会名誉会长、教育部社会学学科指导委员会主任、国家社科基金评审委员会社会学学科组组长、中国人民大学教授、博士生导师郑杭生在云南民族大学作题为“‘中国经验’的几点探索——一种社会学的解读”的学术报告。

8日　云南农村干部学院揭牌仪式在云南农业大学举行，省委书记、云南农村干部学院名誉院长白恩培与农业部副部长陈晓华共同为学院成立揭牌，省委副书记、云南农村干部学院院长李纪恒主持。

8~13日　中国社会科学院应用伦理研究中心和云南大学哲学系主办的“第七次全国应用伦理学讨论会”在云南大学举行，主题是“多元文化背景下的应用伦理学”。

11日　云南省纪检监察学会在昆明召开三届二次理事会暨“云南特点反腐倡廉建设”论坛。

12~30日　由云南省图书馆学会和云南省图书馆承办的“5·12”大地震周年祭“大震不屈大爱无疆——赈灾重建：图书馆在行动”图片巡回展在云南省图书馆展出。

13日　中共云南省委办公厅正式下发了《云南省哲学社会科学工作委员会组成人员调整的通知》（云办通〔2009〕13号）。

15日　“云南智库”揭牌仪式在省社科院举行，省长秦光荣出席仪式并为“云南智库”揭牌。

全国职业学校联合招生、办学洽谈会在昆明召开，全国各地470多所学校、800多人参会。

16日　由云南省委宣传部、省科技厅、省科协主办的“云南省2009年科技活动周”在全省范围内广泛开展，并在曲靖宣威市举行了启动仪式，活动以“携手建设创新型云南”为主题，着重突出“推动自主创新、促进和谐发展”这一中心任务。

16~17日　云南省翻译工作者协会在昆召开“法律文书翻译研讨会”。

19日　云南省第十二次哲学社会科学优秀成果评奖委员会召开复评会议。

20日　保山市社科联2009年度社科工作暨业务培训会议召开，保山市级社科学会、研究会秘书长共80多人参加会议。

玉溪市举行纪念中国人民解放军西南服务团暨进军大西南60周年大会。

22日　德宏州社科联在芒市街心花园开展了主题为“携手建设新型国家”的社会科学知识普及宣传周启动仪式。

25日　云南省延安精神研究会召开常务副会长会议，认真学习中央领导同志最近关于弘扬延安精神工作的重要批示。

29日　由中国教育学会、中央教科所、中国社科院哲学所和云南省教育厅共同主办的中国“三生”教育高层论坛在北京人民大会堂举行，来自教育部和国内教育界、科研院所的240余名专家学者围绕“教真育爱”的主题进行深入研讨，云南省教育厅厅长罗崇敏作主题演讲。

30日　云南客家文化研究会2009年会在昆明召开。

云南省保险学会举办了“2009年保险理论研讨有奖征文”活动。

30~31日　全国第二届科学技术与工程伦理学术研讨会在昆明理工大学举行，会议主题是“利益、风险与工程伦理”。

6月

2~7日　西部省市区社科联第二次协作会议在西安召开。

4日　曲靖市第二次社科优秀成果颁奖大会暨社科工作会议在曲靖召开。

5日　第四届中国—南亚商务论坛于在昆明召开，论坛以“金融危机下的中国—南亚经贸合作”为主题，探讨在全球经济衰退的背景下如何进一步促进中国—南亚区域合作和扩大相互贸易与投资。

玉溪市委宣传部、市社科联共同组织召开《玉溪社会科学》创刊座谈会。

7日　玉溪市收藏家协会成立，并在玉溪市博

19~21日　中
全国学术年会在昆
建设60年”，300

20日　民盟云
西南联大校友会在
大学联合举办座谈
著名社会活动家吴晗

24日　教育部
教育厅、部分州市
专题调研云南义务
改革工作。

24~26日　“
生学术论坛”召开，
济发展”为主题。

27~28日　全
暨《兰坪县志》（1
县召开。

28日　云南省
南省委员会、中共
纪念楚图南诞辰110

云南省第十三
委员会在省社科联
员参加。

《云南省社科联

省教育厅组织全
举办“云南教育展”

1日　由云南省
“祝福祖国——全省
成立60周年文艺汇演

2日　云南省社
书长会议，各省级
副处以上同志近100

4日　云南省
府办公厅六处的负
调研。

6~7日　云南省
在丽江承办“农村
农村劳动力资源开发

9日　云南省妇

物馆召开会员代表大会。

8日　印度西孟加拉邦旅游部部长率团与云南省南亚学会进行交流访问。

10~11日　由云南省文化厅、省文物局主办的“文化遗产保护与经济社会发展论坛”在昆明举行。

13~14日　云南省美学学会年会暨换届选举大会在昆明召开，参加会议代表106人。

15日　云南省社科联江克副主席率队参加中南地区社科联协作会暨社科规划协作会议。

15~18日　丽江市社科联就永胜县结合民族文化创新基层党建工作进行专题调研。

16日　云南省委、省政府在昆明召开2008年度云南省科学技术奖颁奖大会。

昭通市绥江县委宣传部与绥江县社科联联合召开全县纪念新中国成立60周年社科理论工作者座谈会。

17日　云南省地方志期刊信息工作会在楚雄州召开，我省各厅局、16个州市志办系统的期刊主编、编辑和期刊负责人共70余人参加会议。

18~20日　云南省高等教育学会2009年学术年会在文山召开。

19日　云南省纪检监察学会在安宁市召开“云南特点反腐倡廉建设论坛”论文评审会议。

25日　中共云南省委在昆明召开座谈会，纪念中国人民解放军西南服务团成立60周年，省委秘书长杨应楠，省军区、省委组织部、省委宣传部、省人大常委会、省政协等领导出席会议。

26日　云南省社科联召开专题会议，传达学习全省宣传部长座谈会精神，安排部署下半年重点工作。

云南省首届地摊文化节开幕。

30日~7月4日　云南省社科联组织全省州市社科联主席前往四川省和重庆市参观学习、交流工作经验。

7月

5~6日　第三届中国经济法治论坛在昆明举行，主题为“改革开放30年与中国经济法”和“湄公河区域经济合作法律问题”。

9日　由云南省社科联、大理州社科联、中共巍山县委、巍山县人民政府共同承办的“庆祝新中国成立60周年——中国历史文化名城巍山全国摄影展”在省社科联一楼大厅开展。

楚雄州社科联组织开展楚雄州第六届社会科学优秀成果评奖活动，共收到申报参评成果304项，其中：著作35部，论文269篇。

9~11日　云南省保险学会参与协办在昆举办的“第6届中国保险精英圆桌大会”。

10日　大理州委在大理市召开纪念西南服务团60周年座谈会，州委书记刘明出席座谈会。

10~11日　第十届经济法前沿理论研讨会在昆明召开，主题为“新时期经济法理论的重大前沿问题研究”。

15日　云南省社科联召开“云岭大讲堂优秀主讲人”评选活动。

云南省地方税务研究会第四次会员代表大会暨第二届理事会在弥勒县召开。

16日　云南省人民政府颁发《云南省人民政府关于云南省第十二次哲学社会科学优秀成果奖励的决定》（云政发〔2009〕124号）。

云南省生态文明建设研究会在昆明召开“争当生态文明建设排头兵”暨《云南生态经济年鉴》（2009）出版座谈会。

16~17日　普洱市哲学社会科学工作者第二次代表大会召开，选举产生了普洱市社会科学界联合会第二届委员会。

17日　由国家教育行政学院主办，云南师范大学、昆明学院承办的首届高校管理者论坛在昆明举行。

17~18日　由中国东南亚研究会与云南大学东南亚研究所联合举办的“《剑桥东南亚史》评述与中国东南亚史研究”学术研讨会在云南大学召开。

19日　由云南大学法学院和越南河内法律大学共同主办的“第二届中越法律论坛”在昆明举行。

20~23日　由国际汉语应用写作学会主办，昆明理工大学社会科学学院人文素质教育中心承办的“第十届现代应用文国际研讨会”召开，120多名专家、学者参加研讨。

22日　云南省社科联召开群众评议机关作风活动动员大会。

续 表

姓 名	工作单位	职称（职务）	研究方向
白　云	云南师范大学历史行政学院	教授	历史学
陈亚颦	云南师范大学旅游地理学院	教授	地理学
王金亮	云南师范大学旅游地理学院	教授	地理学
明庆忠	云南师范大学旅游地理学院	教授	地理学
骆华松	云南师范大学旅游地理学院	教授	人文地理学
李　伟	云南师范大学旅游地理学院	教授	社会学
莫国芳	云南师范大学旅游地理学院	教授	社会学
吴映梅	云南师范大学旅游地理学院	教授	社会学
潘玉君	云南师范大学旅游地理学院	教授	社会学
张天祥	云南师范大学社会发展学院	教授	马克思主义
罗　文	云南师范大学社会发展学院	教授	马克思主义
吴承越	云南师范大学社会发展学院	教授	马克思主义
刘丽琼	云南师范大学社会发展学院	教授	马克思主义
薛祖国	云南师范大学社会发展学院	教授	马克思主义
贾星客	云南师范大学社会发展学院	教授	马克思主义
沈　阳	云南师范大学社会发展学院	教授	马克思主义
郑祚尧	云南师范大学社会发展学院	教授	马克思主义
杨纪武	云南师范大学社会发展学院	教授	马克思主义
李和宽	云南师范大学社会发展学院	教授	马克思主义
何锡华	云南师范大学社会发展学院	教授	马克思主义
喻云涛	云南师范大学社会发展学院	教授	马克思主义
李雪梅	云南师范大学体育学院	教授	体育学
陈　敏	云南师范大学体育学院	教授	体育学
赵玲玲	云南师范大学体育学院	教授	体育学
李晓华	云南师范大学体育学院	教授	体育学
刘　华	云南师范大学体育学院	教授	体育学
康　莲	云南师范大学体育学院	教授	体育学
张豫云	云南师范大学体育学院	教授	体育学
周龙惠	云南师范大学体育学院	教授	体育学
杨建昆	云南师范大学体育学院	教授	体育学
孙振武	云南师范大学体育学院	教授	体育学
武云化	云南师范大学体育学院	教授	体育学
饶　远	云南师范大学体育学院	教授	体育学
刘　坚	云南师范大学体育学院	教授	体育学
陈　斌	云南师范大学体育学院	教授	体育学
李茂章	云南师范大学体育学院	教授	体育学
朱　曦	云南师范大学图书馆	教授	图书情报学
杨丽娟	云南师范大学图书馆	研究馆员	图书情报学
迟玉华	云南师范大学图书馆	研究馆员	图书情报学

续表

姓名	工作单位	职称（职务）	研究方向
姚周辉	云南师范大学图书馆	教授	语言学
霍永寿	云南师范大学外语学院	教授	语言学
宋丽英	云南师范大学外语学院	教授	语言学
杨小燕	云南师范大学外语学院	教授	语言学
颜　宁	云南师范大学外语学院	教授	语言学
杨端和	云南师范大学外语学院	教授	语言学
段洁云	云南师范大学外语学院	教授	语言学
刘汉玉	云南师范大学外语学院	教授	语言学
李丽生	云南师范大学外语学院	教授	语言学
吴相如	云南师范大学外语学院	教授	语言学
何昌邑	云南师范大学外语学院	教授	语言学
晏　奎	云南师范大学外语学院	教授	语言学
李昌银	云南师范大学外语学院	教授	语言学
彭庆华	云南师范大学外语学院	教授	语言学
骆锦芳	云南师范大学文学院	教授	中国文学
涂良军	云南师范大学文学院	教授	语言学
禹志云	云南师范大学文学院	教授	语言学
王兴中	云南师范大学文学院	教授	中国文学
王渝光	云南师范大学文学院	教授	中国文学
余　松	云南师范大学文学院	教授	中国文学
胡　彦	云南师范大学文学院	教授	中国文学
周　芸	云南师范大学文学院	教授	中国文学
王　乙	云南师范大学文学院	教授	中国文学
叶向东	云南师范大学文学院	教授	中国文学
贾　蔓	云南师范大学文学院	教授	中国文学
冯小禄	云南师范大学文学院	教授	中国文学
马绍玺	云南师范大学文学院	教授	中国文学
殷国聪	云南师范大学艺术学院	教授	艺术学
施荣华	云南师范大学艺术学院	教授	艺术学
李建华	云南师范大学艺术学院	教授	艺术学
尹小兵	云南师范大学艺术学院	教授	艺术学
韩　萍	云南师范大学艺术学院	教授	艺术学
郭亚飞	云南师范大学艺术学院	教授	艺术学
朱守信	云南师范大学艺术学院	教授	艺术学
王首麟	云南师范大学艺术学院	教授	艺术学
李　立	云南师范大学艺术学院	教授	艺术学
郑　强	云南师范大学艺术学院	国家一级演奏员	艺术学
欧阳丽梅	云南师范大学艺术学院	国家一级演员	艺术学

续 表

姓 名	工作单位	职称（职务）	研究方向
李红丽	昭通师范高等专科学校	教授	学校教育
任继敏	昭通师范高等专科学校	教授	汉语语言文学
唐　靖	昭通师范高等专科学校	教授	中国近代史
罗　峰	昭通师范高等专科学校	教授	历史研究
杜　巍	思茅师范高等专科学校	副书记、校长、 教授	教育理论研究
李胜平	思茅师范高等专科学校	副校长、教授	数学教育研究
白应华	思茅师范高等专科学校	副书记、教授	党建研究
马春生	思茅师范高等专科学校	纪委书记、教授	物理教育研究
薛敬梅	思茅师范高等专科学校	副校长、教授	人类学研究
李娅玲	思茅师范高等专科学校	教务处处长、教授	历史学研究
左永平	思茅师范高等专科学校	新校区建设处处长、教授	民族学研究
白　健	思茅师范高等专科学校	中文系系主任、教授	语言学研究
赵泽洪	思茅师范高等专科学校	社科系系主任、教授	民族理论研究
朱　平	思茅师范高等专科学校	成教处处长、教授	物理学研究
罗艺萍	思茅师范高等专科学校	教授	基础化学研究
胡　英	思茅师范高等专科学校	思想政治教育主心主任、教授	马克思主义理论研究
党云辉	思茅师范高等专科学校	体育系系主任、教授	体操教育研究
张树坤	思茅师范高等专科学校	教授	体操教育研究
石　磊	思茅师范高等专科学校	美术系系主任、教授	美术教育理论研究
张海珍	思茅师范高等专科学校	研究员	民族学研究
杨宽德	思茅师范高等专科学校	计科系系主任、教授	计算机应用研究
何守伦	丽江师范高等专科学校	教授	旅游文化
张金云	丽江师范高等专科学校	教授	作曲理论
张　波	丽江师范高等专科学校	教授	历史、民族文化
杨桂芳	丽江师范高等专科学校	教授	生物
段平华	丽江师范高等专科学校	教授	英语
蔡晓龄	丽江师范高等专科学校	教授	外国文学
周文英	丽江师范高等专科学校	教授	现当代文学
赵沛曦	丽江师范高等专科学校	教授	历史、民族文化
木振武	丽江师范高等专科学校	教授	数学
李静生	丽江市东巴文化研究院	研究员	东巴文字
和丽民	丽江市东巴文化研究院	研究员	东巴教
那金华	临沧师范高等专科学校	校长、教授	公共管理学、政治学、民族学
谢昌浩	临沧师范高等专科学校	党委书记、教授	经济统计理论、房地产经济学
杨宝康	临沧师范高等专科学校	副校长、教授	云南地方史、佤族历史文化

续表

姓 名	工作单位	职称（职务）	研究方向
车永平	昆明理工大学外国文化语言学院	副院长、教授	英语语言学、应用语言学
郝兴跃	昆明理工大学外国文化语言学院	副院长、教授	
王庆奖	昆明理工大学外国文化语言学院	副院长、教授	文化理论、美国文化
张新蕊	昆明理工大学外国文化语言学院	书记、教授	思想政治、社会文化学
黄　河	昆明理工大学艺术与传媒学院	教授	跨文化传播、网络传播
苏　峰	昆明理工大学艺术与传媒学院	副书记、教授	中国古代文学与文化
徐建德	昆明理工大学艺术与传媒学院	副院长、教授	云南重彩画、云南少数民族艺术
袁　涛	昆明理工大学艺术与传媒学院	教授	
杜华荣	昆明理工大学管理与经济学院	教授	
段万春	昆明理工大学管理与经济学院	院长、教授	组织行为理论、人力资源管理
和炳全	昆明理工大学管理与经济学院	书记、教授	技术经济与技术管理
可　星	昆明理工大学管理与经济学院	教授	创新与组织管理
李林红	昆明理工大学管理与经济学院	教授	
李怡靖	昆明理工大学管理与经济学院	主任、教授	知识管理
宁德煌	昆明理工大学管理与经济学院	副处长、教授	工商管理、旅游管理、公共管理
潘　华	昆明理工大学管理与经济学院	副主任、教授	
秦开大	昆明理工大学管理与经济学院	副院长、教授	动作管理的基本理论与方法、服务管理与系统
盛　朴	昆明理工大学管理与经济学院	教授	
田存志	昆明理工大学管理与经济学院	教授	
王松江	昆明理工大学管理与经济学院	教授	公共基础设施项目管理理论前沿、BOT-TOT-PDD项目融资
文淑惠	昆明理工大学管理与经济学院	教授	应用经济学
杨红娟	昆明理工大学管理与经济学院	主任、教授	人力资源管理与组织
杨　丽	昆明理工大学管理与经济学院	教授	劳动经济学、农村经济学、区域经济学
杨　凌	昆明理工大学管理与经济学院	教授	
郑季良	昆明理工大学管理与经济学院	副主任委员、教授	企业管理、产业经济管理
钟叔玉	昆明理工大学管理与经济学院	教授	
周常春	昆明理工大学管理与经济学院	副院长、教授	
庄永耀	昆明理工大学管理与经济学院	教授	管理工程
曾　进	昆明理工大学应用技术学院	教授	
赵光洲	昆明理工大学津桥学院	院长、教授	
李云萍	昆明理工大学体育课部	教授	
白雪松	昆明理工大学体育课部	副主任、教授	
李秋良	昆明理工大学体育课部	教授	
李云县	昆明理工大学体育课部	教授	
梅丽华	昆明理工大学体育课部	副主任、教授	
王岳洲	昆明理工大学体育课部	调研员、教授	

续表

姓名	工作单位	职称（职务）	研究方向
普永贵	云南民族大学法学院	教授	
马　经	云南民族大学法学院	教授	
孙仲玲	云南民族大学法学院	教授	法学
王明东	云南民族大学法学院	教授	中国西南民族历史文化
王　俊	云南民族大学法学院	教授	
赵丽珍	云南民族大学法学院	教授	政治学
陈德顺	云南民族大学法学院	教授	政治学理论、行政管理
刀　洁	云南民族大学民族文化学院	教授	
和晓花	云南民族大学民族文化学院	教授	云南少数民族文化
金学良	云南民族大学民族文化学院	教授	语言理论
刘劲荣	云南民族大学民族文化学院	教授	语言学、中国少数民族语言文学
岳麻腊	云南民族大学民族文化学院	教授	
张雨江	云南民族大学民族文化学院	教授	中国少数民族语言
周德才	云南民族大学民族文化学院	教授	语言学
赵岩社	云南民族大学民族文化学院	教授	语言学理论、民族语言学
李　列	云南民族大学民族文化学院	教授	
昂自明	云南民族大学民族文化学院	教授	
刘　青	云南民族大学民族文化学院	教授	
和庆国	云南民族大学艺术学院	教授	
刘晓荣	云南民族大学东南亚南亚语言文化学院	教授	
陆　生	云南民族大学东南亚南亚语言文化学院	教授	
杨光远	云南民族大学东南亚南亚语言文化学院	教授	傣泰语言研究
赵静冬	云南民族大学体育学院	教授	民族体育
方　桢	云南民族大学体育学院	教授	
寸亚玲	云南民族大学体育学院	教授	民族体育学、体育社会学
陈宇红	云南民族大学体育学院	教授	民族传统体育
洪崇文	云南民族大学继续教育学院	教授	
锁昕翔	云南民族大学继续教育学院	教授	
尤仁林	云南民族大学继续教育学院	教授	思想政治教育与党建
张　邠	云南民族大学继续教育学院	教授	
冉德君	云南民族大学职业技术学院	教授	
马永涛	云南民族大学职业技术学院	教授	教学管理研究
普林林	云南民族大学职业技术学院	教授	教学管理
吕国光	云南民族大学教育学院、预科教育学院	教授	
彭有祥	云南民族大学马列部（哲学学院）	教授	政治学、经济学
马丽萍	云南民族大学马列部（哲学学院）	教授	

姓 名	工作单位
扈立家	西南林业大学
姜丽红	西南林业大学
木基元	西南林业大学
吴卫民	云南艺术学院
李小明	云南艺术学院
陈　勇	云南艺术学院
陈艳萍	云南艺术学院
潘　红	云南艺术学院
吴剑超	云南艺术学院
郭　浩	云南艺术学院
傅永寿	云南艺术学院
张志平	云南艺术学院
杨一江	云南艺术学院
孙建东	云南艺术学院
武　俊	云南艺术学院
王玉辉	云南艺术学院
邓安克	云南艺术学院
张　鸣	云南艺术学院
陈　流	云南艺术学院
杨尔驹	云南艺术学院
杨卫民	云南艺术学院
唐志冈	云南艺术学院
何永坤	云南艺术学院
董万里	云南艺术学院
陈劲松	云南艺术学院
黄吉淳	云南艺术学院
胡云斌	云南艺术学院
许　翔	云南艺术学院
红　帆	云南艺术学院
申　波	云南艺术学院
朱　红	云南艺术学院
杨国凤	云南艺术学院
袁　蓉	云南艺术学院
曾金华	云南艺术学院
余力民	云南艺术学院
蹇河沿	云南艺术学院
于丽红	云南艺术学院
黎　华	云南艺术学院
宋　杰	云南艺术学院

续 表

姓 名	工作单位	职称（职务）	研究方向
苏丽杰	云南民族大学马列部（哲学学院）	教授	
杨燕同	云南民族大学马列部（哲学学院）	教授	马克思主义哲学
姚顺增	云南民族大学马列部（哲学学院）	教授	
黎贵优	云南民族大学马列部（哲学学院）	教授	
鲁建彪	云南民族大学马列部（哲学学院）	教授	民族学
陈国林	云南民族大学马列部（哲学学院）	教授	
张建国	云南民族大学马列部（哲学学院）	教授	政治学、经济学
张子健	云南民族大学马列部（哲学学院）	教授	
韩忠太	云南民族大学云南省民族研究所	教授	民族心理学（心理人类学）
高登荣	云南民族大学云南省民族研究所	教授	
刘　江	云南民族大学云南省民族研究所	教授	
赵世林	云南民族大学图书馆	教授	民族学、文化社会学
普丽春	云南民族大学图书馆	教授	民族教育、民族文化
戴　云	云南民族大学学报编辑部	教授	
王东昕	云南民族大学学报编辑部	教授	
王　琳	云南民族大学学报编辑部	教授	
杨国才	云南民族大学学报编辑部	教授	哲学伦理学、社会学、女性学
俞　茹	云南民族大学学报编辑部	教授	
张桥贵	云南民族大学	校领导、教授	民族宗教
甄朝党	云南民族大学	校领导、教授	企业管理、民族经济、金融投资
张英杰	云南民族大学	校领导、教授	
王四代	云南民族大学	校领导、教授	民族文化、民族艺术
王德强	云南民族大学	校领导、教授	中国少数民族经济
马丽娟	云南民族大学	校领导、教授	民族教育经济
和少英	云南民族大学	校领导、教授	民族学、人类学
陈　林	云南民族大学纪委办公室、监察审计处	教授	
朱国权	云南民族大学工会办公室	教授	体育教育学
鲁　刚	云南民族大学研究生部（博士学科建设办公室）	教授	
安学斌	云南民族大学研究生部（博士学科建设办公室）	教授	
王珊珊	云南民族大学研究生部（博士学科建设办公室）	教授	
杨　敏	云南民族大学教务处	教授	
李　骞	云南民族大学教务处	教授	
李若青	云南民族大学科技处	教授	民族理论与政策、公共政策研究
李春波	云南民族大学学生处（学生工作部、武装部）	教授	

续表

姓名	工作单位
贾云生	云南民族大学学生处（学生工作部、武装部
杨镇宇	云南民族大学学生处（学生工作部、武装部
吴云虹	云南民族大学财务处
董　兴	云南民族大学财务处
李丹河	云南民族大学国际合作交
马　励	云南民族大学国际合作交
李　敬	云南民族大学资产管理
白云昌	云南民族大学基建处
张金麟	云南民族大学呈贡校区建设
王　杰	云南民族大学信息化建设管
李世强	云南民族大学国际教育学
谢国先	云南民族大学人才交流中
字如祥	云南民族大学外国语学院外学院
袁明龙	云南民族大学化学与生物技
赵　瑛	云南民族大学云南省民族研
白兴发	云南民族大学云南省民族研
程厚思	云南民族大学云南省民族研
杨宗亮	云南民族大学云南省民族研
王红光	云南民族大学党委办公室、办公室
陈　方	西南林业大学
胡　军	西南林业大学
胡　晓	西南林业大学
黄　勇	西南林业大学
李秀梅	西南林业大学
刘德钦	西南林业大学
龙　勤	西南林业大学
罗明灿	西南林业大学
孙　冶	西南林业大学
唐雪琼	西南林业大学
文　冰	西南林业大学
姚孟春	西南林业大学
叶　文	西南林业大学
赵　璟	西南林业大学
赵乐静	西南林业大学
支　玲	西南林业大学
周　伟	西南林业大学

后　记

《云南社会科学年鉴（2008—2010）》，是云南省社会科学界的首部年鉴。全书的编纂宗旨是：按照党的十七大提出的“繁荣发展哲学社会科学,推进学科体系、学术观点、科研方法创新，鼓励哲学社会科学界为党和人民事业发挥思想库作用，推动我国哲学社会科学优秀成果和优秀人才走向世界”的要求编纂，力求全面系统地记录和反映2008—2010年三年间云南省社会科学事业的发展轨迹、研究状况和学术动态，探索云南社会科学的新变化、新发展、新成绩。同时，收录了前瞻学科体系、学术观点、科研方法、工作实践、学术创新以及探索社会科学发展的客观规律的相关文献，为党委和政府决策提供社会科学方面的参考资料，为社会各界了解社会科学提供信息资源，也为社会科学工作者从事学术研究提供资料和借鉴。

编纂《云南社会科学年鉴》，我们受启发于第二轮《云南省志·社会科学志》续编。2008年8月，云南省社科联接受了省政府第二轮《云南省志·社会科学志》的续编任务，续编志书断限为1992年1月1日至2007年12月31日，跨度15年。由于跨度时间长，在查找、搜集资料时我们遇到了重重困难，为使若干年以后再一次续编《云南省志·社会科学志》时有资料可查，同时也为了更好地配合《云南省志·社会科学志》的编纂工作，在原《云南社科联年鉴》的基础上，经云南省社科联党组研究，决定编纂《云南社会科学年鉴（2008—2010）》，同今后续修志书接轨。由于在这之前，云南省没有社科界年鉴，所以没有现成的模式和样板，我们参考了北京、重庆、广东、广西等省区编纂的社科年鉴，联系了省级相关部门、各高校及科研院所的专家学者集思广益，形成了《云南社会科学年鉴（2008—2010）》编纂方案及栏目设置。

在全省社科界朋友的支持下，我省首卷反映云南社会科学的年鉴得以出版，在此向帮助和关心支持编纂工作的各级领导、相关部门及专家学者们致以谢意！由于是首次编纂，资料收集存在一定时间跨度，且编辑时间紧，难免有疏漏或不足，敬请读者谅解。

编　者

2011年12月